江苏省地方志编纂委员会 编

江苏著述志（现代）

凤凰出版社

图书在版编目（CIP）数据

江苏著述志. 现代 / 江苏省地方志编纂委员会编. -- 南京：凤凰出版社，2020.6
ISBN 978-7-5506-3218-9

Ⅰ. ①江… Ⅱ. ①江… Ⅲ. ①江苏－地方志－现代 Ⅳ. ①K295.3

中国版本图书馆CIP数据核字(2020)第115867号

江苏著述志（现代）

编　　　者	江苏省地方志编纂委员会
出 版 统 筹	卞惠兴　常宁文
责 任 编 辑	尤丹丹
责 任 校 对	张　堃
责 任 监 制	刘　辉
出 版 发 行	凤凰出版社（原江苏古籍出版社） 发行部电话 025－83223462
出版社地址	南京市中央路165号，邮编：210009
出版社网址	http://www.fhcbs.com
照　　　排	南京凯建文化发展有限公司
印　　　刷	南京爱德印刷有限公司
开　　　本	889 mm×1 194 mm　1/16
印　　　张	33.25
字　　　数	1005千字
版　　　次	2020年6月第1版
印　　　次	2020年6月第1次印刷
标 准 书 号	ISBN 978-7-5506-3218-9
定　　　价	200.00元（精）

图书如有印装质量问题，可随时向我社出版科调换。

江苏省地方志编纂委员会(2019年2月~)

主　任　吴政隆
副主任　樊金龙　许仲梓　周继业　陈建刚
委　员　（排名以发文顺序为准）
　　　　　杨根平　王　林　徐　莹　杨　峰　周春发　王立平
　　　　　焦建俊　李国华　朱光远　邢光龙　陈向阳　李侃桢
　　　　　葛道凯　王　秦　谢志成　吕德明　储永宏　戴元湖
　　　　　刘　聪　周　岚　陆永泉　陈　杰　杨时云　马明龙
　　　　　杨志纯　谭　颖　费少云　缪志红　王汉春　左健伟
　　　　　夏锦文　刘德海　蓝绍敏　黄　钦　庄兆林　丁　纯
　　　　　李亚平　徐惠民　方　伟　蔡丽新　曹路宝　夏心旻
　　　　　张叶飞　史立军　王　昊

办公室主任　左健伟

《江苏省志(1978~2008)》总纂、副总纂

总　纂　吴政隆(2017.5~)
　　　　　罗志军(2008.9~2010.12)
　　　　　李学勇(2010.12~2015.12)
　　　　　石泰峰(2015.12~2017.4)

副总纂　顾介康　李一宁　李　敏　余春芳　何国平　周桂根
　　　　　周世康　费伟康　张晓铃　刘福林　钱伯华　姚百义
　　　　　左健伟

江苏省地方志编纂委员会(2008年7月~2019年1月)

1. 2008年7月~

主　任　罗志军
副主任　赵克志　柏苏宁　张桃林　陈宝田　樊金龙　方未艾
委　员　（排名以发文顺序为准）
　　　　姚晓东　薛　和　唐　建　刘立仁　傅沿江　郭广银
　　　　孙学玉　周和平　吴乐勇　崔广怀　韩　杰　蒋宏坤
　　　　曹新平　王伟成　阎　立　丁大卫　徐一平　王燕文
　　　　刘捍东　姚建华　毛伟明　王吉生　沈　健　朱克江
　　　　吴洪彪　潘永和　赵永贤　陈震宁　周　岚　游庆仲
　　　　吕振霖　吴沛良　朱　民　章剑华　郭兴华　王　华
　　　　张卫东　徐毅英　廖　进　宋林飞

2. 2009年9月~

主　任　罗志军
副主任　赵克志　柏苏宁　曹卫星　陈宝田　樊金龙　方未艾
委　员　（排名以发文顺序为准）
　　　　姚晓东　薛　和　唐　建　刘立仁　傅沿江　郭广银
　　　　章剑华　周和平　吴乐勇　崔广怀　韩　杰　张敬华
　　　　王伟成　阎　立　丁大卫　徐一平　谢正义　刘捍东
　　　　姚建华　毛伟明　陈震宁　沈　健　朱克江　吴洪彪
　　　　潘永和　吴可立　周　岚　游庆仲　吕振霖　吴沛良
　　　　朱　民　郭兴华　王　华　张卫东　徐毅英　廖　进
　　　　宋林飞

3. 2011年5月~

主　任　李学勇
副主任　柏苏宁　曹卫星　陈宝田　樊金龙　方未艾
委　员　（排名以发文顺序为准）
　　　　姚晓东　唐　建　李一宁　刘国中　傅沿江　王　奇

徐一平　周和平　石为斌　崔广怀　谢　波　朱克江
张敬华　王伟成　阎　立　张国华　杨省世　谢正义
刘捍东　徐郭平　蓝绍敏　毛伟明　陈震宁　沈　健
曹苏民　吴洪彪　潘永和　吴可立　周　岚　游庆仲
吕振霖　吴沛良　朱　民　章剑华　郭兴华　费少云
朱晓明　徐毅英　张颢瀚　刘志彪

4. 2012 年 12 月～

主　任　李学勇
副主任　柏苏宁　曹卫星　范燕青　毛伟明　方未艾
委　员　（排名以发文顺序为准）
　　　　杨志纯　唐　建　李一宁　刘国中　陈　平　王　奇
　　　　章剑华　周和平　石为斌　崔广怀　谢　波　朱克江
　　　　朱　民　姚晓东　周乃翔　张国华　杨省世　曲福田
　　　　魏国强　朱民阳　朱晓明　徐郭平　蓝绍敏　陈震宁
　　　　徐一平　沈　健　曹苏民　吴洪彪　江建平　谭　颖
　　　　周　岚　游庆仲　吴沛良　吕振霖　马明龙　徐耀新
　　　　王咏红　费少云　徐　劼　徐毅英　张颢瀚　刘志彪

5. 2014 年 1 月～

主　任　李学勇
副主任　赵　鹏　曹卫星　范燕青　张敬华
委　员　（排名以发文顺序为准）
　　　　康旭平　陈为民　李一宁　吴洪彪　赵铁海　王　奇
　　　　梁　勇　周和平　石为斌　崔广怀　谢　波　汪　泉
　　　　朱　民　费高云　周乃翔　张国华　赵晓江　曲福田
　　　　魏国强　朱民阳　朱晓明　陆志鹏　王天琦　陈震宁
　　　　徐一平　沈　健　曹苏民　侯学元　徐　宁　谭　颖
　　　　周　岚　游庆仲　吴沛良　李亚平　马明龙　徐耀新
　　　　王咏红　费少云　徐　劼　周　琪　刘德海　刘志彪
　　　　方未艾

办公室主任　方未艾

6. 2014年10月~

主　任　李学勇
副主任　赵　鹏　曹卫星　范燕青　张敬华
委　员　（排名以发文顺序为准）

康旭平	陈为民	李一宁	吴洪彪	赵铁海	王　奇
梁　勇	周和平	石为斌	崔广怀	谢　波	汪　泉
朱　民	费高云	周乃翔	张国华	赵晓江	曲福田
王荣平	朱民阳	朱晓明	陆志鹏	王天琦	陈震宁
徐一平	沈　健	曹苏民	侯学元	徐　宁	谭　颖
周　岚	游庆仲	吴沛良	李亚平	马明龙	徐耀新
王咏红	费少云	夏心旻	周　琪	刘德海	王庆五
方未艾					

7. 2016年12月~

主　任　石泰峰
副主任　黄莉新　赵　鹏　张敬华　范燕青　王　奇　漆冠山
委　员　（排名以发文顺序为准）

康旭平	王　林	谢润盛	吴洪彪	赵铁海	胡金波
周　琪	周和平	朱光远	张亚青	谢　波	汪　泉
周铁根	费高云	曲福田	韩立明	项雪龙	惠建林
戴　源	张爱军	朱晓明	史立军	王天琦	赵建军
徐一平	沈　健	王　秦	侯学元	沈益锋	谭　颖
李侃桢	周　岚	游庆仲	吴沛良	李亚平	马明龙
徐耀新	王咏红	费少云	焦建俊	徐　莹	秦景安
刘德海	王庆五				

总序

江苏省省长　吴政隆

在全省上下深入学习贯彻党的十九大精神，奋力推动高质量发展、加快建设"强富美高"新江苏的重要时刻，二轮《江苏省志(1978～2008)》各分(专)志陆续编成出版，这是我省地方志事业取得的重要成果，极大地丰富了江苏历史文化宝库，对于促进文化强省建设、提升江苏文化软实力具有重要意义。

地方志是中华优秀传统文化的瑰宝，编修地方志为中华文明代代相传、血脉相承发挥了不可替代的作用。江苏地区编修地方志已有2000多年的历史，素有"方志之乡"的美誉。在首轮《江苏省志》圆满完成的基础上，省政府于2008年启动二轮省志续修工程。二轮省志由60本分(专)志组成，约4800万字，时间贯穿30多年，内容覆盖政治、经济、文化、社会、军事、自然等各个领域，系统记录江苏改革开放和现代化建设的历史进程和辉煌成就，生动展示各行各业具有时代特征、中国特色、江苏特点的发展战略和创新举措，是我们了解历史变迁、把握省情地情、借鉴治理经验、推动科学发展的重要载体。

地方志作为横陈百科、包罗万象、流传千载的资料性文献，担负记录历史、传承文明、服务当代、启引未来的重任，具有特定的编纂体例和方法。二轮省志编修是一项系统工程，组织严密，规模宏大，由省各有关部门、团体、高等院校、科研院所、各市县以及中央驻苏机构、解放军驻苏部队等共同承担编写任务，汇聚各方智慧合力完成。10年来，全省广大修志人员以高度的政治责任感和历史使命感，坚持正确的政治方向和质量第一的原则,秉笔直书、辛勤耕耘,努力打造具有较高学术水平和重要文化价值、社会价值的精品佳志,为推动文化传承创新、服务经济社会发展付出了心血和汗水。

盛世修志,志在于用。党的十九大确立了习近平新时代中国特色社会主义思想的历史地位,吹响了决胜全面建成小康社会、夺取新时代中国特色社会主义伟大胜利的前进号角,习近平总书记对江苏工作作出一系列重要指示,为我们指明了前进方向,提供了根本遵循。省委十三届三次全会对深入学习宣传贯彻党的十九大精神作出全面部署,明确要求扎实推动"六个高质量"发展,接续推进"两聚一高"新实践,加快建设"强富美高"新江苏。新时代、新使命、新征程,对志书成果开发利用提出了新的更高要求,也提供了更广阔的舞台。我们要坚持以习近平新时代中国特色社会主义思想为指导,认真落实中央和省委关于地方志工作的部署要求,始终坚持正确的政治方向,抓好历史文化记录和保护,编纂好特色专业志书,传承好江苏符号和江苏印记,在做特、做优、做活地方志工作上下功夫、出成果。要紧紧围绕经济社会发展新目标、当今时代文化发展新趋势、人民精神文化生活新期待,大力开发利用志书资源,积极拓展读志、传志、用志渠道,鉴往知来、承先启后、抢抓机遇、开拓创新,充分发挥地方志存史、育人、资政的独特作用,以新时代新作为谱写地方志事业高质量发展新篇章,为"强富美高"新江苏建设作出新的更大贡献。

凡例

一、本志总名《江苏省志（1978～2008）》。按大类排列，编以序号。定名为《江苏省志（1978～2008）·××志》。

二、本志上限为1978年，下限断至2008年年底。各分志上限如与首轮志书下限有交叉的，可从简记述；专志下限为2008年年底，上限不限。

三、本志记述江苏省境域内自然、政治、经济、文化、社会等各个方面情况。

四、本志坚持"横分门类，纵述史实"的传统格局。各分（专）志一般采用章、节、目的结构层次。

五、本志采用述、记、志、传、图、表、录并用的综合体裁。以志为主。

六、本志内容以资料为主，用记述体表述，不作主观评论，寓观点于资料中。概述与章下无题序可作适当归纳议论。

七、本志"人物"分志集中记载省内有重大影响的人物，其他分志不再设人物章节。入志人物的收录标准另定。

八、本志设"中共"和"人民团体"分志，有关党、团和妇联、工会等组织及其活动的内容，其他分志不需设专门章节记述。

九、本志资料，录自档案、口碑资料和历史文献的，为节省篇幅，除特别重要、珍贵的资料须注明出处外，一般不再注明出处。统计数字，以江苏省统计局的统计数据为主。

十、本志数字、计量单位及语言等的使用，按《〈江苏省志（1978～2008）〉行文细则》的规定表述。

总目*

一、卷首
1 总述 大事记

二、生态卷
2 资源
3 环境

三、经济卷
4 发展改革
5 农林
6 海洋渔业
7 水利
8 煤炭 电力
9 轻工 纺织
10 冶金 机械
11 石油 化工
12 建材 建筑
13 电子信息
14 邮电
15 交通运输
16 城乡建设
17 国内贸易
18 对外贸易
19 旅游 餐饮
20 海关 检验检疫
21 财政 税务
22 央行 银行 证券 保险
23 工商 价格
24 质量技术监督 食品药品监管

四、政治卷
25 中共
26 人大
27 政府
28 政协
29 民主党派 工商联
30 人民团体
31 纪检 监察
32 审计
33 外事 港澳台侨事务
34 机构编制 人事管理
35 审判 检察
36 公安 司法
37 军事 民防

五、文化卷
38 科学技术
39 社会科学
40 教育
41 文化艺术
42 出版 报业
43 广播影视
44 卫生
45 体育

六、社会卷
46 民政
47 劳动保障
48 人口 人民生活
49 人物

七、卷末
50 附录

八、专志
1 江苏建置志
2 江苏名城名镇名村志
3 江苏江河湖泊志
4 江苏开发区志
5 江苏民营经济志
6 江苏吴文化志
7 江苏文化遗产志
8 江苏著述志
9 江苏工艺美术志
10 江苏老字号志

---
* 该总目自2019年10月起施行。

江苏省地方志编纂委员会办公室

主　　任　左健伟
副 主 任　许善军　牟国义　陈　华

《江苏著述志》主编及撰稿人名单

主　　编　王　健
撰　　稿　徐志辉　王忆南　韩　兵　孟桂英
　　　　　蔡保鹏　徐　萌
编　　务　乐康俊

本专志责任副总纂　姚百义
本专志责任协纂　陈大福　黄　静

目　录

001 **概述**

011 **第一章**　马克思主义、列宁主义、毛泽东思想、邓小平理论

016 **第二章**　哲学逻辑学伦理学美学心理学宗教类

045 **第三章**　社会科学总论

055 **第四章**　政治法律类

090 **第五章**　军事（理论）类

092 **第六章**　经济类

154 **第七章**　文化科学教育类

178 **第八章**　语言文字类

193 **第九章**　文学类

241 **第十章**　艺术类

259 **第十一章**　历史地理类

310 **第十二章**　自然科学总论

314 **第十三章**　数理科学和化学类

339 **第十四章**　天文学地球科学类

364 **第十五章**　生物科学类

383 **第十六章**　医药卫生类

404 **第十七章**　农业科学类

426 **第十八章**　工业技术类

472 **第十九章**　交通运输类

476 **第二十章**　航空航天类

478 **第二十一章**　环境科学劳动保护类

484 **第二十二章**　综合性图书类

487 **附录**
487 书名索引

519 编纂始末

概　　述

江苏是我国经济发达、文化昌盛的省份。学术研究薪火相传，一代又一代的学人秉承勇于探索的创新精神，著书立说，传承文脉，著述资源极为丰富，现存的康熙、乾隆《江南通志》以及宣统《江苏通志稿》等地方志书都设有专题著录。在建设文化强省的实践中，编写一部统合古今的著述志书，不仅对研究全省历代图书文献、考镜学术源流、认识区域文化的传承关系具有重要意义，而且可以展现江苏文化的时代风采，凸显文化大省的重要地位。

根据二轮省志编纂工作方案，《江苏著述志》是专志的一种，由古代（上古～1911年）、近代（1912年～1949年9月）、现代（1949年10月～2008年）三部分组成。现代部分主要收录1949年10月至2008年期间在江苏省内出生、成长、工作的自然科学和哲学社会科学研究者之代表著作，或虽在省外工作，但在各学科具有重要影响力的江苏籍作者之代表著作，或是长期在江苏工作的外省籍作者代表著作。

一、江苏文化昌盛　人才渊薮

江苏历史悠久，文化灿烂，经过数千年漫长发展，明清以来成为中国经济重心，是"财赋重地""人文渊薮"的佳地善区。这里自然环境优美，经济素称发达，社会基本稳定。江苏人崇文重教，耕读传家，头脑灵活，开放包容，经世致用，天下情怀。江苏人才济济，大师辈出，群星璀璨，他们热爱科学，追求真理，景行风范。尤其是明清以来，江苏出现了空前的人才盛况。第一，成为全国的人才聚集和活动中心，特别是在南京成为都城时期。其中，六朝、明初、民国三个时期，江苏云集了全国一流人才，成为人才活动的主要舞台。第二，明清以后，江苏成为人才培养的摇篮，教育发达，科举人才数量最大，状元等巍科最多，而且人才输出遍及全国。第三，江苏人才数量大，质量高，第一流的人才、公认的大师级人才多，成就大。第四，学派多，人才群体性聚集现象明显。出现过东林党人、复社、吴学、皖学、常州学派、阳湖诗派、泰州学派、扬州学派、"扬州八怪"等人才群体，其他有苏州"状元之乡"、宜兴"教授之乡"，无锡经济学家群体、民族工商业家群体，还有乡镇企业家群体、史学家、书画家、艺术家、工艺美术家、藏书家、出版家、方志家等群体。

根据学者缪进鸿《长江三角洲与其他地区人才的比较研究》的统计，从古代到近代历代人才，江苏籍数量最多，而江苏人才最集中的时期是在清代至民国。[①] 全国杰出人才分布及总数（人）：江苏483、浙江423、河南215、山东175、河北171、福建142、安徽121、广东119、江西117、湖南107、四川99、陕西92、山西、80、上海80、湖北71、北京62、甘肃24、辽宁24、天津18、广西11、云南9、吉林6、黑龙江6、贵州6、台湾6、内蒙古5、新疆2、西藏1。共2 675名。分布在江苏的杰出人才占全国的18%，而江苏省人口占全国的5.7%，杰出人才比是人口比的3倍多。人口素质之高，可见一斑。通过对全国400多座城市杰出专家的分布进行统计，列出人才最多的51座城市。其中属于江苏南部地区的城市及分布数量分别为苏州102人、常州57人、无锡38人、南京34人、常熟25人、吴江25人、宜兴19人、扬州18人、镇江15人、昆山14人、江阴12人、仪征8人。

---

① 缪进鸿：《长江三角洲与其他地区人才的比较研究》，《教育研究》1991年第1期；缪世鸿：《长江三角洲与其他地区人才的比较研究》，《中国东南地区人才问题国际研讨会论文集》，浙江大学出版社1993年版。两文有所不同。

我们还统计了四类重量级人才,包括:1. 1948年中央研究院首批院士81人;2. 1948年人文准院士27人(提名未入选者);3. 1955~1957年中国科学院自然科学学部委员190人;4. 中国科学院哲学社会科学学部委员64人。结果显示,江苏省四类重量级人才人数在全国占比为17.7%。

省、市、区	院士	准院士	自然学部	哲社学部	合计	位次	占全国比重
东部地区	52	15	141	36	244	—	67.6%
浙江	18	5	35+1	11+1	71	1	19.7%
江苏	10	4	39+1	10+1	64	2	17.7

二、1949~2008年江苏著述队伍时空分析

"江山代有人才出,各领风骚数百年"。从1949年至2008年,一代又一代学者薪火相传,教书育人,许多人笃学深思,甘坐冷板凳,守在实验室(场),实践探索,同时潜心著述,穷年累月,焚膏继晷,矻矻不休,终于形成了蔚为大观的著作大厦,成就了中国文化的江苏高峰、高原和高地,这是我们建设江苏文化大省、强省的坚实基石。

纵观江苏的著述作者队伍,主力军来源可分为三个时代三代人。第一代是1890~1920年代出生的学者,他们大多生长在饱经磨难的近代民国,在中西文化碰撞交流中成长起来,如柳诒徵、潘菽、叶圣陶、吕思勉、孟宪承、顾颉刚、茅以升、华罗庚、唐敖庆、戴安邦、黄鸣龙、柳大纲、吴征镒、李方训、张景钺、袁翰青、郑万钧、张大煜、张青莲、赵承嘏、诸福棠、郑肇经、黄文熙、严恺、张光斗、吴学蔺、周培源、周仁、汪德熙、吴健雄、吴仲华、朱物华、王大珩、李继侗、钱伟长、钱希令、钱临照、王淦昌、冯端、张钰哲、戴文赛、叶橘泉、吴阶平、马文珠、夏坚白、胡宁、凌鸿勋、杨廷宝、刘敦桢、童寯、李强、孟宪民、孙云涛、杨怀仁、承淡安、戴松恩、林镕、秦仁昌、周同庆、汪德昭、周志宏、施雅风、吴汝康、胡焕庸、吕澂、吕叔湘、吴文藻、费孝通、孙本文、胡绳、韩儒林、张星烺、蒋孟引、王绳祖、魏建功、胡小石、唐圭璋、钱仲联、任中敏、程千帆、卞孝萱、李旭旦、任美锷、查全性、沈立人、陈康、孙叔平、萧焜焘、洪焕春、陈翰笙、钱俊瑞、孙冶方、薛暮桥、狄白超、王学文、巫宝

三、孙毓棠、潘梓年、陈梦家、朱偰、曾昭燏、尹焕章、柴德赓、茅家琦、蒋赞初、梁白泉等。这个时期在大陆之外还有赵元任、钱穆、萧一山、刘大钧等著名学者。

第二代为1930~1946年代出生的学者,大多数是新中国前17年我国高等学校培养的,特别是江苏本地高校培养的,譬如丁衡高、杨乐、王选、齐康、游效曾、张耀明、顾冠群、周世宁、崔功豪、胡福明、张宪文、周勋初、鲁洁、曲钦岳、顾焕章、蔡少卿、陈得芝、段本洛、熊月之等。他们经历了十年"文革",学业及学术上受到很大影响,但在改革开放后仍然能够奋力拼搏,取得丰硕成果,并能承先启后,培养了新一代学人。

第三代是1947~1960年代出生的学者,主要是指1977年恢复高考后,特别是改革开放时期培养的学者。这一代学者在各个学科分布广泛,数量最多,他们在社会主义新时期成长起来,崭露头角,并成为骨干,如陈竺、丁义涛、段进、洪银兴、赵曙明、刘志彪、张颢瀚、徐康宁、蒋福兴、宋林飞、周晓虹、张异宾、公丕祥、莫砺锋、丁帆、赖永海、洪修平、樊和平、任平、钟甫宁、许钧、刘迎胜、陈谦平、范金民、王永平、周宪、杨亦鸣、叶南客、朱小蔓、程章灿、贺云翱等。

从空间分布的特征看,江苏籍学者,以大运河沿线为主,包括南京。运河沿线中,又以江南运河为主,特别是第一、二代学者。其中常州5人,无锡4人,苏州2人。可知,第一代学者中,长江以南占绝大多数。2018年,上海市评选出68位社科大师,其中江苏籍13人,除了包括前面提到的多位第一代学者之外,还有吴泽、张仲礼、郭绍虞、朱东润、顾廷龙、李春芬、潘序伦、钱谷融等著名学者。

以城市人才数量排名,苏州、常州人才数量排名居前。老一辈中,江南人居多,新生代中,长江以北已经大大缩小了与长江以南的差距,现在基本上持平。江苏省于2013年、2015年和2018年先后评选了3次"江苏社科名家",一共入选26人。从籍贯看,江苏省长江以南9人,长江以北8人,外省籍9人。外省籍超过三分之一,以邻近的山东、浙江、上海为主,还有安徽、河南等省。说明江苏虽然不及北京、上海等全国性文化中心城市,但仍然是一个包容性、开放性很强的省份,是区域科学文化的中心。

三、江苏科学研究曲折发展三阶段

第一阶段(1949.10～1966.4)。1949年10月1日,中华人民共和国成立,中国人民从此站立起来。从漫长的战争中解放出来的知识分子也过上了和平稳定的生活。在中国共产党的领导下,在统一战线感召下,广大知识分子以极大的热情投入新中国建设各项事业之中,以崭新的姿态投入科学技术研究和社会科学研究活动。1952年以后,全面学习苏联,高等院校和科研机构大幅度调整,形成了新的高等教育格局,例如原中央大学文理科与金陵大学合并,成立南京大学;工科成立南京工学院;以其他学科为骨干分别成立华东水利学院、南京农业大学、南京林业大学、南京气象学院、无锡轻工业学院等。然而,社会学、政治学、法学等学科受到打压,甚至被撤销,极大地影响了这些学科的发展。1955年,中国科学院建立学部,评选学部委员。延续了明清以来文化繁盛的趋势,江苏省籍学部委员数量全国排名第一,特别是自然科学方面优势更大。1956年,国家号召向科学进军,制定科学技术中长期发展计划。中国科学院在南京保留了紫金山天文台、古生物研究所、土壤研究所、地理与湖泊研究所等单位,许多部委也在江苏设有研究机构。在"三面红旗""大跃进"推动下,高等教育和科研机构发展很快,中国科学院于1958年成立了江苏分院历史研究所、经济研究所,1960年成立了哲学研究所,这些是后来的江苏省社会科学院的前身。1962年江苏哲学社会科学界联合会成立,这是中共江苏省委领导下的学术性群众团体,是全省性社科类学会、研究会的业务主管部门,是省委、省政府联系全省社科界的桥梁和纽带。一些传统学科陆续成立了一些学会,团结了大批研究者。这些学术机构带动了江苏的科研人才队伍和学术水平的提升。然而好景不长,1957年反右扩大化造成了很大的负面影响。在这个阶段,一系列政治运动增多,一方面占用了大量时间精力,另一方面,也使知识分子的积极性和创造性受到压制,影响了成果的产出。

从著述来看,这一时期学术著作数量虽然较1949年前有所增加,但在整个60年中所占比重相对较小。同时,1949年以前的许多著作再版,还出版了一些新编教材。省一级地方学术研究力量相对薄弱,研究成果相对较少。譬如,历史学研究集中在"五朵金花"方面,主要讨论古史分期、农民战争、土地制度、民族资本主义萌芽,江苏地区太平天国运动研究、资本主义萌芽等问题上。

第二阶段(1966.6～1976.10)。"文化大革命"时期,批判"封资修","以阶级斗争为纲",科学教育文化领域损失最严重,知识分子受到打击迫害,高等院校停止招生,废除高考制度,除了一些"两弹一星"科研攻关,以及在农、林、工、交、医等生产领域有一些技术革新之外,很难有真正的科学研究,特别是哲学社会科学领域,个人著作就更加稀少,基本上没有收录。

第三阶段(1977.11～2008.12)。粉碎"四人帮",拨乱反正,特别是党的十一届三中全会之后,江苏省的哲学社会科学逐渐恢复了生机和活力。1980年,在原中国科学院江苏分院历史、经济、哲学研究所的基础上,恢复成立了江苏省社会科学院,下设哲学社会科学主要学科研究所,在学术研究、决策咨询、理论宣传等方面发挥思想库、智囊团作用。江苏省哲学社会科学规划办公室成立,后划归省委宣传部。中国科学院南京分院的成立,江苏省科学技术学会等科学管理机构的成立,自然科学奖、科学技术奖、哲学社会科学奖的设置以及定期评奖,都极大地推动了江苏省的自然科学和哲学社会科学的发展。

著书立说,追求真理,积累知识,辨章学术,考镜源流,是学者探索真理的一个主要途径。大学和科研单位,是社会文明和知识积累、传承、传播的最主要的载体。改革开放以后,贯彻党的"双百方针",学术环境得到很大改善,特别是到了21世纪初期,计算机、互联网等现代化技术手段,特别是数字化手段出现后,大大方便了研究资料的收集、整理、撰写,学术成果出现了大爆发。

江苏作者群体学科分布广,梯队健全,理工科和哲学社会科学发展基本平衡,不过,从著述角度看,自然科学成果的形式主要不是著述,而是大量的论文、实验和工程实践,所以收录比较少。基础学科,文史哲及经济学、社会学、法学等方面的著述收录较多。

从学科分布看,除了传统的人文社会科学强项外,江苏省自然科学学部委员、院士数量全国第一,故在传统医学、土木建筑学、物理学、化学、农学、天文学、气象学等各个学科著述颇为丰富。

从研究特色看，江苏学者发挥地方优势，瞄准战略性、全局性问题，或在全国有重大影响的课题，如胡福明《实践是检验真理的唯一标准》初稿，成为有关真理标准问题大讨论的先声。再以历史学为例，韩儒林的蒙元史研究，茅家琦的台湾研究，张宪文的民国史、南京大屠杀史，洪焕春的江南经济史，都在全国有较大影响。

四、1949～2008年著述成果学科举例

著述志所谓"现代"，可以划分为两个阶段，即1949～1978年、1978～2008年。前一个阶段，大体是指改革开放之前的时期。后一个阶段，是指改革开放后的时期。

在前一个阶段，"五反"运动、"大跃进"运动、人民公社化运动、"反右倾"运动直至长达十年的"无产阶级文化大革命"，一系列的政治运动此起彼伏，无数知识分子轻则被打入"牛棚"进行无休止的"思想改造"，重则被关进监狱，甚至失去了生命。在精神和肉体的双重重压之下，知识分子战战兢兢，如履薄冰，对当时的学术研究产生了严重的影响，有价值的学术著作真可谓凤毛麟角。我们所收录的这一时期的著述仅有140多部，只占全部著述的5.61%。但这些为数不多的学术成果，却体现了江苏学者在这个特殊历史时期对中国学术事业的贡献和坚守：

徐复《秦会要订补》。"会要"是以某一朝代的国家制度、历史地理、风俗民情等为主要收辑内容的一种史书。《秦会要》由晚清孙楷撰写，共26卷，包含世系、礼、乐、舆服、学校、历数、职官、民政、食货、兵、刑法、方域、四裔等14门，门下再分为301目，以史事系其下，并注明引用档案文献名目。因原书错误和疏漏颇多，徐复遂对其进行订补，逐条修正，使之成为"集一代史籍典章之大成"的秦史研究不可多得的史料集。吕思勉《先秦学术概论》，全面分析先秦学派的源流和相互关系，并论辩各学派重要著作的内容真伪，对各个学派著作的评论颇多独到见解，为我国论先秦学术之名著。

陈国符《道藏源流考》既是国内外有影响的科学史专著，也是通向道藏王国的经典性著作。罗常培盛赞本书"究源探本，括举无遗"。李约瑟博士称陈国符是"道教炼丹术与早期化学的阐明者"，"是道教文献与炼丹史的权威"。

华罗庚《堆垒素数论》把华林问题与古特拔黑问题的研究方法结合起来，并把华林问题一方面推广到每一加数是整系数多项式的情形，一方面限制变数而仅取素数值。作者把Tarry问题也加上了变数只取素数值的限制，同时又讨论到更广的素未知数的不定方程组。

朱洪元《量子场论》扼要地叙述了量子场论的发展过程，各种粒子场的基本性质及处理方法，各种相互作用及用以描述相互作用的数学形式，量子场论的一些具体应用，量子场论的局限性及其所遇到的困难以及发展基本粒子理论的未来展望。此外，胡宁《场的量子理论》，赵忠尧、何泽慧等主编的《原子能的原理和应用》，龚昌德等翻译、P.罗曼著《基本粒子理论》，施士元编著的《核反应堆物理导论》等著作，对促进中国的核物理学研究和实践都作出了重要贡献。

这一时期，生物学研究取得了不少研究成果，如《华南晚二叠世头足类》《华中及西南奥陶纪三叶虫动物群》《古生物学研究的新技术新方法》《中国的叶肢介化石》《浙江中生代晚期鱼化石》《中国各门类化石——中国的三叶虫》《中国各门类化石——中国的蜓类》《中国的头足类化石》《中国各门类化石——中国的腕足动物化石》《腕足动物化石》《中国的笔石》等，为中国的古生物研究奠定了坚实基础。《中国的桑虫》主要介绍中国桑虫灾害情况和桑虫防治技术。

中医是中国的国粹。在数千年的历史中，中医对中国人的健康生活所起到的作用是毋庸多言的。陈邦贤《中国医学史》依照中国历史各断代时期分别叙述医学发展情况，内容涉及各朝代的政治经济文化背景，兼及每个时代的思想反应；每一朝代的医学史内容大致分作医事制度、医学教育、著名的医学人物、医学的成就和学派竞争、中外医药的交流和医学文献等，使人们对中医的发展历史有一个清晰的了解。承淡安《伤寒论新注》对张仲景原文采取提要、注解、小结的形式予以详析，并对六经病证补充了针灸疗法。程莘农《中国针灸学》全面论述了十二经脉、奇经八脉、十二经别、十五络脉、十二经筋、十二皮部以及十四经输穴和经外奇穴等，

还论述了各种疾病的针灸治疗方法，是对中国针灸学的一次总结。而《子午流注针法》《宋元明清名医类案4》《中医肾病疗法》《中医外科诊疗学》《中国医学人名志》《本草概要》《江苏中药实名考》《中药大辞典》等，都在祖国医学的研究、传承和弘扬过程中发挥了重要作用。

这个时期出版的著作除了数量少、有影响的学术专著稀缺之外，还有一个明显的特点，那就是"编"的多，"著"的少，真正属于个人的学术专著只有区区50多部；而所谓"编"，有一个人或几个人"主编"的，有一个人或几个人"编著"的，还有以单位的名义编写的，如《南唐二陵发掘报告》由曾昭燏总编，南京博物馆编著，《沂南古画像石墓发掘报告》由曾昭燏总编，南京博物院和山东省文物管理处编写，《江苏之塔》由江苏省文物管理委员会编写，《江苏省植物药材志》由中国科学院植物研究所南京中山植物园药用组编写，《江苏中药实名考》由江苏省中医研究所药物研究室和南京中医学院本草教研组编著，《中药大辞典》由江苏新医学院编写，《江苏气候志》更是由南京大学气象系气候专业1959年毕业班编写，如此等等。这也从一个侧面反映了那个时代的特点。

后一个阶段，中国进入了一个全新的历史发展时期。在这个时期，中国果断放弃了之前"以阶级斗争为纲"的发展思路，用"以经济建设为中心"替代了之前的"以阶级斗争为纲"和接连不断的政治运动。经济体制改革、政治体制改革、教育体制改革、科技体制改革……全面的改革，为中国经济建设和各项事业发展注入了强劲的活力，中国社会以前所未有的速度迈入了高速发展的快车道。经济的快速发展，在强国富民取得巨大成就、各项事业取得重大发展的同时，也使得一些以前从未遇到的问题凸显在国人面前，政治的、经济的、文化的、教育的、道德的……种种现象纷至沓来，如同万花筒般让人应接不暇。这些巨大的变化一方面给人们带来了诸多的困惑，另一方面也给学术研究带来了新的研究领域和契机；不断变化着的社会，不断扩大着人们的视野，给学术研究呈现井喷之势创造了有利条件。

这一时期的江苏处于沿海发达地区，也处在改革开放的前沿，经济发展活力充足，各项事业发展突飞猛进，整个社会欣欣向荣。社会变革出现的种种新问题，加之政府相关机构的政策激励，使得江苏的学术研究十分活跃，出现了非常多的研究成果，为中国学术事业的发展作出了重要贡献。这个时期的著述具有几个特点：一是研究队伍实力雄厚，著述数量多，质量高，研究领域宽广。二是贴近社会，贴近生活，对社会各领域出现的各种新问题进行严肃的理性思考和学术探讨，既反映了学者对社会的热切关照，也反映了社会的发展历程。三是体现了自然科学的进步和发展，自然科学研究出现了一大批有重要价值的研究成果。

实践的发展需要正确理论的指导，缺乏正确理论指导的实践往往会导致不可预料的恶结果。历史的发展已经反复地证明了这一点。为了寻求这种理论，一些学者做出了不懈的努力，他们试图从马克思主义那里寻求理论支撑，出版了一系列有价值的著述：

孙伯鍨《走进马克思》对历史唯物主义的形成过程进行了系统的梳理和分析；张异宾《马克思主义历史辩证法的主体向度》对马克思主义历史观中历史辩证法逻辑的主体向度问题进行深入分析，廓清了传统哲学解释框架的误释，还马克思主义科学历史观以本来面目；何干强《〈资本论〉的基本思想与理论逻辑》深入探讨了《资本论》的写作背景、基本思想、科学方法和总体逻辑体系，论证了《资本论》运用唯物史观构建科学理论体系的方法，对中国社会主义理论经济学的创新具有重要指导价值；黄和新《马克思所有权思想研究》集中研究马克思在《资本论》及其他手稿中是如何从制度层面和运行层面对所有权问题进行阐发的，认为这些阐发完整集中地体现了马克思的所有权思想。卞敏《列宁〈哲学笔记〉与马克思主义哲学的生长点》，龚廷泰《列宁法律思想研究》，王进芬《列宁共产党执政思想研究》分别探讨了列宁对辩证法史的研究、列宁法律思想的基本内容、列宁的共产党执政理论；姚润皋《邓小平实事求是哲学论》，陈少英《邓小平与当代中国政治》，钱抵千《邓小平思想研究》，沈立人《邓小平现代化理论与实践》等，对邓小平理论的基本内容、现代化理论的内涵和基本框架、邓小平实事求是思想的发展过程以及关于实事求是命题的多方面涵义等进行了深入系统的研究；刘林元《中国马克思主义理论的丰碑：中共三代领导集体对马克思主义的发展》总结了中国共产党三代领导集体对马克思主义理论的卓越贡献,勾勒出马克思主义在中国发展的伟大历程。

这一时期,人们研究哲学的热情持续高涨,出版了一批高质量、有影响的著作。朱德生、张尚仁《认识论史话》揭示了古代和近代早期认识论、德国古典哲学认识论的特点和理论贡献,认为马克思主义认识论是对此前认识论的批判继承;任平《广义认识论原理》将"交往"引入认识论,以"交往实践观"为基础,以主体间的交往关系作为主线,提出了他的广义认识论;卞敏《哲学与道德智慧》提出中国传统哲学是一种道德智慧,认为道德智慧应从道德原则、道德信念、道德观念等意义上来理解,而不是对具体道德规范的解释,并对中国传统文化的道德智慧问题作了深入浅出的探讨。《当代西方哲学》《波普哲学述评》《自识与反思:近现代西方哲学的基本问题》《现象学及其效应:胡塞尔与当代德国哲学》《时间性:自身与他者——从胡塞尔、海德格尔到列维纳斯》等著述,既向读者系统地介绍西方哲学,也代表了这一时期对西方哲学研究的最新成果。

学者们对中国古代哲学也有着浓厚的兴趣,也有一大批著作问世。最具代表性的著作有《汉代学术史略》《周易的思维与逻辑》《先秦儒学及其现代阐释》《轴心时代的中国思想》《众妙之门——老子》《忘筌·梦蝶》《庄子探奥》《墨子集诂》《六朝经学与玄学》《〈大学〉〈中庸〉注评》《清代〈论语〉诠释史论》《清代〈孟子〉学研究》《中国哲学史稿》,等等。这些著述,既是前代研究的继续,也为后代中国古代哲学的研究奠定了基石。

这一时期,学者们对中国古代的伦理和宗教研究热情不减。许建良《先秦儒家的道德世界》《先秦道家的道德世界》分别对先秦儒家和道家的道德思想进行了深入系统的分析,开拓了儒家道家道德研究的新视野;李书有《中国儒家伦理思想发展史》对历代儒家伦理学说进行了深切的分析;此外还有《中国佛教伦理研究》《佛教伦理与中国禅学》,注重挖掘佛教中的伦理思想。其他在宗教研究方面的代表性著作有《禅与老庄》《罗教·佛教·禅学——罗教与〈五部六册〉揭秘》《慧能与中国文化》《中国三论宗通史》《六朝宗教》《中国禅宗思想历程》《禅宗思想的形成与发展》《中国佛教文化历程》《中国佛性论》《中国佛学源流略讲》等。这些著述在反映作者的学术兴趣和研究成果的同时,也反映了作者对现实世界的一种特殊关照。

美学是哲学的重要组成部分,江苏学者对美学的研究成果也是不容忽视的。其中有代表性的著述有《美学散步》《六朝美学史》《唐代美学史》《当代文艺美学的多维思考》《当代审美文化批判》《西方美学史》《西方美学的历史构成》等。

这一时期的学者对现实中伦理道德问题、心理问题也进行了诸多研究。其中金生鈜《德性与教化——从苏格拉底到尼采:西方道德教育哲学思想研究》对西方德性哲学传统进行了研究,试图寻求思想现代化嬗变的机缘,在德性与教化终结的时代探询奠定良善生活的德性教化;樊和平《中国伦理精神的历史建构》《中国伦理精神的现代建构》《伦理精神的价值生态》《道德形而上学体系的精神哲学基础》从中国古代各学术流派中挖掘其中蕴含的伦理精神,探求中国伦理精神的发展演变,认为中国伦理精神内在形成了历史建构—理论建构—现实建构的具体—抽象—具体的辩证结构。此外,《行政伦理的观念与视野》《科学伦理学》《乡土伦理:一种跨学科视野中的"地方性道德知识"探究》《人性与自然:生态伦理哲学基础反思》《道德心理研究》《当代中国思想道德体系论》《道德认知发展与道德教育:科尔伯格的理论与实践》等,分别涉及不同领域的伦理道德问题,代表了江苏伦理学研究的水平和高度。

高觉敷《西方心理学史论》和杨鑫辉《中国心理学思想史》,分别对西方和中国心理学的发展做了深入系统的研究;刘恩久《社会心理学简史》则对西方社会心理学的发展状况和趋势进行了严肃的研究。《统一框架下的心理学与认知理论》《联结主义认知心理学》《情绪研究理论与方法》《应用实验心理学》《儿童心理学》等,也从不同角度研究了心理学的不同领域,同样代表了江苏心理学研究的水平和高度。

此外,针对社会变革中出现的种种新问题,学者们也从不同角度给予了认真细致的研究,涌现出一批有独到见解且有助于理解现实问题、对解决实际问题有重要参考价值的著述,如张勤《中国公民社会组织发展研究》探讨了中国公民社会组织的存在和发展及其在社会发展过程中的诸多功能;孔繁斌《公共性的再生产——多中心治理的合作机制建构》梳理了多中心治理的含义和形态特征,把握其在社会治理历史进程中的属性,阐述其历史合理性和价值正当性,并对其运作机制的理论模式做出阐释;高兆明《社会失范论》探讨了文明演进中的社会失范,并从制度分析、精神分析等方面探寻社会失范的原因和建设良序社会的可能性;许苏民《文化哲学》建立了一个由文化发生论、文化结构论、文化发展论、文化动力论所组成的文化哲学体系,揭示出一条更为深刻的由文化反省达到文化自觉的现实途径。而《时尚与冲突——城市文化结构与功能新论》《失业心理问题研究》《公共财政下的社会保障管理》《我国城市化背景下的流动人口聚居形态研究》《人口老龄化与基本养老保险基金平衡研究——以江苏省为例》《组织伦理:现代性文明的道德哲学悖论及其转向》等,则紧扣社会实际问题从事研究探索,体现了作者们高尚的入世情怀。

社会变革引发各种社会矛盾,完全不是靠道德约束所能奏效的。因此,政治体制改革、法律的不断完善成了必然。顺应这种社会变革,江苏学者在政治法律的研究上付出了极大的努力,出版了许多有价值的著述。《国家控制论:应用政治学核心系统分析》《文化视野中的政治系统——政治文化研究引论》《权利制约权力论》《国家紧急权力制度研究》《官僚制的伦理困境及其重构》《政府理论》《行政改革与制度创新:地方政府改革的制度分析》《社会系统协调论:关于社会发展机理的研究》等著作,集中探讨了国家控制、政治文化、权力制约、公共政策、公共管理、公共行政、政府理论等与政治主体、现实政治问题以及社会公共权力相关的诸多问题。《宪政与权力》《法制现代化的理论逻辑》《行政立法的正当性研究》《行政公益诉讼研究》《良宪论》《宪政的理念与机制》《司法权威的宪政分析》《宏观调控法律制度研究》《社会变迁与法律发展》等著作则紧跟中国的法治化进程,对涉及各领域的法律问题进行了深入研究。这些著述不仅体现了作者对政治法律问题的关注,也反映出这期间中国社会政治和法制建设的发展进程。

在这一时期,伴随着由计划经济体制到社会主义市场经济体制的基本转变,伴随着经济形态从封闭半封闭经济到全方位开放型经济的基本转变,江苏经济发展走在了全国前列,可说是突飞猛进,日新月异——从农村家庭联产承包责任制改革到大力发展乡镇工业,实现了从传统农业向乡镇工业转变的历史性跨越;从农村改革到国有企业改革,实现了城乡经济的共同发展;从各级经济技术开发园区建设到全省经济的集约化发展,实现了苏南苏北经济的协同共进。江苏经济的快速发展,伴随着学术研究的迅速跟进,经济研究类的著作数量激增,其内容涉及经济学、管理学、国际贸易、工业经济、农业经济、商业经济、财政税收、金融保险、银行货币等多个领域,从多角度对新时期的经济发展做出回应和总结。

以《中国财政制度——以国际比较为角度》《财务范式新论》《会计理论》《国家税收》《中国金融发展论》《汇率制度安排与国家金融安全》《经济责任审计理论与实务》《中国资本市场开放研究》《社会保险理论与制度》《农村金融深化:政策与路径》等为代表的有关财政税收、货币金融、财务审计、保险等方面的著作多达40余部,其研究内容涵盖了古代、现当代、城市、农村,既有理论研究也有应用研究,充分反映了学者们对江苏经济进行研究探讨的热度,也反映了该时期江苏经济发展的活跃度。

区域经济的研究十分突出,其重点体现在对江苏沿江地区和长江三角洲地区经济发展的研究。例如《三角洲国土开发——长江三角洲与莱茵河三角洲比较研究》《区域经济一体化与FDI流入:理论与实证研究》《江苏沿江经济发展战略研究》《长江三角洲一体化进程研究:发展现状、障碍与趋势》等著作,分别研究了长江三角洲地区的战略方向、功能定位、体制选择、政策保障等问题,从理论上研究影响长江三角洲一体化的主要因素及其内在关联,并从实践的角度提出可供操作的政策思路。

对农业、农村和农民问题的研究,也是这一时期研究的重点和热点,出版著作近40部。这些著作涉及农村发展的方方面面:既有纯理论探讨的,也有针对乡镇企业发展、农村产业结构调整、农业区划、农村土地制度、农村城市化、农村市场化、农村工业化等进行专门研究的;既有实地的考察调研报告,也有对以往农村发展过程中经验教训的总结,更有对农村未来发展的展望。《中国农村城市化研究》《中国农业发展之研究》《区际农村产业结构协调机制研究》《江苏农村改革发展30年》等著作就是其中的代表。这些研究为江苏农村发展提供了有价值的理论支持。

　　江苏作为文化大省,在文化方面的研究也是硕果累累。程千帆《校雠广义》是中国校雠学扛鼎之作,校雠学重建的奠基之作,也是一部登堂入室于中国历史文献学乃至文化学术史殿堂的门径之作;陈刚《兴衰与追求:价值观与东西方社会发展》从价值观及其与社会实践互动的角度考察东西方历史的兴衰,探讨东西方不同社会发展道路之根源,揭示了现代化所要求的重建民族文化的方向;张彦《科学价值系统论:对科学家和科学技术的社会学研究》论证了科学价值体系的二元结构以及科学价值观对科学家行为模式的影响。此外,《当代中国文化走向》《新闻社会学》《网络文化论纲》《文献学纲要》《中国辨伪学史》《冲突与协调——科学合理性新论》《科学价值系统论:对科学家和科学技术的社会学研究》《科技伦理学》等著作涉及文化科学研究的诸多方面,也是其中的代表作。

　　作为教育大省、教育强省,江苏在教育研究方面也是佳作不断,在教育哲学、教育学、教育心理学、教育行政、各类教育、教学理论、教育技术、教材教法等方面,都取得了很多重要成果。例如金生鈜《理解与教育:走向哲学解释学的教育哲学导论》对教育的意义生成、受教育者的精神建构、师生关系、课程等问题做出解释,提出教育应是"心灵的导向",就是促成人的精神成长;吴康宁《教育社会学》从社会学等多学科视角对社会转型背景下中国德育改革和公民教育体系建立的必要性、可能性等重大问题进行理论探讨;刁培萼《教育文化学》研究教育活动中的文化现象,从宏观和微观的层次上探讨了教育与文化的关系;高觉敷、叶浩生《西方教育心理学发展史》系统全面地叙述了教育心理学的产生与发展过程,阐述和分析了西方各心理学流派对教育心理学的影响与贡献。

　　语言文字研究历来为江苏学者所重视,语言文字研究在这一时期依然是硕果累累:徐复《徐复语言文字学论稿》《徐复语言文字学丛稿》《徐复语言文字学晚稿》涉及训诂学、校勘学、音韵学、文字学、方言俗语等,对语言教学、古籍整理、方俗语言研究、辞书编纂等,均有重要参考价值;王希杰《汉语修辞学》《修辞学新论》《修辞学通论》研究了修辞学的理论与方法、修辞研究的规律,创建了一个新的修辞学体系;刘俐李《回民乌鲁木齐语言志》、陈宗振《西部裕固语简志》《塔塔尔语简志》则研究了某些西部少数民族语言的语音、词汇、语法。其他代表作还有《中国文字学》《语言问题》《语法修辞讲话》《中国文法要略》《古音系研究》《隋唐音研究》《训诂学》《汉语方言概要》等。

　　这一时期文学类研究异常活跃,可说是群贤毕至、异彩纷呈。作者群中,既有蜚声华夏的学界名宿,如唐圭璋、陈白尘、程千帆、陈瘦竹等,又有功力深厚的后辈学人。其著作涵盖了文艺理论、文艺批评、中外文学、中外文学史等多个领域。作者的研究,有的专注于学理,如程千帆《唐代进士行卷与文学》《文论十笺》、陈瘦竹《戏剧理论文集》、莫砺锋《古典诗学的文化观照》等;有的专注于人物或作品,如吴调公《李商隐研究》、陈书禄《明代前后七子研究》、林非《鲁迅和中国文化》、金启华《杜甫诗论丛》、蒋星煜《明刊本西厢记研究》、俞平伯《红楼梦研究》;有的专注于流派,如吴调公《神韵论》、吴奔星《文学风格流派论》、张宏生《江湖诗派研究》、张仲谋《清代文化与浙派诗》、王英志《性灵派研究》、曹虹《阳湖文派研究》;有的专注于历史,如钱基博《中国文学史》、郭绍虞《中国文学批评史》、金启华《中国词史论纲》,陆侃如、冯沅君《中国诗史》,程章灿《魏晋南北朝赋史》,蒋星煜《中国戏曲史钩沉》,等等。其他如《剑南诗稿校注》《中国诗学通论》《词学论丛》《董解元西厢记》《莎士比亚悲剧论痕》《陈白尘论剧》《中国文学批评史》《唐代文史论丛》《古代文学杂论》等,也均是新意迭出,启人心智,既是该时期学术繁荣的体现,也是后来学者进阶的基石。

　　历史研究历来为学者所重视,这一时期的历史研究也同样是硕果累累,出版了一大批在国内深有影响的著作。顾颉刚《中国上古史研究讲义》对先秦两汉典籍中的三皇五帝等古史传说作了详细的考辨,恢复了它们的传说地位,澄清古史系统中的非历史成分,创立了自己的"层累地造成的中国古史"观,创建了一个比较完整的堪为信史的古史系统;钱穆《中国文化史导论》涉及文化理论、中国文化史、中国文化精神、中西比较等问题,以独特的视角阐述了中国文化的特殊性和发展规律,是作者文化史学的奠基著作;钱玄《三礼通论》通过"礼书""名物""制度"和"礼仪"四编,以专题的形式对有关先秦礼书及其所记礼制的重要问题做系统研究,对当今学者了解礼制发展的全貌及研究状况大有帮助，是"现代学者研究古籍而获得较大成果的学术专著"；陈梦家《西周铜器断代》在对于铜器断代研究产生了深远的影响外，在古文字学、商周历史和地理学、商周政治制度和宗教制度等方面，也有着特殊价值和贡献，是考古学、古文字学和古史学领域的一座丰碑；王健《西周政治地理结构研究》主要探讨中国古代政治制度由其形成初期的发展而带来的特点，重点研究周代国家制度中中央与地方关系的性质及其表现形式；余太山《两汉魏晋南北朝正史西域传要注》为两汉魏晋南北朝正史西域传有关西域的记载提供了一个系统的注解；韩儒林《元朝史》不仅表现在作者对蒙元历史的各个方面都作了详细阐述和深刻分析，而且表现在作者特别重视域外史料与汉文史料的比勘研究，把元史这门世界性学问的研究推进了一步；而《叶尔羌汗国史纲》《喀喇汗王朝史稿》《松花江下游的赫哲族》《察合台汗国研究》《北方民族史十论》等，则对北方少数民族的历史进行了深入研究，丰富了史学研究的内容。此外，《大戴礼记汇校集解》《分职定位：历代职官制度》《战国策集注汇考》《春秋公羊学讲疏》《六朝文化概论》《魏晋南北朝隋唐史三论——中国封建社会的形成和前期的变化》《隋唐五代简史》《宋史》《东方文化史》《汉画像石宗教思想研究》《西周政治地理结构研究》《中国地理学史》《历史的悲剧意识》等书的作者，也以自己的学术专长，在各自的领域为历史研究作出了自己的贡献。

如果说在民国时期自然科学研究还处在起步阶段的话，那么在这一时期，江苏的自然科学研究已经取得了长足的进步，包括自然科学总论、数理科学与化学、天文与地球科学、生物科学、医药卫生、农业科学、工业技术、航天航空、交通运输在内，出版的著作总数达656部，占全部著述的27.1%。这其中，很多著作都具有很高的理论价值和实践价值，影响深远。例如徐利治《关系映射反演方法》总结出一种数学方法；郑毓信《数学文化学》代表了建立数学文化学系统理论的一种自觉努力；杨乐《值分布论及其新研究》对半个世纪以来国内外在亚纯函数值分布理论方面的研究工作做了系统的总结，对国内外很多新成果给予了简单明了的论证。

汪德昭是中国水声学研究的创始人，其《水声学》也是中国水声学第一本专著，该书以水声场的物理分析为基本重点，系统论述近代水声学研究所涉及的基本内容，反映了我国水声学在当时的研究进展和成果；詹道江《古洪水研究》利用河流洪水平流（憩流）沉积物和放射性同位素技术可求得数千年的大洪水资料，使洪水的考证期大为扩展，为洪水计算开辟一条新的途径，有效提高了防洪设计的安全性。

周秀骥《长江三角洲低层大气与生态系统相互作用研究》研究了近20年来长江三角洲地区人类活动对区域气候、环境和生态的影响，评估了区域社会经济未来发展对气候和环境可能产生的影响；陈旭《中国古生代气候演变》是我国第一部研究古生代气候的专著，它基于气候敏感沉积物以及对气候敏感的各生物门类的特定属种这两大数据库，系统论述了中国各主要地体从寒武纪至二叠纪各时期的气候特征以及它们所处的气候纬向带的演变；李旭旦翻译的《地理学思想史》（增订本），是一部比较完整地介绍世界主要国家地理学发展和地理思想演变过程的著作。

戎嘉余《生物的起源、辐射与多样性演变——华夏化石记录的启示》在建立各门类化石数据库的基础上，首次初步探讨华南前元古代末至中生代早期海洋生物多样性的变化及其控制因素，为全球史前生物多样性研究提供来自同一板块的系统资料；陈均远《动物世界的黎明》首次系统展现了来自5.8亿年前贵州瓮安动物群胚胎、幼虫和成体化石，使我们走进一个比"寒武纪大爆发"世界更加古老的"伊甸园"，为动物世界的黎明添加了序曲；何泽瑛翻译的两卷《种子萌发的生理生化》，着重介绍了20世纪70年代以来现代科学理论和先进技术在种子萌发这一领域的研究成果。

黎磊石、刘志红《中国肾脏病学》全面系统地阐述肾脏病学的基础理论、最新进展和各种肾脏疾病的诊疗技术，是一部以我国肾脏病的流行病学和临床特点为基本素材、全面反映肾脏病研究成果和诊疗技术的著作。

段进《空间研究3——空间句法与城市规划》和仲德崑《城市建设艺术：遵循艺术原则进行城市建设》两本译著以及《中国大都市的空间扩展》《城市总体规划》《城市建筑一体化设计》《城市中心区规划》《现代城市设计理论和方法》等，在现代城市规划建设方面提出了一系列独特的理论和观点，对中国的城市发展具有重要的参考价值。

陈吉余《长江河口动力过程和地貌演变》全面系统地阐述和总结了长江河口的动力过程与地貌演变，并提出了治理原则和可供选择的治理方案。对河口整治和开发利用有较大的实用价值，同时也丰富了河口学理论。

茅以升《中国古桥技术史》是我国第一部全面系统论述中国古桥建筑技术与建筑艺术的科学著作，科学地论证了我国古代桥梁的起源以及古代桥梁在几个历史阶段的发展、演变、特点，总结了古桥建筑技术与建筑艺术的辉煌成就。

盛世修志，志载盛世。改革开放以来，在各级党委和政府的领导下，地方志工作取得巨大成就，各行业、各地市编纂了很多志书，囿于篇幅限制，本卷中仅择要进行了收录，如江苏省人民政府主持编纂的大型地方资料文献《江苏省志》首轮编修完成的各部志书，各地市编修完成的市志，江苏省档案局等编纂的《江苏省大事记》，江苏省地方志编纂委员会编纂的《江苏名村志》《江苏名镇志》《江苏市县概况》等，其中也包括一些重新校对整理、修订、出版的重要志书，如《江苏省通志稿》《中国地方志集成·江苏府县志辑》等。

同一时期，除志书外，其他以单位的名义编写的集体著作同样硕果累累，本卷也收录了其中一些有代表性的著作，如《江苏史纲》《江苏史论考》《吴地文化通史》《京杭运河（江苏）史料选编》《江苏当代方志论文选》《江苏地方文献丛书》《江苏货币金融述论》《南京保卫战殉难将士档案》等。此外，一些知名大家的代表性著作在新中国成立以前曾经出版过，改革开放后，又再次校对整理或者修订，重新出版，本卷对其中一些有影响的成果予以收录，如柳诒徵《中国文化史》、钱穆《中国文学论丛》、柳无忌《中国文学概论》，顾颉刚等《中国疆域沿革史》，傅抱石《中国绘画变迁史纲》、陈鹤琴《陈鹤琴全集》等。

总之，在这个阶段，江苏学者紧跟时代的步伐，用自己的学者情怀和特殊方式，为社会进步贡献着智慧和力量，功不可没。

（王健　徐志辉）

第一章　马克思主义、列宁主义、毛泽东思想、邓小平理论

走进马克思　孙伯鍨（1930～2003，江苏泰兴人，曾任南京大学哲学系教授，南京大学马克思主义理论研究中心主任）、张一兵主编，江苏人民出版社2001年12月出版，530千字。本书立足于《马克思恩格斯全集》历史考证第2版（MEGA2），针对所谓"两个马克思"的争论，对历史唯物主义的形成过程进行了系统的梳理和分析。在此基础上，本书摆脱"体系哲学"的解释框架，围绕"实践""历史"和"社会"三个主要概念，深刻地阐发了马克思主义哲学的基本理论和基本方法，并重点分析和评价了"西方马克思主义""西方马克思学"等当代思潮以及现代西方哲学的主要流派。此外，本书还着眼于全球化资本主义的发展趋势和中国特色社会主义建设的实践，论证了马克思主义哲学的当代价值。

（王忆南）

马克思主义历史辩证法的主体向度　张一兵（张异宾的笔名，1956～　　，江苏南京人，南京大学哲学系教授，中国马克思主义哲学史学会副会长，江苏省哲学学会会长，江苏省马克思主义研究会会长。研究方向：马克思哲学文本学，国外马克思主义，当代西方激进哲学）著，河南人民出版社1995年6月出版，386千字。《马克思主义研究丛书》之一。本书通过反拨、探源与重构，对马克思主义历史观中历史辩证法逻辑的主体向度问题进行深入细致的分析，并根据自己的研究发现，提出马克思关于人类社会发展在一定历史时期发生的似自然性和物役性现象的理论，达到了历史与逻辑的统一，从而廓清了长期存在的传统哲学解释框架的误释，还马克思主义科学历史观的本来面目；并且"从抽象的原理走向具体"，对社会主义运动历史的现实的具体的实践，无论是胜利和发展，还是曲折和倒退，都能从哲学的高度作出比较清楚的理论概括和分析，有力地论证了马克思这一科学理论的巨大实践意义。通观全部书稿，其理论涵盖面大，开掘面深，又能围绕内在的中心构成一个比较严密的体系。这是对马克思科学历史观研究的一大突破，是近年来我国哲学理论探索方面的可喜收获。（另有《折断的理性翅膀："西方马克思主义"哲学批判》《回到马克思——经济学语境中的哲学话语》，已著录）

（徐志辉）

回到马克思——经济学语境中的哲学话语　张一兵著，江苏人民出版社1999年9月出版，510千字。本书指认的马克思关于人类社会发展在一定历史时期出现似自然性和物役性现象的理论，是马克思主义科学世界观中历史辩证法逻辑主体向度的重要内容。可在相当长时期内，马克思这一重要的科学批判话语却一直为人所忽略。作者在精心研读大量经典文献之后，重新提出和确证这一重要学说：人类社会历史发展并非永远是一个自然历史过程，只是在人类社会实践功能度的特定水平上，社会历史发展才呈现类似自然界盲目运动的历史现象；在这个特定的历史时期中，人类主体畸变为外部力量（自然和人的物化世界）的奴隶，而社会历史发展则外化为一种近似于自然历史运动的"无主体过程"；这种特定的社会历史似自然性与物役性并不是永恒的自然规律，随着人类社会实践的发

展，人类最终将超越这一历史性生存状态，从人类社会发展的史前时期走向人的全面自由发展时期。本书立意新颖深刻，在思想原创与文本互动、史辨与论说、逻辑深入与生动浅出以及理论研讨与现实反观等方面均有深入研究。　　　　（徐　萌）

马克思的自由观　陈刚（1954～　，江苏泗洪人，曾任江苏省社会科学院哲学与文化研究所所长、副院长，研究员。研究领域：哲学与文化）著，河南人民出版社1996年4月出版，267千字。著者深读马克思原著，有根据地系统分析、发挥了马克思关于人的思想，证明人道主义思潮、自由观念不是资产阶级的专利，更不是应该被批判的。著者阐明了源于资本主义又超越了资本主义的马克思主义自由观，匡正了把马克思学说片面理解为斗争学说的错误，批判了视人为草芥，凌辱人、践踏人的恶劣思想倾向，在理论上具有一定的拨乱反正意义。（另有《人的哲学：对马克思的人与自由学说的新探讨》《兴衰与追求：价值观与东西方社会发展》，已著录）　　　　（韩　兵）

人的哲学：对马克思的人与自由学说的新探讨　陈刚著，南京大学出版社1992年9月出版，200千字。著者把历史唯物史观理解为"真"的学说，即揭示历史规律的学说，是回答"历史规律社会机制是什么"以及"人的本质是什么"的学说；而把马克思主义人道主义理解为"善"，即回答"人应当做什么"的马克思主义价值观；而"真"与"善"通过革命的能动实践，即在实践中主体方面的因素与客体方面的因素统一起来，成为征服世界、改造世界的力量，主观与客观、理想与现实、真与善、实有与应有之间的鸿沟也就被超越了。著者又进一步对异化、人道、宗教、人生价值观等问题加以探讨，既坚持马克思主义的基本观点，又作出自己的富有意义的阐释，从而深化了对马克思主义人学的理解，澄清了理论界的许多模糊认识。　　　　（韩　兵）

马克思和蒲鲁东　朱进东（1956～　，南京航空航天大学人文学院教授。研究方向：马克思主义哲学，近现代西方哲学）著，江苏人民出版社2000年4月出版，220千字。本书将马克思与蒲鲁东的理论演进关系分为六大阶段：共具哲学视域阶段；社会主义交往阶段；公开论战阶段；革命及其对革命分析阶段；在理论上深入批判蒲鲁东阶段；与蒲鲁东主义者交锋阶段。本书论述了马克思对蒲鲁东的影响：蒲鲁东主义由于受到马克思恩格斯的批判，不得不改变其自身的理论存在形式；革命导师关于物质生产是决定性的历史动因、关于阶级斗争等的论点，有很大一部分被蒲鲁东接受了；蒲鲁东从《共产党宣言》和《法兰西内战》中吸收了许多重要思想。本书系统考察了《1857—1858年经济手稿》《1861—1863年经济学手稿》和《资本论》中对蒲鲁东的批判，该批判涉及劳动货币、无息信贷、贷放货币的资本家、所有权、生产过剩、工人与自己产品的关系、劳动的价值、政治经济学的方法等方面的内容。本书在马克思对待历史哲学的态度方面提出了新的见解。　　　　（徐志辉）

《资本论》的基本思想与理论逻辑　何干强（1946～　，湖南长沙人，南京财经大学经济学教授，中国《资本论》研究会常务理事，世界政治经济学学会常务理事。研究方向：《资本论》与当代中国经济）著，中国经济出版社2001年1月出版，440千字。本书注重在经济机制、历史进程与理论逻辑的结合上准确把握马克思的理论体系。在阐述《资本论》的写作背景、基本思想、科学方法和总体逻辑体系的基础上，向读者展示了马克思是如何"找出社会结构最深的秘密""再现商品社会的经济运行机制"和"阐明生产条件所有者经济利益的实现形式"的，又是如何在经济运行和发展中揭示社会经济运动规律，以及体现不同经济层面的经济规律是如何有机地结合而形成规律体系的。本书还论证了《资本论》运用唯物史观构建科学理论体系的方法，对中国社会主义理论经济学的创新具有重要指导价值。作者在附录"引读纲要"中，按原著的内在逻辑，提炼出《资本论》的思路，对于读者深入领会马克思的经济思想和理论逻辑很有帮助。　　（徐志辉）

王学文《资本论》研究文集　王学文（1895～1985，原名王守椿，号首春，江苏徐州人，曾任中国科学院哲学社会科学部委员，教育部政治经济学教育委员会主任委员）著，中国社会科学出版社1982年12月出版，104千字。本书收集了作者有关《资本论》研究方面的10篇文章，包括《资本论》的体系、方法论和内容实质,以及学习方法、学习态度等内容。文中作者对各种反马克思主义的观点进行了批评,这些文章促进了马克思主义政治经济学在中国的传播。　　　　　　　　　　（王忆南）

马克思主义东方社会理论研究　俞良早(1951～　,湖北汉阳人,南京师范大学公共管理学院教授,中国国际共产主义运动史学会常务理事。研究方向:世界社会主义,邓小平理论,政治学原理,社会主义思想史)著,中共中央党校出版社2006年7月出版,365千字。作者从东方的视角来研究、理解和掌握马克思主义理论,通过长期研究,产生了一些阐述马克思、恩格斯、列宁、斯大林、毛泽东等关于东方社会发展理论的论文,还产生一些阐述20世纪东方社会主义历史进程和基本经验的论文。本书是以作者从前发表的论文为基础撰写而成的。第一章提出并论证"马克思主义东方学";第二章论证马克思、恩格斯的东方社会理论;第三章论证列宁的东方社会理论;第四章论证斯大林的东方社会理论;第五章论证毛泽东的东方理论;第六章论证行进中的东方社会主义的若干问题。本书是对马克思主义东方社会理论的初步探讨。
　　　　　　　　　　　　　　　　（徐志辉）

马克思所有权思想研究　黄和新(1963～　,江苏海门人,南京师范大学法学院教授,中国法学会经济法学研究会理事,江苏省法学会民法学研究会及经济法学研究会副会长。研究方向:民法学,经济法学)著,南京师范大学出版社2005年12月出版,237千字。马克思在《资本论》及其手稿中从制度层面和运行层面对所有权问题作了阐发,完整集中地体现了他的所有权思想。马克思的所有权思想是其多方面理论成就的综合反映;其所有权思想史是其法律思想史的生动写照;其所有权性质理论在于紧密联系资本主义生产过程中所有制、占有、所有权的相互关系的实际状况进行剖析;他以社会经济关系与人的价值、地位之间的相互关系及其变化为主线对所有权现象的历史、性质与特点作系统考察,证实所有权是历史权利而非自然权利;他注意区分所有权的基本权能和其他与此相关的权利形式,明晰地揭示了所有权的内部构造和实现机制,创立财产的权利统一与分离学说;他按照逻辑与历史相统一的叙述原则,通过对土地所有权、劳动力所有权、资本所有权的研究,论证了人对物的依赖关系条件下所有权的本质和规律。
　　　　　　　　　　　　　　　　（徐志辉）

列宁《哲学笔记》与马克思主义哲学的生长点　卞敏(1949～　,江苏扬州人,曾任江苏省社会科学院《江海学刊》杂志社社长,马克思主义研究所所长)著,河南人民出版社1992年7月出版,252千字。本书从列宁对辩证法史的研究入手,以古希腊哲学为背景考察辩证法的起源,以德国古典哲学为重点考察辩证法的发展,指出列宁所勾画的哲学上的"圆圈"实质上是对辩证法发展规律的一种揭示,立意在于通过对列宁《哲学笔记》的马克思主义哲学发展的生长点进行综合性研究,为不断丰富和发展马克思主义哲学,使之充满生机和活力而做出努力。(另有《哲学与道德智慧》,已著录)　（韩　兵）

列宁法律思想研究　龚廷泰(1948～　,江苏南京人,南京师范大学法学院教授,曾任中国法学会法学教育研究会常务理事,中国法学会法理学研究会常务理事,江苏法学会副会长。研究方向:马克思主义法律思想史,法哲学)著,南京师范大学出版社2000年12月出版,270千字。本书深入探讨列宁法律思想的真理性、民族性和时代特质,揭示列宁法律思想的历史发展与逻辑建构之间的内在联系及列宁法律思想在马克思主义法学体系中的地位和特有价值,考察列宁法律思想形成和发展的历史过程,阐发列宁法律思想的主要内容。该书对列宁法律思想的基本内容作了概括,对列宁的法律思想进行专题研究和系统阐发;把列宁法律思想置于列宁主义理论体系中来进行研究,将列宁法律思想与他的法制实践结合起来加以把握;将列宁法律思想作为马克思主义法学的一个特殊阶段加以考察;将列宁法律思想研究与当代中国社会主义法治国家建设的实际相结合。　　　（徐志辉）

列宁共产党执政思想研究　王进芬(1967～　,女,河南新乡人,南京师范大学公共管理学院教授。研究方向:马克思主义理论,列宁思想,执政党建设)著,中共中央党校出版社2008年12月出版,320千字。研究列宁关于共产党执政的思想，最主要的就是研究列宁围绕共产党执政提出的一系列的思想主张。而要准确理解这些思想，就要分析列宁提出这些思想的背景和条件。研究列宁共产党执政的思想，不是为了书斋里的学问，而是希望通过对列宁共产党执政理论的研究，深化中国共产党对共产党执政规律的认识。本书包括3个基本内容，一是列宁共产党执政思想形成的背景，二是列宁共产党执政思想的基本内容，三是列宁共产党执政思想的当代意义。本书共分为9章：列宁共产党执政思想形成的背景、俄共（布）必须从革命党向执政党转变的思想、共产党执政的实质在于人民群众管理国家、关于实现执政党党内民主决策的探索与尝试等。　　　　　　　　（徐志辉）

张闻天与毛泽东思想　许佳君（1966～　，江苏淮安人，河海大学公共管理学院教授。研究方向：移民政策与管理，工程与政治，移民与政治，投资项目评价）等编著，河海大学出版社2003年5月出版，260千字。本书由9章构成，具体内容：导论、张闻天对近代中国社会和革命的认识、张闻天对新民主主义革命总路线的探索、张闻天对革命根据地建设的贡献、张闻天与新民主主义的三大法宝、张闻天对人民民主专政理论的贡献、张闻天对社会主义建设道路的探索、张闻天与毛泽东思想的灵魂、张闻天政策和策略思想等，系统地论述了张闻天对新民主主义理论的探索和贡献。　　（徐志辉）

邓小平实事求是哲学论　姚润皋（1948～　，江苏姜堰人，南京大学马克思主义研究院教授，江苏省马克思主义理论研究会副会长。研究方向：马克思主义哲学史，马克思主义中国化）、林源著，南京大学出版社1997年10月出版，213千字。本书从哲学的高度，对邓小平理论的内容、实质作了多方面的探讨：叙述了邓小平关于实事求是思想的发展过程，揭示了邓小平理论中关于实事求是这一命题的多方面涵义，指出实事求是不仅是马克思主义的精髓，同时也是邓小平理论得以产生的思想前提和逻辑起点，是邓小平理论不断发展的方法论原则和邓小平理论的灵魂和精髓；有针对性地提出在实践和运用邓小平理论的过程中，必须坚持唯物辩证法的客观性、全面性原则，完整准确地理解邓小平理论，防止使邓小平理论片面化和凝固化的形而上学倾向；对毛泽东和邓小平在社会主义建设问题上的思想作了较为客观、公正的评价，在充分肯定毛泽东伟大贡献的同时指出了其晚年在社会主义建设问题上的重大失误。　　　　　（徐志辉）

邓小平与当代中国政治　陈少英（1942～　，江苏苏州人，苏州大学政治与公共管理学院教授。研究方向：当代中国政治，邓小平理论）等著，苏州大学出版社2002年10月出版，300千字。《现代政治学研究丛书》之一。邓小平理论的基本内容包括：坚持实事求是的思想路线和独立自主的原则；社会主义初级阶段的科学论断；社会主义的根本任务和根本性质；改革是一场革命；对外开放是改革和建设不可缺少的条件；四项基本原则是立国之本；党的建设是社会主义事业的根本保证；"一国两制"推动祖国统一大业完成等。邓小平理论是马克思列宁主义同中国实际相结合的第二次历史性飞跃。它在新的实践基础上继承前人又突破陈规，开拓了马克思主义的新境界；它坚持科学社会主义理论和实践的基本成果，深刻揭示了社会主义的本质，把对社会主义的认识提高到新水平；它坚持用马克思主义的广阔眼界观察世界，对当今时代特征和总体国际形势，对世界其他社会主义国家的成败，发展中国家谋求发展的得失，发达国家发展的态势和矛盾进行正确分析，做出了新的科学判断；它形成了建设有中国特色社会主义理论的科学体系。　　　　　　　　　　　　（徐志辉）

邓小平思想研究　钱抵千（1919～1989，江苏太仓人，历任解放军总政治部宣传部处长、副部长，昆明军区政治部副主任，解放军政治学院副院长，解放军报社代社长，国防大学副校长）主编，国防大学出版社1993年6月出版，1 098千字。本书分为邓小平建设有中国特色社会主义理论研究、邓小平战略思想研究、邓小平国际战略思想研究、邓小平军事战略思想研究、邓小平国防现代化思想研究和邓小平新时期军队建设思想研究等5个部分，对邓小平思想进行了深入系统的论述。　　（韩　兵）

邓小平现代化理论与实践　沈立人（1927～　，江苏吴江人，经济学家，曾任江苏省社会科学院经济研究所所长和江苏省哲学与社会科学联合会副主席)著,南京出版社1998年12月出版,200千字。《中国现代化丛书》之一。本书结合叙述中国现代化的实践来阐述邓小平的现代化理论,分析了邓小平现代化理论的内涵和基本框架,力图达到史与论的统一。本书共包括邓小平是中国现代化的总设计师、社会主义现代化建设的目标、中国现代化的战略部署及其实施、推进现代化建设的强大动力、学习和实践邓小平的现代化等5章。

(蔡保鹏)

中国马克思主义理论的丰碑:中国共产党三代领导集体对马克思主义的发展　刘林元(1941～　,江苏靖江人,南京大学哲学系教授。研究方向:马克思主义哲学)主编,南京大学出版社2001年6月出版,634千字。本书紧扣中国革命和建设的实践主题,总结了中国共产党三代领导集体对马克思主义理论的卓越贡献,勾勒出马克思主义在中国发展的伟大历程。本书的主要价值在于作者提出并阐明了马克思主义理论要随着实践的发展而发展,要用不断发展的马克思主义来指导不断发展的实践这一重大课题。该书是目前国内第一本系统、完整地从历史与逻辑相统一,从理论创新和实践探索相结合的角度总结中国马克思主义发展历史进程的有深度的著作。

(孟桂英)

从"中间地带"到"世界多极化":中国三代领导人的国际战略思想　孙建社(1953～　,上海人,南京师范大学公共管理学院教授,中国国际共运学会理事,江苏省哲学与社会科学联合会理事,江苏省世界政治经济与国际共运研究会常务理事兼秘书长。研究方向:国际关系,国际共运)、石斌著,人民出版社2003年4月出版,233千字。本书共分9章,书中引用大量的历史文献,在尊重历史事实的基础上,按照时间顺序,结合实际,总结出三代领导人的国际战略思想是一脉相承的,并始终以独立自主的和平外交政策为主线贯穿其中。本书关于世界政治经济的发展趋势、中国在世界格局中的地位及作用的一些论述颇有见地,对于从事相关研究的学者具有一定的启发性,是一部有较高学术价值的专著。

(徐志辉)

第二章　哲学逻辑学伦理学美学心理学宗教类

认识论史话　朱德生(1931～　,江苏武进人,曾任北京大学哲学系教授、系主任)、张尚仁著,江苏人民出版社1982年12月出版,100千字。本书主要内容分为4章。第1章古代认识论,介绍早期希腊的认识论、苏格拉底和柏拉图的认识论、亚里士多德的认识论、古代怀疑论和中世纪的认识论;第2章近代早期的认识论,介绍英国经验论的认识论、大陆唯理论的认识论、法国唯物主义的认识论;第3章德国古典哲学的认识论,介绍康德的认识论、黑格尔的认识论、费尔巴哈的认识论;第4章马克思主义认识论,介绍创立科学的实践观点、确立能动的反映论观点、建立认识和实践辩证发展的理论。(另有《形上之思》《燕园沉思》,已著录。)
（王忆南）

形上之思　朱德生著,辽宁人民出版社2001年8月出版,117千字。本书主要分4个部分,分别对人、实践、主体性和辩证法进行了论述,包括关于人的几点哲学思考、哲学是对人的存在方式的反思、关于体系之争杂谈、解释世界与改变世界、实践与认识的预见性、主体性问题的是是非非、再谈主体性概念、主体性与实事求是、作为一种思维方式的辩证法的由来、辩证法是人的存在方式的反映、辩证法是认识世界和改变世界的统一、辩证法是合规律性和合目的性的统一等内容。　（王忆南）

哲学与道德智慧　卞敏著,江苏古籍出版社2002年4月出版,161千字。本书提出中国传统哲学是一种道德智慧的独到见解,认为道德智慧主要应从道德原则、道德信念、道德观念等意义上来理解,而不是对具体道德规范的解释。作者以辨析科学与哲学、中国哲学与西方哲学之区别为切入点,本着追溯历史原创精神的宗旨,以先秦诸子思想为广阔的历史背景,以先秦儒家、道家思想为主要考察对象,从道德与意志、道德与情感、道德与审美、道德与知识、道德与人格、道德与理想、道德与境界等七个方面对中国传统文化的道德智慧问题作了深入浅出的探讨。结论是:道德智慧是对人生之道、人际之和、人格理想与人生境界所作的哲学追问,而中国传统哲学就是关于人类生存发展的道德智慧和赖以安身立命的精神家园。　（韩　兵）

广义认识论原理　任平(1956～　,江苏高邮人,苏州大学政治与公共管理学院教授。研究方向:发展哲学,政治哲学)著,江苏人民出版社1992年2月出版,263千字。本书将"交往"引入认识论,以"交往实践观"为基础,把主体间的交往关系作为主线,通过对交往的各形态、各层次、各个侧面的动态研究,向人们展示了一幅认识论的新图景——广义认识论。作者立足于马克思的交往理论,以"交往"范畴为核心,汲取中外认识论研究成果,概括总结人类各种交往关系的发展,建构了广义认识论原理框架。其主要内容如下:不同于传统认识论的广义认识论观;关于各交往形态、交往形式及各层次交往结构和功能的研究,主要包括物质交往和精神交往;认知交往运行系统的研究,包括个体认知交往运行系统和社会认知交往运行系统;对真理、道德、文化等的广义认识论分析;广义认识论所有论域的基本原理和主要原则。（另有《时尚与冲突——城市文化结构与功能新论》，已著录。）

（徐志辉）

现代性的谱系　张凤阳（1962～　，山东利津人，南京大学政治与行政管理学系教授，中国政治学会理事，江苏省政治学会副会长。研究方向：政治哲学，政治社会学，文化社会学）著，南京大学出版社2004年4月出版，401千字。上篇：世俗趣味的高涨和自由秩序的扩展。"自由"成为具有文化霸权意味的"主义"，还像一种获得性社会遗传一样融入人的精神血脉。对自由的极度推崇体现了西方文化的现代品格：个人本位的持守；世俗幸福的确认；多元追求的倡导。中篇：自然的数学化和行动的合理化。科学精神的普及和工具理性的蔓延使"合理性"成为开启现代文明之锁的钥匙。现代文明的工具理性取向：抽象还原、定量计算的标准化逻辑；预测和控制外部对象的基本旨趣；追求最优方案、最佳手段、最高效率的有效性思维；物质需求的绝对优先性。下篇：漂泊的性灵和放纵的肉身、世俗化和理性化是现代文明的主导潮流。工具理性成为功利谋划的手段；功利谋划依托于精明的理性算计。商品经济的发展使工具理性与功利谋划紧密锁合；成本-收益的精神计量使企业经营不断提高规范化和标准化水平；市场逻辑的驱使帮它成功启动了社会生活数字化的进程。其实质是以艺术审美替代宗教信仰；以天才智慧超越庸俗常态；以生命激情对抗社会规范。　　　　（徐志辉）

人与机器：高科技的本质与人文精神的复兴　林德宏（1938～　，江苏南京人，南京大学哲学系教授，中国自然辩证法研究会常务理事，自然哲学委员会主任，江苏省哲学与社会科学联合会常务理事。研究方向：马克思主义哲学，科学技术哲学，科学思想史）著，江苏教育出版社1999年12月出版，440千字。本书是一本从哲学上阐述人与机器关系的学术专著。作者认为，人机关系问题既是人与物的关系问题，又是高科技与人的关系问题。科学技术的本质是能够物化为各种生产工具和生活用具。唯有通过这些工具，智力才能得到物化和优化，人类才能不断超越自身的局限性。人类的发展过程，就是人类不断技术化或物化的过程。近代以来，人在机器面前开始异化，却忽视了自身的价值。于是科技文化成为主导文化，科技文化与人文文化开始分离与对峙。高科技使生产劳动日趋智能化和信息化，是人的本质力量的深层次体现。高科技空前体现了人的价值，也对人的素质提出了更高的要求。高科技可能使人进一步异化，并导致人的"非人化"。高科技既给人类带来了空前的高效益，也给人类带来高风险。作者为此提出了"技术有禁区"的观点，即科学思考无禁区，技术行为有禁区。作者主张既要充分依靠高科技来发展生产，推动社会全面进步，又要注重人的价值、人的素质提高和自我完善。作者呼吁在发展和推广高科技的过程中复兴人文精神。（另有《科学思想史》，已著录。）

（徐志辉）

当代实在论与反实在论之争　张之沧（1948～　，江苏邳州人，南京师范大学公共管理学院教授。研究方向：科技哲学，现代西方哲学）著，南京师范大学出版社2001年3月出版，336千字。本书涉及的哲学概念、哲学学派和有关实在论与反实在论的内容十分丰富。作者在本书中既诠释"实在"与"实在论"、"反实在"与"反实在论"、"科学实在论"与"反科学实在论"等基本概念，追溯实在论与反实在论发生、发展的历史渊源，又阐明自20世纪新实在论和批判实在论问世以来，实在论与反实在论的激烈争论，其中不仅论述自然主义实在论的复兴、西方马克思主义实践观的形成，也在现代物理学的实在观中，突出理性实在论、现象实在论、互补实在论、潜在实体论、测量实在论、关系实在论等观念和理论。20世纪80年代，科学实在论与反科学实在论的争论，将当代实在论与反实在论之争推到一个高峰。（另有《科学哲学导论》，已著录）

（徐志辉）

实用主义：从皮尔士到普特南　陈亚军（1960～　，安徽滁州人，籍贯江苏响水，南京大学哲学系教授。研究方向：西方哲学，英美哲学，心灵哲学，科学哲学）著，湖南教育出版社1999年5月出版，280千字。实用主义是当代西方哲学中最有影响的流派之一，它不仅在20世纪初活跃一时，而且在70年代又重新引起西方学术界的重视，衍生出新的变种。本书以皮尔士、詹姆斯、杜威、奎因、罗蒂、普特南这六位最有代表性的实用主义大家为对象,较为系统地分析评述了他们的观点,从中可以看出从实用主义到新实用主义的思想内涵及其演变。

（徐志辉）

后现代相对主义与反科学思潮——科学、修辞与权力　蔡仲（1957～　,江苏涟水人,南京大学哲学系教授。研究方向:科学技术哲学,数学哲学）著,南京大学出版社2004年6月出版,321千字。后现代相对主义是当前人类文化中的一个普遍现象,并由此引发了各种各样的反科学思潮,以及世界范围内迷信与邪教势力的回潮和泛滥。因此,反对后现代相对主义,维护科学的尊严,保卫理性、坚持真理,实为必要。本书以著名的"索卡尔事件"为线索,展现了后现代反科学思潮出现的历史背景,突出讨论了"索卡尔事件"所引发的科学卫士与后现代思想家之间的"科学大战",从哲学和科学哲学的角度分析了后现代相对主义反科学思潮的发展线索。分析批判了"强纲领"的科学知识社会学。

（徐志辉）

自识与反思:近现代西方哲学的基本问题　倪梁康（1956～　,江苏南京人,中山大学哲学系教授。研究方向:西方近现代哲学）著,商务印书馆2002年2月出版,544千字。本书能让读者体会出西方哲人的良苦用心,明白350多年来的西方唯心主义哲学原来恰恰是向着"人类自身"觉悟的一个过程。"自识"与"反思"是近代西方哲学的标志性问题,是西方文明与其他文明重要的区别之一。遵循海德格尔"文献史应当成为问题史"的指导思想,在阐述西方哲学大师们对这两个问题的不同看法时侧重展示其研究问题的过程而不是最终结论,使读者能体验到大师们种种特立独行的思维方式。作者所尝试的是一项概念史或问题史的研究。它带有一个方法与内容上的双重现象学思路轨迹。在研究方法的意义上,它是对海德格尔提出的所谓"文献史应当成为问题史"之要求的顺应:这里所进行的是对一个哲学问题,并且是对近代欧洲哲学基本问题发展历史的追踪研究。它还在课题内容的意义上应和了舍勒的一个未竟意向,即撰写一部"关于人本身的自身意识的历史";它是一部"人类自身意识在历史的突出点上随着新的跃进而完成的成长上升的历史"。(另有《现象学及其效应:胡塞尔与当代德国哲学》,已著录)

（徐志辉）

波普哲学述评　夏基松（1925～　,浙江杭州人,曾任南京大学哲学系教授,中国现代外国哲学学会副会长,华东现代外国哲学学会会长,江苏省哲学学会会长。研究领域:现代西方哲学）著,黑龙江人民出版社1982年7月出版,156千字。卡尔·波普是当前西方最著名的科学哲学家和社会哲学家之一;他的哲学——批判理性主义为全世界哲学界、自然科学界和社会科学界所关注;他的关于"三个世界"的理论引起了西方哲学界的热烈争论。他的批判理性主义哲学对西方的科学哲学和自然科学界以及西方的社会、历史、政治观点也有很大的影响。有鉴于此,本书根据一分为二的原则,力求如实地介绍波普哲学各个方面的观点并对它们做出实事求是的评价。在方法上,采取先述后评的方式。在叙述波普的哲学观点时尽量引用他的原文,力求反映原貌;在评论中发表作者的见解,以供读者参考。(另有《当代西方哲学》,已著录)

（徐志辉）

当代西方哲学　夏基松著,黑龙江人民出版社1983年10月出版,245千字。本书综述了当代西方哲学的概况,分别评介了15个在西方影响较大的哲学流派,其中包括在20世纪五六十年代被称为"现代西方四大哲学流派"的实用主义、逻辑实证主义、存在主义、新托马斯主义以及在中国哲学界研究较少的操作主义、普通语义学派、日常语言学派、逻辑实用主义、现象学、人格主义等,还有近10多年流行的法兰克福学派、结构主义、科学哲学的批判理性主义和历史主义学派。有些学派,如实用主义虽已衰落,但仍然广泛地影响着当前的西方哲学界,因而也对它们进行了述评。"分析哲学"是逻辑实证主义、日常语言哲学等具有一些共同特征的某些哲学流派的泛称,并不是一个哲学流派,故不作专章论述。该书不仅从"宏观"上对整个当代西方哲学介绍得比较全面,而且在"微观"上对每个流派的论述也比较完整,使人读后有"一叶在掌,叶脉分明"之感。

（徐志辉）

现象学及其效应:胡塞尔与当代德国哲学　倪

梁康著,生活·读书·新知三联书店 1994 年 10 月出版,284 千字。《三联·哈佛燕京学术丛书》之一。本书是对现象学运动这个本世纪欧洲最重要的哲学思潮的一个批判性的回顾,也是我国研究胡塞尔的现象学以及由其引发的现象学运动、效应的重要著作。绪论主要阐述了胡塞尔在现代西方哲学,特别是欧陆哲学中的开创者地位;上篇主要讨论胡塞尔现象学的核心概念、学说观念及其理论方法;下篇着重分析了胡塞尔现象学对 4 位当代重要哲学家的思想影响,也在现象学运动的内在演变中对这些哲学家进行了深入的研究。本书在资料搜集、概念分析、观点论证和系统阐述方面,都有重要的价值。

(徐志辉)

时间性:自身与他者——从胡塞尔、海德格尔到列维纳斯 王恒(1967～ ,江苏徐州人,南京大学哲学系教授。研究方向:现象学与法国哲学,列维纳斯思想,后现代伦理,批判理论)著,江苏人民出版社 2006 年 2 月出版,180 千字。法国犹太裔哲学家列维纳斯是 20 世纪欧洲伟大的伦理学家。他彻底反对自古希腊以来的整个西方哲学传统,并在此基础上提出了激进的真正意义上的"他者"理论,成为当下几乎所有激进思潮的一个主要的理论资源。本书就是对这种他者言说的学理性梳理,是国内第一本对作为现象学家的列维纳斯的哲学思想的追溯性研究著作。其主要观点是:时间问题是现象学思想传统中一以贯之的根本,胡塞尔的时间意识就是主体性本身,海德格尔认为时间性就是存在的境域,而对于列维纳斯,正是在时间中才有真正的他者出现,或者说与他者的关系才真正有时间的呈现。时间之谜,就是主体之谜,就是他者之谜,列维纳斯正是基于时间,才另立了"作为他者的主体"这一后现代伦理之要义。

(徐志辉)

折断的理性翅膀:"西方马克思主义"哲学批判 张一兵著,南京出版社 1990 年 6 月出版,170 千字。本书共 4 编,阐述西方马克思主义哲学的整体逻辑框架、哲学人本主义的主导本质、西方马克思主义哲学的潜在逻辑矛盾及其对当代资本主义的批判性反思,既理清西方马克思主义哲学思潮的发展线索,又符合其思想演变的内在逻辑进展,展现出西方马克思主义哲学演变的全景和历史逻辑。本书把西方马克思主义思潮作为一个整体来加以探讨而没有停留在西方马克思主义这一术语是否适当的争论上,径直登堂入室,对这一西方社会思潮进行总体性分析。本书以恢弘气度剖析西方马克思主义哲学的整体逻辑框架,指出这一哲学理论框架的逻辑出发点是总体性原则,其方法论的基本结构是超越二元对立的中介性,其逻辑运演的先验设定是"应该"。该书以这一逻辑构架为参照系而展开,勾画出西方马克思主义哲学演进的脉络。

(徐志辉)

哈贝马斯的现代性社会理论 王晓升(1962～ ,江苏大丰人,华中科技大学哲学系教授。研究方向:发展哲学,语言哲学)著,社会科学文献出版社 2006 年 7 月出版,321 千字。《国外马克思主义研究系列》之一。哈贝马斯认为,社会既是系统,又是生活世界。社会的发展过程表现为系统的复合性不断提高的过程和生活世界不断理性化的过程。在生活世界理性化的过程中,社会子系统会从生活世界中分离出来,并控制生活世界。系统对于生活世界的控制产生"自由的丧失"和"意义丧失"。要解决"自由的丧失"问题就要建立民主法治国家;要解决"意义丧失"的问题,就要通过交往行动使文化的 3 个不同领域:道德和法律、科学和技术、文学和艺术结合起来,使它们回到以交往理性为基础的生活世界之中。

(徐志辉)

"崩溃的逻辑"的历史建构:阿多诺早中期哲学思想的文本学解读 张亮(1973～ ,江苏徐州人,南京大学哲学系教授,中国马克思主义哲学史学会理事,江苏省哲学学会常务理事兼副秘书长。研究方向:国外马克思主义哲学,当代西方左派思想史,历史唯物主义)著,中央编译出版社 2003 年 7 月出版,278 千字。本书运用深层历史解读法,在充分掌握第一手资料和大量既有研究成果的基础上,对阿多诺 20 世纪 30 年代至 60 年代早期的主要哲学文献进行开创性的文本学解读,首次揭示了"崩溃的逻辑"这一段不为国内学界所知的思想建构历程,特别呈现阿多诺对克尔凯郭尔、胡塞尔和黑格尔哲学进行批判的深层理论逻辑,从而为进入阿多诺最后的《否定的辩证法》迷宫开辟了一条畅通的道路。

(徐志辉)

从时代的产儿到时代的弃子——法兰克福学派述评 翁寒松(1957~ ,江苏南京人,知名学者)著,江苏人民出版社1986年9月出版,113千字。法兰克福学派是当代"西方马克思主义"中的一个最有影响的流派,它的成员们全面研究了当代资本主义社会的新情况和新问题,在理论上多方面地对马克思主义作了"修正",认为马克思主义的许多原理已经"过时",必须代之以他们创立的"批判的社会理论"。面对这样的挑战,我国的马克思主义理论工作者,不能总保持沉默,而必须对其进行评述,做出实事求是的分析批判,以澄清理论上的混乱,坚持和发展马克思主义。这本书就是为适应这样的需要编写的。全书共分7章,对法兰克福学派的兴衰演变、理论基础,以及他们提出的科技革命的社会效应、现代化生产与马克思的劳动价值论的关系等问题一一作了评述。 (王忆南)

后革命氛围与全球资本主义:德里克"弹性生产时代的马克思主义"研究 胡大平(1969~ ,江苏句容人,南京大学哲学系教授。研究方向:马克思恩格斯文本,经典西方马克思主义,新左派和当代英美马克思主义)著,南京大学出版社2002年5月出版,265千字。本书试图通过美国左派历史学家德里克这一个案来把握当代国外马克思主义思潮的总体特征和走向,是国内西方马克思主义研究中一部分量较重的论著。本书是国内第一本有关晚期马克思主义思潮和德里克研究的论著,并且具有相当敏锐的专业眼光和前瞻性的视角,在选题和研究方法上也比较新颖,对于当代国外马克思主义研究具有积极的推动意义;在西方马克思主义专题研究中,该书非常明显地坚持了马克思主义的历史主义方法,同时也恰当地捕获了研究对象的特征,无论是对德里克理论的历史定位,还是对他逻辑构架的判断,都比较精当;本书虽然论题明确集中,但是其涉及问题却十分广泛。 (徐志辉)

马克思的哲学在理解中的命运:对马克思主义哲学史的解释学考察 王金福(1942~ ,江苏无锡人,苏州大学政治与公共管理学院教授。研究方向:马克思主义哲学,马克思主义哲学史)著,苏州大学出版社2003年2月出版,570千字。解释学为研究马克思主义哲学史提供了一种新视野:马克思主义哲学史也即是马克思主义哲学理解史;马克思哲学的命运,就是在理解中的命运。马克思的哲学体系只有经过理解才能得到传播、发展。现代解释学正确地揭示,理解总是在一定历史条件下的理解,必然具有相对的、历史的、有限的、开放的性质;只要理解,理解总有不同。从解释学立场看来,理解有客观的对象,文本有自身的意义,理解的目的是把握文本自身的意义;现实的理解都是在一定历史条件下的理解,但在相对的理解中也包含着绝对的成分。理解不会绝对正确,也不会绝对错误。这一解释学立场为理解马克思主义哲学发展史、理解马克思哲学的命运、正确对待马克思主义哲学的各种理解方式提供了一个方法论原则。本书即是在解释学的视野中重新解读马克思哲学的一种尝试。 (徐志辉)

中国哲学史稿(上下卷) 孙叔平(1905~1983,安徽萧县人,曾任南京市教育局局长、文教委员会主任,南京大学副校长,江苏省哲学社会科学研究所所长,南京大学哲学系教授)著。全书共7篇,分上下两卷,约90万字,按历史发展的顺序论述了从孔子到李大钊近百名思想家的哲学思想。上卷为上海人民出版社1980年3月出版,495千字。上卷为第1篇到第4篇,分别包含先秦哲学、两汉哲学、魏晋南北朝哲学、隋唐哲学等内容。下卷为上海人民出版社1981年8月出版,418千字。下卷为第5篇到第7篇,分别包含宋元哲学的历史背景、明清哲学概观、近代哲学概观等内容。本书是一部中国化的独具特色的哲学史专著,作者始终遵循马克思主义所倡导的实事求是的原则,从中国历代哲学家思想观点的实际出发,以马克思主义的哲学原理为指导,从中引出客观的论断。 (王忆南)

先秦学术概论 吕思勉(1884~1957,字诚之,江苏武进人,曾任上海光华大学、华东师范大学教授,上海历史学会理事)著,云南人民出版社2005年12月出版,147千字。本书分上下两编,上编为总论,论述了先秦学术的渊源、兴起与流变;下编为分论,论述了各家要义。本书论述先秦诸子学术,有3个特点:第一,全面分析先秦学派的源流,除道、儒、法、名、墨、阴阳等六家之外,兼及纵横家、兵家、农家、数术、方技、小说家、杂家。第二,着重分析各派源流和相互关系。第三，不仅分析各学派重要著作的内容，并论辩其真伪。本书在评论各个学派的著作中，颇多独到的见解。例如作者反对胡适的《诸子不出王官论》。又如近人都认为现在的《尉缭子》和《六韬》是伪书，作者却认为"《六韬》及《尉缭子》，皆多存古制，必非后人所能伪为"。20世纪70年代，山东临沂银雀山汉墓出土了两书的残简，足证作者论断之准确。在本书之前，作者曾撰《经子解题》一书，现作为附录一并出版，以更明晰作者学术思想发展之脉络。（另有《吕著中国通史》，已著录）　　　　　　　　　　　　　（蔡保鹏）

先秦儒学及其现代阐释　徐克谦（1956～　，江苏江都人，南京师范大学文学院教授，国际中国哲学学会会员，中国哲学史学会会员，美国亚洲学会会员。研究领域：先秦诸子的思想与文学）著，南京师范大学出版社1999年12月出版，230千字。本书试图把先秦儒学思想的对象化的历史研究与创造性阐释和改造两者结合起来。本书分为上、中、下3编。上编简要论述先秦儒学发生发展的历史过程及其历史地位，中篇是对先秦儒家思想中某些具体问题的个案研究，下编则试图结合当代人的社会生活和思想实践，以现代的眼光重新审视先秦儒家思想中的某些精华部分，对其进行批判性的阐释和创造性的改造，以期使之成为对当代人的社会实践和精神生活具有实际价值和意义的学说。（另有《轴心时代的中国思想》，已著录）　　（徐志辉）

轴心时代的中国思想　徐克谦著，安徽文艺出版社2000年8月出版，250千字。中国的"轴心时代"大致相当于春秋战国时期。这一时期，中国古代学术思想空前繁荣，诸子蜂起，百家争鸣，出现了儒、墨、道、法、名等许多学术流派，产生了孔丘、孙武、老聃、墨翟、杨朱、孟轲、庄周、惠施、公孙龙、商鞅、申不害、荀况、邹衍、韩非、李斯等一大批思想家。他们的思想对中国文化的发展影响极为深远。本书内容包括：轴心时代中国学术思想概况及其深远影响；阴阳五行：中国古代的宇宙解释系统；孔孟儒学：中国主流社会伦理价值观的奠基；墨学精神：来自下层的反贵族、反精英文化要求；道家思想：一个主流的但却非官方的思想传统；法术思想：中国封建专制政治理论的形成；纵横权谋：实利主义的人生观和进取钻营术；名辩学派：一个被淹没了的学术趋向；轴心时代的中国思维方式，等等。
　　　　　　　　　　　　　（徐志辉）

《周易》的思维与逻辑　李廉（1920～2011，河南汤阴人，南京大学哲学系教授，曾任中国辩证逻辑研究会常务理事，中国逻辑学会理事，江苏省逻辑学会会长。研究领域：辩证逻辑学，逻辑史，思维科学）著，安徽人民出版社1994年4月出版，170千字。《周易》体现着中国逻辑思维发展的规律，是从行为逻辑转化为思维逻辑，从形象思维过渡到抽象思维，并且是普通思维及其逻辑与朴素辩证思维及其逻辑的结合。《周易》的辩证符号系统与现代辩证逻辑思维形式，有着内在联系。《周易》关于认识论、方法论和逻辑学范畴的思想，都是中国乃至世界认识论、方法论和逻辑范畴思想的先河。《周易》的哲学在于指导人生，在于按规律办事，在于世界协和。本书从《周易》的哲学与逻辑、形象思维与逻辑、普通思维与逻辑、辩证思维与逻辑、《周易》的辩证符号系统、《周易》的符号结构与物质的元素结构、《周易》的古典预测学、《周易》的认识论和方法论、中国哲学和逻辑学思想的渊源等角度，对《周易》的思维与逻辑进行了深入的论述。　（徐志辉）

儒学源流　李书有（1937～　，河南新乡人，南京大学教授，江苏周易研究会会长）主编，本书分为2册，中国青年出版社2000年7月出版，637千字。第一册评介了《周易》《尚书》《论语》《孟子》《荀子》等5部儒学经典作品，第二册评介了《礼记》《春秋繁露》《正蒙》《二程遗书》《朱子语类》《陆九渊集》《传习录》等7部儒学经典作品。全书展现了儒学基本理论及其发展演变的整个过程。（另有《中国儒家伦理思想发展史》，已著录）
　　　　　　　　　　　　　（蔡保鹏）

《大学》《中庸》注评　方向东（1954～　，安徽太湖人，南京师范大学文学院教授，中国训诂学会副秘书长，中国历史文献学会会员，江苏语言学会常务理事。研究方向：上古及两汉文献）注评，凤凰出版社2006年6月出版，79千字。《大学》《中庸》是《礼记》中的两篇，朱熹将它们单独提出来放在"四书"之中，作为儒家信奉者和推崇者的必读书目。《大学》详细归纳了先秦儒家的伦理道德思想，系统讲述了儒家安身立命的原则和方法。《中庸》也讲修身养性之道，但它更侧重于与人、与社会、与自然的和谐相处。《大学》强调学习，要"修身""处善"；《中庸》主在行为准则，教人发现"至善"和遵守常道。二书珠联璧合，相得益彰。本书以朱熹的《四书章句集注》为底本，按章节次序先进行简注，接着翻译原文，最后详加评析，文后选编附录。注释中对历代理解歧异者，择善而从。译言诚心诚意，尽量忠于原文。评析力求深入浅出，也引用古人的原文，以求雅俗共赏。（另有《大戴礼记汇校集解》，已著录）

（徐志辉）

忘筌·梦蝶 张采民（1948～ ，山东文登人，南京师范大学文学院教授，中国唐代文学学会理事。研究方向：中国古代文学，庄子学）著，内蒙古人民出版社2004年4月出版，302千字。本书是作者近10年研究成果的总结。在上编"《庄子》及庄学"中，作者对庄子姓名、故里、生卒年、事迹以及《庄子》版本流变、内外杂篇划分、作者等进行了全面而周详的考辨与考述，提出一系列新颖的见解。中编"《庄子》思想研究"是本书的重心，在与中国传统思想和学术文化的普遍联系中，全面深刻地探索与阐述庄子之哲学思想、美学思想、文学思想、政治思想以及庄学与魏晋玄学、道教、佛学、宋明理学的相互关系和彼此影响，创见甚多，将庄子思想之广阔性与深刻性，作了淋漓尽致的阐发。下编"名篇解读"则对《庄子》内篇作整体阐释和深入细致的解读，其中胜义纷呈者，不可胜数。其目的在于力求为学习者提供一个尽可能准确的读本。（另有《〈庄子〉注评》、《心远集——中古文学考论》，已著录）

（徐志辉）

《庄子》注评 张采民、张石川注评，凤凰出版社2007年1月出版，329千字。庄子的思想是一份珍贵的文化遗产，对几千年来的中国社会，特别是对知识分子产生了重大的影响，也必将继续对未来的中国社会产生重要的影响。研究中国哲学不能不读《庄子》，研究中国文化不能不读《庄子》，研究中国文学不能不读《庄子》，了解中华优秀传统文化，也必然要读读《庄子》。《庄子》一书原有52篇。今存33篇，分为"内篇"（7篇）、"外篇"（15篇）、"杂篇"（11篇）。作者把庄子思想放到中国传统思想文化的结构关系中进行考察，对《庄子》一书进行了深入详细的解读。

（徐志辉）

众妙之门——老子 白欲晓（1968～ ，安徽宿州人，南京大学教授，江苏省周易文化研究会副会长。研究领域：传统儒道哲学，现代新儒学）著，江西教育出版社2008年4月出版，176千字。本书由"其人犹龙""苍茫背影""简帛书迹""本根境界""大道泛兮""道用不盈"6章组成，力图生动地为读者呈现展现道家老子的道妙术用、生命智慧等精妙思想，并试图把老子放在他那个时代的历史情境中，去体会老子的心路历程、文化情怀，展现其后世的多方面的文化影响，以走出简单的文献考据与思想史的观念勾连。

（徐志辉）

庄子探奥 姚曼波（1950～ ，女，浙江诸暨人，江苏教育学院中文系教授。研究方向：先秦两汉文学，古代文学）著，人民出版社2008年10月出版，218千字。本书是全面系统研究庄子的学术著作，广泛深入地探索庄子学说产生的历史渊源、哲学特质（精神本体论）、理论体系、理论范畴、历史影响等。作者站在人类哲学的高度，从东西方哲学的比较中突显庄子学说的特色及其对人类发展的深远意义。作者视野开阔，方法科学，视角独特，操作规范，既广泛吸收前人的研究成果和西方现代哲学和科学的理论，同时又独辟蹊径，提出富有原创性的独到见解，新人耳目。全书除绪论外共有6章，分别阐述庄子学说产生的背景与渊源，庄子学说的本质是精神本体论，《庄子》内七篇的核心宗旨及其精神本体论的构建，庄子精神本体论的精髓——开发人类的精神潜能，庄子学说对人类哲学的独特贡献，庄子的精神本体论与中国文学艺术。（另有《〈春秋〉考论》，已著录）

（徐志辉）

墨子集诂（上下册） 王焕镳（1900～1982，江苏南通人，字驾吾，曾任浙江大学图书馆馆长、杭州大学中文系主任、浙江省文史研究馆馆长）撰，上海古籍出版社2005年4月出版，994千字。本著是作者晚年耗费10年心血完成的一部巨著，它以晚清孙诒让《墨子间诂》为底本，选录《墨子间诂》刊行后近百年间学术界有关《墨子》校释的重要见解和发现，并从文字、声韵、义理、文例四方面进行考察，在订正错简、疏通文句、辨明篇章等方面有不少发明，提出了许多新的见解，成为《墨子间诂》后又一部集大成之作。2000年起，经王元化先生倡议策划，上海市古籍整理出版规划小组开始出版《中华要籍集释丛书》，以总结20世纪之前的学术成果，为新千年的文化事业作出贡献，本著亦被收入其中。

（王忆南）

《鬼谷子》研究 许富宏（1972～ ，安徽全椒人，南通大学文学院教授。研究领域：先秦诸子，屈原与楚辞）著，上海古籍出版社2008年6月出版，285千字。《鬼谷子》所总结的"纵横捭阖""内揵之道""飞钳之术""钓言之谋"等谋略，对当今制定军事外交斗争的策略、制定企业的经营策略和管理理念，乃至处理人际关系等方面，具有广泛指导意义。本书运用马王堆汉墓帛书《战国纵横家书》《经法》、郭店楚简《语丛四》，采用地上文献与地下出土资料相结合的方法，将传世古籍与出土简帛相互参引来辨析《鬼谷子》的真伪问题；运用音韵学原理，尝试清理《鬼谷子》的用韵情况和古音规律，从语言学角度判断《鬼谷子》的真伪、作者、成书地域等问题。全书分为三编：上编从《鬼谷子》不伪的文献学考察、与出土文献及传世文献作比较、先秦思想史、语言发展史等方面讨论《鬼谷子》的真伪问题；中编讨论《鬼谷子》成书、作者与学派归属问题；下编分析《鬼谷子》中哲学、军事、心理学、社会学、文艺美学等丰富的思想。

（徐志辉）

六朝经学与玄学 田汉云（1952～ ，江苏如皋人，扬州大学文学院教授。研究方向：中国古代文学，中国古代学术史）著，南京出版社2003年12月出版，320千字。儒家之经学、道家之玄学，是六朝时期的主流意识形态。二者相互斗争，相互交融，共同支配着人们的道德观念、价值标准、行为准则，在一定层面上构成人们的精神支柱。历代学人对经学或玄学的研究取得了丰硕成果，但从历史发展的视角对经学与玄学作比较研究，似乎仍未引起学界的足够重视，本书则从这一方面显著推进了六朝学术史研究。本书分上、下两编，持论公允，逻辑严密，具有值得重视的学术价值和鲜明特色；立意深邃，求证精审，在比较完备的文献资料与去伪存真的分析考证基础上，提出一些有学术价值的观点；深入浅出，见解独到，列举许多实例并以生动而富于启发的故事形式，将抽象的理论和义理具体化；个案研究，深入透彻；视野开阔，持论允当；对建立连续、立体之学术史的学术期待，期待当代学人能在此基础上就经学或玄学等相关领域作深入探讨，以推进中国传统文化的研究。该书将史料的钩稽与对学术文化的理论思考结合起来，兼顾学术研究者的需要与普通读者的文化消费能力。

（徐志辉）

清代《论语》诠释史论 柳宏（1959～ ，江苏如皋人，扬州大学文学院教授。研究方向：古代学术史，《论语》研究）著，社会科学文献出版社2008年3月出版，326千字。本书截取《论语》诠释世界一隅，将其研究范围界定在清代社会270多年的时间内，集中研究清儒以《论语》或《论语》篇目命名的《论语》诠释著作。主要通过《论语》诠释文本的细读、思索，结合清代社会政治、文化背景，在时空关系上纵横比较，辨章学术，考镜源流，互参比勘，深入析论，从而勾勒清代《论语》研究的历史进程，揭示清代《论语》研究的特点和规律。

（徐志辉）

清代《孟子》学研究 刘瑾辉（1961～ ，江苏淮阴人，扬州大学文学院教授。研究方向：清代学术史，《孟子》学，考据学）著，社会科学文献出版社2007年9月出版，260千字。本书以清代《孟子》学专著为主要研究对象，旨在梳理清代《孟子》学的发展脉络，从学术的层面，考察清代《孟子》学的成就、特点、影响，以及清代《孟子》学勃兴的成因。全书结构简洁，体例严谨，从义理、考据两个方面，采用史与论、宏观与微观、点与面相结合的考察法，辅以跨时空的比较，梳理并考察了清代《孟子》学的发展脉络和清代《孟子》学研究所取得的成就及清代《孟子》学勃兴的成因，力图展示清代《孟子》学的真实面貌。

（徐志辉）

晚清哲学 蒋国保（1951～ ，安徽无为人，苏州大学哲学系教授，国际儒学联合会理事，中国哲学史学会理事，中国现代哲学研究会常务理事。研究方向：儒家哲学，现代新儒学）、余秉颐、陶清著，安徽人民出版社2002年9月出版，500千字。本书以近代的视角把握晚清哲学逻辑，介绍鸦片战争时期先驱思想家的哲学、太平天国的反礼教斗争与封建卫道哲学、洋务运动时期的新学与旧学、维新派思想家的哲学、辛亥革命时期的社会思潮与革命派哲学等内容。著者依照哲学家自身的思想结构以及宏观的哲学演进轨迹,从总体上勾画晚清五大家即康有为、谭嗣同、章太炎、严复、孙中山在哲学本体论建构上的各自不同探索;深入探究了鸦片战争时期社会思潮划分的有效视角和标准问题;在社会思想和哲学层面充分肯定太平天国运动所具有的"近代性";在"新学与旧学之争"的思潮框架下,既肯定洋务运动的历史价值,也指出在此时期不可避免地要出现新学与旧学、近代意识与传统观念的对立和冲突。(另有《方以智哲学思想研究》,已著录)

(徐志辉)

先秦道家的道德世界 许建良(1957~ ,江苏宜兴人,东南大学哲学与科学系教授,中国社会科学院应用伦理研究所客座研究员,日本伦理研究所会员,美国实践职业伦理协会会员。研究领域:中国哲学,中国道德哲学思想史,中外伦理文化比较,企业文化研究,应用伦理研究,日本中国思想研究)著,中国社会科学出版社 2006 年 12 月出版,390 千字。本书不仅吸取了汉学界道家研究的成果,而且立足学术前沿,以其独特的思维,对原典索隐钩沉、字斟句酌,综合运用语言学、文献学等方法,勾勒了先秦道家道德世界的完整图画,可谓开拓了道家道德研究的新视野。本书论述了老子"孔德之容,惟道是从"的道德思想,研究了《黄帝四经》的道德思想和庄子的道德思想,阐述了庄子"德兼于道,道兼于天"的道德思想;以道家哲学的三个核心概念——自然、万物、因循为线索,对先秦道家道德思想进行了系统的梳理。(另有《先秦儒家的道德世界》《魏晋玄学伦理思想研究》,已著录)

(孟桂英)

先秦儒家的道德世界 许建良著,中国社会科学出版社 2008 年 12 月出版,600 千字。本书以先秦为时代背景,从孔子"志于道,据于德"的道德思想、孟子"尊德乐道"的道德思想、《周易》"和顺于道德而理于义"的道德思想、荀子"道德纯备,智惠甚明"的道德思想这四个方面研究了先秦儒家的道德思想。先秦儒家道德哲学显示的是以人为中心的价值系统,人对万物具有支配的地位。其结果之一,是使人过于看重一己的能力,期望通过一己的善行来拯救社会和天下,而缺乏对社会制度等的运思,其结果是深深地形成了行为上的先己后人的切入模式,体现的是个人本位主义的特征;不仅存在善恶对峙、德欲对立、义利对抗的局限,而且存有规范缺失、知识狭隘的弊端;道德本身当有的张弛和实在荡然无存,远离人的实际生活,难以成为当今实践的行为之方,值得警醒和深思。在个人道德修养方面,儒家至今仍然存在诸多值得借鉴的思想,但在制度文化方面,儒家多为消极的东西。

(孟桂英)

中国儒家伦理思想发展史 李书有主编,江苏古籍出版社 1992 年 1 月出版,373 千字。本书共分 7 章,内容包括:儒家伦理思想产生的社会与思想文化背景,先秦——儒家伦理思想的形成时期,直至"近代——儒家伦理思想的衰落时期"等。本书对于历代儒家伦理学说进行了深切的分析,取材广博,论述明确,所述比一般哲学史及伦理史更为详密,对于许多重要问题提出了自己独到的见解,具有较高的学术价值。

(蔡保鹏)

魏晋玄学伦理思想研究 许建良著,人民出版社 2003 年 11 月出版,333 千字。本书为"教育部振兴行动计划东南大学伦理学重点学科建设项目"成果之一。本书分 5 章,分别对初期的玄学伦理思想、正始时期的玄学伦理思想、竹林时期的玄学伦理思想、西晋时期的玄学伦理思想、东晋时期的玄学伦理思想进行了详细深入的研究,最后附文:玄学伦理的特征与渊源辨析。

(孟桂英)

中国佛教伦理研究 王月清(1966~ ,江苏海安人,南京大学哲学系教授。研究方向:中国哲学,宗教伦理)著,南京大学出版社 1999 年 6 月出版,210 千字。本书以佛教伦理的中国化进程为纵向线索,以佛教伦理和儒家伦理的相互关系为横向线索,通过考察善恶观、戒律观、修行观、人生观、孝亲观等,对中国佛教伦理思想的主要内容和范畴体系进行深入的剖析和系统阐发,对佛教传入中国后,佛教伦理如何与传统伦理相结合,进而衍化为中国伦理思想的有机组成部分等问题作了有益的探索。全书共7章,前5章探讨中国佛教伦理的五大观念,即善恶观、戒律观、修行观、人生观和孝亲观。通过对以上这"五观"的详细论述,向读者展示一幅印度佛教传入中国后,佛教伦理如何与中国传统伦理相结合并进而衍化为中国伦理思想之有机组成部分的恢宏图景。第六章探讨中国佛教本身的伦理化契机问题。第七章得出中国佛教伦理所具有的心性特征、入世特征和人本特征。（徐志辉）

佛教伦理与中国禅学 董群(1961～ ,江苏宜兴人,东南大学人文学院教授。研究领域:佛学,宗教伦理,中国伦理,中国传统智慧)著,宗教文化出版社2007年6月出版,330千字。《宝庆讲寺丛书》之一。本书由上篇"佛教伦理研究"和下篇"中国禅学研究"组成。上篇包括《宗教道德哲学的基本原则》《论佛教伦理的基本特点》《论佛教伦理学的研究方法》《缘起论对于佛教道德哲学的基础意义》《论〈法华经〉的道德思想特色》《净土三经的伦理思想研究》《禅宗的善恶观》《禅宗的道德关系论》《略论禅宗对儒家伦理的会通》《论当代中国都市寺院的生态伦理关怀》等18篇文章。下篇包括《"如来禅"与"祖师禅"》《道宣所揭示的中国佛教之禅观》《菩提达摩对中国佛教的影响》《慧能禅学的经论依据》《"慧能与中国文化"研究纲要》《宗密的三教合一论》《宗密以教融禅的禅教合一说评析》等14篇文章。（另有《慧能与中国文化》《中国三论宗通史》,已著录） （孟桂英）

禅与老庄 徐小跃(1958～ ,安徽滁州人,南京大学中华文化研究院教授,江苏省哲学学会常务理事,江苏省哲学史与科学史学会副会长,江苏省周易文化研究会副会长,全国宗教学会理事,老子道学文化研究会常务副会长。研究领域:中国哲学,宗教学,佛道思想,中国天人之学,中国宗教,民间宗教)著,浙江人民出版社1992年11月出版,218千字。在佛教中国化的漫长岁月中,作为中国传统文化主干之一的老庄思想自始至终在起着助化和推动作用。本书以禅与老庄关系的历史发展为主线,运用比较研究的方法,深入、系统地探讨禅与老庄在本体论、思维方法、民族心理及审美情趣等方面的异同,具体考察老庄与禅宗渊源、互补及互用诸重关系,从一个侧面揭示佛教禅学的思想特

质及其在中国文化史上的地位。足以体现禅与老庄思维模式,思想特色的"我佛一体"之禅境与"天人合一"之道境,始终是《禅与老庄》阐述的重点。对楞伽禅、慧能禅及后期禅宗与老庄思想之不同关系,作者亦有精当论述与阐发。（另有《罗教・佛教・禅学—罗教与〈五部六册〉揭秘》,已著录）

（徐志辉）

慧能与中国文化 董群著,贵州人民出版社2001年10月出版,350千字。《大思想家与中国文化丛书》之一。本书从三个方面分析了慧能与中国文化的关系:第一,慧能禅学是作为中国传统文化重要组成部分的慧能的禅文化。第二,慧能建构禅文化的过程及其对中国传统文化的回应。第三,慧能禅学对中国文化的影响。作者全面讨论慧能禅学对后世禅宗、宋明理学、宋元道教、中国艺术精神和中国士大夫的生活方式诸方面的影响。作者揭示了慧能禅文化产生的社会基础及其基本特点;将历史上不同的《坛经》版本看作是慧能禅文化的发展史;从心性论、顿悟论、修行论和方法论方面研究慧能禅文化本身的特色;考察慧能对于传统文化中儒道墨文化和中国佛教文化传统的反省;阐述慧能对后世禅宗和宋明理学的影响。本书展示了慧能禅学的各方面内容,揭示了慧能禅学既受儒道文化滋养,又秉承释道传统,深得释道精髓,从而独立成宗,完成佛学中国本土化的学术过程。 （徐志辉）

中国无神论史纲 王友三(1928～ ,安徽萧县人,南京大学哲学系教授,中国无神论学会理事、秘书长,中国宗教学会理事。研究方向:中国哲学,中国无神论与宗教)编著,上海人民出版社1982年5月出版,236千字。本书将无神论作为一门独立的分支学科来研究,既为全面系统地阐述中国无神论史作出了筚路蓝缕之功,也为坚持不懈地开展反对有神论的斗争提供了有益的借鉴。读者从本书中可以清晰地看到中国无神论自先秦至近代萌芽、发展与理论体系形成的史迹,可以具体地了解从荀子、桓谭、王充、范缜到王廷相、王夫之、熊伯龙等古代无神论者及近代严复、孙中山、章炳麟、朱执信、陈榥等在反神学斗争中树立的优良传统和积累的丰富经验。研究中国无神论史的意义:一是可以丰富历史领域学术研究的内容,从而有利于从各方面

挖掘我国的历史文化遗产,同时亦有助于历史学其他分支学科的研究;二是为继续开展反对有神论的斗争提供有益的借鉴。　　　　　　（徐志辉）

罗教·佛教·禅学——罗教与《五部六册》揭秘　徐小跃著,江苏人民出版社 1999 年 2 月出版,182 千字。本书为《中国秘密社会丛书》之一,是国内第一本系统研究中国民间宗教派之一——罗教的思想体系的著作。罗教是明清两代重要的民间宗教之一;罗教及寄寓其宗教思想的《五部六册》在中国民间宗教历史的发展中具有划时代的意义。本书以揭示《五部六册》的文本内涵及与佛教、禅学的内在关系为重心,探讨罗祖的悟道进程、《五部六册》的版本、罗教虚空观、修行论、真空家乡理论及与其他教派的关系等,向读者展示出《五部六册》为代表的罗教思想概貌。该书的特点:以史学的眼光剖析人物、典籍,体现了对史料的尊重;以哲学的眼光梳理思想、义理,体现了对思辨的尊重;用比较的眼光总结思想特质,体现了宏观把握思想史的能力。本书对罗教及其《五部六册》的系统研究为我们重新理解和评价中国民间宗教提供了新思路,是一部体现史学哲学深厚功力和具体而微的深切功夫的新成果。　　　　　　　　　（徐志辉）

六朝宗教　许抗生(1937～　,江苏武进人,北京大学哲学系教授)等著,南京出版社 2004 年 7 月出版,275 千字。本书为国家"十五"重点图书出版规划项目,着重探讨了六朝道教、佛教,以及儒道佛三教之间的关系。回顾了六朝前的中国哲学和宗教,并综述了六朝宗教的概况;重点阐述了六朝道教的发展兴盛、建筑和经戒制度,以及六朝佛教的发展隆盛、寺院经济和僧官制度等问题;探讨了儒道佛三教冲突、会通,以及道教、佛教的贡献和影响。　　　　　　　　　　　　（王忆南）

中国百神全书——民间神灵源流　赵杏根(1956～　,江苏江阴人,苏州大学文学院教授。研究方向:元明清文学,先秦诸子,宗教与文学,民俗学,中国古代文学与文化)著,南海出版公司 1993 年 4 月出版,300 千字。信仰与民俗是十分重要的一个研究领域,它涉及人们文化生活的各个层次、各个方面。它既是历史形成的,又是历史需要的。中国的信仰民俗则更是有其独特的历史传统。本书对中国的民间信仰作了深入研究。作者从浩瀚的古籍中撷取成书,所引资料不只限于文字记载,而且还辅之以各地的口头传说。这不仅补足了通常同类著述所缺,而且也增添了趣味性和现实性。辨疑解惑,融科学性于知识性、趣味性之中,是该书的又一特点。学科交叉的比较探究,为读者理清了中国本土信仰如何摄入与改造外来信仰成分并将之蜕变为国有化的历史轨迹,涉及宗教、民俗、文学、心理、历史与自然等众多学科,也将外来文化同中国各地文化作了实事求是的比较考察。(另有《实用中国民俗学》,已著录)　　（徐志辉）

中国三论宗通史　董群著,凤凰出版社 2008 年 7 月出版,373 千字。本书的中心论题包括般若类经的翻译及思想、般若学派六家七宗的人物及思想、三论宗所依经典、关河三论学派的主要人物及思想、摄山三论学派的主要人物和思想、南北朝至隋朝时期南方三论义学的其他重要人物及思想、北方四论学派(北土三论师、智度论师)重要人物及思想、嘉祥吉藏及其思想、吉藏之外的唐代三论宗、三论宗与佛教诸宗、三论宗所依经典之外的其他般若、中观类经典的翻译及主要思想、《肇论》研究史、三论宗章疏的回传,等等。因此,本书更多的内容是三论宗思想史。　　　　　　　　（徐志辉）

中国禅宗思想历程　潘桂明(1944～　,上海人,苏州大学哲学系教授。研究方向:中国哲学)著,今日中国出版社 1992 年 11 月出版,400 千字。《宗教文化丛书》之一。本书详细剖析中国禅宗思想形成、发展、变质和衰落的全过程,是迄今我国第一部较完整的禅宗思想史。禅宗是我国众多佛教宗派中的一支,也是最为活跃、最有生命力的一支。在禅宗的形成和发展过程中,为适应中国封建社会的实际需要,注重与传统儒家学说、老庄道家思想的结合,逐渐成为传统文化的组成部分。禅宗思想不仅在历史上产生过广泛深远的影响,而且在当代东西方社会生活中仍然起着作用。作者认为,禅宗及其思想有一个从产生到发展演变直至终结的过程。禅宗思想的形成既是中国佛教运动的结果,更是中国社会特定历史阶段的产物。社会生活在变化,适应社会需要的佛教形态也在变化,禅宗思想必然随之发生变化。为弥补某种缺憾,本书对一般学者所忽视(乃至未曾涉及)的宋以后禅宗思想的演变给予重点介绍和分析。(另有《智𫖮评传》,已著录)

(徐志辉)

智𫖮评传 潘桂明著,南京大学出版社1996年2月出版,418千字。《中国思想家评传丛书》之一。智𫖮是陈隋之际杰出的高僧,也是中国哲学史上屈指可数的伟大哲学家和中国佛教从融会阶段走向创造阶段的先行者。他创建的天台宗不失为中国佛教发展史上的里程碑。从此以后,中国佛教撰述摆脱依傍,开始走自己的路,与中国的传统文化打成一片,与中国的现实社会密切结合,体现了中国哲学史在心性论和本体论方面不断深化、不断前进的轨迹。本书以丰富翔实的原始资料为依据,通过智𫖮的佛学背景、生平和著述以及构成他止观学说体系主要内容的一心三观、圆融三谛、一念三千、性具实相、性具善恶等哲学命题的阐述和辨析,对智𫖮的政治态度、佛学渊源、哲学性质和特色以及判教原则等问题,发表了自己的看法,提出了许多新的学术观点,力图客观、公正地对智𫖮及其天台学说的历史地位作出全面系统的评价。

(徐志辉)

慧远评传 曹虹(1958～ ,女,江苏南通人,南京大学教授,中国骈文学会理事,中国散文学会理事,中国赋学学会理事。研究方向:中国古代文学,佛教,域外汉文学)著,南京大学出版社2002年5月出版,294千字。《中国思想家评传丛书》之一。慧远是中国佛教史上最为著名的高僧之一。本书以历史与逻辑相统一的思路,呈现慧远的人生历程、人文气度与思想脉络,从而厘定了他在中国文化史和中国佛教史上的历史地位。在对其诸多事件原委的勘查中,注重阐发他的思想对当代与后世佛学新课题的意义。在评价他的影响力时,还考察了他在汉文化圈诸国所享有的高名。本书尽力融会国内外相关研究成果,是一部自为经纬、别具新见之作。(另有《阳湖文派研究》,已著录)(徐志辉)

禅宗思想的形成与发展 洪修平(1954～ ,江苏苏州人,南京大学哲学系和宗教学系教授,国际儒学联合会理事,中国宗教学会理事,江苏省周易文化研究会副会长)著,江苏古籍出版社1992年2月出版,270千字。本书认为,禅宗的创立是佛教传入中国后不断演化发展的结果,其思想根植于中国传统思想对小乘禅学、大乘般若学、涅槃佛性说的不断改造之中。早在汉末安世高传播小乘禅数之学,支谶介绍大乘般若之论。因当时盛行方术和吐纳养气之风,安氏的坐禅数息方法与之相近而得到流传,大乘般若义学却未能发展。至罗什重新译介大乘般若经典,将般若空义与禅相结合,提倡大乘禅法,经僧肇、僧叡等人阐扬,般若学说风靡于世。魏晋时期的禅学经过与玄学化的般若学相结合,注重般若空观,追求精神的超脱。南北朝时期开始接受印度佛教的如来藏思想,研究涅槃学说,以般若之空理悟证涅槃之佛性,从而将般若学与佛性论结合起来,为禅宗打下了坚实的理论基础,开拓了通向禅宗之路。本书从外来佛教与传统文化的相互关系中探讨佛教中国化的过程,又在佛教中国化的背景下考察禅宗的形成与发展,分析禅宗的中国化特色以及在中国哲学史上的地位和影响。(另有《中国佛教文化历程》,已著录)

(徐志辉)

中国佛教文化历程 洪修平著,江苏教育出版社1995年12月出版,407千字。本书以中国佛教文化自身的发展为经,以其与别种文化形态(特别是儒和道)的关系为纬,对中国佛教文化(包括汉传、藏传和南传)的丰富内涵作了系统的梳理和深刻的揭示,从佛教中国化的角度,对中国佛教文化的印度之源、中土之流、宗教特点、思想底蕴、理论基础、文化精神、中外佛教文化的交流以及佛教与中国社会和文化的关系等,都作了深入的探讨和详细的论述,全方位地生动再现了中国佛教文化的历程,对于专业研究工作者和一般的文史爱好者都具有重要的参考价值。

(徐志辉)

当代江苏佛教 江苏省佛教协会编,南京一品图文制作有限公司2004年12月出版,72千字。本书以图片为主,文字为辅,分为《古刹新姿 名山胜境》《高僧辈出 名贤荟萃》《佛教团体 佛日增辉》《欣逢盛世 法务兴隆》《慈悲喜舍 资生福利》《友好交往 领导关心》等6个部分,重点介绍了栖霞寺等13座全国重点寺院,崇恩寺等21座江苏省重点寺院,毗卢寺等22座其他寺院,以及映彻、妙真、能勤等59

位佛教人物和江苏省的省、市、县佛教协会等佛教团体。
（王忆南）

中国佛性论 赖永海(1949～ ，福建漳州人，南京大学哲学系教授。研究方向：中国哲学，中国佛学，宗教学)著，上海人民出版社1988年4月出版，252千字。《人文研究丛书》之一。作者从中国哲学发展史的全局着眼，阅读了大量原始资料，尽量参考国外学者成果，把佛性论放在广阔的历史范围内去考察。作者对中国的佛性思想进行了系统、深入的阐述；在研究方法上采用以范畴为线索来阐述中国的佛性思想及其历史发展，把佛教史上的佛性思想作为一个整体来考察，从而把中土佛性思想的各种内在联系及其历史发展揭示出来；全书以几对大的范畴和几十对小的范畴来阐述中土佛性思想，在具体论述中又多采用互相比较的方法，充分揭示了各个范畴之间的内在联系及其历史发展。（另有《中国佛教文化论》，已著录） （徐志辉）

中国佛教文化论 赖永海著，中国青年出版社1999年4月出版，243千字。《幼狮文化书系》之一。佛教对中国传统文化的影响既广且深；佛教自传入中国之日起，就逐渐走上本土化的道路，至唐宋时期的禅宗，则完全变成一种中国化的佛教。导致这种变化并最终实现这种转型的，则是古代中国特定的社会历史条件和思想文化背景。那么佛教与古代中国之宗法制度、王道政治、儒道思想乃至禅诗画等传统学术文化之间究竟是如何互动的？这种互动又是通过什么途径实现的？本书从不同的视角探讨了佛教与中国传统文化的相互关系。这种探讨既致力于剖析佛教如何受中国传统文化的影响，逐步走上中国化的道路，更着重研究佛教在中国扎根之后，怎样反过来影响中国传统文化并与传统文化相融合，从而衍变为中国古代文化的一个重要组成部分。
（徐志辉）

巨赞文集（上下卷） （释）巨赞(1908～1984，俗名潘楚桐，江苏江阴人，曾任中国佛学院副院长，中国佛教协会副会长，《中国佛学》杂志社主编)撰，吴志云主编，江苏古籍出版社2000年9月出版，1 000千字。本文集内容大都为高僧巨赞公开发表的论著和文章，另有部分诗词和书信。收入佛学论著、佛教史传、教制改革、法海春秋、时事经纬、书信摘录、诗词、读经笔记等。编者分编为觉海遗珠、佛门拾英、教制探究、法海纵横、社会实践、附录等几部分。
（蔡保鹏）

中国佛学源流略讲 吕澂(1896～1989，江苏丹阳人，原名吕渭，字秋逸，中国科学院哲学社会科学学部委员，中国佛教协会常务理事)著，中华书局1979年8月出版，277千字。在本书中，作者根据长期研究的心得，对中国佛学的传译、典籍、师说、宗派、传播区域及思想渊源等，穷原竟委，条分缕析，做了比较全面、系统的介绍，为我们了解中国佛学思想发展的来龙去脉，指出了一条线索。作者还对中国佛学史史料和学术源流上的一些疑难问题，如某些典籍和史实的真伪、佛学初传的时间、佛学与中国思想的关系、研究各宗派应采用哪些资料等，提出了自己的见解。
（徐志辉）

魏晋南北朝时期的佛教信仰与神话 王青(1963～ ，浙江海盐人，南京师范大学文学院教授。研究方向：先唐时期的宗教、神话、小说及其他)著，中国社会科学出版社2001年8月出版，225千字。魏晋南北朝时期的佛教民众化运动是围绕人格化、偶像化的神祇崇拜而展开的。民俗的信仰实践构成了全部宗教文化的基础，也展示了民众精神史上极其活跃、生动的一页。本书选择在当时影响极为广泛的几位神祇，如阿弥陀、弥勒、观世音等，对相关神话、信仰的来源，流播及其弘扬过程作了详细的考察，并对内迁月氏族人在佛教弘扬过程中所起的作用作了初步的探讨。（另有《西域文化影响下的中古小说》，已著录） （徐志辉）

道藏源流考 陈国符(1914～2000，江苏常熟人，中国道藏研究领域的开拓者，曾任昆明西南联合大学教授，北京大学教授、天津大学教授等)著，1949年7月由上海中华书局初版，1963年和1985年先后两次由中华书局增订再版。该书是在国内外有广泛影响的科学史专著，多次被海外翻印，对研究《道藏》的学者极为有益。该书被相关国内外学者称为是通向道藏王国的必读之书、经典性的著作。在书中，作者清晰地理清了《道藏》的编纂、写作、刊布以及道教师徒的承传关系，所以凡是要研

究道教的人,往往需要先读这部著作,才能步入道教研究的各个领域。(另有《中国外丹黄白法考》,已著录) （蔡保鹏）

中国外丹黄白法考 陈国符著,上海古籍出版社 1997 年 12 月出版,305 千字。本书是我国最早研究道教外丹词语的专著,由国家古籍整理出版规划小组资助出版。是《中国传统文化研究丛书》之一。但本书在词语解释方面存在一些不足,如漏释词语、释义不确、误释方言词、臆改异体字、误释副词、句读有误等六个方面还存在一些缺谬。

（蔡保鹏）

杜光庭思想与唐宋道教的转型 孙亦平(1955~ ,江苏南京人,南京大学哲学系教授,中国宗教学会理事。研究方向:宗教学原理,中国道教和佛教)著,南京大学出版社 2004 年 7 月出版,280 千字。杜光庭是唐代道教思想的集大成者,也是宋元道教新发展的重要开拓者。本书第一次对唐末五代"道门领袖"杜光庭的思想进行了全面系统的研究,不仅探讨了他的宇宙论、本体论、重玄学、心性论、修道论等思想,而且还将其思想放到唐宋道教的转型中加以考察,认为杜光庭上承唐代道教思想的传统,下开宋代道教内丹心性学之先河,他的思想在唐宋道教理论转型中起着承上启下的作用。本书通过对杜光庭思想的研究来把握唐宋道教的转型,这对于把握整个中国道教思想的演变和发展,了解道教在中国传统文化中的历史地位与现实价值,都具有重要的启发意义。 （徐志辉）

实相本体与涅槃境界:梳论竺道生开创的中国佛教本体理论 余日昌(1961~ ,四川渠县人,江苏省社会科学院哲学与文化研究所研究员。研究方向:中国哲学与文化,宗教学)著,巴蜀书社 2003 年 10 月出版,260 千字。竺道生在中国佛教思想史上有两个重要贡献,一是提出"一切众生悉有佛性",二是主张"顿悟成佛"。而这两个思想都是建立在同一思维模式,即大乘佛教的本体论基础之上的。竺道生的这两种思想对南北朝之后的中国佛教的影响十分巨大,甚至可以说成为隋唐佛学乃至中国佛教佛性理论的主流思想。因此,要了解、把握南北朝以后的中国佛教,不能不研究竺道生的思

想。(另有《法计合韵:孙子兵法与三十六计》,已著录)
（韩 兵）

丁光训文集 丁光训(1915~2012,上海人,曾任金陵协和神学院院长、南京大学副校长兼宗教研究所所长、中国基督教三自爱国运动委员会主席、全国政协副主席等职)著,译林出版社 1998 年 9 月出版,383 千字。本书收录的 80 多篇文章,由作者亲自选编,除五六篇属于较早的以外,其余文章都是"文革"以后的作品,大部分是第一次发表。作者曾用英文写过许多文章,一部分也译成中文收在了本书里。本书是以中国基督教界和知识界为主要读者而选编的,按文章的内容和体裁,全书分为 5 部分:出访国外讲演;神学讲述;三自和办好教会;宗教政策和宗教研究;怀念、祝愿及其他。全书由魏恺贞女士(Janice Wickeri)全部译成英文,英文本同时由译林出版社出版。 （蔡保鹏）

中国巫术史 高国藩(1933~ ,江苏南京人,南京大学文学院教授,世界汉诗协会会员,东亚文化协会会长,中国俗文学学会副会长。研究方向:敦煌学,中国民俗文化)著,上海三联书店 1999 年 11 月出版,569 千字。《中华本土文化丛书》之一。巫术是中国一种特殊的文化形态。本书以敦煌巫术为轴心,考察和探索中国从古至今的各类巫术流变史。全书共 43 章,第一至五章总说巫术的概念,第六至四十三章按时间顺序展示中国巫术史的全貌。通过史实记载可以发现,远在原始时代,巫术便已向两极分化:一极转化为医学、音乐、舞蹈、体育、歌谣等,另一极与神灵与宗教结合,变为伪科学或精神的鸦片。进入阶级社会后,巫术往往为统治者所操纵,变为整治人的工具。另外,巫师的地位进一步下降,巫师的文化水平也进一步降低。镇压巫师或驱赶巫师,已成为世界各国历史上共同的现象,同时,用巫与反巫也成为宫廷内部权力斗争的一个突出的现象,成为历代封建王朝割不掉的毒瘤。全部中国巫术史证明了一点,巫术对中国古代政治、经济、文化的发展起了限制与调控的作用。本书是五四之后中国唯一一部系统的巫术研究专著。(另有《敦煌民俗学》,已著录) （徐志辉）

佛教与中古小说 陈洪(1959~ ,江苏连云

港人,江苏师范大学文学院教授,中国诗经学会会员,中华文史史料学会会员。研究方向:中国古代文学,魏晋南北朝文学)著,学林出版社 2007 年 12 月出版,220 千字。本书主要由蓝本与摹本、教义与模铸、信仰的激情、仪式的变形四部分构成。作者系统地介绍了佛教在东传过程中对中国魏晋南北朝及唐代小说所产生的影响及其在中古小说中的反映,后世流传甚广的许多故事都能从中找到母本。作者从文学史的宏观视角出发,打破了过去研究中往往单纯从"蓝本"到"摹本"的研究思路,将佛教教义、信仰和仪式作为佛教影响中古小说的途径和纽带,在深入文本的基础上,探赜索隐,钩深致远,追溯二者因缘关系的历史渊源,探寻二者之间的契合点和转变的内驱力,进而揭示佛教之于中古小说的"规定性",中古小说在佛教汉化进程中和文学化过程中所出现的"变异性",以及它在文学史流变中的兴衰历程。本书是 1949 年后第一部系统、深入研究佛教传入中国对小说文学影响的专著,弥补了宗教与中国文学研究方面重要的一环,在中国早期小说史研究中具有填补空白的意义。

(徐志辉)

现代新儒家与佛学 徐嘉(1968~ ,上海嘉定人,东南大学人文学院教授,江苏省伦理学会秘书长。研究方向:中国哲学,中国传统伦理思想)著,宗教文化出版社 2007 年 5 月出版,250 千字。在中国思想史上,佛学与儒学的关系极为重要。近现代以来,儒学与佛学都发生了深刻的变化和转型。在这一过程中,儒、佛关系完全不同于历史上的"冲突—交融"关系,现代新儒学并不是在佛教的直接作用,儒、佛的新思潮都是在汹涌而入的西学浪潮的冲击下,在民族文化面临危亡的境遇下发生的。因此,从思想史而言,儒、佛关系在新的历史时期有着新的特点。本书所要研究的是在现代新儒学思潮中,佛学在儒学的转型过程中产生了什么样的影响;现代新儒家如何吸取了佛教哲学的营养;佛学对现代新儒家建立哲学体系在哪些方面发生了影响、起着怎样的作用;这种影响就理论思维的角度说,其主要特点和意义所在。 (徐志辉)

庄子评传 颜世安(1956~ ,山东曲阜人,南京大学历史系教授。研究领域:先秦思想史,先秦史)著,南京大学出版社 1999 年 12 月出版,261 千字。《中国思想家评传丛书》之一。本书以隐者传统和道家思想为背景,重新解释庄子的游世思想和道论。庄子是战国中期一位伟大的隐者思想家,他的思想涉及当时知识界关心的许多重要问题,但最核心的思考是要回答乱世如何找到个人出路。庄子对社会黑暗和人生痛苦有独特的认识,他不相信传统隐者找到的种种避世方法能躲避黑暗,因此独倡游世。游世思想表面上戏谑诙谐,无可无不可,实质却是坚守内心的孤独。另一方面,庄子又继承了隐者的理想主义传统,要在世俗生活的腐烂气息之外寻找清新的人生。他把这种清新的理想与自然之道理论结合起来,创立了一种关于个人与世界如何建立全新交往关系的理论。先秦自然道论到庄子这儿达到思想的最高峰。

(徐志辉)

孔子评传 匡亚明(1906~1996,江苏丹阳人,曾任南京大学党委书记兼校长、南京大学名誉校长)著,南京大学出版社 1990 年 12 月出版,355 千字。《中国思想家评传丛书》之一。本书是齐鲁书社 1985 年出版的《孔子评传》的修订本。作者根据近年研究所得,在齐鲁版的基础上,除增写了《经济思想》一章外,对其他各章也分别作了较大修订。对孔子以仁的人生哲学为核心而展开的伦理、政治、经济、教育等思想全貌及两千多年来在国内外广泛传播和影响的曲折变化过程,都作了评述。作者以更广阔的视野对原著作了重大修改,在某些方面有所突破,朝着全面、客观、公正地评价孔子这个目标迈出了新的一步。书后附有孔子年谱、人名索引、文献索引和词语索引,为读者阅读提供方便。

(蔡保鹏)

王安石评传 张祥浩(1945~ ,浙江乐清人,东南大学人文学院教授。研究方向:思想政治教育,传统文化)、魏福明著,南京大学出版社 2006 年 6 月出版,351 千字。《中国思想家评传丛书》之一。王安石是我国北宋时期著名的政治家,也是历史上最有争议的人物。本书详细考察王安石的时代与生平,探讨王安石的政治思想、文学思想、哲学思想、熙宁新法及其失败的原因,比较王安石与北宋诸子学术思想的异同,分析古今学者对王安石各种各样评价的得与失,力图全面、客观地展示王安石思想的全貌。本书特别指出王安石在任地方官时注重"富民"到执政时注重"富国"的思想转变,比较合理地揭示了王安石新法以及他与反对派之间矛盾的本质。(另有《王守仁评传》,已著录)

(徐志辉)

王守仁评传 张祥浩著,南京大学出版社1997年2月出版,409千字。《中国思想家评传丛书》之一。王守仁是我国明代最重要的哲学家和教育家,本书客观全面地分析王守仁思想的各个侧面,肯定他在思想史上的积极作用,又对王学的发生、发展及其分化、衰落和影响进行历史的考察和论述,深刻地揭示王学盛衰的原因和学术思想发展的一般规律。本书语言通畅易懂,说理深入浅出,所引资料丰富翔实,为作者近年的一部力作。　(徐志辉)

梁启超评传 蒋广学(1940～　,笔名应学犁、雕胡,江苏沛县人,南京大学中国思想家研究中心编审。研究方向:清代学术史,梁启超思想研究)、何卫东著,南京大学出版社2005年7月出版,446千字。《中国思想家评传丛书》之一。由于梁的思想一生均随时而更新,故他的思想变化实是1890～1930年40年中国思想史的缩影。康有为经世致用的传统和变易思想将梁启超带进了注定要失败的维新变法之中;亡命日本后,基于对西方自由思想的考察,他逐渐认同近代西方的文化价值,在此基础上提出了通过中西学"结婚"的方式,造就一种民族民主主义的新文化,用以塑造新的"民族之魂",故有"新民之父"之誉。其后,因主张"政体进化"而与"国体革命论者"发生冲突;又主张通过奖励生产的道路渐进迈向社会主义的目标而遭到民生主义者和马列主义者的共同声讨;一战结束后,当一代青年高举西方科学与民主的旗帜之时,他却一改往日之面目,竟要人们以"吾先哲"的人生哲学来拯救被科学"异化"了的世界。他一生均"不合时宜",但其后的历史表明:拒绝这位改良主义思想家的教导,正是20世纪中国社会大起大落曲折发展的重要原因之一。(另有《梁启超和中国古代学术的终结》,已著录)　(徐志辉)

梁启超和中国古代学术的终结 蒋广学著,江苏教育出版社1998年6月出版,300千字。本书以一位哲学研究者的目光,全面审视梁启超与中国古代学术的关系,为梁启超研究提供了一种新模式,是近年学术研究的重要创获。本书的特点:一是研究方法另辟蹊径,作者循着法家、墨学、老庄、儒家、清学线索,深入分析梁氏学术之路,探讨梁启超从传统走向现代的转变。二是论证方法新颖,文字别具情趣。本书共3编13章,每一章都有简短的题记,以饱含着作者感情的笔,用诗一样的语言,以沉静的逻辑论断来陈述一位有血有肉的思想家的学术见解。在论证过程中也是隽语偶出,情趣盎然。三是结论新颖,耐人深思,比如作者认为梁启超并不是社会主义的敌人,他认定社会革命是20世纪政治的唯一特色,但社会革命的道路却是不同的;他认定,在中国,将来肯定要实现社会主义的理想,而20世纪的中国,将成为社会主义运动的最好实验场。

(徐志辉)

方以智哲学思想研究 蒋国保著,安徽人民出版社1987年12月出版,220千字。该书运用马克思主义基本原理及现代科学方法,深入分析方以智的生平及其思想,提出了不少新见:运用历史与逻辑相统一的原则,通过分析方以智一生的坎坷遭遇,揭示了其思想不断否定自我的逻辑进程;在史论结合的基础上阐释了方氏哲学体系的丰富内涵,并由此探讨了方氏形成自己理论框架的基本方法;方氏哲学的逻辑起点和终点都是"太极",其哲学体系的全部丰富性在于"太极"自我衍变的多样性,深刻揭示了方氏哲学体系中包含的逻辑真谛及价值所在;本着实事求是的原则,在对方氏哲学思想进行评价时,力图按其本来面目予以辩证分析,并注重运用比较方法总结其理论贡献和思维教训;考辨与阐发并举,史料与观点交融,不仅推衍出方氏完整的思想体系,而且较好地开掘了其内在意蕴。

(徐志辉)

顾炎武哲学思想研究 周可真(1958～　,江苏宜兴人,哲学博士,苏州大学政治与公共管理学院教授,中国哲学史学会理事,中国企业管理学会常务理事。研究方向:中国传统哲学)著,当代中国出版社1999年12月出版,185千字。本书是一部全面分析和系统研究顾炎武哲学思想的精心之作,资料丰富、考辨精审、治学严谨,其内容之系统、分析之新颖、观点之独到、文字之洗练、逻辑之严密、风格之严谨笃实，足以自立于学术之林而传之久远。作者紧紧抓住顾炎武哲学的个性特点：采用让他人来为自己代言的思想表达方式；貌似以经学取代理学，其实是对传统经学和理学的扬弃；在"尊德性"的前提和基础上把它同"道问学"统一起来，以此为切入点对顾炎武的思想进行细致入微的剖析。全书分五部分："导论"重点分析顾氏哲学的个性特点；"德性篇"论述顾炎武的道器观和有为观；"问学篇"论述顾炎武的明道观、下学论和上达论；"修治篇"论述顾炎武的人道论、修己论和治人论；"余论"将顾炎武哲学定位为实践哲学，力主从其对中华民族的思想发展所造成的实际效果来定位顾氏哲学。

（徐志辉）

严复著译研究 俞政（1947～　，江苏常熟人，苏州大学社会学院教授。研究方向：中国近现代思想史）著，苏州大学出版社2003年5月出版，293千字。严复一生著译甚多。他在翻译西方论著的时候，常常掺杂己意，还要附加大量按语；有些译作甚至带有不同程度的改编，因此人们把他的翻译作品称为译著。即是说，其译作中的不少内容相当于他的著作，反映的是他自己的思想。严复既是近代著名的思想家，又是近代翻译界的一代大宗师。他的思想的内涵及其特点，都是在阅读、引进、宣传西方著作的过程中，经过自己的独立思考，尤其是经过与中国传统思想比较之后，才逐步形成的。所以结合严复的译著来研究他的思想不失为一种好方法，有利于发现其思想的渊源及其变异。（另有《何如璋传》，已著录）

（徐志辉）

印度哲学史 黄心川（1928～　，江苏常熟人，曾任中国社会科学院亚洲太平洋研究所所长，南亚文化研究中心主任）著，商务印书馆1989年7月出版，375千字。本书是作者30多年来从事东方哲学、宗教的教学与科研工作所花心血的结晶，亦是我国在印度哲学研究领域中所取得的一项重大成果。它对于我们发掘和吸取世界优秀文化遗产，深入开展东方哲学研究，对于增进中印两国人民之间的传统友谊有着积极意义。该书共分14章，系统地概述了从上古到中古2 000余年的印度哲学发展过程。前4章除导论外，分别叙述了吠陀、奥义书和沙门思潮，第五至第八章主要论述了印度哲学中的非正统派，第九至第十四章则分别论述了正统婆罗门教系统的6个主要哲学派别。

（蔡保鹏）

中西智慧的贯通——叶秀山中国哲学文化论集 叶秀山（1935～　，江苏扬中人，祖籍江苏镇江，中国社会科学院哲学研究所研究员）著，江苏人民出版社2002年7月出版，330千字。《纯粹哲学丛书》之一。本书收入《学者的使命》《中西哲学话"长生"》《漫谈庄子的"自由"观》《古今中外有分有合》《从屈原的死谈起》等30多篇文章。本书从第一哲学（纯粹哲学）的层面对儒道思想中的一些基本问题的深入研究与重新解读，实际上开辟出了一条从普遍主义立场阐扬中国传统文化的道路，从而在学理层面上回应了近代以来如何面对和处理中西文化的接触与碰撞这样一个迫切而现实的问题。（另有《哲学作为创造性的智慧》，已著录）

（王忆南）

燕园沉思 朱德生著，中国青年出版社2000年1月出版，144千字。本书分为3辑，第一辑"走哲学之路"，主要内容是选择了哲学；第二辑"路在何方"，主要内容包括哲学与现实、哲学与群众、学风与人品、哲学与传统、哲学与科学；第三辑"路在脚下"，主要内容包括思维与存在关系再思考、为我关系浅议、为我关系续谈、辩证法与哲学基本问题、对辩证法的几点思考、形而上学的历史命运、形而上学的召唤。

（王忆南）

哲学作为创造性的智慧 叶秀山著，江苏人民出版社2008年4月出版，217千字。本书是叶秀山先生1998～2002年的西方哲学论文集，所论涉及从柏拉图、康德到尼采、列维纳斯等跨越了2 000多年的哲人的思想。本书收录的是作者的西方哲学论集，包括《科学的魅力》《论哲学的"创造性"》《哲学作为创造性的学问》《与新生谈谈哲学书》《试论尼采的"权力意志"》《何谓"超人"》等文章。本书为叶秀山主编之《纯粹哲学丛书》之一，该丛书获第十四届"中国图书奖"。

（王忆南）

观念的力量：与伯林对话 胡传胜（1962～　，江苏泗阳人，江苏省社会科学院研究员，江苏省社会科学院《学海》杂志社主编。研究方向：政治哲学，思想史）著，四川人民出版社2002年10月出版，220千字。本书第一部分基本上是柏林思想的叙述，第二部分则是中国近代思想史的回顾。作者让大师与我们的环境、我们的自身进行对话。本书重点是借对中国近代启蒙观念的梳理，表达作者在公共理论方面的思考，并试图对20世纪90年代以来的思想界作出某种回应。（另有《自由的幻像：伯林思想研究》，已著录）

（韩　兵）

现代化进程中的人文主义　于文杰（1961～　，江苏滨海人，南京大学历史学院教授。研究方向：世界近现代史，英国史与现代化，西方思想与文化史）著，重庆出版社2006年4月出版，345千字。本书以全新的理论视角揭示在世界范围内具有持久而广泛影响的人文主义思潮及社会运动的历史渊源和深刻内涵，详细论证人文主义在现代化进程中的历史使命、深远意义、传统复兴、观念重建、思潮拓展及价值实现，包括现代化进程中的人文主义及其历史根源、现代化进程中人文主义传统的复兴、现代化进程中人文主义观念的重建、现代化进程中人文主义思潮的拓展、现代化进程中的生态人文主义、现代化进程中人文主义价值的实现、人文主义在现代化进程中的意义等内容。（另有《通往德性之路：中国美育的现代性问题》，已著录）

（徐志辉）

孟德斯鸠评传　张铭（1950～　，江苏苏州人，苏州大学政治与公共管理学院教授。研究方向：政治理论，国际政治）、张桂琳著，法律出版社1999年3月出版，250千字。孟德斯鸠是18世纪法国杰出的思想家，资产阶级国家和法理论的奠基者。他以理性、自然法为武器，无情批判腐朽的旧制度；论证自由、平等、正义、民主等政治价值，并成功地将之融进法兰西民族乃至全人类的文化智慧宝库中。他因为学术的巨大成就，曾被选为波尔多科学院院士、法国科学院院士、英国皇家学会会员、柏林皇家科学院院士。本书分11章，对这位伟大思想家的一生及其政治思想、法律思想作了客观深入的评价。其章节包括孟德斯鸠政治学说再解读、伟人之初、一举成名、巴黎常客、旅途漫漫、纵论"罗马盛衰"、巨著的诞生、法学原理、政体理论、气候环境理论、宗教观、历史地位与影响、孟德斯鸠生平事业年表等。（另有《基层治理模式转型——杨村个案研究》，已著录）

（徐志辉）

进步、合理性与真理　马雷（1965～　，安徽舒城人，东南大学人文学院教授。研究方向：科学哲学，外国哲学，逻辑学）著，人民出版社2003年12月出版，241千字。本书是国内第一部系统研究劳丹科学哲学思想的力作，也是在科学哲学的理论设计上深刻创新的力作。本书系统总结和概括劳丹的科学观及其富有特色的进步模式、合理性模式和真理观；还选择当代一些科学哲学家和知识社会学家对劳丹合理性理论及其应用所提出的一些分析和批评意见，以及劳丹对一些批评的回应作了一些研讨。本书结合上述争论对劳丹的科学观作出总体评估，提出进一步的开拓性意见：科学合理性在于理论具有一定的协调力，科学进步在于理论协调力的不断增长；我们不能直接把握真理，但可以通过理论的协调力间接地逐步把握真理，通过增强理论的协调力间接地逐步接近真理。协调论赋予科学哲学的纯粹性、独立性和开放性。协调论作为整体论科学观的新的理论形态预示着科学哲学的一种新的转向。（另有《冲突与协调——科学合理性新论》，已著录）

（徐志辉）

灵感思维与原始文化　朱存明（1956～　，江苏徐州人，徐州师范大学文学院教授，中国汉画学会副会长，中国中外文艺理论研究学会理事，江苏省地域文化研究会副会长。研究方向：艺术学，文艺学，美学，汉画像艺术）著，学林出版社1995年7月出版，306千字。本书作者没有把灵感仅仅视为人的一种心灵活动，而是将其作为一种特殊的思维方式来研究，并从历史发生学的角度追溯灵感思维的原始起源，探讨灵感思维的原型显现。灵感是原始人类观察、认识、掌握世界的一种特殊思维方式，它渗透于原始人生活的各个方面，不仅成为原始文化产生的根源，也成为逻辑思维与形象思维产生的母体。作者还提出"灵感文化"的概念，并对"灵感文化"的内涵及其表现形式进行全方位的考察。灵感文化包括那些带有神秘交感色彩的原始宗教、巫术、图腾、神话与仪式等。灵感思维是一种"诗性智慧"，是原始文化赖以产生的基础，也是人类文明创造的源泉,甚至后世文明社会的一些文化创造与文化现象也与灵感思维有着千丝万缕的联系。

(徐志辉)

德性与教化——从苏格拉底到尼采:西方道德教育哲学思想研究 金生鈜(1961~ ,甘肃榆中人,南京师范大学教育科学学院教授,中国教育学研究会教育哲学专业委员会委员,英国教育哲学学会会员。研究方向:教育哲学)著,湖南大学出版社2003年9月出版,252千字。德性与教化是哲学思想的永恒主题,哲学的首要任务是讨论和阐明德性生活的理想,教化的使命是对德性品质的郑重关切,二者具有自然的共通性。本书一一阐述了哲学史上的著名哲学家关于德性与教化的重要思想:苏格拉底的关照善生活的哲学的审慎,柏拉图的教育理想国中的灵魂的正义,奥古斯丁的神义德性的虔诚,卢梭的自然良知的激情,康德的道德理性的崇高,尼采的超越善恶的意志升华等。这些思想巨人站在各自的立场,对德性生活和教化进行了哲学辩护。本书本着对这些思想巨人的眷念,对西方这一伟大的德性哲学传统进行了研究,不仅仅是一种敬畏的思想朝圣,更重要的是在研究的过程当中寻求思想现代化嬗变的机缘,在德性与教化终结的时代探询奠定良善生活的德性教化。(另有《理解与教育:走向哲学解释学的教育哲学导论》,已著录)

(徐志辉)

科学伦理学 王育殊(1928~2015,上海人,东南大学伦理学研究所教授,曾任江苏伦理学会会长)主编,南京工学院出版社1988年5月出版,261千字。本书是一部较为系统地论述科学伦理观及科学家道德的著作。它从人改造世界的实践出发,在人和自然的关系问题中阐明科学的本质与功能,突出论述了科学与人的价值实现的关系,进而论证了科学的伦理意义,为科学伦理的探讨提供了逻辑前提。本书从科学的社会伦理的各个方面展开了讨论,并提出了科学伦理规范。最后,对科学工作者的理想和道德情操及行为模式作了广泛探讨。

(徐 萌)

道德心理研究 马向真(1965~ ,江苏如皋人,东南大学哲学与科学系教授,中国社会心理学会理事,江苏省社会心理学会秘书长。研究领域:社会心理,咨询心理,精神分析理论)著,江苏人民出版社2007年8月出版,251千字。本书主要论述人格与道德人格、自我与道德、本我与超我、本能与道德、利己与利他、道德认知、道德态度等道德心理问题。作者运用心理学与伦理学的方法和原理探讨道德问题,让这两门学科在道德的研究中交叉渗透,浑然一体。比如在荣格看来,有片面道德与整体道德:当人格面具与阴影两种原型对立时,人格处于分裂状态,对应的是片面道德;当人格面具与阴影两种原型融合时,人格是一个整体结构,对应的是整体道德。个体的道德问题首先是由于自我与阴影的共存而群集的。从片面道德到整体道德,自我与阴影从冲突对立到妥协融合,使得人格更为融合而完整。再如有关自我的道德心理建构问题,作者不仅从心理学的角度探讨自我的结构,而且也从伦理学的角度分析道德实践是以自我为承担者的。

(徐志辉)

当代中国思想道德体系论 陈章龙(1960~ ,江苏靖江人,南京财经大学教授,江苏省高校思想政治工作研究会副会长,全国高校思想政治工作研究会理事。研究方向:实践唯物主义,历史唯物主义)著,南京师范大学出版社2006年12月出版,291千字。《当代伦理学文库》之一。全书由3篇9章构成,主要探讨在社会转型期与社会主义市场经济相适应,与社会主义法律规范相协调,与中华传统美德相承接的思想道德体系的构建。其内容包括:社会转型时期的特点、社会转型与道德生活的变化、社会主义市场经济及其道德维度、儒家道德修养的具体方法、爱自然和法自然与社会主义市场经济条件下人和自然的融合、社会主义市场经济条件下的道德重建等。

(徐志辉)

当代西方规范伦理学 陈真(1954~ ,湖南桃源人,南京师范大学哲学系教授。研究领域:当代英美哲学,当代西方伦理学)著,南京师范大学出版社2006年4月出版,309千字。西方哲学家一直企图寻找某种独立于人们日常道德观念的客观正确的道德原则,寻找这些原则和体系的哲学反思活动就是规范伦理学。本书紧紧围绕"什么使得一个行为成为一个道德的行为"这一规范伦理学的核心问题,对当代西方流行的规范伦理学理论进行了系统的阐述。这些理论包括:伦理学利己主义、行动功利主义、规则功利主义、康德义务论、罗斯的初始义务论、自利契约论、非自利契约论、经典美德伦理学和当代规范美德伦理学,其中对契约论和美德伦理学的介绍是《当代西方规范伦理学》的亮点之一。

(徐志辉)

中国伦理精神的历史建构 樊和平(1959～ ,原名樊浩,江苏泰兴人,江苏省社会科学院副院长,东南大学人文学院院长、人文社会科学学部教授)著,江苏人民出版社1992年6月出版,363千字。本书探讨中国文化与中国伦理精神、中国伦理精神的孕育与发端、儒家的伦理政治精神、道家的人生智慧、墨家的社会伦理精神的封建化与抽象性统一、魏晋道心、隋唐佛性、道统说及复性论向宋明理学的过渡以及周敦颐的圣人精神、程朱道学、陆王心学、王夫之和戴震对传统伦理精神的否定、《四书》模式与理学模式等问题。作者以"伦理精神"作为透视层面,以传统伦理思想中所体现的精神性、体系性、结构性的元素与内涵作为把握对象,着力探究中国伦理精神生长的逻辑起点、结构体系、建构原理、内在矛盾,力求对传统伦理有一个整体的把握与贯通。同时,着力建立中国伦理自身的概念体系。(另有《中国伦理精神的现代建构》《伦理精神的价值生态》《道德形而上学体系的精神哲学基础》,已著录)

(蔡保鹏)

中国伦理精神的现代建构 樊和平著,江苏人民出版社1997年7月出版,600千字。本书是一部理论和实践相结合、传统和现代相融贯、充满时代精神,在理论上有所创新,在实践上有所开掘的学术著作。全书分历史卷、理论卷、现实卷,共7篇34章,内在形成了历史建构—理论建构—现实建构的具体—抽象—具体的辩证结构。本书研究的中心是如何建构具有中国特色的社会主义伦理精神与伦理体系的问题,这是现代中国伦理研究与伦理建设的重大理论课题与现实课题。作者围绕"转换"与"建构"两大主题,从传统伦理的现代转化的角度,探讨现代中国伦理的民族特色,探讨中国伦理精神的现代建构,对伦理道德建设中的许多重大理论问题与实践问题做出了有说服力的回答,从理论和实践的结合上解决了现代伦理精神与伦理体系的民族特色的建设,以及中国伦理精神的现代建构问题。全书在理论研究上取得了不少突破性的进展,如提出了以"人"为核心的伦理道德理念、伦理生态理念、人文力的理念、"德""得"相通的理念,形成了一家之言。

(蔡保鹏)

伦理精神的价值生态 樊和平著,中国社会科学出版社2001年9月出版,398千字。本书的写作目的是为现代伦理精神的合理建构提供一种方法论和价值观,重在探讨"怎么样"的问题,即如何建构现代伦理精神的价值合理性的问题,而不是回答现代伦理精神"是什么"的问题。基于此种考虑,作者提出,伦理精神的存在现实性是生态现实性,伦理精神的价值合理性是生态合理性,应当在伦理—文化、伦理—经济、伦理—社会的价值生态中建构现代伦理精神的现实性与合理性。本书共4篇19章。第一篇提出关于建构现代伦理精神的三大理念,即文化理解、人文力与伦理生态,以论证伦理精神的价值合理性。第二篇探讨伦理精神的文化生态,说明伦理作为民族精神的文化意义。第三篇整合伦理—经济生态,解决伦理冲动力与经济冲动力的互动问题。第四篇求索伦理—社会生态诸要素的张力平衡。由此,从伦理—文化、伦理—经济与伦理—社会的价值生态维度上揭示了现代伦理精神的合理性价值,从而形成了从潜在到自在再到自为的伦理学辩证体系。

(蔡保鹏)

道德形而上学体系的精神哲学基础 樊和平著,中国社会科学出版社2006年12月出版,570千字。本书以道德体系为对象,从精神哲学的维度,在形而上学的层面,基于伦理—经济关系探讨道德的形而上学的精神哲学体系与精神哲学基础。书中包含3卷9篇20章的逻辑框架,绪论"实践理性"与"伦理精神",通过对康德、黑格尔以及中国传统伦理道德哲学资源的驾驭和分梳,为全书的学术立场、研究理路的合理性铺垫了深刻的思想资源、出场语境及其基本结论。上卷道德体系的形上理念及其现象学辩证,是关于道德形而上学体系的现象学结构和现象学研究。中卷"冲动的合理体系"与道德体系的法哲学建构,是关于道德形而上学体系的法哲学结构与法哲学研究。下卷"精神"的现实运动与道德形而上学的历史哲学复归,是道德形而上学体系的历史哲学结构与历史哲学研究。结语伦理精神"预定的和谐",立足道德辩证法,提出现代道德形而上学体系和伦理精神体系应当实现从"冲突伦理"到"和谐伦理"的根本性转换,表达了作者对人类伦理精神体系建构的理想憧憬。

(蔡保鹏)

行政伦理的观念与视野 张康之(1957~ ,江苏铜山人,南京大学政府管理学院教授,中国行政管理学会常务理事。研究方向:西方马克思主义研究,行政伦理学,组织理论)著,中国人民大学出版社2008年12月出版,434千字。这是一本透过行政伦理视角观察历史、思考现实和瞻望未来的著作。作者在该书中运用了一系列分析框架,并在这些分析框架的交叠中对社会治理的基本类型进行准确的定位,使信任、公正、合作等社会治理价值因素在这些分析框架的构图中展示出一幅流动的画面。在理论证明中,作者揭示人类走向合作治理的必然性。该书对行政伦理以及人文社会科学研究方法的论述是创造性的,对合作社会的描述包含着逻辑说服力。在理论视野的进一步拓展中,作者通过把握全球化以及后工业化的历史脉动,试图勾勒出导向"全球合作治理"的历史图景。(另有《公共行政学》,已著录)

(徐志辉)

道德认知发展与道德教育:科尔伯格的理论与实践 郭本禹(1964~ ,安徽肥西人,南京师范大学心理系教授。研究方向:理论心理学,心理学史,德育心理学)著,福建教育出版社1999年8月出版,220千字。本书从德育心理学视角入手,对科尔伯格的道德教育理论和实践进行了一种体系性的概括与评价;从科尔伯格的个人经历入手,揭示出科尔伯格研究道德发展与道德教育的动机和目的;从"时代精神的呼唤""道德哲学传统""道德心理学传统"和"道德教育学传统"等方面入手,阐析了科尔伯格理论形成的社会历史背景;以科尔伯格理论体系的内在逻辑"哲学思考—心理学理论—教育实践"为线索,从对传统道德教育哲学的扬弃、道德发展的哲学假设和道德哲学与道德心理的关系等方面分析了科尔伯格对"哲学的思考";从道德发展的实质和机制、条件和动力、道德阶段与道德行为、道德阶段与道德类型等多个方面研究了科尔伯格的"心理学理论";从道德教育的发展观点、道德讨论策略和公正团体策略等方面探讨了科尔伯格的"教育实践"。(另有《当代心理学的新进展》,已著录)

(徐志辉)

乡土伦理:一种跨学科视野中的"地方性道德知识"探究 王露璐(1969~ ,女,江苏南京人,法学博士,南京师范大学公共管理学院教授,中国青年伦理学会副会长,中国经济伦理学会秘书长,江苏省伦理学会理事。研究方向:伦理学原理,乡村伦理,经济伦理)著,人民出版社2008年1月出版,280千字。本书选择苏南乡村为研究对象,运用建立在跨学科的多维视角透视和道德生活史基础上的道德社会学研究方法,通过对大量文献和田野调查资料的分析整理,提炼和梳理苏南乡村经济伦理的历史传统及其近代以来的传承变迁,描述和分析苏南乡村经济伦理的实存状态及其双重作用,并探究这种作为"地方性道德知识"的苏南乡村经济理论与苏南长久以来乡村经济发展的区域领先之间的内在关系。

(徐志辉)

中国家训史 徐少锦(1935~ ,上海嘉定人,南京审计学院教授,江苏省伦理学会副会长。研究方向:伦理学,科技伦理,中国传统伦理)、陈延斌著,陕西人民出版社2003年4月出版,527千字。本书从家训实践的视角,精选了从先秦到清末几千年中200多位典型人物,将其训育子女的理论基础、主要内容与原则、具体方法等进行系统介绍。本书主要描绘家训实践的历史轨迹,即自古以来父母对子女是如何进行耳提面命式的训导、规诫的,而子女又是怎样在家风的熏陶与家规的约束下成长的。本书的出版,不仅拓宽、加深了中国教育思想史与中国伦理思想史研究的领域,而且对于社会主义精神文明建设,特别是家庭美德建设、公民道德建设,都有着重要的借鉴意义。(另有《科技伦理学》,已著录)

(徐志辉)

人性与自然:生态伦理哲学基础反思 曹孟勤(1957~ ,河北保定人,南京师范大学公共管理学院教授,中国环境哲学学会副秘书长,中国生态伦理学学会理事。研究方向:生态伦理,生态哲学)

著,南京师范大学出版社2004年12月出版,276千字。本书通过厘清人类中心主义和非人类中心主义的种种争论,分析生态危机的实质是人性危机,人性危机的主要表现是人被欲望奴役,拯救生态危机必须首先将人从欲望的枷锁中解放出来。由此证明人性是生态伦理的哲学基础,认为人性只有与自然相结合,实现人与自然界的本质统一,生态伦理才能成为关爱自然界的人性的自我展现,成为对人之为人的担保。

（徐志辉）

痛苦的文明:中国古代贞节观念探秘　胡发贵（1960～　,安徽黄山人,江苏省社会科学院哲学与文化研究所研究员。研究方向:中国文化,伦理学）著,中国社会出版社1992年6月出版,105千字。本书从历史学、社会学、伦理学和性学等多角度全面考证和论述了"贞节"这个中国封建社会最著名的性道德观念。包括贞节观念的来龙去脉、贞节的社会影响、贞节与传统文化的关系以及贞节的历史悖论等。贞节既蕴含了封建礼教的冷酷无情,又饱含了广大妇女的辛酸和血泪;但另一方面,作为一种性限制和性道德规范,又体现出人性的本能即动物性的节制。揭示了贞节所带来的自觉的性抑制在历史上曾经是人类文明的一个新开端,这种痛苦的文明,是人类进步所付出的沉重代价。（另有《儒家朋友伦理研究》,已著录）

（韩　兵）

儒家朋友伦理研究　胡发贵著,光明日报出版社2008年12月版,280千字。朋友是"五伦"之一,它是儒家伦理思想不可或缺的内容。朋友以其特殊的人伦特性,不仅形象而直接地表现了儒家哲学的伦理性品格,也同时折射出了其思想中"仁者爱人"的仁学精神。产生儒家朋友伦理的社会基础已经消失,但这种伦理之中的一般性原则,尤其是一些思想精华,对于我们今天的人际交往仍不失借鉴价值乃至座右铭的意义。

（韩　兵）

清代扬州学派经学研究　刘建臻（1963～　,甘肃天水人,扬州大学社会发展学院教授,中国名城历史文化研究会副会长。研究方向:经学,文献学）著,江苏人民出版社2004年12月出版,310千字。本书对扬州学派的界定、兴起的原因、主要代表人物的学术师承、特点及影响作了全面、细致的梳理。扬州学派承吴、皖而起,形成于乾隆中期,与当时的时代背景和文化政策密切相关,又与扬州优越的地理位置、深厚的文化积淀、源远流长的家学、盘根错节的姻亲关系、广泛的师友传承以及丰富的藏书、潜心向学的风气等因素不无关系。扬州学派的治经,既研究经典文本,又注重探讨经典形成的学术文化背景;既综论经典要义,又注重语源式的诠释;既吸收清人对"十三经"的研究成果,又注重对清代学术史的总结和分析。贯穿扬州学派始终的是"实事求是"和重"实践"为基本内涵的学术宗旨,这也是扬州学派之所以被称为学派的根本原因。本书对扬州学派经学的研究,以全面、丰富的文献学作为支撑,条分缕析,细致绵密,是深刻、全面认识扬州学派不可多得的著作。

（徐志辉）

美学散步　宗白华（1897～1986,原名之櫆,字白华,江苏常熟人,生于安徽安庆。曾任南京大学哲学系教授,北京大学哲学系教授。研究领域:中国美学,中国艺术,中西比较研究）著,上海人民出版社1981年6月出版,197千字。本书是已故一代美学宗师宗白华先生的代表作,也是他生前唯一一部美学著作,汇集其一生最精要的美学篇章,其词句典雅优美、充满诗意,是中国美学经典之作和必读之书。本书共收集作者重要美学论文22篇。宗氏以文学艺术,特别是中国绘画为主要研究领域,并以诗歌、书法为主要研究对象,较多地采取中西比较之方法,提出不少独到之见,既是作者艺术批评的理论,又包含着作者深刻的审美体验。作者以诗人的锐敏,以近代人的感受,直观式地牢牢把握和强调了中国美学的精英和灵魂。（另有《美学与意境》,已著录）

（徐志辉）

六朝美学史　吴功正（1943～　,江苏如皋人,江苏省社会科学院《江海学刊》主编,研究员）著,江苏美术出版社1994年12月出版,600千字。本书是一部断代美学史,详细论述了六朝美学的演变历程及其成就。本书以六朝这一复杂多变而又丰富多彩的美学史时期为研究对象,独立建构成一部具有完整体例的美学史著,在许多方面突破性的研究,提供了撰写美学史,特别是断代美学史的学术经验。本书顾名思义是一部断代美学史,但它取得的突出成就是在美学通史中写断代美学史,对于断代史断而不联的传统史学结构作了重大突破。作者对"史"所确定的涵义是现象、过程和联系——现象与现象之间形成过程、构成联系。断代史的前后勾连具有十分重要的意义,只有在"史"的过程和联系中才能真正确定某一具体的审美范畴、形态、现象的价值。历史和逻辑的统一是对史著的基本要求,但它绝非是一个空泛性的概念规范,而是要具体渗透在观念、视域、阐解之中。本书作者确立了过程、联系就是逻辑的命题,便把历史和逻辑统一了起来。这样,过程和联系就具备了通史性质,在这样一个基本点上,也就为作者在通史中写断代史确立了理论依据。(另有《唐代美学史》《中国文学美学》《六朝文学》,已著录) （王忆南）

唐代美学史 吴功正著,陕西师范大学出版社1999年7月出版,721千字。本书为江苏省哲学社会科学规划"九五"重点课题,是一部断代美学史,共8编,分别为"隋代:短暂而偏激的美学史时期""初唐:交错变化、走向定型的时期""辉煌的盛唐气象""盛中唐间的交替嬗变期""美学新灿烂期的中唐""秋花般幽艳的晚唐""多姿多彩的美学门类"和"衰败与新变的五代美学"。 （王忆南）

中国美学初步 徐林祥(1956～ ,江苏兴化人,扬州大学文学院教授,江苏省叶圣陶研究会副会长,中国叶圣陶研究会理事。研究方向:语文课程与教学论,语文教育史,中国美育史,中国美学史)著,广东人民出版社2001年5月出版,530千字。本书由《步入美学殿堂》开篇,主体部分包括中国美学的诞生、秦汉时代的美学观念、魏晋六朝美学的自觉、儒道佛合流的美学、艺术家的人生境界与理学家的审美标准、心学开启下的美学思潮、文艺美学的完善与古典的终结、近现代西学东渐与审美转向等,以《走向新世纪》结束。本书重点介绍中国各个历史时期有代表性的美学理论家和美学理论著作中的美学思想,同时兼顾不同历史时期有代表性的文学艺术家以及各文学艺术门类的美学思想,进而勾画出中国美学思想发展的历史轨迹。本书在考察中国美学发展史的基础上指出中国古典美学最根本的特征是以天人合一的境界作为审美的最高境界,同时又以审美的境界作为人生的最高境界。中国美学所特有的人生境界、人文智慧、生命关怀、宇宙意识等,仍然具有强大的生命力,仍然是中国人智慧的源泉。 （徐志辉）

西方形式美学——关于形式的美学研究 赵宪章(1951～ ,山东莘县人,南京大学美学研究所教授,中国文艺理论学会副会长。研究方向:文艺美学,文学理论)主编,上海人民出版社1996年5月出版,417千字。在美学、文艺学和艺术批评的历史上,没有哪一个概念能像"形式"这样被广泛地使用,也没有哪一个概念能像"形式"这样曾经引起如此之多的歧义。它或被规定为美和艺术的组成要素,或被规定为单纯的操作技术;它有时被推崇为美和艺术的本质或本体存在,有时又被贬抑为无足轻重的附庸、外表或包装。这一方面表明形式概念对于美学和艺术具有何等程度的重要性,同时也表明对这一概念进行彻底清理已不是可有可无。全书共分五部分对西方形式美学进行了深入研究:第一部分为形式美学总论;第二部分为形式概念之滥觞;第三部分为历史与形式;第四部分是形式多元化;第五部分为"西方马克思主义"形式美学。(另有《文艺学方法通论》,已著录) （徐志辉）

20世纪西方美学 周宪(1954～ ,江苏南京人,南京大学中文系教授,中国中外文艺理论学会理事。研究领域:文化研究,美学,文艺学)著,南京大学出版社1997年12月出版,364千字。本书分上下两编,共16章:批判理论的序曲;大众的出现与艺术的"非人化";总体性、物化与现实主义;否定的辩证法与审美的乌托邦;"韵味"的消失;后现代状况;仿佛与后现代文化;后现代的"文化逻辑";美学与语言学的统一;符号与构型;语言是存在的家园;语言批判与家族相似;生存与对话主义;语言的乌托邦;话语与权力;诗的语言与真理。(另有《现代性的张力》,已著录) （韩 兵）

西方美学史论丛续编 汝信(1931～ ,江苏吴江人,研究员,曾任中国社会科学院副院长)著,上海人民出版社1983年2月出版,252千字。本书是作者与夏森合著、1963年出版的《西方美学史论丛》的继续。收入本书的文章,除了少数几篇写于

20 世纪 60 年代初期以外，大多是作者近几年来陆续写成的，其中有的曾经在刊物上发表过，在收入本书时作了一些修改和补充。　　（蔡保鹏）

西方美学的历史构成　周春宇(1956～　，江苏苏州人，江南大学人文学院教授。研究领域：文学理论与美学)著，敦煌文艺出版社 2002 年 9 月出版，260 千字。本书由上下两编构成，上编内容包括古典本体论美学、古典创作论美学、古典认识论美学、古典美学的综合与总结，系统介绍了古典美学的主要特点和不同流派；下编则对现代美学的主要特点及各个不同流派的主要观点进行详细阐述，内容包括现代心理学美学、现代人本主义美学、现代科学主义美学和后现代美学。　　（徐志辉）

西方美学史　凌继尧(1945～　，江苏南通人，东南大学艺术学院教授，全国艺术学学会会长，中华美学学会常务理事，中国作家协会会员，江苏省作家协会理事。研究方向：艺术学，美学，设计艺术学)著，北京大学出版社 2004 年 12 月出版，555 千字。本书以年代、时期为经，以西方著名美学家、美学思潮为纬，采用了细读美学史原著(特别是外文版)文本和吸纳中外各种西方美学史研究成果的双向互动的方法，遵循厘清思路、说清问题的宗旨与最高目标，详实、清晰、有比较地阐述西方美学史演进的历程，并在不同层面上，重点对一些以前表述简单的命题或判断作出尽可能具体和展开的阐述；对一些确定阐述的美学现象进行重新概括与发挥。本书内容系统全面，论述清晰完整，对数千年西方美学史进行了概括而不失深入的介绍，是对西方美学史的富有创意的重新梳理，是美学史研究的最新成果。　　（徐志辉）

否定主义美学——否定学系列论著之一　吴炫(1960～　，江苏南京人，南京师范大学文学院教授，中国文艺理论学会副秘书长，中国作家协会会员，江苏省作家协会理事。研究方向：文艺美学)著，吉林教育出版社 1998 年 12 月出版，324 千字。作者从其"否定学"的基本观点出发，在分析西方和中国传统美学共同的局限性之后，提出以"批判"和"创造"为基本特征的"否定论美学"，尤其是对"实践论"美学和西方马克思主义文化批判理论的批判，既梳理中西方 2 000 余年的美学历史，又在此基础上提出不同于上述美学的新的美学理论。本书还具有理论话语的现实性和原创性。100 余年间，中国引进了各种各样的美学理论，同时也对自己本土的传统美学思想进行挖掘和整理，但属于中国人自己的适应走向现代化需要的原创性的美学理论一直没有建立起来。作者以理论家的勇气在考察中西美学思想与哲学观念的基础上系统地提出了自己的"否定主义"哲学和美学。　　（徐志辉）

审美文化与形象诗学　徐放鸣(1957～　，江苏靖江人，徐州师范大学教授，中国中外文艺理论学会常务理事，江苏省美学学会副会长，江苏省传媒艺术研究会副会长。研究方向：审美文化与文艺美学)著，江苏人民出版社 2008 年 6 月出版，250 千字。本书是有关美学和文艺学的专题论文集，分四部分。第一部分：审美文化研究。包括：对审美文化研究的宏观分析和评述；在微观层面上对审美文化研究中的关键性范畴和命题的研究。第二部分：文艺美学研究。考察作家、艺术家的创作个性问题，对艺术家的审美心理结构、审美创造力、自我发现和自我超越、接受外来思潮影响等问题进行分析；结合中国美学从古到今的发展历程，探讨影响中国美学发展的若干因素。第三部分：形象诗学研究。形象诗学所涉及的形象问题已超出文学理论中的文学形象的塑造以及跨文化传播中的形象学，在更为宏观的文化战略和理论建设上提出了"形象诗学"的整体建构问题。第四部分：比较诗学研究。以跨文化的学术视野考察不同诗学体系的相关命题和范畴；以典型个案为例证考察中国学者在文化比较与文化遇合中对比较诗学的学术建树。
　　（徐志辉）

当代文艺美学的多维思考　古风(1957～　，陕西延长人，扬州大学文学院教授，中国作家协会会员，中华美学学会会员，中国文心雕龙学会理事。研究方向：中国现代文论和美学，中国古代文论和美学，比较文论和东方美学)著，百花文艺出版社 2001 年 12 月出版，277 千字。《中国美学范畴丛书》之一。作者在较为广阔的学术视野中论述了以下三个问题：重新解说古代美学史上的主要"意境"观点，把握和整合历史语境中的"意境"理论；对"意境"的内涵和本质等难点问题,进行了多层次的阐释和探寻,提出了若干新的观点;回顾总结了20世纪的"意境"研究成果,并对21世纪的"意境"研究发展趋势作了前瞻性的探讨。本书具有三个特点:全面介绍和广泛吸纳了百年来的"意境"研究成果;古今结合、中西比较的新的理论建构;对每一个问题的探讨都力争站在新世纪之初的学术高地上发言。

(徐志辉)

当代审美文化批判 姚文放(1949～ ,江苏无锡人,扬州大学文学院教授,中华美学学会副会长,中国中外文艺理论学会副会长,江苏省美学学会副会长。研究领域:文艺学,美学)著,山东文艺出版社1999年10月出版,303千字。本书分上下两篇。上篇为当代审美文化背景批判,考察当代审美文化所牵涉的各种关系,反思当代审美文化产生的各种基础、根据和条件,包括当代审美文化的哲学基础、社会心理背景、宗教意识、地域特征以及当代审美文化与艺术形式的关系,当代审美文化中的当代文学景观等,并在审美文化的历史进程、当代构成和中西比较这三个维度上寻求为当代审美文化定位的坐标。下篇为当代审美文化本体批判,考察当代审美文化所包含的各种特质和属性,分析当代审美文化的基本矛盾,对当代审美文化作为消费文化、快餐文化、广告文化、都市文化、青年文化和文化工业的文化特征作出界说。另外本书对于当代审美文化采取文化批判的立场,体现文化批判不只是否定性、消解性的,而且是建设性、构成性的宗旨,力求在对于每一章的分析和梳理之中同时体现这两个方面,或者通过具体论述,或者采用结论的形式。"当代审美文化与审美教育新概念"一章是全书的总结,试图对当代审美文化的未来建构提出一些积极的设想和探索。(另有《现代文艺社会学》,已著录)

(徐志辉)

西方心理学史论 高觉敷(1896～1993,又名高卓,浙江温州人,曾任南京师范大学教育系教授,中国心理学会副理事长。研究方向:心理学史)主编,安徽教育出版社1995年12月出版,300千字。本书由西方心理学史的方法论、西方心理学的历史编纂学和西方心理学史的专题研究3编构成。第一编从心理学史的角度,探讨实证主义、现象学、释义学、科学哲学等对心理学的影响及其相互关系。第二编分别就时代精神说与伟人说、厚古说与厚今说、内在说与外在说、量的研究与质的研究几个方面,论述西方心理学的历史编纂学。第三编则对冯特、勒温、罗洛·梅、班图拉、哈特曼、柯尔伯格和威特罗克的心理学理论作了详细的介绍和评价。(另有《高觉敷心理学文选》《西方教育心理学发展史》,已著录)

(徐志辉)

高觉敷心理学文选 高觉敷著,江苏教育出版社1986年9月出版,426千字。本书是一部与西方近现代心理学有密切关系的论文集,它汇集了作者从1925年至1986年所写的153篇论文中选取出来的39篇论文,反映了他一生科研活动的思想。从论文的性质来分,可分为六个部分:一为行为主义;二为格式塔心理学;三为精神分析;四为皮亚杰的心理学;五为心理学中的基本理论与社会心理学的问题;六为中国心理学史的方法论问题。在论文中,作者从各个侧面对西方心理学学派都有所论述和评价,是作者运用辩证唯物主义与历史唯物主义思想剖析与"批判地继承"西方心理学与中国心理学的成果。

(蔡保鹏)

中国心理学思想史 杨鑫辉(1935～ ,江西萍乡人,南京师范大学教育科学学院教授,中国心理学会常务理事,中国社会心理学会理事。研究方向:中国心理学史,心理学)著,江西教育出版社1994年8月出版,210千字。本书从全新的视角探索中国心理学思想史的形成和发展的脉络,不仅弥补了中国心理学思想史研究中的某些缺陷和空白,也拓宽了研究思路,开阔了视野。该书的特点:一是体系上的宏观整体的透视与把握。作者遵循整理和研究心理学思想的基本原则,即内在逻辑与外部历史条件兼顾的原则;古今参照的原则;中外比较的原则。二是弥补中国心理学思想史研究的某些不足。作者广为搜集资料,整理与提炼大量史料,发掘和拯救中国古代心理学思想的珍贵资料。三是在方法论上概括出以心理实质为主线原则,古今参照、古为今用的原则,科学的历史主义原则为中国心理学思想史研究的基本原则。该书对中国心理学思想史的宏观整体把握有新角度、新见解、新认识,把中国心理学思想史的研究推进到一个新

高度。(另有《危机与转折——心理学的中国化问题研究》,已著录)

(徐志辉)

社会心理学简史 刘恩久(1920～1993,山东蓬莱人,南京师范大学教育科学研究所教授,曾任中国心理学会基本理论专业委员会委员,国际跨文化心理学会会员。研究领域:欧洲哲学史,西方心理学史)主编,江苏教育出版社1988年5月出版,207千字。本书是我国第一部自编的西方社会心理学的通史。全书共分3编16章,从古希腊柏拉图、亚里士多德的社会心理学思想的论述开始,一直探讨到当代西方社会心理学的主要流派,并着重介绍它们的发展状况和趋势。本书不仅可作为高等院校社会系、哲学系、心理系和教育系学生学习的教材,也可作为对社会心理学史有兴趣的其他读者自学的向导。(另有《心理学简史》,已著录)

(徐志辉)

生理心理学 匡培梓(1932～ ,江苏无锡人,曾任中国科学院心理研究所所长)主编,科学出版社1987年1月出版,281千字。本书共12章,其中包括:神经元;神经系统解剖;大脑皮层的结构与功能;生理心理学方法;感觉的生理机制;运动控制的神经机制;注意的生理机制;睡眠与觉醒;摄食和饮水的调节;情绪行为的生物学基础;激素及其与行为的相关;学习和记忆的生理机制。

(蔡保鹏)

心灵本体的探索——神秘的原型 施春华(1970～ ,福建漳州人,河海大学公共管理学院教授。研究方向:心理健康教育,社会心理学)著,黑龙江人民出版社2002年1月出版,300千字。《荣格神秘心理学》丛书之一。本书的结构是从概述分析心理学的全貌开始,进而分析荣格原型理论的时代背景和思想来源,再阐发荣格本人的原型理论,进而研究后荣格流派的原型理论,转而评论原型理论在诸多领域中的应用,最后对原型理论的方法论特征、其影响如何评价等问题进行总览。作者始终抓住原型理论的实质,即原型是前科学意义上的现象学概念和以文化解释学为方法论特色的,从而使原型理论的内在逻辑突现出来,力图拨开笼罩其上的迷雾,还原型理论以真实的面貌。在对原型理论进行评价的问题上,笔者也注意抓住原型理论的实质,从哲学的意义上生发出评价。

(徐志辉)

当代心理学的新进展 郭本禹主编,山东教育出版社2003年9月出版,390千字。全书共分为两大部分,第一部分论述心理学主要流派的新进展,包括社会学习理论(新的新行为主义)、精神分析心理学、皮亚杰学派、认知心理学、人本主义心理学等流派的最新发展和动态,对各个流派的最新理论做了详细的阐述和评价,还就有些理论做了前景展望;第二部分论述心理学的研究方法论、智力理论、学习理论、认知发展理论、认知神经科学等专题研究的最新进展和前沿。本书不仅向读者介绍了当代心理学研究的新进展,同时也阐述了中国心理学理论和应用研究的最新进展。

(徐志辉)

联结主义认知心理学 贾林祥(1966～ ,陕西铜川人,徐州师范大学教育科学学院教授,中国心理学会会员,江苏省心理学会常务理事,江苏省社会心理学会副理事长。研究方向:理论心理学,认知心理学,西方心理学史)著,上海教育出版社2006年12月出版,238千字。《心理学新进展丛书》之一。心理学的个体主义倾向同心理学的自然科学取向之间的联系是非常明显的。自然科学以物质世界为研究对象,物质世界不同于人的心理世界,前者具有稳定性的特点,但后者在不同时代、不同文化条件下,其特征显著不同。心理学在采纳自然科学的研究模式时,没有考虑研究对象的差异,把心理现象当成自然现象来进行研究,试图像自然科学那样,以因果决定论的模式,使用还原的方法,寻找心理和行为的决定因素。本书采用结构和功能模拟等方法,通过对大脑的同构型和同形型模型的研究来揭示认知过程的本质。在研究过程中特别注重和强调神经网络的整体活动以及联结权重的作用,对感觉、学习、记忆、语言、思维、认知障碍等问题进行了较为深入的研究。

(徐志辉)

情绪研究理论与方法 乔建中(1958～ ,江苏南京人,南京师范大学教师教育学院教授。研究方向:情绪心理学,德育心理学,心理健康教育)著,南京师范大学出版社2003年11月出版,261千字。本书内容包括:情绪的概念分析,情绪的基本成分,情绪研究的简史,情绪研究的取向,情绪的认知理论,情绪的进化理论,情绪与情感的区别,情绪的分类特性,情绪的动机理论,主观体验测量,表情的测量,情绪与道德发展,情绪调节等。本书文献资料强调新近成果,注重实证研究;理论阐述强调有机综合,注重便于理解,强调综合倾向,不再囿于各个情绪理论的简单介绍,淡化学派性的争论,更多地考虑如何合理地兼收并蓄,从它们的认知情绪本质的相互关系上论述其各自研究的取向、方法的侧重以及理论的贡献和局限;方法介绍强调科学实用,注重利于研究,力求克服同类专著在方法介绍上"浅尝辄止"的缺憾,注重从利于读者学习和开展情绪研究的角度出发,科学、实用地介绍情绪研究的方法。

(徐志辉)

应用实验心理学 邓铸(1964～ ,河南商城人,南京师范大学心理学院教授,中国心理学会普通与实验心理专业委员会委员。研究方向:实验认知心理学)编著,上海教育出版社2006年6月出版,478千字。本教材内容由4部分组成:第一部分主要讨论了心理学科学研究方法的主要特征、一般逻辑、心理学实验研究的基本过程和常用设计模式,是实验心理学教学的基础内容和核心内容。第二部分主要介绍了心理物理学、反应时间、感知觉、记忆和思维等领域的实验研究方法及研究成果。第三部分主要讨论了发展与教育心理学的实验方法,人因工程学的学科体系与研究方法。第四部分为实验心理学学习的辅助内容和扩展。

(徐志辉)

心理学简史 刘恩久、王启康、李铮等编著,甘肃人民出版社1986年8月出版,298千字。本书内容以论述我国古代心理学思想为开端,以探讨西方近代心理学的主要流派为主体,着重介绍现代欧美和苏联心理学发展的状况和趋势。本书内容力求简明扼要,通俗易懂。为此,对历史发展的主线力求描绘清楚,对重要人物、学派及其理论取之精华、择要介绍,对历史文化遗产的评述亦力求公允。本书可作为高等师范院校教育系用的教材,可以在有限的课时内给予学生较全面、系统而必要的心理学史方面的基本知识。它既便于学生自学,也给教师的讲授留有余地。

(徐志辉)

统一框架下的心理学与认知理论 唐孝威(1931～ ,江苏无锡人,中国科学院院士,曾任中国科学院高能物理研究所研究员,浙江大学物理系教授)著,上海人民出版社2007年7月出版,194千字。心理学研究的是复杂的人类心理现象,认知理论是关于人脑活动规律的理论。对于当代科学来说,这是两个十分前沿的领域。唐孝威院士从物理学式的系统层面对当代心理学和认知理论作了深入的研究,提出了一整套的分析范式。本书第一部分研究统一框架下的心理学,指出心理现象中存在不同层次、不同方面的5种心理相互作用,这些心理相互作用都以心脑系统的活动作为共同的基础,因而具有统一性。第二部分研究统一框架下的认知理论,用几种心理相互作用及其统一性的观点研究认知过程,提出认知过程中信息加工与意识活动互相耦合的模型和认知统一理论。

(王忆南)

儿童心理学 丁祖荫(1913～2011,江苏无锡人,南京师范大学教育科学学院教授,江苏省心理学会副理事长)著,山东教育出版社1984年12月出版,270千字。本书是国内最早出版的研究儿童心理的教材之一。全书共有儿童心理学的对象、任务和方法,儿童心理发展的基本理论,婴儿期儿童心理的发展,先学前期儿童心理的发展,学前期儿童心理的发展,学龄初期儿童心理发展概述,学龄初期儿童智力的发展,学龄初期儿童情感、意志的发展和个性的形成,少年期和青年早期心理的发展等9章内容。本书可以直接用作师范院校儿童心理学、幼儿心理学等课程的教材,也可用作师范院校其他心理学科或教育学科的参考读物。此外,本书也可为儿童教养、婴幼儿保健、儿童行为咨询以及艺术、科技等活动的指导工作提供儿童心理发展知识。

(徐志辉)

儿童心理学史 朱智贤(1908～1991,字伯愚,江苏赣榆人,中国现代心理学的奠基人之一,曾任江苏教育学院、中山大学教授,北京师范大学教育系主任)、林崇德著,北京师范大学出版社1988年10月出版,480千字。本书是中国第一部儿童心理学史专著。全书以各历史时期对儿童心理研究卓有成就的科学家为主线,运用辩证唯物主义观点,全面系统地介绍了这一学科的发展历史。全书分5

编19章。在第一至三编中,首先论述了近代西方儿童心理学的形成、分化和发展,然后详细介绍了当代西方儿童心理学的新进展。第四编以第二次世界大战前后为分界线,论述了苏联儿童心理学的创始和进展。第五编专门介绍了中国的儿童心理学,包括中国古代的儿童心理学思想,中华人民共和国成立前后儿童心理学的发展进程。全书内容丰富,论述精要,堪称是涵盖儿童心理学发展进程的一部较为全面的专著,也是我国第一部贯彻马克思主义观点,吸收国内外科学成就,联系我国实际,能够体现我国学术水平的高等学校儿童心理学教科书。

(王忆南)

儿童心理理论　陈友庆(1964～　,江苏南京人,河海大学公共管理学院教授。研究方向:应用发展心理学,管理与经济心理学)著,安徽人民出版社2008年12月出版,200千字。本书系统介绍了心理理论的主要研究内容、理论观点、研究范式和个体各阶段心理理论的发展特点及聋儿与自闭症儿童的心理理论发展特点等基本知识,同时还具体介绍了三个心理理论的实验研究:一是探究儿童理解错误信念的实验,二是探究儿童对情绪这一心理状态理解的实验,三是儿童心理理论的训练实验。

(徐志辉)

儿童精神哲学　刘晓东(1966～　,江苏徐州人,南京师范大学教育科学学院教授。研究方向:教育哲学,文化哲学,学前教育学)著,南京师范大学出版社1999年12月出版,335千字。本书是从个体发生维度系统探讨精神哲学的著作,是从精神哲学层面系统探讨儿童观的著作,是从哲学层面系统探讨儿童心理世界的著作。本书以人类文化史为立足点,以现代自然科学、人文科学为背景,以那些通常被视为幼稚无知的儿童为研究对象,将儿童空前地显现在历史、文化、人群之中。作者认为儿童是思想家,是历史之子,是"成人之父",是成人之师。我们再无理由小觑儿童。本书不仅试图在宏阔的精神文化发生史的视野中关照和把握儿童的精神世界,而且在把握儿童精神世界的同时也试图把握人类整体的精神文化世界。

(徐志辉)

儿童行为评估与矫正　傅宏(1959～　,江苏扬州人,南京师范大学心理学院教授,国际跨文化心理学会会员。研究方向:儿童青少年心理健康、儿童行为训练及心理预防保健)编著,江苏教育出版社1994年4月出版,247千字。本书集中篇幅介绍并分析儿童心理行为正常发育的一般规律,以帮助读者全面了解和认识儿童。同时还提供了具体评估儿童心理行为的系统方法供读者使用。为了使读者在对儿童心理行为进行矫治时能取得一个适当的方法论立场,本书在第三篇专门讨论应该如何恰当地分析与看待儿童行为问题,并集中讲解几种最适用于儿童的心理训练技术,接着逐一讨论各种具体的儿童行为障碍现象与矫正方法。

(徐志辉)

心理学简札(上下册)　潘菽(1897～1988,江苏宜兴人,中国现代心理学的奠基人之一,曾任南京大学校长兼心理学系主任,中国心理学会理事长,中国科学院心理研究所所长)著,人民教育出版社1984年3月出版,854千字。本书采用札记的形式记录了作者对心理学基础理论和心理学史有关问题的理性思考,全面梳理了中外心理学理论、学说、流派,勾勒了我国古代心理学思想和新的研究成果,并着重阐述了创建具有中国特色的心理学体系的基本构想。书中标题由编者从原书稿的每条札记中选择或提炼而成。作者以辩证唯物论和历史唯物论的观点,对古今中外有影响的心理思想,对传统心理学中各重要流派的基本观点,作了深刻的分析与评论。同时,对我国心理学的发展道路和心理学的一些基本理论问题阐述了自己的见解,对辩证唯物论心理学的理论体系提出了个人的设想。

(蔡保鹏)

雕塑明天的品质——跨世纪国民思想道德素质建构　陈延斌(1955～　,江苏丰县人,徐州师范大学教授,中国伦理学会理事,江苏省伦理学会副会长。研究方向:当代中国道德建设与国民道德素质培养,未成年人道德品质养成,中国传统伦理思想)著,吉林人民出版社1998年11月出版,320千字。本书以广阔的视野,历史地考察了历代思想家有关思想道德素质的论述,将中华民族精神的塑造、国民思想道德素质的建构放在世界经济社会发展一体化与中国社会走向现代化大背景下进行总体把握,比较系统地研究了当代国民道德素质的内容、结构及其塑造机制,分析了我国当前社会中的积极因素和消极因素,较全面地论述了国民思想道德素质建构的有关问题,还探讨了国民思想素质和道德素质的指标体系,并为这一建构提供了现实的参照和可操作的标准,对于当前思想道德建设具有积极指导意义。

(徐志辉)

第三章 社会科学总论

管锥编 钱锺书(1910~1998,江苏无锡人,字默存,号槐聚,曾任中国社会科学院研究员、副院长,清华大学教授)著,中华书局1979年8月出版,1 300千字。本著是作者生前的一部笔记体巨著,堪称"国学大典"。全书辑录《周易正义》27则、《毛诗正义》60则、《左传正义》67则、《史记会注考证》58则、《老子王弼注》19则、《列子张湛注》9则、《焦氏易林》31则、《楚辞洪兴祖补注》18则、《太平广记》215则、《全上古三代秦汉三国六朝文》277则,共计781则。书中旁征博引,引述了四千位著作者的上万种著作中的数万条书证,对《周易》《毛诗》《左传》《史记》《太平广记》《老子》《列子》《焦氏易林》《楚辞》以及全上古三代秦汉三国六朝文等古代典籍进行了详尽而缜密的考证和诠释。书中作者还将中西文化和文学做了许多有意义的比较和研究,书中考论词章及义理,打通时间、空间、语言、文化和学科的壁障,多有新说创见,所论除了文学之外,还兼及几乎全部的社会科学、人文学科。(另有《谈艺录》,已著录)　　　　　　　(蔡保鹏)

卢前文史论稿 卢前(1905~1951,江苏南京人,曾在暨南、光华、东南、成都、河南、金陵、中央等大学讲授文学、戏剧,任职国立音乐专科学校校长、南京市文献委员会主任、南京通志馆馆长)著,中华书局2006年4月出版,230千字。内容包括《何谓文学》《酒边集》《八股文小史》以及《民族诗歌论集》。其中《何谓文学》以1930年大东书局本为底本,《酒边集》以1934年上海会文堂新记书局本为底本,《八股文小史》以1937年上海商务印书馆本为底本,《民族诗歌论集》以1940年重庆国民图书出版社本为底本。书后附录谢冰莹《记卢冀野先生》一文。(另有《卢前曲学四种》,已著录)

(韩　兵)

曾昭燏文集 曾昭燏(1909~1964,女,湖南湘乡人,曾任南京博物院院长,兼江苏省文物管理委员会副主任)著,南京博物馆编,文物出版社1999年9月出版,字数不详。本文集收集著者存世的专著、论文以及日记、书信等文,所有文稿均注明写作时间和必要的内容说明,按不同类别及时间先后排列,可见著者不同时期的思想变化、学术活动和生活状况的发展过程。全书分4部分:考古类,著者生前主持的重大考古项目的报告及相关文章;历史、艺术类,论述中国文物的纹饰艺术沿革及宗教艺术;博物馆类,中国博物馆事业发展及规划类文章;文学类,著者的数篇怀念、回忆及抒情诗文,亦有几篇应景之作。后有附录,辑录数篇纪念著者的文章。(另有《南唐二陵发掘报告》《沂南古画像石墓发掘报告》,已著录)　　　(韩　兵)

陈中凡论文集 陈中凡(1888~1982,原名钟凡,号觉元,江苏盐城人,曾任国立东南大学教授兼国文系主任、金陵大学教授、金陵女子文理学院教授、南京大学教授、江苏省文史馆馆长)著,姚柯夫编,上海古籍出版社1993年8月出版,930千字。本文集分为上下两编,所收文章散见于新中国成立前后的报纸杂志,时间从1919年起,至1980年止。以新中国成立前发表的为上编,新中国成立后发表的为下编。内容以文史哲为主,兼及其他。大体上按分类编目,上编包括哲学、历史、古文字、文学、艺术、教育诸类,下编包括诗文小说研究、戏剧评论等。

(蔡保鹏)

潘梓年文集 潘梓年(1893～1972,江苏宜兴人,曾任中国科学院哲学社会科学部副主任,兼任哲学研究所所长)著,江苏人民出版社1990年10月出版,148千字。本书收入作者的专著和文章共41篇,内容涉及哲学、逻辑学,包括思维与思维方法、逻辑与逻辑的发展、辩证法的基本规律、辩证诸方法、思维历程、观察法、统计法、推演法等。另有政论及其他,还有附录:潘梓年著作目录(1923～1965)。

(蔡保鹏)

胡小石论文集 胡小石(1888～1962,名光炜,字小石,号倩尹,又号夏庐,原籍浙江嘉兴,生于江苏南京,曾任金陵大学、中央大学中文系教授,南京大学中文系教授、文学院院长、南京大学图书馆馆长)著,上海古籍出版社1982年6月出版,193千字。本书共收论文14篇,内容包括古代神话、楚辞、杜诗、文学史、书法、古器物考订等。诗词存稿原分6卷,为《磐石集》《硖林》《无同沙语》《蜩楼草》《东风堂》《夏庐长短集》,只搜集到250余首,不及原存之半,已集为《顾夏庐诗词钞》,印入论文集。

(蔡保鹏)

胡乔木文集(第一、二、三卷) 胡乔木(1912～1992,原名胡鼎新,江苏盐城人,曾任中共中央顾问委员会常务委员、中央政治局委员、中国社会科学院名誉院长,中共中央党史研究室主任、中央文献研究室主任)著,分别由人民出版社于1992年5月、1993年7月、1994年12月出版,1 191千字。第一卷收辑了作者从1941年6月到1986年2月所写的政治评论,第二卷有半数以上的文章是在党的会议上的讲话,按文章内容分编为两辑:前一辑属于党的历史部分,后一辑属于理论和政策部分。其中大部分文章对于党的历史发展中重要的经验教训和理论政策问题的是非得失,作了许多精辟的说明和论述。第三卷收录的是作者新中国成立后在各种思想文化工作会议上的讲话、与有关部门和地方负责同志的谈话以及从20世纪30年代至90年代撰写的各种体裁的有代表性的文字,包括评论、论文、随笔、小品、杂文、序跋、宣传提纲和回忆纪念文章等。

(徐志辉)

志在振兴中华——唐振绪文存 唐振绪(1911～2003,江苏无锡人,曾任交通大学唐山工学院院长、铁道部科学研究院院长、名誉院长)著,李泳主编,中国铁道出版社1996年5月出版,310千字。本书是唐山(西南)交通大学校友、前院长唐振绪博士历年从事高等教育、科研工作和社会活动有关演讲、讨论文稿的一部分。反映了唐振绪博士对我国交通大学、铁道部科学研究院、中国铁道学会、欧美同学会和全国政协等方面工作所做的杰出贡献。可供交通大学校友、高等教育和科学研究工作者、海内外广大学者参考。

(王忆南)

风云激荡七十年(上下册) 朱穆之(1916～2015,江苏江阴人,曾任新华社社长、中共中央宣传部副部长、文化部部长)著,五洲传播出版社2007年1月出版。本书收录了作者117篇文章、讲话,内容包括经历自述、论新闻工作、论对外宣传、论文化艺术、论人权研究与人权对外斗争以及政论、杂文和诗歌、散文等。书中文章一般按写作和发表的时间顺序排列,有的为阅读方便起见,将内容相近的若干篇连在一起,未分时间先后。本书可供读者特别是从事新闻、宣传、文化、外事工作的人员阅读,也可作为高等院校和干部培训的辅助教材。

(王忆南)

统计信息系统 杜栋(1964～　,陕西户县人,河海大学企业管理学院教授。研究方向:系统工程与工业工程,信息管理与电子商务,管理科学理论方法应用)著,中国统计出版社2006年7月出版,350千字。本书是国内最早对"统计信息系统"进行全面、深入研究与论述的著作。全书分为上下两篇。上篇系统地介绍了统计信息系统的基本概念和基础理论知识,统计信息系统的核心技术(包括统计数据库建设与基于数据库的统计信息系统、网络统计与基于Web技术的统计信息系统等),统计信息系统的开发和管理。下篇从统计人员的实际需要出发,展现国家、省市、县区、行业、企业等不同层面的统计信息系统和统计信息化工作,给出大量的背景资料、典型案例和实用软件,为统计信息系统的研究者和统计信息化的实施者提供更切实的参考和指导。

(徐志辉)

江苏社会学史 储兆瑞(1942～2007,江苏南京人,江苏省社会科学院研究员,中国性学会常务理事兼人文科学专委会副主任)著,南京大学出版社2000年12月出版,557千字。本书以时序为经,以大事为纬,比较全面地勾勒了江苏社会学发展的历史轨迹,填补了地区社会学研究在江苏的一项空白。本书首先划分阶段简述了江苏社会学发展的历史过程,又分期对学术成果作了掠影式的评介,作者用较多的篇幅,对社会学组织、分支学会、地方学会活动、重大学术活动及其刊物作了描述。

(王忆南)

当代西方社会学 宋林飞(1948～ ,江苏南通人,曾任南京大学法政学院教授,江苏省社会科学院院长,中国社会学会会长)著,辽宁教育出版社1990年8月出版,325千字。本书把帕森斯的系统功能主义,默顿的经验功能主义,霍曼斯的行为交换主义,布劳的结构交换主义,库利、米德、托马斯、莫雷诺的符号主义,布卢默、登津的符号互动主义,戈夫曼与伯克的拟剧分析框架,舒茨、加芬克尔的理解分析框架等有代表性的西方社会学者作了客观介绍;从方法、理论与应用上,对其观点、重要著作作了全面的论述。在体例编排、内容剪辑与评述中,既注意运用西方社会学者最新的研究成果,富有新意,又在了解知识中,注重了解方法,挖掘西方社会学者研究问题的思路、技巧等方法论因素,起到了运用西方社会学者研究现实问题的一些实例,以增加实感与启发性的效果。(另有《江苏劳动就业与社会保障近期、中期对策研究》,已著录)

(蔡保鹏)

中国公民社会组织发展研究 张勤(1966～ ,甘肃定西人,南京工业大学公共管理学院教授,中国行政管理学会理事,全国县级行政管理研究会常务理事,江苏省行政管理学会理事。研究方向:公共治理与社会管理)著,人民出版社2008年12月出版,331千字。本书认为中国公民社会组织的存在和发展,既能在一定程度上弥补政府失灵,又能在一定范围内弥补市场失灵;既能减少政府成为社会矛盾焦点的概率,又能较好处理市场不能或无力处理的问题和矛盾。本书围绕这个命题分别研究中国公民社会组织研究兴起的背景、公民社会组织的发展环境、公民社会组织与政治体制改革、公民社会组织与政府体制转型、公民社会组织与市场经济、公民社会组织与政治文明建设、现代社区建设与发展、村民自治组织的建设与发展、公民社会组织的制度创新、公民社会发展的国际经验借鉴等内容。

(徐志辉)

公共性的再生产——多中心治理的合作机制建构 孔繁斌(1965～ ,江苏南京人,南京大学政府管理学院教授,中国行政管理学会理事,全国政策科学研究会常务理事,江苏省行政管理学会副秘书长。研究方向:公共行政理论,国家治理与公共政策)著,江苏人民出版社2008年4月出版,232千字。20世纪70年代以后,重构社会治理体系的价值、机制和知识基础成为全球政府治理改革的主题。但是公共行政范式民主化、市场化的重构并没有真正解决管理型社会治理模式的根本缺陷。在后工业社会或现代性重建的进程中,与服务型社会治理模式生成、构建密切相联系的多中心治理,是社会治理模式现代性演进中的一个基本趋向,它是在继统治型社会治理模式、管理型社会治理模式的"中心—边缘"治理结构之后,伴随服务型社会治理模式而生成的一种社会治理结构类型。多中心治理越来越成为全球性政府治理或社会治理改革的共识。本书作为探讨多中心治理运作机制的一个尝试,试图在研究中梳理多中心治理的含义和形态特征,把握其在社会治理历史进程中的属性,阐述其历史合理性和价值正当性,并对其运作机制的理论模式作出阐释。

(徐志辉)

格奥尔格·齐美尔:现代性的诊断 成伯清(1966～ ,江苏南通人,南京大学社会学院教授。研究方向:西方社会学,情感社会学)著,杭州大学出版社1999年6月出版,157千字。本书是国内学者出版的研究齐美尔的第一部专著,从齐美尔的当代性这样一个极具现实感的视角出发,对他的社会学思想尤其是他独特的提问方式和运思过程进行了准确勾画。该书高度情境化的解读方式较为忠实地还原了齐美尔的所言所思,为学术创新时代的一般读者理解齐美尔提供了一本可靠的"引论"。他对齐美尔"社会学研究纲领"和"社会学片断"的描述,不仅能使业内人士感到满意,也不会使对社会学的技艺充满渴求的人空手而归。本书确证齐美尔是从马克思到西方马克思主义的一个中介环节,最终使得那个时代的思想图景变得更为完整和清晰。(另有《走出现代性——当代西方社会学理论的重新定向》,已著录) (徐志辉)

走出现代性——当代西方社会学理论的重新定向 成伯清著,社会科学文献出版社2006年4月出版,219千字。本书上篇分别从"反思转向""叙事转向"和"修辞转向"来解读当今西方社会学理论范式的转向,为社会学理论在公共话语领域中发挥应有的影响敞开了大门。下篇侧重于让社会学理论与正在我们身边展开的社会现实相对质,这既是借助于特定的理论来审视现实,也是用活生生的现实来评价理论的过程;通过对"信息社会""消费社会""世界社会"和"风险社会"四个时代理论主题的阐释,让社会学理论直面具体的现实。走出现代性,也意味着社会学需要突破既定的提问方式和思维方式。本书的上篇就是要走出伴随现代性而生的唯科学主义方法论的樊篱,下篇则是概述突破现代性社会形态的当代主题。 (徐志辉)

西方社会学历史与体系 第一卷 经典贡献 周晓虹(1957～ ,浙江杭州人,南京大学社会学系教授,中国社会学会常务理事,中国社会心理学会副会长)著,上海人民出版社2002年5月出版,438千字。本书介绍了西方社会学的历史背景与理论构架;孔德:实证主义社会学的助产婆;斯宾塞与进化论社会学;马克思:社会批判的先驱;托克维尔:站在门外的行家;经验社会研究:理论之外的发展;从自然主义倒向心理主义;帕雷托:来自意大利的声音;迪尔凯姆:社会学主义的巨擘;滕尼斯:德国社会学的先声;形式社会学:齐美尔的精神世界;韦伯及其理解社会学;经典时代的尾声以及经典社会学的特征及其对后世的影响等内容。 (徐志辉)

社会学研究方法 风笑天(1954～ ,湖北武汉人,南京大学社会学院教授,中国社会学会常务理事。研究领域:社会学研究方法,家庭社会学,人口社会学,青年社会学,独生子女问题)著,中国人民大学出版社2001年3月出版,454千字。本书结合国内外社会学研究的发展趋势和高等学校社会学研究方法教学的实际,对社会学经验研究方法的基本概念、基本原理和基本方式进行了通俗简明的介绍。在内容安排上,既兼顾到实际研究的逻辑程序,又兼顾到定量及定性研究方式和各种不同的资料收集方法及技术。作者还结合自己十几年学习实践及教学的经验,介绍了一些特定的方法和技巧。全书体系科学规范,内容取舍得当,语言简明,适合高等学校的教学需要,也适合实际研究部门的人员自学及参考。(另有《独生子女——他们的家庭、教育和未来》,已著录) (徐志辉)

社会失范论 高兆明(1954～ ,江苏盐城人,南京师范大学哲学系教授。研究领域:伦理学基本理论,生命哲学,价值哲学,历史哲学)著,江苏人民出版社2000年6月出版,220千字。本书的内容包括:文明演进中的社会失范、社会失范的制度分析、社会失范的精神分析、良序社会的可能等。社会之所以会失范,源于制度的有效供给不足;有效供给不足,就会导致诸多的空白区域,在这些区域里,社会难以有协调一致的行动原则,因而就会产生各种摩擦以至失去有效的控制。作者认为,良序社会一是制度整合,包括对制度的认同;二是道德整合,包括道德认同,即公民对社会道德信仰体系、规范要求的善的肯定及其自觉践履的现实倾向。他进一步把道德对于社会的规范作用富有内涵地分析成是由基准道德、价值信仰两部分组成,由此引申出世俗道德与神圣道德的层次区分,分别对应于道德的广泛性和先进性。 (徐志辉)

吴文藻人类学社会学研究文集 吴文藻(1901～1985,江苏江阴人,曾任民族学院教授)著,民族出版社1990年12月出版,286千字。20世纪30年代开始,为了更好地推进社会学中国化,吴文藻先生在国外留学的深厚积累基础上,不断追踪国际学术最新发展,撰写文章介绍欧美发达国家社会学、人类学的代表人物和典型学派,为社会学中国化做了大量的奠基性工作。本书收录了吴文藻先生付出巨大心血所撰写的15篇文章,包含民族与国家、文化人类学、德国的系统社会学派、功能派社会人类学的由来与现状、论文化表格、印度的社会与文化等。

（王忆南）

神圣的呼唤：奥古斯丁的宗教人类学研究　张荣（1964～　，甘肃天水人，南京大学哲学系教授。研究领域：中世纪哲学，德国近现代哲学，基督教哲学）著，河北教育出版社1999年12月出版，221千字。本书的前言是对奥古斯丁宗教人类学理论及其意义的概括。第一章分析奥古斯丁人类学形成的理论渊源，包括希腊人学思想，希伯来人文精神和早期教父的思想。第二章介绍奥古斯丁人类学思想的时代背景、思想成长过程以及主要著述情况。第三章从人的受造、堕落及其处境几个方面，分析奥古斯丁关于人类历史起源于人对上帝的背叛这一观点。第四章从认知的自负、伦理的自爱和信仰的缺失3个方面，阐明奥古斯丁关于有限性是人类存在的样态这一论点。第五章分析奥古斯丁的幸福观、信仰与理解的关系，重点论述了他的认识论。第六章论述奥古斯丁的救赎观、德性观，阐明奥古斯丁关于人的得救取决于上帝的恩典这一论点。第七章从基督教生活、国家与法、教会与国家3个方面，分析奥古斯丁对传统社会政治哲学的批判以及他的目的论历史观。第八章对奥古斯丁主义的命运作了回顾与展望。结束语为奥古斯丁人类学思想的总结和评价。

（徐志辉）

中国人行动的逻辑　翟学伟（1960～　，江苏南京人，南京大学社会学院教授，中国社会心理学会理事，江苏省社会心理学会理事长。研究方向：社会心理学，中国人的心理与行为分析）著，社会科学文献出版社2001年3月出版，217千字。《本土社会研究丛书》之一。本书以社会学、社会心理学和文化人类学等学科为基础，从本土化的视角对中国人心理与行为及所处的中国社会与文化脉络进行方法论的、概念的以及经验和理论的探讨。本书共4个部分，第一部分"关于本土化、研究理路及其方法的若干思考"，探讨本土化研究的程度与限度、儒家的社会建构等问题；第二部分"本土的概念性研究与讨论"，探讨中国人脸面观的同质性与异质性、中国地方与组织领导的权力游戏、历史性的分类及其转型中的问题；第三部分"经验性的本土研究及其问题"，探讨中国人际关系网络中的平衡性问题、家族主义与工具理性、社会心理承受力与社会价值选择；第四部分"建立本土理论与框架的尝试"包括中国人际关系模式、中国人在社会行为取向上的抉择、个人地位问题等。（另有《中国社会中的日常权威——关系与权利的历史社会学研究》《面子、人情、关系网：中国人社会心理与行为的特征》，已著录）

（徐志辉）

中国社会中的日常权威——关系与权利的历史社会学研究　翟学伟著，社会科学文献出版社2004年1月出版，244千字。本书由4章组成，分别介绍本书的研究视角与方法；研究日常权威运作的社会系统，包括信仰体系、家庭结构、社会等级、话语表达等；介绍日常权威的运作：近代以来的个案研究，包括日常权威定义、网络的较量、合法性、渗透性、循环性等；介绍日常权威运作的特点，内容包括"嵌入式的权威""关系的建立：特殊性与普遍性""人情与面子：让权威流通起来""场域与场合：置换与界定"。结论：在中国近代社会变迁中寻求模式。

（徐志辉）

面子·人情·关系网：中国人社会心理与行为的特征　翟学伟著，河南人民出版社1994年10月出版，213千字。中国人的面子、人情和关系网就是中国传统文化渗透下的社会心理及行为特征，人们在现实生活中可以处处感受到它们的重要性和严重性，但人们在学术界却看不到这一重要性和严重性，倒是记者和文学家能更敏感地意识到这一点。本书首先是把它们作为中国人社会心理与行为特点来加以研究，而不是把它们作为靶子加以批判，也不是把它们看作生存的手段加以赞扬。由于它们对中国人社会生活的重大意义，不做评价也是不可能的，而总体上的评价将放在书的结语中，其目的是引起大家的注意和思考。

（韩　兵）

文化哲学　许苏民（1952～　，江苏如皋人，南京大学中国思想家研究中心教授。研究方向：中国哲学，马克思主义哲学）著，上海人民出版社1990年5月出版，231千字。本书建立了一个由文化发生论、文化结构论、文化发展论、文化动力论四部分所组成的文化哲学体系，是一部以哲学解析文化，从文化重新规定哲学的著作。作者冷静地分析各家观点的得失,把握潮流发展的内在本质,并深入探究哲学和文化本身的命运和两者之间的联系,从而把对文化和哲学的思考和探究的结晶凝缩在本书之中。作者无意构筑一个博大缜密、面面俱到的思想体系,而是透过纷繁歧异的文化现象,将研究的触角对准文化的深层结构——文化心理层层掘进,直探文化的底蕴。其特色和价值在于以辩证的哲学思维来反思、解析100多年来中国的现代化历程及其内在的民族文化心理的嬗变过程,对几种具有代表性的文化心态和思想主张进行切中肯綮的剖析和评价,试图揭示出一条更为深刻的由文化反省达到文化自觉的现实途径。(另有《历史的悲剧意识》,已著录)

(徐志辉)

时尚与冲突——城市文化结构与功能新论 任平著,东南大学出版社2000年5月出版,172千字。《城市科学前沿丛书》之一。20世纪,城市从工业文明的集中营转变为后现代主义的游戏场。人类越来越将后现代理念灌输到当代城市文化的变革之中:以摩天大楼和繁华街区为中心的大都市正在为"延异空间"所取代;水泥森林正在变成与自然合一、生态化的绿色城市;古老的建筑语言和传统精神正在重现魅力;城市工作与生活方式正在被消解;跨国公司的全球化战略、艳丽的时装节将全球城市的时尚推向既相互模仿又力求差异化的文化交融境地;信息高速公路使城市青年生活在全球化空间;耶路撒冷、北爱尔兰和科索沃等城市宗教冲突几乎成为亨廷顿《文明的冲突》的实验场;知识经济使微软、雅虎文化成为青少年追逐的城市新星。

(徐志辉)

博弈生存——社会现象的博弈论解读 潘天群(1965～ ,江苏盐城人,南京大学哲学系教授。研究领域:逻辑学,哲学,博弈论)著,中央编译出版社2002年1月出版,147千字。人是行动的动物,因而是策略选择的动物。每个人都在努力用理性选择策略来达到自己的生存目的。这也是研究多个理性人互动决策的博弈论能够用于解释社会现象的原因。掌握博弈论的理论,就能自觉地用它来分析社会现象。许多哲学家认为人是自由的,而博弈论专家假定人是理性的。人是自由的还是受理性法则所支配?如果人是理性的,那么他便不是自由的。理性人假设下的人是一个"机械装置"。一个博弈是多个这种装置的互动:对于某个博弈参与人来说,如果给定他的策略空间、目标函数以及博弈参与人的个数、信息分布等,他能确定自己的最优策略,或者至少能排除掉某些策略。此时人便不是自由的。物理学是不完美的,这并不妨碍用它来观察和解释周围的世界,博弈论的局限也并不妨碍用它来分析和解释社会现象。本书力图通过浅显的例子普及博弈论的知识和方法,阐发博弈论的思想,为普及博弈论做出贡献。

(徐志辉)

性沟分析 张树栋(1932～2019,陕西勉县人,南京大学历史系教授。研究领域:世界古代史,妇女历史地位演化史)著,江苏人民出版社1990年6月出版,165千字。本书立足古代,走出古代,突破传统史学束缚,独辟蹊径,从妇女史的角度切入世界古代史课题,突出从史前到文明社会妇女历史地位的变异过程,丰富了世界古代史的内容,为世界古代史研究开拓了新领域。全书共有5章,即《引论》《女性:妇女的原型》《女人:妇女的变型》《新女性:妇女的觉醒》《困惑与出路》。其中第一章是全书整体逻辑结构的凝缩,是全书的理论精髓,是这个有机整体的骨骼经络。以下各章则是作者对妇女地位演化过程所作的细致考察,对于女性、女人、新女性所作的具体细微的辨析,对原始性沟、父权型性沟、现代性沟形成和特征的探讨,是这个有机整体的丰润血肉。全书构思独到、立论新颖、内容丰富、材料翔实、思路清晰、表达简练、富有新意,堪称世界古代史与妇女史研究的瞩目之作。(另有《古代文明的起源与演进》,已著录)

(徐志辉)

失业心理问题研究 田晓明(1964～ ,江苏如皋人,苏州大学心理学系教授,中国心理学会工业心理学分会副会长,江苏省心理学会常务理事。研究方向:管理心理学,人力资源管理)著,吉林人民出版社2005年11月出版,320千字。本书围绕苏南地区职工下岗或失业问题,运用问卷调查方法,对苏州、无锡等苏南地区下岗职工和失业人员进行专题调查,收集了大量数据,并从归因心理、挫折心理、心理保健以及再就业心理等方面进行定量研究,获得了系列相关研究结论,比较详尽地解释吴地人文特点对失业人员的归因心理、挫折心理以及再就业心理等方面的重要影响。作者还发现了其他一些社会现实问题，如"妇女阶段性就业""弹性工作制度"以及"隐性就业"等。作者根据调查所得进行比较详尽的心理学解析，并提出比较系统可行的对策建议。这些理论解析和对策建议，对于地方政府及其劳动与社会保障部门有关政策的制定，尤其是人性化的改善，将提供重要的支撑依据。

（徐志辉）

现代性的平庸与神奇：列斐伏尔日常生活批判哲学的文本学解读 刘怀玉(1965～ ，河南镇平人，南京大学哲学系教授。研究方向：马克思主义哲学史，西方马克思主义，政治社会理论)著，中央编译出版社2006年3月出版，338千字。本书以文本学的解读方法，研究列斐伏尔的日常生活批判哲学思想及其发展过程，其早期思想集中研究了那种从来就存在着但充满着价值与神秘的"每天生活"；中后期思想则侧重批判了作为社会异化现象的"日常生活"及作为现代性的机械的"日常性"问题。其早期对日常生活主要采取了一种比较哲学化的、乐观的立场，认为被异化的日常生活世界既包括被压迫的因素，也包括解放的因素；其后期则认为在发达资本主义社会，日常生活被全面纳入到生产与消费的总体环节中去，现代社会成了一个"消费引导型科层制社会"，而不是一个可供人们自由选择的休闲、丰裕社会。拯救现代性的命运只能通过一场以日常生活为平台的文化革命。列斐伏尔既是西方马克思主义的创始人，也是所谓"后马克思哲学思潮"的不自觉推动者。

（徐志辉）

现代社会保障 林闽钢(1967～ ，福建福州人，南京大学政府管理学院教授，中国社会福利协会常务理事。研究方向：社会保障理论与制度，社会政策)著，中国商业出版社1997年6月出版，270千字。社会保障制度的建立，是人类社会的一大进步。现代社会在追求发展进步的共同主题下，享受基本生活保障和不断改善生活质量已成为各国国民的一项天赋权益，而对人的生存与发展提供社会保障则是国家和社会的职责所在。20世纪90年代，中国的社会保障事业走过了西方国家几十年、上百年的路程，保障制度社会化、产业化和法制化进程与日俱新，并逐步与国际惯例接轨。但保障制度的建立和完善不可能一蹴而就，需要理论的总结和指导。社会保障是一种经济制度，也是一种社会制度。本书使用经济学与社会学的双重视角，围绕着六大问题展开：社会保障发展的历史轨迹、现代社会保障的性质和作用、现代社会保障制度的理论根源、现代社会保障的内在运行规律、各国社会保障的比较和启示、对中国社会保障改革的初步理论设想。

（徐志辉）

公共财政下的社会保障管理 林治芬(1956～ ，女，辽宁沈阳人，南京财经大学公共管理学院教授。研究方向：社会保障与公共财政，社会保障资金管理)著，东北大学出版社2001年9月出版，195千字。本书是关于社会保障管理的学术著作。全书6章，内容包括：社会保障管理的理论界定，体制设计，宏观形式，核算基础，信息建设和安全监控等。书中既总结我国社会保障改革的经验，又探讨我国公共财政下的社会保障管理的内容和方法，还阐述政府有关部门进行社会保障管理的责任和范围，并探讨了改革中的难题及其对策。本书具有一定的理论价值和现实意义，可作为高校经济管理类专业的教学用书，也可作为经济研究和经济管理工作者自学用书和工作参考。

（徐志辉）

你能干什么 李宁宁(1962～ ，女，浙江乐清人，江苏省社会科学院研究员，社会学所副所长。研究方向：社会心理学，可持续发展，城市社会学)等著，江苏教育出版社1997年12月出版，188千字。在心理测评中心，著者接待的很多来访者，共同问题是：我(或我的孩子、我的学生、我的朋友)应该怎样选择，朝哪个方向发展有较大的潜力，做什么工作好呢？我能做什么？作为心理学工作者，著者认为，任何一种职业对从业者都有特定的要求；任何人都有特定的心理品质。只有当职业要求与从业者的心理品质相匹配时，才能产生出最大的绩效。

（韩 兵）

社会调查中的样本容量的确定 耿修林(1965～ ，安徽巢湖人，南京大学商学院教授。研究方向：计量经济学，应用统计学)著，科学出版社2008年5月出版，272千字。本书利用势函数规则和统计决策的基本思想,对抽样推断时的样本规模进行了讨论,给出了相应的计算公式,并编制了样本容量的查对表。全书内容包括:样本容量确定的目标及影响因素,常用统计量的抽样分布,总体均值推断时的样本容量,总体成数推断时的样本容量,总体方差推断时的样本容量,方差分析时的样本容量,相关与回归分析时的样本容量等。本书的主要特点:不仅系统讨论了样本容量确定的一般原理,还编制了样本容量的查对表,实际应用时只需查表,就能大致确定应抽取的样本观察数目。　　　(徐志辉)

东晋南朝侨州郡县与侨流人口研究　胡阿祥(1963～　,安徽桐城人,南京大学历史系教授,中国魏晋南北朝史学会副会长,中国唐代文学学会韩愈研究会常务副会长,江苏省六朝史研究会会长。研究领域:中国中古历史与文学,中国历史人文地理)著,江苏教育出版社2008年9月出版,670千字。本书由4篇16章构成。第一篇,东晋南朝侨州郡县述论;第二篇,东晋南朝侨州郡县考表;第三篇,东晋南朝侨流人口专题;第四篇,《宋书·州郡志》与《南齐书·州郡志》研究。本书深入地探讨了东晋南朝侨州郡县的产生背景、成立原因、沿革变迁、地理分布、相关制度与影响,例证了利用侨州郡县复原侨流人口的方法或路径,开辟了研究十六国北朝侨州郡县与侨流人口的园地;凡此,便为解决东晋南朝史的"侨旧"问题打下了基础,也为探讨十六国北朝史的"胡汉"问题提供了参考。(另有《魏晋本土文学地理研究》《六朝政区》,已著录)　　(徐志辉)

中国人口地理(上下册)　胡焕庸(1901～1998,江苏宜兴人,中国现代人文地理学和自然地理学的奠基人,曾任华东师范大学地理系教授、人口研究所所长)、张善余著,上册由华东师范大学出版社于1984年11月出版,648千字。下册由华东师范大学出版社于1986年3月出版,679千字。人口地理学是人口科学的重要组成部分,它主要研究各地区人口的再生产、结构、分布和迁移,以及它们同各种环境因素之间相互制约的关系,尤其侧重于人口过程的空间表现形式及其地域差异。开展中国人口地理的研究,对于制订区域人口政策,促进我国人口的合理布局,有一定的参考和指导作用。本书上册为总论,内容包含9章,涉及中国人口地理的历史演变、中国居民的人种类型和民族构成、中国的人口再生产、中国人口的构成、中国人口的分布、城镇人口和农村人口、中国的人口迁徙、中国人口发展的前景等。下册为分论,内容包含中国各省、市、自治区人口地理,从第十章到第十七章。
　　　　　　　　　　　　　　　　(蔡保鹏)

中国流民史·近代卷　池子华(1961～　,安徽涡阳人,苏州大学社会学院教授。研究方向:中国近代社会史,中国政治史)著,安徽人民出版社2001年1月出版,310千字。本书内容主要包括中国近代流民概观、近代流民的发生机制、近代流民的流向、流民问题的个案研究、流民与近代中国社会等。近代中国是一个流民遍地的国度,"流民"所传达的信息,必定会从一个角度反映出那个时代的社会风貌。解析流民是"解读"中国近代史的一把钥匙。本书希望通过对流民群体的全方位、跨学科的系统考察来解读近代中国,同时也为解决世纪之交的流民问题提供帮助。(另有《红十字与近代中国》,已著录)　　　　　　　(徐志辉)

我国城市化背景下的流动人口聚居形态研究——以江苏省为例　吴明伟(1934～　,出生于上海,祖籍浙江镇海,东南大学建筑系教授,中国城市规划学会荣誉理事,中国城市规划学会常务理事。研究方向:城市公共中心规划设计,现代城市更新和城市历史文化保护)、吴晓等著,东南大学出版社2005年7月出版,236千字。改革开放以来,农村剩余劳动力的大规模流动及其各类流动人口聚居区在城市的自发形成,给江苏省城市的发展和建设带来了多方面的影响。有鉴于此,本书首先对社会学和西方快速城市化背景下的流动人口聚居区的概念、特性、趋向及其相关情况进行了大致的描述;随后又聚焦于江苏省典型的聚居区,对流动人口聚居区的形成机制、基本特征、主要问题等进行分析和总结;最后在对江苏省与西方聚居区展开系统性比较的基础上,着重从物质形态空间方面探讨聚居区整合的综合性策略。(另有《城市中心区规划》,已著录)　　　　　　　　　(徐志辉)

人口老龄化与基本养老保险基金平衡研究——以江苏省为例　黄健元(1964～　,江苏溧阳人,河海大学公共管理学院教授,中国社会学会会员。研究方向:人口社会学,移民科学与管理,社会保障基金管理)著,江苏人民出版社2008年11月出版,185千字。《江苏发展研究文库》之一。本书基于人口普查等数据资料的预测分析,揭示人口老龄化快速发展的趋势;在对基本养老保险隐性债务、个人账户空账规模及做实相关问题、合理替代率精算厘定等问题理论研究的基础上,重点对江苏省基本养老保险基金收支平衡问题进行系统的实证研究,揭示了基金支付压力以及管理中存在的问题;借鉴先进国家和地区的相关经验,提出人口老龄化背景下实现江苏省基本养老保险基金收支平衡目标的政策思路以及针对苏南、苏中、苏北地区现阶段有所侧重的差别化的对策建议。　(徐志辉)

基层治理模式转型——杨村个案研究　张铭、王迅著,社会科学文献出版社2008年8月出版,264千字。本书以中国社会转型与现代化为考察背景,以苏州近郊的金光村为实证分析的个案对象,对苏南农村基层社区的经济、政治与文化,特别是对其当前的治理模式所存在的问题与局限以及这一治理模式的未来改革创新作了较为全面的考察和深入的分析,明确提出自己的思路与看法。本书指出,当下农村中广为推行的"基层民主"与"村民选举"既不是通向基层社区自治的最好道路,也与现行的权威主义治理模式相冲突;取而代之的应是逐步建立一种以多元化和平面互动为基础的,能与当下权威主义治理模式相衔接的"乡土精英治理模式"。　(徐志辉)

管理学——原理与方法　周三多(1933～ ,江苏宜兴人,南京大学商学院教授,曾任江苏省管理现代化研究会副理事长,中国古代管理思想研究会理事,中国技术研究系统分析研究会理事。研究方向:管理学理论与方法,当代战略管理思想,中小企业管理)主编,复旦大学出版社1993年12月出版,329千字。《大学管理类教材丛书》之一。管理学是人类近代史上发展最迅猛,对社会经济发展影响最大的一门学科。本书分总论、决策、组织、领导、控制、创新6篇共17章,全面系统地论述了管理学的原理与方法。作者除总结、汲取了古今中外人们在社会经济活动中所创立的管理思想与方法精华之外,着重阐述了管理学中的系统、人本、责任与效益原理,并以这一崭新的思路来引导全书内容的展开。　(徐志辉)

现代管理哲学概论　崔绪治(1939～ ,苏州大学政治与公共管理学院教授。研究方向:管理哲学,经济哲学)、徐厚德编著,安徽人民出版社1986年12月出版,204千字。本书是一部较为全面和系统的管理哲学著作,它从哲学与管理学相结合的角度,由现代管理哲学的研究对象及其方法入手,展开管理哲学的理论体系,围绕主体与客体、主观与客观、认识与实践的矛盾关系,对管理实践、管理价值、管理意识、管理艺术、管理教育等问题进行了深刻的探讨,编制了一个管理哲学的范畴网络。作者不仅对现实的管理问题进行大量的调研和思考,而且具体地研究了我国现有的管理学著作和欧美各派管理理论。　(徐志辉)

企业生产均衡与优化　赵德滋(1939～ ,浙江绍兴人,南京大学商学院教授,曾任中国数量经济学会理事,江苏省系统工程学会副理事长,江苏省数量经济与管理科学学会常务理事。研究方向:数量经济学)、姜人杰、宋颂兴、谢森著,南京大学出版社1992年12月出版,222千字。本书有选择地论述企业生产均衡与优化的理论和方法。包括:企业生产均衡与优化的经济原理,单项生产任务中均衡与优化的网络计划技术,企业均衡生产的实物型投入产出分析方法,企业均衡生产的价值型投入产出分析方法,企业生产的投入产出优化模型以及企业投入产出表的编制。本书可供广大企业生产管理和计划管理干部使用,也可作为大学经济管理类有关课程的参考书。　(徐志辉)

组织伦理:现代性文明的道德哲学悖论及其转向　王珏(1964～ ,女,江苏溧阳人,东南大学人文学院教授。研究方向:道德哲学及经济伦理,组织伦理)著,中国社会科学出版社2008年8月出版,360千字。本书是组织的道德伦理研究专著。全书分上下两篇共6章,其主要内容:组织伦理的基本概念、组织作为新生的伦理实体、组织作为实体性道德主体、后现代视域中现代组织的"伦理"、组织的伦理制度、组织的伦理精神等。本书从伦理视角揭示组织伦理本性、伦理特征,分析组织伦理异化的缘由,并从道德哲学角度给出了组织伦理的"拯救"之途,对组织伦理制度的构建和组织伦理精神的培育,具有重要的理论意义。

(徐志辉)

预测与决策分析 吴清烈(1966~ ,江苏靖江人,东南大学经济管理学院教授,江苏省互联网服务学会副理事长。研究领域:电子商务,服务科学与管理工程)、蒋尚华主编,东南大学出版社2004年2月出版,319千字。本书比较全面系统地介绍预测与决策分析的基本原理和方法。全书分上下两篇。上篇主要内容包括预测概述、定性预测法、回归分析预测法、时序平滑预测法、趋势外推预测法、季节变动预测法、博克斯—詹金斯预测法、马尔柯夫预测法、判别分析预测法等;下篇主要内容包括决策概述、确定型决策、不确定型决策、风险型决策、多目标决策和群决策等。本书力求理论联系实际,深入浅出地讲清概念和算法思路,并辅以相当数量的思考和练习题。本书既适合作为信息管理与信息系统、管理科学与工程、系统工程和企业管理类专业本科生和研究生教材,也适合作为财经类相关专业本科生和研究生教材,并能满足不同层次人员自学的需要。(另有《运筹学》,已著录)

(徐志辉)

组织理论:历史与流派 朱国云(1951~ ,江苏东台人,南京大学政府管理学院教授,江苏省科学学与科学管理学会理事,江苏省机构编制管理研究会常务理事。研究方向:公共组织的设计与变革,社会转型与第三部门发展)著,南京大学出版社1997年10月出版,316千字。本书首次系统而详尽地阐述西方组织理论形成与发展的社会背景、影响因素、历史沿革及学术流派。该书从管理学、组织行为学和政治学角度,将组织理论的发展史分成5个阶段:科学管理时期、行为科学时期、科学决策时期、系统科学时期、文化管理时期,有选择性地分析不同时期主要学术流派思想以及它们对组织本质和特征的认识。本书重点突出,前后连贯,评析得当;还注意对西方组织理论做出较为客观公正的评价。

(徐志辉)

江苏人才思想史 张鸣、望山(原名赵永乐、1946~ ,河海大学教授、人力资源研究中心名誉主任。研究方向:宏观人才学)主编,南京大学出版社1994年8月出版,335千字。本书系统地论述了从先秦到晚清江苏地区人才思想的发展演变,内容共分5编,分别为先秦秦汉时期、三国两晋南北朝时期、隋唐五代十国宋元时期、明清时期、晚清时期。全书分析清楚,论点公正,文字流畅,可读性强。从纵的方面看,它的时间跨度大,自先秦至晚清;从横的方面看,它是全国第一部地区性的人才思想著作。

(王忆南)

第四章 政治法律类

政治学原理　丘晓(1919～2017,上海人,苏州大学政治与公共管理学院教授,曾任中国政治学会常务理事,江苏省政治学会会长。研究领域:政治学,行政管理学)主编,四川人民出版社1984年12月出版,357千字。本书力图用马克思主义的立场、观点和方法,理论联系实际,对政治学的基本原理进行系统阐述,对马克思主义政治学的理论体系进行大胆探索。本书由政治和政治斗争、阶级和国家、国家政治制度、国家机构、政治和政治党派、政治领袖、政治和民族问题、政治和宗教、政治的战略和策略、国际政治关系、社会政治道德、社会政治心理、社会政治信息、政治思想工作、社会政治目的等15章构成。本书可作高等学校政治学课程的教材,也可作广大干部和大、中学校政治理论教师以及其他政治学爱好者学习马克思主义政治学的参考用书。(另有《国家控制论:应用政治学核心系统分析》,已著录)

(孟桂英)

国家控制论:应用政治学核心系统分析　丘晓、钱振明主编,苏州大学出版社2000年8月出版,203千字。《现代政治学研究丛书》之一。国家控制论是国家学的实际应用方面,它研究国家的政治控制,即一国执政者的"治国牧民之道"。本书以马克思主义的唯物史观和邓小平理论为指导思想,展开了对国家控制的本质、基本范畴、基本结构、体制模式、系统功能、运转机制、国家控制与精神文明的关系等基本理论问题,以及国家控制论的发展和国家控制论在当代中国实践中的创造性运用的系统分析和综合研究,既有理论分析,又有经验比较。

(孟桂英)

政治哲学:理性反思与现实求索　王岩(1964～　,江苏徐州人,南京航空航天大学人文与社会科学学院教授,中国辩证唯物主义学会常务理事,江苏省哲学学会副会长,江苏省自然辩证法研究会副理事长。研究方向:马克思主义理论,政治哲学)著,世界知识出版社2006年10月出版,359千字。本书以"西方近现代政治哲学"和"中国政治文明建设"为核心,以西方近现代政治哲学的历史发展为线索,以比较、论述、评析、批判的研究方法为手段,通过对西方近现代出现的风格不同、内容宏富的政治哲学流派的系统研究和科学批判,追溯西方政治哲学的原初状态,提炼出政治哲学的一般原则,以揭示政治哲学与政治文明的特殊关系。在此基础上评判当代西方政治哲学,从思辨哲学方法论的层面,研究中国政治文明的学理建构。

(孟桂英)

政治学基础理论的观念:价值与知识的论辩　严强(1948～　,江苏南通人,南京大学公共事务与政策研究所教授,中国公共政策研究会常务理事。研究方向:公共政策,国际政治)、孔繁斌著,中山大学出版社2002年5月出版,241千字。政治学从古代到近代的3个轴心发展时期,都坚持以深刻的哲理分析、执着的价值追求、缜密的规范论证为其基础理论支撑。然而在现代政治科学研究中,这一学科基础理论研究的削弱已成为一个普遍存在的缺陷。基于这一知识状况,本书以政治科学的基础理论为核心论域,在感悟人类的政治实践和释读政治学经典的基础上,以当代思想和思维水平为支持,批判性地系统阐述了基础理论研究在政治知识求取中的重要地位和作用,涉及政治科学的学科论、范式论、方法论和范畴论四个论题,指出回归基础理论的研究是当今政治科学繁荣的根本途径。

(孟桂英)

现代公共政策学:公共政策的整体透视 胡宁生(1956~ ,江苏南京人,南京审计学院绩效评估研究院教授,中国行政管理学会理事,全国公共政策研究会常务理事。研究方向:公共管理,政府经济学与公共政策)著,中央编译出版社2007年7月出版,390千字。这是一部从整体上系统透视公共政策的著作。全书构建了一个以公共政策活动为起点的包含公共政策因素系统、公共政策运行过程、公共政策建构分析、公共政策理论研究等公共政策学科中主要分支门类的逻辑框架。力求汇集公共政策学科在国外的最新发展动向,尽量反映社会转型时期中国公共政策学科发展的丰富成果。该书适合政府部门、高等院校及相关研究机构中从事公共政策研究、分析的人员阅读参考,也适合MPA学员、公共行政本科生和第三部门中的决策者使用。

(孟桂英)

当代资本主义双重发展趋向研究 胡连生(1953~ ,黑龙江哈尔滨人,南京财经大学马克思主义学院教授。研究方向:科学社会主义理论,当代资本主义经济理论)、杨玲著,人民出版社2008年8月出版,260千字。20世纪80年代以来,当代资本主义出现了双重发展趋向,即资本主义旧制度继续发展的趋向与新社会因素逐步生长的趋向同时存在。双重发展趋向存在的原因是,以生产资料私人占有制为基础的旧的生产关系、上层建筑的惯性力量和强势地位,推动着资本主义旧制度的继续发展;而生产力的社会化、工人阶级的不懈斗争和社会主义的外部压力,则促使新社会因素不断生长。本书通过对双重发展趋向的分析认为,当代资本主义向新社会转变的历史过渡性质已经显露,但这种历史过渡将是一个相当漫长的历史过程。本书资料翔实,观点新颖,论证充分,导向积极,为深入研究当代资本主义提供了有益的参考。

(孟桂英)

权利制约权力论 菅从进(1965~ ,江苏丰县人,徐州师范大学法学院教授。研究领域:法学,哲学,政治学,历史学)著,山东人民出版社2008年12月出版,465千字。本书分上中下3篇,论述权利人格主体与民主宪政国家、民主宪政的曲折行进与历史昭示;探讨权利的防御权能与公权主体的消极义务;研究分权制衡体制的历史根据、现代民主宪政的基本政体选择。本书分析权利制约权力的历史和社会根据,深入论证权利制约权力是民主宪政秩序的基本向度的命题;提出权利的三大基本权能概念,分析国家公权主体与权利主体享有权利相对应的基本义务和法律责任问题,论证权利制约权力的内在机制;将权力制约权力的分权制衡机制定位为权利制约权力的辅助机制,并立足于历史的视野考察其历史和现实的存在根据,揭示分权制衡机制与社会群体有效控制公共权力的社会需求之间的内在关联;从权利基本权能的充分确认和充分具备的实证角度,论证相应分权制衡机制的重要性。

(孟桂英)

国家紧急权力制度研究 刘小冰(1962~ ,江苏高淳人,南京工业大学法律与行政学院教授,江苏省生态法学研究会会长,江苏省法理学宪法学研究会副会长。研究方向:宪法学)著,法律出版社2008年11月出版,364千字。本书是应急法学领域的代表性著作。作者从国家紧急权力的伦理基础、适用前提、法治形式、法律效力四个方面勾勒国家紧急权力制度研究的基本框架。它具有独到的理论观点,如从本质属性、结构属性、法律属性的不同向度论述了国家紧急权力的基本属性;提出国家紧急权力的运行形态可以分为三种形态;将国家紧急权力界定为国家在突发公共事件下依法迅速改变权力与权利逻辑结构的法律制度。全书的结论尤其深刻:法治主义的经典主张乃是以权利和权力的双重制约来防止权力对权利的侵害,但这种制约必须成为增进权力的正当性和有效性的手段。中国法律发展最终应建立在这一基础之上:即使在面临突发公共事件时,行使国家紧急权力也能遵守法律、尊重民主、保障人权。要保证国家紧急权力合理合法的应用,必须同时进行国家紧急权力制度和多元自主治理社会的理性建构。

(孟桂英)

公共管理新论 黄健荣(1950～   ,广东罗定人,南京大学公共管理学院教授。研究方向:公共管理理论与实践,公共政策与决策分析,政府管理改革,责任政府与政府问责)等著,社会科学文献出版社 2005 年 5 月出版,480 千字。本书特色是以新的学术视野检视公共管理学科形成与发展的学理基础及其时代使命,考察公共管理与传统公共行政的关系,剖析公共行政嬗变的原因及其进程,并从一系列主要相关问题切入研究当代公共管理的基本理论和运行模式及其应如何满足现实社会的需求。本书在对学科知识的覆盖、最新学术信息的投射和理论分析的力度诸方面都力求达到新的水准。本书不仅力求对学理阐释精微得当,深入浅出,且独辟蹊径,结合实际探讨当代公共管理与政治文明、公共管理与宪政的关系以及中国治道变革等具有现实意义的重要问题。　　　　　(孟桂英)

公共行政学 张康之、李传军等编著,经济科学出版社 2002 年 9 月出版,400 千字。本教材广泛吸收公共行政学研究的最新成果,对公共行政学的基本理论、知识和方法进行全面的叙述,并对公共行政的实践、行政改革等作了较为系统的介绍,特别是对公共行政的未来发展趋势作了理论预测。教材中既有作者独到的观点和见解,又照顾到公共行政学的理论和知识的传承。在阅读过程中,不仅能够获得对公共行政学的理论和知识的全面了解,而且会获得许多具有启发性的意见。　(孟桂英)

官僚制的伦理困境及其重构 池忠军(1963～   ,内蒙古赤峰人,中国矿业大学教授,江苏省哲学学会常务理事,江苏省马克思主义研究会常务理事、副秘书长。研究方向:马克思主义哲学,伦理学)著,知识产权出版社 2004 年 9 月出版,400 千字。本书在政治哲学、公共行政、伦理学的交汇点上,探讨官僚制与伦理的关系问题,论述突破官僚制伦理困境的基本逻辑、官僚制的谱系与官僚伦理、国家权利与官僚政治、官僚制的合法性危机与伦理检讨、民主理论的重构与后官僚制的合法性谋划、官僚制与伦理的构成性和制度衍生官员道德的生成关系等问题。　　　　　　(孟桂英)

政府理论 乔耀章(1954～   ,江苏扬州人,苏州大学政治与公共管理学院教授,江苏省政治学学会副会长,中国政治学会理事。研究方向:行政学理论与方法,政府理论与实践,发展政治学,区域政府与政治)著,苏州大学出版社 2000 年 1 月出版,276 千字。本书第一章论述政府的基本概念、政府起源、政府性质、政府类型、政府体制、政府发展和政府的历史回归及政府理论的中国化等问题。第二章是政府理论简史,从政府思想、政府学说等研究成果中概要介绍中国历史上的政府理论和西方历史上的政府理论以及马克思主义的政府理论。第三章是宏观政府生态,论述政府与自然、政府与社会、政府与国家、政府与政党、政府与市场、政府与企业、政府与公民以及国际与政府等关系问题。第四章是微观政府结构,按政府自系统内在逻辑序列分别论述政府职能结构、组织结构、权力结构、利益结构、运行结构问题。第五章是政府改革与现代化,论及政府改革和政府现代化。　(孟桂英)

行政管理学 张永桃(1943～   ,上海人,南京大学公共管理学院教授,中国政治学会副会长,江苏省政治学会会长。研究方向:政治学理论,中国政治制度,中国行政体制)主编,高等教育出版社 2003 年 12 月出版,370 千字。本书按照行政权力与主体—行政过程与内容—行政效率与改革的基本思路构建全书体系。内容包括绪论、行政权力、行政职能、行政组织、行政领导、行政决策、人事行政、财务行政、机关行政、行政监督、行政效率、行政改革等。本书注意吸取国内外行政管理学的最新研究成果和我国行政管理改革实践的最新经验,博采众家之长,融入编者教学研究之体悟,理论联系实际;体系创新,论证有力,便于教学。本书可作为高等院校政治学专业的教学用书,也可供各级行政学院、党校和成人教育教学使用。　(孟桂英)

社会主义民主政治运行机制研究 文晓明(1952～   ,湖南桃江人,南京艺术学院教授,江苏省马克思主义理论研究会副会长,江苏省政治学会副会长。研究方向:政治学,科学社会主义理论与实践)、王立新著,人民出版社 2004 年 1 月出版,224 千字。已往的研究一般偏重于单纯阐述社会主义民主政治的本质及其基本原则,且多采用静态的、传统的分析方法,而疏于对社会主义民主政治运行机制的研究。本书则侧重从动态的角度来研究社会主义民主政治的运行机制。全书共10章，内容包括导论、社会主义民主政治运行机制的一般原理、社会主义民主政治的运行目标、社会主义时期的政治角色与社会公共权力、社会主义民主政治的调控与管理机制、社会主义民主政治的决策机制、社会主义政治参与机制、社会主义民主政治运行的动力、政治信息传递与沟通机制、社会主义政治稳定机制、政治文明视野下的社会主义民主政治建设等。

（孟桂英）

行政改革与制度创新：地方政府改革的制度分析 傅大友（1952～ ，江苏海安人，苏州大学政治与公共管理学院教授，江苏省高校思想政治教育研究会副会长，江苏省政治学会副会长。研究方向：思想政治教育）、袁勇志、芮国强著，上海三联书店2004年5月出版，300千字。本书全面研究地方政府行政改革过程中的中介制度创新、主体制度创新和管理制度创新，并从"行政改革与制度创新：基本概念""地方政府制度创新：动因与机制""地方政府制度创新：路径选择与制约因素""中介制度创新：行政改革进程中的宏观制度创新""政府制度创新：行政改革进程中的主体制度创新""管理制度创新：行政改革进程中的微观制度创新"六个方面提出地方政府制度创新的对策与建议。

（孟桂英）

行政垄断的经济学分析 石淑华（1969～ ，女，辽宁辽阳人，徐州师范大学经济学院教授。研究方向：社会主义经济理论与实践，政府规制与垄断问题）著，社会科学文献出版社2006年4月出版，245千字。本书对行政垄断的概念与特征，行政垄断的概况、成因，行政垄断的配置效率问题，打破行政垄断的对策等基本理论问题进行系统的分析论证。作者认为，行政机构本身不能取得支配性的市场地位；转型时期的企业还不是真正的企业，其竞争优势只能依靠行政机构的支持。行政垄断具有历史性、复杂性，因而反行政垄断也就具有非彻底性、层次性、艰巨性和长期性。作者从财政分权改革的不配套导致的矛盾入手来解释分权改革与行政垄断之间的因果关系，从转型时期地方政府履行经济职能时遇到的培育市场与替代市场的矛盾、制度供给与制度约束的矛盾、增长政绩与发展政绩的矛盾入手，诠释职能转换和行政垄断之间的因果关系，从法制建设中存在的问题出发，分析法律规制与行政垄断之间的关系。打破自然垄断行业中的行政垄断，简单的民营化、完全的放松管制和单纯的产业重组都不能成为中国垄断行业的现实选择，必须多管齐下。

（孟桂英）

当代中国公共行政的伦理审视 刘祖云（1963～ ，安徽和县人，南京农业大学公共管理学院教授。研究方向：行政伦理，政府管理）著，人民出版社2006年11月出版，263千字。本书在剖析我国处于社会转型期时面临的一些行政弊端的基础上，提倡"服务型政府"的理念，旨在重塑"全心全意为人民服务"这一主导行政价值观，诠释"人民政府为人民"的宪法原则与精神。本书从行政价值、行政责任、行政作风、行政效率四部分展开论述：重铸我国公共行政的价值、建设一个服务型政府是我国当前行政发展的一个重要课题；建立责任政府是我国行政改革的基本目标，并探讨公共行政责任实现的途径，即严格追究公共行政的消极责任，依法规定公共行政的客观责任，大力弘扬公共行政的道德责任；分析当前我国行政作风存在的问题，构想了我国行政作风建设的思路：一是内强素质、外塑形象，二是由伦理走向法治，德法并施；分析了政府行政效率低下的根源，指出建立一个促进政府效率提高的积极行政文化环境，综合治理官僚主义与形式主义的重要意义。

（孟桂英）

政府关系 张劲松（1967～ ，湖北鄂州人，苏州大学政治与公共管理学院教授，中国行政管理学会会员。研究方向：地方政府与社会治理，行政管理）等著，广东人民出版社2008年6月出版，320千字。政府关系是指政府在行使行政权力过程中与其外部和内部社会关系相互作用和相互影响的关系。政府关系的研究主要有两个视角：一是从政府管理的内容上看，政府对经济管理、政府管理、社会管理、文化管理之间有着不可推卸的责任；二是从政府管理对象或政府被领导、管理、监督上看，党政关系，政府与人大、司法机关、非政府、媒体、环境保护、全球治理、公民之间的关系，都是政府无法回避的社会关系。本书从多个层面研究政府与这些主体之间的权利和义务关系，对政府正确处理各种社会关系有所助益。

（孟桂英）

转变政府职能与建设服务型政府 赵晖（1964～ ，江苏南京人，南京师范大学公共管理学院教授，江苏省中共党史学会常务理事。研究领域：当代中国政府绩效管理）著，广东人民出版社2008年6月出版，280千字。《当代中国公共管理与社区治理丛书》之一。政府由重管制向重服务的职能转换是全球行政改革与发展的主流导向。从国内看，社会主义市场经济体制的建立与完善，可持续发展战略与和谐社会建设，都对建构政府公共服务职能与建设服务型政府提出了紧迫的要求。本书通过研读和梳理国内外关于服务型政府的理论成果，结合我国一些地方政府建设公共服务型政府的实践，试图总结和提炼我国服务型政府建设的基本思路与对策，从理论上探讨并提出具体的、可操作的政府实行公共服务的新机制。

（孟桂英）

西洋近代政治思潮 浦薛凤（1900～1997，号逖生，江苏常熟人，曾任清华大学教授、北京大学教授、台湾政治大学教务长、台湾商务印书馆总编辑）著，北京大学出版社2007年1月出版，621千字。本书是作者20世纪30年代执教清华大学政治系的讲稿结晶，成书于抗战时期的1938年，先后收入商务印书馆"国立清华大学丛书"和"大学丛书"，多次再版，至今仍然是畅销海外的一部研究西方近代政治思想史的名著。本书内容分西洋政治思想之性质范围与演化、西洋近代政治思潮之渊源——自柏拉图至孟德斯鸠、卢梭之政治思想等3章。全书以18、19世纪的西方政治思想为论述中心，对自柏拉图以降的西方政治思想传统也有提要钩玄式的阐述，实际上是一部19世纪之前的西方政治思想史。

（蔡保鹏）

自由的幻像——伯林思想研究 胡传胜著，南京大学出版社2001年6月出版，247千字。本书的主题是在自由主义发展脉络以及当代思想史的整个背景中讨论以赛亚·伯林的思想特征与贡献。我们每读一本西方的名著，它的背景性的东西，自由主义，大多就会显示出来。这种背景性的东西究竟是什么？这是著者从事本项研究的第一方面的原因。一种理解取向、学术取向的自由主义研究，一种反思性、中立性的，也是温和的、提倡理解、宽容与怀疑精神的自由主义研究。我们越是带有保留与怀疑，但同时是客观性地理解对方，也理解我们自身，甚至越有益于我们这个还处于转变中的社会。这是著者从事该项研究的第二方面原因。

（韩兵）

共产主义者同盟史研究 徐耀新（1959～ ，江苏海门人，南京师范大学经济法政学院教授。研究方向：世界政治经济，国际共产主义运动）著，南京大学出版社1990年6月出版，151千字。本书是作者长期研究共产主义者同盟史的学术成果。作者遵循实事求是的历史唯物主义原则，对同盟的创始人、同盟的性质和地位、纲领和章程、民主革命策略的形成和制订以及若干史实的真伪进行了深入研究，提出了新的独立见解。书后还附有同盟史大事纪、同盟史中外文书目。全书立论新颖，史料翔实，论证严谨，是一部具有较高政治和学术水平的专著。

（孟桂英）

欧洲政治思想史 高一涵（1885～1968，原名永浩，安徽六安人，曾任南京大学教授、江苏省司法厅厅长、江苏省政协副主席）著，东方出版社2007年5月出版，449千字。《民国学术经典》丛书之一。其内容共分四大篇，包括：希腊政治思想史、罗马政治思想史、中古政治思想史、近代政治思想史等。本书最显著的特色是"兼收并蓄"，作者把许多有条理、有系统的思想，用科学的方法，找出他的派别和来踪去路，试图为初学的人理出一点头绪。

（蔡保鹏）

60年代美国学生运动 吕庆广（1963～ ，云南宣威人，江南大学马克思主义学院教授，中华美国学会会员，中国美国史研究会会员。研究方向：美国政治社会史，全球社会问题）著，江苏人民出版社2005年1月出版，324千字。本书论述20世纪60年代学生运动的根源、组织形式与矛盾冲突、政治理念与文化主张、运动的乌托邦设想及其实践模式、学生运动对20世纪60年代及以后社会文化与政治的影响。导论介绍国内外有关20世纪60年代学生运动研究的主要学术观点和理论流派；其余各章论述 20 世纪 60 年代激进学生运动产生的社会历史背景和思想文化根源、老左派组织的衰微与新一代激进力量崛起的关系、校园反叛者的东部犹太和新教文化背景与 SDS 前期的制度内改革关系、学生运动从抗议向反抗和激进变革转变。在这一转变过程中,学生的直接政治行动和先锋派艺术以及嬉皮士行为合流,使文化变革成为整个运动的根本目标和基本内容,阐述了学生反对派对美国社会的批判立场和理论依据,论述学生反叛运动的终结和对现当代美国社会文化的革命性影响以及学生反叛运动的社会作用、文化意义和历史地位。

(孟桂英)

苏共兴亡论 王立新(1967～ ,江苏镇江人,南京师范大学公共管理学院教授。研究方向:政治改革和政治发展比较)著,中央党校出版社 2007 年 4 月出版,342 千字。本书对苏共的产生、发展与败亡做了深刻的论述。本书由上下篇组成。上篇从新型政党的建立与成功的革命、阶级斗争的扩大与受挫、保守的体制与失败的改革、理论路线的错误与政权的丢失等方面探讨了苏共由兴到衰、从成功革命到丢失政权的整个过程。下篇则从党内组织制度的衰败及其民主化、执政模式的衰败及其转换、权贵集团的腐败与人民利益的维护、僵化的理论与理论创新、党的领导与社会主义民主政治发展几个方面,探讨了苏共衰败的原因。

(孟桂英)

全球化冲击:当代中国面向世界的挑战 王庆五(1957～ ,江苏如东人,教授,江苏省委党校副校长)著,内蒙古人民出版社 2003 年 12 月出版,275 千字。本书分"全球化:中国社会主义理论与制度变革""全球化与中国共产党"和"社会主义历史命运:路途漫长和艰辛的长征"3 个部分,分别探讨了全球化进程中社会主义价值与制度框架分析、全球化时代中国社会主义理论范式的转变、全球化条件下当代中国的改革路径及发展抉择分析、全球化条件下中国共产党的领导方式和执政方式变革、全球化时代资本主义世界体系与当代社会主义的定位、21 世纪社会主义在全球化时代前途和命运等问题。(另有《治理方式的变革与江苏农村现代化——江苏省村民自治区域比较研究》,已著录)

(孟桂英)

现代化最后的情结——农民利益的法律经济学分析 张跃进(1958～ ,安徽巢湖人,南京审计学院经济系教授。研究方向:比较经济学,法经济学)著,安徽大学出版社 2005 年 3 月出版,227 千字。本书着眼于农民利益,运用现代经济学的微观原理,对中国农民在现代化进程中的地位、作用和未来命运进行系统分析,提出"实现农民利益是解决农民问题"的命题,其核心就是找到广大农民分享经济增长成果、逐步非农化的有效方法和途径。全书共 8 章。第一章分析农业、农村和农民问题的历史和现状,从经济理论上指出农民问题的核心和关键是农民利益问题;第二章是对有关发展问题和农业问题的基本经济理论的回顾,为后续研究奠定基本框架和基础;第三章阐述二元经济结构模型及其在中国的表现;第四章深入解剖隐藏在"利益教条"背后的经济学机理,论证其合理边界和可能存在的谬误;第五章论证农民的平等签约权是实现农民利益的制度前提;第六章分析农村土地制度的缺陷,指出解决农民利益问题的经济基础是建立明晰的农民对土地的产权关系;第七章论述实现农村土地使用权资本化的理论问题;第八章论述实现农民利益的基本途径。

(孟桂英)

生存与适应:南京城郊失地农民生活考察 叶继红(1969～ ,安徽长丰人,苏州大学政治与公共管理学院教授。研究领域:社会管理与社会政策,社区治理与社会建设)著,中国经济出版社 2008 年 12 月出版,260 千字。本书是对南京城郊失地农民日常生活所做的一项社会学研究。失地农民的出现是城市化进程的必然结果,是世界范围内的一个普遍规律。农民失地正在带来一系列的社会问题,并将对社会发展和稳定产生不利影响,迫切需要加以认真研究和对待。从文化适应的角度来研究农民失地后的生活是一个全新的尝试。社会/文化人类学认为,人类群体在面对特定环境压力时会对自身的行为作相应的调整,以取得与环境的重新适应。对于失地农民来说,他们从农村来到城市也面临着物理适应、社会适应和观念适应的问题。"技术""网络"和"价值观"构成了失地农民文化适应的最小单元。南京城郊失地农民在征地后表现出很强的可塑性和适应性,面对突变的社会生活环境,能够及时转变观念和调整自我,主动参与市场化就业，积极构建和拓展社会关系网络，努力学习技术文化和培养市民意识，以适应新的生存环境。

（孟桂英）

女性意识新论——苏醒中的女性 金一虹（1947～ ，女，江苏常熟人，南京师范大学金陵女子学院劳动社会保障系教授，中国妇女研究会常务理事，江苏省家政学会副会长。研究方向：性别社会学）、张锡金、胡发贵著，南京大学出版社1991年9月出版，151千字。改革开放的10年对于中国妇女是极不平常的一个历史时期。她们的外部环境在急剧变化，她们的内心世界则涌动着波澜甚至风暴。商品经济发展的浪潮，在妇女身上唤起更大的改变命运、改变旧的生活方式的希求，然而生活所提供的选择是有限的，机遇在男女间是不均等分配的。这一矛盾冲突给现代女性带来种种烦恼乃至人格危机，于是就有了无数的期望、失望、欢欣、惶惑；有飞蛾扑火般的追求，又有无奈的退却与疲软。生活的振荡，情感的交错，为当代女性提供了心理激荡、观念突变的条件。本书把视角对准20世纪80年代中国这一特定的时空点，分析概括在发展商品经济带来女性生存环境的变化这一大背景下的中国女性主体意识苏醒，新的人格的形成过程以及发展的前景。

（孟桂英）

性别与法律：性别平等的法律进路 周安平（1965～ ，江西安福人，法学博士，南京大学法学院教授，江苏省宪法法理学会副会长，中国法理学研究会理事。研究方向：法理学，法社会学）著，法律出版社2007年3月出版，208千字。本书从性别歧视的法律起源入手，揭示法律关于性别的公共领域与私人领域对立划分的二元结构，从而揭示性别歧视与这种二元结构的同构性。其学术成果体现在：从社会学、人类学的角度揭示性别歧视的起源及其法律建构；从社会契约论对性别歧视的掩盖进行批判；论证性别歧视与二元对立结构之间的同构关系，提出解决这一二元结构对立的法律进路；从性别平等的角度揭示性权利与国家权力的关系，从而将妇女性权利的保护与国家权力介入性的原则及其限度联系起来；通过对家庭暴力的起源与基础的分析，厘清家庭暴力与公共暴力的分野，厘清家庭暴力原初之所以为男权法律所遗弃的历史原因；对婚姻的性别基础进行深入解构，揭示"自然性"背后所隐藏的性别歧视的法律强制性；从逻辑思维的角度论证法律思维与女性思维的契合，破解女性与法律职业分离的观念障碍。

（孟桂英）

社会保障基金投资运营研究 万解秋（1956～ ，江苏苏州人，苏州大学商学院教授。研究方向：金融学，资本市场和投资，国际金融）等著，中国金融出版社2003年8月出版，262千字。《金融经济前沿问题文库》之一。本书系统地阐述了社保基金投资运营的理论与实践问题。该书首先从分析国外社保基金投资运营模式入手，分别分析研究欧美、日本、新加坡、智利等国的经验，然后对国内外社保基金的投资运作进行比较分析，以此揭示出一些值得借鉴的东西。在此基础上，再对我国社保基金的投资运作问题进行探索，并提出一些相应的政策建议。本书可供经济金融理论工作者、实际工作者和高校师生阅读参考。（另有《价格机制论》，已著录）

（孟桂英）

都市社会的微观再造——中外城市社区比较新论 叶南客（1960～ ，江苏涟水人，研究员，南京市社会科学院院长，南京市哲学与社会科学联合会主席）著，东南大学出版社2003年4月出版，字数不详。在城市化和城市现代化快速推进的21世纪，社区作为社会结构的微观单元正越来越构成为城市管理与发展的焦点。本书运用社会学、城市学、比较文化学、社区发展及社区工作理论，在收集分析大量中外社区建设模式与经验的基础上，对人类社区的成长和结构定型、社区组织体制重建和社区参与管理的民主化进程、中外社区发展中的社区服务和社区工作的专业化、国际社区文化发展的薪火传承、各国社区教育模式、社区生态与可持续发展、现代社区规划的理论与实践等方面进行了深入系统的探究。全书内容新颖，视野开阔，资料翔实，融理论与实践于一体，信息量大，可操作性强，可供广大城市建设与管理者、社区工作和研究人员参阅。（另有《中国人的现代化》，已著录）

（王忆南）

社会现代化与人的现代化 方世南（1954～ ，江苏张家港人，苏州大学政治与公共管理学院教授。研究方向：发展中国家政治文化研究，中国特色社会主义现代化研究）著，苏州大学出版社1999年5月出版，297千字。本书以人的现代化为中心，深入探讨人的现代化对于实现我国社会全面现代化的地位、作用、意义等。本书抓住"人的现代化"这个核心问题，探讨解决中国现代化建设中的问题的方案。其理论特色表现在：抓住现代化建设的中心问题——人的问题，追踪现代化问题产生的根源；从社会现代化和人的现代化的高度思考"一手硬、一手软"的问题并提出可操作的方案；系统地考察现代化过程中的诸多方面与人的现代化的关系，选择有典型意义的实证材料来说明人的现代化与社会现代化的双向互动关系以及人的现代化的实现途径；坚持唯物史观的基本观点，又依据中国的实践，广泛吸收国内外研究的成果，使历史唯物主义的某些命题和基本概念具体化。 （孟桂英）

工业民主的理论与实施 曾虚白（1895～1994，原名曾焘，江苏常熟人，报业家、文学家。曾任金陵女子大学教授兼中文系主任，国民政府行政院新闻局副局长，"中央通讯社"社长，台湾政治大学新闻研究所教授）著，中华文化出版事业委员会1955年10月出版，字数不详。著者在书中表述这样的建国思想：中国虽然是农业国家，但是近代农业的发展有赖于工业的辅助，农村中的剩余人口更需要融入发达的都市工业才能促进城乡交流，实现社会平衡发展和繁荣。因此著者在国民党改造之初主张工业民主制度，力图使整个社会的生产工具、生产机构在工业发展的过程中逐步脱离资本的控制而努力变成社会福利的机构。（另有《中国新闻史》，已著录） （韩兵）

当代中国现代化动力纵论 周直（1944～ ，江苏南京人，曾任中共南京市委党校副校长，南京市社会科学院常务副院长、研究员）著，南京大学出版社2007年5月出版，245千字。本书是江苏省哲学社会科学研究"十五"规划重点项目成果。本书在马克思主义唯物史观的基础上，对现代化理论谱系从动力论角度进行了系统阐述；用多学科一体化的方法，以全球视野下不同模式现代化动力的比较为参照系，对中国现代化动力做了系统的历史考察；对当代中国现代化动力系统及其运作机制进行了理论创新性的论述；同时以改革开放28年的实践历程为印证。最后，对新世纪中国现代化动力未来运作进行了深入的探索与展望。（另有《股份合作经济基础与实践》《公民社会与社会创新》，已著录） （韩兵）

中国社会主义建设学教程 倪大奇(1934～ ，江苏滨海人，曾任复旦大学社会科学基础部教授，马克思主义研究中心常务副主任)主编，江苏人民出版社1988年8月出版，263千字。本书为高校马克思主义理论教材，原名《中国社会主义建设基本问题》，1985年出版后深受欢迎。1988年，编著者根据形势的发展和党的十三大精神，以及两年多教学实践的意见，对原书作了调整补充。本书系统地阐述了社会主义初级阶段及其本质特征，社会主义经济、政治、精神文明建设和改革问题，坚持和改善党的领导，以及当代青年学生肩负的历史使命等。既保留了原书的基本体系，又充实了新的内容。 （蔡保鹏）

中国现代化百年探索 沈嘉荣(1932～ ，江苏江阴人，曾任江苏省社会科学院研究员，江苏省历史学会副会长)主编，南京出版社1998年12月出版，223千字。《中国现代化丛书》之一。本书论述了从1840年鸦片战争到1949年新中国成立100余年间，中国现代化艰难曲折的萌芽发展过程以及现代工业化先驱探索失败的经验教训。其内容包括：中国现代化启动的历史背景、中国现代化的起步、中国现代化的初步发展、中国现代化的前进与挫折以及历史的启示。全书共5章。 （王忆南）

目标与代价：当代中国现代化的发展逻辑 周显信(1966～ ，江苏徐州人，南京信息工程大学公共管理学院教授。研究方向：当代中国发展，思想政治教育)著，人民出版社2003年12月出版，396千字。本书以当代中国现代化的发展目标为中心，以社会转型时期的代价问题为逻辑主线，以遏止和减少代价为研究重点，敢于触碰重大的现实问题，严肃、认真、大胆地提出解决问题的对策。作者认为，当前我国社会主义现代化正在经历从计划经济体制向市场经济体制转型。选择转型是为了减少发展代价,但转型又产生了许多新的代价。本书理性审视改革开放后成功得失,反思发展中国家现代化进程中的发展困境,借鉴发达国家后现代化转向中的成功之道,总结苏联、东欧等国社会主义现代化模式破产的前车之鉴,对我国现代化进程中遭遇到的一些重点问题、难点问题进行了认真的探讨。

(孟桂英)

中国人的现代化　叶南客著,南京出版社 1998 年 12 月出版,217 千字。全书共 6 章,分为 4 个部分:首先将中国人的现代化内涵、目标在社会现代化的整体战略中进行了价值定位;然后在纵向的现代化百年历程中,理出了中国人的现代化的自身进步脉络;继而以较多笔墨对当代中国人的现代化多方面进步要素做出了实证分析和理性评估;最后在归纳总结、评析国内外人的现代化理论的基础上,对 21 世纪中国人的现代化前景和战略目标、战略任务进行了展望和较系统的探索。本书的基本判断和深入讨论的出发点是:中国现代化大业中最关键的因素、最深层的问题、最艰巨的工程乃是现代化的创业者——人的自身现代化。在此基础上,笔者就社会主义人的现代化内涵构成、现代人与现代社会的互动机理、中国人的发展历程、当代人的具体变革特征及其理论评估、人的现代化发展趋势、发展指标、发展战略等,提出了一系列有创见的新观点和新思路。

(王忆南)

中国现代化曲折三十年　蒋伏心(1956～　,江苏阜宁人,南京师范大学商学院教授。研究方向:创新经济,企业理论,经济学说史,比较经济体制)、左用章著,南京出版社 1998 年 12 月出版,198 千字。《中国现代化丛书》之一。本书研究了 1949 年到 1978 年间中国现代化事业的进程,总结归纳了 30 年间的现代化经验,对以后中国现代化的进一步发展有非常重要的意义。本书包括新中国现代化的背景分析、建国后 30 年的工业化、新中国的农业发展与农业现代化、城市化发展的 30 年历程、新中国现代化中的政治与外交、1949 年至 1978 年的意识形态与文化、1949 年至 1978 年的社会现代化、1949 年至 1978 年的经济体制等内容。(另有《历史 现实 未来——市场经济发展与中国改革开放》,已著录)

(王忆南)

江苏妇女运动史:1919～1949　江苏省妇女联合会编,冯月华执笔,中国妇女出版社 1995 年 2 月出版,232 千字。本书主要记述了新民主主义革命时期江苏妇女在中国共产党领导下,为争取民族解放和民主革命的胜利,为争取自身解放和男女平等权利而斗争的历程,史料翔实,文字流畅。该书还介绍了从原始社会开始到封建和半封建半殖民地社会各历史时期江苏妇女地位的变化,以便读者进一步了解江苏妇女运动兴起的历史渊源,从历史发展的过程中作对比性的思考。

(王忆南)

江苏革命史词典　叶绪昌主编,南京大学出版社 1993 年 5 月出版,1 114 千字。本词典是学习与了解江苏革命历史知识的工具书,由编纂出版处与南京、镇江、常州等 11 个市委党史部门联合编纂,收录范围主要为"五四"运动前后至 1949 年中华人民共和国成立之间,江苏人民革命斗争的历史资料。全书主干为《组织编》《事件编》《人物编》《综合编》等四大部分,共收列词目 4 170 余条。《组织编》主要收录中国共产党于土地革命战争之前在江苏的基层组织,自土地革命战争起在江苏的县、团级以上党政军组织,以及少数有影响的民主党派和其他组织的条目;《事件编》收录发生在江苏地区的运动、事变、战斗、罢工、学潮、起义、血案等重大历史活动;《人物编》收录江苏籍和客籍在江苏工作过的烈士、英模,中共党政军领导人、作家、文艺家、学者、各民主党派主要负责人、有影响的爱国民主人士、国际友人等词目;《综合编》主要收录中共江苏党政军组织和领导人拟制的重要文电,召开的重要会议,创办和领导的报纸杂志,各类学校、医院、银行、工厂、革命活动旧址等方面的条目。

(王忆南)

党建若干问题理论研究　陆建洪(1957～　,江苏无锡人,苏州大学教授,江苏省中共党史学会常务理事,中国现代史学会理事。研究方向:中国近现代史,中共党史,当代中国政治)著,天津人民出版社 1995 年 10 月出版,230 千字。本书在总体论述上既坚持党建系统的一般原理,又联系党执政以来的历史与现状,既注重在宏观上进行规律性的理论探讨,又注重在微观上对一些具体问题进行深入细致的分析。本书着重分析和研究执政党的建设,依据党建的六大问题之间的内在联系,构建了思想理论建设—政治建设—组织建设—作风建设—制度建设的框架。本书通过对六大建设重要性的论述，存在问题的分析，经验教训的总结，对策和举措的思考等，突出了加强和改善执政党建设的中心主题。

（孟桂英）

江苏四十年（1949～1989） 江苏省统计局编，曹楷主编，中国统计出版社1989年5月出版，920千字。本书是一部资料性的书刊，采用统计彩图、统计专文和统计数字表相结合，以丰富的统计资料，翔实地记述了中华人民共和国成立40年来江苏经济建设和社会事业的丰硕成果和巨大变化。全书分为六大部分，即彩色照片和统计彩图、《综合篇》《专业篇》《地区篇》《基层篇》、主要统计指标解释。

（王忆南）

江苏改革30年 江苏省发展和改革委员会编，江苏人民出版社2008年10月出版，520千字。2008年是我国改革开放30周年，为全面回顾江苏改革30年的历史进程，总结改革经验，研究进一步深化改革的目标任务，纪念改革30周年，江苏省发展和改革委员会组织编写了本书。本书是江苏省级有关部门的集体之作，全书由14章和《大事记》组成，由省委、省政府有关部门的负责同志组成编委会，共同完成编写。

（王忆南）

江苏统战史 中共江苏省委统一战线工作部、中共江苏省委党史工作办公室编，周和平、崔广怀主编，国家行政学院出版社2007年1月出版，395千字。本书以写史的手法全面记述了中华人民共和国成立以来，江苏统一战线的发展轨迹，是对江苏省统战工作成绩和经验的生动概括，也从一个方面反映了江苏省发展社会主义民主政治的探索历程。全书史料丰富、内容翔实、脉络清晰，具有较高的史料价值和学术价值。

（王忆南）

中国发展与改革的综合研究：从工程系统到社会系统 王慧炯（1925～ ，籍贯江苏昆山，曾任国务院发展研究中心学术委员会副主任）著，五洲传播出版社2004年12月出版。本书选取了作者从事政策研究工作期间在国内所作的报告与研究文章18篇。第一部分有关工程系统的3篇，系作者20多年前从事工程工作期间的体会、心得，分为第一至三章。第二部分的15篇文章都是作者在国内所作的报告或向中央领导提交的内部参阅文章，其中，第四至六章为总体发展战略。鉴于中国的经济发展与结构调整始终处于经济全球化的环境中，故而中国的发展必然需要结合并纳入国际外部大环境来考虑，因此，把第六章也归入总体发展战略范围内。第七至八章为科学与技术领域；第九至十四章是属于经济领域；第十五至十七章为社会领域；第十八章属于环境领域。

（王忆南）

政府信息公开进程中的现行文件开放研究 周毅（1966～ ，江苏海安人，苏州大学社会学院教授。研究方向：政府信息资源管理）等著，群言出版社2007年5月出版，242千字。本书从研究政府信息公开的基本依据开始，探讨政府信息的公共物品性质及其基本特点，政府治理范式与权力运行方式的转换及其对政府信息开放的要求，总结概括政府信息公开的国际法、国内法依据；对我国政府信息公开过程中现行文件开放的现状和存在问题做了深入分析，总结概括出当前我国现行文件开放中存在的共性问题，并从观念障碍、制度障碍、体制障碍和理论障碍等方面剖析产生这些问题的原因；将我国政府信息公开过程中现行文件开放模式的构建作为研究重点，从开放主体结构、开放客体结构、开放时空结构和方法体系结构4个方面系统构建我国政府信息公开过程中的现行文件开放保障体系；从时间标准、充分有效标准和空间范围标准3个具体指标上细化政府信息公开过程中现行文件开放的评价标准，并以此为基础提出有关开放控制策略；还对政府信息公开过程中现行文件开放安全策略做了研究。

（孟桂英）

红十字与近代中国 池子华著，安徽人民出版社2004年8月出版，388千字。中国红十字会诞生于1904年3月10日，是近代历史最为悠久的民间社团。本书从红十字"东渐"登陆中国起笔，以时间为经，以重大历史事件为纬，"历时性"与"共时性"纵横交织，将近代中国红十字会自成立以来的起与伏、兴与衰、甘与苦、荣与辱、挫折与振起、人事更迭等迂回曲折的演进轨迹，第一次全面系统地再现了中国红十字会的百年沧桑；以社会历史学为基本切入视角,借鉴社会学、灾害学、经济学、社会心理学等学科的理论方法,对中国红十字会的历史渊源、组织架构、运作方式、功能实现及其与近代社会的互动关系进行多维度、跨学科的考察;该书数据丰富,诸凡档案、报刊、官修正史、稗官野史等,均有广泛搜罗,对红会公开出版物及内部交流资料,也都有广泛的搜集,许多资料为首次披露,弥足珍贵。作为第一部系统研究中国近代红十字会史的力作,它的出版不仅弥补了相关研究的不足,拓宽了中国社会史研究的领域,还对推动中国慈善事业的发展具有重要的借鉴价值。

(孟桂英)

福利三角中的社会排斥:对中国城市新贫穷社群的一个实证研究 彭华民(1957～ ,山西临汾人,南京大学社会学院教授。研究方向:社会福利理论,比较福利体制)著,上海人民出版社2007年1月出版,227千字。《三一社会工作文库》第一辑。本书是中国城市新贫穷社群与社会排斥的探索性与描述性研究。主要研究的是城市新贫穷社群是如何被社会排斥的。作者运用社会排斥理论,将伊瓦思的福利三角理论演绎为自变项的就业制度和社会福利制度、参与变项的家庭制度,加入因变项的社会排斥,共同构成研究框架。在此基础上,作者深入剖析了福利三角制度与城市新贫穷社群被社会排斥的关系,探讨了城市新贫穷社群被社会排斥的制度原因,并提出了消除社会排斥的社会政策建议。本书提出的社会排斥问题是一项中央政府不能不重视的问题,制度视角及福利三角的理论架构都可以为社会介入提供十分有用的参考。

(孟桂英)

海外移民和美籍华人 黄润龙(1952～ ,江苏苏州人,南京师范大学社会发展学院教授,江苏省社会学会常务理事,江苏省人口学会理事。研究方向:人口社会学,人口统计分析技术)编著,南京师范大学出版社2003年11月出版,273千字。本书对中国大陆海外移民及美籍华人生存状况做了系统而深入的研究,填补了国内在新移民研究方面的空白。本书在占有大量资料的基础上,通过人口学、社会学方法,系统而深入地分析了我国大陆新移民的人口及社会经济特征,包括迁出人口的数量和原居住地区分布,迁出人口的年龄、性别构成,受教育程度和婚姻状态以及迁出人口的类型和人口迁出的原因。也研究了我国华人在美国、加拿大、澳大利亚和马来西亚的社会经济状况。本书的主要目的是探讨我国人口国际迁移的形式、特点、数量和发展变化规律,客观评估海外华人,特别是美籍华人的社会经济状态,为了解国外移民现状、国际人口迁移规律和为国际人口迁移政策的制定提供咨询和决策依据。

(孟桂英)

危机与转折——心理学的中国化问题研究 杨鑫辉等著,黑龙江人民出版社2002年9月出版,200千字。全书分《理论篇》和《应用篇》。《理论篇》包括互相联系的9篇论述,从基本理论出发阐述心理学中国化的基本观点:心理学研究中国化的意义及其可能性;心理学研究的中国化的目的、涵义和做法;心理学的中国化与本土化、科学化、现代化;心理学中国化的问题。《应用篇》包括心理学有关分支学科的中国化问题的11篇论述,可视为应用心理学中国化问题的基本理论观点,具体阐述有关心理学分支领域的中国化问题:关于中国传统心理学思想;对中国心理学史研究的反思,提出研究中国古代精神心理学思想;西方心理学的人性误区与中国文化的人性问题,对中国人的国民性格与日、俄、美三国做比较研究;中国传统人格的现代延伸和中国传统人格心理学思想的主要特点;大学生心理健康评定量表的初测报告和关于学校心理健康教育中国化的思考。

(孟桂英)

伦理新论:中国市场经济体制下的道德建设 郭广银(1951～ ,山东临清人,南京大学哲学系教授,全国伦理学会理事,江苏省伦理学会会长。研究方向:伦理学原理,现代伦理学,当代中国道德建设)等著,人民出版社2004年6月出版,449千字。本书立足中国市场经济体制建立和完善的社会实践机制,从当代中国道德建设所面临的若干复杂问题入手,系统研究了当代中国道德建设中的一般现象和基本规律,构建了一个体系完备、内容丰富、独具特色、富有创新的道德建设的理论和实践体系,较为科学地回答了社会实践给伦理道德建设所提出的新问题。在立论基点上把道德建设放在全球化的时代主题下进行阐述,系统阐发了当代中国道德建设应当迎接全球化发展的挑战,并与社会主义市场经济相适应,与社会主义法律规范相协调,与中华传统美德相承接;继而从点面结合角度重点阐发了"市场道德"和社会主义"道德规范体系"建构。

(孟桂英)

当代中国德治研究 李兰芬(1950～ ,女,江苏张家港人,苏州大学政治与公共管理学院教授,中国伦理学会常务理事,中国经济伦理学会副会长,江苏省伦理学会执行会长。研究方向:伦理学基本理论,政治伦理,管理哲学,经济伦理)著,人民出版社2008年3月出版,390千字。本书紧密结合时代要求,从当代中国社会治理的宏观高度,以"统治·治理·善治"的治理思路为线索,以社会主义道德体系建设为主体,分善政与善的社会两个向度,从权力配置、制度安排、行政行为、公民道德、私人美德、民族精神等六大方面,较系统深刻地分析建构了当代中国德治"何以可能? 何以有效?"的"一体两翼六卦"的逻辑结构和话语系统的德治体系,提出了一些颇有新意和见地的观点,对在我国实施依法治国与以德治国相结合的治国方略,不论在理论和实践上都有重要的意义。 (孟桂英)

身份和差异:1949～1965年中国社会的政治分层 高华(1954～2011,江苏南京人,南京大学历史学系教授。研究方向:中国现代史,民国史,中国共产党历史)著,香港中文大学香港亚太研究所2004年1月出版,55千字。本书将阶级出身论的发展划分为不断递进的三个阶段:区分敌我友,以政治分层重建社会—强化革命专政和政治分层的细密化—追求全面"纯化"的新世界。作者认为,阶级出身论及其实践有着深刻的背景:远有马列主义的无产阶级专政的理论和阶级斗争学说,近有十月革命和中国革命根据地的实践经验。在1949年后的17年中,阶级出身论逐渐转化为阶级血统论。国共两党的分裂对抗是阶级出身论兴起的契机,此后共产党人的阶级意识明显觉醒。大革命失败后,知识分子阶层的软弱退缩造成了党的领导层对知识分子的负面认识,阶级出身论的意识更强化。从反"右"运动开始,对民主人士、知识分子的划分更细化,血统论有了新发展。作者认为,阶级出身论更接近于中国的"父债子还""株连九族"的传统。

(孟桂英)

动荡时代的知识分子 李良玉(1951～ ,江苏海安人,南京大学历史系教授。研究方向:中国近现代史,思想史,中华民国史,中国当代史)著,浙江人民出版社1990年7月出版,180千字。本书系统论述新中国成立前的动荡时代的知识分子走过的艰苦曲折历程,反映最近中国社会史研究领域的新成果,是一部具有较高学术价值的社会史方面的专著。本书从维新派知识分子与戊戌思潮开篇,至五四思潮的演化与新中国归结,一环紧扣一环,命题新颖,结构严谨;纵横论说,中西参照,系统论述了"维新思潮向反清思潮的过渡"、"民主科学思潮向马克思主义的过渡"、"五四思潮的演化"与"民主主义向法西斯主义蜕变"以及近代知识分子的最后抉择,"延安模式的胜利",但"民主主义仍然是武器",活生生地再现了中国近代知识分子在动荡时代中的嬗变轨迹;史料运用,博采善择,包括名文集、笔记、小说、报刊和档案资料等多种,涉及政治、经济、文化、教育诸方面,显示了著者的博采善择之功。(另有《思想启蒙与文化重建》,已著录)

(孟桂英)

中国中古良贱制度研究 李天石(1954～ ,山东济南人,南京师范大学社会发展学院教授,中国魏晋南北朝史学会理事,中国唐史学会理事,江苏省六朝史研究会副会长。研究方向:中国古代史,魏晋唐宋史,敦煌文献)著,南京师范大学出版社2004年5月出版,367千字。中古良贱身份制度与中古社会的政治、经济、思想文化等有着极为密切的关系。探讨中古良贱制度,对于加深对中国中古社会乃至古代社会的认识有着重要的意义,对于探讨社会发展规律亦有着重要的价值。作者将宏观分析、中观分析及个案分析相结合,将纵向的比较与横向的比较相结合,从多个侧面探讨中古良贱身份制度。全书分为9章,对中国中古良贱身份制度进行了较为系统全面地探讨,借以说明中古良贱制度产生、发展、完善及衰亡的历史过程及原因,以求得对中国中古社会更为深刻的认识;探讨了先秦、秦代和汉代的身份等级特点,并将秦汉的奴婢与中古奴婢身份的异同作了比较;以时间为经,阐述了中古良贱身份制度自魏晋时期形成,南北朝时期逐步系统化、法典化,至隋唐时期趋于完善,唐宋之际渐趋衰落与瓦解的全过程;通过对罗马法的

《法学总论》与《唐律疏议》的比较,探讨了唐代奴婢的身份地位问题。　　　　　　　　　（孟桂英）

江村经济(中国农民的生活)　费孝通(1910~2005,江苏吴江人,曾任云南大学、西南联合大学、清华大学教授,北京大学社会学研究所所长)著,戴可景译,江苏人民出版社1986年10月出版,302千字。本书主要描述中国农民的消费、生产、分配和交易等体系,是根据对中国东部,太湖东南岸开弦弓村的实地考察写成的,旨在说明这一经济体系与特定地理环境的关系以及与这个社区的社会结构的关系,1939年由英国Routledge书局出版,出版时改名为《中国农民的生活》。本书被马林诺斯基誉为"人类学实际调查和理论工作发展中的一个里程碑"。对江村的调查奠定了作者在人类学界的地位:把以往英美人类学家仅在落后的、社会结构简单的原始部落进行实际研究的人类学推向文明的、社会结构复杂的社区研究,他以自己的研究证明了人类学不仅可以以功能来分析社会的结构,也可用来研究社会的变迁;作为一个本民族的研究者来研究自己的民族,证明了一个公民对自己的人民可以进行客观的观察;把对江村这个类型拓展开来,建立了类型比较,逐步地扩大实地观察的范围,按照已有类型去寻找条件不同的具体社区,进行比较分析,逐步识别出中国农村的各种类型。(另有《行行重行行——乡镇发展论述》《小城镇四记》,已著录）
（蔡保鹏）

行行重行行——乡镇发展论述　费孝通著,宁夏人民出版社1992年8月出版,486千字。本书是作者经过整整10年反复深入的调查和探索,又从人类学、社会学、经济学等多角度进行综合透视与分析,积杯水成江河,形成的一部研究乡镇企业发展轨迹和规律的力作。全书汇集了作者从1981年至1991年10年间所发表的与乡镇发展研究有关的主要文章,这些文章都是在实地考察的基础上写成的。作者在书中研究了乡镇企业发展的道路问题,并且循序渐进、层层拓展、步步深入,对一系列带有规律性的问题进行了探索和总结。（蔡保鹏）

社会系统协调论:关于社会发展机理的研究　韩明谟(1918~2014,江苏徐州人,曾任北京大学社会学系教授)著,天津人民出版社2002年11月出版,200千字。本书叙述了社会发展的激活机制、社会协调机理、社会协调与社会发展等内容,并从社会学、经济学传统理论中论证社会的分工与分化是社会发展的主要表征。(另有《中国社会学名家》,已著录)　　　　　　　　　　（蔡保鹏）

公民社会与社会创新　周直、王世谊主编,南京出版社2008年12月出版,400千字。本书以马克思主义为指导,综合应用哲学、政治学、社会学、经济学的方法及中外比较的方法,对公民社会与社会创新进行理论结合实际的深入研究。研究重点是:进行社会创新,发展公民社会的可行、有效的途径。要克服的难点是:如何克服新的既定社会结构的阻力,实现社会的全面转型。本书从总结中国改革开放30年的成果与缺憾开始,研究社会创新的多样化实践途径,在社会创新与公民社会发展中,要更好地确立党的地位与功能,包括党的执政方式、领导方式要进行适应性转变,并加强党的自身建设。　　　　　　　　　　　　（徐志辉）

中国和欧盟婚姻市场透视　陈友华(1962~　,江苏如东人,南京大学社会学系教授,中国人口学会常务理事,江苏省老年学学会副会长。研究方向:人口学,统计学,社会学研究方法)著,南京大学出版社2004年2月出版,282千字。1965年以来欧盟各国出生率的急剧下降,使这些国家在20世纪末出现了较为严重的男性婚姻挤压,而出生性别比的异常升高使中国的情况变得更为严峻。作为出生率急剧下降与出生性别比异常升高的后果之一,严重的婚姻挤压是21世纪世界许多国家必须严肃面对的重大社会问题之一。本书在前人研究的基础上,提出了较为完整的婚姻市场需求分析理论框架与测试方法,对婚姻挤压产生的原因、后果及其与此有关的相关理论问题进行了深入、系统的研究,并对中国与欧盟婚姻市场供需状况的历史、现状与发展趋势进行了全面的考察与分析。　　（孟桂英）

独生子女——他们的家庭、教育和未来　风笑天著,社会科学文献出版社1992年8月出版,219千字。20世纪70年代以来,独生子女家庭在我国社会中日益增多。这不仅使传统家庭规模迅速发生改变,而且也对整个社会的发展产生了深远的影响。本书是国内第一部从社会学角度系统研究我国独生子女问题的专著。作者围绕着与独生子女家庭、教育和未来有关的问题,运用社会学理论与方法,结合大量调查材料与统计资料,较全面地论述了我国城市独生子女家庭的社会特征,并在全社会普遍关注的独生子女教育、独生子女父母老年社会保障等方面,得出了许多有理论意义和实用价值的结论,为有关部门决策提供了可供参考的依据。

(孟桂英)

失业弱势群体及其社会支持研究 钱再见(1965～ ,安徽庐江人,南京师范大学公共管理学院教授。研究方向:应用社会学,公共政策分析与公共管理研究)著,南京师范大学出版社2006年6月出版,332千字。本书以失业群体的弱势性及其社会风险作为研究的切入点,从社会学、政治学和伦理学等多维视角出发,综合运用多种社会学理论和方法对失业弱势群体的现状、成因、失业弱势群体的社会风险进行了深入的分析研究,侧重从社会网络、社区服务、第三部门和社会政策等多种角度,探讨了失业弱势群体的社会支持途径,提出了针对失业弱势群体的社会支持对策,并且提出了建构适合我国实际国情的分层互补的失业弱势群体社会支持体系的构想。

(孟桂英)

中国现代化热点审视 童星(1948～ ,江苏南京人,南京大学政府管理学院教授,江苏省社区发展研究会副会长,江苏省机构编制管理研究会副会长,江苏省城市应急研究会副理事长。研究方向:社会学理论,社会问题和社会发展,社会风险与公共危机管理)著,南京出版社1998年12月出版,191千字。《中国现代化丛书》之一。本书旨在冷静审视中国现代化过程中的热点问题,并提出解决问题的思路,以此一步步走进现代化的宏伟目标。本书包括:现实的中国国情、独特的历史道路、两手抓两手都要硬、现代化与可持续发展等内容。(另有《世纪末的挑战——当代中国社会问题研究》《教育科技与知识经济》,已著录)

(王忆南)

世纪末的挑战——当代中国社会问题研究 童星著,南京大学出版社1995年6月出版,336千字。本书用社会学实证研究的方法和多学科的知识和方法综合考察社会问题;将社会问题放在中国发展的历史背景中加以分析,放在人类发展的国际环境中进行比较;注意定性研究与定量研究相结合。本书始终把社会问题看成是体制缺陷和社会结构失调的产物,尽量减少对当事人的批评指责;始终把研究社会问题的目的定在缓解社会问题之上。本书开篇就对社会问题的内涵进行了界定,指出社会问题的特征就在于它的"社会性"和"问题性",接着根据各种社会问题产生的根源和性质,把当代中国社会问题分为全球性社会问题、变迁性社会问题、转轨性社会问题。当代中国,这三类社会问题相互交织,相互影响,增加了解决问题的难度。最后从对这些问题的分类入手,分别考察多个具体社会问题,对其中一些敏感的问题进行了大胆研究和思考。

(孟桂英)

港澳概论 陈蕴茜(1965～ ,女,江苏南京人,南京大学历史系教授。研究方向:中国近现代社会文化史)著,九州出版社1999年6月出版,238千字。本书介绍了港澳两地的自然概况及早期开发,剖析两地过去与现在发展的基础以及对社会经济的影响;对香港、澳门问题的由来,中英、中葡之间历届政府间的交涉展开阐述,揭示香港、澳门问题的历史全貌,使读者对港澳的历史及中国近现代史有更深的了解;对港澳两地经济发展历程及现状进行分析,有助于读者了解港澳经济发展、尤其是香港腾飞的奥秘,为中国的现代化建设提供借鉴与启示;作者也对港澳两地经济发展存在的问题进行了深入剖析,提出了独到的见解;对港澳政制历史及目前政制状况、政制改革的分析,可以使读者了解殖民统治状况以及香港政改的实质;对港澳法律制度的全面介绍,有助于处理交流中可能遇到的法律问题。

(孟桂英)

妇女婚姻家庭法律地位实证研究 李秀华(1961～ ,女,山东人,扬州大学法学院教授,中国法学会婚姻家庭法学研究会常务理事。研究方向:婚姻家庭,继承法,性别与法律)著,知识产权出版社2004年12月出版,235千字。本书作者通过抽样调查、座谈、个案访谈、实地调查、文献研究、性别分析、比较分析的方法,对妇女在婚姻家庭中的法律地位进行了全面和系统的研究,并在此基础上提出了改善妇女地位的对策和立法建议。本书资料翔实、分析充分、建议合理,为广大关心妇女婚姻家庭地位的人们提供了有益的参考资料和新的思路。本书适合各类高等院校法学专业师生使用,亦可供广大立法、司法工作人员、律师及其他关心妇女在婚姻家庭中的法律地位的人参考使用。

(孟桂英)

中国禁毒历程 蒋秋明(1963～ ,安徽淮南人,江苏省社会科学院《学海》杂志副主编,研究员。研究方向:法学理论,法史学)等著,天津教育出版社1996年12月出版,407千字。从1729年清政府颁布最早的禁毒法令,一直到新中国成立初期禁绝毒品,在这长达200多年中,毒品在中国为什么屡禁不绝?其中的教训在哪里?本书从社会史的角度将近代中国烟毒问题的方方面面分为若干专题进行探讨。书中引述资料繁多庞杂。 (韩 兵)

秦会要订补 徐复(1912～2006,字士复,江苏武进人,南京师范大学中文系教授,曾任中国训诂学研究会会长,中国语言学研究会理事,中国音韵学研究会顾问,江苏省语言学会会长。研究领域:汉语言文字学,训诂学,古代文献)著,群联出版社1955年9月出版,250千字。《秦会要》光绪三十年(1905)由孙楷撰成,全书共26卷,分为世系、礼、乐、舆服、学校、历数、职官、民政、食货、兵、刑法、方域、四裔等14门。原书遗误甚多,本书即是徐复对《秦会要》进行订补,逐条修正。而之所以作此订补,其《自序》讲得清楚:"原夫会要之作,所以观一代典章经制,损益因革之迹,为后取鉴者也。其学实始于苏冕、杨绍复,至徐天麟、王溥始称完备。然犹止于两汉,先秦而上无闻焉。湘潭孙汉珣先生崛起晚清之际,综核史册,手著《秦会要》二十六卷而后嬴氏之制,粲然可考。顾其书以光绪乙巳锓于湘中,流播未远,军兴以还,尤不易遘,研几之士,深致憾焉。近顷获见刊本,因议重付剞劂,以广其传,而书中踳驳讹夺之处,亦常常有之,固知杀青匆卒。尚未及详审也。恐转相贻误,爰为钩稽群籍,逐条校正,而有订补之作。"(另有《徐复语言文字学论稿》《徐复语言文字学丛稿》《徐复语言文字学晚稿》,已著录) (徐志辉)

盛唐政治制度研究 吴宗国(1934～ ,江苏南京人,北京大学历史学系教授,博士生导师)主编,上海辞书出版社2003年8月出版,340千字。《北京大学盛唐研究丛书》之一。本书以盛唐时期政治体制的运作为中心,并从治国形势的变化、治国指导思想的调整以及政治体制的自我完善等角度,探讨唐代政治体制的演变,进而探求成就盛唐之盛的政治体制变革的背景。本书以宰相制度和各主要行政实体的运作为纲,贯穿其中的重点是体制的演进,揭示出社会的发展及国家政务和各种事务的不断增加,推动了唐代政治体制的不断革新。唐代政治制度一直随着社会形势的不断变化而调整,体现出较强的自我完善的机能。这与最高领导阶层的指导思想是分不开的。本书着眼于制度的发展变化,包括一些具体制度的变动,也牵涉重大的政治体制变革。没有停留在有关制度记载的条文上,而是关注实际运行的制度以及体制变化的本身,从政治体制如何适应统治形势变化的需要,分析探讨政治权力的分化与重组等问题。 (徐志辉)

宋代安抚使考 李昌宪(1947～ ,江苏南京人,南京大学历史系教授,中国宋史学会理事。研究方向:宋代政治制度史,宋代行政区划史)著,齐鲁书社1997年3月出版,525千字。本书主要由宋代安抚使制度、北宋安抚使考、南宋安抚使考三部分组成。在《宋代安抚使制度》中对宋代安抚使制度做了全方位的研究,包括宋代安抚使制度的渊源、发展阶段、地区发展的差异性,安抚使的职权、权摄以及路的分合、隶属、治所的变动等问题;深入细致地研究了安抚使的权限,从兵权、财权、人事权、行政权、监察权、司法权等方面进行剖析,并与唐代节度使加以比较;《北宋安抚使考》和《南宋安抚使考》是作者在对安抚使制度进行充分研究及清人吴延燮《北宋经抚年表》《南宋制抚年表》的基础上编制而成的,但从体制、材料、结构上都与吴《表》有很大不同。宋代是中国地方行政建制史上的一个重要发展阶段。宋代的路是介于唐代的道与元代行省制度间的一个重要环节。了解两宋时期安抚使制度及安抚使的任免、迁转等情况,对地方行政建制史、有宋一代政治军事等制度、宋王朝与周边少数民族政权关系等的研究,都具有重要价值。(另有《中国行政区划通史·宋西夏卷》,已著录)

(徐志辉)

明与帖木儿王朝关系史研究 张文德(1965~ ,江苏兴化人,徐州师范大学历史文化与旅游学院教授。研究方向:世界古代史,中亚史)著,中华书局2006年10月出版,250千字。《欧亚历史文化研究》之一。本书以明与帖木儿往来的汉文史料为基础,系统整理和分析《明实录》中所记帖木儿朝的史料,并利用明与帖木儿帝国来往使节留下的记载以及相关的外文资料,比勘对照,同时梳理明嘉靖至清乾隆时期汉文中有关帖木儿朝史地诸著作间的源流传承关系;通过对帖木儿朝与明之间的来往使臣、贡赐贸易、礼仪制度、语言沟通以及明朝对帖木儿朝的外交政策的历史考察,展现明与帖木儿朝交往的历史情景,探讨双方往来的发展过程及其存在的问题;对《明史·西域传》中有关帖木儿朝的部分内容做适当考证,为进一步研究明与帖木儿朝关系打下基础。 （孟桂英）

中国绅士研究 张仲礼(1920~2015,江苏无锡人,曾任上海社会科学院经济研究所研究员、上海社会科学院院长;兼任上海生态经济学会会长、中国经济史学会副会长等)编著,上海人民出版社2008年9月出版,500千字。全书共分上下两编,分别于1955年、1962年由华盛顿大学出版社出版英文版。上编全面研究19世纪中国绅士阶层的基本构成和特征、人数、社会政治特权、科举生涯以及对社会政治和文化的影响等问题,下编着重研究绅士阶层的收入状况。作者从特定的社会阶层入手,对中华帝国的政治经济结构加以科学实证分析。他把19世纪的中国绅士阶层分为上、下两个集团,上层由学衔较高及拥有官职的绅士组成,下层则是由那些通过初级考试的生员、捐监生和一些地位较低的人组成。作者认为,中国绅士是一个以科举制度为政治背景,以捐纳制度为辅助形成的特殊社会阶层,其成员的资格由政府控制的铨选制度决定,这一制度有复杂的品级和学衔等级,这使得他们成为统治中国社会的特权阶层,他们的特权由法律授予并为社会承认。而19世纪中国科举制度的崩溃,不仅具有历史必然性,而且是中华帝国社会结构蜕化的征兆。(另有《沙逊集团在旧中国》《近代上海城市研究》,已著录) （徐志辉）

中国历代中央官制史 王超(1935~ ,江苏涟水人,南京大学东方法律文化研究中心教授,曾任中国朱熹研究中心学术委员。研究领域:中国政治制度史,中国法律史)著,上海人民出版社2005年8月出版,371千字。《专题史系列丛书》之一,论述中国历代中央政府职官制度之产生、形成、发展与演变。分为4编:总论,概述历代中央政府职官制度及其经济、政治和文化背景,诸如领土与人口、政府与经济、政府与官职、法律与道德、中华文化与中国官吏等;奴隶制时代的中央政府职官制度,分析中国先秦时期中央职官制度的发展,从辅弼顾问到丞相制度,中央政务机关,宗教历法与王室事务官属,以及官吏的任用等;封建王朝的中央政府机构,详述历朝封建政府的宰相制度、九卿与六部、诸监院馆、监察制度,以及文官任用制度等;民国时期中央政府机构。全书时限上溯于尧舜,下迄于民国,简明贯通,脉络清晰。分别对奴隶制时代、封建王朝、民国时期的中央政府机构进行了研究,逐一介绍了领土与人口,政府与经济,政府与官制,奴隶制国家的建立和政治制度的演变,宗教历法官属,官吏任用制度等。 （徐志辉）

清朝文官制度 艾永明(1957~ ,江苏常熟人,苏州大学教授,中国法学会法律史学研究会常务理事,江苏省法学会法律史研究会会长,中国儒学与法律文化研究会常务理事)著,商务印书馆2003年12月出版,270千字。中国古代文官制度体系完整,内容丰富,规范详备。它不仅对中国古代社会起到过巨大的作用,而且对世界近现代文官制度也产生了重要的影响。而中国古代文官制度的总结和集大成者,便是清朝的文官制度。本书从制度建设、法律建设层面对清朝文官制度的特点、体系、原则与实施情况进行了全面的解读与研究;分析了它在法制史上的进步意义与价值。具有较高的学术价值。 （徐志辉）

分职定位:历代职官制度 臧知非(1958~ ,江苏宿迁人,苏州大学社会学院教授,中国秦汉史研究会常务理事,中国农民战争研究会副会长。研究方向:先秦史,秦汉史,中国古代思想史)、沈华著,长春出版社2005年1月出版,280千字。《制度文明与中国社会》之一。本书采用专题式的写法,分别就君主制度、宰相制度、监察制度、官品与俸禄制度、考课制度、胥吏制度展开叙述和分析。君主是国家权力的核心，宰相则是君主的助手，通过君权与相权关系的变迁可以直接地把握君主专制的发展。监察制度既是澄清吏治的手段，更是控制臣下的制度保证，而要赢得官僚的尽心职守，还必须有相应的待遇制度，同时根据职务履行状况而升迁黜陟，这反映了官僚政治之下的君臣关系的本质，所以要对官吏的品阶划分、俸禄待遇、考课制度有所了解。在传统中国，国家权力的统治功能、组织功能等是通过基层官吏来实现的，基层官吏的行为直接影响着社会秩序、民生疾苦，这是了解古代官僚政治的重要环节，所以本书对古代胥吏制度作了必要的介绍。(另有《周秦汉魏吴地社会发展研究》，已著录）　　　　　　　　　　（徐志辉）

西制东渐：近代制度的嬗变　熊月之(1949～　，江苏淮阴人，曾任上海社会科学院副院长、历史研究所研究员，中国史学会副会长）主编，长春出版社 2005 年 1 月出版，302 千字。《制度文明与中国社会》之一。政治制度、社会制度、军事制度、经济制度等近代西方制度文明的传播、移植和建立，是近代中国历史进程中一项极为紧迫的课题。近代中国的制度变更很大程度上是自西制而来。晚清军事制度的变更是对德国军事制度的模仿，清末司法制度的改革是对日本司法制度的移植，民国初年的共和制度则是对美国共和制度的引进。但任何模仿、移植、引进，都必须与本国国情相结合，进行必要的调适与损益。南京国民政府时期实行五权分立，即与美国式的三权分立有所区别。西方金融制度引入之后，中国传统的钱庄依然存在。其他制度的变更，都具有浓重的中国本土色彩。制度的变更虽然缓慢，而这种变更一旦发生，就会带动思想文化发生深刻变革。本书即是研究鸦片战争以后，西方的政治制度、社会制度、军事制度、经济制度、文化制度是如何一步步进入中国并对中国社会各方面逐步产生重大影响的。(另有《西学东渐与晚清社会》，已著录）　　　（徐志辉）

废墟上的精灵：前现代中国知识分子思想文化的理路 1898～1918　杨洪承(1954～　，江苏镇江人，南京师范大学文学院教授，江苏省中国现代文学学会副会长，江苏省鲁迅研究会副会长。研究方向：中国现当代文学，文学批评）著，人民出版社 2006 年 8 月出版，260 千字。本书着重考察 1898～1918 年前现代阶段中国知识分子思想文化的发生史和新型知识分子的成长史，在较为广阔的前现代文化语境中，从政治、经济、实业、媒体及教育、社团群体、文学革命等各方面，清理近代中国知识分子的文化土壤，探究现代中国新思想和新知识人的现代原型和源头，揭示现代新型知识分子的精神类型、心灵历史和前现代中国文化思想的演变图式。本书的学术个性体现在于差异性和区别性中找寻每个置身其间的知识人个体为前现代思想孕生所提供的新质素。它不局限于制度的颠覆到构筑，文化的倾颓到重建，思想的抛却到再造的历史规律的粗线条的描述和勾勒，而是回到复杂的历史的现场，在"世道"和"人心"的两个维度上细细查勘。(另有《文学社群文化形态论：现代中国文学社团流派文化研究》，已著录。）　　　　　（徐志辉）

中国古代传统社会保障与慈善事业——以明清时期为重点的考察　王卫平(1962～　，江苏溧阳人，苏州大学社会学院教授，中国社会史学会常务理事，中国太平天国史研究会常务理事。研究领域：中国城市社会史，江南区域史，方志学)、黄鸿山著，群言出版社 2004 年 12 月出版，280 千字。此书共 16 章，分为上下两编。上编以"传统社会保障"为题，在挖掘、整理我国传统社会保障制度源流的基础上，分门别类地论述元、明、清各代实行的社会保障政策及其运作情况，着重考察政府制定并实行的各项政策措施。下编为"民间慈善事业"，在梳理中国古代慈善事业的思想基础之上，以明清时期的江南地区为中心，论述中国古代各项慈善事业的运行实态以及近代以来出现的新趋势，对由民间社会主持的慈善事业作深入探讨。上下两编合而论之，读者得以一窥中国古代由政府和民间社会两方面力量进行的各项福利救济事业的全貌。

　　　　　　　　　　　　　　　　（徐志辉）

百年沧桑——中国国民党史（上下册）　茅家琦(1927～　，江苏镇江人，历任南京大学历史系教授、系主任、历史研究所所长、台湾研究所所长）等著，鹭江出版社 2005 年 1 月出版，1 163 千字。本书是一本介绍中国国民党党史的书籍，全书共分 4

编，内容包括：孙中山与中国国民党，蒋介石与中国国民党，败退台湾后，蒋介石、蒋经国与中国国民党，李登辉与中国国民党等。作者用严肃的政党研究方法，不仅对中国国民党百年历史作了客观的描述与评价，更对其未来的发展寄予了希望，是目前为止研究中国国民党百年史的集大成之作。（另有《台湾经济政策轨迹——兼评尹仲容、李国鼎的经济政策思想》，已著录） （蔡保鹏）

秘密社会与中国民主革命 周建超（1964～ ，江苏金坛人，扬州大学社会发展学院教授，中国会党史研究会副秘书长，江苏省中国近现代史研究会副会长，江苏省社会史研究会秘书长。研究方向：马克思主义理论，中国近现代政治思想史）著，福建人民出版社2002年10月出版，270千字。本书在大量搜集相关资料的基础上对辛亥革命以来的中国民主革命与秘密社会的关系作了深入的研究。其意义：一是开拓性。首次将秘密社会与中国民主革命的历史进程结合起来进行全方位的宏观分析，大大拓宽了秘密社会史研究的空间。二是系统性。把探索的视角集中在秘密社会与新民主主义革命的关系上，通过对秘密社会与中共领导的根据地建设、军队建设、抗日战争、解放战争等的系统研究，第一次揭示中国共产党在争取、利用、教育、改造秘密社会问题上政策和策略的萌芽、形成、成熟和发展的全过程。三是现实性。作者的一个宗旨就是通过对秘密社会现象发生、发展和灭亡的历史过程及其内在规律的客观描述和解释，以为在现实社会中处理那些死灰复燃的帮会黑社会势力提供政策和思想参考系。 （孟桂英）

民国议会制度研究（1911～1924） 薛恒（1957～ ，江苏盐城人，南京信息工程大学公共管理系教授，中国现代史学会会员，江苏党史学会理事。研究方向：中国近现代史，当代政治学）著，中国社会科学出版社2008年12月出版，364千字。民国议会制是辛亥革命以后中国政治制度"承百代之流，而会乎当今之变"的主要创新之一。本书对民国前期（1911～1924）这一制度创新的渊源、过程、演变，特别是其各项具体重要制度的规定及其运行和实施情况等进行了研究。列入研究对象的民国议会组织有各省都督府代表会、南京参议院、北京参议院、第一届国会、第二届国会及护法国会。全书由引论、本论和结论三部分组成。其中，本论是本书的主要部分，共有《民国议会制的渊源》等6章。 （孟桂英）

中国近代政治发展史 闾小波（1960～ ，江苏泰州人，南京大学公共管理学院教授，研究方向：中国近代政治发展，当代中国政府与政治，政治传播）著，高等教育出版社2003年8月出版，430千字。本书运用当代政治学中的政治发展理论，分析探讨中国自1840年鸦片战争至1949年中华人民共和国成立110年间的政治演变与发展。书中侧重于以下方面的分析与论述：政治构架的演变、中国本土的传统因素与域外思想或政治力量对中国政治发展的影响、各种政治力量在政治发展进程中扮演的角色、重要的政治运动、政治文化的变迁等。全书融理论分析与历史描述于一体，力图厘清中国近代政治发展的线索，探索政治发展规律，总结其中的经验教训。本书可作为高等院校政治学与行政学专业的教科书。 （孟桂英）

盘根草：城市现代化背景下的回族社区 白友涛（1963～ ，安徽寿县人，南京师范大学社会发展学院教授，江苏省社会学学会副秘书长，江苏省伊斯兰教协会常委）著，宁夏人民出版社2005年9月出版，250千字。本书以南京七家湾回族社区为典型个案，经过2年多的实地调研，在占有丰富的第一手资料前提下，综合运用社区研究和比较研究等社会学实证方法，从结构功能主义理论视角，对城市现代化背景下的回族社区社会变迁作了比较深刻的描述和分析。作者用大量的走访记录和调查数据向我们展示了南京七家湾回民社区从新中国成立前的繁荣鼎盛走到现在濒临消亡的历史进程。作者力图清晰地描述20世纪90年代以来城市现代化建设对城市回族社区的冲击和影响，并试图对此冲击作全面的分析和解释。 （孟桂英）

理想与现实——英国工党与公有制 刘成（1964～ ，江苏南京人，南京大学历史系教授，亚太和平研究协会理事，中国英国史研究会理事，江苏省世界史学会副会长。研究方向：英国史，和平学，欧洲近现代史）著，江苏人民出版社2003年1

月出版,203千字。本书第一章探讨英国工党公有制思想的历史渊源和发展轨迹;第二章考察工党内部在公有制问题上的争论;第三章叙述工党试图将科学革命和公有制思想结合起来,通过科学革命和计划性达到工党扩大公有制的目的;第四章分析工党左翼力量的发展并控制工党政策制定的原因;第五章分析英国20世纪80年代以后社会、政治、经济以及文化等方面的变化。本书以工党党章第四条公有制条款为主线,从工党内部复杂关系、工党政策与社会环境的互动两条线索展开,论述二战后工党内部在这个问题上的不同观点和争论,考察工党国有化和福利制度的有关实施公有制思想的实践,反映工党在执行这些政策时的困惑以及变化,力求从英国二战后社会阶级、经济结构、人民价值观点的改变等方面进行剖析,得出工党最终修改公有制条款是现实目标与理想规定目标之间矛盾冲突的必然结果的结论。　　　　　　(孟桂英)

澳大利亚——在移植中再造　王宇博(1960～　,甘肃天水人,苏州大学社会学院教授,中国英国史学会会员,江苏省世界史学会理事。研究方向:英国及英联邦国家史,现代化理论问题)著,四川人民出版社2000年4月出版,213千字。《英联邦国家现代化研究丛书》之一,也是国内第一本系统论述澳大利亚现代化的著作。作为英联邦重要国家之一,澳大利亚从一个仅有土著人生活的孤僻大陆变成一个"越洋监狱"、殖民地、联邦国家乃至发达的资本主义国家,其现代化进程在英联邦国家中具有代表性。作者用5章,从经济、社会和政治3方面研究澳大利亚现代化的历程:从原始社会到"越洋监狱";从原料产地到工业国家;缔造澳大利亚民族;锻造民族国家;当代澳洲趋向成熟。作者在将现代化分为经济、社会、政治3大方面来展开的同时,将澳大利亚现代化进程中的理论与具体的实践相结合,将澳大利亚现代化的特点作为一根红线贯穿全书的始终。澳大利亚现代化之路用作者的话来说就是"移植"和"再造"。　(孟桂英)

清末民初的国民外交运动　印少云(1970～　,女,江苏泗阳人,徐州师范大学马克思主义学院教授。研究方向:中国近现代政治和对外关系)著,吉林人民出版社2004年11月出版,260千字。本书运用文献分析法、对比研究法及社会学的有关理论和方法,对清末民初的国民外交运动进行论述,首次再现了国民外交在中国近代史上的发展变化轨迹,考察国民外交在不同的历史时期的不同的含义。本书共5章:第一章对国民、外交、国民外交及国民外交运动进行概念上的理清;第二章讨论晚清时期国民外交运动的发展状况及其影响;第三章阐述民初北洋政府时期国民外交运动高涨的原因、发展过程及其特点;第四章对清末民初国民外交运动中的商人、知识界、下层民众的价值取向进行分析;第五章论述清末民初国民外交运动的历史意义。清末民初的国民外交运动是近代中国外交民主化的重要部分,也是近代中国政治民主化发展的一个剪影。通过本书,可以对清末民初的国民外交运动的产生、发展和意义有清楚的认识,也可对近代中国社会发展进程有更加深切的了解。　(孟桂英)

抗战前后之中英西藏交涉(1935～1947)　陈谦平(1955～　,江苏南京人,南京大学历史系教授,中国现代史学会副会长,江苏省历史学会副会长。研究方向:中华民国史)著,三联书店2003年9月出版,347千字。本书通过丰富的史料运用及具体历史事实的详尽陈述,剖析了抗战前后中英双方围绕西藏问题的多次交锋,从中可以清楚地了解在对西藏问题上国民政府坚持对藏行使主权、维护祖国统一的决心以及英印政府出于自身利益而一贯采取的干涉政策,同时也揭示出西藏地方政府与两者之间复杂微妙的关系。作者穷十年之功,博览英国、美国和中国大陆、台湾的档案馆藏,为中华民国史西藏问题的研究打下了坚实的史料基础。

　　　　　　　　　　　　　　　(孟桂英)

中英关系史论丛　王绳祖(1905～1990,字伯武,江苏高邮人,南京大学历史学系教授,曾任中国国际关系史研究会理事长。研究领域:近代中外关系史,国际关系史、史学理论和方法)著,人民出版社1981年12月出版,195千字。本书由作者的6篇论文组成,即《中英商务和外交(1864～1874)》《1874年日本侵占台湾和英国的外交活动》《马嘉里案和〈烟台条约〉》《19世纪60年代到70年代英俄在新疆的角逐》《中法战争期间英国对华外交》《英国第一次侵藏战争和1890年的〈中英藏印条

约 》》。本书出版的意义在于第一次揭露和阐明了英国在清末中国沿边危机中的外交政策和活动，而国内外先前的研究不是由于缺乏英国档案资料而显得肤浅，就是由于片面和有偏见地利用这些资料而掩饰了英国的行径。因此，它们对于更客观地研究中国近代史、中外关系史和远东国际关系史做出了重要贡献。

（孟桂英）

唐代对外开放初探 方亚光(1959～ ，安徽歙县人，曾任职于江苏省社会科学院从事科研工作，又任《江苏年鉴》杂志社副社长、主编）著，黄山书社1998年1月出版，220千字。唐代的对外开放是古代中国对外开放的最高表现形式，一个极盛时代，是一个少有的既善于继承，又做到了并蓄兼收的朝代，所实行的一系列对外政策和措施及由此而形成的对外交往、对外开放的盛况，都把古代中国的对外交往、对外开放推到了最高阶段。本书论述了唐代社会对外开放的历史透视、国际环境、国内政治环境、物质基础、交通条件、形式与途径、开放的成就，以及唐代社会对外开放的历史反思。

（韩 兵）

杜勒斯与美国对苏战略（1952～1959） 石斌(1965～ ，四川人，南京大学国际关系研究院教授，中华美国学会常务理事。研究领域：国际关系理论与思想史，美国外交政策以及国际安全与战略研究）著，中国社会科学出版社2004年6月出版，370千字。本书以美国前国务卿杜勒斯为中心探讨美国20世纪50年代冷战战略思想和政策主张的成因、性质及影响。作者认为，艾森豪威尔政府对苏战略的基本框架首先体现在"新面貌"安全战略之中。但作为报复战略的主要设计者杜勒斯则对该战略产生了怀疑，因为他感到自己的"报复论"被决策当局极端化了。杜勒斯不仅为大规模报复战略和针对苏东内部局势的"演变"战略的形成提供了主要的思想资源和理论说明，在欧洲军事联合、武装德国、东西方会谈、柏林危机等具体问题上，对于美国政策的形成和发展，其作用也相当明显。"以压力促变革"以加剧苏联社会的紧张趋势，谋求最终导致苏联对外行为和社会性质的根本改变，从而达到不战而胜的目的。这是杜勒斯对苏战略构想的核心内容，也是艾森豪威尔政府实际采用的对苏政策的本质特征。

（孟桂英）

马克思主义法学的一般理论 林仁栋(1928～2017，江西赣州人，南京大学法学院教授，曾任全国马克思主义哲学史研究会干事，中国法学会法理学研究会干事，江苏省法学会常务理事兼秘书长，江苏省法学会法理学总干事，江苏省宪法学研究会总干事。研究方向：马克思主义哲学原理，法理学）著，南京大学出版社1990年12月出版，218千字。本书第一至七章为第一部分，主要从社会规范的产生、内容和发展谈到法律的产生，法律的本质，法律的社会性、科学性和继承性。第八至十二章为第二部分，分别讲述法律意识、法律原则、法律规范、法律关系、法律责任等问题。第十三、十四章为第三部分，主要论述法律和社会关系的关系。第十五章为本书的第四部分，主要讲法律的历史类型及其发展规律。第十六、十七章为本书的第五部分，主要探讨社会主义法律和法制建设问题。

（孟桂英）

法理学 周永坤(1948～ ，江苏张家港人，苏州大学法学院教授，中国法学会法理学研究会理事，江苏省法理学宪法学会副总干事。研究方向：法理学，宪法学，行政法学）著，法律出版社2004年4月出版，485千字。本书是以全球化为视角分析与审视法理学基本问题的法学教科书。本书放弃从抽象的法概念开始的体例，采用先形而下、后形而上、先静后动的体例，从法存在论到法本体论，再到法的运作，最后讲法律的宏观发展。本书内容涵盖国家教委《法理学教学指导纲要》规定的知识点，同时增加近年我国法理学研究的新成果以及西方法理学中的经典课题。本书对传统法理学的内容是这样处理的：先予以简要的概述，而后予以评价，并提出作者的结论。对于书中繁琐的逻辑推理的过程，初学者可以不予理睬，而留给有兴趣的研究者来批评。（另有《论自由的法律》《宪政与权力》，已著录）

（孟桂英）

论自由的法律 周永坤著，山东人民出版社2006年12月出版，460千字。本书法理学研究重点围绕以下几个方面展开：批判法理学研究中的教条主义。对作为教条主义法学重要基础的"经济决定论"进行深刻批判；对"统治阶级意志论"进行不遗余力的斗争;从规范学术批评的视角对法学教条主义进行批判。反思、批判中国传统法律文化。将中国传统法律文化放到人类法律文化的背景下,从中西方法律文化比较的角度来认识;从国家和市民社会的角度,分析现代法治社会构建的社会基础。密切关注中国社会现实,从法理角度寻求社会问题的解决思路。关注整体法律的良性运作;关注司法实践,努力促进司法制度与司法理念的合理化,推进司法公正。对法理学基本范畴及方法论进行深入研究。对法理学基本范畴的研究代表学术界最高的成就;对法理学方法论研究予以高度关注。结语:回归法理学理想的精神家园。　　（孟桂英）

法律教育　孙晓楼(1902～1958,江苏无锡人,曾任东吴大学东吴法学院教授,朝阳学院院长)著,中国政法大学出版社1997年12月出版,270千字。本书最早由商务印书馆于1935年3月出版,是中国法学史上第一部法律教育专著。本书作者对法律教育的目的、关于法律教育的基本科目、法律教育中社会学之重要性、法律学校应添设的几种课程等涉及法律教育之基本问题进行了比较系统的研究,并提出了自己的一整套主张,对中国近代法律教育的发展与改革做出了贡献。　　（王忆南）

法学研究与法学教育论　陈守一(1906～1995,江苏邳州人,曾任北京大学法律系教授,北京市法学会会长,中国法学会副会长、顾问)著,北京大学出版社1996年9月出版,280千字。本书收集了已故马克思主义法学家、法学教育家、北大法律系重建创始人陈守一教授有关法学研究与法学教育方面的讲话、论文50多篇,较为全面地反映了陈守一教授的法学思想和法学教育思想的深度和广度,以及他在这些领域所取得的重大成就。
　　（蔡保鹏）

韩德培文集（上下）　韩德培(1911～2009,江苏如皋人,曾任武汉大学法学院教授,中国国际经济贸易仲裁委员会顾问,中国国际法学会名誉会长,中国国际私法学会名誉会长)著,武汉大学出版社2007年8月出版,957千字。本书较全面地介绍了我国著名国际私法学家、教育家韩德培教授主要的学术思想和学术精神,重点收集了韩德培在国际私法及环境法方面的专业论文及取得的学术成果。全书上下两卷,共7编:国际私法与国际法篇、环境法篇、法学教育与研究篇、法制建设与政法评论篇、序言与讲话、诗与挽联、评论与专访。上卷有韩德培先生传略。　　（蔡保鹏）

法制现代化的理论逻辑　公丕祥(1955～　,山东蒙阴人,南京师范大学法学院教授。研究方向:马克思主义法哲学史,法哲学,法制现代化)著,中国政法大学出版社1999年1月出版,304千字。本书是一部系统研究法制现代化基本理论的学术专著。作者运用比较法律社会学和历史分析方法,深入探讨法制现代化的概念内涵、研究范式、评价标准、社会机理、精神枢纽及矛盾关系,考察在社会转型过程中法制现代化的基本表征及其运动规律,把不同国度或地区的法制现代化运动放置到各自的社会生活条件下去加以考察,揭示了在法制现代化进程中经济因素与非经济因素、客观的与主观的、必然与偶然等之间的互动关系。(另有《东方法律文化的历史逻辑》,已著录。)　　（孟桂英）

东方法律文化的历史逻辑　公丕祥著,法律出版社2002年1月出版,292千字。《法制现代化研究丛书》之一,是作者10余年来研究马克思东方法律文化思想的总结。本书从法学角度系统地论述了马克思的东方法律文化思想,分别就古代东方法律文化的形成、近代欧洲思想家的东方法律文化形象、世界历史与东方社会法律文化、传统东方法律文化的社会机理与固有逻辑、西方法律文化对东方的冲击以及马克思东方社会理论与中国法制现代化等几个方面进行了详细的阐述。
　　（孟桂英）

1989～2002中国民主法治建设　刘诚(1949～　,江苏射阳人,扬州大学社会发展学院教授,江苏省邓小平理论研究会理事,江苏省中共党史学会常务理事。研究方向:中共党史,中华人民共和国史,中外政党制度)等著,社会科学文献出版社2007年10月出版,311千字。以江泽民为核心的党的第三代领导集体高瞻远瞩,坚持改革开放,坚持"依法治党""依法治国",从理论到实践谱写了中国民主法治建设的新篇章。本书从马克思主义理论发展史的角度,对此进行了全面系统的考察与阐发。本书从马克思主义民主理论发展史的角度对江泽民民主与法治思想进行了较为系统的梳理，研究了其理论创新价值。同时还系统考察了党的十三届四中全会以来以江泽民为核心的党中央第三代领导集体发展我国民主政治的历史进程，理清了中国民主政治发展的基本思路，总结了经验，指出了存在的问题，对今后中国各个层面民主政治的发展作了前瞻性的探讨。

（孟桂英）

城乡环境正义的追求与实现 晋海（1968～ ，安徽天长人，河海大学环境法研究所教授。研究方向：环境与资源保护法学）著，中国方正出版社2008年12月出版，225千字。当人们在为如何化解"三农"问题而寻找良策之际，环境污染的"黑色暴力"又开始"冲击着作为弱势产业的农业和弱势群体的农民，给本已无序的中国农村造成了更大的混乱。它正在逐步地、以隐蔽或公开的方式瓦解着中国农业的基础条件，对中国的一个个乡村进行着系统的破坏和颠覆，对越来越多的中国小农进行着无声的迫害和驱赶"。"环境污染已经成为'三农问题'的重要内涵，是比'农民负担'更为沉重的负担"。本书关注城乡环境二元化趋势，分析城乡环境二元化趋势与城乡分割的二元体制之间的逻辑关联，提出实现城乡环境正义的法制路径。无论是"三农"问题还是城乡环境二元化趋势问题，都与我国长期存在的城乡分割的二元体制密切相关，都属于一种体制性"压迫"。因此对于城乡环境正义问题的研究，其意义不仅是为中国最大的弱势群体免受环境污染"黑色暴力"之迫害出谋划策，更重要的是它同样可以为解决"三农"问题提供有益的启示。

（孟桂英）

权利法哲学研究导论 杨春福（1967～ ，江苏兴化人，南京大学法学院教授。研究方向：法理学，西方法哲学，人权与权利理论，法律的经济分析）著，南京大学出版社2000年6月出版，170千字。作者用马克思主义哲学作指南，系统研究权利法哲学的内容和结构，并独具特色地建构了该学科的学术体系，使本书具有浓重的理论特色和学术内涵。本书重点论述权利本体论、权利价值论和权利运行论这三个基本部分，从而划定了权利法理论的对象范围和基本框架。本书把权利法哲学的历史进展划分为萌芽时期、古典时期和当代发展时期。在论述最后一时期时，论述马克思主义权利法思想的鲜明特点；阐述人权与公民权的联系与区别；探讨权利法的经济基础、人文道德基础、社会心理基础以及权利意识基础等；分析它们之间的关系和权利法思想的内在构成，区分了它的显性结构和隐性结构；突出权利法理论的价值方面，把权利与自由、正义和效率等的价值因素联系起来加以辩证地分析和考察。

（孟桂英）

法律原理与技术 胡玉鸿（1964～ ，江西南昌人，苏州大学法学院教授。研究方向：法理学，法学方法论，行政诉讼法学）主编，中国政法大学出版社2002年5月出版，530千字。本书以素质教育为纲，着重突出法律职业所必需的基本知识、基本原理、基本技能，全面分析法律分析的逻辑起点、研究方法、基本原理、具体实践等问题。通过法律渊源识别技术、判例识别技术、法律注释技术、法律解释技术、利益衡量技术、漏洞填充技术、法律推理技术、法律说理技术等八大类技术的叙述与概括，全面展示在法律适用过程中相关技术使用的必要性、范围及其限度，有利于真正突出理论法学学科学以致用的特色。本书的主要特色：突出法律职业教育对"素质"与"能力"的重视，并以此作为全书的指导思想；兼顾教材的理论性、应用性和技术性；对法学理论的既有成果，能够做到合理吸收与借鉴。

（孟桂英）

罗马法原理 曲可伸（1930～ ，河南洛宁人，南京大学法学院教授，曾任中国外国法制史学会理事。研究领域：比较法学，外国法学，罗马法）著，南开大学出版社1988年4月出版，330千字。罗马法是古罗马奴隶制法律的总称，是古代世界最发达的法律制度。拥有最完备的法律体系。马克思主义经典作家对罗马法曾给予了很高的评价。罗马法对后世立法和法学的发展具有重大的影响，特别是对资产阶级的立法和法学的发展影响更大。在私法方面，罗马法可以说是资产阶级民事立法和民法学的理论基础和历史渊源。本书分6编26章，从人法、物权法、继承法、债法、诉讼法等方面，对罗马法的产生及其历史发展、罗马法的历史地位及其对后世的影响以及专门法，都作了深入系统的介绍。

本书文字通俗易懂，体系安排比较合理，条理清晰，内容也颇有特色和新意，是一部很好的罗马法教材，也是一部我国法律史学界关于罗马法研究的新成果。

（孟桂英）

中西法律文化比较研究 张中秋(1962～ ，江苏溧水人，中国政法大学法律史学研究院教授。研究方向：法律文化)著，南京大学出版社1991年6月出版，276千字。本书以中西传统法律文化为比较对象。全书共8章，在逻辑上是对上述诸问题的展开。书中集中探讨中西法律文化的八大差异（冲突），以及导致这些差异的成因（历史地理的、文化的、社会结构的、政治经济关系的以及诸种因素的综合）和历史后果。本书采用历史证明与法理分析、文化比较与经济探讨相结合的方法，从横向的差异入手，然后围绕差异而展开纵横联系的阐释。（另有《法律与经济——传统中国经济的法律分析》，已著录）

（孟桂英）

基督教文化与近代西方宪政理念 程乃胜(1963～ ，安徽庐江人，南京审计学院法政学院教授，中国宪法学研究会理事，中国法学教育研究会理事，江苏省法理学与宪法学研究会副会长。研究领域：宪法理论，审计法学)著，法律出版社2007年11月出版，329千字。本书从历史的角度，客观地考察了基督教自诞生起两千年来如何深刻影响着西方文化的形成与发展。基督教文化与近代西方宪政理念之关系问题，是西方宪法史上一个十分重要的研究课题，具有丰富而深刻的宪政哲学和宪政文化学意蕴。本书通过严肃认真的研究，揭示了基督教文化与近代西方宪政理念之间的关系，认为基督教文化是"两希"及古罗马文化的产物；基督教是古代宪政文化的传承者；基督教的财富观促进了商品经济的发展和市民社会的产生；近代人权理念既是市民社会权利要求的产物，又具有基督教基础；近代分权理念是教俗权力争夺、市民社会与王权权力争夺的产物；基督教信仰主义奠定了宪法至上性的理念基础。

（孟桂英）

竞争法研究 戴奎生(1941～ ，江苏吴江人，南京大学法学院研究员。研究方向：经济法学)、邵建东、陈立虎著，中国大百科全书出版社1993年8月出版，252千字。如何建立具有中国特色、符合中国现阶段经济发展水平的竞争秩序，是一个至关重要的问题。为此我们有必要了解资本主义国家及其他国家在这方面的一些做法和经验教训。本书首先探讨了竞争法的基本问题，然后分别论述了反垄断法和反不正当竞争法，最后附上作者翻译的有关法律、法规。全书内容丰富，资料翔实，所引材料大多出自第一手，并且涉及最新的发展。作者在分析和研究西方国家竞争法的同时，结合中国现行法律规范和实际状况，对该领域进行了精细的比较和适当的评价。

（孟桂英）

经济行政法基本论 王克稳(1964～ ，苏州大学法学院教授，中国法学会行政法学研究会常务理事，江苏省行政法学研究会副会长。研究方向：宪法学，行政法学)著，北京大学出版社2004年4月出版，350千字。在以市场经济为基础构建的经济法律制度中，政府与市场关系的法律调整是经济行政法上最基本的问题。划分政府经济干预权与市场主体经济权利各自作用的领域和范围，并努力在二者之间创制一种可行的平衡，从而既保证市场经济有效运行又保证政府有能力及时纠正市场的失灵，便成为经济行政法关注的焦点和努力的方向。全书包含12章，研究的问题集中在5个方面：经济行政法的性质、基本任务及基本原则；政府干预经济的权力及其行政法约束；市场主体基本经济权利的创设与安排；政府干预经济的方式选择与经济行政行为；行业组织的经济行政活动。上述5个方面构成了经济行政法最基本问题。（另有《政府合同研究》，已著录）

（孟桂英）

全球化进程中法律文化的同构与异质 张策华(1966～ ，江苏建湖人，南京艺术学院研究员。研究领域：教育管理，法社会学，法律文化现代化)著，中国矿业大学出版社2005年11月出版，315千字。本书全面系统地阐述全球化的基本理念，对其理论范式、历史运动、内在机理、法文化意义等作出具体解释，全面梳理学界关于全球化的理论述评，分析其内涵和基本特征。通过回顾三次全球化浪潮的历史进程，概括其特点，解析全球化运动发生的内因和外因，阐明其法文化意义。又通过对法律文化的界说，由国内外学界关于法律文化概念的界定,到分析法律文化的内涵、结构、特征、类型等,由社会变迁到文化的变迁与控制再到法律文化发展,考察全球化背景下法律文化发展的基本矛盾。由此而伸展到全球化与法律文化的同构性、全球化与法律文化的异质性的论题,从分析概念入手,研究存在的社会文化基础,对同构性和异质性的表征作深入透析。进而论述全球化与全球性法律文化重构的基本理念,分析其基本形态和实现机制。最终归结到全球化背景下中国法律文化发展的特点。

(孟桂英)

信托法原论 张淳(1957～ ,重庆人,南京大学法学院教授,中国著作权法研究会理事,中国民法研究会理事。研究方向:民法,合同法,信托法)著,南京大学出版社1994年6月出版,266千字。本书是中国大陆出版的第一部系统研究信托法的学术著作。作者主要以英、美、日、韩四国信托法的有关规定为论据,以法理分析与法律比较为方法,对信托制度进行完整阐释与系统研究。该书结构严谨、论述充分、资料翔实、说理性强,填补了我国法学研究的一项空白。本书在体系上的新意,一是将对各国信托法的介绍作为专门的一部分列入其中,外国的信托法著作中不存在这一部分。二是将信托法关于信托人的全部规定集中起来作为一个独立的部分而阐述,外国的信托法著作对这些规定的阐述一般是被分散在各个部分中分别进行。三是将对民事信托、商业信托的阐述与对公益信托的阐述相并列,使它们成为三个相应的部分而进入其中,外国的信托法著作均仅存在对公益信托的阐述。

(孟桂英)

行政立法的正当性研究 曾祥华(1966～ ,河南商城人,苏州大学法学院教授,中国法学会宪法学研究会理事。研究方向:宪法学与行政法学)著,中国人民公安大学出版社2007年5月出版,301千字。本书将实证分析与价值分析相结合,侧重价值分析,其主要目的是解决判断行政立法的正当性的标准问题。本书由三大部分构成,即行政立法正当性的整体评价、判断行政立法正当性的具体标准以及如何保证行政立法的正当性,其核心部分在于判断行政立法正当性的具体标准,即行政立法的形式正当性、行政立法的程序正当性和行政立法的实质正当性。本书以新的视角审视行政立法,有许多独特的创新。

(孟桂英)

反倾销法研究 范健(1957～ ,江苏南通人,南京大学法学院教授,中国法学会理事,中国经济法学会理事,中国国际经济法学会理事。研究方向:商法,经济法,国际经济法)著,南京大学出版社1995年9月出版,313千字。本书分为四大部分:第一部分探讨倾销、反倾销、反倾销法的一般理论;第二部分探讨反倾销实体法;第三部分探讨反倾销程序法;第四部分探讨反倾销司法审查制度。本书注重理论与实务的结合,尽量在研究过程中将学理、法规、判例融为一体,尽量将国际规则、外国经验、中国实际问题相结合,通过对一般问题的研究,找出解决中国实际问题的基本思路。

(孟桂英)

担保法原理 叶金强(1967～ ,安徽滁州人,南京大学法学院教授。研究方向:私法基础理论,合同法,侵权法,物权法)著,科学出版社2002年12月出版,374千字。制度在市场经济社会中,有着不可替代的作用。本书作为高等院校法学专业本科教材,全面剖析我国现行担保法律规则。在比较法的背景下,立足本土,关注现实,在力求简洁准确的基础上,对担保法的若干重大理论问题作深入研讨,同时结合我国正在进行的《物权法》的立法活动,参考国外的一些立法资料,对担保法制度的改进和完善进行有益的尝试。本书立足现行法规,并且以实际案例关注每一规则所处的生活情境,探讨特定场景下的价值判断与利益衡量,体现学术研究的实践取向。本书适用于高等院校法律专业的本科生及硕士生课程教材,也可供从事相关法律工作的人士参考。

(孟桂英)

比较担保法 蔡永民(1961～ ,陕西蒲城人,江南大学特聘教授,中国法学会理事,中国国际经济法研究会理事,中国法学教育研究会理事,江苏经济法研究会常务理事。研究方向:民法学,物权法,财产法)著,北京大学出版社2004年10月出版,336千字。本书是一部将中国担保法与日本担保法进行比较的论著,由5编15章组成,分别从保证、抵押权、质押、留置权和定金五个方面,涵盖了中国担保法的全部领域,着重点则是具有最重要担保功能的抵押权方面。中日两国具有完全不同的经济基础,但是自从中国从计划经济向市场经济转轨以来,两国在市场经济上有了不少共通之处。20世纪90年代以来,这种共通之处日益增多起来,而这也是东西方冷战结束后顺应历史潮流的必然结果。

(孟桂英)

政府合同研究 王克稳著,苏州大学出版社2007年9月出版,250千字。我国政府通常在下列3种情形下使用合同:为实现行政法上的目的和任务;为了公共利益的需要;为直接从事民事活动。上述三种情形下的政府合同在法律性质、法律依据、法律适用等方面都不完全相同,第一类合同具有完全的行政法性质,第二类合同兼具民事及行政的双重特性,第三类合同则为纯粹的民事合同。本书以行政合同和行政私法合同的基本理论和基本制度为讨论的主要内容,共分为三部分:一是政府合同的基本理论概述,着重阐述政府合同、行政合同及行政私法合同的基本理论问题;二是行政合同基本制度研究,着重阐述行政合同的订立及效力、行政主体在行政合同中的特权以及行政主体的法律责任;三是行政私法合同研究,本书撷取政府采购合同、土地使用权出让合同及政府贷款合同等三个最具代表性的行政私法合同进行理论联系实际的阐述。

(孟桂英)

现代社会中的新合同研究 方新军(1969~ ,浙江临安人,苏州大学法学院教授,中国民法学研究会理事。研究方向:民法基础理论)著,中国人民大学出版社2005年12月出版,391千字。现代社会生活丰富而多彩,体现在民法上就是当事人自由约定的新合同种类不断地涌现。从某种程度上讲,一个国家的经济发展水平是与新合同种类的原创性或者是继受速度成正比的;而判断一个国家的民法典是否新颖,合同分则中的新合同种类是一个重要的指标。本书选择现代社会中应用很广,但在我国还未成为典型合同的"承揽运送合同""特许经营合同""保理合同"和"信用卡合同"作为研究对象,在系统参考世界各国最新民商法典的立法动态,以及有关最新国际公约和惯例的基础上,对上述四种合同做了深入的研究。作者一方面希望能够为实务界的人士提供一定的帮助,另一方面也希望能够为我国未来民法典的制定提供充分的参考意见。

(孟桂英)

建设工程合同管理与索赔 成虎(1955~ ,东南大学土木学院教授。研究方向:工程项目管理,建筑工程合同,合同管理和索赔)等编著,东南大学出版社1993年4月出版,587千字。本书主要介绍建设工程合同、合同管理和索赔管理方面的知识:建设工程合同基本原理、建设工程合同体系、建设工程中常见的合同内容分析、建设工程合同策划、招标投标过程中的合同管理、合同分析和解释方法、工程合同实施控制、工程索赔的基本概念和索赔管理、索赔值的计算方法、反索赔和索赔的解决等。本书注重实用性、可操作性和知识体系的完备性,并介绍了数十个有代表性的合同管理和索赔案例,从各个角度对它们做了分析和评价。本书可作为高校土木工程、工程管理及相关专业的教材和教学参考书,也可作为建筑施工企业、工程咨询和监理公司、建设单位的工程管理人员的参考书。

(孟桂英)

案史:西方经典与逻辑 张成敏(1959~ ,重庆人,苏州大学法学院教授,中国法律逻辑学会副会长,江苏省刑事诉讼法学研究会副总干事。研究方向:刑事诉讼法,刑事证据学,诉讼逻辑学)著,中国检察出版社2002年4月出版,440千字。本书包括《从虚拟、实践到理论化》《推断与推证》《疑案》《逻辑并案》《观察与推断》《确证偏见》和《合情推理》等。其特色是首次提出侦查逻辑思维的C-H-D模式;首次将疑案形态区分为无头案、断线案、悬案;首次批评"并案类比"说法,提出"类比并案"与"牵连并案"相对逻辑解释;强调推断渗透观察,客观分析推理、直觉灵感、想象;首次区分错案之"冤错"和"疑错",全面分析"确证偏见"错误;首次系统解释合情推理的案情论证;首次完整解释无罪推定的逻辑学理问题。本书不是枯燥的理论推理,不是单纯的概念堆砌,而是将概念和理论融合在生动的案例中,让读者在愉快的阅读中去理解作者提出的概念和理论。

(孟桂英)

行政公益诉讼研究 黄学贤(1963~ ,江苏镇江人,苏州大学法学院教授,中国法学会行政法学研究会常务理事,中国法学会宪法学研究会理事,江苏省法学会行政法学研究会副会长,江苏省法学会港澳台法律研究会副会长。研究方向:行政法学基本理论,行政程序法学,行政诉讼法学)、王太高著,中国政法大学出版社 2008 年 8 月出版,265 千字。本书由行政公益诉讼范畴论、基石论、比较论、构造论 4 章构成,涉及行政公益诉讼的诸多方面。公益诉讼是近些年为公众和学界热议的一个话题,但立法的局限和现实生活的强烈诉求形成巨大反差,使中国公益诉讼的发展举步维艰。从理论上对公益诉讼进行梳理拓展乃是当务之急。本书以行政公益诉讼为视角,在体系结构和内容安排上精简得当、分析透彻,对理论和实践中的诸多问题进行开拓性的阐述,给人以耳目一新的感觉。本书是公益诉讼研究领域的一大贡献。（孟桂英）

中国行政程序法典化:从比较法角度研究 杨海坤(1944~ ,江苏苏州人,苏州大学东吴比较法研究所教授,中国法学会行政法学研究会副会长、江苏省行政法学研究会会长。研究方向:宪法学,行政法学)、黄学贤著,法律出版社 1999 年 8 月出版,383 千字。本书的特点:将行政程序法典化与行政法治、市场经济、民主法治的背景紧密相连,始终强调行政程序法本身的价值在于能够通过它产生符合市场经济需要的法治政府,将民主和自由协调起来,在国家权力与公民权利之间取得积极的、动态的平衡,最终实现法治,保障民主政治;立足本国,开展比较研究,利用现有的外国行政程序立法来进行比较研究,对行政程序法典化所要解决的目标模式、基本原则、基本制度、立法模式、调整范围、调整的主要行政行为和行政救济程序以及违反程序法的法律责任都进行了比较,对中国在相关问题上应采取的方式进行探讨;全书从行政程序法的历程回顾到行政程序法的基本问题和行政程序法的具体问题,涵盖面广,涉及行政程序立法研究的诸多领域,还对我国行政程序法典化的诸多问题进行深入探索;注重横向研究和纵向研究相结合。(另有《跨入新世纪的中国宪法学:中国宪法学研究现状与评价》《中国公民被国家机关侵权时的权益保护》,已著录） （孟桂英）

行政补偿制度研究 王太高(1966~ ,江苏高邮人,南京大学法学院教授,中国行政法学研究会理事,江苏省行政法学研究会副会长。研究方向:行政法基本理论,行政诉讼法,宪法学基本理论)著,北京大学出版社 2004 年 10 月出版,264 千字。本书运用比较研究、实证研究的方法,从范畴入手,对行政补偿的基本理论问题和中国行政补偿的制度建设做系统深入的研究。第一章对行政补偿的内涵、外延进行梳理,突出行政补偿的行政行为性质;第二章从法哲学、宪法学、行政法学三个角度,对行政补偿制度赖以建立的法律基础进行考察与分析;第三章以征收补偿为切入点,对西方主要国家和部分地区行政补偿的构成、原则、要素、程序及救济等基本问题进行比较分析,揭示当今行政补偿制度的发展趋势;第四章在回顾概括中国行政补偿制度发展历程的基础上,重点分析中国行政补偿制度的现状,以此为依据对中国行政补偿制度建设中存在的问题作了建设性的探讨,并就建立统一的行政补偿制度提出构想。 （孟桂英）

行政法基本原则研究 周佑勇(1970~ ,湖北大悟人,东南大学法学院教授,中国法学会行政法学研究会常务理事,江苏省法学会副会长,港澳台法律研究会会长。研究方向:行政法学)著,武汉大学出版社 2005 年 2 月出版,287 千字。行政法的基本原则是行政法学研究中的重大课题。本书围绕行政法基本原则是什么、有哪些及如何适用三个方面,对行政法基本原则进行系统研究。全书共 5 章:第一章阐释行政法基本原则之于行政法学的特殊研究价值和研究方法;第二章对西方两大法系各国行政法基本原则进行科学的定位,并归纳总结出它们所存在的普遍性规律和共性特征;第三章重新界定行政法基本原则的概念和确立标准,并首次提出行政法定、行政均衡和行政正当三大行政法基本原则;第四章对这三项行政法基本原则的具体内容和要求进行进一步的分层研究;第五章从司法适用的角度,对行政法基本原则的效力问题进行深层次的哲理思考与实证分析。 （孟桂英）

区域行政立法模式研究——以区域经济一体化为背景 王春业(1970~ ,安徽明光人,中国矿业大学文学与法政学院教授。研究方向:经济行政法学,宪政)著,法律出版社 2008 年 11 月出版,219

千字。本书运用历史研究方法分析我国地方行政立法的流变过程,认为区域行政立法是这个演进的必然结果;运用经济基础与上层建筑关系的原理分析区域行政立法模式产生的必然性;运用成本与收益方法分析区域行政立法构建的必要性;运用立法学、行政法学、区域经济学等学科原理说明区域行政立法中的一系列具体问题;参考区域经济学、国际经济法学等方面的著述,运用比较的方法分析国外尤其是欧盟法对构建我国区域行政立法模式的启发意义;运用实证方法研究我国几个比较成熟的经济区域的实践。这些方法的运用也使本书的研究更有深度和广度。

（孟桂英）

市场交易法律通 应瑞瑶(1959～ ,浙江东阳人,南京农业大学经济管理学院教授,中国农业经济法研究会常务理事,江苏农村财政学会常务理事。研究方向:经济法,农业经济学)等编著,中国农业出版社 2002 年 8 月出版,90 千字。本书包括:农村常见合同纠纷、农村常见担保纠纷、农村常见民间借贷纠纷、产品质量与农村消费者权益保护问题等 6 部分内容,精选了农村中常见的经济法律问题,通过一案一议的形式,有针对性地作出解答,以帮助农民了解与农村经济活动和日常生活有关的主要法律规定。本书是专门为农民朋友编写的,也可以供乡镇司法助理员和农村调解员阅读。

（孟桂英）

社会转型与法理回应——以 21 世纪初中国为背景 蔡宝刚(1964～ ,江苏射阳人,扬州大学法学院教授,中国法学会法理学研究会理事,江苏省法学会宪法法理学研究会副会长。研究方向:法理学)著,社会科学文献出版社 2007 年 11 月出版,325 千字。20 世纪末、21 世纪初,中国社会发生了重大变化,中国的转型样态也发生了重大变化。这种变化必然带来也必然要求法律的变化和创新,而法律创新首先需要法学理论的创新和导引。因此,社会转型与法律发展问题便成为中国法理学界研究的一个重点和热点问题。本书正是通过深入细致的研究,阐述了中国法律面对这个转型期是怎样做出法理回应的。本书选择这样的主题作为研究方向具有深刻的理论意义和迫切的现实意义,符合法学理论研究必须面向社会和面向现实的理念和主旨。

（孟桂英）

良宪论 汪进元(1958～ ,湖北洪湖人,东南大学法学院教授,中国宪法学会常务理事,江苏省法学会常务理事,江苏省港澳台法律研究会常务副会长。研究方向:宪法学,外国宪法和基本人权法)著,山东人民出版社 2005 年 1 月出版,240 千字。本书研究良性宪法的基本标准并对中国宪法的良性化问题提出自己的见解。全书共 8 章:导论部分提出良性宪法的意义解构、标准界定;《良性宪法的理论回眸》包括良法问题的提出与争论,良宪问题的理论辨析;《良性宪法的文化型构》研究西方宪法的文化底蕴,中国宪法的文化流变,良性宪法的文化认同;《良性宪法的价值基础》讨论宪法价值的一般理论,良性宪法的价值定位;《良性宪法的权利保障》探讨中西方权利保障的宪法制度,良性宪法的权利保障标准与中国宪法的良性化;《良性宪法的权力构造》论述权力构造的理论构想和实践模式,中国宪法良性化的权力构造;《良性宪法的程序控制》阐述宪法程序的概念、特征及分类,良性宪法的程序标准,中国宪法良性化的程序断想;《良性宪法的结构功能》阐述宪法结构的基本理论,宪法规范的结构,中国宪法良性化的结构分析。 （孟桂英）

宪政与权力 周永坤著,山东人民出版社 2008 年 2 月出版,390 千字。"宪政"一词从"宪法"一词演化而来,它告诉我们,宪政是以宪法的存在为前提的,是宪法的观念化与实践化。作为观念的宪政是对宪法的崇敬,作为实践的宪政是权力的规范化。本书依据同"王政逻辑"相反的"宪政逻辑"展开。依据这一新的政治逻辑,本书分为 5 章:宪政——基础与规范;权力——结构与运行;控权——立法与守制;控权——裁量与控制;控权——裁判与正义。前两章论述宪政与权力的一般问题,后三章则侧重对立法、行政、司法三权的研究,致力于在三权之间建立相互牵制的合理关系。由于宪政建设的前提性任务就是法律的现代化,因此,本书以法的现代性意识终篇。 （孟桂英）

宪政的理念与机制 季金华(1963～ ,江苏南通人,南京师范大学法学院教授。研究方向:法学理论,宪法学,行政法学,西方法制史学,现代司法理论）著，山东人民出版社 2004 年 12 月出版，420 千字。本书力图以理论分析和历史分析相结合的叙述方法为主线，对现代宪政理论的运作、发展逻辑和机制进行理性的把握和科学的阐释，较为全面系统地揭示了现代宪政的基本价值理念，其中包括人权保障、权力制约与平衡、宪法权威、宪法程序化等；初步确立起宪政的评价标准；描述了西方和中国近现代宪政运动的汹涌澎湃的历史画卷；科学揭示了近现代宪政理念生成的历史机理，为我们提供了宪法学研究的新视野；哲理方法、历史哲学研究方法与类型学研究方法的综合运用使本书具有历史和逻辑相统一的理论特质。此外，对宪法程序的专题研究，是本书的重要特点之一，对于我国当今建设社会主义宪政国家过程中，如何加强宪法程序的研究和建设具有重要的参考价值。

（孟桂英）

宪政的法理言说　张清（1965～　，江苏海安人，扬州大学法学院教授，中国法学会法理学研究会理事，中国法学会宪法学研究会理事）等著，社会科学文献出版社 2008 年 2 月出版，187 千字。宪政问题涉及国家政治制度的根本方面，宪政同时也是一种治理技术，在新的历史时期，中国社会的治理面临许多难题：中央与地方的关系、农村剩余劳动力、城市的可持续发展，以及扣动每个人心弦的公正、民主、自由、人权等，但这些似乎都可以在宪政那里窥见解决问题的密钥。本书即是这样一种尝试，作者从宪政的一般理论出发，希图对当前中国的现实问题有所解读，有所促动。　（孟桂英）

司法权威的宪政分析　贺日开（1965～　，江西永新人，南京师范大学法学院教授，中国法学会宪法学研究会理事，中国法学会行政法学研究会理事。研究方向：宪法，行政法，司法制度）著，人民法院出版社 2004 年 12 月出版，301 千字。作者认为，司法权是依照法律裁决纠纷的国家权力，司法机关历来被定义为护法机关。而宪政国家的司法权除解决传统的私人纠纷外，还裁决国家机关与公民之间的纠纷。而要裁决国家机关与公民之间的纠纷，就必然要适用宪法，审查国家机关行使权力的行为是否超越了宪法设定的界限。因此，赋予司法机关违宪审查权，是一种合乎宪政逻辑的必然选择。违宪审查权的实质是护宪权，司法机关拥有违宪审查权后，已不仅仅是单纯的护法机关，而且还成了护宪机关。人类宪政实践表明，司法权威与宪政存在着互动关系。一方面，司法权结构中的宪政因素是司法权威生成的重要条件。另一方面，司法权威的形成，必将大力推动宪政的发展。我国司法机关缺乏应有权威的事实，与我国宪政中司法权的结构性缺陷密切相关。

（孟桂英）

跨入新世纪的中国宪法学：中国宪法学研究现状与评价　杨海坤主编，中国人事出版社 2001 年 10 月出版，700 千字。本书分为六大部分，即《宪法基础理论》《宪法权利》《宪法权力》《宪法运行》《宪法性法律》《宪法学学科建设》和 37 个专题对中国宪法学研究现状进行综述和评价，各章按"引言—专题—结语"的结构撰文。对每个专题都有综述和评价，力求每个专题每个问题都有述有评，尽可能做到述得全面，评得中肯。每章的结语总评关于本章问题的研究现状，并对本章问题的研究做一些简单的展望。　（孟桂英）

法律与经济——传统中国经济的法律分析（第一卷）　张中秋著，南京大学出版社 1995 年 4 月出版，310 千字。虽然本书也阐述中国古代的经济制度和经济立法，但它的着眼点不在于此，而是以此为基础，运用现代法律学和经济学的原理及观点，对中国传统经济法律作出合乎科学和理性的现代透视。作者着力要回答的核心问题是：法律在经济面前应当起什么样的作用？中国古代法律在经济面前起到了什么作用？中国古代法律所起的这种作用从一个侧面说明了中国古代什么样的社会结构和历史文化特点？本书最大的学术价值和实践价值正是体现在对这些问题的一系列思想犀利、观点鲜明、富有启迪意义的回答之中。该书是作者传统中国法律与经济系列著作的第一卷，着重分析了我国先秦至隋唐三千年间有关经济的法律问题，内容涉及土地、赋役、工商、专卖、货币以及对外贸易等。这些问题在近百年来的中国法律史著作中少有专论。本书从现代法律学、经济学的角度对这些问题进行系统深入的阐释与分析，从一个侧面透视传统中国的社会结构和历史文化特点。

（孟桂英）

中小企业发展法理：规范框架与实证分析　焦富民(1964～　，江苏高邮人，扬州大学法学院教授，中国法学会民法研究会常务理事，中国法学会经济法研究会理事，江苏省法学会民商法研究会副会长。研究方向：民法基础理论)、陈承堂著，社会科学文献出版社2007年7月出版，271千字。在经济全球化的语境下，中国不仅需要能够走向世界的大企业，而且还需要有成功的中小企业，因为中小企业对于发展中国家尤为重要。但是在任何一个国家，中小企业在发展过程中都受到了种种因素的制约，因而亟需正视中小企业问题。本书从融资、税收、产业政策等角度阐述了中小企业发展过程中的诸多理论问题，并进行了相应的实证分析，构建了一个基本的法理框架，以期对中小企业的"美好"发展有所裨益。

（孟桂英）

宏观调控法律制度研究　李力(1955～　，山东肥城人，南京师范大学法学院教授，中国法学会经济法学研究会常务理事，江苏省法学学会经济法学研究会会长。研究方向：法理学，中国古代民事法律制度)著，南京师范大学出版社1998年12月出版，254千字。本书对市场经济条件下的宏观调控法律制度进行综合的比较研究。国家干预经济在不同的历史条件下有不同的价值内涵，从而具有不同的性质。国家干预经济的本质涉及国家在社会经济生活中的地位和作用问题。政府控制经济作为国家干预经济的一种形式有一系列特征：政府控制经济建立在集权的政治制度基础之上；政府控制经济存在于非市场化的经济形态之中；政府控制经济的内在目标是使经济活动符合统治者的政治利益。国家调控经济与政府控制经济完全不同。宏观调控法律制度是建立在国家调控经济的基础之上的法律制度。宏观调控法律制度不是一种独立的经济运行控制机制，它是为弥补市场机制的不足而产生的。若完全以国家干预代替市场机制对经济进行调节，其性质就是政府控制经济而不是国家宏观调控了。现代市场经济中的国家宏观调控活动依赖于市场机制的功能而得以发挥作用。

（孟桂英）

上市公司财务报告法律责任之研究　李明辉(1974～　，江苏金坛人，南京大学商学院教授，中国审计学会理事，江苏省审计学会常务理事。研究方向：审计，内部控制与公司治理)著，中国财政经济出版社2004年3月出版，322千字。本书在借鉴国外上市公司财务报告法律责任的研究成果和有关认定经验及做法的基础上，运用法学、会计学、审计学、经济学等学科的相关理论，系统研究包括虚假财务报告的认定、会计准则的法律地位、财务报告法律义务和责任的产生、财务报告法律责任的主体、构成要件、归责原则、承担方式、实现方式等问题，并对我国上市公司财务报告法律责任的现状进行分析，提出修改有关法律和司法程序的建议，以期为强化财务报告虚假陈述行为的法律责任、有效保护投资者等利益主体的知情权提供理论支持和决策借鉴。

（孟桂英）

中国公民被国家机关侵权时的权益保护　杨海坤编著，中国经济出版社2000年3月出版，210千字。要保障公民的合法权益，一个重要的方面是制止任何形式的国家侵权。在一个国家的人权保障机构中，国家机关居于最重要的地位，它以其特殊的功能维护人权价值，并对侵权行为给予积极、有效的制裁。立法机关要及时正确地制定法律，并从法律程序方面保障公民权利。而保障公民权利的立法很大程度上取决于行政机关的活动。司法机关在对公民权益的保障方面起着不可替代的作用。司法权的运用必须通过司法程序，而司法程序的内在价值就是保护公民的合法权益。但司法机关作为一种行使司法权的机关，同样会发生侵权，也必须由相应的法律救济程序来制约司法侵权行为的发生。本书深入地讨论行政处罚、行政复议、行政诉讼、行政赔偿和司法侵权及其赔偿等问题，使读者对中国法律制度中有关行政侵权和司法侵权的救济制度内容有所了解，并以此为武器来维护自己的合法权益。

（孟桂英）

信息法教程　朱庆华(1963～　，江苏丹阳人，南京大学工程管理学院教授，中国科学技术情报学会理事，中国社会科学情报学会理事，中国信息经济学会理事，国际信息系统协会会员，美国信息科学与技术学会会员。研究领域：社会化媒体，互联网用户行为，信息政策与法规)、杨坚争主编，高等教育出版社2001年1月出版，490千字。本书是面向21世纪教材和教育部信息管理与信息系统专业系列教材之一。本书对信息法的理论与实践作了较为全面的论述。全书共分六部分,分别为概论、信息安全法律规范、信息产权法律规范、信息技术法律规范、信息服务法律规范和信息网络法律规范,内容包括了信息管理涉及的绝大部分领域的法律法规。全书内容新颖、系统全面、实用性强,可以作为信息管理与信息系统专业本科高年级和研究生的教材,也可作为相关专业的参考教材,对从事信息管理和IT行业的实际工作者也有一定的参考价值。

(孟桂英)

不动产财产权自由与限制研究 金俭(1963～ ,江苏太仓人,南京大学法学院教授。研究领域:房地产法,土地法,不动产物权法,中外法制比较研究)著,法律出版社2007年6月出版,276千字。本书从理论与制度、历史与现实等多元视角对不动产财产权的自由与限制展开讨论。围绕"不动产财产"这一客体,紧扣"自由与限制"的基本矛盾范畴,对相关论题进行了系统、深入、细致的分析。不动产财产权的有限自由与适度限制是作者在潜心研究不动产财产权自由与限制后提出的一个重要理论观点。作者认为,公民不动产财产权的自由是一个基本原则,但这种自由也不是无限制的自由,在公共利益面前将受到一定的限制。不动产财产权限制的目的在于弥补不动产财产权自由的不足与不完美以及维护基本的社会公正。社会和谐与不动产财产利益平衡思想是本书的两个重要的支撑点。不动产财产的稳定与发展、自由与秩序、效益与公平的和谐一致是作者所要追求的目标。(孟桂英)

贪污贿赂犯罪疑难问题学理与判解 孙国祥(1956～ ,江苏张家港人,南京大学法学院教授,中国刑法学研究会理事,江苏省法学会刑法学研究会会长。研究方向:刑法学,经济刑法学)著,中国检察出版社2003年8月出版,484千字。本书以《中华人民共和国刑法》分则第八章所规定的贪污贿赂罪所涉具体罪名为研究对象,参照最新刑事立法、司法解释对各特定犯罪的规定,结合国内最新司法判例和贪污贿赂犯罪理论研究对定罪量刑中热点、疑难问题的最新研究成果,是国内第一本以判解性、诠释性为体例的研究贪污贿赂犯罪的理论专著。本书在研究方法上突出实用性、针对性的要求,以各特定犯罪构成的理论问题为基点,针对各特定犯罪构成中重点疑难争议问题进行观点分歧比较、判例内蕴分析,据以形成合理的观点和结论;在研究内容上突出系统性、全面性的要求,从各特定犯罪构成要件诸要素的分析入手,对刑法典所规定的具体贪污贿赂犯罪,通过法条阐释、实践具体运用两个层面,将适用原则进一步深化细化,并重点分析罪质、及罪与非罪辨异、罪与罪界限中的疑难问题;在研究角度上突出实践性的要求,采撷贪污贿赂案件250余件,突出司法判例对特定犯罪构成要件运用中的理解及问题。(另有《新类型受贿犯罪疑难问题解析》,已著录)

(孟桂英)

新类型受贿犯罪疑难问题解析 孙国祥著,中国检察出版社2008年4月出版,318千字。本书对新类型受贿犯罪疑难问题进行解析,内容包括:《关于办理受贿刑事案件适用法律若干问题的意见》制定的背景、意义、性质和适用原则、适用《关于办理受贿刑事案件适用法律若干问题的意见》与受贿罪的共同要件、以交易形式收受请托人财物的性质与司法认定、收受请托人提供的干股性质与司法认定、以合作开办公司或者进行其他投资收受请托人财物的司法认定、以委托理财的名义收受财物的司法认定、以赌博形式收受请托人财物的司法认定、特定关系人"挂名"领取薪酬收受请托人的司法认定、由特定关系人收受贿赂的性质与司法认定等。

(孟桂英)

中国反倾销法理论与实践 胡晓红(1964～ ,女,浙江杭州人,南京大学法学院教授。研究方向:国际法,环境法)著,中国社会科学出版社2007年12月出版,275千字。本书对中国近10年来反倾销的立法与实践经验、教训进行重新审视。全书共4篇。第一篇阐述中国反倾销法基本理论问题,探讨反倾销法的法律性质问题,分析中国反倾销法的基本特征、基本原则和基本作用;第二篇研究中国反倾销法实体法问题,系统揭示反倾销法实体中的倾销、损害以及二者之间的因果关系;第三篇为中国反倾销法程序法问题研究,探讨中国反规避立法问题,分析反规避与反倾销税的法律性质的异同,阐述公共利益原则在反倾销法实施中的必要性与可能性；第四篇为中国反倾销法实践论，总结、回顾近10年来反倾销调查的历程和经验，分析我国反倾销调查的典型案例。对于了解、掌握WTO《反倾销协议》以及欧美反倾销法律制度具有重要的参考价值，对于研究、理解中国反倾销立法具有重要借鉴价值。
（孟桂英）

依法治教的理论与实践　阎玉珍（1948～　，江苏苏州人，南京晓庄学院经法学院教授。研究领域：中小学学生伤害事故的预防与处理，未成年学生的外在保护与自我保护）著，光明日报出版社2001年7月出版，400千字。本书分《宏观篇 依法治教》《中观篇 依法办学》《微观篇 依法办事》3部分。《宏观篇》从依法治国谈到依法治教，探讨依法治国的实质，依法治国的现状，依法治国问题的剖析，依法治国问题的对策，依法治教的提出，依法治教的内涵以及依法治教的落实等内容。《中观篇》从依法办学谈到依法治校和依法护校，探讨依法设立学校，学校的法律关系和法律地位，学校的权利义务，依法管理学校，依法管理校长、教师和学生，依法惩治违法行为，依法维护合法权益等内容。《微观篇》从依法处理意外事故，谈到依法组织自护训练，探讨情理与公理，一般责任与法律责任，家长的法律责任与学校的法律责任，当场处理与善后处理，协商解决与诉讼解决，自护训练的法律意义和法律依据，自护训练的法定内容和基本要求等具体问题。
（孟桂英）

股东大会决议瑕疵研究　钱玉林（1966～　，江苏昆山人，扬州大学法学院教授。研究方向：民商法）著，法律出版社2005年6月出版，277千字。本书采取比较法研究、实证分析和规范分析等研究方法，对如下问题进行研究：一、在"企业所有与经营相分离"原则的支配下，股东大会决议事项的范围究竟有多大？章程能否扩张或保留股东大会权限？董事会是否应当执行股东大会决议或者董事会能否将权限内的事项提交股东大会决议？二、公司法为民法的特别法，而股东大会决议又是特殊的民事法律行为，故民法关于法律行为的理论能否适用于股东大会决议？意思表示瑕疵的理论能否适用于股东大会决议瑕疵？三、股东大会决议瑕疵的基本内涵是什么？公司立法强调股东大会会议程序基于一个什么样的理念？程序正义能否在实质意义上贯穿股权平等？四、研究股东大会决议瑕疵效力的评价体系，在此基础上构建股东大会决议瑕疵的救济制度。五、《公司法》第一百一十一条存在的问题究竟有哪些？如何改革使其完善？六、透过对股东大会决议瑕疵的研究，从一个侧面对现代公司法的价值取向作出新的反思。（孟桂英）

安全法规与监察　罗新荣（1957～　，江西人，中国矿业大学安全工程学院教授。研究方向：矿井瓦斯防治理论与技术，矿井通风与降温技术，煤矿安全监控与传感器技术，安全法规与管理）主编，中国矿业大学出版社2005年10月出版，460千字。本书由4篇和附录组成。第一篇《劳动法与安全生产法》主要包括：劳动保护与安全监察的法律基础、安全生产法与安全监察、劳动管理与安全生产技术标准、国际组织与职业安全健康管理体系。第二篇《消防法规与监督检查》包括：消防法规体系、《中华人民共和国消防法》、消防监督检查与处罚。第三篇《煤矿安全法规与监察》主要包括：煤矿安全生产的法律法规、煤矿安全监察体制、煤矿安全监察工作。第四篇《安全信息管理》主要包括：安全监察的信息管理、煤矿安全数据库。
（孟桂英）

《中华人民共和国民法通则》释义　周元伯（1928～2010，江苏南京人，南京大学法学院教授，曾任中国法学会诉讼法研究会名誉理事，江苏省法学会理事，江苏省民法民事诉讼法研究会副会长。研究方向：民法学，民事诉讼法学）主编，南京大学出版社1986年6月出版，130千字。本书是为了使《民法通则》得到更好的贯彻实施，适应教学、科研和普法教育的迫切需要而编写的。它从法学理论和司法实践上对《民法通则》逐条进行了疏浅的解释。这是一本民法基础知识的通俗读物，是在学理上的一般探讨，有助于广大读者正确理解《民法通则》的基本精神和各条规定的含义。本书可供法律专业院校师生、广大司法工作人员和自学青年学习参考。
（孟桂英）

土地法学通论　沈守愚（1919～2018，浙江萧山人，曾任南京农业大学经济管理学院教授，中国经济法学会、江苏省法学会、中国农业经济法学会会员。研究方向：经济法，农业经济法）著，中国大地出版社 2002 年 10 月出版，854 千字。本书是作者在厚重的知识积淀下撰写而成的土地法学专著。全书分土地法学导论、土地立法、地权和土地产权、依法行政四大部分内容，共 30 章，对土地法学的产生、发展作了系统而详尽的回顾与总结，对土地法学的内容、体系和学科建设作了创造性的构想。书含作者自参加农业部起草土地法以来 20 年间收集的资料和参加有关土地法制活动所获得的知识和体会，融历史性、知识性、理论性、实用性于一体。

（孟桂英）

土地承包经营权的物权法分析 胡吕银（1962～ ，江苏高邮人，扬州大学法学院教授。研究方向：民商法学）著，复旦大学出版社 2004 年 12 月出版，210 千字。集体土地所有权与普通法上的合有权制度具有内在一致性；土地承包经营权作为一种独立的占有权，具有与土地所有权平等的地位；土地承包经营权的设立除遵循物权设立的一般原则外，还须遵循公平民主原则；土地承包经营权的承包合同就是民事合同。土地承包经营权是土地承包经营人占有和经营土地的权利与义务的统一；对土地承包经营权的内容，法律只能规定基本的权利义务，基本权利义务的具体化有待当事人在土地承包合同中确定。土地承包经营权移转过程中要肯定土地所有人的地位，要区分和保护土地所有者和经营者的共同权益。对土地承包经营权仅给予与土地所有权同等的保护远远不够，"生存利益高于一切"也应成为土地承包经营权保护的价值取向；对土地承包经营权不仅要有物权法上的一般保护，还要对农村妇女的土地承包经营权和失地农民的利益等给予特殊的保护。本书还对土地承包经营权的抵押、继承、股份化等具体问题进行了研究。

（孟桂英）

行政刑法学 李晓明（1959～ ，河北邢台人，苏州大学法学院教授，中国刑法学研究会理事，中国犯罪学研究会常务理事，江苏省刑法研究会副会长。研究方向：刑法学，犯罪学）著，群众出版社 2005 年 1 月出版，638 千字。本书初步构建了具有中国特色的行政刑法学的理论框架与体系。全书共分为 5 编 24 章，主要有行政刑法学导论，包括行政刑法学的起源与发展，行政刑法学的提出与建立，我国行政刑法学的架构与体系；行政刑法论，包括行政刑法的性质，行政刑法的概念，行政刑法规范的特性，行政刑法规范的制定；行政犯罪论，包括行政犯罪的界定，行政犯罪的本质，行政犯罪的成立，罪行——行政犯罪的客观行为表现，罪过——行政犯罪的主观心理态度，罪责——行政犯罪的法定归责理由，行政犯罪的类型，行政犯罪的形态；行政刑法责任论，包括行政刑法责任的确立，行政刑法责任的根据，行政刑法责任的内容，行政刑法责任的终结；行政罪责各论，包括行政罪责各论概述，侵害个人法益的行政罪责，侵害国家法益的行政罪责，侵害社会法益的行政罪责，危害社会治安的行政罪责等内容。

（孟桂英）

刑事程序分流研究 姜涛（1976～ ，河南南阳人，南京师范大学法学院教授。研究方向：刑法学，法理学）著，人民法院出版社 2007 年 12 月出版，202 千字。诉讼分流是诉讼法学界高度关注的热点问题，本书对此命题进行了独特的思考。其特点在于：采取司法现实主义的态度，把对刑事法价值观的理论反思，真正运用到刑事程序法的制度设计上；对程序多元和诉讼经济的研究，越过了坐而论道、单纯探讨价值观的层面，开始关注其在中国的现实运作；探讨了传统刑事政策和刑事司法模式的当代命运，论证了程序分流的现实基础，认为中国刑事司法出现了整体性的"异化"，其深层原因在于"体制"而非"程序"；在研究方法上，较多地采取了法社会学的手段，从犯罪人、警察、检察官、法官以及被害人等各个角度入手，用"人"而非"制度"作为线索统领全书主体研究，体现出深切的人文关怀。

（孟桂英）

刑事法治：理论诠释与实践求证 蔡道通（1966～ ，江苏淮阴人，南京师范大学教授。研究领域：刑法学，犯罪学，刑事政策学）著，法律出版社 2004 年 12 月出版，322 千字。《法制现代化研究丛书》之一。本书围绕着理论诠释与实践求证两个方面展开刑事法制理论。其理论诠释涉及了刑事法制的理念、刑事法治与宪政意义等重要课题，叙述了中国刑事法治建设的考察。在实践求证方面，从具有典型性的个别案例切入，在刑事法治的视野中

进行阐述。　　　　　　　　　　（孟桂英）

刑法学总论　刘艳红（1970～　，女，湖北武汉人，东南大学法学院教授，中国法学会刑法学会理事，江苏省刑法学会副会长。研究方向：犯罪成立理论，刑法解释论）主编，北京大学出版社 2004 年 2 月出版，452 千字。刑法是我国重要的部门法之一，刑法学则是以刑法为主要研究对象的法律科学。本书是一部刑法学教材，它沿着刑法学的逻辑体系，以我国传统犯罪论体系为基础并吸收大陆法系犯罪论体系的合理成分，以刑法典、国家立法机关颁发的单行刑法和刑法修正案以及最高人民法院颁发的刑法司法解释等为依据，系统地介绍刑法的基本概念、基本原则、犯罪构成理论、刑事责任等基本理论与制度。全书内容丰富，观点新颖，逻辑清晰，论述充分，既可以为高等院校法律以及非法律专业的本科生、研究生使用，也可以供刑法理论研究者及爱好者使用，也是各级司法机关等实务工作者的理想读本。　　　　　（孟桂英）

裁判请求权研究——民事诉讼的宪法理念　刘敏（1964～　，江苏海门人，南京师范大学法学院教授，中国法学会民事诉讼法学研究会常务理事。研究方向：民事诉讼法学）著，中国人民大学出版社 2003 年 7 月出版，289 千字。《法律科学文库》之一。本书作者从宪法的高度研究民事诉讼法，系统构建了裁判请求权的理论体系，科学界定了裁判请求权的概念范畴；利用比较分析的方法探讨了国外裁判请求权保障的基本规律；利用历史分析和实证分析的方法，研究了我国裁判请求权的历史与现状；利用法理学的研究方法探讨了我国裁判请求权宪法化的必要性及社会基础；利用系统分析方法探讨了我国裁判请求权的实现机制。这些研究必将对我国民事诉讼法的理论研究产生积极的影响，对我国的民事司法改革和民事诉讼制度的发展与完善具有重要的指导意义。　　　（孟桂英）

司法审判民主化研究　张永泉（1964～　，重庆荣昌人，苏州大学法学院教授，中国法学会民事诉讼法学研究会理事，江苏省民事诉讼法学研究会常务理事。研究方向：民事诉讼法，证据法）著，中国法制出版社 2007 年 10 月出版，236 千字。学术界对民主化问题的研究是比较深入的；也取得了许多研究成果。学者们的研究大多是从政治学、法理学、宪法学以及行政法学的角度进行的。本书从司法审判的视角，研究诉讼程序运行中的审判权民主问题。一个案件的审理过程和裁判结果应当体现一定的司法民主，应当是多个主体民主意见的结晶。美国联邦第九巡回上诉法院资深法官克里弗德·华莱士认为，研究司法透明问题，首先应当追问的是，法院是谁的法院？法院的主人既不是律师，也不是法官。法院应该属于国家，而国家是属于人民的，所以法院最终应当是人民的法院。既然是人民的法院，那么民众就有权知悉法院所发生的一切，司法的透明化是司法机关对社会民众的一项基本义务。法院只有打开大门，才能获得公众更多的信任，增强司法权威。　　　　（孟桂英）

冲突、协调和秩序——罪犯非正式群体与监狱行刑研究　狄小华（1963～　，江苏溧阳人，南京大学法学院教授。研究领域：刑事法学，犯罪学，犯罪心理学）著，群众出版社 2001 年 4 月出版，200 千字。本书作者以自己特有的身份和丰富的监狱管理经验为基础，通过深入调查研究，收集了大量的个案资料，并按自己的理论框架，从横向上描述了罪犯非正式群体内部、罪犯非正式群体与其他罪犯、罪犯非正式群体与监狱干警之间的互动关系；在纵向上揭示了罪犯非正式群体产生、发展、衰落直至解体的全过程；着重探讨了罪犯非正式群体与监狱行刑权力资源分配和作用的关系，并由此提出了变传统的封闭性、经验型、粗放式为现代科学的行刑模式以维护监狱的长期稳定，提高监狱行刑的效率。　　　　　　　　　　　（孟桂英）

唐律译注　钱大群（1935～　，江苏张家港人，南京大学法学院教授，曾任中国法律史学会理事，中国法制史研究会理事。研究方向：中国法律史，法理学）译注，江苏古籍出版社 1988 年 4 月出版，289 千字。唐律是中国古代著名的封建法典。它在古代法制史上的地位，没有任何一部法律文献可以与之相匹。现今流传下来的记录唐律的书，一是《律》，为唐律之正文。二是《唐律疏议》，即官方对律文所作的称为《律疏》的解释部分。本书译注之唐律正文是以宋版《律》为准，同时参照元版的《故唐律疏议》及中华书局1983年版的《唐律疏议》。本书既然为译注，故对《故唐律疏议》的分条标题在表达上也略作变动，尽可能使读者一看标题即可知该条律文的内容所指。（另有《唐律疏义新注》，已著录）　　　　　　　　　　　　（孟桂英）

唐律疏义新注　钱大群撰，南京师范大学出版社2007年3月出版，1 710千字。本书从体例结构到译文、注解，都贯穿了为现代读者和研究者服务的撰写原则，力求达到初读者易得要领、检读者得其所需、专攻者亦有切磋的要求。书中各条律文均以引述、原文、译文、注释四部分解读。"引述"从现代法文化角度，介绍律条在立法和司法适用中的功能；"译文"用现代汉语表述并以必要的补充性文字使行文通畅，读者易懂；"注解"不局限于版本校勘，对可能成为读者拦路虎的律学基础知识也列注详解。为使读者阅读唐律一目了然，作者对不能明确反映律文内容的标题做了适当修改。与同类著作相比，该书撰写体例有所革新，注释范围扩大，注解内容多有创新。力图"求新"是本书的一大特色。
　　　　　　　　　　　　　　　　（孟桂英）

太平天国刑法历法研究　周新国（1951～　，江苏南京人，扬州大学师范学院教授，江苏省历史学会会长，研究领域：中国近代史，辛亥革命史，中国近代秘密社会史）、吴善中著，广西人民出版社1993年12月出版，249千字。本书为周新国《太平天国刑法研究》和吴善中《太平天国历法研究》的合册印本。前者共4章，对太平天国的刑法作了纵横两方面的分析。在纵的方面介绍太平天国刑法的历史演变；在横的方面分别对刑律、刑罚以及太平天国领导人的刑法思想进行介绍并做了评价。本书还对洪秀全与洪仁玕的刑法思想、太平天国的刑法与清王朝的刑法做了对比研究。后者则从六个方面研究了太平天国的历法，其内容包括太平天国历法研究的历史概述、太平天国历法的历理分析、太平天国历法的创制与颁行、太平天国历法的特点与评价、太平天国历法6节以及太平天国历法与阴阳历日对照简表。　　　　　（孟桂英）

礼·法·社会——清代法律转型与社会变迁　张仁善（1964～　，江苏东台人，南京大学法学院教授，中国法律史学会常务理事，江苏省法学会法律史学会副会长，江苏省法学院港澳台法研究会副会长，全国海峡两岸关系法研究会常务理事）著，天津古籍出版社2001年8月出版，261千字。礼法合一是传统中国法律体系的基本特征，等级观念和纲常名教是礼法精神的两大支柱，社会生活几乎全被纳入礼法规范。本书用历史学、法学、社会学等方法，系统地探讨礼法在清朝前期、中期和末期与社会生活、社会结构、社会心态等之间的关系以及不同时期礼法的社会功能，梳理出清代礼法由合一到分离的线索，分析礼法的演变对传统中国社会向近代社会转变的影响。通过对中国传统礼法的反思，就外来法律文明的本土化途径、中华法系的重塑、中国法制现代化的走向等问题，提出作者的看法：清朝前期为礼法的苛严期，中期为礼法的松弛期，末期为礼法的分离期；礼法分离是中国法制近代化的开端，也是中国政治近代化的里程碑和社会生活、社会结构、社会心态等演变的结果。
　　　　　　　　　　　　　　　　（孟桂英）

社会变迁与法律发展　夏锦文（1964～　，江苏宜兴人，南京师范大学经济法政学院教授，中国儒学与法律文化研究会执行会长，中国法律史学会常务理事，中国比较法学研究会常务理事，中国法理学研究会理事，江苏省法学会副会长。研究方向：法学理论，法律文化的传统与现代化）著，南京师范大学出版社1997年12月出版，292千字。《金陵法学论丛》之一。全书由《法律的传统及其变革》《法制现代化的目标和模式》《诉讼法制的现代化》《转型中的法律与社会》4编构成，并以社会变迁与法律发展为主线，从而使全书既相对独立又浑然一体。作者运用马克思主义法社会学理论和法律发展观，深入考察了中国传统法律文化的基本性质、特征及其现代意义，分析论证了在近现代中国社会变迁和发展过程中，中西方法律文化东渐、渗透及中国传统法律文化转型变革的历史进程和规律，着重研究了在全球法制现代化进程中法律发展的基本模式、东西方法律文明的关系、法律效益化的标准等问题，从而提出在当代中国现代化过程中革新法律文化并使之现代化的重要课题。（孟桂英）

现代日本商法研究　吴建斌（1956～　，江苏启东人，南京大学法学院教授。研究方向：比较公司法，日本商法，法律经济分析）著，人民出版社2003年6月出版，435千字。全书分为5编，即《商法绪论》《商法总则》《商行为法》《公司法》《票据法》，从民商法相结合的角度，详细探讨和阐述日本商法的基本理论及各项制度。本书是参阅日本数百种商法文献的倾力之作，全面反映2002年日本商法大修改的最新内容，填补国内在日本商法系统研究方面的空白，推动我国商法学科建设的不断发展。对我国商法制度的建立以及公司法的彻底修改，具有重要的参考、借鉴意义。 （孟桂英）

国际经济中的倾销与反倾销 卜海（1955～　，江苏高邮人，南京师范大学商学院教授，中华外国经济学说研究会常务理事，江苏省外国经济学说研究会副会长兼秘书长。研究领域：宏观经济理论，经济发展与经济增长，国际贸易理论与政策）著，中国经济出版社2001年8月出版，226千字。倾销和反倾销是国际经济中的一种现象，本书针对这种国际的倾销中的各类突出问题分别进行描述和研究。本书从基本概念和法律规定出发，澄清了理论界在倾销、反倾销问题上的疑义，且提出了若干具有开拓性的理论观点；在掌握大量实证资料的基础上，注重对当代国际反倾销新情况、新趋势的研究；特别关注中国应对国际反倾销问题的研究，有针对性地提出了应对国际反倾销的政策建议。本书是一部有关反倾销问题研究的高水平专著，对中国应对国际反倾销具有重要价值。 （孟桂英）

保障措施法比较研究 陈立虎（1954～　，安徽安庆人，苏州大学法学院教授，中国国际法学会理事，中国国际经济法学会常务理事，中国WTO研究会理事，江苏省国际法学研究会会长。研究方向：国际经济法，涉外经济行政法）、黄涧秋著，北京大学出版社2006年7月出版，300千字。本书就保障措施的功能、构成条件和公共利益的考量等基本理论问题提出了自己的见解，横向比较解析了主要贸易大国、WTO以及FTA之中的保障措施规则，借以推动中国国际贸易法体系和制度的优化发展，并促进中国在国际层面的保障措施立法过程中阐发科学的主张。对中国在发展出口贸易时应对外国保障措施，积极参加与区域贸易协定中保障措施条款的谈判以及完善自身对外贸易救济制度等方面都具有参考价值。 （孟桂英）

海商法比较研究 沈木珠（1955～　，女，广东普宁人，南京财经大学法学院教授，江苏省国际法学研究会会长。研究方向：国际经济法，WTO法，海商法）著，中国政法大学出版社1998年4月出版，343千字。海商法作为法学的一个分支，在航运发达国家已有几百年的历史，但在中国它还显得很年轻。本书是我国第一部用比较研究的方法系统地论述各主要海运国家海商法的学术著作。作者以中国海商法为主线，以中国现行海事法规和中国参加、认可的国际航运公约和惯例为依据，联系中国尚未参加、认可的重要国际航运公约、惯例，结合国内外司法实践进行论述，并就海商法的许多重要问题进行了纵向和横向的综合性比较研究。本书的出版对建立和完善我国海事法律制度，无疑有着理论意义和实践意义。 （孟桂英）

第五章　军事(理论)类

华东军区、第三野战军简史　王辅一(1929~　，江苏赣榆人，少将，曾任南京军区司令部办公室副主任、军事科学院百科研究部副部长)著，中共党史出版社 2002 年 7 月出版，570 千字。本书凭借翔实的档案、文献及回忆录等资料，生动记述华东军区、第三野战军的光荣征战历程，全面介绍其自身建设和发展、沿革情况，是迄今第一部公开出版的同一题材的军史专著。
　　　　　　　　　　　　　　(王忆南)

新四军联抗部队　中共江苏省委党史工委编，江苏人民出版社 1995 年 10 月出版，400 千字。联抗部队成立于 1940 年 10 月，是苏中反摩擦斗争黄桥战役胜利的产物，是新四军在苏中地区执行党的抗日民族统一战线政策的成果，也是中国共产党和新四军在苏中地区继续争取团结国民党友军共同抗日的战略决策。联抗部队从成立到结束，历时 4 年，于 1944 年冬撤销建制，编入苏中军区的战斗序列。本书主干为《文献资料》《简史·专题》《回忆·缅怀》和《大事记·序列表》4 部分，收集、编写了联抗部队及兴东泰地区(兴化、东台、泰县)大事记、联抗部队和兴东泰地区党政军组织序列，以及联抗地区示意图等材料，便于老同志回忆参考，并供史学界专家研究之用。
　　　　　　　　　　　　　　(王忆南)

战术的哲学基础　王东生(1949~　，山东临朐人，曾任江苏省社会科学院研究员、图书馆馆长)著，解放军出版社 2008 年 1 月出版，265 千字。本书是全军军事科学研究"七五"规划的重点课题之一。作为从哲学世界观和方法论的高度研究战术问题的专著，在我国学术界是一次尝试和创造。作者应用马克思主义哲学基本原理，对战斗问题进行了全面、深入、系统的分析，着重对战术的本质、规律，研究战术的方法和认识的原理等重要问题进行了科学的抽象与概括，并紧密结合战术研究中的实际问题，包括一些重要学术问题，进行了深刻的理论阐述。
　　　　　　　　　　　　　　(韩　兵)

法计合韵：孙子兵法与三十六计　余日昌著，中国人民大学出版社 2003 年 10 月出版，200 千字。本书以"法计合韵"为题，对《孙子兵法》与《三十六计》进行了一些比较分析。全书在疏通了两部著作的字词后，花了大量篇幅结合当下现实的政战、商战及人生策略进行了深入浅出的解释阐发，对人们当下的现实生活不无启迪意义。
　　　　　　　　　　　　　　(韩　兵)

数学与军事　汪浩(1930~　，江苏常州人，曾任国防科学技术大学教授，系统工程与应用数学系主任)著，大连理工大学出版社 2008 年 7 月出版，142 千字。数学与军事有联系吗？本书分 6 章论述了这个问题。作者以丰富的内容和翔实的例证解释了数学与军事的关系，分析了从古到今各种战争的性质，常规战、核战争、现代战争中所涉及的数学问题，以及如何用数学方法分析和描述战争，研究战争的过程，司令官怎样指挥和决策，又如何建立战斗模型和用数学方法预测战争的胜负。最后一章宏观地论述了一个国家的经济和国防的力量对战争的影响等。书中还对中、美、苏的关系做了数学分析。
　　　　　　　　　　　　　　(王忆南)

姚溱军事述评选 姚溱(1921~1966,江苏南通人,新闻记者、编辑、军事评论家)著,新华出版社1988年9月出版,100千字。《中国记者丛书》之一。本书选辑了著名军事评论家姚溱在解放战争期间所写的军事述评21篇,这些述评当年曾吸引了国统区的众多读者,其最显著的写作特色是常以中立姿态分析国共对阵的战局,先为国军出谋划策,设想种种取胜之道,随即逐一加以否定,从而揭示出国民党当局在军事上捉襟见肘、日暮穷途的窘境,反衬中国人民解放军节节胜利的大好形势。

(王忆南)

第六章 经济类

经济的德性 王小锡(1951～ ,江苏溧阳人,南京师范大学公共管理学院教授,中国伦理学会副会长,中国经济伦理学会会长,江苏省伦理学会执行会长。研究方向:伦理学,经济伦理学)著,人民出版社2002年8月出版,208千字。本书具有三大特色:一、强烈的继往开来意识。作者对中国经济伦理思想史既考源溯流,忠于原著,又推陈出新,激浊扬清;既有一般性介绍,又深入考察它对当代中国经济伦理学研究的借鉴意义和启迪作用。二、突出的求实求新精神。作者提出了不少新的命题和观点,如道德是资本和动力生产力的观点。三、执着的社会主义经济伦理学建设品质。作者站在市场经济与道德的结合点上,试图构建一种融思想性、学术性和现实性于一体的有中国特色的经济伦理学体系,以期通过经济伦理学推动社会主义道德的进步,促进社会主义市场经济的发展。（徐　萌）

走向大科学的经济学——经济学的哲学 狄仁昆(1944～ ,江苏溧阳人,苏州大学政治与公共管理学院教授。研究方向:经济哲学,科学哲学)著,上海社会科学院出版社1998年12月出版,220千字。《马克思主义哲学与当代丛书》之一,是国内第一本经济哲学专著。本书从作为社会科学研究对象所必须具有的性质出发,对经济学研究对象变迁进行论述;从社会科学研究必须从可能世界出发,对"经济人"假设方法论进行考察;从当代科学哲学"新认识论"视角,对作为"理解学说"的经济学知识特征进行哲学分析;从实证方法论品格的多元性出发,对经济学原理证实方法论功效进行剖析;从知识性质上的差别和可转化分析出发,对当代西方经济学理论结构进行概括;从建构和解构不断更替出发,对假说证伪方法论的实质乃至经济理论增长模式进行揭示;最后,从对事实Ⅰ、Ⅱ、Ⅲ的创造性区分以及从理论检验的双向性出发,给出了对经济学事实和检验的复杂品格的哲学解释。所有这些研究都是崭新且很有见地的。
（徐　萌）

交换、流通及其制度:流通构造演变理论 晏维龙(1966～ ,安徽含山人,南京财经大学国际经济与贸易学院教授。研究领域:流通,市场,商业,电子商务)著,中国人民大学出版社2003年3月出版,251千字。本书在以下几个方面对流通基础理论做了积极的探索与创新:进一步阐述流通经济理论在马克思主义经济学中的核心地位以及在中国改革发展中的重要作用;对流通经济理论的一些基本概念做了相对规范的界定;在流通经济理论研究中广泛吸取当代经济学的相关研究成果,采用数量分析方法以弥补流通理论研究的不足;提出流通经济一些新论点,如三维供求曲线,对马克思流通费用理论和西方制度经济学交易费用的整合,提出经济密度概念以及密度经济与密度不经济现象,提出零售业态演变的消费者偏好理论以及零售业的"全、专、廉、便"的4种发展趋势,提出通货膨胀、通货紧缩下的流通问题以及金融虚拟化下的流通问题等。本书的出版从某种程度上标志着突破"部门经济学"羁绊的流通经济学的出现;流通经济学已不仅仅是流通领域的经济学,同时也是从流通角度切入、对市场经济运行开展研究的经济学。
（徐　萌）

流通经济学：过程、组织、政策 徐从才(1951~ ，安徽固镇人，南京财经大学教授。研究方向：政治经济学，产业经济学)主编，中国人民大学出版社 2006 年 2 月出版，430 千字。本书依照商品内在要素的专业化体系，研究商品流通在内部分工发展过程中呈现出来的三流合一—三流分离—三流分立—三流融合的运行轨迹，并从演变规律的角度，在三个层面论述了商品流通与货币流通的关系。本书按照流通过程、流通组织和流通规制与政策的逻辑关系，安排了 3 篇 13 章内容。第一篇流通过程，讲述流通的形成、发展与功能，流通空间结构与区域流通，商品流通体系，商品流通与货币流通，流通实现及效率。第二篇流通组织，研究流通企业组织，流通业的价格竞争与非价格竞争，纵向关系。第三篇流通政策与规制，研究流通政策的理论基础，中国的流通政策体系，流通规制与流通体制改革与流通领域开放。 （徐 萌）

经济系统预测的混沌理论原理与方法 刘洪(1962~ ，江苏淮阴人，南京大学商学院教授)著，科学出版社 2003 年 8 月出版，199 千字。本书总结了国内外经济系统预测的混沌理论研究概况，阐述了经济系统与混沌理论之间的关系，揭示经济系统中混沌的特性，分析经济混沌的动因，给出经济混沌诊断的方法；在阐述经济系统内涵与特征的基础上，指出经济系统的分析范式、系统范式和从线性经济学向复杂性经济学转变的主要内容；根据混沌理论提出经济系统演化的基本原理，明确和细化系统预测的概念，提出经济系统预测的混沌范式和预测建模原理；介绍经济系统动力学预测、时间序列预测、演化情景预测和分形增长预测的混沌理论的方法；最后介绍复杂系统特征、复杂性理论的内容，指出复杂性理论对预测的影响。本书适合高等学校学生、教师、科研人员和各类经济组织的中高层管理人员阅读，对社会经济管理复杂性理论的学习和研究者也有参考借鉴价值。 （徐 萌）

生产关系论 葛守昆(1952~ ，江苏连云港人，江苏省社会科学院研究员。研究领域：理论经济学，制度经济学，宏观经济学)等著，南京大学出版社 1998 年 3 月出版，186 千字。本书首开先河，独创性地建立起一门新的经济基础理论科学——生产关系科学。该书从理论与实践的结合上，对传统和现实的生产关系作了比较全面深刻的分析，有说服力地纠正了各种来自对生产关系的误解和偏见，特别是坚持以劳动者为主体，以劳动者之间的利益关系为轴线，展开分析了体制转轨时期人们之间的各种利益关系，提出了具有真知灼见的改革观点。 （韩 兵）

科技经济融合生长论 李廉水(1957~ ，江苏姜堰人，南京信息工程大学教授，中国科学学与科技政策研究会副理事长，中国生产力学会常务理事，中国技术经济学会常务理事，江苏省生产力学会会长。研究方向：技术经济与管理)著，东南大学出版社 1993 年 11 月出版，540 千字。本书构建了科技经济融合生长的理论框架，详细论述了科技经济融合生长的一系列问题——介绍了科技经济融合生长的背景、根据和理论基础；接着，探索了科技经济融合生长的先导、纽带、动力和支点等各个层面上的问题；从宏观层次研讨了科技经济融合生长与产业结构调整和体制改革的相互关系，进而展示了科技经济融合生长推动科技兴国的美好前景。本书理论体系完整，观点新颖，资料丰富翔实，提出了许多能为有关决策部门采用的可操作的建议。本书适合于理论工作者及各级科技、经济、管理工作者阅读。 （徐 萌）

经济政策评价 袁国敏(1963~ ，辽宁普兰店人，南京财经大学公共管理学院教授。研究方向：劳动与社会保障)著，中国经济出版社 2006 年 12 月出版，340 千字。本书综合运用当代经济学理论、政策科学理论和统计学与经济计量学方法，建立经济政策评价的理论和方法体系，构造经济政策评价学科框架。本书阐述经济政策评价的理论，介绍经济政策评价的方法，并对一些经济政策进行实证评价。本书体现了经济政策研究的系统化和政策科学的创新，反映了经济政策评价中的定性分析和定量分析相结合的要求。本书可为经济研究者、经济管理者和政策制定者分析研究经济政策提供参考，也可作为高校经济类研究生教材。（徐 萌）

价格机制论 万解秋、李慧中著，上海三联书店 1989 年 7 月出版，239 千字。本书把价格问题的研究与一般经济理论结合起来。从研究对象及其范围看,对社会主义价格机制的研究虽然同样是以效率为准则,以资源配置为主线展开的,但并未照搬西方经济学,而是按照社会主义经济的实际情况进行创新;从研究方法看,在实证分析的基础上着重采用比较分析方法;从逻辑体系看,全书分三个部分:论述价格机制的一般理论,剖析社会主义经济现实中的各种价格机制并对社会主义价格理论中的各类价格模型加以扼要评述,对我国改革所要建立的新的经济运行机制阐述自己的见解。这就突破了把社会主义经济运行模式划分为计划与市场两种类型的传统分析方法,从价格机制的角度把社会主义调节系统划分为计划型、市场型和双重型3大类;把对社会主义经济中实际的价格机制的研究与对理论模型的分析结合起来,用资源配置效率这个统一的尺度分别加以考察评价;将对我国经济运行的目标模式的论述置于广阔的背景与深入的理论分析基础上。

(徐 萌)

经济运行的均衡与非均衡分析 洪银兴(1950～ ,江苏常州人,南京大学商学院教授,江苏省哲学社会科学界联合会主席,中国《资本论》研究会副会长,全国综合性大学《资本论》研究会会长)著,生活·读书·新知三联书店上海分店1988年3月出版,243千字。本书内容包括:现阶段经济运行的基本状态;微观经济运行的非均衡态和调节机制;产业结构的非均衡态和调节机制;宏观经济总量的非均衡态和调节机制。(另有《公共经济学导论》《长江三角洲地区经济发展的模式和机制》,已著录)

(蔡保鹏)

公共经济学导论 洪银兴、刘建平主编,经济科学出版社2003年2月出版,350千字。本书系统全面地阐述了公共经济学的基本概念与原理,包括市场秩序和市场规则,政府干预市场及其规则,公共产品的供给、需求及其分配,公共经济政策,政府规制的理论与实践等内容。全书从经济学的角度解释、分析了市场经济体制下政府应具有的职能与作用。

(蔡保鹏)

制度·市场·企业·会计 葛家澍(1921～2013,江苏兴化人,厦门大学经济学院教授)著,东北财经大学出版社2008年1月出版,336千字。本书收集的论文、书评和书序是作者最近三四年已发表和未发表过的,其中有2篇摘自作者对博士研究生的讲课提纲("如何认识确认、计量与披露的关系?为什么产生财务会计的边界问题?")和作者所著的研究生教材《财务会计理论研究》。(另有《葛家澍文集》《会计理论》,已著录)

(蔡保鹏)

发展经济学 刘崧生(1920～1994,江苏无锡人,曾任南京大学、南京农业大学教授)主编,农业出版社1993年5月出版。本书较全面、系统地介绍了关于发展经济学的一些基本理论与基本知识。全书共15章,就经济发展的基本概念、经济发展的基本理论、资源配置与经济发展的关系、工业化和农业进步与经济发展的关系、财政货币政策与经济发展的关系、国家干预与市场调节、发展中国家经济发展的现实及经济调整与经济合作、发展中国家与建立国际经济新秩序等问题,分别作了专章论述。(另有《中国农业经济教育史》,已著录)

(蔡保鹏)

发展经济学与中国经济的发展 薛家骥(1923～ ,山西解县人,)主编,南京出版社1991年12月出版,260千字。本书是江苏省哲学社会科学"七五"规划的研究项目,是为了探索发展经济学包含着哪些可资借鉴的内容,可以去粗取精,为我所用,以促进我国从经济不发展到经济发展,比较顺利地实现社会主义现代化。本书把发展经济学与中国经济发展联系起来,在如何批判地吸收、借鉴上做了探索性的研究。

(王忆南)

发展改革经济学 李宗诚(1958～ ,河南洛阳人,苏州大学商学院教授。研究方向:产权理论,复杂科学经济理论)著,中华工商联合出版社1996年3月出版,3 110千字。本书是一部具有独特研究方法和表述系统的科学专著。作者建立全息协同学理论和总体分析设计方法论,然后以此为基础将理论经济学、应用经济学和技术经济学三者结合起来,对中国正进行的现代化与后现代化建设进行较深入的研究,从而建立用以分析现实经济、设计未来经济的新原理和新方法。全书共3卷。"科学基础"卷包括:方法论基础、动力学基础、价值论基础和新经济学基本原理;"实践原理"卷包括:经济运行主体理论、经济运行载荷理论、经济运行中介理论、经济运行系统理论和经济运行环境理论;"技术方法卷"包括:数学方法、信息理论和分析技术。本书适宜于经济科学、财经、商贸、生产管理、生态经济、系统工程、预测、应用数学等领域的研究人员、决策者和实际工作者以及大专院校的师生阅读,也适宜于对经济学和实际经济问题感兴趣的其他读者阅读。(另有《广告文化学》,已著录。)

（徐　萌）

发展经济学:要素、路径与战略　高波(1961～　,江苏泰兴人,南京大学经济学院教授,江苏省经济学会副会长,江苏省房地产经济学会副会长)、张志鹏著,南京大学出版社2008年7月出版,580千字。本书从经济解释的视角综合和介绍各种发展理论,并注重对中国发展经验的研究,以促进发展经济学融入经济学研究的主流。本书探讨了发展的目标,介绍了发展范式的演变、增长理论和增长模型及其实证结果;阐述了经济增长和发展的决定因素;探讨了工业化和信息化、城市化和城市群、农业现代化和新农村建设问题;研究了市场化战略、对外开放战略、可持续发展战略和人的全面发展战略等战略、政策选择及其绩效。全书以问题为导向,构建本书框架体系,有关发展经济学的重大研究领域均囊括其中;以经典文献和大量实证分析结论为基础,揭示发展规律,总结发展经验,实现理论创新;立足理论前沿,搜集整理新材料、新数据和最新的研究成果,既做到理论新颖,又指明了未来的研究方向;以中国和大量发展中国家为案例,理论和实践结合紧密,既展示了真切的发展实践,又提炼出生动的发展课题。

（徐　萌）

知识产业论　苗建军(1955～　,山西长治人,南京航空航天大学经济与管理学院教授。研究方向:区域经济与城市发展管理,工业与信息化管理,产业组织创新与产业政策)著,吉林人民出版社1999年8月出版,320千字。本书从产业结构知识化的角度来解读知识经济是一种很有意义的探索和尝试。作者认为产业的进化是通过一定经济条件下形成的源泉产业来实现的,农业是历史上的第一个源泉产业,工业是第二个源泉产业,服务业的迅速发展和壮大动摇了工业的源泉产业地位,而信息产业又必然要从各产业部门独立出来,服务业、信息业正在发达国家相继成为源泉产业。本书依次叙述了农业知识化、工业知识化和服务业知识化,论述了信息产业(信息技术产业和信息服务业)的特点和作用,联系我国实际,强调了大力加快发展服务业的重要性和迫切性以及加强发展信息技术和信息产业的重要战略意义。(另有《城市发展路径:区域性中心城市发展研究》,已著录。)

（徐　萌）

生态经济学　唐建荣(1964～　,江苏无锡人,江南大学商学院教授,中国系统工程学会理事。研究领域:环境与资源管理,中小企业管理)主编,化学工业出版社2005年3月出版,381千字。《生态学热点研究丛书》之一。本书通过描述生态学和经济学的融合过程,揭示了生态经济思想形成和发展的路径,探讨了生态经济系统物质循环和能量流动的一般规律。通过荷兰Peel地区自然和农业冲突的动力模型及荷兰森林可持续综合利用管理模式的典型案例,为人类可持续发展提供了宝贵的实践经验。

（徐　萌）

技术创新的制度分析　张宗庆(1955～　,江苏江都人,东南大学经济学系教授。研究领域:技术创新理论,企业理论)著,人民出版社2002年10月出版,218千字。知识经济时代的根本任务,首先是知识的创新和传播,关键是怎样将知识创新成果迅速地转化为现实的生产力,成果转化的途径就是技术创新。随着知识经济的兴起,技术的专用性日益加强,交易的达成,需要交易双方更多地交流与沟通;同时,要完成知识创新到技术创新的转换,需要不同资产的互补。产学研结合的方式正在发生变化,一个重要的趋势就是研究开发的合作趋势,包括横向的分工与纵向的合作。本书主要分析了这种合作创新的趋向,着重分析了大学与企业、企业与企业之间的创新合作的基础、问题和制度选择。提出了诸如研产集团、知识产权归属、股权比例等制度安排。本书作者从制度经济学的角度来分析和研究经济制度与技术创新之间联系的理论。本书的主要内容:新过程、创新主体与制度,技术创新与产权分析,技术创新与合作网络,技术创新与

企业孵化器,风险投资及其相关制度分析,技术创新与国家创新系统等。　　　　　　（徐　萌）

网络经济学:基于新古典经济学框架的分析　韩耀(1956~　,江苏徐州人,南京财经大学国际经贸学院教授。研究方向:流通经济,网络经济,电子商务)等著,南京大学出版社 2006 年 12 月出版,330 千字。本书是 2005 年江苏省高等学校精品教材立项建设的研究成果,主要针对高等学校电子商务专业的学生编写,也可作为其他经管专业的选修课教材,还可作为相关从业人员的培训教材。教材内容建立在具有创新性的研究的基础上,研究的视角在中观范畴,即以现代西方经济学理论为基础,充分吸收产业组织理论的相关成果,对网络经济学进行系统的研究。全书除阐述网络经济的基本问题之外,还系统地分析了网络经济下的消费者行为、生产者行为、市场均衡、企业组织与行为、经济运行、国际分工与贸易、政府与政府职能。

（徐　萌）

从褐色工业到绿色文明:产业生态学　王如松(1947~2014,江苏南京人,中国工程院院士,中国科学院生态环境研究中心研究员。研究领域:城市及区域持续发展的理论与方法)等著,上海科学技术出版社 2002 年 8 月出版,78 千字。本书向读者介绍了产业生态学的基本概念、历史渊源和发展动向,产业生态学评价、规划、设计和管理的一些主要原理和方法,以及国内外生态产业研究、开发和建设的一些案例。（另有《城市生存与发展的生态服务功能研究》《城市生态调控方法》,已著录）

（韩　兵）

产业聚集形成的源泉　徐康宁(1956~　,江苏句容人,东南大学经济管理学院教授,中国世界经济学会常务理事,江苏省经济学会副会长,江苏省投资学会副会长。研究方向:国际贸易,产业分工,区域经济)著,人民出版社 2006 年 10 月出版,253 千字。本书对聚集经济的理论学说及其演变做了系统的回顾、分析和评述,研究历史上聚集的经济思想与当代产业聚集理论之间的联系,论证当今产业聚集的理论之繁荣,是早期聚集经济思想的一次复兴与发展,并对当代产业聚集理论发展的特点和趋势做了分析,尤其是对该专题的研究引起经济学与经济地理学、产业经济学与区域经济学的融合发展趋势做了揭示性的阐释。

（徐　萌）

家庭消费经济学　顾纪瑞(1932~　,江苏无锡人,曾任江苏省社会科学院经济研究所所长、研究员,《江苏经济探讨》杂志副主编)著,中国财政经济出版社 1988 年 8 月出版,287 千字。本书不是简单地引进西方的各种家庭消费经济学说,而是从中国国情出发,脚踏实地,调查研究我国当前家庭消费诸问题,全方位、多层次地弄清现状,分析矛盾,揭示规律,反映出中国家庭消费的特色。消费过程是具体的,其经济运动的规律也是具体的,在若干方面必然涉及技术经济的比较效应,本书深入到这个层次,其研究结果对消费品的生产、流通、消费都具有现实的指导作用。（另有《中国华东沿海开放地区经济发展战略研究》,已著录）　（韩　兵）

浑沌经济学理论及其应用研究　宋学锋(1963~　,山东青岛人,中国矿业大学管理学院教授,中国管理科学与工程学会常务理事。研究领域:管理科学与工程,数量经济与金融工程,管理复杂系统,煤矿安全管理)、谢德明著,中国矿业大学出版社 1996 年 11 月出版,166 千字。本书系统研究浑沌经济学的基本理论,总结浑沌的定量特征及其判别方法并编制了相应的计算机程序,同时还概括出浑沌的定性判别准则;提出"区间分析法"和"浑沌度"的概念;还总结浑沌经济学的各种研究方法,概述浑沌控制理论的最新成果;运用浑沌经济学理论对农产品供求波动和煤炭供需失衡问题进行研究和分析;综述浑沌经济学理论和方法在研究股票价格波动方面的成果。本书适合于对浑沌经济学有兴趣的具有一定数学和经济学基础的各类读者选读,也可以用作大学高年级和研究生课程的教材或参考书。

（徐　萌）

新制度经济学　杨德才(1965~　,安徽当涂人,南京大学商学院教授,中国经济发展研究会常务理事,中国经济史学会理事,江苏省民营经济研究会副会长,江苏省企业发展战略研究会副会长。研究方向:马克思主义经济学,发展经济学,新制度经济学,中国经济史)著,南京大学出版社 2007 年 9

月出版,580千字。由于新制度经济学是一门新兴学科,其理论因其边界不断被突破而得以发展;由于新制度经济学比较切合转型国家的现实,其在中国更是成为经济学中的显学。本书共13章,既详细分析以科斯、诺思为代表的经济学家的制度理论,又深刻阐述以青木昌彦、格雷夫为代表的经济学家进一步发展了的制度理论。本书立足新制度经济学的已有理论,紧密跟踪新制度经济学发展的前沿,对较为成熟的新制度经济学理论进行全面而客观的介绍。本书在国内第一次将意识形态理论、社会资本理论、法经济学理论、制度变迁博弈理论、制度绩效理论和路径依赖理论等纳入新制度经济学的理论体系中。本书特点:一是兼有全面性和前沿性;二是理论联系实际;三是实用性强。本书既可作为高等院校经济管理类相关专业的教材或教学参考书,也可供相关经济管理领域的研究人员、政府决策部门和广大经济学爱好者阅读参考。

(徐 萌)

西方经济学 吴易风(1932~ ,江苏高邮人,中国人民大学经济系教授,教育部社会科学发展研究中心研究员,全国马克思主义经济学说史学会副会长,中华外国经济学说研究会会长)、刘凤良、吴汉洪著,中国人民大学出版社1999年4月出版,586千字。《中国人民大学硕士研究生系列教材》之一。本书分上下两编,上编为微观经济学,讲述了需求和供给、消费者行为分析、跨时期选择和不确定性经济学、生产者行为和成本分析、完全竞争的产品市场、完全竞争的要素市场、一般均衡理论、效率及公平和福利经济学、不完全竞争的产品市场、不完全竞争的要素市场等14章;下编为宏观经济学,讲述宏观经济变量及其衡量、简单凯恩斯模型、IS-LM模型、AS-AD模型、经济周期理论、通货膨胀理论、经济增长理论等12章。(另有《空想社会主义者的经济学说》《英国古典经济理论》,已著录)

(徐 萌)

空想社会主义者的经济学说 吴易风著,商务印书馆1964年7月出版,75千字。本书对16~19世纪的空想社会主义者的经济学说进行了比较系统的讨论,既指出了他们理论的进步价值,也指出了其中的缺陷和错误。本书内容包括:16~17世纪空想社会主义者的经济学说、18世纪空想社会主义者的经济学说、19世纪空想社会主义者的经济学说。

(徐 萌)

英国古典经济理论 吴易风著,商务印书馆1988年2月出版,498千字。本书用马克思主义的分析方法,对什么是古典政治经济学家作了马克思主义的规定,批判了现代西方学者制造的种种混乱;全面而有系统地评论了英国古典经济学家的政治经济学说,阐明了古典经济学的历史意义。其内容包括引论、方法论、价值理论、货币理论、工资理论、剩余价值理论、利润理论、利息理论、地租理论、阶级理论、资本理论、积累理论、人口理论、生产劳动理论、再生产理论、国民收入理论、经济危机理论、国家经济职能和财政理论、优势原理和国际贸易理论、英国古典政治经济学的历史命运,共20章。

(徐 萌)

斯密到马克思:经济哲学方法的历史性诠释 唐正东(1967~ ,江苏常熟人,南京大学哲学系教授,教育部长江学者特聘教授)著,南京大学出版社2002年1月出版,360千字。本书对于理解马克思经济哲学思想有关的三个主要的经济哲学方法论流派的观点进行了全面的清理,对各自的代表人物的思想进行了深入的研究,以期通过对比,来凸显出马克思的经济哲学方法论的基本特征。

(王忆南)

今日帝国主义 李乾亨(1925~ ,河南泌阳人,南京大学法学院教授,曾任中国金融学会理事,江苏省哲学社会科学联合会常务理事,江苏省国际经济贸易学会副会长,江苏省经济法研究会副会长。研究领域:政治经济学,经济法)主编,中国青年出版社1985年4月出版,80千字。《青年文库新编本》之一。本书系统地分析和探讨了当代帝国主义的一些理论问题和实际问题。从第二次世界大战后发达资本主义国家出现的科技革命讲起,继而对帝国主义经济、政治进行较全面的论述,特别是对其新特点、新现象,从理论上作了分析和阐述,篇末对当代资产阶级经济学说作了简要评说。全书旨在说明:第二次世界大战后,资本主义世界发生了很大变化,出现了许多新特点,但是,资本主义经济关系的本质并没有改变，其繁荣里孕育着危机，发展中包含着固有矛盾的冲突，其必然走向没落的历史趋势依然不可逆转。　　　　　　　（徐　萌）

世界经济概论　肖海泉（1934～　，江西新干人，南京大学商学院教授，曾任中国国际经济合作学会理事，中国中东学会理事，中国非洲问题研究会理事，江苏省国际经济贸易学会副会长。研究领域：经济学，世界经济，对外经济贸易）编著，南京大学出版社1987年8月出版，341千字。本书阐述了当代世界经济的基本特征及国际经济关系；分析了发达资本主义国家经济发展的现状以及这些国家干预经济的各种措施，论述了社会主义国家按照本国特点建设社会主义的问题，并对不同的经济体制进行了比较，概述了发展中国家的经济发展战略及不同类型发展中国家的发展模式。本书把理论、政策和现实经济状况三者的分析结合起来，并注重研究20世纪80年代以来世界经济的新情况、新趋向。
　　　　　　　　　　　　　　　　　（徐　萌）

国际经济学导论　仇向洋（1956～　，江苏南京人，东南大学经济管理学院教授，任南京市企业家协会副会长，江苏省市场营销学会营销理论专业委员会主任。研究方向：现代企业管理，市场营销）、叶学千编著，南京大学出版社1990年2月出版，320千字。国际经济学是战后西方新兴的一门经济学分支学科。其研究对象是国与国之间的经济活动和经济交往关系。本书内容主要包括国际贸易和国际金融的理论与政策两大部分，并对当代西方国际经济学文献中常见的"生产要素的国际移动""跨国公司理论""区域经济一体化及关税总协定""发展中国对外经贸关系和策略"等内容进行了系统论述。本书结构新颖、内容丰富，具有较强的系统性和可读性。（另有《关贸总协定及其对我国的影响》，已著录）　　　　　　　（徐　萌）

印度和巴基斯坦经济区域　陈翰笙（1897～2004，江苏无锡人，中国农村经济研究会创始人，曾任中国社会科学院世界历史研究所名誉所长，北京大学教授。长于世界经济史和中国农村经济研究）著，商务印书馆1959年10月出版，307千字。本书是陈翰笙同志前在印度进行实地调查并根据"皇家农业调查团证词"14卷和其他许多重要材料写成的。全书分为21章，以农业区为单位，对于印度和巴基斯坦的地形、农田水利、耕作法、土地制度和经济发展概况作了全面的分析，材料丰富，对研究印度经济地理和农业经济具有重大的参考价值。（另有《美国垄断资本》《解放前的中国农村》，已著录）
　　　　　　　　　　　　　　　　　（王忆南）

美国垄断资本　陈翰笙著，世界知识出版社1955年2月出版，86千字。本书共6章，分别剖析了美国资本主义发展的历史过程，说明在机器大工业产生以后美国经济危机的特点，概括指出了在南北战争以后美国垄断资本的发展所经历的四个阶段，剖析了美国六个旧财团和五个新财团的内幕，分析了美国垄断资本新旧财团之间为争夺政治经济权力而斗争的错综复杂的关系，剖析了美国垄断资本从多方面攫取利润的事实，分析了美国垄断资本如何包办政府和文教事业。　　（徐　萌）

欧洲经济一体化背景下的技术标准化　陈淑梅（1966～　，女，江苏如皋人，东南大学经济管理学院教授。研究方向：经济一体化，中欧贸易关系）著，东南大学出版社2005年9月出版，300千字。作为世界上一体化最成功的典范，欧洲经济一体化已由最初的关税同盟发展到今日的经济与货币联盟。在这一进程中，政治、经济和社会等方面形成的合力推动了一体化的步步深化，其中一个一直未受到学术界重视的重要推动力量就是技术标准化。通过考察技术标准化在欧洲经济一体化的不同阶段呈现出来的不同形式，本书试图探究它与经济一体化的关系，分析它在半个世纪的一体化进程中彰显出来的特征，厘清它与技术性贸易壁垒千丝万缕的联系。该书试图将标准化与一体化结合起来，进行跨学科的研究尝试，目的是为标准化在一体化理论中争得一席之地，为技术性贸易壁垒在标准化进程中追根溯源。　　　　　　　（徐　萌）

当代世界经济发展规律探索　钱俊瑞（1908～1985，江苏无锡人，中国科学院哲学社会科学部学部委员，曾任教育部副部长、文化部副部长，中国科学院世界经济与政治研究所所长，北京大学教授）著，经济科学出版社1984年9月出版，145千字。本书着重分析了世界经济若干发展规律。这些分析,都是密切结合第二次世界大战后世界经济发展的新情况,对社会主义国家与资本主义国家的相互关系、对世界经济发展的不平衡状态、对科学技术进步给予世界经济的影响、对世界经济"四大片"的划分与"三个世界"的关系,作了探讨。此外,本书还分析了与世界经济有关的规律性的问题,如资本主义再生产周期规律的变形和无产阶级贫困化问题。（蔡保鹏）

世纪经纬——20 世纪世界经济的总结与展望 程极明(1929～ ,江苏南京人,曾任江苏省社会科学院情报研究所所长、世界经济研究所所长)主编,南京师范大学出版社 1999 年 12 月出版,364 千字。本书从世界经济发展这一视角,评析了 20 世纪错综复杂又曲折反复的历程,使人们一目了然地把握 20 世纪变迁的本质和发展的脉络。全书删繁就简,客观地揭示了经济全球化这一历史大趋势来龙去脉的发展轨迹,比较全面地把握了国际经济关系和世界经济格局发展变动的脉搏。实事求是、辩证唯物地评析了各种不同类型的经济发展模式的利弊特色;深入浅出、合乎逻辑地对 21 世纪初期世界经济的发展态势作了展望。该书描绘了世界经济在这 100 年里经历了繁荣与危机、动乱与革命、战争与和平的发展历程,论述了 20 世纪三大革命:社会革命、经济革命,以及为这两大革命奠定主要动力和物质基础的科学技术革命,是一本将学术性和通俗性融合于一体的雅俗共赏的读物。（另有《亚太地区经济环境与中国东部地区经济开发》,已著录）　　　　　　　　　　　（蔡保鹏）

历史 现实 未来——市场经济发展与中国改革开放 蒋伏心著,中国商业出版社 1997 年 5 月出版,236 千字。本书是一本研究市场经济运行规律和市场经济发展规律的著作。作者经 5 年国内和国外的研究,在占有大量资料的基础上,从历史和现实结合的角度,从诸多方面系统地论述了市场经济各个构成要素的发展规律。作者还紧密联系我国改革开放的实际,从市场经济运行和发展规律的角度去认识和评价我国市场经济体制的建立,提出了许多有一定创见的理论观点和对策思路。这对我国建立市场经济体制是有一定理论和现实意义的。　　　　　　　　　　　　　　（徐　萌）

社会主义经济论稿 孙冶方(1908～1983,江苏无锡人,原名薛萼果,曾任国家统计局副局长、中国科学院经济研究所所长)著,人民出版社 1985 年 1 月出版,327 千字。本书是遵照孙冶方同志临终嘱托编辑的,包括 6 篇文稿。作者要求并指定经济研究所几位同志根据他口授的意见,对这几篇文稿（除《社会主义经济论》导言大纲已由他亲自定稿外）进行修改整理、文字加工和材料核实工作。编者在编辑本书过程中,尽力遵照冶方同志的遗言办事,比较完整、准确地反映了作者长期从事马克思主义政治经济学社会主义部分的研究所形成的概念、范畴和体系,以便让他的理论观点能按照他自己的叙述留传下来。（另有《孙冶方选集》,已著录）
　　　　　　　　　　　　　　　　（王忆南）

中国经济体制改革的模式研究 刘国光(1923～ ,江苏南京人,曾任中国社会科学院副院长、全国人大常委等职)主编,中国社会科学出版社 1988 年 7 月出版,502 千字。本书深入探讨选择我国经济体制改革目标模式的意义和理论根据,具体论述经济发展模式和经济体制模式的关系,论述双重体制并存及其转换问题,并围绕新体制结构、决策体系、利益体系、调节体系、组织体系等,提出对策性意见,旨在寻求符合中国国情的现实可行的经济发展道路。本书是在建立"有限买方市场"的理论假设下展开模式研究的。作者认为我国经济体制改革的目标模式应该是"在计划指导下有宏观控制的市场协调模式"。本书还对有关目标模式的转换问题进行研究,分析目前双重体制的原因、表现、积极作用及其摩擦,指出转换的中心环节是增强企业活力,其枢纽是完善市场体系,其归宿是国家的经济管理由直接控制为主转为以间接控制为主。（另有《中国经济大变动与马克思主义经济理论的发展》《中国宏观经济问题》,已著录）
　　　　　　　　　　　　　　　　（蔡保鹏）

中国经济大变动与马克思主义经济理论的发展 刘国光著,江苏人民出版社 1988 年 8 月出版,196 千字。《社会主义再认识丛书》之一,汇集了刘国光近 2 年来发表的重要论文。全书包括 4 个部分:关于中国经济体制改革的理论和设想,其中既有综合性的论述和设计,又有改革中一些专题的讨论;关于社会主义经济基本理论,着重论述了社会主义商品经济理论及其对马克思主义的丰富和发展;关于中国经济特区的发展战略,联系深圳等地区的实践,有不少新观点和新对策;就我国经济改革中的实践问题答记者问。书中文章有的是首次公开发表,有的是首次全文发表。　　（蔡保鹏）

经济结构优化论　刘志彪(1959～　,江苏丹阳人,南京大学商学院教授。研究领域:产业经济学,长三角区域经济,中国经济发展)等著,人民出版社2003年12月出版,292千字。《经济转型与经济发展前沿文丛》之一。21世纪中国经济发展面临的环境发生了重大变化,这种变化趋势是由经济全球化、高度信息化、知识经济、过剩经济等因素决定的。这4个因素对我国经济结构的战略性调整提出了什么样的新要求? 其中,企业的经营环境发生了什么变化? 其相应的战略如何及时调整? 政府的政策如何跟上这种变化? 从经济国际化战略向经济全球化战略转变的过程中,中国的产业如何逐步形成竞争优势? 本书对这些战略问题作了探讨。本书所研究的内容是我国经济发展政策的主线,是国家发展战略要解决的根本性、带有全局性的、长期的问题。本书可以作为各级政府官员、工商企业管理人员的学习参考书,对经济研究人员、大专院校高年级学生、研究生也有一定的参考价值。(另有《服务业驱动长三角》《长三角托起的中国制造》,已著录)　　（徐　萌）

经济结构合意化转型研究　石奇(1966～　,河南泌阳人,南京财经大学财政与税务学院教授,中国工业经济学会理事,江苏省生产力学会常务理事,江苏省城市经济学会常务理事。研究方向:公共经济,产业经济和区域经济)著,东南大学出版社2006年8月出版,232千字。全书分3篇,分别研究中国经济结构转型的学理架构、经济结构合意化转型的背景与目标模式、长江三角洲与江苏的经济结构转型等内容;说明市场成长中多重均衡出现的可能性及其所内生的市场深入成长的障碍;运用统计分析手段,分解中国市场成长的基本因素,揭示中国市场成长的深层机理;研究产业转移的集成经济原理;分析中国经济转型在发展新阶段的若干新特征,从新兴主导产业选择、产业开放、产业创新、产业集聚等方面,研究在经济社会发展的新时期和新阶段中国经济结构合意化转型的目标模式;作为案例,本书还结合江苏发展实际,从可持续发展战略、新型工业化战略、现代服务业发展3方面提出江苏经济结构合意化转型的方向和途径。

　　（徐　萌）

股份合作经济基础与实践　周直等主编,江苏人民出版社1996年4月出版,203千字。本书是南京市哲学与社会科学联合会、乡镇企业局等单位组织力量,在认真调查研究的基础上,立足南京、放眼全国,理论结合实际,为提高市县(区)和乡(镇)各级干部对企业股份合作制改革的认识,进一步熟悉改制程序和方法,规范已改制为股份合作制的企业的行为,从而对加快发展股份合作制起到较大的推动作用而编写。　　（韩　兵）

矿产资源权益理论与应用研究　朱学义(1953～　,江苏南通人,中国矿业大学管理学院教授,中国会计学会理事,中国会计教授会理事。研究方向:会计理论及应用,资本运作)等著,社会科学文献出版社2008年1月出版,234千字。本书将矿产资源权益理论研究成果和实际应用成果相结合,对矿产资源的权益理论进行系统阐述,包括国内外矿产资源价值管理的研究现状、矿产资源价值理论的内容、矿产资源权益理论的内容、矿产资源权益价值的确认等,同时还从应用的角度论述矿产资源所有权权益化,探矿权权益化、采矿权权益化的基本方法——资本化方法,并相应地设计我国矿产资源税费体制改革思路和权益理论扩展应用于开采矿区、自然资源、人力资源等方面的改革思路。本书"是迄今为止对矿产资源权益和价值理论及方法的最完整表述……将矿产资源有偿使用问题研究从理论到方法推向一个新阶段,达到一个新水平,对于我国真正实行矿产资源有偿开采,有序开采,合理利用和保护国有矿产资源具有极其重要的意义"。(另有《矿产资源有偿开采研究》,已著录)

　　（徐　萌）

社会主义市场经济简论　张健(1952～　,江苏扬州人,曾任中共贵州省委宣传部部长,中国作家协会党组副书记、鲁迅文学院院长)、郭华玲主编,中共党史出版社1993年3月出版,200千字。我国经济体制改革的目标是建立社会主义市场经济体制,这是中共"十四大"最重大的理论突破,也是我国14年波澜壮阔的改革开放实践发展和认识深化的必然结果。为了帮助广大干部学习"十四大"精神,进一步理解社会主义市场经济的基本理论问题,著者根据"十四大"文件精神,编写了这本《社会主义市场经济简论》。　　（韩　兵）

中国经济现代化　严英龙（1941～　,江苏泰州人,江苏省社会科学院现代化研究中心研究员）主编,南京出版社1998年12月出版,235千字。本书着重从第一产业、第二产业、第三产业的角度来论述中国经济现代化,形成了如下共识:以工业化为基干的经济现代化;以提高科技进步对经济增长的贡献份额和高新技术产业比重为主要目标的科技现代化;以提高效率、兼顾公平为目的的体制创新和机制转换;与社会结构分化、重组相关联的政治民主化、法制化以及社会组织管理现代化;以中华民族素质的全面提高和全面发展为归宿的精神文明建设。（另有《区际农村产业结构协调机制研究》,已著录）　　（韩　兵）

走出迷惘——当代中国市场经济热点透视　王遐见（1959～　,江苏阜宁人,南京财经大学马克思主义学院教授,中国环境伦理学会会员。研究领域:企业伦理学,环境哲学,思想政治教育）著,民族出版社1998年9月出版,230千字。本书运用辩证唯物主义和历史唯物主义的观点与方法,根据邓小平理论分析当代中国市场经济改革实际,探索现代市场经济运行规律,在理论上有所创新;运用规范分析与实证分析相结合、逻辑推导与历史走向相统一的方法,有理有据地提出中国经济发展的若干战略和策略;把经济学研究与伦理学研究相结合,揭示市场经济演变过程中的价值判断和价值取向问题;立足于社会主义初级阶段基本国情,把比较分析与历史分析相结合,坚持社会主义市场经济的微观研究与宏观研究相统一,探讨当代中国市场经济实践模式。　　（徐　萌）

社会主义市场经济理论　夏永祥（1955～　,陕西武功人,苏州大学商学院教授,中国生产力学会理事。研究方向:农业经济,区域经济,经济理论）主编,高等教育出版社2006年5月出版,334千字。本书以社会主义市场经济理论为主线,集中阐述其主要理论。全书11章,分为三部分。第一部分介绍市场经济理论的基本原理、演变历程、代表模式以及社会主义市场经济的确立,激进式与渐进式转轨道路的比较。第二部分分别介绍社会主义市场经济理论与体制的基本方面,包括现代企业制度、市场体系、宏观调控和社会保障制度等。第三部分介绍中国经济发展与对外开放的基本理论,包括经济增长、经济结构调整与高级化、工业化与城市化以及对外开放战略等。作者用发展的观点对待马克思主义经济理论,针对社会主义经济改革与发展中的许多重大问题进行深入研究,并且充分吸收借鉴近年来学术界的最新研究成果。本书注重争鸣性与前沿性,既以介绍主流观点为主,又在许多有争论的问题上兼及不同观点,做到介绍性与启发性相结合。（另有《农民收入、农民负担与结构调整》,已著录）　　（徐　萌）

宏观经济管理学　吴善麟（1935～　,安徽歙县人,曾任南京大学政治与行政管理系教授,江苏省《资本论》研究会理事。研究方向:政治经济学,中国社会主义建设,经济管理学）等主编,南京大学出版社1989年3月出版,342千字。本书结合我国社会主义现代化建设和改革,广泛吸收近年来管理理论研究中的新成果而编写的。全书在分析宏观管理系统、管理任务及目的、原则和管理体制模式的基础上,对宏观经济管理目标、管理过程的主要环节、宏观经济的总量管理、经济结构的合理化、宏观控制、宏观经济管理的组织、管理方法、管理技术以及宏观经济管理的效果和评价等重大理论和实际问题,作了全面的论述和深入的分析,提出了新的见解,是探索宏观经济管理理论和管理规律的一部学术性专著。本书结构新颖、体系完整、内容丰富、别具特色,适合广大经济管理工作者和高等院校学生学习使用。　　（徐　萌）

中国宏观经济问题　刘国光著,经济管理出版社2004年5月出版,122千字。本书选辑了作者在2001年初到2004年初3年期间发表的14篇文章、讲话稿及5个附录。这些文稿探讨了这几年中国经济发展中的一些重要问题,文稿反映了本次通货紧缩阶段后期的一些问题,可以看出中国经济逐渐进入新一轮快速增长周期的迹象。　　（蔡保鹏）

规模经济论　顾江(1965～　,江苏南京人,经济学博士,南京大学经济学院教授,江苏省宏观经济学会常务理事。研究方向:产业组织理论,公司战略经济研究,项目与资产评估)著,中国农业出版社2001年12月出版,199千字。本书主要从两个方面对规模经济进行研究。首先研究了规模经济与市场结构、技术效率、内部性与外部性的关系,并对企业规模经济理论的发展与实践作了阶段性的阐述;其次,从行业层面和公司视角对规模经济在实践中的应用与发展进行具体的剖析与研究,对规模经济在人力资源配置中的应用进行了探索。
　　　　　　　　　　　　　　　　　　　（徐　萌）

葛家澍文集　葛家澍著,中国财政经济出版社2005年3月出版,546千字。本书共收录了作者不同年代具有代表性的论文35篇,这些论文的收集,一方面旨在反映作者在不同年代有代表性的学术活动,并揭示作者在对某些问题的认识上,有一个从肤浅到较为深刻、从不够全面甚至不够正确到比较全面与比较正确的修正与深化的过程。另一方面,力求综合反映作者在60年中把教学同科研相结合的部分成果。　　　　　　（蔡保鹏）

薛暮桥学术论著自选集　薛暮桥(1904～2005,江苏无锡人,中国科学院哲学与社会科学部学部委员,曾任国家统计局局长,国家计委副主任,国家物价委员会主任)著,北京师范学院出版社1992年7月出版,500千字。本书原名《薛暮桥学术精华录》,后受作者委托,更名为《薛暮桥学术论著自选集》,增补了少量文章,并对文字做了必要的校改。本书精选了作者38篇代表作,时间跨度是半个多世纪,涉及内容为经济学界讨论、研究的重要问题,反映了作者的经济思想体系及新中国成立以来的社会主义经济活动的基本面貌。　（王忆南）

孙冶方选集　孙冶方著,山西人民出版社1984年6月出版,636千字。本选集是作者生前答应山西人民出版社出版并委托经济研究所几位同志进行编辑的。选集中收集的文章目录,是作者在病中亲自审定的。其中绝大部分是新中国成立以后关于社会主义政治经济学方面的论文,同时也选了8篇20世纪30年代在与"托派"关于中国社会性质论战中写的经济学论文。在所选入文章中,绝大部分是作者生前定稿的,出版时一般未作改动。只有个别文章是根据孙冶方同志临终前的嘱托,由编者根据他多次交代的修改意见,做了几点修改和文字加工工作。　　　　　　　（王忆南）

巫宝三集　巫宝三(1905～1999,经济学家,江苏句容人,曾任中国社会科学院经济研究所研究员、经济思想史研究室主任)著,中国社会科学院科研局组织编选,中国社会科学出版社2003年5月出版,323千字。本书收录了作者不同历史时期、不同学术领域里有代表性的15篇学术论文,包括《农业与经济变动》《关于我国过渡时期经济法则的作用的几个问题》《我国先秦时代租赋思想的探讨》等。　　　　　　　　　　　　（王忆南）

中国技术协同创新论　彭纪生(1957～　,江苏南通人,南京大学商学院教授。研究方向:人力资源管理,技术创新管理)著,中国经济出版社2000年10月出版,290千字。本书基于中国现实,结合技术创新理论,综合运用经济学、管理学、自组织理论等学科的理论方法与研究成果,提出并论证了技术协同创新理论框架。据此剖析中国技术创新系统的历史演进及现状,运用大量统计数据和调研资料揭示中国技术与经济脱节的历史成因。通过横向比较,研究借鉴美日德技术协同创新模式,针对转轨期中国的实际,从宏观到微观、管理体制、创新政策、科技园区、中介组织、风险投资、创新主体变化、组织结构等方面,探讨了如何构筑中国技术创新运行机制,强化中国技术创新,对每一具体问题进行了对策思考。　　　　　　　（徐　萌）

收入分配:制度变迁与理论创新　沈卫平(1956～　,女,上海人,江苏省社会科学院研究员。研究方向:收入分配,市场与消费)著,南京出版社2002年出版,字数不详。本书以收入分配为主题,有其明确的现实性、针对性和应用性;本书的特色是从实践到理论,两者结合紧密,有引人思考的广度、深度和力度。前3章讲收入分配的制度变迁，侧重于实证，又不仅是史实的描述。作者认为，改革从分配切入，农村首先见效，城市随即跟上，是有见地的。后3章讲收入分配的理论创新，围绕劳动价值论，又不拘泥于既定原理。作者把按劳分配与按生产要素分配结合起来，进而把劳动价值论与生产要素价值论结合起来，有其独到之处。

（徐　萌）

资产积累的来源、途径及配置效果——中国积累问题的现实分析　王光伟（1960～　，山西柳林人，苏州大学商学院教授，江苏省金融学会常务理事，江苏省国际金融学会理事。研究方向：金融理论与政策）著，陕西人民出版社1993年5月出版，234千字。积累是经济增长和社会经济发展的一个决定性因素，但传统观念却把它视为一个一成不变的量。实际上，随着人们收入的不断提高，消费资金的一部分已转化为投资了。本书正是从这种现象背后提炼出了一个新概念，即工资动态积累。工资动态积累概念的提出不仅可以说明积累量的构成及其变化，而且也显示出过去的单一投资主体的格局已逐步转化为投资主体多元化的格局。本书的立论基础是工资动态积累理论，但它却从上述理论引申出不少新思路。积累问题是个老问题，本书则从全新的角度进行了分析，新意和创见之处颇多，读者会从中受到启发。

（徐　萌）

中国居民消费行为演变及其影响因素研究　孙国锋（1969～　，吉林榆树人，南京审计学院经济与贸易学院教授。研究领域：产业经济与宏观经济政策，消费经济）著，中国财政经济出版社2004年5月出版，165千字。本书结合中国实际，对居民的消费行为演变规律、趋势和影响因素进行系统的论证。本书对消费问题的研究，突破了就事论事的研究思路，从居民消费行为的历史出发，探讨影响居民消费行为的因素。本书主要内容：通过对不同时期城乡居民消费者行为分析，奠定不同时期适合不同消费经济理论的假设；通过对城乡居民各个时期消费支出的影响因素的实证研究，验证研究假设并作为提出政策建议的依据；通过对城乡居民八大类商品的实际消费分析研究，总结出居民消费行为演变的特征和规律；通过对地区间、城乡间、居民内部之间消费差距分析研究，测量居民消费差距的大小及其变化规律；分析社会保障制度改革对居民消费行为的影响，减少制度的变革对居民消费的冲击。

（徐　萌）

解放初期的江苏经济（1949～1952）（上下册）　王小敏主编，江苏省发展计划委员会编，本书为江苏省内部性资料出版物，2002年6月出版，1 134千字。本书是一部党史资料书，如实记述了1949年江苏各地全面解放后，到1953年江苏恢复省的建制，开始实施国家第一个五年计划（1953～1957）之前的历史。全书分为综合篇、专题篇、大事记、文件资料选编、回忆文章及参阅资料、统计资料等部分，并附7幅照片。综合篇包括《解放初期（1949～1952）的江苏经济综述》和《江苏省1949～1952年县以上行政区划沿革》；专题篇包括接管工作及没收官僚资本、稳定物价、统一财经、土地改革、治水运动、调整工商业、社会救济和生产救灾、调整改造科教文卫事业等8个专题；文件资料选编部分收集文件114份；回忆文章及参阅资料部分收集文章、资料15篇。

（王忆南）

江苏发展道路与发展特色研究　江苏省哲学社会科学规划办公室、江苏发展道路与发展特色研究课题组著，江苏人民出版社2005年11月出版，510千字。本书是江苏省委宣传部、江苏省哲学社会科学规划办公室组织专家学者研究探讨江苏发展道路与发展特色，历时一年多，取得丰富的研究成果。本书就是这一课题研究成果的集中体现，涉及科学发展观与江苏全面建设小康社会指标体系、"五个统筹"与江苏五大发展战略、江苏坚持富民强省和富民优先的战略思路、坚持走新型工业化道路和坚持统筹城乡发展，以及在统筹城乡发展的视野中解决"三农"问题等23项子课题，既紧密联系江苏经济社会发展的实际，又具有一定的理论深度。

（王忆南）

江苏产业发展报告2008——江苏经济改革开放30年　徐从才主编，中国经济出版社2008年10月出版，475千字。经过改革开放30年的发展和结构调整，产业的快速、高度化发展与演进已经成为江苏改革开放30年经济发展最为重要的成就之一。本报告总结回顾30年来江苏产业发展演进的特征,分析江苏产业发展演进的制约因素,对江苏产业结构的未来发展提出构想和建议。具体内容包括江苏产业结构集约化演进30年、江苏经济的所有制结构变动、江苏经济的地区结构变动、环境因素与江苏经济发展方式转变、江苏支柱产业竞争力分析等。本书可供从事相关工作的人员作为参考用书使用。

（王忆南）

来自实践的报告——江苏经济和文化调查报告选 中共江苏省委研究室编,江苏人民出版社1984年11月出版,195千字。本书收录了韩培信《江苏农村经济翻番的五年》《苏北调查》,中共江苏省委研究室《江苏农村文化工作的新情况》,上海科学学研究所调查组《常州归来的思考》等19篇调查报告。收入本书的调查报告,有研究江苏经济、文化发展战略的,有探索城乡经济体制改革的,有研究乡镇工业和小城镇建设的,还有总结江苏省农村著名典型单位经验的,在一定的广度和深度上反映了20世纪80年代初期江苏省经济、文化发展的情况、经验。

（王忆南）

江苏经济50年 李富阁(1941～ ,山东成武人,曾任江苏省社会科学院经济研究所研究员、所长,江苏省经济学会常务理事,江苏省工业经济联合会常务理事,江苏省劳动学会常务理事。研究方向:政治经济学、工业经济)主编,江苏人民出版社1999年9月出版,300千字。本书从整体上展现了江苏50年来社会主义现代化建设的巨大成就,概括地分析了经济发展的曲折历程,初步总结了发展与改革的基本经验,并对跨世纪的改革与发展前景做出概括性的观测与展望。细读这本书,确能给人以多个方面的有益启示。

（王忆南）

江苏可持续发展战略研究 周曙东(1961～ ,江苏扬州人,南京农业大学经济管理学院教授,全国农业技术经济学会理事,江苏省农经学会理事。研究方向:农业经济理论与政策,数量经济,区域经济,资源与环境经济)等著,中国财政经济出版社2005年11月出版,339千字。本书的特点:一是从理论到实际,构建区域经济可持续发展的研究体系,分析江苏可持续发展的现状、有利条件、不利条件以及可能面临的问题,提出江苏可持续发展的目标;二是提出可持续发展是多目标的,包含经济发展、社会进步和生态发展;三是运用一些定量分析方法,如根据生态足迹理论建立生态足迹模型,对江苏省的生态承载力和生态赤字进行测算,在此基础上进行生态安全胁迫分析;四是提出将经济发展战略和环境保护战略有机结合的决策理论和方法,提出从区划或规划阶段开始,将生态区划与经济功能区划相结合的新划分方法,从而改变了以往经济功能区划与生态功能区划不一致、经济发展与环境保护不相协调的局面。该书系统性、创新性、实践性强,研究思路清晰、资料翔实、分析方法科学,是当前区域经济可持续发展研究方面的一部力作。(另有《电子商务概论》,已著录)

（徐 萌）

江苏富民战略研究 吴先满(1957～ ,安徽枞阳人,江苏省社会科学院财贸所所长、研究员)主编,中国财政经济出版社2002年6月出版,183千字。本书分为"总体研究"和"专题研究"两个部分,并把专题研究部分细分为9个专题,分别形成相应的研究报告,即本书上篇总体研究部分的课题总报告和下篇专题研究部分的9个专题报告。这些研究探索了新世纪初叶推进江苏富民进程、实现江苏富民战略目标的可能途径与方法。(另有《中国金融发展论》,已著录)

（韩 兵）

十年改革在江苏 江苏省经济体制改革委员会编,翁展主编,改革出版社1988年12月出版,352千字。本书主要分为《改革总揽全局 经济蓬勃发展》《探索建立适应我国农业生产力发展的新机制》《改革企业体制 增强企业活力》《发展横向经济联合 探索新的企业组织结构》《积极发展外向型经济 开拓国内和国外两个市场》《深化配套完善 创造改革良好环境》和《勇于改革开拓的企业家》等部分,总结了江苏省10年来在各个领域改革的做法、经验和体会,内容丰富,实例生动。

（王忆南）

城市经济区理论与应用 顾朝林(1958～ ,江苏靖江人,南京大学地理与海洋科学学院教授,中国地理学会副理事长,中国地名与行政区划学会常务理事,中国城市规划学会常务理事。研究领域:城市与区域规划理论,城市地理,城市与区域规划数学模型系统）著,吉林科学技术出版社1991年5月出版,192千字。《青年科学家著作丛书》之一。本书系统全面地揭示了以大中城市为核心,与其紧密相连的广大地区共同组成、具有地域分工特征的城市经济区理论,并提出了按城市经济区组织我国区域经济网络的初步设想。本书是作者在借鉴、吸取和应用国内外有关研究成果和广泛进行全国范围内的实地调查研究基础上,系统地论述了城市经济区的概念、构成要素和运行机制、城市经济影响区界的确定、中心城市实力指数综合评价,城市经济区划分的D△系理论和Rd链方法以及城市经济区规划与组织原理等,并结合实际提出了"两带三线九区"的中国城市经济区组织构想,是中国第一部研究城市经济区的专门著作。　　（徐　萌）

行政区域经济结构与增长　朱舜（1954～　，四川达州人,徐州师范大学经济学院教授。研究方向：区域经济空间结构,区域经济发展）著,经济科学出版社2003年2月出版,250千字。《区域经济研究丛书》之一。主要内容为:对区域经济两种类型尤其是行政区域经济的形成、特征、不平衡性、影响因素、发展趋向、不同种类及其包容性和相对性进行较为系统的论述;对行政区域经济的行为主体结构、所有制结构、产业结构和空间结构的研究有较多的新见解,如"行政区域经济是地方政府以经济管理者和所有者双重身份于一身,并以具有的经济职能和经济行为调控和参与行政区域经济活动的经济板块","没有地方政府的经济职能和经济行为,就没有行政区域经济"等;对行政区域经济增长的一般原理,增长方式转型及其路径选择,增长的行政区划模式选择和地方政府职能转换的研究,也有其系统性和理论深度。本书是研究中国国民经济中的行政区域经济的一部力作。　　（徐　萌）

亚太地区经济环境与中国东部地区经济开发　程极明主编,江苏人民出版社1990年8月出版,309千字。本书是全国哲学社会科学"七五"规划重点研究课题,书中将世界经济研究同国内经济研究结合起来,从亚太地区经济发展的宏观趋势来考察我国东部地区经济发展战略,论述了亚太地区经济发展的状况、趋势及经验教训,分析了我国东部地区的基本情况及我国所处的经济环境,着重探讨我国东部地区与中、西部地区的经济合作问题。

（蔡保鹏）

三角洲国土开发——长江三角洲与莱茵河三角洲比较研究　曾尊固（1933～　，福建福州人,南京大学教授）等著,南京大学出版社1991年6月出版,225千字。该书为国家自然科学基金资助项目,就长江与莱茵河三角洲国土开发普遍面临的问题,如水土资源的开发与整治、农业发展与现代化等进行比较分析并概述了我国可借鉴的经验。(另有《非洲农业地理》,已著录)　（蔡保鹏）

21世纪初长江三角洲区域发展战略研究（1999）　张颢瀚（1954～　，江苏沛县人,江苏省社会科学院研究员,江苏省社会科学联合会副主席,中国社会科学院中国城市发展研究中心长江三角洲区域研究中心主任）等主编,南京大学出版社2000年6月出版,296千字。本书为国家哲学社会科学规划项目研究成果,从长江三角洲区域整体发展战略、区域城市群体战略、城镇化战略、产业结构战略以及文化社会可持续发展等方面系统而有侧重地研究了这一地区的战略方向、功能定位、体制选择、政策保障等问题。(另有《长江三角洲一体化进程研究：发展现状、障碍与趋势》《从经营国有企业到管理国有资产》,已著录)　（韩　兵）

长江三角洲一体化进程研究：发展现状、障碍与趋势　张颢瀚等著,社会科学文献出版社2007年11月出版,327千字。本书以国家长江三角洲"十一五"区域规划框架为依据,以区域经济学、空间地理学等理论为支撑,以解决制约长江三角洲一体化发展的现实困境为出发点,以长江三角洲一体化发展的进程和问题为主要对象,以发达国家一体化建设的相关问题为借鉴,从理论上较深入地研究影响长江三角洲一体化的主要因素及其内在关联,从实践的角度提出可供操作的政策思路。本书第一章从空间地理学理论入手,以都市圈为出发点,研究长江三角洲一体化的空间布局。第二至四章分别围绕产业发展、交通与基础设施、生态与环境这些困扰长江三角洲一体化进程的重大问题,进行系统剖析并提出可行的解决方案。第五章从一个全新的视角提出文化协调这一重要因素对长江三角洲一体化的影响。第六章从制度层面剖析困扰长江三角洲一体化的原因,在经济全球化背景下探讨制度建设对区域一体化的支撑作用,根据先有定位后定战略的思路,提出政府协同体制、政策体系和市场规则是长江三角洲一体化制度建设的关键环节。

（徐志辉）

长江在呼唤——长江大流域经济开发战略 顾新华(1958～ ,江苏泰兴人,南京大学商学院教授,江苏省数量经济与管理科学学会常务理事兼副秘书长。研究方向:数量经济,管理科学)等著,江苏人民出版社1988年2月出版,372千字。本书是从经济学、地理学以及城市—区域规划学等相结合的角度,研究长江大流域经济开发战略的专著。它在广泛吸取现有研究成果的基础上,运用系统科学思想,经济、地理和现代区域科学的原理和方法,比较全面地论述了长江大流域经济的开发简史、发展条件、总体战略、开发模式以及经济分区与发展方向等重要问题;特别是结合长江流域水资源等优势条件,提出了建立和配置长江港口体系、综合运输体系、工业体系和城镇体系的战略设想,并就流域农业、旅游等部门经济、对外开放、生态平衡与环境保护等问题进行了具体的阐述,同时还对沿江沪、宁、汉、渝4个特大中心城市的经济发展战略作了进一步的探讨。本书是一本内容比较全面、资料翔实、立论明确、敢于探索、具有自己特色的区域经济发展战略论著。

（徐　萌）

长江产业带的建设与发展研究 虞孝感(1941～ ,江苏无锡人,中国科学院南京地理与湖泊研究所所长。研究领域:农业地理,国土整治规划)主编,科学出版社1997年10月出版,489千字。本书是"八五"国家重点科技攻关专题"长江产业带建设的综合研究"的成果汇集。全书分5篇18章,分别论述了长江产业带的投资环境、总体战略、重点产业发展与布局、基础设施建设、地区差异与区域协调发展以及长江口综合整治与长江干流航运建设等重大问题。本书还选编七份附件,内容包括长江产业带主要矿产资源、地质环境、大气环境、铁路网建设布局以及宜昌段、万县段和涪陵段产业带建设方向与布局。(另有《长江三角洲地区国土与区域规划研究》《长江流域可持续发展研究》,已著录)

（韩　兵）

长江三角洲地区国土与区域规划研究 虞孝感、吴楚材著,科学出版社1993年2月出版,418千字。本书分为5部分。其中第一至四部分为国土与区域规划的理论、方法探讨,包括研究综述,不同层次国土与区域规划研究,工业、农业、交通、港口、城市等部门规划,水土、岸线、旅游资源的开发与环境保护。第五部分为实例分析,从宏观(地区)、中观(县域)和微观(乡域)三个层次进行规划研究。本书结构新颖,内容翔实,资料丰富,论述详尽,既有理论性,也有实践性和可操作性,可供江、浙、沪三省市国土规划有关领导决策部门,以及地理、经济、环境等学科的科研、教学与生产部门有关人员参考使用。

（徐　萌）

长江三角洲地区经济发展的模式和机制 洪银兴、刘志彪等著,清华大学出版社2003年4月出版,438千字。本书研究了长江三角洲地区的竞争与合作、产业分工和竞争力、上市公司、城市化以及外资企业的投资战略等一系列重大问题,突出了对长江三角洲地区经济发展的模式和机制的描述与分析,得出了一系列重要的结论,这对于该区域经济的进一步发展乃至对于整个中国经济的发展都具有重要的意义。

（蔡保鹏）

中国华东沿海开放地区经济发展战略研究 顾纪瑞等编著,经济管理出版社1992年3月出版,243千字。本书首先以江、浙两省4个沿海开放的港口城市为重点,通过调查和总结,对今后的经济发展战略提出了设想,然后深入这些城市的4个开发区和"自费"开发的昆山开发区,就若干专题做了各有侧重的探索,又专门介绍了浦东的发展战略,着重研究了对江苏的影响。在此基础上写出综合报告,特别是提出出口导向和进口替代、出口创汇和利用外资、对外引进资金和对内横向联系三个相结合以及产业结构的调整、区域经济的合理布局和一体化、市场的多元化取向等,都有较强的针对性和可行性,并符合从"沿海"向与"沿江""沿线"(从连云港开始的第二条亚欧大陆桥铁路沿线)相结合的新形势。

（韩　兵）

江苏沿江经济发展战略研究 洪昌仕(1934~ ,浙江台州人,曾任中国科学院南京地理与湖泊研究所研究员。研究领域:城镇规划,国土规划,农业区划,区域规划,地区发展战略)等著,江苏教育出版社1991年10月出版,414千字。本书原为江苏省科委课题《长江沿江地带经济发展和主要产业合理布局的战略研究》,著者自南京至长江口跑遍大江南北的7市21市县,在普查分析基础上,选择典型地区,结合当地的客观需要,制定了《江阴市港口及沿江地带综合开发规划》和《常州市长江岸线与陆域开发规划》,通过实地调查和典型地区的规划工作,又对江苏沿江7市进行全面分析,绘制各种图表,编写总报告。课题的最终成果大体分为三部分:报告、典型地区开发规划、论文选辑。通过本课题的研究,初步摸清沿江地带自然资源、自然条件,主要工业布局的现状特点,存在的问题。在此基础上,提出沿江地带经济发展的战略纲要,为中央、省、市以及县的各级领导对长江和沿江地带的综合开发以及大中型项目的新建、扩建、配套和布局的决策提供科学依据。 （韩 兵）

宋家泰论文选集:城市—区域理论与实践 宋家泰(1915~2007,安徽肥东人,南京大学大地海洋科学系教授,曾任中国地理学会理事,经济地理专业委员会副主任,中国城市科学研究会理事,中国城市经济学会理事,中国行政区划研究会常务理事。研究领域:中国区域地理,农业地理与城市区域规划)著,商务印书馆2001年6月出版。本选集主要汇编了宋家泰先生"文革"以后创建我国城市与区域规划、复兴经济地理学和人文地理学等方面的论文共计28篇,其中包括《江苏省经济地理区域与城市发展的问题》等,所收论文大多数是公开发表过的。本书的出版,标志着这一时期中国经济地理学,尤其是城市与区域规划领域的发展水平,对国内外地理、城市与区域规划、区域经济工作者了解国内相关学科发展、继承科学传统和拓展新兴学科等具有重要价值。(另有《中国经济地理》《城市总体规划》,已著录) （蔡保鹏）

制度创新与区域发展:吴江经济社会系统的调查与分析 陈阿江(1963~ ,江苏吴江人,河海大学教授,中国社会学学会人口与环境社会学专业委员会副会长,江苏社会学学会常务理事。研究方向:环境社会学,城乡社会学,移民研究,社会评价)著,中国言实出版社2000年6月出版,301千字。本书以系统论为基本视角,应用社会学理论和方法,通过细致的实地调查,深入挖掘历史文献,对吴江经济社会系统的环境、人口、劳动、技术和社会组织与经济发展的动态关系做了深入系统的研究,从而确定了吴江未来15年经济社会发展目标。针对太湖流域环境污染问题日趋严重的现实,本书认为水域污染、生态失衡,本质上是经济社会系统发展的失衡,是经济增长与社会发展的失调,并提出了生态式发展战略的建议。 （徐 萌）

区域经济一体化与FDI流入:理论与实证研究 宣烨(1968~ ,安徽庐江人,南京财经大学国际经贸学院教授,中国企业管理研究会常务理事。研究方向:现代服务业与区域经济发展,产业经济,产业规划)编著,合肥工业大学出版社2007年12月出版,203千字。区域经济一体化已成为当今世界经济的显著特征之一。当两个或两个以上的国家、地区相互之间比外部世界设置较少或全部消除产品贸易或要素流动歧视时,就形成了区域经济一体化制度安排或体制。这种制度安排,既有自由化的性质,又是扭曲的。区域经济一体化制度安排的两面特征,无疑会改善或恶化成员国、各非成员国的投资环境,进而对国际直接投资的流量、流向产生影响。本书基于上述思想和国内外已取得的研究成果,在对跨国区域投资对区域经济一体化推动作用以及一体化协议对外商直接投资影响的基础上,侧重从国际生产理论角度分析一体化体制下的跨国公司投资战略。 （徐 萌）

区域与城市发展论 姚士谋(1940~ ,广东平远人,城市规划与城市群研究专家。曾任中国科学院南京地理研究所城市研究中心主任,研究员,中国城市规划学会与地名学会副会长理事,江苏省经济学会和交通学会常务理事,江苏省行政区划与地名学会副会长)等编著,中国科学技术大学出版社2004年6月版,300千字。本书共8章,系统介绍了区域发展与城市规划的基本理论、区域发展与城市发展研究、区域发展中的城市化、区域可持续发展与城市现代化建设等。本书从区域发展与环境问题的多层面和多视角去深刻认识和理解城市的成长,是国内深入研究城市与区域发展的一部新的论著。作者结合我国大量的区域规划、国土规划及城市规划与建设实践,从理论和方法上做了较为深入的研究,在实验手段上从深层次涉及工业化、城市化、信息化等本质问题,探索了社会、自然、经济发展等方面的规律性,对城市地理学、区域发展学和城市规划学以及区域环境学等方面的研究,有所增益。(另有《中国城市群》《城市用地与城市生长:以东南沿海城市扩展为例》《中国大都市的空间扩展》,已著录)

(徐志辉)

地区本位论 姜德波(1966~ ,江苏泰州人,经济学博士,南京财经大学经贸系教授,全国高校贸易经济研究会常务理事,江苏省《资本论》研究会副会长。研究方向:理论经济学,产业与区域经济)著,人民出版社2004年12月出版,190千字。本书以地区本位为主题研究中国经济转型期地方政府行为及其正负效应,在此基础上研究改革政府和建设统一市场、推进区域一体化发展的思路。作者依据转型期的不完全市场特点,对地方政府角色作了正确的定位:地方政府不只是作为政府执行职能,在一定程度上作为理性的"经济人"、作为地方利益的总代表参与市场活动,由此产生地区本位。作者认为,地区本位在经济转型期的一定阶段有明显的积极效应,目前地区差别特别是市场化水平的地区差别在很大程度上与此有关;地区本位对市场分割、阻碍统一市场也具有负面效应。本书还对现阶段地方政府保护和分割市场的特征进行恰如其分的描述。

(徐 萌)

区域社会经济系统发展动态仿真与政策调控 何有世(1964~ ,江苏句容人,江苏大学管理学院教授,中国统计学会高级会员,中国技术经济学会高级会员。研究方向:管理科学与工程,电子商务,企业管理,统计学)著,中国科学技术大学出版社2008年2月出版,202千字。本书运用系统动力学基本原理和方法,综合利用区域经济学、计量经济学、数理统计等相关理论和方法,研究区域社会经济系统发展动态仿真问题,建立了相关问题的系统动力学模型,并对模型在结构、行为模式等方面与现实系统的一致性、适应性进行了验证,保证了模型的合理性和有效性。在此基础上,应用实际数据对模型进行模拟仿真分析,研究系统动力学在进行复杂系统的模拟分析中所具有的独特优势和存在的不足,探讨了模型的通用性。模拟结果为相关职能部门决策提供了有效的依据。

(徐 萌)

区域循环经济发展评价 黄贤金(1968~ ,江苏扬中人,南京大学地理与海洋科学学院教授)等著,社会科学文献出版社2006年8月出版,240千字。传统的经济发展方式所带来的代价,已经在很大程度上影响了人类社会或区域社会经济的可持续发展。而循环经济的发展,势必会对改变经济运行方式、提高资源效率、减少环境污染、实施生态保护产生积极作用。本书结合国内外循环经济的发展实践,确立了一套循环经济评价的指标体系。全书共12章。(另有《太湖水资源水环境研究》《农地价格论》,已著录)

(蔡保鹏)

台湾经济政策轨迹——兼评尹仲容、李国鼎的经济政策思想 茅家琦著,台海出版社1998年9月出版,220千字。《当代台湾观察丛书》之一。本书从台湾地区经济决策人员及其经济政策思想特点、台湾地区的混合经济制度与计划式的自由经济、混合经济制度下对公民营经济的基本政策、台湾地区工业经济发展策略及演变、财政政策和金融政策是调整整个经济活动的主要手段、"以农业培养工业,以工业发展农业"政策方针下的农业经济、社会经济成长中暴露出来的主要问题、从政策层面看缓解经济问题的关键等8个方面,对台湾40年来经济政策的演变进行了认真分析。

(徐 萌)

古代长江下游的经济开发 江苏省六朝史研究会、江苏省社会科学院历史研究所编,三秦出版社1996年3月出版,223千字。本书选收1987年11月20日至24日,江苏省六朝史研究会联合有关单位在常州召开的"长江下游3~9世纪社会经济研讨会"论文21篇,以长江下游3~9世纪社会经济的发展为主题,从农业、手工业、商业、交通、水利、城镇经济等方面进行研讨,并就影响社会经济发展的政治、文化、生产关系等因素,进行探讨与交流,对区域性的经济史研究进行了有益的探索。

(王忆南)

春秋战国社会经济形态史论 傅兆君(1966～ ,江苏东海人,东南大学经济管理学院教授,中国区域科学协会理事。研究领域:城市与区域经济,区域规划与分析,中国经济史)著,黄山书社 1998 年 8 月出版,180 千字。本书对春秋战国社会转型时期的生产力与生产关系对立统一运动规律和特点进行了较为深入的研究,阐明了中国社会在这一时期由领主制封建经济向地主制封建经济形态演变的社会经济发展过程和制度变迁动因。本书对涉及春秋战国社会经济形态的土地所有制形态、地租赋税形态、阶级阶层关系、工商业经济、城乡对立运动特点、区域社会经济发展的时代特征等诸层面都做了系统分析;对生产关系赖以展开的物质条件暨生产力状况做了恰如其分的评价;对反映社会经济形态变革业已发生实质性进展的精神文明领域的诸子百家社会经济思想做了细致的归纳分析。 (徐 萌)

隋唐的均田制度 韩国磐(1920～2003,江苏如皋人,原厦门大学教授,中国唐史学会顾问,中国魏晋南北朝史学会顾问,中国敦煌吐鲁番学会顾问,福建省历史学会会长)上海人民出版社 1957 年 17 月出版,77 千字。本书是我国第一部关于均田制的专著。隋唐的均田制是由北魏的均田制发展而来的。但隋唐的均田,与北魏或周齐的均田,在特点、内容和办法上又有不少的改变。隋唐施行均田,对当时社会经济的发展和繁荣,曾起了相当大的作用。唐朝开元以后,均田制急速破坏,终于到两税法实行时,均田制完全破坏了。本书即是为了弄清隋唐均田制的来龙去脉及其特点和作用,以及在唐朝被破坏的原因所做的探索。(另有《隋唐五代史纲》,已著录) (徐志辉)

唐宋之际归义军经济史研究 刘进宝(1961～ ,甘肃榆中人,南京师范大学历史系教授,中国敦煌石窟保护研究基金会理事,中国敦煌吐鲁番学会理事。研究方向:敦煌学,出土文献,隋唐五代史)著,中国社会科学出版社 2007 年 5 月出版,305 千字。本书是一本对唐宋之际敦煌地方政权—归义军政权—经济史研究课题进行全面阐释探究的专著。它首先介绍唐宋之际敦煌地区的人口与耕地面积等背景知识,随后分 4 章对相关问题进行全方位考察。作者对藏经洞中保存的唐宋经济文书非常熟悉,将相关资料网罗殆尽并进行系统梳理,又着意将敦煌吐鲁番文书与传世史籍中的有关记载比对印证,在充分占有资料的基础上对其中的研究价值进行深入挖掘;在充分参考吸纳中外学者相关研究成果的基础上纠正前人研究中的疏误,并提出新见,解决学术界一些长期论而不决的问题,推动了学术的进步;作者综合采用资料比对、数据分析、文字训诂、文献考据等研究方法,论述具体细致,分析深入扎实,得出的结论令人信服。作者是在唐宋变革的大背景下,以更加广阔的学术视角考察归义军时期敦煌地区的经济状况,从大处着眼,故其所取得的成就并不局限于敦煌学而具有更加重大的学术价值。该书的出版必将对归义军史研究和唐宋之际经济史研究起到巨大推动作用。(另有《敦煌学述论》,已著录) (徐 萌)

明清沿海荡地开发研究 刘淼(1952～ ,北京人,苏州大学人文学院教授,中国社会科学院经济研究所海外华商研究中心理事,中国商业史学会常务理事,中国海外华商研究会副会长。研究方向:中国社会经济史)著,汕头大学出版社 1996 年 1 月出版,278 千字。本书的学术目标是通过对明清时期沿海荡地开发过程、形式及其特点的考察,探究荡地开发在中国海洋发展中的地位和作用。本书的最大特色,便是着力说明传统的开发模式在海洋社会经济因素的影响下产生了什么变化;荡地的开发对沿海社会变迁、经济变迁和文化变迁又有什么影响。这是前人研究中尚未接触到的课题,具有前缘性和高难度,相信本书的问世会引起海内外学界的重视和兴趣。(另有《明代盐业经济研究》,已著录) (徐 萌)

国计民生——明清社会经济研究 范金民(1955～ ,江苏无锡人,南京大学历史系教授,中国明史学会副会长,江苏省郑和研究会副理事长。研究方向:中国古代史)著,福建人民出版社 2008 年 9 月出版,600 千字。《中国经济史研究丛书》之一。内容包括:清代禁酒禁曲的初步研究;清代废除匠籍的历史意义;清代江南与新疆地区的丝绸贸易;明代嘉靖年间江南的门摊税;明代万历后期通番案论;明代丝织品加派述论等。本书由 32 篇论文和 2 篇学术综述构成,涉及明清经济的诸多方面;资料翔实,立论平允,搜罗整理了正史、政书、档案、文集、笔记、碑铭、方志等各类史料,参考今人论著,认真整理,相互校勘补正,深入各个研究领域;视角独特,富有创见,既有对学界错误观点的纠正,亦有对新的研究领域的拓展;兼收并蓄,视野开阔,大量引用了许多收藏在各地,特别是收藏在日本的研究史料和相关的海外中国学研究成果。本书是一本以实证为基础,综合运用多种方法的学术著作。 （徐　萌）

中国近代经济史论丛　黄逸峰(1906~1988,江苏东台人,曾任上海铁路局局长,上海社会科学院院长)、姜铎编著,上海社会科学院出版社 1988 年 9 月出版,208 千字。这本论文集共选编了 21 篇文章,按内容分成前后两部分。前 10 篇是有关洋务运动的,从中可以反映近年来国内学术界对洋务运动研究的深度和广度。后 8 篇是有关旧中国资本主义和资产阶级研究的论文和资料,同样可以反映国内学术界在这一方面的研究水平。中间 3 篇则带有专题研究性质。 （徐　萌）

沙逊集团在旧中国　张仲礼、陈曾年著,人民出版社 1985 年 10 月出版,157 千字。外国资本在旧中国的活动是近代中国经济史研究工作中的重要课题。本书选择沙逊集团作麻雀来剖析,不仅因为掌握一些有关该集团的第一手资料,还因为它是旧中国英国资本中的一个垄断集团,规模较大,有一定的代表性;特别是这个集团的活动,经历过从鸦片战争到解放战争的各个历史时期,它的历史不仅反映了它本身活动的特点,在一定程度上也反映出外国资本一个世纪来在旧中国活动的特点。本书从沙逊集团概况、沙逊集团鸦片与其他进出口贸易的兴起和衰落、沙逊集团的房地产经营、沙逊集团的工业投资、沙逊集团的金融垄断活动、沙逊集团的买办和洞庭山帮、沙逊集团的英镑投资和两次撤退等方面,对该集团的资本活动进行了细致的梳理和分析。 （徐志辉）

中华民国经济史　史全生(1940~　,江苏溧阳人,南京大学历史系教授,江苏省历史学会理事。研究方向:中国近代史,中国近代经济史,中华民国史)主编,江苏人民出版社 1989 年 6 月出版,450 千字。本书以民国经济发展变化为主线,以南京国民政府时期经济为重点,内容包括民国时期全国各种不同性质、不同类型、不同部门的经济,于铺陈史实之中不乏精辟的论述和独到的见解;对南京国民政府统治时期的某些经济问题做了评价,其中有些见解颇有启发性;对台湾、内蒙古、华北、上海等沦陷区的经济做了全面的介绍;对大后方战时经济研究包括国民政府的战时经济体制和政策、大后方经济的开发和发展、美国对国统区经济的控制和影响;关于北伐战争时期广东根据地经济的研究在一定程度上弥补了以往研究中的忽略之处;对国民党政府的经济政策既肯定其积极的一面,也指出其阻碍经济发展的一面;对帝国主义在华经济指出了它刺激中国某些经济成分发展的作用。它既使人们看到旧中国经济发展的艰难过程,也使人们看到在国民党政府统治下旧中国经济难以得到健全发展的事实。(另有《中华民国文化史》,已著录) （徐　萌）

中国经济地理　吴传钧(1918~2009,别号任之,江苏苏州人,著名地理学家,中国科学院院士,曾任中国科学院地理研究所研究员)主编,科学出版社 1998 年 3 月出版,717 千字。《中国人文地理丛书》之一。全书分全国总论和区域分论两篇共 22 章。总论部分着重探讨中国经济发展带有全国性意义的重大问题及其解决途径和建议,包括环境、资源、人口、粮食、能源、运输、工业化和城市化等八大方面的论题;区域分论部分,选择具有典型意义的不同类型地区进行分析,包括香港特别行政区、经济特区海南岛、国内经济最发达的长江三角洲和珠江三角洲地区、天府之国的四川盆地、塞上江南的宁夏、热带风光的西双版纳、干旱区的新疆和河西走廊、我国经济联系紧密的重工业基地东北区、富有特色的黄土高原和黄淮海平原,以及边疆重点建设地区的西藏"一江两河"地区,分别论述了各区经济发展的主要矛盾、发展方向和可持续发展战略措施等。(另有《人地关系与经济布局——吴传钧文集》,已著录) （王忆南）

中国经济地理　宋家泰主编,中央广播电视大学出版社 1985 年 11 月出版,636 千字。本书分为总论、部门经济地理及区域经济地理三大部分。总论部分扼要说明了经济地理学研究对象和任务,分别讲述了中国自然地理基础,人口、民族与华侨以及中国生产布局的形成发展特点等。部门经济地理讲授工业、农业、交通运输业、商业和旅游业等五大基本部门,着重阐述这些部门布局的各自发展条件、现状特点及其今后发展趋势。区域经济地理部分按照划分的10个基本经济区,首先在阐明我国区位、经济区的关系以及划分经济区原则的基础上,按各区讲述其在全国经济地理上的经济发展和布局总特征、区域差异和城市经济中心以及进一步发展的重大战略布局问题等。　　　（徐　萌）

中国农业地理　周立三(1910~1998,浙江杭州人,中国科学院院士,中国科学院南京地理与湖泊研究所名誉所长、研究员,中国农业区划理论与实践的开拓人之一)主编,科学出版社2000年11月出版,660千字。本书系统地总结了中国农业生产结构和空间布局变化的基本因素、发展阶段与变化规律,以及土地利用形式和环境生态变化,重点分析了农业各部门布局和地区布局问题及农业可持续发展若干对策;同时较全面地反映了中国农业地理研究的进展与理论、方法成果,亦是作者长期从事农业地理与农业区划研究的理论总结和提高。全书共3篇22章:第一篇,总论;第二篇,农业部门布局;第三篇,农业区域发展。内容翔实,资料丰富,反映了中国50年来,特别是近一二十年来农业地理的新成就、新方向和未来发展趋势等问题。（另有《中国农业区划的理论与实践》,已著录）
　　　　　　　　　　　　　　　（韩　兵）

会计理论　葛家澍、杜兴强等著,复旦大学出版社2005年11月出版,680千字。本书阐述以会计概念框架为中心议题的会计理论,分3篇18章讲述会计与市场及与公司治理的关系及当代会计理论的发展;以较大篇幅讲述财务会计概念框架的内涵,如财务会计概念框架的发展及国际比较,财务会计的基本概念如会计假设、会计目标、会计要素、会计计量、财务报告体系及财务业绩报告的改进等;基于目前对高质量会计准则的迫切需求,书中另辟一篇专门讲述会计准则相关问题。　　（蔡保鹏）

会计学原理　袁广达(1961~　,江苏南京人,南京信息工程大学经济管理学院教授,中国会计学会会员,中国审计学会会员,中国会计学会理事。研究方向:现代会计与审计理论,环境会计)、姚晖著,经济科学出版社2007年12月出版,500千字。本教材涵盖了大量新内容和近年来国内外会计理论和实务研究的新成果,比较全面地体现大学会计类专业基础性课程"会计学原理""初级会计学"和"基础会计"的先进性、完整性及科学性,同时兼顾管理类和经济类学科学习会计基础理论之需要,并将财务会计、成本会计、管理会计和审计学的基本理论纳入教材体系。　　　　（徐　萌）

基于泛会计概念下成本计量研究　陈良华(1963~　,浙江绍兴人,东南大学教授,中国会计学会理事。研究方向:会计与财务管理)著,中国人民大学出版社2005年3月出版,268千字。成本计量是财务会计学的重要组成部分,也是管理会计的重要内容。本书从跨财务会计与管理会计角度研究成本计量的理论问题。对成本概念进行了界定,并对成本模式发展的历史进行了考察。对成本计量模式的研究是本书的核心,而且重点提出了泛会计理论,在最后介绍了两个与书中理论相结合的案例。本书内容丰富、理论前沿、结构新颖,适用面广。　　　　　　　　　　（徐　萌）

会计规范理论结构　王开田(1958~　,江苏沛县人,南京财经大学会计学院教授,中国会计学会理事,江苏省会计学会副会长。研究方向:会计学)著,中国财政经济出版社2001年3月出版,240千字。本书以会计规范性质为逻辑起点,以会计规范范式实现手段为逻辑的终结,形成一个较为完整的会计规范理论结构。第一章解决什么是规范,为什么规范会计等基本问题;第二章阐述会计规范主体的性质和指向,会计规范客体和特征,描述了会计规范一般程序方法;第三章研究会计规范客体的方法,鉴于会计人的特殊性,以法律的方式对会计进行刚性、外在的显性规范;第四章以伦理的方式对会计进行软性的、隐性的规范;第五章对会计技术本身进行规范;第六至七章是对会计技术应用的规范,指出会计技术如何选择和运用才是科学合理的;第八章是对会计规范范式的理论总结和升华;第九章研究会计规范理论如何应用,应采用什么手

段才能使会计规范范式得以实现,是对会计规范理论的实践化。　　　　　　　　　　　（徐　萌）

会计准则国际化与国家特色研究　王怀明(1963～　,江苏姜堰人,南京农业大学经济管理学院教授,江苏省会计学会常务理事。研究领域:经济管理,财务管理)著,中国农业科技出版社2000年12月出版,176千字。本书以会计准则的性质和会计准则与社会经济环境之间的关系为理论基础,分别就会计准则国际化和国家特色这两个命题进行理论分析与实证研究。在此基础上,就中国会计准则国际化与国家特色问题进行多方位的研究。
　　　　　　　　　　　　　　　　（徐　萌）

财务范式新论　冯巧根(1961～　,浙江上虞人,南京大学商学院教授。研究方向:管理会计理论,成本会计理论)著,立信会计出版社2000年6月出版,229千字。为了使范式理论的科学性与财务理论的实用性有机结合,本书对"范式"问题做了通俗化处理;联系中国财务理论现状,着力突出财务学领域出现的新情况和新问题,以体现"新论";从价值管理角度看待财务范式问题,认为探讨财务范式必须以会计范式的深入研究和客观认识为基础;从广义角度看待财务范式问题,将财务学科、财务经营等领域的范式问题一并纳入其中开展研究。其基本内容:范式变迁与财务会计理论的发展、财务范式的理论基石、财务关系发展规律与制度范式安排、财务范式的本质、资本保全理论创新与财务会计范式重构、资金流转范式变革与资本结构调整、经营范式转变和财务管理的协调等。（徐　萌）

经济责任审计理论与实务　刘世林(1955～　,河南民权人,南京审计学院国际审计学院教授,中国审计学会个人会员。研究方向:政府审计理论与实务,内部审计理论与实务,经济责任审计理论与实务)、方伟明编著,中国时代经济出版社2006年8月出版,325千字。本书专门研究经济责任审计发展与创新问题,分三个部分:"历史的机遇与现实的选择",主要通过对厂长(经理)离任审计、企业承包经营责任审计和党政机关领导干部等的任期经济责任审计的历史演变,揭示经济责任审计产生和发展的历史原因和一般规律,为经济责任审计理论框架的构建提供客观依据。"客观的判断与公正的评价",主要通过对经济责任审计工作实践的调查和分析,根据经济责任审计的实际工作要求,设计出了一套适合经济责任审计需要的经济责任审计程序和方法。"时代的召唤与面临的抉择",分析我国经济责任审计所面临的问题,阐述了经济责任审计风险的内容和产生方式,提出了一套经济责任审计风险的规避、控制和防范措施;探讨了我国经济责任审计产生的根源和发展动力,揭示了经济责任审计的现实工作目标、近期发展目标和长期战略发展目标。　　　　　　　　　　　　　（徐　萌）

现代审计理论与实务　齐兴利(1963～　,黑龙江伊春人,南京审计学院国际审计学院教授,江苏省审计学会理事,江苏省法学会审计法研究会秘书长。研究方向:政府绩效审计,法务审计)编著,黑龙江人民出版社2001年6月出版,280千字。本书在体例设计上分为现代审计理论和企业会计报表审计实务两大板块。以注册会计师审计为主线,兼顾政府审计和内部审计的需要,全面系统地介绍了现代审计理论与实务。本书具有以下特色:每一章节的内容均依据中国注册会计师职业规范,特别侧重于独立审计准则而编写;创新主要有两点:一是在继承传统审计理论的基础上重点阐述现代审计基本原理,将现代审计理论与会计核算相结合,运用实例揭示现代审计的思想、观念及方法。二是对现金流量表、关联方交易等特殊业务的审计进行探索,力图反映国内外审计理论和实务的最新成果;随着市场经济体制的进一步完善,符合国际惯例和中国审计实际的审计法规、准则陆续实施,会计教学工作者面临更艰巨的任务。　　　（徐　萌）

财务造假与甄别　周友梅(1960～　,江西永新人,南京财经大学会计学院教授,江苏省对外经济贸易会计学会副会长,中国对外经济贸易会计学会常务理事,国际注册内部审计协会会员。研究领域:审计理论与方法,法务会计,反倾销会计,风险管理)著,安徽人民出版社1993年8月出版,294千字。《华夏会计审计丛书》之一。本书是系统论述经济领域财务造假发生、发展、变化规律的专著。全书共15章,分为五个层次:指出当前经济领域财务造假的新发展及如何识别财务造假;研究账表单证上的种种造假手法,提出有针对性的甄别策略与技术;将工业企业、商品流通企业、金融企业、施工企业、行政事业单位等财务造假特征与手法刻画得淋漓尽致,并得出规律"财物债项"是财务造假的"多发地段";全面剖析挪用公款、贪污受贿、财务诈骗、集体私分、私受回扣、公款私存、私设"小钱柜"、违反控购、偷税、避税、骗税等财务造假的社会流弊;分析财务造假行为的方方面面,对症下药,提出抗制财务造假的预防性、制止性、技术性的三大对策。

(徐　萌)

全球化进程中的就业变迁　张圣兵(1966～ ,江苏海门人,南京财经大学教授。研究方向:政治经济学,世界经济学)编著,中国财政经济出版社2002年12月出版,268千字。本书共5章,可分为三个部分。第一部分介绍就业理论的发展与演变;第二部分论述全球化进程中就业数量、就业结构与就业方式的变迁;第三部分分析全球化背景下中国的就业体系创新。尽管全球化会在一定时间内导致失业的增加,但也会因为国际贸易、国际金融与投资等经济交往的加深和拓宽而扩大就业的领域和空间;全球化进程中就业结构出现"高技能导向"和"人文化渗透"的二元化发展趋势;全球化为人们提供了更加宽松和自由的就业环境;必须积极塑造新型的市场化就业主体,充分发挥劳动者的主动性和创造性,提倡"大就业"思路和"就业经营"的战略,通过社会化的就业网络体系建设,开辟多元化的就业渠道。

(徐　萌)

人力资源管理　杨文健(1964～ ,安徽桐城人,河海大学公共管理学院教授。研究方向:社会保障,人力资源管理,危机管理)主编,科学出版社2007年4月出版,430千字。本书从理论上对人力资源管理作总体阐述,探讨影响现代人力资源管理的多种环境因素;从侧重实践操作的角度出发,分别从人力资源职位分析与职位设计、人力资源规划、人力资源的招募、甄选与录用、职业生涯管理、人力资源优化配置、人力资源培训与开发、绩效管理与激励、人力资源的薪酬、社会保险与福利管理、人力资源管理流程设计、人力资源能力测评等方面,探讨全球经济一体化背景下的人力资源管理问题;对人力资源管理的发展趋势进行研究。本书力求结合相关学科知识的发展,打破课程界限,引导读者学会全面梳理知识。本书可作为高等院校经济管理类专业的教材,适合工商企业人力资源管理者阅读。

(徐　萌)

管理经济学　周勤(1963～ ,江苏射阳人,祖籍浙江安吉,东南大学经济管理学院教授,江苏省西方经济学学会常务理事)主编,石油工业出版社2003年9月出版,290千字。本书主要介绍了需求理论,消费者行为,生产理论,技术创新与产业创新,成本理论,完全竞争、垄断及垄断竞争,寡头垄断,定价策略,政府管制,全球视角下的管理经济学等内容。本书是为我国工商管理硕士(MBA)以及企业管理、经济管理、公共管理专业学生编写的,它同时也适用于各类企业、政府部门管理者的教育和培训。

(徐　萌)

企业劳动管理学　姚海明(1949～ ,江苏南京人,南京师范大学商学院教授,中华外国经济学说研究会理事。研究方向:企业管理,经济学)、徐永明、杨凤祥编著,中国商业出版社1994年10月出版,203千字。《劳动经济管理丛书》之一。全书共12章。第一章介绍企业劳动管理学的研究对象、企业劳动管理学的研究内容、研究企业劳动管理学的意义;第二章介绍企业组织机构、规章制度、劳动统计、劳动计划等;第三章介绍劳动用工制度、企业招收职工工作、企业劳动力的流动等;第四章介绍职工教育的作用、特征和原则、内容、形式、管理工作等内容;第五至七章分别介绍劳动定额、劳动定员、劳动组织等具体过程;第八章介绍职工考评的基本原则、工作程序和方法等;第九章劳动工资,包括工资及分配原则、工资制度、工资的基本形式;第十至十一章介绍劳动保护、劳动保险和职工福利的具体内容;第十二章介绍职工思想政治工作的一般原则和组织方法等。(另有《企业制度创新论》,已著录)

(徐　萌)

经管系统复杂性研究:理论、方法和应用　杜建国(1970～ ,四川合江人,江苏大学管理学院教授。研究方向:管理科学理论与方法,区域经济管理,风险管理)著,广西师范大学出版社2008年12月出版,300千字。本书对复杂性科学与经管系统的复杂性做了简介,概括归纳了经管系统复杂性研究的理论和方法;尝试以点带面,介绍了经管系统中混沌与控制的基本理论和方法,从混沌分析、混沌表现评价和混沌控制等三个方面概述了经管系统中复杂性研究现状;以企业产出竞争演化系统和研发竞争演化系统为例,研究了经管系统在周期态和混沌态的表现评价方法;针对经济系统中经济主体的行为特点研究了两种有效的混沌控制方法;以产出竞争系统为例探讨了企业竞争中的混沌控制决策分析,研究参与人异质或参与人出于财务、生产能力、谨慎等方面的考虑而限制其产量时所引起的复杂动力性。 （徐　萌）

制造战略:人力资源管理与公司绩效　杨东涛(1957～ ,江苏盐城人,南京大学商学院教授,江苏省人力资源学会副理事长兼秘书长。研究方向:人力资源管理,营运管理,领导学)等著,中国物资出版社2007年1月出版,197千字。本书以交叉学科作为切入点,运用人力资源管理、战略管理、运营管理等多学科理论,采用实证研究方法重点研究人力资源管理系统与制造战略的匹配,制造企业员工感情承诺,企业生命周期与人力资源管理系统、制造战略的关系,制造竞争优先权的角色,人力资源管理实践、职业生涯系统与公司绩效关系等问题。构建中国制造业企业人力资源管理系统与制造战略的配合对公司绩效(由财务绩效和人力资源管理绩效两方面组成)影响模型。研究结果表明制造战略和人力资源管理系统均对公司绩效有一定的影响,而其交互作用可给公司带来更好的财务绩效;人力资源管理系统对组织承诺的影响是显著的;处在不同生命周期阶段的企业需要采用不同的制造战略和人力资源管理系统。 （徐　萌）

国际人力资源管理　赵曙明(1952～ ,江苏海安人,南京大学商学院教授,江苏省人力资源学会会长,江苏省企业管理协会,企业家协会副会长。研究方向:人力资源管理,企业跨国经营)著,南京大学出版社1992年10月出版,280千字。本书共12章,分别研究世界各国人力资源管理的发展,人力资源开发与经济发展,人力资源系统管理与组织发展,了解人的行为动机,激发人力资源的潜能、领导、沟通、群体动力、绩效评估、人才培训,人力资源管理的组织评估分析与控制,国际企业的现实与人力资源管理的挑战,国际企业的人力资源管理等问题。本书力图集国内外有关人力资源管理的理论、实践和知识于一体,每章配有案例或练习,可供领导干部和相关部门的管理干部阅读,也可供大专院校有关行政管理、人事管理、特别是企业管理等专业的师生阅读。(另有《中国企业集团人力资源管理战略研究》,已著录) 　（徐　萌）

物流管理　姚冠新(1961～ ,江苏启东人,江苏大学研究生工作部教授。研究方向:物流系统的分析与设计)、钱芝网主编,中国时代经济出版社2005年1月出版,359千字。本书特点:紧紧围绕现代物流管理理论与实践的主线,详略得当,深浅适度,通俗易懂。本书既突出现代物流管理理论的时代性、系统性和精益性,又充分体现现代物流管理的实务性、探索性和可操作性。书中每章还配有案例分析和复习思考题,以开拓学生的视野,活跃学生的思维,帮助学生进一步理解、巩固和掌握所学的知识。本书既可作为高等院校非物流管理专业的教学用书,也可作为企业物流管理人员和物流爱好者的自学用书,还可作为各类成人教育培训机构的培训教材。 （徐　萌）

核心竞争力:知识管理战略与实践　周海炜(1968～ ,江苏无锡人,河海大学商学院教授,东亚管理学会联盟理事、中国科技情报学会竞争情报分会理事。研究领域:企业战略管理,水战略,竞争情报)著,东南大学出版社2002年10月出版,319千字。本书将知识管理与企业战略管理结合起来,以核心竞争力思想作为基本战略管理思想来指导企业的知识管理变革。从企业战略中的核心竞争力分析到知识管理战略的制定,再到知识管理的实践,是本书的基本结构。如何将知识管理与一般的经营管理有机结合起来,如何实现企业知识管理从战略思想的变革到管理实践的操作是本书展开讨论的一个基本思路。以知识为基础的企业核心竞争力是本书展开讨论的出发点,企业知识是一种独特的知识,它由技术知识、经营知识和管理知识等构成,具备可以成为核心竞争力的所有特征,企业的核心竞争力管理最终可以落实到对企业知识的管理上。这样就可以获得战略导向知识管理的操

作性定义,使以核心竞争力和竞争优势为目标的知识管理实践有了可以实现的基础。 （徐 萌）

现代质量管理学 顾平(1963～ ,江苏海门人,江苏科技大学经济管理学院教授,中国质量管理协会船舶分会理事,江苏省质量协会常务理事。研究方向:质量管理,绩效管理)主编,科学出版社2004年12月出版,353千字。本书把当今世界上质量管理方面的新思想、新理论、新方法、新焦点呈现在读者面前。主要内容如下:世界著名质量管理专家朱兰、戴明、克劳士比、费根堡姆对质量的论述;质量管理新体系——ISO9000:2000版;质量管理新理念——顾客满意;质量管理新焦点——产品责任;质量管理新方法——6SIGMA管理方法。本书适合作为管理科学与工程、工商管理、企业管理、系统工程等相关专业的本科生教材。也适合供各级各类组织中管理干部、技术人员和质量管理人员阅读参考。 （徐 萌）

销售人员管理控制:理论与实证研究 吕涛(1974～ ,江苏沛县人,中国矿业大学管理学院教授。研究方向:物流工程与供应链管理,战略与营销管理,煤炭产业政策与煤炭企业管理)著,中国经济出版社2007年1月出版,200千字。在市场经济的发展中,营销和销售处于越来越重要的位置,而企业的销售人员管理存在诸多问题。之所以如此是因为销售工作具有很强的分散性、独立性和灵活性。本书以销售人员的管理控制为研究对象,对销售人员管理控制的内涵与特点、管理控制方式的分类和选择、管理控制对销售人员绩效和客户关系质量的影响、关系导向下的销售人员管理控制策略等问题进行理论研究。通过多元回归分析、结构方程建模、方差分析,对管理控制对销售人员的影响进行实证分析。根据实证分析结果,为中国企业提出"强化非正式控制,把握结果控制的度,提升过程控制水平"的建议。在理论与实证研究的基础上提出关系导向下的销售人员管理控制策略。 （徐 萌）

面向供应链的客户关系管理 胡理增(1962～ ,浙江温州人,南京财经大学营销与物流管理学院教授。研究方向:客户关系管理,营销/物流信息系统,智能信息处理)著,中国物资出版社2007年2月出版,476千字。本书由一般理论篇、技术篇和物流行业篇构成。理论篇分别对客户关系生命周期理论,客户关系价值理论,客户满意度理论,客户忠诚理论,客户成本理论,客户流失理论,客户抱怨管理理论,客户识别理论进行了研究;技术篇研究了客户关系管理应用系统的构成和三大业务系统的功能,客户互动中心的解决方案及其运营管理,商业智能与数据挖掘技术,客户数据仓库的设计和利用;行业篇则对物流企业实施客户关系管理,物流企业两大机构的职能,如何保证物流企业CRM应用系统成功实施等问题所做的探索。
 （徐 萌）

企业客户关系管理 钱旭潮(1962～ ,浙江衢州人,河海大学商学院教授,中国水利电力物流协会常务理事。研究方向:市场营销,电子商务)、袁海波、丁源编著,科学出版社2004年10月出版,278千字。对于企业来说,客户关系管理既是一种全新的管理理念,又是一种技术解决方案,涉及企业运作模式的变革,同时又是一套与计算机密切相关的应用系统。本书从理论基础、技术基础、客户关系管理典型功能、客户关系管理实践4个角度出发,全方位介绍了目前客户关系管理的方方面面,包括客户关系管理的产生背景、内涵、与客户关系管理密切相关的关系营销,一对一营销,数据库营销的基本知识,客户分类,客户管理理论,客户关系管理所根植的核心技术,典型功能模块,目前主流的商业客户关系管理系统,客户关系管理实施中的关键点,中小企业如何实施客户关系管理等。本书可作为企业中层及以上管理人员、政府有关部门、行业主管部门的有关人员、客户关系管理项目人员的培训教材或学习参考书,也可以作为高等学校相关专业的研究生教材。 （徐 萌）

跨国公司经营管理 吴声功(1952～ ,江苏南通人,苏州大学政治与公共管理学院教授。研究方向:国际经济合作)著,上海人民出版社2003年6月出版,457千字。本书从跨国公司经营管理角度展开对跨国公司的探讨。全书共9章,第一章导论,阐述跨国公司对当今世界经济的影响、跨国公司的界定与特征、形成与发展等;第二至三章论述跨国公司的组织结构及其变革与创新、跨国公司的产权制度与治理结构等;第四至六章论述跨国公司的直接投资与间接投资、跨国公司国际投资环境的评估与国际投资风险的评估等;第七至八章论述跨国公司生产系统建立的设计、跨国公司的国际营销与物流管理等;第九章论述跨国公司经营战略。

（徐　萌）

从经营国有企业到管理国有资产　张颢瀚等著,社会科学文献出版社2005年8月出版,330千字。本书为江苏省哲学社会科学重点学术著作。本书共分7章,内容包括"转轨体制"视野中的国有企业改革、经济体制改革取向的阶段性推进、国有企业改革制度的探索、国有企业改革实践的阶段性推进和国有资产管理体制目标选择等。　（韩　兵）

中国企业集团人力资源管理战略研究　赵曙明著,南京大学出版社2003年2月出版,280千字。本书对中国企业集团的起源、发展历程作简述,从历史回顾和国际比较的视角阐述人力资源管理的起源以及各地区人力资源管理的特色。其次,从理论上讨论人力资源管理战略和战略性人力资源管理的概念,进一步分析不同发展阶段、不同发展战略的企业集团对人力资源管理的不同要求。再次,从战略人力资源管理一致性和灵活性的角度探讨企业集团人力资源管理的特性,针对人力资源管理与持续竞争优势的问题提出人力资源以差异性、不可模仿性、不可替代性为主要特征的稀缺人力资源概念。从中国企业集团人力资源管理入手,紧扣"中国企业集团人力资源管理战略研究"的研究主题,从中国企业集团人力资源管理的制度、人才流动、人力资源培训、绩效评估、薪酬管理、企业文化等方面,研究中国企业集团人力资源管理的发展、经验、教训以及中国企业集团人力资源管理目前所存在的问题,提出进一步发展中国企业集团人力资源管理思路与对策建议。　　　（徐　萌）

工业经济管理学　蒋冠群(1924～　,浙江杭州人,南京大学商学院教授,曾任中国工业经济管理研究会综合性大学学会副理事长。研究领域:政治经济学,工业经济学)编著,南京大学出版社1989年3月出版,318千字。本书以社会主义初级阶段为历史背景,从社会主义市场经济出发,系统全面地论述了工业经济管理的理论、原则和方法。全书突出管理,密切联系改革实践,在体系和内容上均有所创新,是一本颇具新意的教材。本书共6篇18章。除首篇总论2章外,又分上下卷:上卷为职能管理,包含《计划》《组织》《控制》3篇9章;下卷为资源管理,包含《有形资源》《无形资源》2篇7章。本书可作大专院校经济、管理专业教材,也可作经济管理干部培训及自学考试教材,同时也可供工业管理干部学习专业知识之用。

（徐　萌）

中国粮食物流科学化研究　侯立军(1960～　,辽宁沈阳人,南京财经大学工商管理学院教授。研究方向:企业管理学,市场营销学)等著,中国农业出版社2002年12月出版,225千字。本书从研究粮食生产合理布局和分析粮食合理流向入手,以提高粮食物流及整个粮食流通效率为目标,利用理论研究和实证分析相结合的方法,就粮食物流的特点、粮食物流设施现状、粮食商品库存控制与管理、粮食运输的合理组织、粮食加工增值、粮食物流体系建设及如何加强粮食物流的宏观调控等问题进行了系统深入的探索,是研究粮食物流理论和物流实践的一部力作。作者所表述的观点有一定的理论深度,所提出的对策和建议具有较强的针对性和可操作性,对探讨我国粮食流通体制改革,研究和制定"入世"后我国粮食行业的发展战略,推进粮食企业物流的科学化和合理化,具有重要参考价值。

（徐　萌）

跨国公司与中国的开放政策　[美]王念祖、滕维藻(1917～2008,江苏阜宁人,曾任南开大学教授,经济研究所所长,国际问题研究中心主任、校长)主编,南开大学出版社1990年7月出版,238千字。本书内容分为三个部分。第一部分在理论和经验两方面对跨国公司进行概述;第二部分介绍东道国和母国对待跨国公司的政策和经验,为研究提供了一个国际方面的观察图景;第三部分直接论述中国的开放政策,介绍作为东道国的中国有关对外开放的政策与经验。　　　　（徐　萌）

企业人格的成长　吕方(1954～　,河北保定人,江苏省社会科学院哲学与文化研究所研究员。研究领域:文化学,文艺美学,中国古代美学,文化社会学)、姚拾林等著,四川人民出版社2002年8月出版,237千字。本书从企业成长的角度对企业文化进行了一种全新的思考和解读,从企业人格的成长过程来探讨企业文化,分别论述了企业人格的价值系统、行为系统、形象系统、环境系统等问题。作者把企业作为一种有着精神追求、行为活动、形象显现和存在环境的组织人格,从而把企业文化理解为这个组织人格的文化特征,提出了企业文化一种新的理论结构。本书以历史和逻辑统一的方法,将企业成长的过程分为建立利益共同体、企业组织制度化、管理科学化和企业组织价值整合这三个主要阶段,从而提出了企业成长规律的一种模式。

(徐 萌)

论企业可持续竞争能力 吴应宇(1959~ ,福建福州市人,东南大学经济管理学院教授,中国教育会计学会理事。研究领域:企业集团可持续发展,财务战略管理,企业经济分析)、路云著,东南大学出版社2003年12月出版,200千字。本书从资源和战略的角度,拓展了企业竞争力的内涵,提出了可持续竞争能力的概念框架。结合广义财务战略理论,依据财务分析、评价等手段,探讨企业财务资源、非财务资源的量化方法及与经营效率之间的均衡模型,研究企业可持续竞争能力中财务资源能力与非财务资源能力的两大依存关系,利用拓扑结构理论、层次分析法、案例推理技术和专家知识等分析方法建立一种运用于多属性评价对象系统的企业可持续竞争能力评价模型,为企业可持续发展提供较为完善的辅助决策支持系统。

(徐 萌)

专业化、协调与企业战略 贾良定(1968~ ,安徽合肥人,南京大学商学院教授。研究方向:企业家与高层领导行为,多元化战略与企业绩效,雇佣关系)著,南京大学出版社2002年5月出版,210千字。本书从专业化及其协调角度来研究企业战略问题,采用经济学分析方法来深入研究这一企业管理的基本问题:如何确定专业化及如何选择协调方式。全书共6章。第一章界定了研究的三个范畴——专业化、协调与企业战略,评述了部分经典文献。第二章探讨了产业市场容量、知识及协调效率对产业内专业化分工的影响。第三章构造了分别在完全分立的管理协调、准一体化协调、半自给自足的合约/市场协调、半专业化的合约/市场协调、完全专业化的合约/市场协调、完全合并的管理协调等结构下的企业决策模型。第四章研究了企业向市场提供同类商品的品种最优数量的具体条件。第五章研究了企业如何根据静态的比较优势、学习能力、顾客需求特征和相对资源实力等参数选择专业化分工。第六章提出了作为战略经营,企业应该根据长期的、动态的优势确定自己的专业化分工及其协调方式。

(徐 萌)

企业价值战略:现代公司的绩效解析与兴衰奥秘 李东(1961~ ,江苏南通人,东南大学经管院教授,江苏省注册管理顾问师协会理事长,中国管理现代化研究会理事。研究方向:企业战略,商业模式创新,技术创业,高新技术产业化)、王翔等编著,东南大学出版社2005年9月出版,500千字。《现代经济学与管理学文库》之一。本书全面阐述了企业价值的性质、影响因素、演变基本规律。在此基础上,提出了企业价值战略的总体结构,对组成企业价值战略的三类策略——价值源泉策略、价值形象策略、价值动力策略的分析设计与优化的方法进行了系统的介绍。本书还提出了企业价值分析的方法、程序和有关工具。本书可作为企业经营决策人员、投资银行专业人员、企业战略研究者以及高校经管类研究生、高年级本科生的战略工具书。 (徐 萌)

企业家行为的制度分析 郑江淮(1968~ ,江苏盱眙人,南京大学商学院教授。研究领域:转型经济学,微观经济学,发展经济学,产业经济学)编著,人民出版社2004年2月出版,273千字。《经济转型与经济发展前沿文丛》之一。本书分析作为创新主体的企业家在不同的制度安排中是怎样受到激励和约束的。这些制度安排产生于企业家和资本所有者之间、在企业内部的企业家和其他人力资本所有者之间、企业家创新职能在企业之间的分工和合作以及促进分工和合作的信任关系方面。这些分工和合作的产生和维持取决于由企业家所有权派生出来的资本合约、治理结构、组织结构、企业家网络和相应的信任关系,在不同的制度结构和行为背景中,本书确定不同类型的企业家行为模式。以此为理论基础,本书在我国经济体制转型背景下对转型过程中的企业家行为模式进行了解释。

(徐 萌)

经理信息系统　仲伟俊(1962～　,江苏海安人,东南大学管理科学与工程系教授,中国管理科学与工程学会常务理事。研究领域:科技创新管理,信息管理和信息系统)、梅姝娥等著,科学出版社2004年12月出版,289千字。全书分三部分。第一至三章为第一部分,主要讨论经理信息系统产生的背景和定义,分析经理工作的性质及信息需求特征,从信息支持、办公支持、决策支持和思维支持等几个方面明确经理信息系统的功能架构。第四至八章为第二部分,介绍经理信息系统的规划和开发方法,讨论经理信息系统的信息需求分析方法及面向对象的分析和设计方法。第九至十一章为第三部分,重点讨论人工智能和数据挖掘等新技术在经理信息系统中的应用。本书适合于管理科学与工程、工商管理、公共管理和系统工程等学科专业的高年级本科生和研究生、工商管理硕士和公共管理硕士以及企事业单位内中高层管理人员、信息主管和信息技术部门负责人阅读参考。　　(徐　萌)

企业组织资本形成研究　赵顺龙(1965～　,安徽铜陵人,南京工业大学经济与管理学院教授,中国企业管理研究会常务理事,中国经济研究会常务理事,江苏证券研究会常务理事。研究方向:企业组织理论与企业战略管理,技术创新与区域经济发展)著,黑龙江人民出版社2004年12月出版,205千字。本书以社会和组织成员间利益驱动型互动关系特征及劳动者与劳动对象、劳动手段的耦合为研究视角,运用企业组织结构化理论作为理论支持,在分析批判现有研究成果的基础上重新界定企业组织资本的概念;分析企业组织资本的本质特征及其影响因素;从制度结构化、层级结构化、文化结构化3个层面分析组织资本的形成路径;探讨企业组织资本与组织资产之间的内在逻辑,揭示组织特殊资产的价值形态到组织资本的转移路径和过程。还分析企业成长与企业组织资本之间的逻辑关系。从企业组织综合结构体系的框架来思考企业组织资本形成,探讨企业发展过程中制度结构化、层级结构化和文化结构化的调整和变化过程及其对企业组织资本形成与发展的影响。　(孟桂英)

企业制度创新论　姚海明著,中国商业出版社1997年5月出版,170千字。本书共7章。第一章剖析国有企业制度与市场经济的矛盾,分析国有企业制度创新的紧迫性。第二章展示我国理论界在企业制度创新问题上的分歧,分析这些分歧的实质,指出解决这些分歧的基本思路。第三至五章分别考察了物质资本为中心的企业制度、劳动为中心的企业制度和劳资调和为特色的分享制度,阐述企业制度设计的制度特征。第六章论述企业制度创新赖以进行的基本理论。第七章提出中国特色的现代企业制度的基本构想,设计了联合产权为基础的产权制度、劳资融合为特质的领导体制、利益分享为宗旨的分配制度的制度内容。
　　(徐　萌)

组织激励论　盛宇华(1958～　,江苏连云港人,南京师范大学商学院教授。研究方向:经济管理,行政管理)、李金生著,人民出版社2004年7月出版,233千字。本书在企业的组织激励理论方面做出了积极的探索,并在多个方面提出具有创见性的观点,作者顺应经济、管理的发展趋势和要求,科学、系统地研究了现代企业的组织激励模型和方法。尤其值得一提的是,本书将研究重点从以往注重员工个体的激励转向团队层次的激励和企业层面的组织激励,拓展了研究的广度,为有关部门及相关学者提供了借鉴。　　　　(徐　萌)

企业人力资本运营　奚国泉(1961～　,江苏泰兴人,南京财经大学工商管理学院教授,江苏人力资源学会会员。研究方向:企业人力资本理论,企业人力资源管理与开发)著,当代中国出版社2003年12月出版,260千字。本书以经济学和管理学的理论和方法,吸收新制度经济理论、产权理论、人力资本理论和现代企业管理的理论与方法,对现代企业制度下的企业人力资本要素进行了研究。本书在分析现代企业的性质和经营目标的基础上,构造了一个企业人力资本运营的理论分析框架,提出了企业隐性人力资本和显性人力资本的概念。作者认为,企业价值的高低受到显性人力资本价值的影响越来越大,而显性人力资本价值的大小受到隐性人力资本发挥率、有效率和适用率的影响;隐性人力资本发挥率的高低主要受人力资本薪酬激励因素的影响,隐性人力资本有效率的高低受企业人力资本投资因素的影响,隐性人力资本适用率的高低受企业人力资本配置的影响,从而形成了

企业人力资本运营的中心内容。还认为，人力资本运营的核心是建立包括人力资本产权在内的二维产权制度。 （徐 萌）

质量竞争战略理论及测评体系 王海燕（1968～ ，安徽巢湖人，南京财经大学管理科学与工程学院教授。研究领域：质量管理，质量标准，战略管理，质量经济学，产业技术标准）著，中国经济出版社2006年3月出版，200千字。本书试图从质量泛化管理的新理念出发，通过对质量的经济学内涵和质量的外部溢出效应的博弈分析，揭示出质量竞争战略的动力机制和生成模式，构建出基于顾客满意特质的企业质量竞争战略的测评体系，并在P－M模糊测度空间中进行相关理论的实证研究。本书通过对质量的经济学内涵和质量的外部性特征的深入发掘，首次深入探讨质量竞争战略的机制与模式，系统地论述质量对于企业可持续发展的意义，质量竞争战略的主要内涵和方法。它对于认识质量竞争规律、完善企业质量竞争战略是有价值的。 （徐 萌）

品牌价值理论研究 乔均（1962～ ，江苏徐州人，南京财经大学营销与物流管理学院教授，中国市场学会副秘书长，江苏省品牌学会副会长。研究方向：物流产业理论，品牌价值理论，服务业营销理论与政策）著，中国财政经济出版社2007年12月出版，268千字。本书分析生产要素价值理论和品牌价值理论的基本观点和基本价值构成要素；分析技术创新、知识创新、管理制度创新、企业文化、品牌文化、渠道创新、客户管理、质量管理、品牌管理、品牌传播和消费者态度等要素对价值创造的影响；分析品牌的实体价值功能要素和非实体价值功能要素；改造并建立可行的品牌综合价值评价模型；提出用开放的体系拓宽劳动价值理论的研究范畴；要重视使用价值和价值关系的研究、价值范畴反映的商品生产者之间的社会关系研究、价值效用对不同消费者有相对性、重视脑力劳动以及生产要素也创造价值的研究；品牌战略发展要以制度管理要素为价值保障，以品牌功能价值要素为基础，以品牌文化价值要素为核心等建议。 （徐 萌）

财务基本理论研究 杨雄胜（1960～ ，江苏启东人，南京大学商学院教授，江苏省会计学会副会长。研究领域：内部控制，会计基本理论，财务管理，管理会计）著，中国财政经济出版社2000年7月出版，378千字。本书是一本理论与实际紧密结合的财务理论专著。其特点有四：一是分析框架自成体系。全书从本质、主体、目标、价值、效率、责任、机制、评价这八个方面，对财务理论的主要领域做深入研究。本书的理论框架反映作者对我国财务基本理论主要内容的总体看法。二是研究思路清晰。对财务本质、主体、目标等问题，作者依据中国独特的背景分别得出一系列有说服力的结论。三是内容立足中国实践。本书从财务本质问题的研究，到企业财务主体地位的探索、企业财务目标的选择、财务价值理论的概括、理财效率的衡量，乃至于财务责任的建立、理财机制的完善、财务评价指标与方法的创新，都以中国的财务实践为立论背景。四是观点注重开拓创新。 （徐 萌）

乡镇企业经济学讲话 朱通华（1933～ ，江苏吴江人，曾任南京师范学院副院长，南京大学苏南发展院研究员）主编，中国展望出版社1985年12月出版，170千字。本书在总结我国乡镇企业产生和发展历史经验的基础上，系统地阐述了乡镇企业产生和发展的客观必然性及其所走过的曲折道路，阐述了乡镇企业经营管理的原则和方法以及做一个乡镇企业家应具备的素质和能力，可作为培训乡镇管理人员的教材。（另有《乡镇工业与小城镇》《论"苏南"模式》，已著录） （王忆南）

利益相关者财务论：新制度主义与财务学的互动和发展 李心合（1963～ ，江苏徐州人，南京大学会计学系教授，中国会计学会财务成本分会常务理事，江苏省会计学会常务理事）著，中国财政经济出版社2003年12月出版，363千字。本书的主要任务是试图说明主流财务学的理论局限性及建立制度财务学的必要性和可能性，并围绕公司利益相关者财务支持网络这个主题，从理论和实践的结合上研究分析财务网络内部的财务冲突表现形式、财务冲突形成机理和财务冲突协调机制，为公司的财务关系网络管理提供一个初步的框架。在研究方法上，本书力图将制度主义和网络分析的方法应用于财务学的研究，并将利益相关者财务网络嵌入社会网络结构之中,立足制度解释公司的财务行为,以提供一个比较综合性的理论和概念框架。本书的主题是系统思考制度主义与财务学的理论互动与耦合,并探索制度主义的财务学体系和财务网络结构内部的结构和特性。 (徐 萌)

中小企业社会责任理论与实践 徐立青(1957～ ,江苏无锡人,江南大学商学院教授。研究方向:国际贸易,区域经济研究,战略管理,食品安全管理)、严大中等编著,科学出版社 2007 年 6 月出版,321 千字。在中国,中小企业占全部企业总数的 99% 以上,在经济中具有十分重要的地位,发挥着积极的作用。加入 WTO 以后,中国中小企业不仅要在产品、技术和服务上与国际接轨,在对待企业社会责任方面也应与国际接轨。本书系统介绍有关中小企业社会责任的基本知识,世界各国以及我国台湾、香港地区关于中小企业社会责任方面的经验与做法,还介绍了相关的有关国际标准、规范与做法,并收集了一些案例以供参考。本书可作为中小企业领导及其他利益相关者提供有关企业社会责任的工具书,也可以作为高等院校相关课程的参考教材和继续教育的培训教材。 (徐 萌)

农村企业经营管理学 郭宗海(1932～ ,江苏张家港人,南京农业大学经贸学院教授,曾任中国乡镇企业管理研究会理事,江苏省物资经济学会常务理事。研究方向:农业经济与企业管理)主编,中国金融出版社 1987 年 8 月出版,281 千字。本书在总结我国农村农、工、商各类企业经营管理实践经验的基础上,又适当吸收了国外现代企业管理的一些方法和技术,内容简明扼要,重点突出,是目前较有特色的一本教科书。本书是适应高等财经、农业院校农村金融专业的教学需要而编写的试用教材,也可作为农村经济管理干部的培训教材和农村经济工作者的自学用书。 (徐 萌)

跨国公司经营学 裴平(1957～ ,浙江杭州人,南京大学商学院教授,江苏国际金融学会副会长,江苏保险学会副会长。研究方向:金融理论与政策,国际金融学,中国涉外金融)编著,南京大学出版社 1992 年 4 月出版,292 千字。本书是我国研究跨国公司经营学最早的成果之一。它从企业管理角度研究和阐述跨国公司,按跨国公司及其经营环境、跨国公司运行机制和跨国公司经营策略的基本框架,共分 12 章。第一至二章:跨国公司及其经营环境,主要包括跨国公司的基本概念、产生与发展、类型和特征,及其由自然、文化、政治、经济和法律几个主要因素构成的经营环境等内容。第三至七章:跨国公司运行机制,主要包括战略计划、组织结构、内部控制、公司财务管理和海外经理选派等内容。第八至十二章:跨国公司经营策略,主要包括对外直接投资、所有权结构、技术垄断与转让、国际市场营销和经营风险管理等内容。结束语针对中国经济体制改革和对外经济开放的实际,对如何正确认识跨国公司、在本土上与外国跨国公司交往和组建中国跨国公司三方面问题进行了探讨。 (徐 萌)

产品所有权与国企改革 陈学法(1957～ ,徐州师范大学经济学院教授。研究领域:政治经济学,制度经济学,教育经济学)著,陕西人民出版社 2000 年 1 月出版,233 千字。本书以国有企业产品所有权交给企业劳动者为主线,阐述了产品所有权的概念、产品所有权交给企业劳动者的原因与作用,以及如何把产品所有权交给企业劳动者等问题。作者认为,我国国有企业中劳动者创造的价值应当首先归企业劳动者所有,亦即产品所有权首先应当归企业所有。国有企业中的产权关系应为国家拥有生产资料所有权、企业拥有产品所有权、劳动者个人拥有劳动力所有权;在利益关系上,国家、企业、个人应凭各自的产权分别获得利息(或股息)、经营利润、工资。据此,作者主张国有企业在实行"两权"分离后,政府应明确把企业"自有资金"划归企业所有,使企业成为真正的自主经营、自负盈亏的经济实体。然后在此基础上建立公司制企业,在建立公司制后,应把企业"自有资金"部分转换成企业职工集体股。 (徐 萌)

江苏近代企业和企业家研究 唐文起(1940～ ,江苏丹阳人,江苏省社会科学院研究员。研究方向:江苏近代经济史)等著,黑龙江人民出版社 2003 年 7 月出版,254 千字。本书绪论着重介绍江苏近代企业家的特点;第一章着重分析江苏近代企业家产生和成长的前提；第二至四章着重介绍江苏近代工业企业发展的主要情况和著名企业家的创业历程；第五章着重分析江苏近代企业家经营管理的经验教训；第六章主要分析江苏近代企业家的心态。本书基本勾画出江苏近代工业企业发展的大致轮廓，反映了江苏近代企业家的特色和精神风貌。

（韩 兵）

乡镇工业与小城镇 朱通华著，中国展望出版社1985年7月出版，95千字。本书是作者配合费孝通先生，对江苏省数十个小城镇系统地调查研究后写成的9篇论文。这些文章资料翔实，观点鲜明，论据充分，反映了中共十一届三中全会以来乡镇工业的迅猛发展和小城镇日益繁荣的景象，对于正确认识乡镇工业的性质、地位和作用，进一步办好乡镇工业，搞好小城镇建设，促进农村经济的发展有所裨益，可供各级党政干部和企业、管理人员参考。

（王忆南）

小城镇四记 费孝通著，新华出版社1985年6月出版，93千字。1983年，著名社会学家费孝通先生在江苏吴江调研中国小城镇建设，此后的一年多里又对苏南、苏北以及苏中的小城镇建设进行了调研，其调研成果是4篇发在新华社《瞭望》周刊上的文章《小城镇大问题》《小城镇再探索》《小城镇苏北初探》和《小城镇新开拓》，本书即收录了这4篇文章。本书可能是我国学者关于中国小城镇建设乃至中国城市化进程做得比较早的思考和调研。

（蔡保鹏）

中国上市公司制度变迁与创新 谢茂拾(1957～ ，湖南长沙人，南京审计学院管理学院教授，中国人力资源开发研究会劳动关系分会常务理事。研究方向：人力资源管理，制度经济学，企业战略管理)著，湖南师范大学出版社2003年2月出版，312千字。本书的研究对象不仅仅局限于上市公司，还包括了国有企业在内的各种公有制企业。为了研究的需要，本书涉及一般现代企业的制度问题。本书共分7章。第一至二章是本书的第一部分，分别研究公司产权制度并以此作为本书研究的基石，以及上市公司产权制度的变迁。第三至四章是本书的第二部分，主要研究上市公司委托代理制度及其创新、现代企业委托代理理论、现代企业组织制度和上市公司组织制度的变迁与创新。第五至六章为本书的第三部分，主要研究现代企业和中国上市公司人力资本制度的变迁与创新。第七章为本书的第四部分，研究现代企业文化制度和中国上市公司文化制度的变迁与创新。

（徐 萌）

苏南农村大中型企业制度创新研究 袁界平(1957～ ，江苏江都人，南京财经大学工商管理学院教授。研究领域：企业管理及战略管理，中小企业与民营企业，区域经济与农村工业化)等著，中国农业科学技术出版社2004年9月出版，210千字。本书共6章，分别是苏南农村大中型企业制度变革的历史现状：企业制度变革的历史回顾、制度变革对企业竞争力的影响、加入WTO背景下企业制度创新的方向；苏南农村大中型企业产权制度创新：产权制度改革的必然性、动力及阶段，"大而盈"企业产权改革的做法及案例，"大而亏"企业改制的做法及案例；苏南农村大中型企业公司治理结构的建立：公司治理结构的理论和模式、产权制度改造中公司治理结构的分析、建立和完善公司治理结构的对策研究；苏南农村大中型企业机制创新：企业机制的历史回顾、激励机制创新、约束机制构建、竞争与发展机制培育、企业家形成机制；苏南农村大中型企业组织创新：公司体制的建立、组织结构类型选择、网络经济下的企业组织结构创新；苏南农村大中型企业管理创新：企业战略管理、管理思想、管理制度、管理方法的创新等。

（徐 萌）

战略薪酬——知识员工薪酬激励理论与实证研究 顾建平(1967～ ，江苏高邮人，南京师范大学商学院教授。研究方向：组织战略，人力资源管理)著，南京大学出版社2006年6月出版，260千字。适应市场竞争的需要，尽快建立起一套完整科学的知识员工薪酬激励体系，有效地吸引和激励知识员工，已成为企业赢得市场竞争优势的关键。本书研究的主题：如何从薪酬角度激发中国企业知识员工的积极性，充分发挥他们的智力能力，推动企业不断创新和持续成长。本书具体结构如下：通过分析我国企业知识员工薪酬激励的现状，揭示目前企业知识员工薪酬激励存在的核心问题在于激励不足，并分析了种种具体表现；从理论角度，总结、提炼和评述知识员工薪酬激励的研究成果,分析知识员工薪酬激励的影响因素,为对知识员工薪酬激励体系的设计奠定基础;从理论和实证两个角度对知识员工薪酬激励进行系统设计。　　　　（徐　萌）

中国国有产权交易的演化与变迁　王冀宁(1965～ ,河北冀县人,南京工业大学经济与管理学院教授。研究方向:金融风险管理,金融工程)、黄澜著,经济管理出版社2007年6月出版,279千字。在中国企业加速融入世界经济的竞争和合作体系之际,国有产权交易日趋频繁地发生,且交易的范围已经扩展到全球,国有产权改革也已进入攻坚阶段。本书首先对产权交易的理论和实践进行简要梳理,进而对中国产权改革的历程及其理论探索进行回顾,在此基础上构建产权交易中各利益主体博弈均衡的模型。对国有产权改革中出现的控股股东侵占行为机理进行剖析,并通过上市公司数据进行实证检验,最后提出如何完善产权交易制度变迁的政策建议。　　　　　　　（徐　萌）

中小企业融资问题研究　罗正英(1957～ ,四川隆昌人,苏州大学商学院教授。研究方向:财务报告与企业融资,企业对外直接投资)著,经济科学出版社2004年11月出版,317千字。本书以我国中小企业融资活动为特定考察对象,其主要任务是在全面描述中小企业在我国经济改革和经济建设中地位与作用的基础上,通过对信贷市场"信贷配给"均衡结构内在机制的分析,深入揭示我国中小企业融资困境及其产生的根源,以探索从根本上改变中小企业融资地位的理论基础与实现途径为目标,并从这种分析中引出相关的政策结论。全书在透彻解析"信贷配给"均衡必然性的基础上,综合并独创性地提出了一个以可持续成长型中小企业为基础,以金融管制放松为前提,以企业专业化共生机制创新以及社会信用体制再造为手段的中小企业融资战略框架。本书系统分析了中小企业融资结构调整、融资方式创新、融资渠道拓宽,以及国家中小企业规制政策重建等基本战略措施。
　　　　　　　　　　　　　　　　　（徐　萌）

中小企业制度创新与发展新论　钱书法(1956～ ,江苏常州人,南京财经大学经济学院教授,江苏省经济学会常务理事,中国经济规律研究会常务理事。研究领域:微观经济学,转型经济学)、吴松毅等著,辽宁人民出版社2002年12月出版,208千字。本书主要内容:第一章对"中小企业"的概念和本书的研究对象做出了明确界定,试图通过对中小企业成长绩效的产业组织分析,揭示制度环境和工业化发展战略对中小企业兴衰存亡的影响。第二章研究分工和专业化理论,社会生产力的历史发展、分工和专业化的历史演进证明,分工和专业化是一个系统范畴并具有一般系统的基本特征:有序性、层次性、递进性、可变性和可适性等。第三章论述合作竞争型准市场组织与大中小企业系列体制的构建。第四章研究合作竞争型准市场组织与21世纪的中小企业发展问题:中小企业技术创新战略、合作竞争型准市场组织与中国的乡镇工业化战略、中小企业发展的制度环境与政策环境选择、建立企业间合作竞争型准市场网络组织的对策建议等。第五章对合作竞争型准市场共生组织,包括中国的准市场组织做进一步的理论分析。　　　　　　　　（徐　萌）

股份公司会计制度改革效果的实证研究:会计准则的国际化、经济后果与价值相关性　王跃堂(1963～ ,江苏丹阳人,南京大学管理学院教授,江苏省审计学会副会长,中国实证会计研究会常务理事)著,复旦大学出版社2001年11月出版,147千字。本书运用理论分析和实证检验的方法研究:中国企业自愿选择会计政策的动机是什么?其特殊表现有哪些?中国会计规范和企业会计政策变更会产生经济后果吗?市场参与者对会计规范反应如何?新制度和新准则的执行是否提高了会计信息价值的相关性?针对上述问题,得出几个重要结论:新制度、新准则的发布与执行未能消除或缩小境内外会计利润的实质上的差异,原因是会计规范的国际化效应不仅取决于其国际化程度本身,还受到诸如报酬计划、债务契约、企业规模、监管政策、公司治理结构等因素之影响;会计政策的选择是由一些经济因素决定的,除了与国外有相同之处外,有一些是中国特有的;新会计管制并未能导致会计信息的相关性有显著的提高,这对中国会计管制的目的和如何提高会计信息质量等提出了值得深思的问题。　　　　　（徐　萌）

中小企业的可持续发展与环境保全：理论、实证与案例分析 武戈（1968～ ，山西太原人，江南大学商学院教授，江苏省世界经济学会理事。研究方向：区域和世界经济，环境可持续发展，应用计量经济学）、蔡大鹏编著，科学出版社 2007 年 3 月出版，263 千字。本书从经济发展与环境保护问题的理论分析出发，揭示企业发展与环境保护的关系，进而对中小企业的环境污染问题及其治理方法进行分析和探索，并对国内外中小企业环境治理的案例进行深入探讨。本书内容涵盖了中小企业生产经营中宏观环境行政的作用以及中小企业自身的环境对策与环境战略。本书注重在国际环境问题的大框架中认识环境保护的重要意义，并强调积极借鉴外国的成功经验来减少或避免经济发展中的环境代价。本书旨在为中国中小企业从被动环保走向主动环保，实现可持续发展的良性循环转变提供政策建议。本书可供高等院校相关专业的师生、环境经济领域管理人员参考、阅读。

（徐　萌）

创业板上市公司成长性及评价研究 朱和平（1964～ ，江南大学国际教育学院教授。研究领域：财务管理，管理会计）著，科学出版社 2006 年 10 月出版，192 千字。本书在总结国内外实践和理论动态的基础上，对创业板的上市主体，即高技术型中小企业和高成长性中小企业的成长因素进行系统的研究，建立起完整的评价思路、评价模型和方法。本书的突出特点在于系统地收集目前我国香港和台湾地区、海外创业板及深圳中小企业板块上市公司发展的最新资料，在梳理国内外相关研究成果和实践的基础上，采用数理统计和规范方法，从理论和实务两方面完整地阐述高技术型中小企业和高成长性中小企业成长性评价的基本思路和方法。本书结构完整、思路清晰、阐述严谨，是关心创业资本、资本市场和中小企业发展的证券金融界人士、企业管理者和政府有关人员等良好的阅读材料，也可供高等院校财经专业的师生作为参考资料。

（徐　萌）

高新技术产业的资本保障战略研究 王玉春（1956～ ，安徽蚌埠人，南京财经大学会计学院教授，中国会计学会财务成本研究会理事。研究方向：财务管理与财务分析）等著，合肥工业大学出版社 2005 年 12 月出版，458 千字。本书从全局和战略高度出发，从不同角度研究高新技术产业在不同发展阶段的资本保障战略，以确保高新技术产业长期持续、健康的发展。本书共分 8 章。前两章介绍高新技术产业发展及其相关产业政策的研究和高新技术产业资本保障特点、投融资体制、目标及环境研究，是首先要解决的基本理论问题。第三至六章，分别研究高新技术产业在创业阶段、成长阶段、扩张阶段和成熟阶段资本保障政策及其相应的理论支持，着重从产业组织外部研究资本保障问题。第七章着重从组织的资本结构、资本运作控制与考评来挖掘资本潜力，增加内源性资本。第八章为高新技术产业资本保障法律规范研究，着重从完善法律制度、改善法律环境方面研究如何规范高新技术产业资本保障。

（徐　萌）

民营科技企业的技术创新战略和政策选择 仲伟俊（1962～ ，江苏海安人，东南大学经济管理学院教授。研究方向：科技创新管理，行业发展战略，金融工程）、胡钰、梅姝娥著，科学出版社 2005 年 12 月出版，376 千字。本书内容分为五个部分，首先分析了目前我国民营科技企业的发展现状和特点，从我国核心技术创新能力和国家竞争力的角度出发讨论了民营科技企业的战略地位，通过对多个企业技术创新的分析，总结了目前我国民营科技企业的技术创新战略及其特点，进一步通过对民营科技企业发展政策比较，结合实际问卷调查分析，提出加速我国民营科技企业发展的政策建议。本书最后给出从 2004 年 7 月到 2005 年 6 月进行我国民营科技企业自主创新调研形成的 6 个案例。

（徐　萌）

北洋政府时期企业制度结构史论 李玉（1968～ ，山西山阴人，南京大学历史学院教授。研究方向：中国近现代经济史、企业制度史和中国国民党史）著，社会科学文献出版社 2007 年 4 月出版，577 千字。本书是迄今第一部全面系统研究北洋政府时期企业制度的专著，其视阈包括企业制度建设的外部环境与内在结构，旨在厘清这一时期企业制度发展的历史特征。作者在梳理了企业制度建设的社会与法制环境之后，从发起人、股东会、董事与监察人、股份、股票、股息等机制层面对这一时期的股份有限公司制度进行了重点剖析,并分别展现了同一时期无限公司、两合公司与股份两合公司的制度特征与运作实情。同时对这一时期官商合办、中外合办以及合伙机制的结构与运作特征进行了专论。最后,分析了北洋政府时期企业制度建设的制约因素,对当今企业制度建设具有重要的参考价值。

(徐 萌)

高新技术产业化与政府行为创新 陈昭锋(1964～ ,江苏如皋人,南通大学商学院教授。研究方向:科技政策,创新管理,地方政府科技行为)、黄巍东著,中国物资出版社2001年11月出版,390千字。本书借鉴国外特别是发达国家政府高新技术产业化促进行为设计和操作的理论和模式,立足我国国情,通过系统而深入的高新技术产业化与政府行为内在联系的研究,旨在探索中国高新技术产业化理论和中国政府高新技术产业化促进行为建立和完善的道路。

(徐 萌)

基本建设投资效果研究 薛葆鼎(1916～1998,江苏无锡人,曾任中国社会科学院研究员、研究生院教授,国家计委投资研究所研究员,兼任中国基本建设经济研究会副理事长、中国系统工程学会社会经济系统工程学会理事长。长期从事工业经济管理和工业经济研究)、林森木等编,中国经济出版社1987年2月出版,447千字。本书共收入论文31篇,从总体上看,它比较集中地反映了中国现阶段对投资效果问题的研究水平。其中有些论文所提出的新的观点、见解和政策建议,对中国经济学界进一步探讨投资效果理论和实践问题,对实际部门制定切实可行的提高投资效果的目标和措施,都很有参考借鉴价值。

(徐 萌)

中国森林史料 陈嵘(1888～1971,浙江安吉人,曾任江苏省第一农业学校林科主任,金陵大学森林系主任、中国林业科学研究院林业研究所所长;毕生致力于树木分类学、造林学、林业史的教学与研究,是我国现代林业的开拓者之一)著,中国林业出版社1983年12月出版,216千字。本书原名《历代森林史略及民国林政史料》,由中华农学会于1934年出版。1951年和1952年曾再版两次,书名改为《中国森林史料》,增加了自1934年至建国初期的历史资料。本书包括历代有关森林的言论、著述、政策、法令等,大都为摘录文抄,对于了解我国过去林业的发展情况,研究历史上的经验教训、制订林业政策法令都是一本较好的参考资料。(另有《中国树木分类学》《中国森林植物地理学》,已著录)

(韩 兵)

解放前的中国农村:第一辑 陈翰笙等编,中国展望出版社1985年10月出版,1 165千字。本辑是关于农村经济问题、农村革命运动的史料汇编,所收资料自20世纪20年代中国共产党成立前后到40年代末中华人民共和国建立为止。本书内容:一是中国共产党就农村经济和农民革命斗争问题制定的主要政策法令;二是中国共产党早期领导人在建党前后根据实际调查情况所发表的有关农民革命和土地问题的言论和文章;三是在党的第六次全国代表大会明确了当时革命的性质是反帝反封建的新民主主义革命以后,党的理论工作者和进步的经济学家所发表的具有历史意义的相关文章。所有这些资料对研究我国近代经济史、农民运动史和新民主主义革命史都具有十分珍贵和重要的参考价值,也是研究中国共产党对农村问题的理论、方针、政策的重要历史文献。

(韩 兵)

解放前的中国农村:第二辑 陈翰笙等编,中国展望出版社1987年11月出版,1 056千字。本辑选编了自20世纪30年代到新中国成立期间,中国农村经济研究会会员所撰写的有关反帝反封建的土地革命的文章。内容包括各历史时期农民革命斗争和党的政策;国民党统治区、日本占领区、敌后游击区和解放区的农村情况及经济问题。这些文章有分析农村半封建、半殖民地的阶级关系和剥削关系,有阐明抗日战争前后的农村工作和党的统一战线政策,有论述解放战争时期的土地改革,有研究农村经济方面的金融、贸易、农垦、水利等,还有的批判改良主义。其中几篇"专载",是介绍中国农村经济研究会成立前后的工作情况和中共领导对农村工作的指示。

(韩 兵)

解放前的中国农村:第三辑 陈翰笙等编,中国展望出版社1989年12月出版,1 090千字。本辑收选的是解放以前的农村调查报告、农村通讯、农村见闻以及有助于研究当时农村生产关系的材料。前3篇是论述农村社会性质调查方法的文章，其余都是农村实地调查和农村实地报道的资料。各篇报告都从一个侧面展现旧中国各个时期农村生产关系、阶级矛盾的实况，反映了农村社会经济发展的不平衡性。这些资料各具区域代表性，都证明了旧中国的农村基本上是半封建、半殖民地的社会和经济性质，对于研究中国近代史、近代经济史、新民主主义革命史、党史和地方志都具有很高参考价值。

（韩　兵）

城市化发展理论和实践　谢守红（1966～　，湖南新邵人，经济学博士，江南大学商学院教授，中国区域经济学会常务理事。研究领域：区域经济，企业管理，旅游管理）著，中央编译出版社2004年5月出版，202千字。本书主要是从城市经济学和城市地理学的角度出发，对城市化的基本理论问题、当代世界城市化的特征和趋势、中国城市化进程及战略选择等进行探讨，着重分析经济全球化、信息化和可持续发展背景下城市化发展的特点、规律及其应对策略。接着以湖南省为例，对21世纪初湖南城市化发展战略及其城市竞争力、城市职能分类、城市空间吸引范围、城镇空间布局、小城镇发展等诸问题进行较深入的研究。本书既可作为高等学校和科研机构城市经济学、城市地理学、城市规划学和城市社会学等专业人士的教学和研究参考书，也可供城市建设和城市管理等部门实际工作者阅读参考。

（徐　萌）

城市经济和谐发展的新视野　唐启国（1949～　，湖南邵阳人，南京社会科学院经济发展研究所教授，中国《资本论》研究会理事，中国经济发展研究会常务理事，中国城市经济学会学科建设委员会常务理事）等著，东南大学出版社2007年10月出版，1 670千字。城市经济的和谐发展是经济发展中各方面不断优化、调整的结果。本书以南京的经济发展情况为主要研究对象，分别从经济结构、经济增长方式以及自主创新三个方面对城市经济的和谐发展进行了探讨，在运用发展经济学、宏观经济学、产业经济学等多学科知识的基础上进行了大量的实证研究，努力将理论与城市经济发展的具体实践情况相结合。书中涵盖了城市经济发展中诸如产业结构、所有制结构、劳动力结构、城乡结构、投资与消费结构、经济增长方式等多方面的内容，并最终将提高城市经济的和谐发展落脚在自主创新能力的提高上。（另有《城市发展论》《农村发展经济学》，已著录）

（韩　兵）

城市发展论　唐启国等著，中国工商出版社2008年6月出版，321千字。本书是从整体上对城市发展理论与实践进行探讨的一个尝试，在进行大量调研的基础上，从交易成本和交易效率理论入手，阐述了城市产生与发展的历史轨迹，分析了城市发展趋势、城市发展要素、城市发展的外部效应以及全球化、生态文明、公共权力与城市发展的关系，角度新颖，内容厚重，立论有据，有一定的理论深度。无论是在内容上和结构上均有所创新，是一部较好的从整体上研究城市发展理论的学术著作。城市发展是一个极其复杂的不断变化的社会现象，从整体上研究城市发展，具有很大的难度。

（韩　兵）

城市空间发展论　段进（1960～　，江苏南京人，东南大学建筑学院教授。研究方向：建筑设计与理论）著，江苏科学技术出版社1999年8月出版，373千字。《城市及建筑形态研究丛书》之一，对我国城市空间的理论研究起到了重要的推动作用，建立了城市空间发展研究的基本理论与研究框架，阐明了空间发展研究的内涵与方法，归纳了空间发展的深层结构和基本规律，论述了城市规划的干预作用和我国城市空间发展的合理模式，提出了国家空间整体规划的原则和核心内容，是融贯建筑学、城市规划学、社会学、地理学等为一体的著作。本书在国内较早地将经济规划、社会规划、城市规划的相关理论进行综合、联系，三者相辅相成、有机结合，确立了"空间发展论"；运用大量的资料，研究了社会、经济发展规律以及信息传递的模式等对空间发展的综合作用，从而探讨了空间发展的自身规律，提出了规模门槛律、区位择优律、不平衡发展律、自组织演化律。本书在相关领域内被广泛引用，在学术界产生重要影响。（另有《空间研究3——空间句法与城市规划》，已著录）　（徐　萌）

城市管理学　钱振明（1964～　，江苏苏州人，苏州大学城市科学学院教授,江苏省政治学会副秘书长,江苏省行政管理学会理事。研究方向:行政学,比较政府)主编,苏州大学出版社2005年4月出版,201千字。《21世纪政府事务与公共管理丛书》之一。21世纪是城市的世纪,中国的城市化和城市现代化进程正在快速推进。为适应我国城市化和城市现代化发展以及城市管理科学化、专业化的需要,许多高校在公共管理类专业普遍开设城市管理课程。作者为了教学的需要而编写了这部教材。本书内容包括:城市管理基本概念与基本理论;城市管理体制;城市管理职能;城市规划管理;城市基础设施建设与管理;城市经济管理;城市环境管理;城市社会管理、城市的未来与未来城市的管理。

(徐 萌)

城市发展路径:区域性中心城市发展研究 苗建军著,东南大学出版社2004年12月出版,308千字。本书共7章,特色是宏观分析与实证分析相结合,以城市发展极、发展力和发展序的理论为分析工具,以山东沿海城市带为研究对象,概括了中国区域性(地区级)中心城市的发展道路问题:空间发展路径、经济发展路径、文化发展路径和制度发展路径,在城市发展理论和路径成长分析的基础上,提出中心城市的协同发展理论框架。本书适合从事区域经济学、城市经济学、产业经济学研究的高校教师特别是硕士生、博士生阅读,也可以供城市研究机构和政府有关部门参考。

(徐 萌)

中国城市群 姚士谋等著,中国科学技术大学出版社2006年12月出版,797千字。国家自然科学基金委员会地球科学部、香港大学城市规划与环境管理研究中心资助。本书主要内容包括:总结分析了我国城市群生长发育的因素、空间扩展过程与类型等,而且对它们的演变规律、发展个性与共性特征做了比较全面的分析论证,达到了一定的深度。本书对我国六大超大型城市群(沪宁杭、京津唐、珠江三角洲、山东半岛、辽宁中部与四川盆地)的形成发展条件、现状特点以及发展趋势做了较详细的分析,还对我国近似城市群的7个城市群的7个城镇密集地区进行了论述,分析了这些地区城镇发展的问题与前景,为读者了解全国城市发展现状以及城市群演变规律提供了一个概貌。

(韩 兵)

城市生存与发展的生态服务功能研究 王如松主编,气象出版社2004年2月出版,512千字。本书是国家自然科学基金重点项目《沪嘉杭地区城镇发展的区域生态服务功能及调控机理》成果之一。本书选取长江三角洲地区这一人类活动密集的城镇群生态系统类型为研究对象,研究这一地区城市化的生态胁迫效应、生态服务功能运转机制与评估方法,探讨生态服务功能的系统调控机理。

(韩 兵)

城市土地价格及其影响因素的理论与实证研究 唐焱(1968~ ,南京农业大学土地管理学院教授,江苏省房地产经济学会理事。研究方向:土地经济与管理,不动产经济与评估)著,中国大地出版社2006年11月出版,198千字。本书从城市土地经济学角度,以城市土地、城市土地利用及资产特点入手,在对现有城市土地价格相关研究进行梳理的基础上,运用城市地租地价理论、区位理论、城市空间相互作用理论、区域经济发展理论及产业经济与产业布局理论,对城市土地价格的定义、中国城市土地价格体系及其运行特点等展开研究,通过研究城市土地价格及其影响因素,进而重点剖析城市土地区位,城市经济运行和城市土地利用主体差异与城市土地价格之间存在的内在联系和规律,最后以南京市为例开展城市土地价格变化及影响因素的实证研究。本书的创新之处:把城市土地价格的影响因素分为核心影响因素和外部影响;分层次研究区位和土地集约利用对城市土地价格的影响;从城市土地利用主体差异来研究城市土地价格。

(徐 萌)

中国城市新产业空间:发展机制与空间组织 王兴平(1970~ ,陕西陇县人,东南大学建筑学院教授。研究方向:区域与城市总体规划,城市产业空间发展与演变,村镇空间规划及研究)著,科学出版社2005年5月出版,273千字。本书立足于城市地理学和城市规划学,以空间分析为主线,对中国城市新产业空间的形成与发展机制、空间区位与空间结构规律以及空间整合的机制等进行系统的探讨。作者认为,在中国城市新产业空间的发展中,空间分化效应、创新与开放协同效应以及空间扩张的"光圈"效应构成了中国城市新产业空间的形成与发展机制,而区位效益规律和微观区位—结构—功能相关律构成了中国城市新产业空间的空间组织规律。为了提高中国城市新产业空间的发展效益,本书提出空间整合协调机制以及四层次的动态效益评价方法。最后还对中国城市新产业空间未来的发展进行展望。本书可供城市地理、城市规划、城市土地、城市经济、城市与开发区管理等领域的研究人员、管理和决策人员使用。　　（徐　萌）

中国城镇发展研究　崔功豪(1934～　,浙江宁波人,南京大学地理系教授,中国城市规划学会理事,中国行政区划研究会常务理事,中国区域科学协会常务理事。研究方向:城市与区域规划)主编,中国建筑工业出版社1992年4月出版,249千字。本书包括了城市规模、大城市发展问题、城市带、城市经济地理网络、乡村城市化等5个城市地理学方面的主要内容。而对每一个方面的内容,本书又分别从理论研究与实例分析两个方向进行了探讨。城市地理学在我国正是起步阶段,本书反映了我国现今城市地理学发展的水平,并将为城市地理学发展起到承上启下的作用。本书适合于城市管理工作者与城市科学研究人员参考阅读。(另有《当代区域规划导论》,已著录)　　（徐　萌）

中国城市化和城市现代化　陈颐(1952～　,江苏南京人,江苏省社会科学院社会学研究所研究员。研究方向:社会保障,城市化,城市现代化)著,南京出版社1998年12月出版,195千字。本书主旨:在中国现代化的背景下,面向未来,为即将到来的城市化和城市现代化的新阶段提出思路和对策。第一章分析世界范围内城市和城市化的发展历史,意在说明城市化是人类发展进步的大趋势;同时对城市化和工业化、现代化的关系做了理论上的阐述,揭示城市化的普遍规律和积极意义。第二章是对新中国成立以来的城市化历史的总结,其重点是对1958～1978年间和1979年以来两个历史阶段的分析和评价。第三章对中国城市化的指导思想、目标、方针、相关的制度改革和创新,以及在城市化进程中保持农业生产和农村的稳定等方面进行探讨。第四至五章讨论城市现代化的丰富内涵,并就城市的经济现代化、建设、管理的现代化以及解决困扰城市现代化的若干问题等方面的专题提出思路和对策。(另有《新闻社会学》,已著录)　　（韩　兵）

中国矿业城市研究:结构、演变与发展　周德群(1963～　,江苏盐城人,南京航空航天大学经济与管理学院教授,中国优选法统筹法与经济数学研究会理事,江苏省系统科学研究会副会长。研究方向:管理科学,能源软科学,复杂系统)、汤建影、程东全著,中国矿业大学出版社2002年12月出版,125千字。本书对我国矿业城市的沿革、界定与分类问题进行探讨,并从中选出51个矿业城市作为样本,对其社会经济结构与动态演化特征进行研究,提出矿业城市规避风险的一些政策建议。本书特点是综合运用管理学、经济学、社会学、统计学、数理科学、系统科学等多学科的相关理论与方法,注重实证研究与规范分析的有效结合、定性研究与定量研究的有效结合。本书是从事区域经济与管理、城市经济与管理、资源经济与管理的科研人员、人专院校的本科生和研究生及各级领导的重要参考书。　　（徐　萌）

春秋战国城市经济发展史论　张鸿雁(1954～　,辽宁西丰人,南京大学社会学院教授,中国城市社会学会会长,江苏城市经济学会副会长。研究领域:城市经济学,城市社会学,城市文化)著,辽宁大学出版社1988年7月出版,350千字。《先秦史丛书》中国城市经济史卷之一。本书研究城市经济结构特点、城市人口构成与生活消费、城市经济与自然经济的关系、城市经济与政治发展的关系、城市与文明的关系、城市文化与城市经济的关系、城市经济发展与社会形态转化的关系等问题,并提出颇具见地的结论;论证了春秋战国城市分布受政治因素和政治地缘影响的具体历史事实,进一步论证中国城市的连续性与城市群的政治隶属关系和经济供给关系有着不可分割的联系;提出人口构成决定城市经济的特点;提出城市人口的消费资料来源方式影响城市经济的发展等。在综合分析研究的基础上,注意吸取地理学、人口学、现代城市经济学、城市社会学、历史地理学的理论和方法,使春秋战国城市经济研究领域有所改观。书中既注意揭示城市群的发展规律和特点,又较集中地揭示单体城市的发展规律和特点。　（徐　萌）

村庄治理与权力结构 金太军(1963~ ,安徽全椒人,南京师范大学公共管理学院教授,中国行政管理学会常务理事,全国政策科学研究会副会长,江苏省政治学会副会长。研究领域:当代中国政府与政治,地方政府与公共治理)著,广东人民出版社2008年6月出版,240千字。《当代中国公共管理与社区治理丛书》之一。本书从政治社会学的视角出发,建构村庄治理中国家—村庄体制内精英—普通村民的三重权力分析框架:将村庄治理中国家(乡镇党组织及乡政是其主要载体)、村庄体制内精英和普通村民的三重权力分化和互动作为研究对象,着重分析村庄内部体制内精英和村民(特别是村庄体制外精英)以及村庄外部的乡政与村治的相互作用和复杂的社会历史背景与深刻的现实根源,在占有大量个案和实证材料的基础上,对由各种因素合理塑造出的村庄治理中三重权力互动的若干类型进行了梳理、比较和提炼,并提出了建构良性互动村庄权力结构的若干对策思路。

(孟桂英)

治理方式的变革与江苏农村现代化——江苏省村民自治区域比较研究 王庆五、董磊明著,中国人民大学出版社2003年12月出版,327千字。全书包括10章。中国的现代化并不仅仅是城市的现代化,更不仅仅是向世人展示东部城市的"现代化的橱窗",而是要城市、农村协调发展;要物质、精神、政治等方面一起走向文明。我们的现代化应是"中国的、人民的现代化"。历史与现实的诸多因素,导致了目前城乡隔离发展的二元体制仍未彻底改变。农村的贫困落后严重制约着我国的现代化进程,没有农村的现代化,就没有中国的现代化。治理方式的选择受制于经济的发展水平;同时,它又在很大程度上影响了社会、经济、文化等方面的发展。因此,当前中国农村选择何种治理方式,农村治理的绩效如何,不仅关涉9亿农民的生存状况,也对整个中国的现代化有着举足轻重的影响。作者选择江苏农村的治理方式——村民自治作深入的研究,不仅具有重要的理论价值,更有很强的现实针对性。

(王忆南)

多维视角中的村民直选:对15个村委会选举的观察研究 肖唐镖(1964~ ,江西泰和人,南京大学政府管理学院教授。研究领域:民主理论与基层民主实践,中国政治与转型政治,农村宗族与地方治理)等著,中国社会科学出版社2001年12月出版,446千字。本书收录15个村选举观察报告和对40个村选举的综合分析。样本村的各类情况,大凡从其表层的经济社会状况,到其内层的宗族与人际关系;从选举表面的制度条文及其运作表象,到其背后各方力量的角逐,乃至各种重要的"细枝末节",统统被纳入观察研究的视野。这是一部对村委会直选进行切身、真实、深入和准确描述,并加以综合研究的著作。它不仅是对中国村委会直选实情的大披露,更提供了有关中国乡村政治与社会运作状况的宝贵资料。(另有《转型中的中国乡村建设》,已著录)

(孟桂英)

转型中的中国乡村建设 肖唐镖著,西北大学出版社2003年12月出版,366千字。本书的主题是描述和分析农村改革20余年来江西乡村建设与治理的阶段性变化与现状、运作机制及其变迁背景。作者主张将乡村建设看成包括政治、经济、文化诸方面建设在内的综合建设。但由于受原调查主题的限制,这里所收的文章主要涉及政治与经济的建设,且以政治方面的建设为重。由于受篇幅的影响,乡村政治建设被分成两编,即"乡镇组织编"与"村级组织编"。"农村经济"独成一编。乡村稳定问题,是一个政治问题,也是一个社会、经济问题,它既反映治理的过程,更反映治理的后果。所以作者将稳定作为一个综合性问题,并单独成编,其中既有一般的社会治安与犯罪问题,也有农村宗族、宗教及其对稳定的影响问题,还有农民收入与负担、乡村财税等问题。在各编之首均加了一段综合性文字,以将本编各章的主要观点作简要概括。最后的"结论"对前述4编各章进行总结,其主旨在于进行初步的理论提升,期望能提出一个理解和解释这些年中国乡村建设的分析框架,并探讨相关的纲领性政策建议,力图能借此将全书统理起来。

(孟桂英)

乡村治理与农村公共产品供给:以江苏为例 于水(1966~ ,江苏徐州人,南京农业大学公共管理学院教授,中国农学会现代农业分会理事。研究方向:乡村治理与政策,公共危机管理,行政体制改革,农村公共产品供给)著,社会科学文献出版社2008年8出版,358千字。本书选择乡村治理新视角,系统分析农村公共产品的供给问题,建立乡村治理与农村公共产品的理论分析框架,探讨新农村建设中基于农户意愿的公共产品优先序的表达与需求机制的建立与完善,提出具有新意的学术见解和政策建议。本书的创新之处:从乡村治理与农村公共产品供给关系的角度,切入"三农"问题;对多中心理论中不符合现实的暗含假设条件进行显性化分析,指出创新乡村治理体制是解决农村公共产品供给困境的政策选择;农村公共产品供给主体构成模式是由其乡村治理模式决定的;大力发展第三部门在农村公共产品提供中的作用,是弥补政府和市场缺失的有效方法,同时也是解决乡村治理中草根民主问题的有效路径选择。 (孟桂英)

苏南城乡一体化之路——胡埭镇的变迁和创新 朱晋伟(1966~ ,陕西西安人,江南大学商学院教授。研究领域:跨国经营管理,人力资源管理,战略管理)、詹玉华、韩朝华著,中国社会科学出版社2008年5月出版,154千字。本书以苏南模式的最新发展为背景,以位于无锡的典型农业乡镇——胡埭镇为研究对象,通过大量第一手资料,分析该镇近年来经济社会发展的特点,探讨工业向园区集中、农民向社区集中、农业向生态园区集中的"三集中"战略的实现机理,介绍"三集中"战略的实施过程及其成效,剖析镇政府和村级组织在实现工业集约化、农业规模化、农民市民化过程中的作用。为提高农业综合效益、改变农村面貌、改善农民居住环境、促进城乡一体化进程提供了有益的参考。
(徐 萌)

中国农村城市化研究 邹农俭(1957~ ,江苏无锡人,南京师范大学社会学系教授,江苏省社会学会副会长,中国社会学会理事,江苏省城镇化研究会副会长。研究方向:城乡关系,社会结构,当代农村经济与社会)著,广西人民出版社1989年9月出版,200千字。《中国当代农村问题研究丛书》之一。农村城市化是农村发展、社会现代化中的一个重要变量,它直接与农业、农村、农民问题相关联,因而是一个需要引起关注的课题。本书试图对我国农村城市化的进程进行较为系统的探讨,以我国农村城市化的实际进程作为分析问题的线索,以农村城市化中的若干相关要素作为研究的重点,从而达到比较系统地观照我国农村城市化的客观历程,并为如何把握农村城市化这一我们正面临着的具有全局性意义的问题,提供一些建设性的意见。本书包括世界城市化概述,中国城市化的历史回顾,农业剩余劳动力:城市化之源,乡镇工业·小城镇·城市化,大城市·城市群·城镇体系,中国农村城市化的道路选择,城市化与城乡关系的演变,农村城市化的战略决策等内容。
(徐 萌)

东北地区城镇化与资源环境协调发展研究:城镇卷 周干峙(1930~2014,江苏苏州人,曾任清华大学建筑系教授,国家城乡建设环境保护部副部长,建设部副部长。长期从事城市规划设计和政策制定工作)主编,科学出版社2007年2月出版,366千字。《东北地区有关水土资源配置、生态与环境保护和可持续发展的若干战略问题研究》之一。全书在实地考察、综合调研、反复讨论的基础上,针对当前东北地区城镇化发展过程中出现的部分城市资源枯竭、就业压力沉重、轻重工业比重失调、城市基础设施不完善、城市污染严重等问题,提出了优化提升城市质量,大、中、小城市协调发展,促进资源枯竭型城市振兴,完善城镇供水排水系统和确保用水安全等战略建议。本书可作为国家和地方政府制订发展规划、提出决策的参考依据,也可供科研院所及相应高校的师生使用。(另有《发展我国大城市交通的研究》,已著录)
(韩 兵)

农村发展经济学 唐启国主编,湖南大学出版社1999年3月出版,363千字。本书从发展中国家发展战略的比较和选择、符合中国国情的农村发展战略、农村发展主体、人力资本理论与农村发展、自然资源与农村发展、环境保护与农村发展、资本资源与农村发展、科技进步与农村发展、国外资源与农村发展多个维度,结合中国实际出发,对中国农村经济发展进行了有益的探讨。在农村发展经济学的理论、结构和研究方法上均有所创新,是一部融理论性与实践性为一体的具有较高学术价值的著作。
(徐 萌)

土地用途管制研究 陈利根(1961~ ,江苏常熟人,南京农业大学教授,江苏省土地学会副理事长,江苏省哲学与社会科学联合会常务理事,中国法学会环境资源法学研究会常务理事,中国农业资源与区划理事。研究方向:土地行政与法学,土地制度与政策,农村发展)著,中国大地出版社2001年12月出版,254千字。土地用途管制是当前我国实行的一种新的土地管理制度。本书论述了土地用途管制的内涵,介绍了国内外土地用途管制的现状与趋势,分析了影响土地用途管制的因素以及用途管制与土地供需的关系,探讨了我国土地用途管制的特点、目标与原则,提出了相应的技术路线和相关的保障体系。本书也提出了一些具有前瞻性和启迪性的观点。

(徐 萌)

土地资源管理学 王万茂(1937～　,安徽芜湖人,南京农业大学土地资源管理学院教授,中国环境科学学会理事,中国国土经济研究会理事。研究方向:土地利用规划与管理,地籍与土地信息系统)、潘文珠编著,安徽科学技术出版社1989年5月出版,460千字。全书共11章,按照土地资源管理内容的顺序排列。第一章主要阐述土地和土地资源管理学的基本理论问题,对土地资源管理的客观必要性和内容体系作了详尽的论述。第二至十章以较多的篇幅着重对土地资源管理的各项内容作了大胆的探讨和系统的论述,其中包括土地统计管理、土地地权管理、土地法律管理、土地经济管理、土地环境管理、土地利用预测、土地利用结构和土地规划管理等。第十一章主要介绍面积量算和土地划界的常用方法。本书在处理土地资源管理学与其他相关学科的关系时,着重论述与管理有关的问题;在处理理论研究与实际工作的关系时,力求从理论与实际相结合的高度上讨论问题。所以本书具有理论性、实用性和资料性的特点,适用于从事土地管理和土地规划的理论和实际工作者参阅,也可作为高等院校相关专业的教学参考书及有关专业干部培训用教材。(另有《土地生态经济学》,已著录)

(徐 萌)

土地生态经济学 王万茂、高波等著,科学技术文献出版社1992年7月出版,257千字。本书以全新的构想、新颖的观点、系统的思想和综合的方法对土地这个极其复杂的生态经济系统进行全面剖析,系统地阐述土地生态经济学的基本原理、研究领域、技术方法和实际应用等内容,全面总结近年来中国有关部门在土地开发、整治、保护和利用中生态经济研究成果,具有系统性、科学性和实践性的特点。本书对于从事生态经济、土地管理、土地规划、资源经济、土地经济、土地保护和利用的教学、科研和实际工作人员有着重要的参考价值,可用作高等院校土地、经济和生态方面各专业的教材,也可作国家和地方土地管理干部培训教材。

(徐 萌)

农地价格论 黄贤金著,中国农业出版社1997年2月出版,252千字。本书在严格界定地产内涵、阐述农用地资产特征及中国经济市场化与农用地估价必要性的基础上,从理论、方法及应用3方面系统论述了农用地估价问题。《理论篇》分析了农用地估价的市场理论、价值理论、价格理论、地租理论、生产力理论、区位理论、地价成因论等基础理论问题。《方法篇》对农用地估价的主要方法作了介评,主要有土壤潜力估价法、收益还原法、市场分析法、数学模型法、成本法等。《应用篇》是结合中国农用地估价的实践,提出了中国农用地估价的主要思路;还以江苏省扬中市为例,测算了该市耕地基准价格,从而为全面开展耕地资源定级估价提供了实际范例。

(徐 萌)

技术进步与农业发展 顾焕章(1934～　,江苏阜宁人,南京农业大学经济管理学院教授,中国农学会农业园区分会副理事长,中国农业技术经济学会名誉理事长。研究方向:农业的技术进步和种植业的协调发展)著,江苏科学技术出版社1993年3月出版,300千字。本书由两个部分组成。上篇围绕技术进步与种植业发展的相互关系,估计了中国农业边界生产函数、农业要素生产率、土地、劳动力、化肥、农业机械、有机肥等投入要素对农业增长的贡献,专题性地探讨了农业发展过程中的技术创新与技术推广、化肥生产与供应、农户规模经营、农机社会化服务等。下篇围绕城郊副食品生产和供应中的技术经济问题和对策建议,研究探讨了大中城市副食品供应和需求的趋势、购销体制、农业技术推广与应用和北京、广州、沈阳、上海、南京5个代表性城市副食品生产和供应的具体问题。作为多年研究的集成之作,本书在研究内容、研究方法、研究结论等方面富有新意,对有关研究和党政有关决策管理部门具有参考价值,可供决策管理人员、高等学校教师、研究生和高年级本科生阅读。(另有《中国农业发展之研究》,已著录) (徐 萌)

"三农"新论:当前中国农业、农村、农民问题研究 陆学艺(1933～2013,江苏无锡人,曾任北京工业大学人文社会科学学院教授)著,社会科学文献出版社2005年5月出版,294千字。本书为2002年出版的《三农论》的续集,收集了自2002年初以来关于农业、农村、农民问题的论文和调查研究报告,多数是已经在各类报刊上发表过的,也有一些是内部刊物上刊登过和还未发表过的,还有几篇是2001年前的文稿。全书分编为:深化体制改革,促进农村发展;解决"三农"问题的政策建议;树立和落实科学发展观;社会阶层结构探讨和关于经济社会形势分析。共五个部分,32篇文章。 (蔡保鹏)

农业政策学 钟甫宁(1951～ ,广东梅州人,南京农业大学经济管理学院教授,中国农业经济学会副会长,江苏省经济学会副会长,江苏省农业经济学会副会长)主编,中国农业大学出版社2000年8月出版,272千字。本教材原由南京农业大学杨德祥教授主编,北京农业大学出版社1993年出版。重编时保留了原教材的体例,即先介绍原理,再介绍具体政策。根据农业经济专业的特点和课程教学大纲的要求,在具体内容上做了较大幅度的修订、补充,增加了农业政策经济原理、农业可持续发展政策、农村社会发展政策。为了不至于同其他课程重复,删去了原教材中主要国家和地区的农业政策介绍。在重编过程中,吸收了政策科学和农业政策研究领域里的一些新成果。本书是全国高等农业院校规划教材,主要供高等农业院校农林经济管理各专业教学使用,也可作为农村经济管理干部培训教材和政府相关部门工作人员参考用书。(另有《我国政策性种植业保险制度的可行性研究》,已著录) (徐 萌)

区际农村产业结构协调机制研究 严英龙等著,中国农业科技出版社1998年5月出版,166千字。本书是在国家社会科学基金资助课题"沿海地区与周边省农村产业结构协调机制问题研究"的成果基础上撰写而成。全书共分10章,在结构上可分为两大部分:第一至六章在回顾沿海与周边地区农村产业结构的发展历史并作简要评述的基础上,把比较优势理论引入地区农村产业结构分析,深入探讨了市场机制及政府的相机调控在协调区际农村产业结构中的功能。这一部分内容为后面的专题研究提供了分析背景和基本的理论框架。第七至十章选择沿海与周边省区较有代表性的省际间的粮食、棉花、农副产品和乡镇企业协调问题进行专题研究。 (韩 兵)

中国土地财政制度改革研究 朱秋霞(1954～ ,女,江苏人,南京财经大学财税学院教授。研究领域:中国财政制度,德国财政制度,中国金融制度,土地制度)著,立信会计出版社2007年4月出版,248千字。全书共4篇:第一篇为理论分析部分,包括农村土地制度理论分析、城市土地制度理论分析和土地财政制度理论分析。第二篇为对中国土地财政制度本身的研究,包括现代化过程中土地财政制度历史演变、分税制改革后的乡村土地财政制度、市镇土地财政制度和土地相关财政收入的利益分配。第三篇为中国土地财政制度改革的制度参考——主要土地财政制度介绍,包括德国土地财政制度、美国土地财政制度和中国香港土地财政制度。虽然这一篇各章标题基本一样,但在内容安排上考虑到各种制度特点以及篇幅限制,各章重点仍有区别。"德国"部分省去了市镇财政制度一节,增加了东德的房地产改革。第四篇为中国土地财政制度改革设想,包括中国市镇土地财政收入统计分析和中国土地财政制度改革设想,其中统计分析部分是改革方案的数据基础。(另有《中国财政制度——以国际比较为角度》,已著录) (徐 萌)

江苏土地管理实践与探索 江苏省国土管理局、江苏省土地学会编,杨向杰主编,中国大地出版社1998年6月出版,700千字。本书收录论文100余篇,从耕地保护、土地利用、地政地籍、土地资产管理与土地市场、土地使用制度改革、土地税费、建设用地管理、土地法制建设与土地监察、土地宣传教育与外事、土地科技研究与应用、基础工作、队伍建设等方面论述江苏省土地管理的实践与探索。

(王忆南)

农地非农化配置:公平、效率与公共福利——基于江苏省南京市的实证分析　诸培新(1968～ ,江苏高淳人,南京农业大学公共管理学院教授。研究方向:土地经济与政策,土地可持续利用与管理,资源、环境经济与政策)著,中国大地出版社 2006 年 11 月出版,158 千字。本文以福利经济学和资源经济学理论为基础,提出我国农地非农化配置的公平与效率的目标内涵、评价标准及其实现的理论路径。结合我国农地非农化配置的实践,文章分析我国农地非农化配置的公平与效率现状和相应的内在根源。在此基础上,以不同层次的调研数据为支撑,对我国农地非农化配置过程中的关键利益主体的社会福利变迁及其在非农化配置中的经济行为特征进行实证研究,得出具有较强可信度的结论并提出相关政策建议。

（徐　萌）

中国农村土地制度变迁和创新研究　钱忠好(1963～ ,江苏姜堰人,扬州大学管理学院教授。研究方向:农业经济理论与政策,土地经济理论与政策)著,中国农业出版社 1999 年 12 月出版,243 千字。本书创新之处:系统运用新制度经济学的研究方法,从经济学的角度研究中国农村土地制度变迁和创新问题;提出土地是一种特殊的劳动产品的判断并对土地价值形成的特点和形成机制进行深入研究;通过对土地制度、土地产权及其相互关系的研究,从理论上揭示出土地产权改革研究思路的缺陷之所在;运用新经济史学的研究方法,根据新制度经济学的有关理论,通过构建一个理论分析模型研究中国农村土地制度历史变迁问题;系统研究中国农村社会经济生活中的非正式制度安排对农地制度创新的影响作用;从农地的特性、中国农地制度的历史变迁、非正式制度安排对农地所有制选择的约束、农地所有制创新的成本与绩效、农地制度功能的发挥等出发,提出农地复合所有制的改革主张。

（徐　萌）

中国农村市场化制度变迁　黄景章(1966～ ,江苏徐州人,徐州师范大学经济学院教授,中国世界经济学会理事)著,新华出版社 2005 年 12 月出版,390 千字。《新世纪学术文库》之一,由农村市场化制度变迁、建立农村市场经济体制、完善农村市场经济体系 3 编构成。分别阐述市场化制度变迁的中国特色与市场经济的制度性、农业技术进步中的制度因素与农业增长方式的转变、农业结构的经济调整与制度性调整;建立农村市场经济体制、农产品市场体系建设;农产品流通体制改革、农产品价格、农产品价格变动对国民经济的影响、农村消费市场的开拓与国民经济发展之间的关系等问题,并针对现实中存在的问题,提出可行的对策建议。

（徐　萌）

问题与出路:后发地区农村生产力发展研究　李厚廷(1957～ ,江苏丰县人,徐州师范大学经济学院教授。研究方向:中国经济与制度经济学)著,中国经济出版社 2008 年 12 月出版,300 千字。在众多结构性失衡中,城乡发展差距最具典型性,城乡发展不平衡和区域发展不平衡的混合,促生了中国经济和社会发展最为薄弱的环节——后发地区的农村发展问题。后发地区的农村发展问题首先是生产力发展,这是决定其未来发展走向的基础。本书密切联系正在发生和将要发生的农村发展实践,独立思考并寻觅后发地区农村生产力的发展出路,在城乡一体化的统驭之下研究后发地区农村生产力发展问题。本书的基本内容由现代农业板块、产业板块和要素板块组成,以此构成后发地区农村生产力发展的 3 个支点;通过内力和外力两条途径的协同,在社会系统框架内推进后发地区农村生产力的发展。

（徐　萌）

中国技术市场建构论略:一个理论框架及对中国农业技术推广体系的考察　常向阳(1964～ ,甘肃酒泉人,南京农业大学教授。研究领域:市场营销,食品安全供应链管理及农业技术经济)著,中国矿业大学出版社 1999 年 9 月出版,290 千字。本书以经济学和系统论的理论方法,吸收新古典理论、新制度理论、公共选择理论、创新理论及投资理论等现代西方经济理论的有关成果,以技术市场为对象,进行了规范的经济学意义上的理论研究,旨在构建一个技术市场运行的理论分析框架,并在此基础上对中国农业技术推广体系进行分析和考察。本书认为,作为社会经济系统的一个子系统,中国技术市场功能的实现和发展,既依赖市场制度的发育与完善,也取决于宏观体制环境的变革;不仅需要交易各方的行为努力,更取决于政府的行为选择与政策取向。

（徐　萌）

中国农业区划的理论与实践　周立三主编,中国科学技术大学出版社 1993 年 10 月出版,390 千字。本书分上下两篇,对我国农业区划的理论研究和实践活动作了全面、系统的总结和探讨。上篇从农业生产的特点出发,探讨了农业区划的基本理论和区划的主要依据,着重对自然地域分异规律、劳动地域分工对农业生产布局的影响、土地系统与土地利用特点、农业区域的历史形成和演变过程等方面进行了分析研究。下篇对我国农业区划研究的进展、农业区划体系及其作用、农业区划的方法作了较详细的介绍和评论,对今后农业生产和农业区划工作在社会主义市场经济下的发展趋势和方向作了探讨,并提出了一些合理建议。本书内容丰富、观点新颖、资料翔实、图文并茂,可供从事农业区划、农业资源开发和区域规划等业务部门以及从事农业地理、乡村地理等研究工作者和高校师生参考。

（韩　兵）

中国农业区划方法论研究　高泳源(1914～,江苏苏州人,曾任中国科学院地理研究所研究员,《地理知识》主编)等著,科学出版社 1960 年 1 月出版,117 千字。全书共 8 章,论述了农业区划的概念和任务,扼要地评介了农业区划的国际经验和国内原有基础,系统阐明了我国农业区划的原则、种类和分级,对于农业区划工作中所要进行的农业自然条件评价,农业配置原有基础和农业远景发展规模与远景配置等三大主要课题,从概念到实践方法均作了较全面的论述,最后扼要地讨论了整个农业区划工作的实践步骤和方法。

（蔡保鹏）

中国农业发展之研究　顾焕章、张超超主编,中国农业科技出版社 2000 年 6 月出版,351 千字。本书共 8 章,撷取我国农业发展的主要因素进行研究,以市场经济为背景,从农业发展的动力源泉、中国农业资金形成及机制研究、农业科研资源的优化配置、农科教结合的理论与实践、农业可持续发展分析、农民经济组织制度研究、人力资源与农村发展、农村经济制度的创新和发展等几个不同角度,系统论述了中国农业发展的整体思路。

（徐　萌）

三峡库首地区土地资源潜力与生态环境建设　杨林章(1958～,江苏靖江人,中国科学院南京土壤研究所研究员,中国科学院三峡工程生态环境秭归实验站站长)等著,中国水利水电出版社 2007 年 6 月出版,350 千字。本书是作者多年来对三峡库区土地资源合理利用和生态环境建设方面研究工作的总结。全书以三峡库首为主,兼容库中和库尾地区。在资源方面,论述了土地资源特征及其提高现有耕地生产力的对策,植物资源与保护,森林资源及其利用,蔬菜和柑橘经济用物资源及其生产潜力等问题。(另有《中国农田生态系统养分循环与平衡及其管理》《土壤生态系统》,已著录)

（韩　兵）

农负、农赋、农富——农民负担稳定合理机制研究　李武武(1956～,江苏南京人,江南大学商学院教授。研究领域:社会主义经济运行,工商管理,农业经济,收入分配)著,中国矿业大学出版社 2002 年 2 月出版,160 千字。农民负担是一个历史话题,用科学的历史观研究农民负担稳定合理机制是本书的一大特点。农负和农富是一对既对立又统一的矛盾体,用辩证唯物主义观点看待和处理二者关系是本书的基本手法。农村实行税费改革既要积极又要稳妥。坚持解放思想实事求是的思想路线是本书理论创新、制度创新的出发点。本书理论联系实际,可读性强,适合从事农村工作的党政干部、理论工作者阅读,对农村基层干部群众、城镇居民、在校大学生了解农村税费改革总体思路很有帮助。

（徐　萌）

中国民工潮　朱力(1956～,上海人,南京大学社会学系教授,江苏省社会学会副秘书长、江苏省小城镇研究会常务理事。研究方向:中国社会转型期的社会问题)著,福建人民出版社 2002 年 4 月出版,376 千字。民工潮是中国历史上规模最宏大的社会流动,也是世界各国城市化过程中速度最快的一次移民行动。在世界各国,移民到所在国家和城市后往往便滞留下来并逐步融入当地的城市社区;而中国的移民却始终无法融入城市社区。作者怀着高度的社会责任感,以严肃的学术态度对民工潮这一重大社会现象进行深入探索。本书分为《实录编》,以个案资料的方式实录农民工的原生状态;

《入城编》，通过对农民工流动的阶段、外流的动因、进城的途径的分析，回答农民工为什么进城与如何进城；《生存编》，通过对农民工的收入、居住、婚姻家庭状况的描述揭示农民工如何在城市生活下去的；《适应编》，通过对农民工在城市生活中的适应、融合与流动代价的描述，研究农民工在城市整合中遇到的协调与冲突；《理论与管理编》，通过论述国内外关于农民流动的理论、劳动力市场、流出地与流入地政府的管理经验，对农民工教育管理提出建议。（另有《变迁之痛——转型期的社会失范研究》，已著录）　　　　　　　　　　（徐　萌）

农民收入、农民负担与结构调整　夏永祥、赵文娟等著，中国农业出版社2002年5月出版，278千字。本书以减轻农民负担和增加农民收入为出发点，以结构调整为主线。在结构上包括3部分，第一部分从总体上对中国"三农"问题进行分析，揭示了"三农"问题的新背景，即农业发展新阶段和加入WTO。第二部分分析农民收入、农民负担的演变及现状，并从农业税制改革等方面，提出减轻农民负担的对策建议。第三部分从增加农民收入和农业结构调整的关系入手，分析农业与农村经济结构调整方案，并以此为纲，系统分析与此相关和配套的农村市场建设、农业产业化、乡镇企业改革与发展、小城镇建设、农业可持续发展、农村科技进步与教育和农村土地制度创新等问题。　（徐　萌）

中国农业全书·江苏卷　《中国农业全书·江苏卷》编辑委员会编，中国农业出版社1998年12月出版，888千字。本书主干共计14章，分别为《农业自然资源》《农业区划与农业综合开发》《农村社会经济条件》《农业生产水平》《乡镇企业》《农村生产关系变革》《农业教育与科技》《国际农业合作与交流》《农村市场与流通》《农村经济收益分配》《农村文化、教育与卫生》《农村基层组织建设与精神文明建设》《地市农村经济》和《农业机构》。全书内容丰富，全面、客观、真实地介绍江苏农情，大跨度地描述江苏农村各行各业的历史沿革、发展进程和丰硕成果，是对江苏省农业的一次综合调查和展示。
　　　　　　　　　　　　　　　　（王忆南）

江苏农村改革发展30年　《江苏农村改革发展30年》编委会编，中国统计出版社2008年12月出版，393千字。本书全面介绍了在过去的30年中，江苏农村改革发展取得的重大突破和辉煌成就，回顾了江苏30年农村改革发展的伟大成就，总结30年农村改革发展的宝贵经验。全书分为《综述篇》《专题篇》和《资料篇》，对江苏农村改革发展30年进行全面回顾和总结，对江苏农业产业化经营、外向型农业、观光农业、乡镇企业、农村合作经济组织、农产品流通体制改革、农村劳动力转移就业、农业机械化等进行了专题介绍，收录了江苏省行政区划及变革、农村组织情况、农村社会总产值、主要农作物产量、农村居民人均总收入、农村教育基本情况等资料。　　　　　　　（王忆南）

中国粮食安全与成本优化研究　吴志华（1963～　，江苏武进人，南京财经大学营销与物流管理学院教授，中国物流学会常务理事，中国农业技术经济学会理事。研究方向：现代物流管理，粮食安全）等著，中国农业出版社2001年12月出版，238千字。本书从整个国家经济安全、国内外两个市场的有效利用、粮食特性及其变化、中国粮食安全的现状与前景以及粮食安全及其成本的统一等方面来整合研究备受世人关注的中国粮食安全问题，填补了中国粮食安全及其成本优化的理论空白，并为粮食过剩情况下农民增收、国家节支以及WTO下中国粮食安全政策的创新、中国粮食经济的战略调整提供重要的决策建议。本书系统性强：从分析现行粮食安全概念出发提出粮食安全新定义，从粮食安全的理论与实践得出中国粮食安全与成本优化的基本主张，从WTO对中国粮食安全的影响角度对所持观点进行印证。创新点多：相继提出新的粮食安全概念，系统阐述粮食安全成本，"大粮食与小口粮"战略的提出，"适度、素食、绿色与多样"的粮食消费战略等。（另有《中国粮食物流研究》，已著录）
　　　　　　　　　　　　　　　　（徐　萌）

中国现代畜牧兽医史料　蔡无忌、何正礼（1908～2003，江苏赣榆人，曾任江苏省农业科学院畜牧兽医所研究员、院学术委员会副主任）编著，科学技术出版社1956年6月出版，20千字。本书由中国科学社主编，为《中国科学史料丛书（现代之部）》第四辑。书中就我国近40年来对于畜牧兽医的事业、行政、教育与学术方面的一些经过情况作了扼要而明确的叙述,以便供有志研究者作为参考。　　　　　　　　　　　　　（蔡保鹏）

江苏林业产业发展战略研究　张智光(1958～　,上海人,祖籍福州,南京林业大学经济管理学院教授。研究领域：林业与环境经济管理,管理科学与系统工程)主编,中国林业出版社2004年5月出版,320千字。本书基于现代战略管理理论、产业经济理论和系统工程原理,对江苏林业产业的发展历程、现状和趋势以及内部和外部环境进行系统分析,对江苏林业产业的优势、劣势、机遇和危机进行SWOT分析,提出符合江苏实际的林业产业发展的战略目标、战略方案和实施保障,对于江苏林业如何发挥优势、克服劣势、抓住机遇、迎战危机,确保实现持续稳定的发展提供理论依据和可操作的对策建议。本书适合各层次林业管理人员和基层林业工作者阅读,也可作为林业经济管理领域的研究人员和林业院校师生的教学与科研参考书。本书系统规范的研究方法、新颖独到的思想观念和理论联系实际的研究成果对解决全国的林业经济管理问题具有一定的参考价值。　（徐　萌）

中国近代畜牧业发展研究　李群(1960～　,湖北武汉人,南京农业大学动物科技学院教授,中国农业历史学会畜牧兽医史分会常务副会长。研究方向：科学技术史)著,中国农业科学技术出版社2004年12月出版,280千字。本书在结合历史学科研究及畜牧专业特点的基础上,采用多种研究方法来从事研究,首次对中国近代畜牧科技与畜牧经济发展进行系统和深入的研究;将畜牧科技史与畜牧经济史结合起来研究;利用大量原始数据资料进行统计分析从而得出结论。本书是迄今为止研究我国近代畜牧业最系统、最深入的著作,将有助于我们在深入了解我国近代畜牧业发展状况,探索我国近代畜牧业发展的内在原因,对正确理解我国农村、农业、农民所面临各种问题,对我国加入世界贸易组织及农村经济结构的调整有重要参考价值与学术意义。　　　　　　　　　　　（徐　萌）

江苏农村社会化服务实证研究　包宗顺(1956～　,江苏镇江人,江苏省社会科学院农村发展研究所研究员。研究方向：农村经济,中小企业)等著,中国农业科技出版社1998年2月出版,230千字。20世纪80年代末至90年代初,农村社会化服务成为国内经济研究的热点。本书作为国家社科基金资助课题,立足江苏,采取农户问卷调查和乡村典型案例重点解剖相结合的方法,对农村社会化服务体系建设专题进行系统的实证研究,分别剖析苏南和苏北两个典型的社会化服务体系的发育程度及其在机构设置、职能承担和运作方式上形成巨大差异的原因,对不同经济发展水平地区的农业社会化服务体系的发育状况及其各自的特征进行了比较全面、系统的研究,在组织与制度创新方面提出了一系列政策调整建议。　　（韩　兵）

关于发展我国农业和畜牧业的问题　戴松恩(1907～1987,江苏常熟人,中国科学院学部委员,曾任华北农业科学研究所研究员,中国农业科学院副院长)编,科学普及出版社1957年7月出版,13千字。本书不但介绍了目前世界农牧业先进科学技术的新成就,如改良作物品种、新的耕作方法以及肥料、病虫害、畜牧等各方面的新成就,并且又根据我国目前情况,全面分析了目前在我国发展农牧业中存在的问题,如兴修水利、增施肥料、复种、家畜繁殖改良等方面的问题,指出了今后研究这些问题的途径和发展方向。　　　　（蔡保鹏）

江苏农村工业50周年　吴群(1958～　,女,江苏无锡人,江苏省社会科学院《现代经济探讨》杂志主编、研究员。研究方向：中小企业民营经济)主编,江苏人民出版社1999年9月出版,270千字。本书回顾总结了江苏农村工业50年的成功实践,特别是乡镇企业的大发展;全面展示了新中国成立50年来江苏社会发展的巨大成就,总结了社会发展的基本经验,并展现了新世纪江苏社会发展的前景。本书通过对江苏社会发展历程和基本经验的分析,对有中国特色的社会主义发展的道路和规律进行了初步探索,形成了自己的特点。　（韩　兵）

豫北淮北苏北地区农业综合治理开发技术专题研究　赵其国(1930～　,湖北武汉人,中国科学院南京土壤研究所研究员,中国科学院农业科学研究委员会主任,长期从事土壤地理与资源研究)主编,科学出版社1993年12月出版,328千字。《中国科学院黄淮海平原农业综合开发丛书》之一。共收入30篇论文。内容包括豫北金堤河流域水土资源合理开发利用和水质评价,风沙化土地农业生态系统及其高效利用,应用低空遥感方法研究小麦长势、氮磷元素丰缺和高产预测,农业废弃物生物循环利用,池塘成鱼增产技术及放养模式,主要饲料原料中微量元素背景值和液体饲料添加剂及其应用,泡桐丛枝病类菌原体的诊断和防治,新农药呋喃类杀菌剂等研究;淮北平原砂姜黑土综合改良利用技术及其效益,主要作物及优质小麦高产施肥技术;苏北砂姜黑土的肥力特征及合理施肥等研究。全书内容丰富,具有较强的生产性和科学性,对区域农业进一步综合治理与开发具有重要参考价值。(另有《土壤地理研究法》《中国土壤资源》,已著录) （韩 兵）

苏南农村工业化研究 徐元明(1945～ ,江苏海门人,江苏省社会科学院研究员,《江苏经济探讨》副主编,《中外企业》杂志主编。研究方向:乡镇企业经济)等著,吉林人民出版社2006年12月出版,370千字。本书从苏南农村工业化演进、农村工业化与苏南的新农村建设、塘桥镇工业化之路、企业体制构造与创新、苏南农村个体私营企业发展、常熟服装产业集聚的调查、丹阳眼镜产业集聚的调查、农村工业化与苏南模式的演进几个方面,对苏南农村工业化问题进行了深入细致的研究,以期通过这种理论和实践的总结,为苏南农村工业化寻找一条科学而可行的新路子。(另有《塘桥工业化之路》,已著录） （徐 萌）

论"苏南"模式 朱通华著,江苏人民出版社1987年8月出版,126千字。本书较深刻地阐述了"苏南模式"的重要特征及其发展前景,介绍了"苏南模式"产生与发展的历史过程,论述了形成这一模式的客观必然性,并从"苏南模式"内涵的多样性出发,总结和介绍了各种不同类型的具体经验。本书还兼论和评述了"温州模式""闽南模式""耿车模式",对不同模式做了比较研究,对关心苏南农村经济发展的理论工作者和实际工作者有一定的参考价值。 （王忆南）

西部农业开发与生态中外比较 慈鸿飞(1948～ ,辽宁盖县人,南京师范大学社会发展学院教授,中国经济史学会理事,中国农业历史学会理事。研究领域:中国近代经济史,农村经济史)著,商务印书馆2007年4月出版,140千字。本书将历史学、经济学乃至自然科学的方法结合起来,对西部资源开发和环境加以仔细考察,以求能较清楚准确地说明问题。本书有四个创新点:一是运用马克思主义政治经济学并吸取西方经济学中合理的理论和方法,借鉴了抽象演绎和博弈论的相关分析方法。二是以体制改革中的利益关系变化和调整为主线,对体制改革中利益矛盾的制度成因、各种利益的实现形式、运行机理和协调机制做了深入分析。三是在对现实问题的分析中突出理论分析与内在逻辑关系探讨。四是在研究中贯彻以事实为根据,生产力首要性的观点,提出了不少符合实际的创新性对策观点。 （徐 萌）

天然文岩渠流域农业发展战略和综合治理研究:1983～1985 王遵亲(1923～ ,山东泰安人,曾任职于中国科学院南京土壤研究所,长期致力于盐渍土的发生、演变、分类及改良利用研究)等著,科学出版社1987年2月出版,284千字。本书系中国科学院国家"六五"科技攻关项目研究成果之一。书中从黄淮海平原农业发展战略和综合治理、合理开发的角度,对豫北天然文岩渠流域影响农业发展的有利因素和不利因素、各种自然灾害以及农业生产和社会经济现状等方面进行了较全面、详细而深入的多学科现场综合调查研究与评估,提出了农业发展战略目标与综合治理、合理开发的主要环节、途径、各种有效措施及其实施的区划和可供选择的方案。本书在国家科委组织的鉴定会上得到高度评价。(另有《天然文岩渠流域农业自然资源研究》《中国盐渍土》,已著录） （韩 兵）

天然文岩渠流域农业自然资源研究 王遵亲主编,科学出版社1987年2月出版,260千字。《"黄淮海平原综合治理与开发研究"九集丛书》之一,也是中国科学院组织的"天然文岩渠流域农业发展战略和综合治理开发"多学科研究中的专题研究论文。它们是对"天然文岩渠流域农业发展战略和综合治理研究"专著学科性内容的补充。本文集共有7篇关于水利、土壤、植被和农业自然资源及其合理配置系统工程分析等论文。天然文岩渠流域的自然条件、农业生产和社会经济状况以及各种自然灾害威胁的存在等,在黄淮海平原具有很大的代表性。

（韩　兵）

中国农业经济教育史　刘崧生、刘葆金主编,中国农业科技出版社 1997 年 10 月出版,210 千字。本书从中国农业经济教育史的角度,分建国前我国农业经济教育的发展、建国后 30 年高等农业经济教育发展的曲折历程及十一届三中全会后农业经济教育的改革与发展等 3 个部分,对中国农业经济教育的发展历程进行了系统研究。书的最后附录了各高等农业院校农业经济系(院)发展的概况。

（蔡保鹏）

中国农业自然资源与区域发展　孙颔(1929～2015,江苏无锡人,曾任华东农业科学研究所研究员、中共江苏省委副书记、江苏省委党校校长)等主编,江苏科学技术出版社 1994 年 10 月出版,680 千字。本著的编写工作由全国农业区划委员会和农业部成立的"中国农业自然资源与区域发展"研究组共同完成,全书分 3 篇 21 章。第一篇:总论,阐述中国农业发展简史,综合评价全国的农业自然资源和农业社会经济条件,分析农业的地域分异规律和农业区的划分;对农业发展的基本战略和若干主要问题的对策进行探讨,并提出科学建议。第二篇:农业自然资源,分别就气候资源、水资源、土地资源、森林资源、草地资源、水产资源、野生动植物资源,阐明其类型、分布、特点和数量,对其质量和潜力作出评价;并提出合理利用、开发、保护和治理的对策。第三篇:农业区域发展,分别对全国 9 个一级农业区——东北区、内蒙古及长城沿线区、黄土高原区、黄淮海区、长江中下游区、西南区、华南区、青藏区,阐明其农业自然资源和社会经济条件的特征,分析农业生产的特点,提出农业发展的方向与途径;还就各大区中若干对全国具有重大意义的类型区,分别阐述了建设、开发或治理的方针与关键措施。

（王忆南）

非洲农业地理　曾尊固等编著,商务印书馆 1984 年 8 月出版,375 千字。《世界农业地理丛书》之一。本书在体系结构上采用总论和分论并重的写法,既概括地介绍非洲农业的全貌,又对非洲各部分的农业特点作比较深入的分析。第一部分总论,侧重评述整个非洲农业发展的条件和对非洲作为一个整体的农业及其各部门作些经济分析,较多地应用统计方法探讨发展变化的趋势。第二部分农业的地区差异,侧重从地理角度进行分析,对非洲各地区农业发展的条件、特点、问题和趋势作比较具体、系统的论述。

（蔡保鹏）

可持续发展战略中矿产资源最适耗竭理论的研究　魏晓平(1953～　,中国矿业大学管理学院教授。研究方向:系统科学,数量经济学,资源经济与管理)著,中国矿业大学出版社 1999 年 11 月出版,144 千字。本书从分析评价西方发达国家以及我国现行工程造价的计价模式入手,对我国建筑工程造价的计价模式与发达国家进行对比分析,并结合我国煤炭建筑工程造价的计价特点,建立包含一系列新的理念和方法的理论体系——煤炭建筑工程造价的计价理论体系与方法论。本书主要内容包括:工程造价及计价概述、工程造价计价的国内外研究现状、煤炭建筑工程市场定价的理论框架及其模式构建、煤炭建筑已完工程造价数据库的建立、实现煤炭建筑工程造价计价模式的数学方法及工程实例、工程造价的全过程控制。本书可作为高等学校工程管理专业及相关专业的教材或教学参考书,也可供政府建设主管部门、建设单位、工程咨询及监理单位等有关工程管理人员参考。

（徐　萌）

造船供应链合作关系管理　张光明(1963～　,江苏溧阳人,江苏科技大学国际学院教授。研究方向:供应链管理和技术创新)著,哈尔滨工程大学出版社 2007 年 1 月出版,235 千字。合作是造船供应链的关键,合作关系管理是造船供应链管理的核心。本书围绕造船供应链合作关系建立、运行和维护的过程,依次研究造船供应链合作伙伴选择、合作内容协商、合作进度协同、合作风险防范、合作利益分配、合作信誉维护、合作文化建设等问题,进而构建有效的运作机制,促使造船供应链合作关系的持续健康发展。

（徐　萌）

投资项目后评价　黄德春(1966～　,江苏海安人,河海大学商学院教授)著,海洋出版社 2004年8月出版,230千字。本书研究投资项目后评价的理论基础:基于可持续发展的动态管理理论和费用-效益分析理论;探讨投资项目后评价的方法论基础;全面解析投资项目过程,对财务、国民经济、社会、环境、管理、持续性、综合后评价的内容及方法进行研究;着重探讨币值变动对经济指标的影响,社会影响后评价指标的量化问题;以及环境效益的计算;深入地研究综合后评价中指标体系的构建,归一量化及权重的确定,构建基于模糊优选的 BP 神经网络综合后评价模型,并结合水利、交通项目,进行实证研究。本书可作为港航、水利、技术经济等专业相关研究工作者参考用书。　　(徐　萌)

世界各国工业化模式　陈晓律(1954～　,四川新都人,南京大学历史系教授,中国欧洲学会历史分会副会长,世界近现代史研究会副会长,江苏省世界史学会副会长,中国英国史学会常务理事。研究方向:世界近现代史)著,南京出版社 1998年12月出版,249千字。本书为国家"九五"重点图书出版规划项目,主要从全球性发展的角度出发来探讨东西方不同发展模式形成的历史渊源,用现代化理论和比较历史的方法对发达国家和发展中国家的工业化模式进行比较研究,并对发展中国家在发展过程中所遇到的普遍性问题进行专题探讨,介绍了西方主要工业国家和亚洲"四小龙"工业化发展的状况、模式及其经验教训,以此为中国工业化发展提供借鉴。(另有《英国福利制度的由来与发展》,已著录)　　　　　　　　(王忆南)

江苏机械工业四十年　江苏省机械工业厅编,江苏人民出版社 1990年12月出版,560千字。本书是一本比较全面、系统反映江苏机械工业发展历程的专著,记载了江苏几百万机械职工40年艰苦创业,自力更生,辛勤劳动,奋发努力所取得的丰硕成果。全书共分五个部分。第一篇是综合篇,从发展简史、产品特色、技术结构、技术引进、出口创汇、职工教育、发展规划、乡镇机械企业等 10 个方面综合分析江苏机械工业的发展以及在江苏国民经济中所处的地位、作用;第二篇是专业篇,分9章对江苏省机械工业的 11 个行业的结构特点和优势进行分析;第三篇是地区篇,对 11 个市机械工业的地区分布结构、特色、优势进行剖析;第四篇是企事业篇,对江苏机械工业厅直属的研究院(所)、学校、公司以及江苏省40多个重点骨干机械企业的发展作了介绍;第五篇是战略篇,收录了关于江苏机械工业发展战略的调查研究报告、论文和技术政策。最后的附录中收集了江苏省机械行业历年获得的主要科技成果、得奖产品、替代进口产品目录和重要的经济统计资料。　　　　　　(王忆南)

论机电工业发展和改革开放　周建南(1917～1995,江苏宜兴人,机械工业部部长,为建立新中国电工行业的生产和科研体系以及国防工业建设作出了贡献)著,机械工业出版社 1993年1月出版,355千字。本文集主要精选汇集了著者近10年来从事机械工业和机电产品出口领导工作期间,就机械工业的发展战略、机械工业体制改革和对外开放以及扩大机电产品出口、促进机电工业发展的方针、政策等问题所作的讲话和发表的文章。文集共分为机械工业发展战略、机械工业改革开放、扩大机电产品出口,促进机电工业发展3部分。

(韩　兵)

南京云锦史　徐仲杰(1924～　,原籍安徽,任职于南京云锦研究所,曾任中国工艺美术学会全国织锦专业委员会秘书长)著,江苏科学技术出版社 1985年4月出版,130千字。本书是著者从事云锦研究工作30年的劳动结晶,是目前云锦发展史方面的一份较完整的资料。其内容包括云锦的历史发展情况、云锦织造业的生产关系、云锦的品种及其艺术成就三部分。

(韩　兵)

中国棉纺织史稿　严中平(1909～1991,江苏涟水人,曾任中国科学院经济研究所研究员)著,科学出版社 1955年9月出版,323千字。本书原名《中国棉业之发展》,于1942年刊行出版,1955年由作者补充修改,改称《中国棉纺织史稿》再版印行。全书叙述了 1289～1937 年间中国棉纺织业的发展史,特别着重分析 1840～1937 年间的发展史,如附题所示,本书目的在于通过棉纺织发展史的研究,来阐述中国资本主义发生发展过程的特殊性。作者收集了相当丰富的史料,学习运用马克思列宁主义的理论来分析中国的具体问题,对于研究中国近代经济史、革命史的读者,是一本有用的参考书。

(王忆南)

江苏水利全书(全 3 册) 武同举(1871～1944,字霞峰,晚年号两轩,江苏连云港人,一生致力于水利文献史料搜集,整理编纂,著作等身。曾撰写《两轩滕语》《淮系年表》《江苏通志水工志稿》《安徽通志水工志等》)著,南京水利实验处 1950 年印行,约百万字。全书共 7 篇 43 卷。该书始著于民国十六年(1927),完成于民国二十九年(1940)。1941 年韩国钧先生作序并题书名,1949 年由其子武可清等将稿本捐献国家,南京市军管会水利部刘宠光部长复函致谢。后由著名水利学家、南京水利实验处黄文熙处长组织印行。本书因水立编,干支经纬,各有系统,对长江、淮河、江北江南运河、太湖流域、江南海塘等,均有详细记录。作者指出,江苏水利全局,以治江居首要,其次治淮。然治江、治淮、治黄,皆为运漕,故以治运为最频繁,工程不可胜数。太湖治理以三江,特别是吴淞江为著。该书对江苏有史以来的水利事迹作了全面、深入、细致的文献整理和史实论述,上下数千年,纵横千百里之水利掌故,为后人研究提供了坚实的基础,其艰难开创之功,不可磨灭。

(王 健)

流域水利战略管理——以海河流域为例 卞艺杰(1964～ ,江苏海门人,河海大学教授,江苏省系统工程学会理事。研究方向:信息管理与电子商务,金融工程与投资管理,技术创新与知识管理)等编著,河海大学出版社 2004 年 9 月出版,字数不详。《水利战略管理丛书》之一。本书以海河流域的水利管理为基本原则,对流域水利可持续发展战略的基本理论与方法进行了研究,提出了海河流域水利发展战略规划体系、重点战略与战略推进。既包含水利战略管理的理论与方法的研究,也包含水利投资、流域水利战略、流域水利现代化等许多理论与应用相结合的成果,理论与实证相结合,既具有理论深度,又具有创新性。

(徐 萌)

煤炭资源价值与矿区可持续发展 刘金平(1962～ ,陕西凤翔人,中国矿业大学管理学院教授,中国煤炭学会会员,江苏省矿业协会理事。研究方向:矿产及土地资源经济及管理)、樊华民著,中国矿业大学出版社 2006 年 9 月出版,224 千字。本书注重理论、方法及实践。主要涉及煤炭资源开发利用的价值及其构成、模型与环境价值评估;矿区可持续发展的总体目标、战略、基本模式、基本技术、机制和制度以及具体措施;对永城矿区社会经济环境影响评价及其综合规划和塌陷地可持续利用等内容。本书可供从事国土资源开发利用、研究与管理的人员参考使用,同时也可作为高等学校相关专业的教学参考书。

(徐 萌)

传统产业的变革——神东快速发展的思考 王安(1959～ ,内蒙古凉城人,中国工程院院士,中国矿业大学管理学院教授。研究方向:煤炭生产技术管理,企业管理)著,中国科学技术出版社 2006 年 4 月出版,141 千字。本书通过对神东公司快速发展的深入分析和探讨,揭示神东公司走新型工业化道路、改变传统煤炭产业的做法及特点。全书共 7 章,分别阐述神东公司快速发展的观念创新、技术创新、管理体制创新、人本管理、安全管理、环境治理和生态建设、企业文化建设等。其展示的神东公司快速发展模式,对我国传统煤炭产业的变革和相关产业走新型工业化道路具有一定的借鉴和示范作用。本书可供煤矿企业和相关企业的高层管理人员和技术人员参阅,也可供高等院校相关专业的师生参考。

(徐 萌)

中国装备制造业系统演化与评价研究 王子龙(1978～ ,河南永城人,南京航空航天大学经济与管理学院教授。研究方向:企业战略管理,产业经济管理,技术经济管理)著,科学出版社 2007 年 8 月出版,347 千字。本书融合演化经济学、进化生态学和系统科学等相关学科的理论和方法,将装备制造业纳入独立的产业经济系统框架进行研究,系统分析装备制造业演化的市场结构、产业结构、空间结构、路径依赖、技术创新和产业升级。结合中国装备制造业发展的实际状况,从装备制造业系统演化轨迹、装备制造业系统结构演化、装备制造业系统演化的路径依赖与技术创新、装备制造业系统演化的数理分析与预测、装备制造业系统演化评价 5 个方面开展了研究。针对以上研究问题,从优化产业结构、提高自主创新能力以及提升国际竞争力 3 个角度提出了装备制造业系统协调发展的对策

建议。　　　　　　　　　　　　　（徐　萌）

国际产业资本转移与中国世界制造中心研究
张为付(1963~　,江苏睢宁人,南京财经大学国际经贸学院教授。研究方向：国际贸易,国际直接投资,产业经济)著,中国财政经济出版社2005年11月出版,221千字。本书以国际产业资本转移为背景,通过对世界经济史上已有的几代世界制造中心的形成与变迁历史的考察,对世界制造中心的时代内涵和形成变迁机理等基础性问题进行研究,并指出中国世界制造中心形成的可能性及特征,然后通过实证分析方法对提出的论点进行数理论证,是目前较为全面系统研究中国世界制造中心问题的专著之一。该书的特点：通过对世界经济史上几代世界制造中心形成与变迁的考察,剖析推动世界制造中心形成与变迁的基本要素,归纳总结世界制造中心的时代内涵,研究世界制造中心的形成变迁机理；根据对推动世界制造中心形成与变迁基本要素的研究,逻辑推理出中国成为新一代世界制造中心的可能和不同的经济特征；作者通过大量的数理实证计算来支持验证所提出的观点,使结论具有较强的科学性和客观性。　　　　　　（徐　萌）

矿产资源有偿开采研究　朱学义等著,中国矿业大学出版社1999年11月出版,169千字。本书从理论和应用两个方面对矿产资源的有偿开采进行系统阐述,包括矿产资源基本知识、国外矿产资源管理及其价值的确定、国内矿产资源价值管理的研究现状、我国矿产资源管理体制改革方向研究、矿产资源价值量化基本理论及计量模型研究、矿产资源权益价值理论研究、矿产资源的定级研究、矿产资源定价研究、矿产资源资本化理论研究、矿产资源资本化方法研究、我国矿产资源税费体系改革研究和矿产资源资本化实证研究共12章。本书适用于矿产资源管理人员、经济研究人员、矿山企业的工作人员以及相关专业的研究生学习使用。
　　　　　　　　　　　　　　　　（徐　萌）

明代盐业经济研究　刘淼著,汕头大学出版社1996年6月出版,307千字。本书的重点,一是着重考察明朝的盐业经济以及盐业同其他经济部门的关系,并以此为基点,试图以盐业经济为突破口,进而探讨传统经济的性质与运行规律；二是研讨在中国传统社会条件下国家权力究竟怎样经营盐业的问题,从而在政府行为与产业关系的结合点上寻找传统社会的要素；三是从经济史研究的角度,考察盐业经济本身的传统结构模式及其演变、整合、变迁的过程与特点诸问题。
　　　　　　　　　　　　　　　　（徐　萌）

江苏盐业史略　《江苏盐业史略》编写组编,江苏人民出版社1988年6月出版。江苏盐业生产历史悠久,省内两淮盐场是我国历史上最早的盐区之一。本书按时间顺序分阶段介绍了江苏盐业发展的历史,主要包括《清代以前的江苏盐业》《民国时期的江苏盐业》《抗战期间的江苏盐业》《解放战争时期的江苏盐务》《建国后前三十年的成就》《江苏盐业在改革开放中前进》等章节。（王忆南）

苏州手工业史　段本洛(1932~　,云南云龙人,白族,苏州大学历史系教授。研究方向：江南地区社会经济,江南地区阶级和阶级关系)、张圻福著,江苏古籍出版社1986年9月出版,514千字。《江苏经济史丛书》之一。该书对苏州手工业的发展作了系统的历史考察,开辟了我国区域性经济史研究的一个新领域。苏州手工业在国民经济中具有相当重要的地位,不仅丝织手工业和棉纺织手工业在全国享有盛名,而且城镇手工业如工艺美术、刺绣、雕刻、花边等均以独特的民族风格和浓郁的地方特色,在国内外享有崇高的声誉。为对苏州手工业作深入研究,为现代化建设提供历史借鉴,作者采用典型带一般的研究方法,以苏州丝织业和棉纺业的发展历史作为中心线索,兼顾其他城镇手工业、工艺美术手工业和农民家庭手工业。通过这些行业的盛衰、起落的典型解剖,阐述苏州地区(包括无锡、松江)生产力和生产关系的变化和发展。
　　　　　　　　　　　　　　　　（徐　萌）

长三角托起的中国制造　刘志彪等著,中国人民大学出版社2006年3月出版,495千字。《中国经济问题丛书》之一。本书研究了长江三角洲地区制造业发展的基本态势、结构变化、动力机制、产业组织、空间布局、制度环境等问题,揭示了长江三角洲地区制造业发展的趋势、规律、经验、教训等问题。
　　　　　　　　　　　　　　　　（蔡保鹏）

塘桥工业化之路 徐元明、叶鼎著,上海社会科学院出版社1987年1月出版,129千字。"塘桥工业化之路"实际上就是苏州发展乡村工业的一个缩影,它足以说明乡村工业在农村中的重要地位和巨大作用。本书详实地记载了塘桥发展乡村工业的历史,有力地说明了发展乡村工业是建设社会主义新农村的必由之路,全面地总结了正确处理农业、副业与工业,国家、集体与个人之间的关系,加强乡村工业的经营管理以及随着农村生产力的发展而逐步改革经济体制等方面的经验。这是一本研究苏州农村经济的重要史料。它为从事农村工作的同志提供了许多有益的启示,为从事城市工作的同志展示了实现城乡一体化的光辉前景,为从事经济理论研究的同志提供了可靠的客观依据。

(徐 萌)

江苏近代民族工业史 孙宅巍(1940～ ,江苏扬州人,曾任江苏省社会科学院历史研究所副所长、研究员。研究方向:民国史,中国现代史)等主编,南京师范大学出版社1999年9月出版,332千字。本书是在系统考察了江苏近代民族工业的发生、发展过程,并加以分析和客观评价后撰写出来的一部学术专著。本书基本内容:对江苏近代民族工业的界定;自然经济与江苏近代民族工业的内在联系;江苏近代民族工业的启动模式;近代江苏民族工业与政府的关系;江苏近代民族工业发展的特点。(另有《南京大屠杀》《澄清历史:南京大屠杀研究与思考》,已著录) (韩 兵)

铁路与社会经济:广西铁路研究(1885～1965)
朱从兵(1965～ ,江苏如皋人,苏州大学社会学院教授,中国近现代史料学会理事,中国太平天国史研究会副秘书长。研究领域:中国近代经济史,民族区域经济史,中国铁路史,太平天国史)著,广西师范大学出版社1999年9月出版,423千字。本书内容可分两大部分:第一部分是叙说、研究从晚清至1965年期间广西筹划与建设铁路的历程,其中包括帝国主义掠夺广西路权,国内官、商筹办铁路,20世纪三四十年代和五六十年代建设铁路的努力和成就。这是中国近代历史的一部分,是反帝爱国、各界人民为国家和地方的福利进行铁路建设的历史。第二部分是分析、研究广西铁路对广西社会经济的影响,包括对工业、农业、城市圩镇和商业、贸易的影响,铁路建设与广西交通运输格局变化的关系等。作者对这两部分都做了多年的研究,内容都富有学术价值。(另有《李鸿章与中国铁路:中国近代铁路建设事业的艰难起步》,已著录) (徐 萌)

李鸿章与中国铁路:中国近代铁路建设事业的艰难起步 朱从兵著,群言出版社2006年3月出版,423千字。李鸿章是中国近代铁路建设事业的开创者,被曾鲲化称为"中国铁路元勋",被张之洞称为"铁路总裁"。铁路建设是第二次现代化浪潮期间各国的中心任务。西方列强不断地要求中国建设铁路,并试图建设通达中国边疆地区的铁路线。在这种大的历史背景下,自从铁路知识传入那天起,中国就面临着要不要、如何、由何人、在何地建设铁路等一系列两难问题。西方列强的觊觎、传统观念的束缚、铁路本身的利弊、权力斗争的影响,使得这些问题更为复杂化。本书充分利用报刊资料和函电史料,以世界史的眼光揭示中国近代铁路建设事业艰难起步的历史环境和历史过程,详细阐述李鸿章对中国近代铁路建设的历史贡献和经验教训,分析李鸿章的铁路建设思想及其认识水平,对李鸿章在中国铁路史上的历史地位作了分析和评价。

(徐 萌)

江苏航运史(近代部分) 郭孝义(1927～ ,江苏镇江人,原镇江师范专科学校政法系教授。研究方向:中国近现代史,中国民族与地方史志,企业经济)主编,人民交通出版社1990年10月出版,201千字。本书叙述了从公元1840年鸦片战争到1949年中华人民共和国成立前的江苏航运发展历史。其主要内容包括外轮的侵入、外国轮运组织的设立、江苏轮运业的开创和近代港口的形成、轮木船客货运输的发展、近代水工和船舶修造技术的进步以及抗日、解放战争中人民的支前运输等,同时还适当阐述了江苏近代航运发展规律,为开拓发展现代航运提供了有益的借鉴,可供史学工作者参考,亦可作为专业史教材使用。

(王忆南)

江苏航运史(古代部分) 汪家伦(1932～ ,江苏高淳人,河海大学水利水电学院教授。曾任中国水利学会水利史研究会委员。研究方向:中国农田水利史,中国水利史)等编,人民交通出版社1989年2月出版,162千字。本书共分6章,分别介绍了江苏水运的起源和秦汉时期水运业的初创,从三国到南北朝时期江苏航运业的发展,隋唐五代时期大运河的贯通及江淮漕运,两宋时期江苏航运业的新发展,元代京杭运河的形成和海漕的兴起,明代江苏航运业的兴盛,清代前期江苏航运业的持续发展。本书以大量的历史资料,再现了江苏古代航运发展的历史,从一个侧面探讨了中国古代航运历史规律,为现代航运的开拓提供了一些有益的借鉴。(另有《中国农田水利史》,已著录) （徐志辉）

发展我国大城市交通的研究 周干峙等著,中国建筑工业出版社1997年6月出版,408千字。本书针对当前我国大城市交通科学决策的需要,对城市交通问题的现状及其形成机理进行比较分析。著者就21世纪城市交通现代化所面临的挑战,从可持续的生产、消费和住区协调发展的交通观点,提出了相应的发展目标、战略措施、规划建设以及管理等方面的对策。本书是中国科学院技术科学部组织的院士咨询项目的研究成果。 （韩 兵）

观光农业园规划与经营 王树进(1956～ ,安徽庐江人,南京农业大学经济与贸易学院教授,中国农学会农业园区分会副会长,中国农业技术经济研究会常务理事。研究方向:农业科技园区规划设计)编著,中国社会出版社2008年2月出版,160千字。本书力图借鉴全国同行最新的研究成果,为各地政府和观光农业园的业主们出谋划策。全书共分11章,包括观光农业发展概况,观光农业园的作用与功能,观光农业园规划建设的目的与理念,观光农业园规划的市场、技术与资源研究,观光农业园的选址与经营定位,园区项目设置与布局,园区农业生产规划,接待规模的估算、道路水系与环境保护规划,观光农业园的投资、筹资与费用管理,观光农业园的营收策略与项目投资效益分析,目前观光农业园经营存在的问题与对策等。 （徐 萌）

战后世界石油地理 钱今昔(1918～2012,江苏吴江人,曾任华东师范大学教授等职)、张绍飞、汤建中著,天津人民出版社1981年3月出版,246千字。本书包括《石油在能源中的地位及其综合利用》《世界石油的储、产、加工、进出口贸易与运输》《主要产油国分述》《主要石油消费国及其对国外的依赖》4章,从中概括出战后世界石油地理的特点、动态和规律,并分析其形成和发展的条件,以对我国有关部门的工作起借鉴和参考作用。 （蔡保鹏）

商业经济学 姜君辰(1904～1985,江苏江阴人,曾任国务院科学规划委员会副秘书长,中国科学院哲学社会科学研究所副主任)主编,中国展望出版社1986年6月出版,185千字。本书在总结我国经济体制改革前后的商业理论与商业实践的经验教训基础上,科学地阐明了社会主义商业经济理论和商业发展战略方针问题。全书12章:商业的发生和发展,社会主义制度下商业存在的客观必然性,社会主义制度下商业的地位和作用,社会主义制度下商业的所有制结构,商业劳动,社会主义制度下有计划的商品流通和市场调节,社会主义市场的商品供求关系,合理组织商品流通,商业中的价格,社会主义商业的经济效益,社会主义制度下的商业体制,商业的发展战略。 （韩 兵）

期权分析:理论与应用 茅宁(1955～ ,江苏南京人,南京大学商学院教授,江苏省数量经济与管理科学学会会长。研究方向:公司财务,金融投资,组织经济学)著,南京大学出版社2000年5月出版,419千字。本书以期权定价理论研究为基础,以期权交易策略分析为核心,既从金融衍生工具的角度对标准期权的应用进行充分的探讨,又将视野扩展到期权分析的两个最新领域——变异期权和实物期权。前者是标准期权的创新和发展,后者则是选择权理论在企业投资决策中的具体应用。本书第一章对金融衍生工具和金融衍生工具市场做必要的阐述,对期权的基本概念、主要特征及发展历程进行充分介绍,并重点探讨期权组合的构造及其性质。第二至四章系统研究期权定价理论及应用问题。第五至七章以美国为对象,全面分析标准期权的应用问题。第八、九两章分别讨论变异期权和实物期权这两个专题。 （徐 萌）

营销创新:知识经济条件下的市场营销 唐德才(1966～ ,江苏射阳人,南京信息工程大学经济管理学院教授。研究方向:产业经济,创新管理)、钱敏等编著,东南大学出版社 2002 年 4 月出版,472 千字。本书以知识经济为理论指导,以市场营销实践为基础,提出并构建现代市场营销学科的新体系;从市场营销实践出发,尽可能吸收借鉴国际最新的案例研究成果与研究方法,融现代市场营销的典型案例分析于先进的理论阐述之中;体现传统的营销理论与东西文化的撞击;从消费需求出发创新营销理论,从系统分析中得出科学的结论;以国际市场运行态势为分析背景,提出了现代营销创新的一些新的问题与解决机制;对市场营销的各种环境及其关系的论述,升华了市场营销创新在人类社会经济发展中的重要地位与科学价值;正确处理市场营销理论发展与现代创新思想的关系。

(徐 萌)

电子商务概论 周曙东主编,东南大学出版社 2002 年 5 月出版,380 千字。本书全面系统介绍电子商务领域各个方面的知识,包括电子商务概念,计算机网络技术基础,电子商务的应用框架和交易模式,电子商务的三个关键环节:电子支付、物流管理和网络营销,以及电子商务的法律规范,电子商务安全,电子商务系统的建设。本书可作为高等院校本、专科的经济类、管理类、信息类及计算机类专业"电子商务概论"课程的教材,也可作为相关专业硕士研究生的教学用书,对企事业单位从事电子商务研究与应用的管理及技术人员也有重要的参考价值。

(徐 萌)

新闻法治与新闻伦理 刘行芳(1953~ ,湖北天门人,徐州师范大学信息传播学院教授,中国高等教育学会新闻学与传播学分会理事。研究方向:大众传媒与社会发展)主编,郑州大学出版社 2007 年 9 月出版,406 千字。本书以历史眼光和国际视野,对世界新闻立法的历史经验和现实状况作了简要介绍,对我国现行新闻法规作了全面阐释,对我国新闻法治建设的国际环境和文化背景作了深入剖析和多维度探索,对我国新闻法治化的经济基础、社会条件、理论准备和立法经验等作了认真分析和说明,对我国实现新闻法治化的必要性、紧迫性和可能性作了理性分析和实事求是的探讨。本书还对新闻伦理进行了解析。新闻伦理从本质上讲是新闻从业者的自省自律和自我约束,是新闻从业者为了顺应社会伦理道德的总体需要和发展趋势、维护自身良好的社会形象、实现相应道德追求和商业利益而采取的积极应对措施,是新闻从业者对社会规范的内化和自觉。因此它对于新闻活动来说,有着更为直接、更为经常和更为重要的制约作用。

(徐 萌)

广告文化学 李宗诚主编,郑州大学出版社 2008 年 1 月出版,324 千字。广告文化学是广告学科体系中必不可少的组成部分。本书运用文化学的理论和方法,以文化因子分析为基础,建构广告文化的理论框架和研究内容,详细论述广告文化所包含的大众文化因子、商业文化因子、商品文化因子、主流文化因子、民族文化因子、艺术文化因子、广告圈文化因子等诸多文化因子的特点、作用及活动规律,从一个全新的角度剖析广告文化的本质和结构,能够使读者对广告文化有一个较为全面的认识和理解。本书可以作为高等院校广告专业教材,也可供广告研究者、文化研究者学习参考。

(徐 萌)

服务业驱动长三角 刘志彪著,中国人民大学出版社 2008 年 6 月出版,390 千字。《中国经济问题丛书》之一。作为研究长三角地区经济发展问题的著作之一,本书虽然是由各个作者独立撰写的,但是却始终统一在一个基本的指导原则下,即要从服务业尤其现代服务业发展的角度,分析它与长三角地区经济发展之间的关系,具体是通过对服务业与其他重要的经济变量之间的关系的分析,来揭示服务业尤其是现代服务业在长三角地区经济增长、结构变化、制度变革中的作用。作为研究的重点,对现代服务业在长三角地区攀升产业价值链、转换发展方式、和谐经济发展中的机理进行系统深入的研究。

(徐 萌)

有效供给与经济发展 华桂宏(1966~ ,江苏姜堰人,无锡商业职业技术学院教授,中华外国经济学说研究会理事,江苏省商业会计学会会长,江苏省外国经济学说研究会副会长。研究方向:发展经济学,金融学)著,南京师范大学出版社 2000 年 12 月出版,221 千字。本书认为经济发展进而发展经济学的核心问题是供给问题,揭示中国经济发展及其目标的特质,提出"有效供给与经济发展"问题;分析有效供给的内涵及其构成,指出有效供给范畴不等同于西方主流经济学供给理论中的相应范畴,提出有效供给应该是动态性的、广义性的、多层次的范畴,其实质内涵是指经济发展中生产可能性边界的持续扩张以及与收益递增趋势并存的供给机制;分析供给在经济运行中的主导地位;将有效供给与经济发展联系起来,探讨有效供给的发展规定性。还从资本形成、劳动供给与人力资本形成、技术与制度创新以及广义产业组织等方面对有效供给与经济发展的互动关系进行具体展开与详细论述。

(徐 萌)

中国粮食物流研究 吴志华等著,中国农业出版社 2007 年 8 月出版,320 千字。中国粮食安全的问题不仅仅取决于粮食供给和需求的简单平衡,还取决于粮食的结构布局、储藏、运输等一系列相关因素。其中,粮食物流方式的选择,物流方向的确定,物流体系的建立,物流信息化的实现等都关系到全国粮食安全的实现。从深层次来讲,解决中国的粮食安全问题还涉及以什么样的环境代价、资源代价、经济成本来实现可持续的发展,实现经济、社会、环境、人口等的协调和谐。本书即对上述问题进行富有开创性的研究和探讨,并着重从现代物流的粮食安全战略以及粮食安全收益、成本与均衡的物流对策等方面进行论述,得出有助于深度认识粮食安全与供应链物流关系的结论以及与粮食这一特殊商品价格结合后产生的供应链需求连续逐级变化现象。本书还对中国粮食物流的一体化战略及其中国粮食产业与供应链内涵、中国粮食物流的网络化战略和物流信息化策略、中国粮食物流的"四散"化战略与传统粮食物流的改造提升、中国粮食物流的市场化战略及大企业作用、物流体制改革等内容进行系统研究。

(徐 萌)

中国畜产品供给需求与贸易行为研究 蒋乃华(1965~   ,江苏姜堰人,扬州大学商学院教授。研究方向:中国经济,农业经济)等著,中国农业出版社 2003 年 6 月出版,133 千字。本书系统研究中国畜产品的供给、需求与贸易行为及内在机理,涉及以下问题:利用非家庭消费量决定模型,回归与预测出分省的肉类总产品消费量,推导出分省各肉类产品非家庭消费量的求解方法;利用微观数据分析中国畜产品的生产方式及其特点、生产效率及其区域差异,对中国畜产品收购价格的变动进行历史分析,探讨中国畜产品供给反应的行为特征与理论模型;分析中国城乡居民畜产品消费的变化特征,估计了主要畜产品的价格需求弹性与收入需求弹性,对畜产品消费市场的走势进行预测,提出畜产品市场发育的政策建议;对中国畜产品进出口的品种特征与结构特征进行客观描述,分析中国畜产品生产的比较优势以及出口的竞争优势,前瞻性地预测中国畜产品贸易发展的前景,提出相应的对策建议。

(徐 萌)

关贸总协定与中国 李晏墅(1952~   ,江苏大丰人,南京师范大学工商管理系教授,中国土地与国情研究会常务理事,中国市场学会常务理事,江苏省城市经济学会副会长,江苏省品牌学会副会长,江苏省市场营销学会会长。研究方向:经济理论,经济管理)著,译林出版社 1992 年 12 月出版,220 千字。本书不单单向人们介绍关贸总协定的基本知识和与关贸总协定相关的国际惯例,而且紧扣"入关"对中国社会经济生活的可能影响这一中心议题,从宏观上剖析了中国恢复关贸总协定缔约国地位的进程及其利弊,以及该协定对中国市场经济体制、企业运行机制和政府职能转换的深刻影响;从微观上揭示了非关税措施、纺织品与服装贸易、农产品贸易、服务贸易自由化、协定的保障条款、知识产权的国际保护与中国的关系等问题,提出了许多切实可行的中肯意见和相应策略,因而具有很强的实用性。在当代全球多边贸易谈判特别是关贸总协定"乌拉圭回合"多边贸易谈判中,非关税措施、服务贸易以及与贸易有关的投资措施都已成为重要的热点议题。

(徐 萌)

关贸总协定及其对我国的影响 仇向洋、周晓梅编著,东南大学出版社 1992 年 11 月出版,205 千字。本书共分 8 章,介绍了关贸总协定成立背景、理论基础、基本原则和主要条款、历轮多边贸易谈判的成果和特点,并对乌拉圭回合、关贸总协定与发展中国家、恢复我国关贸总协定缔约国地位的影响和对策进行了比较详细的论述。书末附有《关税与贸易总协定》原文,供查阅。

(徐 萌)

国际贸易政策的研究与比较 张二震(1953~ ,江苏丹阳人,南京大学商学院教授。研究方向:国际贸易理论和政策,开放型经济的理论与实践)著,南京大学出版社1993年9月出版,280千字。全书共11章,分为三部分:第一至三章为理论部分,将国际贸易理论归纳为两类,即自由贸易理论、保护贸易理论。前者从亚当·斯密的绝对成本理论和李嘉图的比较成本理论起,一直谈到伯尔蒂尔·奥林的生产要素禀赋理论以及二次大战后的部门内贸易理论。后者以重商主义为起点,着重介绍李斯特的保护贸易理论及其后续发展,并对当代流行的这些理论作经济的和非经济的概述。第四至七章为政策部分,论述进口调节手段、出口政策的经济效应、经济一体化贸易政策及其效应、关贸总协定与贸易政策的国际协调。第八至十一章为实证部分,以日本、欧洲和美国为对象,阐述其贸易政策的支点、演变和战略调整。全书理论部分阐述比较全面,政策部分解释比较清晰,实证部分介绍比较具体,方法上着重比较。(另有《国际贸易学》,已著录。)　　　(徐　萌)

国际贸易学 张二震、马野青著,南京大学出版社1998年2月出版,313千字。本书较为系统地阐述国际贸易的基础知识,包括3个方面的内容:国际贸易分工基础、国际贸易条件、国际贸易政策。本书力求在以下几个方面具有自己的特色:一是在阐述国际经济贸易关系实质的基础上,重点阐述适应国际经济与生产力发展需要的内容,注重探索客观经济运行的一般规律;二是努力把握当代国际贸易的新发展,注重理论与实际的密切结合,理论与政策并重;三是在坚持以马克思主义经济学原理为指导的前提下,有批判地吸取西方国际经济学中反映生产力发展规律的合理成分,特别是借鉴了一些分析工具,以期在研究方法上有所创新。(徐　萌)

多边与区域贸易一体化研究:一个博弈论分析框架 谢建国(1973~ ,湖南耒阳人,南京大学商学院教授。研究方向:世界经济,国际贸易理论与政策)著,南京大学出版社2007年1月出版,180千字。本书对区域贸易自由化与多边贸易合作理论进行深入探讨,引入博弈论与贸易政治的分析框架,为理解区域与多边贸易一体化提供一个新视角。研究全球经济一体化条件下区域贸易合作兴起的原因及趋势,建立一个统一的模型,研究不同区域贸易合作形式对多边贸易体制的影响以及区域贸易合作与全球自由贸易的关系;研究区域贸易合作过程中国内利益集团对一国对外贸易合作政策选择的影响;建立一系列模型,研究存在利益集团的情况下一国政府对外贸易政策的选择;研究不同形式的区域贸易合作对多边关税减让的影响。对区域贸易合作与多边贸易一体化理论进行深入系统的探讨,对全球经济一体化条件下的区域贸易合作现象给出科学、合理的解释。(徐　萌)

国际服务贸易 汪素芹(1957~ ,女,安徽来安人,南京财经大学国际经贸学院教授。研究方向:国际经济与贸易,中国对外经济贸易)主编,机械工业出版社2007年1月出版,334千字。本书共分10章,分别为国际服务贸易概述,国际服务贸易的分类与统计,国际服务贸易理论,服务贸易与经济发展,国际服务贸易政策,国际服务贸易规则及其协调机制,主要经济体的服务贸易,我国服务贸易,国际服务贸易竞争力,国际服务贸易格局及其发展趋势。本书可作为高等院校国际经济与贸易及相关专业教材,也可供社会读者参考。(徐　萌)

服务贸易:世界与中国 赵仁康(1955~ ,江苏苏州人,南京师范大学商学院教授,江苏省世界经济学会副会长,中国世界经济学会理事,江苏省国际经贸学会理事。研究领域:国际服务贸易,东亚经济)著,中国商业出版社1997年10月出版,230千字。全书分为上下两篇。上篇为《挑战与对策》,主要阐述和探讨国际服务贸易的基本理论、现实特点及发展趋势,再联系我国服务业及对外服务贸易的实际情况,分析国际服务贸易的发展和变化对我国的影响,探讨我国应采取的宏观对策及措施;下篇为《发展与开拓》,主要就服务贸易的一些主要部门和领域,在分别阐述其各自的运作规则、主要特点和当代发展趋势的基础上,侧重于探讨我国在这些领域应如何加快自身发展,积极开拓国际服务市场,努力扩大服务出口。(徐　萌)

中西方贸易 刘厚俊(1949~ ,安徽蚌埠人,祖籍江苏洪泽,南京大学商学院教授,中国世界经济学会常务理事,江苏省外国经济学会会长。研究方向:国际经济理论与实际)著,南京大学出版社1994年12月出版,220千字。本书论述了中西方贸易的有关理论、政策和实际问题。该书视角较广,体例合理,从贸易环境、贸易政策和贸易关系三大方面构筑了全书的逻辑体例,并且在每一个方面又分别从中外贸易关系这一统一体的两个侧面展开论述。作者从以关贸总协定为核心的当代国际贸易体系、世界经济区域集团化趋势和中国外贸政策的内部环境这三大因素入手,分析了这些因素对世界贸易和我国对外贸易所产生的影响,然后从主要发达国家和中国双方的贸易政策方面,阐述历史的变化过程和现实的最新发展;最后再深入剖析中西方国家之间的贸易关系、矛盾和进一步发展双边贸易关系的途径。这种从宏观到微观,从西方到中国,从一般到具体的研究体系将会使读者多层次地认识中西方贸易中的各种问题及其相互间的内在联系。

(徐 萌)

医药国际贸易 申俊龙(1952～ ,江苏泰兴人,南京中医药大学经贸管理学院教授,中国卫生经济学会中医药分会常务理事,江苏省外国经济学说研究会副会长,江苏省医学哲学学会常务理事。研究方向:医药企业管理与卫生政策)、佟子林主编,科学出版社2005年2月出版,546千字。本书是论述国际医药贸易的教材。主要介绍国际贸易的发展历程、国际医药分工、国际医药市场及中国在世界市场中的地位,分析各国在发展医药对外贸易中的政策措施和WTO涉及医药企业的相关协议,介绍我国跨国医药公司的发展和医药服务贸易的形势,阐述了开展对外医药贸易的途径和实务。本书适用于高等医药院校医药经济与管理类专业学生使用。

(徐 萌)

鸦片与近代中国 朱庆葆(1963～ ,江苏句容人,南京大学历史学系教授,中国太平天国史研究会常务副会长,江苏省太平天国史学会会长,全国台湾研究会理事。研究方向:中国近现代史,高等教育管理)等著,江苏教育出版社1995年5月出版,355千字。中国人曾因吸食鸦片而被称为"东亚病夫"。近代中国,鸦片流毒泛滥成灾,成为当时最为严重的社会问题之一。本书是一部系统研究近代中国鸦片问题的著作,以大量第一手资料揭示许多令人触目惊心的史实,着重考察鸦片种植、贩卖、吸食以及禁烟各个环节,探讨鸦片问题对近代中国经济、政治、社会生活等各方面产生的广泛影响。屡禁不止的鸦片流毒给近代中国带来的直接后果是灾难性的,而其间接影响已远远超出鸦片问题本身,成为近代中国社会机体与社会运行的一部分。一个民族只有对它所经历的苦难深刻反省之后,才会战胜自身的惰性,从而超越自我。

(徐 萌)

食品与农产品品质快速无损检测新技术 陈斌(1960～ ,江苏镇江人,江苏大学教授,中国仪器仪表学会近红外分会常务理事。研究领域:近红外光谱分析,化学计量学与化学信息学,基于移动云服务平台的微型光谱仪器检测系统)、黄星奕著,化学工业出版社2004年3月出版,274千字。食品与农产品品质无损快速检测技术是20世纪后期发展起来的集物理学、化学、物料物性学、分析仪器、数据处理、信号分析和计算机应用等学科为一体的交叉型应用科学。本书从原理和应用两个方面,介绍了利用食品与农产品的力学特性、电学特性、光学特性、外形特征和嗅觉特性等快速检测其品质的新技术。本书可作为从事食品与农产品品质检测和控制的技术人员的参考书,也可作为食品科学与工程、农产品加工与贮藏等专业本科学生的专业教材。

(徐 萌)

国家税收 方荷生(1944～ ,安徽合肥人,苏州大学商学院教授,江苏省财政学会理事。研究方向:财政,税收,投资)等主编,中国税务出版社1997年9月出版,389千字。本书对1994年以来的税制改革的情况和经验进行研究,探讨市场经济条件下税收观念和理论的更新,税收职能的转换,税收体系的完善,税收结构的调整和我国税收征管的现代化等问题,旨在为我国税收改革和经济发展提供参考。本书将现代税收理论、现行税制和税收征管融为一体,理论性和应用性强。全书共分5篇,即《现代税收理论》《中央税系》《地方税系》《共享税系》《现代税收管理》。(另有《国际投融资》,已著录)

(徐 萌)

国家税收 杨抚生(1955～ ,江苏扬州人,南京财经大学财政与税务学院教授,江苏省税务学会常务理事,江苏省财政学会理事。研究方向:财税政策与制度,预算会计,税务会计)主编,东南大学出版社1995年5月出版,372千字。《财税改革系列丛书》之一。本书共3篇,第一篇介绍税收基本知识,包括税收的概念、产生和发展,税收的职能与作用,税制概述;第二篇介绍现行税制,内容包括增值税、消费税、关税、企业所得税、外商投资企业和外国企业所得税、个人所得税以及资源税类、农业税类、财产税类等;第三篇介绍税收管理,包括税收管理体制、税收的征收管理及现行各税的会计处理等内容。
(徐 萌)

中国财政制度——以国际比较为角度 朱秋霞著,立信会计出版社2007年10月出版,324千字。全书由15章构成,试图将中国财政制度的纵向发展和横截面构成合为一体。第一章为中国财政制度的背景知识,包括社会与经济情况和国家与政府机构;第二章是1994年分税制改革;第三至四章是关于公共财政收入和公共支出制度,也包括预算外资金;第五至八章分别研究省级财政体制、地市级财政体制、县市财政体制和乡镇财政体制;第九章为中央与地方财政分配关系;第十章是财政转移支付制度;第十一章为国债制度;第十二章为社会福利保障制度,包括养老保险,医疗保险,失业保险,社会救助和住宅福利制度;第十三章为财政预算和监督制度;第十四章是国有资产管理制度;第十五章为土地财政制度。
(徐 萌)

江苏财政史料丛书 杨廷尉、袁中丕、朱俊主编,方志出版社1999年版,2010千字。《江苏省志·财政志》编辑办公室为了编纂省财政志,花费两年半时间,广泛搜集资料,把散见于各地、各部门的各种档案、史书、报章、杂志中有关江苏省财政的史料搜集起来,将原来零星分散的史料集中、系统、完整地组织起来,包括具有江苏省特色的厘金、捐输、漕运、盐课、关税等款项,从中遴选要者,分门别类,整理编辑出版丛书,作为江苏省财政史料汇编。丛书共分3辑,10分册,第一辑为清代时期,分4册,201万字,主要是1840年以后,少量之前的史料,也包括太平天国时期史料;第二辑为民国时期,分3册,149万字,包括抗日战争时期的抗日根据地、沦陷后的日伪统治区和解放战争时期的解放区;第三辑分3册,460余万字,为1949年后,下限至1990年。本丛书保存了大量珍贵的江苏财政史料,实为江苏省近代以来财政史料的微缩摘萃,极大便于专业研究,并对资政明鉴有积极作用。
(王 健)

整合与互动:民国时期中央与地方财政关系研究 张连红(1966~ ,江苏东台人,南京师范大学社会发展学院教授,江苏省中国近现代史学会副会长,中华民国史学会副秘书长,中华口述史学会副秘书长。研究方向:中国近现代经济史,中华民国史,日本侵华史)著,南京师范大学出版社1999年11月出版,207千字。本书以南京政府建立后10年的财政变革为主题,以中央和地方财政关系为切入点,进行了深入细致的研究。作者运用历史学、金融学、财政学等多学科相结合的研究方法,剖析了国民政府中央和地方财政的收支结构、互动关系以及相互间的制约因素,考察了实现财政统一的复杂历程。本书认为,"十年财政"成功之处在于:中央财政由割裂渐趋统一;地方财政由无序走向有序;现代财政体制基本确立,也指出在各种因素的制约下国民政府整合中央和地方的财政关系存在的缺陷和不足。(另有《创伤的历史——南京大屠杀与战时中国社会》,已著录)
(徐 萌)

汇率制度安排与国家金融安全 王叙果(1967~ ,安徽安庆人,南京审计学院金融学院教授。研究方向:国际金融理论与实务)著,经济科学出版社2006年12月出版,227千字。本书由10章构成,主要内容包括国家金融安全内涵及理论评述、汇率制度及其模式划分、汇率制度选择、汇率制度安排对货币安全影响机制分析、汇率制度安排对银行安全的影响机制、货币危机与银行危机相互传导机制、金融危机的防范和管理、基于金融安全的汇率制度变迁分析、人民币汇率制度变迁与中国金融安全、稳步推进人民币汇率制度改革确保国家金融安全。
(徐 萌)

货币、银行业和货币政策 杜亚斌(1954~ ,山西壶关人,南京大学商学院教授。研究方向:货币与货币政策,金融全球化与金融危机)著,科学出版社2002年2月出版,409千字。本书是一本具有重要学术价值的货币银行学著作。作者在阐述货币银行学的基本原理和政策及其最新发展的同时,对一些重大理论和实践问题作了富有创新意义的探讨。全书分为5篇。第一篇是关于货币和货币资本的理论,分析了货币的性质、历史作用和职能以及货币资本的流通等问题。第二篇研究生息资本,研究和阐述了生息资本的性质和流通、利息率的决定和计量、金融市场的职能和类型等问题。第三篇研究金融资本,在介绍了各种金融机构的性质和职能后,对商业银行进行了重点分析。第四篇涉及货币资金的宏观运动,对社会资金的管理机构——中央银行以及货币资金的总流通进行了分析。第五篇讨论了有关货币政策的理论和实践。

（徐 萌）

当代中国货币理论的历史轨迹 汪祖杰(1949～　,安徽怀宁人,南京审计学院金融学院教授,中华外国经济学说研究会常务理事,中国保险学会理事。研究方向:货币理论与政策,金融制度与信用管理,风险管理与保险)著,中国金融出版社1999年8月出版,239千字。本书的任务就是研究和了解当代中国货币理论怎样从研究货币本体的内在属性到研究货币运动对中国经济发展和宏观调控的影响的历史轨迹,寻求产生中国金融经济学的历史原因和经济背景,揭示中国当代货币理论的发展规律和历史趋势。本书由《本体论》《需求论》《供给论》和《调控论》4篇组成,分别对当代中国货币的产生及其性质,当代中国货币需求理论,当代中国货币供给理论,货币均衡及其调控方式,金融经济学的兴起,通货膨胀与货币政策目标等方面的问题进行深入系统的研究。

（徐 萌）

转型期货币政策规则研究 卞志村(1975～　,江苏高邮人,南京财经大学教授,中国国际金融学会理事,中国世界经济学会理事。研究方向:货币理论与货币政策,银行经营管理,资本市场)著,人民出版社2006年12月出版,260千字。本书运用大量宏观经济理论模型及计量分析方法对转型期中国货币政策操作规范的"规则与相机抉择"问题进行了系统的研究,实证检验了现阶段货币政策的操作规范,并对转型期中国货币政策规则的选择提出了对策建议。作者通过大量的相关文献,紧密结合中国数据的实证研究,对中国货币政策规则进行了系统而深入的研究,具有重要的理论价值和实践意义。

（徐 萌）

中国的外汇储备问题 许承明(1960～　,安徽广德人,经济学博士,南京晓庄学院经济管理学院教授,中国数量经济学会副理事长,中国世界经济学理事,江苏世界经济学会副会长。研究方向:金融学)著,中国统计出版社2003年12月出版,170千字。本书从非均衡的角度对外汇储备需求、货币需求、汇率变动等问题进行研究,并全面展现协整理论和动态调整理论等现代经济计量的建模理论与分析方法;以中国和韩国的实际数据为例,对管理浮动汇率制度下外汇储备非均衡对汇率的影响进行实证分析,根据1990年以来中国的季度数据,建立了人民币的名义汇率、名义有效汇率指数和实际有效汇率指数的长期均衡方程和短期误差校正模型;对国际投资头寸的基本概念进行介绍,分析国际收支存量与流量之间的数量关系;通过简单累计和国际比较方法来估计中国对外负债存量和外商在中国直接投资的资产收益率;对传统的外汇储备比率分析方法进行推广,从对外短期支付和长期支付(外债风险)的角度定义了若干比例指标,并依据这些指标将我国与其他发展中国家进行了比较研究。

（徐 萌）

通货紧缩国际传导机制研究 范从来(1962～　,江苏海安人,南京大学商学院教授,中国金融学会常务理事,江苏省投资学会副会长,江苏省劳动学会副会长,江苏省证券研究会副会长。研究方向:货币经济学,公司金融)等著,人民出版社2003年12月出版,256千字。《金融与经济发展研究文丛》之一。随着改革开放的不断推进,我国经济开放度水平越来越高,突破封闭经济的传统框架对通货紧缩现象进行全面深入的研究显得愈益重要。本书在分析通货紧缩国际传导的基础上,系统研究了外部冲击对中国通货紧缩发生影响的渠道、方式、过程及其内在机理。在分别论述了我国通货紧缩的国际收支传导机制和汇率传导机制后,作者利用我国改革开放以来的有关产出、价格和经济开放度的年度数据及部分季度数据,对开放经济条件下的货币政策的有效性问题进行了实证分析,

并对我国货币政策的制定和实施提出了相应的政策建议。　　　　　　　　　　　（徐　萌）

清代货币金融史稿　杨端六(1885～1966,原名杨勉,后易名杨超,湖南长沙人,祖籍江苏苏州,曾任武汉大学教授)编著,武汉大学出版社2007年4月出版,346千字。本书详细论述了清代货币金融状况,兼论及清末帝国主义侵略对中国货币金融的影响。内容包括封建制度下的货币流通,封建主义金融事业的发展与衰微,银钱比价变动及其原因、后果与对策,外国金融势力的侵入,向贵金属货币制度的方向发展,帝国主义侵略中的中国银行等7个部分。本书于1962年由三联书店首次出版,2007年,武汉大学出版社据1962年三联书店版,改为简体新版出版,并力求保持全书原貌,仅对书中的注释和明显的错误做了修订。　（王忆南）

江苏货币金融述论　江苏省金融志编纂委员会编辑室编,江苏人民出版社2001年6月出版,255千字。本书共收录33篇文章,包括《谈江苏古代货币经济的起始阶段》《论吴国商品的价值形式》《从苏州真山出土贝币看吴国货币》《徐州货币流通概述》《江苏中国银行的历史和现状》《南京国民政府时期江苏地区银行机构概览》等,内容主要涉及江苏地区货币金融发展的历程,以及货币金融在江苏不同历史时期的作用。　　　（王忆南）

江苏革命货币　江苏省钱币研究会编,南京大学出版社1987年出版。本书由3部分组成:一是论述部分,主要内容是江苏地区在中国共产党领导下发行货币的产生、发展过程,以及在抗日战争、解放战争期间经江苏各革命根据地政权许可发行的流通券等票券的情况介绍和理论探讨;对党的货币政策在江苏地区的实践,上述时期江苏人民在货币领域中的革命斗争,这些货币在对敌斗争、根据地建设中所起作用和这一时期的货币历史对现实货币工作的指导意义等作了较为系统的论述。二是图版。三是附录。　　　　　　　（王忆南）

中国金融发展论　吴先满著,经济管理出版社1994年12月出版,178千字。本书对当代金融发展理论做了简要的介绍,以实证分析为手段,引导读者具体感触到中国金融的活动脉搏;总揽全局,对中国金融的发展战略作了深入的阐述。作者利用了现有条件下所能得到的文献和统计资料,进行了细致的加工整理,做到言之有据、言之有数。通览该书,对中国金融业的变迁与走势,确有历历在目之感。　　　　　　　　　　　（韩　兵）

金融市场风险的测度方法与实证研究　王新宇(1974～　,江苏徐州人,中国矿业大学管理学院教授,中国系统工程学会理事。研究领域:金融工程,管理科学,系统工程)著,经济管理出版社2008年10月出版,262千字。本书对金融市场风险的测度方法进行积极的研究和探索。首先系统地分析中国证券市场的有效性、波动的非线性行为及收益率分布的统计特征,揭示中国证券市场的波动在短期内表现为非线性随机过程,而在长期内是由决定性系统所主导;沪深证券市场收益率分布是具有尖峰胖尾分布特征的有限方差分布。然后研究适应这些特征的市场风险测度前沿理论和技术,对VaR或Expected Shortfall估计的半参数方法包括极值理论、分位数回归理论、混合密度神经网络理论等进行详细介绍。　　　　　　　　（徐　萌）

金融工程原理与应用研究　刘传哲(1964～　,江苏丰县人,中国矿业大学管理学院教授。研究方向:金融学,国际金融,金融工程学,金融风险管理)著,中国矿业大学出版社1998年7月出版,158千字。金融工程作为一门学科,其产生到现在不过十几年,但它对全球金融体系却产生了深远的影响。本书系统地阐述了金融工程的概念和基本原理,分析了金融工程的基本特征和主要模型,并从"金融工程是金融产品、金融方法和金融策略的组合"这一命题出发,对金融产品设计原则和方法、金融产品定价、金融方法和策略等进行了研究,特别对金融工程的基本原理在利率风险和汇率风险管理中的应用进行了分析。本书是我国迄今为止为数不多的系统论述金融工程的著作之一,可作为金融专业高年级本科生、MBA、经济类和管理类研究生学习金融工程的教科书,也可供我国金融学术界和实务界人士学习参考。　　　　　　（徐　萌）

微机与银行管理　邵燕华(1947～　,浙江宁波人,苏州大学商学院教授。研究方向:信息管理)编著,苏州大学出版社1995年12月出版,540千字。本书系统介绍以下内容:微机软、硬件的基本知识,DOS操作系统的常用命令,常用的汉字操作系统及汉字输入方法,WPS文字编辑软件的使用方法,FOXBASE数据库管理系统的基本知识、程序设计方法与技巧;管理信息系统的分析与设计;工商企业资产负债表及附录资料的管理的软件设计;工商企业资产负债信息的分类汇总、综合查询及对比分析处理的软件设计;工商企业各类贷款管理的软件设计;预测与决策子系统的软件设计;图形功能的开发与软件设计。本书内容丰富,注重实用、操作性强、适用性广,理论与实践紧密联系,可作为银行或其他经济管理部门工作人员微机入门与提高应用水平的参考书。 (徐 萌)

国际投融资 方荷生著,中国财政经济出版社1994年6月出版,248千字。本书是一本涉及面广,理论性和应用性很强的涉外经济专业用书,具有理论性、实践性和可操作性的综合特点。内容包括:国际投融资的形成和特点,国际资本的流动形式,国际投融资中的货币时间价值计算(计算器快速简便计算),国际投融资市场、金融外汇市场、资本证券市场、房地产市场、期货市场,信托和租赁投融资,国际市场分析,国际投融资项目管理,项目的评估与决策,项目的国际招标投标,项目的成本控制。 (徐 萌)

期货投资和期权 赵曙东(1949～ ,上海人,祖籍江苏扬州,南京大学商学院教授,中国世界经济学会理事,江苏省世界经济学会副秘书长。研究方向:国际经济学,期货投资和期权)著,南京大学出版社1999年11月出版,320千字。随着我国改革开放的深入发展和社会主义市场经济体制的逐步确立,期货交易也得到了逐步的恢复和发展,期货市场作为社会主义市场体系的重要组成部分,在经济活动中起到了积极的作用。虽然期货市场的发展已有一个半世纪的历史,但对于中国人来说毕竟是个新事物。中国的期货市场在"边干边学"中既有成功的经验,也有失误的教训。本书内容包括期货交易的沿革与发展,期货交易的运行系统,期货交易的流程,套期保值,基差与基差分析,规避基差风险,现代套期保值,投机套利,期货价格理论,商品期货,外汇期货,利率期货,股票指数期货,期权交易,期权的交易策略等。 (徐 萌)

新国际金融体制与中国 金立群(1949～ ,江苏常熟人,亚洲基础设施投资银行行长)著,经济科学出版社2000年11月出版,200千字。本书内容包括:亚洲金融危机之后全球关注的焦点,战后国际金融体系的建立和变革,全球化对国际金融体制的挑战,构建新的国际金融体制,金融危机对国内经济政策挑战等。 (蔡保鹏)

江苏省农村金融志 江苏省农村金融志编纂委员会编,顾正宇主编,江苏人民出版社1999年1月出版,477千字。本志共分15章,包括机构人员、信贷计划体制、农村存款、农业贷款、工业贷款、商业贷款、国际金融业务、信托投资、农村信用合作、农村社队财务会计辅导、信息、会计财务、监察审稽、教育、科研等,以及大事记和附录。时间上限不限,下限到1994年底止。 (王忆南)

金融结构优化论 蔡则祥(1958～ ,江苏新沂人,南京审计学院教授,江苏省金融学会常务理事,江苏省钱币学会常务理事)著,中国社会科学出版社2006年11月出版,340千字。本书首先对金融结构理论做了全面梳理,对金融结构进行了全面的定义。提出金融结构是构成金融系统的各主要金融要素的相对规模、联系方式和组合状态,是金融工具结构、金融机构结构和金融市场结构的总和。在此基础上给出了金融结构决定模型、金融结构调节模型和金融结构优化模型,并以三个模型为主体,构建了金融结构优化分析的理论框架。依据金融结构优化的评价依据和判定标准,设置了一个多层面、立体化的指标体系,对中国金融结构调整与优化做出了比较系统的经济学分析和理论探讨,并提出了有较强针对性和可操作性的政策建议。 (徐 萌)

农村金融深化:政策与路径 谢玉梅(1966～ ,女,江苏宜兴人,江南大学商学院教授。研究领域:农村金融,区域经济)著,上海人民出版社2007年11月出版,206千字。本书围绕农村金融深化的主题,通过规范与实证分析,运用经济学分析框架讨论农村金融抑制原因、效应及金融深化政策与路径。全书共 10 章。第一章介绍本书研究背景与研究目标;第二章回顾和评述农村金融市场发展理论;第三章分析我国农村金融抑制成因及其效应;第四章分析我国农村经济结构转型与金融政策调整;第五章从宏观角度对我国农村金融发展进行客观描述与评价;第六章分析我国农村金融深化的第一条路径——农村信用社产权制度改革;第七章分析我国农村金融深化的第二条路径——农村利率市场化;第八章讨论我国正在实施的农村金融深化政策对农村金融市场行为主体的影响;第九章分析国外小额信贷发展;第十章分析中国农村金融深化进程中的障碍,并提出相应对策。本书认为,在新农村建设的背景下,中国应转变金融模式,重新审视公共金融政策,建立开放与竞争的农村金融市场,构建服务三农的长效农村金融服务体系。

(徐 萌)

中小企业信用担保理论、模式及政策 梅强(1961～ ,江苏镇江人,苏州大学中小企业学院教授,中国管理科学与工程学会常务理事,中国企业管理研究会常务理事。研究方向:中小企业与创新创业管理)、谭中明等著,经济管理出版社 2002 年 6 月出版,335 千字。融资难、担保难是制约中小企业发展的首要因素,其关键在于制度缺陷与企业信用不足,因而大力推进中小企业融资制度创新,建立完善信用担保体系,成为解决中小企业融资难的切入点和突破口。本书运用现代经济金融理论,对中国中小企业信用担保理论、运作模式及业务经营管理等问题进行了深入研究,在理论上形成了一系列创新观点,在实践中取得了试点成功。这将有助于促进中国中小企业信用担保制度的建立和完善,从而大大丰富和发展了中国中小企业信用担保理论。

(徐 萌)

中国金融市场创新论 许崇正(1952～ ,安徽庐江人,南京师范大学中国经济研究中心教授,中国资本论研究会常务理事,江苏省国际金融经济学会会长。研究方向:经济学,金融学)著,中国财政经济出版社 1996 年 8 月出版,194 千字。全书通过研究金融自由理论的否定之否定的历史过程以及通过分析中国金融市场某些呆滞、抑制的现状,探讨中国金融市场创新的具体策略和战略途径。本书主要内容:绪论:金融市场创新与经济发展;金融自由理论的否定之否定:探讨金融自由理论的历史发展过程;金融市场现状分析:研究金融市场某些呆滞、抑制的现状;货币市场创新:主张大力发展同业拆借市场、对准备金制度尽快进行改革、大力发展短期债券市场和加大货币市场上的直接融资的比重、在货币市场上切实管好货币供给、投放的闸门;利率机制创新:研究利率到底是由什么决定的;金融市场中的金融中介机构创新:主张在金融领域里实行多种经济成分并存、大力发展非银行金融机构;公开市场业务若干问题研究:主张公开市场业务、大力发行短期国库券市场、公开市场业务的最终目标是稳定币值,实现经济增长。(另有《中国资本形成与资本市场发展论:未来时代中财富的积聚与获得》,已著录)

(徐 萌)

中国资本形成与资本市场发展论:未来时代中财富的积聚与获得 许崇正著,经济科学出版社 1999 年 11 月出版,290 千字。本书选题是中国经济改革与发展实践的前沿问题,有重大的理论意义和实践价值。作者在大量调研的基础上把金融理论与中国实际紧密结合起来,通过国际比较分析和中国金融市场的实证分析,做出有成效的研究成果。本书对资本范畴和中国资本形成提出了独立见解。书中提出我国金融市场证券化、国库券应成为中国货币政策的主要操作工具、按中国国情更应发展开放性基金等主张。论证充分,资料翔实,有说服力,具有较高的理论价值和应用价值。

(徐 萌)

中国资本市场开放研究 沈坤荣(1963～ ,江苏吴江人,南京大学商学院教授)等著,人民出版社 2005 年 10 月出版。本书探讨经济处于转型期的中国资本市场开放问题。全书分为导论与开放效应篇、开放路径篇和配套改革篇等共 10 章内容。导论部分研究资本市场开放理论与政策的演进与比较,并就相关理论与政策进行简要的评述。《资本市场开放效应篇》,分析中国资本市场开放的动因与现状,资本市场开放的增长效应和稳定效应,并从公司治理结构角度分析了资本市场开放的微观效应。《资本市场开放路径篇》,研究中国资本市场开放的目标模式与路径依赖,中国资本市场开放的主要途径:QFII 和 QDII,并就相关发展中国家的资本市场开放进行案例研究。《资本市场配套改革篇》,研究资本市场开放与银行业改革、利率和外汇体制改革等问题,并从理论角度对资本市场开放的制度支持进行深入研究。书中应用最新的金融投资理论展开研究,并运用计量经济方法进行实证分析,试图使分析结果更可靠,分析结论更具政策意义。　　　　　　　　　　　（蔡保鹏）

探索中的手:中国外商直接投资政策及其有效性研究　潘镇(1971~ ,江苏镇江人,南京师范大学商学院教授。研究方向:国际企业管理,跨国公司)、殷华方等著,经济管理出版社 2006 年 10 月出版,238 千字。本书是一部描述性和实证性相结合的研究专著。在研究的内容上,一部分是探寻和研究我国外商直接投资政策的演变过程,以此来把握我国外资政策变化的内在规律;另一部分则是对政策对外商直接投资流向的影响进行分析,以此来判断外资政策的有效性。具体内容:关于外商直接投资政策演进模式的研究;关于外商直接投资区域政策及其有效性的研究;关于各地区投资环境评估的研究;关于外商直接投资产业政策及其有效性的研究;关于外商直接投资税收政策及其有效性研究;关于外商直接投资科技政策及其有效性的研究;关于外商直接投资安全政策及其有效性研究。（徐　萌）

外商直接投资技术外溢效应研究　李杏(1971~ ,江苏沛县人,南京财经大学国际经贸学院教授。研究方向:国际贸易,宏观经济)著,中国市场出版社 2008 年 8 月出版,230 千字。本书全面系统地论述了外商直接投资在中国的技术外溢效应。外商直接投资技术外溢效应分析的基本理论涵盖技术外溢、吸收能力、创新能力和技术进步。外商直接投资技术外溢的过程是外资促进内资企业劳动生产率的提高,结果是东道国企业的技术进步。计量研究始终贯彻面板数据分析的原理,有效解决了进行实证研究时数据缺乏的难题,保证了全书在研究方法上的一致性并构建了多层次研究外商直接投资技术外溢效应的模型,具体包括:外商直接投资的经济增长效应和经济结构调整效应;外商直接投资及对外贸易渠道对中国技术进步的作用;外商直接投资技术外溢效应阶段性研究;外商直接投资产业内技术外溢效应;外商直接投资的技术外溢吸收能力的影响因素;外商直接投资对东道国企业创新能力的影响。　　　（徐　萌）

地方政府债务风险预警机制研究:基于南京市高新区的经验分析　裴育(1967~ ,安徽霍邱人,南京审计学院经济学院教授,中国财政学会理事,江苏省外国经济学研究会常务理事,江苏省审计学会理事。研究方向:财税理论与政策,政府采购理论,财政风险)、龙志军等著,电子科技大学出版社 2007 年 9 月出版,86 千字。本书以南京市高新区为例,从政府债务理论出发,为地方债务问题研究寻找一般性的理论基础,进而分析政府债务的基本特征以及存在的制度基础,对南京市高新区政府债务问题进行实证分析。从实践角度,分析南京市高新区政府近几年来债务的规模、结构,并从制度因素与非制度因素,对债务产生的根源进行剖析,力求全面了解其债务问题现状,并对南京市高新区政府债务风险进行了识别与评价,提出了相应的风险防范对策,建立风险预警体系。　　（徐　萌）

医疗保险学　周绿林(1964~ ,江苏溧水人,江苏大学管理学院教授,全国医疗保险研究会理事,江苏省医疗保险研究会常务理事。研究方向:医疗保险,新型农村合作医疗)、李绍华主编,科学出版社 2006 年 8 月出版,445 千字。本书在借鉴国外医疗保险理论、方法和技术的基础上,从实证研究角度总结我国医疗保险管理经验,初步形成具有中国特色的医疗保险理论和体系。书中内容既有科学性、系统性、创新性,又有启发性、实用性和可操作性,并且吸收大量近年来国内外医疗保险改革的最新研究成果。具体内容包括:医疗保险基本理论、方法和技术,医疗保险管理与管理体制,医疗保险基金的筹集和管理,补充医疗保险,医疗保险的法律制度和监督,医疗保险评价和政策分析,我国医疗保险改革与实践等。本书适合作为高等医药院校医疗保险、卫生事业管理、预防医学、劳动与社会保障、保险等专业的本科生和研究生教材以及其他相关专业选修、参考教材,也可作为医疗保险单位各类人员的学习参考书或培训用教材。（另有

《卫生经济及政策分析》,已著录) （徐 萌）

社会保险理论与制度 傅康生(1960～ ,安徽和县人,南京师范大学教授。研究方向:经济学,金融学)著,中国商业出版社1994年8月出版,242千字。没有现代社会保险制度,企业就不能解除沉重的保险负担,其不该承担的社会职能就无法摆脱,企业的优胜劣汰很难实现,现代企业制度的建立和完善、竞争性市场体系和市场机制的运作就难以顺利展开。在中国经济体制转轨时期,大量的"富余人员"需要解决;收入分配的效率取向会拉开收入的差距;竞争性企业经营方式和就业制度会引起部分劳动者的失业。这些都可能会影响社会稳定。本书针对上述问题,从养老社会保险、失业社会保险、医疗社会保险、工伤社会保险、生育社会保险、农村社会保险以及社会保险管理体制、建立有中国特色社会保险制度等方面,对建立现代社会保险制度做了系统的研究。 （徐 萌）

江苏劳动就业与社会保障近期、中期对策研究 宋林飞等著,南京师范大学出版社2000年12月出版,209千字。本书为"江苏省经济社会发展重大招标课题"成果丛书之一,全书分总报告、分报告、主题报告等3部分,内容主要包括江苏劳动就业与社会保障的现状和未来面临的挑战,2010年前江苏劳动就业与社会保障的供需态势和宏观思路,江苏近中期的城镇劳动就业、农村劳动就业的对策建议等。 （蔡保鹏）

中国社会保障制度 吴亦明(1950～ ,上海人,南京师范大学社会工作研究与发展中心教授,江苏省社区建设研究会副秘书长,江苏省社会学会理事,江苏省小城镇研究会理事。研究方向:社会学,社会保障制度)主编,南京师范大学出版社2000年11月出版,358千字。本书不是以一般的社会保障知识和外国社会保障制度的资料为背景来诠释现代社会保障,而是力求克服在时空上与中国社会保障制度改革实际脱节的缺陷,专以中国社会保障制度自身为对象,研究中国社会保障制度在计划经济与市场经济两大历史时期不同的体制特征与体制功能,进而揭示其变化发展的规律与趋势。因此,科学地剖析新中国社会保障制度的体制特征与功能,从理论层面反映社会保障制度改革的最新进展,是本书的两个主要特点。 （徐 萌）

我国政策性种植业保险制度的可行性研究 钟甫宁、宁满秀等著,经济管理出版社2007年4月出版,375千字。本书内容包括6个方面:一是各省、市、自治区种植业生产风险评估及分区研究;二是各省、市、自治区种植业生产风险的社会损失率研究;三是我国种植业政策性保险的可行性分析;四是农户投保决策与其农用化学要素施用决策之间的关系研究;五是农户对农业保险支付意愿研究;六是农业保险制度的环境效果与政策内涵研究。本书对建立和健全我国的政策性农业保险制度提出比较系统的建议,因而具有很强的实践意义。本书还探讨农业保险区划的理论框架和方法,并深化对农户行为的认识,因而对该领域的学术研究和学科发展也有理论上的价值。 （徐 萌）

市场理性、国家理性与现代混合经济发展 葛扬(1962～ ,江苏海安人,南京大学商学院教授,全国综合大学《资本论》研究会秘书长。研究方向:社会主义经济理论,房地产经济理论)、林乐芬著,中国经济出版社2008年1月出版,210千字。现代世界经济的发展表明,混合经济已经成为西方国家一种普遍的经济制度。本书不是一般探讨混合经济本身,而是从混合经济制度层面全面透视现代混合经济发展带来的整体影响。本书从市场理性和国家理性的限度出发,探讨了"混合经济"的形成和理论模型,在此基础上分析了混合经济条件下资源配置效率与生产力发展、西方企业发展、经济增长、产业结构变迁、国际资本流动、经济周期波动与国家干预、收入分配等方面的问题。本书写作目的在于通过上述分析,兼顾市场理性和国家理性的混合经济在经济运行中的作用。 （徐 萌）

第七章　文化科学教育类

悠远的回响:俄罗斯作家与中国文化　汪介之(1952～　,安徽庐江人,南京师范大学文学院教授,中国外国文学学会理事,中国比较文学学会理事,中国俄罗斯文学研究会理事,江苏省比较文学学会副会长。研究方向:中外文学关系,俄罗斯文学)、陈建华著,宁夏人民出版社2002年8月出版,320千字。《跨文化丛书,外国作家与中国文化》之一。孕育生长于黄河——长江、伏尔加河流域的两大文明,各以其独特民族风貌与鲜明的地域特色而彰显于世,彼此之间又有着一种"剪不断,理还乱"的内在关联。岁月悠悠,斗转星移,中俄文化交往史上的无数动人景观已成过去,然而,华夏文明却无声地渗入一代又一代俄罗斯作家的精神创造中,俄罗斯文学和文化也以其特有的方式在中国文化语境中激起阵阵回响。本书运用比较文化、比较文学的方法,在较为全面地占有材料,深入分析的基础上,细致地梳理了中俄文化、文学交流的历史脉络,展现了中俄文化双向交流互动的五彩缤纷的世界。(另有《选择与失落:中俄文学关系的文化观照》,已著录)　　　　　　　　　　(孟桂英)

思想启蒙与文化重建　李良玉著,吉林人民出版社2001年12月出版,400千字。本书是作者关于中国近现代思想文化史论文的一个结集,共收录文章39篇,以解读思想、近代和当代文化走向、"五四"的意义与价值、学术随笔、历史观与史料学、综述与书评为子目,分为6个版块。该书内容以"戊戌维新时期"到"'五四'时期"的新文化运动为核心和主线,但全书的气势和思想、知识的覆盖面实际上大大超越了这个时期。该书内容上一个值得注意的特点,是在大量论述著名历史思想人物的同时,还注重对各种社会思潮的广泛研究。由于加强了对社会思潮研究的缘故,使得本书关于思想史的研究在体系上更完整,内容上更丰富,判断上更准确,思想上更深刻。他的专题实证研究论文,严守"论由史出"的训诫,旁征博引,蔚为大观。本书反映了一个具有时代精神和学术良知的知识分子对国家、民族前途和命运的关注和思考。　(孟桂英)

兴衰与追求:价值观与东西方社会发展　陈刚著,贵州人民出版社1988年12月出版,157千字。本书试图弄清楚价值观在社会发展中的作用如何;为什么西方历史上发展出了民主、自由、平等、正义的观念和马克思主义理论、近代科学、机器大工业与资本主义而我们却没有;为什么我们民族的社会历史发展长期停滞,西方却发展迅速;为什么我们民族近百多年来努力救亡图存、变法自强,追求民主、自由、科学与现代化,而这些问题至今尚未解决;为什么悠久的传统犹如千斤巨石压在我们身上,使我们步履蹒跚?我们又如何对传统文化实行创造性转化,以促进民族新文化、新个性的重建?著者试图从价值观及其与社会实践互动的角度考察东西方历史的兴衰,比较东西方文化的差异,进而回答这些问题,探讨东西方不同社会发展道路之根源,把握时代精神的演进规律,揭示现代化所要求的重建民族文化的方向。　　　(韩　兵)

变迁之痛——转型期的社会失范研究　朱力

著,社会科学文献出版社2006年7月出版,389千字。《社会风险系列丛书》之一。第一章梳理失范在西方理论发展中内涵的演化过程。宏观层面的失范是社会规范、制度体系的稳定性与社会秩序问题,指社会规范系统的瓦解状态,即社会解组。微观层面的失范是指社会团体或社会成员的失范行为,指社会团体或个体偏离或违反现行社会规范的行为。第二章从定量的指标方面反映客观上我国失范的状况以及我国社会成员对失范的心理容忍度。第三章论述失范的研究方法,回顾我国失范研究的状况与局限,提出"价值—规范—行为"三维分析框架。第四章从社会控制中心、组织特性、社会活动关系类型、社会流动、意识形态、信息传播、规范的功能、惩罚机制与失范成本等诸方面的变化,对社会转型前后两种社会控制模式进行比较。第五章对我国失范与规范提出具有规律性的命题。第六章在对我国社会失范的基本判断中,提出社会控制机制转换的几个阶段,目前社会失范处于规范层面的解组与行为层面的失范同时发生的"双重失范"时期。　　　　　　　　　　　（徐志辉）

林语堂与世界文化　冯羽(1960～　,江苏南京人,南京晓庄学院人文学院教授,中国比较文学学会会员,江苏省台港暨海外华文文学研究会理事、副秘书长。研究方向:西方经典的现代诠释,西方小说叙事学,林语堂研究)著,江苏文艺出版社2005年1月出版,216千字。本书从世界文化的角度,以比较文学的方法揭示了林语堂这位"两脚踏东西文化,一心评宇宙文章"的文化通才和他在现代化进程中的独特而真实的风貌。首先,在全书的结构布局上突出强调了林语堂一生中的三大跨越:作为世界级的双语作家,他跨越了语言和国界的屏障;作为被西方公认的"20世纪最高智慧的人物",他跨越了语言学、文学、人文、科技等学科边际;作为"第三代基督徒",经历了从基督徒到异教徒,再重新回到基督徒的大回环。全书在学理探讨的层面上对林语堂的"双语写作路线"做出了直接的承继,在提供宏观比较文化视野的同时也注重对微观资料的搜集与发掘。　　　　　　（孟桂英）

当代中国文化的追求与梦想　孙家正(1944～　,江苏泗阳人,曾任江苏省委副书记、广播电影电视部部长,文化部部长、中国文学艺术界联合会主席)著,外文出版社2007年出版。本书为汉、英、西、法、俄文对照本,收录了作者2000年至2006年间在美国、英国、韩国、日本访问时的演讲,旨在介绍面向21世纪的中国文化。作者在演讲中提出,文化是人的生存状态以及情感、愿望的反映,反过来又对人的生存、发展给予能动的影响。从这个意义上说,文化即人,而了解今天的中国文化,就是进一步了解和认识当代中国人。以更加开放的态势融入国际社会,不断扩大对外文化交流,是中国文化坚定不移的方针。文化源自心灵,又直抵心灵。作者的演讲表达了一个愿望,就是以文化促进中国人民与世界人民之间的心灵沟通。　（王忆南）

中国鱼文化　陶思炎(1947～　,江苏南京人,东南大学艺术学院教授,中央文史研究馆馆员,中国民间文艺家协会副主席,江苏省民间文艺家协会主席。研究方向:民俗学,民俗艺术学,民间信仰,文化遗产保护)著,中国华侨出版公司1990年5月出版,143千字。《中华本土文化丛书》之一,是第一部论述中国鱼文化的民俗学新著。凝聚着中华民族创造精神的各类鱼图、鱼物和鱼俗,构成了中国文化史上历时最久、应用最广、民俗功能最多、民间性最强的文化长链。书中描述了鱼从神圣的宗教信仰,演进为民间生活习俗的历史过程,并且探讨了与鱼有关的"和合二仙""孟姜女变鱼"等民间信仰与民间传说的真意。全书整体上给人以高屋建瓴之感,同时内容又丰富翔实,饶有趣味,给人以启迪。(另有《应用民俗学》,已著录)　　　（孟桂英）

当代中国文化走向　虞友谦(1944～　,江苏扬州人,江苏省社会科学院邓小平理论研究中心副主任,研究员。研究领域:思想史,传统文化与精神文明)、陈刚主编,河海大学出版社2000年12月出版,350千字。《新视野丛书》之一。本书第一编《世纪回眸》,回顾近了现代中国文化的发展历程;第二编《大转型》、第三编《理想的冲突》、第四编《我们时代的文化关怀》对时代与文化之关系作了全方位的考察;第五编《走向21世纪的中国文化》则对中国文化的未来走向作了展望。本书立意高远、思想解放、视野开阔、内容丰富、观点新颖、结构完美,较好地做到了学术性与探索性、思想性与知识性、历史

感与现实感的统一。　　　　　　（孟桂英）

中国文化在启蒙时期的英国　范存忠(1903～1987,字雪桥,上海崇明人,曾任中央大学外语系教授、文学院院长,南京大学外语系教授、副校长)著,上海外语教育出版社1991年4月出版,173千字。本书对中国与英国文化关系的探讨,上溯至乔叟作品中的中国形象,下迄威廉·琼斯对中国经典的译介与解读,跨越数百年。此间,众多中国文化元素,如孔子学说、政治制度、风俗民情、园林艺术、戏剧、小说等,通过各种途径传入启蒙时期的英国,对英国各界(尤其是学术界与文学界)产生了复杂的影响。作者以丰富的事实材料为基础,结合历史语境,努力理清错综复杂的关系,深入分析了中国文化与英国文化相遇时所产生的碰撞及前者对后者的启迪。本书是我国比较文学界一部划时代的学术著作,内容涉及中国文化的方方面面,引证有关的中外文资料300多条,文字简洁生动,深受海内外学者的好评。(另有《英国文学史提纲》,已著录)
　　　　　　　　　　　　　　　　（蔡保鹏）

当代传媒生态学　徐国源(1965～　,江苏宜兴人,苏州大学文学院教授,中国俗文学学会理事,中国传播学会会员。研究方向:大众文化研究,民间文艺研究,中国现代诗学研究)、谷鹏著,上海三联书店2006年12月出版,315千字。本书有两个显著的特点:其一,它系统地收集、整理了国内外关于传媒生态的最新讯息及相关资料,对该学科的基本概念、主要范畴进行了细致周到的界定与阐释,对该学科的研究方法、应用价值进行了深入务实的探讨。它将会为准备进入这一研究领域的读者提供必要的知识与一条相应便捷的途径;其二,本书在吸收西方的研究成果时却时时立足于中国民族文化的深厚土壤中,努力促使西方文化与中国文化、现代文化与传统文化以及精英文化与民间文化(即所谓"草根文化")的交流融会。　（孟桂英）

新闻社会学　陈颐著,江苏教育出版社1996年5月出版,199千字。本书包含12章,探讨了从古代社会信息传播活动到近现代新闻事业,论述了新闻事业的"信息机构"功能、"舆论机关"功能、"民主机制"功能、"控制手段"功能、"政党工具"功能,分析了新闻事业的内在矛盾和新闻事业的社会功能,对新闻制度、制约新闻事业发展规模和普及程度的非制度因素等问题进行了深入研究,最后论述了中国社会主义新闻事业的历史、现状和未来。作者把新闻社会学看作是社会学的一个分支学科,吸收以往国内外研究的成果,构造新闻社会学的理论体系框架,建立了若干基本范畴,提出了若干原理性的结论。
　　　　　　　　　　　　　　　　（孟桂英）

网络文化论纲　孟建(1954～　,江苏常州人,祖籍山东东平,南京大学新闻传播学系教授,中国高校影视学会常务副会长,中国传播学会副会长。研究领域:新闻传播,公共传播,艺术传播,视觉传播)、祁林著,新华出版社2002年12月出版,270千字。《"E时代精神"网络媒体新论丛书》之一。矫枉过正的人们开始冷眼观看网络媒体业,认为该行业几乎不具备投资价值。如果我们审慎地用传统经济学的观点来看,网络媒体业并没有摆脱基本经济规律的制约,泡沫时期的互联网被神话了,可是在挤除泡沫的阶段我们也不能把洗澡水和孩子一起倒掉。在本书中,作者将力图以传统的传播学和经济学理论来分析这一新兴行业,给人们展示网络媒体经营从概念和喧嚣回归基础和真实的图景。本书内容包括网络传播形态、网络行为与网络主体、网络社区、网络自由与网络民主、网络文化精神的辨析等。
　　　　　　　　　　　　　　　　（孟桂英）

网络与人类生存　韩璞庚(1963～　,安徽潜山人,《江海学刊》杂志社社长、总编辑。研究领域:哲学,人学,编辑学)等著,陕西人民出版社2001年出版,199千字。本书对网络时代的哲学断想,虚拟世界与人类文明,网络时代的人类交往及知识类型,网络时代的社会控制,网络社会规范的结构、功能,因特网的理想与全球主义等问题进行了论述。
　　　　　　　　　　　　　　　　（韩　兵）

中国新闻史　曾虚白主编,三民书局1966年4月出版,700千字。中国新闻事业发展垂数千年,亟需有系统的记载。本书集中台湾新闻史学界的力量共同完成,由曾虚白主编,在台湾新闻学界颇有影响,是中国新闻史先行之作。本书目次:总论;民意的形成与发展;汉唐邸报至清末官报;外人在华创办的报纸;政论报纸的兴起及其发展;民国初年的报业;从"五四"到"北伐"的报业;从"北伐"到"抗战"的报业;抗战时的报业;抗战胜利后的报业;自由中国的报业;新闻通讯事业;广播电视事业;新闻教育;华侨报业;中共控制下的报业;新闻自由与新闻自律;近代新闻事业的发展。　　　（韩　兵）

中国当代新闻学研究的演变——学术环境与思路的考察　谢鼎新(1962～　,安徽合肥人,南京财经大学新闻学院教授。研究方向:新闻史,广播电视)著,中国传媒大学出版社 2007 年 3 月出版,174 千字。本书从回溯 1949 年以前新闻学研究的历史作为起点,分三个历史阶段梳理新中国成立近半个世纪以来新闻学研究的演变史,重点分析新闻学术环境、观念和方法,探讨新闻学研究变化的特点和规律。全书视野开阔、史论结合、评述得当,在相当程度上填补了当代新闻学术史研究的空白。本书有三个特点:第一,材料运用系统翔实。第二,采用历史和逻辑相结合的方法来认识和把握新闻学研究的演变,注意从历史整合的大视角出发观察研究对象。第三,本书从纵横两个向度展开,前者用"体制化""自觉与反思""多元与繁荣"等突出概括不同阶段的特点;后者提炼三种学术资源、内外两个路径,形成一种新的观察视角。　（孟桂英）

在媒介与大众之间:电视文化论　陈龙(1965～　,江苏扬中人,苏州大学教授,中国传播学研究会理事,江苏省传媒艺术研究会常务理事。研究方向:大众传播理论,传媒文化)著,学林出版社 2001 年 12 月出版,231 千字。本书将电视放入整个社会文化的大环境下来进行考察,既注重从传播学的角度看电视的有关问题,也注重从文化学角度对电视进行思考。书中对电视文化的内涵作了界定,详细介绍了西方的电视文化研究和当代电视文化理论与思潮,重点研究了电视文化的内在特性,对电视文化的创造主体、电视文化的媒介形式以及电视文化的社会影响,也进行了深入系统的阐述。　　　　　　　　　　（孟桂英）

陈翰伯出版文集　陈翰伯(1914～1988,江苏苏州人,出生于天津,曾任商务印书馆总编辑兼总经理,文化部出版局局长,国家出版事业管理局代局长)著,中国书籍出版社 1995 年 6 月出版,145 千字。《中国出版论丛》之一。旨在总结新中国 40 多年来丰富的出版实践经验,进一步揭示社会主义出版工作的规律。著者一生从事新闻事业,新中国成立后写有大量关于出版工作的文稿。本文集所辑选文章分为 3 部分:出版工作;评论、杂感;传记、回忆录。另有一篇附录文章,纪念著者从事新闻出版事业 50 周年。本书为新中国的出版史,特别是打倒"四人帮"不久那段拨乱反正的艰苦工作提供了一些研究资料。　　　　　　　（韩　兵）

寻觅与审视　戴文葆(1922～2008,江苏阜宁人,曾先后在人民出版社、世界知识出版社、中华书局、文物出版社、三联书店任编辑)著,中国华侨出版社 1990 年 10 月出版,457 千字。本书是作者近年来关于历史与文化问题的论集,其中有论文、札记、评论与演讲词,回忆当代革命文化名人,评述明清之际著名学者,以及对若干学术问题与某些书籍的评论,还有关于新兴的编辑学及编辑业务的探讨。(另有《射水纪闻》,已著录)　　（蔡保鹏）

我的出版思维　聂震宁(1951～　,江苏南京人,曾任广西新闻出版局副局长,人民文学出版社社长,中国出版集团公司总裁)著,河北教育出版社 2004 年 1 月出版,333 千字。本书分出版导向思维、出版创新思维、出版产业思维、经营管理思维、编辑工作思维、版权业务思维、人才成长思维等 7 个专题,共收录了作者文章 70 余篇。　（蔡保鹏）

中国出版史　宋原放(1923～　,江苏扬州人,曾任上海人民出版社社长、总编辑,上海市出版局局长)、李白坚著,中国书籍出版社 1991 年 6 月出版,225 千字。本书以文化发展为背景,勾勒了中国出版史的发展线索。内容包括:雕版印刷术发明前的文字传播,雕版印刷术的发明、书籍出版的黄金时代、古典文化总结时期的书籍出版、中西文化冲突中的近代出版事业。　　　（蔡保鹏）

从类书到百科全书　姜椿芳(1912～1987,江苏常州人,中国大百科全书的首倡者之一和第一任总编辑,曾任中共中央马恩列斯著作编译局副局长)著,中国书籍出版社 1990 年 12 月出版,115 千字。本书收入作者关于百科全书的文章和讲话,生动耐读,包含了编辑工作中所遇到的许多实际事例。这本文集篇幅不大,但它是百科全书家的作品,富有百科全书特有的浓缩风格。百科全书的读者,可以从这本书中获得有关古今中外百科全书的知识;百科全书的作者和编者,可以从这本书中汲取编纂百科全书的理论、方法和经验;编辑出版专业的教育工作者和学生,可以借用本书中大量的生动例子作为教学材料。　　　　　（蔡保鹏）

情报检索语言　张琪玉(1930～　,上海人,南京政治学院上海分院信息管理系教授,中国图书馆学会理事,中国索引学会副理事长)编著,武汉大学出版社 1983 年 6 月出版,200 千字。情报检索语言是根据情报检索的需要而创制的人工语言,又称情报语言、检索语言、情报存贮与检索语言、文献语言、文献工作语言、索引语言等等。而情报检索又是情报传递中的重要环节。在当代科学技术文献数量庞大,内容专深且互相渗透,科研、生产、教学、行政部门对情报的需要又十分迫切,检索课题又很专指的情况下,情报检索就尤其重要。本书作为高等学校文科教材,从等级体系分类语言、分析—综合分类语言、标题词标引语言、单元词描述语言、叙词描述语言、关键词描述语言、文献分析与标引问题 7 个方面,对情报检索语言做了详细介绍。　（孟桂英）

现代西方主要图书分类法评述　刘国钧(1899～1980,江苏南京人,曾任金陵大学教授、图书馆馆长、文学院院长,北京大学图书馆学系教授)著,吉林人民出版社 1980 年 10 月出版,172 千字。全书共分为 10 章,主要介绍了西方 7 部主要分类法,即杜威十进分类法,克特展开式分类法,美国国会图书馆分类法,国际十进分类法,英国布朗主题分类法,印度阮冈纳赞冒号分类法和布立斯书目分类法。对于这些分类法,作者采用了逐个介绍和评述的办法。由于作者本人早年编纂过《中国图书分类法》,新中国成立后又参加过《中小型图书馆分类法》和 1964 年出版的《中国图书馆图书分类法》的编纂工作,在分类法的研究与实践上,有较深的素养和造诣。他在博览西方许多有关分类学的图书文献之后,写成此稿,尤以对各分类法在编制技术上颇有独到的见解,对各分类法在具体应用上,也有较深刻的体会。　　　　　　　　（蔡保鹏）

"核心期刊"与期刊评价　钱荣贵(1968～　,江苏姜堰人,南通大学教授。研究方向:思想史,辞书史,编辑出版学,历史文献学)著,中国传媒大学出版社 2006 年 4 月出版,194 千字。本书对当前学界、刊界普遍关注的"核心期刊"问题做了深入系统的研究,力求廓清"核心期刊"衍生的重重迷雾,冲出藩篱,走出误区。全书分《解读编》《批判编》《重构编》。《解读编》全程追述国外"核心期刊"的理论源流及在中国 30 年来的传播轨迹。《批判编》是全书的中心和重心,重在针砭"核心期刊"引发的诸多负面效应,探求问题症结,提出破解思路。《重构编》提出更加科学地重建期刊评价体系的问题,着力构建我国两类学术期刊综合评价指标体系。
　　　　　　　　　　　　　　（孟桂英）

中国旧书业百年　徐雁(1963～　,江苏太仓人,南京大学信息管理系教授,中国图书评论学会常务理事,中国阅读学研究会会长。研究方向:图书评论,阅读推广,中国图书文化史)著,科学出版社 2005 年 5 月出版,1 075 千字。本书是系统探讨近现代中国古旧书业发展历史和经营业态的学术专著。雕版印刷技术是中华民族对人类科学文化事业做出的一项无与伦比的贡献。由雕版技术印装而成的木版书,具有知识可读性、艺术鉴赏性和文物收藏性俱佳的工艺特点,历来是我国古旧书业的宝贵经营资源,其中的珍善之本至今仍是海内外拍卖场上的热门拍品。本书以中国古旧书业史为背景,依次叙述百余年来燕京旧书业和江南旧书业的风貌,掠影北京、南京、扬州、苏州、杭州、上海等地旧书业风情和旧书市场,披露近现代以来因内忧外患所造成的七大"书厄",回顾叶景葵、郑振铎、阿英等人在社会动荡岁月保护和抢救中华典籍文献的义事壮举,反思"公私合营"对我国古旧书业经营传统的影响,冷静剖析在"救救旧书业"的众多呼声之后实际掩盖着的当代古旧书行业的症结,探讨挽救、保护和复兴中国旧书业的可能之策。（孟桂英）

中国辨伪学史　杨绪敏(1953～　,江苏睢宁人,徐州师范大学历史文化与旅游学院教授,中国历史文献研究会理事,江苏省历史研究会理事。研究方向:为中国古代史,中国历史文献学)著,天津人民出版社1999年3月出版,250千字。本书是一部知识性很强的学术著作。它不仅可以帮助我们学得辨伪学的知识,而且可以帮助人们掌握做学问的某些必要手段和途径。第一,该书对中国辨伪学的历史作全面系统的论述。第二,突出重点,反映特点,尽力反映中国辨伪学史发展全过程。第三,实事求是地评论,深入浅出地叙述,是一部雅俗共赏的学术专著。该书将中国辨伪学分为四个时期:疑古思想的萌芽及辨伪学初起时期(先秦汉魏南北朝);辨伪学的发展时期(唐宋);辨伪学的成熟时期(明清近代);辨伪学的再发展时期(现当代)。作者全面系统地叙述了从战国到现当代在考辨伪书、伪史、伪说等方面所取得的成就,深入细致地分析总结了历代辨伪学家的辨伪思想和辨伪方法并作了客观、公允的评价。

(孟桂英)

校雠广义 程千帆(1913~2000,原名逢会、会昌,字伯昊,湖南宁乡人,南京大学文学院教授,曾任中国唐代文学学会会长。研究领域:校雠学,历史学,古代文学,古代文学批评)、徐有富著,齐鲁书社1998年4月出版,由《校勘编》《典藏编》《版本编》《目录编》4册构成,全书共1 296千字,为《中国传统文化研究丛书》之一,是中国校雠学扛鼎之作,校雠学重建的奠基之作。本书旨在于清代以来的"洪说""缪说""叶说"和"汪说"之外,"折中旧说,别以四目为分","俾治书之学,获睹其全,入学之门,得由斯道"。《典藏编》34万余字,从典藏单位、图书收集、书籍亡佚和图书流通等6个方面,叙述了我国历代公私藏书的源流、典藏经验及其保藏中华典籍以裨益读书治学和图书出版事业的杰出贡献;《目录编》8章25万余字,俱谈古今目录源流;《版本编》7章34万余字,倾述版本鉴别要领;《校勘编》7章34万余字,尽讲汉文校勘关节。植根于中华民族传统文化基础而构架的全编凡百余万字的《校雠广义》,允为一部登堂入室于中国历史文献学乃至文化学术史殿堂的门径之书。(另有《文论十笺》《唐代进士行卷与文学》《史通笺记》,已著录)

(孟桂英)

文献学纲要 潘树广(1940~ ,广东新会人,苏州大学文学院教授。研究方向:文学文献学,古典文学研究方法论)等著,广西师范大学出版社2000年8月出版,260千字。本书以"大文献学"的思路写作,力求古典文献学与现代文献学融会贯通;涉及的专业文献以人文社会科学为主,兼及部分自然科学文献;不限于论述文献检索,构建完整的文献学学科框架,但应当以文献检索为重点内容;反映了20世纪90年代以来文献学理论研究成果和技术成果。全书分为8章,内容涉及文献与文献学的基本理论知识,文献的外在形态与内容分类,文献的整序、揭示、检索、鉴别、整理、典藏与传播,计算机技术在文献生产与检索中的应用。(另有《古代文学研究导论——理论与方法的思考》,已著录)

(孟桂英)

江苏档案要览 于鸿模(1935~ ,江苏省如皋人,江苏省档案馆研究馆员)主编,河海大学出版社1994年12月出版,1 400千字。本书选录了全省3 145个重要的档案馆、室的条目,对每个馆、室基本情况作了简要介绍,对收藏的档案,特别是重要的、珍贵的、有特色的档案和资料作了重点介绍。全书分为5个部分,在每一部分里,按省、市、县(市、区)和行业次序排列。

(王忆南)

冲突与协调——科学合理性新论 马雷著,商务印书馆2006年2月出版,字数不详。本书就科学进步的诸多合理性问题进行充分的研究和论证。科学合理性问题即科学理论的评价问题。本书提出"凡协调的就是合理的"的论断,设计并论证了一种新的科学合理性模式——协调合理性模式。科学合理性在于理论具有一定的协调力,科学进步在于理论协调力的不断增长。协调论构想从一个崭新的视角提出科学发展的多元目标体系。科学理论具有经验协调力、概念协调力和背景协调力的完整追求空间。协调论作为整体论科学观的新的理论形态预示着科学哲学的一种新的进路。协调论是一个"平权"理论,每个"苹果"的作用地位都是一样的,并无尊卑等级之分,"经验"不再是一个根本性的概念,取而代之的根本概念是"协调"。作者力图给"协调力"以清楚的定义,使各单一协调力都可以在统一的基础上予以确立,既不失科学的规范,也能够描述科学的进程,逻辑的和历史的要素都在协调力的模式中得以体现。如此,合理性理论的诸多矛盾和问题都可以加以消解。

(孟桂英)

科学价值系统论：对科学家和科学技术的社会学研究 张彦（1950～ ，江苏句容人，苏州大学社会学系教授，中国社会学会理事，中国自然辩证法研究会复杂性科学与哲学专业委员会理事。研究领域：社会学，统计学，系统科学）著，社会科学文献出版社1994年10月出版，267千字。本书为切合现当代中国社会问题的研究，旨在探寻在市场经济条件下能赢得广泛社会认同和心理内化的科学价值观。本书论证了科学价值体系的二元结构，即真理价值和实用价值；对科学的社会规范进行了重构，认为科学规范按其特质可划分为具有普遍的倡导性功能和在特殊情况下的禁止性功能的规范以及具有普遍的禁止性功能，跨越它即构成越轨的规范两类；讨论了对知识生产者的劳动成果和社会贡献予以肯定和承认的体系；讨论了评价系统对科学的良性运行所起的关键性作用、科学活动中的社会互动。本书旨在全面剖析影响科学家行为模式的动因结构，也可以说是科学的社会动力学。市场经济的发展提出了更新价值观念的时代要求。但新的科学价值观不能看成是市场经济的产物，而是对科学双重价值的必然反映。（另有《系统自组织概论》，已著录）

(孟桂英)

科学之灵：试论科学精神 王兵（1960～ ，江苏南京人，东南大学哲学与科学系教授，江苏省自然辩证法研究会常务理事。研究方向：科技进步与社会发展）著，东南大学出版社2002年11月出版，156千字。科学精神是人类文明进步演化的不朽基石本书从科学的发展中深入剖析了科学精神的理论内涵及其形成与发展，进而从科学精神与社会的各个层面的关系中探讨科学精神对人类文明进步的广泛影响。主要内容包括：科学精神的内涵、科学精神的生长、科学精神与文化传统、科学精神与政策、科学精神与哲学思维、科学精神与宗教意识、科学精神与经济发展、科学精神与科技进步等。本书还就科学精神与马克思主义世界观的联系、科学精神与迷信的对立做了深入分析，有助于我们更全面地把握科学精神的内涵。

(孟桂英)

当代知识论 陈真译，[美]约翰·波洛克、[美]乔·克拉兹著，复旦大学出版社2008年10月出版，313千字。《哈佛教学用书哲学译丛》之一。本书的其主要任务是勾画当代西方认识论的逻辑概貌并为直接实在论进行辩护。西方哲学界有一种普遍的看法，认为一个信念只能通过另一个信念或另一部分信念才能得到辩护或证明。外部世界或知觉本身不能直接给一个信念提供辩护或证明，只有当外部世界或知觉转变为认识主体的信念之后才能为某个信念提供辩护或证明。这个看法被称为"信念假设"。凡承认这个假设的理论都被称为信念理论，凡否认这个假设的则称为非信念理论。"直接实在论"否认信念假设，认为一个信念不仅可以通过另一部分信念得到辩护，而且也可以通过非信念的知觉印象或记忆状态直接得到辩护。

(孟桂英)

现代性的张力 周宪著，首都师范大学出版社2001年10月出版，306千字。结集在本书里的诸篇，大抵反映著者10多年来学术兴趣的伸展方向，总体上环绕着四个层面展开。第一个层面是反思现代性问题，内容从西方文化中启蒙现代性和文化（审美）现代性的冲突说起，一直追溯到现代主义和后现代主义文化运动，并从西方说到中国，聚集于中国现代性问题；第二个层面所涉及的是文化研究。如果说现代性研究已经越出了传统的学科边界的话，那么，文化研究更是"精骛八极"的多学科空间；第三个层面的主题是文学理论，涉及的是一些文学基本问题的思考；第四个层面难以归类，故名之为"人文与学术"。

(韩 兵)

科技伦理学 徐少锦主编，上海人民出版社1989年7月出版，408千字。本书密切结合科学技术发展的历史，特别是现代科学技术发展的有关最新成就，分析了科技伦理学的对象、任务和方法，提出了科技道德的基本原则和主要规范，论述了科技评价与科技道德评价的关系，概括了科技人员的理想人格，探讨了科技道德的教育和科技道德修养等问题，较全面地论述了科技伦理学的各个重要方面。主要特色：以科学技术与伦理道德的关系作为科技伦理学的逻辑起点，最后从两者统一于科技理想人格作为它的终点；以论为主，史论结合，谈论说史,以史讲论,把理论学说和思想史融合在一起;对科技道德原则和主要规范做了科学的概括;提出了科技道德发展的六条规律;资料丰富、信息量大、视野开阔,可读性强。　　　　　　　　　（孟桂英）

科技系统分析　施建军(1955～ ,安徽无为人,南京大学商学院教授,中国统计学会副会长,江苏省数量经济与管理科学学会会长,江苏省统计学会副会长,江苏省科学学与科技管理研究会副会长。研究领域:经济理论与改革,统计学理论和方法,软科学理论和方法)等著,南京大学出版社1992年6月出版,224千字。本书作为软科学研究成果,以江苏省科技、经济、社会系统分析为主线,采用统计指标、综合评价、层次分析和系统动力学的方法,对江苏省科技发展现状与特点、科技兴省战略目标的选择与监控、技术进步测定与评价和动态模拟与预测等领域进行专题研究。全书资料翔实,理论性与实用性兼顾,宏观与微观分析兼顾,是一本有价值的应用性研究专著。本书适用于从事区域规划、科技管理及相关学科的研究人员,管理干部和高等院校师生阅读和参考。　　　　　（孟桂英）

搜索引擎与信息获取技术　徐宝文(1961～ ,江苏东台人,东南大学计算机科学与工程系教授,中国计算机学会理事,中国软件行业协会理事,江苏省软件行业协会副会长。研究方向:程序设计语言,软件工程,Web技术)、张卫丰著,清华大学出版社2003年4月出版,224千字。本书涵盖搜索引擎与信息获取技术的主要内容,力争系统全面地介绍信息获取的关键技术,并通过实例来说明,使得复杂的概念容易理解。本书包含三部分:第一部分介绍信息获取的基本原理与技术;第二部分介绍我们在搜索引擎与信息获取领域所做的工作和取得的最新科研成果,它主要是实现用户个性化搜索的相关技术;第三部分面向普通用户的应用需求,分别从Web站点维护者的角度和普通用户使用搜索引擎的角度讨论如何提高自己的网页在搜索引擎的排名和如何提高查询的搜索精度。本书适合高等院校计算机科学与技术专业及相关专业的高年级学生和研究生阅读参考,也适合其工作范围涉及该领域的工程技术人员参阅。(另有《高级程序设计语言原理》,已著录)　　　　　　（孟桂英）

教育概论　孟宪承(1894～1967,男,江苏武进人,曾任华东师范大学校长、教授,上海市教育学会会长)编,福建教育出版社2006年9月出版,146千字。本书最早于1933年9月由商务印书馆出版,1934年9月进行修订,1935年7月经教育部审定为师范学校教科书,共刊行29次。后作者与陈学恂又依据1947年颁布的《师范学校课程标准》进行了增订,称《教育通论》,1948年8月由商务印书馆印行。本书以"受教的儿童"为起点,对教育的意义作了广义的阐述,分述了实施这种广义教育的社会机构与系统。全书共分10章,"前五章泛论教育的意义和目的、各类教育的机关、学校系统和教育行政;后五章专论小学的组织、课程、教学,而终以教师的专业",主要内容包括儿童的发展、教育机关、学校系统、教育行政等。　　　（蔡保鹏）

教育学的理论与实务　赵蒙成(1969～ ,河南上蔡人,苏州大学教育学院教授。研究方向:职业教育与成人教育,比较教育)编著,安徽教育出版社2006年12月出版,240千字。本书的特色:从中小学教师教育教学工作的实际需要出发,精选教学内容,突出实用性;努力使理论观点与实际范例相结合,该书虽以教育学的理论观点为线索,但几乎为每一个观点都配上了案例,以帮助学生深刻理解理论观点,并在合适的情境中正确应用;力求体现教育学研究的新成果,并对当前教育实践中的急迫问题做出回应;以建构主义的学习理论为指导,精心组织和呈现教学内容,在知识的编排和呈现方式上进行尝试和创新;力求适应课程管理的需要,在选择内容时以"精"为原则,删减了不少不必要的内容。　　　　　　　　　（孟桂英）

主体教育理论的哲学思考　孙迎光(1959～ ,江苏南京人,南京师范大学公共管理学院教授。研究方向:思想政治教育,德育,教育哲学)著,南京师范大学出版社2003年5月出版,233千字。本书所讲的主体教育理论不同于教育中的主体理论。主体教育理论中的主体为哲学认识论意义上的主体。在主体教育理论中要将非人的因素和实体、主要构成部分、主语意义上的哲学主体涵义排除在外。认识论意义上的主体不等于认识的主体。主体教育的根基在于主体的自主性,即有自我选择、自我决定的自由。若无自我选择的自由,只是处于决定论的网络之中,人的行为是由内在的心灵中的神秘力量或者外部的力量所决定,那么人就是没有选择自由的亚当,人不能自我负责,也无可塑性。在教育中谈发挥人的主体性就成了毫无意义的话题。这样整个主体教育就失去了存在的根据。选择自由有两重规定:一是价值层面上的,二是终极意义上的。确立主体教育的根基,必须考察人的意识领域,对无意识教育、情感动力说和意志动力说等进行分析,将左右人的行为但又不被人的意识察觉到的"小上帝"驱逐出去。 （孟桂英）

美育原理 常春元(1918～2010,江苏泰兴人,江苏教育学院教授。研究领域:教育学,教育哲学)著,河北美术出版社 2000 年 5 月出版,316 千字。本书系统地阐述与社会主义美育有关的各种问题,并结合古今中外有关美学和美育的美育原理、问题,依据辩证唯物主义和历史唯物主义的基本原则和方法,本着"古为今用,外为中用"的精神,以批判的态度,取其精华,去其糟粕,力求体现有中国社会主义特色的美育,并对我国各级各类学校内外和美育有关的问题全面地加以探讨,供广大师生及有志于教育事业的人们参考,也可作为各级各类师范院校和高等学校的教材。为了阐明美育的目的、内容、方法、途径等各方面的问题,不断提高中华民族的整体素质,书中广泛地涉及古今中外的诗、书、画、音乐、雕塑及民间的文学艺术作品,并附有一批有代表性的作品,供观赏和比较之用。(另有《中国社会主义教育学》,已著录) （孟桂英）

中国社会主义教育学 常春元等主编,江苏教育出版社 1987 年 12 月出版,589 千字。该书共 27 章,全面论述了我国社会主义教育的规律、方针、原则,领导管理与评估等,是一本具有中国特色的社会主义教育学。全书包括教育的客观规律与我国教育的特点,我国的教育方针、德育过程、教育行政管理等内容,观点新,理论深,能紧密联系中国实际。 （蔡保鹏）

通往德性之路：中国美育的现代性问题 于文杰著,中国社会科学出版社 2001 年 12 月出版,197千字。本书除了导论《中国美育现代性概述》之外,分为上篇《中国美育现代性之理论问题研究》和下篇《中国美育现代性基本品性分析》,向读者介绍中国美育现代性总体的背景理论;中国美育现代性具体的学术问题:中国美育现代性与"参照系"问题,中国美育现代性与"民族性"问题,中国美育现代性与"终结论"问题;中国美育民族精神之历史研究:传统的批评与超越,美育与现代启蒙,美育与民族精神,美育何以代宗教;中国美育现代形式之逻辑分析:学术独立与美育自律的可能性,传统美育概念形式之考辨,现代美育结构形式之批评等内容。 （孟桂英）

我的教育理想 朱永新(1958～ ,江苏大丰人,苏州大学教授,中国教育学会副会长。研究方向:心理学史,教育思想史)著,南京师范大学出版社 2000 年 11 月出版,278 千字。本书分上、中、下 3 篇。上篇主要表达作者对于学校、教师、校长、学生以及父母的基本观点,内容包括:我心中的理想学校,理想教师,理想校长,理想学生,理想父母。中篇研究教育现代化、教育创新、民族凝聚力以及科教兴市等具有一定宏观意义的政策问题,内容包括:教育现代化与人的现代化,创新教育与教育创新,教育与中华民族的凝聚力,中国教育发展的若干政策分析,"教育兴市"与苏州可持续发展。下篇则展望未来教育的发展,内容包括世纪之交中国教育的回顾与前瞻,基础教育改革的十大趋势,21 世纪中国课程改革的趋势,中国道德教育的挑战与展望,日本教育的问题与前瞻等。(另有《教育问题的哲学探索》,已著录) （孟桂英）

教育问题的哲学探索 朱永新、许庆豫主编,苏州大学出版社 2003 年 12 月出版,340 千字。全书以专题为线索展开。首先梳理我国古代教育哲学思想的基本特征。因为当代哲学,包括当代教育哲学的任何进步,都是对已经产生的思想的继承和发展。我国已经产生并对当时和当今教育观念、教育实践和教育理论产生影响的思想,应该是当今教育哲学的思想资源,应当成为任何教育哲学研究并关注的对象;本书集中探讨当代中国的 10 余个重大教育理论问题,如基础教育均衡发展、教育之适应与超越、民主教育与民主理论、教育公平等;最后讨论西方教育哲学的历史演进过程、西方哲学方法论及其对教育研究的影响和西方社会哲学理论及其对教育研究的影响。

（孟桂英）

理解与教育：走向哲学解释学的教育哲学导论
金生鈜著，教育科学出版社1997年3月出版，161千字。本书运用解释学的观点对教育的意义生成、受教育者的精神建构、教育中的师生关系、学校教育的课程等诸多教育问题做出解释与阐述，针对当代唯科学主义在教育诸多问题上的理解的缺失与不足，作者所阐明的一系列观点是颇具理论价值的，对当代教育的弊端也是很有针砭性的。哲学解释学是新兴的学术领域，书中关于"理解"的理论有独到之见，和教育具有密切关系。教育本应是"心灵的导向"，就是促成人的精神成长，但现代教育追逐物质效益而忽视精神文化的开创和弘扬，使人陷入狭隘而片面的发展。这应是教育理论深思的课题。作者阐述了理解性教育的生成，继而又从受教育者的精神建构等方面陈述新哲学所希冀的教育。

（孟桂英）

教育研究的理论与实践 李学农(1955～ ，四川荣县人，南京师范大学教师教育学院教授。研究方向：德育原理，教师教育)、王晓柳著，南京师范大学出版社2001年8月出版，403千字。本书分上、下两篇。上篇为《教育研究的理论与一般方法》，下篇为《SPSS在教育研究中的运用》。上下篇相互联系，又自成体系。教育科研能力是所有教育工作者的基本能力之一，每一位准备做教育工作的人，都应具有教育科研的意识与能力。因此，本书不仅是为教育学专业的学习者而写，也是为所有的师范生而写。教育科学研究并不只是研究技术手段的运用，而且有一种基本的方法论思想在支配研究。突出教育研究的方法论，是本教材的特点之一。可操作性应是本门学科的基本特征。本教材提供了一些研究案例。这是本教材的特点之二。社会科学统计软件SPSS，在统计资料的处理上极其便利，本教材充实了这方面的内容。这是本教材的特点之三。

（孟桂英）

教育公平论：西方教育公平理论的哲学考察
郭彩琴(1963～ ，女，江苏宜兴人，苏州大学政治与公共管理学院教授。研究方向：社会学，城市社会学，教育社会学)著，中国矿业大学出版社2004年11月出版，205千字。本书侧重于研究当代国外尤其是20世纪60年代至70年代美国的主要教育公平理论，从哲学角度出发论证教育公平的含义和实质，对当代中国教育公平理论进行相关的理论分析。全书共4章，分别考察了新自由主义教育公平理论、新保守主义教育公平理论，最后提出构建教育公平理论的设想。

（孟桂英）

教育经济学 刘志民(1960～ ，陕西临潼人，南京农业大学公共管理学院教授。研究方向：政府管理，教育经济与管理)主编，北京大学出版社2007年9月出版，470千字。本书基于经济学、教育学理论模型建立教育经济学分析框架，系统阐述教育经济学的核心问题，并广泛吸收国内外教育经济学的最新研究成果；在充分借鉴发达国家成功经验的同时，紧密结合我国教育改革实际，重点探讨我国教育经济领域内的有关重大问题。书中采用了大量的经济学研究方法，规范分析与实证分析相结合，定性分析与定量分析相结合，可为读者进一步探索教育经济研究领域的有关问题提供有效的研究分析工具。本书可作为教育学、教育经济与管理以及其他有关专业的本科生、研究生教材使用。

（孟桂英）

创新与教育 彭坤明(1957～ ，江苏宜兴人，江苏广播电视大学校长、教授)著，南京师范大学出版社2000年7月出版，182千字。本书从创新事实出发，分析了知识经济、工业经济和农业经济时代与创新的关系，教育的创新功能，实施教育创新过程中的种种理论和实践问题。（另有《中国现代远程教育发展论纲》，已著录）

（王忆南）

科学的教育价值 周川(1957～ ，江苏南通人，苏州大学教育学院教授。研究方向：教育管理)著，江苏教育出版社1993年9月出版，224千字。全书共8章，前两章阐述中外科学教育史的概貌，回顾科学在历史上实际被开发与利用的教育价值，展现一幅简明精致的科学教育的历史画卷。中间四章从科学自身的性质出发，分别以科学的德育价值、智育价值和美育价值、科学教育与人的全面发展为主题，进行深入而又富有创见的理论探讨，论证科学在德、智、美诸方面可能具有的潜在的教育价值。最后两章研究科学课程综合化和科学的教与学等实践性问题,为最大限度地开发与实现科学某些方面潜在的教育价值提供有益的线索和有力的依据。关于科学的德育价值,本书主要从科学与世界观、与社会责任感、与道德品质、与行为习惯、与独立人格的关系中找出它们的有机联系并进行充分论证。关于科学的美育价值,作者主要阐述科学与美感、科学与情操的关系,立意鲜明地揭示科学中的美。作者对于科学知识、科学方法、科学精神与人的全面发展,皆有真知灼见。

(孟桂英)

教育文化学 刁培萼(1927~2014,江苏姜堰人,南京师范大学教育科学学院教授。研究方向:教育哲学,农村教育学,教育文化学)主编,江苏教育出版社 1992 年 5 月出版,294 千字。本书共 5 篇 16 章。第一至四章为总论篇,论述"教育文化学是大科学时代的教育科学",从物质层面、制度层面、精神层面对经济、政治、科学、人生、文化与教育的相互关系进行教育文化学分析与思考。第五至八章为民族文化心理结构与教育篇。本篇指向"民族文化心理结构与教育",也是教育文化学的核心篇章。探讨文化心理结构与教育的关系就是企图在微观层次上更深入地解释教育实践中扑朔迷离的现象,深化对教育自身及教育与其影响因素之间的关系的认识。第九、十章为第三篇:亚文化与教育。本篇研究与主文化相对应的亚文化与教育的相互关系。第十一、十二章为第四篇:通俗文化与教育。通俗文化,简称俗文化,通常为评论家所不齿,不受学术界重视。第十三至十六章为第五篇:文化传播与教育文化。本篇在论述"文化、传播、教育"相互关系之后,分别就学校课程、人际交往、大众传播三方面当作教育文化来透视。

(孟桂英)

创造教育概论 笪佐领(1949~,江苏涟水人,南京师范大学文学与新闻传播学院研究员,江苏省高等教育学会副理事长,江苏省教师教育学会理事长。研究方向:高等教育学,教师教育)、朱曦主编,苏州大学出版社 2001 年 5 月出版,300 千字。本书基本特点:突出 21 世纪小学生素质教育的要求,旨在培养小学教师的现代素质和教育素养;基础性与应用性相结合,基础性为自考教师可持续发展提供条件,应用性为直接指导小学教师的实践服务;课程教学与课外学习相结合,改变自学考试的"应试"教育倾向,以实现学历与素质同步提高的目标。本书内容包括:创造教育的本质与基础教育改革、创造教育过程、学生创造性品质及其培养、语文学科课程中的创造教育、数学与自然学科课程中的创造教育、社会学科课程中的创造教育、音乐学科课程中的创造教育、美术学科课程中的创造教育、活动课程中的创造教育、教师的教育创新素质等 11 章。

(孟桂英)

教育社会学 吴康宁(1954~,江苏扬州人,南京师范大学教育科学学院教授。研究方向:教育社会学,教育基本理论)著,人民教育出版社 1998 年 7 月出版,316 千字。《教育科学分支学科丛书》之一。本书从社会学等多学科视角对社会转型背景下中国德育改革和公民教育体系建立的必要性、可能性等重大问题进行理论探讨。作者对公民、公民教育、德育等概念予以澄清,论述社会变迁与公民教育的互动关系,并对中国德育与公民教育的演化过程进行全面阐发;考察国外公民教育思潮与实践经验,对中国公民教育的目标与内容体系进行建构尝试。全书由 4 编 13 章组成。第一编为教育社会学学科论,探讨教育社会学的学科要素、教育社会学的学科发展;第二编为教育的社会背景,包括社会结构:教育格局的规定因素、社会差异:教育机会不均的主要根源、社会变迁:教育变迁的根本动力;第三编为教育自身的社会系统,主要内容是教育中的基本社会角色、教育中的主要社会组织、教育中的特殊社会文化:课程、教育中的核心社会活动:课堂教学;第四编为教育的社会功能,主要内容为教育的社会功能诸论述评、教育的社会功能述要。(另有《课程社会学研究》,已著录) (孟桂英)

教育与经济论 李星云(1958~,江苏南京人,南京师范大学教育科学学院教授。研究方向:教育经济与管理,课程与教学论)著,安徽人民出版社 2008 年 8 月出版,250 千字。本书从不同角度、不同层面对现代教育发展和改革中的教育与经济问题进行了专题论述。内容涉及教育与经济发展战略、教育投资与教育资源配置、教育的经济功能和经济效益、大学生就业问题等。该书适合高等院

校相关专业教师、学生使用和学习,也可供教育管理工作者、中小学教师及相关人士参考。（孟桂英）

教育与反贫困 顾建军(1963~ ,江苏如皋人,南京师范大学教育科学学院教授。研究方向：教育基本理论,技术教育学,农村教育学)著,人民出版社2001年4月出版,203千字。本书立足于贫困的全球性背景,以中国的农村贫困现象为主要依据,在历史与逻辑的统一中对贫困问题进行了教育社会学的学科性解析,并从理论与实践两个方面对教育反贫困的可能性、必要性和操作性作了较为详尽的探讨。 （孟桂英）

教育生态学 吴鼎福(1933~ ,江苏镇江人,曾任南京师范大学环境科学研究所所长、教务处长、科研处长)、诸文蔚著,江苏教育出版社1990年11月出版,273千字。本书是一部教育理论著作,以教育生态学为主线,博采众长,运用了系统论、结构论、层次论、生态金字塔等理论和方法,揭示教育生态的客观规律,而且注意结合中国的实际,立足于阐明教育实践中的各种问题,使理论体系建立在普遍的实践基础上,具有科学性和实用性。 （王忆南）

杜威学校 ［美］凯瑟琳·坎普·梅休等著,王承绪(1912~2013,江苏江阴人,浙江大学教授,中国比较教育学创始人之一,浙江省政协原副主席)等译,教育科学出版社2007年1月出版,336千字。本书详细叙述了杜威学校作为一所实验学校的起源、办学目的以及方法,为读者生动而具体地展现了杜威的教育实验。本书可以为进一步研究和评析杜威教育思想尤其是杜威教育实验提供重要的资料。 （王忆南）

道家教育的现代诠释 杨启亮(1949~ ,山东青岛人,南京师范大学教育科学学院教授。研究方向：课程与教学论,教育学原理,德育理论)著,湖北教育出版社1996年11月出版,216千字。《中国教育的传统与变革丛书》之一,为国内较早系统研究道家教育思想的专著。全书共10章,分别探讨潜隐的道家教育思想、道家思想的渊源与流变、道家思想中的"道"与教育目的论、道家思想中的"自然"与教育知识观、道家思想的"无为"与教育中的伦理观、道家教育的过程论与方法论思想、自然养生与道家体育思想、大智若愚：道家智育思想辨析、上德若谷：道家德育思想辨析、大音希声：道家美育思想辨析。（另有《困惑与抉择——20世纪的新教学论》,已著录） （孟桂英）

中国教育伦理学 钱焕琦(1952~ ,江苏无锡人,南京师范大学公共管理学院哲学系教授,江苏省伦理学会副秘书长,国际中华应用心理学研究会理事。研究方向：伦理学,教育伦理学)、刘云林著,中国矿业大学出版社2000年8月出版,266千字。本书对于当前教育管理和教育实践中呈现出的各种复杂的道德关系和道德现象,教育伦理对人的个性发展和社会进步的特殊意义和作用,评价教育是否道德的基本依据、主要原则和科学方法,家庭教育、学校教育、社会教育等不同教育领域的道德规范体系以及教育道德修养等方面的问题,进行了认真研究和思考,期望为繁荣中国的教育伦理学研究做出贡献。本书内容包括：中国教育伦理学研究概述,中国传统教育伦理思想,教育伦理的必要性分析,教育伦理的基本原则,学校教育的道德规范,家庭和社会教育的道德规范,教育公正,教育伦理评价等。 （孟桂英）

陈鹤琴全集（六卷） 陈鹤琴(1892~1982,浙江上虞人,曾任南京高等师范学校教授、东南大学教务长、南京师范学院院长、江苏省人大常委会副主任委员)著,陈秀云、陈一飞编。本书最早于1987年至1992年问世,收录有专集、教科书、讲义、论文、实践报告、发言稿、儿童课本及儿童课外读物,总计300多万字。2008年8月,江苏教育出版社重新出版本书。重版时采取分类编年体例,仍编为6卷：第一卷(655千字)为儿童心理；第二卷(730千字)、第三卷(750千字)为幼儿教育、家庭教育；第四卷(760千字)为小学教育；第五卷(730千字)为师范教育、活教育理论、智力测验；第六卷(640千字)为文字改革、在国际会议上的发言、考察欧洲教育报告、自传等。各卷篇目按内容及写作发表年代先后排列,第六卷卷末附有作者生平年表。《全集》的编纂以原稿或印本为据,编者对各篇之间的某些重复做了一些删减,对个别明显有误的地方做了一些修订,其他包括文字、用词、标点等基本上都按原版排印,力求保持原作的面貌,反映出写作的时代特点。

(蔡保鹏)

教育的问题与挑战:思想的回应 朱小蔓(1947～ ,江苏南京人,南京师范大学教育科学学院教授,中国地方教育史志研究会会长,中国教育学会副会长,中国教育发展战略学会副会长,全国教师教育学会副会长。研究方向:教育哲学,德育原理,教师教育)著,南京师范大学出版社2000年8月出版,367千字。全书每章力图从问题引发,展开思想漫谈,力图体现一定的尖锐性和挑战性,但又不是以指责、埋怨为快,力求洋溢务实的乐观主义的格调。首先本书以"人文性"或"教育的人文精神"作为思想的基本出发点,即始终把教育看作是人的活动、为了人的活动,是与整个人生历程紧密联系的活动。其次是"生成性"的思维方式,整本书都是通过对话把自己对某一问题的思想过程展开、呈现出来。本书11章,内容涉及教育:认识你自己;教育与经济:关系的时代转换;科技教育:铸造科学创新精神;教育与人:发展的新视界;基础教育:构建生命新概念;高等教育:重构大学理论;网络教育:引发学与教的革命;道德教育:创造完满人格和德性;教师教育:应对教育的挑战和原动力;教育研究:贡献局限;教育管理的抉择:以人为本等。(另有《情感教育论纲》,已著录)

(孟桂英)

情感教育论纲 朱小蔓著,人民出版社2007年5月出版,160千字。本书是一部对教育常规科学的挑战之书,又是试图重建新的教育理论的框架和蓝图。这对情感教育、道德教育和整个教育理论研究的新突破,将会产生一定的影响,也会给人们以更多的启迪。作者把情感教育研究放在整个教育科学发展的历史长河之中,以现代相关科学研究的最新成果为基础,进行多方面、多层次的科学审视、评价和推论,使本研究在我国情感教育研究史上留下它深深的足迹。她把历史研究和现实研究结合起来,从历史渊源和时代背景两个方面去寻求情感教育理论发展的轨迹,寻找突破点,从而发现新问题,提出新观点,使它的研究结论更深刻、更科学、更有历史感、更有现实性。

(孟桂英)

希望德育论 薛晓阳(1958～ ,江苏扬州人,扬州大学教育科学学院教授,中国教育学会教育学分会德育论专业委员会理事,江苏省教育学会心理教育分会副理事长。研究方向:德育原理,教育基本理论)著,人民教育出版社2003年8月出版,313千字。《当代德育新理论丛书》之一,试图以全新的哲学视野,从一个更为宽广的生命境界建构道德教育的本体论,主张把道德教育置于对未来的期盼之中,从为道德而道德的有限视域和功利实用的沉闷氛围中解放出来,建立以人类命运与未来理想为生活场景的道德教育,使之从狭隘的、平面的日常兴趣转向追问命运、寻找自由、信仰和生存意义的精神境界;学生是真正的希望者,而不是被希望者。作者饱含理论创新的勇气和激情,开创性地对希望德育进行比较全面、深刻和系统的论述,为德育理论研究拓出一片新天地,对我国德育学科建设和公民道德教育实践都有着重要的现实意义和学术价值。

(孟桂英)

道德发展与德育模式 李伯黍(1914～2010,江苏武进人,著名心理学家,曾任上海师范大学教授)、岑国桢主编,华东师范大学出版社1999年10月出版,195千字。本书以品德心理的结构为基础,把道德教育模式分为五大类,列为5编,分别论述促进青少年学生道德发展的有关问题。第一编分章论述帮助学生形成道德概念和观念,提高学生道德因果关系的认识和发展学生道德判断推理能力等德育模式。第二编分章论述培养学生高尚的情操、端正学生立身处世的态度和促进学生移情或通情能力的发展等德育模式。第三编分章论述榜样示范、激发学生确立和实现道德理想和培养学生自我调节能力等德育模式。第四编分章论述培养学生角色承担能力的德育模式。第五编分章论述帮助学生树立科学世界观、确立正确的人生观和价值观辨析等德育模式。

(蔡保鹏)

德育新论 鲁洁(1930～ ,女,上海人,曾任南京师范大学教育系教授、教育科学研究所所长。研究领域:教育基本理论,教育社会学,德育学)、王逢贤主编,江苏教育出版社1994年10月出版,400千字。介绍了道德教育与道德哲学、文化学与德育、德育与认知、道德与情感、德育的本质和面临的新挑战、德育的目标及其分类、德育的个体性及社会性功能、德育过程理论、德育过程中的教育者、学生的思想品德评价、学校德育管理、德育评价新探、当代西方道德教育的发展及其特点等方面的内容。（另有《德育现代化实践研究》，已著录）　（蔡保鹏）

德育现代化实践研究　鲁洁主编，江苏教育出版社 2003 年 11 月出版，276 千字。本书系作者主持的全国哲学社会科学"九五"规划国家重点课题《社会主义现代化过程中学校德育特点和规律的研究》的重要成果之一。本课题研究的着眼点是在以学生发展为本的理念指导下，在对小学生、中学生、大学生的思想品德及其教育进行系统调查分析的基础上，对中国德育现代化的实践进行了较为深入的理性思考，同时，探索了德育实践过程中的成功经验，提升了一些具有普遍意义的操作模式。

（蔡保鹏）

生命与教育　冯建军（1969～　，河南南阳人，南京师范大学教育科学学院教授，中国教育学会中青年教育理论工作者分会副理事长。研究方向：教育基本理论，教育哲学）著，教育科学出版社 2004 年 11 月出版，370 千字。本书基于对生命与教育本体关系的理性思索，探讨了教育的生命本质和生命化教育的理念、特点，构建了生命化教育的体系，书写了"人"的生命教育学。它让人们重新审视教育的过去，向着生命的未来行进。在这个技术宰制一切的时代中，教育封闭了通向灵魂的大门，对生命的异化和遮蔽使其迷失了方向，越来越远离生命的原点。一个以人为本的时代的到来，呼唤教育回归生命的本真。我们怀着对生命的敬畏和尊崇，以热切而理性的思索努力追寻教育的本真，引导教育的实践：将生命融入教育，将教育融于生活，让教育成为生命的诗意存在，凸显生命的灵动、自由和独特，并以此渐臻生命的完满与幸福。　（孟桂英）

困惑与抉择——20 世纪的新教学论　杨启亮著，山东教育出版社 1995 年 3 月出版，340 千字。本书共 8 章：《教学思想的历史沿革》回顾 20 世纪前教学思想的发展；《教育觉醒中的教学思想》包括现代教育觉醒与现代教学、传统教育中的传统教学、活动课程与问题教学法、课程科学化与班级授课制改造、批判传统的抉择课题等；《曲折探索中的教学困惑》研究新传统派教学思想的拓展轨迹、现代派教学思想的探索道路、批判理性的困惑课题；《新教学论的背景文化启示》分析新科技革命的挑战、邻近科学发展的支持；《新教学论的理论评价观点》介绍布鲁纳、施瓦布、奥苏贝尔、赞科夫、斯金纳教学理论等；《新教学论的比较研究观点》包括新教学论分课题的比较、新教学论与批判传统的比较、理科教学改革的比较；《新教学论的拓展与流变》探讨新教学论批判的课题、教学论向综合性研究的拓展、教学论向人本化思路的流变；《教学论的跨世纪展望》包括 21 世纪的教学改革走向、教学论的张力、教学论的抉择主题等内容。

（孟桂英）

课程社会学研究　吴康宁主编，江苏教育出版社 2004 年 4 月出版，330 千字。《当代教育新理论丛书》之一。本书由 7 章构成：第一章，社会学视野中的课程研究：领域概述；第二章，知识的控制与分等：课程结构的社会学研究；第三章，价值的定位与架构：课程标准的社会学研究；第四章，观念的吻应与偏离：课程内容的社会学研究；第五章，意义的生成与变型：课堂授受的社会学研究；第六章，目标的认定与监控：课程评价的社会学研究；第七章，西方课程社会学研究概览。　（孟桂英）

课程社会学　吴永军（1964～　，江苏南京人，南京师范大学教育科学学院教授，中国教育学研究会教育社会学专业委员会秘书长。研究方向：教育社会学，课程论，教学论）著，南京师范大学出版社 1999 年 10 月出版，270 千字。《教育社会学丛书》之一，内容包括课程社会学研究概述、当代西方课程社会学研究述评、社会系统与课程、课程内容的社会学分析、课程结构的社会学分析、课程授受的社会学分析、课程评价的社会学分析、课程现代化的社会学分析。适合广大中小学教师阅读参考。

（孟桂英）

教育组织范式论　张新平（1964～　，湖南沅江人，南京师范大学教育科学学院教授，全国教育效能学术委员会副理事长，中国教育学会教育管理分会常务理事。研究方向：教育系统的组织结构，领导与管理）著，江苏教育出版社 2001 年 10 月出版，311 千字。本书内容包括：教育组织理论与范式、结构功能主义范式理论基础、结构功能主义范式古典组织理论、教育组织现象学范式等。本书是以范式为主要分析框架,把西方百年来教育组织理论的发展作详尽的梳理,把它们归纳为结构功能、现象学、批判理论等三种不同的范式,这种梳理不是纯客观的介绍,它熔铸了作者自己的教育组织理念。作者认为:一切教育管理现象都是融集体与个体、客观与主观、物质与意识、现实与理想、有形与无形、精确与模糊于一体的整体性存在,作者向读者所展示的理解和把握这种现象的独特视野是"实在性、理解性和批判性"。因此,作者在此推出的就不是那种编译式的作品,而是对于西方教育组织理论这一"文本"赋予创造性的诠释。 （孟桂英）

教育与心理研究方法 刘电芝(1955～ ,女,河北文安人,苏州大学教育学院教授,中国心理学会理事,中国人格心理学专业委员会理事。研究方向:学习心理学)主编,西南师范大学出版社 1997 年 10 月出版,342 千字。本书在编写体系上既突出知识的内在联系,又遵循读者的学习规律;为便于读者把握整个研究进程,本书将教育、心理研究的四个环节融合为一个整体集中介绍,以使读者获得科研进程的完整印象;原理探讨与操作指导相结合,每种研究方法均是先讨论原理,再说明操作程序与步骤,最后辅以案例说明;力求内容丰富,实用性强,本书全面、系统地探讨了 8 种常用的教育与心理研究方法,针对每章重点,各章附有研究举例与样例;方便读者学习、运用,本书除通过专章介绍统计基础知识外,其他章也结合具体研究方法简明扼要介绍统计方法的运用,从而在一定程度上达到弥补广大读者缺乏统计基础之目的。 （孟桂英）

心理教育活动论 沈贵鹏(1963～ ,江苏滨海人,江南大学人文学院教授。研究方向:心理与道德教育,教育学原理)著,高等教育出版社 2005 年 1 月出版,320 千字。心理教育的基石是在活动领域,心理教育研究也是一项直面现实的探索性研究,心理教育活动无疑是沟通理论与实践的桥梁。本书通过综合实践考察、案例研究、专题访谈和文本分析等,呈现一幅心理教育活动的全程图:详尽地诠释心理教育活动内涵,系统地分析各类心理教育活动文本,细致考察心理教育活动的活动过程,集中剖析集体、小组、个别等三类心理教育活动,深刻论证心理教育活动方式与评价问题等。全书内容体系严密,理论分析与实践探索浑然一体,语言表达清晰,研究方法合理,反映了作者深厚的理论功底和精湛的实践技能。 （孟桂英）

西方教育心理学发展史 高觉敷、叶浩生主编,福建教育出版社 1996 年 8 月出版,372 千字。本书是我国心理学界泰斗、著名心理学史家高觉敷生前主持编写的最后一部学术性著作,也是国内外第一本系统的教育心理学史著作。全书较为系统全面地叙述了教育心理学的产生与发展过程,阐述和分析了西方各心理学流派对教育心理学的影响与贡献,并对智力理论、成就动机理论、动机归因理论、品德心理理论等教育心理学的专题史做了较为详尽的研究。本书的出版在世界心理学学术发展史研究上具有填补空白的意义,标志着我国在心理学史研究方面居于世界领先地位。它既可供教育理论工作者研究,也可供广大教育工作者特别是师范院校教育工作者参考,亦可作为教育学、心理学专业本科生、研究生使用的教科书。 （孟桂英）

心育论 班华(1935～ ,安徽巢县人,南京师范大学教授,江苏省心理教育专业委员会理事长等)主编,安徽教育出版社 1994 年 8 月出版,220 千字。心育论或称心理教育论、心理教育学,是研究有目的地培养人的良好心理素质、提高人的心理机能、发挥人的心理潜力的教育理论。本书由导言、上篇、下篇三部分组成,分别概述了心育论形成的条件,心育论的学科性质、任务、方法、理论体系,心育的基本理论和心育的实施系列。它既界定了心理教育的工作目标,又详细论述了学校进行心理教育的操作规程,细致区分了心育与其他几个相近相关概念的联系和区别,无论从理论方面还是实际操作方面,都对学校心理教育具有重要的指导意义。 （孟桂英）

双语教育的心理学基础(新世纪版) 余强(1954～ ,江苏盐城人,南京师范大学教育科学学院教授。研究方向:国际与比较教育,双语教育,全纳教育)编著,江苏教育出版社 2002 年 8 月出版,185 千字。本书总共 10 章,主要介绍双语研究中十分常见的重要概念及分类、双语现象的测量方法、双语人的发展、双语和认知发展、双语的社会和心理基础、双语的神经心理基础、双语教育和第二语言学习等,在本书中批判性地对有关双语现象的实证进行研究和理论探索,对双语教育具有深远的指导意义。

（孟桂英）

学习风格论　谭顶良(1962～　,江苏江阴人,南京师范大学教育科学学院教授,中国心理学会理事,中国儿童教育心理研究会理事。研究方向:学习心理,教学策略)著,江苏教育出版社1995年12月出版,312千字。《当代教育新理论丛书》之一,是我国迄今唯一研究学习风格的专著。书中围绕学习风格所涉及的诸多方面,在我国教育学和心理学界是首次提出,拓宽和深化了有关学习者个别差异的内涵;书中所提出的根据学习风格实施个别化教学的思想和方法,为因材施教开辟新的视野,提供新的途径。全书在对学习风格的要素和类型作理论阐述的同时,提供一些测量、诊断学习风格的工具和方法,便于广大教师、家长和学生自己操作运用;根据学习风格的长短优劣而制定的"匹配策略"和"有意失配策略",针对性、应用性强,对全面提高学生的学习机能和素质具有实际的指导价值。

（孟桂英）

学校管理学　周立人(1926～　,江苏泰兴人,南京师范大学教育系教授,曾任中国教育学会学校管理研究会江苏分会常务理事。研究方向:教育学,学校管理学)主编,东南大学出版社1989年9月出版,442千字。本书着重研究我国普通学校管理的理论和实际问题。全书共19章,分三大部分:《总论篇》,概括论述学校管理的本质、规律、改革趋势、目标、原则、过程、方法等。《分论篇》,分别论述教师、学生、教育质量、教育评估、教学、德育、体育卫生、美育、劳育、勤工俭学、校风、校园环境、校务、教务、总务等各项具体工作的管理。《结论篇》,集中论述学校管理体制、管理人员等组织保证问题。书中有不少内容是国内第一次提出的新见解。本书适合用作师范院校、教育院校、教育进修院校的教材,也可作为学校干部的自学读物。　（孟桂英）

外国教育史　周采(1956～　,安徽庐江人,南京师范大学教育科学学院教授。研究方向:外国学前教育史,比较学前教育,美国教育史学史)编著,华东师范大学出版社2008年10月出版,627千字。本书为教师教育精品教材。全书分古代教育史、近代教育史和现代教育史,共3编18章。第一编主要介绍史前时代的教育,古代东方国家的教育,古代希腊教育,古代罗马教育,西欧中世纪教育,拜占廷和阿拉伯的教育;第二编主要介绍文艺复兴与宗教改革时期的教育,近代各国教育,近代教育理论;第三编主要介绍欧美教育革新运动,现代西方教育理论,现代各国教育,苏联教育思想,现代欧美教育思潮等内容。

（孟桂英）

外国教育史　罗炳之(1896～1993,江西吉安人,曾任南京大学教育系主任、南京师范学院教授)编著。全书分上下两册,分别由江苏人民出版社1962年2月、1981年2月出版,441千字。本书是作者为了适应教学的需要,根据他多年来教学实践经验和科学研究的成果,参考苏联和西方国家的一些教育史教科书、参考书和其他资料,在自己讲稿的基础上,经过反复修改充实写成,上册为马克思主义产生以前的教育史,下册为马克思主义产生之后的教育史。

（蔡保鹏）

教育科技与知识经济　童星主编,南京出版社1998年12月出版,180千字。本书主要观点是在我国实现现代化的进程中,"科教兴国"战略具有极其重要的地位和巨大的推动作用,而为了做到"科教兴国"又必须确保"国兴科教"。本书为国家"九五"重点图书出版规划项目。

（王忆南）

中国近代教育大事记　陈学恂(1913～1991,江苏江阴人,曾任杭州大学教授)主编,上海教育出版社1981年10月出版,258千字。本书是为了帮助读者学习和研究中国近代教育史而编纂的一本资料书,以教育史事为主,适当收辑有关的政治、文化等方面的重大史事。中国近代教育历史资料比较丰富,教育历史史实比较复杂,本书力求反映中国近代教育的演变和发展过程,注重中国近代教育的重大事件。凡清政府的教育诏谕,臣僚的教育奏议和有关活动,民国初期的教育政策、法令,近代教育家的教育论著、教育活动,学校教育的变化和发展以及外国人在华办学情况等,均收入本书,尽量做到大事突出,要事不漏。编写过程中引用或参考了中国近代史和中国近代教育史的研究成果及有关资料。　　　　　　　　　　　　（蔡保鹏）

教育大辞典（增订合编本）　顾明远(1929～　,江苏江阴人,北京师范大学教育管理学院院长、教授)主编,上海教育出版社 1998 年 8 月出版,7 628 千字。《教育大辞典》从 1986 年 4 月开始编纂,经过全国千余名教育专家、学者 6 年的努力,于 1992 年 8 月,分 12 卷本出齐。除发行到大陆各地外,还远销美国、日本、澳大利亚、新加坡、香港、台湾等地,受到海内外教育工作者的欢迎和重视。在此基础上,又经过广泛听取读者的反映和征求专家学者的意见,根据形势发展的需要,编纂出版了《教育大辞典（增订合编本）》上、下两卷,这是教育事业的一项浩大的基础工程和基本建设,也是对科教兴国战略的一份贡献。增订合编本共收词目 23 000 余条。(另有《世界教育大事典》,已著录)　　（蔡保鹏）

世界教育大事典　顾明远主编,江苏教育出版社 2000 年 9 月出版,3 268 千字。本书收集条目近 4 000 条,时间跨度从人类社会最初有记载教育活动开始,直到 1999 年为止,条目内容涉及近百个国家。教育发展有两个重要的参照系:一个是历史参照系,教育发展不能无视社会历史的变迁;另一个是空间参照系,教育发展同样不能无视国际化社会的状况。本书的编撰正是抓住了教育历史和国际教育发展这两个相互关联的方面,为我们理解世界教育的发展轨迹描绘了一幅全景式的、纵览世界教育发展的历史画卷。　　　　　　（蔡保鹏）

帝国主义在上海的教育侵略活动资料简编　李清悚(1903～1990,江苏南京人,曾任上海师范大学教授)、顾岳中编,上海教育出版社 1982 年 5 月出版,75 千字。全书共 6 章,内容包括基督教在华教育机构在上海的侵略活动、中国人民反对教会教育运动、外国教会在上海举办的高等教育、外国教会在上海举办的普通教育、外国教会在上海举办的"慈幼教育"、帝国主义利用"租界"进行教育侵略等。　　　　　　　　　　　（蔡保鹏）

中国教育的城乡差异:一种文化再生产现象的分析　余秀兰(1969～　,女,安徽泾县人,南京大学高等教育研究所教授)著,教育科学出版社 2004 年 12 月出版,252 千字。城乡教育差异是城乡差异的一个重要内容,而教育中的文化再生产是造成我国城乡二元结构更隐蔽的文化因素。本书运用文化再生产理论,从城乡教育差异角度,考察我国教育中的文化再生产现象,主要讨论具有较深隐蔽性的普通教育中的文化再生产现象。全书分五大部分,引论与第一章介绍研究的选题、主题、研究方法等;第二章论述家庭文化资本的城乡差异;第三至五章分析教育政策、教育内容、评价标准中的文化倾向,从不同侧面考察我国教育中文化再生产现象;第六章论证文化再生产的结果:社会再生产;第七章为结论及相关思考。　　　　　　（孟桂英）

匿名权威与文化焦虑——大众培训的社会学研究　杨跃(1971～　,江苏东台人,南京师范大学教师教育学院教授。研究方向:教师教育,教育社会学,儿童发展,教育心理学)著,南京师范大学出版社 2006 年 9 月出版,310 千字。《社会学视野中的教育丛书》之一。全书内容包括"大众培训热"、"成功"辩证法、"饭碗"交响乐、"信任"奏鸣曲、"身体"修辞学、"身份"乌托邦、全球化陷阱、专家神话、媒介权力、现代性与焦虑:社会理论的逻辑起点与潜隐议题、大众培训热的文化审思等几个部分,适合教育工作研究人员参考学习。本书主要介绍当下中国近乎全民的"培训班"现象投射出的时代文化特点与社会性格、"培训班"背后蕴藏的大众心态、这种文化焦虑如何被各种匿名权威所建构和推波助澜等内容,反映了作者的学科观、社会学观及教育学观。　　　　　　　　　　　（孟桂英）

教育迈向现代化　段作章(1954～　,江苏沛县人,徐州师范大学基础教育研究中心教授,江苏省考试研究会副会长,江苏省小学教育专业联谊会副理事长。研究方向:教育基本理论,课程与教学论,教师教育)著,中国矿业大学出版社 1999 年 9 月出版,227 千字。本书从考察西方教育现代化历程和中国早期的教育现代化入手,系统研究了教育现代化的内涵、动因、基本特征、价值取向、目标与内容、师范教育现代化等,深入辨析了教育现代化与传统教育、现代教育、素质教育以及全面发展教育的联系及区别,着力探讨了推进教育现代化的实施策略。本书既总结了中外推进教育现代化的经验教训,又比较深入系统地研究了教育现代化的基本理论问题,为构建我国教育现代化理论体系作了有益的探索。

（孟桂英）

教育发展论——理论评介与个案分析 许庆豫(1959～ ,江苏盐城人,苏州大学教育学院教授。研究方向:教育法规,高等教育理论,国别比较教育)著,福建教育出版社 2001 年 8 月出版,339 千字。大陆、香港和台湾均为中国人民的居住区域,但三地的水平和教育改革各具特点。因此,记述和分析三地 20 世纪 90 年代教育改革及其发展意义,寻求共性,辨别差异。本书分上下两编。上编评论和介绍了发展的内涵、发展的理论、发展的策略、发展的状态及发展的主要向度或方面;下编则运用上编的发展观念、方法、基础和框架,具体分析了中国大陆、香港和台湾三地 20 世纪 90 年代重要教育改革的发展价值或意义。本书既有深刻的理论阐述,又有个案的分析,既具史实价值,又具一定学术意义和实践意义。（另有《教育分流论》,已著录）（孟桂英）

成长中的烦恼——中国民办教育政策评说 陈秋苹(1963～ ,女,江苏南通人,扬州大学教育科学学院教授。研究方向:公共政策,公共经济,教育政策学)著,南京大学出版社 2007 年 1 月出版,232 千字。本书用政治学、政策学理论对民办教育促进法进行了系统分析。通过中国教育社会特殊而又深厚的民情剖析,辨证了长期争论的民办教育公益性和营利性的关系,对民办教育政策"未能"也"无能"有层次地提供民办教育参与教育产品提供原则和依据进行理论解析,透过民办教育关怀整个教育社会问题。对民办教育单一立法的内部合理性和外部有效性进行了深入探讨,从而为寻求政策妥协和共识做了充分的理论准备。强调教育社会任何效率的提高、公平的实现,都不能偏离人的发展的道德基础。如果民办教育依然复制应试教育、复制文凭,如果学校都沉湎于升学率、普及率,这样的促进不能作为教育发展的目标。（孟桂英）

寻找失落的艺术精神——儿童艺术教育的人文化建构 易晓明(1971～ ,江苏南京人,南京师范大学教育科学学院教授。研究领域:艺术教育,美育,道德教育及其交叉研究)著,高等教育出版社 2007 年 6 月出版,240 千字。技艺化儿童艺术教育将艺术降为技艺,重在技法的传授和训练。针对这种儿童艺术教育,本书对中西方艺术教育的历史进行梳理,指出儿童艺术教育异化的根源在于失落了艺术精神。然后在艺术哲学的视野中阐明艺术精神的内涵,即人用感性形式为诗性智慧赋形,从而实现自身的意义追求。艺术精神表明艺术是诗性与物性的统一。本书认为,原创儿童艺术体现艺术精神,儿童用先天的形式感表达着质朴的诗性智慧。儿童艺术教育的使命在于不断丰富和提高儿童的诗性智慧,引导他们以更加多样、和谐的艺术形式创造出更美的意象世界。为了找回失落的艺术精神,实现当前技艺化儿童艺术教育的人文转向,本书对历史和现存的人文化艺术教育进行透析,从中得到了一些有益的启示,并在此基础上提出了建构人文化儿童艺术教育的基本理念以及实施框架。（孟桂英）

中国小学思想品德教学史 高谦民(1948～ ,安徽舒城人,南京师范大学教育科学学院教授,中国地方教育史志研究会学术交流委员会常务理事,江苏省陶行知研究会学术委员会副主任委员。研究方向:中国教育史)主编,山东教育出版社 1995 年 6 月出版,359 千字。《中国小学各科教学史丛书》之一。本书共 11 章。第一章说明小学思想品德教学的开端以及我国封建主义小学思想品德教学体系基础的奠定。第二章介绍魏晋至隋唐小学思想品德教学发展概况。魏晋南北朝时期经济形式变动不居,德育思想流派众多,为唐代"三教归一"和宋代理学德育思想的形成奠定了基础。进入隋唐,中国德育思想演进到一个新阶段。第三至四章论述宋元明清的小学思想品德教学。这是封建主义小学思想品德教学发展成熟时期。第五至八章论述鸦片战争后至中华人民共和国成立之前小学思想品德教学,封建主义德育逐步向半封建半殖民地德育转化。第九至十一章论述 1949～1992 年期间小学思想品德教学的发展。1949 年后,新民主主义教育逐渐完成了向社会主义教育的转变,社会主义性质的小学思想品德教学逐渐形成。

（孟桂英）

活动教学原理与方法 潘洪建(1964~ ,四川苍溪人,扬州大学教育科学学院教授。研究方向:教育学,课程与教学论,活动课程与教学)、孟凡丽著,甘肃教育出版社2008年12月出版,290千字。本书分为理论篇、实施篇、学科篇三个部分。理论篇深入系统地探讨活动教学的基本概念、历史发展与理论基础,使人们对活动教学的基本问题有一大致认识。实施篇包括活动教学的目标、内容、实施、评价,描述了活动教学实施的基本框架、模式与规范。学科篇涉及活动教学在语文、数学、外语、历史、物理、化学等学科中的具体运用与操作策略。本书从理论到实践,从观念到操作,初步展示了活动教学的完整画卷。本书力求做到对活动教学的理论阐述恰当、充分,实践操作切实、可行,案例选择典型、案例点评精当。　　　　　(孟桂英)

逻辑与语文创造教育 王跃平(1957~ ,江苏海门人,徐州师范大学文学院教授,中国逻辑学会会员,江苏省逻辑学会常务理事。研究方向:汉语语言学)著,南京师范大学出版社2003年12月出版,254千字。本书从逻辑出发来探讨语文教育,全书包括三篇:逻辑、语言、思维和语文教育,创造性思维及其教育与语文创造教育,逻辑思维技能与语文创造教育。本书对逻辑和语文研究中的相关术语和概念作出比较严密的定义,对"逻辑、逻辑学、思维、创造性思维、思维教育、语言、语文、语文教育、语文创造教育、语文素质教育"等,都首先作一个历史的考察,在比较、权衡、折中各家学说的基础上大胆提出自己的看法,给予一个明确的定义,在这一基础上再展开自己的独特研究,提出一些新的结论。　　　　　　　　(孟桂英)

新视野中的中学历史教育研究 梁励(1956~ ,江苏南京人,江苏教育学院历史系教授。研究方向:历史课程与教学论,江苏地方史)著,科学技术文献出版社2007年6月出版,字数不详。该书共10章,内容大致可分五个部分:探讨新课程历史教学的理念,并对新旧历史教学理念作了比较与鉴别;研究历史教学改革中的几个重大热点课题;用较多篇幅论述了历史教师心理、历史教师素质、历史教师继续教育等问题;对不同版本历史教材中有关历史人物、历史问题情境创设进行比较研究,阐述新课标历史教材的编写意图和基本特点;探讨中国古代历史教育及古代历史启蒙教材问题,对古代历史教育的内容、特点进行了现代意义的反思。本书注重理论探究,努力追寻历史教育的原理与规律;关注课改热点,努力呈现新视角、新内容、新观点;立足教师教育,努力形成历史教育研究的自身特色。　　　　　　　　　(孟桂英)

物理学教育新论 母小勇(1962~ ,四川阆中人,苏州大学教育学院教授。研究方向:基础物理教育,高等教育,教师教育课程理论)、李代志著,江苏教育出版社2001年11月出版,209千字。本书采用认知心理学实验的方法研究物理概念的形成规律,力图从理论和实践两个方面解决物理教育理论的学术性和实践的可操作性问题。作者从物理教育发展、物理教育课程、物理教师素质、物理学习机制、物理教学方法和物理教育策略出发,提出了有效的物理教育改革措施。在物理教育过程观方面提出自组织物理教育理论和物理教育的探究本质;在物理学习观方面提出非线形自组织学习模型;在物理概念和规律教学方面提出"振荡渐进期—高原期—突变期"的物理概念形成规律;在物理素质教育方面剖析物理文化和物理思想的功能和作用;在物理教师观方面研究物理教师的素质和职业特点,提出教师外显和内隐素质协调发展的观点;在物理实验教学方面提出"时—空"测试理论。　　(孟桂英)

中学物理教学法(第2版) 许国梁(1908~1989,湖北蕲春人,曾任南京师范学院、江苏师范学院教授)主编,束炳如等修订,高等教育出版社1993年5月出版,403千字。本书是在1981年第1版的基础上改编而成的,改编时参考了大量的国内外有关新书籍,引进了近10年中学物理教学研究的新成就,基本反映了中学物理教学法的现状。与第1版相比,第2版增加了以下一些内容:中学生物理学习能力和心理品质、物理教学测量和评价、有关机械能的教材分析以及更换了一些实验。同时为了便于教学,在内容体系的安排上也做了一些调整。本书可作为高等师范院校教材,也可供其他有关人员参考。　　　　　　　　　(王忆南)

挑战与对策:基础教育改革论 杨九俊

(1953～　,江苏姜堰人,江苏省教育科学研究院研究员,江苏省教育学会副会长。研究领域:基础教育改革,语文教学论)著,江苏教育出版社 2002 年 4 月出版,235 千字。本书既从理论上探讨了基础教育、素质教育改革与发展的基本观念,提出新形势下基础教育的基本发展战略,也从宏观结构模式到微观的具体操作层面探讨了教育体制改革、课程教学改革、教师教育改革等。提出了教育管理体制调整后正在或将会出现的问题;为学校教育改革提出了 8 个新趋势。提出课程改革的具体目标和课程改革的若干重要问题。作者认为,必须科学建构现代教师教育体系;必须培养创造型教师。本书所建构的是一个由政府、教育部门、学校、教师形成的从上而下的基础教育改革网络体系。　　（孟桂英）

中国高等工程教育　张光斗(1912～2013,江苏常熟人,中国科学院和中国工程院院士,中国水利水电事业的主要开拓者之一,清华大学原副校长)、王冀生主编,清华大学出版社 1995 年 9 月出版,324 千字。本书将高等工程教育的一般规律同我国的具体国情结合起来,以"工程师及其形成"为逻辑起点,以高等工程本科教育为重点,从理论和实践的结合上,对我国高等工程教育的基本问题进行了深入的阐述,对我国高等工程教育的进一步改革与发展、提高高等工业学校的办学水平和教育质量、建设有中国特色的社会主义高等工程教育制度和体系有一定的理论和应用价值。(另有《圆筒钢筋混凝土薄壁池的内力计算》一书,已著录)

（韩　兵）

论大学人才培养模式　龚怡祖(1950～　,江苏常州人,南京农业大学公共管理学院教授,江苏省高等教育研究会理事。研究方向:教育行政管理,高等教育学,公共政策分析)著,江苏教育出版社 1999 年 10 月出版,167 千字。本书从人才培养的角度,探讨教育理论与教育实践之间的中介环节。其基本内容及逻辑顺序:首先对人才培养模式概念的内涵、外延、属性、特点,从正反两面及不同角度进行界定与辨析,确定人才培养模式是教育理论向教育实践转化的整个过程,属于"过程范畴",是"对人才培养过程质态的一种总体性表述"。然后遵循概念发展从抽象到具体的逻辑,逐步展开:继基本理论之后,分别研究培养模式作为一个系统的构成要素和作为一个过程的运行机制,进而阐述培养模式的实质性构建和实践化形式。　（孟桂英）

学术与政治之间的角色困顿——大学教师的社会学研究　胡金平(1962～　,江西南昌人,南京师范大学教育科学学院教授,中国教育学会教育史分会理事。研究方向:中国教育史,教育社会学,教育基本理论)著,南京师范大学出版社 2005 年 12 月出版,257 千字。本书借助知识社会学、教育社会学以及历史社会学的视角和理论,对教师职业进行探讨,着重从大学教师所扮演的知识人、政治人两种较常见的社会角色在个体、群体身上引起的矛盾、困惑进行较为深入的分析,开启教师社会学研究的新领域。直接地参与社会政治的决策,无疑是知识分子以自己的理想影响社会政治最有效的途径和手段,然而过于现实具体的事务、政治场域只注重结果的动作规则,又必然会遮蔽自己的视野,消磨掉自己的理想和社会评判精神。对于一位既要保持其学术操守和社会批判精神,又要以之影响社会的知识分子,大学教师将如何进行选择呢?

（孟桂英）

至平至善　鸿声东南:东南大学校长郭秉文　冒荣(1949～　,江苏如东人,南京大学政府管理学院教授。研究方向:高等教育发展,高等教育管理,教育政策)著,山东教育出版社 2004 年 11 月出版,179 千字。《著名大学校长书系》之一。在百余年中国新式高等教育发展过程中,有一大批筚路蓝缕、披荆斩棘的先驱者,他们呕心沥血,殚精竭虑,为中国现代大学的奠基与成长做出了不可磨灭的贡献。我们应该永远铭记这些先驱者的功绩。特别是其中那些办学有成的著名校长。他们和他们所辛苦经营的著名大学,乃是中国高等教育史上一块块丰碑。他们教育思想的丰富精粹,办学理念的卓越高远,以及实践业绩的泽惠后世,至今仍然受到中外学者的肯定与尊重。东南大学校长郭秉文就是其中之一。本书分 9 章——中国最早的教育学博士,从南高教务主任到东大校长,"三育并举"的育人方针、"四个平衡的治校经略"、持诚至善的校风建设、学术自治下的兼容并包、财政困境中的力筹苦撑、政治漩涡中的易长风潮、"泗水道长江水

东",从不同角度向读者介绍了郭秉文先生的办学思想和艰苦的办学经历。　　　　　（孟桂英）

高等教育政策的回顾与反思(1977～1999)　张乐天(1952～　,江西彭泽人,南京师范大学教育科学学院教授。研究方向:教育政策,农村教育政策)著,南京师范大学出版社2008年4月出版,277千字。《大学制度改革理论研究丛书》之一。本书由绪论、恢复高考的意义诠释、留学政策的沿革与影响、学位制度的建立与研究生教育的发展、高师教育的政策调整与高师教育的新发展、高等教育管理体制改革的政策分析、高校内部管理体制改革的政策分析、民办高等教育发展的政策分析、高等教育财政政策的沿革与分析、高校招生和毕业生就业制度的变革、高等学校教学制度的建设与发展、成人高等教育政策的变迁、高等教育自学考试制度的建立与发展13章组成,对恢复高考以来20年高等教育制度的变迁进行客观深入的研究和反思。本书为了解和研究中国高等教育的发展提供了翔实的资料。　　　　　　　　　　（孟桂英）

高等教育与经济协调发展　范明(1956～　,江苏金坛人,扬州大学教授。研究方向:管理学)著,社会科学文献出版社2006年6月出版,254千字。国际竞争是综合国力的竞争,是科学技术的竞争,归根结底是人才的竞争。因此,发展高等教育、加速培养高素质的创新型人才,促进经济社会协调发展,已成为世界各国经济发展的战略制高点,成为国家在国际竞争中兴衰成败的重大战略问题。本书根据国内外发展高等教育的经验和教训,从理论与实践的结合上,论述了未来我国发展高等教育,培养高素质人才,促进经济、社会协调发展的指导思想、战略方针、战略目标和战略重点,并提出了相应的对策和建议。　　　　　（孟桂英）

教育分流论　许庆豫、卢乃桂著,江苏教育出版社2005年6月出版,388千字。本书是研究我国教育分流机制和高等教育机会的力作。内容包括:研究概述、文献评介、研究设计、中国教育分流体制构成分析、20世纪90年代中国教育分流体制的理论属性分析、20世纪90年代中国教育分流体制背景分析等。本书研究的宗旨是分析作为我国高等教育机会平等基础的教育分流。检视西方教育社会学领域中教育技术功能理论、批判理论、冲突理论和与教育技术功能理论相通的人力资本理论是否适用于解释20世纪90年代中国教育分流体制,并实际地运用多种理论解释20世纪90年代中国教育分流体制。在此基础上探讨高等教育机会平等的复杂的理论基础和社会背景。　　（孟桂英）

现代中国大学制度的原点:50年代初期的大学改革　胡建华(1955～　,江苏新沂人,南京师范大学教育科学学院教授。研究方向:高等教育,比较高等教育)著,南京师范大学出版社2001年10月出版,251千字。《中国高等教育问题权威视点丛书》之一,介绍中国近代大学制度的建立和发展,社会主义大学教育改革的理念,大学体制改革与院系调整,全面学习苏联模式之前的大学教学改革等内容。20世纪50年代初期的大学改革是现代中国大学发展史上的一次大规模变革。它以苏联的大学制度为蓝本,在大学体制、结构、教育、教学等方面对旧的大学制度进行了根本改造,由此建立了全新的社会主义大学制度。本书的目的就是通过考察20世纪50年代初期的大学改革,特别是以专业设置为中心的大学教学制度改革,试图阐明社会主义大学教学制度形成的过程及其特点,并力争在此基础上全面把握大学改革的实质与全貌。本书采取实证和比较的方法,以对中国近代大学制度的历史发展、20世纪50年代初期大学改革的理念与体制改革和大学教学制度的改革的分析、探讨为主要内容。(另有《战后日本大学史》,已著录)（孟桂英）

唐文治教育文选　唐文治(1865～1954,江苏太仓人,字颖侯,号蔚芝,晚号茹经,曾任西安交通大学校长)著,刘露茜、王桐荪编注,西安交通大学出版社1995年6月出版,200千字。本书为纪念交通大学建校100周年而出版,本书编注了唐文治先生自1899年至1948年跨越两个世纪从事教育工作方面的主要著述50余篇和20余幅珍贵的历史图片,反映了唐文治先生创立我国近代高等工程教育的开拓精神和他对我国高等工程教育的卓越贡献。　　　　　　　　　　（王忆南）

留学生与中国的社会发展(第一卷)　周棉

(1956~ ,江苏沭阳人,徐州师范大学留学生与近代中国研究中心教授。研究方向:中国留学史,中国现代文学)主编,中国矿业大学出版社1997年10月出版,200千字。本书以"留学生与中国的现代化"为中心,对晚清以来中国留学生群体的形成、发展与未来的趋势作了历史的回顾与科学的分析和预测,对于留学生在中国近代社会发展中的作用和影响,先从宏观上作了论析,继之具体地论述留学生群体在开创中国现代语言学、文学、美学、音乐、教育、法律、海防等方面的贡献,从而对近代以来中国社会的发展作了新的总结和概括,为当今的改革开放提供了一种借鉴和启示。 (孟桂英)

江苏留学史稿(1840~1949) 姜新(1952~ ,北京人,徐州师范大学教授,江苏孙中山学会常务理事,江苏太平天国学会理事,江苏经济史学会会员。研究方向:史学理论,经济史,中外文化交流,留学生研究)、小雨编著,吉林人民出版社2006年7月出版,350千字。本书第一个目标是梳理汗牛充栋的资料,从浩如烟海的史料中搜索江苏留学活动的痕迹,追寻江苏留学生的足迹,从前人的成果中寻找与江苏有关的蛛丝马迹,对江苏留学过程进行考实性的认识;通过合理的排列组合资料,再现留学的复杂历程。第二个目标是通过比较鉴别,归纳江苏留学过程的特点——早、多、高、杂、失衡。第三个目标是对江苏留学过程进行抽象性分析。第四个目标是对江苏留学过程进行价值性的评价。本书前3章考察江苏学子走向世界的步伐,后3章分析留学生对江苏社会的影响。 (孟桂英)

高等教育制度创新的经济学分析 崔玉平(1964~ ,黑龙江林口人,苏州大学教育学院教授,中国教育经济学研究会常务理事,中国特色城镇化研究中心研究员,江苏省教育经济学研究会副理事长。研究方向:教育经济学,高等教育经济与管理,矫正教育学)著,北京师范大学出版社2002年7月出版,190千字。本书运用新制度经济学的交易成本理论、产权制度理论、不完全契约理论等,解释、分析并预言我国高等教育在学校组织制度和产权制度安排方面的制度创新之路;论证国家在高等教育制度变迁与创新中的作用;探索高校体制效率与资源组织方式选择方面的问题。全书共分9章,分别研究了教育领域的交易成本与不确定性、高校体制效率与不完全合同、教育领域的制度与制度变迁、学校结构形式变迁的经济学解释、中国高校结构形式的特点及其经济分析、高校资源组织方式的选择、高等教育的产权组织制度、高等教育的法制创新等方面的问题。 (孟桂英)

战后日本大学史 胡建华著,南京大学出版社2001年12月出版,280千字。本书以分析构成战后日本大学发展之基础的近代高等教育制度的形成为引论,以战后3次大学改革为主线,系统、全面地介绍战后日本大学制度的形成与发展,概括战后日本大学发展的特点及21世纪初期日本大学改革的基本走向。本书对于战后日本高等教育的改革,占有详尽翔实的资料,来龙去脉,脉络清晰;史论结合,以史实铺叙为主但不是堆砌材料,论虽不多却起到画龙点睛的作用;虽然是一本历史著作,但断至2000年,实际上也是一本比较教育专著。本书的出版对处于经济高速发展、高等教育正在向大众化过渡的中国,既有历史价值,也有现实意义。 (孟桂英)

院校研究与现代大学管理——美国院校研究模式研究与借鉴 蔡国春(1966~ ,江苏泗阳人,徐州师范大学信息传播学院教授。研究领域:高等教育管理,比较高等教育)著,教育科学出版社2006年3月出版,301千字。"院校研究"是在高等学校内部进行的基于本校情境、针对学校管理与运行中的实际问题所做的分析与咨询研究,是高等学校为改进本校管理决策和运行状况而设定的一个专门实践领域。本书拟回答:院校研究对现代大学管理有什么样的作用和功能?院校研究的性质与功能之间存在什么样的关系?实现这些功能需要哪些因素作为保证?院校研究在美国大学管理中的应用是否值得我们借鉴?院校研究对于现代大学管理具有两个功能:提供数据信息;提供决策咨询。其功能的实现基于两个方面的因素:院校研究的有效性和咨询服务的直接性。 (孟桂英)

农村教育发展水平质量评价研究 陈敬朴(1943~ ,湖北秭归人,南京师范大学教授,江苏省教育经济学研究会常务理事)著,东北师范大学出版社 2008 年 12 月出版，363 千字。本书包括农村学生发展水平的质量调查研究，农村成人发展水平的质量调查研究，农村教育发展水平质量评价的国际比较研究等。本书对"农村教育发展水平的质量评价指标体系"理论依据和指标体系作了初步探究，论证了"农村教育发展水平的质量评价"的内涵和外延，对保证农村教育发展水平质量的培养目标、办学目标、学生发展水平质量目标的内涵和外延进行了探索。作者指出，农村教育绝不只是让农村孩子有书读这样单纯的教育学问题，更包含着深刻的法学、政治学、经济学、社会学等方面的问题。解决农村人自身现代化与传统之间的矛盾，农村人口发展与国家现代化的矛盾，这是与过去历史时期农村革命不同质的革命，即农民以现代化变革的理念、思路、途径和方法武装自己的头脑，提高自己对现代化建设和高科技文明的认知发展水平、情感发展水平、行为发展水平，从而成为新时期掌握现代文明的新农民、新公民的"二次革命"，本书就是为"农村二次革命"的整个农村教育保驾护航的。

（孟桂英）

"鹰雏虎崽"之教：教育人类学视野下的彝族儿童民间游戏研究　张新立（1956～　，江苏徐州人，徐州师范大学教科院教授。研究领域：儿童心理发展与教育，心理咨询与心理治疗）著，广西师范大学出版社 2007 年 5 月出版，200 千字。本书是对一个民族的儿童民间游戏所做的系统研究。作者收集和整理了彝族儿童民间游戏共计 50 余种，对其中 26 种进行详细描述和深入研究，对其余各种游戏作一般描述和讨论。这些游戏中的大部分现在依然流行于广大彝族地区，为各地彝族儿童所喜爱。在对它们进行历史追踪和跨文化比较之后，通过对它们于儿童身心发展和教育功能与价值的分析和探讨，就儿童游戏的发生和本质、儿童民间游戏与教育的关系、彝族儿童民间游戏的教育功能及本项研究对当代儿童游戏发展的启示等方面，作者给出富有创见性和实用性的研究结论。　（孟桂英）

中国现代远程教育发展论纲　彭坤明著，南京师范大学出版社 2006 年 10 月出版。本书以教育部批准、中央广播电视大学组织实施的"人才培养模式改革与开放教育试点"项目为背景，结合几年来的探索与实践，从哲学、经济学、社会学、教育学等多学科视角，对中国现代远程教育发展的轨迹、现状及趋势作了系统的论述，并站在战略的高度对中国现代远程教育以及广播电视大学发展中的若干重点和热点问题提出了独到的见解，既有理论层面的探讨，又有工作层面的思考，尤其注重于对实践问题的正面回应，是我国现代远程教育领域具有创新价值的力作。

（王忆南）

吴蕴瑞文集　吴蕴瑞（1892～1975，江苏江阴人，曾任南京大学体育系教授，上海体育学院院长，上海市体育运动委员会副主任）著，黑龙江科学技术出版社 2006 年 4 月出版，260 千字。本文集中所收论著系作者体育学术研究和教学经验的结晶，其中《体育原理》旁征博引，钩玄提要，针砭时弊，就体育与社会、体育与教育、体育与健康、身与心等诸多关系作了辩证的论述。《体育教学法》是在各国体育教学法著作"罕如鸿毛"或"非失之陈腐，即失之空泛"的情况下而作的。作者根据对教育心理学等理论的研究和 10 余年体育教学、指导训练的经验，"历 5 年之久，教授共 5 次，渐渐补充，逐步修改，即得此本"。《运动学》共两编。第一编应用力学，第二编运动（包括器械体操、游泳和田径运动）。本文集收入第一编。作者"以力学公式及定律为中心，应用于各种运动"，并结合游学欧美的经历，教授 4 次，"用全副精神，修改整理"，脱稿后又请两位物理学专家校阅。现代体育运动虽发展迅速，但其基本原理和教法仍是相通的。

（王忆南）

田径运动裁判法　夏翔（1903～1991，江苏丹阳人，原清华大学教授，中华全国体育总会副主席，中国奥林匹克委员会副主席）编著，人民体育出版社 1957 年 8 月出版，64 千字。本书主要介绍有关田径运动竞赛的裁判方法，作者根据 1957 年的田径竞赛规则，结合自己多年来从事田径赛裁判工作的具体经验编写而成，作者不但介绍了一般的裁判方法，并且在一些容易发生裁判错误的项目上，举出例子加以说明，是体育干部、体育教师运动员和一般体育运动的爱好者很好的学习和参考材料。

（王忆南）

我的执教之道　袁伟民（1939～　，江苏苏州人,著名排球运动员、教练、体育官员)著,人民体育出版社1988年2月出版,108千字。本书是一本介绍作者执教经历的书,反映了许多比赛场上看不到的东西。全书围绕作者8年奋斗历程中遇到的一系列事情,既有思想,又有实践,深入浅出、富有哲理地谈了他对事业的理解,育人的经验,训练的秘诀,指挥的艺术。读来耐人寻味,令人折服。

(王忆南)

第八章　语言文字类

汉字与中国古代文化　叶正渤(1948～　,江苏响水人,徐州师范大学文学院教授,中国语言学会会员,中国古文字研究会会员,中国文字学会会员,江苏语言学会会员。研究方向:古文字学,古汉语词汇学,先秦两汉文献)主编,中国文化出版社2003年12月出版,204千字。本书是一部以汉字为主要资料,结合文献资料,探讨中国古代文化为目的的学术性著作。全书分为《知识篇》《探索篇》和《反思篇》3大部分,共25个专题。内容涉及中国古代物质文化和精神文化的诸多方面,如汉字与八卦、河图、洛书,与古代天文知识,与古代地理知识,与古代生育文化,与人类时空观念的形成,与古代民族观念,与古代医学、法律等。既肯定了汉字对中国社会的发展和文明进步所起的巨大推动作用,同时也反思了汉字文化的悲剧——汉字与古代测字术、避讳和文字狱等负面影响,从而汲取历史的教训。因此,本书既具有丰富的知识性、可读性,更具有较强的学术性。相信本书对弘扬悠久的中华文化一定能起到积极的促进作用。(另有《上古汉语词汇研究》《金文月相纪时法研究》,已著录)

（徐志辉）

中国文字学　陈梦家(1911～1966,江苏南京人,曾任西南联合大学、清华大学等校教授及中国科学院考古研究所研究员)著,中华书局2006年7月出版,272千字。本书是陈梦家先生在西南联大教授"中国文字学"课程的讲义。著者架构起了自己独特的中国文字学体系。本书为《文字学甲编》(1939年重订本)和《中国文字学》(1943年重订本)合编。《文字学甲编》7章:古文字学的形成;文字的开始及其基本类型;汉字的结构;传统的六书说;字体变异的原因;历史上的字体;古文字材料。《中国文字学》2章。第一章内容为古代的小学和字书;《说文解字》的完成;说文学和古文字学;文字学的材料、分期、方法和内容。第二章内容:文字的开始;文字的起源;文名字与形音义;文字的基本类型。(另有《尚书通论》《殷虚卜辞综述》《西周铜器断代》,已著录)

（韩　兵）

中国字体变迁史简编　王士菁(1918～2016,江苏沭阳人,曾任人民文学出版社鲁迅著作编辑室主任、副总编辑,中国社会科学院文学研究所鲁迅研究室主任及研究生院文学系教授,鲁迅博物馆馆长、研究员)著,文物出版社2006年12月出版,字数不详。本书上编主要探讨汉字字体变迁的历史、基本规律和艺术价值;下编研究了甲骨文、金文、篆书、隶书、真书等不同汉字字体的形态特征。本书系统阐述了汉字的构造原理和汉字形体变迁发展的规律,并从字体发展史的角度对各种字体的特点、发生发展的情况及各种字体之间的传承关系,以文献资料和实物资料相印证的方法进行阐述。作者旁征博引,并辅以大量的图片资料,因而图文并茂,颇适合广大的文史爱好者和书法艺术的爱好者学习使用。(另有《鲁迅传》,已著录)　（徐志辉）

汉字改革概论　周有光(1906～2017,江苏常州人,原名周耀平,著名语言文字学家、文化学家、思想家,曾参与设计"汉语拼音方案",被誉为汉语拼音创始人之一)著,文字改革出版社1979年10月出版,253千字。本书是汉字改革课程的讲稿。它系统地论述汉字改革问题的各个方面,对这个语言学文字学上的新的研究课题作了有条理的分析和解说。书中首先论述汉字改革的意义和历史,接着论述《汉语拼音方案》的内容和作用以及汉语拼音正字法,再次论述汉字简化,最后论述汉字改革运动的新发展。本书第1、2版分别于1961年、1964年由文字改革出版社出版。(另有《世界文字发展史》《中国拼音文字研究》,已著录) （王忆南）

世界文字发展史 周有光著,上海教育出版社1997年4月出版,323千字。全书共分4卷17章,把人类文字发展分为原始文字、古典文字和字母文字3个时期。原始文字出现在一万多年前,诸如刻符、岩画、文字性的图画、图画性的文字,为文字的胚胎。五千年前,文字成熟为古典文字,包括两河流域的丁头字,北非的圣书字和东亚的汉字,还有美洲古代的玛雅字等。三千年前,字母文字从古典文字孕育而生,迅速传播。文字发展呈现从表意向表音演变的趋势。当文字成熟之后进入传播时期,把文化从源头带到新兴地区,形成一个文字流通圈;再之后,文字进入再生时期,在新兴地区改造外来文字,创造本族文字,或者经过两种文化接触,一种文字融入另一种文字。世界文字发展史是优选史的一部分,文字的特点决定于文化(包括宗教)的传播,不决定于语言的特点。世界文字的分布现状是不同文化在历史的传播和变化中形成的。

（徐志辉）

语言问题 赵元任(1892～1982,天津人,原籍江苏武进,先后任教于美国康奈尔大学、哈佛大学、清华大学、中央研究院历史语言研究所、美国夏威夷大学、耶鲁大学、哈佛大学、密歇根大学,被誉为"中国现代语言学之父",也是中国现代音乐学之先驱,"中国科学社"的创始人之一)著,商务印书馆1980年6月出版,165千字。本书最早是1959年由台湾大学文学院作为《国立台湾大学文学院丛刊》出版的,是作者的演讲记录,共分16讲,包括《语言学跟跟语言学有关系的些问题》《语音学跟语音学的音标》《音位论》《语史跟比较语言学》《英语的音系跟派别》《从信号学的立场看中国语文》等演讲,系统地讲述了语言学以及与语言学相关的各项基本问题,是著者重要的语言学著作之一。(另有《赵元任语言学论文集》《现代吴语的研究》,已著录)

（孟桂英）

赵元任语言学论文集 赵元任著,吴宗济、赵新那编,商务印书馆2002年1月出版,字数不详。本书为《赵元任语言学论文集》的中文卷,共收入论文63篇。本书包括两部分:一是赵先生用中文写的,共50篇;二是由几位学者从赵先生部分英文论文译为中文的,共13篇。两部分分别按发表时间先后排序。其内容涉及语言学的各个方面,观点精辟,文笔幽默洒脱,是国内外语言教学和研究者重要的参考文献。

（韩 兵）

认知语言学 王寅(1950～ ,江苏盐城人,四川外语学院教授,中国英汉语比较研究会副会长,全国语言符号学研究会副会长,中国认知语言学研究会副会长。研究方向:认知语言学,语义学,英汉语对比)著,上海外语教育出版社2007年1月出版,683千字。《语言学系列丛书》之一,它既是一部学术专著,又是一本实用的语言学教材。本书将狭义认知语言学定义为"坚持体验哲学观,以身体经验和认知为出发点,以概念结构和意义研究为中心,着力寻求语言事实背后的认知方式,并通过认知方式和知识结构等对语言作出统一解释的、新兴的、跨领域的学科",并以此为主线,将定义中提及的主要观点,特别是对诸如感知体验、范畴化、认知模型(包括CM、ICM、ECM、心智空间)、意象图式、隐喻转喻、识解等认知方式,逐一展开论述。狭义认知语言追求用有限的认知方式对语言各个层面作出统一解释,包括语音、词汇、词法、句法、构造乃至语篇(首次尝试运用这些认知方式来解释语篇的生成、连贯和理解)。本书还将体验哲学和认知语言学的基本原理扩展应用于翻译理论和实践的研究。(另有《语义理论与语言教学》,已著录)

（徐志辉）

语义理论与语言教学 王寅著,上海外语教育出版社2001年10月出版,343千字。《语言学系列丛书》之一。本书介绍当前国内外语义研究的主要流派、历史分期、主要内容、发展方向等,有利于理顺一些基本概念和理论的来龙去脉。力求在介绍语义学基本内容时,侧重理清理论发展脉络,尽量略述国内同类专著已详述过的内容,重点论述较新的观点或作者的心得,是一本探索性的论著。上篇主要为理论论述,下篇重点从语义、认知和功能角度论述具体应用。同时两部分还包括很多英汉对比的内容。因此本书既有语义理论方面的内容(可属语义学),又有语义理论运用方面的内容(可属语用学),这就是作者把书名定为《语义理论与语言教学》,而未用《语义学理论和语言教学》的原因所在。本书可作大学生或研究生学习语义学的教材,或作为广大语言工作者、教师的参考资料。　　(徐志辉)

语言的神经机制与语言理论研究　杨亦鸣(1957～　,江苏连云港人,徐州师范大学副校长、教授、语言研究所所长)著,学林出版社2003年8月出版,460千字。本书收录的文章是从1981年以来作者发表的近百篇论文中挑选出来的。其中一部分是有关神经语言学方面的,都是近年所写;一部分是有关理论语言学方面的,不管是以现代汉语为语料还是以古代汉语为语料,写作的时间跨度则较长。这些文章都曾在《中国语文》《中国语言学报》《当代语言学》《语言文字应用》《语言科学》《语言研究》《语文研究》《语言教学与研究》《外语教学与研究》等刊物上发表过。作者将这些文章结集出版,首先是为了便于翻检,以就正于有道;另一方面是为了抛砖引玉,希望有更多的人加入神经语言学研究的行列中来。　　(王忆南)

文化语义学　马清华(1964～　,江苏南通人,南京大学文学院教授,中国语言学会会员,中国民族语言学会会员,全国中外语言文化比较学会理事,世界汉语教学学会会员。研究方向:语义学,句法学)著,江西人民出版社2000年6月出版,300千字。本书不是直接谈义素、义位和层次分析,而是从文化方面研究语义,即"研究人类基本文化结构对语义的作用规律";它不能归于语言学语义学、历史语义学、结构语义学、生成语法学派语义学、孟德鸠语义学,而是包含了不少认知语义学、认知人类学、语言文化人类学等内容在内;它涉及外语、中国少数民族语言、古今汉语及其方言,对国内外理论也有广泛的涉猎,在丰富的材料基础上通过归纳、整理、分析、解释,提出比较全面、较为可信的文化语义学理论体系;它深化和发展了语义学理论。它的出版起到了完善语义学理论的作用,对语言研究者、翻译工作者和对外汉语教师都有参考意义。(另有《并列结构的自组织研究》,已著录)(徐志辉)

并列结构的自组织研究　马清华著,复旦大学出版社2005年12月出版,336千字。本书以语言中最简单、原始的结构关系之一即并列关系为对象,探讨该结构在可联性、有序化、繁简互换、关系值的变化与维持、标记化等各种形式组织或意义组织方面的内在作用因素,尤其注意考察其中决定性常量和干涉性变量的分别以及它们内部或相互之间的作用关系,通过对并列结构的句法语义研究,揭示其内部的自律、竞争、协调、优化等机制和作用规律,是"语言自组织理论"的一项有深度的专题性研究。以往对并列结构的研究主要是静态的,缺少动态研究,而且系统性不强,不了解各种理论内容之间的本质联系,更不完全清楚形成诸如此类联系的动力是什么。不清楚这些联系及其成因,实际上也就不可能真正弄清并列结构各项特征的实质。语言系统的自组织理论认为,语言系统任一因素的变化会引发其他相关因素的变化。本文以此为理论基础,对并列结构的句法语义进行了较为系统的动态研究。　　(徐志辉)

语法修辞讲话　吕叔湘(1904～1998,江苏丹阳人,原名吕湘,字叔湘,曾任中国科学院语言研究所研究员,中国科学院学部委员、语言研究所所长,中国语言学会会长)、朱德熙著,辽宁教育出版社2002年8月出版,285千字。本书的目的在于纠正当时社会上在使用语言文字方面的混乱现象,内容共分6讲:第一讲语法基本知识,第二讲词汇,第三讲虚字,第四讲结构,第五讲表达,第六讲标点。本书着重实际用例的分析,强调语言知识对语言实践的指导作用。不是只说明一些术语格式,就术语和格式举一些例子,而是更重视分析语言实践中出现的一些问题,以达到"匡谬正俗"的目的。本书以语法为中心,以语法的基本知识为基础,提出分别主干和枝叶的分析方法,用这个方法去辨识句子的脉络,从这个脉络来观察结构上、表达上的正误,也联系词汇、修辞和逻辑的分析。这是使语言分析和语言实践紧密联系起来的一个新的尝试。由于内容切合实际,本著流传很广,在出版后的几十年中,对语言教学以至语言研究,都有很大影响,在促进汉语规范化方面,起了积极的作用。(另有《中国文法要略》,已著录)　　　　　　　　　　(蔡保鹏)

汉语修辞学　王希杰(1940~　,江苏淮安人,南京大学文学院教授,曾任中国修辞学会秘书长。研究方向:现代汉语,语言学)著,北京出版社1983年12月出版,280千字。本书是一本修辞学专著。作者运用比较新的语言学理论,对汉语修辞学进行较深入的探讨和研究,初步创建一个新的修辞学体系。全书通过对语言运中用大量例子的分析,从汉语交际活动出发,力求解决表达和理解方面的问题,不仅对写说者提高语言表达能力有所帮助,而且也利于更广大的一般读者语言修养的训练和提高。这部修辞学专著是作者20年研究成果的结晶,也是近年来修辞学研究领域的又一收获。本书成功之处很多,概其要有四:全面系统,有自己比较完整的体系;以较新的语言学理论来指导修辞学的研究;在继承的基础上创新而自成体系;突出实用性。本书确实是一本专业研究者不可不读、一般读者值得一读的好书。(另有《修辞学新论》《修辞学通论》,已著录)　　　　　　　　(徐志辉)

修辞学新论　王希杰著,北京语言学院出版社1993年8月出版,276千字。本书在宏观上建构了一个新的修辞学体系:第一卷在比较全面阐释语言观的基础上,论述修辞学的基本理论问题,明确提出该书的修辞体系框架和方法论;第二卷从新的视角、运用新的方法探讨辞格理论问题,提出归纳的和演绎的两种辞格系统,并试图寻找辞格研究的新角度和新方法;第三卷集中探讨词语和句子修辞现象,运用现代语言学的新理论、新方法,对词语的搭配组合、句子的选择和变形、句子的修辞类型等问题做了比较精当而全面的分析;第四卷围绕修辞研究问题阐发观点,纵观修辞研究的历史,鸟瞰修辞研究的现状,预示修辞研究的前景,对修辞学的方法和方法论等问题也有较大篇幅的涉及。本书依据修辞及其研究的规律,把各种问题分为不同部分展开论证,内容丰富,结构严谨,纲目清晰,在体系的建构上独树一帜。　　　　　　　　　(徐志辉)

修辞学通论　王希杰著,南京大学出版社1996年6月出版,461千字。本书摆脱了以往的框架,在一个全新的语言观、修辞观指导下建立了一个比较科学、比较严密的修辞学体系,让人耳目一新。作者把修辞学体系建立在彼此有联系的三组基本概念之上,即交际活动中的语言世界、物理世界、文化世界、心理世界,零度和偏离,显性和潜性。在此基础上又衍生出相关的二级、三级概念,形成一个有机的概念网络,并使这些基本概念和原则一以贯之,构成严密而科学的全新体系。作者认为,真正科学的修辞学首先应当具有全人类性。所以本书有意识地重点总结了汉民族的修辞理论和实践,其中所蕴含的理论和方法同样适用于对其他民族语言的修辞分析。这个以三组基本概念的有机统一为基础建立的体系,可以称之为"三一修辞学体系"。这一修辞学体系的建立对修辞学走向21世纪,对中国修辞学走向世界都必将产生一定的影响。　　　　　　　　　　(徐志辉)

徐复语言文字学论稿　徐复著,江苏教育出版社1995年12月出版,320千字。本书收编文章54篇,从体例看,有3大类:关于训诂学、校勘学25篇;关于古代汉语自学和研究7篇;为人撰写的书序和书跋22篇。其中训诂补释条目1 289条。这些资料考辨详审,广征博引,有实事求是之意,无哗众取宠之心;其材料之丰赡,广中见深,雅俗共赏;其理论之阐释,条分缕析,溯本求源,既具有科学性、应用性,又具有启发性、诱导性。其行文言简意赅,广博而不厌杂,细致而不琐碎;其言论,新颖精辟,殚思竭虑,敢于发前人所未发,补辞书之不逮,令学界耳目一新。本书中体现出的学者风范有五个方面:形训、音训、义训,互文、对文、复文等传统训诂学方法的综合运用;历史唯物主义观点的指导;严谨而一丝不苟的治学精神;对校勘学的新开拓,即一方面掇录往贤精论,另一方面附有己见,总结出"校勘学中之二重及多重误倒"计24条,对校勘学做出了新贡献;悉心指导学习和研究古代汉语。
　　　　　　　　　　　　　　　(徐志辉)

徐复语言文字学丛稿　徐复著,江苏古籍出版社1990年6月出版,303千字。全书以类相从,分为6组:考证文字之作8篇,音韵专论4篇,校理古著之作10篇,诠释方言俗语之作4篇,能自持一说的单篇论文10篇,序跋题记12篇。本书实际上是对古代汉语的基本理论的详尽论述和全面研究,既有理论建树,又有实践活动,论证精当,材料翔实,富有创见,对当前语言教学、古籍整理、方俗语言研究、辞书编纂等理论建设与实践工作,均有重大的参考价值。 （徐志辉）

徐复语言文字学晚稿 徐复著,江苏教育出版社2007年7月出版,470千字。本书是作者最后15年的学术研究的总结之作,近50万字,收入文章130多篇,约分为五组,本书最早的文章初成于20世纪40年代初期,经晚年修订而成,最晚的为2006年所作,时间跨度为60多年,研究范围上自先秦,下迄近代,经史子集均有论列。研究方法继承乾嘉朴学,特别是章太炎、黄侃等学术大师的考证求索之学,并开创了俗语词研究新领域,把汉语同少数民族语比较印证,经史互参,群书相稽。 （王忆南）

语言文字学及其应用研究 许嘉璐(1937~ ,江苏淮安人,教授,曾任民进中央主席,国家语言文字工作委员会主任,全国人大常委会副委员长)著,陈章太主编,广东教育出版社1999年12月出版,240千字。本书分上下两编。上编主要是介绍语言文字研究的现状,为了说明现状,不能不稍稍涉及古老的传统,也自然要有一些笔者的评论。下编主要是就当前和以后我国语言文字学的发展进行叙述,特别是对存在的主要问题以及解决这些问题的办法,略略作一点探索。 （王忆南）

中国语言文字学史料学 高小方(1948~ ,江苏江阴人,南京大学中文系教授,江苏省语言学会理事。研究领域:汉语史,中国语言学史,史料学,语料学)编著,南京大学出版社1998年3月出版,413千字。本书是一部以研究中国语言文字学领域史料的来源、价值和利用的具体的史料学。其重心落在"分畛域,定类例"上。其特色有:科学的分类,翔实的材料,简洁的论述,把目录学和学科史结合起来进行研究,从而成为一部具有工具书性质的汉语言文字学方面的入门书。全书共14讲,开头两讲着重讲搜集史料的方法;其余则以分论的方式有选择地系统介绍汉语言文字学学科各分支的重要史料,博收精掇,厘次部类,辨章学术,考镜源流,提要钩玄,指示门径。此书是汉语言文字学学科"史料学"专著中的第一部。 （徐志辉）

汉语羡余现象研究 韩陈其(1949~ ,江苏镇江人,南京师范大学文学院教授,中国语言学会理事,江苏省语言学会会长,江苏省哲学社会科学联合会理事)著,齐鲁书社2001年9月出版,220千字。本书的开拓性研究,为科学汉语史的建立提供可资借鉴的理论框架,为汉语规范化的实现提供赖以鉴别的动态标准,有助于正确认识汉字史、汉语词汇史、汉语语法史甚至汉语语音史,有助于建立科学意义上的汉语语言学史。就汉字羡余现象而言,作者既立足于汉字是视觉性书面交际工具这一根本观点,又注意把握汉字古今演变的历史特点,在宏观上展示了汉字所体现的纷繁复杂的羡余现象,在微观上揭示了若干训诂上难以索解的症结所在;就汉语词汇的羡余现象而言,作者既注意从理论上阐明古今汉语词汇的内部结构及其联系,更注意从语料上提供无可辩驳的依据;就汉语语法的羡余现象而言,作者强调羡余现象体现了语法发展的本质特征,然而在言语使用的过程中,经济原则却是贯彻始终的。本书的《外篇》以羡余现象理论作指导,对若干令人关注的汉语言文字学的难点、热点问题作了深入细致的探讨,特色鲜明,发人深思。 （徐志辉）

应用语言文化学概论 赵爱国(1955~ ,江苏宜兴人,苏州大学外国语学院教授,中国俄语教学研究会常务理事,中国语言与符号学会常务理事,中国俄罗斯东欧中亚学会理事。研究方向:俄语语言文化)、姜雅明著,上海外语教育出版社2003年2月出版,300千字。本书不仅提出"应用语言文化学"的概念,而且运用整合研究的方法,以成功进行外语教学为最终目的,以俄语语言文化学、英语跨文化交际学、汉语文化语言学和教育学的基本理论为指导,以外语教学中语言、文化、交际的相互作用和关系为对象,来建构外语教学语言文化学即狭义的应用语言文化学的理论框架和教学体系。进行语言与文化的综合性应用研究是有理论意义和实践价值的。外语教学的实践证明,培养高素质的外语人才,只有在全面施行素质教育的基础上方能实现,而施行素质教育的切入点就专业能力的培养而言,应是在语言教学的同时进行相应的文化教学。本书旨在研究和讨论这方面的理论、方法及途径,以建构起适合我国外语教学特点的、能够有效施行外语素质教育功能的新的语言文化教学平台。

(徐志辉)

会话信息过量现象的语用研究 陈新仁(1967~ ,江苏盐城人,南京大学外国语学院教授,中国语用学研究会副会长,中国认知语言学研究会常务理事,中国语言与符号学研究会常务理事。研究方向:英语语言学,英语语用学)著,陕西师范大学出版社2004年10月出版,129千字。本书依据维索尔伦的语言顺应理论构建了用来分析和解释会话信息过量现象的理论框架。采用定性与定量相结合的方法,详细讨论了信息过量的功能性、变异性、商讨性等问题,揭示了这一现象的一般模式和社会心理影响,深化了我们关于这一会话现象的认识。本书不仅有助于从事会话结构的静态分析,而且有利于动态地透析会话发生机制。

(徐志辉)

现代汉语导论 许宝华(1933~ ,江苏海门人,复旦大学中文系教授)编著,复旦大学出版社2006年11月出版,218千字。《现代汉语系列教材》之一。主要阐述我国的主体语言——国家通用语言文字普通话和规范汉字的形成、发展和特点以及进一步实现规范化、标准化的必要性和途径;还介绍了现代汉语方言和少数民族语言文字的简况,让学习者从宏观角度了解中华民族大家庭中多民族、多语种、多文种的若干情况,以进一步加深对普通话作为国家标准的重要地位的认识,并提高自身语文素养和学说普通话、书写规范字、遵守和贯彻《国家通用语言文字法》的自觉性。 (徐志辉)

母语教材研究(全10册) 洪宗礼、柳士镇(1945~ ,江苏南京人,南京大学中文系教授)、倪文锦主编,江苏教育出版社2007年8月出版。本丛书由著名特级教师洪宗礼和南京大学教授柳士镇以及华东师范大学教授倪文锦担纲主编,分10个专题:卷一《中国百年语文课程教材的演进》、卷二《中国百年语文教材编制思想评析》、卷三《中国百年语文教材评介》、卷四《中国百年语文教科书课文评选》、卷五《外国语文课程教材综合评介》、卷六《外国语文课程标准译介》、卷七《外国语文教材译介》、卷八《外国学者评述本国语文教材》、卷九《语文教材编制基本课题研究》、卷十《中外比较视野中的语文教材模式研究》。本丛书集中了国内外160余位专家、学者的智慧,研究中国百年和世界40多个国家及地区当代的母语课程教材(含全球八大语系26个语种),是迄今参与人数最多、研究范围最广、成果最为卓著的多卷本母语教材研究专著。

(王忆南)

语文随笔 叶圣陶(1894~1988,名绍钧,江苏苏州人,曾任人民教育出版社总编辑,中央文史研究馆馆长)著,中华书局2007年8月出版,124千字。《跟大师学语文》丛书之一,选编了作者20篇文章,分作随笔、名篇评论、作文评改3部分,谈如何通过端正生活态度、养成良好生活习惯以及正确的方法等提高语文素质,尤其是增强作文能力,以满足日常生活和工作的需要。书中提出的文章就是生活本身、要养成认真的习惯、训练缜密的思维方式等概念和相应的方法相信不止对于语文学习,对于其他工作和学习,乃至处理生活方方面面的事情都会有所启发和帮助。

(王忆南)

古音系研究 魏建功(1901~1980,字天行,江苏如皋人,北京大学中文系古典文献专业奠基人)著,中华书局1996年12月出版,250千字。本书是已故著名语言学家魏建功先生的一部力作。作者分别就古音系的分期,古音系的内容,研究古音系的材料、方法和条件,以及古音系研究的实际问题,阐述了自己的见解。全书论列古音系材料10种,其中5种均为旧音韵学书籍难以觅见的,弥足珍贵。书中所征引、所讨论的中外时贤的论著达数十种之多;所讨论的范围、所涉及的资料上自甲骨文,下迄婴儿学语的讹音,东自日语、朝鲜语汉字音,西至敦煌遗书,可谓囊括古今,包举宇内。本著是作者多年来研究音韵学和从事教学工作所积累的成果,它不但汇集了前人研究音韵学的经验,也为后人继续深入研究创造了条件。除了音韵学上的价值之外,对研究方言学和文字训诂学也是一部不可或缺的参考书。

(王忆南)

两汉韵部与声调研究 刘冠才(1960～ ,内蒙古宁城人,南京师范大学文学院教授。研究方向:古音学,训诂学,诸子学)著,巴蜀书社2007年11月出版,260千字。本书既有文献语料的经验归正,又有学术史载已有成果的借鉴。十分重要的是,时段已定,以空间为维度,突出方言区划分的重要性,使文献语料的归并各得其所,这与泯灭方言差异而作笼统归并的做法,自然要高出一筹。本书还提出了韵尾问题,这本是现代学术中的古音构拟问题。上古阴声韵是否有韵尾,是古音学第二次大讨论中的主要议题。现重申上古后期两汉的九个阴声韵部:脂部、微部、歌部、之部、幽部、宵部、侯部、焦部、支部有相配之次入声韵,是极富挑战性的议论,其意义显然。

(徐志辉)

唐代诗文韵部研究 鲍明炜(1919～2007,山东鄄城人,南京大学文学院教授,曾任中国语言学会会员,中国汉语方言研究会会员,中国汉语音韵学研究会会员,江苏省语言学会会长。研究领域:汉语方言学,音韵学,现代汉语普通话)著,江苏古籍出版社1990年11月出版,328千字。《南京大学语言与语言工程丛书》之一,也是本世纪专门研究唐诗用韵问题的专著。本书分16摄,每摄按古、近体分别排列按时代为序,将唐代各个重要作家诗文的用韵情况一一梳理、排列出来,从中可以看出诗人们的用韵特点及其对诗歌风格的影响。本书关于诗文韵部的研究,有两方面的目的和作用,即语言的和文学的。就文学方面,可以从诗律的研究、作家风格的研究、韵脚与内容的关系的研究开展,本书在这几方面提供了广泛的原始材料,可以供研究者取资。在语言文字方面,本书提供包括语音发展、补充韵书、韵书又音、方言现象、校勘异文等更多更直接的材料。

(徐志辉)

隋唐音研究 葛毅卿(1906～1977,江苏无锡人,南京师范学院音乐系教授)著,李葆嘉理校,南京师范大学出版社2003年8月出版,385千字。本书是反映葛毅卿几十年来所醉心的隋唐音系研究的全部成果的一部遗著。本书不同意20世纪国际汉学界著名汉学家高本汉《中国音韵学研究》的方法和结论,从《切韵》音系代表"中古隋唐长安音"出发,对隋唐音的声母音值、等呼开合、韵母音值、声调音值以及相关问题进行了细密的研究和系统的构拟,提出了一系列全新独见。作者稽考韵书年代,核证域外对音,贯通唐诗押韵,沿流汉语方音,时商榷于故师时贤。此研究在《切韵》音系研究中极富特色,在汉语音韵学研究学术史上占有显著地位。

(徐志辉)

韵略易通研究 张玉来(1963～ ,山东临沂人,南京大学文学院教授。研究方向:历史语言学,语言教学,汉语语音史,语言规划)著,天津古籍出版社1999年4月出版,150千字。本书研究明初重要韵书《韵略易通》音系的构成及其特征,并论及与之相关的其他问题。《韵略易通》是继《中原音韵》之后最有影响的韵书之一。前辈时贤偶有论及,但迄今为止尚无系统的成果问世。本文全面分析该书的时代背景、作者生平、成书过程、版本源流以及它的声韵调系统,并联系其前后的语音史料揭示其音系组成特点。《韵略易通》产生于明代初叶,深受当时的社会现实及文化背景影响,跟明初的音韵学研究风气密切相关。明初繁荣而安定的社会及实用主义的文化风尚促成了兰茂创作《易通》;当时的音韵学导向使得《易通》音系既最大限度地接近时音而又不能摆脱前代韵书的束缚。该书的声母系统接近《中原音韵》,而与《洪武正韵》相去较远。突出的特点是用"早梅诗"代表20声类,放弃了36字母的传统类别。

(徐志辉)

当代中国音韵学 李葆嘉(1951～ ,江苏东台人,南京师范大学文学院教授。研究方向:理论语言学,历史语言学,语义语法学,语言文化哲学)著,广东教育出版社1998年10月出版,250千字。《中国文化语言学丛书》之一。本书立足于汉语音韵的人文属性、东西方语言语音结构与语音分析的异同,对汉语音韵学展开思辨性、民族文化性与历史性的回溯,对汉语音韵的人文内涵进行探讨。华夏汉人对其母语的自然感知表现为音节性、随机性、音乐性、附义性与比况性。传统汉语音韵研究在汉文化与外来文化的撞击中不断突进。语音系统并不仅仅是音位系统。封闭的、抽象的音位系统寓于开放的、具体的词音系统之中。词音系统并不仅仅表现为语义的听觉载体或物质外壳,它本身就是一种认知方式、价值系统、文化形态。这种观点审视下的音韵,可以称为"音韵文化"。汉语音韵研究的人文传统集中表现为感受性、综合性、阐释性与应用性。汉语音韵研究除了传统的人文方法,文化认同法、文化基层法、文化镜象法、文化耗散法、文化比较法,都可以得到广泛运用。文化研究亟待汉语音韵的导入,以帮助文化史家走出"因声求义"的误区。

(徐志辉)

四声实验录 刘复(1891~1934,字半农,号曲庵,江苏江阴人,曾任北京大学教授、辅仁大学教务长)著,1924年上海群益书社印行,1950年7月北京中华书局重印出版。本书是用语音实验仪器研究汉语方言声调的著作,该书实验的方言共12处。内容除引言外,分七个部分。第一部分"声音的断定",从物理学的角度说明"声浪""音的长短""音的强弱""音的本质"。第二部分"语音和乐音",从语音与乐音的不同说明四声是高低的差别,指出了四声的基本条件。第四部分"计算及作图"和第五部分"声音与对数",说明用精密的方法计算浪纹计上所画出的浪纹,并按数据画出图。第六部分"已实验的四声",是12处方言声调的记录,某处方言有几种声调,就画出几张分图,然后把分图汇合成一张总图,总图后有一个五线谱图,接着是一组"标音符号",画在所举的例字旁边。第七部分"余论",搜集了历代和当时比较重要的关于四声的论述。本书在理论方面,特别是对乐理讲得很透彻。在实践方面存在一些问题,如,从调值来看,有许多声调曲线都不能反映真实情况;从调类来看也有一些错误。尽管有缺点,但在中国以实验语音学的方法研究声调,并写成专著的,本书是首创,在音韵史上具有划时代的意义。

(蔡保鹏)

汉语声调论 刘俐李(1947~ ,湖南常德人,南京师范大学文学院教授。研究方向:汉语方言学,方言调查,实验语音学,语音学)著,南京师范大学出版社2004年5月出版,362千字。本书上篇搜索了20世纪研究声调的专论1 000多篇,分作12类,对其中关涉声调本体的几类文献作了比较细致的剖析。下篇是研究篇,以上篇的梳理为基础,以大量汉语声调材料为对象,重点剖析汉语声调的构成及组合规律,提出了"不等值调素说""声调系统层次说""声调组合调节说"和"声调组合功能说"。不等值调素说是关于声调结构基本颗粒的一个初步假说;声调系统层次说是关于声调系统内部构造的命题,认为声调系统有静态层和动态层;声调组合调节说是关于声调在语流中运动变化的学说,认为声调在构成过程中经历了初始调节和二次调节;声调组合功能说认为声调的组合有三类不同条件制约的组合:纯语音条件制约的组合——语音连调,语汇语义制约的组合——语义连调,语法条件制约的组合——语法连调,三者负有不同的语言功能。(另有《回民乌鲁木齐语言志》,已著录)

(徐志辉)

中国拼音文字研究 周有光著,上海东方书店1952年5月出版。本书汇集了作者关于中国拼音文字研究的论文,共3编。第一编拼音文字的建设程序,包括拼音文字运动的目的、文字改革的统一战线、拼音方案的拟定原则等内容;第二编拼音文字的书写技术,包括北方话方案的比较研究、统一全国字母表、全国方案一致化等内容;第三编拼音文字与语言问题,包括汉语方言的分布、论共通语、斯大林语言论与拉丁化运动等内容。

(王忆南)

现代汉语存现句的多维研究 潘文(1964~ ,江苏泗洪人,南京师范大学文学院教授。研究方向:现代汉语词汇、语法)著,南京师范大学出版社2006年12月出版,254千字。本书以三维语法理论对现代汉语的存现句进行了全面、系统、深入的研究,提出了许多重要的论述或观点:存现句不是以句法格局的特点命名的,而是以这种句子的语用意义命名的;存在句和隐现句都是"处所(或时间)词语+动词+名词"构成的句子,它们之间的差异主要表现在动词上;主张把存现句的句型分为主谓存现句和非主谓存现句;存现句中动词的语义特征对句首的处所(或时间)词语出现与否以及动词后名词性成分的语义特征有很强的制约作用,还决定了存现句的变换关系;存现句都是具有主题的句子,句首的处所(或时间)词语在语用上都表示主题,后边的成分是述题;存现句的语用功能、句法结构、语义关系是有密切关系的;把存在句分成"位移状存在句"和"非位移状存在句"比分为"动态存在句"和"静态存在句"更合理;提出了从不同角度或标准给存现句分类的设想;讨论了存现句句首介词和句中动词隐现的条件;考察了存现句后续成分的构成情况。

(徐志辉)

中国地名拼写法研究 曾世英(1899~1994,江苏常熟人,曾任华北水利委员会和地质调查所技正、新华地图社社长、地图出版社副总编辑、国家测绘总局测绘科学研究所副所长)编著,测绘出版社1981年3月出版,156千字。本书简明扼要地论述依据《汉语拼音方案》拼写我国地名作为罗马字母地名拼音法的统一规范的必要性,并着重介绍了我国少数民族语地名的拼写方式。在地名译写、地名正名、地名罗马化、促进外国地名汉字译写的统一以及建立中国的现代地名学等方面产生了重大影响。另有8个附件,汇集了我国主要少数民族地名资料、汉语拼音转译方法以及拉丁字母、《汉语拼音方案》在国际地名拼写中的使用情况和统计资料。(另有《曾世英论文选》,已著录)

(韩 兵)

训诂学 洪诚(1910~1980,字自明,安徽青阳人,曾任南京大学中文系教授。研究方向:古汉语)著,江苏古籍出版社1984年7月出版,175千字。全书由6章组成,除绪论和结论两章外,所余四章分别为与训诂有关的书面上的基本情况、阅读必须掌握的基本规律、读注和作注。徐复序谓,本书"章分细芬,述前贤之确诂,发已说之精英,语皆有据,辞无不达。文有假借,则贯之以声音;书有传讹,则订之以校勘,可谓文理密察,极训诂之能事者矣"。作者充分注意语言的社会性和言语的个性化特征,倡导依据文例辨别训诂的正误;总结旧训诂学的经验教训,找准薄弱环节,以语法为突破口,为训诂学研究指出了新的途径;观察细致,思维缜密,往往能从别人不经意的地方发现极具价值的线索;强调训诂研究必须结合古代社会文化;重视地下实物史料与传世文献相印证;求真求实,学风严谨;关注研究动态,及时吸收新的研究成果。(另有《洪诚文集》,已著录)

(徐志辉)

训诂问学丛稿 王继如(1943~ ,广东揭阳人,苏州大学文学院教授。研究方向:训诂学,文献学,敦煌学)著,江苏古籍出版社2001年12月出版,272千字。本书特别注重训诂研究的可操作性:第一,在古籍的数字化方面有深刻的认识和研究。随着古文献的数字化推进,不仅训诂工作的手段有所变化,而且其实质内容也会有所变化。由于数字化的文献统计,某字或某词的用例查找既方便又准确,对一个字或词的各个义项、意义、历史演变的研究也可做得更准确。第二,注重汉语语源研究。汉语语源研究在中国古代语言学史上有三种表现形态:声训、右文说和语转说。作者有关词语训诂的论文大多注重探源,除了具体的词义训诂之外,还对汉语语源有深入的理论思考。第三,注重俗字的研究。日本学者认为中国古典文献多为传世文献,对汉语史的研究不利,因为在传抄过程中会发生种种讹变。出土文献虽可靠,但也有如俗字的认读等问题。作者把敦煌文献中迄今所不能认识的汉字分为草体字,异体字,增笔字、减笔字、借笔字、讹体字,又把敦煌俗字的识读归为比较字型、分析构体、体察用例、综合考察。

(徐志辉)

训诂类稿 董志翘(1950~ ,浙江嘉兴人,南京师范大学文学院教授,中国语言学会理事,中国训诂学研究会副会长,江苏省语言学会常务理事。研究方向:传统训诂学及中古汉语,近代汉语词汇、语法)著,四川大学出版社1999年3月出版,275千字。本书虽然是由作者的41篇学术论文结集而成,但其研究范围上至先秦,下及明代,时间跨度相当大;其研究涉及上古汉语、中古汉语和近代汉语,研究对象相当广泛;从研究内容看,除了传统训诂——词义考释外,还旁及与训诂相关的文字、语法、修辞、音韵、校勘、标点等内容。作者勤于读书,积累了大量第一手资料,在训诂实践中能旁征博引,左右逢源;善于思考,能够在众说纷纭中创立新说。本书除了训诂学本身的价值和对古籍整理有直接助益以外,对辞书编纂和古文教学也很有意义。

(徐志辉)

段注训诂研究 马景仑(1945~ ,上海人,南京师范大学文学院教授。研究方向:训诂学,中国语言学史)著,江苏教育出版社1997年12月出版,301千字。汉代许慎所撰《说文解字》一面世就受到学人的重视。至清代校注风行,乾嘉之世出现了著名的《说文》四大家,其中段氏成就最大。本书就是一部对《段注》进行集大成式研究的杰作。本书突出的优点表现在3个方面：其一，通过剖析《段注》材料，总结归纳了《说文》的条例，通俗又全面系统地给《说文》作了"凡例"。本书让视《说文》为天书者能初步阅读之；让已经具备一定阅读能力者能进一步准确理解之；让研究、讲授《说文》者能有新的理解和参考。其二，在段氏训诂理论和方法研究上做出了新贡献。《注训》对段氏训诂理论和方法进行了深入探讨和细致剖析。如对《段注》中的所有"浑言""析言"以及所涉251个词条研究，对"散文""对文"的，对同义词辨析和词义引申问题进行研究。其三，在写作上精心推敲，言必有据，富有特色。首先是高低兼顾的写法值得推广。其次是从量化统计到定性分析的方法值得称道。第三是广征博引，用例丰富精当。　　　　　（徐志辉）

上古汉语词汇研究　叶正渤著，中央文献出版社2007年3月出版，250千字。本书是一部以研究探讨上古汉语词汇的语音、词义特征，上古汉语词汇的发展演变以及发展演变的规律为目的的学术著作，属于汉语词汇史研究的断代研究。上古汉语，是指从汉语的形成到西汉末年汉民族先民所使用的语言。汉民族的先民是华夏民族，从西汉刘邦建立西汉王朝以后，才逐渐有汉民族乃至汉语、汉字的概念和名称。因此，所谓上古汉语，其实是上古时期华夏民族所使用的语言。上古汉语词汇研究是以上古汉语词汇为研究对象，兼及与词汇有关的知识。本书共有5章，即《绪论：关于上古汉语词汇》《上古汉语词的语音特点》《上古汉语词的意义特点》《上古汉语词义研究》《上古汉语词与字的关系》。
　　　　　（徐志辉）

魏晋南北朝语词例释　蔡镜浩(1945～　　，苏州大学文学院教授。研究方向：汉语史)编著，江苏古籍出版社1990年11月出版，363千字。本书主要考释流行于魏晋南北朝的部分词语。魏晋南北朝的巨大社会变化引起了词汇的变化，一批新词、新义应运而生。同时这一时期口语的影响迅速扩大，文言与白话的对立开始形成，在当时的文献中保留了相当数量的口头俗语词。本书所考释的词语分两种类型：一是常见的社会习语。指在当时的特定社会环境中产生的社会通用语，它不但流行于口语中，更通行于书面语中。二是通行的口头俗词语。它们较少进入正式的官方文书，民间却十分流行，往往传至后世，有较强的生命力。上述两类考释对象决定了在使用语言材料时，既要重视当时的史书、诗赋等比较正规的文史作品，又要注意更接近口语的其他材料，主要有翻译佛经、笔记小说、法帖，医农及科技著作。　　　　　（徐志辉）

《洛阳伽蓝记》词汇研究　化振红(1966～　　，河南洛阳人，南京师范大学文学院教授。研究方向：中古汉语词汇史)著，中国文史出版社2002年12月出版，260千字。本书采用穷尽考察、定量分析的方法，对《洛阳伽蓝记》的词汇系统进行了静态描述和动态分析，探讨了汉语词汇系统从上古到中古的种种演变规律。介绍了杨衒之生平、《洛阳伽蓝记》的版本流传、现有各家注本得失、国内外研究现状及该书在中古汉语词汇研究中的地位；通过与雅言词语、史书词语、文学词语的对比，论述了文言词语对《洛阳伽蓝记》词汇系统产生的影响，考释了该书中的部分疑难词语；探讨了佛教词语与《洛阳伽蓝记》词汇系统的相互影响以及《洛阳伽蓝记》在佛教词语中土化过程中的作用；对《洛阳伽蓝记》中来自汉译佛经、前代典籍、现实语言的口语词语进行了抽样分析；针对《洛阳伽蓝记》中体现出来的南北朝乃至魏晋六朝时期的100余条新词新义展开讨论；从语义构成、词性分布、词义演变等角度考察了《洛阳伽蓝记》中的复音词；探讨了《洛阳伽蓝记》词汇系统中三个比较独特的词汇现象。　（徐志辉）

《宋书》复音词研究　万久富(1965～　　，江苏如皋人，南通大学文学院教授，中国训诂学会会员，江苏语言学会副会长，江苏省中华成语研究会副会长。研究方向：文史语言学，语言地理学)著，凤凰出版社2006年9月出版，321千字。本书分为绪论、《宋书》复音词的结构、语义特点、新词新义、《宋书》联合式同素异序复合词、《宋书》中的复音虚词等6章内容。本书有如下特点：沈约所撰《宋书》语料层次相对清晰，语言风格活泼新鲜，堪当六朝代表；在论述中既有对前人研究方法的系统继承，便于同类研究比照的进行，又能指出前人研究方法的不足和错误之处，并进行详细的讨论，对复音词类型、语义、结构特点等作出比较细致的描述和较有深度的论说,显示出作者较好的理论素养和开拓精神;在进行具体论证时,有详细的统计数据,有严谨的论证说明,包含大量的语词考释内容;全书有详有略,结构合理。本书对《宋书》的整理研究、中古汉语研究和辞书编纂等有直接的推动作用。

(徐志辉)

小说词语汇释 陆澹安(1894~1980,江苏吴县人,曾任同济大学、上海商学院、上海医学院国学教授)编著,中华书局1964年2月出版,728千字。著者积年累月,每逢见到古代小说难以索解的词语,便摘录下来,找寻解释,累积成为个人读书札记,在此基础上编纂出了这本小说词典,共收入应当注释的词语8 000余条,逐一加上解释。还有不必注释的成语2 000余条,则另辑《小说成语汇纂》1卷,附录于后。(另有《戏曲词语汇释》,已著录)

(韩 兵)

戏曲词语汇释 陆澹安编著,上海古籍出版社1981年11月出版,514千字。本书是关于近古汉语的一部重要训诂学著作,是研究戏曲词语的一部专书。书中对于宋元以来出现于院本、杂剧、传奇中而今天已经变得难懂的许多词语作了详细的考证和训释,于词语意义颇多发现。著者在阅读古代杂剧、传奇等戏曲过程中大量累计了方言、术语、黑话、成语等,并寻求解释,在此基础上编撰了这本《戏曲词语汇释》,成为研究中国戏曲文学难得的词语工具书。

(韩 兵)

现代汉语词汇研究 曹炜(1963~ ,上海人,祖籍江苏昆山,苏州大学文学院教授。研究方向:词汇学,近代汉语语法)著,北京大学出版社2004年3月出版,276千字。本书从词和词位入手,详细论述了现代汉语的构词法与构形法,词汇与词汇的分类,现代汉语词汇的形成及现代汉语的词义类聚等内容。作者不盲从成说,兼收并蓄,折中群言,对同一领域的问题,提出个人不同的看法和意见。对许多有争议的问题采取计量统计的方法来论证,令人信服。把现代汉语中看似一盘散沙的词汇,分成十几种类聚现象进行系统的描述。既有理论分析,又有实践的印证,既有宏观的高瞻,又有微观的描写,是一部具有较高学术价值的词汇学著作。

(徐志辉)

中国文法要略 吕叔湘著,商务印书馆1982年8月出版,348千字。本书最早为上下两卷,分别出版于1942年和1944年。该著力图摆脱印欧语语法的羁绊,探索汉语自身的语法规律,反映了20世纪前半个世纪中国汉语语法研究所达到的水平。上卷《词句论》里讨论到句子和词组的转化,观察深入细致,是研究汉语句法变换关系的先驱。下卷《表达论》以语义为纲,描写汉语句法,许多见解富有启发性。该著被认为是迄今为止对汉语句法全面进行语义分析的唯一著作。1982年,《中国文法要略》被商务印书馆收入《汉语语法丛书》第八种,重新再版。

(蔡保鹏)

中国古代语法:称代篇 周法高(1915~1994,字子范,江苏东台人,台湾"中央研究院"院士,曾任台湾"中央研究院"历史语言研究所研究员,香港中文大学中国语言及文学系讲座教授,当代中国语言文字学家、世界三大汉语言学家之一。研究领域:语言学,音韵学,训诂学,文字学)著,中华书局1990年1月出版,414千字。本书是作者所著《中国古代语法》一书的一部分。该书共有4编:造句编;构词编;称代编;词类分论。本书为第三编称代编。其中包含《通论》《第一、二身代词》《第三身和指示代词》《询问代词》《其他代词》《称数》《代词性助词》《省略》共8章。(另有《中国语言学论文集》,已著录)

(韩 兵)

汉语中介语语法问题研究 肖奚强(1954~ ,湖南长沙人,南京师范大学国际文化教育学院教授。研究方向:现代汉语语法,语言教学与习得理论)等著,商务印书馆2008年12月出版,216千字。本书是研究汉语中介语语法问题的一本专著。作者运用中介语理论、偏误分析方法和语言习得理论,利用外国学生汉语中介语偏误信息语料库,通过统计对比不同水平学生的正误用例、对比中介语和汉语母语者的使用情况,对部分句式和词类的习得状况进行了定量研究,得出其习得难度与顺序,并提出了教学分级和排序建议。(另有《现代汉语语法与对外汉语教学》,已著录)

(徐志辉)

楚辞语法研究 廖序东(1915~2006,湖北汉口人,曾任教于江苏师范专科学校、徐州师范学院)

著,语文出版社1995年2月出版,172千字。本书是一本研究屈原作品语法的论文集。屈原作品,汉初即有"楚辞"之名,见《史记·酷吏列传》。班固《汉书·艺文志》称为《屈原赋》,后世因又名"屈赋"。本书以"楚辞"名,书中有时也称为"屈赋"。本书以无争议或争议较少之《离骚》《九章》《九歌》《天问》诸作为语法研究的对象,收录有《论屈赋中人称代词的用法》《释"兮"及〈九歌〉句法结构的分析》《〈离骚〉文例新探》等论文。 （蔡保鹏）

《三国志》和裴注句法专题研究 何亚南(1959～ ,江苏武进人,南京师范大学文学院教授,中国训诂学会会员,中国语言学会会员。研究方向:中古汉语断代史,《后汉书》专书)著,南京师范大学出版社2001年12月出版,216千字。本书是一部句法专题研究性质的专著。作者运用穷尽描写与历时、共时比较相结合,形式分析与语义分析相结合等研究方法,对《三国志》和裴松之《三国志注》中的若干句法现象进行了较为深入的探讨,为中古汉语断代史乃至整个汉语史的构建提供了有价值的材料和阶段性的成果。全书共7章,主要是讨论"所V(+N)"结构做状语、处置式的产生、判断句的发展、被动句的发展、兼语句的发展、选择问句的发展等句法问题。作者不囿成说,敢于发表新见;言必有据,不作游根之谈;静态描写与动态描写兼顾;形式分析与语义分析并重,其专长在本书中得到了较好的发挥。 （徐志辉）

语法讲义 朱德熙(1920～1992,江苏苏州人,曾任北京大学副校长兼研究生院院长,中国社会科学院语言研究所学术委员会委员,中国语言学会副会长)著,商务印书馆1982年9月出版,174千字。本书的底本是作者1961年至1962年在北京大学讲授"现代汉语语法"这门课程的讲义,1961年初次在北大油印。全书共18章,分别为语法单位、词的构造、词类、体词、谓词、代词、主谓结构、述宾结构、述补结构、偏正结构、联合结构、连谓结构、介词、副词、疑问句和祈使句、语气词、复句、省略和倒装。(另有《朱德熙文集》,已著录) （王忆南）

朱德熙文集 朱德熙著,商务印书馆1999年9月出版。本书收入作者专著4部,论文90余篇,按内容分为5卷。第一卷262千字,包括《语法讲义》《语法答案》《定语和状语》三部语法专著;第二卷213千字,包括《现代汉语形容词研究》《单句、复句、复句的紧缩》《数词和数词结构》《关于动词形容词"名物化"的问题》等19篇汉语语法论文;第三卷191千字,包括《潮阳话和北京话重叠式象声词的构造》《关于向心结构的定义》《定语和状语的区分与体词和谓词的对立》等23篇汉语语法论文,第四卷235千字,包括30篇语文教学专著和论文;第五卷172千字,包括26篇古文字论文。 （王忆南）

现代汉语修辞学 张弓(1899～1983,江苏灌云人,语言学家。曾任河北省语文学会会长、河北省社联副主席、中国修辞学会名誉会长。研究领域:汉语修辞学,汉语教学与词汇)著,河北教育出版社1993年6月出版,196千字。本书从语言科学角度,根据修辞学先进理论,归纳现代汉语修辞实例,结合汉语修辞传统,以说明现代汉语修辞的规律。本书着重阐明现代汉语修辞和现代汉语各因素(词汇、语法、语音)的关系。具体分析修辞方式利用语言因素的情况;讲述现代汉语修辞方式的体系,特别着重于各方式的"现实基础""类别""社会作用";着重说明现代汉语修辞和汉语语体的相应关系,特别是各修辞方式在各类语体中的适应性、局限性。 （韩 兵）

洪诚文集 洪诚著,江苏古籍出版社2000年9月出版,185千字。本书是由洪诚先生的弟子收集、整理其文稿手札结集而成,由《训诂学》《雒诵庐论文集》和《中国历代语言文字学文选》3部分组成,是洪诚先生学术体系、学术观点、学术成就的总结。《训诂学》是著者根据多年从事训诂教学和研究的实际经验,就训诂学的基本问题、基本原则、基础知识、基本技能,突出要点,条分缕析,深入浅出,举重若轻,作了较为系统的和全面的叙述。《雒诵庐论文集》,共收17篇学术论文。按内容分为4组:汉语史论文,训诂学论文,礼学研究论文及有关《东洋天文学史研究》的一篇独立长文。《中国历代语言文字学文选》是新中国成立以来关于历代语言文字学论著、论文的第一部选本,选文30题,附录22题。时间上从先秦到清末,上下两千年;内容涉及语言学理论、文字学、音韵学、训诂学、方言学、词汇学、语法学、语文改革的理论和实践、汉语史等各个方面。这本《文选》具有选材精当、说解明畅、发掘深广等特点。　　　　　　　　　（徐志辉）

八股文与明清文学论稿　黄强(1950～　,上海市人,扬州大学文学院教授,中国俗文学研究会理事。研究方向:元明清文学,科举文化与文学的关系)著,上海古籍出版社2005年7月出版,375千字。本书凡15章,前9章从八股文之文体及其社会功能来研究八股文本身:其体制、由来、发展、职能、类型、消亡以及八股文与科举考试的关系、科举文人的心态等;后6章讲八股文与明清文学的关系:它的文学性,它对戏剧、小说、散文、诗歌的影响以及"时文与楷法"之关系。本书体大而虑周,思深而意远,既给予读者大量的经过科学透视的知识,也讲出了很多道理,引发人们去思考明清两代并追溯到宋元时代的思想、制度、文化与文学的各种问题。书中梳理八股文与明清各种文学样式之间的关系均多胜义。作者在深入考察明清主要古文流派在这一问题上的理论主张后,从"以古文为时文""以时文为古文""时文古文一体论"三个方面逐个进行细致辨析,挖掘其中的内涵,揭示其实质。作者将八股文区分为"功名八股文"和"境界八股文",也是本书一个最引人注目的闪光点。　（徐志辉）

科举文体研究　汪小洋(1958～　,浙江富阳人,江苏广播电视大学文化艺术系教授,中国艺术人类学协会理事,中国散曲研究协会会员,江苏省美术家协会会员。研究方向:中国宗教美术,中国美术考古,中国古代文学)、孔庆茂著,天津古籍出版社2005年3月出版,168千字。本书是研究科举考试文体的一本专著,其内容包括科举前的考试文体,汉代的经义与对策,唐代的试策,唐代的试律诗,宋代的策论,唐宋的律赋,南宋的经义与论,八股文的文体,八股文的代言,八股文与中国文学,清代的试律诗,科举文体文化与文学发展等,对中国古代科举考试文体及其演变原因和过程进行深入系统的探讨。为方便读者了解科举文体的演变,作者还以附录形式,将《科举文体年表考录》附在书后。（另有《汉画像石宗教思想研究》,已著录）
　　　　　　　　　　　　　　　（徐志辉）

中国语言学论文集　周法高著,联经出版事业公司1975年9月出版,字数不详。本文集原由作者于1968年在香港印行,因印量有限,故作者交由联经出版事业公司印行新版,共收入《广韵重纽的研究》《切韵鱼虞之音读及其流变》《古音中的三等韵兼论古昔的写法》《论古代汉语的音位》《上古语法札记》《中国语的词类》《中国语法札记》《古代被动式语法之研究》等语言学论文17篇。（韩　兵）

邢公畹语言学论文集　邢公畹(1914～2004,原名邢庆兰,籍贯江苏高淳,生于安徽安庆,曾任南开大学中文系主任、汉语侗台语研究室主任,中国语言学会副会长等职)著,商务印书馆2000年2月出版。本书为著名语言学家邢公畹先生自选的语言学论文集,共收集从1947年到1996年的学术论文38篇,包括谈荀子的"语言论"、语言和信息、信息论和语言科学及文艺科学、汉藏语系研究和中国考古学、论语言普遍性的研究、语言的"专化作用"和对外汉语教学、从对外汉语教学看"语言""言语"划分的必要性、论语言的可译性、论语言的深层结构和对外汉语教学等。内容涉及语法学、词汇学、语音学、方言的比较研究、对外汉语教学方面的研究以及语言学与文学的关系,语言学与符号学的关系,语言学与信息论的关系等。
　　　　　　　　　　　　　　　（王忆南）

现代吴语的研究　赵元任著,科学出版社1956年11月出版,164千字。本书是前《清华学校研究院丛书》第四种,1928年在北京出版,1935年曾影印再版。现根据原版本影印,供研究方言的学者作为参考。作者调查时所用表格6种,见本书《调查说明》1、2两页,今将第六种删去,前5种重编次序,附印于书后。本书是中国第一部用现代语言学方法研究方言的著作,分为吴音和吴语两部分,此书体例完整,脉络清晰,论述有理有据,简明有序,其中包含大量的调查表格,包含极其丰富的第一手材料。　　　　　　　　（韩　兵）

汉语方言概要(第2版)　袁家骅(1903～1980,江苏沙洲人,曾任西南联合大学、北京大学教授)等著,文字改革出版社1983年6月出版,506千字。本书是一部论述汉语方言的著作,全书分12章。第一至三章为绪论:论述方言、汉语方言学和汉语方言发展的历史。第四至十一章为分论：分别阐述北方方言、吴方言、湘方言、赣方言、客家方言、粤方言、闽南方言、闽北方言的形成，以及各方言语音（描写语音学和历史比较音韵）、词汇和语法的特点。第十二章为综论：从语音、词汇和语法三方面举例说明现代汉语方言的亲疏关系。本书材料丰富，审音较细，论述全面。语音方面从平面到历史，从个别到一般都接触到了，大体上反映了过去几十年间中国研究汉语方言的成果，词汇和语法在此书中也得到了相当的重视。在出版第 2 版时，作者重新校订，改正了已发现的材料错误和体例不一之处，并修订了个别章节，第十、十一两章因将"闽南方言"和"闽北方言"合为"闽方言"而作了相应的调整和补充。　　　　　　　　　　（王忆南）

江苏方言总汇（上下卷）　江苏省公安厅《江苏方言总汇》编写委员会编，季华权主编，中国文联出版公司 1998 年 9 月出版，6 100 千字。本书汇集了江苏省 75 个方言点的语言资料，全面、系统、具体地表现江苏方言的特点和内容差异，门类齐备，内容丰富，架构科学，编法新颖。本书所列语汇及俗语、歇后语、特殊语等项语目，从不同侧面反映了江苏的自然、地理、历史、文化、政治、经济、建设、新旧观念及社会发展与日常生活等信息，可将其比作江苏社会生活的小百科全书。　　　　（王忆南）

方言平议　汪平（1944～ ，江苏苏州人，苏州大学文学院教授，中国语言学会理事，全国汉语方言学会理事，中国社会语言学会理事，江苏省语言学会副会长。研究方向：社会语言学方法，汉语方言）著，华中科技大学出版社 2003 年 3 月出版，218 千字。本书是作者 1981～1995 年间研究汉语方言的成果总结。主要研究吴语，其中以苏州话为多，兼及常州、宁波话和上海口音的普通话。还有西南官话，主要是贵阳话以及湘鄂赣边界的赣语。按语言内部分类看，研究语音的内容最多，包括对全国汉语方言连读变调规律的探讨和四呼情况的综合研究，同时有个别方言的研究，包括对苏州、常州、宁波等方言连读变调的研究，对苏州、平江、大冶等方言语音系统的研究以及上海口音普通话的研究，这是对不纯的方言的一种初步探讨。其次是词汇、语法特点，记录苏州话里纯粹见于口语，写不出本字的词汇；还讨论苏州、贵阳方言的主要语法特点以及西南官话的重叠式等。　（徐志辉）

回民乌鲁木齐语言志　刘俐李著，新疆大学出版社 1989 年 8 月出版，190 千字。乌鲁木齐的语言环境可用一句话概括，即多民族语言共处，多汉语方言相间。乌市的各民族除回族和满族外，多有自己的语言。由于人口及其他原因，尤以汉语和维吾尔语最为通行。在乌市社会生活的正式场合，汉语和维语同时使用。汉字和维文字也同时使用。这样两种语言的互相渗透和影响是显而易见的。乌市的汉语方言有两类，一类是"客居"该地的汉语方言，一类是乌市的正宗汉语乡土话。客居乌市的汉语方言包括全国七大汉语方言区的各方言，尤以北方方言为多，其次是吴、湘、粤、闽、赣、客家等方言。乌市正宗汉语乡土话有两种，一种是乌市汉民汉语，一种是乌市回民汉语。大致说来，南疆各县和伊宁地区各县的汉语土语与乌市回民汉语音系接近，北疆和东疆各县的汉语土语与乌市汉民汉语音系相似。　　　　　　　　　　　　（徐志辉）

西部裕固语简志　陈宗振（1928～ ，江苏南京人，曾任中国社会科学院民族研究所语言研究室研究员，中国语言学会会员，中国民族语言学会会员理事，中国突厥语研究会副会长，《民族语文》杂志编委；一生从事突厥语族语言研究）、雷选春编著，民族出版社 1985 年 10 月出版，125 千字。《中国少数民族语言简志丛书》之一。西部裕固语在语音、词汇、语法三方面保存的古代语言特点较多，受到汉语的影响较深。说西部裕固语的裕固族人分别居住于山区（大河区、皇城区）和平原区（明花区）。这两部分族群的语言除少数词互有差别外，音位系统、基本词汇和语法构造大体相同。本书以明花区莲花乡的口语材料为依据，介绍西部裕固语的语音、词汇和语法。（另有《西部裕固语研究》《塔塔尔语简志》，已著录）　　　　（韩　兵）

西部裕固语研究　陈宗振著，中国民族摄影艺术出版社 2004 年 6 月出版，600 千字。全书分上下两编，上编内容为绪论、语音、词汇、语法和比较研究，下编主要是调查所得的语料。此外，附录部分有《关于西部裕固语研究的主要参考资料》《西部裕固语附加成分总表》《西部裕固语-汉语对照词汇表》。本书对我国西部裕固族语言进行研究,讲述该种语言的基本知识,包括语音、词汇、语法的结构、特点,并做了语言比较研究。书中还介绍了与裕固族传统文化有关的传说、歌曲、谚语等。

（徐志辉）

塔塔尔语简志　陈宗振、伊里千编著,民族出版社1986年9月出版,134千字。《中国少数民族语言简志丛书》之一。塔塔尔语与同语族的维吾尔语、哈萨克语、柯尔克孜语等亲属语言之间既有许多共同点,又有自己的特点。本书主要依据乌鲁木齐市塔塔尔族居民的口语材料,扼要地介绍我国塔塔尔语的语音、词汇和语法;采用国际音标标音。书中所涉及的维吾尔、哈萨克、柯尔克孜三种语言的音标也是同样处理。

（韩　兵）

法语文体论　赵俊欣(1913～1986,江苏丹徒人,曾任南京大学外国语言文学系教授,第一届全国高等学校外语专业编审委员会副主任兼法语组组长。在法国文学、史学、哲学及法学诸方面皆有造诣)编著,上海译文出版社1984年6月出版,378千字。本书是在著者多年授课的讲义、读书笔记和专题论文的基础上写成的。底稿原用法语写成,所掌握的资料和参考书的极大部分也都是用法语写的。为了给法语专业师生以外的社会上广泛的文体学爱好者提供方便,作者在充实、改进原稿内容的同时,又将它译成汉语。文体学的内容,无非包括表达性和功能性两个方面,但两者是互相结合的:表达性体现在各种功能文体之内,功能性也贯穿在各种表达手段之中。本书分章叙述,只是侧重点有所不同,并不影响文体学的完整性和统一性。书末列有法文人名译名和参考书目录,以便读者查阅。

（韩　兵）

文言文阅读讲话　许宝华(1933～　,江苏海门人,曾任复旦大学人文学院教授,中国语言学会常务理事,中国音韵学研究会副会长,中国语文现代化学会副会长。研究方向:汉语方言学)、严修编著,安徽人民出版社1979年11月出版,190千字。掌握文言文,主要是靠阅读实践,认真阅读一些代表性作品,同时再学习一点有关文言文的基础知识。在阅读实践的基础上了解一些语言规律,再用学到的一些语言规律进一步去指导阅读实践。作者通过古代汉语的教学实践,把阅读文言文中的一些普遍性的问题,即文字、语音、词汇、语法、修辞等方面的重要难点,梳理了一下,拟定了20个左右的小题目。这些小题目有相对的独立性,也有内在的系统性;围绕着它们介绍一些阅读文言文的基本常识。

（徐志辉）

现代汉语语法与对外汉语教学　肖奚强著,学林出版社2002年1月出版,246千字。本书由上中下3编构成,分别从副词研究、歧义和句式研究、教学和中介语研究三个方面,针对外国学生学习汉语的难点,结合作者多年从事对外汉语教学研究和教学的实践经验,再结合汉语本体及学生习得的特点,从两个维度对汉语的对外教学展开深入系统的研究,从不同的角度分析人们常关注的语法问题,并特别论述了协同副词的语义指向问题,对典型的几个协同副词的区别进行现代汉语协同副词的选择性研究。

（徐志辉）

第九章 文学类

文论十笺 程千帆编著,武汉大学出版社2008年3月出版,264千字。《武汉大学百年名典》丛书之一。本书从中国古代文论中精选了10篇有代表性的文章,分上下两辑,合为一册,详加笺释,文后附以精辟的按语。上辑5篇是概说部分,下辑5篇专论文学创作内部规律。本书最初是程千帆先生于20世纪三四十年代选编的古代文论教材,这本教材体例独特,所体现的文学观念也与时人不同。在书中,作者沿着"文的观念—文类体系—文学理论体系"的思路,试图在中国古代文章学体系内部进行传统文论的现代转换,以适应新兴的文学现象。作者的广阔视角值得今人借鉴,但同时,从文章学到现代文学理论体系的沟通也呈现出诸多困境,有待深思。　　　　　　　　　　(蔡保鹏)

艺术与人学 包忠文(1932～2019,浙江东阳人,曾任南京大学中文系教授、图书馆馆长,中国作家协会会员,兼任江苏省作协理事、南京市作协主席)著,江苏文艺出版社1991年6月出版,258千字。本书结集作者三个阶段的19篇论文。第一阶段论题主要是"政治学"的主要评价标准、文学的人性、人道主义和阶级性、艺术生产与物质生产、鲁迅的"国民性"等;第二阶段为理论建树,主要对马克思主义文艺思想的体系性、文学即人学、艺术规律、庸俗社会学、美学的和历史的批评标准、无意识、恩格斯的现实主义观等重大理论问题作出全面深刻的理论挖掘和建树;第三阶段对马克思主义文艺学面临的挑战、"合力论"思想、马克思主义文艺学的当代形态等问题做出系统阐述,形成作者自己的理论见解和风格。作者坚持解放思想,知难而进,勇闯禁区,以自己的理论实绩参与并推动着自1978年改革开放以来我国文艺学的发展进程。(另有《鲁迅的思想和艺术新论》《当代中国文艺理论史》《现代文学观念发展史》,已著录)　　　(韩　兵)

文学美探源 王臻中(1939～　,上海人,南京师范大学中文系教授,江苏省哲学与社会科学联合会副主席,中国文艺理论学会顾问,中国中外文论学会常务理事,江苏省美学会常务理事。研究领域:文艺学,美学)著,巴蜀书社1994年8月出版,343千字。文学美的根源问题本质上是一个哲学问题。如何看待文学与现实的审美关系,是文学美学的核心问题,也是解开文学美的根源的关键。本书围绕这一核心问题阐述了三组辩证关系:一是现实生活与文学家的关系,二是文学家与文学作品的关系,三是文学作品与读者的辩证关系。这3组关系都围绕着"文学美的发生"这一核心而展开,构成一条历史的、逻辑的发展轨迹:文学家在现实生活的土壤中汲取美的养料,积聚生成完整的审美意象体系,再物化为客观形态的文学作品的美,经过读者的审美介入,最终实现文学的美。作者将文学美学的研究对象划分为三个方面,即文学创造的美学(美的灌注)、文学作品的美学(美的储存)、文学享受的美学(美的实现),这三个方面作为文学活动过程的三个主要环节,构成了文学美学的动态系统。(另有《文学语言》,已著录)　　　　(徐志辉)

文艺学方法通论 赵宪章著,江苏文艺出版社

1990年12月出版,400千字。本书对"文艺学方法"下了科学的定义,排除了在文艺学方法问题上的几种误解。作者既反对把文艺学方法与哲学方法相混淆,也反对将中国古代文论中的"推源溯流""考据实证"和"知人论世"等也视之为文艺学方法,甚至将"归纳""演绎""分析""综合"等逻辑方法也称之为文艺学方法,更反对将文艺学方法与文艺学中的诸流派相混淆。作者把文艺学方法论的研究看作是文艺学走向自觉与科学的标志。作者从浩如烟海的有关文艺学方法的资料的实际情况出发,遵循历史与逻辑相一致的原则,将从古至今,从中国到外国的所有文艺学方法区分为"五大范式":文艺学经验方法、文艺美学方法、文艺社会学方法、文艺心理学方法、文艺学本体方法。这既是一种创见,又符合文艺学方法的历史发展。

（徐志辉）

母语的魔障——从中西语言的差异看中西文学的差异　张卫中(1956～　,江苏徐州人,华中师范大学文学院教授,中国新文学学会副会长。研究方向:中国现代文学语言研究,新时期小说文体研究)著,安徽大学出版社1998年6月出版,216千字。本书以文学与语言学的同构性为基础,以对汉语深层特色的发掘为突破口,通过中西语言学的比较,阐释中国文学的几个深层特点,它包括:对中国古典叙事文学不发达原因的探究;中国传统诗歌、绘画与戏曲的媒介本体性与媒介凝结的特征;中国传统文学的诗性特征;汉语的句法特征与中国小说的结构。在此基础上,作者对20世纪中国文学也作了总结性的特征阐释。全书切入点新颖,体制严密,理论气势贯注,为那些"著书"而不"立说"的俗滥之作提供了一个鲜明的反证。"汉语是一道魔障,它为中国文学的发展提供了一切的可能与极限,中国作家只有充分尊重母语才有可能建造起真正属于自己的丰碑。我们对母语的忽视也太久了,现在大概应该像安泰一样,俯下身去,在地母身上汲取力量。"

（徐志辉）

纪实与纪虚——中西叙事文学研究　王成军(1961～　,山东枣庄人,徐州师范大学文学院教授,中国比较文学学会中外传记文学研究会的副秘书长。研究方向:中西自传理论)著,百花洲文艺出版社2003年12月出版,232千字。本书梳理、论证中西小说的叙事传统,反思20世纪中西小说研究的成功与不足,力图在新的学术高度重建中西小说学。本书的立论是稳当的、坚实的。生活的真实经过文艺家的加工、演绎,变成了艺术真实。这种加工永远离不开"实事"。选择也好,拼凑也好,都不是凭空创造,都得有模特儿作标本。所以,文艺家的加工,不可能凭虚而构,只能是据实重构。艺术想象不是"虚构"的想象,而是重组和合理化"实事"的想象。基于这一认识,作者提出"一切叙事皆是纪实"。本书还对中西小说叙事中的"道德安全"、如何加强传统叙事的现代转化问题,提出自己的独立见解,有助于新世纪中西小说学的学科建设。作者视野开阔,资料丰富,梳理清晰,鉴别严格,能在较高的理论层次,对有关问题进行全面、细致、深入的剖析和阐释。

（徐志辉）

现代文艺社会学　姚文放著,江苏文艺出版社1993年8月出版,350千字。本书提出审美学的文艺社会学理论模式。作者认为,社会学的文艺社会学忽视了它的审美性质;文艺学的艺术社会学模糊了文艺社会学与文艺学的界限,二者都忽视了本学科的性质和特征。作者则以审美实践为中心来建立文艺社会学体系。作者提出三点理由:文艺作为一种特殊的实践性活动就在于它是以情感为动力,以审美为指归,"是在人与世界的审美关系中所展开的一种审美实践";文艺实践是主体积极参与的建构活动,这一建构活动都是以社会客体为参照系得以实现的;文艺社会学体系应由"文艺行为社会学""文艺价值社会学""文艺心理社会学"三大系统构成。作者吸取科学最新成果和方法来寻求建立文艺社会学体系的最新原则;注重理论内涵逻辑的严密性和理论框架的整然有序性;现代文艺社会学的理论建设是联系文艺社会学研究的实际状况、针对现存的某种观点而展开的。

（徐志辉）

文艺心理阐释　鲁枢元(1946～　,河南开封人,苏州大学文学院教授,中国文艺理论学会副会长。研究方向:文学理论,生态文学)著,上海文艺出版社1989年6月出版,242千字。作者游走于文学与心理学之间,以现代心理学为参照系观照文学,从人类活动的历史框架中去进行研究,从"人"

的角度,沟通文学与心理学的研究,阐释心理学以凸显其文学意义,以"他者"观照"自我",力图从心理学的土壤中找出文学扎下的根须,从心理学的屏幕上观照文学的本质意蕴,试图交接文艺学和心理学,并为文艺心理学的构建寻找理论依据和心理依据。卷三从心理学角度审视了文艺学的本体论、创作论和价值论,认为文学是人类社会物质性实体的大地上"更高地悬浮于空中"的云霓。"在复杂的心理活动中,外界的物理刺激与内在的心理反应不是一种机械决定的因果关系,也不是单一的同步对应关系",其间存在着"距离""差异""倾斜""错位"等,为沟通文学与心理学的关系,也为文学与心理学的跨学科研究提供了有益的启示。(另有《生态批评的空间》,已著录) （徐志辉）

西方文艺心理学史 方汉文(1950～ ,陕西西安人,苏州大学文学院教授,江苏省比较文学学会副会长,中国比较文学学会理事。研究方向:比较文学原理,比较文化学,东西方比较文学史)著,陕西人民出版社1999年10月出版,479千字。本书以时代为先后顺序,由希腊、罗马一直到当代,探讨西方文艺心理学史。其目的是要揭示西方文艺心理学的发展脉络和规律,特别是要研究在它的发展中,有哪些主要流派和代表人物以及他们对这门学科发展所起的推动作用。本书依照历史的时代顺序来考察西方文艺心理学的发展,但并不是一种编年史式的记录,重点是演变的轨迹。故作者把西方心理学的历史分成3个大的阶段,即古典时期,转折时期,现代时期。作者特别注意对西方文艺心理学遗产和有关材料的整理、评估,他将西方文艺心理学有关零碎观念融合成自己的系统。(另有《东方文化史》,已著录） （徐志辉）

文艺美学范畴研究:论悲剧与喜剧 佴荣本(1949～ ,江苏江都人,扬州大学文学院教授,中国中外文学理论学会荣誉理事。研究方向:文艺美学,文学理论基础)著,南京大学出版社2002年10月出版,240千字。本书主要论及文艺美学的重要范畴悲剧、喜剧以及与之密切相关的崇高、丑陋、滑稽、讽刺、机智、荒诞、幽默等。就批评理性而言,本书对于研究对象从大处着眼,细微处入手,注重历史、逻辑对于丰富的实证材料的统摄凝聚功能;它从发生学的角度入手,展开对于悲喜剧产生动力的追问,从而归纳出生命激情、历史必然和民族品格乃是熔铸悲喜剧的原动力源;对于审美范畴的研究,体现了一种立体的全方位观照的实践本体论倾向,这使得本书避免了反映论、认识论以及庸俗社会学研究的种种局限,使它所提出的种种观点不仅具有开拓性,也充满弹性和张力;批判理性与人文关怀的结合,使该书新意迭出,呈现出丰富生动的流畅之美,是近年来中国美学界在审美范畴研究上所取得的可喜成果,也是实践本体论美学研究的重要收获。(另有《悲剧美学》,已著录） （徐志辉）

中国文学美学 吴功正著,江苏教育出版社2001年9月出版,817千字。本书分为3卷,上卷理论建构篇,中卷历史逻辑篇,下卷总体结构篇。上卷介绍了审美本体论、审美生成论、审美建构论、审美机制论等内容;中卷介绍了《诗》《骚》美学、诸子散文美学、汉赋美学等内容;下卷介绍了门类会通现象、精神结构内核、沿革发展规律等内容。

（王忆南）

文苑探微 刘静生(1937～ ,江苏响水人,江苏省作家协会创研室副主任)等著,江苏人民出版社1983年8月出版,170千字。这本集子中所谈的大多数是文艺创作中的一些"细事",涉及小说、诗歌、散文、影剧等文学样式的构思、题材、主题、人物、情节、环境、细节、语言等诸多艺术因素。写作力图体现出以下几点:一是具体性,坚持从小处入手,就中外名著的"细部"作一些技巧方面的"探微";二是综合性,把技巧跟生活、思想结合起来加以认识,以求"以小见大";三是针对性,选题和论述注意从文学青年的创作实际出发,面对带有普遍性的创作倾向。(另有《李商隐抒情诗艺术透视》《江苏省志·文学志》,已著录） （韩 兵）

中国书写:当代知识分子写作与现代性问题 何言宏(1965～ ,江苏淮阴人,南京师范大学文学院教授,中国当代文学研究会理事,中国现代文学研究会会员,江苏省当代文学研究会副会长,江苏省中华诗学研究会副会长。研究方向:中国现当代文学)著,中央编译出版社2002年5月出版,214千字。本书以明确的现代性的问题意识,在意识形态及社会转型的历史语境之下,从"文革"后中国知识分子写作历史起源的角度,深入研究了"文革"后初始阶段的文学主潮,着重探讨了文学领域的制度安排、文学体制的话语激励与话语规约、知识分子的身份认同及话语表达、现代性叙事的历史性重构和"工具文体"的早期突破等复杂问题。本书在问题意识、思想锋芒和方法论等方面的勇敢探索,使其具备了原创性的学术品格,它将中国当代文学史的重写实践推进到"文革"后的文学史中。在此方面,本书无疑是一项非常重要,具有创新意义的学术成果。 (徐志辉)

文学人物鉴赏辞典:中国文学之部 吴伟斌(1943~ ,江苏吴江人,江苏古籍出版社编辑室编审)、张兵主编,复旦大学出版社1989年12月出版,1 417千字。本书共收中国文学人物458人,选自海内及台港的小说、戏剧、电影以及个别著名叙事诗等文学作品。本书所说的"文学人物",指的是小说、戏曲、电影以及叙事诗等文学作品中所描写的富有特色的人物艺术形象。如《三国演义》中的曹操和诸葛亮,《水浒传》中的林冲和武松,《红楼梦》中的王熙凤和林黛玉,《儒林外史》中的范进和杜少卿,《阿Q正传》中的阿Q,《子夜》中的吴荪甫等。这些人物,性格鲜明,形象生动。他们不仅活在书中,而且可走入我们的现实生活中来。(另有《文章已满行人耳:白居易全传》《元稹评传》,已著录) (徐志辉)

文学语言 王臻中、王长俊著,江苏人民出版社1983年5月出版,120千字。本书内容包括:关于文学语言,文学语言的艺术特性,文学语言的社会属性,文学语言的搜集和提炼,文学语言运用的辩证法,文学语言的风格,叙事文学的语言,抒情文学的语言,戏剧文学的语言。 (韩 兵)

文学翻译批评研究 许钧(1954~ ,浙江龙游人,南京大学外国语学院教授,中国翻译协会常务副会长,全国法国文学研究会副会长。研究方向:翻译理论,法语翻译)著,译林出版社1992年12月出版,150千字。本书以《追忆似水年华》的第一个汉译本为主要批评对象,结合中国文学翻译的现状,通过对译文多层次、多角度的批评,在研究文学翻译基本规律与方法的同时,对文学翻译批评的基本范畴、原则和方法进行系统的探讨。全书共13章,分别对翻译层次论、文学翻译再创造的度和蕴涵义与翻译、文学翻译批评的基本原则和方法、对傅雷的译文风格和《红与黑》的汉译本的评析、有对《追忆似水年华》翻译的批评,有自我评价,有整体效果评价,也有长句的处理、隐喻的再现和风格的传达。本书填补了我国文学翻译批评领域缺少理论专著的空白;作者结合自己的理论研究与翻译实践,既评他人,也评自己;为了拓展文学翻译批评研究的广度和深度,做到言之有物,有的放矢,作者注意选择具有一定代表意义的批评对象。(另有《文学翻译的理论与实践——翻译对话录》,已著录) (徐志辉)

文学翻译的理论与实践——翻译对话录 许钧等著,译林出版社2001年4月出版,256千字。本书就文学翻译的一些基本问题,有针对性地与国内译坛一些卓有成就、又有一定代表性的著名翻译家通过对谈的方式进行探讨,让他们结合自己丰富的翻译实践,畅谈各自对文学翻译的独到经验、体会和见解。先后参加对谈的有季羡林、萧乾、文洁若、叶君健、陈原、草婴等20多位翻译家。20世纪萦绕于广大文学翻译者心头、在中国翻译界争论不休的大多数主要问题,所涉及问题的各种具有代表性的论点,几乎都得到探讨和阐发。此书以独特的方式对20世纪中国文学翻译做了一次梳理与总结,为文学翻译实践的后来者提供了丰富的经验,为以后的中国翻译理论研究提供了宝贵的第一手材料、一个新起点和一个新高度。 (徐志辉)

露华集 陈辽(1931~2015,江苏海门人,曾任《雨花》编辑部理论组组长,江苏省社会科学院文学研究所研究员,1986年获国家人事部授予"有突出贡献的专家"称号)著,长江文艺出版社1985年5月出版,159千字。本书是作者近几年来文艺理论文章的选集,共20篇文章。作者从30多年来我国文艺事业发展的史实出发,针对一些亟应拨乱反正和具有迫切实践意义的理论问题、认识问题,解放思想,畅所欲言,进行了多方面的探讨。其中特别在文艺与政治的关系上、"写真实"的创作主张上、文艺作品的性质和评价上以及有关"暴露""反封建"和其他新的问题上,有相当透辟的分析和创见,有旗帜鲜明的鼓呼,体现了一个园丁的热情、敏感和执着的追求。(另有《陈辽文存》《江苏新文学史》《叶圣陶评传》,已著录)

(王忆南)

人与故事:文学文化批判 高小康(1954～ ,陕西延长人,南京大学文学院教授,中国中外文艺理论学会理事,中国文艺理论学会理事。研究方向:文艺理论,文化理论)著,东方出版社 1993 年 10 月出版,196 千字。自从有了人,就有了故事。自从有了故事,就有了作为主体的人。人与故事,故事与人,结成了人类历史之间不可分解的一个"结"。向人们娓娓讲述着那永远讲不完的神祇、英雄与祖先的故事——这就是人们想象中的荷马时代。几十个世纪以来,故事就这样一直伴随着人类文化的发展,以至于使人们在回首往事时,想到的只有形形色色的故事。也许故事还会继续伴随着人类走下去?(另有《中国古代叙事观念与意识形态》,已著录)

(徐志辉)

生态批评的空间 鲁枢元著,华东师范大学出版社 2006 年 9 月出版,285 千字。生态学已作为一种新的世界观,重新审视人类的生存理念和行为准则。生态学已成为一门"颠覆性的学科",它要颠覆 300 年来支配人类社会突飞猛进、为所欲为的价值观、世界观。在知识界,随着生态意识的觉醒,生态观念开始作为一种弥漫性的学术背景渗透到政治、经济、文化领域的各个方面。仅从文学理论批评的角度看,生态批评是继女性批评、后殖民批评之后渐渐形成的又一个批评派别。但如果透过"人类文明知识系统"大转移这一宏观背景看,生态批评将负载着更多的时代精神与社会责任。人类的文学艺术迄今为止所表现的,无外乎人类在社会中、在地球上的生存状态,因此都可以运用一种生态学的眼光加以透视、加以评判。从中国的《诗经》到古希腊的神话,从《红楼梦》到《战争与和平》,从泰戈尔到川端康成……都可以运用生态学的批评尺度加以阐释、权衡。生态批评不仅是文学艺术的批评,也可以是涉及整个人类文化的批评。

(徐志辉)

微型小说艺术探微 凌焕新(1935～ ,笔名凌虹、林虹、高虹等,江苏武进人,南京师范大学文学院教授,中国写作学会副会长,江苏省写作学会会长,中国微型小说学会副会长,世界华文微型小说研究会副会长。研究方向:文艺美学,微型小说美学)著,南京师范大学出版社 2000 年 4 月出版,219 千字。本书是作者 20 年来微型小说美学研究成果的结晶。全书分上中下 3 编,以宏观和微观相结合的理论构架突出显示了微型小说美学理论的高层次性和鉴赏评论的导向性,从中凸现微型小说的艺术美,引导读者步入微型小说的美学殿堂,充分领略微型小说艺术的独特魅力。上编以宏观的大视野,从美学高度探索微型小说的美学性和审美个性。中编从审美鉴赏的角度,精选微型小说中的佳作进行扼要的赏析。下编则从作家论的角度,针对作家的创作风格、写作艺术等,对有代表性的微型小说家的微型小说理论评论家作了深入的评价。本书在理论阐述时巧于联系微型小说创作实际娓娓而谈,用典、征引贴切自然,语言清新明快,是既高屋建瓴又见微知著,充分体现了作者严谨的学术态度和深厚的学术底蕴。

(徐志辉)

世界华文文学整体观 刘俊(1964～ ,江苏南京人,南京大学文学院教授,中国世界华文文学学会副会长,江苏省台港暨海外华文文学研究会副会长,江苏省中华诗学研究会副会长。研究方向:台湾香港暨海外华文文学,中国现当代文学)著,人民文学出版社 2007 年 12 月出版,224 千字。当我们在论述中国现当代文学之时,如果不再像过去那样持一种"大陆文学中心主义"的立场和态度,台港澳文学的有机介入可能会对建立在"大陆文学中心主义"基础上的中国现当代文学构成一种结构性的颠覆:原先在台港澳文学"缺席"的情况下很重要的问题,在有了台港澳文学的融入之后,可能不重要了或有所改变了,而原先不重要的问题却可能变得意味深长起来。作者将"镜头"扩大和拉远,把海外华文乃至华人文学纳入视野,把中国大陆的现代文学与台港文学、海外华文文学汇聚在一起进行讨论,论述范围不再限于中国现当代文学,而是将世界性的华文文学(中国大陆文学以及台湾、香港、东南亚、北美等不同区域的文学)作为一个整体进行综合观照。本书是作者的一本论文集,采用以散点透视的结构方式形成某种不无整体意味的论域。

(徐志辉)

西方女性主义文论研究 杨莉馨(1966～ ,女,江苏兴化人,南京师范大学文学院教授,江苏比较文学学会理事,江苏省外国文学学会理事。研究方向:欧美文学,女性文学,中外文学关系)著,江苏文艺出版社2002年12月出版,240千字。本书为国内研究者了解西方女性主义的发展,借鉴他们的得失,深化对女性问题的研究,解决中国社会的现实问题,都提供了丰富的资料。本书资料丰富,视角广博,对20世纪欧美女性主义研究的各种观点做全面的梳理,准确而生动地概括了主要学派和著作的精髓与特点,为中国的女性主义研究者提供了一个高屋建瓴的视角。纵观本书对欧美女性主义研究的介绍可以看到,女性主义是一个复杂的问题,构成女性问题的男女双方不应是势不两立的敌对关系,女性主义应该是一种相互协商、互不可缺的努力,而不是一方取代另一方。中国女性主义研究可以参照西方的得失,在更高的起点上向更深的层次发展。(另有《异域性与本土化:女性主义诗学在中国的流变与影响》,已著录) (徐志辉)

诗歌与浪漫主义 赵瑞蕻(1915～1999,浙江温州人,历任南京大学外文系、中文系教授,民主德国莱比锡大学东亚学系客座教授等职。研究方向:比较文学)著,南京大学出版社1993年2月出版,354千字。作者在书中所要表达的是山水之美,大自然所给予人们的真善美的教育是深刻的,无穷的。这种美感就是精彩的诗。它潜移默化,怡情养性,净化心灵,提高情操。自然美,既幽雅,又肃穆。它可以培育崇高的理想,丰富的创造力,使人们生活得更合理,更充实,更有价值。英国19世纪浪漫派散文家和批评家赫兹里特在他的《谈旅行》这篇散文里引英国18世纪一个诗人的名句说:田野是他的书房,自然是他的课本。还有约翰·济慈的一行非常有影响的诗:一样美的事物是永远的欢乐。还有沈从文在《云南看云》中所说的:那么好看的云,孕育了在这一片天底下讨生活的人,究竟是些什么?是一种精深博大的人生理想?还是一种单纯美丽的诗的感情?这些便是表达作者在这篇文学自传式的散文里所要谈到的一切。(另有《鲁迅〈摩罗诗力说〉注释·今译·解说》,已著录) (韩 兵)

传记文学史纲 杨正润(1944～ ,江苏镇江人,南京大学文学院教授,中国比较文学学会理事,江苏省比较文学学会常务副会长。研究方向:西方文学与文化理论,传记文学)著,江苏教育出版社1994年11月出版,480千字。本书是近年来中国比较文学研究的一个重大成果。其学术价值及主要特点:一是对东西方传记文学的总体发展史作系统研究。作者积10年之功,对古今中外10余个国家300多位作家的600多篇传记文学作品进行比较分析,为人们勾勒了一部上下数千年的传记文学历史概貌,填补了文学史研究的一项空白。二是在把传记文学界定为文学艺术的一个分支的基础上,建立起有体系、跨国界的文学体裁专门史的科学架构,从而为这一分支学科的研究与拓展开了先河。全书分别对传记文学的本质,传记的功能与价值取向,东西方各国历经的古典、近代、当代三大传记繁荣时期,传记文学与其他学科的关系等作全面的论述。三是作者充分运用比较分析的方法并借鉴了文化人类学、新历史主义等批评理论的观点和手法,从历史的、文化的、审美的角度对各国传记文学名篇作具体的研究与批评。 (徐志辉)

现代文学观念发展史 包忠文主编,江苏教育出版社1992年8月出版,643千字。该书内容包括20世纪以来国外文学总体观念的发展、中国文学总体观念的发展、中国文学各体观念的发展等。全书各编各章均有各自的内容、对象和特色,但又都围绕着文学本体论、价值论和方法论等观念系统展开逻辑证释和学术描述,较好地体现出了组织者的严密构思,既丰富斑斓而又整饬明了。上编3章交代了20世纪国外文学总体观念在价值论、本体论和方法论上所呈现的各种形态与模式,中编对20世纪中国文学观念总体发展的描述,也有变化、有侧重地围绕着这三方面展开。下编为中国现代各体文学观念的分述。全书的一个突出特点是在中外现代文学观念的对流与比照中审谛、检阅并概括现代文学观念发展的历史,且将主要篇幅放在中国现代文论发展状况的分析上,这不仅突出了中国文学在20世纪世界文学过程中显要的历史地位,而且也为总结这一特定时代人类文学理论探索的过程和特性选取了一个适当的标本。 (王忆南)

文学风格流派论 吴奔星(1913～2004,湖南安化人,南京师范大学中文系教授。研究领域：现代诗歌理论,中国现代文学史,中国新诗研究)著,北岳文艺出版社1987年12月出版,177千字。本书是作者多年来系统研究风格流派的结集,在国内还是第一部值得重视的力作。全书大体上可分为三个部分：第一部分主要从理论上阐述艺术风格,第二部分从理论上阐述文学流派,第三部分是对中国现当代文学的一些具体文学流派的论述。全书虽由单篇论文组成,却浑然一体,自成系统,具有相对完整的构架。作者从正名——风格与流派的概念谈起,详细论述了风格与流派的形成、发展,以及两者的关系,识别文学流派的方法等,表现了令人耳目一新的理论色彩。然而,这部书又绝非为理论而理论,它的理论探讨有着明确的指向：用以解决中国现当代文学中的一些实际问题。(另有《中国现代诗人论》《虚实美学新探》,已著录) （徐志辉）

唐宋词简释 唐圭璋(1901～1990,字季特,满族,生于南京,南京师范大学中文系教授,曾任中国词学会会长。研究领域：中国词学)著,上海古籍出版社1981年7月出版,130千字。本书由作者编选简释,共精选唐宋词各种风格代表作品232首,其中唐五代词人14家56首,宋代词人53家176首。每选一词,接以解说串讲、体会心得,既对词之起结、过片、层次、转折等组织结构条分缕析；又将词中"描绘自然景色之细切,体会人物形象之生动,表达内心情谊之深厚,以及语言凝练、声韵响亮、气魄雄伟"等艺术特点一一阐释,言简意赅,文辞隽永。本著之选篇简释,虽然对《宋词三百首》有所借鉴,但是又适当增选唐五代词,并修正了《宋词三百首》选篇上的偏颇,调整了《宋词三百首》的次序,体现了唐圭璋先生深厚的词学素养,缜密的逻辑分析,优雅的语言艺术,深得词心与词旨,足以使人领悟到唐宋词低回婉转、含蓄蕴藉的艺术魅力。(另有《词学论丛》《宋词纪事》《词话丛编》,已著录)

（王忆南）

金元诗文与文献研究 王树林(1956～ ,河南商丘人,南通大学文学院教授,中国辽金文学学会常务理事,中国元好问研究会理事。研究方向：中国古代文学,古典文献)著,中华书局2008年11月出版,260千字。本书共收入4组文章。第一组文章,涉及元好问散文理论的形成,南北文风的整合和也里可温作家马祖常、元末诗人叶颙,大致勾勒了一个"史"的轮廓。元好问对开启有元一代文风至关重要,元初文坛,无不浸透着他的影响。他开创的北宗文派和影响下的北方文风,伴随着元政权的南进,席卷南方文坛,以致影响整个元代。第二组文章是对金元佛、道两教中的著名诗僧性英禅师,南方正一教道士马臻、陈义高、朱恩本等几位诗文作家的研究。第三组文章对元末东南文坛领袖杨维桢诗文别集的价值、版本流变、散佚拾辑诸问题做了全面考察。最后一组文章为金、元两代诗文别集的汇考。

（徐志辉）

选择与失落：中俄文学关系的文化观照 汪介之著,江苏文艺出版社1995年10月出版,235千字。《橡树学术丛书》之一,是对中俄文学关系进行宏观考察的成果。作者没有停留在对这种关系的一般描述上,而是联系中俄两个民族的历史传统、文化心理特征和一定时代的现实条件,探讨中国文学着重接受了俄罗斯文学的哪些方面,有意或无意地忽略、排拒了哪些方面,分析中国文学作出这种选择的历史文化根源,也论述这一选择给中国文学所造成的结果。书中对于中俄两国文学"沉郁与苍凉"的底色的发现,对于俄罗斯文学中的宗教观念、忏悔意识、思辨色彩的概括,对于俄罗斯作家的"另一面"的揭示,都有助于恢复俄罗斯文学的原有面貌,有助于对俄罗斯文学的更全面的了解。

（徐志辉）

中国文学在法国 钱林森(1937～ ,江苏泰兴人,南京大学文学院教授,中国作家协会会员,国际比较文学学会会员,中国比较文学学会理事,中国法国文学研究会理事,江苏省比较文学学会会长。研究方向：国际比较文学,法国文学)著,花城出版社1990年7月出版,270千字。《中国文学在外国丛书》之一,也是国内研究中法文学关系的第一部专著。全书从中西文化交流的大背景出发,以翔实、珍贵的历史材料为基础,系统、深入地考察近3个世纪以来中国文学在法国的流布与影响,对中法文学交融的悠久传统和文化历程作了详尽的总体描述。作者运用其丰富的第一手资料,从媒介学、接受与影响的角度,致力于伏尔泰所开创的中法文学交流的文化透视,着重探究出在这漫长而艰难的"对话"中,法国人对中国形象、中国精神的追求与重塑,从而深刻地揭示了中国文学西渐中的文化价值:它是西方人瞭望中国、映照中华民族文化精魂的窗口。

(徐志辉)

西方现代主义文学的个人乌托邦倾向 武跃速(1958～ ,山西黎城人,江南大学人文学院教授,中国外国文学学会会员,江苏省外国文学学会会员,中国比较文学学会会员。研究领域:西方现代主义文学,比较文学)著,上海社会科学院出版社2004年7月出版,250千字。西方现代主义文学在意识形态上与19世纪中产阶级的道德观、科学主义、物质主义的乐观精神以及理性中心主义决裂,呈现出强烈的非理性状态;在审美形式上强调实验和创新,反对因循线形的叙事模式和有序统一的、完整封闭结构,推崇新奇的、无序的、变形的、破碎的话语形式。故现代主义在总体上表现出鲜明的反传统、非理性倾向,对社会与人性的进步流露出浓重的悲观情绪。但现代主义还有潜藏在非理性表面下重建某种新理性与新秩序的精神,以及蕴涵在悲观绝望外壳中重建某种信念与理想的渴望。这正是本书的主旨。书中的"个人乌托邦倾向"概念既确切地指明了现代主义文学总体上具有正面意义的价值取向,又分清了不同作家在表达这种价值取向时的个性色彩。这就使读者看到从另一面切入的现代主义既有总体上的大体一致性,又有个体上的差异和多样性。

(徐志辉)

外国文化与文学精编 张春蕾(1964～ ,女,江苏淮安人,南京晓庄学院文学院教授,江苏省外国文学学会会员,江苏省比较文学学会会员。研究方向:世界文学,比较文学)主编,南京大学出版社2007年4月出版,457千字。本书对一些重要国家和地区的文化与文学发展轨迹进行深入描述,诠释东西方代表性的民族精神文化的深层内涵,具体覆盖希伯来文化与希腊文化、意大利文化与文学、法国文化与文学、英国文化与文学等。编写本教材的目的是给外国文学寻找一个更大的坐标和更广阔的生成背景,在与文学相关、相类似的其他精神文化参照下,对文学进行更为深入和准确的解读。本教材是传统外国文学教材的延伸和拓展,是把文学放在文化大语境中探寻其生长的气候土壤,探究其根脉的走向。试图诠释东西方一些优秀民族精神文化的深层内涵,感受文化巨子们博大心灵里流淌出的深厚的人文热情,倾听活跃在不同文化领域的人们彼此之间的呼唤与回应、共振与和鸣,欣赏一流的杰作中蕴藏的震撼人心的美和创造力。

(徐志辉)

千载孤愤——中国悲怨文学的生命透视 徐子方(1955～ ,江苏灌云人,东南大学艺术学院教授,全国艺术学学会常务理事,中国古代戏曲学会常务理事,中国关汉卿研究会常务理事,中国明代文学学会理事,中国俗文学学会理事。研究方向:中国古代戏曲,中国俗文学,明代文学)著,江苏教育出版社2001年1月出版,202千字。本书对中国悲怨文学作了全新的透视。该书凡5章:《悲怨:永恒的文学主题概述》《生命:悲怨文学之精魄》《文学魅力与生命层级》《古代悲怨文学的生命样态》《悲怨文学生命机制的委顿与更新》。全书体例完整,描述中国悲怨文学母题的发展历程。本书的特点:东西互映,以西衬中,始终将西方文学与思想文化作为一个必要的参照系,在论述中充分地注意抉微洞隐,将不同之点予以明确地揭示和定位;以诗证史,以史证论,将古代文论中有关悲怨孤愤可以感发、激励创作的理论,予以充分地发掘陈列,将其同作家作品的内容交织起来;不仅对论题进行横向的探析,还进行纵向归纳,力求将文人的厄运史与其作品所体现的诸般题材主题这两者双线并进;着意揭示母题跨文体越时代嗣续传播的事实。(另有《明杂剧史》,已著录)

(徐志辉)

台湾女性主义文学新论 刘红林(1955～ ,女,山东蓬莱人,江苏省社会科学院文学研究所研究员,《世界华文文学论坛》常务副主编)著,台海出版社2005年12月出版,442千字。本书分上下两篇,以时间为经,以思潮为纬,以作品为对象,以比较为着眼点,宏观把握与微观分析相融的治学方式,探讨台湾女性主义文学的发展与成就。著者的意旨,不仅是要对女性主义文学的现状和走向进行反思,而且提示人们正视现实生活中两性关系如何由矛盾、对立、对抗走向和谐的探索,从而为文学,

更为人生找到一条积极向上的正确道路。(另有《台湾新文学之父——赖和》,已著录) （韩 兵）

多元共生的现代中华文学 曹惠民(1946～ ,江苏南通人,苏州大学教授,中国世界华文文学学会副会长,江苏省台港澳暨海外华文文学研究会会长。研究方向:台湾香港文学,中国现当代文学,海外华文文学)著,中国华侨出版社1997年11月出版,250千字。本书以"中华文化源远流长的传统与千姿百态的现实呈现"作为考察华文文学的基本参照系,从海纳百川的民族文化性格的自然表现和历史脉络整合华文文学,使其"多元、多色、众声喧哗、百花齐放"的历史形态得以呈现;它强调从世界文学的总体格局出发来关照不同语种的文学,从汉字华语所引发的意象体系、所具有的音韵之美、所蕴含的民族文化心理积淀等方面,展开对它殊相共相的研究,从而切近华文文学散中见聚的内在本质;用"现代化""民族化"作为评判具体作家、作品的基本尺度,而不以地域、意识形态等进行评判。

（徐志辉）

中国文学论丛 钱穆(1895～1990,字宾四,江苏无锡人,曾先后任教于燕京大学、北京大学、清华大学、北平师范大学、西南联合大学、云南大学等校,后移居香港、台北,任"中央研究院"院士,故宫博物院特聘研究员)著,生活·读书·新知三联书店2002年8月出版,182千字。本书1983年10月由台北东大图书股份有限公司出版,2002年由东大图书股份有限公司授权生活·读书·新知三联书店出版中文简体字版。本书从文化思想入手,共收文章30余篇,上起古诗300首,下及近代新文学,有考订,有批评。各篇陈义、详略皆不同。通读之,则见出中国一部文学演进史。(另有《中国文化史导论》,已著录) （蔡保鹏）

激流中的探索——徐中玉论文自选集 徐中玉(1915～2019,江苏江阴人,作家与文艺理论家,曾任华东师范大学中文系主任、文学研究所所长)著,华东师范大学出版社1994年10月出版,420千字。本书收入了作者所撰的发扬艺术民主,促进创作繁荣、鲁迅文艺论评的科学性与战斗性、当前文艺理论批评工作中的几个问题、试论当前文论中7个问题、对人道主义问题讨论的一些感想、文须有益于天下,论顾炎武的文学思想、略谈古代文论在当代文艺研究中的地位与作用、中国近代文学理论的发展等50篇文章。

（王忆南）

刘勰论创作 陆侃如(1903～1978,江苏海门人,曾任山东大学教授、副校长)、牟世金著,安徽人民出版社1982年4月出版,130千字。本书初版于1963年,由引言、译注和几篇附录组成。新版调整为论述和译注两部分:论述部分的《刘勰及其文学理论》,由原书引言修改而成,对刘勰及其文学理论的概貌作一总的介绍;《〈文心雕龙〉创作论新探》为新撰,具体探讨了刘勰的创作论;其余几篇为原书的附录。译注部分由原来的8篇增为10篇,其中《比兴》和《总术》两篇是新加的:《比兴》是刘勰创作论中较为重要的一篇,在古代文论史上有着重要的历史地位,《总术》则为刘勰创作论的总结。加上这两篇,刘勰创作论的重要篇章就基本上全面覆盖了。译注方面,除体例由原来的注译改为注原文外,注释和译文也略有改动。注释略为加详,并增用部分必要的引文。(另有《中国诗史》,已著录)

（蔡保鹏）

中国文学批评史大纲 朱东润(1896～1988,江苏泰兴人,原名朱世溱,曾任武汉大学、重庆中央大学、齐鲁大学、复旦大学教授)著,上海古籍出版社1957年12月出版,266千字。本书是国内最早的文学批评史著述之一。全书初步确立了中国文学批评史的框架,第一次用新的文学观念较系统地考察了我国从先秦到清末的文学批评发展过程,尽可能地挖掘了这个过程中在不同程度上体现文学本质特征的观点和主张,描述了它们的演进历程,也适当交代了与它们相矛盾的文学批评及变迁。

（王忆南）

中国文学批评史 罗根泽(1900～1960,字雨亭,河北深县人,曾任南京大学中文系教授)著,上海书店出版社2003年1月出版,440千字。本书内容分周秦两汉文学批评史、魏晋六朝文学批评史、隋唐文学批评史、晚唐五代文学批评史等四个部分。罗根泽先生早年即致力于中国文学批评史的研究,本书是他长年研究的成果。全书上起周秦,下迄两宋,多撰写于抗日战争前后,曾分册出版多次,后经修订、合编,题名为《中国文学批评史》,于1957年由上海古典文学出版社出版,1962年由中华书局上海编辑所以新一版印行,1984年由上海古籍出版社再版重印。本书以资料详赡、排比有序见长,在目前行世的几种中国文学批评史中,另具特色,足资参考。　　　　　　　　(蔡保鹏)

中国文学批评史　郭绍虞(1893～1984,原名希汾,字绍虞,江苏苏州人,曾任复旦大学中文系主任、同济大学文学院院长)著,百花文艺出版社2008年8月出版,808千字。本书是作者有关中国古代文学理论批评著作中最重要的一部,也是20世纪三四十年代出版的中国文学批评史专著中最重要的一部。从20世纪20年代起,作者开始全身心地编撰中国文学批评史,并以其为中心,做了大量的资料发掘整理工作。上卷(先秦至北宋),1934年由商务印书馆出版,并经胡适审定为中华民国教育部颁的大学用书;下卷(南宋至清中叶)分两册,1947年由商务印书馆出版。新中国建立以后,作者曾两次对原著进行修订,1955年作者完成对旧著《中国文学批评史》的修订,将原来的两卷合为一册,由上海新文艺出版社于1956年出版。1959年对旧版批评史上册的第二次修订完成,以《中国古典文学理论批评史》为名,由人民文学出版社出版。2008年,百花文艺出版社征得作者家属同意,将商务印书馆两卷本《中国文学批评史》予以重版重印,内容仍包含上卷6篇,下卷5篇。(另有《沧浪诗话校释》,已著录)　　　　　　　　(蔡保鹏)

中国文学批评小史　周勋初(1929～　,上海南汇人,曾任南京大学研究生院副院长、教授,江苏省文史研究馆馆长。研究领域:中国古代文学史,中国文学批评史,中国古典文献学,中国古代思想史)著,复旦大学出版社2007年9月出版,189千字。著者认为,中国文学批评史这门科学是在古代诗文评的基础上发展起来的;文学理论的产生首先与产生这种理论的创作实际有关;古代文人评论诗文时当然也有他们的共同语言,但因时代不同,他们使用的一些词汇,后人往往难以掌握,有时甚至还会使人起含混不清的感觉;中国历史悠久,历代文论著作汗牛充栋,其中有很大一批陈陈相因的庸滥之作;古代写作诗文评一类著作,受先秦儒家语录体的影响很深,文笔一般都很简练。这部《中国文学批评小史》即是遵循上述原则,扼要地叙述古代文学理论批评的发展历史。　　(韩　兵)

中国古代文学批评方法研究　张伯伟(1959～　,上海人,南京大学文学院教授,韩国东方诗话学会理事,中国古代文学理论学会副会长,江苏省比较文学学会常务理事。研究领域:中国古代文学,东方诗学的研究)著,中华书局2002年5月出版,462千字。本书从纷繁复杂的文史哲材料中系统地梳理古代文学批评常见方法,并归纳为内在精神和外在形式两大紧密联系的类别,可说是从"体"和"用"的高度来还原古代文论系统。全书分为内、外篇,即内篇的"以意逆志论""推源溯流论"和"意象批评论"及外篇的"选本论""摘句论""诗格论""论诗诗论""诗话论"和"评点论",打破将"以意逆志""意象"等直接作为批评方法和诗格、诗话等并列的惯例,把它们还原为古人的自觉意识和内在精神,更加符合当时的实际,也第一次清晰地将古代文学批评分为看似双峰对峙其实水乳交融的两大块,最大限度地再现了古代文论的原貌。第一次形成了古代文学批评方法的内在体系,全面深刻地论述了纷繁复杂的古代文学批评系统。本书是中国古代文论研究中的独创之作,也必将为从事古代文论研究的学人提供重要参考。(另有《全唐五代诗格汇考》,已著录)　　　　　　　(徐志辉)

蜗叟杂稿　孙望(1912～1990,原名自强,字止畺,江苏常熟人,南京师范大学中文系教授,江苏省文联常委,江苏省作家协会副主席。研究领域:唐代文学,考据学)著,上海古籍出版社1982年1月出版,156千字。本书是作者晚年所写的单篇考证性论文辑录而成,考述唐代作家王度、韦应物、元稹、杜甫、元结、李贺、韩愈、沈千运、王季友、于逖、孟云卿、张彪、赵微明、元季川诸人生平行事与著作概况,大致可分为论述性与考证性两类,前者如关于杜甫、元结、李贺作品的评价,后者如关于王度、韦应物、于逖生平事迹的考证,都颇有新意,对前贤著述多所发明。作者考释精审,论据充分;对人对事,讲求辩证分析,人情入理;尊崇直书实录,鄙弃文过饰非;用知人论世法分析作家作品,均为本书

之显著特征。（另有《韦应物诗集系年校笺》《元次山年谱》，已著录）　　　　　　　　　　（徐志辉）

唐代进士行卷与文学　程千帆著，上海古籍出版社 1980 年 8 月出版，字数不详。本书以文史结合的方式考察了唐代进士行卷与文学的关系，主要采用以诗证史、以史正史的方法，以及对田野调查资料的重视为严密考证的基础，从正面、反面、旁面博求证据，证据备则为定说，否则弃之。全书分为两大部分，首先对唐代"行卷"之风的由来及其具体内容进行了全面考察，继之进一步论述了"行卷"对唐代诗歌发展的影响以及它在推动唐代古文运动和促进唐代传奇小说勃兴上所起的作用。其中通过对大量材料细致的研究，层层论证，从而弄清了这种行卷风习与当时的文学创作的具体关系。本书的结论：伴随着唐代进士科举制度而派生的行卷风尚无论是从整个唐代文学发展的契机来说，或者是从诗歌、古文、传奇任何一种文学样式来说，都起过一定程度的促进作用。
　　　　　　　　　　　　　　　　　　（徐志辉）

心远集——中古文学考论　张采民著，中华书局 2007 年 5 月出版，250 千字。本书汇集了作者关于中古文学的研究论文 31 篇，主要涉及庄学研究，汉魏文学研究，隋、初唐诗歌研究。庄学研究所收的《庄子"三言"考论》《"安之若命"新解》《〈逍遥游〉解读》《论庄子的人生哲学》《论庄子的美学思想》《庄子与魏晋士风》等论文，把庄子思想放到中国传统思想文化的大背景下进行阐释，以期对庄子的思想作深入的揭示。汉魏文学研究所收的《张衡永元十二年前行踪考》《试论东汉中后期赋风的转变——以张衡的赋为中心》《论东汉中后期赋风转变的原因》等论文，是作者读硕士研究生时所取得的成果。隋、初唐诗歌研究所收论文《隋唐之交思想的自由开放与南北诗风的融合》《论隋诗在诗歌发展史上的价值》《略论初唐宫廷诗——兼及宫廷诗与宫体诗的区别》《箴其所缺 济其所长——论张说、张九龄在唐诗发展史上的地位》等。这些论文或从宏观上探讨隋唐之交的文化氛围、文学思潮、诗歌理论与诗歌发展演变的关系，或是对隋、初唐诗歌的一些重要的诗体进行考察，或从不同角度对隋、初唐诗歌发展演变中的重要问题进行深入探讨。
　　　　　　　　　　　　　　　　　　（徐志辉）

唐代文史论丛　卞孝萱（1924～2009，江苏扬州人，南京大学中文系教授，曾任中国历史文献研究会常务理事，中国唐史学会顾问，中国唐代文学学会韩愈研究会会长，江苏省六朝史研究会名誉会长。研究领域：中国近代史，唐代文史，中国历史文献，家谱）著，山西人民出版社 1986 年 12 月出版，252 千字。本书收入作者 1949 年以来的论文 20 余篇，按照先文后史的次序，分为小说研究、诗文考辨、史志考校三组编排。"小说研究"部分，《唐代小说与政治》6 篇，旨在探讨政治斗争在小说中的反映，为唐代小说研究开辟一条尚未有人涉足的新途径，不惟新见迭出，发人深思，而且材料翔实，令人信服。在"诗文考辨"部分，对久已失传的唐代诗文集，或辑佚，或钩沉，或复原，做了大量细致而又精微的补罅工作。此外，有对古代残本的考释，也有对古人批语的辑注，皆可供治文学批评史者参考。"史志考校"部分，一方面把聚焦点对准向有争议的史书，力图在纵向与横向的探寻中解开悬而未决的著作权之谜；另一方面则以历史批判的眼光对不为人们所重视的野史进行实事求是、恰如其分的评价，阐明其在史学史上应有的地位。本书的基本特色是以文史结合的方法，参稽互证，钩深致隐，昭示作者入木三分的洞察力的笔墨随处可见。（另有《刘禹锡年谱》《刘禹锡评传》，已著录）　　（徐志辉）

古代文学杂论　余冠英（1906～1995，江苏扬州人，曾任中国科学院文学研究所研究员、学术委员会主任）著，中华书局 1987 年 10 月出版，157 千字。本书收录了作者所撰论文 18 篇，后记 1 篇。本书收录论文最早者作于抗战时期，1949 年以后所写文字，除《关于〈陈风·株林〉今译的几个问题》一文外，都写于 20 世纪五六十年代。其中《乐府诗选前言》等 10 篇曾收在《汉魏六朝诗论丛》中。其他诸篇，如《诗经选前言》论及《诗经》的年代、体例及内容；《关于改诗问题》讨论《诗经》文字是否经过修改，认为《诗经》不但经过统一文字、消灭方言、加工润色之类的修改，而且还曾增减章节，分割拼凑；《汉魏六朝诗选前言》论及这段历史时期的代表作家及其创作特点等。
　　　　　　　　　　　　　　　　　　（王忆南）

感情的多元选择——宋元之际作家的心灵活动　张宏生（1957～　，江苏徐州人，南京大学中文系教授,中国明代文学学会副会长,中国宋代文学学会理事。研究方向:中国文学史,宋代文学,清代文学,词学)著,现代出版社1990年2月出版,108千字。《大文学史观丛书》之一。本书研究的对象是宋元之际不同身份、不同地位、不同修养的作家,着重探索他们以何种态度、何种方式来对待天翻地覆的社会大变动,他们的心灵活动有着怎样的变化与发展以及他的心灵折光如何反映出时代的特征。全书分为忠爱、悲愤、反省、控诉、逃避、苦闷、尤悔、沉沦共8个部分,各以活生生的人和事,展示出宋元之际这一特殊历史时期的一段"灵魂的历史"。(另有《江湖诗派研究》《清代词学的建构》,已著录)

(徐志辉)

魏晋本土文学地理研究 胡阿祥著,南京大学出版社2001年5月出版,200千字。历史文学地理应包括文学发展程度的地区差异、各类文体的区域异同及受地理环境影响的深浅、文学题材与风格的地域特色、各地区文学的地理背景、地理环境对文人灵感的培育与文人创作的影响、形成文学地域差异的自然地理环境因素与人文地理环境因素等。本书虽然是对魏晋综合文学地理、分体文学地理的研究,但由此研究,魏晋文学地理的基本格局及其影响因素已大体明了,断代文学地理的研究模式与研究方法也得到了有效尝试。在文学发展史上,魏晋自成一个单元,且文学走向独立;魏晋文学地理研究具有典型示范意义。本书探讨魏晋时期文学现象的地理分布、组合及其变迁,揭示文学与地域的关系,明确文学发展过程的地域分布规律;运用文化地理学的理论与方法,将文史结合的路子开拓为文史地结合的新路子;由此倡议建立中国历史文学地理学。

(徐志辉)

古代文学研究导论——理论与方法的思考 潘树广等著,安徽文艺出版社1998年6月出版,280千字。全书以近百年来的古代文学研究为考察对象,对研究工作中采用的理论模式与主要方法进行分析评价,提出实证研究与理论研究相结合,传统方法与现代方法相会通的研究思路。作为一种文学研究之研究,其目的在于借鉴以往,启迪当前,指导未来。全书有如下特点:一是实证研究与理论研究相结合的学术追求。作者认为实证研究与理论研究是古代文学研究的两翼,不可偏废。本书正是本着弘扬传统学术之长处,追求实证研究与理论研究相结合,对传统方法与现代方法兼收并蓄的原则进行理论构建的。二是消解急功近利的心态,呼唤学术独立的精神,认为无论把古代文学作为政治运动的工具,或是充当商品经济的奴婢,都是对学术研究的干扰。三是问题与方法给人的种种启示,不仅对高校学生撰写毕业论文具有理论启示和实践指导意义,而且持论公允,颇多新见。

(徐志辉)

北宋诗文革新研究 程杰(1959~　,江苏泰兴人,南京师范大学文学院教授,全国宋代文学学会理事。研究方向:唐宋文学,中国文学与文化)著,内蒙古教育出版社2000年2月出版,351千字。本书论述了北宋诗文的各文学流派、文人群体对文学革新的作用,诗文革新中艺术价值观、艺术内容和形式等问题以及宋诗审美意识的结构和内涵。其主要学术价值在于:它首次对"北宋诗文革新"这一宋代文学的重要课题作了全面、具体、深入的探讨,开拓了许多前人论述中尚未涉及的领域;在前人今人的研究基础上,锐意求新,无论是全局还是细节,都有不少新发明、新见解,还提供了许多新材料,做出了许多新论述;既有宏观把握的开阔视野,更有细致入微的个案分析,新观点、新见解多建立在事实分析的基础之上,反映出作者学风的严谨和功底的扎实。(另有《宋代咏梅文学研究》,已著录)

(徐志辉)

中国古代叙事观念与意识形态 高小康著,北京大学出版社2005年9月出版,262千字。《文艺学与文化研究丛书》之一。在中国叙事文化传统中,意识形态的影响常常渗透在叙述者所构造的社会和自然环境、人物的性格和行为、人与人的关系以及蕴含在叙述中的情感态度与审美趣味之中。这一切凝聚、整合成为叙事中的内在统一结构,即叙事中的世界图景。本书通过对整个叙述活动所构造的世界图景的体验、解析和研究,剖析占社会统治地位的生活方式和价值观念如何固化、渗透进社会的一般精神生活,变成了叙述意图背后的集体无意识,和一般人观察、认知和评价世界的视野,亦即在叙事中显现的世界图景。

(徐志辉)

李商隐研究 吴调公(1914～2001,江苏镇江人,南京师范大学中文系教授。研究领域:古代文论,古代美学)著,上海古籍出版社1982年2月出版,189千字。本书对李商隐的生平、思想、审美观、政治诗、爱情诗、诗歌的艺术特色、风格的形成和发展,乃至其诗的渊源、影响,以及前人对它的评价诸方面,均加以细致的论列探讨。书中的论述并非旧说的综辑排比,而是在前人研究的基础上,经过多年潜研精思,多所深化与拓展。本书虽旨在论义山诗,然又不拘于义山诗,而是把它放在我国诗歌发展的长河中,放在与其同时代的众多诗人、流派里,亦即放在纵与横两方面的比照考察中加以鉴赏论析。全书共9章,对李商隐的生平与思想、他的诗歌的艺术特色、历代对李商隐的研究评价等方面进行了论述,立论公允中肯,材料扎实严谨,是研究李商隐必备的参考书。(另有《神韵论》,已著录)

(徐志辉)

文史探微 周勋初著,上海古籍出版社1987年12月出版,213千字。本书收入篇章有:王充与两汉文风,魏氏"三世立贱"的分析,阮籍《咏怀》诗其二十新解,《文赋》写作年代新探,魏晋南北朝人对文学形象特点的探索,梁代文论三派述要,刘勰的两个梦,刘勰的主要研究方法——"折中"说述评,《秋夜有怀高三十五适兼呈空上人》诗发微,杜甫身后的求全之毁和不虞之誉,柳埋《刘幽求传》钩沉,《〈唐语林〉原序目》考辨,从"唐人七律第一"之争看文学观念的演变,《唐十二家诗》版本源流考,叙《全唐诗》成书经过,北宋文坛上的派系和理论之争。(另有《中国文学批评小史》,已著录)

(韩 兵)

世族与六朝文学 程章灿(1963～ ,福建闽侯人,南京大学中文系教授。研究方向:中国古代文学,古典文献学,石刻学,国际汉学,中外文化交流与文化比较)著,黑龙江教育出版社1998年10月出版,240千字。《六朝文学丛书》之一,也是国家社会科学基金项目的研究成果。世族是六朝文化史上一个极为重要的特殊群体。全书共10章,分属上篇(总论)、中篇(分论—家族论)、下篇(分论—作家作品论),附录3篇专论,以世家大族为透视点,重新考察六朝文学题材及文学批评;以文学世族的个案研究来勾勒世族文学的特征和由盛入衰的发展轨迹;从具体人物和作品入手,由小见大,以一叶知秋的见识对六朝文人作品的时代文化背景、文人之间的交游关系、世风人情和创作题材作了深入精当的考论。作者将世族置于历史的大背景中,集中考察它对六朝文学的影响与贡献,新解迭见,趣味盎然。(另有《魏晋南北朝赋史》,已著录)

(徐志辉)

南朝文学与北朝文学研究 曹道衡(1928～2005,江苏苏州人,曾任中国社会科学院文学研究所研究员,毕生从事古典文学研究,在先秦、两汉、魏晋南北朝文学研究方面成就卓著)著,江苏古籍出版社1999年9月出版,208千字。本书共10章:绪论、历史的回顾、汉魏学术思想的变迁与南北文风、南方的文化传统、南朝文学发展的社会原因、南方文学的几个主要题材、河朔的文化传统、北方的生活情况及文化的衰落、孝文帝迁洛与北朝文学的兴起、北朝文学的特点和得失。南北朝文风异同是文学史上的一个老问题,而史籍著录的北朝文集数量远比不上南朝,这种差异是由于什么原因?笼统断言北朝文化落后并不确当,北朝统治者虽然大多不重视学术文化,后来的学者文人也存在着"重南轻北"的偏向,以致忽视貌视北朝文化成为一种延绵各时代的风气。作者试图根据现有材料对南北朝文学作出客观的评判。(另有《南北朝文学史》《中古文学史论文集》《中古文学史料丛考》,已著录)

(韩 兵)

古诗词文吟诵研究 陈少松(1941～ ,江苏南通人,南京师范大学文学院教授。研究方向:古诗文吟诵)著,社会科学文献出版社1997年3月出版,288千字。本书是目前国内唯一一本研究吟诵之学的专著,从理论和实践上论述我国古典诗词文的音乐美及其吟诵的原理、要求、方法、技巧和腔调,探讨了我国古诗词文吟诵的历史和今天学习与研究吟诵的意义。吟诵是传统的读诗、读词、读文的方法和手段,是东方文明古国的一门绝学。为便于读者学习吟诵,书中附录了吟诵历代古诗词文名篇的许多曲谱,同时用五线谱和简谱记录。

(徐志辉)

吴敬梓评传 陈美林(1932~ ,江苏南京人,南京师范大学文学院教授,中国《儒林外史》学会副会长,江苏省明清小说研究会会长)著,南京大学出版社 1990 年 12 月出版,407 千字。本书作者借鉴史书构架,精心设计全书章节,既有纵向叙述,也有横向评论,充分显示有传有评、传评结合的特色。在纵向叙述中,将传主一生行迹、重要交游、思想发展结合在一起介绍;在横向评论中,分别研讨传主的思想渊源、学术见解以及创作得失,务使读者既知其人,又知其书。本书体现了作者知人论世的态度,将传主言行、著述放在当时历史条件下进行实事求是的考察,又站在时代高度予以分析评价。既充分肯定传主思想所达到的高度和创作上取得的成就,又客观地指出其思想局限和创作中的不足,公允地评价传主在文学史上的地位及对后世的深远影响。(另有《新批儒林外史》,已著录)(徐志辉)

李渔评传 沈新林(1947~ ,江苏如皋人,南京师范大学中文系教授。研究方向:中国古代文学)著,南京师范大学出版社 1998 年 12 月出版,326 千字。李渔是明末清初的文化巨人。他不仅是著名的戏剧家、小说家、诗人、词人,还是卓有成就的戏剧理论家、史论家;此外,他在编辑出版、园林艺术、戏曲活动、旅游、教育等领域都有杰出的贡献。本书作者积 10 余年之功,发表李渔研究论文数十篇。本书吸取国内外最新研究成果,详细勾勒李渔的生平事迹,论析李渔的思想性格,洗刷了前人泼向李渔的污水,推倒了一些不实之词,恢复了李渔的本来面目。对李渔的小说、戏曲、诗文进行实事求是的分析,给予公正的评介,确定了李渔、冯梦龙、凌濛初在明清白话短篇小说史上鼎足而立的地位以及对喜剧艺术的特殊贡献。此外,本书对李渔在园林艺术、编辑出版、学术研究、戏曲活动等方面的文化建树也作了客观的评说,明确李渔在中国文化史上的地位。本书资料翔实,考辨严密,新见迭出,是近年来最有分量的李渔研究的著作。

(徐志辉)

诗经引论 滕志贤(1940~ ,上海人,南京大学中文系教授,中国训诂学会理事,中国诗经学会理事)著,江苏教育出版社 1996 年 12 月出版,219 千字。本书以阐发《诗经》语言为主,讨论《诗经》基本问题等内容为辅。本书有三个特点:一、内容精当,重点突出。本书旨在帮助读者解读《诗经》305 篇原著,并以此确定内容的取舍和详略。全书 9 章,主要涉及三方面内容,即《诗经》基本问题;《诗经》的语言;《诗经》的研读方法。三者皆与研读原著关系密切,其中尤以语言为最,故所占比重亦最大。作者阐发《诗经》语言,没有采取专书语言研究的传统做法,未作语言静态描写,而是着重阐发《诗经》语言与古代散文语言的不同之处,并且列举实例,剖析因不明《诗经》语言的特殊性而引发的种种误解。二、重视研习方法的探索与总结。作为一部《诗经》引论,研习方法的提示自是必不可少的,本书设专章详论,既有研习方法探索的历史回顾,也有作者的研习体会,所论中肯,足供读者借鉴。三、平实严谨,实用性、学术性融为一体。历代《诗》说,歧义纷繁,爬罗剔抉,绝非易事。作者对于分歧繁复的旧说新解,善于参稽会通、考量得失,或择善而从,或补苴辨正。

(徐志辉)

魏晋南北朝赋史 程章灿著,江苏古籍出版社 1992 年 2 月出版,350 千字。本书试图通过对魏晋南北朝赋史的宏观把握,鸟瞰 2~7 世纪赋史发展的来龙去脉;分析历代社会心理和文学思潮对赋体发展的影响,追寻赋体在拓宽自己的题材领域、表现空间和丰富提高艺术表现手段方面的前进足迹;同时探讨赋予同时代其他文体(尤其是诗)的关系,考察人们对赋的观念评论的变迁,并希望透过这一段赋史,观察作为其背景的中古文学和文化现象。作者既对赋进行了历史的考察,从纵向上上溯赋体的起源,横向上考察社会生活、时代思潮对赋的影响;也把文笔深入到赋家的内心,探寻他们的审美心理、他们的感情世界,从而把赋真正作为文学加以美学的考察,而不单单是把它作为文体作文献上的考述。

(徐志辉)

李商隐抒情诗艺术透视 刘静生著,中国华侨出版社 1990 年 8 月出版,160 千字。这是一本具有学术价值的欣赏专著,著者精选李商隐各个时期的代表诗作 32 首,汲取了历代学者对李商隐诗歌的研究成果,结合自己多年研究所得,对李商隐诗歌中许多争论不休的疑案提出了自己的看法。每首诗分背景介绍、注释和赏析三部分,通过对作品外

在美的把握,达到其内在美的发掘。 (韩 兵)

中国诗史 陆侃如、冯沅君著,百花文艺出版社1999年2月出版,575千字。本书共3卷:卷一为《古代诗史》,自我国诗的起源至汉代,卷二为《中代诗史》,自汉末至唐代,卷三为《近代诗史》,自唐末至清代。本书初版于1931年,由大江书铺印行。20世纪80年代后,人民文学出版社、山东大学出版社等先后重版。1999年百花文艺出版社又将它作为《20世纪经典学术史》之一出版。本书植根于传统的学术基础,又运用了现代学术观念和研究方法。它对我国古代诗歌变迁的趋势,对多种诗体的产生和变化,对不少诗歌的艺术技巧,都基于进化的观念和唯物史观,从流变的视角,做动态的描述。在史料方面,本书以"传信自勉",用了不少篇幅做辨伪的工作。同时注重扩大史料,突出了在诗歌演进史上能够代表时代和变迁大势的史料。因此在卷一分别以"诗经时代""楚辞时代"和"乐府时代",在卷二分别以"曹植时代""陶潜时代""李白时代""杜甫时代"为题。另外,卷三相当重视小曲和歌谣。 (蔡保鹏)

觚庵诗存 马亚中(1957~ ,江苏常熟人,苏州大学文学院教授。研究方向:中国近代文学,明清文学,清代诗学,中国文学史料学)校点,俞明震著,上海古籍出版社2008年6月出版,231千字。《中国近代文学丛书》之一。在祖唐祧宋尤其是宋诗一度占主导地位的晚清诗坛,除了张之洞以外,俞明震可算是唐宋兼取派的另一位代表人物。终其一生,爱国开明,诗歌创作成就突出,无愧得江山之助。然其所作留存无多,一共4卷数百首。唯中精品,且由于俞氏家族与中国近代史上著名历史人物如曾国藩、陈之立、蒋经国等的特殊关系,本书的历史文献价值早已突破了文学与文学史的界限。本书作者的标校整理,除充分利用旧期刊对原诗进行标点出校外,标校者还河里拣笔,附录了大量相关的文史资料,其中包括上海图书馆所藏有关俞明震履历的光绪戊子科《顺天分试砍卷》材料及浙江和绍兴图书馆所藏有关著者家世的《俞氏宗谱》材料等。 (徐志辉)

明代诗文的演变 陈书录(1950~ ,江苏高淳人,南京师范大学文学院教授,中国明代文学学会副会长兼秘书长。研究领域:元明清文学,中国文学与文化)著,江苏教育出版社1996年11月出版,560千字。本书的主旨是对明代诗文创作与理论批评作交叉研究。《轨迹篇》对明代各派诗文作纵向考察,探究明代诗文作家、批评家文化心态和审美心态演变的轨迹,把握明代诗文创作与理论批评交叉影响、连锁演进的规律。《特征篇》侧重考察明代诗文创作与理论批评交叉演进过程中所呈现出来的主要特征。《动因篇》从多角度探究明代诗文创作与理论批评交叉演进中审美心态的形成或审美意识衰减的外部动因。本书开拓了诗文创作与理论批评交叉思考的新思路,力求把握明代诗文作家、批评家文化心态与审美心态演变的内在规律,不仅将明代诗文的整体研究向前推进了一步,而且在古典文学研究方法的拓新上提供了有益经验。(另有《明代前后七子研究》,已著录) (孟桂英)

清代文化与浙派诗 张仲谋(1955~ ,江苏沛县人,徐州师范学院中文系教授,中国词学研究会副会长,中华文学史料学会理事,中国明代文学学会理事。研究方向:中国古代文学)著,东方出版社1997年8月出版,251千字。《中国文学史研究系列》之一。源远流长的中国诗史经过两千年的衍化发展,至清代汇集成一派浩瀚多姿的文化景观,涌现出众多的名家和流派。浙派自清初黄宗羲创始,历经康、雍、乾三朝,前后有百余年,涉及诗人数以百计,下开清中叶之桐城诗派及近代宋诗派,影响至为深远。本书采用历史文化学的批评方法,对浙派形成与发展的文化机制以及各期代表诗人的理论与制作实践作了深入的研究论述。其中关于浙派的发展脉络、浙派诗的文化内涵以及清人"祧唐宗宋"的心态旨趣,多发前人所未发。在中国文化诗学尤其是清诗流派研究方面,具有重要的启发意义。(另有《明词史》,已著录) (徐志辉)

有根的诗学——现代新儒家文化诗学研究 侯敏(1961~ ,江苏句容人,苏州大学文学院教授。研究方向:文艺理论,文化诗学)著,上海人民出版社2003年12月出版,203千字。《新生代学人丛书》之一,作者系统研究了新儒家的哲学、文化思想,勾勒出新儒家的文化诗学框架;揭橥并提炼出新儒家诗学总体特征;指出了新儒家文化诗学的"根性"特征和生成方式。本书所开拓的新儒家文化诗学的新空间,无论对于新儒家研究、中国现代美学诗学研究,还是对于中国传统文论的现代转换和中国当代文论建设,都具有一定的启示意义;"对当代中国文论如何抵御西方文化霸权,创造、发展具有中国特色的文论体系的重大问题,给予了自己的解答";"能放言于心声,中的于现状,为在危机四伏的世界文化格局中确立中华民族的审美理想、艺术精神、诗学原则,提供了有力的支援"。

(徐志辉)

沧浪诗话校释 〔宋〕严羽著,郭绍虞校释,人民文学出版社1961年5月出版,177千字。宋代严羽所著《沧浪诗话》,是一部以禅喻诗,着重于谈诗的形式和艺术性的著作,由于诗的形式和艺术性是诗学中重要的问题,所以它对于后来的诗论和某些诗人的创作,产生了相当大的影响。同时又由于作者的论点有主观唯心论的倾向,所以在产生很大影响的同时,也招来了比较多的非难和攻击。本著中郭绍虞先生对《沧浪诗话》加以校释、整理,以供研究我国古典诗歌和文学理论的工作者参考。本著是对历来《沧浪诗话》研究的总结,以其考校的精到与阐释的透辟在古文论研究界享有盛誉。

(蔡保鹏)

情绪:创造社的诗学宇宙 朱寿桐(1958～ ,江苏大丰人,南京大学文学院教授,中国郭沫若研究会常务理事,中国现代文学研究会理事。研究领域:中国现代文学社团流派,中国现代文学史)著,上海文艺出版社1991年4月出版,329千字。作者以大量的材料表明,创造社文学创作的共同归趋正是自我情绪表现的文学,它们在主题、题材、体裁、中心旋律等方面呈现出情绪表现的统一风貌。创造社信奉的是做"情绪底赤子",文学始终以情绪为生命,"文艺是主观情绪的客观化"。如果回避和忽略了创造社的情绪特征,就无法准确评述整个创造社的文学创作,也就不可能凸现其独特性。一旦确认了创造社情绪表现的创作倾向,"情绪说"便成为研究创造社文学的一个新的有效视角。对其他文学社团的研究也可以从情绪视角切入,但不可否认,这种视角也许只有对创造社整体研究才是十分恰当的。一般说来只有与研究对象最为契合的研究视角,才是最有效率的。"情绪"视角使作者不仅在阐述具体问题时获得新的立足点,而且在整体把握创造社前后期的内在承传上提出独到的见解。(另有《中国新文学的现代化》,已著录)

(徐志辉)

中国中古诗歌史——四百年民族心灵的展示 王钟陵(1943～ ,江苏镇江人,苏州大学文学院教授。研究领域:原始意识,神话思维,中国文学史)著,人民出版社2005年8月出版,897千字。作者将社会文化的进程与文学本身的进程统一交融为民族审美心理的建构过程。这个过程是一个中介,它联结融贯了民族思维发展、社会文化进程和文艺自身变化3个方面。本书从民族思维发展这一远远超过以前各种文学史著作的思想制高点出发,对中古诗歌史的进程作出整体性的全新阐发:上卷对中古审美情趣、原则、理想及其转换推移的论述和对于中古文学特征的阐述,下卷中对魏代诗歌发端意义的概括,对西晋诗歌发展总体特征的说明,对玄言诗这个历时百年的文学史环节的复现,对"永明体"概念的宽狭划分,关于南朝诗派冲突的揭示,关于梁陈存在两种新体诗的见解,用通变派沟通南朝与唐代文学发展的主张,对山水文学所体现的审美心理的分析,以及对北朝迄隋文学发展3个阶段的划分等,都可说发前人之所未发。(另有《中国前期文化——心理研究》,已著录)

(徐志辉)

隋唐诗歌史论 管雄(1910～1998,字绕豁,浙江温州人,南京大学中文系教授。研究领域:古籍考释,中国文学史,中国古代文学)著,南京大学出版社1990年3月出版,216千字。本书对隋唐诗歌艺术的全面梳理,表现了作者建构一部数百年诗史的学识;对隋唐诗歌历史发展过程中的艺术精髓的撷取,又显现了其独有的特色与价值。作者尊重历史,辨明诗人的思想行为,以澄清过去史书和评论中的虚饰掩真之阅;注重诗歌的艺术性分析,反对将一部诗史庸俗化,成为一部社会史的做法,力图展示诗人的艺术匠心,揭示艺术美的奥秘;诗歌史不贵在罗列事实,而是要勾勒出诗歌演进的自身发展规律在隋唐诗歌发展过程中,除李白、杜甫、韩愈、白居易等大诗人的作品起过集大成或开风气的

作用以外,中小诗人的作用也不容忽视,作者对此也有意识地作了许多揭示。　　　　　　（徐志辉）

政治兴变与唐诗演化　胡可先（1960～　,江苏灌南人,浙江大学中文系教授,中国唐代文学学会理事,中国杜甫研究会理事,浙江省文学学会理事。研究方向：唐宋文学）著,中国社会科学出版社2003年5月出版,312千字。本书由《政治兴变与文学体派的形成》《唐代诗人与政治事件》《唐诗的政治内涵》《唐诗的渊源与传承》4篇构成,重在探讨政治兴变对唐诗体派形成的影响、唐代诗人与重大政治事件的关系、政治动荡促使士风和文风的变化情况,挖掘唐诗的政治内涵,论述唐诗的渊源。既注意到宏观的历史文化学层面,又以史证诗,以诗证史,史诗互证,发前人所未发。（徐志辉）

诗词蒙语：诗词入门的一把钥匙　周本淳（1921～2002,安徽肥西人,淮阴师范学院中文系教授,曾任江苏省语言学会学术委员会委员,江苏作家协会会员。研究领域：中国古典文学）著,上海文艺出版社2001年1月出版,153千字。《故事会图书馆文库》之一,收入作者20篇关于诗词的文章和他本人的自传。作者结合自己半个世纪的创作经验和研究所得,以深入浅出、循序渐进的方式,讲述诗词创作的要领及特点,是一本极佳的诗词入门读物。本书虽只有15万余字,但综观此书,可得而言者有三。一曰原始典籍,铢积寸累。二曰着盐于水,吟咏性情,文质朴雅,抉奥发微。三曰能诗能学,博而有一。近现代善为旧体诗词者很多,研究旧体诗词的专家也很多,然而能在晚年将自己一生谈诗论学的心得写成一部文字雅驯、接引后学之作的学者,却恐怕不多见。正因为此,《诗词蒙语》堪称研究诗词之道的不可多得的一部力作。（另有《唐才子传校正》,已著录）　　　　　　（徐志辉）

中古仙道诗精华　钟来茵（1939～2001,江苏无锡人,曾任江苏社会科学院文学研究所研究员,东南大学文学院兼职教授。研究方向：唐宋文学）撰,江苏文艺出版社1994年1月出版,725千字。本书从《汉魏六朝百三名家集》《先秦汉魏晋南北朝诗》等总集以及一些名家如曹操、曹植、嵇康、阮籍、陶潜、庾信、江淹等别集之中选择了较有代表性的作品,配以作家小传,对原诗详加注释,并作简析。（另有《李商隐爱情诗解》,已著录）　　（韩　兵）

李商隐爱情诗解　钟来茵著,学林出版社1997年7月出版,382千字。本书分原诗、注释、诗解、今译四部分。原诗部分将李商隐108首爱情诗分为四辑。第一辑：李商隐的初恋诗,体现了青年人纯洁无邪的初恋。第二辑：李商隐的夫人诗,是李商隐献给王氏夫人的。第三辑：关于皇帝的爱情诗,是讽刺皇帝的。第四辑：含有性幽默的游戏之作,是与朋友调侃的幽默之作。注释部分,吸取了清人不少成果,也加入了不少新的资料。今译部分是为西方学者翻译李商隐提供一个参考。（徐志辉）

谢宣城集校注　曹融南（1915～2017,字君健,江苏常熟人,原上海师范大学中文系教授）校注,上海古籍出版社1991年11月出版,353千字。谢朓,字玄晖,南朝齐诗人。诗风清新自然,婉丽多姿,尤以山水诗为最擅长。其传世诗作为后人辑为《谢宣城集》,所辑诗歌以清新雅致见长,对唐代诗风产生了莫大影响。由曹融南先生整理出版的《谢宣城集校注》,是谢朓诗作校注的经典之作,是迄今为止最为完备的本子,内容包括校、注、集说、附录4部分。诗赋以吴骞拜经楼本、文以严可均《全齐文》为底本,并用十多种本子作校勘。注释为《谢宣城集校注》的主要部分,重在疏通文义,证引典实。集说则辑录前人对谢氏诗文所作具有参考价值的评论。附录收辑了谢朓作品的佚文、序跋、诸家的综合性评论,以及校注者新撰的《谢朓事迹诗文系年》。
（蔡保鹏）

宋词纪事　唐圭璋编著,上海古籍出版社1982年11月出版,208千字。本书是根据当时的文献记载,钩索出隐含在宋词背后的故事,这为研究词作的创作背景与创作过程以及理解词作本身,提供了重要的资料。对于一首词的不同记载,作者都根据其他相应文献做了考证,指出孰是孰非,"卷帙虽简,事实独丰"。至于为何写作本书,作者在《自序》中有言："余既惜宋人词话之失传,又慨夫明、清人所述之词话,多剪裁节取,不尽依宋人书籍原文,因重辑此书,以宋证宋,以供研究词学者之参考。"

（徐志辉）

韦应物诗集系年校笺 孙望编著,中华书局2002年3月出版,381千字。"中国古典文学基本丛书"之一。本书作品按韦氏生平履历,自洛阳为丞时期至苏州刺史时期,汇为9卷,依次编年。诗篇作年无考者,辑为1卷,列于最后。每篇笺注之后,附录部分前人评语,供研读者参考。本书校勘,以《四部丛刊》影印明嘉靖间华云刻《韦江州集》为工作底本。主要参校本用以下各本:宋刊书棚本《韦应物集》、元刊麻沙本《韦苏州集》,配成全帙,简称《宋刊元配本》。涵芬楼影印明崇祯汲古阁刻本《唐六名家集》。清汪立名刻《唐四家诗》本简称"汪本"。

(徐志辉)

剑南诗稿校注(全8册) 〔宋〕陆游撰,钱仲联(1908~2003,号梦苕,江苏常熟人,祖籍浙江湖州,苏州大学终身教授,中国作家协会会员,中国诗学研究会理事长,中国韵文学会副会长)校注,上海古籍出版社1985年9月出版,2 783千字。陆游是南宋大家,著名爱国诗人,所著《剑南诗稿》,存诗9 000多首,极为丰富。通行版本为明代毛晋汲古阁刻本,85卷,现由苏州大学钱仲联教授校注。陆游诗稿,历代未有全注者,钱仲联教授此书实为创举。他据多种宋、明版本校订底本误字、异文,作有校记,并在汲古阁本所收之外,据各种资料辑补佚诗多首。每首诗有题解,说明该诗的写作时地;对诗中史实、典故、人名、地名等,尽量加以注明。后附陆游年表、传记材料、前人关于陆游著作的版本著录、题跋等。内容充实,为研究陆游诗作提供了较好的参考。为方便读者检索,书后附篇目索引。(另有《清诗纪事》《韩昌黎诗系年集释》,已著录)

(蔡保鹏)

清诗纪事(22卷) 钱仲联主编,江苏古籍出版社1981~1989出版,12 000千字。本书收录7 000多位诗人的作品,分为明遗民卷、顺治朝卷、康熙朝卷、雍正朝卷、乾隆朝卷、嘉庆朝卷、道光朝卷、咸丰朝卷、同治朝卷、光宣朝卷以及烈女卷、释道卷、鬼诗梦诗卷、民歌谣谚卷等。各位诗人附有简历,纪事诗作之后汇集各家诗评,评论诗人的独特成就,兼及诗作优劣得失等。钱仲联对清诗(包括近代诗)进行全面深入的研究,撰写大量论著,以精密的考证、充实的论据、全方位的比较和阐释,指出清诗的总体成就"超越元明,抗衡唐宋"。钱锺书称本书为"体例精审,搜罗宏博,足使陈松山却步,邆论计、厉……仲联先生自运,卓尔名家,月眼镜心,必兼文心史识之长"。"钱先生与诸君子之愿力学识,文史载笔,当大书而特书,举世学人受益无穷"。

(徐志辉)

韩昌黎诗系年集释(全二册) 钱仲联集释,〔唐〕韩愈著,上海古籍出版社2004年3月出版,924千字。韩愈是唐代著名文学家、思想家。他在文学上力排六朝以来的骈偶文风,主张"文道合一",提倡散文,为唐代古文运动的主要领导者。他在唐代诗歌史上有重要的地位,在诗歌创作上也独辟一径,与白居易、元稹等人的诗形成"元和体"中的不同流派。他的诗歌创作以力求新奇、以文入诗为特色,成为"唐诗之一大变",对后代有很大影响。本书初版于1957年,仿照清人集解、间诂一类的纂述方法,采集多家论说外,重新系年编排。内容包括4个方面:一"校",首列《举正》《考异》全文,次以祝、魏、廖、王4种影宋、元本为主,偶及明清版本,下逮清人考订,参比同异,择善而从;二"笺",考索作品的时代背景,本事、有关人物等;三"注",包括训诂、典故、地理等;四"选辑有关评论"。另增补了一些注释,采撷范围下限到近代。重版时新加了标点,对原有集释作了一些增补、修改。

(徐志辉)

全唐五代诗格汇考 张伯伟撰,江苏古籍出版社2002年8月出版,422千字。本书是对传世的唐五代28种诗格著作的校考,对于阐明诗格的内涵及这28种诗格的真伪很有意义,也是对中国文学批评史中的一个重要而长久以来遭到忽视的领域——诗格——的卓有成效的研究。作者认为,研究文学史,不但要从宏观着眼,更要从微观入手,不能泛泛而论,要把各个断代史研究透彻,这样才能构建新的中国文学史框架。

(徐志辉)

唐诗演进论 罗时进(1956~ ,江苏东台人,苏州大学文学院教授,中国唐代文学学会常务理事。研究方向:唐宋元明清诗文,文献整理,地域及家族文化)著,江苏古籍出版社2001年9月出版,313千字。本书分前后两卷,《时序卷》共9章,由研究初唐至晚唐的系列论文组成,体现出作者对唐诗发展规律思考的论说系统。作者通过个案研究,以"散点透视"的方式"映现出唐诗与时以变的轨迹",即"从初唐到晚唐诗歌的发展总的来说有一个由御用化向个性化演进,诗歌重心逐渐下移而世俗倾向不断增强的过程"。这是一个接触到唐诗演进规律、具有宏观存量的新颖论说。作者不仅描述了唐诗演进的轨迹,且揭示了其"演进"的深层动因,从而使其上升到"规律"的层面。这种将义理与考据相结合的方法使本书立论扎实而不空疏、厚重而不单薄、深刻而不浅淡。《考述卷》中的系列论文即凸显出作者考据的成果。在研究方法上,作者不仅谙熟义理、考据之国学研究的传统方法,且能熟练运用比较、统计、民俗、文体形式批评、接受学等多种研究方法。(另有《丁卯集笺证》,已著录)

(徐志辉)

丁卯集笺证 罗时进著,江西人民出版社1998年8月出版,430千字。全书分正编和附录两个部分。正编为许浑诗笺证,共12卷。本书编次,前11卷与《全唐诗》本《许浑集》相同,诗作分合略有差异。第十二卷为补遗。对于诗的底本与校勘,本书的原则是广采诸本,求善求信。为清理《丁卯集》之史源,但凡《乌丝栏诗真迹》收录者,皆以《真迹》为底本,参校他本。《真迹》未录者,则于《文苑英华》、蜀刻本、书棚本等择善而从,在解题中予以交代。正文如与《全唐诗》有异,以"《全唐诗》作某"出为校记,但《全唐诗》文字如与季振宜《全唐诗稿本》相同,则若已校"《稿本》作某",则不再另出"《全唐诗》亦作某"。此次列为参校本的除前所提及诸本外,还有祝德子订正本、《四库全书》本及《才调集》《万首唐人绝句》《分门纂类唐歌诗》等历代总集、宋元方志和日本《千载佳句》中所录许浑诗。 (徐志辉)

清词史 严迪昌(1936～2003,上海人,苏州大学文学院教授,曾任中国韵文学会理事,中国诗学会常务理事,江苏当代文学学会理事。研究方向:明清文学)著,江苏古籍出版社1990年1月出版,450千字。《中国分体断代文学史》之一。全书分5篇,条贯井然,纲目标举。大抵以清词发展流变为主脉,以词人群体和创作实践为骨架。干之以词风词派之消长,经纬以词人词作之分析。既与清史应声符节、时相离合,又以"认识价值""审美价值"窥其因变流向,煌煌数十万言,凡重要的清词人、词风、词派,无不网罗殆尽。其方法上的主要特点乃在于把清词作全景式的流变观照。本书的主要特色与其说是把握了词与时代的关系,在一系列历史事变中论述了词风消长和词派演化,不如说在词与商业经济、文化地理、亲友师承和家族群体的论述上的特点表现得更充分。(另有《清诗史》,已著录)

(徐志辉)

清诗史 严迪昌著,浙江古籍出版社2002年12月出版,870千字。本书是目前学术界第一部完整的清代诗歌史论著。本书的突出特色及主要建树,一是廓清"偏胜文学"史观对清诗认识的雾障,以整部中国文学发展史的宏阔背景为视野,揭示清诗的认识价值。二是融汇诸种文化因素,对清诗的人文生态作出全方位的把握,在此基础上对清诗的发展脉络作出高屋建瓴的归纳。在研究方法上,以宏阔的文化视野,注意到清诗发展中的诸如地域文化、家族文化、科举文化、隐逸文化、遗民现象、学术文化,并以这些作为纽结而形成的诗歌群体、流派作为整部书的叙述重心;注意到清代诗歌贯串始终的"朝""野"离立之势,而使得本书在史的叙述框架上更具包容性,使清诗研究更为立体、层次丰满。三是对人生底蕴和历史沉重的体审,以"我"心智传清代诗人心魂。作者以审慎严缜的考证,对清代诗人生存、生活状态进行准确把握,使得本书所论述的每一位诗人都各具风神,达到了以往文学史著所难以企及的高度。

(徐志辉)

杜甫诗论丛 金启华(1919～2011,安徽来安人,南京师范大学中文系教授,中国唐代文学学会顾问,中国杜甫研究会顾问。研究方向:中国古典文学)著,上海古籍出版社1985年1月出版,240千字。本书从杜诗溯源论、杜诗影响论、杜诗风格论、杜诗技巧论、杜甫的诗论、杜甫的艺术修养、论杜甫诗歌的政治意义、杜诗中所反映的战争问题、论杜甫的思想、杜甫与劳动人民、杜甫的山水诗、杜甫的花鸟诗阐微、论杜甫的五律、论杜甫的七律、论杜甫的七古、论杜甫的绝句诗、杜诗证经、杜诗证史、杜诗证子、广《杜诗证选》、杜甫诗句对黄山谷的影响、杜甫家世考、杜甫的病和死、李杜诗论的比较等方面,多角度、全方位对杜甫及其诗作、诗论进行了深入的研究,是研究杜甫及其诗作的重要参考资料。(另有《中国词史论纲》《杜甫评传》《周密及其词研究》,已著录)　　　　　　　　　　（徐志辉）

神韵论　吴调公著,人民文学出版社1991年9月出版,180千字。《中国古典文学研究丛书》之一。神韵论是中国古代诗歌理论中影响颇广、声势浩大的一个理论流派。本书分为上下两编,上编总论包括神韵论思潮的流程,神韵论与审美心态,神韵论与构思心态,神韵论:民族文化土壤与诗人心理结构,神韵论与意象主义。下编分论包括司空图的生平、思想与其文艺主张,司空图《诗品》的美学观,司空图《诗品》的风格论,司空图的诗歌理论与创作实践,严羽与其《沧浪诗话》《沧浪诗话》的创作论和鉴赏论,读《沧浪诗话》诗札,王渔阳的神韵说与创作个性,王渔阳的自然美艺术观。本书系统研究神韵的流变过程、审美视点与构思心态,并对司空图、严羽、王渔阳这三位神韵论中的代表人物进行专题研究。　　　　　　　　　（徐志辉）

楚辞选析　杨白桦(1920~1968,原名家柱,江苏南京人,南京师范学院中文系教授。研究领域:中国古典文学,中国古代文学史,中国古代神话,民俗学)著,江苏古籍出版社1987年12月出版,139千字。本书是作者从事《楚辞》教学与研究的成果。作者在书中根据研究所得,对《楚辞》的名称、渊源、历史条件等作了阐述;对屈原的生平和思想作了述评;对《楚辞》的代表作品加以注释,并对每一篇的思想内容、艺术特色作了分析。作者在书中还介绍了《楚辞》研究中的某些代表性观点,并就一些问题发表了自己的见解,读来甚有得益。　（徐志辉）

当代楚辞研究论纲　周建忠(1955~　,江苏靖江人,南通大学文学院教授,中国屈原学会副会长。研究方向:中国古代文学)主编,湖北教育出版社1992年8月出版,434千字。本书是"当代楚辞学史"的第一本总结性著作。作者以史纲为经,以评论为纬,史论一体,分上下两编对当代楚辞学繁荣发展之状给予概貌与重点举例相结合的精彩描述。上编从当代楚辞研究发展的概况、学科建设、史的研究、会议举办情况、著述状况、学者队伍状况等六大方面进行研究阐述;下编则选出在当代楚辞学界贡献大、已自成一家或具有学派代表性的16位中青年学者专评,以求由点见面,对当代楚辞学史上的重点人事有一个详尽的解剖。全书材料丰富,线索分明,语言晓畅明快,并有很多崭新的见解可资借鉴之处,是楚辞与楚文化研究者、爱好者的重要参考书,也可作高校文科选修课教材。(另有《楚辞论稿》,已著录)　　　　（徐志辉）

楚辞论稿　周建忠著,中州古籍出版社1994年6月出版,261千字。全书收楚辞学论文23篇,可分为3类:屈原及其作品研究、古代楚辞学史研究和当代楚辞研究评议。作者的"屈原及其作品研究"不以完整、系统见长,而在对某些聚讼纷纭的课题考核上,显示审慎翔实的功力和独具的眼光;对"古代楚辞学史"的研究,似乎有意避开人们总结较多的汉唐明清的楚辞研究著述,而着重在对人们所忽略的诗人、词家、元代散曲和清人论词中所受楚辞影响的研究;对当代楚辞"研究之研究",在本书中亦有引人注目的进展,这主要表现在他的评议有更纵深的开掘和更鲜明的批判意识,显示周氏在"当代楚辞研究之研究"中所持的主体批判意识,显示他学术评判上更趋成熟的科学和严谨。　　（徐志辉）

传统诗学的转型:陈衍人文主义诗学研究　周薇(1964~　,女,江苏句容人,文学博士,淮阴师范学院文学院教授。研究方向:晚清诗学,近现代文化)著,上海三联书店2006年8月出版,240千字。《淮上文丛》之一。陈衍是清末民初著名的诗人、学者、诗论家。其诗学理论,或襞积旧说,或有新创,内容丰富,自成一格。在调和唐宋、融合诗与学方面的突出表述,有为整个传统诗学作总结之功。其对诗学作全面的梳理、总结,挖掘其深厚的社会关怀、文化关怀与理性精神,不仅丰富了中国诗学,也可使被文学史有意遗忘的诗学内容重新获得生命。本书有《陈衍的生平、学术范围与方法》《诗学新建构:"三元"说》《学人之诗与诗人之诗合论》《不俗论》《由传统而现代的真实论》《"以诗存史"诗史观》《陈衍诗歌论》7章,对陈衍的生平、诗学理论及其诗史观作了认真的探索。　　　　（徐志辉）

老子诗学宇宙　许结(1957~　,江苏南京人,祖籍安徽桐城,南京大学文学院教授,中国赋学会会长,中国韵文学会副会长。研究方向:辞赋研究,中国古代文学批评),许永璋著,黄山书社1992年5月出版,235千字。全书由"老子诗学通论"与"老子诗学品鉴"两部分构成。作者确认《老子》是中国第一部哲学诗专集,对《老子》的用韵方式、语法修辞特征的探讨以及其思想内涵、艺术结构的空间演示和对后世影响的时间搜索,勾画出老子的诗学宇宙。通过对《老子》的音韵声律和情志旨趣的考证辨析,阐明其为哲人智慧与诗人想象紧密结合的艺术精品。由《老子》的诗歌性质推衍其诗哲学思想,表现为"道法自然"的哲思与"诗者,天地自然之音"之真趣的凝合,形成诗哲学的本体论;"有无相生"的自然之道与虚实相间的艺术之"美"的凝合,形成诗哲学的结构美;"大象无形"的艺术思想标明其诗哲学对宇宙、人生之"通"的解剖升进于意境论。在中国诗学史上,《老子》作为哲学诗的源头,应与写实诗歌之源的《诗经》、浪漫诗歌之源的《楚辞》鼎立而三。下编对《老子》全书作了文字、音韵考证和评析鉴赏,是一部精彩的《老子》鉴赏辞典。(徐志辉)

李白诗古注本研究　胡振龙(1963～　,江苏邳州人,南京晓庄学院人文学院教授。研究方向:中国古代文学,中国古代文献学)著,陕西人民出版社2006年6月出版,202千字。本书从文献学的角度详细考察李白诗的注释情况,从版本学和诠释学的视角切入,系统地总结历代注家对李白诗的注释方法,注释特点,所取得的成就,存在的缺点等,在此基础上对各种注本作详尽的比勘、分析;从学术史的高度,论述历代李诗注本的不同特点,反映各朝代的治学风气和研究方式,阐发时代风气对注释的影响及其历史意义,并揭示历代注家的传承关系;用比较研究的方法,对同时代的注本作共时性的异同研究,突出代表性注本的典型意义;资料翔实,论证周密,论从史出,史论结合,通过各种材料之间的联系进行深入发掘,形成新颖的观点,表现独特的创获。　　　　　　　　　(徐志辉)

古典诗学的文化观照　莫砺锋(1949～　,江苏无锡人,南京大学中文系教授,中国韵文学会理事,中国古代文学理论学会理事,中国唐代文学学会常务理事,中国宋代文学学会副会长,中国杜甫研究会副会长,中国陆游研究会会长。研究方向:唐宋文学)著,中华书局2005年9月出版,230千字。本书从不同的文化视角对中国古典诗学进行观照。它首先以一篇总论阐述中华文化的诗性特征,然后分为3辑:第一辑从不同的时代、性别、文体之间的关系以及某种文学观念的溯源入手,论述古典诗学的内部结构;第二辑对杜甫、陆游两位诗人进行多角度的文化学考察;第三辑则从校勘、注释及选本等角度考察古典诗歌的阐释。除了总论带有宏观论析的性质外,本书的主要部分都是对古典诗学中一些重要的具体问题的实证性研究,观点比较新颖,切入问题的角度和研究方法也有一定的创新意义。(另有《江西诗派研究》《杜甫评传》,已著录)　　　　　　　　　　　　　(徐志辉)

中国诗学通论　袁行霈(1936～　,字春澍,江苏武进人,曾任北京大学中文系教授、国学研究院院长)等著,安徽教育出版社1994年12月出版,850千字。本书是将诗学批评史与诗学理论的研究融为一体的巨著,全书共6章。作者打破了学界惯用的以朝代划分阶段的模式,从古代诗论的实际出发,以重要的具有划时代意义的著作来分期:从《尚书》到王逸《楚辞章句》,为中国诗学的发轫期;从曹丕《典论·论文》到刘勰《文心雕龙》,为中国诗学相对独立的时期;从钟嵘《诗品》到司空图《二十四品》,为中国诗学独立发展的时期;从欧阳修《六一诗话》到严羽《沧浪诗话》,为中国诗学的高潮期;从辛文房《唐才子传》到叶燮《原诗》,是中国诗学建立理论体系的时期;从王士祯《带经堂诗话》到王国维《人间词话》,是中国诗学理论趋向多元化的时期。这一全新的构架,具有很强的包容性和张力,既科学地展示出中国诗学发展史的脉络,又突出了最能代表中国诗学灵魂的主要代表人物和论著。

(王忆南)

古代诗"路"之辩:《原诗》和正变研究　杨晖(1964～　,江苏无锡人,江南大学文学院教授,全国文学理论学会会员,中国古代文学理论协会会员,江苏省文艺评论家协会理事。研究方向:文学理论与中国诗学研究)著,广西师范大学出版社2008年12月出版,200千字。本书从叶燮正变观念出发,将叶燮的正变观置于清初特定的历史文化语境中,对《原诗》正变观进行了深入的富有现代色彩的阐释。作者认为,叶燮在《原诗》当中消解了"正"与"变"二元对立的传统思维方式,挑战了主流意识中的崇正倾向,解构了"崇正"或"主变"的绝对性,消除了"正"与"变"的边界,要求诗歌创作回到自由之路上,为诗人最大程度地发挥想象力和创造力提供了合法的依据,表达了他诗"路"之辩的思想。本书将叶燮的正变思想放在中国诗学领域中来探讨其观点的来龙去脉,深入挖掘叶燮正变观形成的深层原因和精神意蕴,拓展了《原诗》研究的新领域。

(徐志辉)

王国维诗学研究 谭佛雏(1919~1997,湖南津市人,扬州师范学院中文系教授,中国历史文献研究会理事。研究领域:中国古代文艺理论与批评)著,北京大学出版社1987年6月出版,350千字。本书以翔实丰富的资料与敏锐的洞见以及兼顾中西方诗学传统的广阔视野,成为一部较早对王国维诗学展开全面研究的创新力作,对后起的研究有深入影响。全书共5章,分别论述王氏的伦理观、中西化合的悦学说及其比较先进的方法论;集中评论王氏的悲剧说、喜剧说、第二形式说、美育说以及文学人物的实践理性与自律,并对其《人间词话》进行评析;全面深入地探讨有关境界说的各种美学问题,诸如境界说的传统渊源及其4种对待关系、境界说与叔本华美学的关系、境界说的两项审美标准、辨"有我之境"与"无我之境"等;对王氏的自然说、赤子之心说作了阐明,对王氏与尼采美学、王氏诗学与海甫定感情心理学的关系进行细致的比较分析;第五章对王氏的哲学美学思想和诗学理论形成的社会、历史、自然条件以及家学渊源作了极有意义的探究。还介绍王国维前期的生活经历与诗学研究的大体,总结王国维诗论的主要成就及内在矛盾与局限。

(徐志辉)

刘克庄诗学研究 王锡九(1953~ ,安徽天长人,江苏教育学院中文系教授,江苏省中华诗学研究会副会长。研究方向:唐宋文学)著,黄山书社2007年9月出版,250千字。本书是关于宋代诗人和诗论家刘克庄的研究专著,从理论方面全面研究刘克庄的诗学思想。全书共分11章,内容包括刘克庄关于唐诗风格三种范型的阐述、刘克庄的"唐律"观、刘克庄关于宋诗的论述、刘克庄关于宋诗的"开山祖师"说、刘克庄在江西诗派体系建构中的贡献、刘克庄的词学观、刘克庄的风雅观、刘克庄的性情说、刘克庄对"诗穷而后工"论的阐扬发展、刘克庄"融液众作"的诗学思想、刘克庄的"锻炼"说等诗学思想。

(徐志辉)

明诗话全编 吴文治(1925~2009,江苏江阴人,曾任江苏教育学院中文系教授)主编,江苏古籍出版社1997年12月出版,7 650千字。本书编纂明代诗话722家,其中便收录了原已单独成书的明代诗话120余种。本卷收入新辑录的明人散见诗话600余万字,约占本卷全书的四分之三。600余家原先无诗话辑本传世的诗论家,从此有了辑本,100余家原先有诗话专著传世的诗论家,经补充辑录散见诗话后,其诗论著述更臻完备。

(王忆南)

盛唐生态诗学 王志清(1953~ ,江苏南通人,南通大学新闻传播学系教授,中国王维研究会副会长,江苏省中华诗学研究会副会长,中国散文诗学会理事。研究方向:古代文学及文论)著,北京大学出版社2007年4月出版,162千字。文学和生态学有什么关系?研究唐诗的文献典籍浩如烟海,本书作者另辟蹊径,尝试运用生态学的观点来研究王维和盛唐山水诗,力图以生态的系统观和生态的价值观,对盛唐山水诗群落形成的诸要素进行综合考察,旨在揭示盛唐山水诗群落的生态背景及其生态关系,解开盛唐出现山水诗高潮的"谜底",更深刻地涉及了文学发生的许多本质性问题。作者以社会的人文价值为基点,更注重从人类的整体利益出发,把思考的理论观点贴近生命本源和生命的存在。(另有《纵横论王维》,已著录)

(徐志辉)

中国古代诗学原理 吴建民(1955~ ,安徽亳州人,徐州师范大学文学院教授。研究方向:古代文学思想史,古代诗学,古代小说理论史,古代戏曲理论史,古代艺术理论)著,人民文学出版社2001年12月出版,320千字。本书是一部系统整理古代诗学理论、建构中国古代诗学体系的学术专著。作者提出了一系列具有创新性的撰写原则:全面性、原貌性和现代性。作者认可中国古代诗学具有"潜体系"的观点,并且把它置放于"社会→作家→作品→读者→社会→……"的动态系统结构中予以考察,进而使之转化为"显体系":诗歌本质论,创作论(创作动力论、创作心态论、创作过程论、构思想象论、审美体验论、诗法论),诗人论,作品论(构成论、审美特征论、风格论、功用论、变发展论),诗歌鉴赏批评论。这也是一个动态结构系统,因而确乎构筑出一个相当完善的、浑然合成的原理体系。

(徐志辉)

江湖诗派研究 张宏生著,中华书局1995年1月出版,326千字。江湖派是宋代最大的诗歌流派,其人数之多,时间之长,在文学史上不多见。本书对这个流派做全面深入的研究,既填补了宋代文学研究的一个空白,也为如何研究古代诗歌流派提供了新经验。它摆脱了以往仅仅对文学流派自身的作家作品进行阐释和单层次的观照方式,以较高的理论素养和敏锐的思辨,多角度、多层次地考查这个流派。作者把江湖派放到一定的社会文化背景中来探求这个群体的生活方式和心灵特征,然后研究这个流派的创作倾向。不但从江湖派的作品,而且从南宋大量的史料笔记中钩沉探绎,探讨江湖谒客的生活形态和内心世界,为研究江湖派的形成找到最佳切入点。作者对江湖谒客行谒的内容和方式,谒客阶层形成的原因,谒客的出现与幕府、荐举制的关系,当世显人和谒客自身对行谒的态度等做深入的考查。作者善于从江湖派诗歌的独特形态与变化中揭示诗人的创作心理,善于通过独特的创作心理揭示诗歌的深层美学意蕴及形成的内在动因,善于从诗人的审美追求中开掘探绎诗人的独特心态。

(徐志辉)

江西诗派研究 莫砺锋著,齐鲁书社1986年10月出版,237千字。本书是对"江西诗派"在中国文学史上的地位与作用,尤其是在宋诗发展过程中的地位与作用进行考察。作者认为,"江西诗派"的重要性与独特性主要体现在活动时间长、成就高、影响大,成员众多且不断发展。正因为江西诗派是宋代诗坛上最重要的一个诗歌流派,也是中国文学史上非常独特的文学现象之一,所以了解"江西诗派"的来龙去脉,才能了解宋诗是如何在唐诗基础上继续向前发展,且"江西诗派"对当时与后世都产生了巨大影响,只有深入发掘"江西诗派"的真貌,才能对受"江西诗派"影响的诗人作出较全面准确的分析与判断。

(徐志辉)

中国现代诗人论 吴奔星著,陕西人民出版社1988年4月出版,270千字。《中国现代作家研究丛书》之一。本书虽然是以中国现代文学史上一些重要诗人及作品为研究对象,但由于所论对象在文学史上的代表性以及论及的问题、探讨的理论涉及面较广,加之作者自觉地将一条"史"的线索贯穿于对各具体作家作品的分别论述之中,我们完全可以将这部专著视为一部"中国现代诗歌发展史"。作者虽以诗人特有的敏锐的艺术感受力来对研究对象进行艺术把握,但并没有仅仅停留于艺术鉴赏的层次,而是力图在评价中作理论的升华。易言之,作者在评诗时不仅能够贴近研究对象,而且能够出乎其外,高瞻远瞩地对研究对象的实际价值作出历史的评判。读一下该书的序言便会领略到论者对于诗歌的独出机杼的理论观念;而掩卷之后更能感受到这些理论观念如何渗透于各篇各章的论述之中,从而使全书具有一种内在的理论体系。

(徐志辉)

中国现实主义新诗艺术散论 江锡铨(1950~ ,安徽蚌埠人,江苏教育学院中文系教授,江苏省中华诗学研究会会长。研究方向:中国现代文学思潮,中国现代诗歌)著,北京大学出版社2005年4月出版,210千字。本书以一种沉实而认真的学术勇气,尽可能比较清晰准确地说明新诗现实主义艺术的一些本质特征。在此基础上对中国新诗现实主义的艺术发展做简略的考察。全书思路清晰:从最根本的艺术理论原则来探讨,提出自己思考的新诗现实主义的艺术规范;从纵的历史发展的视角,勾勒出现实主义新诗艺术的总体运行轨迹;在这个发展链条中对几个代表性的诗歌现象——初期白话诗、鲁迅白话诗作、臧克家、七月诗派的典型进行论述;有意选择出几首现实主义诗歌特例的"抽样"解析。全书比较系统地考察与阐释现实主义新诗艺术这个被"有意无意地简化乃至忽略"了的学术课题。从本书中读者获得的不是关于现实主义新诗原则确立的种种范式,而是某一种被忽略的新诗历史现象娓娓道来的简约论析中的点点闪光,给你的可能是"缘溪行,忘路之远近,忽逢桃花林"的获得。

(徐志辉)

中国词史论纲 金启华著,南京出版社1992年4月出版,131千字。这部中国词史论纲,意在对中国词史作一个纲领式的论述,对词人作简要的介绍,也对其代表作品作一些评述,指出其在词史中的地位和影响。其内容包括唐五代词论纲、北宋词论纲、南宋词论纲、金词论纲、元词论纲、明词论纲、清词论纲7个部分。另有附录:匡庐词。(韩 兵)

周密及其词研究 金启华、萧鹏著,齐鲁书社1993年1月出版,184千字。《词学研究丛书》之一。本书是一部对周密生平及其词作进行全面论述的专著,介绍了南宋词人周密的时代与家世、周密的生平事迹与思想襟抱、周密的词坛交游及其雅词述评。其内容包括《周密的时代与家世》《周密的生平事迹与思想襟抱》《周密与宋末元初词坛》《周密的词坛交游》《周密雅词述评》《周密雅词的美学艺术》《南宋词的巡礼——〈绝妙好词〉》和《周密与宋末的词论》共8章。 (徐志辉)

词学论丛 唐圭璋著,上海古籍出版社1986年6月出版,736千字。本书由辑佚、考证、校勘、论述4个部分组成。其中辑佚部分收文4篇,考证部分收文18篇,校勘部分收文4篇,论述部分收文34篇,书后有附录《梦桐词》。本书涉及面极广,全面、深入、系统地展现了词学大家唐圭璋先生的词学研究成就。该书出版后深受学界好评,被认为是词学研究的又一座丰碑。其中《历代词学研究略述》,体现了唐先生对词学宏观研究的成果。而对词学的微观研究,由于立足于对学术资料的深层把握,因而多成为观点新颖、立论坚牢的不刊之说。如《柳永事迹新证》在占有翔实的新材料的基础上,提出了柳永创作是小令与慢词双峰并峙的观点。其《宋词互见考》,更被词坛认为是足以"息前人之争,祛来学之惑"。

(徐志辉)

词话丛编(全5册) 唐圭璋编,中华书局1986年1月出版,3 420千字。《词话丛编》初刊于1934年,专收评述词人、词作、词派及言本事之书,自宋王灼《碧鸡漫志》至近代潘飞声《粤雅词》,凡60种。1959年修订增补25种。1986年由中华书局出版精装5册本,内容包括:古今词话一卷、复雅歌词一卷、乐府指迷一卷、词旨一卷、雨村词话四卷、本事词二卷、词论一卷、近代词人轶事等。本丛编不收杂论诗词之作,有些专门论词的,如词律、词谱、词韵及研讨词乐之书亦未收入。所收通行本均经编者校勘增补,亦间收精校本、注释本及前所未刊之作。

(王忆南)

清代词学的建构 张宏生著,江苏古籍出版社1998年7月出版,268千字。《文学遗产丛书》之一。本书对清词的若干重要方面进行考察,内容包括政治词、咏物词、艳词、妇女词、选本及清词流派等,力图使所论述的对象具有代表性,以便从不同角度论证清词超越前代之处,探索清词发展的本质精神,说明清词中兴的意义,从而对清词得出较为明晰的认识。在研究方法上选择了"中观",即在弄清基本事实的基础上将问题提到一定的高度,力求进行带有规律性的总结。希望避免过于空泛和过于琐屑两种倾向,以使本书的论述能够既踏实,又有一定的理论性。始终坚持在一定的社会文化背景中去探讨文学现象,同时将创作和理论视为一个整体,通过对创作影响理论,理论又反过来指导创作,二者互相交叉、互相渗透的过程的揭示,找出文学史发展的自身逻辑。

(徐志辉)

唐宋词风格论 杨海明(1942～ ,江苏苏州人,苏州大学文学院教授,中国韵文学会常务理事,中国宋代文学研究会副会长。研究方向:唐宋文学,唐宋词学)编,上海社会科学院出版社1986年3月出版,149千字。本书亦史亦论,寓史于论,实为首创。既有宏观之综述,又有细密之论析,融研究、评论、赏析于一炉,自出新意,颇有创获。虽因篇幅之限,犹未能尽论列名家名作而畅所欲言,然唐宋词苑风格之大端,略已具陈。此书之作,足以引起词学爱好者之兴趣,推动词学研究工作的进一步开展,于发扬古典文学、继承文学遗产,实有贡献。(另有《唐宋词美学》《唐宋词史》,已著录)(徐志辉)

唐宋词美学 杨海明著,江苏教育出版社1998年6月出版,357千字。本书在总体框架设计上显示出建构独具特色的唐宋词美学体系的努力。第一章揭示"唐宋词所提供的审美新感受"即"以富为美""以艳为美""以柔为美""以悲为美",以之说明它在中国美学史上的重要贡献;第二章《以情动人:唐宋词所营建的言情文学"特区"》中,集中阐明唐宋词特别擅长表现"人情"之美,以此昭示它之所以感人至深的内在因素;第三章《要眇宜修:唐宋词的新颖艺术包装和主体感特色》中,通过对其音乐美、声律美、语言美、意境美、风格美的论析,重点揭橥唐宋词的"形式"之美;第四章《别立一宗:词中"变体"的向诗回归》对"刚美"词之风貌加以描述。经过一番细腻而严密的阐发、论证,读者不仅深切感知唐宋词人丰富的情感世界,领悟唐宋词那优美的语言、韵律、意境、风格,与作者共同分享审美的愉悦,而且对唐宋词之词心、词境、词格、词风的提示,使人们更真切地感受到这份文学遗产的珍贵。

(徐志辉)

唐宋词史 杨海明著,天津古籍出版社1998年12月出版,452千字。《中国分体断代文学史》之一。作者从对唐宋词的整体鸟瞰切入,论述词的起源及其原始形态,多角度、多层次地考察词体发展的历史进程,测绘出词的风格在不同时代里转换演变的轨迹,并揭示出社会经济和政治气候对词的创作所产生的重大影响。在"史"的叙论中间又结合评述具有代表性的重要词家的创作历程及其风格特色。全书既有"史"的一脉相承、清晰可辨的纵向线索,又有"人"的横向拓展,可谓点面结合,大大扩充了信息量。最后一章又对唐宋词史作归纳性的客观总结,认定唐宋词在抒情的深度上比起诗歌有着更进一层的开掘,词境堪称中国韵文里最为优美的一种意境。作者还从中透视出"以悲为美""以艳为美""以柔为美""以文采为美""以含蓄为美"的汉民族审美心理,这样就把对唐宋词史的研究提高到民族性和美学的层次来反思,显示出词学研究的广度和深度。

(徐志辉)

词话史 朱崇才(1954～ ,江苏涟水人,南京师范大学文学院教授。研究方向:词美学,宋词,词学理论)著,中华书局2006年3月出版,280千字。词话是中国古代诗学文献的一个组成部分。本书是从历时性角度对历代词话的发展作系统论述和探讨的著作。本书所追求的目标是运用历史学的观点与方法,对历代词话作出一个"历史化"的阐述,从而最大限度地接近乃至还原词话历史发展的原貌,并希望从这种接近及还原中总结出或透露出词话产生发展的某些线索、规律或可能性。作者在对词话的定义和历代词话的基本情况以及词话史的研究进行简单的论述后,分15章对唐五代、北宋、南宋、金元、明、清和近代词话的内容、观点、影响及发展脉络进行系统详细的阐述,为词话研究者提供了一本很有价值的参考书。

(徐志辉)

词学散步 陈学广(1962～ ,江苏泰州人,扬州大学文学院教授。研究方向:文艺学,美学)著,黄山书社2004年10月出版,200千字。本书分为《词论研究》《作家研究》和《作品赏析》3辑。在《词论研究》中,对"词为艳科"的观念、"以诗为词"与"词为诗裔"的词体观念、"别是一家"的本体观念、尊体意识与雅化观念以及"稼轩体"和"稼轩风"等进行了详细阐释。《作家研究》主要以李清照为代表,从李清照词的抒情艺术、使命意识及其成因、咏物词的艺术特色等方面,试图证明宋代妇女词的性情之真善和艺术之美。在《作品赏析》部分,从南宋北宋选择了若干作者的作品来分析研究。

(徐志辉)

女性词史 邓红梅(1966～2012,女,江苏句容人,文学博士,南京师范大学文学院教授,曾任中国李清照、辛弃疾学会常务理事。研究领域:中国词史,唐宋诗歌,中国古代女性文学,中国传统文化)著,山东教育出版社2000年7月出版,432千字。本书以女性特有的理论触觉与艺术敏感去触摸和把握女性词千余年的发展轨迹,清晰地归纳和论证了女性词作为"闺音"原唱和纤婉文学的总体特色与主体美感;结合各个时代的社会生活、文化环境、审美风尚和女性在其中的独特处境与心路历程,立体地、详细地描绘了女性词的全部流程,向读者展示了女性词作为词苑一丛异葩的女性文学特色,展示了女性词作为"一段色彩斑斓的花史"和"一条波澜起伏的河流"的艺术风貌。作者的词史框架建构,虽以感性描述为外壳,却是以深思熟虑的理性把握为基础的。作者采取有所侧重、不拘一格和实事求是地追本溯源的写法,较准确地揭示出特定时代女性词与社会生活之间的有机联系和有形无形的各种影响。本书实为女性词史的开山之作,对于具体文学现象和单个作家的描述已经是细致深入,精彩纷呈,为后来者的继续研究积累了丰富的经验。

(徐志辉)

唐五代词研究史稿 高锋(1969～ ,江苏镇江人,南京师范大学文学院教授,中国韵文学会会员,中国词学研究会理事。研究方向:唐宋诗词学、中国古代文学与文化关系)著,齐鲁书社 2006 年 8 月出版,230 千字。此书考察评述所涉及的范围极广,从时间说,由词体的萌生期,即唐五代一直到明清和近现代;从空间说,所涉及范围以中国大陆为主,但也搜采了港、澳、台以及海外诸国的有关资料。全书共分 5 卷,各卷体例大致相同,时序依朝代演进,文笔因人而异,风调多彩纷呈。就总体而言,全书眼界广远,资料丰盈,脉络明晰,评析精当,编纂得体,梓行顺利,堪称学界之壮举,词林之盛事,为国内外词学研究者和读者群体提供了丰富的资料,是比较完整、浩博的典籍。然其个别地方有资料与评述关系处理未当者,对港澳台及海外诸国的研究资料尚可多方采集。

(徐志辉)

宋金元词籍文献研究 邓子勉(1963～ ,内蒙古包头人,祖籍湖北武昌,江苏教育学院中文系教授。研究方向:唐宋元明清文学)著,上海古籍出版社 2008 年 12 月出版,436 千字。本书致力于搜集与整理关于宋、金、元三代文人所作之词集在当时及后代的刻印、传抄、典藏、校勘和接受等情况的资料,从纵横两方面对宋金元词籍文献的历史状况进行了论证与分析。作者从文献角度出发,着重在宏观上对宋金元人词集及相关的学术性问题进行探讨,意在把与之相关的部分作为一个互相关联的整体来考察,避免词学研究中出现的孤立、甚至是割裂看问题的现象。本书充分运用所搜集的材料,考辨与论述相结合,做到有的放矢,不作空洞的论说,以务实的态度和方法从事研究,对宋金元人词集进行了一次较为全面的梳理。

(徐志辉)

明词史 张仲谋著,人民文学出版社 2002 年 2 月出版,270 千字。本书基于翔实的资料和深入的体审,对诸多重要词人之生平行迹补苴罅漏,颇见功力。本书贡献的主要观点:一是从文化学和历史学的视角观照"明词中衰",从文体自身的发展规律、明代俗文化崛起加速雅文化的衰颓与变异、词体地位的下降、词乐的失传等四个方面立论,全面而清晰地寻绎到明词衰颓的深层脉理。二是建构明词史的框架。根据明代社会特点、文化背景之转换、词体自身发展、词坛名家的相对集中等特点将明代词流程划分为 4 个阶段:启幕期、衰蔽期、中兴期、衰变期。三是关于明词曲化的认识,指出明词的曲化,在理论上词曲概念不清;在创作中词曲相乱,混淆本色。四是对明代词学理论与女性词人群体的关注。

(徐志辉)

北宋词人贺铸研究 钟振振(1950～ ,江苏南京人,南京师范大学文学院教授,中国韵文学会会长,中国宋代文学学会副会长,中国词学研究会副会长。研究方向:中国古典诗词)著,文津出版社 1994 年 8 月出版,120 千字。本书对贺铸进行全面的研究,其中对其家世生平所作的考订与记述,以其翔实与准确,堪称贺铸研究的里程碑。它使人们看到了一个具有多侧面的人:是武官又是文官,且带有一丝侠气;他同时又是藏书家,书法也甚好,还善于制墨。即使从贺铸本人给自己所起的号甚至书斋的名字上,也能够窥测到他的性格特色——其自号"北宗狂客",此乃仿效其十五代族祖贺知章号"四明狂客"而来,显示了贺铸对他的崇拜,更透露了贺铸性格中"狂"的一面;其书斋命名为"阿堵斋""令人解颐""曰升平地",又可见其陶然自乐的心胸。

(徐志辉)

中国古代文学研究史·词学卷 曹辛华(1969～ ,河南巩义人,南京师范大学文学院教授,中国韵文学会常务理事,中国词学研究会常务理事,中国文章学研究会副会长。研究方向:古代文学,近现代文学)著,东方出版中心 2006 年 1 月出版,440 千字。《20 世纪中国古代文学研究史丛书》之一。本书是一部有关 20 世纪词学研究的专论,全书共分上中下三篇,分别从综论、专家论、群体论三个方面对 20 世纪词学研究在继承传统的同时所表现出的异于传统的特征作了详细的梳理和论述,涉及 20 世纪词学研究流派析论、梁启超的词学研究、王国维的词学研究等内容。本书观点新颖,内容丰富,在中国古代词学研究方面具有较高

的学术价值。　　　　　　　　（徐志辉）

顾骧文学评论选　顾骧（1930～2015，江苏阜宁人，曾任北京师范大学客座教授，中央音乐学院研究员，中国当代文学研究会副会长，中国文艺理论学会副会长，中国作家协会研究员）著，湖南人民出版社1984年9月出版，194千字。《中国当代文学评论丛书》之一。本书共辑录作者文学评论文章34篇，如《建设具有中国特色的社会主义文艺》《文艺理论研究工作若干问题》《文艺批评是促进文艺繁荣的一门科学》《人性问题论争三十年》《思想解放与新时期的文学潮流》等。　　（韩　兵）

陈辽文存　陈辽著，香港银河出版社1998年起逐年出版，字数不详。由香港银河出版社结集出版，至2008年已出版到第七卷。作者历年发表的文稿按类编排到各卷，第一卷、第五卷为古典文学研究和评论；第二卷为文艺理论研究；第三卷为现代当代文学研究和评论；第四卷为海外华文文学研究和评论和历史、文化、政治、经济、社会研究和评论；第六卷为三部专著：《盛成传奇》《奇书〈姑妄言〉清代〈金瓶梅〉》《中国政策设计100家》；第七卷为《我看新中国文学（1949～2008）》。　（韩　兵）

文学的探求　徐采石（1941～2001，江苏建湖人，曾任江苏社会科学院吴文化研究中心研究员，江苏省当代文学研究会第二、三届常务副会长，中国当代文学研究会第四届常务理事，中国作家协会会员）著，南京出版社1993年11月出版，260千字。本书是中国当代文学史上流派研究的第一部专著。这部专著对南京地区"探求者"文学流派从发起到真正形成的漫长曲折过程进行了清晰精当的论述，对它的现实主义文学思潮作了认真梳理和恰切阐释，并对陆文夫、高晓声、艾煊、方之等几位代表性作家所营构的艺术世界分别作了颇见功力的评介。书后所设的附录，提供了流派形成的主要原始资料和成员间的相互论评，也将给广大读者和研究者带来诸多方便。　　　　　　　　（徐志辉）

永远的现代：施蛰存论　杨迎平（1953～　，湖北孝感人，南京晓庄学院文学院教授。研究方向：中国现当代文学，中国现代戏剧理论，中国20世纪现代派小说，施蛰存研究）著，光明日报出版社2007年5月出版，260千字。本书分《综合论》《创作论》《比较论》三部分。《综合论》比较全面地评析施蛰存一生主要的学术和创作业绩，对研究对象有一种"统领"的作用。《综合论》对施蛰存与20世纪30年代的诗歌革命、小说创作与外国文学的关系、编辑事业上对现代文学的贡献、翻译工作对文学的贡献都作出专门的探讨。《比较论》力求给出一个比较完整和立体的施蛰存，不光是写了什么，而且对做了什么也作了详尽的交代。上述三者构成了一个有内在联系的有机整体。施蛰存的现代主义文学创作，创造了一支中国的现代派，使中国现代文学走出了现实主义"一统天下"的格局，从而形成了现实主义、浪漫主义、现代主义三足鼎立的局面。
　　　　　　　　　　　　　　　（徐志辉）

异域性与本土化：女性主义诗学在中国的流变与影响　杨莉馨著，北京大学出版社2005年10月出版，300千字。本书扼要阐述欧美女性主义诗学的理论特色与学术贡献，系统梳理它在中国的流变与影响、变异及转型，从学术背景、认知框架、思维习惯和批评模式等不同视角分析中西女性主义诗学的差异，并提供对于女性主义诗学影响下的中国当代女性文学写作的一系列极富见地的解读。经由回望20余年来女性主义诗学在中国的命运，反顾中国女性主义批评实践和女性文学写作的演变，作者考量中国当代文学创作、文论建设与文化发展中的异质因素和本土因素之间的复杂关系，在微观与宏观的结合中评点中西文化碰撞所激起的纷繁文学现象，常能发前人所未发。全书研究思路明晰，剪裁梳理精当，文笔清丽流畅，在严谨的论述中不乏饱满的激情与盎然的诗意。　（徐志辉）

20世纪"另类"批评话语——朱光潜研究新视阈　钟名诚（1962～　，江西赣州人，南京晓庄学院文学院教授，中国中外文艺理论学会会员。研究方向：文艺理论与批评）著，中国文联出版社2004年6月出版，165千字。本书分为三个部分。第一至二章为朱光潜文艺批评建构的理论基础。第三至六章则从批评主体、批评方法、批评语言、比较诗学四个方面从宏观上论述朱光潜的文艺批评理论，为总论部分。第七至十二章则分别从诗歌批评、书评、散文批评、刊物批评、创作批评、语文批评等六个方面具体论述朱光潜的批评实践,为分论部分。三个部分密切相关,交织成朱光潜文艺批评之网,其经线为批评主体修养观、批评方法观、批评语言观、诗学比较观,其纬线则是诗歌批评观、书评观、散文批评观、刊物批评观、创作观、语文建设观。而这一切都是紧紧围绕"另类"这一特征展开的。　(徐志辉)

新时期小说论评　胡若定(1935～　,湖南双峰人,南京大学中文系教授,曾任中国当代文学研究会理事,江苏省当代文学研究会常务理事、副会长。研究方向:中国现当代文学)著,南京大学出版社1989年10月出版,230千字。本书内容有"反思与突进""人性的潮涌""改革与小说""悲剧的魅力""'现代主义'东渐""探索的热潮",共6章,结合创作实践,对活跃于新时期文坛的50多位中青年作家的近90部有代表性的长、中、短篇小说作了实事求是的具体评析,并从实到虚,就小说创作中现实主义的发展、现代主义的借鉴、新潮小说的得失等重要问题进行了探讨,既肯定了创作的成就,也分析了存在的问题,对了解与研究新时期小说,具有一定的参考价值。　(徐志辉)

文之门:钱锺书文学批评的互文性特征　焦亚东(1966～　,河南西平人,淮阴师范学院文学院教授。研究方向:文学批评学,比较诗学)著,广西师范大学出版社2007年5月出版,211千字。本书旨在以"互文性"为切入点,从"互文性理论中的中西对话""互文关系的生成及显现""文中之义""转换与手法""意义阐释"等方面,对钱锺书文学批评与西方互文性理论的复杂对话关系进行了详尽的探讨,并在此基础上思考了中国文学批评实践与西方文论本土化之间的关系问题。对于深入理解钱锺书文学批评的视域、维度、取向、策略和方法具有重要的启发意义,是钱锺书研究领域的又一重要成果。　(徐志辉)

文学空间的裂变与转型——大众传播与20世纪90年代中国大陆文学　陈霖(1963～　,安徽宣城人,苏州大学教授。研究方向:媒介叙事,媒介文化)著,安徽大学出版社2004年5月出版,208千字。本书试图比较全面地考察和描述20世纪90年代以来大众传播的发展在文学空间的裂变与转型中的影响与作用,提供一个比较系统地看待这一时期中国文学整体状况的视角和框架——即以大众传播为视角,以文学活动为聚焦对象,运用大众传播学、文艺社会学、文化研究等相关理论研究的方法和成果,再结合典型文本的分析和具有代表性的个案研究,探讨大众传播以及大众传媒扩散的大众文化对中国20世纪90年代文学体制的冲击和在此冲击之下文学体制进行的调整。　(徐志辉)

王国维与文学　陈鸿祥(1937～　,上海嘉定人,曾任江苏人民出版社文学编辑,江苏省委党史工委编审,《世纪风采》杂志执行主编)著,陕西人民出版社1988年6月出版,274千字。本书试图将王国维的生平学业与他的文学活动联系起来作综合考察。其一,王国维与文学之一般关系,概述其文学生涯,探讨他在文学道路上历经的曲折。其二,王国维与近代文学之关系,概述其著作与论说,以探讨他在近代文艺思想史上的位置与影响。本书对王国维的文学活动断限在1912年《宋元戏曲考》的写作。对于其后与文学有关的研究及论说附及之。故全书除导论概述其生平学业,结局评述其"自沉"悲剧以外,分创作、评论、研究3篇;再于每篇内对其代表作及重要论说分章叙之。(另有《王国维与近代东西方学人》《王国维全传》,已著录)
　(韩　兵)

王国维与近代东西方学人　陈鸿祥著,天津古籍出版社1990年9月出版,335千字。本书探究重点在于东西方学人。于东方之旧学者,仅及于沈曾植;新派学者,则分别比较了梁启超与胡适;日本学者,仅与王氏著译直接相关的桑木严翼等;另外《教育世界》杂志发表的某些未署名的文稿与主编王国维的关系,分别以撰、译、编论之。所谓西方学人主要指近代西方哲学、伦理学、美学、心理学以及文学方面的代表人物,多涉及王国维早期的"译述",属于文艺复兴以后,启蒙运动时期,直至19世纪中后期。　(韩　兵)

文坛边鼓集　李国涛(1930～2017,江苏徐州人,研究员,曾任《汾水》编辑部副主任,《山西文学》杂志主编,山西省作家协会副主席)著,北岳文艺出版社 1986 年 3 月出版,207 千字。本文集选收了著者关于当代山药蛋派作家赵树理、马烽、成一、张石山等人的作品评论 30 余篇,如《且说"山药蛋派"》《再说"山药蛋派"》《赵树理艺术成熟的标志》《马烽近作漫评》《张石山短篇小说印象》等;另有数篇鲁迅研究文章,如《鲁迅作品中的复仇主题及其美学意义》《鲁迅诗论的现实意义》等。　　（韩　兵）

中国心像:20 世纪末作家文化心态考察　贺仲明(1966～　,湖南衡东人,南京师范大学文学院教授。研究方向:中国现当代文学)著,中央编译出版社 2002 年 5 月出版,213 千字。本书以"心灵自由"思想为核心,以作家和作家群体研究的方式,全面考察了 20 世纪末的小说作家。在特殊的政治环境下,作家的文化心灵会受到时代环境、生活经历的深刻影响。以此为前提,作者采用代际划分的基本方式,重点考察了"五七作家群""知青作家群""农裔作家群"和"晚生代"等作家群体以及杨绛、孙犁、王朔等重要作家,深入考察了时代环境对其创作带来的深刻印记,洞察其精神内伤和思想缺憾。本书对这些作家心态做深入的研究,也是对这个时期文学整体的精神把握。本书的主要特点是宏观的理性思考、细致的文本解读加上切实的研究前体。　　（徐志辉）

台湾新文学之父——赖和　刘红林著,作家出版社 2006 年 7 月出版,223 千字。《台湾作家研究丛书》之一。本书包含《血与火铸成的精魂——赖和的人生之路》《"奶母"与奠基者——赖和的新文学道路》《崇高地位与文学精神的完美表现——赖和小说》《进军号和里程碑——赖和散文》《内容与形式相得益彰的赖和新诗》《梦绕神州路,心弥汉唐情——赖和传统诗谈片》《籁和的意义》共 6 章,后附录赖和新文学作品简表,对赖和的一生尤其是他对台湾新文学的贡献,进行了系统研究。（韩　兵）

钱锺书与现代西学　季进(1965～　,江苏如皋人,苏州大学文学院教授。研究方向:20 世纪中外文学关系,钱锺书,海外汉学)著,上海三联书店 2002 年 1 月出版,150 千字。《上海三联学术文库》之一。全书共 5 章,通过对钱锺书先生与阐释学、与解构主义、与形式批评、与比较文学、与心理学等问题的阐述,就钱锺书先生对现代西学的研究作了深入的探讨。本书内容全面,结构严谨,条理清晰,具有较高的科学性、系统性、理论性及学术价值,对于从事该领域研究的学者来说,本书无疑是一本极有参考价值的资料。　　（徐志辉）

陈白尘创作历程论　董健(1936～2019,山东寿光人,南京大学文学院教授,江苏省文艺评论家协会主席,中国话剧研究会副会长。研究领域:中国当代文学,戏剧)著,中国戏剧出版社 1985 年 5 月出版,237 千字。陈白尘是我国杰出的戏剧家之一,其剧作在国内外享有盛誉。本书共 8 章,详尽地剖析了陈白尘近 60 年来创作中的成败得失,系统地研究了剧作家艰辛曲折、上下求索的创作道路,并按时间顺序分几个阶段论述了他在讽刺喜剧、历史剧、小说、电影等方面的创作成就。本书论点鲜明,分析鞭辟入里,行文流畅,既有专题研究,又有史的线索可循。书中既充分评价了每个时期重点作品的历史价值,探索了这些作品产生的历史依据,剖析了这些作品思想、艺术特色,同时也阐明了各个时期作品的内部联系,并无虚饰地、实事求是地探讨了一些作品的得失成败。恰如匡亚明为该书撰写的《序》中所说:该书对陈白尘的作品"论及优点,剖判主深,力图分析得头头是道;谈到缺点,挑剔主透,尽量评说得丝丝入理"。　（徐志辉）

蜕变与回归——中国现代文学中的文化对抗　刘锋杰(1953～　,安徽泾县人,苏州大学文学院教授,中国文艺理论学会常务理事,中华美学学会会员。研究方向:文学理论与美学,中国现代文论史)著,国际文化出版公司 1989 年 11 月出版,120 千字。本书将 1919 年到 1949 年间的现代文学划分为"五四"文学与"五四"以后的文学两个部分。作者认为,以"五四"文学为起点的中国现代文学的发展全过程,包含着历史的进步,诸如文体规范化,文学表现生活能力的增长,作为现代中国人民谋求民族独立与政治解放的重要一翼,无愧于时代。然而由于现实环境的险恶和指导上的偏颇,后期现代文学与"五四"文学之间存在明显的文化落差:后者是新文化运动的一翼,前者则主要是政治运动的一翼;后者代表着一场启蒙运动,前者则代表着一场救亡运动;后者是个人主义的文学,前者则是阶级斗争的文学；后者由知识分子领导，前者则越来越趋向于认同农民阶级而成为农民的文学；后者标志着艺术的独立，前者则显示出政治利用文学的特征。因此从这个特定角度看，中国现代文学是"五四"文学的否定性延续，中国现代文学越发展，与"五四"文学离得越远。 （徐志辉）

虚实美学新探 吴奔星著，江苏文艺出版社2000年1月出版，110千字。本书对中国美学资源，特别是虚实美学理论进行深入研究。上编"虚实美学的新开拓"部分包括务实联想与务虚想象，文艺心理学与虚实美学，艺术风格与虚实美学；下编"虚实美学的实践"包括形象思维与虚实美学，审丑与审美的转化，新旧体诗的讲评与虚实美学。全书体现理论与实际的紧密联系，是一部雅俗共赏的美学专著。作者以其数十年教学、创作与研究的丰富实践，从中国古代美学资源中发现并发展了值得重视的诗歌创作与评价的美学观点："虚"与"实"是中国五千年来诗歌美学史的灵魂，二者的转换与搭配是诗歌美学的魅力所在；虚与实是诗艺心理学的突出范畴，"实"是联想，"虚"是想象，"联想"与"想象"是诗人凭借生活真实飞向艺术空间的"马达"；凡是生活阅历丰富的诗人最善于从联想获得灵感，也最善于把联想虚化为想象，从而突出通感的神来之笔；诗人有无联想力与想象力，是衡量有无创作才华的标志；诗之所以为诗，不在于语言文字是否押韵，而在于是否完成了抒情的功能。 （徐志辉）

谈艺录（上下册） 钱钟书著，生活·读书·新知三联书店2001年1月出版补订重排本，500千字。《谈艺录》是学者钱钟书的代表作品之一，该书是一部集中国传统诗话之大成的书，也是第一部广采西方人文、社会科学新学来诠评中国古典诗学诗意的书。书中对古诗家作品多所评骘，唐以后一些有代表性的诗人更被重点论列。该书征引或评述的内容包括曾作为思想理论界显学的佛学、精神分析学、结构主义、文化人类学、新批评和较新起的流派如超现实主义、接受美学、解构主义等。全书包括《诗分唐宋》《黄山谷诗补注 附论比喻》《王静安诗》《诗乐离合 文体递变》《性情与才学》《神韵》《李长吉诗》《长吉诗境》《长吉字法》等内容。 （蔡保鹏）

宋代咏梅文学研究 程杰著，安徽文艺出版社2002年6月出版，284千字。本书研究了宋代咏梅文学的繁荣及其意义，两宋之间梅花象征生成的三大原因，北宋三大诗人的咏梅创作，宋代梅花审美认识的发展以及历代咏梅的六大模式等内容。这是迄今为止第一部全面系统讨论咏梅文学的专著。作者由一个梅花意象入手，通过对先秦至宋元之际尤其是两宋时期数千篇咏梅作品的详尽解析梳理，纵横比勘，把隐微复杂的梅花审美历程清晰准确地揭示出来，并放在文化大背景中对其审美象征的具体内涵、生成原因、创作模式、文化积淀等作了全方位的论析与阐释，把梅花主题的研究推进到一个新的高度。宋代诗、词、文中咏梅作品达5 898篇，是宋以前赋梅作品总数的50倍。本书首次对宋代咏梅文学进行多角度、多层次、多侧面、全方位的展开研究和深入探讨。本书也是一部深入细致的题材意象史的个案研究专著。其研究不只限于宋代，而是把先秦至宋元之交的咏梅历史都纳入视野，这就使整个研究突破了某个时代题材研究的范畴，而成了具有一定历史纵深的题材史、主题史或意象史的著述，具有了一定的专题文化史的意义。（徐志辉）

戏剧理论文集 陈瘦竹（1909～1990，原名定节，又名泰来，笔名瘦竹，江苏无锡人，曾任南京大学中文系教授，中国话剧研究会名誉会长，中华戏剧美学学会会长，中国田汉学会副会长）著，中国戏剧出版社1988年5月出版，384千字。本书是作者戏剧理论著作的选集，内容包括：综述欧美喜剧理论的源流演变，评论心理分析学派戏剧理论、欧洲当代"反戏剧"思潮及荒诞戏剧，剖析国内外学者对我国现代戏剧的研究，关于中外著名剧作家的重新评价及比较研究等。（另有《现代剧作家散论》《易卜生"玩偶之家"研究》，已著录） （蔡保鹏）

明刊本西厢记研究 蒋星煜（1920～2015，江苏溧阳人，曾任上海艺术研究所研究员，兼华东师范大学、上海师范大学教授。研究方向：文学戏曲）著，中国戏剧出版社1982年7月出版，220千字。《西厢记》是我国古典戏曲文学作品中的瑰宝，历代刻本很多。仅现存的明代刊本就有40种左右。本书作者多年从事明刊本《西厢记》的研究工作，这部著作就是他的研究成果的结集。它对各种刊本作了系统而深入的研究和评价；从内容、形式、批校、注释各方面考查了《西厢记》的发展变化、版本源流，并对许多戏曲家、戏曲作品校刻批评家的生平事迹、文艺思想作了探讨。本书论据充实，条理清晰，分析严密。对中国古典文学、戏曲史、戏曲文学理论研究工作者，有关高校师生，业余爱好者和版本学、出版学研究者都是有参考价值的著作。（另有《中国戏曲史钩沉》《〈桃花扇〉研究与欣赏》，已著录）

（徐志辉）

中国戏曲史钩沉　蒋星煜著，中州书画社1982年9月出版，241千字。《中国古典戏曲理论丛书》之一。本书收录作者30年来论述戏曲史的文章29篇。这些论文大都是从宋元明清的诗文集等古籍的残本佚卷中发掘到的珍贵资料，对古典戏曲作品、剧种、论著进行的考证之作。其中的论文，有些是对于戏曲理论中久悬未决的问题的探索，有些是对于戏曲史上比较冷僻的问题的钩沉。论述翔实，观点鲜明，语言流畅。它为中国戏曲史的进一步整理和研究，提供了不少重要的线索。可供大专院校中文系师生和元明清戏曲研究者及爱好者研读。

（徐志辉）

《桃花扇》研究与欣赏　蒋星煜著，上海人民出版社2008年1月出版，228千字。本书汇集了作者近20年来所作《桃花扇》论文30余篇，在《桃花扇》研究的广度和深度上都有所拓展，还澄清了不少问题，是一本《桃花扇》研究的力作。作者对于自民国以来《桃花扇》研究中比较有影响的著作一一给予评说；对梁启超和王季思等两本《桃花扇》注释给予充分肯定，并指出梁著同时勾画出了他的历史剧理论的大体轮廓。作者关于《桃花扇》三易其稿的过程和创作思想的论述是蒋著最具独特见解因而最值得重视的部分。

（徐志辉）

中国古典戏曲小说考论　赵兴勤（1949～　，江苏沛县人，徐州师范大学文学院教授，中国元好问学会理事，江苏省明清小说研究会副会长。研究领域：中国古代文学及戏曲）著，吉林教育出版社2004年11月出版，340千字。本书是作者学术论文的结集。全书分为3编，上编《曲海钩沉》以及中编《剧坛杂说》是有关戏曲研究的内容，下编《说部探幽》则为小说论文的集结。本书的学术成就表现在以下4个层面：一是新材料的发现。作者的文献功底深厚，广泛涉猎了文史典籍和历代笔记，挖掘出许多人所未知的新材料，从而探明了戏曲小说研究中的一些疑难问题。二是考证严谨。学术研究中往往牵涉一些人、事，由于时过境迁，湮没不彰，这就需要从史籍中加以钩稽，考其来历。三是论述精审。本书作者既擅考证，又能以观点驾驭材料，站在理论高度上对各种文学现象作出精到的评析。四是有开拓、有识见。本书为戏曲、小说文献研究及文学史研究贡献颇多。（另有《赵翼评传》，已著录）

（徐志辉）

元曲艺术风格研究　王星琦（1945～　，辽宁盖县人，南京师范大学文学院教授。研究方向：中国古代文学）著，江苏文艺出版社1996年10月出版，300千字。本书是系统深入研究元曲艺术风格的一部专著。作者通过对丰富的历史材料和有关文献的分析，旨在于宏观博约的理性阐发与微观细辨的感性体会的基础上，兼顾总体上的风格把握与具体作家作品的个性探求，在考察大文化背景的同时，对元曲的总体艺术精神和作家、流派的个性特色，作出令人信服的勾勒与描述，进而从一个全新的视角透视元曲独特的意蕴风姿，以求获得某些现代发现。全书分"杂剧篇"和"散曲篇"两部分，既有开阔的理论视野，亦不乏具体细致的直觉品味。（另有《元明散曲史论》，已著录）

（徐志辉）

元明散曲史论　王星琦著，南京师范大学出版社1999年10月出版，280千字。本书从文学艺术自身发展规律出发，立足于文本的实际情况，从多种角度对元明散曲进行交叉的综合研究，以期在多条线索的交汇点上来解读元明散曲，从而获得一些新的感受和新的发现。全书分《本体论》与《流变论》上下两编。上编侧重于对散曲文学本身文化意味的探求以及散曲文学的文体意义和美学意蕴的阐释；下编主要是从史的层面作纵向考察，意在探索承传与新变的复杂关系，力求在追循着一体文学发展流变的深层运动规律的同时，将文学现象纳入到大文化以至文化哲学的高度，从而对散曲文学予以较为恰切的价值定位。这是因为，文学现象绝非简单的个人行为，亦非流派思想的复制，没有思想的文学是不存在的。所有这些想法都是作者写作此书时的目标。

(徐志辉)

董解元西厢记 凌敬言(1904～1959,又名景埏,号玄黄,别号撷芬楼主人,江苏吴江人,徐州师范学院教授。研究方向:戏曲,通俗文学,古文献辑佚、整理)校注,人民文学出版社 1962 年 2 月出版,131 千字。《董解元西厢记》(简称为《董西厢》)是现存 3 种诸宫调中首尾最完整、思想价值和艺术价值最高的一种。诸宫调是一种有说有唱、以唱为主的文艺形式。其说的部分用散文,唱的部分用宫调,相传为北宋时期民间艺人孔三传所创。诸宫调虽产生于北方,宋朝南渡后也传到了南方,遂有南北诸宫调之分。《董西厢》即属北诸宫调。本书即为《董西厢》的校注本。《董西厢》刻本很多,本书以明闵遇五刻《六幻》本为底本,依 1957 年在绩溪发现的古本分为 8 卷,并用古本、旧钞黄嘉惠校本、屠隆校本、汤显祖评本、闵齐伋刻本、浙江图书馆藏明刻残本、暖红室翻刻闵齐伋本、暖红室后刻不分卷本对勘,择善而从。本书断句,文义、格律俱可通的,从曲谱;按曲谱不可通的,则从文义。为了便利读者,本书对一些词语和典故做了简要通俗的注释。(另有《诸宫调两种》,已著录)

(徐志辉)

诸宫调两种 附:撷芬室文存 凌敬言、谢伯阳校注,齐鲁书社 1988 年 2 月出版,227 千字。本书辑存的几篇文章可分为三组:第一组是《宋魏汉津乐与大晟府》《说套曲之成立》《南戏与北剧之交化》。第一篇是研究宋代音乐的重要著作。本文从六个方面对大晟府的体制进行了探讨。第二篇考证套曲的成立应自南宋之赚词和金之诸宫调始,而不是法曲和大曲。第三篇阐明南戏与北剧自元中叶以后,以杭州为中心互相接触而发生变化,终于形成了新体裁。第二组是《词隐先生年谱及其著述》《鞠通先生年谱及其著述》《渔阳先生年谱》。这是论述中国文学史上占重要地位的戏曲家、吴江派领袖沈璟和他的两个侄子的生平及其撰著的。这三篇文章对于在中国戏曲史上这个重要流派的代表人物做了详尽的研究。第三组是《再生缘考》《珍珠塔各本异同考》《弹词目录》。第一篇考辨了《再生缘》和它的前本《玉钏缘》及后本《再造天》的作者、时代以及它们的关系。第二篇从版本考查着手,比较《珍珠塔》各本异同。第三篇《弹词目录》是继郑振铎《西谛所藏弹词目录》之后撰成的。

(徐志辉)

明清传奇结构 许建中(1957～ ,山东海阳人,扬州大学文学院教授。研究方向:元明清文学,古代童蒙教育与文学)著,中州古籍出版社 1999 年 4 月出版,348 千字。本书内容写得非常充实,对明清传奇的结构问题做出多方面的研讨,先后论述明清传奇结构的历史形成、明清传奇结构的基本特征、明清传奇结构的历史演变,后还论及明清传奇结构的简化趋势,大都是从实际出发,立论有据,非泛泛之论。其中最为用力的是对明清传奇六类结构模式所做的举例式的个案分析,上述诸问题就是在这些具体分析的基础上做出自己的论述的。本书超越了一般戏曲史,从戏剧结构这一侧面揭示出中国古代戏曲发展演变的历史轨迹。

(徐志辉)

陈白尘论剧 陈白尘(1908～1994,江苏淮阴人,曾任南京大学中文系教授、系主任。对讽刺喜剧创作有独到贡献,被誉为"中国的果戈理")著,董健编,中国戏剧出版社 1987 年 3 月出版,274 千字。本书辑选陈白尘先生 50 多年来有关戏剧的文章 62 篇。按年月顺序编次。其中有创作经验、体会的介绍,又有结合创作实践所进行的理论研究和探讨,有观剧杂谈,有对戏剧运动的建设性意见,有演艺界回忆和戏剧史评述等。(另有《中国现代戏剧史稿》《缄口日记:1966～1972,1974～1979》,已著录)

(韩 兵)

卢前曲学四种 卢前著,中华书局 2005 年 4 月出版,180 千字。本书内容包括《明清戏曲史》《读曲小识》《论曲绝句》《饮虹曲话》。其中,《明清戏曲史》以 1935 年上海商务印书馆初版本为底本;《读曲小识》以 1941 年长沙商务印书馆再版本为底本;《论曲绝句》以 1912 年国立成都大学铅印本、1931 年上海开明书店蜀刻影印本为底本,并参考了扬州师范大学中文系季国平先生 1982 年的点校本。《饮虹曲话》以河南马集文斋民国间刻本为底本。书后附录张友鸾、赵景深回忆卢前的文章。

(韩 兵)

深沉悲怆的生命旋律——论中国80年代悲剧 周安华(1957~ ,江苏盐城人,南京大学文学院教授,中国话剧研究会常务理事,江苏省传媒艺术研究会会长,江苏美学会副会长。研究方向:电影电视艺术理论与创作研究,影视批评研究,中国现当代戏剧史论)著,学林出版社1991年10月出版,144千字。本书是对中国20世纪80年代的悲剧创作进行全面系统考察的第一部专著,具有三大特色:以中国整个20世纪80年代的悲剧艺术为关照对象,以悲剧美学思潮的推进为思路,把十年的悲剧创作划分为创始期、嬗变期和成熟期,并阐明各阶段的特点,着重挖掘和剖析20世纪80年代悲剧富蕴生命内涵的现实主义悲剧美学精神;以社会学悲剧美学学派的宏阔视野,将20世纪80年代的悲剧艺术放在历史的潮流和世界悲剧文化的大格局中来关照和透视,把社会性、时代性同艺术性相结合的"五四"以来的现实主义悲剧艺术传统看作是它的"宽阔的历史源头";打破传统悲剧批评的模式,既把严格的悲剧作品作为关照对象,也把含有强烈的悲剧性因素或形喜实悲的"泛悲剧"纳入研究范畴。(另有《现代影视批评艺术》,已著录)

(徐志辉)

现代剧作家散论 陈瘦竹著,江苏人民出版社1979年11月出版。中国现代戏剧文学,自"五四"时期始已有60年的历史。在这期间有不少剧作家写了许多优秀的作品,先后为新民主主义革命及社会主义革命和社会主义建设,做出了重要的贡献。本书对郭沫若、田汉、丁西林、曹禺和老舍5位中国现代戏剧文学大家的作品进行了评述,又将《莎士比亚的〈威尼斯商人〉》和《易卜生的〈玩偶之家〉》收入书后作为附录。

(蔡保鹏)

易卜生"玩偶之家"研究 陈瘦竹著,新文艺出版社1958年2月出版,37千字。《玩偶之家》是易卜生的代表作。本书较为详尽地探讨这个西欧著名剧作的思想意识和艺术特点;同时,作者在分析这个剧本的过程中还征引了许多珍贵的资料,如吸引易卜生创作《玩偶之家》的生活素材以及《玩偶之家》的编剧大纲、初稿等,来与现在通行的定稿作对比,从而探索了易卜生在创作这个剧本时的构思、修改等的典型化过程。这些探索不仅可以帮助一般读者更深入地理解这个剧本;并且也有助于剧作家们向易卜生学习编剧技巧。

(徐志辉)

莎士比亚悲剧论痕 卞之琳(1910~2000,江苏海门人,曾任北京大学西语系教授,中国社会科学院文学研究所研究员,长期从事莎士比亚等外国作家作品的翻译、研究)著,生活·读书·新知三联书店1998年1月出版,235千字。本书是作者前后30年从事莎士比亚悲剧研究的成果汇集,包括论文、序文、译评等,对《哈姆雷特》《奥瑟罗》《里亚王》等莎士比亚悲剧剧作和莎士比亚研究的各家观点作出自己的评价,也留存了30多年曲折的时代印迹,如作者所言:第一,阶级性与人民性;第二,人文主义与人道主义;第三,现实主义与浪漫主义。(另有《布莱希特戏剧印象记》,已著录)

(韩 兵)

布莱希特戏剧印象记 卞之琳著,中国戏剧出版社1980年1月出版,80千字。本书包括问题的发生、《三分钱歌剧》究竟有多大成就、《措施》失败在什么地方、辩证的发展、《伽利略传》和新时代、《高加索灰阑记》的诗情画意、界限的确立等7章,都是作者在阅读了布莱希特的主要原作,又大量涉猎国外学者的相关研究与评论之后所形成的布莱希特之"印象"。在十年"文革"之后,中国文艺创作迫切关心继承传统,开辟新径的时代背景下,作者希冀通过这本"印象记"起到"不小启示",也算在国际文艺界热烈的相关讨论中"投上一票"。

(韩 兵)

十七世纪中国通俗小说编年史 李忠明(1966~ ,江苏海安人,南京信息工程大学语言文化学院教授,中国俗文学学会常务理事。研究方向:中国古代文学与文化,科学技术史)著,安徽大学出版社2004年12月出版,226千字。本书概述了17世纪(明清时代)中国通俗小说的创作、刊刻及印行、发售,既有其全貌展示,又有重点评析。17世纪的中国,充满着创新、变异,因而与以往截然不同。无论是思想界还是经济领域,都取得了令人瞩目的成就,也面临着更多的挑战。这一世纪中叶,明清易代,满族作为少数民族入主中原,这给人们的生活与思想带来极大的冲击。文学界更是及时、生动、形象地记录了这一多变时代的各种表象与本质。错综复杂的世界、纷繁多变的生活,深邃精彩

的思想,孕育了一个特殊时代的文学,使17世纪成为中国文学史上极其独特的时期。 （徐志辉）

蒲松龄与聊斋志异 李灵年(1931～ ,江苏铜山人,南京师范大学中文系教授。研究方向:古代文献)著,辽宁教育出版社1992年10月出版,87千字。《古代小说评介丛书》之一。蒲松龄是一个怀才不遇、一生坎坷的作家,把他毕生的心血灌注在《聊斋志异》中,那追求幸福的情鬼,那良善的义狐,那害人的画皮,那凄惨的促织,那可笑的崂山道士……充满了人间的爱和恨。本书从蒲松龄对人民的同情和对社会的激愤中,发掘着大作家的深邃的情思,捕捉其艺术的精华,踏着六朝志怪、唐宋传奇、明人笔记的小说史的足迹,登上了《聊斋志异》这座文言小说高山的顶峰。本书总揽全貌,细疏源流,剖析重点,综合了《聊斋》研究的成果,也畅叙了作者的见地;全面、系统地评介了蒲松龄的生平、《聊斋志异》的创作渊源、主题思想、艺术特色、对后世的影响,通俗与学术兼顾;语言凝练、生动,装帧精巧,实为阅读与收藏之精品。 （徐志辉）

明清小说思潮 董国炎(1948～ ,辽宁营口人,扬州大学文学院教授。研究领域:金元明清文学和俗文学,学术史)著,山西人民出版社2004年3月出版,410千字。本书由引言和正文组成。其正文包括18篇:明代前期小说思潮的演变、小说思潮的新基础、明代后期小说思潮演变、小说地位的提高、小说史研究与胡应麟、疏狂浪漫倾向、走向现实退向自我、李袁叶金之比较、走向现实退向教化、小说文法理论、小说人物理论、小说鉴赏、历史小说虚实两派、实用态度与小说、表现思潮的发展演变、感伤情怀与悲剧意蕴、新儒学与清代小说、平民小说再兴。本书采用思潮研究方法,把文学创作、文学理论、文学运动以及社会文化变迁熔为一炉进行研究。书中纵论表现思潮、教化思潮、新儒家思潮等的渊源流变,总揽从创作中流露的意念思致直到理论形态,突破了仅止于理论形态研究的旧框子,视野开阔,新见迭出,令人耳目一新。 （徐志辉）

明清小说的文化审视 皋于厚(1950～ ,江苏吴江人,南京财经大学新闻学院教授。研究领域:两汉魏晋南北朝文学,明清文学,文化学)著,学苑出版社2004年12月出版,285千字。本书从文化史的角度阐释明清小说的社会意义,由总论和各论构成。上编论述了明清时代的进步思潮与小说中的人文精神、明清小说的政治理想与人格理想、中国古代小说中的吏治思想、明清小说风俗描写的特点与文化意蕴、古代小说的"寓言化"特征与深层意蕴、明清小说传播方式与叙事方式的演进、审美观的发展与明清小说戏剧化特征的演进;下编则分别对明清历史演义小说的"现实关怀"和平民意识、神魔小说的入世情结与批判精神、侠义小说的思想矛盾与文化内涵、公案小说的文化精神、明代传奇小说的文化特征、《韩湘子全传》所反映的社会心理与宗教意识、《儒林外史》的文化意向、《红楼梦》与道家文化进行了深入系统的探讨。 （徐志辉）

儒释道与晚明文学思潮 周群(1958～ ,江苏射阳人,南京大学文学院教授。研究方向:明代思想文化史,明代文学批评史)著,上海书店出版社2000年3月出版,286千字。本书对晚明士人思想进行研究。作者认为,晚明文学思潮是明代中后期个性解放思潮在文学领域里的反映,同时也深受传统的儒释道思想的沐染。故研究三教与晚明文学思潮之间的关系,可以更好地揭示晚明文学的理论渊源,把握其"新"的特质。这正是在开拓对晚明文学思潮研究的新视角。与一般从文学批评史、文学史的纵向角度研究晚明文学思潮不同,本书侧重于从同时代的宗教、哲学对晚明文学的影响这一横向的视角进行研究,并注意文学与哲学、理论批评与创作,文人性格与审美情趣之间的结合,因为文学不但受到哲学、宗教的影响,而且还受到其他社会意识形态和文学本身发展规律等因素的制约。(另有《袁宏道评传》,已著录） （徐志辉）

中国古代小说简史 谈凤梁(1936～1998,江苏江阴人,曾任南京师范大学教授、校长)著,江苏教育出版社1988年5月出版,219千字。本书着重探讨中国古代小说纵向和横向各流派、各重要著作的相互承继、相互渗透关系,力图摸索中国古代小说史的发展规律和各种流派的特点。由于主客观条件的限制,本书的笔记小说部分,多用刘叶秋先生《历代笔记小说概况》之说,其中几部笔记的简介,乃至照本过录。 （王忆南）

石头记脂本研究 冯其庸(1924～2017,江苏无锡人。历任中国人民大学教授,中国艺术研究院副院长,中国红楼梦研究学会会长,中国戏曲学会副会长,《红楼梦学刊》主编等职)著,人民文学出版社 1998 年 12 月出版,285 千字。本书是关于《红楼梦》版本的研究。全书由十数篇学术论文组成,其中有对某版本的概论,也有对抄本中章节的详细考证。书中指出,曹雪芹的《石头记》手稿至今早已不存了,唯独在这个庚辰本上,保留着"脂砚斋凡四阅评过"和"庚辰秋月定本"这两条题记,从而使我们得知这个本子虽是过录本,但除错别字的极少几处抄漏外,却未经人有意篡改,所以它确可以说是仅次于作者亲笔手稿的一个本子。(另有《论红楼梦思想》,已著录)　　　　　　　　(韩 兵)

论红楼梦思想 冯其庸著,黑龙江教育出版社 2002 年 10 月出版,200 千字。本书研究了从明后期至清乾隆时期的社会历史状况,研究了这一历史大变革时期的社会政治、思想、经济、文化、习俗等的情况,研究了这一时期的外部世界和沟通的状况,确认《红楼梦》的思想是反映资本主义萌芽的新的民主思想,曹雪芹是超前的思想家,他的思想,上承明末的李卓吾,清初的黄宗羲、顾炎武,与同时代的唐甄、戴震、吴敬梓、袁枚等人的思想是共通的。作者认为,《红楼梦》的研究应该与当时的社会联系起来,与当时的政治、思想、社会问题联系起来,这样可能认识得会更全面些。　　　　　　(徐志辉)

红楼梦研究 俞平伯(1900～1990,原名俞铭衡,字平伯,江苏苏州人,曾任北京大学教授,中国社会科学院文学研究所研究员)著,复旦大学出版社 2004 年 7 月出版,161 千字。俞平伯先生于 1923 年发表了《红楼梦辨》一文,从多个角度和层面分析论证了《红楼梦》后 40 回非属曹雪芹原著而系出自高鹗伪续,并对后 40 回作了很严厉的批评。此文与胡适的《红楼梦考证》一样,是新红学的开山之作,新红学的学术地位从此得以确立。1953 年 9 月,俞平伯先生将他在 30 年前写的《红楼梦辨》稍经修改,易名为《红楼梦研究》再次出版,不料竟然因此陷入政治风波。而此书也因此在红学史及至中国文学研究史上具有重要而独特的地位。本书对高鹗续书、《红楼梦》人物、《红楼梦》风格、后 30 回《红楼梦》之原貌等红学基本问题,进行了广泛而深入的探索,是广大《红楼梦》爱好者、研究者不可或缺的必备读物。　　　　　　　　(王忆南)

红楼美学 何永康(1943～　,江苏海安人,南京师范大学中文系教授,中国中外文艺理论学会常务理事,江苏省红楼梦学会会长,江苏省哲学社会科学界联合会常务理事。研究领域:文艺学,中国古代小说,红楼梦)著,北岳文艺出版社 1991 年 1 月出版,266 千字。本书由上篇《曹雪芹·〈红楼梦〉·读者》、中篇《人物性格之美》和下篇《内部构造之美》构成,是一部较为系统、全面研究红楼美学的专著。本书主要探讨三个问题:一是关于作家、作品和读者的综合研究,尽可能从大处着眼,留意于上下、左右和前后之间,力图从事实的因果关系中,从艺术美的历程中,探讨《红楼梦》如何集中表现了特定的社会审美意识,又如何比它赖以存在的现实生活更便于把握,更带有普遍性,从而显得更美;二是关于人物性格塑造艺术的探究。为了全面了解曹雪芹的性格塑造艺术,作者分别对《红楼梦》的人情描写,性格世界的矛盾运动以及人物形象与自然形象的密切关系进行了由点到面的考察;三是关于《红楼梦》艺术构造的研究,主要着眼于《红楼梦》的内部结构,看曹雪芹是怎样按着生活的逻辑和作品的思想脉络,去设计和营造他的艺术"红楼"的。　　　　　　　　(徐志辉)

红楼艺境探奇 姜耕玉(1947～　,江苏盐城人,东南大学艺术学院教授,中国作家协会会员。研究方向:艺术理论与批评,影视艺术,诗画艺术,21 世纪汉语诗歌美学)著,重庆出版社 1986 年 12 月出版,223 千字。本书是一本研究《红楼梦》艺术特色的论文集,共收有 12 篇论文,从情节主体、细节描写、人物的感情形态、意境创造、语言特色等方面,对《红楼梦》的艺境进行了深入的探索。与其他研究《红楼梦》的文章相比,此书具有以下特点:作者的艺术感受力较强,能够突破文艺理论的框框,深入体会《红楼梦》的奇妙之处,分析也不一般化;力图用文学语言来"创作"论文,因而其文"闪耀着浓郁的诗情,想象的翅膀,绚丽的文采";理论阐述上旁征博引,"中西兼通",具有一定的理论深度,基本上作到了言之有据,情理相合。(另有《艺术辩证

法》,已著录) 　　　　　　　　　　(徐志辉)

红楼三论　徐乃为(1949～　　,江苏启东人,南通大学文学院教授,中国红楼梦学会理事,江苏省作家协会会员。研究领域:中国古代文学,红学,小说学)著,中华书局2005年12月出版,310千字。本书主要考辨《红楼梦》人物、作者与版本的问题。《作者论》编,推论出曹雪芹并非《石头记》作者,而是批阅增删者以及脂砚斋再批之前的首批者,考辨分析得出曹雪芹的伯父曹颜才是《石头记》原始作者的结论。《人物论》编,对《红楼梦》的主要人物作出深入的研究分析,研探出小说主要人物的可能结局,在此基础上作出人物分析与美学鉴赏。《版本论》编,证实甲戌本后出于己卯本、庚辰本的事实。原创、新颖、深入、切实而回归事物之本真是本书的重要特色。　　　　　　　　　　　　(徐志辉)

红楼梦论稿　蒋和森(1928～1996,江苏海安人,历任新华社记者,《文艺报》编辑,中国社会科学院文学研究所研究员、研究生院教授,南京师范大学兼职教授,中国红楼梦学会副会长)著,人民文学出版社2006年6月出版,303千字。本书是关于《红楼梦》的研究论文集。著者将美学的鉴赏与理论的分析融为一体,用发自肺腑的感情、优美如画的语言,对《红楼梦》的人物塑造、艺术造诣、思想意义都进行了深刻的剖析,形成了匠心独具的研究风范。　　　　　　　　　　　　　　(韩　兵)

《西游记》的诞生　蔡铁鹰(1954～　　,江苏淮安人,淮阴师范学院教授,中国西游记文化研究会学术委员会副主任。研究方向:中国古代文化,中国古代小说,《西游记》研究)著,中华书局2007年10月出版,340千字。本书对《西游记》所表现的唐僧取经故事从历史角度、地域概念和传播意义诸方面进行了详细分析,并在形式演变上将其发育过程划分为原生自发的传说、初步成型的俗讲、酝酿发育的队戏、文化变异的杂剧、形态进步的平话和定型的章回小说6个阶段,最终告诉我们《西游记》是如何诞生的。　　　　　　　　　　　(徐志辉)

明代剪灯系列小说研究　乔光辉(1971～　　,江苏东海人,东南大学人文学院教授,江苏省明清小说研究会副会长。研究方向:元明清文学与艺术)著,中国社会科学出版社2006年12月出版,428千字。本书以明代"剪灯"系列小说为研究对象,在理清明代"剪灯"系列小说作家生平、思想与作品版本、成书等基本事实的基础上,深入剖析《剪灯新话》《剪灯余话》《效颦集》《花影集》《觅灯因话》等作品的文本特色,以点带面,勾勒出"剪灯"系列小说由扬情到崇理以及近史趋哲的演进历程。本书还将朝鲜之《金鳌新话》、日本之《雨月物语》以及越南之《传奇漫录》等纳入"剪灯"系列小说的研究视野,揭示了明代文言小说对周边近邻诸国文学的具体影响。由于选题的特殊性,使得原始文献的梳理与考辨、文本的解读以及域外传播研究成为本书的三大特色。本书不仅可以全面推进明代文言小说研究的深度和广度,也可深化中国文学对亚洲文学影响的研究。　　　　　　　　(徐志辉)

西域文化影响下的中古小说　王青著,中国社会科学出版社2006年3月出版,418千字。本书全面论述中古时期中西文化交往的多种途径和方式,并利用大量文献资料和学术界的既有成果,从思维方式、观念模式、题材内容、情节与文体形式诸方面深入考察西域文化对此时期小说的影响。本书在两个方面对西域文化的研究有重要的启迪:第一,指出了西域文化在中国文学发展进程中的重要影响。在论述西域文化的作用和对中原文化的影响时,作者认为,在想象中建构异域世界,不仅是古代世界人们认识外界的一种方式,也是文学作品中颇为重要的题材。大多数中原人只能从别人的言语、历史的记载、遥远的传说以及心中浪漫的幻想来捕捉、了解西域。西域、西方乃是一个隐隐约约的存在。但正是这种隐隐约约,激发了人们对这个地方无穷无尽的幻想,这幻想本身也是文学产生与流播的重要因素。第二,为西域研究提供了新的思路。长期以来,西域研究的中心和方法均侧重于实证,这使得西域研究在考古、历史、地理等方面往往名家辈出,但在文学方面却甚为寂寞。　(徐志辉)

中国现代小说的雅俗流变与整合　徐德明(1956～　　,江苏江都人,扬州大学文学院教授,中国老舍研究会副会长,中国当代文学研究会理事,江苏省现代文学研究会副会长。研究方向:中国现当代文学)著,社会科学文献出版社 2000 年 4 月出版,231 千字。本书采用系统论的方法对研究对象进行考察。作为历史文化现象,中国现代小说系统的结构是以时代的要求即由"古典"向"现代"的必然发展趋势为其"动力机制"的,因此作者将"现代小说"的发生起点推展到梁启超的时代,以此为出发点,在上篇中考察并描述"新小说"为何、怎样发生"'旧派小说'化"的嬗变,衍生出现代小说领域最初的"雅""俗"范畴及其对立;在下篇中又揭示对立双方如何发生各种"增添""衍生"等量变运动、两大子系统之间又如何从对峙发展到交相渗透、互补,以至整合为"现代大众小说"的过程。由此提出新旧小说的对峙,"在(现代)小说系统内部创造了一个亟待填补的空间,就是这个空间为现代大众小说系统的衍生、变化、发展提供了可能"。这是运用辩证观点方法考察、研究现代小说"雅俗关系"的极为深刻的见解。　　　　　　　　(徐志辉)

现代小说:叙述形态与人本价值思想　吴效刚(1956～　,甘肃平凉人,南京信息工程大学语言文化学院教授,中国现代文学研究会会员,全国老舍研究会会员。研究方向:中国现代文学)著,中国社会科学出版社 2008 年 6 月出版,250 千字。本书针对中国叙事文学研究和现代小说研究中存在的问题,融合经典叙事学、后经典叙事学、小说形态学和文学价值学的理论,通过对现代小说的叙事形态的研究,构建一种叙事分析理论框架,再运用该理论分析中国现代经典作家的小说。通过对中国现代经典作家小说叙事的不同构成因素的分析,确认其不同的叙事形态,从叙事形态这个较为宏观和整体的角度把握这些作家的小说作为独创性的人类精神产品所具有的独特的精神品质和艺术特点。通过对各作家小说叙事形态的对比,在与当代生活的对话中,结合作家文学思想的分析,阐释其叙事形态中蕴含的人本价值思想。本书考察的内容:现代小说叙事形态;中国现代经典作家小说的叙事形态和其中包含的人本思想;中国现代经典作家小说叙事形态与人本价值思想之内在关系。　　(徐志辉)

中国现代通俗小说流变史　汤哲声(1956～　,江苏镇江人,苏州大学文学院教授,中国俗文学学会常务理事,中国现代文学学会理事。研究方向:中国现当代文学,中国现当代通俗文学)著,重庆出版社 1999 年 1 月出版,260 千字。本书是我国第一部全面系统地从流变的角度分析 20 世纪通俗小说的著作。作者认为:文学本无雅俗之分,所谓"通俗文学",实为"五四"新小说为了有别于传统小说而赋予。中国现代小说的发展是由新小说与通俗小说此起彼伏构成的:1902～1920 年中国小说发展是通俗小说占主导地位;1920～1945 年是新小说与通俗小说双线发展;1945 年至今是新小说与通俗小说双线合流。作者还对言情、社会、侦探、武侠小说四大系列的发展脉络进行分章梳理。本书认为:新小说和通俗小说分别代表西方现代和中国传统两大文化价值体系。中国的新小说是以西方现代人文精神作为价值取向;中国现代通俗小说是中国文化在 20 世纪的文学反映,它既具有传统性,又具有现代意义。作者提出通俗小说批评的文化标准和文学标准。　　　　　　　　　　(徐志辉)

中国乡土小说史论　丁帆(1952～　,江苏苏州人,祖籍山东蓬莱,南京大学中文系教授,中国现代文学研究学会副会长,江苏省作家协会副主席。研究方向:中国现代乡土小说,中国当代文学思潮)著,江苏文艺出版社 1992 年 9 月出版,260 千字。本书站在文学发展的高度返观"五四"迄今的中国乡土小说,既梳理出 70 年来中国乡土小说发展演化的脉络轨迹,也就乡土小说的形式特征、审美构成、文化心态等做了富有学术价值的探讨。本书将 20 世纪中国乡土小说作为一个相对独立的整体来审视,又把乡土小说的研究从小说史、流派史、思潮史中相对独立出来,成为 20 世纪中国文学类型史研究的一部尝试性专著。其贡献不在对出现于乡土小说发展史上的作家作品、思潮流派等做出停留于文学历史表象的平面复述,而在于从史的纵向发展和横向比较角度探测中国乡土小说发展的大势及其内外因由、各个时期乡土小说创作的若干重要特征及其与同时期文学精神的联结。　(徐志辉)

准个体时代的写作——20 世纪 90 年代中国小说研究　黄发有(1969～　,福建上杭人,南京大学中国现代文学研究中心教授。研究方向:中国当代文学传媒,中国当代文学生态,客家移民文化)著,上海三联书店 2002 年 11 月出版,250 千字。作者透过20世纪90年代小说写作缤纷变幻的表象,对"个人""自由"问题进行多角度的探讨,运用社会学、文化学、传播学、心理学等理论,打通文学的内外分界,真正把文学纳入社会文化肌体的整体动态系统中予以考察,从而揭示出特定时期文学主体的独特生存境遇。本书前半部分侧重对20世纪90年代小说生产的体制分析和文化分析;后半部分是对90年代小说审美特质的研究。作者对自由写作、后现代、城市、历史等90年代写作的关键问题,从文学主体性的角度进行了深入探讨,使其时时显露出模糊、可疑的面目;对90年代文学期刊和文学出版介入、干预和操控文学生产行为的分析,更使读者对信息和市场时代的文学处境有一个全新的体察。 　　　　　　　　　　　　　（徐志辉）

艰难的寻找　徐兆淮(1939～　,江苏丹徒人,曾任江苏省人民出版社文艺编辑室编辑,《钟山》执行主编、编审)著,上海社会科学院出版社1989年7月出版,190千字。本书是一册文学评论集。著者立足于现实,无论对作家或作品的评论,还是对文学现象的种种剖析,都是"跟踪性"的,因而也自然地带有先天性的长处和短处。长处是现实感强,问题新鲜,富有启迪。缺点是很难有更加深思熟虑的机会和仔细琢磨的条件。

小说家们　金燕玉(1945～　,江苏无锡人,曾任江苏省社会科学院文学所研究员,中国当代文学研究会女性文学委员会副主任委员)著,江苏教育出版社1990年9月出版,180千字。本书从三个方面研究新时期作家创作的艺术规律及其作品的认识价值和美学价值。一是从其对待现实的态度、对现实的美学认识以及创作方法的共性作为基础,整体地把握某一群体的作家在思想倾向、文学观念和艺术追求上的一致;二是关注作家与作家之间的同异,通过比较研究,达到建立彼此参照对比的高度,使"交融或者相异的各个层面"清晰地表露出来;三是对每个作家独特的审美追求和创作个性进行研究,直接揭示作家的独异之处。本书由《小说家群体》《小说家比较》《小说家创作个性》《小说发展态势》《小说评论一束》五个部分构成。　（徐志辉）

百年报告文学:文体流变与批评态势　王晖(1962～　,湖北武汉人,南京师范大学文学院教授,全国报告文学理论研究会副会长,中国现代文学研究会理事,中国新文学学会理事,中国报告文学学会理事,中国作家协会会员。研究方向:当代文艺理论与文体批评,影视文化传播与批评,中外现代非虚构文学)著,吉林人民出版社2003年5月出版,230千字。本书以文体学为基本框架,在同时兼容了叙述学、文化学与传播学等理论在内的言说平台下,对19世纪末至20世纪末中国大陆报告文学的文体流变和批评态势,做出全方位的、颇具开拓性意义的理论阐释。它通过对中国报告文学的体裁与语言体式、叙述模式、文化语境、制作与传播、批评态势等层面的考察,独特而清晰地勾勒出这一文体历经百年的变迁画卷。它力图以史论结合的方式,构建新的报告文学阐释体系,以实现形式批评与价值批评的整合,显示21世纪报告文学研究的新视野与新维度。 　　　　　（徐志辉）

中国现代散文史　范培松(1943～　,江苏宜兴人,苏州大学文学院教授,中国当代文学研究会理事,中国作家协会会员。研究方向:中国现当代散文)著,江苏教育出版社1993年9月出版,490千字。本书记录了散文成长发展的艰难历程,分为诞生早熟期、裂变分化期和消融聚合期3编,介绍和评析了近百位现代散文作家的数百部散文集。它以时代变幻为纬,以情绪为经,写出了现代散文的变化历程。这个情绪在宏观上是指时代的氛围,在微观上是指作家的心态。"它所承担的任务只能是向人们忠实地记录一种特定的文体成长发展的艰难历程,好比是描述一棵树如何从幼苗到栽种到长成参天大树,也好比是描述一条河从哪里发源到哪里曲折到哪里和其它河流汇合成巨川。"忠实地还原历史、描述历史,准确地还原作家、描述作家,是本书的写作宗旨。　　　　　　（徐志辉）

现代散文话语形态与审美　杨安翔(1956～　,福建福安人,南京林业大学人文社会科学学院教授,中国当代文学研究会会员,中国写作学会现代写作学会理事,江苏省美学学会会员,江苏鲁迅研究会会员。研究方向:现代散文,文艺美学,比较文学)著,东南大学出版社2006年12月出版,178千字。散文是人们最易接触,也是最多接触的一种文体。作为文学形态的散文,它以自己特有的话语形态展现在读者面前。散文书写灵活,抒情真切,谈天说地,充满睿智;散文拥有大量的阅读对象,读者能从中享受美感,陶冶性情。本书从话语形态的角度,选择现代文坛上具有个性和代表性的经典作家,从文本分析入手,挑选经典范文,结合作家的创作个性进行话语形态分析,并将其纳入审美视野,以获得审美效应。

(徐志辉)

台湾女作家散文论稿　庄若江(1958~　,江苏常州人,江南大学人文学院教授。研究领域:吴地文化,"两岸三地"文化与文学比较)、杨大中著,北方文艺出版社1994年6月出版,230千字。本书作者从创作土壤、艺术个性、发展轨迹等角度,对台湾女作家散文创作作宏观扫描和整体把握,资料翔实,分析精到,具有自己鲜明的特点;勾勒出台湾女作家散文的发展轨迹,在"综论"部分,从共时性和历时性两方面考察台湾四代女作家的创作特点;展示绚烂缤纷的美学风格和表现技巧,在具体的分析中展示女作家散文创作在题材内容、艺术表现和美学风格上的丰富多彩;剖析女作家散文创作的个性化、多元化,分析女作家们对散文的基本题材进行着个性化的开拓和多角度的切入,使女作家群的散文创作的在相对有限的题材领域内显示多元化发展的态势。本书选取20位女作家进行细致深入的分析,着重探索她们"怎样写"的艺术个性,系统全面地观照,多元的研究方法使本书新见迭出。

(徐志辉)

中国当代散文艺术演变史　沈义贞(1964~　,江苏兴化人,南京艺术学院电影电视学院教授,中国当代文学研究会理事,江苏省当代文学研究会秘书长。研究方向:影视批评理论,影视编剧理论,20世纪中国影视与文学的关系等)著,浙江大学出版社2000年4月出版,245千字。《中国当代分体文学史丛书》之一。本书将当代散文当作一个有机生命体,分层考察了中华人民共和国成立后"十七年"、新时期、20世纪90年代等不同历史时期里散文呈现的审美形态。本书采用史论互生共动的体例构架,既有按时序先后纵向的散文史实描述与解说,又有横向的对具体问题之入情入理的评析。作者通过对散文历史与现状的有效考量,提出极富现实意义的建设性构想。在方法论上,对本世纪末期散文现象的分析没有排除时代、社会等外在因素的影响,一味只关注审美形式、风格等因素;也没有直接从社会经济环境推演至文本,而是注意到意识形态环境和文学场域中诸多中介环节。本书既体现出一部史论著作所具有的史学构架、理论预设、价值评析等学理特色,也提供了文体观、审美史、思潮论等方面的若干结论。

(徐志辉)

乡关何处:20世纪中国散文的文化精神　王尧(1960~　,江苏东台人,苏州大学中文系教授)著,东方出版社1996年6月出版,177千字。作者一直对现代散文有专题研究,在本书中他试图简明扼要地概括20世纪中国散文的文化精神。著者将20世纪的中国散文作为一个整体,消除了常见的现代和当代文学的人为划分,强调散文的文化精神,对于家园和乡愁的追求。对20世纪名家散文做了一个系统的梳理,涉及这些散文作品的美学文化价值和写作者的人文心态。(另有《余光中:诗意尽在乡愁中》,已著录)

(王忆南)

中国楹联学　季世昌、朱净之编著,中国广播电视出版社1993年2月出版,613千字。本书是一部弥补历史缺憾和具有理论开拓性的学术专著。作者在大量地考察楹联作品、作家及其发展道路的同时,充分借鉴、吸取和消化前人的思想材料与研究成果,潜心研究,纵横探讨,抽象提炼,建立了较为完整也较为合理的理论框架和思想体系,第一次奠定了中国楹联学的坐标系,终于使姗姗来迟的楹联学得以自立于当代文艺理论之林。本书由楹联本质论、楹联发展论、楹联分类论、楹联修辞论、楹联创作论、楹联鉴赏论6章构成,并附对联常用字分类表和入声字表。

(徐志辉)

谜史　钱南扬(1899~1987,名绍箕,字南扬,浙江平湖人,原南京大学中文系教授)著,上海文艺出版社1986年12月出版,61千字。受清末梁启超"新史学"思想影响及民初胡适"专史式"整理国故的号召,专门史的编撰成为1910年至1949年近40年间的一个重要学术现象,仅就陈玉堂《中国文学史旧版书目提要》所列,文学史著作多达320余种。民俗学运动发端于北京大学,发祥于中山大学,这两个时期,钱南扬俱积极活动其间。正是在如此学术文化风生水起的时代大背景下,钱先生开始对谜语历史资料进行持续搜集整理,从而形成了一部近4万字的研究专著——《谜史》。本书最早写成于1920年左右,1928年由国立中山大学语言历史研究所出版,是我国最早也是唯一的一部研究谜语的专著,填补了我国民间文学分类史中谜语小类的空白。全书共10章,主要介绍谜语在我国的产生和发展。

(蔡保鹏)

中国通俗文学史纲 薛家太(1940～ ,江苏邳州人,曾任江苏省邳州市文学艺术社社长、副研究馆员)著,中国矿业大学出版社1993年12月出版,285千字。本书勾勒出了中国俗文学史发展的脉络,以丰富的史实和有深度的论述对俗文学的内涵和界说、俗文学和雅文学的关系等,提出了许多颇有见解的观点,包含了不少前人未曾探讨和论述过的新见解,对俗文学研究是一个新的开拓。

(韩 兵)

中国文学史(上下册) 钱基博(1887～1957,字子泉,江苏无锡人,历任上海圣约翰大学、清华大学、南京中央大学、浙江大学、武汉华中大学教授)著,东方出版中心2008年1月出版,895千字。本书主要内容包括:诸论、上古文学、中古文学、近古代文学上、近代文学。本书采用中国传统的文学概念和理论范畴,以文言述学。与中国古代文学创作实际相契合,避免了"五四"以来整理传统文化较为普遍的"以西律中"的弊病,从而构建了与中国学术传统相吻合的文学史模式。作者具有突出的文体意识,对作家作品的评述与辨析准确得当,注重整体性把握,大都要言不烦,切中肯綮;文辞古雅遒炼,朴实优美,体现了一代古文名家深厚的学养和文字功力。(另有《现代中国文学史》,已著录)

(徐志辉)

六朝文学 吴功正等著,南京出版社2003年12月出版,321千字。本书研究了六朝文学繁荣发展的社会背景、总体特征和基本历程,分别论述了诗歌、辞赋散文、小说、文学理论的发展过程和作家作品及南北文学的不同特征及其互相融合的历史趋势。本书突出重点作家、作品、重要的文学现象,对一般作家、作品及文学现象也广为涉及,以展现六朝文学的全貌。

(韩 兵)

元代文学史 邓绍基(1933～2013,江苏常熟人,中国社会科学院文学研究所研究员、教授,中国社会科学院荣誉学部委员)主编,人民文学出版社1991年12月出版,430千字。本书不仅对重点作家和重点作品有更为详尽的分析与论述,而且对历来不被重视的元代诗文及其作家有新的研究,弥补了文学史研究的空白。作者对元代散文发展的主要特点、元词继承前代传统和走向衰微的基本情况所作的论述,是以前文学史研究中的薄弱环节,具有开拓意义。本书系百年来第一部元代文学系统论著,初版后获得了学界的赞誉。

(蔡保鹏)

明代前后七子研究 陈书录著,江西人民出版社1994年11月出版,170千字。本书既正视明代前后七子宗汉崇唐、复古摹拟的一面,又努力开拓其自省、自赎与变异的一面,系统地探究明代前后七子在自赎与变异中孕育的审美情感说、审美意象论及神韵论、审美解悟说等,又对明代前后七子在诗文创作与理论批评中相互印证、相互制约、对立互补、同步与异步等复杂现象作了深入的分析,材料丰富,论证严密,新见迭出,令人信服,将明代前后七子的研究大大推进了一步。

(徐志辉)

性灵派研究 王英志(1944～ ,吉林长春人,苏州大学学报编审,中国古代文论学会理事。研究方向:元明诗词与理论,清代诗词与理论)著,辽宁大学出版社1998年5月出版,300千字。《中国古代文学流派研究丛书》之一。本书宏观与微观相结合,从历史与逻辑相统一的角度探讨以下诸问题:性灵派产生的美学渊源与经济文化背景,性灵派存在的时空特征,性灵派的美学纲领,性灵派诗的共同特征,性灵派的海内外广泛深刻的影响。全书重点则在于勾勒性灵派以袁枚为中心的总体构成形态,具体分析其主要成员的思想、个性、创作得失以及其在性灵派中所处的不同地位与各自的价值。作者认为性灵派不再是一个笼统的流派概念,并希望当代诗歌创作能从性灵派创作的得失中汲取历史的经验与教训。本书在考论性灵派理论的基础上,对性灵派的艺术表现进行了深入细致的研究。

(另有《袁枚评传》，已著录) （徐志辉）

左联时期无产阶级革命文学 南京大学中文系编，江苏文艺出版社 1960 年 3 月出版，252 千字。本书为 1960 年初，为纪念"左联"成立 30 周年，南京大学中文系组织编写出版，书中收录了魏绍馨、杨崇礼《发扬"左联"革命精神学习毛泽东文艺思想》，包忠文《左联时期文艺思想上的两条道路斗争》，叶楠、刘文忠、董健《左联时期文艺大众化运动的历史意义》，陈瘦竹《左联时期的戏剧》，杨崇礼、董健、余起芬、张子淳《左联时期的小说》等 13 篇文章。书后附录徐君华、卢国庆、余起芬、张子淳集体编写的《左联大事年表》。 （王忆南）

文学社群文化形态论：现代中国文学社团流派文化研究 杨洪承著，安徽文艺出版社 1998 年 4 月出版，250 千字。本书共 5 章。第一章交代社团、流派、文学社群的释义及蜕变；第二章包括多元文化观照下的文学社群文化，文学社群文化历史现象的必然性及其价值内涵，文学社群的历史介入与认同方式，文学研究会肩负启蒙历史使命等内容；第三章探讨文学社群生态平衡机制与文坛面貌，文学社群生存空间的冲突与融合，文学社群的生存方式与意义，乡村与都市转换中的京派等问题；第四章探讨文学社群文化观念的宗派意识的本源结构，文学社并组织构架与本体构造系统，文学社群结构定位与多维聚合模式，将帅统领共守阵地的七月派；第五章对文学社群审美取向的双重人生表现方式，文学社群情感、心灵展示的内在理路，文学社群多元艺术的建构与形式的意味，沉浸于文学的体验与表现中的现代派等问题进行研究。 （徐志辉）

中国文学概论 柳无忌（1907～2002，江苏吴江人，曾任劳伦斯大学、耶鲁大学、印第安纳大学教授）著，倪庆饩译，中国人民大学出版社 1993 年 4 月出版，203 千字。英语世界在 1960 年代出现的几种中国文学教材，影响至为深远，其中柳无忌的《中国文学概论》（*An Introduction to Chinese Literature*）是一部全面介绍中国文学不同门类作品的英文通论，具有特殊的历史地位和价值。1966 年，本书由美国印第安纳大学出版社出版后，立刻受到学界极为广泛的认同和赞誉，著名汉学家 John Lyman Bishop 称之为"中国文学史最好的一部英文入门读物"。汉学家 James I. Crump 称其为"一部优秀的作品，专业学者的潜心之作，专门为学习中国文学的学生提供清晰的介绍"。本书作为北美长期广泛使用的文学教材，影响了众多的专业读者。全书共 18 章，论述了先秦散文的发展、汉代文学、词的起源与繁盛、新古文运动、元剧、现代的实验与成就等。 （蔡保鹏）

南北朝文学史 曹道衡、沈玉成编著，人民文学出版社 1991 年 12 月出版，378 千字。本书为中国社会科学院文学研究所主持编纂的《中国文学通史》之一，共 27 章：南北文学概说，晋宋之间诗文风气的嬗变，谢灵运和谢惠连，颜延之和谢庄，鲍照，江淹，永明诗风的新变，谢朓和王融，沈约及范云、任昉，王俭、张融、孔稚珪和齐代其他作家，何逊、吴均、柳恽和梁代前期作家，《文选》，从"永明体"到"宫体"，徐陵、阴铿和梁陈之间文学，江总和陈代其他作家，南朝乐府歌辞，《文心雕龙》和《诗品》，北朝文学概说，"十六国"文学，北魏和北齐文学，《水经注》《洛阳伽蓝记》和《颜氏家训》，庾信，王褒和西魏北周文学，北朝乐府和歌谣，《世说新语》和南北朝志怪小说，隋代文学，南北文风的融合。 （韩　兵）

中古文学史论文集 曹道衡著，中华书局 2002 年 9 月出版，364 千字。本书是作者关于魏晋文学研究的论文集，包括《试论汉赋和魏晋南北朝的抒情小赋》《试论北朝文学》《关于北朝东府民歌》《十六国文学家考略》等 30 篇，涵盖了作者对这一"文学的自觉时代"的完整而深入的研究，很多领域具有拓荒性，如《十六国文学家考略》，弥补了学术界对当时北中国文学研究的空白；论汉赋，提出辞赋家和纵横家之间的关系；论诗歌体裁的发展和声律的起源，所取材料比前人更加丰富而可靠；论郭璞游仙诗的历史渊源和鲍照的作品、志怪小说某些作者的创作意图在于宣扬神不灭论等，也都是在实际材料基础上引出的坚实结论。 （韩　兵）

中古文学史料丛考 曹道衡、沈玉成（1932～1995，江苏江阴人，曾任中华书局、文物出版社编辑，中国社会科学院文学研究所古代室主任、研究员等）著，中华书局 2003 年 7 月出版，606 千字。本书对中国汉代至隋代的文学史料进行梳理,介绍了主要作家生平事迹、作品写作年代、对其作品的评论及杂记和杂论等。本书是中古文学史料考证的专著,上溯西汉司马迁,下涉杨隋诸文人,分汉魏、两晋、宋齐、梁陈、北朝隋5卷,考证内容涉及作家生平事迹、作家生卒年、作品写作年代,商榷前人成说、杂记杂论等5个方面。有关作家的生平事迹,本书或以他书补充正史中某些文学家的传记,或详参史料考证文学家生平中的重要事件。有关作家的生卒年,本书对于能够根据有关史料加以考订的,给出了具体的年份;对于只能给出一个大概时间范围的,作者也给出了合理的推测。在第三类内容里,本书对于一些作品写作年代给出了考证。《丛考》还对前人研究提出了不同意见,或根据时代背景进行考索;或综合相关史料提出新说。本书中的杂记杂论,是作者就所关注之点、有感发之处或议论其人,或赏鉴其文,或评价其事,均有精到的见解。

(王忆南)

当代中国文艺理论史 包忠文主编,江苏教育出版社1998年2月出版,574.7千字。本书分上下两编。上编《当代文艺理论史概观》,分1949～1966年、1966～1976年以及1977～1996年三个时期分别加以论述;下编《当代文艺理论史专题》,论及文学艺术中的人性和人道主义、文艺的本质和规律、文学艺术中的庸俗社会学、左的文艺思潮和传统文化、文艺理论体系的科学化和民族化、当代审美文化的内在矛盾和历史运动、当代诸种文学观及其局限、新时期西方文艺理论的引进与反思、当代文学史观的发展等。

(韩 兵)

中国现代文学(1917～1999)思潮导论 李建东(1958～ ,山西晋城人,南通大学文学院教授,中国文章学研究会常务理事,中华美学会会员,中国现代文学学会会员。研究方向:中国现当代文学,文艺学)著,中国言实出版社2008年8月出版,320千字。文学思潮的"观念"与"思想",其实就是"如何看待文学"的思想,即有关文学与社会关系的价值观念。这决定了文学的整体性变迁。"文学思潮"对于文学历史进行的"思想叙述",不是还原而是阐释,这就进到了"文学思潮"作为"方法论"的层面。作为"方法"的"文学思潮"研究,应当是指它的观察问题的独特视角和作为一种视野的基本原则及其策略选择。它主要关注的是语境,语境与修辞的关系,作家独创性的问题和审美风格变迁。本书有两个显著特点:把中国现当代文学发展史上有关"思潮"的林林总总的复杂夹缠现象进行了有力的简化处理;有意对以往中国现当代文学思潮史上研究者因为种种苦衷而若隐若现的部分,实施了鲜明的放大处理。

(徐志辉)

中国比较文学源流 徐扬尚(1962～ ,河南罗山人,南通大学文学院教授,中国比较文学教学研究会理事。研究方向:比较文学,比较文论,比较文化)著,中州古籍出版社1998年12月出版,369千字。本书是一部中国比较文学学科史专著,其材料丰富,条理清晰,既让史实说话,又有史识呈现,是一部值得肯定的学术著作,适合作为高校比较文学课的配套教材,更是中外比较文学学者和普通比较文学爱好者了解中国比较文学历史与现状的首选书目。作者将中国比较文学的历史发展与中国文化的三次转型联系起来,系统深入地考察三次文化转型与比较文学源流的关系及其发展规律。全书将比较文学的发展分为渊源期(汉魏至清末)、萌发期(19世纪末至20世纪初)、形成期(新文化运动到30年代)、发展期(1934～1949)、滞缓期(1949～1978)、复兴期(1978～1985)、繁荣期(1985～1995)几个阶段,并在最后列专章对台湾、香港比较文学的发展进行考察。

(徐志辉)

中国新文学的现代化 朱寿桐著,南京大学出版社1992年10月出版,292千字。这是一部从文学现代化的角度剖解中国新文学诸多现象的史论性专著。作者试图通过自己的悟解建立一种体现新文学现代化走向及秩序的文学史观,并以此观照"五四"文学中的现代意识及其开放导向、鲁迅和乡土文学作家、创造社作家的现代感知与文学选择以及新文学的现代化与泛现代派文学、新文学的现代化与大众化、氏族化的关系等问题。

(徐志辉)

"山药蛋派"与三晋文化 朱晓进(1956～ ,江苏靖江人,南京师范大学文学院教授,全国鲁迅研究会副会长,全国叶圣陶研究会副会长,江苏省鲁迅研究会会长,江苏省叶圣陶研究会会长,江苏省中国现代文学研究会副会长。研究方向：中国现代文学史，中国现代文学与文化关系，中国现代文学思潮流派）著，湖南教育出版社 1995 年 8 月出版，220 千字。《二十世纪中国文学与区域文化丛书》之一。本书系统挖掘了"山药蛋派"创作中所包蕴的三晋文化内容，揭示该流派作家受三晋地域文化影响而形成的特异的观照角度、价值标准、审美情趣乃至更为具体的处理题材的方式等；同时还通过三晋地域文化在整体性文化趋向中的地位及其变化，阐释"山药蛋派"必然遭遇的历史使命。本书的学术贡献和成就主要表现在以下几个方面：不袭旧说，独辟蹊径和创造性研究视角的应用；扎实严谨，注重实证，实证性研究方法的运用；沉潜敦实厚重的研究成果，开拓了领域研究的范畴。（徐志辉）

江南士风与江苏文学 费振钟（1958～　，江苏兴化人，曾任《雨花》杂志社理论编辑，江苏省作家协会创作研究室副主任，江苏省作家协会专业作家）著，湖南教育出版社 1995 年 8 月出版，235 千字。自然条件对人和文学当然有重大的意义，尤其在初民时代。但是，地域对文学的影响是一种综合性的影响，决不仅止于地形、气候等自然条件，更包括历史形成的人文环境的种种因素。著者立足于这样的观点，在本书中探讨了江南士风形成与江苏文学特征——文人文化面面观，世纪末的历史感伤情怀，处事心机，闲适的写作，女性与作品构成，唯美和唯艺意识下的形式精雅化。（另有《悬壶外谈：医学与身体的历史表达》，已著录）　（韩　兵）

20 世纪 30 年代海派文学研究 黄德志（1970～　，江苏丰县人，江苏师范大学文学院教授，江苏省现代文学学会副会长，江苏省鲁迅研究学会副会长）著，江苏教育出版社 2008 年 12 月出版，223 千字。本书梳理整个海派概念的形成与演变，聚焦于 20 世纪 30 年代海派文学，深入探讨新感觉派代表作家刘呐鸥、穆时英和施蛰存的文学创作，力图还原出海派的本来面目。本书在众多的海派文学研究成果中有着独特的学术价值：它以一种开放的姿态来包容研究对象，力图还原历史的真实；介绍上海都市文化对 30 年代上海文学生态环境的影响，认为都市景观的形成、商业和娱乐业的发展及移民的大量涌入等，为现代都市文学的发展提供了素材和技巧，对 30 年代上海文学生态环境给予了全方位的观照；从现代文坛论争史的角度来阐释海派作家的话语立场，是该书的一个创新。

（徐志辉）

江苏新文学史 陈辽主编，南京出版社 1990 年 12 月出版，415 千字。《江苏社会科学文丛》之一，为中国第一部地方文学史。全书共 17 章：1919～1928 年间的江苏文学；1928～1937 年间的江苏文学；1937～1949 年间的江苏革命根据地文学；瞿秋白；叶圣陶；朱自清；陈白尘；1949～1966 年间的江苏文学；新时期的江苏文学；陆文夫；高晓声；艾煊；石言；张弦；江苏的儿童文学；江苏的文学期刊。

（韩　兵）

20 世纪台湾文学史论 方忠（1964～　，江苏南通人，江苏师范大学教授，中国世界华文文学学会副会长，江苏省台港暨海外华文文学研究会会长，江苏省中国现代文学学会副会长。研究方向：中国现当代文学）著，百花洲文艺出版社 2004 年 10 月出版，256 千字。本书不是以史为线、以作家或流派为中心的串珠式结构，而是直接从文学体裁入手，从文学形式入手。本书十分注重共时的立体观照，台湾现当代文学既有作为中国文学一部分的共性，又有其本土特定政治、社会环境所决定的殊相。对作品的解读抛开了一般文学史所惯用的情节、主题、写作特色 3 部分条块分割的方法，直接抓住作品中最能打动人，最人性化，最值得玩味的亮点加以诠释，用分镜头呈现的方式把分散于作品中的最有价值的东西加以特写。著者在鉴赏作品的过程中能够用西方理论结合自己的语言、自己的方式去描述作品的艺术美，用美的语言表现美，用美的意象表现美的境界。

（徐志辉）

鲁迅《摩罗诗力说》注释·今译·解说 赵瑞蕻著，天津人民出版社 1982 年 4 月出版，213 千字。《摩罗诗力说》是 1907 年鲁迅先生用文言文写成的一篇文论，是"五四"运动前思想启蒙时期的重要巨作，是揭露批判封建意识形态的檄文，也是中国第一部倡导浪漫主义的纲领性文献。由于是用文言文写的，且篇幅又较长，除了其中某些"怪句子"外，不少古奥的文言词语以及原文中所提到的许许多多外国的典故等,增加了人们阅读时的障碍,理解上的困难。本书的主要目的是希望为一般读者阅读鲁迅先生这篇重要论文提供帮助。本书由原文并注释、今译和解说三部分构成。 （徐志辉）

读《中国小说史略》札记 储大泓（1927～2000,江苏宜兴人,高级编辑。曾任南京《首都晚报》副刊编辑,解放日报社理论部编辑、评论部评论员、理论部负责人、副总编辑,文学报社社长)著,上海文艺出版社1981年10月出版,152千字。本书是著者阅读鲁迅《中国小说史略》的心得及解读和分析,包括《中国小说史略》的写作和出版前后,对小说发展规律的探索,把小说作为历史来读,对于中国古典名著《西游记》《水浒传》《儒林外史》《红楼梦》及清末讽刺小说的分析评价,以及贯穿其中的小说文学理论和艺术手法研究。 （韩　兵）

鲁迅创作的艺术技巧 朱彤(1915～1983,原名金声,江苏南京人,南京师范大学中文系教授,中国作家协会会员,江苏省鲁迅研究学会理事,江苏省美学学会顾问。研究领域：美学,鲁迅研究,现代文学)著,新文艺出版社1958年3月出版,102千字。本书收集的7篇论文,探讨鲁迅对于艺术技巧的看法；对于正在讨论中的阿Q的典型意义,提出了作者自己的意见；并在这个基础上,即在艺术技巧的理论探索的基础上,着重分析鲁迅在塑造人物形象和驾驭语言方面的光辉艺术成就,以供文学教师和青年写作者的参考。(另有《美学与艺术实践》,已著录) （徐志辉）

鲁迅的思想和艺术新论 包忠文著,南京出版社1989年8月出版,231千字。本书是作者运用历史主义的美学方法和美学原则研究鲁迅的学术集成,以鲁迅的文学成就为中心,辐射到鲁迅的生平思想和文化意识,揭示出不同发展阶段的鲁迅思想与历史时代的紧密联系以及自身的进化要求,因而导致鲁迅的文艺思想的"古今中外化",科学解释了鲁迅思想发展的基本动因,深刻评价其历史意义和文化价值,大胆而准确地挖掘鲁迅笔下人物形象所寓涵的复杂的社会历史内容和美学内容。（韩　兵）

鲁迅和中国文化 林非(1931～2006,江苏海门人,曾任中国社会科学院研究生院教授。在鲁迅研究、散文理论研究以及散文创作等方面成就卓著)著,南开大学出版社2007年9月出版,266千字。本书向为研究鲁迅者必读的著作之一,在学界有较大反响。作者论鲁迅笔下之国民性、之启蒙主义,常能于人们习焉不察处时有创见,别有阐发,论述细致深刻缜密。(另有《鲁迅前期思想发展史略》《鲁迅小说论稿》,已著录) （韩　兵）

鲁迅前期思想发展史略 林非著,上海文艺出版社1978年11月版,108千字。《中国现代文学研究丛书》之一。本书主要收录鲁迅先生前期思想发展的作品。全书共7章：前言,生物进化论与阶级斗争,国民性与阶级性,个性解放与群众创造历史,唯物史观的成长与发展,向共产主义者飞跃的前后,学习和掌握马克思列宁主义的特点。（韩　兵）

鲁迅小说论稿 林非著,天津人民出版社1979年10月出版,99千字。本书包括作者关于鲁迅研究的6篇论稿：《论鲁迅的小说》《鲁迅小说的人物创造》《鲁迅小说的讽刺艺术》《论〈狂人日记〉》《论〈阿Q正传〉》《论〈在酒楼上〉》。作者认为,这6篇论文之间有着一种内在的连贯性。因为想通过对鲁迅小说艺术成就及其特点的分析,论述它的深刻的思想内容。任何作品的思想内容,总是通过一定的艺术形式表达出来的,这两者之间应该水乳交融,浑然一体,将思想内容和艺术形式机械地割裂开来进行论述,就不可能写出充满生气的、有真知灼见的作品论来。 （韩　兵）

阿Q正传创作论 刘福勤(1941～　,江苏丰县人,曾任江苏省社会科学院研究所研究员,中国鲁迅学会学术委员会委员,江苏省鲁迅研究会副会长,江苏省瞿秋白研究会副会长)著,宁夏人民出版社1987年6月出版,162千字。本书共10章。第一章论述《阿Q正传》的创作同作者前期的精神文明观及鲁迅精神的关系；第二至四章主要论述主人公阿Q和"假洋鬼子"等几个重要人物的塑造；第五至七章分别是构思论、语言论和风格论；最后3章是"成因论",从时代和作者心境的角度,从作者美学思想与创作的关系的角度,从鲁迅小说创作的历史过程的角度,考察这篇小说的创作动因和成功因

素的分析。(另有《心忧书〈多余的话〉》《瞿秋白:情感、才华、心史》,已著录) (韩 兵)

洪深文集 洪深(1894~1955,号伯骏,字潜斋,江苏武进人,曾于1930年加入中国左翼作家联盟,曾在复旦大学、暨南大学、山东大学、厦门大学任教)著,本文集收辑作者有关戏剧方面的主要著作,计分4卷。第一、二卷为话剧剧作,第三、四卷为戏剧理论和电影方面的著作,按照写作年代编次。第一卷,中国戏剧出版社1957年11月出版,337千字,收入作者从1916年到1932年的6个剧本。第二卷,中国戏剧出版社1957年11月出版,417千字,收入作者从1936年到逝世时期的7个剧本。第三卷,1959年6月出版,389千字,收入作者创作的4个电影剧本和一个广播剧本以及有关戏剧电影编剧、导演、表演等方面的4部著作。第四卷,中国戏剧出版社1959年6月出版,380千字,收入作者的长篇绪论《现代戏剧导论》和专著《抗战十年来中国的戏剧运动与教育》;二者都辑有大量史料,描绘了中国话剧活动在某一阶段的轮廓。但由于时代的限制,和当时写作环境的恶劣,作者对某些人物和事件的评价未必妥切,也有不够正确之处。此外,本卷还收辑了洪深同志历年在报刊上发表的以及未经发表过的26篇文章,按性质分列成4类。 (蔡保鹏)

许姬传七十年见闻录 许姬传(1900~1990,江苏苏州人,曾任中国剧协和梅兰芳剧团秘书)著,中华书局1985年5月出版,230千字。本书包括《戊戌变法侧记》《谭鑫培的艺术道路》《梅边琐记》三部分内容,记载了作者目见耳闻的重大历史事件,分析总结了谭鑫培的艺术成就,记录了京剧舞台艺术的发展演变及解放初期的社会风貌,具有弥足珍贵的史料价值,作者信手写来,却又极具生活气息。 (韩 兵)

苦丁斋思絮(上下卷) 黄毓璜(1939~ ,江苏泰兴人,曾任江苏省作家协会书记处书记、创作研究室主任及理论工作委员会主任,江苏省评论家协会副主席)著,人民文学出版社2002年9月出版,849千字。本书精选了作者多年来在国内外50多家报刊发表的文学批评和散文、随笔百余篇。上卷72篇,主要是对当代诸多重要文学现象如文艺思潮、文学观念、创作趋势、审美风尚等的细致观察与深入思考;下卷67篇,主要是对具体作家作品的论述与评析。两卷中的散文随笔,是作者对社会、人生、人性细部的深切感悟和解读,也具有浓烈的"批评"色彩。 (韩 兵)

清真集校注 孙虹(1957~ ,安徽太平人,江南大学人文学院教授。研究领域:宋代文学和文献研究,红楼梦研究)校注,薛瑞生订补,中华书局2003年12月出版,424千字。《清真集》是宋周邦彦的词集。《清真集校注》是周邦彦"清真词"的编年、校订、注释、评论、考订的集大成之作,对学术研究和文学欣赏均有重要的参考利用价值。本书既填补了宋四大词人词集整理校注之缺憾,又保存了前人之学术成果而多创获,集校勘、注释、辨证、集评于一炉,尤辨证一项用力为多,道前人所未道,发前人所未发,至为可贵。或阅读,或研究,一册在手,几可尽获。 (徐志辉)

她叙事——现代女作家论 屈雅红(1965~ ,女,陕西蒲城人,南京航空航天大学艺术学院教授。研究方向:女性主义文学)著,中国文联出版社2005年12月出版,210千字。本书对中外女性主义的历史与现状进行了剖析,用女性主义文论基本理论的研究方法,表明了自己将女性主义还原到具体的历史和社会场景中,在与男性、与他人、与社会、与历史的各种关系中表现和研究女性的立场,表明自己强调女性的价值与权力是希望纠正文化历史曾经的偏误而不是以女权取代男权。作者选取了在中外历史上曾经产生过很大影响的3位外国女性和7位中国女性作为个案,与这些不同历史时期的女性进行心灵的对话和沟通,勾勒出她们独特的人生轨迹与留存在人们视野中或印象中特立独行的背影。作者以自己身为女性的优势揭示出这些杰出女性的独特魅力,披露其深秘的内心世界;对生命历程的回溯,对她们作品和生命文本的解析,达到了与写作对象心灵的契合,从而使本书的写作变成了作者对自我生命的解释与表达,进而实现了写作的目的:注解女性生命,探索两性生命琴弦的和声,共创和谐理想的未来社会。 (徐志辉)

阳湖文派研究 曹虹著,中华书局1996年10月出版,203千字。《中国传统文化研究丛书》之一。全书由绪论、总论和分论三部分构成,对阳湖文派产生的时代及地域文化背景、阳湖文派之渊源、与桐城派之关系、骈散两宗的文论思想、该派重要作家的文学思想及历史地位等方面,都进行了深入系统的探讨,并对如何研究中国文学中的流派问题,也做出了一些方法上的思考。本书是至20世纪90年代为止唯一一部对阳湖文派进行系统研究的力作,也是一种别开生面的研究。

(徐志辉)

夷坚志论稿 张祝平(1955~ ,江苏南京人,南通大学文学院教授,中国诗经学会理事,中国山海经学会理事。研究方向:出土文献,楚辞)著,中国文史出版社2002年12月出版,300千字。《夷坚志》是宋代著名学者和小说家洪迈编纂的文言小说集。洪迈编纂此书先后长达60年。此书各集连绵不断、陆续编成,累计达420卷。这部文言小说集以当朝人反映当朝社会现实,其成书时间之长、全帙规模之大、内容涉及之广,确实可谓前无古人。本书从《夷坚志》的编纂背景与洪迈的小说观,到《夷坚志》的成书过程与版本流传,到《夷坚志》的社会现实内容与小说题材的拓展,再到《夷坚志》在当时和后世的影响以及后人对《夷坚志》的研究和评点,作者在诸多方面均作了相当广泛、颇具深度的研讨。此书史料内容相当丰富,提出不少学术新见,其研究思路和研究方法也颇值得称道。

(徐志辉)

新批《儒林外史》 陈美林著,江苏古籍出版社1989年出版,587千字。无论从思想意义或是艺术表现而言,《儒林外史》都是一部杰出的小说,在中国乃至世界文学史上都占有重要地位。为了帮助读者阅读欣赏,也为了有助于学人进一步探索研究,本书对这部杰出的小说作了新的校点和批评。本书既是传统的小说批评的继承,又是以当代人的目光和理论为指导的一项开创性工作。新批采用了"夹批"和"回评"两种传统形式。"夹批"随时发挥,画龙点睛,言简意赅,但却烛照幽微,以富启发性的文字阐发小说的精义;"回评"概括整回故事的思想艺术,常常以纵横比较、前后勾连的方式剖析其情节结构和艺术形象,具有整体感。《新批》十万言的评点,处处表现批者的审美目光、学术功力以及对这部小说的系统认识。

(徐志辉)

伤逝与谈往 周楞伽(1911~1992,江苏宜兴人,早年从事鸳鸯蝴蝶派文艺;任职古典文学出版社,中华书局上海编辑所编辑,主要从事古典文学的整理和研究工作)著,黑龙江人民出版社1998年5月出版,290千字。著者在20世纪20年代开始文学活动。在追忆怀往中,著者真实的报告了自己的人生和文学经历,坦露了孜孜追求文学"真善美"极致的酸甜苦辣、喜怒哀乐、成败得失、秉性情趣和品格节操,还详实披露了一批文坛往事的来龙去脉、前因后果、旁蔓别枝,以及种种隐秘情节。

(韩 兵)

青峰遮不住的寂寞与徘徊:明清山人诗人群落的文化解读 冯保善(1963~ ,河南新乡人,江苏教育学院文学院教授,江苏省明清小说研究会副会长。研究领域:中国古代小说戏曲及明清文化)著,上海音乐学院出版社2008年7月出版,238千字。在明代中期社会产生了一个新的知识群落——山人诗人群,在数百年间成为一个复杂特殊的知识群落——终身为布衣,能诗善文,虽自标山人却不愿如山林樵子伐木丁丁、老死山中,更不愿意放弃在俗世间的恣意享乐与人生快意,而是频频出没在都市与山林草野之间;既纵游天下的山水名胜,又进出达官显贵的门下,靠打秋风获取钱财;其中不乏不学无术之辈,也多有才情洋溢、经纶满腹之人;歌唱自然,吐露心中之声,又谄媚权贵,唱言不由衷之音;身为布衣,偏喜结交权势,独立于仕途之外,偏好相与仕途中人;不事治业营生,一样吃喝玩乐。本书既在总体上讨论了明清山人群落的生成,探讨了他们打秋风与其谋生的关系、与历代隐逸之异同,阐释了他们诗意的生活追求、对中国文化史的贡献;又以个案的观察,选择其中影响卓著者次第论列,具体而微地展示了他们的人生及心路历程。

(徐志辉)

悲鸿随笔 徐悲鸿(1895~1953,汉族,原名徐寿康,江苏宜兴人,原中央美术学院院长)著,江苏文艺出版社2007年4月出版,170千字。本书收录了徐悲鸿先生所撰个人自传、时事评论、学术讲演、美术史论、艺术漫谈、美术评论、思想杂谈、旅游通讯及文艺小品等,各种文体兼备,尽自己所想所说所骂,感情奔放,令人回味隽永。尤其早年代表作《悲鸿自述》一文,行文融汇经史,颇具古文法度。本书为艺术大家随笔的其中一本,全书包括《雪泥鸿爪》《谈画论艺》《国画散论》《域外画谈》《杂感随想》《演讲访谈》《序跋品题》7辑。(另有《奔腾尺幅间》,已著录)

(王忆南)

橘与枳:日本汉诗的文体学研究 吴雨平(1962～　,江苏高邮人,苏州大学文学院教授。研究领域:比较文学学科原理,中日文学关系)著,中国社会科学出版社2008年12月出版,240千字。本书将日本汉诗置于古代东亚汉文化圈的背景之中,以日本汉诗的"原生态"——中国古典诗歌以及日本的民族文学样式——和歌作为参照系,围绕日本汉诗创作中无处不在的"文体意识",从日本汉诗的起源及其历史分期,日本汉诗与古代东亚汉文化圈,日本汉诗与执政者的意识形态,日本汉诗与其创作主体,日本汉诗与中国文学选本、诗文别集,日本汉诗与中国古典诗歌传统,日本汉诗从"公"到"私"的演变等几个方面,对日本汉诗的源流、发展与通变进行探讨。该书研究视角独特,颇有新意,开辟了一个新的研究领域,具有重要的学术价值。

(徐志辉)

普希金创作评论集 戈宝权(1913～2000,江苏东台人,曾任中国科学院文学研究所研究员)等著,易漱泉、王远泽编,漓江出版社1983年1月出版,249千字。湖南省外国文学研究会于1981年在长沙召开普希金学术讨论会,收到关于普希金的学术论文40余篇。作者从中选出22篇编成本书。所收论文对普希金生平思想中的重要问题,创作中各个时期、各种文体的代表作品,以及普希金在俄国文学史上的地位,普希金与中国的关系等方面,都有专题论述。而对普希金思想和创作的局限性、缺点,甚至错误,论者也通过摆事实、讲道理,进行了探讨和分析。

(蔡保鹏)

苏联反法西斯战争小说史 陈敬咏(1931～　,福建福州人,南京大学外国文学研究所教授,曾任中国外国文学学会理事,中国俄罗斯文学研究会副秘书长,中国翻译协会文艺翻译委员会委员,江苏省外国文学学会会长。研究方向:俄语语言文学)著,南京大学出版社1992年12月出版,338千字。本书是中国学者编写的第一部外国战争题材文学史。作者借鉴了国内外学者的成果,综合归纳了自己长期研究的体会,站在本国文化的土壤上,从大文化的视角,全方位系统地研究分析另一个民族的文学现象。本书将反法西斯战争小说置于广阔的历史、文化与社会的背景之中,抓住文学发展的客观进程所显示的阶段性,运用"逻辑与历史相统一"的基本方法,检视一切文学现象。于是,前苏联反法西斯战争文学进程的完整风貌、特点及所显示的内在规律性便清晰地显现出来。在编写体例上,本书采用综合性概述与作家作品评介相结合的方式;在评论方法上,采取社会历史批评与美学批评相结合的方式。该书既对文学史分期描述,又不把它割裂开来,而是注意理清各个阶段互相之间的承上启下关系。

(徐志辉)

英国文学史提纲 范存忠著,四川人民出版社1983年3月出版,292千字。本书为作者在中年后期编写的教材,用英文写成,书后附有中文译文。作者在介绍英国文学史时,正确处理了历史、社会和作家的关系,视角独特,既重视原著的文本、话语和风格的剖视,又注重文学术语的释义、主题的阐释和公允的评论,本书名曰"提纲",实为一本浓缩的英国文学史精华之作。

(蔡保鹏)

20世纪英国文学史 王守仁(1955～　,江苏苏州人,南京大学外国语学院教授,中国外国文学学会副会长,英语文学研究分会会长,江苏省外国文学学会会长。研究方向:英美文学史,当代英美小说)著,北京大学出版社2006年7月出版,280千字。本书作者以深厚的学术功底、深情的笔端,将各名家及其作品置于历史社会文化的背景之下,对文本进行了深度的解读。论证充分,剖析精辟,文笔优美。本书注重学术严谨性,考证细致,阐释得当。同时,论述力求深入浅出,体现导读的特点。作为教学与研究参考书,该书的资料不仅丰富全面,而且准确可靠。参考文献汇总了该领域的研究成果,很有针对性,使查询相关材料的好助手。书中附有珍贵的人物照片、历史地图、插图等,图文并

茂成为该丛书的一个特点。　　　　（徐志辉）

20世纪法国"反文学"研究　刘成富（1962～　，江苏扬州人，南京大学外国语学院教授，中国法语教学研究会副会长，中国非洲问题研究会常务副会长，中国外国文学研究会理事。研究方向：法国语言文学，国际问题）著，江苏文艺出版社2002年10月出版，220千字。《外国文学论丛》之一。本书既是一本观点新颖、资料翔实、内容丰富的高等院校实用教材，也是法国文学爱好者的一本有价值的参考资料。本书正文部分共分16章，每章重点介绍和研究一个"反文学"作家或评论家，特别对其主要作品的思想艺术价值进行了较为深刻的分析。可以从思想和风格的角度把他们大致归为五个类别，即法国20世纪的"意识流"小说、超现实主义文学创作、"新小说"、荒诞派戏剧和"原样派"（又译"如是派"或"太凯派"）。如果从逻辑概念来看，本书的基本内容既互为联系，又相对独立，分则为诸作家作品之专论，合则为法国现当代"反文学"发展基本轨迹的简要勾勒。　　　　　　　　（徐志辉）

西园拾锦：美英作家论　梅绍武（1928～2005，江苏泰州人，曾任中国社会科学院美国研究所研究员，2004年被中国翻译协会授予"资深翻译家"称号）著，河北教育出版社1999年3月出版，443千字。本书汇集著者散见于报刊的关于美英作家及其作品的论述，其内容扎实，不趋时尚，而只挹取应该介绍到中国来的作家和作品。内容涉及美国戏剧、美国文学以及美英小说家、戏剧家的研究与评述。（另有《我的父亲梅兰芳》，已著录）　（韩　兵）

拉丁美洲文学　王央乐（1925～1998，江苏无锡人，曾任人民文学出版社校对、外国文学编辑室编辑）著，作家出版社1963年8月出版，96千字。《知识丛书》之一。本书简明地把20世纪30年代以前拉丁美洲文学的主要发展线索，拉丁美洲文学的重要作家以及他们的部分作品，做了一个大致的介绍。其内容包括印第安民族文学、殖民地时期文学、独立革命的歌手、浪漫主义文学、后期浪漫主义文学和现实主义文学、现代主义诗歌、现实主义小说，共7章。
　　　　　　　　　　　　　　　　（王忆南）

第十章 艺术类

美学与意境 宗白华著,江苏文艺出版社2008年7月出版,250千字。本书是宗白华先生一生美学思想的结晶。在意境理论、诗学理论、艺术创造理论和艺术辩证法等方面,都发表了诸多深刻而独到的见解,由此形成了其完整的美学思想。书中有论书法,论中国画,论人生等等众多方面的文章,共有《说人生观》《学者的态度和精神》《艺术生活——艺术生活与同情》《美学与艺术略谈》《青年烦闷的解救法》《新人生观问题的我见》《戏曲在文艺上的地位》等58篇文章。

(徐志辉)

美学与艺术实践 朱彤著,江苏人民出版社1983年1月出版,140千字。本书从实践出发,考察艺术作品的美学因素,并带着中华民族的美学特点,用艺术实践作为衡量论点的尺度。它在美学研究园地吹来一股新风。全书由9篇文章组成,贯串全书始终的是美学与艺术的交错,借此考察艺术作品的美学因素。作者不仅对美学的基本问题作了精辟的阐述,而且更深一层地探讨了艺术想象、艺术虚构、艺术夸张、艺术悬念、艺术陡转、艺术间隔、艺术和谐、艺术语言中的美学成分,以此构成了区别于其他美学著作的新的风貌。作者把美学研究的对象主要集中在艺术实践方面,是为一大特色。审美摒弃类型,始终面对活跃的、流动的形象,这是作者探讨艺术美、自然美的又一特色。对祖国传统美学经验的吸收和开掘是本书的第三个特色。在他的笔下,多是抒情的、直观的把握,也不乏严谨的逻辑分析和缜密的完备论证。两者的结合,是本书的精华之所在。

(徐志辉)

艺术辩证法——中国艺术智慧形式 姜耕玉著,高等教育出版社2006年1月出版,450千字。本书旨在对中国艺术智慧形式的理论建构,从古代中国直观体悟的经验思维与20世纪初西方现代艺术经验方法的契合中,进行对古代艺术辩证法资源的开发的现代阐释。作者抓住艺术辩证法的核心,侧重对常见的、具有代表性的艺术辩证范畴进行描述。本书注重从古人对经典作品的评点中发掘辩证的要素与艺术的妙谛,从艺术实践的发展和现代艺术经验中引证和拓展艺术辩证法的理论内涵。作为艺术学科的认识论和方法论,艺术辩证法有利于深化对艺术原理和规律的理解,克服对复杂的理论问题与艺术现象的观察、认识的片面性、简单化;作为艺术思维科学,艺术辩证法有助于激活想象力、创造力和逆向思维,极大地发挥创新的意识和能力;作为直觉与美的科学,艺术辩证法有益于培养人们艺术感觉与对美的感受力,使对艺术与美的感觉由迟钝变得敏锐、由单一变得丰富、由肤浅变得有深度。

(徐志辉)

现代与后现代艺术的反思 李倍雷(1960～ ,重庆人,东南大学艺术学院教授,中国艺术学学会常务理事,中国美术家协会会员,江苏省作家协会会员。研究方向:艺术原理,中外美术史,艺术人类学,中国艺术文化史)著,江西美术出版社2008年1月出版,146千字。本书运用艺术原理、分析学和图像学等方法,对西方现代、后现代艺术进行了深入的梳理。作者用一种批判式思维对我国当下现代、后现代艺术进行重新认知,摒弃以往盲目推崇西方艺术形态的心理,对中国艺术现状进行了客观思考。作者从本土文化和历史传统的视角,认为"应消除西方强权政治的话语主张和意识形态,找准中国在当代文化发展过程中所真正内需的现代艺术,以我们自身的文化视角和本土语境为根脉,比较国际当代文化的变量,寻求现代性的文化意义和价值,探索和试验中国的现代艺术",建立与传统密不可分的"当代艺术",而不是继续效仿西方。

(徐志辉)

中国艺术结构论 赵建军(1958~ ,内蒙古临河人,江南大学文学院教授,中华美学学会会员,江苏比较文学学会会员。研究领域:中国美学史,西方美学,文化美学,艺术美学)著,中央广播电视大学出版社2005年1月出版,250千字。本书从"流观"与"兴"的角度,研究中国艺术结构的胚胎模型,论证"作为一种观察方式与思维方式"的"流观"与在思维结构上作为"流观的深化"的"兴",是基于巫文化之根因的中国艺术结构"诗性智慧"展开与实现的问题,具有一定的思想深度。作者运用结构分析的方法对中国艺术结构问题进行成功的解读而不是照搬来自西方的结构主义。注重关于论题的结构分析,但并不是那种空疏的所谓关于"形上"的分析,而是体现作者的时间意识,并将这种意识贯穿到历史、人文领域的中国艺术结构的研究之中。对中国艺术结构传承与变迁的探讨,渗透着一种历史时间意识,关于历史文人化人格的结构呈示的论述,将艺术结构的深度蕴涵从本体层面联结到具象层面,给全书以浑然一体之感,也深化了中国艺术结构精蕴的理论性与系统性。

(徐志辉)

艺术格调:邵大箴论艺术 邵大箴(1934~ ,江苏镇江人,曾任中央美术学院教授,《美术研究》《世界美术》杂志主编)著,山东美术出版社2002年1月出版,字数不详。本书收录了《漫谈艺术的格调》《科学与艺术:创造性的同与异》《美术史阅读及美术欣赏》《融入了中华民族的血液——中国油画100年》等11篇文章。其中有些文章虽然不是专门讨论格调的,但均与格调有关,涉及艺术的时代性、民族性和个性以及创作、欣赏等多方面的问题。

(蔡保鹏)

存天阁谈艺录 刘海粟(1896~1994,江苏常州人,曾任上海美术专科学校校长,南京艺术学院院长)著,中国青年出版社1990年6月出版,203千字。本书是当代艺术大师刘海粟谈论艺术修养与创造经验的随笔集,也是他从事艺术教育和美术创作近70年来,思想、艺术和感情的部分结晶。全书分为两部分:一是艺文杂谈,二是师友、往事追忆。这些文章虽然多半为兴之所至或触景生情,有感而发,却是他从艺阅世几十年来思想、艺术和感情的结晶,风格直率,感情真挚。(另有《刘海粟艺术文选》,已著录)

(蔡保鹏)

刘海粟艺术文选 刘海粟著,朱金楼、袁志煌编,上海人民美术出版社1987年10月出版,520千字。本书选编了现代艺术教育奠基人刘海粟近百篇艺术论文和部分题跋、序言、信函。收录最早的是他写于1912年11月的《创立上海图画美术院宣言》,近期的有《致谢海燕函》《致张大千函》等。书后附有刘海粟年谱。

(蔡保鹏)

美术用透视学 颜文樑(1893~1988,江苏苏州人,曾任中央美术学院华东分院副院长)编著,上海人民美术出版社1957年9月出版,155千字。本书共分"第一部""第二部"两个单元,第一部为学理介绍,第二部为实用方法,理论结合实践,以便读者能更好地掌握透视学的变化规律,另外还有一篇"附带几句话"和11副油画名作,附在书后,以供参考。本书的选材排列程次和学理根据,由浅入深,由简到繁,其中兼有各国美术家的论点和经验,以及编者多年来的作画和教学心得,除适合专业学校的教学和参考外,也可供个别美术工作者的自学和研究之用。

(王忆南)

中国历代应用艺术图纲 王子云(1897~1990,安徽萧县人。任职国立西北大学历史系教授兼文物研究室主任,西北艺术学院教授,是中国现代美术运动先驱,中国新美术运动最早的倡导者和参加者,中国美术考古的拓荒者)编,太白文艺出版社2007年5月出版,400千字。本书分建筑、雕刻及工艺美术3编。每编各冠以简略史实,以说明各代艺术演进的轨迹,藉为理解该时代之发展现象。因造型艺术之美妙绝非文字所能完整表达,故本书之编纂以图形为主,选择标准特重于富有民族特质之资料;雕刻装饰注重碑志上之图案及陵墓石刻以及"华化"的佛教图案;工艺美术则以三代秦汉特有之铜器为主,其题材组合如饕餮、蟠螭、夔龙、云雷等纹样;其他陶瓷漆器织绣亦均为中国之特产,故亦足重。(另有《汉代陵墓图考》,已著录)(韩 兵)

中国艺术史纲(上下) 长北(1944～ ,本名张燕,江苏扬州人,东南大学教授,江苏省文史研究馆馆员)著,商务印书馆2006年7月出版。该书梳理出我国古代各门类艺术发展的线索,对古代各门类艺术所有重要的典籍,一一予以介绍评价。该书作者不仅关注书画,对建筑、雕塑、工艺美术,也用功甚深,对一般史家不大关注的民间艺术、少数民族艺术等,也予以关注,加上对戏剧、音乐、舞蹈等的勾勒,体现了视野的宽阔。书中有许多田野调查得来的鲜活体会,有许多大量阅读和深入思考得来的新进思想,文本研究与实物研究结合,内容深入浅出,言出心声,平实又不乏文采。书后还整理出了《艺术书目著作和艺术文献汇编书目要览》,以方便读者查阅。
(蔡保鹏)

六朝艺术 林树中(1926～2014,浙江平阳人,曾任南京艺术学院教授,美国密歇根大学中国文化研究所研究员,日本龙谷大学佛教文化研究所顾问)编著,南京出版社2004年12月出版,290千字。本书是国家"十五"重点图书出版规划项目,论述六朝时期的艺术。分绘画艺术、书法艺术、陵墓艺术、宗教艺术、音乐舞蹈艺术和园林艺术7章,从不同的角度展示了六朝时期绘画、书法、雕塑、乐舞和园林等方面的艺术价值和成就。
(韩 兵)

现代化与百年中国美术 顾丞峰(1957～ ,辽宁鞍山人,南京艺术学院教授。研究方向:中国美术史)著,河北美术出版社2008年6月出版,220千字。本书在论述现代化—现代性与中国美术的关系时突出对文化现代性的表述,对中国美术各时期对现代化—现代性的表述都有分析,但将主要篇幅放在分析改革开放后中国当代美术的表述上。中国当代美术是自20世纪80年代起开始的,它是中国现代化进程的文化产物。本书述及的前三个现代化时期中的美术对现代化特别是现代性的表述上都存在着"跛足"的现象,而自改革开放后发展起来的中国当代美术无论从形态上、思想的深度上、内容的丰富性上,还是从最少受政治左右这个角度上看,都是前几个时期所无法相比的。在研究中国当代美术对现代化—现代性的表述时,中国当代美术对现代化—现代性的反思倾向是本书主要关注的内容。
(徐志辉)

中国绘画变迁史纲 傅抱石(1904～1965,原名长生、瑞麟,号抱石斋主人,江西南昌人,曾任南京师范学院教授,江苏国画院院长)著,上海古籍出版社1998年12月出版,285千字。本书最初是作者于1929年在江西省立第一中学任教期间写的讲义,1931年由南京书店出版。1998年上海古籍出版社重版,书后附《中国美术年表》。此著以批判、怀疑和求实的态度对中国几千年的绘画演变史作了一次系统的审视和思考,观点鲜明,思想深刻,论证严谨,是在20世纪上半叶的时代背景下中国绘画史研究的一个重大收获,当属该时期一部侧重论的美术史经典著作。
(蔡保鹏)

中西绘画形神观比较研究 陈世宁(1955～ ,江苏南京人,南京艺术学院教授,中国美术家协会理事,江苏省美术家协会副主席,江苏省科普美术家协会理事长,江苏省油画学会常务副主席。研究方向:美术创作理论,中西绘画比较)著,东方出版社2007年11月出版,180千字。本书以中西画论中有关形神观的论述为主线,以中西绘画作品中的形神显现为论据,从中西画论和中西绘画作品的双重角度,对不同时代、不同学者所提出的主要观点和作品进行分析、推演和比较研究,兼顾和引证哲学和美学等领域中相关的论述,深入分析和研究中西画论和中西绘画作品中形神观的差异和相通,以及相互融合的可能性,努力寻觅中西绘画的交汇点,在把握中西绘画形神观的差异和相通的基础上,关注艺术创作的生动性、丰富性和复杂性,关注研究成果的理论意义和现实意义。
(徐志辉)

艺术放谈 刘汝醴(1910～1988,江苏吴江人,曾任华东艺术专科学校、上海戏剧学院、无锡轻工业学院、南京艺术学院教授)著,江苏美术出版社1986年8月出版,270千字。本书收入了作者的44

篇文章,除去3篇译文、4篇写于新中国成立前的论文,其余均为新中国成立后所作,大部分是"文革"后的论著。本书内容涉及面广,信息量大,提供了不少鲜为人知的现代美术史料。从中可以看出作者治学严谨,言必有据,独持己见。

(蔡保鹏)

陈之佛文集 陈之佛(1896～1962,浙江余姚人,曾任中央大学、南京大学、南京师范学院教授,南京艺术学院副院长,江苏省国画院副院长)著,江苏美术出版社1996年9月出版,336千字。作者是中国现代美术史上不可或缺的大家,在繁重的教学工作之余,始终坚持研究中国传统美术及其教育,同时又密切关注国外的艺术教育成果和动态。从理论高度对工艺美术、国外艺术、艺术教育、中国画学理论及历史进行考察、研究或探讨,开展美术教材编写,并在当时的各类刊物上发表了大量文章。本书为纪念陈之佛先生百年冥诞,由其幼女陈修范及女婿李有光合编,张道一校订,共收之佛先生文章62篇。出版后本书成为陈之佛研究的首选必备书。

(蔡保鹏)

马鸿增美术论文集 马鸿增(1940～ ,江苏高邮人,曾任江苏省美术馆副馆长,中国美术家协会理论委员会原副主任,中央文史研究馆书画院理论委员会副主任,中国画学会创会理事,江苏省文艺评论家协会副主席,江苏省中国画学会艺术委员会委员。长期从事美术理论研究及评论工作)著,江苏美术出版社1996年5月出版,320千字。作者结合美术创作的发展来探寻各个时期的绘画美学的发展,阐释各个时期的审美意识和审美范畴,在了解艺术思潮的演进中吸取经验,启示未来,深刻理解中国美学史发展的基础上,阐明绘画美学上的一些重要范畴。(另有《新金陵画派五十年:1953～2002》,已著录)

(韩 兵)

宾退集:灯下谈艺录 程大利(1945～ ,江苏徐州人,曾任中央文史研究馆馆员、中国美术出版总社总编辑、人民美术出版社总编辑)著,湖北美术出版社1994年10月出版,200千字。本书所收文章48篇,分为论画、品书、序跋、艺术观感四部分。著者认为,笔和墨都是感情的记录,而且留下的是准确的轨迹。除了情绪,我们还可以知道画家的个性品德乃至为人,高眼力的人更可以从画面看出画家的心路历程。中国画家终生必须解决的问题是人格锤炼和思想修养的问题,"人品既高,气韵不得不高",这是为前贤们证明了的。(另有《师心居笔谭》,已著录)

(韩 兵)

书画鉴真 鲁力(1956～ ,南京博物院研究员,兼任国家文物鉴定委员会委员,国家文物出境鉴定江苏站副站长。从事古代书画鉴定工作)著,上海文化出版社1998年11月出版,210千字。《中国民间收藏精编》丛书之一,内容5章:中国民间书画概说,中国书画二千年,中国书画的真伪鉴别,民间书画收藏面面观,书画保值升值规律与价格走向。(另有《古代书画》,已著录)

(韩 兵)

阵中叫阵 李小山(1957～ ,江苏宜兴人,南京艺术学院教授)著,江苏美术出版社2001年8月出版,172千字。《第三只眼艺术论丛》之一。本书旨在以最简练的方式提供最广阔的视野,领引读者进入中国当代艺术的前沿。中国当代艺术是丰富多彩并问题多多的。本书从问题入手,毫不留情地指出其弊端,善意地提出批评,满怀希望地描画出光明的前景。中国当代艺术走过的近20年时间内逐渐从封闭和单一走向开放和多元,从本土化走向国际化,它将会在未来的发展中更加鲜明和多姿多态。本书力求避免艰深的理论阐述,避免从概念到概念的陈旧写法,而用通俗的笔法来描绘,使中国当代艺术以活生生的形象呈现在读者面前。作者以敏锐而独特的目光对中国当代艺术进行扫视,对涉及的30余位艺术家的作品进行描绘。这些艺术之间的悬殊、差异和区别非常大,彼此之间找不出多少可比性。对他们的作品进行评述,是为了尽可能多地反映中国当代艺术的面貌。本书并没有全面介绍他们的经历和成果,而是截取某个显眼的断面、抓住其最鲜明的特征加以扫描和对照。

(徐志辉)

沈鹏书画谈 沈鹏(1931～ ,江苏江阴人,曾任中国文联副主席)著,人民美术出版社1997年9月出版。本书收录了作者在书画方面的评论数十篇,相比之下书法论文多于美术论文。一些权威人士认为,长篇论文《创造·情感·技巧》《探索"诗意"》等在当代书论中具有杰出意义,对新中国成立以来书法成就作了高屋建瓴的总结,又对书法发展趋势作了预测,并已为实践所证明。作者对美术创作发展的多元化趋势也有着独到的见解,他强调创作共性不排斥并且必须发扬个性。书中还刊载了赵朴初、王朝闻给作者信札的影印原件,以及著名评论家李松、黄淳以及萧风的评论文章。作者在《后记》中自述从事评论的契机,承认他从事编辑职业的局限,但认为应当超越局限性;认为生活实践与艺术实践相比,前者是第一性的,但决不应忽视艺术实践本身对作家深入认识生活的意义,应从广阔的角度发掘艺术底蕴。

(蔡保鹏)

奔腾尺幅间 徐悲鸿著,徐庆平编,百花文艺出版社 2008 年 1 月出版。本书收集了徐悲鸿在 1919 年到 1951 年谈论艺术、教育、鉴赏的部分文章。集中阐发了他的艺术观念、教育理想,体现了徐悲鸿的艺术观、人生观、教育观和对待生活的态度。读者在这些文字中,能看到了一个画家怎样从各方面吸取前人绘画的成就,推陈出新而最终成功,以及怎样自豪于中国古代画家们的杰作,怎样努力维护和宣传本民族的优秀艺术成果。

(王忆南)

反叛与超越:现代西方绘画艺术 常宁生(1955～ ,江苏南京人,南京艺术学院美术学院美术学系教授)主编,东方出版中心 2000 年 10 月出版,228 千字。本书是一部现代西方绘画艺术欣赏导引读物,结合现代艺术的各个不同方面展开分析和评价,介绍了现代绘画发展的相关知识及鉴赏方法。分上下两个部分:第一部分从世纪初马蒂斯等人的野兽派开始到 20 世纪 50 年代末的极少主义绘画和观念主义;第二部分从 20 世纪 60 年代的波普艺术开始到世纪末绘画发展的多元景观。(另有《国外后现代绘画》《权力与荣耀:罗马帝国与中国汉代雕塑艺术比较》,已著录)

(韩 兵)

欧洲近代绘画大师 [意]利奥奈洛·文图里著,钱景长(1924～2000,江苏吴江人,曾任浙江美术学院美术史教授)等译,中国友谊出版公司 2001 年 1 月出版,270 千字。本书上卷论述戈雅、康斯泰布尔、达维特、安格尔、德拉克洛瓦、柯罗、杜米埃和库尔贝;下卷论述马奈、莫奈、毕沙罗、西斯莱、雷诺阿、德加、塞尚、修拉、高更、梵高和图鲁兹-劳特累克,并对他们的创作进行了分析。

(蔡保鹏)

南戏通论 俞为民(1951～ ,浙江余杭人,南京大学中文系教授,中国古代戏曲学会常务副会长。研究方向:中国古代戏曲,中国古代小说)著,浙江人民出版社 2008 年 10 月出版,269 千字。南戏是中国戏曲史上第一种成熟的戏曲形式,它的产生,标志着中国戏曲的正式形成。与其他表演艺术一样,南戏的产生,也经历了一个从起源到形成的过程,本书从南戏的起源与形成、南戏的艺术体制、南戏的分期与发展、南戏剧作内容的市民性与婚变戏、《永乐大典》与《永乐大典戏文三种》、宋元四大南戏、元代民族矛盾的上升与南戏主题的转移、高明与《琵琶记》、明初南戏、明清的南戏研究、20 世纪的南戏研究及展望等不同角度,对南戏的发展和对南戏的研究状况进行了详细的介绍和论述。(另有《中国古代戏曲简史》,已著录)

(徐志辉)

新金陵画派五十年:1953～2002 马鸿增著,江苏美术出版社 2008 年 5 月出版,字数不详。"新金陵画派"在美术界、收藏界已经是无人不知了,但在具体的理解和认知上却存在种种差异。且不说对新金陵画派的构成、史实乃至名称有着不同看法和说法,即使对已过世的 5 位代表人物——傅抱石、钱松喦、亚明、宋文治、魏紫熙,也多是做单个的艺术分析,而很少从一个画派——群体的角度,来进行纵深广阔的历史考量。本书就是立足于研究中国画艺术发展演变的重要流派以改变以往只重个人研究的片面。全书结构分为"宏观微观述史实"、对新金陵画派的综述和总论,共 9 章,分别从历史积淀、时代背景、发展历程、艺术观念、艺术特征、历史地位、现实意义等角度,作了多侧面的系统梳理和述说;"我知我感五大家",是写作者自 1973 年到南京从事美术史论研究工作以来所亲身经历之事,涉及新金陵画派诸多重大事件和人物,能够立体地、真实地反映出该画派的为人为艺。另附有"大事年表",配上 80 幅历史生活照片、40 幅代表性作品。

(韩 兵)

国外后现代绘画 常宁生等编著,江苏美术出版社 2000 年 4 月出版,字数不详。《国外后现代艺术丛书》之一,主要介绍了20世纪的艺术实验,绘画艺术的危机与困境,新绘画的崛起,20世纪80年代新绘画的国际性展览,联邦德国的新表现主义,意大利的超前卫艺术,美国的新意象与多样风格,法国的自由形象与英国的新精神,新绘画总体风格特征,新绘画的文化历史价值等内容。　（韩　兵）

六朝画论研究　陈传席（1950～　，江苏睢宁人,南京师范大学教授,中国美术家协会会员,中国美术家协会理论委员会委员。研究领域:艺术史,文学史）著,天津人民美术出版社2006年6月出版,326千字。本书为作者最有代表性的学术专著,在学术界有广泛的影响。它对六朝时期的画论进行了系统的梳理、研究,发前人所未发,特别是对"气""韵"等关乎当时文艺品评的重要美学概念进行了全新的阐发。本书图文并茂,非常适合广大研究者及高等美术院校教学之需。本书内容包括重评顾恺之及其画论、《论画》点校注译、《魏晋胜流画赞》点校注译、《画云台山记》点校注译、宗炳《画山水序》研究、《画山水序》点校注译、王微《叙画》研究、《叙画》点校注译、论中国画之韵、谢赫与《古画品录》的几个问题、《古画品录》点校注译、姚最和《续画品》的几个问题、《续画品》点校注译、《山水松石格》研究、《山水松石格》点校注译、玄学与山水画等。(另有《中国山水画史》,已著录)　　　　　　　　　　　(徐志辉)

张择端清明上河图研究　张安治（1911～1990,江苏扬州人,曾任中央美术学院中国画系教授,中国画研究院院刊《中国画研究》副主编）著,朝花美术出版社1962年4月出版,字数不详。本书探讨张择端《清明上河图》与其时代背景,特别是经济发展的内在联系,研究其主题内容的人民性和精湛艺术技巧,从而阐明其文化史、美术史上的重要意义。(另有《墨海精神:中国画论纵横谈》《张安治美术文集》,已著录)　　　　　(韩　兵)

中国画法研究　吕凤子（1886～1959,江苏丹阳人,曾任正则艺专校长,国立艺专校长,江苏师范学院教授）著,上海人民美术出版社1978年10月出版,23千字。本书由上海人民美术出版社1961年初版,1978年再版,全书内容分三部分:一、用笔;二、构图(上),包括立意、为象;三、构图(下),包括写形、貌色、置陈布势。本书为吕凤子先生穷半个世纪实践和深切学术思考之集大成大要的重要总结,用情深致,学理彻切,言简而意赅,为百年间难得的画学宝典。　　　　　(蔡保鹏)

墨海精神:中国画论纵横谈　张安治著,东大图书股份有限公司1995年11月出版,字数不详。著者对绘画理论的认识由西方写实主义转向与中国文人画传统的融合,在中国古代画论中,大量篇幅是文人山水画论,其研究也循此而深入。本书从历史发展中去研究画论,在中西比较中寻找中国画论在世界上的位置。在介绍中国画论时,本书未按时代顺序或传统"六法论"之规范,而分为10个专题,以"形神关系"为首,"创造与继承"之要点为结,较多注意于取其精华,并以历代的优秀作品为证或与西画之特色相比较,以求能有助于当前中国画的创作活动。　　　　　　　　　(韩　兵)

张安治美术文集　张安治著,人民美术出版社1999年12月出版,字数不详。本书收录了《中国绘画的审美特点》《论民族美术》《中国工艺美术的传统》《简述中国画的发展和特征》《中国原始社会至汉代绘画泛论》《西汉帛画的艺术成就》《精美动人的宋代小品画》《〈清明上河图〉研究》等40多篇作者写的关于美术方面的论文。书后附有《张安治年表》。　　　　　　　　　　　(韩　兵)

鉴余杂稿(增订本)　谢稚柳（1910～1997,原名稚,字稚柳,后以字行,晚号壮暮翁,江苏常州人,曾任中央大学艺术系教授,上海博物馆顾问）著,上海人民出版社2008年1月出版,350千字。《文博大家》丛书之一,是谢稚柳先生最重要的著作,是书画研究者必读的经典书。书中收入谢老的有关论文,包括:《敦煌石室记》《北齐娄叡墓壁画与莫高窟隋唐之际画风的渊源关系》《唐代墨竹》《李成考》《范宽》《牧溪画派和他的真笔》《赵孟頫的花鸟画派》《元黄子久的前期画》等。　　(王忆南)

学画山水过程自述　贺天健（1891～1977,江苏无锡人,原名贺骏,又名贺炳南,字健叟,别署健父、阿难等,曾任中央美术学院民族美术研究所研究员,上海中国画院副院长)著,人民美术出版社 1992 年 12 月出版。本书介绍了作者 60 年来画山水画的艰辛历程和亲身体会,共分上中下 3 编,依次为引述、分述、总述。引述是叙述作者学山水画和学画山水的演变史,分述是叙述作者在技法上得到的心得。总述是叙述作者在学习画艺上总的领会和见解。

(蔡保鹏)

中国山水画史 陈传席著,江苏美术出版社 1988 年 6 月出版,710 千字。本书主要内容:山水画的产生(晋、宋时代),山水画的停滞、发展和突变(六朝后期至隋初、隋至唐初、中唐),山水画的高度成熟并居画坛之首(唐末、五代、宋初)等,共 8 卷。本书是国内外第一部专门研究山水画史的专著,首开中国分科画史的先例。为写此书,作者不囿成论,求实论史,除了遍览史书,还奔波于各大博物馆院,溯长江、登峨眉、越秦岭,探秦坑唐墓、诣敦煌佛窟。……凡古贤人画之山川水村,无不沿波讨原,饱游饫看。作者从哲学、史学、文学等角度透视山水画的发展,以山水画为切入点,审视了中国传统文化总体价值和内涵,从绘画、建筑、雕塑、工艺等方面,论述了中国山水画的萌芽、诞生、发展,试图通过揭示中国山水画的发展历程,来探寻中华民族精神之文化内涵。

(徐志辉)

中国画论辑要 周积寅(1938～ ,江苏泰州人,南京艺术学院教授,中国美术家协会会员。研究领域:中国画论,画史)编著,江苏美术出版社 1985 年 8 月出版,字数不详。中国画论,是中国古代画家长期实践经验的总结,是艺术理论宝库中的一份极其珍贵的美学遗产。历代论画之书,或片言只语,或整篇巨帙,其数量之可观,内容之宏富,可谓浩如烟海。为了帮助读者学习,本书节录从先秦至清末历代画论著述以及有关文献、题画、民间画诀中最有代表性、能够反映中国古代绘画本质、特征、原理、原则、发展规律的名篇精段,按内容加以科学分类,凡两编 16 论。因古典画论文字艰深,故在每论之前作一概括介绍,各段文字后面作以必要的注释、意译或按语,并引用当今画家、理论家的见解,同时还附有名画插图和辅助读物目录。本书不仅可以作为艺术院校"中国画论"课的教材,也是广大专业和业余美术工作者、美学工作者必不可少的重要参考资料、工具书。

(徐志辉)

中国书画美学史纲 樊波(1957～ ,江苏南京人,南京艺术学院美术学院教授,中国美术家协会会员,江苏省美学协会副会长。研究方向:书画艺术理论)著,吉林美术出版社 1998 年 7 月出版,520 千字。本书从中国书画美学的历史发展中揭示出了三项规律:一是宏观与微观的整合。先秦两汉时期,中国书画美学以宏观为主,微观为次;魏晋南北朝和隋唐宋元时期,中国书画美学由宏观向微观转化;明清时期,中国书画美学完成了宏观与微观的最终整合。二是历时性与共时性的结合。本书充分注意了书画美学思想的历史连续性,透过朝代的表层,贯穿着一条由内在逻辑所构成的书画美学思想的历史整体,又将这一时期美学家、艺术家所共同关注的书画美学问题聚集起来进行探讨。三是从中国书画美学发展的倾向来看,从来都是主观表现论和客观再现论的统一。既不同于偏重客观写实的西方传统艺术,也不同于一味强调主观表现的西方现代艺术,中国美学家和艺术家总是以审美直觉去消解"物我"分立,总是将艺术和美学的理想融入到"天人合一"的境界中。

(徐志辉)

师心居笔谭 程大利著,人民美术出版社 2008 年 7 月出版,字数不详。本书为作者近 20 年研究中国书画艺术理论与实践的总结,共收录《一部雅俗共赏的篆刻读物》《说不尽的卢浮宫》《参观爱尔米塔什博物馆》《阿姆斯特丹美术馆小记》《周韶华的艺术胸襟》《汇东方与西方 融传统于现代》《关于曾来德》等有关文章 40 多篇。内容涉及美术史、书画艺术本体论、创作技法、美术鉴赏等多个方面,对广大美术爱好者极具理论指导和参考价值。

(徐志辉)

宋文治山水画技法解析 郑伟建(1953～ ,江苏苏州人,曾任江苏省美术馆副馆长、研究馆员,《江苏美术》主编,艺术创作委员会副主任,国家一级美术师)编文,江苏美术出版社 1998 年 7 月出版,字数不详。作者编写本书,目的是便于绘画爱好者学习运用,从更深的层次上理解画作中的精髓,因此本书的第一章写了"宋文治的艺术道路",用意是能使爱好者对宋先生其人其画有较为深刻的了解。后三章宋文治山水画创作特点、技法分解、作品赏析,着重介绍画法和作品,分别从工具材料、创作习惯、笔墨要领、构思立意等不同角度进行分析,以便爱好者学习时全面掌握,灵活运用。

(韩 兵)

由解读到重构:中外绘画融合论研究 尚可(1963~ ,安徽安庆人,南京艺术学院教授,中国美术家协会会员,江苏省壁画学会理事。研究方向:中国画创作理论,中外绘画理论比较)著,辽宁美术出版社2007年8月出版,200千字。本书对近现代中国画关于中外融合理论与实践作了全方位考辨与梳理。在阐明不同融合理论与文化思想基础以及相应的实践探索的基础上,对这些理论所存在的问题进行系统的理清,剖析中外绘画融合实践与传统思想观念的碰撞而出现的诸多矛盾,力求重新整合中外绘画融合的理论建构,追溯融合什么与怎么融合等实质性的课题。在中国画的发展史上,近现代无疑是中国画发生激变的时期,与这种激变相伴而生的是中外绘画融合的激烈纷争,对中国画中外融合这一热点问题作历史性的聚焦,系统而深入地研究,既有助于对已有融合理论的明辨,使本研究具有理论上的学术价值,也或可助益于中国画画家在实践上的再探索。

(徐志辉)

中国书法史(两汉卷) 华人德(1947~ ,江苏无锡人,苏州大学图书馆研究员,中国书法家协会隶书委员会副主任)著,江苏教育出版社1999年10月出版,239千字。两汉400多年是各种书体演变、孕育和产生的时期,隶书、草书和行楷书在笔法和形体结构上比之篆书相对单一匀称的格局,是大为丰富了。汉代十分重视书法教育,政府据《尉律》来课试选拔书法好的学童,任以郡县以至中央主干文书的官吏;吏民上书奏事,如果文字不规范,可以举其事而纠其罪。《尉律》虽然自汉武帝时以通经艺取士后舍而不用,但政府对文吏升迁,却一直有一套考核的办法,"能书"是其中一项。书法与仕途挂钩,促使了人们对书法的重视。汉代涌现了许多有名和无名的书法家,其原因和书体的丰富、教育的重视以及利禄的诱使是分不开的。两汉是我国书法史上第一个高峰时期。本书主要内容包括两汉的书法教育,两汉的简牍(附骨签、帛书及其他墨迹),西汉的铭刻书法,东汉的碑刻,汉代的书法家,东汉的书学等。(另有《六朝书法》,已著录)

(徐志辉)

六朝书法 华人德著,上海书画出版社2003年12月出版,70千字。《中国书法博导丛书》之一,是关于六朝书法史上若干问题的论文集,由东晋墓志——兼及"兰亭论辩"、六朝写经体——兼及"兰亭论辩"、魏碑体、分析《郑长猷造像记》的刊刻以及北魏龙门造像记的先书后刻问题等五部分内容构成。作者试图探求六朝时期一些书法名迹产生的实际背景,并每每得出新的结论。如关于墓志的研究:近现代出土的秦始皇陵刑徒瓦文和东汉刑徒葬砖都是为辨识棺木尸骨,以便亲属迁葬而设的记识性墓志,故均用残碎的筒瓦和砖块作草率刻画。汉代在贵族地主中已出现设立墓志的风尚。这些墓志形式不一,文辞各异。有墓记、封记;有崖墓题记;有画像题刻志铭;有石棺、石椁铭;也有碑形墓志。这些说明当时的墓志尚无固定形制。三国时,惟有曹魏《鲍捐》《鲍寄》《张口》三神座,似是设于墓中的石刻牌位。

(徐志辉)

中国书法三千年 凌云超(1914~1985,江苏镇江人,曾任香港中国书道协会会长,新加坡中华美术研究会名誉会长)著,南京大学出版社1987年9月出版,536千字。著者早年在苏沪杭一带搜集古人书法碑帖,涵盖各时代代表性作品,又受教于今世名家指点,所临写的百体书法,力求逼真,保持原有神韵,并附予评价和自习的心得。本书依据书法历史发展过程,并及各代书法家小传,以掌故性笔调,逐章予以叙述。至于写字的方法,进修的秘诀,附于各段文字之后加以阐述。

(韩 兵)

中国书法风格史 徐利明(1954~ ,江苏南京人,南京艺术学院教授,江苏省书法创作研究中心主任,中国书法家协会理事,中华诗词学会会员。研究方向:中国美术史、书法理论)著,河南美术出版社1997年1月出版,392千字。《中国书学丛书》之一。这是一部从书法美学研究的视角对中国书法风格的形成、演化及发展作史学研究的专著,在中国书法理论史上具有开创性意义。本书对历代书法文献、作品、书法观念、社会思潮、书法器材、风格形成诸要素与书家个案及书法风尚等方面作全面深入的考察,融合了作者数十年书法实践中积累的丰富经验与感受。本书论证充实、见解独到、说服力强,使本书独具特色,并由此初步确立中国书法风格史的理论体系。　　　　　　（徐志辉）

中国书法史：元明卷　黄惇(1947～ ,江苏太仓人,南京艺术学院教授,中国书法家协会理事,中国书协学术委员会副主任,西泠印社理事,中国美术家协会会员)著,江苏教育出版社2001年10月出版,472千字。本书对中国书法的历史渊源、书体沿革、风格嬗变等作了鸟瞰式的描述。作者运用考古新发现,吸收最新的学术研究成果,以个人对书法史的理解,阐释中国书法史上的若干现象,着力介绍书法史上重要的书法作品、书家、时代风尚和艺术流派,总结书法艺术发展的多种因素及内在脉络。除梳理中国书法中"碑""帖"的渊源外,还对历代书风形成的文化环境、历代书法著录和刻帖、历代书论等作概要描述。内容包括：元代书法概述、复古思潮影响下的元代书法、元代书法理论、明代书法概述、吴门四家、明代的书法理论等。（另有《中国古代印论史》,已著录）　　（徐志辉）

中国古代印论史　黄惇著,上海书画出版社1994年6月出版,254千字。本书是梳理并论述我国元明清时期各家印学思想和理论历史的专著,是了解我国古代印论脉络和重要学派的著作之一,在印学理论方面是一本有价值的参考书。本书在印学研究方法上重文献、重实证,可以推动我国印章艺术史的研究走向深层,并帮助印论成为我国古典美学的一个组成部分。本书在我国印学理论研究方面具有重要的作用和地位,它通过对审美观念的揭示来帮助读者更加清晰地透视历代印章风格演变的原委,对汉印审美观、"自然天趣说"、传神论、"印如其人说"、"笔意表现说"、"印从书出论"、"印外求印论"、巧拙论、"入古出新论"、学养论等印史上知名印论的形成渊源、论者背景以及印论文字精要都作了精到的阐述和深入细致的考证。

（徐志辉）

包世臣书学批评　金丹(1966～ ,江苏扬州人,南京艺术学院教授,中国书法家协会会员)著,荣宝斋出版社2007年12月出版,266千字。本书从一个全新的视角对包世臣及其书学进行了深入的论析：从清代学术思潮入手,阐述了复古思潮、金石学、西学东渐等因素对清代碑学中兴的影响；以科举考试为主线,说明包世臣从对仕途的无限向往到晚年壮志已惰的变化；从邓石如的实践和阮元的理论等方面,说明包世臣书学思想的渊源。本书也揭示了包世臣书学思想的两面性：激进的碑学锋芒和变异的帖学观念,提出了"包世臣书学思想的实质是以碑改造帖"的观点。首次从零散的文献史料中梳理出包派的名单,提出包派的形成是一种区域文化现象,指出区域文化所具有的局限性和保守性。包世臣书学是清代碑学兴起时的一种特殊文化现象,本书对其在书法史上的地位和价值做出了重新评价,具有较强的学术性与文献价值。

（徐志辉）

书法家毛泽东：毛泽东诗词书法艺术赏析　季世昌(1940～ ,江苏泰兴人,曾任江苏人民广播电台台长,金陵之声广播电台台长,江苏电视台副台长)等编著,江苏美术出版社2003年12月出版,字数不详。全书分上下两篇。上篇为毛泽东手书自作诗词部分,共收入29首32件,诗词释文分别置于手迹之前。下篇文字部分,内容有每首诗词的题解、创作的历史背景、发表时间、作品背后的鲜为人知的故事,以及书法艺术鉴赏。（另有《中国楹联学》,已著录）　　　　　　　　（韩　兵）

权力与荣耀：罗马帝国与中国汉代雕塑艺术比较　常宁生著,陕西人民美术出版社2003年5月出版,120千字。本书从比较文化的角度,对公元前后几世纪中地处欧亚大陆东西两端的中国汉代和罗马帝国的雕塑文化进行系统的比较研究。通过对两个不同文化圈所产生的雕塑艺术在文化功能、主题内容、形式风格、审美观念以及材料工艺等方面的综合考察、分析和比较,寻求东西方雕塑艺术发展的共同规律和两者之间的个性差异,并探讨二者在不同的社会政治、经济和文化背景下是如何运用雕塑造型的方式去认识和把握现实世界。本书认为汉代的雕塑艺术与汉代视死如生的丧葬礼俗有着直接的联系,因而构成了汉代墓葬文化的重要组成部分；而罗马帝国的雕塑艺术与罗马人的城市生活密切相关,因而属于城市公共文化的基本范畴。中国汉代和罗马帝国的雕塑艺术在各自基本独立的文化环境中平行发展,各自都取得了极高的艺术成就,并对整个世界的雕塑艺术的发展产生了深远影响。

(徐志辉)

论工艺美术　庞薰琹(1906～1985 江苏常熟人,画家,工艺美术家,曾任中央工艺美术学院教授、第一副院长。早年曾受西方写实主义和现代主义艺术影响,而在中国画画史、画论研究及绘画创作实践中明确倡导中西融合;中后期致力于中国传统装饰艺术及民间装饰趣味的研究及美学吸收)著,轻工出版社 1987 年 5 月出版,100 千字。本书从历史到现代,从理论到实践,充分论述了发扬祖国民族、民间工艺美术的优良传统,吸取国外先进经验,振兴中国的工艺美术事业的重要性。本书后附《图案问题的研究》曾在 1953 年公开出版。(另有《中国历代装饰画研究》《图案问题的研究》,已著录)

(韩　兵)

东洋美术史　史岩(1904～1994,江苏宜兴人,原浙江美术学院教授)著,上海书店 1990 年 12 月出版。本书根据商务印书馆 1935 年版影印,分上下两卷,主要讲述中国、印度、日本等东方国家美术史,联系各时代的政治、外交、文化、宗教、风俗以及一般思想加以阐述。本书"以中、印、日三国为经,各时代为纬。内容方面则注意各民族各时代各种美术之间的相互关系",在当时学术界一味摹学西风的情况下,此书的出版可谓独树一帜。(蔡保鹏)

俄罗斯美术史话　奚静之(1935～　,女,江苏常州人,原中央工艺美术学院史论系主任,教授)著,人民美术出版社 2004 年 3 月出版,128 千字。俄罗斯美术曾对新中国美术创作产生过重大影响。本书以 10 多万字、100 幅彩图评述了俄罗斯美术从基辅公国开始到 1917 年十月革命之前的发展历程、代表画家、代表作品,展现了俄罗斯美术的特色。

(王忆南)

中国南京云锦　黄能馥(1927～　,浙江义乌人,曾任中央工艺美术学院染织系教授)著,南京出版社 2003 年 8 月出版,40 千字。本书从全国各地征集来的近 600 幅云锦实物图片中精选出 200 余幅最具代表性的图片,进行归类整理后,分成历史源流、科技内涵、文化艺术价值 3 个部分。本书以考古发掘出土和流传下来的云锦实物图片揭示云锦源远流长的历史,以库缎、织金、织锦、妆花 4 个种类的实物和织机图片展现云锦生产工艺的精妙绝伦,以龙、凤、鱼、莲花、石榴等各种寓意深刻的云锦图案,再现云锦的华贵壮美。

(王忆南)

中国历代装饰画研究　庞薰琹著,上海人民美术出版社 1982 年 5 月出版,字数不详。本书对装饰画的定义和中国装饰画的历史、艺术风格、形式等进行了研究。认为装饰画是用来装饰器物的,一般要通过工艺制作来表现的绘画、插图、图案等,如晚周帛画、战国铜器装饰纹样、汉代画像砖、敦煌壁画、永乐宫壁画以至明清木刻插图等。书中认为,装饰画在艺术上要求平整、丰满、稳定,造型应简练而富有变化。作者系统地论述了自战国至明清装饰画的历史及其时代特色。在每一历史时期,均选取有代表性的装饰画,从主题内容到表现形式进行了深入的分析。

(韩　兵)

图案问题的研究　庞薰琹撰,大东书局 1953 年 5 月出版,150 千字。"图案工作就是设计一切器物的造型和一切器物的装饰",因此图案和我们的日常生活有着密切的联系。虽然图案对于我们日常生活的关系如此重要,但我们却缺乏关于讨论这方面问题的书。本书是作者根据多年教学和研究的心得写出的。它首先介绍了图案的一般知识,批判了对于图案问题的不正确的看法,再进而指明图案工作的崇高任务;书末介绍了 200 种优秀的民族美术图案,以供图案工作者学习与设计时参考。

(徐志辉)

中国紫砂　徐秀棠(1937～　,江苏宜兴人,从事紫砂工艺 40 多年,不仅在紫砂工艺上有较深的艺术造诣,而且研究中国绘画、书法,融会贯通到紫砂工艺创作之中)著,上海古籍出版社 1998 年 11 月出版,字数不详。本书 10 章:紫砂陶起源与发展的文化背景,出品,紫砂陶艺传授的"科班"格律,紫砂壶的印记及款识,紫砂壶的装饰艺术,紫砂雕塑及其他品种,读壶,紫砂陶的文学欣赏,名人名作略

论,紫砂陶的文化意味及艺术精神。　　（韩　兵）

中国陶瓷绘画艺术史　孔六庆(1955～,江苏无锡人,南京艺术学院美术学院教授,中国美术家协会会员,江苏省花鸟画研究会会员)著,东南大学出版社2003年12月出版,370千字。本书系统而深入地论述中国陶瓷绘画发展的历史状况,并对每一历史时期的具体作品进行有针对性的分析,对于学习和研究中国陶瓷艺术史,或是学习陶瓷艺术设计,都具有启发和参考价值。本书研究的历史分期思路,是综观有史以来的中国陶瓷绘画发展特点,将其分为景德镇之前的时期、景德镇时期两大阶段。景德镇之前的时期,主要包含了新石器时代陶器绘画、唐代长沙窑釉上彩绘、宋代磁州窑系瓷绘3大板块。其特点,一是地域呈南北分散状态,二是画风呈南北不同状态而各成体系。景德镇时期,是在景德镇之前的时期所取得成就的基础上,历经元、明、清的发展,从此画风不分南北而品种不断出新,依次成熟了青花、斗彩、五彩、古彩、粉彩、浅绛彩等彩瓷品种,从而将陶瓷绘画推向了历史的鼎盛期。　　（徐志辉）

杨荫浏音乐论文选集　杨荫浏(1899～1984,江苏无锡人,历任北平哈佛燕京学社音乐研究员,燕京大学音乐系讲授,国立音乐院教授,中央音乐学院研究部研究员,中国音乐研究所所长)著,上海文艺出版社1986年6月出版,304千字。本书入选文章选自作者1925年至1982年近60年间发表于各刊物上的音乐论文,共选音乐论文36篇汇集成册,其中1925年至1937年中的文章,主要是对昆曲的论述,均发表于当时的"锡报",特别对戏曲音乐工作者有很好的参考价值;1937年至1982年期间的论文,大多是学术性探讨的文章,如《平均律算解》《歌曲字调论》《古琴谱式改进刍议》《三律》考等;其他如对我国民族乐器以及古典名曲的分析、介绍,也具有较高的学术水平和独到的精辟见解。(另有《工尺谱浅说》《中国古代音乐史稿》,已著录)　　（韩　兵）

中国民间音乐讲话　马可(1918～1976,江苏徐州人,曾任中国音乐学院副院长、中国歌剧院院长)著,工人出版社1957年6月出版,89千字。本书是一本适合广大业余音乐爱好者阅读的通俗音乐读物。书中概括地介绍了我国各族民间歌曲、歌舞音乐、说唱音乐、戏曲音乐与民族器乐等传统音乐形式,并通过典型曲例和浅显生动的解说,展示了中国民间音乐的优秀传统及其历史发展,可使读者获得有关中国民间音乐的一般知识和完整印象。
　　（蔡保鹏）

民族音乐学视野中的传统音乐　伍国栋(1942～,四川成都人,南京艺术学院音乐学院教授,中国音乐家协会会员,中国传统会会员,中国少数民族音乐学会常务理事。研究方向:音乐学理论,中国传统音乐及理论研究,中国少数民族音乐及理论研究)著,上海音乐出版社2002年11月出版,352千字。本书由上中下3编构成。上编《民族音乐学的学术视野》,中编《民族音乐学视野中的各族音乐研究》,下编《民族音乐学视野中的乐器和乐种研究》。书中既有与民族音乐学理论和方法论相关的理性思考论文,又有考察研究论文。理论与实践相结合,对关注传统音乐与民族音乐学的读者来说,本书既能阐释民族音乐学的相关理论,又能从多角度对传统音乐进行观察研究,是一部具有较高学术价值的著作。　　（徐志辉）

中国古代音乐史稿(上下册)　杨荫浏著,人民音乐出版社1981年2月出版,650千字。本书是1949年后中国第一本完整的中国古代音乐史,全书分为远古(约公元前21世纪前)、夏商(公元前21世纪前～前11世纪)、西周春秋战国(公元前11世纪～前221)、秦汉三国两晋南北朝(前221～589)、隋唐五代(581～960)、辽宋西夏金(937～1279)、元(1271～1368)、明清(1368～1911)共8编36章,全面论述了中国自远古以来直至清朝末年的音乐发展史,包括中国历代社会背景与音乐发展的联系;各种音乐形式发展的历史沿革;中国音乐的多种体裁和题材;器乐曲和乐器的分析介绍,音乐美学思想的研究与介绍等。　　（徐志辉）

魏晋风度与音乐　郭平(1962～,山东济南人,祖籍江苏镇江,南京师范大学文学院教授。研究方向:中国古代文化)著,安徽文艺出版社2000年8月出版,230千字。本书所要探讨的是魏晋南北朝时期的音乐文化及其对中国古代音乐文化的影响。这一时期的音乐文化、音乐思想具有十分鲜明的特点,六朝士人之于音乐的关系、通过音乐所表现出来的生命方式,以及音乐美学所达到的深度高度都是中国文化史上卓然不群的一页。本书从乐论和音乐实践的角度,描绘了中国古代文化思想的变迁图谱,关注了魏晋时期的人文精神及其音乐表现。汉末以降,士人都处在一种旦夕祸福、动辄有杀身之虞的境地里。音乐之于他们于是有了特别的意义,它不再是宴享娱乐时助兴的工具,不再是颂君王、祈天地、敬祖先的工具,而是士人逃灾避祸、安置精神的一种生存方式。这种悲哀而无奈的方式中包含了朝不保夕的迷惘和感伤,也包含了异常活跃、异常丰富的自觉的哲学思索。于是,这种方式又是一种存在的方式。

(徐志辉)

20世纪中国音乐 居其宏(1943~ ,上海人,南京艺术学院教授,中国音乐家协会会员,中国音协理论委员会委员。研究方向:中外歌剧和音乐剧,中国近现代音乐史)著,青岛出版社1992年12月出版,170千字。《中华20世纪丛书》之一。本书以概略介绍中国专业音乐艺术事业在20世纪的历史发展为宗旨,并以专业音乐创作为叙述中心,遵循历史主义的方法和实事求是的原则,力求科学地、公正地叙述近百年来中国专业音乐艺术事业所走过的光辉历程、所取得的巨大成就以及所遇到的困难与挫折。本书上编以纵向的史的叙述为主,力求以洗练的笔触勾画出中国专业音乐艺术近百年的历史进程,它在各个发展阶段的特点以及主要事件、人物、作品和音乐思潮发展的状况,以期读者对此有一个总体上的宏观把握。下编以横向的分门别类的叙述为主,旨在概略综述中国专业音乐艺术事业几个主要门类、主要方面在20世纪的发展进程和成就,以期读者对此有一个较为真切的体察和了解。

(徐志辉)

工尺谱浅说 杨荫浏著,音乐出版社1962年9月出版,字数不详。本书是著者在中央音乐学院民族音乐讲座的讲义。本书所介绍的工尺谱体系是在全国流行最广、在乐谱资料中应用最多、体系最为完备、最有典型性的一种。本书包括8个部分:音高符号、调号、工尺谱的记写格式、节奏符号"板眼"、其他工尺谱形式、如何看待工尺谱、谈谈有关工尺谱的一些问题、附录。

(韩 兵)

基本乐理的文化视野 施咏(1971~ ,安徽铜陵人,南京艺术学院音乐学院教授,中国传统音乐学会理事。研究方向:民族音乐学,中国传统音乐,音乐教育学)著,西南师范大学出版社2002年9月出版,97千字。本书对传统意义上的《基本乐理》教材中的知识点作补充并深入研究各专题所涉及的文化层面涵义。作者从美学、律学、乐学、音乐史学、文学、绘画、语言音乐学乃至数学和物理声学等多种学科知识综合地去透视和分析与"基本乐理"相关联的更为深入的音乐文化。全书选取了12个基本乐理方面的专题,进行了较深层次的理论开拓,把相关的文化知识和学术思考有机地交融在一起。其中既有趣味性的知识典故,也有音乐文化内涵的开掘;既有历史知识的旁征博引,也有技术理论的深入探讨;既有个人教学的心得体会,也有辩证法的实践应用。全书以严谨的结构、翔实的材料、通俗的行文从多个视角通过学科综合的方法对基本乐理进行深度的思考和理论阐释。

(徐志辉)

曲式与作品分析(第2版) 吴祖强(1927~ ,原籍江苏武进,北京人,曾任中央音乐学院副院长、院长)编著,人民音乐出版社2003年6月第2版。本书初版于1962年11月,为中央音乐学院试用教材。本书中曲式包括:单二部曲式、单三部曲式、复三部曲式及复二部曲式、回旋曲式、变奏曲式、奏鸣曲式、套曲曲式等,并且对每种曲式的作品都进行了分析。

(王忆南)

论歌唱艺术 黄友葵(1908~1990,女,湖南湘潭人,曾任南京艺术学院副院长)著,湖南文艺出版社1989年5月出版,96千字。本书在阐述声乐艺术与思维的关系及声乐器官构造与运用的基础上,对民族传统唱法与美声传统唱法等进行了探讨。全书共8章:歌唱艺术与思维、歌唱的正确姿势、声乐器官的构成和运用、歌唱的技巧、民族传统唱法与美声传统唱法运用声乐器官的共同性与差异性、声乐艺术形象的表现方法、因材施教的声乐教学、练声曲。

(蔡保鹏)

古琴艺术论 刘承华(1953~ ,江苏滨海人,南京艺术学院教授,中国音乐家协会会员,中华美学学会会员,中国音乐美学学会会员,中国琴会理事。研究方向:音乐美学,音乐文化,琴学,艺术美学)著,江苏文艺出版社 2002 年 8 月出版,224 千字。本书将文化、美学与古琴艺术实践融于一体进行论述,从极富创意的"功能论起点"出发,在古琴音乐的历史发展问题上提出了一系列有重要价值的崭新观点和解决方法。在现有的琴学研究中,注意力多集中于史料文献方面。本书的特点之一,正是在于接触到了古琴音乐的本体,对古琴艺术的诸多问题作了深入而又有新意的探讨,着重分析古琴形制的美学原则,考察古琴传统的形成及其演变,阐述古琴音乐诸种母题的文化意蕴,并对古琴音乐的表现力和表现法、古琴艺术的韵味、含蓄、意境等审美形态展开论述,弥补了现有琴学著作的许多不足。作者的思路是从民族和时代的大文化背景着眼,通过对题材的分析入手,进而讨论古琴音乐的表现手段,从摹状、描情、传神、质感、韵味,步步深入,直到意境创造。

(徐志辉)

新舞蹈艺术概论 吴晓邦(1906~1995,江苏太仓人,曾任中央民族歌舞团团长,中国舞蹈家协会主席,中国艺术研究院舞蹈研究所所长)著,中国戏剧出版社 1982 年 11 月出版,166 千字。本书 1950 年由生活·读书·新知三联书局出版,1951 年修订再版,1982 年 11 月由中国戏剧出版社重新出版。经过作者修订,充实了内容,全书共 9 章,论述了舞蹈艺术的基本理论、舞蹈基本知识、中国舞蹈发展史纲,介绍了人体运动艺术美的规律和现代舞蹈的基本理论与技术等。该书体现了作者的舞蹈艺术观和美学思想,是作者多年从事舞蹈艺术实践的总结。

(王忆南)

中国古舞与民舞的研究 殷亚昭(1940~2002,女,江苏无锡人,曾任教于南京艺术学院、江苏省戏剧学校,后调入江苏省文化艺术研究所专事舞蹈史论研究,在古代吴舞、长江流域的古代舞蹈和太平天国时期舞蹈研究方面取得了突出的成绩)著,贯雅文化事业有限公司 1990 年出版,字数不详。本书从古代典籍中爬罗剔抉,从文物资料中钩沉辨证,结合著者自己的创见,为我们提供了中国古舞民舞的简明发展史。著者从研究原始社会的舞蹈开始,论述了"植根于巫文化中的舞蹈,从原始时代起就有了自身独特的价值和作用",它们具有华夏族最初的生命意识和宇宙意识。

(韩 兵)

舒强戏剧论文集 舒强(1915~1999,江苏南京人,曾任中央戏剧学院话剧系教授,中央实验话剧院院长、总导演)著,中国戏剧出版社 1982 年 7 月出版,352 千字。本书汇集了作者新中国成立后发表的主要戏剧理论文章。话剧部分,从 1952 年出版的《表演和导演问题》到最近发表的《塑造领袖舞台形象问题》,皆收集在内。歌剧部分,对《白毛女》的表导演艺术作了系统的总结,对我国新歌剧的诸多理论和实践问题进行了多方面的探索。此外,对斯坦尼斯拉夫斯基体系也作了清晰明了的介绍,可作为初学者入门的"向导"。本书内容充实,有较高的学术水平,对研究我国的话剧、歌剧表导演艺术有着重要的参考价值。

(蔡保鹏)

于伶戏剧电影散论 于伶(1907~1997,原名任禹成,江苏宜兴人,曾任上海电影制片厂厂长,上海戏剧学院院长)著,中国戏剧出版社 1985 年 4 月出版,265 千字。作者 20 世纪 30 年代初开始从事进步戏剧、电影事业,积累了丰富的创作经验,做出了突出贡献,在中国话剧史、电影史上占有重要地位。本书收辑的戏剧、电影论文,文笔精炼犀利,内容丰富多彩,有自家的创作经验和对同时代战友艺术生涯的回忆,有对各个时期戏剧电影创作思潮的评论和对青年作者创作的热情指导。读者从这些文章中既可了解于伶充满传奇性的艺术道路,也可窥见到 50 多年来中国话剧、电影事业发展的历史足迹。

(王忆南)

吴祖光谈戏剧 吴祖光(1917~2003,原籍江苏武进,北京人,曾任中央电影局编导、中国戏曲学校实验京剧团、中国戏曲研究院实验剧团编剧)著,江西高校出版社 2003 年 10 月出版,232 千字。本书收录了作者评论戏剧的文章 40 多篇,包括《漫谈戏剧创作》《谈谈京剧的欣赏问题》《谈谈戏曲改革的几个实际问题》《对传统戏曲的认识》等。本书是吴祖光先生生前的最后一本论集,读者不仅能从中领悟和感受到作者的艺术情趣、艺术风尚、艺术智慧,并且能真切地沐浴着和煦的惠风。

(王忆南)

刘厚生戏曲长短文 刘厚生(1921～2019,北京人,原籍江苏镇江,曾任中国戏剧家协会秘书长、副主席)著,中国戏剧出版社1996年5月出版,370千字。本书是作者1949年后论述戏曲改革的文集,收录了作者1949年以后所撰的关于戏曲的文章50余篇。作者认为,戏曲必须永远"推陈出新",必须不停顿地有节奏地革新、创造,这是戏曲发展的根本规律。本书不但能使读者更深入地了解我国戏曲改革在"百花齐放,推陈出新"方针指导下所取得的辉煌成就,而且可以对他们这些"老戏改"们在这一事业中所付出的巨大劳动、重要贡献了解得更为清楚。

(蔡保鹏)

陈瘦竹戏剧论集(三卷) 朱栋霖(1949～　,江苏苏州人,苏州大学文学院教授,中国话剧文学研究会副会长,中国现代文学研究会理事,江苏省昆剧研究会副会长,江苏省现代文学研究会副会长。研究方向:中国现当代文学,戏剧理论)、周安华编,江苏教育出版社1999年4月出版,1 322千字。陈瘦竹教授是我国著名戏剧理论家、戏剧教育家,他以卓越的戏剧理论建树和不凡的教育业绩,赢得了人们广泛的尊敬。他在60多年的学术生涯中,担任过中国话剧研究会名誉会长、中华戏剧美学学会会长、中国田汉学会副会长、江苏省文联副主席、南京大学中文系系主任等职务,为我国戏剧艺术和教育事业的发展,为江苏文化艺术事业的进步做出了重要贡献。本书收录陈瘦竹从20世纪30～90年代初关于戏剧美学、中国现代戏剧、外国戏剧思潮以及比较戏剧等方面的主要代表性研究成果130余万字,并附有《陈瘦竹小传》等材料,体现着我国现代戏剧思想演进的历史进程,具有较高的学术文化价值。本书内容涉及戏剧基本理论研究,悲剧与喜剧研究,外国戏剧研究,中国现代戏剧研究和《陈瘦竹小传》。

(徐志辉)

京剧唱腔研究 武俊达(1916～1997,江苏南京人,曾任江苏省戏剧学校研究室研究员,《中国戏曲音乐集成·江苏卷》主编,《中国大百科全书·戏曲曲艺分卷》音乐分支副主编。主要从事音乐理论、戏曲音乐创作和理论研究)著,人民音乐出版社1995年1月出版,200千字。著者多年深入剧团,获得了大量的感性知识和第一手资料,分别对昆曲、京剧、扬剧和锡剧等大小剧种进行了深入的研究,"个个解剖、综合比较",真做到了"混乱不挡",把科学的音乐原理和我国戏曲音乐的实际联系起来,从而探索、研究和总结了我国戏曲音乐的特殊规律。(另有《戏曲音乐概论》《昆曲唱腔研究》,已著录)

(韩　兵)

戏曲音乐概论 武俊达著,文化艺术出版社1999年1月出版,299千字。本概论根据实际情况,侧重点在两个方面:一是戏曲理论研究,概括为三个范畴——戏曲美学理论、戏曲艺术理论、戏曲技术理论。二是方法论和研究的目的性,第一个层次是哲学、美学方法论,是形而上抽象化的对美的规律的探索;第二个层次是一般科学方法论,是唯象的认识和分析事物的本质(性质、特点和作用)、形态(内容、形式和两者的关系)、创作和欣赏的一般规律;第三个层次是具体科学方法论,是构成对象的技术理论,属于工艺。

(韩　兵)

昆曲唱腔研究 武俊达著,人民音乐出版社1993年7月出版,字数不详。《戏曲音乐研究丛书》之一,是我国目前已出版的唯一一本系统且科学地研究昆曲唱腔音乐的专著。研究内容包括:曲牌、板式、调式、腔格、曲调、节奏、曲式、套式,共8章;附录谱例、昆曲唱腔的装饰音。

(韩　兵)

中国现代戏剧史稿 陈白尘、董健主编,中国戏剧出版社1989年7月出版,520千字。本书是新中国成立以来第一部中国现代戏剧史专著。全书从19世纪末中国现代话剧产生写起,一直到中华人民共和国成立,作者本着严肃的治史态度处理了各种现代戏剧现象,使该书的史料叙述既真实丰富而又很少堆砌之感,20世纪20年代初期那场爱美剧运动的来龙去脉在书中被描述得十分清楚。本书以戏剧文学创作为主线,以其他各种戏剧活动为补充,对现代戏剧的历史进程尽可能作立体性的展示,既体现了一部戏剧史有别于一般文学史的学术特性,又增加了现代戏剧史料表述的丰富性和分明的层次感。该书将现代戏剧历史划分为萌芽、发展、成熟、繁荣四个阶段,既照应到了现代戏剧发展与中国现代革命史和中国新文学史基本同步的密切关系,又突出了戏剧作为独立的文学样式和独特的艺术形态在现代历史过程中所特有的行进节奏。

(徐志辉)

唐戏弄(上下册) 任中敏(1897~1991,原名讷,字中敏,号二北,别号半塘,江苏扬州人,曾任四川大学文学教授,扬州师范学院词曲研究室主任,中国古代文化研究所名誉所长)著,上海古籍出版社1984年10月出版,860千字。本著是一部从形式和精神两方面来阐明唐代戏剧发展状况的学术专著。作者广征博引,力求提示戏曲在宋代之前340年中的发展真相,介绍王国维《宋元戏曲考》问世后学者的种种分歧,以促使对戏剧起源和发展作进一步探讨,是继王国维《宋元戏曲史》以后,专门研讨唐至五代的唐戏发展演进过程的著作。全书共8章65节,除首章"总说"概述戏曲发展历史外,还就辨体、剧录、伎艺、脚色、演员、设备和杂考等方面,详细论述唐戏已粗具戏曲表演艺术的初期形态,并追索和考证唐戏的脚本、戏台、音乐、化装、服饰、道具等特征,从而提出"我国演故事之戏剧,固早始于汉,而盛于唐",以及周有"戏礼",汉迄隋有"戏象",唐有"戏弄",宋以后有"戏曲"的主张,并认为不得单独割断"宋元之戏剧与唐戏剧间,必然之启承渊源"。

(蔡保鹏)

明杂剧史 徐子方著,中华书局2003年8月出版,270千字。本书是迄今为止第一部明杂剧史专著。作者在长期研究探索的基础上,运用系统论和心态史学、艺术美学等科学方法,对杂剧入明以后的发展状况作系统、全面的分析,提出明杂剧由民间进入宫廷,再由宫廷转入文人书斋为把握其发展规律的杠杆等重要观点。书中以点带面,点面结合,创作和舞台并重,对明代杂剧的分期问题,对明代教坊司和钟鼓司等宫廷剧场,以及"家乐"等文人剧场及其发展皆作了有创见性的论述。对徐渭、汪道昆、孟称舜等戏曲名家名作也作了深入细致的分析。写法上融宏观勾勒和微观分析、理论统摄和史实考辨为一体,是戏曲史、文学史专业工作者必备的参考书,也适合高等院校文科师生和一般文艺爱好者阅读。

(徐志辉)

中国古代戏曲简史 俞为民著,江苏文艺出版社1991年1月出版,188千字。中国的戏曲艺术源远流长,在漫长的发展过程中,涌现出了许多杰出的戏曲作家和戏曲演员,她们创造出了丰富多彩的戏曲作品并深化了表演技艺。因此,了解和学习戏曲形成和发展的历史,对于继承和借鉴古典戏曲这一丰富多彩、充满艺术魅力的民族文化遗产是很有裨益的。本书向读者简要地介绍我国戏曲发展的历史,由于篇幅限制,只侧重对戏曲文学及剧种声腔流变的介绍。本书由《戏曲的起源与形成》《宋元南戏》《宋元杂剧》《明清传奇》《清代花部》5章构成,对中国古代戏曲的起源、产生与发展作了简要的论述,介绍了南戏、杂剧、传奇、花部的艺术体制与发展概况,对各个时期的重要戏曲作家及其代表作作了评述。

(徐志辉)

明末清初戏剧研究 孙书磊(1966~ ,江苏连云港人,南京师范大学文学院教授。研究方向:戏剧戏曲学,中国古代文学)著,社会科学文献出版社2007年8月出版,337千字。本书分上、下、外3编。上编探讨明末清初戏剧创作的背景与发展,明人与清人作家戏剧创作、遗民作家戏剧创作、"贰臣"作家戏剧创作、明末清初戏剧创作思维特征,明末清初戏剧曲律等;下编则对明末清初出现的重要但却被学术界忽视或误解的传奇、杂剧作品进行考证;外编不仅对学术界长期以来关于明末清初戏剧创作时间的错误认识作了考订,而且披露了作者所发现的秦子陵的其他剧作,深化了清代戏剧史研究。本书将文学研究与艺术学、文献学研究结合起来,总结了明末清初戏剧发展的规律,对当前通行的著名戏剧目录文献存在的普遍错误进行了订正,对重写明清戏剧史做出了重要贡献。

(徐志辉)

中国戏曲史论 吴新雷(1933~ ,江苏江阴人,南京大学中文系教授,曾任中国古代戏曲学会常务理事,中国《红楼梦》学会常务理事,中国昆剧研究会理事,中国散曲研究会理事,江苏省戏曲学会副会长。研究方向:中国古典戏曲史,文学史,红学,昆剧学)著,江苏教育出版社1996年3月出版,290千字。本书由作者30篇专文组成,以文心史识纵论古今,其中包括先秦至唐宋戏曲起源与形成的探讨,宋元南戏、元人杂剧和明清传奇的论说,重要作家作品的评判与接受,不同的戏曲流派和戏曲理论的研究,戏曲史文献的发掘和考证,近代曲学前辈吴梅先生事迹和遗著等史料的钩沉,兼及昆腔、徽班、京剧和戏曲现代化诸多问题的讨论,有宏观的畅述,也有微观的剖析,内容相当丰富。(另有《二十世纪前期昆曲研究》,已著录) （徐志辉）

戏曲表演论集 阿甲(1907~1994,原名符律衡,江苏武进人,曾任延安平剧研究院副院长、中国京剧院总导演、副院长;从事戏曲演出、编导及其理论研究)著,上海文艺出版社1962年9月出版,205千字。本书是作者自1951年至1962年期间的戏曲论文结集,内容涉及戏曲表演各方面的现实问题,诸如生活真实和艺术真实、真与美、角色塑造中的体验与表现关系、戏曲表现现代生活所存在的内容与形式的矛盾以及话剧向传统学习等。作者从表演角度对相关论题予以阐述,提出己见,对名角的表演艺术或著名剧目的表演特点作出具体细致的分析和理论探讨,并反映了新中国成立以来戏曲表演艺术迅速发展、传承革新的状况。本书在国内戏曲界产生了广泛的影响。 （韩 兵）

导演全程经纬录 吴仞之(1902~1995,江苏常州人,曾任上海戏剧学院副院长)著,上海文艺出版社1984年9月出版,165千字。本书既是一部导演学的科学论述,也是一部导演创作思想的理论著作,还是一部导演学教材。全书包括了作者对导演工作从接受任务,工作准备阶段,剧本分析阶段,导演艺术构思和排练阶段,一直到演出、总结阶段,所作的详尽的阐述和分析,并独到地绘制了各种工作分析说明图解的科学表格,作为示范,以便后学者得知导演创作的全过程。点点心血,极为周到。本书分上下两编:理论、观点之部归作上编;方法、技巧之部属于下编。 （王忆南）

向"表现美学"拓宽的导演艺术 徐晓钟(1928~ ,江苏南京人,教授,原中央戏剧学院院长)著,中国戏剧出版社1996年3月出版,346千字。《中国文联晚霞文库》之一。收入了徐晓钟先生在多年导演生涯中撰写的数十篇论文。徐晓钟先生是继焦菊隐、黄佐临之后的著名戏剧家和导演艺术家。新时期以来,面对电影电视的空前发展给戏剧带来的重大冲击,他清醒地意识到,要"唤醒戏剧本性的复归",必须把"导演创造意识的觉醒"放在首位,提出了从"再现美学"向"表现美学"拓宽的戏剧观,创造了既民族化又现代化的戏剧导演艺术。 （王忆南）

京剧字韵 徐慕云(1900~1974,江苏徐州人,曾任上海戏曲学校教务长,中华国剧学校校长,创办中南戏曲学校并任教务主任)、黄家衡编著,上海文艺出版社1980年6月,145千字。本书内容分两部分,第一部分为概论及图表,列13章,详细论述京剧咬字必须区别阴阳平仄,分清五音四呼,辨明尖团清浊,研究出音收音。对13辙、上口字、中州韵、湖广音的来历都有解说。第二部分是京剧字汇,依13辙排列,用注音符号与拼音字母注音,可供戏曲编剧撰词选字、演员审音辨韵参考。 （王忆南）

中国现代话剧教育史稿 阎折梧(1907~1988,江苏扬州人,南国社社员,曾创办人生剧社,后任职于中央戏剧学院华东分院)编,华东师范大学出版社1986年5月出版,280千字。本书是我国第一部记述中国话剧话剧艺术教育产生和发展史迹的专集。从通鉴学校、私立北平人艺剧专到公立北京艺专戏剧系、南京剧专;从中央苏区高尔基戏剧学校到延安鲁迅艺术学院戏剧系;从上海艺大、南国艺院、中华艺大到上海剧专等,共述及近30个话剧教育机构,历经辛亥革命到新中国成立初期达40年,资料丰富翔实,对各校(班)的办学方针、课程设置、师资、学制,演出剧目和制度等均有评介。书中提及姓名的有数百人,其中有人们熟悉的一大批戏剧家的艺术活动。 （韩 兵）

二十世纪前期昆曲研究 吴新雷著,春风文艺出版社2005年2月出版,266千字。《昆曲与传统文化研究丛书》之一。书中结合时代背景,联系昆曲的演唱实际,对1901年以后至1949年之前有关昆曲的著述和剧评进行了总的评估。其中涉及昆曲的认识问题和思想问题,涉及理论界的交锋和争鸣,涉及报章杂志上的评论和剧谈,书中作了历史性的回顾与反思。对吴梅、王季烈等众多昆曲家的曲学成就,对于南北专业昆班和业余曲社的演出评论,对于昆曲的文献整理和专题研究状况,也都广搜博采,取精用弘,探幽发微、确考时地。本书前半部分先介绍昆曲研究的历史渊源,后半部分则简述新中国成立以来昆曲研究的新气象。以点带面,前后呼应,理出头绪脉络,给读者勾勒了昆曲研究的整体态势。

(徐志辉)

江苏戏曲志·南京卷 《江苏戏曲志》编辑委员会、《江苏戏曲志·南京卷》编辑委员会编,江苏文艺出版社1996年1月出版,350千字。本书系统地记述了南京市的戏曲历史和现状以及理论成果,分综述、图表、志略、传记四大部类。综述以历史时期为序,概述南京市的戏曲历史;图表包括大事年表和剧种表;志略包括高淳阳腔目连戏等11个剧种、目连等71个剧目、高淳阳腔目连戏音乐等6种音乐,以及表演、舞台美术、机构、演出场所、演出习俗、戏曲文物、报刊专著、轶闻传说;传记部分包括白朴等82位立传人物。

(王忆南)

评弹艺人谈艺录 苏州市评弹研究室编,江苏人民出版社1982年4月出版,119千字。本书是在搜集整理苏州评弹艺人艺术经验的基础上精选整理而成,分为5辑。《第一辑 说表艺术谈》,收录了徐云志《漫话说表》、周玉泉《说表三谈》、吴子安《多想》等12篇文章;《第二辑 弹唱艺术谈》收录了张鉴庭《从人物出发设计唱腔》、蒋月泉《唱腔与唱法》和徐云志《弹唱的几点要求》3篇文章;《第三辑 表演艺术谈》收录了顾宏伯《从听书到看书》《如何起脚色》、徐云志《角色手面漫谈》等6篇文章;《第四辑 整旧与创新》收录了邱肖鹏《新长篇创作中的几个问题》、姚荫梅《我是怎样编书的》、杨振雄《编演〈长生殿〉的体会》等7篇文章;《第五辑 学艺录》收录了张鸿声《艺要精 全靠练》、尤惠秋《谈基本功的锻炼》、金声伯《我是怎样学艺的》等5篇文章。

(王忆南)

张骏祥文集 张骏祥(1910~1996,江苏镇江人,历任上海电影制片厂副厂长,上海电影局局长,文化部电影局副局长,中国电影家协会副主席)著,学林出版社1997年10月出版,1 460千字。本文集完备地汇集了著者的话剧和电影剧本创作及有关戏剧电影的各类理论文字,从中可看出著者成就的高度、深度和广度及其人生感悟、社会体察和艺术观照。(另有《关于电影的特殊表现手段》,已著录)

(韩 兵)

悲剧美学 伲荣本著,江苏文艺出版社1994年1月出版,280千字。本书内容可概括为人生悲剧性的现象及其本质特征,人生悲剧性的审美形态及其艺术创造的规律,悲剧观念的历史发展及其理论形态三个方面。通过这三个方面的具体探讨和逻辑构架,该书为读者展示了关于悲剧美学的体系性的完整思考。其独特的研究眼光和理论思路,既不同于单一的悲剧性现象、作家作品研究,又有异于对悲剧观念、悲剧理论的抽象归纳,而是将现象与本质、历史与逻辑有机地统一起来进行研究。

(徐志辉)

现代影视批评艺术 周安华主编,中国广播电视出版社1999年12月出版,330千字。本书是国内第一部对影视批评艺术进行系统、深入研究的著作,因而具有开创性意义。全书由导论《影像世界——新人类的新视界》和《电影电视艺术的美构成》《影视批评艺术:性质、目的和原则》《影视批评艺术:价值指标体系》《影视批评艺术的话语空间》《影视批评方法和进程描述》《影视批评艺术类型和形式》《批评的超影视意义》《影视批评个性和效果》《权威影评荧评人》9章构成,作者将理性的分析同感性的体验很好地结合在一起,试图通过本书来构建一种影视批评话语。

(徐志辉)

关于电影的特殊表现手段 张骏祥著,中国电影出版社1958年7月出版,96千字。本书是作者1955~1958年间写作的6篇论文编成的集子,其中大部分内容是研究电影剧本的创作问题的。这些文章先后曾在《文艺报》《中国电影》等刊物上发表过。在交给出版社出版时,作者曾加以修订。本书目录:关于电影的特殊表现手段、电影剧本为什么会太长、关于展开戏剧冲突的一些问题、谈悬念、电影的对话、谈电影剧本创作的三个问题。 (韩 兵)

梅朵电影评论集 梅朵(1920~2011,江苏丹阳人,曾任《戏剧与电影》周刊、《大众电影》《文汇月刊》主编。长期从事电影评论和理论研究)著,四川文艺出版社1985年11月出版,180千字。本书是电影评论家梅朵40年来所写影评的合集,尤其作者新中国成立前写作的影评,可为电影研究者和爱好者提供研究、了解中国电影事业的发展提供线索。这些文章观点鲜明、文风泼辣,善于从人物形象和细节运用等方面入手,对电影作思想、艺术上的分析和评价。(另有《相伴六十年——梅朵文艺评论选集》,已著录)

(韩　兵)

相伴六十年——梅朵文艺评论选集　梅朵著,江苏文艺出版社2006年11月出版,380千字。本书选编著名电影评论家梅朵先生大量文学艺术评论中最具代表性的文章,对于中国电影的发展以及中国电影文化先驱和一些优秀艺术家做出了深刻的剖析,是中国现当代电影及电影文学艺术的一个重要见证。集子分为《心中的绿叶》《代代先行者留影》《理论的探讨与思考》《评论选》四个部分。

(韩　兵)

西方先锋派电影史论　华明(1949～　,四川成都人,南京师范大学文学院教授。研究方向:影视戏剧文学)著,中国电影出版社2006年6月出版,250千字。本书在描绘先锋派电影产生的社会生活、思想潮流、科学技术、相关艺术与电影自身诸方面背景的基础上,对其历史发展做了概括。在纵向上将先锋派电影分为前后两个时期,前期重心在欧洲,后期重心在美国。在横向上,在划分德法俄英美等国别的基础上,将先锋派电影归纳为抽象动画电影、城市电影、表现主义电影、诗意电影、达达主义电影等类型或流派,为西方先锋派电影提供了一幅清晰的全景;参考相关学术成果,运用多种理论与方法,对先锋派电影家及其作品进行了分析,许多论点深刻独到;在分析该派电影个案现象的同时,联系其社会、思想与美学语境以及电影本身的艺术特征,着重指出了其历史发展的总体规律与实质;先锋派电影具有某些总体特征,其中有外部的反商业性,体现了对当今社会的核心价值即资本的批判,又有内部的反叛与创新两个方面,二者是相辅相成的。

(徐志辉)

第十一章 历史地理类

历史的悲剧意识 许苏民著,上海人民出版社1992年1月出版,212千字。本书由历史·悲剧·历史的悲剧意识,历史的悲剧意识的现实基础,悲剧意识在历史中的生成,悲剧矛盾冲突及其解决方式,解决悲剧矛盾冲突之方式的民族特点,悲剧意识参与历史创造活动的方式构成,构建了一个旨在探讨人类心灵的内在矛盾及其解决方式与人类历史创造活动之关系的历史哲学体系,试图对以往被唯心主义片面地发展了的人的精神心理的方面作出唯物史观的解说。本书坚持马克思主义的唯物史观,批判地吸取现代西方历史哲学的积极成果,对"历史的悲剧意识"作系统、深入的研究,阐述历史的悲剧意识的现实基础、悲剧意识在历史中的生成、悲剧矛盾冲突及其解决方式、解决悲剧矛盾冲突之方式的民族特点和悲剧意识参与历史创造活动的方式。基于上述认识,作者提出:"我们在运用唯物史观关于生产力与生产关系、经济基础与上层建筑矛盾运动的基本原理去分析研究历史事变和历史人物的时候,有必要注意到文化心理的因素在社会基本矛盾运动之中、在历史人物与历史活动之间的无所不在的中介作用。"

(徐志辉)

古代文明的起源与演进 张树栋、刘广明主编,南京大学出版社1991年7月出版,280千字。本书主要研究世界不同地区原始社会瓦解,即阶级社会形成的历史过程、原因及特点;欧洲主要国家从封建制到资本主义制的历史过程、原因及特点;中外学术界关于马克思主义国家起源学说的研究概况及评述。本书分为三大部分,从实在的历史出发,具体而微地阐述各民族文明的起源和演进,研究从原始社会到阶级社会的转变过程,即人类社会从野蛮到文明的第一次大转折,在坚持马克思主义基本原理前提下,打破历史研究的孤立主义,注意学科交叉,吸收考古学、文化人类学、社会学乃至哲学与政治学诸领域最新成果,力求在史、论两个方面均有所创新,力争给读者勾勒一幅清晰的古代文明图景。

(徐志辉)

司马迁史学批评及其理论 周一平(1949～ ,上海人,扬州大学马克思主义学院教授。研究方向:中共党史,史学史,中国政治制度史,中国政党史)著,华东师范大学出版社1989年12月出版,220千字。本书是史学批评及其发展史研究中的一次可贵的探索与尝试,对司马迁史学批评理论形成的历史条件和思想基础、司马迁对史学研究目的和任务的看法以及司马迁的天道自然观、经济观、地理观、无神论、进化论、历史观等思想观点,特别是司马迁的史学方法以及笔法史例,均作了详细系统的研究。全书立论谨严,取材广博,文字亦畅达有序。故本书无论在资料收集还是在理论建设上,对勾画秦汉史学批评的发展线索,都能起到很好的推动作用。(另有《中西文化交汇与王国维学术成就》,已著录)

(徐志辉)

史学、经学与思想:在世界史背景下对于中国古代历史文化的思考 刘家和(1928～ ,江苏六合人,北京师范大学历史学教授)著,北京师范大学出版社2005年1月出版,400千字。本书内容包括:历史比较研究与世界历史、史学的求真与致用问题、关于通史、孟子和儒家经传、关于战国时期的性恶说等。本书乃是一个深于传统又超越传统的老辈学人,在西学背景下对于中国传统文化的审视,在传统中对西方文化的审视,在西学和中国传统中审视中西文化碰撞的思考。审视不难,难在能够深入其中地审视,更难在对多种文化的审视的一种自觉。

(王忆南)

中国文化史 柳诒徵(1880~1956,字翼谋,江苏镇江人,曾任清华大学、中央大学教授,曾被选为中央研究院第一届院士)编著,本书分为上下两卷,上卷由东方出版中心 1988 年 3 月出版,444 千字;下卷由东方出版中心 1988 年 6 月出版,455 千字。本书是作者探讨中国文化发展演变历史的一部力作,旨在解决什么是中国文化,中国文化以怎样的形态存在与发展,中国文化与印欧文化的差异何在。全书共分 3 编:第一编远古至汉,为中国民族文化独立构成期;第二编东汉迄明,为印度文化输入融合期;第三编明及以后,为西方文化浸染作用期。书中既把中国文化放到世界大文化背景下进行关照,又充分注意到了民族文化的特异性;既指出了中国传统文化发展进程中的衰退趋向,又肯定了它善于吸收融合外来文化实现自我更新的"弹性"与生命力。在本著中,作者总结了各朝代文化的精髓,表面上看是一种史料汇总,却在更深层次上表达了其传统史观。本书包含了作者探索传统文化的全部成果,同时也代表其学术成就的最高水平。著名史学家缪凤林认为:本书"以六艺为经,而纬以百家,亦时征引新史料,而去其不雅驯者。持论正而义类宏,元明以来所未有也"。作为研究中国传统文化的专著,本书有明显的传统史观的痕迹,代表着中国先进知识分子探索中国文化发展历程的一个高峰,同时也是作者为拯救近代中国社会作出的一次有意义的探索。

(蔡保鹏)

中国文化史导论(修订本) 钱穆著,商务印书馆 1994 年 6 月出版,150 千字。全书涉及文化理论、中国文化史、中国文化精神、中西比较等问题,以独特的视角阐述了中国文化的特殊性和发展规律,是作者文化史学的奠基著作。全书共 10 章:第一章是中国文化之地理背景,第二章是国家凝成与民族融合,第三章是古代观念与古代生活,第四章是古代学术与古代文字,第五章是文治政府之创建,第六章是社会主义与经济政策,第七章是新民族与新宗教之再融和,第八章是文艺美术与个性伸展,第九章是宗教再澄清民族再融和与社会文化之再普及与再深入,第十章是中西接触与文化更新。全书以中国文化史的专论为主,同时兼顾中西文化异同问题的专题论文,坚持客观的历史态度,旁征博引,深入浅出,全面展现出中国文化的复杂性、完整性及发展性,为作者第一部讨论中国文化史的系统论著。

(蔡保鹏)

周秦汉魏吴地社会发展研究 臧知非、沈华、高婷婷著,群言出版社 2007 年 12 月出版,223 千字。《苏南历史与社会丛书》之一。本书着眼于国家权力与社会发展的关系,针对以往吴地区域史研究的不足,系统研究西周至孙吴时期吴地社会的历史变迁过程。重点讨论先秦时代吴文化与中原文化的关系、秦朝统一对吴地社会的影响,揭示两汉时代吴地社会文化发展的历史轨迹、孙吴时代吴地社会结构及其经济进步的一般状况,弥补了秦汉时代区域社会研究的不足。从文化传播、人口迁移、社会控制等不同层面说明国家力量对社会发展的辩证作用。对先秦时期吴文化与周文化的关系、战国时代吴地社会风俗与中原的差异问题、汉魏时期的吴地社会特点等,提出了自己的看法。其中运用吴简揭示吴地基层社会结构,探讨吴国农业、手工业、商业发展特点具有填补空白的意义。 (徐志辉)

丝路文化·海上卷 刘迎胜(1947~ ,河南获嘉人,南京大学历史系教授,中国元史研究会会长,中国蒙古史学会副理事长。研究方向:西北民族史,中国与周边国家关系史,中国伊斯兰文化史)著,浙江人民出版社 1995 年 11 月出版,255 千字。本书是一部专门探讨海外文化交流的力作。作者指出,丝绸之路起源于世界各文明中心的相互吸引,中国作为远东地区的文明中心,虽然长期充任世界文化的输出国角色,但与古埃及文明、两河文明、印度文明、古希腊罗马文明也一直存在着种种联系。作者对中国海外交流文化史上的一系列重大问题进行深入的研究,提出了独到的见解。中国海外文化交流史的研究涉及多种文字,作者致力于中国海外文化交流中语言文字的交流,也由此构成本书的一个重要特色。作者对前人很少涉及的伊斯兰世俗文化在中国的交流和影响,尤其是对中国穆斯林医药学经典著作《回回药方》也进行了系统探讨,指出以《回回药方》为代表的中国穆斯林医药学,是波斯、阿拉伯本土的医药知识以及东地中海沿岸诸民族医药学知识的汇集。(另有《丝绸文化·草原卷》《察合台汗国史研究》,已著录)

(徐志辉)

丝绸文化·草原卷 刘迎胜著,浙江人民出版社1995年11月出版,268千字。本书是国内第一部全面系统论述草原丝路文化的专著。该书的特点:作者研究草原丝路文化不是停留在丝路本身某一区域、某一具体线路的琐细的考订,而是将丝路放置在世界文明发展史的广阔背景之下,将丝路视为一条紧紧联系东西方文明的红线,从整体上阐明古代人类,尤其是欧亚草原上的游牧民族为世界文化交流而做出的巨大贡献;语言学研究方法和考古资料的大量运用也是本书的突出特点。作者从语言入手,分析人名、地名、官名、物名,揭示出隐于其后的文化联系,勾勒出欧亚草原上各民族社会生活的生动画面。作者十分重视考古资料的使用,尤其重视境外考古的新发展。作者在研究草原丝路原始文化时,涉及中亚南部青铜器时代早期农耕文化典型代表安努文化、北亚游牧人的卡拉索克文化、蒙古高原的鹿石、中亚的考古遗址和我国中原先秦考古文化,从中阐发出的上古时期人类文明的联系不能不令人信服。本书的突出特点还在于将文献研究同实地考察结合起来,将其科学考察的成果融于书中,这是同类著作中所没有的,从而增添了本书的学术分量。

(徐志辉)

史籍举要 柴德赓(1908～1970,字青峰,浙江诸暨人,曾任北京师范大学历史系教授,江苏师范学院教授)著,北京出版社1982年9月出版,211千字。该书是根据作者在江苏师范学院讲授"中国历史要籍介绍"一课的手稿和部分油印本讲义整理而成,内容分纪传体类、编年体类、纪事本末类、政书类等。该书是柴先生多年治史心得的荟萃,从讲授史籍入手,而涉及史学的许多方面,进而又涉及历史评价的诸多问题。在作者这里,研究历史同研究史学是密不可分地结合在一起的。史籍、史学、历史的融会贯通,使作者所论,可以古今联系,纵横驰骋,读来视野开阔,获益良多。

(蔡保鹏)

东方文化史 方汉文主编,上海外语教育出版社2007年7月出版,332千字。司马迁在《史记·六国表》中曾说过:"东方物所始生,西方物之成熟。"东方文化源远流长,灿烂辉煌,随着全球化时代的到来,东方文化正在重新焕发出青春的光辉。本书是中国学者撰写的首部全面介绍东方文化的历史进程与发展规律的著作,视阈广阔,贯通古今,通览北非埃及文化,西亚、南亚文化到东亚、东南亚各国与中国文化的历史,观澜索源,精彩纷呈,美不胜收。广博的知识层面,严密的理论体系,精湛的分析,使本书成为广大读者了解东方文化史的既有权威性、学术性又有普遍性的著作,成为大专院校相关专业的优秀教材,更是当代方兴未艾的东方文化研究的必读书。

(徐志辉)

太史公书研究 赵生群(1957～　,江苏宜兴人,南京师范大学文学院教授,中国史记研究会副会长,世界儒学大会理事,中国历史文献研究会常务理事。研究方向:史传文献,古文献整理与研究)著,陕西人民出版社1994年6月出版,235千字。本书由作者15篇专题论文汇集而成。本书不务空言,在汇集资料的基础上详加考证,对于矛盾现象则作精微之辨析。本书第一层次上的新意是发前人之所未发,有所发明,提出新见。第二层次上的新意是对于前人疑而未定、悬而未决的问题提出自己中肯而新鲜的见解。由于言必求新,非新不述,所以本书虽然只有15篇论文,20万余字,但篇篇出新,又自成体系,卓然而成一家之说,读来自有一种厚实凝重之感。坚持实事求是,有多少材料说多少话,而不感情用事,主观臆断,这是本书的重要特色。(另有《〈史记〉编纂学导论》《〈春秋〉经传研究》,已著录)

(徐志辉)

《史记》编纂学导论 赵生群著,凤凰出版社2006年11月出版,215千字。有"史家之绝唱,无韵之《离骚》"美誉的《史记》,无论是史学、文学,还是其他方面,都有值得学习借鉴之处。本书是作者《史记》研究的又一力作。全书由11章构成,作者从《史记》的成书过程、《史记》的内容、《史记》体例分析、《史记》的取材、《史记》与几种主要史籍、史料运用与史料价值、《史记》的述史框架、《史记》的书法、史学理论的探索、《史记》编纂的几个问题、《史记》纪传与传记文学等多个角度，探讨《史记》编纂学，研究《史记》的创作过程、方法等。视角独特，论证翔实，资料丰富，多可借鉴。　　　（徐志辉）

史通笺记　程千帆著，武汉大学出版社2008年8月出版，313千字。《武汉大学百年名典》丛书之一。本书是对唐代著名史家刘知几史学著作《史通》做的注释，在历代各家旧注之外，别著《笺记》以申述，纠正诸家之未及或疏失，新义迭见，是研究《史通》不可缺少的参考书。本书内容包括拾遗、订误、本证、旁证、穷源、竟委、贵近、崇实共8个方面，是一部重要的史学理论研究著作。（蔡保鹏）

中国上古史研究讲义　顾颉刚著，中华书局1988年11月出版，261千字。本书是顾颉刚先生20世纪30年代在燕京大学开设"中国上古史"一课时的讲稿。作者旁征博引，对先秦、两汉典籍中的三皇五帝等古史传说作了详细的考辨，把它们分为七个大类。作者严密地考证了古史传说的演变过程、发生背景，推翻了它们的史实地位而恢复其传说地位，澄清古史系统中的非历史成分，并在此基础上创立了自己独到的"层累地造成的中国古史"观，创建了一个比较完整的堪为信史的古史系统。本书深入浅出，文字生动活泼，趣味隽永，引人入胜。无论是对上古史研究，还是古文学研究，都具有很高的学术参考价值。　　　（蔡保鹏）

古帝传说与华夏文明　叶林生(1943～　，江苏泰兴人，苏州大学社会学院教授。研究方向：中国文明起源史研究)著，黑龙江教育出版社1999年7月出版，260千字。本书以独特的视角，对三皇五帝古史系统进行系统梳理和深入剖析，以史实为依据，追本溯源，探究古帝传说的历史真相。该书认为古史传说中的古帝为先民原始宗教中的神祇，并以此为线索，结合考古材料，对中国文明起源的地区、时间和动力进行富有开创性的探索，为我国文明起源研究开辟了一条新路。本书注重史料的源流，避免简单的归纳综合，又避免对古代传说一概否定或将传说人物简单合并的弊病。作者在将古代传说与地下考古史料结合方面，突破了以往简单的"相加法"，以考古学所揭示的原始宗教遗迹为依据，更增加了说服力。作者认为从中国由神本文化向人本文化过渡的必然历程来看，古代神本文化时期不能产生出高于神或与神比肩的"英雄祖先"。作者从原始宗教的视角审视由氏族到国家的演进历史，从战国之前较原始的传说中各种"人物"的关系来探索文明起源的途径，不拘泥于中原中心说，指出文明起源应到典型的龙山文化和红山文化中去寻找等。　　　（徐志辉）

中国前期文化—心理研究　王钟陵著，上海古籍出版社2006年8月出版，730千字。本书是一部纵览古今、横贯中西、学科交错、恢宏博大的理论著作。作者的论旨是："从思维及其发展的角度，亦即从深层心理结构的形成及其变动上，来探究中国前期文化特色产生的必然性，并从与其他文明的比较中，对中国文明的独特性作出说明"。全书共5编。第一编《文化—心理能力之萌生》；第二编《民族文化—心理在神话思维中的凝定》；第三编《文明之发展》论述在向文明时代迈进的历程中，对各民族具有普适性的共同问题：文化范型的变迁、两性关系的错位、原始宗教的单育以及浑化两种节律的生死观念，展示历史发展的血腥与滞重；第四编《文明之分流》论述在文明发展进程中一直进行着氏族、部落、部落联盟、直至民族之间渐次萌生着的精神—文化差异；第五编《独特的中国文化—心理历程》则展示先秦到盛唐之际中华民族文化心理的动态建构过程。　　　（徐志辉）

尚书通论　陈梦家著，中华书局2005年6月出版，262千字。《尚书》文字艰涩难读，其在经学史上的纠纷及其书篇的流传结集等问题，历来论述浩繁而琐碎，著者因此而著此书。本书第一部分"尚书通论"，包括先秦引书篇、汉世传本篇、书序篇等，从明清以来的相关研究中清理出比较简明的答案；第二部分"尚书专论"，包括古文尚书作者考、尧典与秦官本尚书考、古文考略等；第三部分"尚书讲义"，包括甘誓、汤誓等，是选取今文数篇，研究其书序、传本，于文字上稍加诠释而分别定其时代；第四部分"尚书补述"，包括孔传本出现的时代、论尚书逸文等内容，着重论述孔传本、书序、体例和逸文等问题。

（韩　兵）

今文尚书语言研究　钱宗武（1952～　，江苏东台人，扬州大学文学院教授，国际《尚书》学会会长，江苏省语言学会副会长。研究方向：先秦两汉文学，上古汉语，古典文献学）著，岳麓书社1996年4月出版，260千字。《尚书》佶屈聱牙，文字歧异和通假字多，僻词僻义多，句子成分省略多。本书专辟3章，研究今文《尚书》的文字、词汇和语法及其语料价值。文字方面，厘清今文《尚书》文字歧异的各种类型，从《尚书》在先秦的传授方法和历代传抄传刻、今古文《尚书》的争辩及历代辨证伪书、经历隶变和楷化、各种人为因素等方面论证产生歧异的复杂原因。词汇方面，在概括今文《尚书》的词汇构成系统和词义系统的基础上，探讨其中的重言词、附音词、复合词、成语、单音词词义和通假现象，灼见迭出，不胜枚举。语法方面，认为人称代词没有格的区别，只有互补关系；自称代词我、予、朕，具有单复数的区别；代词汝、尔、乃、而，单复数同形；今文《尚书》没有结构助词"者"和句末语气助词"也"等等，都加深了人们对于今文《尚书》语言结构面貌的认识。（另有《尚书新笺与上古文明》，已著录）

（徐志辉）

尚书新笺与上古文明　钱宗武、杜纯梓著，北京大学出版社2004年7月出版，310千字。本书以《尚书》文本的时代篇目先后为序，每篇以一个自然段为一个注解单位。每一大段皆简要说明段意，方便读者理解篇章结构。本书既重名物训诂，亦重语言分析；旨在化艰深古奥为平易通俗；每个篇目的最后皆为简要分析，说明各篇的史料价值。本书在《尚书》研究领域中既突破前人的藩篱，也超越了自我，开拓出《尚书》研究的新境界；从语言学的角度审视《尚书》的传世文本，以语言要素作为分析研究的单元，用传统笺注形式从语言学的角度对《尚书》进行具有现代意义的新笺；系统概括了《尚书》的语言现象和特点并对它们进行了笺解。在研究方法上：过去的《尚书》研究大都局限于就《尚书》论《尚书》，重视其典章制度轻文化阐释，而本书给人们打开了通往上古文明的一条通道。按历史分期分述虞夏书新笺与上古文明、商书新笺与上古文明、周书新笺与上古文明，将佶屈聱牙的《尚书》文本通过语言分析变得人人可读，将《尚书》各篇文本与上古文明的关系进行了新的阐释，实现了语言笺注与文化研究的有机融合。

（徐志辉）

西周王朝经营四土研究　周书灿（1967～　，河南新密人，苏州大学社会学院教授。研究领域：先秦史，考古学，历史地理学，中国学术史）著，中州古籍出版社2000年4月出版，194千字。本书是首部全面系统论述西周王朝对四土之拓展历程与经营策略的学术专著。它以时代为顺序，分别从纵、横两个方面详论周王朝对于四土经营的问题，涉及周代的分封制、宗法制、四土的范围、周王朝的国家结构等许多重要方面的研究。书中所论皆以文献和彝铭材料及考古资料为据，发前人所未发，提出创见。这对于西周史乃至整个中国上古史的研究、对历史地理学研究而言，都是一个重要贡献。

（徐志辉）

春秋左氏传旧注疏证续　吴静安（1915～2007，江苏仪征人，南京晓庄学院教授）撰，东北师范大学出版社2005年5月出版，1 350千字。刘文淇《春秋左氏传旧注疏证》历经三世百年，仅写到襄公五年，未完成的内容约有全书的一半。故该书1959年出版时，没能在学界引起较大关注。直到本书出版，"刘氏三代之书"终于得以完璧。本书分为4册。第一册从襄公六年到襄公三十一年；第二册从昭公元年到昭公十六年；第三册从昭公十七年到昭公三十二年；第四册从定公元年到哀公二十七年。全书收集、辑佚杜预之前的汉代旧注，主要是郑玄、贾逵、服虔、许惠卿等的注释。本书疏注兼治，例精义博，以汉诂为宗。在疏证过程中，重点放在"专释训诂名物典章"，贯彻"诂定而义以显"的朴学宗旨。在学术界中形成了旧注和杜注并列的局面，更有利于学术界的利用和研究。徐复在本书的序中评价："仪征刘文淇集众家之大成，益以絜备。其书宗法高邮王氏，以声音训诂转相证发，而又熟于史事典制。""吴静安君既究心左氏，又秉承家学，思衍扬州之绪而有赓续之作。其书博采章太炎、刘申叔二先生之说，以为矩范。复循刘氏注释体例，以礼、例、事三者为宗，汇典章制度、义法、史实为一编，可谓博瞻详审，有功后学者矣。"

（徐志辉）

《春秋》考论　姚曼波著,江苏古籍出版社2002年12月出版,300千字。本书从全新的角度探索孔子作《春秋》这一极其重要的问题,立论大胆新奇。本书资料翔实,思路清晰,考辨缜密,是当今春秋学研究领域的创新之作。该书视角独特,极具开创性地提出了《左传》的蓝本为孔子所作的新说,为春秋学的研究提供了一个新思路。本书的新观点:孔子所作《春秋》不是前人所说的《春秋经》,而是一部独立的著作,是今之《左传》的蓝本;初步探索孔子《春秋》的原貌——是记载着"弑君三十六,亡国五十二"史实的类似纪事本末体的一部史学著作;左氏割裂孔子《春秋》,加入逐条解经语而形成编年体的史实;探索孔子"笔削"《春秋》之迹,揭示孟子所说的"义则丘窃取之矣"的真实内涵,使历代经学家穷究了两千年而不明的"春秋大义"揭去了神秘的面纱;事实证明,《左传》全书史实记载翔实之国,除了小部分得自《国语》外,恰恰正是孔子游历之国,说明其史料主要得自孔子十四年游历各国搜集的"史记旧闻"。
　　　　　　　　　　　　　　　　　（徐志辉）

春秋公羊学讲疏　段熙仲(1897～1987,安徽芜湖人,南京师范学院中文系教授。研究领域:古文献整理)著,鲁同群等点校,南京师范大学出版社2002年11月出版,566千字。本书分导言、事、辞、例、义、余论6编,对《公羊传》的写作凡例、微言大义、流传经过,以及研治历史,皆有详细的介绍论述。虽书中主要以西汉董仲舒、东汉何邵公及清儒庄存与、孔广森、刘逢禄、凌廷堪等人所论为依归,然亦时下己说,辨证然否,语多精当,允推独步。作者对《公羊传》之大一统、通三统、张三世、异内外等微言大义,多所发明,发表于1963年《中华文史论丛》第四辑的《公羊春秋三世说探源》等论文足资证明。在《公羊传》几成绝学的今天,整理出版段熙仲先生这部遗著,实为嘉惠学林的一件大事。
　　　　　　　　　　　　　　　　　（徐志辉）

《春秋》经传研究　赵生群著,上海古籍出版社2000年5月出版,230千字。千百年来,研究《春秋》三传的著作汗牛充栋。前代学者在文字、音韵、训诂、史实考订、义理探求诸方面,倾注了大量的心血,取得了可观的成绩。作者在审视前人研究立场和方法,借鉴以往研究成果的基础上发掘新材料,进行新的探索。作者一是注意研究的系统性和创造性。本书每一部分都是先写成独立的论文,在此基础上将各部分修改组合成一个整体。对前人已较多涉及的论题,也力求在资料占有、研究角度和认识深度诸方面有所突破。二是注重内证的挖掘。围绕《春秋》经传的研究,许多问题长期争论不休,莫衷一是,与内证发掘不够大有关系。比如《左传》详于叙事,许多学者以此认定它是一部史书而非解经之作,本书有关章节用大量例证否定了这种说法。三是统计分析方法的运用。一些问题之所以长期聚讼难决,就因为它们具有复杂性。本书有关章节采取定量分析和定性分析相结合的方法,将《春秋》与《左传》逐条加以对照统计。四是对比研究。
　　　　　　　　　　　　　　　　　（徐志辉）

战国策集注汇考（全三册）　诸祖耿(1899～1989,原名锡光,字介父,江苏无锡人,南京师范大学中文系教授。研究领域:先秦诸子学,先秦史学,语言文字学)撰,江苏古籍出版社1985年7月出版,1257千字。《战国策》是战国秦汉之间各个不同作家的作品,也是记载战国秦汉之间一群谋臣策士针对当时各种不同情况进行分析、研究,提出各种不同的意见,作为解决当前问题的建议。这些谋臣策士,绝大部分从统治阶级利益、包括自己个人利益出发,运用机智,展开雄辩,撩拨当时统治阶级之间进行尖锐的斗争。无论从史学的角度或是从文学的角度来看,都有重要的价值。本书把自有《战国策》以来,有关这部书的各家注解、各种说明汇齐集合在一起。目的是帮助以后的研究者在理解本文和深入研究、参考一些必要的材料时,不必东翻西阅,向渺茫的书海中搜寻资料,在阅读上、研究上取得一些方便,减少一些困难。　（徐志辉）

以经治国与汉代社会　张进(笔名晋文,1958～　,江苏徐州人,南京师范大学社会发展学院教授,中国秦汉史研究会理事,江苏省农史学会理事,江苏省六朝史学会理事。研究方向:中国古代史,秦汉经济史,文化史)著,广州出版社2001年11月出版,194千字。本书采用多方位、多层面的不同视角论述汉代的经学治国,使得全书形成纵横交织的严密体系。其中包括经学何以成为汉王朝的统治思想,汉代以经治国是如何形成、发展和衰落的,其对于汉代政治、经济、军事、法律、文化教育、社会保障和社会生活等方面的深刻影响与特点以及怎样才能正确评价它的作用和得失等,几乎囊括了汉代社会的各个领域。本书论证深入,颇具新意,在每一章中都提出了独到见解,或者是对前人的论述做出比较重要的补充。例如论汉代以经治国的兴衰,经学与汉代的"天命"论、"古今"观和"忠孝"说,汉代经济思想和经济政策的转变,皇帝制度的完善,以儒取士及其新的用人制度的建立,"宽猛并施"与《春秋》决狱及得失,太学、郡国学的创建和私学的繁荣,所谓"荒政"的实施与评价,汉人社会生活的多方面整合及影响等等。(另有《桑弘羊评传》,已著录) (徐志辉)

三国志校诂 吴金华(1943～2013,江苏南京人,复旦大学中国古典文献学、汉语言文字学教授,中国语言学会理事,中国训诂学会学术指导委员会委员。主要学术研究领域:训诂学与校勘学)著,江苏古籍出版社1990年10月出版,300千字。《三国志》是一部史学名著,记述了公元184年黄巾起义,迄公元280年晋灭吴近百年的历史,以曹魏4篇帝纪提挈重大史事,又分立魏蜀吴以叙三国鼎立的发端、发展及结束。作者取材精审、文字简洁,而能点化出历史情态、人物风貌,历来评价较高。研究《三国志》者代不乏人,清人做出了很大成就,他们对陈寿原书及裴注多有补充校订。虽注者众多,但标点失误、印刷错误、疑难字句无注等仍多有存在。本书在前人的基础上,充分利用新发现的资料,对许多可疑及难解的字句作了考证和校诂,解决《三国志》疑难问题数百处。本书所做的工作,计有传讹至今,尚无人校理者,为之校定;辨证误校、误释者,为之辨证;古书疑义,众说纷纭,莫衷一是者及古今校注者致疑之处,列举翔实的史料为之辨证,解决许多悬而未决的问题;对前人语焉不详或虽祥而不为今人承认者,作者补增例句予以说明,助成其说;中华书局标点本标点不当者,为之辨正。 (徐志辉)

六朝史学 邱敏(1942～2016,江苏南京人,南京晓庄学院人文学院教授,江苏省六朝史研究会名誉会长。研究方向:魏晋六朝历史与文献)著,南京出版社2003年11月出版,335千字。《六朝文化丛书》之一,围绕六朝史学之载体——史书,对六朝史学作了系统而深入的论述。本书首次以专著形式,对六朝史学作全面、深入、细致的概述和研究,既是断代史学方面的新成果,弥补了相关专题研究的不足,也是区域性的六朝文化研究的最新成果。这反映中国古代史学史研究整体发展与区域性文化研究结合这一新的尝试;提纲挈领、准确、公允地勾勒了六朝史学在整个中国古代史学发展中的特征和地位,一些结论简洁精练而准确适度,让读者从纷繁复杂的六朝史学变化中很快理出头绪;书中除了充分占有清代学者相关史学研究成果之外,还大量吸收了近现代史学先贤对六朝史学史的专题研究成果,且在充分尊重前贤成果的同时也时时有深入阐发或新的见解;对史学独立现象的深入分析,对史学的政治功能、史学与经学关系等的探讨都有自己的创新。卞孝萱先生评价说:"今人所谓填补学术空白,此稿当之无愧。" (徐志辉)

六朝史 张承宗(1943～ ,江苏苏州人,苏州大学社会学院教授,中国历史文献研究会理事,江苏省六朝史研究会常务理事。研究方向:中国史学史,魏晋南北朝史,江南学术文化史)等主编,江苏古籍出版社1991年11月出版,391千字。本书以马克思主义为指导,史论结合,观点正确,并有新意。体例上采用区域性断代史,有重大创新。章节安排上以经济、文化为重心,重点突出。全书运用史料翔实,作者在分析排比与考辨论证方面作了认真、细致、艰苦的工作;结构严谨、完整、新颖,文字流畅,有理论深度,学术性强。书中土地关系、阶级关系、江南经济的开发、官制的演变、思想文化的变化、科技的发展、社会生活的面貌等都作了专题研究,很具功力。(另有《中国风俗通史 魏晋南北朝卷》《六朝民俗》,已著录) (徐志辉)

六朝文化概论 许辉(1939～ ,江苏无锡人,曾任江苏省社会科学院历史研究所研究员,江苏省六朝史研究会会长)、李天石(1954～ ,山东济南人,南京师范大学六朝历史文化研究所所长,江苏省六朝史学会副会长等职)编著,南京出版社2003年7月出版,335千字。本书为国家"十五"重点图书出版规划项目,在吸收大量中外专家研究六朝文化的新成果基础上,从宏观的角度,对3世纪到6世纪以建康(今南京)为中心而形成的六朝文化进行了全面、系统的研究,揭示了六朝产生的历史地理背景和物质基础,指出了六朝文化产生的人文环境,展现了六朝文化在思想、文学、艺术、史学、经学、科技、社会生活以及南北交流、对外交流方面的发展状况,总结了六朝文化的特点和历史地位。

(王忆南)

魏晋南北朝史论丛 唐长孺(1911~1994,历史学家,江苏吴江人,曾任武汉大学历史系教授,中国科学院历史研究所研究员,国家文物局古文献研究室主任)著,生活·读书·新知三联书店1955年7月出版,310千字。本书收录了唐长孺先生所撰的13篇论文,涉及魏晋南北朝时期许多悬而未决的重大问题的研究,并获得了一系列富于启迪性的结论及见解,在国内外学术界产生过重大反响。包括《孙吴建国及汉末江南的宗部与山越》《西晋田制试释》《九品中正制度试释》《拓跋国家的建立及其封建化》《清谈与清议》《魏晋玄学之形成及其发展》《魏晋杂胡考》等。这些论文体现出作者在这一领域超越前人的成就,且从中可见其研究思路,广泛搜集和详尽占有资料,然后缜密考校,去伪存真,精深分析,由表及里,探求历史的真实面貌与发展演变的规律。(另有《魏晋南北朝隋唐史三论——中国封建社会的形成和前期的变化》,已著录)

(王忆南)

魏晋南北朝隋唐史三论——中国封建社会的形成和前期的变化 唐长孺著,武汉大学出版社1992年12月出版,333千字。本书对魏晋南北朝隋唐时期的社会结构、经济状况、政治制度、学术思想等方面的问题进行了深入细致的探讨。全书由三大篇组成:论魏晋时期的变化、论南北朝的差异、论唐代的变化。本书内容丰富,史料翔实,言之有据。本书是唐长孺先生的代表作之一。

(王忆南)

古族新考 余太山(1945~ ,江苏无锡人,中国社会科学院历史所研究员,中国社会科学院荣誉学部委员)著,中华书局2000年6月出版,122千字。本书是研究中国上古部族的专著,通过勾勒少昊氏、陶唐氏、有虞氏的迁徙过程,以构建关于《汉书·西域传》所见"塞种"诸部渊源的假说。作者认为少昊氏、陶唐氏和虞氏诸黄帝系统有可能是其渊源之一。(另有《两汉魏晋南北朝正史西域传要注》,已著录)

(王忆南)

两汉魏晋南北朝正史西域传要注 余太山著,中华书局2005年3月出版,409千字。作者长期研究西域史和古代中外关系史,对塞种、贵霜、嚈哒以及两汉魏晋南北朝与西域关系史有独到的见解。在此基础上,作者就各篇西域传所见西域文化、宗教、习俗、制度,以及人种、语言、文字作了分门别类的研究,结集而成《两汉魏晋南北朝正史西域传研究》,再依据研究的结论,撰写了本书,为《两汉魏晋南北朝正史西域传》有关西域的记载提供了一个系统的注解。本书包括《史记·大宛列传》要注、《汉书·西域传》要注、《后汉书·西域传》要注、《魏略·西戎传》要注、《魏书·西域传》要注、《隋书·西域传》要注等12章。

(王忆南)

隋唐五代史纲 韩国磐著,生活·读书·新知三联书店1961年6月出版,289千字。本书分为5篇:统一南北的隋朝,强盛的唐朝,安史之乱后的唐朝,黄巢大起义和五代十国,隋唐五代的文化。作者认为:北魏以来的均田制即封建土地国有制,是北方封建土地所有制的主要形态;南方则是庄园经济即大土地私有制占主要地位。随着大土地私有制的发展,均田制逐渐遭到破坏。至唐中叶,庄园经济成为主要形态。随着庄园经济代替了均田制,两税法就代替了租庸调法。本书对于一些重要的典章制度、历史事件,也都根据资料作了比较详细的解释分析。

(徐志辉)

《旧唐书》辨证 武秀成(1959~ ,安徽利辛人,古典文献学博士,南京大学文学院教授。研究方向:目录学,校勘学)著,上海古籍出版社2003年5月出版,315千字。《中国典籍与文化研究丛书》之一。《旧唐书》具有保存史料原貌的优点,但在编纂与传刻中多有文字讹误。虽有中华书局点校本,但疏漏仍多。《〈旧唐书〉辨证》主要的学术贡献有4点:一是对《旧唐书》的卷数、书名、版本等问题进行探讨,廓清了学界一些含混不清的说法;二是对《旧唐书》的系时体例、讹误类型及原因、前贤校订之功过做了细密的分析辨证,对《旧唐书》中的干支系时讹误进行了系统的、翔实的、精密的考辨;三是对《经籍志》的考证,独辟蹊径,对《旧志》中的讹脱衍倒各类问题,作了细如毫发的校订;四是对《旧唐书》点校本误校的分析,不仅指出了前人以不误为误的毛病,而且考明了唐代制度上东川节度治所的变化,并归纳出一条古人叙事行文的笔法——连叙法。

(徐志辉)

隋唐五代简史 吴宗国(1934～ ,江苏南京人,北京大学历史学系教授)著,福建人民出版社2006年2月出版,313千字。本书从政治、经济、文化、民族政策、对外经济文化交流、农民起义等角度,论述了隋唐五代十国时期社会状况。全书内容共10章,分别为:隋朝的统一与革新、唐朝的建立与贞观之治、唐初的制度、一代女皇、开元之治、唐代社会经济与繁荣、唐代的民族关系与天宝政局、走向中兴、唐王朝的衰落、五代十国、唐代中国与亚洲各国的经济文化交流、唐五代文化等。(王忆南)

唐与新罗文化关系研究 党银平(1962～ ,陕西宝鸡人,南京师范大学文学院教授。研究方向:唐宋文史,中韩古代文化关系)著,中华书局2007年12月出版,140千字。本书根据现存有关中韩文献,结合学界前贤的研究成果,对唐代与新罗的文化教育关系展开较为整体集中的考述,在相当程度上弥补了中韩学术界在此领域中的空隙和不足之处。全书共8章,从文化教育发展史的角度梳理新罗文化教育的历史现状与发展过程;阐析新罗留学生入唐游学风尚形成的内外原因;探索唐代对新罗留学生的特殊管理方式;考辨唐代是否曾为新罗留学生特设"宾贡"之科;辨析新罗及第进士在唐代的发榜方式;考述新罗留学生与唐代官吏及文士的交往关系;彰显留学生群体在中韩教育关系史上的重要文化意义;阐明唐代与新罗佛教密切而互动共振的交流关系。本书坚持"论从史出"的原则,参考了大量的书籍,采用了许多的可靠的史料来论证自己的观点。可作为研究中韩文化交流的极佳的参考书籍。

(徐志辉)

沉浮:一江春水——李氏南唐国史论稿 何剑明(1952～ ,江苏如东人,江苏教育学院人文学院教授,江苏省文物保护学会副会长,江苏省教育学会常务理事。研究领域:中国古代史,南唐史,中国文化史)著,南京大学出版社2007年4月出版,305千字。本书由8章构成,分别是《国主论:创业立国与南唐的浮沉》《政制论:在变异中发展的政治制度》《经济论:南唐经济制度的嬗变和江南区域经济的成长》《士人论:士人与唐宋之交的文化整合》《宗教论:佛教与道教的交替勃兴》《战争论:统一大业及其与周边的战争》《艺文论:南唐文化艺术的鼎盛局面》。作者从7个角度对偏安一隅、国史短暂又不太受史学界关注的南唐的历史,进行了严肃认真、深入系统的研究,就一些问题,提出了与众不同的看法和结论。

(徐志辉)

宋史 陈振(1931～ ,江苏海门人,宋史研究专家,曾任南京师范大学历史系主任)著,上海人民出版社2003年4月出版,529千字。《中国断代史系列》丛书之一,本书主要论述宋王朝的建立与加强中央集权的措施、宋初的统一战争、与辽及党项的关系、宋初的行政制度与军事制度、北宋中后期社会经济的发展等。本书内容丰富,重点突出,文字晓畅,深入浅出,比较充分地反映出宋史学界近年来的研究成果。作者立足于对宋代整体政治军事形势、社会变迁过程的综合观察与把握,对于当时的社会经济、政制、军制、法制、文化等诸多方面的内容,进行了较为全面的勾勒,有助于读者更好地把握赵宋一朝的发展态势。本书充满辨析与创见,详细考证与全面阐释的结合,系统介绍与重点议题的结合,是本书重要特色。

(蔡保鹏)

元朝史(上、下) 韩儒林(1903～1983,字鸿庵,河南舞阳人,蒙古学家,曾任南京大学历史系教授,中国蒙古史学会副理事长,中国元史研究会会长,中国史学会常务理事,江苏史学会会长。研究领域:蒙元史,西北民族史)主编,陈得芝等著,人民出版社1986年8月出版,746千字。全书分为上下两册共10章。上册5章,内容涉及:蒙古族的起源、成吉思汗创建"大蒙古国";成吉思汗南下作战、出兵西征、忽必烈建立元朝、统一全国;蒙古国特殊的剥削方式、统治方式和元王朝社会经济的上升、特点及其衰微。下册5章,介绍了元朝社会矛盾的发展;元末农民大起义,朱元璋的崛起、明朝的建立、元朝的灭亡;元代的边疆各族,包括岭北、东北、西北、吐蕃、云南五大地区的各个民族；元代的文化科学，包括文学艺术、史学、哲学、宗教、科学技术各个方面；元朝的对外关系。本书是一部高质量的学术著作，不仅表现在作者对蒙元历史的各个方面都作了详细阐述和深刻分析，而且表现在作者特别重视域外史料与汉文史料的比勘研究，把元史这门世界性学问的研究推进了一步。（另有《穹庐集：元史及西北民族史研究》《韩儒林文集》，已著录）（徐志辉）

穹庐集：元史及西北民族史研究　韩儒林著，上海人民出版社1982年11月出版，325千字。本书是韩先生晚年亲自编订的论文选集。此书收录了韩儒林于1940年至1981年间发表的34篇论文，可分为4组，第一组为蒙古史、元史（22篇），第二组为突厥诸族史（4篇），第三组为西藏史（4篇），第四组为西域、西夏、女真以及中俄关系的研究（各1篇）。这些论文半数以上是抗日战争期间的后方的刊物上发表的，很不容易找到，《穹庐集》的出版为研究者提供了极大方便，可见对学术发展起了显著的推动作用。　　　　　　　　　（徐志辉）

韩儒林文集　韩儒林著，江苏古籍出版社1990年出版，638千字。本文集收集了韩儒林《成吉思汗十三翼考》《蒙古答剌罕考》《蒙古答剌罕考增补》等61篇文章和《呼伦湖怀古二首》《旅途有感》《秋日郊游访梁墓》等6首诗歌，书后附录《韩儒林先生年谱》。韩儒林生前曾应上海人民出版社之约，自选部分论文编为《穹庐集》出版。为较全面地反映这位著名史学家的学术成就，本文集时，遂连同未收入《穹庐集》的单篇文章和部分讲演稿一并编入，按内容分为蒙元史、北方民族史、西藏史、西域史、史论随笔等5组。每组文章均按其发表年代先后排列。这些文章，有半数以上是几十年前写成的，但至今仍没有失去其学术价值。　　（王忆南）

元朝简史　邱树森（1937～　，江苏苏州人，暨南大学教授，中国元史研究会副会长）著，福建人民出版社1999年9月出版，393千字。本书内容包括蒙古的兴起和大蒙古国的建立、蒙古的军事扩张、大蒙古国的施政、元朝的建立和世祖朝的统治、元代中期的统治、顺帝朝的统治和元末农民大起义、社会经济的发展、文化科技的进步、少数民族的新格局、中外关系的扩展等10章内容。（蔡保鹏）

蒙元史研究丛稿　陈得芝（1933～　，福建霞浦人，南京大学历史系教授）著，人民出版社2005年2月出版，677千字。蒙元史涉及的民族多，地域广，具有世界性、多学科的特点，作者在广泛吸收国外学者的研究成果基础上，对我国蒙元史进行了研究，本书共收录作者相关研究论文57篇，包括《蒙藏史地考证》《元岭北行省诸驿道考》《辽代的西北路招讨司》《元和林城及其周围》《元察罕脑儿行宫今地考》《元称海城考》《耶律大石北行史地杂考》《元外剌部〈释迦院碑〉札记》《元代乌思藏宣慰司的设置年代》《元岭北行省建置考》等，书末收有附录2篇。　　　　　　　　　　（蔡保鹏）

叶尔羌汗国史纲　魏良弢（1933～　，山东昌邑人，南京大学历史系教授，中国民族史学会副会长，中亚文化研究协会理事。研究方向：西域民族史，中国古代史）著，黑龙江教育出版社1994年5月出版，166千字。《边疆史地丛书》之一。叶尔羌汗国（1514～1680）是由苏丹赛德在1514年于原察合台汗国的旧地上创立的一个国家，维持至1680年为准噶尔所灭，历时166年。疆域包括吐鲁番，哈密，塔里木盆地。全书共分7章，对叶尔羌汗国的历史做了比较深入的研究：第一章介绍汗国的名称和基本史料；第二章介绍东察合台汗国的变迁；第三章研究叶尔羌汗国的创建过程；第四章叙述叶尔羌汗国的发展和昌盛；第五章分析叶尔羌汗国的衰落和覆亡；第六章研究叶尔羌汗国的体制和官制；第七章探讨叶尔羌汗国的社会经济文化概况，并以附录形式给出东察合台汗国统治者世系表、东察合台汗国统治者在位年表、叶尔羌汗国统治者世系表、叶尔羌汗国统治者在位年表和大事年表，方便学者们做进一步研究。（另有《喀喇汗王朝史稿》，已著录）　　　　　　　　　　　（徐志辉）

喀喇汗王朝史稿　魏良弢著，新疆人民出版社1986年1月出版，190千字。喀喇汗王朝是维吾尔族在历史上建立的第二个王朝，它采取的一些政策对中亚社会经济的发展起了一定的促进作用，使封建经济制度进一步巩固和发展，公社制的残余受到有力的冲击。在喀喇汗王朝统治时期，中亚地区的社会经济普遍高涨,科学文化空前发展,维吾尔族和其他民族对中亚的历史发展做出了重大贡献,对以后的历史发展产生了深远的影响。各少数民族不仅对中国,而且对世界历史的发展,对人类文化宝库的丰富做出了重要贡献。喀喇汗王朝的历史越来越引起人们的重视。全书分为8章:介绍史料、文献和研究情况;探讨喀喇汗王朝的起源,对回鹘起源说作了详细的论证;探讨王朝的疆域和境内民族;简述王朝的政治史,探讨决定王朝历史发展的原因;叙述喀喇汗王朝与宋、辽、高昌回鹘及西夏的关系;探讨土地所有制和伊克塔制度,阐述喀喇汗王朝时期社会经济的普遍高涨;介绍王朝的科学文化和王朝世系、在位年表和大事年表。(徐志辉)

松花江下游的赫哲族 凌纯声(1902～1981,江苏武进人,民族学家、人类学家、音乐家,曾任中央研究院历史语言研究所研究员,中央大学、台湾大学教授、台湾"中央研究院"院士等)著,上海文艺出版社1990年12月出版。本书为作者20世纪30年代深入我国东北松花江下游(自依兰以至抚远一带)实地考察赫哲族生活状况与社会情形之民族志。作者对赫哲族的生活从物质的、精神的、家庭的、社会的4方面去叙述,全书分东北的古代民族与赫哲族、赫哲的文化、赫哲的语言、赫哲故事4编,对于古代东北民族与赫哲族,均详加考证,以明其源流及其相互关系,是我国早期的一部颇有影响的民族志著作,具有相当参考价值。本书系根据1934年国立中央研究院语言研究所刊印本影印而成。(蔡保鹏)

察合台汗国史研究 刘迎胜著,上海古籍出版社2006年12月出版,565千字。作为我国第一部研究察合台汗国史的专著,该书不仅推动了我国察合台汗国的研究,而且对蒙元史、中亚史、西北民族史及西域历史地理的研究成果有所深入、有所总结。该书的特点:论著取材宏博,资料丰富,考订详实。作者写作本书的过程中,除汉文文献外,大量使用波斯、阿拉伯文原典,对同一典籍,作者尽可能地将各种刊本对照进行研究。丰富的史料不仅开阔了读者的视野,而且也使得论述详实可靠。作者既有坚实的国学根基,又非常重视西方学者的成果,在前人成就的基础上,再进行深入细致的研究,学兼中西,反映了海内外研究的最新成果。本书对西北民族史及察合台汗国的研究提出了许多精辟独到的见解,比如关于广义蒙古人的起源和狭义蒙古人的起源问题,关于蒙古西征问题,关于海都叛乱的原因问题等。对于西域历史地理的研究,作者也进行了大量的考证。(徐志辉)

北方民族史十论 姚大力(1949～ ,江苏苏州人,复旦大学中国历史地理研究所教授,曾任南京大学历史学系主任)著,广西师范大学出版社2007年9月出版,245千字。本书由复旦大学著名元史专家、民族史学家姚大力先生的10篇优秀论文组成。主要为我国历史上多民族统一国家的形成前史,在当今民族史学研究工作上有一定影响,反映了新一代史学家的研究特点和研究观察方向。(王忆南)

楚国民族述略 顾铁符(1908～1990,江苏无锡人,历任中山大学文学院图书馆分馆主任,故宫博物院工艺美术史部研究员。长期从事文物古迹的野外考察工作,对华中地区古文化特别是楚国文化研究较深)著,湖北人民出版社1984年10月出版,92千字。本书是作者多年研究楚国历史的代表作。他从自己丰厚的民族学知识基础入手,论述了楚人最初可能是东夷,至迟在颛顼时,已经进入中原,是祝融集团的主要组成部分,并用翔实的史料和民族学材料,论述了楚国境内的东夷、南蛮、西戎和越族的历史情况以及楚国各民族的文化。本书包括楚人的来历,楚国对境内及周围各民族的策略,南蛮、东夷、戎蛮、越族、楚国各族的文化及与南蛮的文化交流等内容。(韩 兵)

崇祯十七年——社会震荡与文化变奏 余同元(1962～ ,安徽潜山人,历史学博士,苏州大学社会学院教授,中国人天观研究会副会长,朱元璋研究会副会长,中国明史学会理事。研究方向:中国历史地理,明清经济史,区域社会文化史)著,东方出版社2006年10月出版,360千字。崇祯十七年(1644),中华千年历史之轮面临新的转向,文化变奏与社会转型呼之欲出。这一年中国经历了大明帝国的瓦解以及瓦解后的南明弘光政权、李自成大顺政权、张献忠大西政权、皇太极清朝政权之间的群雄角逐与生死搏斗,最后完成了大明帝国到大清帝国的改朝换代。本书分春、夏、秋、冬四卷,以大文化与大历史的宏观视野,细致而又实证地诠释明清鼎革、崇祯悲剧与英雄悲歌;深入浅出地叙说农耕帝国的崩溃与游牧政权的南下,以至数主争雄、九州干戈,最后达到农牧一体、满汉一家的历史画面。本书在注重崇祯十七年明代社会各方面变化和相互制动的同时,侧重从地理环境、社会关系和文化心理上探讨当时社会文化裂变的动力源,且通过自然变化规律,借以揭示该年度社会中阶级矛盾、民族矛盾交互作用下各种社会力量的分化瓦解。

（徐志辉）

景山的晚风——大明帝国的衰亡 夏维中(1965~ ,江苏宜兴人,历史学博士,南京大学历史学系教授,南京大学中国传统文化研究院常务副院长,中国思想家研究中心常务副主任。研究方向:宋元明清史)著,江苏人民出版社 1998 年 1 月出版,330 千字。明虽亡于崇祯,而实亡于万历。自内阁大学士张居正去世后,大明帝国东临关外寒风,西闻秦晋惊雷,犹如一辆疲敝的马车向深谷滑行。崇祯皇帝,大明帝国最后一位天子,他的一生比起前任几位皇帝——正德、嘉靖、隆庆、万历、泰昌、天启,可算是励精图治,奋发向上,颇有中兴之志。但他一直生活在帝国无可奈何的衰朽和灰暗中,伤心地目睹着祖宗的基业被蚕食的全过程。

（徐志辉）

简明清史 戴逸(1926~ ,江苏常熟人,历史学家,曾任中国人民大学教授、清史研究所所长)主编,中国人民大学清史研究所集体编撰。《简明清史》第一、二册分别于 1980 年、1984 年由中国人民大学出版社出版。全书共 2 册,16 章,70 余万言,基本上按照清朝兴、盛、衰三个时期分章叙述从满族兴起至鸦片战争近 200 年之政治、经济、军事和文化。本书是中国第一部以马克思主义唯物史观为指导,比较系统、全面研究鸦片战争以前的清代历史专著。该书资料翔实,观点明确,叙事清晰,语言质朴,并以其正统历史观而成为 20 世纪中国大陆最为权威、影响最广之大学文科清史教材和清史学习"入门书"。但是该著亦有一些可议之处,如重要史实遗漏、清史"不通"(止于鸦片战争)、极个别语言不够严谨等。该著于 2006 年 9 月由中国人民出版社再版,766 千字。

（蔡保鹏）

西域历史研究(八至十世纪) 华涛(1952~ ,江苏南京人,南京大学民族与边疆研究中心教授,中国民族史学会副会长。研究方向:中国西北民族史,中外关系史,中国伊斯兰教史)著,上海古籍出版社 2000 年 2 月出版,192 千字。本书的出版标志着我国学者开始直接、系统地利用阿拉伯、波斯史料研究内陆欧亚史,在我国内陆欧亚研究史上具有划时代的意义。本书着重研究天山地区伊斯兰化前夕突厥语族的历史。全书分为 4 章:8 世纪中期以后葛逻禄在西域的活动;回鹘西迁及突厥语部族在西域的活动;高昌回鹘在东部天山地区的发展;西部天山突厥语部族的分裂和萨图克布格拉汗的活动。前三章研究伊斯兰化前夕和伊斯兰化开始时期天山地区诸部族的构成及其与周邻居民,特别是与河中穆斯林政权的政治、经济、文化交往。第四章研究该地区伊斯兰化的开始。附录包括两篇独立成文的专题研究《喀喇汗王朝王室族属问题研究》《扎马勒·哈尔息和他的〈苏拉合词典补编〉》以及史料。

（徐志辉）

孙毓棠学术论文集 孙毓棠(1911~1985,江苏无锡人,曾任中国科学院经济研究所研究员,中国社会科学院历史研究所研究员)著,中华书局 1995 年 3 月出版,430 千字。孙毓棠先生去世后,他的学术论文,除已收入《抗戈集》者外,被汇集成《孙毓棠学术论文集》一书。本书收录了《中国古代社会经济发展之趋势》《汉代的农民》《两汉的兵制》《汉代的交通》《清初土地分配不均的一个实例》等 19 篇论文,这些论文写于 20 世纪 30 年代至 80 年代。

（王忆南）

齐世荣史学文集 齐世荣(1926~2015,江苏连云港人,教授,曾任北京师范学院历史系主任、历史研究所所长、北京师范学院院长)著,人民出版社 2002 年 10 月出版,351 千字。本书收入作者《论中国抗日战争在第二次世界大战中的地位和作用》《论有关俄国十月革命的几个问题》《漫谈学风问题和学术批评问题》等 34 篇文章,分为 8 组。第一组是关系史方面的文章;第二组是中国抗日战争史方面的文章;第三组是苏联史和共产主义运动史方面的文章;第四组是综论世界史和世界现代史的文章;第五组是史学理论和史学方法方面的文章;第六组是谈教学、科学研究、学科建设和学风问题的文章;第七组是几篇序言;第八组是纪念几位前辈史学家的文章。　　　　　　　　　（徐志辉）

西学东渐与晚清社会　熊月之著,上海人民出版社1994年8月出版,643千字。此书研究西学在中国的传播以及对晚清社会的影响,认为晚清西学东渐史可分四个阶段:1811～1842,西方传教士通过广州、澳门等地向中国人传播宗教和科学知识;1843～1860,从南洋进入通商口岸,上海、宁波等成为重要的西学传播地区;1860～1900,清政府参与了引进西学的事业,传教士仍是不可忽视的力量;1900～1911,经过日本转口输入西学知识。作者认为晚清的西学东渐是围绕着了解世界、求强求富、救亡图存、民主革命和科学启蒙五大主题展开的。书中介绍了马礼逊、米怜等传教士在南洋和广州等地所从事的西学传播活动,论述了鸦片战争之后,香港、广州和通商各口岸城市的西学传播情况。分专章介绍了教会学校、京师同文馆、上海广方言馆、江南制造局翻译馆、格致书院和广学会等机构;对于傅兰雅、李提摩太、林乐知等也有专章介绍;还以专章分析了《万国公报》《格致汇编》等报刊在传播西学知识方面的贡献。　　　　（徐志辉）

近代上海城市研究　张仲礼主编,上海人民出版社1990年12月出版,840千字。本书从城市发展与社会变迁这一独特的视角进行历史探索,对近代中国城市发展和社会变迁的过程进行深入剖析,探讨近代中国城市发展的动力、规律和兴衰的原因,城市发展的特点及其与社会变迁的关系和规律。本书由总论、经济篇、政治社会篇和文化篇四部分组成,力图既较全面、系统,又有重点地分析上海城市形成、兴起的原因,重点研究近代上海的特征,阐明上海作为旧中国最大中心城市的地位和作用,并通过总结近代上海城市发展、建设和管理的历史经验,希望能为中国现代化城市建设和体制改革提供历史借鉴。　　　　　　　（徐志辉）

明清苏南望族文化研究　江庆柏(1951～　,江苏宜兴人,南京师范大学文学院研究员。研究方向:中国古典文献学,清代文献整理)著,南京师范大学出版社1999年9月出版,282千字。本书是迄今为止首次对苏南望族的文化特征所作的较为全面的探讨,详细考察了苏南望族形成与发展的原因,分析了苏南的社会环境、自然环境、农业生产、市镇文化等各种因素对苏南望族的发展及其文化性格的形成所起的重要作用,是一部十分有意义的特色文化研究力作。本书特别提出了苏南望族是一种文化型家族的观点,并着重分析了作为文化型家族的基本特征,即家族以实现本家族的文化性为自己的追求目标,家族具有强烈的文化意识,家族具有良好的文化环境并有相当的文化积累。本书依次讨论了苏南望族与家庭教育的关系,苏南望族与科举的关系,苏南望族的人才优势及其特点,苏南望族的文化学术活动,苏南望族与图书收藏的关系,苏南望族的家族文献整理活动,苏南望族之间的相互交往以及和地方的关系等问题,并由此得出了一系列令人信服的结论。　　　（徐志辉）

人文遗韵:江苏省第一批国家级非物质文化遗产诗性解读　戴珩(1962～　,作家,诗人,国家公共文化服务体系建设专家委员会副秘书长,国家公共文化服务体系制度设计研究首席专家,江苏省文化馆副馆长)著,南京师范大学出版社2007年5月出版,174千字。本书对江苏省第一批国家非物质文化遗产做出诗性解读,内容包括民间文学、民间音乐、传统戏剧、曲艺、民间美术、传统手工技艺以及民俗。作者以充沛的激情、优美的语言、丰富的想象,向人们诗意地描述了江苏的国家级非物质文化遗产,展示出江苏非物质文化的迷人神韵。其构思巧妙,诗意浓郁,视角独特,表达新颖,让人耳目一新。　　　　　　　　　　　　（韩　兵）

近代江苏宗教　中国人民政治协商会议江苏省委员会文史资料委员会编,江苏文史资料编辑部1990年12月出版,350千字。宗教在我国有着悠久的历史。早在东汉时期,江苏就开始流行佛教、道教,隋唐时期盛极一时。其后,伊斯兰教、天主教和基督教也先后传入江苏省。宗教在江苏各个历史时期都留下了丰富的历史资料,是中华民族文化的一个重要组成部分。本书收录的《江苏佛教概况》《伊斯兰教在江苏》《江苏道教》《南京基督教的历史与现状》等50余篇文章大多是宗教界人士撰写的第一手材料,内容丰富,生动具体。本书比较系统地反映了江苏的宗教历史和现状,有较高的存史价值。　　　　　　　　　　　（王忆南）

近代中外文化交流史　张海林(1957～　,江苏南京人,南京大学历史系教授。研究方向:国际关系史,中外关系史)编著,南京大学出版社2003年11月出版,429千字。本书共11章,全面介绍始于明末清初时期,迄于20世纪二三十年代中国本土文化与境外文化相互激荡、相互影响的历史进程。从礼俗、语言、科技、实业、商贸、留学、著述、经典译作等诸多层面进行阐述,资料翔实,汉文材料与境外材料相互印证,结构严谨,中学西传与西学东来,交相辉映。作者思路清晰,思维严谨,其内容沿着一条时间主线展开,而在每个时间段都有一些专题性质的内容;本书编写也处处紧扣着"中外文化交流"这个关键词,全书都在介绍中外文化的交流。它不但道出文化的交流,也说到文化交流的影响、各个时段文化交流的意义,并辅以史实证明。书中对于近代中国命运的渲染以及文化交流对于中国命运的影响也有独特的见解,因而显得更加深刻,更有阅读的价值。(另有《端方与清末新政》,已著录)　　　　　　　　　　　（徐志辉）

国际述评集　乔冠华(1913～1983,笔名乔木、于怀等,江苏盐城人,历任外交部副部长、部长)著,重庆出版社1983年12月出版,431千字。本书搜集了作者从1943年到1946年3月用"于怀"的笔名在《新华日报》上发表的国际述评。这些评论第二次世界大战后期和胜利前后国际形势的文章,都是紧跟着时局的发展仓促写成的,当时只求说清楚想说的话,来不及字斟句酌。它向大后方人民传播了党对重大国际问题的看法,同时也多少反映了那个时代的激情和人们的喜怒忧乐。(另有《从慕尼黑到敦刻尔克——关于第二次欧战的形成、发展和演变》,已著录)　　　　　　（蔡保鹏）

历史和现实　胡绳(1918～2000,江苏苏州人,籍贯浙江杭州,曾任中共中央宣传部秘书长,中共中央政治研究室副主任,《红旗》杂志副总编辑,中共中央文献研究室副主任,中共中央党史研究室主任,中国社会科学院院长),上海三联书店1988年3月出版,154千字。本书汇集了1979年以来作者所写的21篇有关或涉及中国近代历史的文章,其中有几篇是讲话的记录和讲话稿。文章的次序按写作时间的先后排列。除了在日本东京和在美国芝加哥、纽约的讲话三篇以外,这些文章都曾在报刊上发表过,其中最有影响的是1987年发表的《中国为什么不能走资本主义道路》一文。(另有《帝国主义与中国政治》《从鸦片战争到五四运动》,已著录)　　　　　　　　　　　（蔡保鹏）

帝国主义与中国政治　胡绳著,人民出版社1978年3月第6版,149千字。本书写于1947年,1952年7月首次出版。全书共分为6章,详述了自1840年鸦片战争开始至1924年五卅运动前的反帝斗争为止的共85年间帝国主义列强与半殖民地半封建的中国之间的政治关系。本书的一个特色在于它大量地引用了当时的奏折、公文以及往来信函等珍贵资料,发掘最直接的证据佐证观点、揭露事实。全书结构严谨,条理清晰,从"官""民""夷"3个方面多层次、多角度地考察相互间千丝万缕的联系,揭示近代中国阶级关系、政治思潮及政治运动的发展趋势,揭露了帝国主义的侵略本质。　（蔡保鹏）

从鸦片战争到五四运动　胡绳著,人民出版社1981年6月出版,约700千字。本书分上下两册,系统地叙述了从鸦片战争到"五四"运动时期重大的历史事件,总结了中国人民反抗外国侵略者和本国卖国贼的英勇斗争,着力颂扬了中华民族的爱国主义精神。全书结构是以太平天国、义和团、辛亥革命这三次中国近代史上革命高潮为中心来展开历史画卷的,依据作者本人于20世纪50年代提出的中国近代史"三大革命高潮"的理论,划分成从鸦片战争到太平天国失败(1804～1840年),从太平天国失败后到义和团运动(1864～1901年),从义和团运动失败后到辛亥革命(1902～1912年),从辛亥革命失败后到五四运动(1912～1919)4个时期,分别论述了不同历史阶段近代中国社会性质、社会各阶级及其相互关系的变化,突出描绘阶级斗争这一错综复杂的历史主题,清晰地勾画了"太平天国—戊戌变法、义和团运动—辛亥革命"这条中国近代历史发展的基本线索,展示了近代中国一步步沦为半殖民地半封建社会以及中国人民反帝反封建的历史全貌。

（蔡保鹏）

中国近代史资料概述　陈恭禄（1900~1966，江苏镇江人，曾任武汉大学历史系、南京大学历史系教授）著，中华书局1982年8月出版，275千字。本书原为陈恭禄教授生前在南京大学历史系任教时的讲义，1964年曾由南大少量印行，供内部参考。全书主要是介绍有关中国近代史史料，将其分类说明，如公文档案、书札、日记、回忆录、笔记、诗歌、传记、报刊等类，并评论它的价值，兼及纪传史、地方志及典章制度等。在篇首的绪论中，作者叙述了中国史料发展的概况，讨论了史料真实性的问题，同时对如何阅读史籍，提出自己的看法。最后还略述了论文的写作方法。

（蔡保鹏）

中国近代会党史研究　蔡少卿（1933~　，江苏张家港人，南京大学历史系教授，曾任中国会党史研究会会长，中国社会史学会顾问，江苏省社会史学会会长。研究领域：中国近现代史，中国秘密社会史）著，中华书局1987年10月出版，334千字。本书对会党发展的全过程进行了比较深入的研究，将中国会党演变的过程勾画出一个比较清晰的脉络。本书15篇论文构成一个发展系统：第一篇介绍近代秘密结社的主要系统，对会党产生的社会根源、性质和作用作了分析论述；第二篇阐述天地会起源，其创始人和时间、地点；第三篇详细研究天地会发动的台湾林爽文起义；第四篇分析天地会在嘉庆、道光年间的特点和传播情况；第五至七篇阐述太平天国起义时期的会党活动，对太平天国起义各阶段与南方会党、教门的关系作了具体的考察和论证；第八至十篇论述哥老会的源流及其反抗斗争；第十一、十二篇论述辛亥革命时期会党与资产阶级各派势力的关系；第十三篇介绍民国初年的会党；第十四篇阐述新民主主义革命时期会党与工农运动的关系以及中国共产党在各个时期对会党的政策方针；第十五篇研究南洋华侨中的秘密会党。

（徐志辉）

江浙豫皖太平天国史料选编　南京大学历史系太平天国史研究室编，江苏人民出版社1983年10月出版，260千字。该书收录江、浙、豫、皖四省有关太平军的资料17种，都是此前未发表过的钞本或译文。有些资料虽然出自封建文人之手，对太平军横加诬蔑，却保存了不少过去没有见到的新内容，具有较高的史料价值。为保存史料的本来面目，对于诬蔑太平军、捻军为"贼匪""长毛"等字样，或篡改将领的姓名等，一律不加改动。每种资料前面附有简要说明，供读者参考。

（王忆南）

太平天国史新探　南京大学历史系太平天国史研究室编，江苏人民出版社1982年3月出版，250千字。本书分为4个部分，第一部分《论文》，收录罗尔纲《一条关于李秀成学姜维的曾国藩后人的口碑》，郭毅生《是民主性的精华，还是封建性的糟粕——关于〈天朝田亩制度〉的评价问题》，韩明《〈天朝田亩制度〉中平分土地思想源流初探》等15篇文章；第二部分《史事考释》，收录祁龙威《太平天国"旨准颁行诏书总目"考略》，方之光《石达开出走几个史实的新释》，张道贵、于玉生《〈石达开致骆秉章书〉质疑》等7篇文章；第三部分《史料介绍》，收录茅家琦辑录《〈太平天国文书汇编〉补遗》，蔡少卿《介绍有关金田起义时间的一件奏稿》，陈兆弘《太平军痛歼地主团练的历史见证——"昆新庚申殉难忠义总坊"简介》等4篇文章；第四部分《译文选载》，收录韩明译，茅家琦、吴世民校《太平天国文书译稿》和崔之清译《太平天国起义时期的北京（一）》。

（王忆南）

晚清哥老会研究　吴善中（1963~　，江苏金湖人，扬州大学社会发展学院教授，中国会党史研究会副会长，江苏省太平天国史研究会副会长，江苏省历史学会副秘书长。研究领域：太平天国史，秘密社会史研究）著，吉林人民出版社2003年10月出版，210千字。本书为国内第一部以哥老会为题的研究专著，不仅详细论述晚清哥老会的起源及其蔓延与崛起的过程，还着重考察哥老会的成员构成、基本功能、活动特点以及它的组织目标、结构和制度。该书还以1876年长江中下游的剪辫"妖术"大恐慌和1891年的长江教案为个案，从社会史研究角度，采用点面结合的方式，分别探讨哥老会在反清、反洋教斗争中所扮演的角色，从总体上深化了哥老会研究。作者对哥老会的宏观把握也比较准确，认为哥老会的成员主要由游民、游勇、盐枭等组成,其活动方式的特点是行踪不定、生活无着;作为下层民众一种原始的落后组织,哥老会"有攻城抗官、驱逐教士的正当政治斗争愿望,也有掏摸偷窃、抢劫事主等盗匪式的解决生存问题的现实需求",带有"浓厚的破坏主义和浪荡不羁的政治品性"。 （徐志辉）

第二次鸦片战争 蒋孟引(1907～1988,原名蒋德恒,湖南新宁人,南京大学历史系教授,曾任中国英国史研究会会长。研究领域:世界史)著,生活·读书·新知三联书店1965年2月出版,221千字。第二次鸦片战争是中国近代史上一个重大历史事件,以英国为首的侵略者对中国造成了极大伤害。然而对这场战争的动因、进程等诸多方面,直到20世纪中叶,国外依然流行种种歪曲和诬蔑。针对这些谬论,本书通过战争前后的大量资料,尤其是英国外交部档案以及英国内阁首相、各部大臣、驻华领事、公使、特使等的私人通信,令人信服地揭示了历史真相。本书史料宏富、论述精当,至今仍是我国研究近代中外关系的一本重要参考书。(另有《英国史》《蒋孟引文集(英国历史——从远古到20世纪)》,已著录) （徐志辉）

甲午悲歌——中日战争 双传学(1967～ ,江苏仪征人,南京大学教授。研究领域:马克思主义哲学与当代中国问题,中国近现代史)、李信著,江苏人民出版社1998年2月出版,127千字。当历史的车轮从古代驶向近代时,中日两国走上了截然不同的发展道路:中国在西方帝国主义坚船利炮的攻击下,沦为半殖民地半封建社会,而日本却成功地进行了明治维新,走向了"富国强兵""殖产兴业""文明开化"的道路。富强起来的日本,迅速加入西方帝国主义瓜分中国的行列中,太阳旗的阴影从此笼罩在中国的大地上。历史的发展往往是那样富于戏剧性。过去的"小学生"居然无所顾忌地爬到了"老师"的头上作威作福。这种变化的转折点是中日甲午战争。甲午年是中国近代史上的第二个国耻年。一曲甲午悲歌在支离破碎的祖国上空低回,愤怒的中华儿女在斗争中吞咽着"落后就要挨打"的苦水。 （徐志辉）

美国迫害华工史料 朱士嘉(1905～1989,字蓉江,江苏无锡人)编,中华书局1958年12月第1版,136千字。本书所收资料大体上分为以下四个部分:第一部分是关于美国拐骗华工的罪行的资料,第二部分是关于美国迫害华工的资料,第三部分是关于清政府对美国迫害华工所采取的态度的资料,第四部分是关于中国人民抵制美货运动的资料,可供近代史特别是中美关系史的研究工作者参考。(另有《美国国会图书馆藏中国方志目录》,已著录) （王忆南）

中华民国文化史(上中下) 史全生主编,吉林文史出版社1990年4月出版,928千字。本书是研究民国文化发展史的专著。作者着重注意以下几个方面:一是关于中华民国文化史的研究对象和范畴问题。本书将文化作为与政治、经济、军事相对而言的概念,把民国时期的政治思想、宗教、文学、艺术、美术、新闻出版、教育、医药卫生、体育、科技、社会科学、民俗作为研究对象,使全书主题明确,内容充实。二是关于中华民国文化的源流问题。中华民国文化是中华民族的文化,是中华民国年间中华民族文化的发展变化,同时又吸收了西方文化,是中华民国年间中华民族的传统文化与西方文化的融汇结合。中西文化的融会贯通与弘扬民族文化是不矛盾的。三是文化与政治、经济的关系。文化的发展既受政治、经济的制约,又是相对独立的精神活动,且对政治、经济也产生反作用。所以,尽管中华民国时期政治腐败,经济贫穷落后,但在文化上却是旧中国历史上发展最迅速的时代,也是中国现代文化真正奠基形成的时代。作者对民国时期文化落后的一面也有述及。民国文化不仅取得了自身的发展,也为新中国的文化事业奠定了基础。 （徐志辉）

中华二千年史 邓之诚(1887～1960,字文如,号明斋,江苏南京人,著名历史学家,曾任北京大学历史系教授)著,中华书局1983年6月出版,5卷9册,2 169千字。本书是作者的代表作。1917年作者应北大校长蔡元培之聘,任职国史编纂处。纂辑民国史时即着手此书的写作,后在北大史学系讲授中国通史,为教学需要,更并力撰写,名为《中国通史讲义》,内中秦汉三国、两晋南北朝、隋唐五代和宋辽金夏元四部分,于1934年列为《大学丛书》之一，并更名为《中华二千年史》正式出版。1955年补纂明清部分，1956年由中华书局出版全书，共5卷9册，煌煌巨制。本书是一部颇具特色的历史著作，这些特色又与作者的史学思想分不开。作为爱国的进步史家，作者治史的目的是揭示中华民族治乱兴衰的原因，高扬群策群力缔造民族业绩的团结精神，经世致用。本书自问世以来就在史学界产生了很大影响，一直到今天，仍是青年学生学习历史的必读之书。

（蔡保鹏）

中国历史通论 王家范（1938～ ，江苏昆山人，华东师范大学历史系终身教授，华东师范大学思勉人文高等研究院研究员，上海文史研究馆馆员。研究领域：中国古代史、中国社会经济史）著，华东师范大学出版社2000年11月出版，396千字。本《通论》将分前编和后编两部分。前编从纵横交错的角度，围绕中国历史发展的基本特征和演进脉络两大线索，通过若干专题，进行研讨。其内容包括部族时代、封建时代、大一统帝国时代、农业产权性质及其演化、农业经济的内环境与外环境、特型化的市场与商人阶层、政治构造与政治运作、中国现代化艰难性的历史思考；后编重在回顾和反思"通史"的百年经历，其内容包括百年史学建设的历程回顾、被遗忘的个案：张荫麟及其《中国史纲》、中国社会史学科建设刍议、对社会历史认识的若干思考。（另有《百年颠沛与千年往复》，已著录）

（徐志辉）

百年颠沛与千年往复 王家范著，上海远东出版社2001年12月出版，250千字。本书围绕着中国近代百年来应对现代化的挑战、抗拒与变革这一主题，考察了拥有过辉煌历史和伟大文化的民族所遭逢的数千年未遇之大变局，分析了中国从中世纪到近代化痛苦转型的历史进程。本书分3编，第一编：历史轨迹与"大历史"感、历史：时空的大化流行、社会结构与社会变迁、历史深处的追寻：宗教气质与精神分析、走向世界与中国情怀、彷徨与求索；第二编：土地关系中的假问题与真问题、农业经济结构的历史内涵、经济与政治的紧张、近世经济变迁的曲线；第三编：仁政的理想与哀歌、百年世事不胜悲、晚明江南士大夫的历史命运、晴雨录与帝王心、吏治清浊：一个超越道德的话题。作者以独特的视角，对历史进行回溯和反省，既有哲理性的思考，也有实证性的解析，明清部分的研究成果为作者多年潜心思考所得。

（徐志辉）

西方史学史概要 郭圣铭（1915～2006，原名郭节述，江苏镇江人，著名历史学家）编著，上海人民出版社1983年10月出版，202千字。本著是一部贯通古今的西方史学史，其内容所述，始于古希腊，迄于20世纪上半叶英国史家汤因比，上下两千多年。作者用洗练的笔触，有限的篇幅，为读者勾勒出了一部从古至今的西方史学发展与演变史。从内容讲，今古相当，并不厚此薄彼；从地区讲，以西欧诸国为主，但也有相当篇幅叙述东欧地区的史学，从中世纪的拜占廷史学到波希米亚、波兰、匈牙利，直到19世纪中期至20世纪初年的俄国史学。美国的资产阶级史学从18世纪开篇，对南北战争后的美国史学则给予更多的关注。这样的处置，是符合西方史学发展实际的。总之，本著既为初学者提供了西方史学史的一般知识，也可为深造者提供途经。尤其是"附录"所列的"西方史学名著要目"，分古代史、中古史、近代史与国别史、史学理论与史学方法、史学史等五大类，开列240余位历史学家近300部作品的篇目，每篇均附有中外文书名对照，使读者在研究西方史学时不致迷失方向，容易找到门径。

（蔡保鹏）

从慕尼黑到敦刻尔克——关于第二次欧战的形成、发展和演变 乔冠华著，世界知识出版社1984年3月出版，166千字。本书收录了从1939年4月至1940年11月，作者在香港工作期间用"乔木"笔名为《世界知识》撰写的一系列文章，文章的主题主要是第二次欧洲战争的形成、发展和演变的错综复杂的情况。年轻一代的读者可能听说过一些名词，例如慕尼黑、敦刻尔克，但是慕尼黑究竟是怎么回事，敦刻尔克又是怎样形成的，欧洲大战是怎样爆发的，它又是怎样不可避免地演变成世界大战的？这就是本书要处理的主题。书里面有许多删掉的文字，代以一个个的框框，这是因为当时作者想借此书批评英法政府，不能开门见山，毕竟在人家的地盘上，只能拐弯抹角，引经据典，借别人的嘴讲，但"还是被港英当局删掉很多，开了很多洋天窗"。作者有意保留了这些天窗，想借以反映当时港英当局的政治面貌。

（蔡保鹏）

犹太文化史　徐新(1949～   ,山东济南人,祖籍江苏,南京大学哲学系教授。研究方向:犹太宗教、文化、历史,犹太人在华散居史)著,北京大学出版社2006年5月出版,490千字。犹太民族是人类社会一个古老独特的民族,犹太文化是历史上最古老的文明之一。自犹太民族走进历史以来,其创造的独特文化逐步发展成为西方文明的一个源头文化,对世界文明特别是西方社会和生活产生了巨大且深刻的影响。从纵向看,犹太文明在两千年前的世纪之初孕育出了基督教,确立了犹太民族首创的一种思想在社会的主导地位;到了14、15世纪,又为欧洲文艺复兴的出现起到了中介作用;当近代来临时,又为资本主义的到来,特别是现代金融业、新闻业的发展发挥了不可替代的作用。从横向看,犹太文明借着犹太民族在世界各地的散居以及基督教、伊斯兰教的广泛传播,对当代世界各民族的文化都产生了巨大影响。了解和认识犹太文化是了解和认识世界的一个重要方面。本书是一部以尽可能全面和扼要的方式介绍和评价犹太文化内容的书籍,通过一种能够在尽可能广泛的读者中引起兴趣、激励他们产生进一步阅读愿望的方式,展示过去四千年在犹太民族中发生的令人激动和意义深远的历史事件与文化成就,是人们了解和认识犹太文化的基本读本。(另有《反犹主义解析》,已著录)

(徐志辉)

英国福利制度的由来与发展　陈晓律著,南京大学出版社1996年7月出版,182千字。本书对福利国家的本质、产生条件、思想渊源、与古老的济贫制度的联系与区别、建立社会保障制度的过程、福利制度的基本内容、社会各阶层、各政党对该问题的态度、对英国福利制度的评价、对其发展前景的估计等,做了系统深入的阐述。全书资料翔实,对福利思想发展的论述尤其精辟,对福利国家的评价和对其前景的估计也颇有见地。此书实为我国第一部系统论述英国福利制度的佳作。缺憾是对工人阶级在推动福利制度建设中的作用着墨太少。

(徐志辉)

欧化东渐史　张星烺(1889～1951,江苏泗阳人,历史学家。历任北京大学、厦门大学、辅仁大学、清华大学、北京师范大学、燕京大学等大学教授)著,商务印书馆2000年9月出版,字数不详。全书共3章:欧化东传之媒介;有形欧化即欧洲物质文明传入;无形之欧化即欧洲思想文明之传入。本书全面论述了汉代至20世纪30年代欧洲文化东传的基本历史、传播媒介和主要特质,深刻剖析了西方物质文明和思想文明东传对中国社会尤其是近代社会所带来的影响。所论范围涉及政治、宗教、思想、经济、文化、科学诸领域。在书中,作者辩证地审视了西方文化东渐对中华文明带来的有益变化和不良后果,对全盘西化和排外主义都持否定态度。(另有《中国交通史料汇编》一书,已著录)

(徐志辉)

西方社会结构的演变——从中古到20世纪　沈汉(1949～   ,江苏常熟人,南京大学历史系教授,英国史研究会理事。研究方向:英国史,欧洲史,资本主义史)著,珠海出版社1998年6月出版,325千字。本书是一部理论方法新颖、内容充实、资料丰富、具有很高学术价值的力作。具备几个突出特点:其一,突破传统的史学体裁,开创了一个形态历史学的新范例。形态历史学侧重研究的不是历史客体的发展变化过程或轨迹,而是相反,它采取"横过来"研究的视角,侧重对历史发展的内构和外观某个横断面作一种构成的分析研究。形态历史学的研究可同时兼备3个方面的效果,使历史学的宏观研究与微观研究相结合;使历史学的综合比较研究与个案分别研究相结合;使动态研究和静态研究相结合。其二,既坚持马克思主义基本理论观点,又广泛地吸收了国际学术界各种学派在理论方法上的合理成分,有分析地采用他们已有的研究成果,以达到自己的研究目的。其三,内容丰富、资料翔实。

(徐志辉)

辛亥江苏光复　中国人民政治协商会议江苏省委员会文史资料委员会编,《江苏文史资料》编辑部1991年8月出版,220千字。在1961年江苏人民出版社出版的《辛亥革命江苏地区史料》的基础上,江苏省政协文史资料办公室、扬州师范学院历史系等单位后来又搜集了20多万字的资料,内容主要为江苏光复中当事人的回忆材料,以及部分档案、文电、文告等。该书编纂过程中不仅增加了以上内容,还酌收了国内学者专家对光复的论述,以

增加读者对江苏光复全貌的了解,并以此纪念辛亥革命80周年。　　　　　　　　　　（王忆南）

五四运动在江苏　中共江苏省委党史工作委员会、中国第二历史档案馆编,江苏古籍出版社1992年1月出版,376千字。本书为资料选辑,共分为《中国在巴黎和会外交的失败》《五四运动的爆发》《江苏人民对五四运动的响应》《以上海为中心的三罢斗争开展后江苏爱国运动进入新阶段》《江苏人民配合全国人民进行拒签和约的斗争》《江苏人民为"马良祸鲁"事件及声援进京请愿开展的斗争》《江苏人民声援福建人民反日斗争》《江苏人民反对中日直接交涉山东问题》和《五四时期新文化在江苏的传播》9个部分,所选资料,一般按照时间顺序,同时把反映同一事件的资料集中编排。为保持资料原貌,一般按原文照录,仅对其中重复或与主题无关部分作了少量删节。资料出处,均于文后注明。　　　　　　　　　　　　　（王忆南）

记"一二·九"　杨述(1914～1980,江苏淮安人,曾任共青团中央宣传部长、中共北京市委常委、《中国青年报》总编、中国社会科学院顾问)著,北京出版社1961年11月出版,41千字。本书记述了"一二·九"运动的部分史实及其思考,内容包括:记"一二·九"、北平"一二·九"学生运动小史、进行思想改造运动要吸收"一二·九"的教训、走"一二·九"的光荣道路、青年人要坚决跟着共产党走、从知识青年和工农群众结合谈起、"一二·九"运动简论等篇目。　　　　　　　　（韩　兵）

武士刀下的南京:日伪统治下的南京殖民社会研究　经盛鸿(1944～　,江苏盐城人,南京师范大学社会发展学院教授,中华民国史学会理事,中国太平天国史学会理事。研究方向:中国近现代史,中华民国史)著,南京师范大学出版社2008年9月出版,503千字。本书用社会学与历史学相结合的方法研究南京沦陷区内殖民社会的各方面情况,包括日本的侵略战争对南京独特的城市社会特色与近代化进程的摧残,日军的大屠杀与烧杀淫掠对南京社会生活各方面的重大破坏与长期影响。本书第一次详细论述日军在占领南京后先后扶植的三届伪政权,即伪"南京市自治委员会"、伪"中华民国维新政府"、汪伪"中华民国国民政府",论述这些伪政权产生的背景、过程、功能及日本当局对它们的严密控制;以大量篇幅揭露日本侵略者在南京工、农、矿、交通、码头、商贸以及财贸金融等方面的掠夺情况;详细地揭露日本侵略军对南京地区文化古迹的破坏以及对图书典籍、文物标本的掠夺;论述日军内部以及驻南京的欧美人士对侵略军暴行的抵制和揭露。(另有《恶魔的吹鼓手与辩护士——战时日本新闻传媒与南京大屠杀》,已著录)
　　　　　　　　　　　　　　　　　　（徐志辉）

恶魔的吹鼓手与辩护士——战时日本新闻传媒与南京大屠杀　经盛鸿著,南京出版社2008年12月出版,620千字。本书对战时日本军国主义当局实施的法西斯新闻政策,日本新闻记者在日军南京大屠杀期间的活动、思想与功能,战时日本新闻传媒与南京大屠杀的复杂而深刻的关系及其影响,进行了全面的分析与论述。　　　　（王忆南）

创伤的历史——南京大屠杀与战时中国社会　张连红、经盛鸿、陈虹等著,南京师范大学出版社2005年8月出版,489千字。《南京大屠杀系列丛书》之一。本书共4个部分:第一部分为南京大屠杀的创伤记忆,包括南京大屠杀时期的日军当局与南京安全区、南京大屠杀与南京市民的创伤记忆、南京大屠杀之前南京市民的社会心理、恐惧与记忆、南京大屠杀期间南京外侨对日本人的态度等;第二部分为日军性暴力与南京1644细菌部队,包括侵华日军南京慰安所调查与研究、侵华日军在金女大的性暴行、侵华日军在南京的秘密生化武器试验及其战争实施、侵华日军南京1644细菌部队与731部队之关系等;第三部分,抗战时期的文化与社会,包括日据时期日伪对南京文艺界的控制与利用、日伪统治时期南京新闻传媒述评、抗战期间纪实文学作品中的日寇暴行、抗战时期侵华日军暴行的文化分析等;第四部分为历史与现实中的中日关系,包括辛亥革命时期日本的对华政策、板垣征四郎在华中日占区推行的"东亚联盟"运动、中国民间对日索赔运动的进程与走向等。
　　　　　　　　　　　　　　　　　　（徐志辉）

抗日战争的正面战场　张宪文(1934～　,山东泰安人,南京大学中华民国史研究中心主任,历史研究所所长、教授,侵华日军南京大屠杀史研究会会长。研究方向:中华民国史)主编,河南人民出版社1987年6月出版,290千字。本书内容包括:从"九一八"事变到"七七"抗战;卢沟桥事变和平津作战;淞沪抗战;日军进攻河北和晋察绥;忻口会战与太原失守;南京保卫战;畏敌抗令,韩复榘坐失山东;从鲁南战役到徐州撤退;豫北溃败和豫东会战;抗日战争的重要转折——武汉保卫战;闽粤作战;南昌会战;桂南会战;从随枣会战到枣宜会战;第一次长沙会战;上高会战;中条山会战;第二次长沙会战;第三次长沙会战;中国军队入缅作战;浙赣战役;缅北滇西作战;常德会战;豫中会战;长衡会战;桂柳会战;抗日战争的胜利。(另有《南京大屠杀真相:中方史料》,已著录) (韩 兵)

南京大屠杀真相:中方史料 张宪文、吕晶编,江苏人民出版社2007年11月出版,2084千字。《南京大屠杀真相(上中下)》内容十分丰富,但是由于其规模浩大,广大读者在短时间阅读全部资料有一定困难。为了方便读者,编委会选择《南京大屠杀史料集》中一批重要资料,改编成《南京大屠杀真相》(上中下3册),期望通过这些史料,使广大读者大体了解日本在南京实施的暴行是一个无法否定的人类悲剧,从而对中日关系的历史做出正确判断。本史料集共分3册5篇:美国传教士的日记和书信;拉贝日记;英美报刊报道;英美文书、德国使馆的报告;东京审判。 (韩 兵)

南京大屠杀 孙宅巍主编,北京出版社1997年5月出版,514千字。《中国抗日战争史丛书》之一。著者运用来自国内和世界各地的历史档案和口碑资料,论述了30万南京同胞惨遭日军屠杀的确凿史实,有力驳斥了极少数日本右翼分子翻历史定案的谬论。本书不仅全面论述了南京大屠杀发生的背景、原因、过程、范围等,还增加了南京军民的反抗、中国军民在南京及周边地区的抗日活动等内容,并列出专章介绍侵华日军南京大屠杀遇难同胞纪念馆和遇难同胞纪念碑的建立以及对幸存者、见证人的采访等内容。该书还考察了"安全区"国际委员会的工作和作用,并重新给予了评价。本书共分10章:日军侵华和南京的失陷、震惊世界的大屠杀、灭绝人性的大奸淫、纵火破坏、野蛮的抢劫、统计与损失、社会组织与人口、南京人民的反抗、永久的纪念。 (徐志辉)

澄清历史:南京大屠杀研究与思考 孙宅巍著,江苏人民出版社2005年7月出版,403千字。作者选取有关大屠杀问题研究成熟、社会关注的众多问题,纵横驰骋,进行深入论述,全方位地思考了南京大屠杀历史,从它与南京保卫战的多重关联,到南京大屠杀的原因、时空范畴、难民区、规模、性暴力、抗争、幸存者,再到它的影响,以及人们对它的记忆;对一些关键性的理论问题,在前人已经取得的成果基础上再前进一步,论深论透;运用最新资料,如最新披露了另外四家参与埋尸的慈善团体,搜集的一批新的日军暴行记录,是为迄今为止所收案例最完整的一份记录。本书还收集了有关大屠杀研究的经典资料作为附录,如战后两个军事法庭判决书的有关部分;与南京大屠杀遇难人数统计有直接关系的各慈善团体埋尸统计表等。可以说是目前国内从论的方面拓展大屠杀研究的最权威、最新颖、最深透之作。 (徐志辉)

南京保卫战殉难将士档案 中国第二历史档案馆、侵华日军南京大屠杀遇难同胞纪念馆编,南京出版社2007年12月出版,全10册,字数不详。本书为了纪念南京保卫战70周年以及壮烈殉国的10万中国守军将士,首次以彩色影印的形式公布为国捐躯的烈士英名。资料主要选自中国第二历史档案馆馆藏的阵亡将士抚恤档案,并补充了一些传记资料、纪念特刊、烈士评传,既是对中国第二历史档案馆馆藏抚恤档案的补充,亦可与该馆收藏的抚恤档案相互印证。 (王忆南)

侵华日军南京大屠杀暴行日志 朱成山(1954～ ,江苏南京人,侵华日军南京大屠杀遇难同胞纪念馆馆长)主编,南京出版社2004年5月出版,268千字。本书根据文献档案和幸存者口述资料,逐日记载了1937年12月13日至1938年1月31日侵华日军攻占南京城后的6周内,每日杀、烧、淫、掠的史实。同时还收集了"侵华日军1938年2月至8月在南京的暴行""侵华日军对南京的轰炸暴行""侵华日军侵占南京前的暴行""侵华日军在南京的慰安妇暴行"等重要史实,是全面揭露侵华日军南京大屠杀暴行的重要史料。(另有《南京大

屠杀遇难者名录(全3册)》《南京大屠杀幸存者名录(全4册)》《海外南京大屠杀史料集》,已著录)

(王忆南)

南京大屠杀遇难者名录(全3册) 朱成山主编,南京出版社2007年8月出版,908千字。《南京大屠杀史研究与文献》之一。本书根据档案文献和幸存者口述资料,整理出8 280位遇难者名单,按照26个英文字母的顺序排列,是专门记录侵华日军南京大屠杀遇难者档案的资料书,也是国内外第一部有关南京大屠杀遇难者的"名录"。 (王忆南)

南京大屠杀幸存者名录(全4册) 朱成山主编,南京出版社2007年8月出版,1 200千字。《南京大屠杀史研究与文献》之一。本书根据1984年、1997年在南京市范围内对幸存者进行的两次较大规模的调查和走访,以及此后通过各种途径获得的一批幸存者的资料,经过筛选、提炼和整理,以崭新的"名录"的形式展现出来,并按照26个英文字母的顺序排列。不仅为进一步研究南京大屠杀幸存者提供了可资考证的第一手资料,而且也是对此前有关幸存者出版物的有力补充,使得对南京大屠杀幸存者的研究更加全面。 (王忆南)

海外南京大屠杀史料集 朱成山主编,南京出版社2007年12月出版,340千字。《南京大屠杀史研究与文献》之一。本书根据征集资料组成员从美国、欧洲等各国收集到的报纸刊物相关报道、当时亲历者书信、外交档案复印件、书籍,以及散见于日本各地旧书店等处的相关文史资料汇集而成。本书内容包括:贝德士通信和报告、费奇书信和电报、霍恩贝克书信、詹姆斯叙事诗、拉贝收录的有关报道、米尔斯和米尔斯夫人书信、魏特琳笔记和书信等。 (王忆南)

日军炮火下的中国文人 陈虹(1948~ ,女,江苏淮阴人,南京师范大学社会发展学院教授。研究方向:中国现当代文化史)著,天津古籍出版社2007年6月出版,334千字。本书为《日本侵华与南京大屠杀研究丛书》之一,作者以极其生动的笔墨描写了面对侵略、面对死亡,文人们奉献自己的知识,为抗日救亡出谋划策;坚守自己的专业,为抗日救亡添砖加瓦;忠于自己的使命,为抗日救亡呕心沥血。梁思成、费孝通、陶行知、马寅初、竺可桢、郑振铎、张伯苓、梅贻琦、陈寅恪、朱生豪、梁漱溟……他们学富五车,才高八斗,但是在凶恶的日本侵华战争中,却沦为了流亡者和难民,过着贫病交困的生活。他们儒雅雍容,柔心弱骨,但是面对侵略者的炮弹与屠刀,却表现出了崇高的民族气节和大无畏的牺牲精神。本书以通俗的语言以及丰富历史事实,回顾了他们在抗日战争爆发之后所发生的真实事迹。

(徐志辉)

南京文化的劫难(1937~1945) 孟国祥(1952~ ,江苏金坛人,南京医科大学社科部教授、南京大屠杀史研究会副会长)著,南京出版社2007年9月出版,320千字。本书着重研究抗战时期南京的文化损失,特别是图书和古物的损失,对抗战时南京文化损失全貌进行了系统的分析和统计,对一些史料进行了考证,澄清了一些不正确的认识,利用日军官兵日记以及日本档案,剖析了南京文化浩劫与日本军政当局的关联,利用汪伪档案,结合敌后敌伪文物的封存和清理,增强了南京文化浩劫研究的科学性。 (王忆南)

五二〇运动史 华彬清(1921~2015,江苏苏州人,南京大学社会学系教授,曾任中国图书馆学会理事,江苏省图书馆学会副理事长。研究方向:哲学,社会学)编著,南京大学出版社1989年4月出版,199千字。五二〇运动,是指1947年5月从南京始发而后扩展到全国60多个城市的青年学生反饥饿、反内战、反迫害的爱国民主运动。本书用大量原始史料翔实地记录了这次震撼人心的运动,详细地叙述了运动的历史背景、来龙去脉,介绍了南京、上海、北平等18个城市运动的全过程,还总结了运动的基本经验,对当代青年学生继承五四以来的爱国学生运动的光荣传统很有参考价值。

(徐志辉)

苏北抗日根据地 中共江苏省委党史工作委员会、江苏省档案馆编,中共党史资料出版社1989年8月出版,520千字。苏北抗日根据地,是抗日战争期间中国共产党领导的敌后19块根据地之一。本书按照中共中央党史资料征集委员会的规划和要求,为了把苏北地区人民的抗日斗争及根据地建设的伟大成就记录下来,作为建设有中国特色社会主义事业的借鉴并教育后代,而编辑出版。全书由文献资料、回忆录、综述、大事记、表、地图、历史照片及参考资料组成,内容包括党的建设、军事斗争、统一战线、政权建设、财政经济、文化教育、敌工工作、情报交通等各方面。所选资料均按原貌刊出,以真实反映历史本来面目。对资料中明显的错字、漏字作了校正,对选用的资料,尽可能准确地标明出处,以便读者查核。　　　　　　　　（王忆南）

中国现代化的历史进程　胡福明(1935～　,江苏无锡人,南京大学哲学系教授,曾任江苏省委宣传部部长,省委党校校长)主编,邹农俭、叶南客等撰稿,安徽人民出版社1994年12月出版,400千字。本书是20世纪90年代国内为数不多的全面研究中国现代化问题的论著,它采取史论结合,中外对比,共时态与历时态并行的角度,从不同侧面探讨了中国现代化问题,显现出独特的理论分量。书中以较大的理论篇幅与实证方法去探讨了20世纪50年代以来中国经济和社会的进步,揭示其经济现代化与社会现代化的发展,以翔实的材料和论证,分析了改革以来中国经济关系和社会结构的深刻变化。全书分上中下3编,共10章。
　　　　　　　　　　　　　　　　（蔡保鹏）

江苏地方文献丛书　薛正兴主编,江苏古籍出版社出版。这套文献丛书,共31种,21册,有选择地收入记述江苏历史上政治、经济、军事、教育、科学、文化、地理、风物、习俗、掌故等内容的笔记、杂记、野史、谱牒、志乘之珍品,以及少数著名的总集和影响较大的方志、日记、传记,包括《寒山寺志》,1986年7月出版,56千字;《吴地记》,1986年9月出版,137千字;《吴郡志》,1986年10月出版,411千字;《南明史料》(八种),1997年4月出版,552千字;《吴郡岁华纪丽》,1998年12月出版,311千字;《太湖备考》,1998年12月出版,500千字;《龙江船厂志》,1999年3月出版,220千字;《至顺镇江志》(上下册),1999年8月出版,上册668千字,下册668千字;《泰州旧事摭拾》,1999年8月出版,201千字;《百城烟水》,1999年8月出版,289千字;《扬州图经》,1998年12月出版,160千字;《清嘉录》,1999年8月出版,131千字;《吴门表隐》,1999年8月出版,383千字;《吴越春秋》,1999年8月出版,110千字;《吴趋访古录》,1999年8月出版,177千字;《吴郡图经续记》,1999年8月出版,60千字;《吴地记》1999年8月出版,150千字;《宋平江城坊考》,1999年8月出版,325千字等。
　　　　　　　　　　　　　　　　（王忆南）

江苏史纲(全两册)　江苏社会科学院《江苏史纲》课题组编,江苏古籍出版社1993年8月出版,1 142千字。本书是一部地方史学术著作,全面、系统、综合地叙述江苏的历史。全书分古代、近代两卷,古代卷由王文清主编,近代卷由沈嘉荣主编。古代卷叙述始于远古原始社会,截止于清代1840年鸦片战争前,共14章,分别为"大江南北的原始时代""虞、夏、商、周时代徐、青、扬州的东夷和东国""春秋时期的吴、越、楚""秦朝的东海、会稽等郡""两汉时期的楚、吴等郡国""三国时期魏、吴分治下的徐、扬等州郡""两晋时期的徐、扬等州""南北朝时期的南朝""隋唐时期的徐、扬、润、苏等州郡""五代十国时期的吴、南唐等国""两宋时期的淮南、两浙、江南等路""元朝的江浙、河南行省""明朝的江苏和南京""清朝前期的江苏"等。近代卷共10章,叙述上接1840年,下至1949年10月中华人民共和国成立。
　　　　　　　　　　　　　　　　（蔡保鹏）

吴文化资源研究与开发　高燮初(1930～　,江苏无锡人,吴文化公园管理委员会主任,无锡吴学研究所所长)主编,江苏人民出版社1994年1月出版第一辑,370千字,收有论文60余篇;苏州大学出版社1995年9月出版第二辑,470千字,收有论文50余篇;同济大学出版社1997年6月出版第三辑,440千字,收有论文50余篇;陕西旅游出版社1999年7月出版第四辑,480千字,收有论文50余篇;陕西旅游出版社2002年12月出版第五辑。吴文化是指长江下游地区、江浙之间的太湖区域,从远古至春秋时期形成的一种颇具地方特色的区域性文化。该书精选汇编研究吴文化的相关论文,论古说今,史料翔实,叙述清晰,具有较高的学术水平和实用价值。(另有《吴地文化通史》,已著录)
　　　　　　　　　　　　　　　　（王忆南）

吴地文化通史(上下册)　高燮初主编,中国文史出版社2006年1月出版,1 424千字。本著是一部全面、系统、客观、科学地反映吴地区域性大文化发展历程,即整个历史发展和人文、物质、精神、民俗风貌的学术专著。全著除导论、图片百幅、附录之外,内容分5编:吴地文化总论、吴地名人实录、吴地物质文化、吴地精神文化、吴地民俗文化,所涉内容涵盖考古、民俗、艺术、学术、教育、思想、经济、政治、社会等各个方面。全书以史为经,以文化剖面为纬,纵横交织,以大吴文化体系为骨架展开,以开阔的学术视野、自成一系的理论基础、扎实可靠的文献和考古资料,将吴文化作为锦绣江南灵魂的博大精深和辉煌灿烂展现在读者面前。本著是以"传承华夏文明,复兴中华文化,弘扬民族精神"为主旨,是20年来大吴文化研究的一个阶段性成果,是吴地区第一部吴文化研究专著,由无锡吴学研究所和江苏省历史学会合作,江苏、浙江、湖北、上海三省一市57位专家学者共同编写,开创了一条由民间文化单位和学界联手、政府支持的开展学术活动的新路。

(王忆南)

勾吴史集 吴文化研究促进会编,张永初主编,江苏古籍出版社1998年5月出版,700千字。本书系有关勾吴历史文化的资料选编。吴国是周朝最重要的诸侯国之一,在古代历史上曾起有显著作用,但近代学者对其事迹争论甚多,不少问题尚待解决。本书以丰富充实的材料,抉隐发幽,展示了吴国创建兴起的历程,显示了勾吴文化在博大精深的中华文化宝藏中的重要地位,可使读者看到源远流长的吴文化肇始形成过程,为深入探讨吴国历史文化准备了良好条件,也为研究先秦史的中外学者以及其他有识之士研究吴泰伯、吴国历史与勾吴文化提供检阅史料的方便,对于吴文化研究,以及整个中国文明的探讨来说,都有着值得称道的贡献。

(王忆南)

江苏解放风云录 中共江苏省委党史工作委员会编,叶绪昌主编,中共党史资料出版社1989年3月出版,262千字。本书首篇为中共江苏省委党史工作委员会撰写的《江苏解放战争概览》,其后分为《徐州篇》《连云港篇》《淮阴篇》《盐城篇》《扬州篇》《南通篇》《南京篇》《镇江篇》《常州篇》《无锡篇》和《苏州篇》等十一部分,分别收录了戚惠民、商秀坤、冯治所撰《决战淮海下彭城》;周广林所撰《日出雾消定连云》;卢再彬所撰《长夜破晓淮阴明》等11篇文章。

(王忆南)

南京史话(上下) 蒋赞初(1927~ ,江苏宜兴人,南京大学历史系教授,文物考古专家,南京历史学会名誉会长)著(上册),沈嘉荣主编(下册),南京出版社1995年8月出版,283千字。本书分上下册。上册的年代范围从远古时期起,到1840年止,分为12个专题撰写。重点是叙述六朝(包括东吴、东晋、宋、齐、梁、陈六代)、南唐和明代这八代在南京建都时所发生的重要历史事件和历史人物,都城的布局,以及经济、文化和科学技术发展的概况。在非建都的各代,也相应地指出金陵在当时的地位和作用,以及城市发展的面貌。下册从1840年起到1994年止,分为15个专题撰写,从中英《南京条约》的签订、太平天国在南京、孙中山就任临时大总统、五四运动在南京、中共代表团在南京、侵华日军在南京的大屠杀、人民解放军占领南京等重大历史事件,写到南京的近代工业和交通的起步,以及近代南京教育、宗教、民俗和城市面貌,来展示新中国成立以前南京的概貌。然后重点叙述新中国成立以后的新南京,直到改革开放以来的15年和正在迈向国际化大都市的广阔前景。本书生动真实地勾勒出南京历史的发展脉络,填补了南京史研究领域的一项空白。(另有《长江中下游历史考古论文集》,已著录)

(蔡保鹏)

南京城市史 薛冰(1948~ ,浙江绍兴人,曾任南京市藏书家协会主席、南京市作家协会副主席)著,南京出版社2008年7月出版,300千字。本书分为上下编。上编着重探讨了古代南京城市成长、变化的历程,并根据南京城由西向东、由南向北的轨迹,提出了南京是一座具有沿江发展传统的城市等新观点;下编重点考察了现代城市规划出现之后,南京城市规划和实践的成败得失,揭示了影响南京城市命运的政策、制度等因素,以唤醒世人对历史文化名城南京进行合理的规划和建设。

(王忆南)

南京百年风云(1840~1949) 陈安吉(1939~ ,湖南长沙人,曾任中共南京市委宣传部部长,南京市文联主席)等主编,中共南京市委党史工作办公室、中共南京市委宣传部编,南京出版社1997年12月出版,800千字。本书采取编年体与纪事本末体相结合的形式,按照时间的顺序,以政治大事件为主线,兼及经济、军事、文化、科学、教育等各方面,大事记、词条与图片相互印证,相互补充,客观地反映了南京1840～1949年间的历史嬗变及社会发展。

（王忆南）

秦淮古今大观　俞允尧(1943～　,江苏南京人,江苏古籍出版社编辑,长于地方史志与民国史研究)著,江苏科学技术出版社1990年7月出版,397千字。著者笔耕数载,汇成此书,供海内外热爱金陵乡土风情、怀念六朝风物逸事之士,共睹秦淮之今昔。本书包括《六朝金粉甲天下　秦淮明月照沧桑》《漫话孔庙古建筑　殿宇亭阁展新容》《江南贡院威仪赫　科场狱案震古今》《江南书肆集萃地　文房四宝冠中华》《碧波秦淮水蔚蓝　春灯画舫盛天下》《文德桥畔得月台　龙舟竞渡忆风情》《乌衣巷陌堂前燕　漫步古巷话王谢》《梨花似雪草如烟　秦淮明月照婵娟》《桃叶临渡问酒家　淮清桥上说胜迹》《武定镇淮长干桥　巷陌名胜话城堡》《古典名园蓬莱境　历史风云睹神韵》《东园故址忆风情　白鹭芳洲话桥韵》《孔庙市场话古玩　中华国宝知多少》《东西市场奇葩香　花鸟虫鱼集萃地》《东风夜放花千树　年年新桃换旧符》《孔庙圣地谁主宰　三教九流竞纷呈》《吴声清乐说六朝　明清剧种满秦淮》《秦淮剧坛忆名角　南北名家大荟萃》等21个部分。

（韩　兵）

南京故都文化及其资源开发　赵德兴(1952～　,曾任南京市文化与历史研究所所长,南京市社会科学院国际和平研究所副所长、教授)等编著,南京大学出版社2008年8月出版,230千字。本书内容:背景篇,文化产业时代的来临;资源篇,南京古都文化的比较优势;评价篇,南京历史文化资源的价值评价;开发篇,南京古都文化资源的价值实现。

（韩　兵）

扬州史述　朱福烓(1937～　,江苏扬州人,扬州文化学者、书法家)著,苏州大学出版社2001年12月出版,165千字。《扬州文化丛书》之一。本书以历史递延的朝代更替为经,分先秦、秦汉、魏晋南北朝、隋唐五代、两宋、元明、清代、近代等几个大的历史时期;以各历史时期的重大事件、重要历史人物、重要经济文化现象为纬,分篇从社会经济、政治、军事、文化的视角,全景式地展现了历史上扬州的嬗变延迁和枯荣盛衰。

（王忆南）

江苏革命斗争纪略　中共江苏省委党史工作委员会、江苏省档案馆编,档案出版社1987年3月出版,470千字。本书是一部记述了大革命和土地革命战争时期,江苏地方党组织及其革命活动的史料书和工具书。全书分为马克思主义在江苏的传播和党的创建(1919年5月～1923年)、大革命时期(1924年1月～1927年7月)、土地革命战争时期(1927年8月～1937年7月)3个时期,具体条目的编排,以编年体为主。收录内容包括:江苏地方党组织的建立、发展及其主要革命活动;在中国共产党领导和影响下的工人、农民、青年学生、妇女等群众团体的建立、发展及主要革命活动;对江苏革命斗争有直接影响的全国性及邻近地区发生的重大事件;著名的党史人物和革命史人物的重要活动。此外,还适当收录敌方对江苏革命斗争有重大影响的活动,作为背景材料。条目中涉及的重大历史事件或某些尚有分歧的重要史实在脚注中作简略说明或指明出处。该书附录4则,分别为《党的创建和大革命时期江苏党的主要负责人更迭情况表》《土地革命战争时期中共江苏省委负责人更迭情况表》《中共江苏省委所辖特委示意图(土地革命战争时期)》和《江苏省农民武装斗争示意图(土地革命战争时期)》。

（王忆南）

射水纪闻　戴文葆著,河北教育出版社2005年7月出版,315千字。本书以翔实的历史资料、深度叙述了射阳河古今的地理变迁、历史人物、文物古迹以及家乡风俗等,虽为盐阜一代的人和事,但作者将其置于宏观的大范围来考察,使之具有了特殊意义。作者的学力在这里得到了充分发挥,他叙述了盐阜人民自古迄今的生产创业、拼搏奋斗、人事沉浮。旁征博引,引经据典,泛采诗词,作者把敬乡怀旧之心具体化为对家乡历史地理的珍重。不仅追寻了众多历史人物的业绩,而且寻访抄录了若干已经散失难觅的乡土文献,对研究中国近代史具有重要的参考价值。

（蔡保鹏）

江苏史论考 江苏省社联历史学会、江苏省社会科学院历史研究所编,江苏古籍出版社1989年10月出版,340千字。本书收录论文34篇,论列了江苏历史的各个方面,包括江苏历史发展中一些重要问题,如关于长江下游吴越文化的发展、六朝时期南方经济的发展、苏南与苏北经济发展的差距、明清江南经济的发展与市镇的兴起、江苏近代民族工业、左宗棠治苏政绩、张謇的"实业救国"与教育思想、大生企业与荣氏兄弟、邳睢铜抗日根据地、江苏解放战争的特点与全境的解放等等。有的文章还依据出土文物资料、历史档案等有关文献,探讨了徐福东渡、西汉楚国、南京城成因、历代人口变迁、刘家港的兴废等问题,对中国历史和江苏地方史的研究,都具有探索和开拓意义。

(王忆南)

六朝江东世族之家风家学研究 王永平(1962~ ,江苏南京人,扬州大学教授。研究方向:中国古代中古社会历史与思想文化)著,江苏古籍出版社2003年1月出版,300千字。本书共8章。第一章《汉魏六朝时期江东世族的形成及其社会地位的变迁》为纵向溯源性的导论;第八章《从文化的角度观照中古江东世族》,则是以宏观把握和义理阐述为主。作者认为:孙吴立国江东,江东世族势力达于全盛。西晋灭吴,江东大族沦为"亡国之余",仕途不畅。及两晋之际,江东大族接引北人,共创东南偏安之局。东晋南朝,江东大族在政治上居于从属地位;在思想文化领域也不得不效仿侨人之玄学风尚。江东世族较长时间的历史演变、相对完整的发展过程及其各具特色的家教、家风、家学,可作为解析中古世族文化的典型。中间6章为忠义世家:吴郡陆氏之家风与家学,厚德载物:吴郡顾氏之家风与家学,文采风流:吴郡张氏之家风与家学,从尚武到崇文:吴兴沈氏家风与家学的嬗变,江表儒宗:会稽郡虞氏、贺氏之家风与家学,谙练故实:会稽郡孔氏之家风与家学,考述这七大世族生成、演进的"实情与真相",家风家学的面貌与变迁。(另有《六朝家族》,已著录)

(徐志辉)

六朝家族 王永平著,南京出版社2008年3月出版,368千字。《六朝文化丛书》之一。本书将江南士族分为"侨寓士族"与"江东旧族"两大系统,选择其中家室地位、社会影响、文化类型等方面最具有代表性的6个家族作为研究对象,客观地评述了当时士族文化的本质特点、演变规律及其社会影响。内容包括《"簪缨不替":琅邪王氏之家族文化》《"雅道相传":陈郡谢氏之家族文化》《皇室帝胄:兰陵萧氏之家族文化》《忠义世家:吴郡陆氏之家族文化》《文采风流:吴郡张氏之家族文化》《从尚武到崇文:吴兴沈氏之家族文化》《六朝家族家风家学的基调与特质》等。

(王忆南)

施耐庵之谜新解 王同书(1938~ ,江苏大丰人,作家、诗人,江苏省社会科学院文学所研究员。研究方向:古典文学)著,中国文联出版公司1989年12月出版,310千字。本书是作者根据自己长期从事施耐庵文物史料调研工作的第一手资料撰写而成。著者论证施耐庵为元末明初泰州白驹场人的各篇论文,以宏观的、系统的、多层次多角度的观察方法,分析了耐庵长期隐沦不显,几乎被埋没的时代政治因素,施氏后代的私曲隐衷,这正是为学究式研究方法所视而不见的问题。(另有《郑燮评传》,已著录)

(韩 兵)

明清史事论集 季士家(1934~ ,浙江天台人,曾任江苏省社会科学院历史研究所研究员。研究领域:明清档案,文物考古,在明史研究领域具有影响)著,南京出版社1993年11月出版,246千字。本书共辑选作者30年来从事明清史研究方面的学术论文计17篇,大体可分为对南京城及其部分史迹的考察、对明初外交政策的研究、对明兵部尚书袁崇焕的研究、对蔡牵反清斗争的研究、对清代题奏制度及军机处的研究、对江南分省及苏皖建省的研究六个部分。作者认为,这几个方面具有"填补明清史研究空白点"的价值。而《浅论清军机处与极权政治》《清代题奏制度沿革考释》和《明都南京城垣略论》3篇文章,则对明清史研究的"深度与广度有所开拓"。

(徐志辉)

中西文化交汇与王国维学术成就 周一平、沈茶英著,学林出版社1999年12月出版,350千字。本书从中西文化冲突的大背景中阐述静安先生的学术成就,资料翔实,观点新颖,可谓独具一格,自成体系，是作者研究王国维的集大成之作。王国维一生崇尚文化、崇尚学术，提倡做真学问，提倡求真求信，极端鄙视应时、逐利之作。求真，既探究客观研究对象之真，也把握自身治学态度之真，毫不掠人之美；求信，既研究客观材料的信实可靠，又创造服人服己的学术成果，毫不自欺欺人。王国维的一生可分为三个文化历程：哲理的求真求信，情感的求真求信，国粹的求真求信。王国维治史学所以成就超越前人，就是有不为前人所左右的独立研究态度。本书总结王国维的二重证据法，即以"地下新材料"和"纸上材料"互证的方法，肯定这种研究方法是一种比较新的、先进的研究方法，认为这种研究方法具有的四个特点：把考古方法引入史学研究领域；以"证据"可比性为前提；历史比较研究方法；以分类研究方法、分析和综合研究方法为主。

（徐志辉）

中国风俗通史　魏晋南北朝卷　张承宗、魏向东著，上海文艺出版社 2001 年 11 月出版，519 千字。《中国风俗通史》全 12 卷之一。本书除在导言中介绍了魏晋南北朝风俗形成的社会背景和风俗政策与风俗观念之外，还分 14 章，分别从饮食风俗、服饰风俗、居住与建筑风俗、行旅交通风俗、生育风俗、婚姻风俗、卫生保健与养老风俗、丧葬风俗、生产风俗、信仰风俗、岁时节日风俗、游艺风俗、交际风俗、社会组织风俗等方面，系统介绍了魏晋南北朝时期风俗的详细内容，使读者可以通过对本书的阅读，比较清晰地了解该时期社会风俗的方方面面。最后，作者还对魏晋南北朝风俗的特点及历史地位进行了总结和概括。

（徐志辉）

大戴礼记汇校集解（上下册）　方向东著，中华书局 2008 年 7 月出版，900 千字。《大戴礼记》为西汉礼学名家戴德选编，其从兄之子戴圣选编之礼记，名《小戴礼记》。因后者有马融、卢植、郑玄等人为之注释，合《周礼》《仪礼》名为"三礼"，居十三经之列，历代研习不衰，经义训诂灿然，蔚为大观，而前者因不为两汉经师所传注，以致篇章残落，亡佚过半。《大戴礼记》汇辑有战国秦汉时期的著作，也有更为远古的文献，对于研究儒家政治、思想、典章制度及文物，具有重要的意义和作用。宋元明清人为《大戴礼记》全书或单篇做校注的有百家以上。本书即汇集了历代的研究成果，博校众本，参会众说，吸收了当代学者的贡献，用力勤而功巨，是一部集大成的、总结性的著作。

（徐志辉）

三礼名物通释　钱玄（1911～1999，江苏吴江人，南京师范大学中文系教授。研究领域：汉语文史，文字，训诂，校勘，三礼）著，江苏古籍出版社 1987 年 3 月出版，115 千字。该书按照名物类别分为 4 篇，篇内按照名物属性细分小节，小节分大、小字，类似古书经注文。大字解释名物，包括称谓、特征；小字解说大字，包括名物释文的来源及其字句的解释。多录郑注，"其有未尽者，再录孔、贾疏及清人新疏。其余古籍如《诗》《书》《左传》等，有足互证者，亦录而通释，求厥至当"，兼及《说文》及段注、《方言》等字书。每篇后附图，共计 43 幅。全篇最后附索引，索引"收本书涉及《三礼》名物之单词、复词，常用词而无特殊词义者不收"，按照笔画顺序编排，易读错字及生僻字，加注读音。该书分"衣服""饮食""宫室""车马"4 篇，即衣食住行。"衣服篇"分布帛、色采、冠冕、衣裳、韨舄、服制六节。"饮食篇"分饭食、酒浆、膳牲、荐羞、器皿、饮食之礼六节。"宫室篇"分都城中城、房屋结构、堂序房室、门塾庭阶、寝庙深广、璧雍明堂六节。"车马篇"分车舆称谓、车舆形制、马名与马饰、乘车之法、驾马之法五节。每篇最后一节或二节简单介绍相关礼节。（另有《三礼通论》，已著录）

（徐志辉）

三礼通论　钱玄著，南京师范大学出版社 1996 年 10 月出版，495 千字。《中国传统文化研究丛书》之一。全书共 4 编，《礼书编》介绍《仪礼》及《礼古经》、《周礼》著作时代，大小戴《礼记》及《古文记》、礼书学者及重要著作等；《名物篇》包括衣服、饮食、宫室、车马、武备、旗帜、玉瑞、乐舞、丧葬等内容；《制度编》分列封建、职官、禄田、赋税、田租、军制及军赋、学制、刑法制度、宗法制度、宗庙祭祀、郊社及群祀等专题；《礼仪编》综述礼仪通例，及冠礼、婚礼、丧礼、祭礼、聘礼通释等内容。该书以专题的形式，综述形制，考订原委；联系近几十年的考古出土中有关礼制之成就，征引前贤研究成果，详加考辨。凡有关先秦礼书及其所记礼制的重要问题，该书均已论及。这对当今学者了解礼制发展的全貌及研究状况都大有帮助，确是"现代学者研究古籍而获

得较大成果的学术专著"。 （徐志辉）

六朝民俗 张承宗著,南京出版社 2002 年 9 月出版,330 千字。本书将历史与民俗学有机地结合在一起,以中下层民众创造、享用、传承的民俗文化为研究对象,从物质民俗、社会民俗、精神民俗 3 方面着手,对六朝民俗进行了深入细致的研究,总结出六朝民俗的五大特点:一是社会风气的开放性,二是个人追求的自由性,三是文化结构的多元性,四是鬼神文化的兴盛,五是风俗文化显著的地域差异。本书堪称是民俗史和六朝史研究领域的一部富有开拓性的专著。 （王忆南）

实用中国民俗学 赵杏根、陆湘怀著,东南大学出版社 2005 年 8 出版,290 千字。本书对"民俗"的理解,与通行的理解有所不同。作者认为,民俗,作为民间文化,应该包括民间的物质文化与精神文化,是民间的百科知识,范围非常广阔,内容非常丰富。本书对民俗的概念、特征、功能等的研究,简明扼要;对民间信仰、节日风俗、社会组织民俗、人生礼仪等的研究,具体详明;讲解各种对联、请柬等民俗应用文的写作方法,深入浅出。全书内容丰富,资料翔实,实用价值较高。 （徐志辉）

应用民俗学 陶思炎著,江苏教育出版社 2001 年 8 月出版,140 千字。本书是一部民俗学专著,分绪论、应用对象论、应用功能论、应用资源论、移风易俗论、当代应用概说、应用前景论、结语几个部分,系统地探讨了应用民俗学的理论与实践。本书以应用民俗学为对象,对其进行全面、深入、系统的探讨,对中国民俗学研究体系的建构进行了探索,把民俗学研究体系划分为民俗志学、理论民俗学、民俗史学、民间文艺学、应用民俗学、比较民俗学、专题民俗学 7 个部分。也对很多民俗问题做了深入的研究。作者力求从企业风俗等方面探索民俗文化更加广泛的应用前景,并提出民俗文化的应用要深入到文化市场建设、基地建设、社区建设和队伍建设中。 （徐志辉）

秦始皇评传 于琨奇(1950~ ,江苏泰州人,南京师范大学社会发展学院教授,江苏省史学会常务理事。研究方向:中国古代史,中国古代经济史)著,南京大学出版社 2002 年 2 月出版,233 千字。《中国思想家评传丛书》之一。本书对嬴政进行全面而综合的研究,结合当时时代发展的大趋势,对他一生的活动进行深入的分析,并依据历史唯物主义理论,力求对其作出客观、公正的评价;本书还重点对嬴政思想的形成及特点进行概括与总结,从思想家这一新的角度来认识与评价嬴政这个对中国历史产生过重大而深远影响的历史人物。全书只有 3 章,即第一章《具有传奇色彩的一生》,第二章《历史功过评议》,第三章《嬴政思想评议》,后附嬴政年谱,对秦始皇一生的功过是非及其思想进行了评价。(另有《仗剑定鼎——汉高祖·刘邦》,已著录) （徐志辉）

仗剑定鼎——汉高祖·刘邦 于琨奇著,哈尔滨出版社 1997 年 6 月出版,270 千字。《中国名帝书系》之一。汉高祖刘邦,西汉开国皇帝,中国历史上第一位平民出身的皇帝,对中国社会的发展影响深远。本书分 20 章,对刘邦的一生进行详细考辨:乡间无赖怀壮志、陈胜吴广大起义、项梁刘邦举义旗、项梁主持反暴秦、项羽奋勇解赵围、刘邦智取入咸阳、项羽入关封诸侯、刘邦还军定三秦、项羽分封起战端、刘邦缟素下彭城、刘邦退守荥阳城、韩信用兵建奇功、刘邦斗智不斗勇、韩信不忍叛刘邦、撕和约汉楚决战、刘邦初尝皇帝味、君臣协力治天下、刘邦铲除异姓王、刘邦思安汉王朝、汉高祖寂寞身后,后列刘邦年谱。本书忠实于历史事实,不加任何演义,确保历史著作的真实性与可信性;力求通俗、生动、简洁、明了,力戒繁琐征引,繁琐考证;对刘邦那个时代的社会以及他所涉及的每一重大历史事件进行全面、深入的研究并作出自己的判断与评价。 （徐志辉）

桑弘羊评传 张进著,南京大学出版社 2005 年 11 月出版,270 千字。《中国思想家评传丛书》之一。桑弘羊是西汉时期著名的理财家和政治家。本书采用历史背景、传主的生平活动与传主的思想分析相结合的方法,在展开武帝及昭帝年间广阔历史画面的同时,深入研究桑弘羊的一生成就和思想价值。书中对桑弘羊的生年,他因何途径在 13 岁就出任宫廷侍中,他所制定、主持或参与的盐铁等官营政策的实施及利弊,他对汉武帝轮台诏的态度,他与霍光的矛盾及其性质,盐铁会议的论战与实质,桑弘羊是否曾参与"燕王之变",他的历史地位,尤其经济思想的多方面独特见解和贡献等,都作出了新的更为全面的论述。 （徐志辉）

唐才子传校正 （元）辛文房撰,周本淳校正,江苏古籍出版社1987年6月出版,267千字。《唐才子传》是元代西域人辛文房提炼汇集而成的一部唐五代文学家的传记,是唐代文学史研究的重要参考书。但该书传世甚少,不多的存世书中也是谬误抵牾甚多。相比当时已出的几种《唐才子传》校注本,周本淳的校正本在考察资料源流、甄补事实等方面,有很多过人之处。黄震云先生对本书的评价是:"允执厥中,言简意赅,吹尽黄沙,考索资料源流;收取关山,甄补事实异阙。学殖丰盈,力透纸背,格致圆雅,独树标帜,发明颇多,雅俗咸宜,对唐代文史研究做出了十分重要的贡献,是当然的优秀的传世著作。" （徐志辉）

刘禹锡年谱 卞孝萱著,中华书局1963年11月出版,159千字。本书为20世纪刘禹锡研究的开山之作。刘禹锡是唐代杰出的文学家、思想家、政治改革家,遗留下来的文化遗产也很丰富。研究唐代文学史、思想史、政治史的人,都不能越过他。本书就是企图在整理资料方面,为学术界尽一份力量,以节省文史研究工作者一些翻检、考订的时间。本书考订了刘禹锡的氏族、籍贯、出生地、学习经过;按年编排其科名、官职、行事和作品;介绍了他的交游;除叙述他在王叔文集团中的地位及作用外,也注意到他在长期贬谪期间的政绩以及晚年在集贤殿工作的贡献;对《唐书》的《刘禹锡传》和唐宋人笔记中有关刘禹锡行事的一些缺漏、错误给予了修正。 （徐志辉）

刘禹锡评传 卞孝萱、卞敏著,南京大学出版社1996年1月出版,294千字。《中国思想家评传丛书》之一。刘禹锡是唐代的政治革新家、唯物主义思想家、杰出文学家。作者经过长期研究,形成本书特色:一是对刘禹锡的氏族、籍贯、出生地、家世、学习、科名、官职、交游等一系列问题,以及"永贞革新"的前前后后,重新思考论证,补正文献之阙误,恢复历史的本来面貌;二是对刘禹锡的政治思想、哲学思想、人生观、文艺思想及其对后世的影响,进行了全面、深刻的考察和评论,融会贯通,并提出不少新见。本书材料丰富、翔实,详征博引,旁搜远绍。分析细致周到,既有宏观展示,又有微观探求。文字晓畅,谈的是严肃的学术问题,而深入浅出,娓娓动听,引人入胜。 （徐志辉）

袁宏道评传 周群著,南京大学出版社1999年12月出版,329千字。《中国思想家评传丛书》之一。本书分为主篇和副篇,前者为袁宏道评传,后者为袁中道和袁宗道评传,是一部全面系统考述"公安三袁"的生平、评析"公安三袁"思想的学术著作。在研究方法上,特点有四:一、在结构上分为由里及外的三个不同层次,即以袁宏道为核心,以三袁为主体,以公安派的羽翼及其影响为外围,注意三个层次之间的联系及其公安派成员之间的理论顾盼,展示公安派的总体风貌。二、理论批评与诗文创作相结合,注意以作品印证文学思想。三、以动态的分析方法展示"公安三袁"思想、创作的变化过程。四、注意研究传主的学术思想与文学思想的相互关系,如全面分析袁宏道的佛学思想,并揭示他对文学思想的影响。 （徐志辉）

令狐楚年谱 令狐绹年谱 尹楚兵(1967～ ,湖南邵东人,江南大学人文学院教授,中国俗文学学会理事,江苏地域文化研究会理事。研究领域:唐宋文学,文学史料学,无锡地域文学)著,上海古籍出版社2008年8月出版,300千字。本书广征旁搜史料,对令狐楚、令狐绹父子的家世、籍贯、仕宦、交游、政治活动、文学创作、生平著述等作详尽的考证和辨析,是迄今为止对令狐楚父子最为全面深入的研究,具有开创之功和较高的学术价值。本年谱体例安排比较科学合理。谱中每年之下先录时事,次列谱文,然后征引考证资料,以明结论所据;对于史籍记载及今人论著有误或歧异者,则作"辨正""考异";与谱主相关的遗闻逸事,以"附录"形式附于其后;最后为诗文编年。这种体例编排方式,无疑是最为恰当的。本书最重要的特点是征引材料之丰富,考辨之精审,征引的材料包括总集、别集、史书、笔记、类书、金石、方志、中外书目、诗话、文论、年谱、今人论著等,足见范围之广。书中钩微抉隐,考证细密,颇多发明。在缜密考证的基础上,对

令狐楚、令狐绹父子一生作出较为客观公正的评价,并揭示一些政治事件的幕后真相。 （徐志辉）

元次山年谱 孙望著,上海古典文学出版社1957年2月出版,89千字。在中唐时代的文学改革运动中,元次山(结)是一个举旗斩将的前导者,他在举世讲求声偶、竞为绮靡的习尚中,首先革陈去俗,改变创作的风格,这就开拓了韩愈、柳宗元、皇甫湜们大军前进的道路。他的性格高超,力持清议,敢于为民生疾苦发言,这也是应当称道的。本年谱把这位中古时代重要作家的一生事迹和诗文创作的年代,通过精细的考订编排起来。里面纠正了史书故记上的许多错误,不但可供古典文学研究者的参考,对于唐代史的研究者也有很多的帮助。 （徐志辉）

杜甫评传 莫砺锋著,南京大学出版社1993年10月出版,321千字。《中国思想家评传丛书》之一。研究杜甫的论著汗牛充栋,传记类的著作也有多种。本书有两个特点,首先,它既把杜甫当作伟大的诗人,详细论述其诗歌创作成就及其创作发展过程;又把杜甫当作伟大的思想家,对其人生哲学、政治思想和文学思想、美学思想进行了探讨。其次,本书评传结合而侧重于评,并试图把杜甫置于时代和社会的广阔背景中予以审视,从而对杜甫的地位、影响及意义作了较深刻的阐述。书前附有杜甫行踪示意图,可使读者对诗人一生行踪一目了然。书后附有杜甫简谱、人名索引、文献索引、词语索引,为读者阅读提供方便。 （徐志辉）

杜甫评传 金启华、胡问涛著,陕西人民出版社1984年10月出版,177千字。《中国古代作家研究丛书》之一。本书试图对杜甫的生平和创作进行系统的评述,以期把伟大诗人及其不朽诗篇介绍给广大读者。作者认为,杜甫的一生,是诗与歌的一生。他在忧国忧民的几十年创作生涯中,对我国古典诗歌艺术做了创造性的贡献:以永不衰竭的政治热情和创作激情,为我们民族留下一座极为丰富的诗歌宝库;发扬了勇于探索的独创精神,全面地发展和完善了各种诗歌体裁;善于从现实生活中提炼诗情画意,大大地丰富和扩展了诗歌的题材;继承和发扬了《诗经》以来的现实主义传统,把古典诗歌的人民性和现实主义发展到了高峰;以史诗式的"诗史",创造和发展了现实主义的诗歌艺术;精于锤炼语言,把古典诗歌的语言艺术提高到一个新的水平。 （韩 兵）

李白丛考 郁贤皓(1933～ ,上海市人,南京师范大学中文系教授,中国唐代文学学会副会长,中国李白研究会会长。研究方向:古典文学)著,陕西人民出版社1982年10月出版,131千字。本书是作者有关李白的考证文章的汇集。它为李白生平勾勒了一个新的轮廓,从"李白早年在蜀中从赵征君蕤学,向苏颋路中投刺",到出蜀后"南穷苍梧、东涉溟海",就婚安陆,两入长安,以至安史乱后长流夜郎,遇赦东归,直至卒于当涂等事迹,文中都有所涉及且提出许多不同或不尽同于以前学者的研究结论;为李白诗歌研究提出新的见解,在作者细心的钩稽考索下,不少诗篇得到新的理解,从而纠正了过去研究工作者所作出的错误判断;作者擅长从细致坚实的考证中得出结论,他的每篇文章,其结论都是建筑在细致坚实的考证基础上的。 （徐志辉）

文章已满行人耳:白居易全传 吴伟斌著,长春出版社1999年1月出版,305千字。白居易是胡族的后裔,出身于一个下级官吏的清贫家庭。身逢乱世,避战江南,发奋苦读,连登进士、拔萃、制科三科,有青年才子之名于当时。一生历经9个皇帝,前后历官20任。他自始至终信奉"达则兼济天下,穷则独善其身"的处世原则,力所能及地为百姓做了不少好事。白居易一生勤力于诗歌创作,"缀玉联珠六十年",存留诗文3 840余篇,是唐代存留诗文最多的诗人。他的诗歌在当时影响深远,在两都、六宫、八方乃至于海外近邻各国无不传唱,士庶、僧徒、孀妇、处女无不咏歌,乡校、佛寺、旅驿、行舟,无不传抄,成为传名万代的伟大诗人。作者以生动、质朴的语言,描绘了白居易的成长历程、宦海沉浮、生活与爱情,以及他的诗歌创作。 （韩 兵）

元稹评传 吴伟斌著,河南人民出版社2008年3月出版,591千字。这是一本花费28年时间撰写而成的关于元稹的传记。作者根据确凿的证据、全新的论证,全面考论了元稹的方方面面,纠谬《旧唐书》《新唐书》《资治通鉴》等史书中的错误记载，商榷鲁迅、陈寅恪、岑仲勉等名家的权威结论，提出了与传统观点截然不同的许多新观点，描绘了元稹的历史本来面目，破解了中唐历史上的不少谜团，解决了学术界关于元稹问题一直无法自圆的诸多问题。 （韩 兵）

颜真卿评传 严杰(1951~ ，北京人，祖籍江苏东台，南京大学古典文献研究所研究员。研究方向：唐宋文学，文献学)著，南京大学出版社 2005 年 6 月出版，250 千字。《中国思想家评传丛书》之一。颜真卿以政治家和书法家著称于后世。他忠烈刚正，与邪恶势力做坚决斗争，成为时代正气的代表。他继承书法传统而加以变化，楷书雄伟端庄，开创新的书风。本书展示了颜真卿赖以成长的文化家世和盛唐时代面貌，完整而生动地叙述其一生事迹，全面而公允地评论其政治、思想、文学、书法诸方面活动，凸显其在政治活动中履行儒家道义的伟大人格以及其在书法创作中通变创新的极高艺术品格。 （徐志辉）

郑燮评传 王同书著，南京大学出版社 2002 年 5 月出版，280 千字。本书对清初著名的艺术家郑燮(板桥)的家世、生平和诗、书、画、篆刻等方面的艺术成就作了详尽的叙述，并将郑燮放在"思想家"的坐标系上，观照、阐述其"怒不同人"与"难得糊涂"的人生信念，物物平等、物我平等的自然主义观念，"民吾同胞"的近代人道主义思想萌芽；作者还对郑燮的循天之道的社会理想、尊商从商和以商养艺的意识，以及不断发现、总结辩证的艺术创作规律和不可重复的独特艺术个性与佳人难再的深刻而广泛的影响进行了分析和评价。 （徐志辉）

施耐庵研究 江苏省社会科学院文学研究所编，江苏古籍出版社 1984 年 8 月出版，330 千字。本书将有关施耐庵的文物史料及有关这些资料的论文汇为一集，共分为三部分。第一部分是《文物与史料》，其中重要文物均摄有照片，重要史料亦加以影印；第二部分是《考证与争鸣》，收录围绕新发现的文物史料进行考证与争鸣的学术论文；第三部分是附录，收录新中国成立前发表的有关施耐庵生平的数篇文章。 （王忆南）

袁枚评传 王英志著，南京大学出版社 2002 年 5 月出版，486 千字。《中国思想家评传丛书》之一。袁枚是清代乾嘉诗坛盟主、性灵派主将，以及古文家、小说家，大半生致力于诗文创作。其思想以孔、孟与庄子为基础。袁枚承袭晚明启蒙思想之遗风，尊孔而疑孔，入俗又超俗，旧习未尽却思想解放，是封建盛世向近代社会过渡时期杰出的文学家与思想学术批评家。本书之"传"主要探讨袁枚于人生关键时期的表现及一生思想发展的轨迹，并穿插对其思想侧面的评论。本书之"评"集中阐释袁枚思想主旨、人生观、文学观、文学创作的思想价值，以及其深远的影响等。本书资料丰赡翔实，论述清晰明了；在已有的研究基础上，力求内容的开拓与见解的创新，是 1949 年以来第一部全面、深入地研究袁枚生平与思想的学术专著。 （徐志辉）

赵翼评传 赵兴勤著，南京大学出版社 2002 年 5 月出版，327 千字。《中国思想家评传丛书》之一。赵翼是清代乾嘉时期颇有影响的历史人物，他文史兼擅，为"乾隆三大家"之一。在近一个世纪的生涯中，他不仅创作了大量的诗歌，而且亦有不少历史研究著述传世，其思想包蕴丰富、宏阔博深，很有代表性。本书本着实事求是的原则，以丰赡翔实的历史资料，生动描述出赵翼一生的业绩；又采用夹叙夹议、传评结合的方法，鲜明地勾勒出其思想演化的轨迹。本书对赵翼政治思想、哲学思想、治史思想及创作追求的独特风貌与文化渊源，逐一进行系统而深入的剖析与论述，最终确立其在史学研究与文学发展中的特殊地位。 （徐志辉）

历代中医学家评析 姜春华(1908~1992，字秋实，江苏南通人，著名中医学家，中医脏象及治则现代科学奠基人)编著，上海科学技术出版社 1989 年 9 月出版，298 千字。中国医学具有数千年悠久的历史，历代出了许多著名的医学家，从而形成了不同的学派和不同的学说。学习中医必须认识其历史和了解历代中医学家的概况，作者有鉴于此，特将多年来在各个高等院校讲学有关论文集以成册。本书精选历代名医凡 41 家，分小传、著作、学术、简评各个栏目加以论述，作者广征博引，言之有据，夹叙夹议，立论精当。本书反映了作者多年来研究中医各家学说的独得见解。（另有《活血化瘀

研究》,已著录) （蔡保鹏）

中国医学人名志 陈邦贤(1889～1976,江苏镇江人,医史学家,曾任江苏省立医政学院卫生教育科医学史与疾病史教授、卫生部中医研究院医史研究室任副主任;毕生致力于中国医学史、疾病史、医学家传记、二十六史医学史料研究)等编,人民卫生出版社1955年4月出版,字数不详。本书收录了自古代至清代的医学家2 600多人。以人名为主,简要地介绍其生存年代、籍贯事迹等。凡历代医家有关著述,虽其年代事迹不详也予录入,力求以书存人,减少遗漏。所收人物不加褒贬,悉据史料,包括经史子集、丛书、类书及各种笔记杂录医术,以姓氏笔画排序,以备查阅。(另有《栖霞新志》《中国医学史》,已著录) （韩　兵）

何如璋传 俞政著,南京大学出版社1991年8月出版,168千字。何如璋是我国早期杰出的外交家,中日两国正式邦交的开创者。本书参阅众多典籍,作了较细致的实地调查,通过丰富、翔实的史料,反映历史的本来面目,对何如璋的思想、言行进行恰如其分、实事求是的剖析,评议较为公允。作者抓住传主出使日本和担任福州船政大臣两件事作了重点铺陈。作者认为,何如璋出使日本时,为了中国的蕃属国琉球、朝鲜、越南的安全,同日本、法国等殖民主义者展开唇枪舌剑的斗争,如日本侵犯琉球时,他多次到日本外务省同外务卿寺岛交锋,提出口头或书面抗议,并向清廷建议:一面进行合法的外交斗争,一面整顿海防,做好反侵略战争的准备。作者还重点评价了何如璋在马江战役中的表现。 （徐志辉）

端方与清末新政 张海林著,南京大学出版社2007年1月出版,527千字。端方(1861～1911),满洲正白旗人,历任农工商总局督办、陕西布政使、署陕西巡抚、湖北巡抚、江苏巡抚、湖南巡抚、两江总督、直隶总督等职。新政时期他指陈时政,抑旧扬新,倡导改革,在晚清政坛独领一方风骚。然而受"共和革命""反满兴汉"等革命话语及传统学术政治禁忌的影响,端方研究长期处于停滞状态。20世纪90年代后,有20余篇相关论文出现,内容多集中于端方与晚清的文化教育事业、满汉政策、与立宪运动的关系等,而端方的历史定位、政治理念、在两湖两江的宪政举措和经济举措、与晚清新式学堂和留学生教育、与保路运动的关系等重要领域则无人问津。本书研究关于端方的历史定位问题、在清末新政时期的改革实践活动、端方与中国社会诸群体的关系、关于保路运动与端方之死、端方淡出史家视野的原因等方面的内容。通过对新政期间端方活动全景式的追踪研究,对上述诸方面问题予以厘清,且提供了研究清末新政的新角度、新视野,其搜求之广、用力之巨、运思之精、笔触之新,在相关研究中无有出其右者。 （徐志辉）

洪秀全评传 崔之清(1941～　　,安徽宣城人,南京大学历史系教授,中国太平天国史研究会副会长兼秘书长,江苏省历史学会副会长。研究方向:中国近代史,当代台湾,太平天国史,国民党史)、胡臣友著,南京大学出版社1994年10月出版,367千字。本书为《中国思想家评传丛书》之一。洪秀全是中国近代初期农民运动的杰出领袖,也是中国历史上罕见的农民运动思想家。其人生经历坎坷曲折,充满传奇色彩;思想内涵丰富复杂,且变化剧烈,深受学界关注。洪仁玕是太平天国后期重要领袖,为中国近代化建设方案的最早设计者,其思想已成学界研究热点。本书在前人研究的丰硕成果的基础上,以唯物主义历史观为理论导向,运用实证研究和结构功能研究等方法,深入剖析洪秀全、洪仁玕思想结构的基本层面及其变异脉络,探究其思想发展变迁的复杂动因,并阐述传主思想在太平天国各个历史时期的多元化功能,评估其深远的历史影响。 （徐志辉）

纵横论王维 王志清著,吉林人民出版社2001年12月出版,260千字。本书不是沿着传统研究的既有方向进行深入,以解决以往学人留下的问题,而是独辟蹊径,从作者自己对王维诗歌的体悟出发,以哲学思辨的语言,重新解读、描述王维。这种解读、描述因为作者独特的哲学、美学背景和深厚的个人体悟色彩而呈现出与传统研究视野极为不同的景观,从而开拓了王维研究的新境界,在不少方面代表了王维研究的最新水平。作者视野开阔,思考深入,很善于作文本解读,又善于从现代学术潮流中汲取营养,融合成为自成体例的方法论。

（徐志辉）

南社人物传 柳无忌(1907~2002,江苏吴江人,著名汉语诗人、近代著名诗人柳亚子之子)、殷安如编,社会科学文献出版社2002年6月出版,518千字。《国际南社学会·南社丛书》之一。"南社"是一个革命文学团体,其发起人是柳亚子、高旭和陈去病等。它主要以文字鼓吹反清革命,与同盟会互相呼应,成犄角之势。一时京、沪、苏、浙、湘、粤甚至南洋等地不少报纸,都为南社社员所掌握。"欲凭文字播风雷"(柳亚子语),为反清民族民主革命大造声势。在辛亥革命时,以及"二次革命"和反对袁世凯复辟帝制的斗争中,不少身为同盟会干部的南社社员,还直接领导或参与了武装斗争,甚至献出了自己年轻的生命,为中华民族的复兴,谱写了壮丽的一页。本书为读者详细地介绍了这些南社的卓越人物,如柳亚子、于右任、马叙伦、何香凝、马骏声、王大桢、沈尹默、沈钧儒、宋教仁、陈去病、邵飘萍、黄宾虹、苏曼殊、李叔同等130人。

(徐志辉)

朱自清年谱 姜建(1957~ ,江苏扬州人,江苏省社会科学院文学研究所研究员,江苏鲁迅研究会副会长。研究领域:叶圣陶、夏丏尊、朱自清、丰子恺等围绕在"我们社""立达学会"和开明书店周围的江浙文人的文化和文学活动)、吴为公著,安徽教育出版社1996年5月出版,240千字。朱自清是中国现代文学史上一位著名作家。自1948年8月12日朱自清逝世以后,研究者陆续编过几种"年谱"或"准年谱"。这些资料虽然为本年谱的编写提供了蓝本,却因它们编写时间较早,也过于简略,于朱自清生平事迹的整理考订,尚留许多缺憾。本年谱包括朱自清生平事迹及其著作、翻译、书信;日记有选择地记载。所用资料,均按年月日顺序入谱。(另有《李济深与中国国民党革命委员会》,已著录)

(韩 兵)

心忧书《多余的话》 刘福勤著,上海社会科学院出版社1989年11月出版,230千字。著者在本书中肯定《多余的话》作为瞿秋白思想发展终结的地位和它所达到的瞿秋白前所未达的真和深,却并不认为它所表现的思想和心理矛盾无可指摘,也不是对瞿秋白思想体系作为中国现代史上的瞿秋白文化现象作全盘的肯定。本书大部分篇章有对其缺点和失误的评论。著者只是想说,现在研究瞿秋白和他的《多余的话》,要注意寻出其没有解决而后人要去解决的问题。当我们反思中国现代思想文化史的时候,研究瞿秋白这位伟人及其遗作《多余的话》的复杂性,可以从正反两面都得到启示,作为我们在新的历史条件下寻路、开拓的助缘。

(韩 兵)

瞿秋白研究新探 汤淑敏等主编,南京大学出版社2003年12月出版,495千字。本文集是从大量的研究成果中选取,又加上一些专家学者寄来的佳作而编成。研究者们在瞿秋白对毛泽东思想形成做出的重要贡献这一重大课题上获得了可喜的成果,有些论述相当精辟。对瞿秋白与先进文化的关系、瞿秋白与同时代人的关系、瞿秋白的现代化思想、瞿秋白在文化观文学观上与其他名人的比较、瞿秋白的经济观和科技观、瞿秋白精神等方面的研究,开发了一些新课题,出现了新的视角、新的思辨和研究方法。

(韩 兵)

瞿秋白:情感、才华、心史 刘福勤著,济南出版社2001年9月出版,297千字。《党史人物生活传记丛书》之一。本书包括"情感""才华""心史"3篇。用《故乡之爱》《心中永留慈母爱》《感念不已父子情》《手足情深》《有情意的亲人》《亦即亦离的恋爱》《"梦可"王剑虹与"安琪儿"丁玲》《"最亲爱"的"生命的伴侣"》等篇目,描述了瞿秋白的情感生活;用《第一流的奇异新诗》《"别人无法代笔"的旧体诗》《写散文的大手笔》《"并世无两"的译笔》《开创性的理论思想》《卓越的领导才干》等篇目,来体现瞿秋白的卓越才华;用《瞿家的"千里驹"和"名士化"倾向》《"知识饥渴"和厌世心理》《激越心态和"韦护"的忏悔》《"热血沸腾"与"怅然若失"》《"盲动"时期的心态与"退出"之念》《反对"老子党主义"的独立意识》《无可形容的重压》《在上海文界和苏区的心理矛盾与忧虑》《"信是明年春再来,应有香如故"》等篇目,展现瞿秋白思想的复杂演变过程。

(徐志辉)

瞿秋白 杨之华 冒炘(1932~ ,江苏南通人,历任江苏省军区及华东军区报社记者、编辑,徐州师范学院副教授、瞿秋白研究室主任)著,中国青年出版社 1995 年 1 月出版,115 千字。本书记述了瞿秋白和杨之华短暂而炽烈的相爱历程,共 6 章:两个飘零人;生命的伴侣;比翼齐飞的海燕;和鲁迅并肩战斗的日子;"我们一定能相见";"我唯一的亲人,我如何不留恋?"后附瞿秋白致杨之华的信和杨之华忆秋白的文字。

(韩　兵)

王国维全传　陈鸿祥著,人民出版社 2007 年 5 月出版,672 千字。本书以新旧世纪之交的广阔背景,再现了王国维"五十之年"中经历的时代风云和事变沧桑,记述了他怎样从清末"诸生","寒门布衣",通过"独学"成就了融汇中西、学贯古今的一代学术大师,并从宏观与微观的结合上,比较全面而翔实地展现了他作为新文艺理论的先导,新史学的开山和甲骨"四堂",清华四大师之一的学术巨子,对近代中国文化学术多方面建树及世界性贡献。

(韩　兵)

瞧,这人:日记、书信、年谱中的胡适(1891~1927)　邵建(1956~　,江苏南京人,南京晓庄学院人文学院教授。研究方向:文学理论,知识分子研究)著,广西师范大学出版社 2007 年 12 月出版,360 千字。胡适是 20 世纪的一个文化坐标,一种精神象征,一条思想脉络。即使放在 21 世纪的今天,胡适和他所代表的思想依然是普世意义上的一种价值选择。基于此,本著试图从资料本身型塑胡适,重在挖掘、梳理和呈现胡适一生的思想脉络,把握其思想的形成、发展与变化。更关注在他的思想语境中,作为知识分子的胡适对社会事务的关怀和在公共领域中的表现。同时,以人带史,由此折射胡适身处的那个波诡云谲的时代。(另有《20 世纪的两个知识分子——胡适与鲁迅》,已著录)　(徐志辉)

20 世纪的两个知识分子——胡适与鲁迅　邵建著,光明日报出版社 2008 年 1 月出版,320 千字。本书主要围绕胡适和鲁迅的思想、文化性格以及有关事件而展开,作为 20 世纪最重要的两个知识分子,胡适与鲁迅思想脉系不同,文化资源有异,价值取向也大相径庭,他们对 20 世纪的中国产生了重大影响,也分别带来不同的后果,本书以历史叙述和思辨解释相结合,旨在呈现胡、鲁之间的思想差异以及文化追求的不同,并重新梳理涉及他们两人的有关事件,在胡、鲁诸种不同的比较中,望能有鉴于我们在 21 世纪的文化重构。本书与其说是比较二人,不如说是梳理二人间的关系,注意的则是其中的交叉点。再准确点说,是希望通过二人间的交叉点来思考 20 世纪上半期,中国思想文化发展的不同路向及其成因。

(徐志辉)

历史与范型——陶行知研究的知识社会学考察　李刚(1969~　,江苏淮阴人,南京大学信息管理学院教授。研究方向:智库与政策研究机构管理,政府信息资源管理,图书馆学档案学理论与方法)著,东北师范大学出版社 2006 年 12 月出版,360 千字。本书由"历史演进与个案研究"和"学术共同体与范型"上下篇构成。上篇对陶行知研究的历史进行了详尽的研究分析,检讨了从陶行知逝世到 20 世纪 50 年代对陶行知的批判,再到 80 年代后陶行知研究的复兴的历史,揭示了在不同阶段,作为研究对象的陶行知如何由"伟大的人民教育家""民主斗士",到"小资产阶级改良主义者"甚至"资产阶级改良主义者",再到"毛泽东和陶行知在教育上基本精神是一致的""爱满天下的教育巨匠和民主斗士"的过程。下篇用文献计量学的方法对陶行知研究的文献进行了系统深入的分析,并得出了"陶行知研究的穿透力不强""陶行知研究主题狭窄"等结论。本书还对陶行知研究共同体的演变过程进行了追溯,认为从晓庄学校、自然学园、工学团、育才学校到生活教育社和中国陶行知研究会,均属于陶行知研究共同体的范畴。

(徐志辉)

淡泊从容莅海牙　倪征𡡅(1906~2003,江苏吴江人,新中国首位国际大法官)著,法律出版社 1999 年 4 月出版,277 千字。本书为国际法学家倪征𡡅先生在 92 岁高龄之际完成的回忆录。在书中,倪老以翔实的材料,简练的文笔,叙述了自己早年蓄志学法,留学深造,回国后当律师,任法官,20 世纪 40 年代赴远东国际军事法庭参加对第二次世界大战的日本主要战犯的审判,及至 1984 年以 87 岁的高龄当选为新中国第一任国际法庭大法官等的不凡经历。由东洋而西洋,由司法而外交,倪老的书,堪称是中国百年风云变幻的近现代史,特别是中国从无到有的法制史的见证。

(蔡保鹏)

李济深与中国国民党革命委员会　姜建、王庆华著,广东人民出版社2004年5月出版,200千字。《中国各民主党派主要创始人传记丛书》之一。本书共6章,记述了李济深的生平,介绍了他创建"大同盟"、中国民主促进会、民革的原因及过程,发起新政协、筹备新政协会议以及建设新中国、走上社会主义道路的历程,还介绍了李济深晚年的历史经历。通过这些内容,回答了李济深是何许人,他为什么要长期反对蒋介石,他是怎样创建民革的,他领导民革在中国民主革命和社会主义革命所走过的是什么样的道路以及做出过哪些贡献等问题。

(徐志辉)

江淮之子——周恩来与江苏　中共江苏省委党史工作办公室编,张开明、吴雪晴主编,中央文献出版社1998年2月出版,360千字。本书是纪念周恩来诞辰100周年的作品之一,叙事时间始于1898年3月,止于1976年1月。该书的绝大多数作者,是江淮地区党史部门、革命纪念馆的研究人员和部分中央部门的编研人员。他们在占有大量翔实史料的基础上,以严谨的写作态度、新颖的写作角度,从周恩来与江苏大地和江淮人民密切相关的件件事实中,真实生动地再现了周恩来光辉的人生,反映了周恩来的伟大思想和情操。全书文笔生动,有较强的可读性和感染力,是一部进行爱国主义和革命传统教育的好教材。

(王忆南)

采访十五年　赵敏恒(1904~1961,江苏南京人,新闻记者,复旦大学新闻系教授)著,张玉法、张瑞德主编,龙文出版社股份有限公司1994年12月出版,字数不详。《中国现代自传丛书》之一。本书共包括作者自传性文章29篇,如《助成中央社收回新闻发稿权》《民主政治与民意测量》《与周恩来的一段公案》《我看新闻教育》《专谈新闻检查》等。本书各篇都是著者从事新闻业所经历的见闻、事件、人物、随感及新闻理论观点。具有很强可读性和史料价值。

(韩 兵)

鲁迅传　王士菁著,中国青年出版社1959年10月出版,180千字。本书着重向青年读者介绍鲁迅战斗的一生和他在文化战线上的业绩。具体地叙述鲁迅跟政治战线和思想战线上的各种反动势力进行英勇的斗争,为捍卫人民的利益和争取祖国的解放,贡献出光辉的一生。本书也描写了鲁迅生活的时代,以及鲁迅的文学创作所完成的历史任务和它的深远影响。

(韩 兵)

丁玲的最后37年　秦林芳(1961~　,江苏海门人,南京晓庄学院人文学院教授,江苏省中国现代文学学会副会长,江苏省鲁迅研究学会副会长。研究方向:中国现当代文学)著,中国文史出版社2005年7月出版,250千字。本书以独特的视角,重点阐释丁玲在"自由"与"革命"两种理念影响下的心灵挣扎,抓住影响传主行为和创作的思想矛盾,客观地对丁玲的人生经历和文学创作进行评价。作者以"自由"与"革命"的矛盾为主要线索,写出丁玲晚年内心的挣扎,乃至一生中的思想矛盾。揭示文艺战线斗争对丁玲所造成的人格异化,并通过丁玲让人感到残酷的政治斗争对人性的摧残。本书的特色表现在对大量史料进行钩沉、梳理以及在此基础上进行推理与论证,将史料的梳理与文学作品的解读结合起来,在此基础上塑造出丰富而立体的"丁玲形象"。

(徐志辉)

陈若曦:自愿背十字架的人　汤淑敏(1937~　,江苏扬州人,曾任江苏省社会科学院文学研究所研究员、《世界华文文学论坛》杂志副主编)著,作家出版社2006年7月出版,211千字。《台湾作家研究丛书》之一。本书分上下两篇,上篇描述传主的生活与创作历程,包括《去美国留学》《投奔祖国大陆》《经香港移民加拿大》《返台定居》等;下篇侧重对传主创作作品的分析,有《多元方法多种风格的探索》《陈若曦创作与中国文化——兼与琼瑶》《三毛作比较》等篇章,更有对陈若曦作品的分析。(另有《瞿秋白研究新探》,已著录)

(徐志辉)

叶圣陶评传　陈辽著,天津百花文艺出版社1981年10月出版,183千字。全书共10章,全面评述了叶圣陶80多年间的生活、文学创作以及思想历程;描述了作家的童年和学生时代的生活;评述了作家的早期文学创作,着重分析了10多篇文言小说;评析了作家"十年丰收"中的文学创作,着重评析作家的生活和思想,评析其诗歌、散文、短篇小说、童话和戏剧创作,评析长篇小说《倪焕之》;叙写了作家和党的关系及其思想的不断进步,并着重分析其这一时期小说、童话、散文创作;评述了作家在抗日、解放战争时期的思想、生活和战斗业绩;评述了作家新中国成立后的工作和创作情况。

(王忆南)

汪辟疆文集 汪辟疆(1887~1966,名国恒,字笠云,后改字辟疆,江西彭泽人,近代目录学家、藏书家,曾任南京大学中文系教授)著,上海古籍出版社1988年12月出版,677千字。本文集是汪辟疆先生的弟子程千帆编集的,收录了汪先生各类文章27篇,如:读书举要、工具书之类别及其解题、读书说示中文系诸生、《水经注》与《水经注疏》、杨守敬熊会贞传、《水经注》的版本与整理工作、编述中国诗歌史的重要问题、汉魏诗选按语、校定临川内史《谢灵运集》后记、谈李义山的诗、玉溪诗笺举例、评方回《桐江续集》等,内容涉及版本目录、汉魏古诗和唐人近体诗、清诗、近代诗派等。

(王忆南)

余光中:诗意尽在乡愁中 王尧著,大象出版社2003年2月出版。本书以丰富的历史照片与图片资料对作家余光中进行聚焦,非传记式地尽量以人物一生为背景,凸现最能表现人物性格与命运的某些片断,并对主人公的文学作品进行评述。余光中诗歌中的意象选取,极富中国地方特色。原籍福建永春的余光中,一直自称是"江南人"。在余光中的记忆中,童年是手上的风筝,是垂柳的江南,是多表妹的江南。这些童年美丽的记忆,使得余光中后来的诗歌创作中,关于江南的文字几乎都是美丽的。《等你,在雨中》《春天,遂想起》等都是极富江南美的作品。这些极具中国地域特色的诗歌意象,以其绝美的地域风情,不仅使诗歌更具表现力和感染力,同时还抒发出一种凄美的乡愁情怀。

(王忆南)

我的父亲梅兰芳 梅绍武著,中华书局2006年3月出版,570千字。本书是梅兰芳之子梅绍武对父亲一生事迹的回忆整理,记述了梅兰芳赴日、美、苏等国访问演出时的盛况以及他与众多国内、国际文艺界人士交往的事迹。充分展现了梅兰芳卓尔不凡的艺术水平和高尚的艺德,以及对促进京剧的国际交流所做出的巨大贡献。书中还记述了梅兰芳与众多国际文艺界人士的交往,如梅兰芳和高尔基、日本戏剧之父坪内逍遥等知名人士的会晤等。还记述了梅兰芳与国内众多文化名人如胡适、丰子恺等人的往来。书中还汇集了大量珍贵的史料和照片。

(韩 兵)

扬州八怪 丁家桐(1931~ ,江苏扬州人,曾任扬州市教育局副局长、扬州市文联主席)著,苏州大学出版社2001年12月出版,155千字。本书为《扬州文化丛书》之一,分"八怪传略""八怪绘画""八怪诗书题印"三个部分,取纵横交错方式评述,重点在画幅与书幅之解析部分。本书深入浅出,博专精深;文笔通俗,亦庄亦谐;既是传记,又是散文,也可以当作小说来读。

(王忆南)

百龄自述 顾毓琇(1902~2002,字一樵,江苏无锡人,曾任中央大学校长、交通大学教授、宾夕法尼亚大学教授等职,台湾"中央研究院"院士)著,江苏文艺出版社2000年4月出版,250千字。本书通过作者重点突出、言简意赅和委婉动人的叙述,使读者清楚而逼真地看出顾毓琇先生生活、为人、交友、处世、治学和从政等各方面的真实情况,夫子自道,使人们看到一位德高望重、才学丰富和治学治校颇具特长的一代宗师的风貌。本书收入《传略》《百龄自述》《行云流水》《大陆之旅》《访九一翁萧伯纳》《台北十日行》《悼泰戈尔诗哲》《赠王云五先生》《悼胡适之先生》等篇章。

(蔡保鹏)

林兰英院士科研活动论著选集 郑厚植(1942~ ,江苏常州人,物理学家,任职中国科学院半导体研究所研究员,半导体超晶格国家重点实验室学术委员会主任;国家"973"计划IT前沿中的量子结构、量子器件及其集成技术项目首席科学家)主编,科学出版社2000年8月出版,734千字。本书收录了为纪念林兰英院士80诞辰而编集的部分纪念文章和林兰英院士的部分科学论文。全书共分3部分:林兰英院士传略、感言录和访问记、林兰英科学论文选。前两部分中的文章从不同侧面反映了林兰英院士非凡的经历和伟大的人格魅力,第三部分中的论文充分反映了林兰英院士在单晶、空间、外延及物理等半导体材料研究方面所取得的一系列开创性成果。(另有《人工物性剪裁:半导体

超晶格物理、材料及新器件结构的探索》,已著录)

(韩　兵)

中国社会学名家　韩明谟著,天津人民出版社2005年4月出版,270千字。本书分别对中国百年多来在学术上最有贡献、最有影响的孙本文、陈达、潘光旦、费孝通4位社会学家的生平事迹、治学精神、研究方法、研究领域、主要学术成就以及在中国社会学史上的地位等进行了深入系统的分析和论述,而且对他们每位都以附录的形式附上"年谱"。

(蔡保鹏)

叶赛宁评传　吴泽霖(1898～1990,江苏常熟人,中国当代民族学家、教育家,曾任中央民族学院教授兼中国社会科学院民族研究所研究员,中南民族学院教授)著,浙江文艺出版社1999年12月出版,330千字。本书为浙江文艺出版社《20世纪外国经典作家评传丛书》之一,分《从黑土地到彼得格勒》《从"天上的鼓手"到"流氓诗人"》《忘年之恋的苦征》等几个篇章介绍了俄罗斯的歌手、白银时代农村诗人和意象派诗人的代表叶赛宁的一生。

(王忆南)

缄口日记：1966～1972,1974～1979　陈白尘著,大象出版社2005年4月出版,313千字。《大象人物日记文丛》之一。本书收入著名剧作家陈白尘"文革"前期(1966～1972)被打成"牛鬼蛇神"时写下的《牛棚日记》和"文革"后期(1974～1979)等待"摘帽"的漫长日子写下的《听梯楼日记》,真实地记录了一代知识分子在那个噩梦般的年代里,既被触及皮肉又被触及灵魂的所谓"脱胎换骨"的"改造"过程和等待"解放"时"只听楼梯响,不见人下来"的焦虑无奈,为后人留下了一段真实的、毫无伪饰的历史记录。《牛棚日记》10年前出版时曾在社会上引起巨大反响,一时间洛阳纸贵;《听梯楼日记》则是首次在大陆出版。今天重新整理出版这些宝贵的历史资料,将有助于人们对那段已逝历史的了解。

(徐志辉)

反犹主义解析　徐新著,上海三联书店1996年6月出版,180千字。本书分上中下3篇。上篇论述古代反犹主义的开端;中篇对中世纪反犹主义的根源及其表现形式进行探讨,论述中世纪欧洲社会对犹太人进行的种种迫害以及强加在犹太人身上的各种罪名,并澄清这些不实之词;下篇重点分析阐述纳粹屠杀犹太人的思想根源和具体表现,对反犹主义的种种指控进行反驳。从古至今,犹太民族在世界范围内一直处于被驱赶、被仇视、被杀戮的境地,其根源究竟何在？本书对研究反犹主义的根源和原因,了解反犹主义的由来和发展以及犹太民族的历史,都具有重要意义。本书是中国学者撰写的第一部专门论述反犹主义的专著,具有不少特色和新意：重点探讨中世纪反犹主义产生的根源及种种表现;对强加在犹太人身上的种种不实之词进行澄清;反犹主义在对犹太民族造成巨大灾难的同时,也在客观上对犹太文化的保存和发扬起到了意想不到的作用;对反犹主义的根源进行全面系统的分析,得出比较有说服力的结论。

(徐志辉)

欧洲史论　王觉非(1923～2010,河南林县人,南京大学历史系教授,曾任中国英国史研究会会长,中国世界近代史研究会学术顾问,英国历史协会荣誉会员,英国皇家历史学会通讯会员。研究方向：欧洲近代史,英国近代史)著,南京大学出版社1992年9月出版,483千字。本书收录了作者的20余篇论文,内容涉及英、法、德、俄和意大利等,涉及古代、近代和现代。本书的特点：考订周详,言必有征。作者在大量占有材料的基础上,通过具体的分析,反驳了一些著作中认为平等派不是政治上的民主派,它一贯主张有财产资格限制的选举权的观点。除对重要的文献广为搜求外,还对有些表面上无足轻重,但从中可以发现重要问题的资料加以细心推敲。见解独到、观点新颖。以翔实的资料为基础,在讨论中心问题之前,首先扼要论述有关这一问题的专题史学,以此作为对这一问题进行研究的学术背景和基点。在思想内容上直接或间接地反映出作者反对专制暴政、颂扬民主自由的思想。语言生动,可读性强。本书的论文,有的是论述专业性比较强、比较枯燥的问题,但作者将学术性和可读性熔于一炉,提高了读者的阅读兴趣。(另有《欧洲五百年史》,已著录)

(徐志辉)

欧洲五百年史　王觉非主编,高等教育出版社

2000年7月出版,770千字。本书是《面向21世纪课程教材》之一,也是我国第一部系统研究欧洲近现代史的具有专著价值的教科书,它从纵向与横向的历史发展态势总体阐述了欧洲自"地理大发现"至20世纪90年代约500年间的历史演变,力求从宏观与微观的结合来展现欧洲的经济、政治、思想、宗教和科技文化等层面的历史变迁,为正在起步的中欧合作研究和欧洲地区史研究提供了历史与现实的借鉴,填补了我国欧洲史研究和欧洲史著作出版的空白。本书可供高校历史、国际关系与国际政治等专业教学使用,亦可供研究人员和外交人员学习参考。 (徐志辉)

欧洲文明:民族的融合与冲突 钱乘旦(1949~ ,江苏金坛人,南京大学历史系教授,英国史研究会常务副会长兼秘书长)主编,贵州人民出版社1999年4月出版,400千字。本书全面地叙述了历史上欧洲各民族的发展经过与相互关系,探讨了各种欧洲民族问题的来龙去脉。它从"民族"这一全新角度重新审视了欧洲历史上的重大事件,认为近现代欧洲一个突出的现象就是民族与民族国家的形成,其肇始地是西欧,继而又在全欧洲遍地开花。民族国家是现代化发展的一个依托,它可以动员民众,调动各种资源,从而推动各国现代化的发展。本书在对欧洲民族问题进行大量细致、扎实的个案研究基础上,总结出了西欧和东欧民族融合与冲突的两种不同发展道路,从而在对比研究的基础上对近年来一直处于国际关注焦点的东欧民族问题的未来发展走势进行了大胆预测,认为随着西罗马帝国灭亡,西欧进入中世纪,也进入了一个由基督教文明占统治地位的时代。因此中世纪可以看作西欧各古代民族在文化上趋同与整合的过程,基督教文化的一致性在很大程度上弭除了民族差别,因此中世纪的民族问题表现为西欧内部的无差异感。本书还基于欧洲民族的现实状况,提出了"流散的民族"和"类民族"等概念,对传统的民族概念作出修正和扩充。(另有《在传统与变革之间——英国文化模式溯源》,已著录。) (徐志辉)

苏德战场 庞绍堂(1953~ ,江苏靖江人,南京大学公共管理学院教授,中国社会思想史学会常务理事,江苏省科学社会主义学会常务理事,江苏省系统科学研究会理事。研究方向:理论经济学,行政管理学)著,中国青年出版社1995年12月出版,230千字。本书描述了二战中自纳粹德国实施"巴巴罗莎"计划不宣而战突袭苏联始,到德国宣布无条件投降止的整个苏德战场上的战争史实。全书史料翔实,描写生动,对著名的莫斯科会战、列宁格勒保卫战、斯大林格勒保卫战、柏林会战等大型战役作了绘声绘色的描写,对其他小型战役也作了生动的记述;同时,对战争双方的战略战术和战局的变化、兵力的消长也作了精彩的分析。可以说,在关于二战的历史书中,本书是一部兼顾学术性和可读性的难得的佳作。 (徐志辉)

英国史 蒋孟引主编,中国社会科学出版社1988年8月出版,621千字。本书在国内外英国史研究领域具有非常突出的地位与影响。这是由中国学者自己撰写的第一部英国通史,被视为国内英国通史研究的最具权威性的学术著作。该书是当时国内众多英国史学者心血的结晶,内容包括从远古时代到当代英国社会的发展历史,篇幅宏大,史料翔实,史论结合,思想深邃,重点突出,详略得当,线索清晰,可读性强,在国内外英国史研究领域具有重大的学术价值和影响。 (徐志辉)

在传统与变革之间——英国文化模式溯源 钱乘旦、陈晓律著,浙江人民出版社1991年5月出版,324千字。本书从五个方面讲述了英国文化的特点:历史中政权的权力博弈,最终形成君主立宪制的政体;追求财富、效率与追求平等、公平的融合,形成了福利国家;英国保守主义与激进主义的不同观点的冲撞与融合,形成了英国特色的发展道路,缓慢变革,小步前进;理性思想从宗教信仰中挣脱出来,形成了英国的特色的重视经验的理性思想;英国风度的形成,尽管工商业阶层取得了经济的成功,在文化上却被贵族文化同化,全民向上看,向贵族的绅士风度学习。本书的特点在于通过考察历史来研究文化,它对英国文化既有纵向的追溯,又有横向的剖析,带领读者溯英国历史之河而上,又从源头顺流而下,钩沉提弦,将英国文化的精粹一一展现在读者面前:现代政治制度、工业民族精神、渐进发展道路、实践理性思想,以至"英国风度"都曾是英国历史发展的独特产物。 (徐志辉)

从民族国家走向帝国之路：近代早期英国海外殖民扩张研究　姜守明(1959～　,江苏盱眙人,南京师范大学社会发展学院教授,江苏省世界史学会常务理事。研究方向：世界史,英国史,西方文化史,社会保障制度)著,南京师范大学出版社2000年12月出版,241千字。英国从一个小国变成大国,从民族国家变成殖民帝国,其内在的机制是什么？本书详细论述了都铎时代英国殖民扩张的源起、发展及其与"新君主制"、民族国家和英帝国的关系,揭示了民族国家形成时期英国海外殖民扩张运动的基本特点。民族的自立意识使英国人挣脱外来势力的干预,同时也使他们滋生出要与强权国家平起平坐的愿望。他们于是跨出国门,走向海洋,去争夺海外霸权,这是建立英帝国的第一步。民族国家的确立对英国人而言是合理的选择,但民族国家向外再跨出一步,就走出了殖民与帝国的不归路。

(徐志辉)

蒋孟引文集(英国历史——从远古到20世纪)　蒋孟引著,南京大学出版社1995年10月出版,400千字。本书收录了蒋孟引先生生前发表的和未发表的研究英国历史的论文共28篇,包括：《英国历史研究动态》《近代现代英国史史料概要》《英国历史概述》《欧洲中古封建制度概观》《英国封建化过程的特征》《英国资产阶级革命战争爆发前夕阶级斗争的尖锐化》《对于宪章运动的估价》《现代英国的政治结构》等。书后有附录：蒋孟引先生学术年谱。

(蔡保鹏)

美国当代文化阐释：全球视野中的美国社会与文化变迁　江宁康(1954～　,江苏南京人,南京大学英语系教授。研究方向：英美文学与美国朗读研究,文学理论与经典批评,比较朗读文化研究)著,辽宁教育出版社2005年7月出版,255千字。本书试图通过从思想观念、生产方式、社会机制、地域社群、生活风俗和文化表述六个层面梳理美国社会1945～2005年来的主要文化事件,探讨美国文化发展的一些基本规律,建立起一个新的研究架构来阐释美国当代文化。全书分三个部分：美国社会文化矛盾和社会动荡中的文化批判等问题；美国社会大众与文化精英之间的差异和共同点；近年来美国文化新潮和社会转型现象,对民族与生态的问题、虚拟社会与网络文化的崛起、全球化与当代文化挑战等问题。作者对这些问题进行了全方位的分析、阐述。最后还展望了美国文化在今后的发展趋势中可能遇到的挑战和重建文化秩序的要求,提出"激进与保守的变奏"是理解美国当代文化的一个关键视角。

(徐志辉)

斯蒂芬·霍金：物理学的革命者　翟玉章(1965～　,江苏盐城人,南京师范大学公共管理学院教授。研究方向：分析哲学,科学哲学,逻辑学)译,[美]Melissa McDaniel著,世界知识出版社1998年1月出版,55千字。《成就辉煌的残疾人》丛书之一。霍金是继爱因斯坦之后最杰出的物理学家,1942年出生于英国牛津,先后就读于牛津大学和剑桥大学,学习数学、物理学和宇宙学。1963年,霍金经诊断得了肌萎缩性侧索硬化症。这种病会引起肌肉萎缩,导致瘫痪；说话会越来越困难直至完全丧失语言能力；患者通常因并发肺炎或窒息而亡。不过患者的思维能力包括记忆能力不受影响。医生告诉他最多只能活两年。在经历了短暂的失望和沮丧后,霍金又开始了宇宙学研究,后来在相对论、"大爆炸"和黑洞等领域取得了突出的成果。霍金1988年出版的宇宙学著作《时间简史：从大爆炸到黑洞》,是一部里程碑式的畅销书。霍金被确诊患病已30多年,但他仍孜孜于宇宙起源的理论研究,仍在为大统一理论而耕耘不已。本书对霍金的一生及其成就作了深入系统的介绍。

(徐志辉)

江苏省通志稿　江苏省地方志编纂委员会纂修。本志稿最早是自清康熙六年(1667)建江苏省后纂修的第一部省志稿本,存于南京图书馆。全稿本分为大事、方域等22志,共392卷,约1 000万字,基本包括了上至西周下到清末江苏的重大历史事件和历史人物活动,其资料取自历代重要史籍和江苏的府、州、县、乡镇志与著名的山水、园林、寺观志以及大量的实录、档案和文案、笔记等。后分别于清宣统元年(1909)、民国七年(1918)、民国十八年、1944年、1960年历经5次编修和整理补充。1986年江苏省地方志编纂委员会办公室成立后,即组织专家学者对原志稿进行订正和校点整理,校点时采用了现代标点符号。全志稿由江苏古籍出版社按总目22志分11册出版发行，从1991年4月至2003年1月陆续出版，包含大事志、建置志、职官志、选举志、礼俗志、都水志、民政志、礼俗志、度支志、货殖志、武备志、司法志、邮传志、邦交志、宗教志、烈女志、灾异志、古籍志、文化志、人物志、金石志、经籍志。

（王忆南）

江苏省志 本著为江苏省人民政府主持编纂的大型地方资料文献，首轮《江苏省志》共编修6大部类，包括《地理志》《人口志》《计划生育志》《天文事业志》《气象事业志》《地质矿产志》《地震事业志》《土壤志》《生物志》《土地管理志》《综合经济志》《水利志》《农业志》《林业志》《园艺志》《畜牧志》《水产志》《农机具志》《海涂开发志》《蚕桑丝绸志》《轻工业志》《纺织工业志》《陶瓷工业志》《盐业志》《医药志》《电子工业志》《冶金工业志》《机械工业志》《石油工业志》《化学工业志》《煤炭工业志》《电力工业志》《建材工业志》《建筑志》《军事工业志》《乡镇工业志》《城乡建设志》《房地产管理志》《风景园林志》《测绘志》《环境保护志》《交通志》《邮电志》《商业志》《供销合作社志》《粮食志》《物资志》《对外经济贸易志》《旅游业志》《商品检验志》《海关志》《工商行政管理志》《标准化志》《计量志》《财政志》《税务志》《金融志》《保险志》《审计志》《议会·人民代表大会志》《政府志》《政协志》《中共志》《民主党派工商联志》《国民党志》《社团志》《军事志》《政府法制志》《公安志》《检察志》《审判志》《司法志》《民政志》《地名志》《劳动管理志》《人事管理志》《外事志》《侨务志》《档案志》《教育志》《科学技术志》《社会科学志》《报业志》《出版志》《广播电视志》《文化艺术志》《文学志》《文物志》《卫生志》《体育志》《宗教志》《民俗志》《方言志》《人物志》，另有《总述·大事记》《江苏人民革命斗争纪略》《附录》各1卷，共计92卷，108部，118册，7 500余万字，内容从自然到社会，记述江苏的历史和现状，展示了江苏人民在10万平方公里的土地上辛勤劳动，进行革命和建设的宏伟业绩，特别是1978年贯彻改革开放政策以来所取得的巨大成就。《江苏省志》首轮编修自1986年起步，1994年1月至2008年2月，首轮全志由江苏古籍出版社、江苏人民出版社、方志出版社、凤凰出版社、军事科学出版社、南京大学出版社等陆续出版。全志记事，详今略古，采用述、记、志、传、录、图、表等并用的综合体裁。全志的总述和专业志的概述，述议结合，勾勒事物发展的轮廓；全志的大事记和专业志的大事年表，以编年体为主，辅之以纪事本末体。各类专业志用记述体。《江苏省志》的编纂是一项规模宏大的文化系统工程，在编纂过程中，共有100多个单位承担编写工作，参加修志的专家学者多达1 000余人。《江苏省志》的编纂完成，填补了江苏建省300多年没有完整省志的历史空白，是江苏由文化大省向文化强省跨越中的一项重要成果。

（王忆南）

江苏省大事记 《当代中国的江苏》编委会、江苏省档案局编，江苏人民出版社1988年1月出版，440千字。本书采用编年体和纪事本末相结合的方法，以记述江苏省的经济建设为中心，同时记述在江苏省范围内有影响的政治、军事、文化、教育、科技、体育、卫生、外事等方面的重要活动，记事始于1949年10月1日，止于1985年12月31日。江苏全境解放到中华人民共和国建立期间，苏北、苏南、南京的大事，综合写成"前记"，放在记事之首。本书材料主要来源于江苏省档案馆的有关档案、江苏省统计局的统计资料和《新华日报》《苏南日报》《苏北日报》以及江苏省直各部门和各市提供的历史资料等，是一本综合性的工具书，可为研究当代江苏的经济、社会发展史提供资料。

（王忆南）

江苏名村志 江苏省地方志编纂委员会编，江苏古籍出版社1993年11月出版，1 400千字。本书是反映江苏省情的重要地情书之一。全书收录名村314个。这些名村是江苏36 000多个村的代表，是江苏改革开放10多年来村一级的经济和社会发展的缩影，是在发展江苏经济中做出重要贡献的，尤其是发展村级经济中起带头作用的排头兵。该书收录的名村，有的靠发展村办工业起家，有的因开发传统副业致富，有的由发展生态农业兴村，有的则利用区位优势发展第三产业搞活村级经济，其发展经验，可供借鉴。

（王忆南）

江苏名镇志 江苏省地方志编纂委员会编，江苏古籍出版社1993年11月出版，1 590千字。本书从江苏全省2 000多个乡镇中选录了247个建置镇。其中南京市16个,无锡市35个,徐州市13个,常州市14个,苏州市49个,南通市15个,连云港市12个,淮阴市25个,盐城市17个,扬州市31个,镇江市15个。它们中有载誉千年、早为世人所熟悉的历史名镇,也有在改革开放中崭露头角、争放异彩的新星。它们虽不是江苏农村的全貌,但各有特色,各具风采,在一定程度上反映了江苏农村发展的历史和古今风貌。

（王忆南）

中国地方志集成·江苏府县志辑 凤凰出版社编,凤凰出版社2008年4月出版,共68册。本著辑录清代康熙至中华民国期间的《康熙常熟县志》《雍正昭文县志》《乾隆长洲县志》《嘉庆新修江宁府志》《道光上元县志》《咸丰重修兴化县志》《同治续纂江宁府志》《光绪江浦埤乘》《宣统太仓州镇洋县志》《民国六合县续志稿》等109种江苏省府县志。

（王忆南）

江苏当代方志论文选 江苏省地方志学会编,方志出版社1995年8月出版,775千字。本书分为《党政领导谈方志》和《省地方史志工作者论方志》两大部分,收载论文130余篇,附录《江苏省地方志工作大事记》和《江苏地方志优秀成果获奖名录》。本书是对江苏省修志工作者10多年修志实践经验的总结,标志着江苏省的方志理论研究工作进入一个新的阶段,对推动江苏省方志理论研究,促进地方志的编纂工作具有积极作用。

（王忆南）

南京简志 南京市地方志编纂委员会办公室编著,江苏古籍出版社1986年12月出版,1 300千字。本志是新中国成立后全国大城市正式出版的第一部城市综合志书,是为向各级领导、各行各业提供参考、借鉴资料而编的一部内容扼要、篇幅较为简短的志书。本志取事,坚持立足当代,详今略古,详近略远。断限时间上限不限,下限大体断至1985年底。全志从现代社会分工和科学分类的实际出发,以类系事,横排纵写。结构为篇、类、目三层。设卷首、卷末和总类、政治、经济、教科文卫、人物等26篇。采用以志为主,志、记、传略、图表并用的综合体裁。"人物篇"内简介的重要历史人物,多为对南京地区影响较大并有重要业绩的已故知名人物。但以现代的重要历史人物为主。"大事记"所载大事,重点是1949年以来具有重要意义的事件,包括南京地区的重点工程项目、重大建设成就,历次政治运动中所发生的重大事件,主要的机构变更,以及重大的自然灾害等。记述方法,以编年体为主,对一些内容联系紧密、时间相距不远的事件,适当采用记事本末体。本志从全市范围取材,所写内容多数包含所辖各县的资料。有些部分也根据需要,专列各县情况,或专述城区、郊区的情况,但在叙述时都加说明。

（王忆南）

宿迁市志 宿迁市地方志编纂委员会编著,刘云鹤总纂,江苏人民出版社1996年12月出版,1 600千字。本志全面记载了宿迁的古今巨变,是一部翔实的地情书。资政、存史、教化,有益当代,惠及后世。全书以述、记、志、传、录、图、表、照片为表现形式。彩色地图、照片集中在志首；概述、大事年表、大事纪略置前；人物、附录殿后；中设34个分志,图表随文设置。记述主要内容的时限,遵循详今略古的原则。上限因事而异,力溯其发端,下限截止1990年末。概述、大事年表、人物、附录延至1993年末。

（王忆南）

连云港市志 江苏省连云港市地方志编纂委员会编,秦光汉主编,方志出版社2000年6月出版,4 180千字。本志是一部贯通古今,全面系统介绍全市自然环境、历史沿革、社会变迁、物产经济、文化教育、风俗民情和人物传记的巨著。着重记述了中华人民共和国成立后、特别是中共十一届三中全会以来改革开放,大力发展经济的伟大实践和辉煌成就。全著分上、中、下3册,共60卷。

（王忆南）

徐州市志 徐州市地方志编纂委员会编,王希龙主修,董献吉主编,中华书局1994年3月出版,3 500千字。本志分上、下两册,主要记载近百年,特别是中华人民共和国成立之后,徐州现行区划内自然和社会的沧桑巨变,百业成败与兴衰。全书分上、下两册,上部为总述、大事记,政区沿革和29个产业卷,以及6个经济综合管理卷,下部为党政军和其他上层建筑方面的27个专卷及附录。

（王忆南）

淮阴市志 淮阴市地方志编纂委员会编,荀德麟主编,上海社会科学院出版社1995年6月出版,4 500千字。本志分上、中、下3册,采用史略、志、述、传、图、表、录、记、考诸种体裁,记述了淮阴市的自然和社会各方面的历史和现状,内容包括建置、区县概况、自然环境、人口、环境保护、城市建设、交通、邮电、经济综述、种植业、垦殖、畜牧业、水产、水利、烟酒工业等54卷。 （王忆南）

盐城市志 盐城市地方志编纂委员会编,江苏科学技术出版社1998年4月出版,4 820千字。本志是盐城设立地(市)级建置以来的首部志书,始修于1986年6月,1998年交付出版。市志上限不限,追溯事物之发端,下限至1987年,《总述》《辖县概况》延至1993年,《大事记》延至1994年。除《序言》《总述》《大事记》《附录》以外,全志分上、中、下3册,以地理、经济、政治、人文四大部分为先后次序,共设60卷,依次为《建置区划》《辖县概况》《自然环境》《人口》《城乡建设》《环境保护》《交通运输》《邮电》《经济综述》《农业综述》《种植业》《林牧渔业》《海涂开发》《水利》《农机具》《工业综述》《盐业》《纺织丝绸工业》《机械冶金工业》《轻工业》《食品工业》《化学工业》《建材工业》《电子工业》《电力工业》《煤炭工业》《医药业》《乡镇工业》《建筑业》《商业》《粮食》《供销合作社》《物资》《对外经济贸易》《财政》《税务》《金融·保险》《经济综合管理》《中国共产党》《中国国民党》《民主党派》《社会团体》《政权·政协》《公安·司法》《军事》《民政》《劳动》《人事》《外事·旅游·侨务》《科学技术》《教育》《文化》《档案·方志》《报刊·广播·电视》《卫生》《体育》《少数民族·宗教》《民俗》《方言》《人物》。卷下设章、节、目,计383章,1 348节。 （王忆南）

苏州市志 苏州市地方志编纂委员会编著,陈晖主编,江苏人民出版社1995年1月出版,4 835千字。本志全3册,共54卷。本志遵循辩证唯物主义和历史唯物主义的原理,实事求是地记述今苏州市本地自然、社会各方面的历史和现状。记述主要内容的时限,遵循详今略古的原则,上限适当追溯,下限至1985年(大事记延伸至1992年)。记述的地域范围,民国时期以吴县城厢为主,新中国成立后只限于苏州市区。1983年实行市管县新体制后,有关所辖六县(市)的情况,另设《县(市)简况》专卷,并在自然环境、交通运输、邮政电信、电力、对外经济、旅游、外事、文物诸卷中兼及之。本志以图、述、表、志、传、录为表述形式。横分门类,按类记事,大体按照总述、建置、自然环境、城市建设、经济、政治、文化的顺序排列,平列设卷,每卷一般设章、节、目3个层次。 （王忆南）

镇江市志 镇江市地方志编纂委员会编,上海社会科学院出版社1993年12月出版,2 870千字。本志分上下两册。上限不拘,侧重记述1911年辛亥革命以后社会发展的基本面貌,下限为1985年,总述、大事记、人物及入志图照延至1990年。本志记述范围,按现行行政区划以市区为主,兼及丹阳、丹徒、句容、扬中四县;总述、自然环境、农业、水利、乡镇工业等卷,则记述全市情况。全志分上下两册,由卷首、总述、大事记、各门类分志、人物传、专记和附录等部分组成,辅以各类图表、照片。本志采用分志平列式、章节体。按照科学分类和社会分工相结合的原则设立分志。内容不足以单立分志的事业,与相近或相关的事业合并设立一志。大事记以编年体为主,辅以记事本末体。总之,本志堪称是一部内容丰富、史料可信的地方文献,是集体智慧的结晶。 （王忆南）

扬州市志 江苏省扬州市地方志编纂委员会编,薛庆仁、夏泽民总纂,中国大百科全书出版社1997年3月出版,5 600千字。本志叙述今扬州市所辖12个县(市)、区的自然与社会的历史与现状。采取"贯通古今,详今略古,重记百年"的原则,上限不一,因事而异,适当溯源;下限一般断至1987年,少数篇略有突破。总述、大事记、新方志编修、人物延至1993年底,彩色照片延至1995年底。全志分上中下3册,由图照、总述、大事记和76个专篇及人物、附录组成。各专篇按自然、经济、政治、文化、社会的顺序横排纵写,纵横结合。篇下一般设章、节、目、子目4个层次。本志体裁以志为主,述、记、传、图(照)、表、录(附)并用,必要时加脚注。大事记以编年体为主,辅以记事本末体。 （王忆南）

无锡市志 无锡市地方志编纂委员会编著,江苏人民出版社1995年10月出版,5 000千字。本志是无锡市第一部社会主义新方志,遵循辩证唯物主义和历史唯物主义的原理,实事求是地记述了今无锡市的自然和社会、历史和现状。记述的内容遵循详今略古的原则,着重记述清末以来,特别是中华人民共和国建立以来的史实。时间上限不定,下限断至1985年。大事记延至1990年。记述范围,新中国成立前为原无锡县,新中国成立后为市、县分设后的无锡市。1983年实行市管县体制后,兼及江阴、无锡、宜兴3县。本志全4册,共设59卷,冠以总述、大事记。各卷按类属设章、节、目。全志以述、记、志、传、图、表、录为表述形式,语体文记述。大事记以编年体为主,辅以纪事本末体。

(王忆南)

南通市志 南通市地方志编纂委员会编著,施景钤总纂,上海社会科学院出版社2000年12月出版,4 352千字。本志记述南通市自然与社会的历史与现状,记述范围为南通市市区(即1983年3月1日前的南通市)及所辖海安、如皋、如东、南通、海门、启东6县,详记市区,兼及辖县。本志详今略古,上限溯源,因事而异;下限断至1987年,大事记、人物传和开发区的下限延至1990年底,照片截稿稍有下延。本志采用述、记、志、传、图、表、录等体裁,按属归编,以类立卷;志为主,录为辅;图照集中与分散相结合,表格随文设置;总述、大事记置于志前,附录殿于志后。其中大事记以编年体为主,辅以纪事本末体。本志分上中下3册,共74卷,是一部贯通古今、全面系统记载南通经济、政治、文化历史和现状的鸿篇巨制。

(王忆南)

常州市志 常州市地方志纂委员会编,黄元裕总纂,中国社会科学出版社1995年出版,5 108千字。本志记述常州市自然与社会的历史与现状,其内容基本断限为1840年至1985年,根据情况上溯发端,下述发展,《大事记》延伸至1994年12月。全志首立《总述》《大事记》,尾缀《附录》,主体部分设《建置地名》《县区概况》《地理环境》《环境保护》《人口》《城市建设》《综合经济》《城市经济体制改革》《工业综述》《纺织工业》《轻工手工业》《电子工业》《机械工业》《冶金工业》《煤炭工业》《电力工业》《化学工业》《医药工业》《建材工业》《食品饲料工业》《区乡工业和其他工业》《建筑业》《房地产业》《交通运输》《邮政电信》《农业》《商业供销》《粮油购销》《物资》《对外经济》《财政》《税务》《金融》《党派社团》《政权政协》《公安司法》《劳动人事》《外事侨务》《军事》《自然科学》《社会科学》《教育》《文化》《新闻出版》《卫生》《体育》《民政》《民俗》《方言》《宗教》《人物》《专记》等52卷。卷下设章、节、目。本志始修于1981年,十改篇目,五易其稿,历经14个春秋,精心编纂而成,全志共3册。

(王忆南)

栖霞新志 陈邦贤编著,成文出版社1983年3月出版,字数不详。栖霞志历代有多种存世,记载多偏于诗文、古迹或寺僧的遗闻轶事,少有涉及社会现实状况。本志以江苏省南京市栖霞镇为范围,在广阅资料、调查考证基础上,把栖霞以往的事迹、现在的状况、未来的计划记载下来,条分缕析、不厌其详,提要勾元力求简洁,唯求其纪实,是称"新志"。志分10章:沿革、形势、交通、古迹、人物、文艺、学校、自治、物产、风俗。每章均有考证,并把参考文献附载其后。

(韩 兵)

大越遗珍:鸿山越墓文物菁华 南京博物院、江苏省考古研究所编,文物出版社2008年11月出版。无锡鸿山越国贵族墓是"2004年全国十大考古新发现"之一,出土的各类随葬器物多达2 000余件,其器类之齐全、造型之奇巧、工艺之精良、气势之恢弘,为春秋战国时期越国贵族墓葬之最。鸿山越墓出土的珍贵文物,形象地再现了越国贵族"玉不去身"和"钟鸣鼎食"的奢华生活,再现了越人的图腾崇拜和礼乐制度,展示了勾践时期越国的强大与辉煌,展现了"伐强吴,霸诸侯"之后的大越雄风。本书遴选鸿山越墓出土的珍贵文物400余件汇编成集,主要内容包括:玉器篇、陶器篇、瓷器篇等。

(王忆南)

敦煌变文校注 黄徵(又名黄征,1958~ ,浙江江山人,祖籍江苏淮阴,南京师范大学文学院教授,中国敦煌吐鲁番学会常务理事。研究方向:汉语史词汇学,敦煌语言文学,敦煌俗文学)、张涌泉校注,中华书局1997年5月出版,1 443千字。本书在充分尊重和利用前人研究成果的基础上,凭着对全部变文仔细核对原卷及缩微胶卷的功夫,广泛引用历代典籍,深入考辨字形词义,逐字逐句逐篇地完成全部变文的校勘和注释,使之成为敦煌变文研究的集大成之作。本书的特色:校注体例严密,尊重《敦煌变文集》之成规而有所改进;校注的内容广博丰富,考证精详,是非按断,颇多卓见;考辨俗字,锱铢必较;证释俗语词,发前贤之所未发;辨别俗音,古今贯通;综比俗句,左右逢源;澄清史实,举证博该;解说佛典,不违教旨;按断众说,平正公允。作者集数年治学之功力,在对变文篇目的考订、清理,卷子的纠误补缺、解难祛惑,俗字俗语音义的订疑正谬、探幽寻微等方面,均有独到精当之处,实为最接近原文的一个校勘本。

（徐志辉）

敦煌民俗学 高国藩著,上海文艺出版社1989年11月出版,439千字。作者试图以敦煌写本为轴心全面勾勒中华古俗的概貌。本书根据敦煌写本,网罗有关民俗资料,从家族、经商、生产、奴婢、生育、宗教、婚丧、迷信、解梦、医疗、占卜、装扮、饮食、建筑、行旅、四时、驱傩、娱乐、舞蹈等方面研究古代敦煌民俗,剖析其性质、特点,探索其起源、发展和演变的历史。本书认为,民风是民俗的基础;由于民心向唐,在敦煌民俗中洋溢着唐风;古敦煌民俗是中华民俗的缩影、也有其地方性;古敦煌的迷信风俗颇盛。本书是我国第一部研究古代敦煌民俗有价值的学术著作。它的出版,不仅标志着一门学问的成立,不仅是对敦煌学新领域的开辟,而且对民俗学乃至古代文化史的研究也富有一定的启发意义。

（徐志辉）

敦煌学述论 刘进宝著,甘肃教育出版社1991年12月出版,280千字。本书是一部全面、系统、详尽地论述敦煌学的专著。《千载沧桑话敦煌》描述敦煌的历史、文化及其在中西文化交流史上的地位;《艺术瑰宝千佛洞》叙述莫高窟的创建情况,对敦煌石窟艺术的各个方面做了系统阐述;《扼腕愤谈伤心史》探讨藏经洞封闭之谜和敦煌遗书的发现,对"探险家""考察家"劫夺、破坏敦煌遗书和文物的罪行进行揭露,对敦煌遗书的流散经过和各国的收藏情况进行详细介绍;《敦煌遗书》对敦煌遗书的各个方面进行全面阐述,探讨敦煌遗书在学术研究上的价值和意义;《敦煌学研究遍天下》对敦煌学的产生、发展及各阶段的特点和研究状况做了详细探讨,对港台地区和日本、法国、苏联等国家的敦煌学研究历史及现状做了评介。该书的出版既为敦煌学研究者提供了一些鲜为人知的史料,也对敦煌学中很多问题做了研究综述,提供了大量的信息,并指出了敦煌学研究的成绩和不足。

（徐志辉）

六朝考古 罗宗真(1928～　,江西吉安人,南京博物院研究员)著,南京大学出版社1994年12月出版,226千字。本书以江苏(主要是南京)的考古资料为代表,以墓葬和随葬遗物为重点,对地上文物如城址、窑址、宗教建筑、地面石刻等,也有较详阐述,是一部系统研究六朝时期考古的专著,是一本具有思想性、知识性、资料性的历史文化书籍,可以使读者了解六朝考古的全貌。介绍的六朝文物资料,亦可供城市建设、旅游事业及有关学科参考利用。(另有《六朝文物》,已著录)

（王忆南）

六朝文物 罗宗真、王志高著,南京出版社2004年7月出版,325千字。本书为国家"十五"重点图书出版规划项目,采用大量新发现的考古资料,结合已有的文献资料,对六朝时期的城址、墓葬、宗教遗存、陶瓷器、书法类文物、绘画作品以及各类随葬品等进行了深入细致的研究,提出了许多富有创见的新观点,再现了六朝时代的物质文化、社会生活、精神风貌和科技成就。

（王忆南）

江苏文物综录 姚迁(1926～1984,江苏如东人,曾任江苏省历史研究所副所长、南京博物院院长)主编,南京博物院1988年10月出版,600千字。本书收录范围是江苏省地上、地下具有历史性、科学性和艺术性的真实可靠并仍保存的文物遗址、墓葬、园林、摩崖、碑刻、雕塑、铸造和建筑,以江苏省境内的全国重点文物保护单位和省级文物保护单位为主要收录对象。收录年限上限起于远古时代(旧石器时代),下限至1949年中华人民共和国成立。与1949年前后相连或1949年前的重要事迹,中华人民共和国成立后建立的纪念建筑,亦酌量收入。该书是一本科学性和资料性较强的知识工具书,既可提供给文物考古和博物馆专业工作者使用,也可供大、中学校和有关科研单位、史学工作者

参考借鉴。　　　　　　　　　　（王忆南）

长江中下游历史考古论文集　蒋赞初著,科学出版社2000年10月出版,444千字。本书收集了作者1957~1998年间的主要论文和发掘报告40篇,所涉及的地区为长江中下游流域,以六朝考古、陶瓷考古、南京地方史研究三个方面为重点。文集分别就长江中下游六朝墓葬的分期和断代、南京东晋帝陵的特征与分区、古武昌的六朝城址与墓葬、长江中下游的几何印纹硬陶与原始瓷、东汉六朝青瓷、南唐二陵出土陶俑、江苏宜兴陶瓷以及南京的历史变迁与文化特点做了较全面的论述与分析。

（蔡保鹏）

史前农业探研　刘兴林(1963~　,山东莒县人,南京大学历史系教授,江苏省考古学会理事,中国农业历史学会常务理事,江苏省农史研究会常务理事,江苏省甲骨文学会副会长。研究方向:战国秦汉考古,中国古代钱币,先秦两汉农业考古研究)著,黄山书社2004年12月出版,150千字。全书分前农业的发生、动物的驯化与农业的起源、史前稻作农业、史前旱作农业、史前农业生产工具和生产方式、史前先民的食物构成与粮食加工、原始农业宗教与文化、史前农业的发展和文明的起源、史前农业研究的展望与思考9个方面对史前农业进行总结和研究,提出了许多独到的见解,不但使读者对史前农业的全貌有个概括的认识,也对史前农业的研究状况有个基本的了解,并对目前研究中存在的问题及需要深入探讨的方向作进一步的思考。本书必然会对当前史前农业的研究事业产生积极的作用。

（徐志辉）

中国铜元资料选编　江苏省钱币研究会编印,1989年7月出版,560千字。铜元的产生、发展及其盛衰历程,可从一个侧面反映19世纪90年代到20世纪40年代旧中国在半殖民地半封建社会经济情况下的苦难历程及其经验教训,可供借鉴。本书主要是从1949年前后出版的各种资料书中辑出,也有的选自部分研究工作者专题的或综合的调查研究成果,收集资料原则上以中华人民共和国成立以前为时限。全书主要分为四个部分,即中国铜元文字资料选编、中国铜元图录选编、关于中国铜元的基本文献资料和有关铜元的论述选编。其中文字资料又分为6章,包括晚清时期的铜元、民国时期的铜元(上下)、中国革命根据地的铜元及硬辅币、有关近代货币铸造局厂资料、若干省区铜元铸造和流通的资料。

（王忆南）

江苏六朝青瓷　南京博物馆编,文物出版社1980年6月出版。本书收录从南京市文物管理委员会、镇江博物馆、苏州市博物馆、吴县文化馆、南京博物院的藏品中精选出来的江苏各地出土的六朝青瓷器111件,具有较高的代表性、艺术性,特别是许多器物出自有纪年的墓葬,是全面认识六朝青瓷,深入研究青瓷发展史的有价值的科学资料。

（王忆南）

西周铜器断代（全二册）　陈梦家著,中华书局2004年4月出版,692千字。本书是我国现代著名考古学家陈梦家的长篇论文,其研究涉及西周器铭考释、西周铜器总论,并介绍了相关论著,以及铜器的图版。《西周铜器断代》的写作,从1954到1956年,在《考古学报》上连载六期。因在"反右"运动中因言获罪,被扣上"大右派"的帽子,《西周铜器断代》被迫停止发表。1963年恢复工作之后,他开始集中精力继续写作《西周铜器断代》。到1966年,本书的上编《西周器铭考释》已基本完成,形成了自武王至宣王的完整框架,而下编《西周铜器总论》也已有了总体的设想,但是只写完了零散独立的几个章节。1966年的"文革"中,陈梦家遭到非人的侮辱迫害,宁折不弯的刚烈气质使他选择了以死抗争。8月24日,他吞服大量安眠药自杀,未能成功;10天之后,他终于自缢身死。一位才华横溢的学者就这样结束了他辉煌的学术生命,留下大量未及完成的遗稿,也留给后人无尽的遗憾。"文革"结束后,陈先生的遗稿和资料由夫人赵萝蕤女士捐赠给考古研究所,由专人整理。这部学界翘首以盼的皇皇巨著终于在2004年问世了。

（王忆南）

甲骨文　范毓周(1947~　,河南修武人,南京大学历史系教授)著,人民出版社1986年9月出版,64千字。本书对甲骨文研究的源流及发展,进行了详细的论述。全书内容共11篇,刻字"龙骨"的奥秘、汉字的鼻祖、甲骨文的早期搜集与流传、骨文的流散国外、从孙怡让到王国维、殷墟发掘与甲骨文研究的全面展开、新中国建立后的甲骨文发现与研究、《甲骨文合集》的编辑及其意义、甲骨文所反映的晚商社会、殷墟以外的甲骨文、甲骨文研究的未来展望。　　　　　　　　　　（蔡保鹏）

殷虚卜辞综述　陈梦家著,科学出版社 1956 年 7 月出版,748 千字。本书较为系统而全面地叙述了安阳出土的殷代卜辞的内容,并对其进行了分门别类的分析研究。全书共分总论、文字、文法、断代上、断代下、年代、历法天象、方国地理、政治区域、先公旧臣、先王先妣、庙号上、庙号下、亲属、百官、农业及其他、宗教、身份、总结、附录等 20 章。本书综合前人研究甲骨的成果,补充新材料,并提出很多新的见解。书中重视利用考古发掘资料,并联系传世文献,在研究方法上开创了新局面,书后附有多种图片,可资参考。　　　　　（王忆南）

秦封泥集　周晓陆(1953~　,江苏南京人,南京大学历史系教授,中国艺术与考古研究所所长。曾先后担任南京博物院保管部主任、西北大学文博学院教授、西北大学文博学院历史博物馆馆长等)、路东之编著,三秦出版社 2000 年 5 月出版,字数不详。《陕西金石文献汇集》之一。本书分为上编"秦封泥简论"和下编"秦封泥释读"两部分。上编回顾了封泥和秦封泥发现和研究的历史,并且从秦帝室研究、秦职官研究、秦地理研究、秦玺印研究等若干方面讨论了秦封泥的科学价值。下编则从"中央及职官""地理及地方职官"和"姓名"几个角度对秦封泥进行分类释读。书后有附录一:秦式公印与封泥比较;附录二:秦封泥地理分布图;附录三:部分秦封泥有关资料统计表;附录四:《秦封泥集》引用资料来源索引;附录五:《秦封泥集》封泥资料笔画索引。(另有《步天歌研究》,已著录)　　　　　　　　　　（徐志辉）

龙虬庄:江淮东部新石器时代遗址发掘报告　龙虬庄遗址考古队编著,科学出版社 1999 年 9 月出版,836 千字。本书为荣获 1993 年"中国十大考古新发现"之一的江苏省高邮市龙虬庄新石器时代遗址的发掘报告。其内容涉及考古学、人类学、环境科学、农学等,重点解决了介于海岱地区与太湖地区之间的江淮东部考古学文化的性质、年代、源流、与周边地区原始文化的关系、古环境的变迁及稻作农业在江淮东部的演化与发展等课题,是一部跨学科研究的综合报告。另外,该报告为日本弥生时代"渡来人"和稻作农业东传的研究增添了重要的新资料。本书可供从事考古学、历史学、人类学、环境科学、地理学、生物学、农学诸学科的科研、教学人员参考。　　　　　　　　　　（徐志辉）

南唐二陵发掘报告　曾昭燏总编,南京博物馆编著,文物出版社 1957 年 7 月出版,字数不详。正文 103 页,图片 144 页,图文并茂,详尽记录了五代南唐先主李昪与其妻宋氏合葬墓钦陵和中主李璟与其妻钟氏合葬墓顺陵的发掘成果,对研究五代前后的帝王陵寝制度有极大的参考价值。报告全文 5 章:地理环境及发现和发掘的经过;二陵的建筑;出土遗物——陶器和瓷器;出土遗物——陶俑;出土遗物——玉哀册、石哀册及玉、骨、铜、铁等器。另附录一:南唐二陵出土遗物一览表;附录二:南唐大事年表。　　　　　　　　　　（韩　兵）

沂南古画像石墓发掘报告　曾昭燏总编,南京博物院,山东省文物管理处编,文化部文物管理局 1956 年 3 月出版,字数不详。沂南墓的建造年代大致在东汉末年灵献之际,画像内容丰富,是汉代民间艺术家们创作的杰出艺术作品,代表着当时绘画和雕刻艺术极高的成就,也代表着我国造型艺术发展的一个重要阶段。作品中已出现从印度传来的佛教艺术的早期影响。报告全文 5 章:地理环境及发掘经过;墓的结构;画像石的内容;画像石内容的考证;沂南画像石墓在艺术上的价值;沂南画像石墓年代的商榷。附图片 105 页。　　　（韩　兵）

汉代陵墓图考　王子云著,太白文艺出版社 2007 年 6 月出版,260 千字。本书成于解放前夕或解放初期,是一本从考古与美术两个角度统论两汉陵墓及其艺术遗存的专著,至今为仅有。本书依据实地考查资料,探究其中的历史考古价值。卷首为彩版图表,本书分两汉帝陵之形势及分布、汉代陵墓营建制度、两汉帝王陵墓踏查纪实、咸阳原上西汉帝陵正误、汉代陵墓艺术等 5 章,并附有两汉帝王世系简介(并后妃皇子公主重臣)、两汉帝王年

号表。　　　　　　　　　　　　　（韩　兵）

儒学与书道——清代碑学的发生与建构　周睿(1973~　,贵州桐梓人,南京艺术学院美术学院教授,江苏省美学学会会员,江苏省书协会员。研究方向:中国美学史和书法美学)著,荣宝斋出版社2008年12月出版,225千字。《中国书法研究系列丛书》之一。本书以明清儒学的发展变迁作为书道衍变的精神背景,以贯穿清代碑学的独特审美理念为辐辏,把时代精神脉息和作为碑学主体之士人的生命情调、人格气象与相关的书法创作、书法理论融为一个有机的诠释系统,对清代书法碑学的发生与建构作了审慎而尽可能切近其真趣的探讨和阐释。本书内容包括绪论、中晚明的帖学变革、碑学的崛起、碑学的深化、碑学的发扬等。　　　　　　　　　　　（徐志辉）

明南京城墙砖文图释　王克昌、韦立平、杨献文编著,南京出版社1979年7月出版,字数不详。本书精选明代南京城墙铭文城砖158块,拓印砖文249幅,竖排影印。书中不仅对每一幅砖文进行了考释,而且对于城砖的重量、责任人、产地也做了分析、归纳和研究。是有关南京城墙砖文的第一部研究专著。本书分为5卷,卷一收录相当今江苏地区之砖文,卷二收录相当今安徽地区之砖文,卷三、卷四收录相当今江西地区之砖文,卷五收录相当今湖南、湖北地区之砖文(未署制造地难以单独立卷者亦一并收入此卷)。全书主题明确,内容规范,资料翔实,内涵丰富,集系统性、代表性和资料性、文献性于一身,为学者们提供了难得的第一手研究素材。本书不仅仅是图录,而且有研究成果。例如,书中所附《明代南京城墙砖重量表》《明代南京城墙砖载造砖责任人职官身份表》《明代府州县与现行政区划方位对照表》等内容,就是首创之举,具有很强的学术价值和参考价值。此外,书中还收录了现重庆开县地区的砖文,把造砖地域从长江中下游推到了长江上游,也是一个突破。　（王忆南）

南京城墙砖文　南京市明城垣史博物馆编,南京师范大学出版社2008年5月出版,778千字。南京城墙是一部厚重的大书,是中国建筑史上的一个奇迹,也是中国砖文史上的一朵奇葩,每一块城砖都饱含着许多故事。本书是以历史研究为宗旨,兼顾书法艺术的专著,记录不同城砖1 016块,以拓片为主,照片为辅的形式,共收录砖文照片312帧,砖文拓片1 170帧。全书遴选之砖,采撷于明代南京城墙回收城砖及维修工地,少数收集于考古工地和外地明代窑址,全书以明南京城墙砖文为主,上涉六朝砖文,下至当代专文。本书以图板形式对城墙砖文进行深入的研究,特别展现了元末明初的书法艺术状况,梳理了墙体的建造和城墙维修的历史。
　　　　　　　　　　　　　　　（王忆南）

海外藏中国历代雕塑　林树中主编,江西美术出版社2006年12月出版,字数不详。本套画册分上中下3册,主要收集流失海外的中国历代雕塑共计1 300余件,代表了中国古代雕塑艺术史的伟大成就,体现了中国古代艺术工匠的才华与智慧。该画册的出版填补了我国综合研究外流雕塑的空白,亦可成为专业美术史家和美术工作者研究及学习中国古代雕塑不可缺少的美术史料。
　　　　　　　　　　　　　　　（韩　兵）

六朝帝陵——以石兽和砖画为中心　[日]曾布川宽著,傅江(南京大学博士)译,南京出版社2004年9月出版,160千字。本书以南朝帝陵的石兽和墓室砖画为题,在实地考察南京和丹阳附近南朝帝陵的基础上,广征博引,对石兽和砖画进行样式学上的编年,并从图像学的角度缜密考证它们的名称和表现内容,提出了许多不同于前人的看法,对于六朝造型艺术的背景、特征及发展都有独特的见解,是关于南朝帝陵石兽和砖画研究的集大成之作,被日本和欧美许多学校列入美术史专业学生的必读书目。　　　　　　　　　　（王忆南）

古代书画　鲁力著,中国书店1997年9月出版,215千字。《中国文物序列》之一。本书较为系统地叙述了古代书画发展的脉络,撷要探微,介绍了历代著名画派、画风和画家及其作品,从普及的角度介绍了中国书画的赏析、鉴定、断代和收藏品评的知识,旨在提高读者对中国古代书画的认识和兴趣。内容包括概述、历史断代、鉴定常识、收藏与保值4章。　　　　　　　　　　　（韩　兵）

黄土上下：美术考古文萃　张朋川(1942～　，江苏常州人，苏州大学艺术学院教授，中国工艺美术学会理论委员会常务理事。研究方向：美术考古，中国艺术史，文化遗产保护)著，山东画报出版社2006年7月出版，250千字。作者是集美术家、考古家于一身的美术考古专家。本书是作者长年从事美术考古的研究文章的结集，他运用考古类型学的研究方法，分3编，即第一编黄土上下，第二编丝路东西，第三编鉴识纵横，对中国古代美术进行多方面的科学研究，尤其对原始艺术、汉晋壁画、陶瓷艺术、中国书画样式起源等方面的课题有言之有物的深入的研究，并对美术考古学、美术史学、设计艺术学的研究提出了独到的见解。

(徐志辉)

青海岩画：史前艺术中二元对立思维及其观念的研究　汤惠生(1955～　，江西萍乡人，南京师范大学社会发展学院教授，世界岩画委员会执委，澳大利亚岩画协会理事，意大利卡莫诺史前研究中心理事，国际古代中亚研究会理事。研究方向：史前宗教与艺术考古)、张文华著，科学出版社2001年7月出版，415千字。本书全面介绍青海地区的13处岩画，并运用二元对立理论对岩画中各种图形因素的文化原型及其意义进行考证和分析，运用综合分析法和微腐蚀断代法对岩画进行断代分析，涉及的范围不仅包括史前艺术和史前考古，而且包括整个原始文化，是一部系统介绍和研究青海岩画的著作。本书可供文物、考古工作者与艺术工作者参考。

(徐志辉)

汉画像石宗教思想研究　汪小洋著，天津人民美术出版社2004年5月出版，228千字。本书从3个方面研究汉画像石宗教思想：首先对汉代宗教性质的认识。从政教合一到政教分离、血缘宗教到地缘宗教、民间宗教与国家宗教的对立以及西王母信仰的形成等角度讨论汉代宗教的发展。其次对汉画像石宗教艺术性质的研究。从宗教艺术的一般性特点、两个世界神仙系的结构比较、西王母至上神的努力等方面，描述汉画像石宗教艺术的性质和基本内容，认识汉画像石围绕长生主题构筑另一个世界的丰富宗教内容。再次对汉画像石一些具体内容深入讨论。从墓葬绘画、汉墓建设、墓葬文字、画像石棺、动物图像等方面，认识汉画像石在艺术表达上的发展特征。

(徐志辉)

中国地理学史　王庸(1900～1956，字以中，江苏无锡人，曾任南京图书馆特藏部主任，北京图书馆研究员兼中国科学院地理研究所研究员)著，上海书店1984年7月出版。本书是对中国地理学发展过程的研究，根据商务印书馆1938年版复印。中国古代地理学知识萌芽很早，至春秋战国时代已在许多方面取得了杰出的成就。战国以后，逐渐形成传统的地理学，即"方舆之学"。明中叶以后，徐霞客等注重实地考察、探讨自然规律，开辟了中国地理学研究的新方向。但是，中国近代地理学是在西方近代地理学传入后开始，为此以王庸等为代表的学者为中国传统地理学向近代地理学的转变和发展做出了贡献。

(王忆南)

地理学思想史(增订本)　[美]普雷斯顿·詹姆斯、杰弗雷·马丁著，李旭旦(1911～1985，江苏江阴人，曾任中央大学地理系教授，南京大学地理系主任，南京师范学院地理系主任)译，商务印书馆1989年10月出版，408千字。美国地理学者普雷斯顿·詹姆斯和杰弗雷·马丁著的《地理学思想史》一书最早问世于1972年，是一部比较完整的介绍世界主要国家地理学发展和地理思想演变过程的著作，具有较高的参考价值。詹姆斯把地理学的发展分为3个主要时期，即古典时期、近代时期与现代时期，作者对上述时期分3篇共18章进行了阐述。(另有《世界自然地理通论》，已著录)

(蔡保鹏)

西周政治地理结构研究　王健(1959～　，安徽泾县人，江苏省社会科学院历史研究所研究员)著，中州古籍出版社2004年5月出版，350千字。本书以西周政治制度为议题，其要意在于探讨中国古代政治制度(主要是国家制度)由其形成初期的发展而带来的特点，讨论重心是周代国家制度中中央与地方关系的性质及其表现形式。全书9章，按内容则可分为三部分：第一部分为"序论"；第二部分是全书的核心，先概论西周政治地理结构，再分论考辨"王畿"、"方伯"、西周政治疆域形成的意义及主要特征、夏商周政治疆域的传承整合、西周"王土"的"诸侯国化"等问题;第三部分是"结语",对西周政治地理结构及其相关问题作了总结性述评,综合考察了西周王朝政治疆域的主要特征、传承以及控制,完整地表述了西周中央与地方的关系。本书在课题选择、理论探索、方法运用等方面,都颇多值得称道之处,而其最值得表彰的贡献在于,将周振鹤先生建构中国历史政治地理学的设想,落实到了具体的西周政治地理结构的研究上,并进而得到了有力的证实,是全新理念指导下的一次成功的中国历史政治地理学研究实践。　　　　　（王忆南）

六朝政区　胡阿祥著,南京出版社 2008 年 10 月出版,344 千字。本书为江苏省"十一五"重点图书出版规划项目,全书共分 3 编,上编为六朝政区建置,介绍孙吴、东晋、宋、齐、梁、陈 6 个王朝的政区建置;中编为六朝政区制度,介绍六朝的府州郡县乡里制度、孙吴的特殊政区制度、东晋南朝的都督区和双头州郡,以及南朝的宁蛮府、左郡左县、俚郡僚郡;下编东晋南朝侨州郡县,介绍东晋南朝侨州郡县的源流与比照、产生背景与成立原因、设立情形及其分析、地理分布等内容。　（王忆南）

北齐地理志（全二卷）　施和金（1944～2012,江苏丹阳人,南京师范大学社会发展学院教授。研究方向:中国历史自然地理,中国历史人文地理）撰,中华书局 2008 年 6 月出版,400 千字。本书辑录《魏书·地形志》《隋书·地理志》《元和郡县志》《水经注》《读史方舆纪要》《太平寰宇记》及先贤杨守敬《隋书地理志考证》等古代地志,阐述北齐州郡县地方行政区划的兴废沿革,并注出今地。书中对山川、军事要地也稍加评论。作者凭依其丰富的古籍整理经验,又掌握大量的古代地理文献,清晰地勾勒出北齐行政区划发展演变过程,有助于认识北齐的地理概况。该书在内容、体例和价值上有如下的特点:完整叙述北齐一代行政区划的变迁;编写体例完整,内容条理清晰,具有考证、校补的文献特色;填补北齐没有地理志的空白,完成后人续补正史地理志的工作,是历史沿革地理研究的一大收获。本书不仅对研究南北朝政区沿革和疆域变迁大有裨益,而且对研究中国历史地理学甚至中国古代史也很有意义。　　　　　　　（徐志辉）

中国行政区划通史·宋西夏卷　李昌宪著,复旦大学出版社 2007 年 8 月出版,889 千字。本书依据《宋史》《资治通鉴》《续资治通鉴长编》《宋会要辑稿》等史书及大量地方志、文集、笔记等资料,深入地论述了宋代地方行政体制与行政区划的变迁以及西夏的地方行政体制,填补了宋代及西夏政区地理研究的空白。全卷共 6 编。第一编对宋代地方行政体制进行考证,论述宋代地方行政制度为三级制及其兵财分治的原则和以转运司为主体的复式合议制。宋代路制分为以安抚司为主体军事路与以转运司为主体的民政路两大系统。宋代州县制则呈现由隋唐州县制向明清府县制的过渡形态。第二编设置 10 个断代年限,条列各路所辖州府军监及其治所、今地和所领之县。第三、四、五编对两宋各路州县及省废州军沿革进行考证,并探讨了宋朝西部、西南部、西北部的地方民族政权的存在时间和控制地域。第六编考证西夏的地方行政体制,论证了西夏的地方行政体制存在着经略司路与转运司路两个系统。宋朝省地政区沿革表清楚地呈现宋朝州郡的废置分合。宋朝疆域图、西夏疆域图和宋朝各路各断代年限的分幅图,更是多层次地展现了宋及西夏疆域、政区的变动。　（徐志辉）

中国疆域沿革史　顾颉刚、史念海著,商务印书馆 1999 年 7 月出版,字数不详。《中国疆域沿革史》最早是 1938 年商务印书馆推出的《中国文化史丛书》第二辑的一个分册,1999 年由商务印书馆重排重版。本书分 26 章。前 8 章为先秦时期的中国疆域沿革史,内分绪论、中国疆域沿革史已有之成绩、夏民族之历史传说及其活动范围、殷商民族之来源及其活动区域、西周之疆域范围及东周王畿之区域、春秋列国疆域概述、战国疆域变迁概述、先秦人士之区划地域观念等部分。第九章至第十五章为秦、汉、两晋南北朝的疆域沿革史,分有嬴秦统一后之疆域、西汉疆域概述、新莽改制后之疆域、东汉复兴后之疆域、三国鼎峙中之疆域、西晋统一后之疆域、东晋南北朝疆域概述。第十六章至第二十四章为隋、唐、五代、宋、辽、金、元、明、清的疆域概述及沿革史。第二十五、二十六章为鸦片战后疆土之丧失、民国成立后疆域区划及制度之改革。书中还附有 31 个表和 27 幅地图。　（蔡保鹏）

人地关系与经济布局——吴传钧文集 吴传钧(1918~2009,别号任之,江苏苏州人,中国科学院院士,曾任中国科学院地理研究所研究员、研究室主任、副所长)著,学苑出版社2008年4月出版,600千字。本书是中国科学院院士、地理学家吴传钧的文集。先生从保存下来的将近200篇著述中自选了46篇,大致代表他的研究所涉及的主要有关领域。文集的取名意在以"人地关系"和"经济布局"分别概括人文地理学和经济地理学两大方面。

（王忆南）

江苏政区通典 《江苏政区通典》编纂委员会编著,中国大百科全书出版社2007年2月出版,1 777千字。本书收录了江苏全省各级政区的基本信息,包括省、市、县(市、区)、乡(镇、街道),忠实客观地反映了江苏各级政区的历史演变和现实状况。该书的出版填补了江苏省政区权威资料典籍的空白,对提高行政区划工作和理论研究水平、坚持可持续发展的行政区划工作方针具有重要的参考价值。

（王忆南）

中国乡镇·江苏卷 《中国乡镇·江苏卷》编辑委员会编,吴镕主编,新华出版社1997年2月出版,5 346千字。本书共3卷,以叙述、地图、照片为载体,介绍江苏乡镇自然、社会、经济、文化等方面的情况。本书记述内容的时间下限基本为1994年底;记述的地域范围为1994年江苏行政区划,其中第一卷收有苏州、无锡、常州3个市,第二卷收有南京、镇江、扬州、南通4个市,第三卷收有徐州、淮阴、盐城、连云港4个市。大部分资料来源于历史文献和统计材料,亦有部分来自口碑;是一部有史料性、实践性、文学性、可读性、指导性、综合性的史书,亦是一部对江苏人民尤其是青少年进行爱祖国、爱家乡、爱中国特色社会主义教育的生动教材。

（王忆南）

锦绣江苏 中共江苏省委办公厅编,梁保华主编,江苏人民出版社1998年11月出版,395千字。在现代化建设的关键时期,江苏的发展迫切需要进一步增进对外联系和交流,开放的江苏将更加开放。本书的编辑出版,适应了这一时代的需要,它在写法上融古今于一炉,集经济文化于一体,浓缩江苏上下数千年历史之精华,反映改革开放时代之新貌,全面系统地介绍江苏的自然地理、人文历史、经济建设和各项社会事业发展的成就,内容丰富,涵盖面宽,但又不像一般史志那样卷帙浩繁。可以说,本书是一本介绍江苏的简明史志,是一本了解江苏、认识江苏、研究江苏的很好的参考用书,也是一本进行爱国主义教育的生动教材。

（王忆南）

江苏城市历史地理 南京师范学院地理系江苏地理研究室编,主编单树模,江苏科学技术出版社1982年7月出版,150千字。本书收录了《南京的变迁和发展》《无锡历史地理》《徐州历史地理》等11篇论文,主要是从历史地理的角度,探讨、研究江苏省各主要城市——南京、无锡、徐州、苏州、常州、南通、连云港、镇江、扬州、两淮(清江市和淮安县城)、盐城的形成、发展和城市职能、城市结构变迁的历史过程,以及这一历史过程与其所在的地理位置、地理环境和交通形势发展之间,特别是与其所处的特定历史条件之间的关系,可供历史地理爱好者、有关城市规划部门的人员、中学地理教师参考阅读。

（王忆南）

南京辞典 中共南京市委党史工作办公室、南京市地方志编纂委员会办公室编,金承平、蒋晓星主编,方志出版社2005年8月出版,1 240千字。《南京辞典》共计3 000个辞条,分为地理、历史、人物、政党社团、市政城建、交通邮电、经济、科学技术、教育、文化、新闻出版、旅游、卫生体育、风俗特产、民族宗教、社会生活共16编,时间上起远古,下迄当代,少数辞条延至2005年。新中国成立后南京翻天覆地的巨大变化,尤其是改革开放以来日新月异的迅猛发展,为全书积累了极为丰富的资料,并提供了更为广阔的空间。本书集中展示了南京各条战线的全貌,系统地介绍了南京各个领域的概况,集资料性、知识性、实用性于一体,在科学性、规范性、地方性上作探索和尝试,力图全方位、全景式地展现南京古貌新姿,成为一部贯古通今、鉴往知来的重要参考书。

（王忆南）

江苏地名溯源 江苏省地方志编纂委员会办公室编,方志出版社2004年11月出版,330千字。地名蕴含了一个地区丰富的文化内涵和地情底色,本书主要考查江苏省地名得名的缘由,对江苏省的地名做溯源性解释。以政区地名为主,记录了江苏省、市、县(市、区)三级地名的由来和地名变迁。本书同时还是《江苏省地方志文库》系列所推出的首卷本。作为建设"文化大省"系统工程的一部分,省地方志办公室陆续推出的地方志文库,旨在打造江苏历史文化品牌和擦亮江苏省情亮点。这套文库不同于体例严谨、规模浩大的《江苏省志》,而主要侧重于用"灵巧"的形式,更加生动地解读江苏地情,通过更加新颖的角度,审视江苏的昨天与今天,从而传承文明。 （王忆南）

江苏老街与历史街区 江苏省政协文史委员会编,黄玉生主编,江苏人民出版社 2007 年 12 月出版,280 千字。老街和历史街区是一座城市的文化名片,是历史文化遗存比较集中的地方,它见证城市的悠久文化,展现城市的传统风貌,其建筑格局、精湛技艺、民俗风情等,是不可再生的文化资源。该书按市级行政区划顺序排列,介绍了南京的梅园新村、无锡的荣巷、常州的青果巷等 49 处老街与历史街区。 （王忆南）

京杭运河(江苏)史料选编 《京杭运河(江苏)史料选编》编纂委员会编,张纪成主编,人民交通出版社 1997 年 4 月出版,1 367 千字。京杭运河是世界上开凿较早的人工河道之一,为中国南北交通大动脉,对历代的政治、经济、文化产生过极其重要的作用和影响。江苏是京杭运河流经的重要区域,深入研究京杭运河江苏段的历史意义重大。本书是一部有关京杭运河的历史资料集,分航道和运输两编,汇集了先秦至中华人民共和国成立前京杭运河江苏境内的有关史料,共 130 余万字,全书概览古代、近代重要史籍记述,按历史朝代顺序分章分类,以时序排列史料,编纂的史料言之有据,用之有故。它的出版,将对京杭运河的进一步开发和利用,提供丰富的历史借鉴,也为京杭运河历史研究和航运史研究带来极大的便利。全书共 3 册。 （王忆南）

中国运河史料选辑 朱偰(1907～1968,浙江海盐人,曾任中央大学、南京大学教授,江苏省文化局副局长,江苏省文物管理委员会副主任)编,中华书局 1962 年 7 月出版,124 千字。中国运河是全世界闻名的伟大工程之一,至今已经有约 2 500 年的历史了,历代兴修、变革又频繁,所以运河的史料十分丰富。本书从三个方面汇编了运河史料:反映历代运河重要变革和某一时代的运河全貌;反映运河对于各个时代经济、政治、文化的影响;反映历代人民对于运河的看法和运河决堤时对民间造成的影响。基于以上三个方面,本书分朝代汇集了有关运河的史料,包括:秦代以前的运河史料、汉魏晋南北朝时期的运河史料、隋代运河史料、唐代运河史料、五代及两宋运河史料、元代运河史料、明代运河史料、清代运河史料、清代运河决堤里下河地区受灾史料。(另有《金陵古迹图考》,已著录) （王忆南）

中国交通史料汇编 张星烺编注,朱杰勤校订,中华书局 2003 年 6 月出版,1 174 千字。本《史料汇编》(共 6 册)早在 1930 年便作为《辅仁大学丛书》第一种问世。书中将古代中外史籍中关于中西交通的史料按地区、年代先后汇辑,加以注释和说明,创见甚多。著者亦以此书作为我国中外交通史学奠基者之一而享誉中外。此书在 20 世纪 50 年代以前曾由辅仁大学多次重印。中华书局也于 1977 年请朱杰勤先生重新将此书校订出版。校订工作主要是查对引书资料,改正错讹,统一编排体例,并将繁体字改简体横排。但新版当时只限内部发行,印数不多,流传不广。此后近 30 年间中外交通史(中外关系史)的研究已有许多新的发展,但由于张先生这套书资料比较集中,前人的研究成果亦多有参考之处,仍是目前中外关系史研究的基本参考书,所以又将它再重印。书中除改正排印中的错字外,还恢复了 1977 年版中被删去原书中的朱希祖序、自序和前编《上古时代之中外交通》。

（韩 兵）

金陵古迹图考 朱偰著,中华书局 2006 年 8 月出版,字数不详。全书共计 14 章,首先根据历代金陵地方志论述了金陵之形势,对其山川、河流、城池详加考证,并以历史史料编出金陵大事年表。从第三章起分代记述了秦汉以前之遗址、六朝城郭宫阙遗址、六朝陵墓、南朝四百八十寺、隋唐之遗址、南唐遗址、宋元之遗址、明代之遗址、清朝及太平天国遗迹、近代之玄观祠宇及梵刹、园林及宅第等。

（王忆南）

西北考察日记 顾颉刚等著,达浚、张科点校,甘肃人民出版社2002年1月出版,203千字。本书收录了《北草地旅行记》《游陇丛记》《河西见闻录》《西北考察日记》4部作品。其中《西北考察日记》为顾颉刚在抗战期间所写,在书中作者以历史地理学家的知识与视角,对"秦陇"风景乃至大西北的自然景观与人文景观进行了细致的考察与描写。作者在大西北发现"江南"风景,以慰藉背井离乡的乡愁;对鸟鼠山、黄河源、秦长城、拉卜楞寺等景观的描写,则表现了作者在日本侵略的背景下,欲借此唤醒民族共同体的历史文化认同感的良苦用心。 （蔡保鹏）

江苏园林名胜 江苏省基本建设委员会编,江苏科学技术出版社1982年1月出版。本书分为古典园林、风景名胜、革命纪念地及文物古迹等三个部分。古典园林部分着重介绍各个园林的特色以及造园艺术的成就和造景布局的独特手法;风景名胜部分主要介绍有关的历史故事、景点特点,并作适当的评价;革命纪念地及文物古迹部分的介绍则力求史实确凿,资料具体扼要。 （王忆南）

边疆地理调查实录 严德一(1908～1991,中国地理学家,江苏泰兴人,曾任杭州大学地理系主任、中国地理学会理事、浙江省科协委员)著,上海商务印书馆1950年12月出版。本书记载了有关青、川、藏、滇交接地区地貌、气候、植被景观和民情习俗情况,填补了这个地理上神秘区域的空白,对开拓中国边疆的交通事业和边疆地理研究具有重要的参考价值。 （王忆南）

江苏之塔 江苏省文物管理委员会编,江苏人民出版社1957年7月出版。江苏省是我国佛教艺术比较发达的省份,存留下来的佛教建筑比较丰富。江苏省的宝塔在我国佛教建筑艺术史上占着比较重要的地位。本书首先介绍了江苏省现存宝塔的初步调查情况,随后逐一介绍了南京市栖霞山舍利塔、灵谷寺塔、复舟山三藏塔等70余座宝塔的初建年代、重建年代、结构、形式、建筑特点、方志记载、现状等情况并附有宝塔照片,可供历史和文物研究人员参考。 （王忆南）

江苏文物 中共江苏省委研究室编,江苏古籍出版社1987年3月出版,194千字。本书介绍了南京的固城遗址、苏州的仲雍墓、扬州的天山汉墓等351处江苏文物,其中有263处在1982年以前就被列为国家和省级文物保护单位。全书按照文物所在地区和形成的年代加以编排,着重介绍文物的历史沿革、现状、价值和有关人物等。书后附录全国重点文物保护单位名单(江苏部分)和江苏省文物保护单位名单。 （王忆南）

南京城墙志 杨国庆(文化文物专家、南京城墙保护管理中心的负责人)、王志高(1968～ ,安徽东至人,南京师范大学教授)著,凤凰出版社2008年1月出版,1 210千字。本书是一部全面、系统记载南京城墙历史和现状的地方专业性文献,也是我国第一部具有一定规模的地方城墙专业史志。内容上起自公元前559年,下至2005年,少数延伸到2007年。分为春秋战国秦汉城邑、六朝京师城墙、隋唐五代宋元城墙、明城墙营建与布局、明城墙的工役与建材、明城墙的损毁、明城墙的修缮、明城墙的守御、明城墙艺文等9章,包括南京城墙的起源、营建、沿革、构造、建材、参建人员、管理制度、损毁、修葺、战例、艺文、大事记等诸多方面,贯通古今,重点以明代及其后的南京城墙为主。本书的出版为社会各界了解和研究南京城墙提供基本材料,有利于南京城墙的维修保护、资源享用。 （王忆南）

南京明城墙 杨新华(1952～ ,山东莒县人,南京市文物局副研究馆员,曾任南京市文物局副局长,中国古都学会常务理事、副秘书长,南京古都学会副会长,南京历史文化名城研究会副会长)主编,南京大学出版社2006年5月出版,790千字。本书上下编共14章,内容包括南京明城墙研究、南京明城墙风光带规划、南京明城墙保护法规和准则、南京明城墙抢险维修报告等。本书从南京明城墙的历史研究入手,在充分总结历年来对明城墙保护与抢救性维修的经验的基础上,对如何做好对明城墙的科学保护和抢救维修进行详细的分析与研究。这一科研成果资料翔实、分析透彻、对策有效,具有很高的学术价值,不仅对南京明城墙今后的保护与维修起到指导作用,对全国范围内的古城墙,乃至其他古建筑的保护与维修也能起到很好的借鉴和参考作用。 （王忆南）

第十二章　自然科学总论

科学认识史论　萧焜焘(1922～1999,湖南长沙人,原南京工学院教授,江苏省社会科学院副院长)主编,江苏人民出版社1995年8月出版,632千字。2004年7月江苏人民出版社对本书再版重印。本书是作者多年构思、长期思考取得的成果,旨在历史地论证从自然哲学到精神哲学的"科学体系"的逻辑合理性与历史趋归性。本书历史地又合乎逻辑地论述了哲学与科学分合的历史观,相应于古希腊时期,是西欧哲学科学知识的启蒙与形成阶段;从中世纪到文艺复兴时期,是澄清宗教迷雾、实证科学兴起的阶段;迄于近现代,辩证法在唯物的基础上重新崛起,科学技术整体化趋势又客观地证实了辩证法的真理性,从而达到哲学与科学的融合。工程技术的理论概念形态便是这种融合的产物,它成了现代哲学唯物论的科学技术基础。本书通过论述哲学与科学的历史发展同源而分流,而又复归于综合的辩证过程,客观地昭示哲学的确立必须以科学为前提,科学的前进必须以哲学为归宿。

(王忆南)

科学哲学导论　张之沧著,人民出版社2004年8月出版,386千字。虽然国内外本领域的著作已出版不少,但本书仍有自己的特色:本书的基本内容是对西方哲学从孔德的实证主义一直到当代的后现代主义科学哲学诸多流派的基本思想和观点的高度概括与综合,它围绕16个基本科学哲学主题,打破历史和时间的顺序,突破人物及其理论的界限,每一章节陈述的都是诸多理论家共同关注的问题或领域;在对前人思想和观点扬弃的基础上提出一些有创见的科学哲学思想,特别是涉及诸如"科学的游戏起源论""科学异化"的思想、"认识重演律""科学虚构与赛博虚构"等概念、命题和理论等问题时,都具有创新的性质和特征;本书体系完整,结构严密,同时从科学活动论及科学图式论两个角度对整体科学进行新的审视和研究,确立了一种比较新颖的科学形象。

(徐志辉)

技术创新哲学研究　夏保华教授(1969～　,河南商城人,东南大学人文学院教授,中国自然辩证法研究会技术哲学委员会常务理事。研究方向:技术哲学与技术社会学、技术创新哲学、科技政策)著,中国社会科学出版社2004年12月出版,240千字。本书共6章,立足哲学高度研究技术创新,缕述了历代思想家、科学家的技术哲学观,同时提出了一些自己的观点,是这一领域较好的研究成果。除观念领域的研究外,全书又分4章篇幅研究了技术创新实践的宏观、中观、微观问题,尤其是中间试验、企业持续创新,既有理论高度,又有实践意义。全书条理清晰、行文顺畅、通俗易懂,是理论工作者、科技工作者和企业的良好读物。

(孟桂英)

实践的科学与客观性的回归　邢冬梅(1964～　,女,苏州大学政治与公共管理学院教授。研究方向:科学技术哲学,科学技术与社会)著,科学出版社2008年5月出版,323千字。本书通过对科学的社会建构学术潮流发展演变的梳理和批判,对实践的科学观的理论基础、概貌和意义进行说明和刻画,提出科学的本质是实践和文化,用"参与"

的视角取代传统的"旁观"的视角来审视科学,用对科学的操作性语言描述,取代表征性语言描述,明确提出用"过程客观性"代替"实体客观性"是科学的"客观性回归"。本书适于科技哲学工作者、科学社会学工作者以及相关专业大学师生阅读。

（徐志辉）

科学思想史 林德宏著,江苏科学技术出版社1985年7月出版,351千字。本书概述从古代至20世纪自然科学理论思想发展的历史,着重分析重要科学理论思想提出的认识过程,它的科学意义与哲学意义,重要科学家的科学思想与方法论思想。科技工作者,理工农医各类院校的学生与研究生,从中可以了解科学理论思想发展的脉络和科学思想在科学技术发展中的作用,吸取著名科学家的成功经验与失败教训。哲学工作者、科技史工作者与高等院校文科师生,从中可以吸取科学思想的历史成果,加深对辩证唯物主义的理解。广大干部、中小学教师和青年读者,从中可以了解自然科学发展的概况,丰富科学知识,扩大眼界。开设自然辩证法课与科技史课的学校,可用此书作为教材或参考书。

（徐志辉）

六朝科技 周瀚光(1950～ ,上海人,华东师范大学古籍研究所教授。研究方向:中国哲学史,中国科学思想史)等主编,南京出版社2003年8月出版,280千字。本书为国家"十五"重点图书出版规划项目,系统阐述了六朝科技发展的社会背景,详尽考察和分析了数学、天文学、医药学、农学与生物学、道教炼丹术、物理学、地学、工艺技术等学科的科技成果,并对六朝科技的历史地位和特点进行了总结,指出六朝科技的发展具有两个鲜明的特点:一是科技创新层出不穷,二是南方科技的全面崛起。既指出六朝在天文、数学、炼丹化学等领域超过北方的全国领先地位,又指出在医学领域南北互补的特色,以及六朝在农学、生物学、地理学领域落后于北方的事实,是迄今为止第一部全面系统论述六朝科技成就的学术著作。

（王忆南）

世界前沿科技发展报告 程津培(1948～ ,天津人,籍贯江苏灌云,有机化学家,中科院院士、教授)主编,科学出版社2006年3月出版,356千字。本书详细介绍了世界前沿科技的发展态势,对若干国家的战略与部署进行了综述,并对我国前沿科技的进展、差距及发展中的重大问题进行了深入分析。本书包含的7个报告分别介绍了信息技术、生物技术、航天技术、航空技术、新材料技术、能源技术、先进制造技术等前沿科技的发展情况,其中包括技术进展以及相关产业的发展态势、主要国家和地区的战略措施,以及具有代表性的若干重要技术。

（蔡保鹏）

钱临照文集 钱临照(1906～1999,江苏无锡人,物理学家,中国科学院学部委员,曾任中国科学院物理研究所研究员、中国科学技术大学副校长)著,朱清时编,安徽教育出版社2001年12月出版,800千字。本文集一共分为5编,第一编主要列举了钱临照先生重要的物理学论文,有的采用英文纪录形式,有的则是运用中文进行解释,站在现代物理学的高度,深刻地揭示了这些条目的物理学意义。第二编包括专著和科学专论,阐述了晶体中位错理论的基础,固体的性质和它的微观结构以及大学物理实验杂谈等极具科学价值的文章。第三编是科学史论的著作,涵盖了从古到今世界物理学的发展,例如中国古代光学和力学的知识,中国古代磁学的知识,等等。作者还涉及外国的科学技术史,对西方历史上的宇宙理论作出了评述。第四编属于回忆性文章,对中国的物理学进行了具体的回顾,并对物理学界的老前辈们进行了高度的赞扬。第五编主要收集了钱老先生的杂文、书评以及序,充分反映了钱老先生的傲然风骨。本书还特别刊登了钱临照先生的自传,帮助读者们更好地了解这位潜心向学,以良知和良心屹立于世人面前的中国学者。

（蔡保鹏）

钱钟韩90年代文集 钱钟韩(1911～2002,江苏无锡人,工程热物理和自动化专家,中国科学院学部委员,曾任南京大学、南京工学院教授、南京工学院院长、江苏省科学技术协会主席)著,东南大学出版社2001年6月出版,113千字。本文集中收录了钱先生在20世纪90年代写的一些文章和讲话稿,有两篇是读书笔记及对原著思想观点的引申,按内容大体可分为两个部分。第一部分是用社会发展的观点来看一些社会热点问题的文章,其中涉及年轻人的民族责任感、个体与群体、知识分子政策、多层次共生、世界的演进、科学与神学等许多问题。第二部分则是从新的角度、用新的方法来处理基础科学中的若干著名问题，包括超光速世界和哥德巴赫猜想等。

（蔡保鹏）

中华铁路史 凌鸿勋（字竹铭，1894～1981，生于广东番禺，原籍江苏常熟，中国土木工程专家、铁路史研究专家，曾任交通大学教授、台湾大学教授、中央研究院院士）编著，台湾商务印书馆1981年7月出版，字数不详。《中国之科学与文明》之一。本书分上编《铁路综述》，对中国铁路政策之演进、民国初期及国府成立后之铁路、铁路路线之规划、铁路技术上之重要事项、铁路隶属制度进行了回顾。中编《台湾之铁路》，对台湾铁路之起源与改进的历史进行了追述。下编《铁路分述》，对早年已成各路、对日抗战前后之铁路、短小铁路、东北各铁路、已筑未成各路、已测未筑各路、搁置各路、商办铁路、国军退出后大陆上中共铁路措施略况，进行了详细分述。

（徐志辉）

中国科学院石油研究所煤炭研究室研究报告集刊：1958年第3集 张大煜（1906～1989，江苏江阴人，中国科学院学部委员，历任中国科学院工业化学研究所、石油研究所、大连化学物理研究所研究员，中国科学院兰州化学物理研究所、山西煤炭化学研究所所长，中国化学会副理事长，《燃料化学学报》主编等）主编，科学出版社1958年11月出版，157千字。本报告集共收石油化工论文11篇。篇目：在石油研究所进行的气体色谱研究；石油研究所关于液体色谱法的研究；用有色指示剂快速测定烃族组成的色谱分析法；酚类和酸类的吸附分离；用分配色谱和紫外光谱联合法分析低级酚的单体组成；用气液色谱法分析苯破坏加氢的产品；六碳烃类蒸汽在硅胶上的吸附；气体体积色谱分析法；体积色谱法分析天然气；抚顺页岩油中硫化物族分析；抚顺页岩油轻油中低级酚的组成。

（韩 兵）

高技术辞典 王大珩（1915～2011，原籍江苏吴县，"两弹一星功勋奖章"获得者，"中国光学之父"，应用光学家，中国科学院学部委员、中国工程院院士，曾任中国科学院长春光学精密机械研究所研究员、所长，哈尔滨科学技术大学校长，中国科学院长春分院院长，中国科协副主席）、王淦昌（1907～1998，江苏常熟人，著名核物理学家、中国科学院院士，"两弹一星元勋"，九三学社中央名誉主席，曾任中国科学院近代物理研究所研究员、第二机械工业部副部长、中国科学技术协会副主席）等主编，清华大学出版社2000年10月出版，2 060千字。本书共收入词条2 017条，涉及生物技术、航空技术、航天技术、计算机技术、通信技术、自动化技术、微电子技术、光电子技术、信息获取与处理技术、能源技术、激光技术、新材料技术、超导技术、海洋技术、高技术在新武器装备中的应用以及高技术综论等16个领域。（另有《现代仪器仪表技术与设计》，已著录）

（王忆南）

系统科学 许国志（1919～2001，江苏扬州人，原中国科学院系统科学研究所研究员，中国工程院院士）主编，上海科技教育出版社2000年9月出版，446千字。本书是在总结我国20多年来开展系统科学和系统工程研究、应用、教学的基础上编写的，并在全国范围广泛征求意见，反映了同行的共识性认识。本书全面介绍了系统科学的基础理论、应用理论和工程应用，重点是基础理论的内容。本书系统阐述了对各类系统的结构、功能和演化有普适意义的动力学系统理论（包括分岔、混沌等）、自组织理论、随机性理论以及简单巨系统、复杂适应系统、开放的复杂巨系统的理论，对信息论、控制论、运筹学、系统工程方法论等系统工程技术作了简要介绍。

（王忆南）

系统信息控制科学原理 沈骊天（1942～ ，江苏江阴人，南京大学哲学系教授，中国系统科学研究会常务理事，中国科普作家协会会员。研究方向：系统科学哲学，当代自然科学哲学，科技创新与科技成果转化）著，南京大学出版社1987年5月出版，213千字。系统信息控制科学是20世纪最伟大的科学理论成果之一。它是当代新技术革命的科学基础。本书是系统信息控制科学的入门书。它既有对这门学科基本概念、基本知识的系统介绍，又有作者本人的研究成果与理论探索。耗散结构理论、协同学、突变理论等最新系统理论在本书中都有深入浅出的介绍；广义信息，从无序向有序的广义进化论，生命和自我意识的奥秘，人工智能的前景，哲学的新发展，经济的宏观控制等饶有兴味的问题都是本书着力研究的论题。本书的内容材料丰富，观点新奇，使人读后趣味盎然、回味无穷。

（徐志辉）

系统自组织概论 张彦、林德宏著，南京大学出版社1990年4月出版，268千字。自组织问题的研究已经形成一股蔚为壮观的世界科学的潮流。本书把尚属比较分散的进展（耗散结构、协同、分维、混沌等）用系统的方式组织起来，深入浅出地提炼出最为核心的概念和内容，并从科学史、科学方法、科学思想、自然观等诸多方面，阐明这门科学的地位和意义、由来和发展。作为应用，本书围绕社会经济系统自组织，论述了新科学思维对改善宏观和微观经济学基础产生的重要影响。本书信息量大，知识面广，资料翔实，语言生动，既可作为一般读者的入门向导，又可以作为教科书和各方面研究人员的参考书。

（徐志辉）

灰色系统理论及其应用 刘思峰（1955～　，河南平舆人，南京航空航天大学经济与管理学院教授。研究方向：灰色系统理论，数量经济学）、郭天榜编著，河南大学出版社1991年2月出版，317千字。本书是作者在多年从事灰色系统理论研究、应用和教学的基础上写成的。全书共11章，其中灰序列算子、灰关联聚类、灰色定权聚类及几种广义灰色关联度等新思路、新方法、新算式系首次提出。该书理论系统扼要，方法简便实用，特别适宜于用作高等学校理工农医天地生及经济、管理类各专业大学生和研究生教材，亦可供政府部门、科研机构以及工厂、农村的科技人员和管理人员参考。这是一本有理论、有实际，有研究、有应用，有背景、有升华，有继承、有开拓的著作，将为灰色系统理论的发展与软科学的实用化做出贡献。

（徐志辉）

第十三章 数理科学和化学类

数理逻辑导论 莫绍揆（1917～2011，广西桂平人，南京大学教授，曾任中国数学会理事、中国逻辑学会副理事长、江苏省逻辑学会会长、名誉会长。研究领域：数理逻辑）著，上海科学技术出版社1965年4月出版，280千字。本书是数理逻辑的一本入门书，根据理论与实际相结合的原则，力求写得详细易懂，使初学者易于接受。在很多地方，作者对各派学说进行了分析，并提出了自己的看法，供读者讨论研究。本书共分3篇，第一篇讨论命题演算，第二、三两篇讨论谓词演算，合计7章。本书可供大学数学系数理逻辑专业师生及有关工作者参考。（另有《递归论》，已著录） （徐志辉）

递归论 莫绍揆著，科学出版社1987年11月出版，259千字。本书是《现代数学基础丛书》之一，也是一本入门书。作者对递归论的各个发展方向（古典的与新兴的）都作了比较详细而有系统的介绍。前4章是初等部分，详细讨论了递归函数类及其各重要子类，并以算子概念贯穿整个讨论，使读者有巩固的基础知识；后4章分别介绍递归枚举性、判定问题、谱系与计算复杂性、化归与不可解度论，将读者引导到科研前沿。本书可供大学数学系本科生或研究生作为递归论的教材或参考书使用。 （徐志辉）

关系映射反演方法 徐利治（1920～2019，原名徐泉涌，江苏张家港人，曾任吉林大学、华中科技大学、大连工学院教授、应用数学研究所所长）、郑毓信著，江苏教育出版社1989年5月出版，67千字。《数学方法论丛书》之一。关系映射反演法是我国著名数学家徐利治教授依据长期数学研究的实践所归纳、总结出的一种数学方法，这一方法自问世以来得到了数学教育界人士的普遍欢迎和高度评价，并在实践中得到了进一步的发展。本书就是在此基础上写成的关于关系映射反演方法的第一部专著，是对这一方法的系统、全面的论述，读者可从选自数学各个领域中的大量实例得到具体的启示。 （王忆南）

高等数学 赵访熊（1908～1996，江苏武进人，曾任清华大学教授，中国最早提倡和从事应用数学与计算数学的教学与研究的学者之一）编，高等教育出版社1965年6月出版，417千字。本书包括高等工业院校高等数学（基础部分）课程通常讲授的内容：解析几何，一元函数微积分学，多元函数微积分学，无穷级数，微分方程等。其中也有一些超过教学大纲的部分，如：定积分存在定理的证明，一致连续性，一致收敛性，实用调和分析，差分方程解法等。书中充分运用了矢量方法，而对数学理论的严密性和分析证明，则不过分强调。（另有《高等微积分》，已著录） （韩 兵）

数学文化学 郑毓信（1944～ ，浙江镇海人，南京大学哲学系教授，中国自然辩证法研究会数学哲学专业委员会委员，国际数学教育大会程序委员会委员。研究领域：数学哲学，数学教育）、王宪昌、蔡仲著，四川教育出版社2001年1月出版，300千字。本书代表了建立数学文化学系统理论的一个自觉努力，即是从数学的文化观念、数学文化史的研究和数学的文化价值这样三个方面构建起数学文化学的初步理论框架。立足于数学哲学、数学史和数学教育学的现代研究是本书的主要特点，而其主要目的则是希望能从各个侧面清楚地揭示数学的社会—文化特性。由于后者正是现代数学观、现代数学史研究和现代数学教育观的一个重要内容或特征，相信广大数学工作者、数学史工作者、特别是数学教育工作者都能从中获得有益的启示。数学是人类文化的一个重要组成成分，数学是一种理性精神，一个不掌握数学文化的民族是注定要衰落的，一个与整体性的文化—社会环境相脱离的数学与数学教育系统也肯定是没有前途的。（另有《数学方法论入门》《数学教育哲学》，已著录）

（徐志辉）

数学方法论入门　郑毓信著，浙江教育出版社2006年3月出版，340千字。数学方法论主要是研究和讨论数学的发展规律、数学的思想方法以及数学中的发现、发明与创造等法则的一门新兴学科。由于数学方法论的涉及面十分广泛，本书作为一部"入门书"自然就不可能对所有这些问题都作出详尽的讨论，而只能从整体的角度对数学方法论中一些具有普遍意义的问题进行分析和讨论。也正因如此，本书论述的重点就不在于各种具体的研究方法，而是一般性的思想方法；分析的范围也不局限于任一特殊的数学分支，而是着眼于各个数学分支中共性的东西。

（徐志辉）

数学教育哲学　郑毓信著，四川教育出版社2001年9月出版，350千字。《数学·哲学·文化·教育系列》中的第一部。本书代表了建立数学教育哲学系统理论的一个自觉努力，即是希望能从哲学高度为数学教育的深入发展提供一个相对独立的理论基础。对于数学教育以下三个基本问题的深入分析构成本书的主要内容：什么是数学？为什么要进行数学教育？应当如何去进行数学教育？相对于具体的知识内容而言，本书又突出强调观念的转变：首先是指数学观的革命，即由静态的、绝对主义的、机械反映论的数学观向动态的、辩证的、模式论的数学观的转变。其次则是指数学教学思想的根本性变革，即不应将数学学习看成学生对于教师所授予的知识的被动接受，而是一个以学生已有的知识和经验为基础的主动的社会建构过程。再者，作为数学教育目标的具体分析，本书还涉及数学教育的基本矛盾、数学教育的现代化等一系列重大的理论问题和现实问题。

（徐志辉）

现代数学建模方法　王庚（1960～　，安徽桐城人，南京财经大学经济学院教授。研究领域：数量经济，统计模型及其应用，现代质量管理技术）、王敏生著，科学出版社2008年2月出版，384千字。数学建模是数学应用的钥匙，而现代数学建模的方法众多且极难掌握与应用。作者根据长期从事应用数学和数学建模工作的经验与研究，认为其关键是选择合适的案例，理解方法的基本思想，运用相应的软件多实践。本书深入浅出，生动实用，可作为应用数学较多的学科如工程类、经济金融类、理学学科、管理学科等各专业的应用数学方法用书，也可作为广大教师、科技工作者和工程技术人员的参考书，使用者可根据自己的专业背景和使用目的选取所需内容。

（徐志辉）

面向不确定性决策的杂合粗糙集方法及其应用　菅利荣（1968～　，内蒙古集宁人，南京航空航天大学经济与管理学院教授。研究方向：不确定性评价，科技创新管理，预测与决策理论方法，复杂装备供应链管理）著，科学出版社2008年3月出版，231千字。本书介绍粗糙集理论、方法与应用，并针对实际应用领域中知识表示系统可能包含的多种不确定性情况，较系统地介绍粗糙集理论与其他相关软技术理论的杂合方法与应用。书中融入了国内外学者研究的许多最新成果。全书内容分为8章，包括绪论，粗糙集理论，粗糙集与概率论的杂合，粗糙集与优势关系的杂合，粗糙集与模糊集的杂合，粗糙集与灰色系统的杂合，变精度粗糙集、模糊集与神经网络的杂合，以及杂合粗糙集方法的应用分析等。本书可作为高等院校经济管理类专业及应用数学、信息科学、自动控制等专业的高年级本科生及研究生教材，也可作为人文、社会科学及其他相关学科的参考书。

（徐志辉）

实半单李代数　严志达（1917～1999，江苏南通人，中国科学院院士，曾任南开大学数学系教授。

专于李群和微分几何,并从事齿轮啮合理论的研究)著,南开大学出版社 1998 年 10 月出版,220 千字。从 20 世纪 50 年代开始,作者一直从事实半单李代数及与其有密切关系的对称空间的研究。1963 年他应中国科学院数学研究所的邀请,系统地讲述他在实半单李代数方面的工作,本书的材料最初即是作者在中国科学院数学研究所所作的报告。本书内容主要包括:李代数的自同构与自同构群、实半单李代数的 Cartan 分解与 Iwasawa 分解、实半单李代数的分类、Satake 图、实现和自同构等。本书所论的实半单李代数理论对微分几何中对称空间、局部对称空间及李代数理论中实半单李代数的 Cartan 子代数、Weyl 群、表示理论等都产生了很大的影响。 （王忆南）

伽罗华理论 孙本旺(1913~1984,江苏高邮人,曾任国防科技大学系统工程与数学系教授、武汉大学教授、军事工程学院教授,中国数学会第三届理事)编著,湖南科学技术出版社 1984 年 4 月出版,139 千字。本书是为初学代数的人自学用的,其内容是根据作者于 1948 年在美国听代数学家 E·阿丁(E. Artin)讲课的笔记改编而成,全书共 7 章:第一章《群》,第二章《环与域(体)》,第三章《多项式、分解因子、理想》,第四章《剩余类、扩张域、同构》,第五章《伽罗华理论》,第六章《带整系数的多项式》,第七章《方程式理论》。 （王忆南）

数论导引 华罗庚(1910~1985,江苏金坛人,中国科学院院士,美国国家科学院外籍院士,中央研究院院士,曾任西南联合大学、清华大学教授,中国科学技术大学副校长,中国科学院数学研究所所长,中国科学院副院长,中国科学技术协会副主席)著,科学出版社 1957 年 7 月出版,628 千字。全书共 20 章,前 6 章是基础知识,内容包括:整数分解,同余式,二次剩余,多项式之性质,素数分布概况,数论函数等;后 14 章是就解析数论,代数数论,超越数论,数的几何这几个数论主要分支的基础部分加以介绍,内容包括:三角和,数的分拆,素数定理,连分数,不定方程,二元二次型,模变换,整数矩阵,p-adic 数,代数数论导引,超越数,Waring 问题与 Prouhet-Tarry 问题,数的几何等。书中引述了许多我国古代数学家在数论上的成就,也包含了许多近代数论中的重要成果。书中也包括了著者许多未经发表的结果。（另有《堆垒素数论》《从杨辉三角谈起》《优选学》,已著录） （徐志辉）

堆垒素数论(修订本) 华罗庚著,科学出版社 1957 年 9 月出版,182 千字。本书为中国科学院数学研究所编辑之中国科学院数学研究所专刊第 1 号,本书是关于堆垒素数论方面苏联维诺格拉陀夫院士的研究方法和本书作者自己的研究方法的总结性论著。在本书中给予维诺格拉陀夫院士的中值定理以显著的中心地位,并且改进了它。作者把华林问题与古特拔黑问题的研究方法结合起来,并把华林问题一方面推广到每一加数是整系数多项式的情形,一方面限制变数仅取素数值。作者把 Tarry 问题也加上了变数只取素数值的限制,同时又讨论到更广的素未知数的不定方程组。本书是作者的早期著作,最初于 1946 年在苏联用俄文第一次出版。新中国成立后于 1953 年由中国科学院出版了中文版。现在作者又重新将这部书修订再版。（蔡保鹏）

从杨辉三角谈起 华罗庚著,科学出版社 2002 年 5 月出版,38 千字。杨辉是宋朝的数学家,在他著的《详解九章算法》一书中,画了一张表示二项式展开后的系数构成的三角图形,称作"开方作法本源",现在简称为"杨辉三角"。本书从分析杨辉三角的基本性质谈起,讨论二项式定理、开方和多种级数,最后以精确估计一个无穷级数的和的值为例,告诉读者近似计算的一种方法。 （蔡保鹏）

哥德巴赫猜想 潘承洞(1934~1997,江苏苏州人,中国科学院院士,原山东大学校长)、潘承彪(1938~ ,江苏苏州人,中国农业大学教授)著,科学出版社 1981 年 2 月出版,277 千字。本书为华罗庚主编之《纯粹数学与应用数学专著丛书》第七号。本书是全面系统论述哥德巴赫猜想的第一本著作,总结了哥德巴赫猜想研究 60 多年来的大量杰出成就。全书系统介绍有关著名数学难题——哥德巴赫猜想的研究成果,特别是我国数学家的重大贡献,同时介绍研究这一问题所要用到的一些重要方法。（另有《解析数论基础》,已著录） （蔡保鹏）

解析数论基础 潘承洞、潘承彪著,科学出版社1991年2月出版,768千字。哥德巴赫猜想、孪生素数、素数分布、华林问题、除数问题、圆内整点问题、整数分拆及黎曼猜想等著名数论问题吸引了古今无数的数学爱好者,本书全面详细地讨论了迄今为止研究这些问题的重要的分析方法、理论和结果,介绍了它们的历史及最新进展。是研究这些问题必不可少的入门书。本书的读者对象是大学高年级学生、研究生、数论工作者以及具有一定数论知识及分析知识的数学爱好者。　　（蔡保鹏）

微积分学　孙光远(1900~1979,浙江余杭人,中国近代数学奠基人之一,曾任南京大学数学系主任、理学院院长)、孙叔平著,商务印书馆1940年9月初版,1957年6月第9版。本书共14章,讲述了函数、极限、微分法、导数的性质及其应用、逐次微分法、平面曲线、无穷级数、函数的展开、不定积分、定积分、积分法、偏微分法、重积分以及微分方程式等内容。本书长期被全国各大学选为数学系和物理系的教材,直至20世纪50年代初仍被复旦大学、南京大学等众多大学用作理科本科生的基本教材,在中国数学史上占有重要位置。　（王忆南）

高等微积分　赵访熊著,商务印书馆1949年11月出版,字数不详。本书是根据作者在清华大学理工二院任教期间历年讲义整理编写而成。本书包含集合、实数及级数、函数、定积分、函数级数、含参数定积分所定之函数、矢量分析、复变函数、富氏级数及富氏积分、勒氏多项式及白氏函数、运算微积、偏微分方程、椭圆积分、变分法,共13章。
　　　　　　　　　　　　　　　　（徐志辉）

值分布论及其新研究　杨乐(1939~　,江苏南通人,中国科学院学部委员,中国科学院数学研究所研究员)著,科学出版社1982年8月出版,277千字。本书为纯粹数学与应用数学专著第9号,书中对半个世纪以来国内外在亚纯函数值分布理论方面的研究工作做了系统的总结,对国内外很多新成果给予了简单、明了的论证。前三章并扼要介绍了亚纯函数值分布理论的基础知识——Nevanlinna理论、正规族、Borel方向。本书适合大学数学专业高年级学生、研究生、教师和研究工作者阅读与参考。　　　　　　　（王忆南）

绝对稳定性理论与应用　谢惠民(1939~　,江苏常州人,苏州大学数学科学学院教授。研究方向:动力系统与复杂性)著,科学出版社1986年3月出版,217千字。《现代控制系统理论小丛书》之一。本书介绍的绝对稳定性理论乃是当前在非线性控制系统的稳定性分析中最为有力的一种工具。全书共有9章。前3章是基本概念与数学准备,第四章介绍频率判据、圆判据等主要结果,第五章介绍以上结果的多方面应用,其中包括在电力系统暂态稳定问题中的应用。余下的4章是对前5章的内容作进一步的讨论和推广。本书包含作者的一些研究成果,有些结果是第一次发表。3个附录提供稳定性方面的预备知识。本书可供从事控制理论研究和控制系统设计的科技工作者参考,也可作为大学有关专业的学生和研究生的教材或参考书。(另有《复杂性与动力系统》,已著录)　　（徐志辉）

常微分方程讲义　叶彦谦(1923~2007,祖籍浙江兰溪,南京大学数学系教授)编,高等教育出版社1979年5月初版,1982年10月第2版,266千字。本书贯穿理论联系实际,辩证与运动的观点,主要内容包括:初等积分法,常微分方程的一般理论,微分方程组,常系数线性方程组和高阶方程,二阶线性方程,定性理论初步等。本书可供高等学校理科数学专业作教材之用。　　（王忆南）

哈密顿系统中的有序与无序运动　程崇庆(1956~　,江苏泰州人,南京大学教授。研究方向:动力系统)、孙义燧编著,上海科技教育出版社1996年1月出版,134千字。《非线性科学丛书》之一,主要研究哈密顿系统的动力行为,重点放在KAM理论和关于马瑟集的理论。众所周知,KAM理论的建立,是本世纪数学的一个重大突破。KAM理论对物理、力学有着深远的影响。本书介绍了什么是KAM理论、证明方法的基本框架、各式各样的推广、最新研究进展以及一些尚未解决的问题。本书可供理工科大学教师、高年级学生、研究生、博士后阅读,也可供自然科学和工程技术领域中的研究人员参考。　　（徐志辉）

偏微分方程近代方法　陈恕行、洪家兴(1942~　,上海人,原籍江苏吴县,中国科学院院士)编著,复旦大学出版社1988年7月出版,133千字。本书是一本介绍偏微分方程近代方法的入门教材,书中着重对泛函分析在线性偏微分方程中应用的几个重要方面作了较详细的介绍。主要内容包括:广义函数与Sobolev空间,椭圆型方程的边值问题与特征值问题,发展型方程的半群方法、能量方法与Galekin方法等。 （蔡保鹏）

变分法及有限元（上册） 钱伟长（1912～2010,江苏无锡人,中国科学院学部委员,曾任清华大学教务长、副校长,上海工业大学校长,上海大学校长,南京航空航天大学名誉校长,中国民主同盟副主席）著,科学出版社1980年8月出版,511千字。本书系统地论述了作为有限元法基础的变分原理,以广义变分原理贯穿全书,其中相当一部分内容是作者多年来的工作成果。本书内容包括:变分法的基本理论;梁、板小挠度和大挠度的静力学、动力学问题;板的热弹性问题;弹性体小位移变形和大位移变形的静力学、动力学问题;热弹性力学和塑性力学问题等等。本书可供有关科学研究人员、工程技术人员和高等院校师生参考。（蔡保鹏）

线性算子谱理论Ⅰ——亚正常算子与半亚正常算子 夏道行（1930～ ,江苏泰州人,中国科学院学部委员,现为美国范德堡大学教授）著,科学出版社1983年4月出版,194千字。本书为纯粹数学与应用数学专著第13号,着重介绍近10年来在国内外发展起来的线性算子谱理论及作者在这方面的研究成果,共两册。本书为第一册,主要内容是关于亚正常算子和半亚正常算子的基本性质、谱的直角投影和分割、角状投影和分割、记号算子和极记号算子、奇异积分模型、谱的决定、谱映照、预解式的估计、表征函数、精刻函数与Toeplitz算子的联系等。读者对象为数学、物理专业的大学高年级学生、研究生、教师和研究人员。（另有《线性算子谱理论Ⅱ——不定度规空间上的算子理论》,已著录） （王忆南）

线性算子谱理论Ⅱ——不定度规空间上的算子理论 夏道行、严绍宗著,科学出版社1987年10月出版,386千字。本书为纯粹数学与应用数学专著第13号,着重介绍近10年来在国内外发展起来的线性算子谱理论及作者在这方面的研究成果,共两册。第一册已于1983年出版。本书为第二册,内容包括:不定度规空间的子空间的结构理论,不定度规上稠定闭算子理论,自共轭、酉算子的谱理论,压缩算子的酉扩张理论,不定度规空间算子理论在场论方面的应用等。读者对象为数学、物理专业的大学高年级学生、研究生、教师和研究人员。
（王忆南）

鞅与随机积分引论 严加安（1941～ ,江苏邗江人,中国科学院院士,中国科学院应用数学研究所研究员）编著,上海科学技术出版社1981年4月出版,323千字。鞅与随机积分理论是随机过程理论的一个重要分支。进入20世纪70年代以来,该分支发展极为迅速。本书从经典鞅论及随机过程一般理论入手,比较系统地介绍了该分支近年来的主要成果。本书可供概率论研究工作者、大学教师及研究生阅读和参考。本书读者必须预先掌握相当于Loeve《概率论》前7章的概率论基础知识。（另有《随机分析选讲》,已著录） （王忆南）

随机分析选讲 严加安等著,科学出版社1997年6月出版。本书由4篇相对独立的有关随机分析的专题讲座组成。第一篇系统介绍鞅论、随机过程的一般理论及半鞅的随机积分等随机分析基础;第二篇介绍倒向随机微分方程的基本理论及其在随机优化问题和Hamilton-Jacobi-Bellman方程粘性解中的应用;第三篇简要介绍流形上的随机分析、Malliavin变分及轨道空间上的随机分析;第四篇围绕一些具体的数学物理和统计问题,详细介绍大偏差理论的基本概念、思想和技巧。本书后3篇的内容反映了目前国际上随机分析的几个重要研究领域。本书可供大学数学系大学生、研究生、教师及有关的科技工作者参考。 （王忆南）

非线性时间序列分析及其应用 王海燕（1966～ ,浙江诸暨人,东南大学经济管理学院教授。研究方向:物流与供应链管理,智能健康信息服务管理,社会经济系统复杂性分析）、卢山著,科学出版社2006年11月出版,230千字。本书以来自于确定性非线性系统的观测或实验时间序列为研究对象,在对问题的背景和意义进行分析的基础上，根据国内外关于单变量非线性时间序列分析的相关文献，总结单变量非线性时间分析的基本流程。对单变量非线性时间序列分析的基本方法进行详细综述。由于实际问题中常常可获得多变量时间序列，本书把单变量非线性时间序列分析方法推广到多变量非线性时间序列的情形，着重研究基于多变量时间序列的系统非线性检验方法、多变量时间序列相空间重构方法和多变量非线性时间序列的预测方法等，最后把这些方法应用到证券市场的指数时间序列中。本书自成体系，可作为系统工程、管理科学、金融工程、应用数学、生物医学工程、信号处理等专业高年级本科生、研究生和从事相关领域研究的科技工作者的参考书。 （徐志辉）

运筹学基础教程 路正南（1960～ ，江苏常州人，江苏大学工商管理学院教授，江苏省数量经济与管理科学学会副会长。研究方向：现代管理理论与方法，产业分析与投资，能源战略）、张怀胜编著，中国科学技术大学出版社2004年8月出版，268千字。本书包括运筹学中最基本、应用最广泛的六个部分：线性规划、整数规范、动态规划、图与网络分析、网络计划技术、存贮论，其中以线性规划为重点。本书注重理论联系实际，阐明各种方法的背景、应用条件及意义。为了便于读者掌握书中内容，每章都配有适当的习题。本书内容充实，文字简练，通俗易懂，既可作为设置运筹学课程专业的教材，也可作为经济管理工作者及相关人员了解、学习和研究运筹学的参考书。 （徐志辉）

运筹学 王文平（1966～ ，山东日照人，东南大学经济管理学院教授，中国优选法统筹法与经济数学研究会常务理事。研究领域：网络分析理论与方法，产业生态经济系统优化，绿色金融与可持续发展，灰色系统理论及应用）、侯合银、来向红编著，科学出版社2007年2月出版，497千字。本书以现代管理问题为导向，介绍运筹学的基本内容与方法。其特点是既重视相关数学模型的基本理论和数学逻辑思维训练，又重视各个模型、方法的实际应用背景分析，更强调应用计算机软件Excel进行管理问题的求解和计算能力的培养。内容包括：线性规划、图与网络优化、排队论、确定需求下的库存管理、不确定需求下的库存管理、博弈论等。每章均以辅助管理问题决策制订为目的进行编排，相关案例、例题在给出数学建模过程的基础上，同时给出Excel求解结果，求解过程光盘附于书后。本书可作为高等院校管理类、理工类相关专业学生的教科书，也可作为经济管理人员的参考书。 （徐志辉）

运筹学 吴清烈、尤海燕等主编，东南大学出版社2004年1月出版，532千字。全书共分12章，比较系统全面地介绍线性规划、目标规划、整数规划、非线性规划、动态规划、图与网络分析、网络计划、存储论、排队论、对策论与决策论等运筹学主要分支的基本原理和方法，力求理论联系实际，深入浅出地讲清概念和算法思路，并辅以相当数量的应用举例和习题，既包含部分历年考研试题，也包含一些实际背景很强的应用题。本书可作为高等院校管理科学、工程管理、系统工程、工业工程、信息管理与信息系统、电子商务以及经济管理类与理工类其他相关专业本科生教材，也可作为管理科学与工程、系统工程以及其他相关专业研究生教材。

（徐志辉）

应急管理与应急系统：选址、高度与算法 何建敏（1956～ ，江苏无锡人，东南大学经济管理学院教授，江苏省系统科学学会副理事长，中国软件行业协会系统工程专委会理事。研究方向：复杂管理与经济系统分析）、刘春林等著，科学出版社2005年7月出版，204千字。本书内容分为四个部分。第一部分主要分析应急管理的基本思想和解决应急管理问题的相关研究基础及典型应用实例。第二部分重点研究应急管理系统的选址问题。第三部分研究应急资源的配置和调度问题。第四部分研究了应急管理技术方法在供应链管理、项目管理等其他管理领域中的应用。本书适合于管理科学与工程、系统科学、系统工程、工商管理、公共管理等专业的高年级本科生、研究生和教师以及行政、企业和事业单位的高层管理与研究人员阅读参考。

（徐志辉）

优选学 华罗庚著，科学出版社1981年4月出版，130千字。本书介绍优选学方面的一些常见的方法。全书共分三部分，第一部分单因素优选法，主要是介绍黄金分割法、分数法和抛物线法。

第二部分多因素优选法,主要是介绍双因素优选法、最陡上升法、切块法、二次回归法和抛物体法。第三部分为附录,介绍其他一些方法。　　（蔡保鹏）

试验优化设计与分析　　任露泉(1944～　,江苏铜山人,中国科学院院士,吉林大学教授、学术委员会主任)编著,高等教育出版社2003年8月第2版,630千字。本书从技术观点和应用观点出发,重点阐述了试验设计、回归设计和数据处理的最优化方法和最新分析技术,以进一步提高试验优化的效率和水平,提高优化质量和成效。全书共分3篇21章,除了介绍试验优化的基本原理、常用方法外,还介绍了试验设计的最新方法、回归设计的最新应用技术,以及试验优化分析的最新研究成果及其应用实例。此外,还介绍了试验优化的常用统计软件。　　（蔡保鹏）

图象识别导论　　程民德(1917～1998,江苏吴县人,中国科学院院士)、沈燮昌等编著,上海科学技术出版社1983年7月出版,282千字。本书从统计判决、语言结构法、模糊集论三方面提供了图象识别的理论基础。全书共有6章,第一章介绍了图象识别研究的对象及方法,它是本书的引论;第二至四章介绍了统计图象识别中的一些基本方法及理论基础;第五章介绍了图象识别的语言结构法;第六章介绍了用模糊集的方法进行图象识别。
　　（蔡保鹏）

系统与控制理论中的线性代数　　黄琳(1935～　,江苏扬州人,中国科学院院士,北京大学教授)编著,科学出版社1984年1月出版,647千字。本书论述系统与控制理论中的线性代数,内容系统而全面。本书不但包括了线性代数的基本理论,还包括了近20年来由于系统与控制工程实践的需要而发展起来的新理论。书中一些内容是作者长期研究的结果。全书共14章,前4章概述与深化了线性代数的基本理论。第五至九章阐述矩阵范数与摄动理论、矩阵函数、广义逆阵、奇异值分解与极小化理论。第十至十二章论述线性方程组、最小二乘解与特征值计算等数值线性代数的内容。最后两章讨论了矩阵方程与稳定性理论、系统矩阵、有理矩阵与实现理论。（另有《稳定性理论》《稳定性与鲁棒性的理论基础》,已著录）　　（蔡保鹏）

稳定性理论　　黄琳著,北京大学出版社1992年7月出版,277千字。本书是作者根据他多年来在北京大学为研究生讲授稳定性理论课程的基础上编写而成。全书共分6章:稳定性理论基础,常系数线性系统,变系数线性系统,稳定性的进一步研究,控制系统的稳定性和比较原理与大系统。本书的内容不囿于一般稳定性理论的著作,它总结了近代稳定性理论发展的一些重要方面,其中包括作者的研究成果,利于引导读者迅速地进入稳定性理论研究的前沿。全书结构严谨,概念清楚,内容丰富,叙述简洁。　　（蔡保鹏）

稳定性与鲁棒性的理论基础　　黄琳编著,科学出版社2003年2月出版,861千字。本书阐述了稳定性与鲁棒性这一系统与控制理论基本属性的系统的和必要的理论基础,包括时不变与时变线性系统、非线性系统的Lyapunov稳定性理论和方法;控制系统的结构性质与系统镇定;非线性控制系统的频域方法;参数不确定系统及$H\infty$控制等鲁棒性分析与综合的理论与方法等。本书内容系统、严谨,可为从事系统与控制科学特别是有关稳定性与鲁棒性方面教学与科研的人员提供一个坚实的理论基础。　　（蔡保鹏）

非线性发展方程　　李大潜(1937～　,江苏南通人,中国科学院院士,曾任复旦大学教授、研究生院院长,上海市科协副主席)、陈韵梅著,科学出版社1989年12月出版,187千字。《现代数学基础丛书》之一。本书系统介绍近几年提出的处理有关非线性发展方程柯西问题的整体经典解存在性的有效方法及相应的重要结果,书末附有较详细的参考文献,便于读者在这一方向上开展研究工作。
　　（蔡保鹏）

摩擦学的分形　　葛世荣(1963～　,浙江天台人,中国矿业大学材料科学与工程学院教授。研究方向:生物摩擦学,摩擦学非线性理论,救灾机器人,矿山机械可靠性)、朱华著,机械工业出版社2005年4月出版,251千字。本书集中介绍了摩擦学中的分形行为和摩擦学问题的分形研究方法。

在用通俗易懂的语言介绍分形几何的基本概念的基础上,系统论述了摩擦学系统的复杂性,包括摩擦行为复杂性的认识过程,摩擦学系统的复杂性特征,摩擦磨损的尺度效应,以及应对摩擦学问题复杂性的方法等。重点介绍了摩擦学问题中的分形行为及其实验研究方法,涉及粗糙表面的分形行为、粗糙表面的分形模拟、表面接触的分形行为、摩擦的分形行为、磨损的分形行为和磨屑形态的分形识别等方面的内容。 （徐志辉）

连续介质力学导论 冯元桢(1919～2019,江苏武进人,美籍华人,美国国家科学院院士、美国国家工程院院士、美国国家医学院院士、中国科学院外籍院士,台湾"中央研究院"院士)著,李松年、马和中译,科学出版社1984年10月出版,277千字。本书用笛卡儿张量系统地介绍连续介质力学,书中首先叙述了连续介质力学所需的基本物理知识和数学知识,然后论述了应力、应变、变形率、本构方程以及场方程。(另有《生物力学》《生物力学——运动、流动、应力和生长》,已著录） （蔡保鹏）

弹性结构的数学理论 冯康(1920～1993,江苏南京人,原籍浙江绍兴,中国科学院院士)、石钟慈著,科学出版社1981年5月出版,292千字。本书包括三方面的基本内容:一、线性弹性理论基础,这是经典性的内容;二、组合弹性结构的数学理论,作者提出了自己的数学体系;三、弹性结构问题的有限元方法。作者在统一的理论基础上把这3方面内容有机地结合起来进行论述,着重弹性结构问题的数学提法的准确性和完整性。 （蔡保鹏）

弹性力学（上下册） 徐芝纶(1911～1999,江苏扬州人,中国科学院学部委员,曾任河海大学副院长)著,高等教育出版社1990年5月第3版。本书是为高等学校工科力学专业编写的弹性力学教材,全书分上下两册,上册310千字,下册300千字。上册先讲平面问题,再讲空间问题,下册先讲薄板问题,再讲薄壳问题。此安排大致符合由浅入深、由易到难、循序渐进的原则。为了训练学生理论推导和实际运算的能力,每章之后都附有难易程度不同的习题,任课教师可按照专业教学计划的要求和学生课外学时的多少,适当布置。在大多数章的最后,列出了参考教材的目录,以使学生在阅读了这些教材以后,能够更全面、深入地掌握该章的内容。本书第1版出版于1978年1月,第3版中取消了"用手工进行的松弛计算""空间轴对称问题的应力函数"等内容,增加了"位移差分解""解答的唯一性"和"功的互等定理"等内容。 （王忆南）

损伤力学及其应用 李兆霞(1957～ ,女,东南大学土木工程学院教授,中国力学学会理事、江苏省力学学会常务理事。研究方向:结构损伤理论与方法,材料损伤力学性能和本构模拟,大型钢桥梁疲劳损伤评估,结构健康监测,结构损伤分析的有限元方法及应用)编著,科学出版社2002年7月出版,188千字。本书首先介绍损伤力学的基本概念、基本原理和损伤唯象理论的基本问题;然后进一步介绍材料损伤理论的本构模拟,包括各向同性和各向异性材料损伤、混凝土等脆性材料的本构损伤关系和损伤宏、细、微观理论的研究。书中最后介绍结构损伤分析的理论和方法及其在结构工程实际中的应用。本书可作为力学、材料、土木、机械及相关专业研究生的教材,也可供高年级本科生、一般工程技术人员和相关领域研究人员参考。 （徐志辉）

流体力学 曹鹤荪(1912～1998,江苏江阴人,历任成都空军机械学校高级教官,交通大学、中国人民解放军军事工程学院、国防科学技术大学教授、副校长)编,上海龙门联合书局1951年9月初版,1951年11月再版。该书为满足工学院各系关于流体力学上的需要而编写,共计12章,自第二至六章讲流体力学上的一般理论,自第七至十一章,讨论各项个别的问题,如管路、渠、升力与推进力、润滑问题、水利机械等。 （蔡保鹏）

水槽中的孤波 倪皖荪、魏荣爵(1916～2010,湖南邵阳人,中国科学院数学物理学部学部委员,曾任南京大学物理系主任,南京大学声学研究所所长)编著,上海科技教育出版社1997年12月出版。本书是《非线性科学丛书》的一种,介绍水槽中的孤波的理论与实验的研究概况,也介绍了参量激发驻孤波、法拉第孤子间相互往复振荡运动和参量激发水波的非线性动力学行为的最新研究进展。本书可供理工科大学教师、高年级学生、研究生、博士后阅读,也可供自然科学和工程技术领域中的研究人员参考。

（王忆南）

谈镐生文集　谈镐生(1916～2005,江苏吴县人,中国科学院学部委员,曾任中国科学院力学研究所副所长,中国科技大学力学系主任)著,科学出版社 2006 年 11 月出版,688 千字。本文集收入了著名力学家、应用数学家、中国科学院院士谈镐生先生在流体力学、稀薄气体动力学和应用数学研究领域的论文和研究报告 26 篇,谈镐生先生倡导和支持力学基础研究的有关文章和论述 21 篇以及谈镐生先生生平年表。

（王忆南）

计算流体力学:差分方法的原理和应用　张涵信(1936～ ,江苏沛县人,中国科学院学部委员,中国空气动力研究与发展中心研究员,中国空气动力学会理事长)、沈孟育著,国防工业出版社 2003 年 1 月出版,410 千字。本书系统地阐述了计算流体力学中的有限差分法的基础理论和应用,全书共分 10 章,分别阐述了流体力学的各级近似方程及其数学性质、模型方程及其差分计算的分析理论等。本书的特点是从物理分析出发研究计算流体力学,或者说将力学分析与数值模拟相结合来研究 CFD 的问题。作者通过物理分析,提出设计数值计算方法的基本原则;根据这些原则,建立高精度、高分辨率的计算格式;通过物理分析,建立设计计算网格间距和结点数的原则,从而根据这些原则给出与计算格式精度协调一致的网格布置;通过物理力学分析,利用边界条件,提出运用于流场计算的边界控制方程,从而可使用和内点计算精度一致的格式去求解;通过物理分析,揭示三维复杂黏性分离流动表面流态的拓扑结构规律以及横截面流态的拓扑结构规律,从而可利用这些规律从数据海洋中揭示流动的机理和特征,并进一步作出能反映机理、特征的流动图像。以上这些内容,均是根据作者的研究成果写成的。(另有《分离流与旋涡运动的结构分析》,已著录)

（韩　兵）

气体动力学　童秉纲(1927～ ,江苏张家港人,中国科学院院士,中国科技大学教授)主编,高等教育出版社 1990 年 5 月出版。本书是在中国科学技术大学近代力学系多年使用的《气体动力学》讲义的基础上,按照国家教委高等工业学校工程力学专业教材委员会制订的气体动力学教材基本要求,对该讲义进行修改重新编著而成。本书注重于揭示气体流动的基本力学原理,并力求用现代的观点来阐述;在讲述典型的处理气体动力学方法的同时,注意反映当代数值计算的趋势,并适当联系工程应用,可供理工科院校力学专业本科生作为教材之用,亦可供工科有关专业的气体动力学课程作为教材之用,并可供有关教师、科研人员和工程技术人员参考。

（王忆南）

紊流力学（上下册）　窦国仁(1932～ ,辽宁北镇人,中国科学院院士,泥沙及河流动力学专家,曾任南京水利科学研究院名誉院长、高级工程师。研究领域:河流结构,泥沙运动,推移质和悬移质输沙,河床变形等)编,高等教育出版社,上册 1981 年 11 月出版,下册 1987 年 2 月出版,617 千字。本书系统地阐述紊流的基本理论以及这些理论在解决各种紊流问题中的应用。上下两册共 16 章。前 8 章为上册,阐述紊流的基本概念、方程式和各种理论,其中包括紊动产生的不稳定理论,紊流的统计理论和各向同性紊动,紊流的半经验理论和作者提出的紊流随机理论;后 8 章为下册,阐述各种紊流运动规律,其中包括明渠和管道紊流、边界层紊流、分离流、自由紊流、紊动扩散、分层流、双相流和减阻流等。

（韩　兵）

团簇物理学　王广厚(1939～ ,安徽舒城人,中国科学院院士,南京大学物理学院和固体微结构物理国家实验室教授)著,上海科学技术出版社 2003 年 11 月出版,600 千字。本书以理论与实验密切结合的方式总结当今团簇物理最活跃的领域和优秀研究成果。首先讨论团簇物理学的研究范畴和意义,给出团簇产生和检测的一些主要方法、技术及适用条件。第三至六章从实验和理论两方面,讨论了团簇的结构和各种物理性质及其随尺寸演变规律。第七章讨论团簇在固体表面的运动特征。这是以团簇为基元研究新材料和量子器件时必然遇到的问题。第八章和第九章分别对 C_{60} 和纳米 C 管及其衍生物的形成、电子结构和输运性质及物性的最近进展进行了重点讨论。第十章涉及超短脉冲激光与团簇相互作用过程和机制研究。

（王忆南）

普通物理学 程守洙（1908～1988，江苏南京人，上海交通大学教授，应用物理系主任）、江之永主编，高等教育出版社1961年8月出版，2006年12月第6版。本书分为上下两册，上册包括力学、热学、电磁学，下册包括振动、波动、光学和量子物理。上册550千字，下册410千字。本书是普通高等教育"十一五"国家规划级教材，是在程守洙、江之永主编的《普通物理学》（第5版）的基础上，参照教育部物理基础课程教学指导分委员会新制定的《理工科非物理类专业大学物理课程教学基本要求》修订而成的，书中涵盖了基本要求中所有的核心内容，并精选了相当数量的拓展内容。本书在修订过程中继承了原书的特色，尽量做到选材精当，论述严谨，行文简明，对经典物理内容进行了精简和深化，增强现代的观点和信息，对近代物理内容进行了精选和普化，加强学习新知识的基础，并适当介绍现代工程技术的新发展和新动态。

（蔡保鹏）

物质科学精要 马宏佳（1956～　，女，江苏南京人，南京师范大学教授，江苏省化学化工学会理事。研究方向：化学课程和教学论）、陈娴编著，高等教育出版社2003年8月出版，350千字。本书介绍物质科学的基础知识，帮助读者掌握物质科学的基本框架和核心概念；联系物质科学在生产、生活中的实际应用；展示物质科学的前沿性研究成果，渗透物质科学史和科学方法论的启迪。本书文字通俗流畅、图文并茂。全书分为8章，主要内容包括：物质结构、自然力、物体的运动、物质变化、材料与制造、能量转换、信息传递、物质科学的发展和研究方法等。本书可作为科学课程教师的工具书、参考书以及强化学科背景知识的教材，也可作为科学新课程教师培训的教材及各类师范院校相关专业本专科生的教材或课外读物。

（徐志辉）

凝聚态物理学新论 冯端、金国钧（1948～　，南京大学物理学教授）著，上海科学技术出版社1992年12月出版，359千字。本书对20世纪80年代以来凝聚态物理学的重大进展进行分析和论述，第一章导论系从学科发展的观点，探讨了作为凝聚态物理学框架的概念体系的形成和演化，强调了对称破缺的核心作用。以下各章分别考察新的有序相、无序体系、低维体系、细小体系相非线性现象，每章各选3个专题进行阐述。再加后语殿尾，介绍一些未列入前面各章的新近的重要发现。本书对实验和理论并重，强调它们之间的联系，力图反映凝聚态物理学前沿丰富多彩的面貌。

（蔡保鹏）

物理学思想与方法论研究 王泽农（1943～　，江苏南京人，南京晓庄学院物理系教授。研究方向：物理学方法论，高等教育管理）著，南京师范大学出版社1996年10月出版，146千字。本书内容丰富，观点新颖，启发性强，其最突出的特点在于打破学科界限，引导读者从哲学、思维科学和科学方法论的角度审视物理学的思想与方法。分为方法篇和思想篇。方法篇从物理学研究的基本方法出发，从方法论和认识论的角度阐述了物理现象的观察与实验方法、物理学理论的思维与探求方法、数学方法、辩证逻辑方法和系统科学的基本方法，还探讨了物理学理论体系的方法原理。思想篇讨论物理学至今所认识的客观世界及其最基本思想，重点探讨了因果关系、对称与非对称、时间的特性、有序、无序与混沌的概念、现代真空观念等。

（徐志辉）

理论物理导论 程建春（1961～　，江苏武进人，南京大学物理学院教授，中国声学学会副理事长。研究方向：复合材料及板结构的超声导波无损评价及相关的信号处理方法，管道超声导波检测和评价及相关的信号处理方法，声子晶体和周期结构中弹性）编著，科学出版社2007年4月出版，613千字。本书简要阐述了理论物理的重要概念、原理和方法，选择内容适当、互相贯通，构成比较系统、全面的理论物理教学体系。全书由经典力学、电动力学、量子力学、热力学和统计力学四大部分组成，每部分6章，共24章。本书可供理工科非物理专业本科高年级学生和研究生作为教材和教学参考书，适合于材料科学、电子工程、化学理论、自动控制等需要较深物理知识的专业。

（徐志辉）

场论与粒子物理学（上下册） 李政道

(1926～　，上海人，籍贯江苏苏州，哥伦比亚大学全校级教授，诺贝尔物理学奖获得者，中国科学院外籍院士）著。上册由科学出版社 1980 年 12 月出版，224 千字。下册由科学出版社 1981 年 6 月出版，32 开，106 千字。本书是作者根据在美国哥伦比亚大学和中国科技大学研究生院讲授"场论与粒子物理学"课程的讲义修改补充而成，由相对独立而又有相互联系的 3 部分构成：量子场论，主要讨论场的量子化，S 矩阵的微扰论计算方法及孤粒子等；对称原理，讨论粒子物理中的各种时空对称性、内部对称性及有关的实验结果；相互作用，主要讨论 SU_3 对称性、量子色动力学、夸克囚禁、孤粒子（或袋）模型、弱相互作用唯象理论、弱电统一理论及夸克部分子模型。
（蔡保鹏）

孤立子理论与应用　谷超豪、胡和生 (1928～　，女，上海人，籍贯江苏南京，中国科学院学部委员，复旦大学教授）等著，浙江科学技术出版社 1990 年 8 月出版，373 千字。本书详细介绍了孤立子的物理背景、反散射方法、Backlund 变换、有限维完全可积系、对称性、Kac-Moody 代数、孤立子与微分几何、非线性波的数值研究、引力波孤立子等。
（蔡保鹏）

量子场论　朱洪元（1917～1992，江苏宜兴人，中国科学院学部委员，曾任中国科学院高能物理研究所副所长、中国科学技术大学研究生院物理部主任）著，科学出版社 1960 年 9 月出版，341 千字。本书综述了作为物理学生长点之一的基本粒子物理的主要理论工具——量子场论。书中全面、扼要地叙述了量子场论的发展过程，各种粒子场的基本性质及处理方法，各种相互作用及用以描述相互作用的数学形式，量子场论的一些具体应用，量子场论的局限性及其所遇到的困难，对消除困难的一些尝试以及发展基本粒子理论的未来展望。本书的内容除了包含一般量子电动力学所处理的电磁相互作用过程以外，还对弱相互作用现象和强相互作用理论发展作了一些探讨和简略阐述。作者在阐明数学形式及数学方法的同时，着重对所涉及问题的现象和本质随时加以一定的物理诠释。　（王忆南）

实验物态方程导引　经福谦（1929～2012，江苏淮阴人，中国科学院院士，曾任中国工程物理研究院科技委副主任、西南科技大学材料科学与工程学院院长）著，科学出版社 1999 年 9 月第 2 版，340 千字。本书是用实验方法研究具有力学响应特性的物态方程（即所谓狭义的物态方程）的一本专著，主要论述高压物态方程实验研究的具体方法和技术，并包括必备的理论基础。全书共 6 章，第一章介绍了适用于流体模型的固体材料物态方程的基础理论；第二章叙述了必要的流体力学知识；第三章系统地阐述了现今常用的各种冲击波高压技术的原理，重点是化爆高压技术的接触爆炸及飞片增压技术，给出了它们的设计原理和方法；第四章讨论了实验样品设计原理和方法，其中包括冲击压缩线的预估方法、样品设计原则等；第五章着重介绍测量冲部生成的快速的光、电、磁技术，也简要地介绍了其他几种测量技术；第六章是数据处理方法，包括实验数据的拟合、修正以及由冲击压缩线求出物态方程的基本方法。（另有《动高压原理与技术》，已著录）
（蔡保鹏）

场的量子理论　胡宁（1916～1997，江苏宿迁人，籍贯安徽休宁，中国科学院学部委员，曾任北京大学物理学系教授、中国科学院近代物理研究所研究员）著，科学出版社 1964 年 5 月出版，197 千字。本书介绍理论物理的重要领域——场的量子理论。在前 3 章详细讨论了场的量子化问题，具体地介绍了自由电磁场、介子场和电子场的量子理论，接着导出由相互作用拉氏函数表示的碰撞矩阵。在第四、五两章应用这个矩阵来计算和讨论各种基本粒子的碰撞和衰变问题。在强相互作用部分着重介绍了塔姆-登可夫型的近似。在最后一章介绍了重正化理论。本书较详细地讨论了对电磁场的标量场和纵场的各种处理的方式。在处理碰撞矩阵和重正化问题中采用了较新的观点。　（蔡保鹏）

复杂性与动力系统　谢惠民著，上海科技教育出版社 1994 年 8 月出版，205 千字。《非线性科学丛书》之一。本书较多地应用计算机科学理论中的形式语言工具，来研究动力系统中的复杂性，也介绍了拓扑熵、柯尔莫哥洛夫复杂性等其他刻画复杂性的方法。最后还介绍了单个序列的复杂性刻画在动力系统研究中的应用。本书可供理工科大学教师、高年级学生、研究生、博士后阅读,也可供自然科学和工程技术领域中的研究人员参考。

(徐志辉)

相变和临界现象 于渌(1937~ ,江苏镇江人,中国科学院院士,第三世界科学院院士)、郝伯林著,科学出版社1984年7月出版,130千字。本书通过对相变及临界现象的介绍,阐述了平衡与非平衡统计物理的基本概念、基本方法以及最新进展。本书为理论物理的基础读物,内容丰富、叙述生动、插图精彩,可供具有理工科大学初年级文化程度的读者阅读。本书的定位是"高级科普",虽然没有用多少繁琐的数学,但是成功地介绍了很多重要的概念,比如重正化群。物理图像非常清晰,对于物理专业的学生非常有帮助。

(王忆南)

杨立铭文集 杨立铭(1919~2003,江苏溧水人,中国科学院学部委员,原北京大学物理系教授)著,北京大学出版社2003年12月出版,460千字。《北京大学院士文库》之一。本书记载了杨立铭的学术成就以及他人生经历。书中收入其中英文论文30余篇,包括原子核内轨道角动量分布与核密度的进一步探讨、关于原子核多体问题的普遍理论、关于原子核内的多次散射理论、大变形核中对力对内部激发的影响、巨共振在中子-核散射中的作用等。

(王忆南)

水声学 汪德昭(1905~1998,江苏灌云人,中国科学院学部委员,曾任中国科学院原子能研究所研究员,中国科学院声学研究所所长)、尚尔昌著,科学出版社1981年4月出版,619千字。本书是我国水声学领域的第一本专著。全书共分12章,第一章简述水声场的信息结构,建立声呐方程;第二章简述作为水声信道的海洋介质的某些特性;第三章讨论水声场的基本概念及理论方法,并较详细地讨论简正波与射线之间的变换问题;第四、五章对典型声场作理论分析。在浅海声场的分析中,使用边界反射损失的"三参数"模型,用"过渡距离"的分析方法讨论平均场强结构,并用简正波理论分析深海声场中的"反转点会聚区";第六章讨论海洋中的背景场,介绍由传播算子构成噪声场时空相关函数的理论,并讨论浅海远程混响问题;第七至九章讨论目标源的特性,信号场的散射与起伏,声场数值预报与信道匹配问题;第十、十一章讨论水声信号处理问题,着重介绍声场的最佳时空处理问题,并对近代水声探测系统作了简介;第十二章讨论水声换能器中的一些重要问题,包括结构体特别是弯张换能器的振动分析、声阵及测量技术等问题。本书可供从事水声、海洋物理及地球物理的科研与教学工作者及研究生参考。

(王忆南)

成像光学 王之江(1930~ ,江苏常州人,中国科学院院士,中国科学院上海光学精密机械研究所研究员)、伍树东著,科学出版社1991年9月出版,354千字。成像是光学最重要的应用领域,绝大部分光学仪器都以光学成像为基础。近代光学的发展开拓了多种成像的新方法、新领域,本书试图对已有的理论和方法作一个总结。首先讨论几何成像的可能性及其限制、几何成像的衍射理论和对成像的影响,然后讨论扫描成像。接着阐述衍射成像,随着激光全息术的发展,它已受到很大重视。全息术是由物体的衍射谱作重结构而得到所需的像,这是收集物体的信息然后重结构成像的开端。编码孔成像,雷达综合孔径成像,X光断层成像,超声全息成像等,都属这个范畴,本书对此都进行了讨论。本书可作为光学仪器和光学专业的大学生和研究生的教材或参考书,也可供光学领域的工作者参考。

(王忆南)

非线性光学频率变换及激光调谐技术 姚建铨(1939~ ,上海人,原籍江苏无锡,中国科学院院士,天津大学现代光学仪器研究所副所长)著,科学出版社1995年3月出版,600千字。本书是关于非线性光学频率变换及激光调谐技术的专著。全书共10章,分别论述了非线性光学晶体中三波互作用的理论及计算、非线性光学混频理论、倍频激光器理论及有关技术、超短脉冲的混频、光学参量振荡器、染料可调谐激光器、染料激光调谐技术、固体可调谐激光器、掺钛蓝宝石激光调谐技术及其他激光调谐技术。本书既有国外最新成就的介绍及理论分析,又有近10年来作者在理论及技术研究中的成果总结。本书可供激光技术的研究人员、工程技术人员阅读,也可供大专院校激光专业的师生参考。

(王忆南)

电磁场理论及其应用 雷威(1967~ ,东南大学电子科学与工程学院教授,中国显示技术专业委员会秘书长,江苏省真空学会秘书长。研究方向:显示器件的研究和设计)、张晓兵等著,东南大学出版社 2005 年 6 月出版,257 千字。《显示技术丛书》之一。本书系统阐述了以麦克斯韦方程为基本骨架的经典电磁理论,并讨论了电磁理论的实际应用。书中首先回顾了经典电磁理论的建立过程以及分析电磁问题所必需的基本数学知识,然后详细讨论了麦克斯韦方程组与时变电磁场的基本特性;在此基础上分析静态场特性、平面电磁波的传播、导行电磁波及电磁波辐射;另外本书还介绍了电磁场的数值计算、电磁兼容、电磁生物效应及电磁理论在军事电子系统中的应用等方面的知识。

(徐志辉)

周培源科学论文集 周培源(1902~1993,生于江苏宜兴,中国科学院院士,曾任北京大学校长,中国科学院副院长。中国近代力学奠基人和理论物理奠基人之一)著,黄永念等编,中国科学技术出版社 1992 年 5 月出版,1 171 千字。著者在广义相对论中的引力论和流体力学中的湍流理论的研究领域探索数十年,做出了卓越的贡献。本书搜集了著者 1924~1992 年所发表的学术论文,内容十分丰富,不仅反映了科学的发展,而且是一位科学家探索真理的奋斗历程的真实写照。(另有《周培源文集》,已著录)

(韩 兵)

周培源文集 周培源著,北京大学出版社 2002 年 8 月出版,837 千字。本书选编了著者在科学思想、科研管理、教育文化、社会工作、对外交往方面的重要文章和重要讲话,内容涉及半个多世纪以来我国科技界、教育界以及政治、社会生活中的一系列重要问题。

(韩 兵)

半个世纪的科学生涯:吴健雄、袁家骝文集 吴健雄(1912~1997,女,江苏太仓人,美籍华人,著名核物理学家,美国科学院院士,中国科学院外籍院士)、袁家骝著,冯端、陆埮主编,南京大学出版社 1992 年 5 月出版,401 千字。本文集收录的论文分三部分:原始论文或部分评论性论文,反映了两位科学家对物理学的贡献;吴健雄的有关 β 衰变研究和发现宇称不守恒的历史概述;吴健雄对科学研究、教育、科技、妇女等问题所作的讲演。(王忆南)

窄禁带半导体物理学 褚君浩(1945~ ,江苏宜兴人,中国科学院院士,中国科学院上海技术物理研究所研究员)著,科学出版社 2005 年 4 月出版,1 144 千字。《半导体科学与技术丛书》之一,主要讨论窄禁带半导体的基本物理性质,包括晶体生长,能带结构,光学性质,晶格振动,自由载流子的激发、运输和复合,杂质缺陷,表面界面,二维电子气,超晶格和量子阱,器件物理和应用等方面的基本物理现象、效应和规律以及近年来的主要研究进展。在窄禁带半导体物理研究过程中建立的新型实验方法及器件应用也在书中有所介绍。

(蔡保鹏)

半导体光谱和光学性质 沈学础(1938~ ,江苏溧阳人,中国科学院院士,曾任中国科学院上海技术物理研究所研究员,复旦大学物理系教授,上海大学理学院院长。研究领域:固体光谱和固体光谱实验方法)著,科学出版社 1992 年 6 月出版,689 千字。《实验物理学丛书》之一。本书系统论述了半导体材料、超晶格、量子阱等的发光光谱、吸收光谱、发射光谱、拉曼散射光谱和光电导现象,力求用通俗的语言阐述基本理论、基本研究方法,综合现有研究成果;讨论物理图像,论述磁场、电场等外界条件对半导体光学性质的影响,并由此导出半导体中相关的基本激发过程和光跃迁的基本物理过程。

(徐志辉)

电介质物理 张良莹、姚熹(1935~ ,江苏武进人,中国科学院学部委员,美国国家工程院外籍院士,西安交通大学国际电介质研究中心主任,教授)编著,西安交通大学出版社 1991 年 6 月出版,342 千字。本书共分 7 章,前 4 章系统地描述了各向同性、线性电介质在电场中的物理行为,分别讨论了静电场和变化电场中电介质的极化响应以及气体、液体、固体电介质的电导和击穿;第五、六章讨论各向异性电介质以及电介质中的机、电、热等耦合效应、电介质的自发极化与铁电性质和极化的非线性。第七章简要地讨论了电介质的光学性质,包括电-光、弹-光和非线性光学效应等。本书的侧重点放在弱电场中电介质的行为以及电介质中各种功能效应的讨论,各章均附有习题和主要参考书目。本书系高等学校电子材料与元器件专业教学用书,也可供从事电介质研制和应用的有关科技人员以及大专院校有关专业师生参考。　（王忆南）

电介质物理学　殷之文(1919～2006,江苏吴县人,中国科学院院士)主编,科学出版社1989年7月初版,2003年5月第2版,701千字。本书是在第1版的基础上进行全面的修改、补充和完善而完成的。第2版是19位该领域的院士或专家的集体创作,它既保留了第1版的成功之处和特色,又增添了许多新成果、新观点、新应用等新内容,使其内容既全面、系统,又重点突出,是一部难得的更具中国特色的专著。全书12章,主要介绍电介质的极化响应、电荷转移、唯象理论、晶格振动和声子统计、铁电原理、铁电体的第一原理研究、晶体缺陷、电介质能谱、电介质的实验研究、电介质材料的新应用和铁电薄膜等。每章末尾还附有参考文献。本书可供从事电介质物理、材料和器件的科研、教学、研制、应用、测试等的科技人员及大专院校有关专业师生参考。　（王忆南）

固体中的电输运　高观志、黄维(1963～　,河北唐山人,曾任复旦大学特聘教授、南京工业大学校长、中国化学会副理事长、江苏省化学化工学会理事长、中国管理科学学会副会长。研究方向:纳米材料与技术,有机电子与器件)著,科学出版社1991年4月出版,627千字。电输运问题是绝缘体和半导体的最基本和最重要的问题之一,因为它决定着这些材料的许多电学和光学的性质。本书是一部论述固体中电输运的专著,系统地阐述了电输运、光电子、发光等有关理论,并引用了大量实验结果来深入地讨论理论的适用性。全书共分7章,主要介绍电输运的基本概念、载流子的接触注入、单和双注入空间电荷电导、特殊条件下的电输运、光电子过程和发光等。　（蔡保鹏）

智能运输系统(ITS)概论　黄卫(1961～　,江苏通州人,中国工程院院士,东南大学交通学院教授,在桥面铺装设计理论及工程建设、桥梁和交通管理领域的研究方面有突出贡献,获得国家科技进步奖两项,部省科技进步特等奖一项。研究方向:公路桥梁的设计理论和建设管理)、陈里得编著,人民交通出版社1999年9月出版,257千字。本书系统地介绍智能运输系统(ITS)的兴起、基本概念、基础理论、体系结构及其应用研究,内容包括:智能运输系统概述、智能运输系统基础、智能运输系统的体系结构、智能运输系统基本构成、智能运输系统的应用研究等。本书是国内第一部关于智能运输系统的书籍,内容新颖、丰富,可作为大专院校交通信息工程与控制专业及有关专业的教材,也可作为从事高速公路智能运输系统研究、开发和工程设计、应用的工程技术人员及相关专业师生学习参考。(另有《高速公路数据库应用技术》《高等沥青路面设计理论与方法》,已著录)　（徐志辉）

超导机理——双带理论还是成对理论　程开甲(1918～2018,江苏吴江人,中国科学院院士,"两弹一星"功勋奖章获得者,国家最高科学技术奖获得者,曾任浙江大学、南京大学教授,我国核武器事业的开拓者之一)、程漱玉著,国防科技大学出版社1993年12月出版,176千字。本书分析研究了超导电机制的关键问题,指出了传统观点、特别是电子成对的理论观点所提出的问题,提出了超导电机制的新论点。本书对现有理论研究的基本假设和数学推导进行了严肃认真的分析、推导和数学计算,认为已有理论的基础经不起推敲,尤其是证明了BCS的基态不是最低能量态,拆对能隙根本不存在。作者从理论分析和实验证明,超导电机制的关键是存在着"双带结构";超导电性是由少子在两个连续布里渊区中的运动特性决定的,其中晶格能和交换能的共同作用造成了动量空间分布的对称破缺,对称破缺分布是产生超导电性的主要原因。　（徐志辉）

超导物理　张裕恒(1938～　,江苏宿迁人,中国科学院院士,中国科学院强磁场科学中心首席科学家,中国高等技术中心特别成员,中国科学院物理研究所、北京大学人工微结构和介观物理国家重点实验室和南京大学固体微结构物理国家重点实验室学术委员会委员。研究领域:超导电性,巨磁电阻效应,低维物理)编著,中国科学技术大学出版社1997年9月出版,550千字。本书着重于超导电性的基本原理、概念,对超导宏观理论做了详细的阐述、讨论和比较;对超导微观理论建立的实验基础,形成超导的机制,物理图像也作了系统介绍;对超导隧道效应的各种重要实验现象,理论处理给出仔细的描述。高温超导体的发现迄今已10年,虽然高温超导电性机制尚不清楚,但大量的实验结果已肯定了许多与常规超导体不同的现象,本书也给出了介绍。

（韩　兵）

超导电性（物理基础）　管惟炎（1928～2003,江苏如东人,教授,中国科学院院士,曾任中国科学院物理研究所所长、中国科技大学研究生院院长、校长等职）等著,科学出版社1981年10月出版,160千字。本书介绍超导电性物理基础,与《超导电性——第二类超导体和弱连接超导体》一书是姐妹篇,为学习该书提供物理基础知识。本书内容包括超导电现象,超导相变的热力学分析,唯象理论,超导体的电动力学——伦敦方程,中间态与界面能,皮帕方程,微观理论的基本概念,单电子隧道效应,金兹伯-兰道方程,类磁通量子化等10章。

（蔡保鹏）

电弧和热等离子体　过增元（1936～　,江苏无锡人,中国科学院院士,清华大学教授）、赵文华著,科学出版社1986年12月出版,278千字。热等离子体是一门边缘学科,本书着重从热物理过程与电物理过程相结合的角度去叙述电弧和热等离子体的性质、特点及其工程应用。本书共8章,前5章用来阐明弧柱物理、电弧等离子体与气流或磁场的相互作用、等离子发生器中物理过程等宏观性质,后3章讨论粒子碰撞、热力学平衡、热等离子体辐射等微观过程以及热等离子体的光谱诊断。（另有《热流体学》,已著录）

（蔡保鹏）

磁场重联　王水（1942～　,江苏南京人,中国科学院院士,中国科学技术大学教授,中国地球物理学会理事长,曾任中国科技大学理学院院长）、李罗权著,安徽教育出版社1999年4月出版,500千字。磁场重联是等离子体物理学中十分重要的研究课题之一,它与磁层、行星际、太阳、天体以及实验室等离子体中观测到的许多爆发现象密切相关。通过磁场重联,磁能转化为等离子体的动能和热能,引起等离子体加速和加热,在某些情况下,等离子体能量或电场能量又可转化为磁能,导致磁通量的增长。本书主要研究磁场重联,共10章,主要内容包括撕裂模不稳定性、稳态磁场重联、非稳态磁场重联、三维磁场重联、重联层的结构、无碰撞磁场重联、无碰撞重联中的广义欧姆定律、地球磁层中的磁场重联、太阳大气中的磁场重联等。

（王忆南）

空间等离子体中的孤波　王德焴（1935～　,江苏常州人,曾任中国科学院南京紫金山天文台研究员;开创性地将非线性等离子体理论应用于太阳和空间等离子体的精细结构研究中）等编著,上海科技教育出版社2000年12月出版,172千字。本书介绍空间和天体等离子体中的孤波,着重介绍空间等离子体中出现的离子声波、动力学阿尔文波、磁声波等的KDV型孤波;朗缪尔波、低温杂波等的包络形孤子,以及阿尔文涡旋结构的最新研究进展。

（韩　兵）

分子光谱学专论　吴征铠（1913～2007,江苏扬州人,中国科学院学部委员,曾任复旦大学化学系主任,第二机械工业部原子能研究所研究员,第二机械工业部科技局总工程师）、唐敖庆主编,山东科学技术出版社1999年5月出版,440千字。本书内容包括分子对称性与分子光谱、多原子分子振转光谱的量子化学计算、李代数方法在分子振转光谱研究中的应用、红外光谱与Ramam光谱、纳米材料与二维有序薄膜体系的分子光谱研究、辐射与原子分子体系相互作用等。全书共计6篇,16章。

（王忆南）

动高压原理与技术　经福谦、陈俊祥主编,国防工业出版社2006年5月出版,315千字。本书主要介绍与动高压产生技术有关的科学与技术问题,对动态压缩过程的精密测量、诊断技术及其应用等问题均不论及,仅介绍用于基础科学研究领域的动高压产生原理和技术。本书采用分工编写和统一定稿的方式,最后由经福谦和陈俊祥负责全书的统一定稿。

（蔡保鹏）

原子能的原理和应用　赵忠尧、何泽慧（1914～2011,女,江苏苏州人,中国科学院学部委员,中国科学院高能物理研究所研究员)、杨承宗主编,科学出版社1965年7月第2版,265千字。本书是一本介绍原子能的原理和应用的中级科学读物,首先从物质结构讲到原子核的结构,然后从原子核的相互作用讲到人为放射性和原子能的释放,使具有相当于高中文化程度的读者可以在这基础上了解原子能应用的一般知识。书中对原子堆的原理、热核反应、原子能在动力上的应用,同位素和射线在工业、农业、医业、物理、化学、生物等方面的应用,都有概括的介绍;关于原子武器的常识也作了简明的介绍。本书还系统而简明地介绍了探测器和加速器,以及射线对人体的有害作用的防护问题。本书第1版于1956年3月由科学出版社出版,197千字。

(蔡保鹏)

原子核理论(第1、2卷)第2版　胡济民(1919～1998,江苏如皋人,中科院院士,北京大学技术物理系创始人,教授)等编著,分别由原子能出版社1993年11月、1996年11月出版,555千字、646千字。第一卷为核结构与核衰变,内容包括原子核的一般性质,原子核的壳模型与集体运动模型,核结构的微观理论,原子核的电磁相互作用和β衰变理论。第二卷为核力与低能核反应理论。内容包括:为低能核物理所用的散射理论,核力理论,光学模型与直接反应,复合核反应,核反应的共振理论,重离子核反应,核裂变及α衰变。两卷相对独立,可分别选用。本书包括核结构理论的各主要方面,着重阐明其立论基础、物理意义和实验证据,所用公式绝大部分有详细推导。(另有《核裂变物理学》,已著录)

(蔡保鹏)

核裂变物理学　胡济民著,北京大学出版社1999年6月出版,325千字。核裂变是核科学的一个重要方面,研究核裂变不仅对国防建设与经济建设有重大意义,而且对原子核内部运动的深入了解也有极大的帮助。本书是作者在20多年来对核裂变物理做了许多研究工作的基础上写成的。它比较全面、系统地介绍了核裂变物理学的研究现状、各种理论与模型,并引用了大量的实验事实与理论相比较。本书内容深入浅出,理论比较系统全面,所用公式均有说明及详细的推导,适合核科研人员参考及研究生阅读。

(蔡保鹏)

原子核裂变　[美]R·范登博施、J·R·休伊曾加著,黄胜年(1932～2009,江苏太仓人,中科院学部委员,曾任中国原子能科学研究院研究员)等译,原子能出版社1980年12月出版,363千字。本书是一本关于原子核裂变物理学的专业参考书。全面而系统地介绍了裂变过程各阶段及各有关方面的实验资料、理论工作及存在的问题。在已出版的有关裂变物理学的综合评论中,是最为详尽完整的。全书共分14章,分别讨论了裂变势垒、自发裂变、裂变共振宽度、过渡核能级、碎片角分布、裂变与中子竞争、碎片的动能分布、质量分布、电荷分布、裂变中子、裂变γ射线以及三分裂等问题。

(蔡保鹏)

惯性约束核聚变　王淦昌(1907～1998,江苏常熟人,中国科学院院士,"两弹一星"元勋,曾任中国科学院近代物理研究所研究员,中国科学技术协会副主席)、袁之尚著,安徽教育出版社1996年12月出版,290千字。核能可分为裂变能与聚变能,现今的核电站是裂变能受控释放的装置,为最终解决人类的能源问题,核物理学家们正在进行受控核聚变的研究。受控核聚变有两种方法:一是"磁约束",即利用磁场将带电粒子约束住使之发生核聚变反应。该方法起于20世纪40年代,目前仍处在科学可行性验证阶段;二是"惯性约束"(ICF),即利用高能驱动器在极短时间内将聚变燃料小球(靶丸)加热压缩到高温、高密,使之在中心"点火",实现受控核聚变。现在,世界上许多大国都高度重视ICF的研究,大力推动此项研究的进展。我国的ICF研究工作也在不断深入和扩大,在国际上亦颇有声望。本书较系统地对这一研究课题的成果与心得进行整理,并从ICF基本概念和原理、基本方法和技术的角度加以介绍,以期读者对此领域有较全面的了解和认识。

(王忆南)

中子物理学——原理、方法与应用　丁大钊(1935～2004,江苏苏州人,中国科学院学部委员,曾任中国原子能科学研究院研究员)等编著,原子能出版社2001年7月出版,本书分上下两册,共806千字。全书以中子在有关学科中的应用为主线,分基础篇、微观篇、宏观篇和应用篇4篇,论述了有关中子学科的基本实验方法、中子与原子核的相互作用、中子在物质中输运与中子在相关学科与技术中的应用。各章节的作者努力做到结合自身的研究工作简要而全面地论述有关专题的基础知识、已取得的成果及近期的发展方向。　（蔡保鹏）

太阳高能物理　甘为群（1960～　，籍贯江苏南京，天文学家，紫金山天文台研究员、副台长，中科院创新工程"太阳高能物理及相关物理过程研究"团组首席研究员）等著，科学出版社 2002 年 4 月出版，313 千字。中国科学院科学出版基金资助出版。本书论述了太阳硬 X 射线暴、γ 射线暴以及与之有关的太阳高能粒子物理过程和加速机制，并对太阳高能辐射探测原理和方法作了简要的介绍。本书力求将该领域研究结果综合起来，以给出较为系统的阐述。　（韩　兵）

基本粒子理论　（英）P. 罗曼著，龚昌德（1932～　，江苏南京人，中国科学院院士，南京大学教授，南京大学理学院院长）等译，上海科学技术出版社 1966 年 3 月出版，463 千字。本书系统而全面地总结了近代物理学中根据对称性来研究基本粒子及其相互作用的理论成果。书中说理明白易懂，分析问题深入细致，但对量子场论方法不作深入介绍。内容包括四维正交群、场方程式、场的量子化、不变性与选择规则及同量异位空间 5 章。全书系根据原书第 1 版（1960 年）译出，译文完成后又根据第 2 版（1964 年）作了全面的校订和补充。
　　　　　　　　　　　　　　　（蔡保鹏）

相互作用的规范理论　戴元本（1928～　，江苏南京人，中国科学院学部委员，中国科学院理论物理研究所研究员）著，科学出版社 1987 年 9 月出版，493 千字。本书系统介绍弱电及强作用规范理论，饮食规范场论的基本概念，量子化与重整化，弱电统一理论，量子色动力学，大统一理论的主要物理内容及计算方法。　（蔡保鹏）

中国化学史论文集　袁翰青（1905～1994，江苏南通人，中国科学院学部委员，曾任文化部科学普及局局长，商务印书馆总编辑，中国科学技术情报研究所研究员）著，生活·读书·新知三联书店 1956 年 12 月出版，216 千字。本文收录了作者撰写的 15 篇和化学史相关的论文。这些论文是这样排列的：第一篇是泛论，给读者以我国化学史的概念；第二篇是关于研究我国化学史的史料，使愿意进行广泛阅读的人们知道材料的来源；第三篇制陶到第七篇制糖是化学工艺史专题，标志着生产实践为科学的根基；第八篇物质理论是反映生产发展的哲学思想；第九篇参同契到第十二篇发现氧气问题都可说与炼丹有关的文字，而炼丹术是我国古代化学中的一个重要部分；第十三篇医药中的化学知识，具有它的特点；第十四和第十五篇是有关我国近代化学史的文字。这样的排列使得总论和各论，生产工艺和思想认识，古代和近代都多少有了先后的次序。　（徐志辉）

汪德熙文集　汪德熙（1913～2006，江苏灌云人，中国科学院学部委员，曾任南开大学、天津大学教授，中国原子能研究院研究员、副院长）著，中国原子能科学研究院、核工业研究生部、中国核学会编，原子能出版社 1993 年 12 月出版，350 千字。本文集收集了我国著名高分子化学家、核化学化工专家、中国科学院学部委员汪德熙教授 1935 年至 1993 年公开或未公开发表的部分文章，重点涉及纤维素、有机电解还原、糠醛塑料、不饱和聚酯玻璃钢、核燃料循环、冠醚化学和高放废物最终处置等领域，反映了汪德熙教授半个多世纪以来的主要科研生涯和学术贡献。本文集可供广大科技工作者和大专院校师生阅读。　（王忆南）

有机化学（上下册）　胡宏纹（1925～　，四川广安人，中国科学院院士，南京大学化学化工学院教授。曾获国家教委科技进步二等奖，江苏省科技进步二等奖。研究方向：有机合成化学）主编，高等教育出版社 2006 年 5 月出版，1 170 千字。本书按照化学类专业教学基本要求规范，在第 2 版教材教学实践和广泛征集使用学校意见的基础上修订而成。全书分上下两册出版，共 31 章。上册 15 章，主要介绍各类有机化合物的性质、主要反应、代表化合物，以及对映异构和光谱分析等；下册 16 章，主要介绍天然有机化合物、立体化学及各类主要有机反应机理。作者在讲述基础有机化学中融入前沿领域知识，同时交给学习者研究有机化合物的方法。基础章节部分编入部分习题，书后有索引。本

书可作为高等学校化学与应用化学类专业有机化学课程教材,也可供相关专业选用。　　（徐志辉）

有机化学　王积涛(1918~2006,江苏苏州人,南开大学教授,曾任南开大学化学系副主任,南开大学元素有机所副所长)、胡青眉等编著,南开大学出版社 1993 年 9 月出版,1 224 千字。本书共分 22 章,以官能团为主线,采用脂肪族和芳香族混合体系编写。本书较系统地介绍了基本类型有机化合物的结构、合成、反应及其有关机理,介绍了目前广泛用于鉴定有机化合物结构的红外光谱、核磁共振等现代物理方法。在糖、蛋白质、杂环化合物、萜类和甾体等章节中较多地引入了与有机化学关系密切的生物化学内容。每章书都有一定数量的习题和思考问题,可供读者练习。本书取材比较恰当,内容精炼、由浅入深、循序渐进、说理清楚、通俗易懂,可作为综合性大学、师范院校及其他大专学校的有机化学教材。　　（王忆南）

有机化学　钱旭红(1962~　,江苏宝应人,华东理工大学校长,主要研究生物有机化学、化学生物技术与工程)等编,化学工业出版社 1999 年 11 月出版,174 千字。本教材亦相对保持了知识上的完整性以及讲授内容上的相对独立性,上篇为有机化学的基本概念与理论,以结构异同性为切入点,以有机化学反应共性为主线,介绍有机化学反应机理及有机化学基本知识。下篇结合上篇的理论,详尽介绍了脂肪烃、卤烃、芳烃、含氧化合物、含氮化合物、杂环化合物等典型化合物的结构、性质及制备方法。并在此基础上介绍了有机化学在材料、生物等领域的应用与发展。(另有《精细化工概论》《简明农药化学:农用生物调控化学导论》,已著录)
　　（韩兵）

数学物理方程讲义　吴新谋(1910~1989,江苏江阴人,曾任中国科学院数学研究所研究员、数学研究所微分方程研究室主任)编,高等教育出版社 1956 年 1 月出版。本书是新中国建立后第一本偏微分方程论专门化教材,同时也是一本有特色的研究参考书(其中包含了欧拉-泊松方程论等启迪性章节)。1958 年该书又扩充为 3 卷本《数学物理方程》。新中国建立后成长起来的偏微分方程论工作者大都受到过这部著作的熏陶。　　（王忆南）

有机分子的簇集和自卷　蒋锡夔(1926~　,上海人,祖籍江苏南京,中国科学院院士,曾任中国科学院上海有机研究所学术委员会主任、上海大学化学化工学院院长)、张劲涛编著,上海科学技术出版社 1996 年 10 月出版,167 千字。本书着重介绍有机分子簇集和自卷对化学反应活性及光物理光化学过程的影响,同时,对简单分子簇集体的结构特性,以及利用簇集和自卷的概念去认识某些生命现象也作了阐述。　　（蔡保鹏）

有机合成反应（上下册）　王葆仁(1907~1986,江苏扬州人,中国科学院学部委员,曾任中国科学院上海有机化学研究所研究员、副所长,中国科学院化学研究所研究员、副所长,中国科技大学高分子化学与物理系系主任)著,上册由科学出版社 1981 年 1 月出版,803 千字,内容包括氧化反应、还原反应、烯键炔键的形成、加成反应四个部分;下册为科学出版社 1985 年 1 月出版,1 218 千字,内容包括取代反应、缩合反应、元素有机化合物在有机合成中的应用以及一些有机合成反应中间体和用于合成的试剂四个部分。本书着重介绍 20 世纪 50 年代以来,有机合成重要经典反应的新进展,以及新出现的、有较大应用前景的合成反应,希望能使读者尽量接触和利用有机合成化学的新成果、新方法。作者以综述性论文的写法,介绍各个重要有机合成反应,特别着重阐述了 20 世纪 50 年代以来的新合成方法与典型反应的新进展,不仅能供有机化学教学使用,还可提供科研工作者应用这些新反应。本书曾被评为全国优秀科技图书一等奖。
　　（王忆南）

金属有机化合物的反应化学　陆熙炎(1928~　,江苏苏州人,中国科学院学部委员,中国科学院上海有机化学研究所研究员)主编,化学工业出版社 2000 年 7 月出版,248 千字。本书根据国家自然科学基金委员会"八五"重大项目"金属有机化合物的反应化学"所取得的成果而编写的,反映了 1995~1998 年间该重大项目 6 个子课题的进展情况。项目的立题思想是研究金属有机化合物的反应化学,这是国家自然科学基金"七五"重大项目"金属有机化合物的合成及其在高选择性反应中的应用"的继续和发展。项目的 6 个课题分别从不同角度对金属有机化合物的反应化学,包括反应规律性、反应机理,特别是反应选择性进行了研究,发展了新的合成反应,取得了一批创新性研究成果,包括了主族、过渡、稀土等各族金属,研究内容涉及金属有机化合物本身合成中的选择性,也涉及了金属有机化合物作为模板在用作催化剂或试剂时有机反应的选择性。在当前有机合成中最活跃的领域——不对称催化和原子经济性反应中也有新的发现。值得一提的是,作为金属有机化学主题的基元反应方面,本书也有一些新的阐述和发展。

(蔡保鹏)

普通化学课堂演示实验 程有庆(1901~1997,字吉门,江苏常熟人,曾任上海圣约翰大学、苏州大学化学系主任,教授)编著,上海教育出版社 1958 年 11 月出版,253 千字。本书是我国学者编写的第一部阐述化学演示实验的专著,至今仍是化学演示的范本。全书共分 24 篇,每篇包括模型、标本和 20 个左右的演示实验。前半部的演示实验是以原子-分子学说为基础涉及化学基本定律和化学理论部分——从化学反应和基本定律开始,接着是水和酸、碱、盐、物质三态、溶液、电离学说、能量、化学反应速度和化学平衡、氧化-还原、原子结构及放射性化学。后半部分的演示实验是以周期律为基础,系统地编列元素及其化合物的主要实验。从周期系的零族——惰性气体和空气开始,分别编排第一族至第七族的元素及其化合物。在周期系第一族前插入金属冶炼一篇。第四至第八族中的金属元素,则另立一章,放在第七族非金属元素之后。有机化合物和胶体化学两篇放在后面。最后一篇是"杂录",供教师需要时选择和参考之用。

(孟桂英)

金属有机化合物在有机合成中的应用 黄耀曾(1912~2002,江苏南通人,中国科学院学部委员,曾任中国科学院上海有机化学研究所研究员、上海科技大学教授)等编著,上海科学技术出版社 1990 年 6 月出版,540 千字。本书是介绍在有机合成应用中的金属有机化合物的化学。全书分金属叙述,主族元素有硼、铊、硅、锡和砷,过渡金属有钛、锆、铬、铁、镍、钯和稀土。这些金属有机化合物,有些在有机合成中已广泛采用,具有生命力;有些则处于初始阶段,正待进一步发展。

(蔡保鹏)

高分子合金的物理化学 江明(1938~ ,江苏扬州人,中国科学院院士,现任复旦大学教育部聚合物分子工程重点实验室学术委员会主任,中国化学会高分子委员会副主任)著,四川教育出版社 1988 年 3 月出版,250 千字。高分子合金,又称多组分聚合物,指含有两种或多种高分子链的复合体系,包括嵌段共聚物、接枝共聚物以及各种共混物等。本书概述了高分子合金相容性的基本理论、各类高分子合金的结构和性能的关系。对于高分子合金的形态及相容性问题,结合作者的研究成果作了深入讨论。本书总结了 20 世纪 70 年代末以来在高分子合金的若干领域内的新进展,包括我国高分子工作者的贡献。(另有《大分子自组装》,已著录)

(蔡保鹏)

大分子自组装 江明等著,科学出版社 2006 年 9 月出版,481 千字。大分子自组装属超分子化学和高分子科学的交叉学科,是当今化学和材料科学发展的前沿,也是孕育先进材料的摇篮。它的主要研究内容是高分子之间或高分子与小分子间或高分子与纳米粒子之间通过非共价键的相互作用,进行自组装而实现不同尺度上的规则结构。本书总结了国内外相关研究的实验和理论两方面的重要成果,特别着重于我国科学家的富有特色的新成就。本书内容包括嵌段共聚物在本体和溶液中的自组装,此类自组装体的化学演化,高分子自组装的非嵌段共聚物路线,自组装结构的固定化,以及含有纳米粒子、表面活性剂等体系的自组装等。

(蔡保鹏)

高分子合成化学(上册) 冯新德(1915~2005,江苏吴江人,中国科学院化学部学部委员,曾任清华大学化学系、北京大学化学系教授)著,科学出版社 1981 年 1 月出版,614 千字。《北京大学百年化学经典丛书》之一,系高分子合成化学基础理论书籍。全书共分上下两册。上册 12 章,第一章叙述高分子化学的建立和发展,第二至十二章主要论述加聚反应(包括自由基、光、正离子、负离子、络合负离子等聚合反应和共聚合)以及悬浮、溶液、乳液、本体等聚合方法。下册分 8 章,主要论述开环、逐步、氢转移聚合,环氧树脂,酚醛与脲醛树脂,环化缩聚反应,以及各种缩聚方法,最后一章讨论了高分子的劣化与稳定化。在序言和附录中介绍了主要的高分子参考文献。全书结合较有代表性的聚合物详尽而深入地阐述了聚合方法与反应条件、聚合反应与机构以及聚合物的结构与改性的关系,从而实现全面地叙述聚合反应基本原理及其最新进展。下册目前尚未出版。(另有《饱和聚酯与缩聚反应》,已著录) (蔡保鹏)

高聚物中的孤子和极化子 孙鑫(1935～ ,江苏扬州人,中国科学院院士,复旦大学教授)著,四川教育出版社 1987 年 11 月出版,182 千字。本书系统介绍近年来在导电高聚物的物理和化学基本研究中所取得的进展,详细说明了高聚物中孤子、极化子、振动模等的物理图像、基本特性和形成过程,以及它们对理解高聚物的导电性质所起的作用。本书可供从事高分子研究的化学工作者和从事凝聚态研究的物理工作者作参考。阅读本书只需具备基本的量子力学和固体物理的知识,高年级大学生就能理解本书的基本内容。为了适合不同学术经历的读者,本书在陈述时分两个层次:首先描绘物理概念的直观图景,使不熟悉理论物理的读者也能明了各种新概念的物理意义;然后再介绍定量的物理理论,帮助准备从事基础研究的读者进入本学科的前沿。 (王忆南)

高聚物的转变与松弛 钱保功(1916～1992,江苏江阴人,中国科学院学部委员,曾任中国科学院长春应用化学研究所研究员,中国科学院武汉分院院长,湖北化学研究所所长,武汉大学教授)等著,科学出版社 1986 年 12 月出版,825 千字。本书是高分子科学的一本专著,分上下两篇。上篇是综述,共 7 章,先从转变与松弛的研究简史讲起,继而介绍高分子链结构和超分子结构,再论及与转变和松弛密切相关的性能,如粘弹性能、介电性能与磁共振等。然后对非晶和结晶高聚物中转变与松弛的一般现象和分子运动机理进行了论述,还把高聚物体系的固态反应作为一种转变加以简述。下篇是各论,共 8 章,先介绍几种重要的实验方法,有热学和热膨胀方法、动态力学方法、介电测量、磁共振等方法,继而对典型的高聚物,特别是我国发展的三大合成高分子材料(如塑料、橡胶、纤维)主要品种的转变与松弛分别进行了介绍。 (蔡保鹏)

高分子反应统计理论 唐敖庆(1915～2008,江苏宜兴人,中国科学院学部委员,曾任北京大学化学系教授、吉林大学校长,国家自然科学基金委员会主任)等著,科学出版社 1985 年 10 月出版,382 千字。高分子反应统计理论是研究高分子反应参数和某些结构参数间定量关系的有力工具,本书系统地介绍了我国在这一领域的科研成果,同时也对国际上类似的工作加以扼要的评述。全书共分 5 章,分别讨论了高分子缩聚反应、交联反应、加聚反应、共聚反应和线型高分子的裂解反应。各章自成体系,可以单独阅读,在第一与第二章之间和第三与第四章之间的内容互有穿插,有较多的关联。(另有《分子轨道图形理论》,已著录) (王忆南)

高聚物的分子量测定 钱人元(1917～2003,江苏常熟人,中国科学院学部委员,曾任中国科学院化学研究所研究员、所长)等著,科学出版社 1958 年 8 月出版,131 千字。本书讨论了高聚物各种平均分子量的意义,各种测定分子量和分子量分布的方法,并对黏度法、端基分析法、渗透压法、光散射法测定分子量及高聚物分级等的实验方法和数据处理作了详细的介绍。本书可作为高分子化学工作者进行分子量测定的一般参考。 (蔡保鹏)

饱和聚酯与缩聚反应 冯新德等编,科学出版社 1986 年 2 月出版,286 千字。本书对涤纶树脂(PET)及聚对苯二甲酸丁二酯(PBT)的研究现状作了详细的文献综述,并对高分子化学、缩聚反应以及高分子液晶的研究进展作了概述,反映了在这一领域中科学发展的现状,存在的问题及未来的趋向。全书共由 11 篇文章组成,其中第一、九、十一篇概括了高分子化学、缩聚反应及高分子液晶研究的新进展,第二至七篇及第十篇详细地介绍了 PET 从原料到树脂的制备、催化剂、反应机理、PET 的改性,以及产物的结构与性能的关系、分子量测定及其形态学的研究现状,第八、十篇则对 PBT 的制备、反应机理及形态学研究进展作了详细的介绍。

(蔡保鹏)

物理化学及胶体化学　张江树(1898～1989，江苏常熟人，曾任华东化工学院院长，毕生致力于物理化学领域的教学与研究工作，是我国早期物理化学学科主要学术带头人之一)等编，高等教育出版社1959年9月出版，上册字数不详，下册254千字。本书是按照前高等教育部1955年审定的高等工业学校化工专业用物理化学及胶体化学教学大纲编写的。全书共19章，分上下两册出版。本书能较好地贯彻科学系统性，也恰当地反映了新的成就，取材基本上符合化工专业的需要。　(韩　兵)

分子轨道图形理论　唐敖庆、江元生等著，科学出版社1980年6月出版，197千字。分子轨道图形理论是简单分子轨道理论(HMO)新的形式体系，本书主要是作者近年来从事这方面研究工作的总结。利用本书所提供的方法，可以对共轭分子的能谱及其有关性质进行简捷而深入的讨论。本书开头一章对HMO法作了扼要的介绍，接着三章论述分子轨道图形理论的基本定理及其推广于一般本征值问题，后两章讨论共轭分子的稳定性与反应活性问题以及分子轨道对称守恒原理。本书对从事量子化学及理论有机化学的科学工作者、研究生及大学生都有参考价值。　(王忆南)

分子轨道近似方法理论　[美] J. A. 波普尔、D. L. 贝弗里奇著，江元生(1931～2014，江西宜春人，中国科学院院士，南京大学化学系教授。曾任中国化学会第二十一、二十二届理事，第二十三届理事会常务理事。研究方向：高分子统计理论，配位场理论，分子轨道图形理论，量子化学。曾获国家自然科学一等奖，当选为英国皇家化学会会士、国际数学化学研究院院士)译，科学出版社1976年12月出版，174千字。本书是量子化学的一本专著，介绍自洽场分子轨道理论中的两种半经验近似方法——全略微分重叠(CNDO)和间略微分重叠(INDO)以及对有机分子所作的大量计算结果。全书共分4章。第一、二章叙述一般原理，第三章重点介绍CNDO和INDO近似方法。第四章讨论近似方法对有机化合物的应用。附录中有FORTRAN IV 语言的计算机程序，可用来计算包含35个原子(由H至Cl)或80个基函数的分子。由于分子轨道理论还在发展之中，本书是一本阶段性的著作，总结了1968年以前发表的文献成果。本书可供从事量子化学、有机物结构及合成工作的科研和教学人员使用。(另有《结构化学》，已著录)

(徐志辉)

结构化学　江元生著，高等教育出版社1997年7月出版，310千字。本书是面向21世纪的结构化学课程教材。全书共9章，内容包括：量子理论、原子、双原子分子、对称性与群论、多原子分子、共轭分子、过渡金属化合物、簇合物和团簇、固体。各章均有习题。本书体系完整严实，层次分明，科学概念表达正确，基础理论论述简洁，逻辑性强，文字流畅。在思想性、科学性、内容先进性等方面均有其自身的编写特点。本书可作为理科化学各专业结构化学课程的教材，也可供高等师范院校和工科院校有关系科专业参考使用。

(徐志辉)

配位化合物的结构和性质　游效曾(1934～2016，江西吉安人，中国科学院院士，南京大学配位化学研究所名誉所长，南京大学配位化学国家重点实验室学术委员会主任。研究方向：新型配合物的合成和晶体结构，分子基光电功能材料，配合物的成键和波谱理论)编著，科学出版社1992年2月出版，732千字。配位化学是在无机化学的基础上发展起来的一门独立的，同时也与化学各分支学科以及物理、生物等互相渗透的学科。全书共6章。前三章简述配位化学的研究内容，并分别介绍研究配位化合物结构和成键的量子化学原理及物理实验方法。后三章主要用现代化学观点讨论配位化合物的结构特点和成键规律以及物理化学性质和反应活性与结构的关系。本书可作为高等学校化学系高年级学生及研究生的教材，也可供有关专业的教师和科技工作者参考。(另有《分子材料——光电功能化合物》，已著录)　(徐志辉)

配位化学　戴安邦(1901～1999，江苏丹徒人，中国科学院化学学部委员)等编写，科学出版社1987年10月出版，634千字。《无机化学丛书》是无机化学参考书，共18卷，分为41个专题。前10卷为各族元素分论，后8卷为无机化学各重要领域专论。本书为《无机化学丛书》第12卷，包括19章，分别介绍了配位化学简史、配合物的结构和异

构现象、配合物的化学键理论和反应动力学,同时也专门介绍了各种典型配合物。　　　(蔡保鹏)

配位化学　孙为银(1964～　,南京大学化学化工学院教授,研究方向:配位化学,超分子化学,生物无机化学)编著,化学工业出版社 2004 年 4 月出版,236 千字。本书系统介绍了配位化学的形成与发展,配合物中的化学链理论,配合物合成、结构和反应性能,与生命过程相关的配位化学,配位化合物与新材料以及未来的配位化学等多方面的内容。同时介绍了国际上具有代表性课题组的研究工作以及我国广大科学工作者在相关领域所做的工作和研究成果。本书由浅入深,既有一定的理论知识,又有较强的实用价值,可供从事化学、化工、环境、生物、生命、材料、医药卫生等相关学科的大专院校师生,科研院所的研究和技术人员、科技和政府的管理人员及各阶层的化学爱好者阅读。
　　　　　　　　　　　　　　　　　(徐志辉)

反应扩散系统中的斑图动力学　欧阳颀(1955～　,江苏南京人,中国科学院院士,北京大学物理学院长江学者特聘教授,北京大学理论生物学中心副主任,北京大学前沿交叉学科研究院理论生物学中心副主任,凝聚态所所长)著,上海科技教育出版社 2000 年 12 月出版,166 千字。本书以化学动力学中的反应扩散系统为例,用非线性动力学的观点分析自然界中普遍存在的斑图自组织现象,讨论时空失稳过程的几种典型类型,并介绍在反应扩散系统中研究斑图动力学的实验。本书的讨论主要集中在如下几类斑图形成的动力学机制:图灵斑图,可激发系统中的螺旋波斑图,双稳系统中的时空斑图及化学法拉第斑图。本书可供理工科大学教师、高年级学生、研究生阅读。
　　　　　　　　　　　　　　　　　(蔡保鹏)

光催化　张金龙(1965～　,江苏苏州人,南京师范大学电气与自动化工程学院教授,江苏省电机工程学会会员。研究方向:精密测量技术,超精密定位与智能控制技术)、陈锋、何斌编著,华东理工大学出版社 2004 年 10 月出版,277 千字。光化学、光催化以及催化化学是化学学科中最活跃的研究领域之一。自 Honda-Fujjshjma 效应发现以来,利用半导体光催化剂把光能转化成电能和化学能成为最热门的研究之一。本书作者根据近年来的研究,结合国内外最新的研究成果,着重介绍集中于界面过程的多相光催化原理,分子和半导体底物中的电子激发过程,并着重阐述半导体催化剂的表面改性以及它对光催化效率的影响,各种光催化剂的制备方法和表征手段,重点在于二氧化钛为基础的光催化系统的共同特性和基本原则的论述。本书引用文献全面、内容新颖、技术先进,兼顾科学性与实用性。本书特别关注国内外光催化领域所取得的新进展,适合从事光催化或相关研究领域的科研人员、相关专业的大学师生阅读。
　　　　　　　　　　　　　　　　　(徐志辉)

电化学动力学　吴浩青(1914～2010,江苏宜兴人,中国科学院化学部委员,中国电化学研究的开拓者之一,被誉为"锂电子电池之父",曾任复旦大学教授、化学系主任)、李永舫编著,高等教育出版社 1998 年 6 月出版,190 千字。本书主要介绍电化学动力学的基本知识、研究方法及其最新进展。全书内容分为三部分:前三章介绍电极/溶液界面双电层的结构以及电化学反应动力学和扩散过程的理论;第四至七章介绍几种重要电化学研究方法(电位阶跃、电位扫描、控制电流、交流阻抗)中的电化学动力学;最后两章介绍电化学动力学在半导体光电化学和电化学嵌入反应中的应用和发展。本书可供物理化学(电化学)专业研究生作教材,也可作为化学系高年级学生、从事电化学和物理化学的研究和教学人员以及从事电化学实际工作的工程技术人员的参考书。
　　　　　　　　　　　　　　　　　(王忆南)

电化学阻抗谱导论　曹楚南(1930～　,江苏常熟人,中国科学院院士,浙江大学教授)、张鉴清著,科学出版社 2002 年 7 月出版,245 千字。该书系统地介绍了著者提出的关于不可逆电极过程的电化学阻抗谱理论,包括各种情况下的扩散阻抗和适用于研究腐蚀金属电极的混合电位下的阻抗谱理论,并详细介绍了电化学阻抗谱数据处理方法以及上述理论的应用实例。(另有《中国材料的自然环境腐蚀》《腐蚀电化学原理》,已著录)
　　　　　　　　　　　　　　　　　(蔡保鹏)

电极过程动力学导论　查全性(1925～　,安徽泾县人,生于江苏南京,中科院院士,武汉大学教授)等著,科学出版社1976年12月出版,528千字。该书为普通高等教育"九五"国家教委重点教材,由两部分组成。第一部分为基础篇,主要阐述"电极/电解质溶液"界面的基本结构和性质、电极过程的基本动力学性质、动力学参数的测定方法、控制步骤及研究方法等;第二部分为应用篇,侧重实际电极过程和电极体系的介绍和分析。(另有《化学电源选论》,已著录)

(蔡保鹏)

柳大纲科学论著选集 柳大纲(1904～1991,江苏仪征人,中国科学院学部委员,曾任中央研究院化学研究所研究员、中国科学院物理化学研究所研究员)著,《柳大纲科学论著选集》编辑委员会编,科学出版社1997年1月出版,381千字。本选集主要收录柳大纲先生在建国初期(1953～1965)领导卤磷酸钙新型日光灯荧光材料研制,青海柴达木盆地盐湖资源的物理化学调查与开发途径,锂盐提取和水盐体系相平衡研究等方面未曾公开发表的成果。这些开拓性工作,对建立我国现代照明事业,推动我国巨大盐湖资源的综合开发利用和建立盐湖化学学科领域起了重要的奠基作用。另外,本选集还收录了柳大纲先生于1945年以前在矿物原料化学方面的部分研究工作成果。本选集的主要内容贯穿了柳大纲先生的理论与应用并重的指导思想,求实的学风和严谨的治学方法。文章数据齐全,详实地记叙了研究中的关键环节和方法,可供从事无机化学研究或教学的人员参考、借鉴。

(蔡保鹏)

示波滴定 高鸿(1918～2013,陕西泾阳人,中国科学院院士,原南京大学终身教授)著,南京大学出版社1990年3月出版,456千字。本书包括了作者及其学生、同事在示波滴定研究方面发表的100多篇论文的主要内容,是世界上第一本有关示波滴定的专著。全书由总论、示波极谱理论、汞膜电极示波极谱沉淀滴定法、汞膜电极示波极谱中和滴定法、汞膜电极示波极谱络合滴定法、微铂电极示波极谱滴定法、双极化电极上的示波极谱滴定法、高次微分示波极谱滴定法、电流反馈示波极谱滴定法及 $Anti\lg\dfrac{dE}{dt}-E$ 曲线上的示波极谱滴定法、不用切口的示波极谱滴定法等,共14章。(另有《仪器分析》《极谱电流理论》,已著录)

(孟桂英)

红外线光谱与有机化合物分子结构的关系 黄鸣龙(1898～1979,江苏扬州人,中国科学院学部委员,曾任中国人民解放军医学科学院化学系主任、中国科学院有机化学研究所研究员)编著,科学出版社1958年9月出版,133千字。本书附有甾体红外线光谱图。红外线光谱的检验,对于有机化合物分析、合成、提制以及分子结构研究等工作已被公认为极其重要的一种方法。在国外化学实验室中,红外线光谱仪已成为必要的设备。关于光谱与分子结构关系的外文书籍为数已甚多,但是中文的专著尚付阙如,所以作者编著本书,浅显地说明红外线的应用范围及应用上的重要性,以及若干有关结构的已知规律,并综合地及分类地介绍若干重要文献,希望能具有实用参考的意义。(另有《旋光谱在有机化学中的应用》,已著录)

(蔡保鹏)

仪器分析 高鸿等编著,江苏科学技术出版社1987年2月出版,366千字。本书曾分别由高等教育出版社1956年、人民教育出版社1964年和江苏科技出版社1986年出版了第1版、第2版和第3版,1987年由江苏科学技术出版社重新修订出版。全书共分4篇15章,第一篇为电化学分析法,包括电位分析法、电解分析与库仑分析和极谱分析法;第二篇为光学分析法,包括光学分析法基础、原子发射光谱分析法、原子吸收光谱法和紫外-可见分子吸收光谱法;第三篇为色谱分析法,包括色谱法概论、气相色谱法和高效液相色谱法;第四篇为其他仪器分析方法简介,包括红外分子吸收光谱法和拉曼光谱法、核磁共振吸收法、荧光分析、电子能谱法及质谱分析法。

(蔡保鹏)

极谱电流理论 高鸿、张祖训著,科学出版社1986年5月出版,289千字。本书较系统地介绍了各种极谱电流理论,涉及各种极谱方法(经典、交流、示波、方波、脉冲及计时电位法等)、各种电极(悬汞、滴汞、转动圆盘电极、管状电极等)和各种极谱波(可逆波、不可逆波、动力波和催化波等),同时还总结了国内极谱分析理论研究方面的部分成果。在叙述上力求深入浅出,通俗易懂,为读者提供近代电分析化学的基础理论知识,以增进对近代极谱分析方法的了解。

(蔡保鹏)

示波极谱及其应用 汪尔康(1933～ ,江苏镇江人,中国科学院院士,曾任中国科学院长春应用化学研究所研究员、所长)、奚治文等编著,四川科学技术出版社1984年5月出版,343千字。为了使广大极谱分析工作者系统地掌握直流示波极谱法的原理、仪器及其在常规和导数示波极谱、催化极谱、溶出极谱法方面的应用,了解极谱新技术的进展,作者特编了此书。全书共分4章:第一章直流示波极谱法,重点讨论极谱分析中的基本问题,示波极谱分析法的原理,仪器及其应用;第二章极谱催化波,重点介绍催化波的分类、机理、研究方法及其应用;第三章极谱溶出法,重点讨论溶出极谱法的原理,常用固体电极及其应用;第四章极谱新技术,扼要介绍了极谱的发展概况,列表比较了各类极谱法和国内外生产的极谱仪及其性能。

(王忆南)

电分析化学与生物传感技术 鞠熀先(1964～ ,江苏靖江人,南京大学化学化工学院教授,中国仪器仪表学会化学传感器专业委员会副主任,江苏省化学化工学会分析化学专业委员会主任。研究方向:分子诊断与生物分析化学)著,科学出版社2006年4月出版,585千字。《分析化学新方法新技术丛书》之一。本书总结了作者10多年来在电分析化学与生物传感领域中的教学实践和科学研究经验及成果,对电分析化学的基本原理和方法以及生物传感新技术进行深入浅出的阐述,并对其在生物分析领域中的应用进行较详细的叙述和介绍。本书内容包括电化学基础知识、电分析化学基本方法与超微电极电分析化学、酶促反应与生物膜基生物电分析化学、凝胶膜生物传感器、蛋白质与纳米电分析化学、超分子电分析化学与电化学免疫分析、DNA电化学分析与序列识别、电致化学发光分析、细胞电化学与细胞传感以及化学电分析化学联用技术等。本书可供化学、生命科学、环境科学及材料科学等领域科技工作者参考,也可作为大专院校化学专业高年级学生和分析化学专业研究生的教材。

(徐志辉)

旋光谱在有机化学中的应用 黄鸣龙编著,上海科学技术出版社1963年5月出版,133千字。本书介绍旋光谱与有机化合物分子结构的关系。内容首先阐述基本概念,然后着重说明旋光谱对于研究分子结构、分子各基团相互影响及反应动态的重要性,并且列举了许多实例以表明旋光谱的应用范围。本书可供化学、化工部门的科研人员和大专师生参考。

(蔡保鹏)

穆斯堡尔谱学基础和应用 夏元复(1939～2015,上海人,南京大学教授)、陈懿(1933～ ,福建福州人,中国科学院院士,历任南京大学常务副校长、代校长)著,科学出版社1987年8月出版,226千字。本书共5章,介绍了穆斯堡尔谱学原理,实验方法以及它在生物学、地质学、考古学、物理学和化学等方面的应用。注意适当反映了近年来的一些重要成果,着重于方法的物理概念和其实际应用。

(蔡保鹏)

有机试剂在金属元素比色分析及沉淀分离中应用的发展 顾翼东(1903～1996,江苏苏州人,中国科学院化学学部委员,曾任东吴大学、上海交通大学、复旦大学化学系教授)编著,科技卫生出版社1958年12月出版,45千字。本书中作者对近10多年来,特别是最近几年来有机试剂方面的重要文献计200多篇加以整理分类,综述各种有机试剂的发展情况,同时也指出了研究的方法与方向,对于研究人员及一般分析工作者可起到一定的指导作用。(另有《化学词典》,已著录)

(蔡保鹏)

化学词典 顾翼东主编,上海辞书出版社1989年9月出版,2 092千字。本词典选收了化学学科中无机化学、分析化学、有机化学、物理化学、高分子化学以及染料化学、生物化学、药物化学和放射化学等名词术语共6 478条。收词范围包括:重要的、常见的、较新的理论,学说,定律,概念,反应,方法,元素(全部),化合物,药物,矿物,仪器,设备以及化学家等。本词典释文力求严密准确,资料尽力翔实可靠,并注意反映当前化学科研的新成果,具有一定的实用性。

(蔡保鹏)

应用化学与技术 田禾(1962～ ,江苏常熟人,中国科学院院士,华东理工大学教授、化学与分子工程学院院长)主编,科学出版社2007年7月出版,427千字。本书蓝本是华东理工大学化学、应用化学专业博士生"学科技术进展"讲座讲义,所涉及的是功能材料和精细有机合成的最新进展。其主要内容由两部分组成:一为有机光电功能材料、有机非线性材料、先进催化材料、分子机器和超分子化学;二是有机合成新方法、不对称催化、金属催化以及离子液体等。本书结合国际最新的研究成果,着重介绍了华东理工大学近几年来所取得的相关研究成果,内容新颖、翔实;同时,编撰本书的作者大都是从事相关领域科研工作的教授和客座教授,所编著的内容都涉及各自领域的科研成果,特色鲜明。本书是高等院校化学化工领域研究生和高年级学生较为理想的专业参考书,同时可供从事化工、精细化工、医药化工等领域科技人员阅读和参考。

(王忆南)

结晶化学 钱逸泰(1941～ ,江苏无锡人,中国科学院院士,中国科学技术大学化学系教授)编著,中国科学技术大学出版社1988年8月出版,334千字。本书由3部分组成:第一部分为几何结晶学,着重讲述了晶体及其宏观、微观对称性;第二部分为X光结晶学,讲述了粉末法、晶体结构分析等,并介绍了这方面的一些最新研究成果;第三部分为结晶化学,是该书主要部分,讲述了结晶化学基本知识。着重论述了离子键和共价键型化合物、配位多面体等,并在有关章节介绍了一些超导研究及材料科学的新进展、新成果。

(蔡保鹏)

晶体生长的物理基础 闵乃本(1935～ ,江苏如皋人,中国科学院院士,南京大学物理系教授,曾任南京大学固体微结构物理实验室主任、材料科学研究所所长,国家人工晶体研究与发展中心主任,中国晶体学会理事长,教育部科技委员会副主任)著,上海科学技术出版社1982年5月出版,410千字。本书是一本全面论述晶体生长理论的专著,书中用传输理论、热力学、统计物理学和动力学理论系统地总结和解释了晶体生长过程,着重讨论了熔体生长特别是直拉法生长。结合温场、溶质分凝、液流效应、生长层、组分过冷、相图、界面的结构和性质、晶体形态等问题作了仔细的分析并给出相应的物理解释。对不同生长系统(汽相生长、溶液生长、熔体生长)中的生长动力学采用统一的观点加以阐述。

(蔡保鹏)

第十四章 天文学地球科学类

十七史天文诸志之研究 朱文鑫(1883～1938,江苏昆山人,字槃亭,号贡三,天文学家)遗著,科学出版社1965年8月出版,71千字。本书是作者1930～1935年的未定稿,根据《史记》《汉书》等十七史中有关天文、律历方面的材料,加以整理而提举其要,并描述了我国古代科学家在天文、历法方面的重要成就,对研究中国天文学史者有一定参考价值。本书作为一部天文学史资料出版,照原文排印。

(王忆南)

步天歌研究 周晓陆著,中国书店2004年1月出版,420千字。《步天歌》是中国古代天文科学名著,为隋唐人作品,采用诗歌形式首次系统表述了中国古代天文学三垣二十八宿体系,全面总结了甘德、石申、巫咸三家星说及西晋陈卓定全天星数等天文学成就,历代相传为观天认星指南,对中国天文学发展有重大贡献。本书是对《步天歌》进行整理和研究的专著。全书正文分为"校评"与"简论"两部分。上编"校评"系取清陶斋藏抄本作底本,参考国内外其他20多个版本进行校勘、评介。下编"简论"讨论了《步天歌》的学术渊源与背景以及有关《步天歌》的时代与作者等问题;从确立二十八宿三垣体制与优秀科普教科书等方面入手,着重讨论了《步天歌》的科学价值。书前附有古天文星象图(其中有珍稀罕见之图)及古《步天歌》研究书影数种;书后附编内容有三:《丹元子步天歌今订》《玄象诗》《步天歌星名略考》。

(徐志辉)

天问 张钰哲(1902～1986,福建闽侯人,天文学家,曾任中国科学院紫金山天文台台长。长期致力于小行星和彗星的观测和轨道计算工作,"中华"小行星的发现者,中国近代天文学的奠基人)主编,江苏科学技术出版社1984年1月出版,270千字。本书为《中国天文史研究》第一辑,辑录了该领域重要专业论文。《天问》是为推动我国天文学史研究和发展我国天文学事业而开辟的一块新园地,也是同各国科学史家进行学术交流的友谊桥梁。(另有《小行星漫谈》《哈雷彗星今昔》,已著录)

(韩 兵)

太阳活动区物理 方成(1938～ ,江苏江阴人,中国科学院院士,南京大学天文学系教授,中国天文学会理事长,国际天文学联合会副主席,在太阳活动体的结构和大气模型、耀斑动力学模型、耀斑谱线不对称性、耀斑非热电子的光谱诊断及磁流体力学数值模拟等方面有重要成就)、丁明德、陈鹏飞著,南京大学出版社2008年6月出版,407千字。太阳活动区物理主要是研究太阳活动区内各种尘埃现象的物理特性及其发生、发展和消亡的规律,研究它们的相互关系,揭示它们所在的太阳活动区的本质。这些研究对于了解天体物理中宇宙等离子体的各种特性和行为有着重要的普遍意义;对于日地空间环境、日地关系和空间天气学的研究更具有重大的现实意义。本书结合国内外太阳物理最新研究成果编撰,阐述研究太阳活动区和各种太阳活动现象的基本理论、基本方法和研究成果。第一章太阳活动区概论,介绍太阳的一些基本特性和大气结构,概述太阳活动区和各种活动现象的一般特性和结构,并阐明研究的意义。第二章介绍研究太阳活动区辐射的基本理论——非局部热动平衡理论。第三至六章介绍研究太阳耀斑、黑子、日珥和日冕物质抛射的方法和研究成果。　　（徐志辉）

实用天文学　夏坚白(1903～1977,江苏常熟人,中国科学院学部委员)、陈永龄、王之卓编,武汉大学出版社 2007 年 10 月出版,250 千字。本书是夏坚白先生于 20 世纪 50 年代组织编写的、新中国成立后的第一部实用天文学教材,是一部关于天文观察的专门著作,介绍了各种测定经度、纬度、时刻及地平经度的知识,尤其注意理论概念与观察方法的介绍。它为新中国的实用天文学科打下了良好的基础,是一部值得保存的好书。本书于 1953 年由商务印书馆首次出版,2007 年武汉大学出版社根据商务印书馆 1956 年第 5 版再版,再版时改以简体新版,并力求保持全书原貌,仅删除书后收录该书部分名词所在页码的《索引》,对书中个别单位、字符的用法作了统一,对明显的排版错误作了修订。　　（王忆南）

现代天体力学导论　孙义燧(1936～　,浙江瑞安人,中国科学院院士,南京大学天文系教授)、周济林编著,高等教育出版社 2008 年 1 月出版,300 千字。本书系统地介绍了现代天体力学的基本概念和定理,以及一些比较有代表性的研究成果,内容包括:限制性三体问题,一般三体问题,周期轨道,轨道稳定性与扩散和非线性天体力学。本书对于定理的证明,着重介绍总体思路、必要步骤,以及结论和定理的物理意义。论述严谨,深入浅出,具有天体力学、分析力学和现代数学基础的读者可以较流畅地阅读本书。本书可作为我国高等学校天文类、数学类和物理类各专业本科生及研究生的天体力学课程教材,也可供有关的科学研究人员、教师参考。　　（王忆南）

星体的起源和演化　陈彪(1923～　,北京人,曾任职于中央研究院天文研究所,中国科学院紫金山天文台研究员、云南天文台台长,中国科学院数学物理学部委员;对我国太阳物理学的建立和发展作出了突出贡献)著,商务印书馆 1953 年 4 月出版,字数不详。本书旨在探讨建立一个实际的和正确的星体起源和演化学说。著者总结梳理了以往的天文观测和研究结果,介绍了有关天体物理的规律、各种理论及其意义,介绍一些观测到的具体实际情况,在此基础上预测一个完美的星体起源说和演化论会有的可能形式。　　（韩兵）

宇宙——物理学的最大研究对象　陆埮(1932～2014,江苏常熟人,中国科学院院士,曾任南京大学天文系教授,国际天文联合会会员。中国科学院国家天文台将 91023 号小行星正式命名为"陆埮星"。研究方向:宇宙学,高能天体物理)著,湖南教育出版社 1994 年 12 月出版,100 千字。《科学家谈物理》丛书之一。本书是一本科学普及读物,对宇宙这一物理学的最大研究对象做了比较详细的介绍。全书共 13 章,包括:随着视线的扩展,宇宙大尺度特征的观测事实,宇宙有限还是无限,空间弯曲的宇宙,支配宇宙的力——万有引力,宇宙的演化,物质世界的诞生,宇宙演化时间表,星系世界的形成,困难与突破,宇宙大尺度结构的新发现,新的发现和新的挑战,百家争鸣。　　（孟桂英）

太阳系演化学　戴文赛(1911～1979,福建漳州人,曾任中央研究院天文研究所研究员,燕京大学、北京大学、南京大学教授)著,全书分上下两册,由上海科学技术出版社分别于 1979 年 11 月和 1986 年 1 月出版,633 千字。全书共 18 章,上册前两章扼要叙述研究太阳系起源演化有关的观测资料和一些基本理论,之后五章介绍和评价国外的各学说,这五章仍保留原作者所用符号,其他各章则采用习惯上的统一符号。第八、九两章写作者对行星物质的来源和行星的形成两个基本问题的论述。下册分别论述卫星的形成、月球的形成和地月系演化、行星和规则卫星的距离规律、太阳系角动量分布的说明、小行星的起源和演化、彗星的起源和演化、太阳系各类天体自转的起源和演化、陨星和太阳系早期史、地球科学中同太阳系起源演化有关的问题等。　　（蔡保鹏）

小行星漫谈　张钰哲著,科学出版社 1977 年 2 月出版,35 千字。在太阳系里,有水星、金星、地球、火星、木星、土星、天王星、海王星和冥王星,这 9 个行星我们平常叫作大行星。除九大行星以外还有成千上万个体积较小的小行星也绕日运行。本书用浅显的语言，通俗地介绍小行星的发现、观测、特性、用途及其演化等。书中的内容包括：小行星的发现、小行星的观测、小行星的运动和轨道、小行星分布和总质量、不平常的小行星、小行星的用途、小行星的诞生和演化。

（韩　兵）

哈雷彗星今昔　张钰哲著，知识出版社 1982 年 3 月出版，69 千字。本书完整介绍了哈雷彗星的运动规律以及哈雷彗星现象的科学历史，科学认识哈雷彗星以及研究哈雷彗星的意义，对传统的迷信说法予以批驳，澄清了广大百姓的头脑中的一些糊涂思想，引导大家用科学唯物主义的观点看待这一天文现象。此书的内容有：1985~1986 年回归的哈雷彗星、我国古代文献记载的彗星、关于彗星的迷信和传说、哈雷彗星的弟兄们、秦代前后的哈雷彗星观测记录、认识同期彗星的过程、哈雷彗星 1910 年回归的经过和 1986 年回归预报、研究哈雷彗星的意义。

（韩　兵）

哈雷彗星（1986 Ⅲ）观测研究文集　龚树模（1915~2001，江苏太仓人，天文学家，曾任中国科学院紫金山天文台研究员、副台长）主编，科学出版社 1989 年 1 月出版，299 千字。彗星的研究对了解太阳系演化、星际物质性质、星际分子形成乃至地球生命的起源都有重要意义，1985~1986 年哈雷彗星的回归引起了全世界的关注，我国天文工作者进行了大规模的联测工作，取得大量的观测资料和成果。本文集收集了有关哈雷彗星精密定位、大尺度现象、近核、光度、红外、射电和光谱等方面的研究论文及资料，书后还附有在这次回归期间我国地面观测所拍摄的哈雷彗星形态照片。

（蔡保鹏）

夏商周时期的天象和月相（上下）　李广宇（1945~　，甘肃陇西人，紫金山天文台研究员，兼任青岛观象台台长，中国近地天体探测和太阳系天体研究首席研究员，"嫦娥工程二、三期预先研究"科学目标和应用系统论证组专家）等著，世界图书出版公司北京公司 2007 年 1 月出版，1 696 千字。本书是一本实用天文年代学著作。作者对于传世和出土文献中记载的各种与确定夏商周历史年代有关的天象一一做了计算，给出了它们出现的时间和各地可见情况。这些天象包括日食、月食、可见周期彗星、五星会聚、日月大行星位置等。本书计算给出了西周时期朔望两弦月相的日期时刻，对研究文献和铜器中的月相纪日非常有用，会大大促进有关西周年代学的研究。本书采用了最新的数值历表和计算方法，所得结果具有较高的精度和可靠性。为了研究考查夏商历史，年代上推到公元前 2100 年。某些天象上限则计算到公元前 3000 年。此外，本书对于研究古代文献成书年代、中国古代文化和自然灾害也都会有一定用处。

（韩　兵）

金文月相纪时法研究　叶正渤著，学苑出版社 2005 年 12 月出版，150 千字。金文月相纪时法，就是西周金文中用月相词语纪时的问题。对这个问题的研究，是西周金文研究的重要内容。在一个多世纪里，金文月相词语的研究文章不下数百篇，表明金文月相纪时法问题已引起学术界高度重视。但是，迄今还没有一部全面研究金文月相纪时法的专著问世。金文月相纪时法问题不仅涉及文字学，还涉及古代天文学、历法学、历史学诸多领域，本书是专题研究，共包含《20 世纪以来金文月相词语研究评述》《金文月相词语的含义和所指时间》《月相词语与西周起年、王年、积年研究》和《月相词语与西周历法研究》共 4 章内容。

（徐志辉）

中国古代历法　张培瑜（1935~　，山东烟台人，曾任中国科学院南京紫金山天文台研究员，《天文学报》编委。致力于历法历算和天文年代学研究）等著，中国科学技术出版社 2008 年 3 月出版，855 千字。本书认为中国古代历朝颁历的主要目的是授时，用来指导农业生产和安排各项社会活动，重在推步和实用。所以本书侧重于历术的复原，并以多种形式介绍具体推步方法。而且对历代日月食计算方法作了比较系统的介绍。（另有《三千五百年历日天象》《中国先秦史历表》，已著录）

（韩　兵）

三千五百年历日天象　张培瑜著，大象出版社 1997 年 7 月出版，3 230 千字。本书是研究中国历史、年代、历法，查阅史日的工具书和天象资料书。内容包括中国历代颁行历书总集（历表）和制订历法依据的天象汇编（朔望分至八节日食）。本书按实际施行历法给出历代的历书。西周以前基本上依据天象颁历，本书给出其时据以颁历的全部真实天象(朔望月相及分至八节)，这实际上就是其时的历日表。西周中后期，开始推步制订历法。春秋战国时期各国自行颁历，行用不同的历法，本书给出当时行用各历的朔闰表。秦汉初历书开始加注八节，西汉中叶施行太初历，以二十四节气注历，并采用无中置闰法。本书自此以后注记全部二十四节气。

(韩 兵)

中国先秦史历表 张培瑜编，齐鲁书社1987年6月出版，字数不详。本书为一部研究中国先秦历法、历史的工具书，年代可与陈垣《二十史朔闰表》衔接。内容包括"冬至合朔时日表""朔闰表"。冬至合朔时日表给出公元前1500年至前105年这一时期的真实的日月合朔的日期和时刻，由此可以得知当时任何时刻实际的月相情况。对于殷商、西周时期，事实上这就是当时的真实历日表。朔闰表上起春秋、下至汉初，据史料复原及古历推步的方法编成。本书可供研究殷周历史、年代，西周铜器断代以及先秦历法、史日记载的学者使用。

(韩 兵)

不停歇的思索：李德仁院士文集 李德仁(1939～   ，江苏泰州人，中国科学院院士，中国工程院院士，曾任武汉测绘科技大学校长)编著，武汉大学出版社2008年12月出版，675千字。本书是两院院士李德仁的文集。全书共3编。第一编精选其在测绘学科方面的学术研究论文，反映了其在测绘科研领域高瞻远瞩的独特视野。第二编精选其在教育领域和人才培养方面的文章，反映了其作为一个教育工作者在高等教育方面深层次的探索和思考。第三编精选其在产业与成果应用方面的文章。(另有《空间信息系统的集成与实现》《误差处理与可靠性理论》，已著录） （蔡保鹏）

地球科学现代测试技术 王汝成(1962～   ，江苏兴化人，南京大学地球科学与工程学院教授，中国岩石地球化学学会副秘书长。研究方向：稀有金属矿物学)等著，南京大学出版社1999年9月出版，274千字。电子探针、同位素质谱技术、等离子光谱技术及流体包裹体分析技术是地球科学研究中最常见、最重要的一些现代测试技术，在矿物学、岩石学、矿床学、地球化学等研究中起着十分重要的作用，这些测试技术的基本原理和主要应用是地质学专业学生必备的专业知识。本教材共分4章，分别讲述电子探针、等离子发射光谱仪、流体包裹体测温设备和气体同位素质谱计4种仪器。本书根据最新的资料，从地球科学研究人员的角度，分别从仪器的基本工作原理、基本操作方法、仪器的基本应用三方面入手，编写简明、实用的讲稿，既有经典理论基础，又加强了20世纪80年代后期至90年代初各仪器的最新发展动向，尤其是新功能的开发及其在相关领域的最新重要应用及成果。(徐志辉)

空间信息系统的集成与实现 李德仁、关泽群著，武汉大学出版社2002年3月出版，343千字。本书分为5个部分。在绪论部分主要阐述了地球空间信息科学技术体系，及作为其基本技术核心的"3S"技术及其集成的理论与关键技术。第二至第四章主要介绍空间信息系统的集成与实现中的重要方法或手段。第五章到第八章对"3S"中的集成问题进行了探讨，主要涉及：车辆定位与自动导航，以及道路信息和其他环境信息的采集；将GPS动态相位差分技术用于航空/航天摄影测量进行无地面空中三角测量；利用RS数据和GIS数据快速发现空间对象的变化，同时，对GIS数据库进行快速更新；从GIS数据中发现知识用以辅助遥感数据处理；车载GPS,GIS与CCD(包括其他测绘传感器)集成系统等。第九章专门介绍以空间定位技术、遥感技术和地理信息系统技术为基础的集成数据库技术，包括GPS数据、RS数据和GIS数据的一体化存贮与管理，也包括利用遥感数据制作导航数字影像地图以及基于数据集成的3D可视化模型。最后一章介绍了目前国际上刚刚开始但讨论很热烈的地球空间数据框架等问题，并就它们与"3S"的关系作了阐述。

(蔡保鹏)

地理信息系统原理与算法 吴立新(1966～   ，江西宜春人，中国矿业大学环境与测绘学院教授，中国遥感应用协会常务理事，中国GIS协会常务理事。研究方向：灾变遥感与灾害测量，空间信息理论与方法，地球系统空间格网)、史文中编著，科学出版社2003年10月出版，654千字。本书以GIS

原理和GIS算法为纲,形成"GIS原理"和"GIS算法"上下两篇。上篇基于学科融合与交叉提出广义地理系统和广义地理目标的概念,进而系统讲解2DGIS空间数据模型、数据结构、空间关系、地学信息分类与空间编码、地图投影与图形变换等基本原理,并介绍近年GIS理论的最新进展。下篇基于空间数据处理、空间图形处理、空间度量与分析、可视化与数据挖掘四大方面,系统阐述和演绎空间数据压缩、空间数据内插、空间数据转换、空间数据误差分析算法、多边形自动生成与裁剪、TIN的构建、Voronoi图的构建和空间变换算法、空间度量、数字地形分析、空间统计和空间分析算法以及GIS可视化操作和空间数据挖掘与知识发现等核心算法。

(徐志辉)

遥感影像地学理解与分析 周成虎(1964～ ,江苏海安人,中国科学院院士,中国科学院地理科学与资源研究所副所长。研究领域:空间数据的知识挖掘,地学智能计算,洪水灾害的数值模拟分析与评估信息系统,遥感影像的地学分析与应用)等著,科学出版社1999年12月出版,445千字。本书是《地球信息科学基础丛书》的组成部分,是一本探讨遥感地学分析理论、模型、方法和应用的基础理论著作,重点突出了针对地学特征对影像进行理解和分析的原理和应用方法。本书分8章:第一、二章是遥感影像地学理解和分析基础理论部分,首先提出了遥感信息的地学评价与影像理解的问题,阐述了地面特征遥感信息表达与模型建立的理论和方法;第三至五章为应用研究实例分析,分别以水体、居民点、岩性信息为例,具体介绍遥感影像特征信息的提取和分析方法;第六、七章进一步提出了遥感影像地学理解和分析的具体模型和方法技术,包括遥感统计扩展模型和遥感生理认知模型;第八章探讨智能化、自动化遥感影像地学认知的理论问题,初步提出了层次结构的遥感地学智能图解模型。本书可供广大地学和空间科学从事遥感、地理信息系统、地球信息科学的科研人员及有关高等学校教师和研究生参考。(另有《集成地震目录数据库及其应用研究》《地理信息系统概要》,已著录)

(韩 兵)

雷达对地观测理论与应用 郭华东(1950～ ,江苏丰县人,中国科学院院士,中国科学院遥感与数字地球研究所所长、研究员)等著,科学出版社2000年12月出版,766千字。本书是一部较为系统、全面的雷达对地观测专著,是已出版的《中国雷达遥感图像分析》的姊妹篇。本书总结了作者和前人的成果,从理论、技术到应用全面地阐述了雷达遥感的作用和机理。全书分3篇14章:第一篇第一至三章介绍雷达遥感的基础理论,机载星载雷达系统以及极化雷达、干涉雷达和其他新型成像雷达;第二篇第四至六章介绍雷达定标与成像处理技术、雷达图像处理方法,以及雷达数据分析技术;第三篇第七至十二章,分别介绍雷达遥感在地质、农业、林业、水文、海洋、城市与考古,以及雷达散射计在全球变化监测中的应用研究,第十三章介绍了雷达对行星,特别是金星的探测,第十四章对雷达对地观测科学技术的发展前景作了展望。(另有《对地观测技术与可持续发展》《新疆北部地质矿产遥感》,已著录)

(蔡保鹏)

对地观测技术与可持续发展 郭华东编著,科学出版社2001年2月出版,325千字。本书是国家高科技计划信息领域信息获取与处理技术(863～308)主题成果系列专著之一。作者从全局角度全面论述了对地观测这一前沿技术在当今社会中的作用及其在实施国家可持续发展战略中的重大意义,并陈述了我国对地观测技术当前的进展,特别是面向21世纪初的发展战略。全书共9章。第一至三章分别阐述对地观测的对象、内容及其社会需求,简述对地观测的理论基础及其技术体系;第四至七章论述当前应发展的对地观测的关键技术,分别介绍了新型的光学对地观测技术、微波对地观测技术、信息处理技术、对地观测平台技术,并提出为构筑中国数字地球需要建立国家对地观测体系;第八至九章讨论为实施国家可持续发展战略建立信息保障体系的重要性和可能性。

(蔡保鹏)

GPS卫星定位原理及其在测绘中的应用 赵长胜(1957～ ,辽宁彰武人,徐州师范大学测绘学院教授,江苏省测绘学会副理事长。研究方向:大地测量与测量数据处理)等编著,教育科学出版社2000年5月出版,370千字。《现代测绘科技丛书》之一。本书共9章,主要内容:GPS概论、坐标系和时间系、GPS的组成及其信号、GPS静态定位和动态定位原理、GPS定位误差、GPS测量的实施及数据处理、GPS技术在测绘和导航中的应用等。在阐述基本理论的基础上着意反映GPS定位技术的最新发展：详细介绍GIDNASS全球导航卫星系统及其与GPS组合系统的应用前景；差分GPS原理及其最新进展；载波相位差分实时动态定位的基本工作原理、系统组成及在工程测量应用中的明显优势；在GPS测量的实施中引入GPS网精度和可靠性的预计；在GPS数据处理中，对坐标系统的转换方法进行详尽的论述；对GPS技术在测绘中的应用进行广泛而深入的介绍等。本书内容系统翔实，可作为测绘学科和相关学科的研究生和本科生的教学用书，也可作为有关科技工作者的参考资料。

（徐志辉）

误差处理与可靠性理论　李德仁、袁修孝著，武汉大学出版社2002年7月出版，447千字。本书系统地讲述了以数理统计理论为基础的测量平差系统的误差理论、假设检验和可靠性理论，介绍了当代摄影测量平差在理论和技术发展中的新成就和主要动向。如GPS辅助空中三角测量；稳健计算机视觉；利用人工智能方法进行粗差的启发式搜索等。书中重点讨论了偶然误差的减少、系统误差的补偿、粗差的检测以及不同类型误差的区分等问题，既有较完整的理论阐述，又有较具体的应用实例。为了便于读者深入研究，每章后均列出主要参考文献。为了便于更好地理解本书，在附录中补充了必要的矩阵代数和数理统计知识。　（蔡保鹏）

德汉测绘词汇　纪增觉（1914～2002，江苏姜堰人，曾任武汉测绘学院教授、院长）著，测绘出版社1985年12月出版，1 024千字。测绘科学技术领域的文献中，德语文献占有重要地位。1979年在国家测绘局领导和全国测绘情报网支持下，成立编辑委员会，编写了本词汇。本词汇的选词参考了最近几年出版的国内外许多重要德文词典、专著、期刊和教科书约70种。全书共收入词汇32 650条，缩写词1 460条。其中有大地测量、摄影测量与遥感技术、地形测量、地图制图、工程测量、矿山测量、城市测量、海洋测量、地籍测量、平差计算、卫星大地测量、测绘仪器、测绘机构与团体等方面的词汇。除此以外，还收入了数学、物理、天文、导航、地震、地质、地貌、土地整理、区域规划、计量技术、机电、计算机科学、教育等学科中与测绘关系较密切的词汇。书后附有主要词汇的中文索引5 850条和国外测绘仪器产品型号选录770条，供读者参考。

（蔡保鹏）

地图学基础　陆漱芬（1918～2013，女，江苏无锡人，曾任南京师范大学教授）主编，高等教育出版社1987年8月出版，416千字。本书是高等师范院校地理系本科学生的教学用书，也可以作为综合大学地理系非地图专业学生的参考书。其目的在于培养学生具有阅读和应用各类地图的能力，基本掌握编绘专题地图和教学地图的作者原图的技能，以此为地理专业后继课的学习和将来担任中学地理教师服务。针对上述目标，组织了地图学的基本理论、基础知识和基本技能的有关内容，其中包括地理工作中的野外填图和中学地理教师指导学生课外活动时所需要的简易测绘知识与技能。本书的体系是首先介绍地图学的基本理论，即地图投影、制图综合和地图符号系统。在此基础上分别按地形图、普通地理图、专题地图、教学地图和地图集、海图和地图应用组织有关内容。全书共10章。

（蔡保鹏）

地图投影学（第1册）　方俊（1904～1998，字君选，江苏武进人，中国科学院院士）著，科学出版社1957年8月出版，269千字。本书共8章。前3章所讨论的是地图投影的基本问题。然后作者再根据这个基础分别讨论各种投影，投影的分类方法是把各种投影归为正方向、等面积和正形投影三大类。在讨论每一类投影之前，作者先把他们的共同性质用算式列出，然后再按照各种投影的其他条件一一讨论。凡是不能归为这三类以内的投影，都称为杂类投影。在最末一章，作者在讨论投影的应用以后，采用底索的方法解释对于指定区域的最适宜的投影。本书假定地球为一个球体，如此，可使公式简化，易于了解。在一般制图的应用上，这种解定不会发生严重影响。但为照顾到较大比例尺的地图，我们常用双重投影法，也就是先把椭球面投影在球面之上，然后再投到平面上。在第五、六章之末加以解释，并附有投影表可资应用。（另有《地

图投影学》第2册、《固体潮》，已著录） （蔡保鹏）

地图投影学（第2册） 方俊著，科学出版社1958年12月出版，232千字。本书专门讨论大地测量地图投影问题，共分6章：第一章讨论地球椭球体的性质，椭球面上的坐标系统，以及其换算公式；第二章为大地测量地图投影总论，导出正形投影的一般公式，作为以下几章的基础；第三章专论高斯-克吕格投影，由于这种方法在我国已经采用，故讨论特别详细，并举出了很多算例；第四至六章分别讨论了兰勃脱正形投影、球面投影以及斜轴正形投影；由于兰勃脱正形投影在新中国成立前曾在我国应用过，故略为详细，其他投影则仅作理论的叙述。 （蔡保鹏）

地球信息科学与区域持续发展 陈述彭（1920～2008，江西萍乡人，中国科学院院士，曾任南京大学兼职教授。研究领域：地理制图，航空像片综合制图，地图编制自动化，创建了中国科学院遥感应用研究所、资源与环境信息系统国家重点实验室，开拓了中国遥感应用新领域）著，测绘出版社1995年4月出版，340千字。著者在1993年至1994年间为联合国亚太经社会（UNDP/ESCAP）、日本宇宙事业开发团（NASDA）和国家科委中国遥感中心主办的一系列促进亚太区域社会经济持续发展空间应用的学术活动起草纲领性文件或做主题发言，担任"中国21世纪议程"讲座，主编《当代科学技术前沿百科全书—地球科学卷》，撰写了一系列中英文学术论著。本书萃集选编了其中20余篇成集，比较集中地反映了陈述彭先生的科学思考和学术观点。（另有《遥感地学分析》《地学的探索》，已著录） （韩 兵）

地理信息系统概要 周成虎编著，中国科学技术出版社1993年8月出版，30千字。本书共8章25节，系统地介绍了地理信息系统GIS的基本概念、方法，系统的硬件、软件环境、空间数据的采集、表示和空间数据库的设计，GIS的功能、空间分析以及GIS的应用与发展。附录部分列出GIS的常用词汇、当前主要的软件产品和ARC/INFO简介。本书可作为大专院校有关专业的高年级本科生、研究生和地理信息系统培训班的教材，也可作为地理信息系统研究人员的专业参考书。 （韩 兵）

专题地图与地图集编制 李海晨（1909～1999，江苏江阴人，曾任中央大学、南京大学教授）编著，高等教育出版社1984年1月出版，330千字。本书分专题地图编制和地图集编制两部分。第一部分阐述专题地图编制的特征与方法，着重于用地图和图表形式表达自然地理和社会经济地理各主要分支学科的基本内容；概略地介绍了专题地图制图自动化。第二部分对地图集的编制作了扼要的说明，并介绍国内外若干主要地图集，注意到编制地图集的经验和教训。 （蔡保鹏）

曾世英论文选 曾世英著，中国地图出版社1989年出版，字数不详。本书编入著者从1934年至1989年初有代表性的地名学论文28篇，内容涉及测绘、地图制印、地名译写、地名正名、地名罗马化及文字改革等方面。在其学术之中也体现了中国现代地图制图和地名学研究开拓、建立和发展的印迹。 （韩 兵）

中国湖泊概论 施成熙（1910～1990，江苏海门人，曾任河海大学教授）主编，科学出版社1989年3月出版，396千字。本书是中国科学院南京地理与湖泊研究所长期研究成果，主要内容包括中国湖泊的分布、类型、成因与演变、湖泊沉积、湖水理化性质与污染、生物种类与分布，以及湖泊资源的综合开发利用等。本书是我国第一本较为系统的综合性湖泊专著，可供从事湖泊研究、教学以及从事水文、水产、航运、环保、地质等方面工作的人员参考。 （蔡保鹏）

中国变质作用及其与地壳演化的关系 董申保（1917～2010，江苏常州人，中国科学院院士，曾任北京大学教授）等著，地质出版社1986年4月出版。本书以丰富的实际资料为依据，运用变质地质学的观点，首次全面地总结了中国各时代变质岩系的岩石组合、原岩建造、变质相和相系、花岗质岩石的特征及变质作用的期次和时代；系统划分了中国的变质地质单元和变质旋回，阐述了它们的特点；讨论了变质作用的成因类型和它们的时空变化规律及其所反映的中国大地构造环境和地壳演化特

征。(另有《董申保文集》,已著录)　　（蔡保鹏）

固体潮　方俊著,科学出版社 1984 年 10 月出版,655 千字。固体潮是研究地球固体部分潮汐的一门学科,是近 30 年来才发展起来的综合性的学科。本书是专门讨论固体潮的原理、实验方法以及与旁支学科之间的关系的专著,全书共 8 章,第一章是总论,第二章讨论潮汐原理,第三章介绍观测仪器以及观测方法,第四章讨论数据的分析方法,第五、六章是理论研究,讨论根据地球模型解算表征地球弹性的几个参数的原理,并扼要地介绍弹性力学作为探讨有关问题的基础,第七章讨论与固体潮有关的天文学上的问题,最后一章则是讨论海潮的原理以及与固体潮之间的相互关系。（蔡保鹏）

构造物理学概论　马瑾(1934～　,江苏如皋人,中国科学院院士,曾任中国地震局构造物理开放实验室主任、中国地震学会常务理事)著,地震出版社 1987 年 8 月出版,336 千字。本书是作者在中国科学院研究生院讲授构造物理学的讲稿基础上补充、修改而成的。本书共 6 章:第一章讨论了构造物理学的研究对象、特点、研究方法等;第二章阐述了地壳变形方式及近年来引入到地学中的新力学分支——流变学的基本内容;第三章论述了岩石物理学参数及实验研究方传,应力应变关系、弧度、破裂与摩擦;第四章详细探讨了影响岩石变形的各种因素,以及岩石性质与环境的关系;第五章研究了构造变形机制与应力场类型及其研究方法以及带有独创性的地壳变形组合形式;第六章讨论了构造物理学在地震研究方面的作用。本书适合构造地质学、地球动力学、震源物理学、地质力学、岩石力学等多门学科研究人员参考,也可作为地学领域有关专业的教程或教学参考书。（蔡保鹏）

地热利用技术　汪集旸(1935～　,江苏吴江人,中国科学院院士,中国科学院广州能源所特聘首席科学家,广东省新能源与可再生能源重点实验室学术委员会主任)、马伟斌、龚宁烈编著,化学工业出版社 2005 年 2 月出版,141 千字。《可再生能源丛书》之一。本书揭示的是如何利用地热能这一最现实和最具竞争力的能源。内容包括地热资源及其开发利用概况、地热发电技术、地热制冷技术、地源热泵技术、地热供暖技术、地热直接利用的其他方面及环境特征分析。本书重点介绍地热直接利用技术特别是地源热泵技术及其在供暖、制冷上的应用。（王忆南）

地震波数值模拟与偏移成像　范祯祥(1933～　,江苏靖江人,石油物探局研究院教授级高级工程师)、郑仙种编著,河南科学技术出版社 1994 年 12 月出版,278 千字。《科学与工程计算丛书》之一,是一本粘弹介质地震波模拟专著。作者应用有限元数值计算模拟任意地质形态与任意岩性组合介质中地震波的传播,以检验地震地质解释模型的正确性,在模拟过程中对波传播范围进行自适应计算和相应的近似算法,使达到经济实用水平,适用于油田储集层分布与煤田陷落体预测。(另有《地震波参数反演与应用技术》,已著录)（蔡保鹏）

地震波参数反演与应用技术　范祯祥、郑仙种著,河南科学技术出版社 1998 年 12 月出版,246 千字。本书是《地震波数值模拟与偏移成像》一书的续篇,也是"储层物性参数地震、测井联合反演技术"项目的方法与技术的总结。该项目是石油天然气总公司"八五"科研项目之一,由范祯祥主持研究,于 1995 年 12 月完成。本书是在对该项目多年研究过程中所积累的地震波参数反演方法与技术成果进行总结的基础上,选择其中有成效的方法加以提炼,并将其中的一部分上升为理论,由郑仙种用数学方法重新推导、整理编写而成的。全书分为 6 章,第一章为地震波参数反演的预备知识,第二至五章为理论与方法,第六章为有关地震、测井联合反演的应用技术。（蔡保鹏）

集成地震目录数据库及其应用研究　周成虎等著,中国水利水电出版社 2005 年 9 月出版,237 千字。本书汇集了中国及邻近地区自公元前 23 世纪至公元 2000 年间的 71 万余条地震条目,属性包括发震时间、经纬度、各种震级、参数精度以及数据来源等 50 余项;探讨并介绍了集成地震目录数据库系统建立中所遇到的理论、方法、技术等一系列问题;并着重在地理信息系统的平台上应用集成地震目录数据库进行地震空间分布特征分析和地震序列特征分析。所建立的信息系统针对地震目录数据特点,在数据库的界面、结构以及共享机制等方面进行了精心的设计与开发,使之更容易进行地震目录的查询、管理、共享和分析,为中国地震科学研究提供了一个坚实、开放的数据共享平台。集成地震目录信息系统的完成将有助于发挥中国地震目录数据的潜力,促进地震数据的共享,服务于地震科学研究与全社会的减灾救灾工作。

(韩 兵)

江苏省地震监测志 江苏省地震局编,河海大学出版社2008年12月出版,634千字。本书从江苏省地震监测台站发展沿革历史、台站基本情况、地震观测项目和观测技术、观测资料、观测人员以及地震科学研究等多个方面较全面记述了70多年来江苏地震监测工作的发展,是江苏省地震监测工作基本情况的汇总和总结,有助于更好地促进江苏防震减灾事业的发展。

(王忆南)

江苏地震志 江苏省地震局编,地震出版社1987年2月出版,335千字。本书收集整理了丰富的地震史料和大量近代仪器观测资料,主要包括江苏省地震、江苏近海地震、江苏省及近海地震目录和附录等部分。江苏省地震及近海地震,着重编录了自公元237年至1982年各种史料记载的地震情况和现代宏观调查资料;江苏省地震目录,列出此间发生在江苏境内的1 403次地震及近海的336次地震;附录收入了外地波及江苏的75次地震以及江苏省各市县地名沿革简况和地震概述。

(王忆南)

水文学 郑肇经(1894～1989,江苏泰兴人,历任同济大学、华东水利学院、河海大学教授,中国近代科学治水和水利科学研究事业的先行者、奠基人)编撰,商务印书馆1951年12月出版,字数不详。本书除对于水文之学理分章详述外,关于水文测量之规范也兼论及,理论与实际相结合。另将中央水利实验所的水文测验规范列入附编;测验所用表格采用华东水利部现行之各项表格,择要举例,以资教学实习的参考。至于苏联之水利事业,堪可借鉴,特摘录《人民水利》原文,列入附编之附录。(另有《太湖水利技术史》,已著录) （韩 兵）

古洪水研究 詹道江(1917～2011,湖北红安人,河海大学水资源环境学院教授,中国水文教育的开拓者,中国应用可能最大暴雨与可能最大洪水概念与方法推求设计洪水的开拓者、中国古洪水研究的开拓者和奠基人)、谢悦波著,中国水利水电出版社2001年8月出版,237千字。本书利用河流洪水平流(憩流)沉积物和放射性同位素技术可求得数千年的大洪水资料,使洪水的考证期大为扩展,可以避免现行靠数学方法外延洪水频率曲线的弊端,为洪水计算开辟一条新的途径,有效提高了设计洪水的安全性。本书阐述这种古洪水研究的原理、方法、误差评估以及我国四大河流应用这种研究的经验与成果。本书可供重要水利水电工程规划和洪水分析计算工程师、决策者和大学水利水电及地质、地理气候等师生参考。(另有《工程水文学》,已著录) （徐志辉）

水文分析与计算 刘光文(1910～1998,浙江杭州人,河海大学水系教授,毕生致力于水文学科的教学和科学研究工作)等编,中国工业出版社1963年6月出版,383千字。本书包括以下内容:有充分实测径流资料时设计年径流量的计算,资料不足或缺乏资料时设计年径流量的计算,河川径流的年内分配及枯水流量,具有实测流量资料情况下设计洪水的推求,设计暴雨,小汇水面积设计洪水,固体径流,人类活动对径流的影响。本书除作为教学用书以外也可供从事水文计算的工作者作为学习材料。本书是中国水文界最有影响的著作之一。

(徐志辉)

水文统计学 黄振平(1949～ ,江苏海门人,河海大学水资源环境学院教授。研究方向:工程水文学,随机水文学)编著,河海大学出版社2003年8月出版,503千字。本书比较系统地介绍水文学中常用的概率论与数理统计原理与方法,由概率论、数理统计、误差分析以及随机过程四部分组成。全书条理清晰,叙述简练通俗,循序渐进。书中例题较多,每章配有适量习题,书后还附有习题答案和常用数表,便于自学和应用。本书可作为高等学校水文水资源、水利水电等专业的本科教材,也可供水文、水利、环境、海洋、气象、地理等专业的科技人员作参考。

(徐志辉)

江苏省水文志　江苏省水文水资源勘测局编著,江苏古籍出版社 2002 年 8 月出版,384 千字。本书是江苏省第一部水文专业志,全面记述了江苏省有史以来,特别是中华人民共和国建立以来江苏水文事业的发展历程。本志前面列有"概述",综合叙述江苏水文工作的历史演变和发展过程,其下共 10 章:自然地理概况、水文特征、水文站网、水文测验、水文资料整编、水文情报预报、水文实验研究、水文水资源分析计算、水文机构与队伍、水文管理,分述江苏水文各个方面的工作发展。本志末尾附有江苏省水文大事记、水文管理重要文件、获奖科技成果表、水文科技论著一览表、江苏省水文水位测站一览表等。

（王忆南）

中国科学院南京地质古生物研究所集刊:第 25 号　王成源(1938～　,吉林开通人,中国科学院南京地质古生物研究所研究员,《微体古生物学报:中国牙形刺学科学术带头人》副主编)等著,科学出版社 1989 年 8 月出版,280 千字。本号集刊汇集两篇论文:《广西泥盆纪牙形刺》及《广西象州大乐泥盆纪大乐组吠咽段的腕足动物》。作者以鲜明的观点揭示了广西该地质时期牙形刺及腕足动物化君的整体面貌,提出了自己的见解。该成果将为华南泥盆纪生物地层、牙形刺和腕足动物的研究深度和广度提供重要的有学术价值的资料。本书共附化石图版 53 幅。(另有《牙形刺》《下扬子地区牙形刺:生物地层与有机变质成熟度的指标》,已著录)

（韩　兵）

中国冰川与环境:现在、过去和未来　施雅风(1919～　,江苏海门人,中国科学院院士)主编,科学出版社 2000 年 11 月出版,608 千字。本书系中国科学院原兰州冰川冻土研究所近 50 年来一部总结性冰川学专著,亦系我国冰川学研究的一本经典性重要著作,集我国冰川学研究之大成。全书共 12 章,内容包括冰川学概论,中国冰川及其分布特征,冰川物理,冰川能量平衡与物质平衡,冰雪化学及其环境指示意义,中国积雪地理分布、变化与气候关系,冰雪融水与径流,冰川积雪灾害与防治对策,冰芯记录的气候环境变化,第四纪冰川、冰期间冰期旋回与环境变化,冰川积雪和有关水资源及灾害的未来趋势等。与以往中国冰川学著作相比,本书特点是突出了 20 世纪 90 年代新发展的冰芯研究和冰川目录的完整统计;增加了积雪和第四纪冰川等内容,并与全球变化相联系;冰雪化学资料得到全面更新等。此外,书中还附有索引和彩色图版。全书内容系统全面、资料丰富新颖、结构逻辑严密,是展现冰川与环境关系的冰川学巨著。可供地学、环境、气候、水文等方面的科研、教学和生产部门有关人员参考使用,亦可作高等院校教材。(另有《中国东部第四纪冰川与环境问题》,已著录)（蔡保鹏）

遥感地学分析　陈述彭等著,测绘出版社 1990 年 5 月出版,418 千字。本书第一部分,遥感信息的地学评价,介绍遥感信息源、遥感信息地学评价的标准,并对各类遥感信息进行分析评价。第二部分,遥感与区域综合分析方法,介绍遥感地学分析的多种综合分析方法,相关分析、分层分类、系列制图、交叉分析、信息复合、地理信息系统、区域区划方法等。第三部分,遥感与地学的宏观研究,选择遥感地学分析与传统地学研究有区别的若干方面来说明遥感技术开拓了地学宏观研究中的一些新领域和新方法。第四部分,遥感地学分析的比较研究,介绍了 10 个国家的遥感技术背景、应用状况、各自的特点,探讨我国遥感应用研究的方向。

（韩　兵）

中国气象事业发展战略研究——气象与经济社会发展卷　李泽椿(1935～　,江苏南京人,天气动力和数值预报专家,中国工程院院士)、巢纪平主编,气象出版社 2004 年 1 月出版。本书是中国气象事业发展战略研究"气象与经济社会发展"课题组(第三课题组)完成中国气象事业发展战略研究"气象与经济社会发展"课题研究,形成的研究成果。本书共分 12 章,比较系统地研究和论述了气象与经济社会发展、现代公共气象服务、气象与农业、水文气象与水利、气象与交通、气象与民用航空、气象与海洋、气象与城市发展、气象与区域经济发展、气象与重大工程建设、人工影响天气技术服务、对策与措施等气象与经济社会发展方面的理论和实践。

（王忆南）

积云动力学　巢纪平(1932～　,江苏无锡人,中国科学院院士,国家海洋局科学技术委员会副主任、研究员,中国大百科全书《大气科学》卷"动力气象"学科主编,《海洋学报》主编。研究领域:数值天气预报,中小尺度大气动力学,积云动力学,热带海气相互作用,海洋环境数值预报)等著,科学出版社1964年10月出版,97千字。本书结合著者自己的研究实践,系统总结了国内外有关积云动力学研究的最新成果,详细叙述了国内的研究进展情况。全书5章,第一章对积云的宏观特征作了概括性描述;第二章应用尺度分析,建立了描述积云发展的基本方程组;第三章对制约积云发展的一些因子做了定量的分析和讨论;第四章研究一般热对流的发展过程;第五章进一步探讨在水汽凝结作用的反馈影响条件下积云的结构和发展过程。最后指出了今后有待研究的问题。(另有《厄尔尼诺和南方涛动动力学》,已著录)　　　　　　　　(韩　兵)

光波在大气中的传输与成像　张逸新(1956～　,江苏无锡人,江南大学物联网学院教授。研究领域:空间量子光通信,太阳能系统,微电子印刷质量控制)、迟泽英编,国防工业出版社1997年7月出版,203千字。随着激光通信、光学雷达等光学工程的迅猛发展,光束大气传输的湍流效应研究已进入了一个新阶段。本书分别对诸如大气闪烁统计分布、闪烁探测孔径平滑和大气成像等湍流大气中光波传输效应研究领域的现状和最新进展作分析论述。全书共8章,重点介绍作者的研究工作和国内外学者在本领域所取得的主要研究成果。内容包括:光束漂移和源像抖动、光束的湍流扩展、闪烁统计分布和闪烁分布孔径平滑效应、大气闪烁规律和闪烁孔径平滑因子、大气折射理论、大气成像超分辨率、大气湍流对光学雷达的测角精度、接收功率和测距精度影响分析以及包括闪烁残余效应等湍流新效应。书中给出了一些实际应用方面十分有用的参数。本书内容新颖、物理概念清晰、参考文献翔实,可供无线电通信、大气光学、军用目标特性和激光雷达等领域从事科学与应用研究、系统设计的科技工作者及高等学校相应专业高年级本科生和研究生参考。　　　　　　　(徐志辉)

大气动力学　伍荣生(1934～　,浙江瑞安人,中国科学院院士,南京大学大气科学学院教授,中国气象学会副理事长。研究领域:大气波动与大气动力学。他在大气动力理论方面做出了系统而有创新性的研究成果,特别对边界层动力学与锋生理论的发展做出了重要贡献)著,高等教育出版社1990年10月出版,350千字。本书是教育部研究生工作办公室推荐的研究生教材,是作者长期从事大气动力学教学和科研实践的总结。主要内容以大气动力学中最基本的概念和处理方法以及新近发展起来的一些比较成熟的理论为基础,包括矢量与张量运算初步,大气运动基本方程组,大气中的涡旋运动,大气中的准地转运动与地转动量近似,大气边界层,波动的基本概念与数学模型,大气中的 Rossby 波,大气中的一些非线性运动。本书可作为大气科学类各专业研究生教材或教学参考书,也可供大学高年级学生和科研工作者参阅。(另有《现代天气学原理》《锋面过程与中尺度扰动》,已著录)　　　　　　　　　　(徐志辉)

现代天气学原理　伍荣生主编,高等教育出版社1999年10月出版,380千字。本书是教育部"高等教育面向21世纪教学内容和课程体系改革计划"的研究成果,是面向21世纪课程教材和国家级重点教材。本书以国内外现代天气学发展趋势为思路,结合经典的天气学理论与20世纪80年代以来天气学研究新成果,阐述现代天气学的基本原理。本书主要内容:天气学基础知识和基本研究方法;大气环流;中纬度天气系统;低纬天气系统;亚洲季风和中国主要的天气过程;中尺度天气系统;天气形势和气象要素预报。本书为大气科学类大气科学专业、应用气象学专业的本科生教材,可作为地理、农林、水利、环境等学科中相关专业的教材或教学参考书,亦可供气象科研和业务工作者参考使用。　　　　　　　　　　　　　(徐志辉)

锋面过程与中尺度扰动　伍荣生、高守亭、谈哲敏等著,气象出版社2004年11月出版,290千字。本书对锋面动力学及中尺度扰动发展等问题进行系统深入的研究,主要内容分两部分:一是关于包括梅雨锋在内的锋面动力学问题,主要包括锋面的基本知识、适应锋生理论、地形和摩擦对锋面结构和强度的影响以及锋面与非绝热过程之间的相互作用;二是关于中尺度扰动的稳定性和湿位涡动力学问题,介绍大气中的斜交型不稳定扰动的结构特征和对称不稳定问题的非线性判据以及从位涡动力学的角度来分析暴雨等中尺度过程的特点以及其中的质量强迫问题。　　　　（徐志辉）

长江三角洲低层大气与生态系统相互作用研究　周秀骥(1932～　,江苏丹阳人,中国科学院院士,曾任中国气象科学研究院院长,先后创建发展了我国的云雾物理、大气电学、大气湍流、大气遥感、中尺度大气物理、中层大气物理和大气化学等分支学科,是我国现代大气物理学创建人之一)等著,气象出版社 2004 年 4 月出版,627 千字。本书着重研究了近 20 年来长江三角洲地区人类活动对区域气候、环境和生态的影响。通过对近 20 年来该地区社会经济、土地利用、气候、环境和生态变化资料的系统分析,对地面大气痕量气体时空分布和农田水、热及痕量气体输送通量等外场观测试验,发展建立区域气候—空气质量—地表耦合模式和农田生物地球化学模式以及数值模拟试验,揭示了长江三角洲低层大气物理化学结构的变化规律及其与生态系统相互作用的机制,评估了区域社会经济未来发展对气候和环境可能产生的影响,提出了区域可持续发展相应的对策建议。(另有《中国大气本底基准观象台进展总结报告:1994～2004》,已著录)　　　　　　　　　　　　（韩　兵）

气象学词典　朱炳海(1908～1994,号晓寰,江苏江阴人,曾任中国科学院地球物理所学术委员,中国气象学会名誉理事,中国地理学会名誉理事)等主编,上海辞书出版社 1985 年 12 月出版,1 489千字。本书是一部中型的专业性词典,选收气象学各学科名词术语共 4 700 条。包括气象学综论、大气物理学和大气化学、气候学、动力气候和天气学、农业气象学、物候学、航空气象学、海洋气象学、水文气象学、气象探测和气象仪器、古气象学等学科基本的、重要的、常见的名词术语,以及与气象有关的部分名词术语。(另有《中国气候》,已著录)
　　　　　　　　　　　　　　　　（王忆南）

中国气候　朱炳海著,科学出版社 1962 年 9 月出版,483 千字。本书共分两大部分。上篇中国气候总论,分析了影响我国气候的主要因素——地理环境、温度场和气压场、基础环流、气团、气旋和反气旋等的特点,研究了它们对我国气候的影响,以及它们之间的相互关系,着重阐述了我国各个气候要素(如温度、降水、风、湿度、云量、雾、日照、蒸发和水分平衡)的特征和分布规律,介绍了 6 种主要的划分我国气候区域的方法,并加以分析和评价,指出这些划区方法的优缺点。下篇地方气候分论,根据流域或习惯上的自然地形,把全国分为东北地区、蒙新地区、黄河流域、长江流域、华南地区、云南高原及横断山区和青藏高原 7 个地区,对各地区的气候特征与气候形成规律作了比较全面与详细的分析比较。　　　　　　　（王忆南）

江苏气候志　南京大学气象系气候专业 1959年毕业班编,江苏人民出版社 1961 年 10 月出版,485 千字。本书共 10 章,分别为《支配气候的因素》《温度》《地温》《霜冻》《降水》《风》《湿度》《雾和能见度》《云量、日照与蒸发》和《天气现象》。全书除叙述了江苏省的辐射因素、地理环境、大气环流情况以外,对于每个要素也进行了分析,并对各个要素的资料情况、统计方法与生产建设的关系和作用、农业指标等方面也扼要地作了说明。　　（王忆南）

重水分析法的研究　张青莲(1908～2006,江苏常熟人,中国科学院院士,曾任辅仁大学、清华大学、北京大学教授,长期从事无机化学的教学与科研工作,对同位素化学造诣尤深,是中国稳定同位素学科的奠基人和开拓者)著,高等教育出版社 1959 年 11 月出版,80 千字。原子能和平利用在我国开始广泛开展,急迫要求发展有关重要原材料的生产技术。其中包括铀堆的中子减速剂及热核反应的重要物质——重水,关于它的生产过程及其研究,一个重要前提是分析技术的改进。重水分析法还应用于氘作为标记原子的测定以及有关工业剩液和天然水源中重水合量的测定。本书是一系列重水分析方法研究的总结。　　　　　（韩　兵）

微观喀斯特作用机理研究　韩宝平(1955～　,江苏丰县人,中国矿业大学环境与测绘学院教授,国际环境岩土协会会员,国际水文地质学家协会会员,中国地质学会岩溶专业委员会委员。研究方向:环境科学与环境工程)著,地质出版社 1998 年 7 月出版,125 千字。本书共 6 章。第一章讲述利用扫描电子显微镜进行微观喀斯特作用机理研究时应掌握的一些基本原则;第三章为扫描电镜下主要可溶岩矿物的形态特征研究;第四章研究喀斯特微观溶蚀机理,对表面反应控制下的选择性溶蚀作用及各种溶蚀形态进行系统分类总结;第五章对溶解作用的逆过程一次生碳酸盐矿物的沉淀进行研讨,阐述多种因素对晶体形态及其聚合方式的影响,定量研究天然条件下碳酸盐岩的空隙结构特征及其演化规律,通过研究实例讲述本项研究的作用;第六章研究碳酸盐岩空隙结构对其渗透性的影响,根据全应力应变过程中的渗透率曲线,结合试验前后岩样孔隙结构分析,探讨渗透试验过程中空隙的演化情况。

(徐志辉)

中国古生代气候演变 陈旭(1936～ ,江苏南京人,籍贯浙江湖州,中国科学院院士,中国科学院南京地质古生物研究所研究员)等主编,科学出版社 2001 年 10 月出版,482 千字。本书是我国第一部研究古生代气候的专著,它基于气候敏感沉积物,特别是煤、铝土、膏盐、高岭石、钙结壳、特殊碳酸盐岩及海相红层,以及对气候敏感的各生物门类的特定属种这两大数据库,系统地论述了中国各主要地体从寒武纪至二叠纪各时期的气候特征,以及它们所处的气候纬向带的演变。除文字论述之外,这一演变规律还集中地反映在 14 幅以中国各块体为主的全球古气候演替的重建图中。本书以古气候演变为主体,综合论述了与之相关的中国古生代各时期的沉积相和生物相的主要分布规律,论证了生物地理分布及不同等级生物地理区系的演变规律,同时论证了中国各主要块体在整个古生代地质历程中的运移和聚散。

(蔡保鹏)

华北断块区南部前寒武纪地质演化 孙枢(1933～ ,江苏金坛人,中国科学院学部委员,中国科学院地质与地球物理研究所研究员、中国科学院地学部主任)等主编,冶金工业出版社 1985 年 5 月出版,330 千字。本书是中国科学院地质研究所和西北大学地质系有关同志近年来的科研成果。在地层、岩石、沉积、地球化学、同位素地质和构造地质研究,以及变质岩区地质构造填图的基础上,较详细地论述了华北断块区南部晚太古代至晚元古代的地质演化历史。全书共 8 章,分别论述了上太古界——下元古界地层的剖面特征及划分对比方案,变质岩岩石特征与原岩建造类型,区域构造和典型变质岩地区的构造解析,前寒武纪早期地质演化,前寒武纪晚期沉积盆地的形成和发展,以及古风化壳地质。书末附有典型变质岩区的大比例尺地质图和构造地质图 14 幅。华北断块区南部前寒武纪地质演化的研究,同探寻有关矿产资源有密切关系。同时,对我国前寒武纪地质的研究也将会起一定的推动作用。

(王忆南)

中国东部第四纪冰川与环境问题 施雅风、崔之久、李吉均等著,科学出版社 1989 年 3 月出版,596 千字。本书是由我国著名冰川学家施雅风等几十名科学家在历经数年的野外考察和研究的基础上撰写而成。全书共 6 章,前 3 章主要阐述中国东部古冰川问题争论的历史、古冰川地貌和沉积物的判别标志,以及中国东部有些山地存在第四纪古冰川遗迹的确切证据,第四、五章着重对庐山及其他若干争议地区疑似的古冰川遗迹逐一展开剖析。最后一章试图从黄土、古土壤、动植物、洞穴堆积、海平面变化、古冰缘现象、古雪线等方面对中国东部第四纪以来的环境变迁进行充分讨论,借以恢复中国东部第四纪古环境。本书基本上代表了一种对中国东部第四纪冰川与环境问题研究的新观点。可供全国地球科学领域的有关科研人员、高等院校师生和生产部门的技术人员参考。

(蔡保鹏)

江苏地层学与古生物学(第 1 册):江苏地区下扬子准地台震旦纪—三叠纪生物地层 江苏石油勘探局地质科学研究院、中国科学院南京地质古生物研究所著,南京大学出版社 1988 年 12 月出版,554 千字。本书是一本下扬子准地台江苏地区古生代及三叠纪生物地层专著,全面研究和总结了该区震旦系—三叠系,提出震旦纪至三叠纪碳酸盐岩为主的地层划分方案,阐述了该地区各时代地层的古生物学特征、岩石学特征、沉积学、古地理学等概况,对下扬子准地台地质构造发展史的研究和国内外地层对比,以及苏、浙、皖石油勘探开发的基础地质工作,具有重要意义。

(王忆南)

华南板块构造 郭令智(1915～2015,湖北安陆人,中国科学院院士,南京大学地球科学与工程学院教授。研究领域:大地构造学)等著,地质出版社 2001 年 8 月出版,420 千字。本书收集了郭令智院士有关华南板块构造代表论文 22 篇。他把中、新生代板块构造理论应用到华南前中生代的活动大陆边缘的古板块构造研究中,提出了代表古老活动大陆边缘沟、弧、盆构造系的鉴定标志。由此认为,华南板块构造演化在总体上看,有从现今的西北向东南方向,由元古宙到新生代的演化趋势;专文论证了江南地区的元古宙沟、弧、盆构造系的岩石标志及其演化,把诞生于中、新生代的板块构造向前推进到元古宙;对于在造山带中经常发现有更老的"地质体",与毗邻的地质演化截然不同,这一现象在本书多篇文章中论证了地体构造,发展和丰富了板块构造的科学内容;讨论了板块构造与岩浆作用及金属矿床形成与分布规律;研究了西太平洋中、新生代以来沟、弧、盆系的构造特征、类型、性质及其演化模式——初始拉张形成盆地到弧—陆碰撞使弧后盆地最终闭合及其相应地产生弧后前陆盆地的形成机理;讨论了弧后盆地与油气形成的关系。　　　　　　　　　　　　(徐志辉)

曾鼎乾地质文选　曾鼎乾(1912～2000,江苏南京人,曾任北京石油科学研究院、中国南海西部石油公司总地质师、高级工程师;长期从事海洋石油勘探研究,开创我国海洋生物礁油气藏勘探理论,提出了珊瑚礁油气藏类型和分布区)著,石油工业出版社 1995 年 3 月出版,331 页,字数不详。主要篇目:四川盆地油气勘探的远景,我国南方二叠系及其沉积类型划分,对南海地质概貌及其含油远景问题的一些看法,试用层速度转换地层岩性方法初步小结,介绍一个快速区分海、陆相地层的新方法,应用古生物等资料的体验并兼论南海(西部)第三系几个主要生物层界限,琼海 36-2(神狐 1201 礁)1 井沥青发现烃类性质及意义,礁型油气藏研究及南海北部大陆架生物礁(滩)成因、分布油气聚集条件及评价等。(另有《南海北部大陆架第三系》《中国各地质历史时期生物礁》,已著录)　(韩　兵)

董申保文集　董申保(1917～2010,江苏常州人,北京大学地球与空间学院教授,中国科学院院士)著,北京大学出版社 1999 年 5 月出版,500千字。本书为《北京大学院士文库》之一,书中收录了董申保院士所撰论文 8 篇,书末还附有董申保传。本书内容充分体现了董申保的治学思想,即作者着重于野外地质观察和实验、物理化学理论相结合,强调它们之间的动态变化,并认为没有大自然实验室的地质观察,就不可能用物理化学理论来解释,二者是相辅相成的,但应以地质观察为主,否则将一事无成。　　　　　　　　　　　　(蔡保鹏)

严钦尚地学论文选　严钦尚(1917～1992,江苏无锡人,曾任华东师范大学、同济大学海洋地质系教授)著,上海科学技术文献出版社 1994 年 12 月出版,418 千字。本书是我国著名地理学家、地貌沉积学家、第四纪地质学家严钦尚教授一生中所写的地貌学与沉积学方面的论文和选集,收录了严钦尚先生生前撰写的 22 篇论文,按性质分为地貌的理论和方法、冰川与荒漠地貌、河流与坡地发育、河口与海岸地貌、环境演变等 5 个部分。(王忆南)

光性矿物学　王德滋(1927～ ,江苏泰兴人,中国科学院院士,南京大学地球科学系教授,曾任南京大学副校长)编,上海科学技术出版社 1965 年 5 月出版,281 千字。光性矿物学是研究矿物光学性质的科学。本书选择了 200 余种比较主要的造岩矿物,系统介绍其物理性质、光学性质、鉴定特征、变化和产状等,并附以必要的图表,使读者对这些矿物有尽可能全面的认识。专列一章扼要介绍了矿物的光学性质。在矿物的分类叙述上,则按照显微镜下能直接看到的明显光学性质作为分类叙述的依据。对每一矿物的叙述除了重点说明其光学性质外,还扼要介绍其物理性质,以便与显微镜下的观察对照。同时,作为矿物的鉴定特征,还比较强调了相似矿物在光学性质上的区别。
　　　　　　　　　　　　　　　(徐志辉)

粘土矿物与土壤　许冀泉(1928～ ,浙江黄岩人,曾任中国科学院南京土壤研究所研究员,主要研究中国土壤中粘土矿物的演变和分布)编,地质出版社 1956 年 11 月出版,110 千字。本书内容包括:粘土矿物学的初期发展简史,粘土矿物与矽酸盐矿物的关系,岩石风化与土壤粘土矿物的形成,次生粘土矿物的演变规律及分类系统,粘土矿物的物理性质和化学性质,粘土矿物矿床的形成和人工合成，土壤中的粘土矿物及土壤粘土矿物学的研究对农业实践的意义等问题。叙述中引用了许多我国实际材料及新的概念。　　　　　（韩　兵）

中国早前寒武纪麻粒岩　沈其韩（1922～　，江苏海门人，中国科学院院士，国土资源部地质研究所研究员）、徐惠芬等著，地质出版社 1992 年 7 月出版，359 千字。本书首次对我国已知的 30 余处麻粒岩相带（区）进行了较系统的总结。在时空分布、相带类型、分类命名、矿物学、地球化学、流体包裹体和氧同位素等方面比较研究的基础上，进一步探讨了紫苏花岗岩和麻粒岩的成因，并提出了自己的见解。本书基本上反映了我国麻粒岩相带（区）的研究成果和水平，部分内容填补了国内空白，并可和同类国际性成果相对比。本专著是国家自然科学基金委员会资助项目的最终成果，资料丰富、数据翔实，附有大量图表，具有较高的学术水平和实用价值。可供从事前寒武纪地质、变质岩、矿物、矿床、地球化学及区域地质工作的生产、科研和教学人员参考，也可作为地质院校高年级大学生、研究生的参考书。　　　　　（蔡保鹏）

交代蚀变岩岩相学　胡受奚（1929～　，浙江慈溪人，南京大学地球科学系教授。研究方向：花岗岩斑岩类矿床的成因，热液矿床交代蚀变成矿模式，层控矿床定位机制）著，地质出版社 1980 年 12 月出版，191 千字。本书是在大量实际材料的基础上编著的一部有关热液交代蚀变作用所形成的各种交代蚀变岩岩相学的专著，它阐述了各种围岩在交代蚀变作用影响下所形成的蚀变岩石的特征、矿物共生关系以及与成矿的关系等，内容着重显微镜下的研究。书末附有大量可以参照的岩石薄片照片。本书可供地质院校师生、岩矿鉴定人员，勘探和矿山地质工作者参考。（另有《中国东部金矿地质学及地球化学》，已著录）　　　（徐志辉）

地球化学　陈骏（1954～　，江苏扬州人，南京大学教授，中国第四纪科学研究会常务副理事长，中国矿物岩石地球化学学会副理事长。研究方向：钨锡金矿床地球化学，环境地球化学，第四纪地质）等主编，科学出版社 2004 年 9 月出版，878 千字。本书是一部地球化学方面的基础理论教材，力图反映近年来本学科取得的最新进展，提供国内外有关地球化学研究的最新资料和成果。全书共 13 章，大致可分为三个组成部分。第一部分阐述地球化学的基本理论。其中包括宇宙地球化学的基本问题；地球各个层圈的结构与组成；晶体化学和热力学基本原理；稳定同位素地球化学与同位素地质年代学；有机地球化学以及水溶液中元素的地球化学行为。第二部分详细地论述了各种地质作用过程中的地球化学问题。重点讨论了在风化、沉积、成岩、变质和岩浆作用过程中元素的分布、迁移、集中和分散的规律以及元素和同位素对示踪各种地球化学过程的应用。第三部分介绍了与全球变化有关的元素地球化学循环问题。每章均附有习题和参考文献。书末列有地球化学名词索引，以便读者自学或进一步研究之用。（另有《锡的地球化学》，已著录）　　　　　　　　　（徐志辉）

锡的地球化学　陈骏等著，南京大学出版社 2000 年 5 月出版，266 千字。本书是锡地球化学方面的专著，也是作者近年来在国内和国外研究工作的总结。系统的理论阐述、翔实的研究资料和大量的参考文献构成了本书的特色。书中详细介绍了锡的物理、化学和晶体化学性质以及锡在自然界中的各种存在形式；阐述了锡在岩浆作用、热液作用、沉积作用和变质作用中的地球化学行为；根据锡在太阳系、地球、地壳以及大气圈、水圈和生物圈中的分布和分配特征探讨了地球演化过程中锡的地球化学旋回；着重介绍了中国南方典型的层控锡矿床的地质特征和形成机制。本书可作为高等院校地质、地理、农业和环境专业高年级本科生及研究生的教学参考书，对相关领域的教师和科研人员也有重要的参考价值。　　　　　（徐志辉）

元素地球化学　刘英俊（1929～1999，河南淅川人，南京大学地球科学系教授，曾任中国矿物岩石地球化学学会第一、二、三届理事会理事和第三届副理事长，是华南花岗岩研究的开拓者、中国地球化学科教事业的奠基者、中国环境地球化学研究的先驱者、中国含矿建造成矿理论的倡导者、中国金矿成因理论研究的领导者）、曹励明主编，地质出版社 1987 年 10 月出版，428 千字。本书是元素地球化学的简明教材，是根据地质矿产部地球化学教材编审委员会审定的地球化学专业教学大纲,在参阅国内外最新文献综合写成。本书除绪论和第一章外,将自然界性质相近的重要元素选取归并为14章,分别阐述了各族元素的地球化学共同特征及其差异,它们在各地质作用条件下分散富集的规律性,这有助于全面了解各族元素在自然界共生和分离的原因,为寻找每族元素的矿床,矿石的综合利用、环境保护和土壤改良等提供了理论和资料依据。本书除用作高等学校地球化学专业本科学生教材外,还可供地匠、冶金、环境科学、土壤、海洋等部门广大生产、科研、教学人员以及高校有关专业的高年级学生和研究生参考。(另有《钨的地球化学》《金的地球化学》,已著录)　　　(徐志辉)

钨的地球化学　刘英俊、马东升著,科学出版社1987年3月出版,344千字。《地球化学理论丛书》之一。我国的钨矿储量占世界首位,对研究钨的地球化学特征有特别优越的条件。作者基于近年来自己的科学研究成果,在大量实际材料的基础上,系统阐述了钨的基本地球化学特征,以新颖的学术观点对钨的成矿富集机制作了深入的论述,总结出了钨的地球化学旋回,提出进一步扩大钨矿资源的地球化学勘查方法,指出了找矿方向。该书理论联系实际,内容丰富全面,不仅对了解钨的地球化学具有重要的参考价值,而且对研究其他元素的地球化学也可从中得到启迪。本书可供广大生产、科研单位的地质人员和地质院校的有关专业师生参考。　　　　　　　　　(徐志辉)

金的地球化学　刘英俊、马东升著,科学出版社1991年11月出版,591千字。《地球化学理论丛书》之一。黄金是我国的短缺急需矿种,一个黄金地质找矿的热潮正在中国大地上广泛兴起。为了适应黄金地质工作的发展需要,作者基于自己的科学研究成果撰写成本书。书中除提供了大量金的常用的基础地球化学数据资料外,还全面系统地阐述了金的基本地球化学特征,以新颖的学术观点,对金在各种地质作用过程中的成矿机制和富集规律进行了广泛而深入的论述,指出了各重要类型金矿床的找矿新方向。该书内容丰富,理论联系实际,对提高找矿理论水平和更有效地扩大黄金资源,具有重要的参考价值。本书可供广大黄金领域的生产、科研人员和地质院校的有关专业师生参考。　　　　　　　　　(徐志辉)

铀地球化学　张祖还(1910～2000,江苏南京人,南京大学地质系教授。从事铀矿地质学、同位素地质学研究)编,原子能出版社1984年4月出版,344千字。本书比较系统地阐述了铀地球化学的基本内容,共12章。第一章为绪论;第二章至第六章分别阐述铀地球化学的基本概念、铀的物理性质和化学性质、铀的热力学和电化学、铀在自然界中的分布等;第七至十一章分别系统叙述铀在岩浆作用、伟晶作用、热液作用、外生作用、变质作用中的地球化学特征。第十二章简要介绍铀的地球化学演化史等。(另有《华南产铀花岗岩及有关铀矿床研究》,已著录)　　　　　　(韩　兵)

中国煤岩学　韩德馨(1918～2009,江苏如皋人,中国工程院院士,中国矿业大学教授,曾任煤田地质专业委员会煤岩学组副组长,中国地质学会理事,中国泥炭专业委员会主任委员,中国矿物岩石地球化学学会常务理事。研究领域:能源矿产资源,沉积环境与聚煤规律,煤岩学与煤地球化学,油气地质学)、任德贻、王延斌等著,中国矿业大学出版社1996年12月出版,997千字。本书是根据多年从事煤岩学、煤田地质学的教学经验和科研成果,并在此基础上吸取国内、外新的论著和资料写成的学术专著。全书用辩证发展的观点系统论述了中国地史上聚煤模式的演变与煤岩形成的历史背景;中国不同聚煤期的煤岩特征;中国残植煤、腐泥煤及其他独具某种特点的特殊煤种的煤岩研究;阐述中国泥炭、低煤级煤、烟煤及高煤级煤的特征和演变;煤的地球化学、油页岩及有机岩石学的研究;介绍了煤岩学的研究方法和应用;系统阐述了中国重要煤田的煤岩概况;对中国煤岩的规律性和特点做了初步总结,阐明了中国煤岩学的体系及其发展的阶段性、继承性和方向性。(另有《韩德馨院士学术研究论文集》,已著录)　　　(徐志辉)

韩德馨院士学术研究论文集　韩德馨等著,中国矿业大学出版社2008年10月出版,760千字。韩德馨院士是我国著名的煤田地质学家、煤岩学家和地质教育家,长期从事能源矿产资源、沉积环境与聚煤规律、煤岩学与煤地球化学、油气地质学等方面的研究,研究成果丰硕。2008年,恰逢韩院士90寿辰及从事地质工作和学术研究70周年,为了集中反映韩院士几十年来在能源地质学方面的学术研究思想和研究成果,特把他长期以来的学术研究成果汇集成册。本书包括他自20世纪50年代以来的主要学术研究论文79篇,内容涉及煤、油气等能源矿产资源的形成机理、聚集规律、勘探开发和加工利用,既反映了研究者持之以恒、勤奋努力的研究成果,也可以从中窥见我国能源工业发展的历程。

（徐志辉）

煤田地球物理导论 崔若飞(1954～ ,河南洛阳人,中国矿业大学资源与地球科学学院教授,江苏地球物理学会理事。研究方向:煤层气地震勘探理论与方法研究,煤田岩性地震勘探方法与技术研究,地震数据处理与自动解释方面的应用等)、岳建华编,中国矿业大学出版社1994年12月出版,228千字。本书以地球物理学的基本理论和基本方法为重点,系统介绍了地球物理学中各个分支学科的产生、发展过程、现状、存在的问题和未来的发展趋势以及将其用以研究地球内部状态和结构的最新成果。全书由两部分组成:第一部分讨论了太阳系和地球的一般物理、化学、地质性质及地球的年龄。第二部分论述了各种研究地球的地球物理学方法,包括地震、重力、地磁、地电与地热。本书是煤炭高等院校应用地球物理专业的教学用书,同时也可作为其他地学专业师生及工程技术人员了解地球物理学科的参考用书。

（徐志辉）

多相介质煤层气储层渗透率预测理论与方法 傅雪海(1965～ ,湖南衡阳人,中国矿业大学教授。研究方向:化石能源)、秦勇著,中国矿业大学出版社2003年11月出版,286千字。作者运用系统论方法,提出并论证了煤储层三相介质与三元结构系统的新概念,对煤储层内宏观裂隙、显微裂隙和孔隙进行了连续系统的分形研究,提出了适合于煤层气吸附/解吸、扩散与渗流的孔隙、裂隙结构分形分类和自然分类。采用现代测试方法与理论,厘定了多相介质煤岩体的吸附/解吸、扩散与渗流特征,发现平衡水条件下煤对甲烷吸附能力随煤级变化的拐点,得出了我国煤储层气—水双相渗流区域狭窄、平衡点处相渗透率低的重要结论,指出降压、升温和置换是煤层气开发的主要方法。基于煤储层的地球物理特征,构建了煤储层含气量与煤储层渗透率的预测数学模型。基于岩石力学理论与方法,探讨了多相介质煤岩体的力学特征,构建起煤储层现代三维地应力与渗透率之间预测的数学模型,首次对渗透率与主控因素之间关系进行了系统耦合分析,指出与中煤级煤相比,高煤级煤储层在煤层气开发过程中渗透能力较难得以改善。

（徐志辉）

南海北部大陆架第三系 曾鼎乾主编,广东科技出版社1981年4月出版,410千字。本书综合了对南海北部大陆架进行石油地质勘探近10年所获得的有关地层、沉积方面的研究成果。全书对珠江口、莺歌海及北部湾三大拗陷区的主要勘探目的层——第三系进行了分区标准剖面井的岩性、矿物成分、矿场地球物理、生物地层、有机地球化学等方面的描述,对第三系各分层的特征、区域分布以及地质时代进行了探讨,并对第三系地层中产出的宇宙尘、部分生物礁和三角洲等特殊沉积和地震反射特征等最新研究成果进行了报道。最后一章刊载了有关地层方面的专题论著8篇。

（韩 兵）

李德生文集 李德生(1922～ ,江苏苏州人,中国科学院学部委员。先后任职于大港油田、任丘油田、胜利油田、玉门油田,后任中国石油天然气总公司石油勘探开发科学研究院总地质师,美国石油地质学协会终身会员)著,科学出版社2007年1月出版,1 682千字。本书选录了李德生院士不同时期的石油地质论文83篇,内容涵盖石油地质调查、地球物理勘探、油气田开发、含油气盆地构造分析、储油气层评价研究、油气储量计算方法和中国油气资源远景论述等方面。论文写作时间跨度60年,较全面地反映了作者在石油地质学方面的学术成就。上卷首篇前言为作者生平自述。下卷末篇为作者著作目录。全书附有百余幅作者工作历程和学术活动的照片,反映作者学习、实践、创新、奉献的科学人生。(另有《中国含油气盆地构造学》《李德生石油地质论文集》,已著录)

（韩 兵）

中国含油气盆地构造学 李德生等著,石油工业出版社2002年9月出版,1 100千字。本书收集了著者的代表性著作,还有同仁朋友和学生的论文;既有中国重要含油气盆地的专题论文,又有全国性综述和理论探讨。书中附有大量珍贵的实际资料和图件,如基底构造、沉积序列、构造单元、圈闭样式、构造剖面及构造演化图等。由于文章作者多是在中国相关盆地长期从事油气地质勘探的专家、学者,因此,该文集也可以说是中国含油气盆地构造研究的系统总结,具有重要的学术价值和实际意义。
（韩　兵）

李德生石油地质论文集　李德生著,石油工业出版社1992年8月出版,724千字。本文集系作者从事石油地质工作近50年来在各个时期、不同油区（田）的实践及理论性总结,共选出作者文章32篇,基本上反映了作者的学术观点和技术成就。其中包括作者对中国含油气盆地东部拉张型、中部过渡型、西部挤压型的力学分类、也有作者对渤海湾复式油气聚集带的精辟论述等。
（韩　兵）

长江中下游铜铁成矿带　常印佛（1931～　　,江苏泰兴人,中国科学院学部委员,中国工程院院士,曾任职于安徽省地质局、安徽省国土资源厅,先后参加和主持过多项大型勘查和科研项目,曾获国家科技进步特等奖）等著,地质出版社1991年9月出版,576千字。本书是在国家"六五"和"七五"计划期间,由安徽省地矿局牵头,湖北、江西、江苏和上海多省市协同进行的本成矿带成矿远景区划成果基础上编写而成,是本成矿带区域地质和矿产特征的首次总结,被国家地矿部评为"具有高水平的研究成果"。成书过程中又着重加强了有关区域成矿分析和成矿规律的深化研究,增加了一些地质及深部地球物理资料,重点分析了长江中下游铜铁成矿带的区域地质背景,并证实具有深断裂性质的长江断裂破碎带为主干的带状网络系统,是该区控岩控矿的基础。
（韩　兵）

中国东部金矿地质学及地球化学　胡受奚等主编,科学出版社1998年3月出版,510千字。本书是在国家自然科学基金大项目"中国东部金矿重要类型、成矿条件、富集规律及找矿方向"研究和近年来国内外对金矿床研究成果基础上,对中国东部重要金成矿带（区）和典型金矿床的地质学和地球化学进行深入研究的总结。全书分为4篇,其内容涉及华北地台区焦家式和玲珑式等金矿床;江南金矿带层控型等金矿床;华南韧性剪切带中金矿床;滇、黔、桂、湘及有关地区的卡林型金矿床和中国东部与中生代火山一次火山岩有关金矿床的成矿构造背景、矿床特征、控矿因素、分布规律及成矿机制和模式等矿床地质学和地球化学问题。本书内容丰富,观点新颖,有创新性,对寻找和研究金矿具有重要的理论和实际意义;对有关的生产、科研和教学单位从事理论研究的人员具有重要的参考价值,对找矿、采矿人员及大专院校师生也具有重要的参考意义。
（徐志辉）

变形煤的结构演化机理及其地质意义　姜波（1957～　　,安徽人,中国矿业大学教授,中国地质学会构造地质委员会委员和煤田地质委员会委员,中国煤炭学会煤田地质委员会委员和煤层气专业委员会委员。研究方向：构造地质,煤、油气地质,煤层气地质）、秦勇著,中国矿业大学出版社1998年9月出版,200千字。本书在肥煤—无烟煤系列样品高温高压变形实验的基础上,采集了正常煤化系列气煤—无烟煤以及我国煤田构造和岩浆活动较为典型地区的构造煤样品,系统进行了不同系列煤显微变形构造、超微构造、镜质组反射率光性组构、X射线衍射、电子顺磁共振和核磁共振分析。深入探讨不同应变环境、不同应力作用下煤结构演化的微观机理及其影响因素,揭示了煤化学结构的演化对镜质组反射率的深刻影响。阐明在影响煤变形的诸多因素中定向压力是促使煤结构有序畴增大和分子定向性增强的最为重要的因素,为变形煤在构造地质中的应用奠定了理论和实验基础。本书为变形煤结构演化的研究提供了全新的思维方式和技术路线,可供从事煤田地质学、构造地质学和煤岩学的教学、科研和生产人员及高等院校的本科生和研究生参考。
（徐志辉）

黄骅坳陷古生界烃源岩二次生烃的构造控制　朱炎铭（1963～　　,江苏丹阳人,中国矿业大学资源与地球科学学院教授。研究领域：煤、油气构造,盆地分析,矿井构造,盆—山耦合及其控矿作用,矿井构造定量预测）、秦勇著,中国矿业大学出版社2002

年10月出版,205千字。本书以构造演化为主线,综合运用现代油气地质理论以及矿物包裹体测试、裂变径迹分析、镜质组反射率测定等多种现代分析测试方法和EASY％Ro数值模拟技术,深入研究黄骅坳陷古生界烃源岩的构造—埋藏史、构造—热演化史和构造—生烃史,揭示出研究区古生界烃源岩构造控制下的二次生烃演化历程,首次从理论分析和实际验证方面阐明黄骅坳陷古生界二次生烃作用发生的构造期次、生烃强度和时空分异特征,建立起渤海湾盆地的构造—热史模式和构造—成熟度模式,得出黄骅坳陷古生界烃源岩最重要、最有意义的二次生烃作用发生在喜马拉雅晚期的重要结论,科学预测黄骅坳陷古生界二次生烃作用的有利区带。研究成果不仅为大港油田的深层油气勘探提供具有参考价值的科学依据,而且对沉积有机质的二次生烃地质理论、煤化作用理论等的发展具有积极意义。 （徐志辉）

煤矿水文物探技术与应用 刘树才(1963～ ,山东潍坊人,中国矿业大学资源学院教授,江苏省地球物理学会常务理事。研究方向:电法勘探,矿井地球物理勘探,工程与环境地球物理勘探)、岳建华、刘志新著,中国矿业大学出版社2005年10月出版,337千字。鉴于煤矿水文地质问题的特殊性,水文物探在其原理、测量方法、资料解释等方面都具有明显特点,但迄今为止还没有一本全面阐述煤矿水文物探技术方面的著作。本书即为此而作。全书共8章,分别介绍了目前国内外水文物探技术,阐述了我国煤矿水文物探的常用方法和作用;介绍了地面水文物探的基本原理,并对目前常用物探技术的特点、施工方法及资料解释等方面进行了详细论述;从理论上论述了矿井水文物探技术的基本原理和特点,并对井下实际观测技术进行详细说明;介绍了矿井物探的数值模拟技术,分析并总结了矿井电阻率法异常规律特征;通过实例说明了地面物探方法在煤矿水文勘查中的应用;介绍了不同矿井物探方法在煤矿防治水中的应用;介绍了物探方法在煤矿水资源勘查中的应用;阐述了煤矿水文物探的几种新技术。 （徐志辉）

华南产铀花岗岩及有关铀矿床研究 张祖还等著,原子能出版社1991年12月出版,437千字。本书系作者根据近10年来对华南产铀花岗岩体及有关铀矿床的科研成果撰写而成。全书共18章,1～10章系统论述产铀花岗岩的形成地质背景和岩石、矿物、地球化学特征,充分运用最新理论和分析测试手段,在认识上有较多新的见解;11～16章论述花岗岩型铀矿床的矿化特征和成矿规律;17章论述花岗岩型铀矿床与其他类型铀矿床的相互关系;18章综述产铀花岗岩体的综合判别标志。全书有完整的系统性,每章有一定的独立性,在理论上和应用上都有重要参考价值。 （韩 兵）

新疆北部地质矿产遥感 郭华东等著,科学出版社1995年9月出版,368千字。《新疆北部固体地球科学系列书》之一,是多波段多平台遥感技术应用于地质矿产探测的一部研究专著。本书系统论述了遥感地质找矿原理,多源遥感技术及其在新疆北部地区基础地质、金矿与有色金属矿产资源勘查的方法、效果及理论,同时分析了新一代遥感找矿技术的发展前景和应用潜力。全书内容翔实,结构严谨,有较高的理论水平和应用价值。 （蔡保鹏）

裂隙介质水动力学 周志芳(1962～ ,江苏丹阳人,河海大学地球科学与工程学院教授。研究方向:地质工程,水文地质。曾获国家科技进步奖两项)、王锦国著,中国水利水电出版社2004年1月出版,331千字。本书从系统的观点出发研究裂隙介质地下水的运动问题。基于地质体的概念,论述裂隙介质的特性,结构面、岩体及地质体的透水性,裂隙介质地下水运动的基本定律,裂隙介质井流问题,裂隙介质溶质和热量运移问题,裂隙介质水动力参数确定方法和裂隙介质地下水数值模拟方法等。结合工程实际给出不同地质背景下岩体的水文地质结构模型、岩体地下水动力模型和水流系统模型及计算方法。本书可供地质、水利、矿山、土木、环境、交通、人防、国防等系统的科技人员和高等院校相关专业的师生参考。 （徐志辉）

中国水文地质环境地质问题研究 陈梦熊(1917～2012,江苏南京人,中国科学院院士,曾任职于原地矿部(国土部)水文地质工程地质局,主管水文地质科技业务和地下水资源与环境水文地质研究）著,地震出版社1998年12月出版,192千字。本书内容共分6个部分,比较系统地反映了我国水文地质学与环境地质学的最新发展与主要成就,重点分析了我国北方地区地下水资源在农业灌溉与城市供水中存在的主要问题和有关对策,特别强调了西北水资源开发与保护生态环境的重要意义。对于沿海地区,提出了由于温室效应所引发的海平面上升对地质环境和经济建设造成的不利影响。此外还探讨了"地下水系统"的基本理论及其应用,以及关于环境地质学的基本理论、研究范畴与今后任务。（另有《地下水资源图编图方法指南》《中国地下水资源与环境》,已著录）　　　　　（韩　兵）

地下水资源图编图方法指南　陈梦熊主编,国土资源部地质环境司编,地质出版社2001年8月出版,80千字。本书是在认真总结我国1949年以来开展的大量综合水文地质图和各种专门水文地质图编图工作的基础上,充分参考了世界各国在地下水资源编图方面的大量文献资料,分析和研究了编图理论和技术的发展趋势后编写而成的。本书以地下水系统理论为指导,对以不同层次的地下水系统作为地下水资源图的基本骨架这一编图思路和方法进行了探索,提出了系统的要求和完整的编图方案,代表了当时国内外地下水资源图编图工作的先进水平。　　　　　　　　　　（韩　兵）

中国地下水资源与环境　陈梦熊等著,地震出版社2002年7月出版,796千字。本书比较系统全面地论述了我国地下水资源的时空分布及其合理开发利用。中心思想是强调经济建设必须与资源、环境相协调,促进生态环境向良性循环发展。全书共10章。第一章概括论述20世纪50年代以来,我国水文地质学的演变与发展。第二章对全国地下水资源的形成条件与分布规律进行了系统分析,做出综合评价。第三、四章两章分别对北方地区和西北地区关于地下水资源开发,如何协调好农业用水与保护生态环境之间的矛盾进行探讨。第五章重点论述沿海地区地下水资源开发引发的地面沉降与海水入侵等地质灾害及其防治对策。第六章重点探讨我国华北地区和西南地区岩溶水资源的合理开发利用。第七章重点分析城市水资源供需紧张的主要原因与相应对策。第八章概要介绍我国的矿泉水、地下热水与盐卤水资源及其开发前景。第九章论述地下水系统的基本理论及其在模型研究与水文地质编图等方面的实际应用。第十章主要探索地下水资源的监测、保护与科学管理。
　　　　　　　　　　　　　　　　　（王忆南）

多尺度三维地质结构几何模拟与工程应用　张发明(1963～　　,浙江浦江人,河海大学地球科学与工程系教授,国际工程地质与环境协会(IAEG)会员,国际土力学与岩土工程协会会员。研究方向:滑坡及工程边坡稳定性评价与防治技术,岩体结构工程地质与破坏控制效应,重大地质灾害预测预报与减灾理论)等著,科学出版社2007年7月出版,539千字。《岩土工程国家重点学科专著系列》之一。本书结合多尺度地质结构面的几何模拟理论,系统阐述对工程建设有直接影响的工程尺度、统计尺度地质结构的几何模拟方法,着重介绍多尺度结构几何模拟在工程岩体稳定分析与加固设计中的应用,讨论基于多尺度地质体几何模拟的工程场地适宜性评价方法,简要介绍有关地质结构几何建模在工程应用中的程序设计方法,并附有主要工程应用源程序。本书可供水利、水电、地质、矿山、土木、交通、计算机信息技术等领域的科技人员和相关专业高等院校的师生参考,同时可作为地质工程专业研究生三维地质建模课程的教学用书或教学参考书。　　　　　　　　（徐志辉）

岩溶学概论　任美锷(1913～2008,浙江宁波人,地理学家,中国科学院院士,曾任南京大学地理系主任,兼南京地理研究所所长,中国地理学会副理事长、中国海洋学会副理事长)、刘振中主编,商务印书馆1983年4月出版,254千字。岩溶在我国分布很广,在国民经济和科学上有重要意义。南京大学地理系从1960年起即开设岩溶学课程,作为地貌和第四纪地质专业同学的选修课。1962年编写了比较完整的岩溶学讲义(油印本,任美锷、王飞燕合编),以后在教学中逐年有所修正、增删。当时国内还没有一本系统的岩溶学著作出版,故各地有关人员向南京大学地理系索取岩溶学讲义的很多。为了满足国内广大岩溶工作者和其他有关方面的需要,作者将原讲义比较系统地加以重写,充实了许多新的内容,公开出版。本书是国内公开出版的第一本系统的岩溶学著作,全书共 10 章。(另有《中国自然地理纲要》《中国自然区域及开发整治》,已著录)　　　　　　　　　　　　（蔡保鹏）

矿产资源评价及其应用研究　汪云甲(1960～　,江苏建湖人,中国矿业大学环境与测绘学院教授,中国地理信息产业协会理事,中国自然资源学会理事。曾获国家科技进步二等奖。研究方向:国土环境及灾害监测,碳排放/碳汇多源监测,资源环境评价与管理,地理信息工程,矿山测量)、黄宗文等著,中国矿业大学出版社 1998 年 12 月出版,324 千字。本书是将矿产资源条件评价预测、技术经济分析、开发开采决策连为有机整体,系统论述开发开采阶段矿产资源评价及其应用问题的专著。内容包括:评价数据处理,评价及建模原则与方法,基于勘探类型划分、开发优序决策、开采工艺选择、矿井地质条件分类、投入产出分析等目的的资源条件综合评价,未采区评价值确定,矿产资源条件与单产工效、成本利润、采出率等开采指标的关系模型,矿产资源经济可采性评价与经济可采储量确定,矿产资源资产评估与级差收益测算等。给出了若干重要研究实例,具有实用性、系统性、信息性、前沿性、学科交叉性等特点,可供地质、采矿、矿山测量、矿山经济管理及矿政管理等专业人员阅读参考。　　　　　　　　　　　（徐志辉）

水文地质学的数值法　薛禹群(1931～　,江苏无锡人,中国科学院院士)、谢春红编著,煤炭工业出版社 1980 年 9 月出版,182 千字。本书专门论述水文地质问题的数值计算方法。对有限差分法、有限单元法、反求水文地质参数的基本理论、各种计算方法和应用作了系统阐述。内容涉及平面渗流和空间渗流问题以及稳定流、非稳定流、承压流、无压流、承压—无压流等水流状态。全书共 9 章。第一、二章为绪论和渗流理论基础。第三章介绍有限差分法和几种主要的迭代方法。第四、五章论述平面渗流问题的里兹有限单元法、迦辽金有限单元法以及以局部质量守恒为基础的均衡法。第六章论述空间问题有限单元法。第七章介绍解逆问题反求参数的几种最优化方法。第八章论述计算需要的资料和勘探要求。第九章各种数值方法述评。书中附有例题和 5 个计算机程序。书末附录对书中用到的数学知识矩阵代数、矢量空间、函数空间等作了扼要介绍。本书可供水文地质专业的工程技术和研究人员、研究生、大专院校师生阅读,也可供计算数学工作者和温度场研究人员参考。

（王忆南）

中国海洋地理　王颖(1935～　,辽宁康平人,中国科学院院士,南京大学地学院教授。研究方向:海岸海洋地貌与沉积学,大西洋海洋地质)主编,科学出版社 1996 年 9 月出版,793 千字。海洋地理学是地理学与海洋学交叉渗透相结合的新学科,是适应时代的发展而兴起的具有重要发展前景的学科。本书共 4 篇 24 章,分别论述我国的海洋环境与资源(包括地质、地貌、气候、水文、资源与环境变迁)、海洋经济(包括海岸带土地利用、沿海农业、渔业、盐业、工业、交通、港口、旅游及开发地带与开放地区等)、区域海洋地理(包括我国渤海、黄海、东海与南海)以及海洋灾害与环境保护等内容。本书可供海洋学、地理学的科研、教育人员,高校学生以及有关规划、开发人员参考。(另有《黄海陆架辐射沙脊群》,已著录)　　　　　　　（徐志辉）

厄尔尼诺和南方涛动动力学　巢纪平编著,气象出版社 1993 年 12 月出版,494 千字。本书论述了厄尔尼诺及热带海气相互作用的理论模拟和预测,揭示了海洋在大气风应力响应下的某些重要动力过程和大气在海洋热力作用下的运动规律。全书分为 6 章:热带大气和海洋的基本运动;热带海洋对风应力的影响;热带大气环流对海洋加热的影响;遥相关理论;海洋和大气的耦合波以及厄尔尼诺的生命史和年际变率。本书基本反映了所处时代国内国际关于热带海气相互作用研究的最重要成果。　　　　　　　　　　　　（韩　兵）

中国各地质历史时期生物礁　曾鼎乾等著,石油工业出版社 1988 年 9 月出版,119 千字。本书是全面系统介绍我国各地质历史时期生物礁的专门性著作。作者根据本身的工作经验,深入分析研究了所收集到的各地质历史时期具有代表性的礁体资料,从礁的定义和礁的分类入手,对我国历史上的成礁期、主要造礁生物、礁的内部结构及礁的分布规律等 4 个方面进行了详细的归纳论述,并着重研究了各类礁岩的储油物性和礁油、气藏的形成条件及寻找礁油、气藏的方法,对我国寻找礁油、气藏有指导意义。本书的目的是为石油勘探进程中尽快找到礁油、气藏提供理论参考,同时对各地质历史时期已知生物礁的特征和有关问题加以学术探讨以提高对礁和礁油、气藏的认识。　　（韩　兵）

东海底质中的有孔虫和介形虫　汪品先(1936～　,江苏苏州人,中国科学院院士,同济大学海洋与地球科学学院教授)等编,海洋出版社1988年1月出版,600千字。本书是研究东海表层和近表层沉积中有孔虫和介形虫系统分类和生态分布的专著。共描述400余种,含56个新种,并附扫描电子显微照相58个图版。根据表层沉积中各属种含量的定量统计,提供分布图100余幅,并运用因子分析和聚类分析法分别确定浮游有孔虫、底栖有孔虫和介形虫3大类的属种组合,又进而讨论各项环境参数对东海有孔虫、介形虫分布的影响,指出水团与海流的控制作用。在活有孔虫染色分析和壳体保存状况研究的基础上,讨论壳体的搬运与沉积作用。根据大量沉积柱状样微体古生物分析的结果,探讨东海近4万年来的古地理变迁。本书不仅为我国海区和沿海地层的古生态解释、为东海历史的研究提供依据,而且为世界有孔虫、介形虫的生物地理和生态分布提供新资料。本书可作为海洋地质、古生物、古地理、海洋生物和第四纪地质工作者和有关大专院校师生参考。　（王忆南）

东太平洋多金属结核矿带海洋地质与矿床特征　金翔龙(1934～　,江苏南京人,中国工程院院士,国家海洋局第二海洋研究所研究员,国家海洋局海底科学重点实验室主任,中国科学院海洋研究所和浙江大学教授)主编,海洋出版社1997年9月出版,680千字。本书是我国在10多年大洋地质调查和勘探的基础上,进行了深入的分析与研究编纂而成。全书共8章,由绪论、《勘探区环境》《海底地形》《沉积物与沉积环境》《地球物理》《多金属结核特征》《多金属结核成矿地球化学》和《多金属结核矿床特征》等章节组成。作者按调查成果科学地分析和研究了大洋海底多金属结核的成果的品位研究,是目前我国在该领域的一项有价值的科研成果。（另有《东海海洋地质》,已著录）　　（王忆南）

东海海洋地质　金翔龙主编,科学出版社1992年9月出版,850千字。本书是一本全面论述东海地质学的专著,主要内容包括东海海底地形、地貌、海岸带、海底沉积、地球物理、构造与古海洋学等。本书适合从事海洋、地质、海岸及海底工程、海底石油勘探与开发、海水养殖、海滨旅游及军事等方面的科研、生产与教学人员参考阅读。　（王忆南）

中国海洋发育过程和演变规律　陈吉余(1921～2017,江苏灌云人,中国工程院院士,华东师范大学河口海岸研究所教授)等著,上海科学技术出版社1989年8月出版,840千字。本书由中国海岸的发育及演变、杭州湾及钱塘河口、黄渤海海岸、东海海岸、海洋开发与利用等5个部分组成。全书是在对我国海岸进行长期考察和调查研究的基础上,从我国海岸演变的历史过程和现代过程,以及海岸动力、海岸地貌、海岸沉积、海岸工程、海洋开发利用等方面分别进行综合和专题研究的成果。它不仅对我国沿海地区的经济建设、资源开发和环境治理具有重要的参考价值,而且有助于国内外学者对我国海岸学科理论的深入了解。

　　　　　　　　　　　　　　　　（蔡保鹏）

黄海陆架辐射沙脊群　王颖主编,中国环境科学出版社2002年12月出版,640千字。本书由王颖院士主编,由南京大学、河海大学从事海洋研究的学者总结30多年的研究成果撰写而成,重点介绍黄河辐射沙脊群自环境,动力环境,潮流动力机制,地貌与沉积研究,海岸海洋"4S"技术系统与可视化研究,结论与展望等。黄海辐射沙脊群是陆海交互作用形成的。这些沙质堆积体个体巨大,长期处于陆海相互作用的环境,沙体中储存着海岸演变、河口环境、海面变化、气候变化以及海洋环境的各种环境信息,是研究陆海相互作用,区域及全球环境变化的理想载体。本书也是多学科长期合作的结晶。可对21世纪海洋开发研究、指导油气勘探、巨大土地资源开发、开辟深水航道、建设深水港和发展海洋渔业提供宝贵的科学资料,具较高的参考价值。　　　　　　　　　　（徐志辉）

海岸及近海工程　薛鸿超(1929～　,江苏江阴人,河海大学教授)著,中国环境科学出版社2003

年12月出版,390千字。海岸及近海工程是一较综合的系统工程,常涉及多门学科、专业,常包含勘测、规划、研究、设计、施工、管理等实践环节,并由这些环节组成实践过程。本书尽力向读者介绍有关海岸及近海工程整体的全貌,反映出这一系统工程的框架与内容。本书的重点放在阐述海岸工程技术,放在论说基本原理与新技术,放在介绍重要课题研究的新成果、新资料。本书共11章,第一、二两章论说海岸及近海工程的背景与目标;3～6章阐述主要海岸工程技术;7～9章阐述主要近海工程技术;第十、十一章论说海岸及近海工程的实践环节与经验,限于篇幅删去了施工、管理等内容。

（王忆南）

海岸工程　严恺(1912～2006,福建闽侯人,中国科学院学部委员、中国工程院院士,曾任华东水利学院教授,南京水利科学研究所所长,河海大学名誉校长、南京水利科学研究院名誉院长)主编,海洋出版社2002年2月出版,1 200千字。海岸工程是人类为了生存与发展在沿海地区通过漫长岁月的生产活动与改造环境的实践而逐步发展形成的,到了20世纪50年代已具有雏形并出现了该技术术语,又经过近半个世纪的大规模海岸带开发活动的工程实践,已形成一门新的技术学科。本书对此予以概括论述。全书分为10章,又可概括为4组内容:首先探讨了海岸环境特征、海岸带开发与海岸工程的形成、发展;其次论述了与之有关的海岸动力因素、海岸泥沙运动与岸滩演变及波浪与海工建筑物的相互作用;第三概括了海岸防护工程、海港工程与河口治理工程的内容及当代国内外的最新成就;第四论述了工程环境资料的现场测取手段与分析研究技术、工程方案的物模验证试验及数值模拟技术;最后以附录介绍了与近海工程交叉的人工岛工程。作为专业技术论著为读者提供新学科发展的信息,也为从事此专业的科技工作者提供重要参考。

（王忆南）

世界自然地理通论　李旭旦著,江苏教育出版社1990年5月出版,211千字。本书是已故著名地理学家李旭旦的遗著,全书以大地构造、地带性学说、自然区划等理论为基础,共7篇18章,全面论述了全球、亚欧大陆、非洲大陆、美洲大陆、大洋洲大陆、南极大陆的地质、地理概况及各大陆的自然区域;书末附有汪永泽编写的《世界大洋自然地理》一文。资料充实,内容丰富。

（蔡保鹏）

地学的探索（合订本）　陈述彭著,科学出版社1992年10月出版,1644千字。本书是从作者400多篇论文中选辑而成的。地理学卷,收入作者有关地理学论文20篇:于黔滇地区进行自然与人文地理考察的先期著作;参加中国自然区划工作前后对我国若干典型地区所作的调查研究和地图分析;利用遥感技术对我国若干自然地理要素时空分布规律的剖析研究;对资源环境开发、环境效应与环境生态系统研究的论述。地图学卷,选辑有关地图学的论文23篇,内容包括有关中国地图学史的论文;从事地图编绘、制图综合以及地形表示、模型塑造、鸟瞰地图;制作的理论和工艺研讨;关于国家大地图集设计与编制工作的纪实;倡导开展我国地图制图自动化的实践和论述。遥感应用卷,收入有关遥感应用方面的论文26篇,包括倡导航空像片综合利用,开创系列制图实验的论文;探讨遥感应用于我国的适应性和可行性所作的宣传普及方面的论文;组织航空遥感实验、开展地学分析以及进行全球性遥感研究和建立卫星应用系统方面的论文。地理信息系统卷,汇集作者20世纪80年代的论文33篇,从各个角度广泛探讨地理信息系统的性质、任务和功能。内容涉及这一学科的科学基础、历史经验、学科渗透与信息共享等学科建设中的难题;对创建全球科学数据库、应用于流域综合治理、辅助城市规划管理、促进卫星遥感智能化等诸多方面,提供了技术方案、概念设计的实例。

（徐志辉）

现代地貌学　高抒(1956～ ,浙江杭州人,博士,南京大学地理与海洋科学学院教授。研究领域:海洋沉积动力学,海岸地貌学,海岸带陆海相互作用,河口海岸动力学)、张捷主编,高等教育出版社2006年1月出版,430千字。地貌学长期以来一直为地球科学工作者所重视,而现代地貌学注重把地貌形成演化作为地球系统行为的组成部分来研究。本书把重点放在地貌特征的刻画和地貌形成演化的介绍,突出沉积环境、时空尺度、过程与机制等重要观念,强调野外工作、实验分析、模拟计算等基本技能。本书介绍了地貌学的基本问题、发展简史以及地球表面环境和内、外动力作用；描述了一些重要的地貌类型和特征；探讨了泥石流过程、海岸地貌演化和小尺度床面形态演化问题。本书可作为高等学校地理类专业教材，也可作为地质类等专业的教学参考书。　　　　　　（徐志辉）

江苏湖泊志　中国科学院南京地理研究所湖泊室编，江苏科学技术出版社1982年1月出版，318千字。本书是江苏全省大、中、小型湖泊调查研究的成果，全书分总论和分论两篇，共19章。总论篇概括介绍江苏湖泊的形态、成因类型、演变趋势、湖泊的热学状况、动力特征、湖水的化学性质、湖泊水质的污染以及湖泊水生生物等，篇后附有水生生物名录。该篇还分别从地貌、水文、化学和生物学的观点，对湖泊资源的利用、改造作了扼要的叙述。分论篇分别叙述江苏大、中、小型湖泊的历史沿革、地貌、水文特点和资源利用情况，最后介绍了玄武湖等4个著名的旅游性湖泊。本书可供从事湖泊、水利、水产、航运、环保工作的人员以及有关行政管理人员和旅游爱好者阅读，也可供高等院校地理、生物等有关专业的师生参考。　（王忆南）

中国自然地理纲要　任美锷、杨纫章、包浩生编著，商务印书馆1979年7月出版，310千字。全书包括总论和区域分论两大部分，共15章。总论部分从地貌、气候、陆地水、植被与土壤等环境要素论述了中国自然环境的特点、发生发展过程，及地域分异规律，并重点讨论了中国自然区划方案；分论部分以东北、华北、华中、华南、西南、内蒙古、西北、青藏等8个自然区，论述了各区自然景观的特征，内部差异以及资源利用与环境整治等问题。本书是作者多年从事教学与科研工作的总结，引用了大量的国内研究资料，在自然区划方面提出了新的方案，并提出了准热带、热带山原等一系列新的学术概念。　　　　　　　　　　（蔡保鹏）

中国自然区域及开发整治　任美锷、包浩生主编，科学出版社1992年7月出版，716字。该书是中国地理学研究的一项重点科研成果，是在长期区域调查研究和深入分析中国地理学大量文献的基础上，由南京大学、北京师范大学等8所高等学校合作编写而成的一部重要地理学专著。本书是新中国成立以来继《中国自然区划草案》《中国综合自然区划（初稿）》《中国自然区划概要》《中国自然地理总论》之后出版的又一部中国自然区划专著。《中国综合自然区划（初稿）》1959年发表后，立即引起地理学界的普遍重视，中国地理学会曾于1960年、1962年两次召开会议讨论，地理刊物也连续发表文章讨论，赞誉者多，批评意见也不少。其中任美锷、杨纫章所提意见最尖锐，并提出自己的区划方案。1979年任美锷出版了31万字的《中国自然地理纲要》，详细论述我国的自然地理面貌和自然区划问题，本书就是由该书基础上修改、扩充而成，篇幅增至71.6万字。全书内容共11章，综合论述了中国自然地理基本特征与区域分异问题。　（蔡保鹏）

抚仙湖　濮培民（1936～　，江苏无锡人，曾任中国科学院南京地理与湖泊研究所研究员。研究领域：物理湖泊学）等著，中国科学院南京地理与湖泊研究所编，海洋出版社1990年5月出版，500千字。抚仙湖位于我国云南高原中部，是我国著名的深水湖泊。本书主要论述了抚仙湖的自然环境特征。形成演变规律以及各种自然资源状况，对湖泊的水文、气象、地貌、沉积、孢粉、微体古生物、水化学、水生生物及鱼类等学科进行了综合性的深入研究，该书可供海洋、湖泊、地质、石油地质、地貌、水文、气象、生物等学科的学者和工作人员阅读。（另有《三峡工程与长江中游湖泊洼地环境》，已著录）
　　　　　　　　　　　　　　（韩　兵）

北美洲地理环境的结构　李春芬（1912～1997，江苏大丰人，曾任浙江大学地理系教授，华东师范大学地理系教授、副校长）编著，高等教育出版社1990年5月出版，450千字。本书主要研究北美洲地理环境结构的整体性和差异性，即从其组成要素的相互联系和相互制约中，揭示其内部的联系性和分异性。内容分总论和分论两部分。总论把本洲作为一个统一体，综合地研究各组成要素的主要特征、分布格局和类型分区，从而揭示本洲的总体特征及其时空变化，以体现北美洲地理环境的整体性；并通过对比，显示其与其他大洲的分异性。总论与分论之间，设有一章阐述本洲地理环境结构与地域分异的总体格局，作为总论的总结和分论的铺垫与前导。按所提出的区划原则，全洲共分15个自然地理区域。对每一分区视作本洲地理环境整体的有机组成部分，从其区内组成要素的空间联系中，揭示各区的综合特征，相互更替，以显示本洲内部区域分异规律。（另有《南美洲地理环境的结构》，已著录）

（蔡保鹏）

南美洲地理环境的结构 李春芬编著，科学出版社1962年12月出版，271千字。本书内容除前言外，共分23章。前10章为总论，首先说明南美大陆形成的历史过程和构造单元，以后即按地理环境各组成要素分别叙述。除说明其分布规律外，着重指出其独特性。所谓独特性，一方面标志着具有全洲性意义的共性，同时也是有别于其他各洲的特性，亦即整个地理环境的差异性在南美洲的具体体现。第十一章对南美洲地理环境的整体性和差异性作一概括性的说明，并在这个基础上进行区划，指出南美洲地理环境结构的图式，它的目的在于说明南美各个区域之间的差异性和联系性。后12章为分区叙述，以说明各区的整体性和差异性为主，并对每一分区作一小结，分析其相对一致性与差异性的关系，从而进一步明确各区的主要特性。此外，在部分章节中，结合生产，对自然条件进行适当的分析，并指出其利用的特征。本书一经问世，即得到地理界同行的交口称誉，堪称我国世界地理领域内过去少见的一本有分量的专著。书中有作者学习辩证法的心得体会，有博采众长的学识总结，最宝贵的是，书中以作者完整的学术思想——地理环境结构的整体性和差异性，作为贯穿始终的主线。

（蔡保鹏）

第十五章　生物科学类

生物的起源、辐射与多样性演变——华夏化石记录的启示　戎嘉余(1941～　,上海人,中国科学院院士,中国科学院南京地质古生物所研究员)主编,科学出版社2006年9月出版,1 650千字。本书是科技部973项目"重大地史时期生物的起源、辐射、灭绝和复苏"(2000～2005)的综合成果之一。本书主要根据中国的化石证据,探讨生物演化进程,包括部分生物类群的起源与早期演化、重大地质历史时期的生物辐射(radiation)与海洋生物多样性(biodiversity)的演变,试图从华夏化石记录中寻找生物演化的启示。作为本书重点之一的生物辐射,是生命历史中一个十分重要的组成部分,但在演化教科书中却鲜有系统阐述,中国的材料为此提供了许多重要的证据。史前海洋生物多样性的演变在国内尚未全面研究,本书在建立各门类化石数据库的基础上,首次初步探讨华南前元古代末至中生代早期海洋生物多样性的变化及其控制因素,为全球史前生物多样性研究提供来自同一板块的系统资料。

（蔡保鹏）

中国生物学发展史　李亮恭(1901～1994,江苏无锡人,曾任复旦大学农学院教授、院长,台湾农学院教授、院长,台湾师范大学教授,新加坡南洋大学教授)编著,"中央文物供应社"1983年2月出版,字数不详。《中华文化丛书》之一。本书共10章:第一章,最早的生物记载。第二章,本草的发展。第三章,本草纲目与李时珍。第四章,历代农业文献。第五章,明末以后的发展。第六章,欧洲生物学的发展。第七章,西人对于中国生物的考察。第八章,西方生物学的传入中国。第九章,生物学教育的发展。第十章,生物学研究的发展。（蔡保鹏）

定量组织学实验技术　施履吉(1917～2010,江苏仪征人,曾任中国科学院遗传研究所研究员、中国科学院上海细胞生物学研究所研究员)著,科学出版社1964年11月出版,212千字。本书介绍了定量组织学的动物实验方法,实验数据的处理,显微镜观察必需的知识,显微镜测量的原理和方法等。对组织结构元素的计数法、相对体积的测定、内表面积的测量等现代原理和方法都有相当详细的叙述,可供一般生物学、医学和农业工作者,特别是研究工作者参考。

（蔡保鹏）

刘建康生态学文集　刘建康(1917～2017,江苏吴江人,中国科学院学部委员,曾任中国科学院水生生物研究所研究员)著,化学工业出版社2007年8月出版,375千字。本文集选编了刘建康自20世纪50年代以来有关水生生物学和淡水生态学研究的部分论著,包括综论、渔业生态学及资源的保护与开发、湖泊和水库生态学、河流及流域生态学,以及对相关研究的科学思考和方法解析等。对从事生态学和环境保护研究人员有重要的参考价值。(另有《中国淡水鱼类养殖学》,已著录)

（蔡保鹏）

热河生物群　陈丕基(1936～　,陕西西安人,古生物学家,曾任中国科学院南京地质古生物研究所研究员;国际公认的叶肢介化石和陆相白垩纪地层研究权威,在中、新生代陆相地层与古地理和古气候、叶肢介化石等领域的研究中成绩卓著)等主编,中国科学技术大学出版社 1999 年 12 月出版,字数不详。辽西、冀北地区的热河生物群以其丰富、独特的化石类群闻名世界。本书有关辽西地区义县组下部孔子鸟和中华龙鸟及早期被子植物化石辽宁古果的发现,为鸟类和被子植物的起源与演化提供了重要的科学依据,引起全世界的关注。(另有《苏浙皖中生代后期叶肢介化石》《叶肢介化石》,已著录)

(韩 兵)

热河生物群 张弥曼(1936~ ,江苏南京人,中国科学院院士,曾任中国科学院古脊椎动物与古人类研究所研究员。研究领域:比较形态学,古地理学,古生态学,生物进化论)主编,上海科学技术出版社 2001 年 11 月出版,200 千字。辽西、冀北等地区的中生代地层以盛产数量丰富、保存精美、种类独特的化石类群——热河生物群而闻名于世。其中古鸟类、带羽毛的恐龙、原始兽类、滑体两栖动物以及被子植物等珍贵化石的发现,一次次震惊了世界古生物学界。本书介绍了热河生物群的研究简史,汇集了地层与时代、古无脊椎动物、古脊椎动物和古植物学等各领域最新的研究进展和成果,首次以图文并茂的形式将热河生物群展现在读者面前。(另有《浙江中生代晚期鱼化石》一书,已著录)

(韩 兵)

生物多样性及其保护生物学 田兴军(1961~ ,南京大学生命科学学院教授,江苏省生态学会常务理事。研究方向:植物有机物的生物降解,植物信息的数字化技术)主编,化学工业出版社 2005 年 1 月出版,360 千字。《生态学热点研究丛书》之一。本书从生物多样性的概念入手,介绍生物多样性的价值、动态变化、生物多样性的现状及生物多样性的保护。本书以生物多样性的核心内容和生物多样性的热点问题为主线,给读者一个框架性和前沿性的内容介绍。本书可供从事生物学、生态学、环境科学的科研人员和大学生、研究生阅读和参考,还可作为科普读物提供给对生物多样性及其保护生物学感兴趣的读者阅读。

(徐志辉)

中国海洋浮游桡足类(中卷) 郑重(1911~1993,江苏苏州人,历任厦门大学海洋系和生物系教授,国家科委海洋组生物学科组成员,中国海洋湖沼学会常务理事。研究领域:海洋浮游甲壳类)著,上海科学技术出版社 1982 年 8 月出版,227 千字。本书在上卷的基础上,又列举了我国沿海习见浮游桡足类 98 种。每种均有描述、绘图。为便于读者鉴定起见,主要种、属还附有雌、雄检索表。本书的主要读者对象为高等院校生物系、海洋系和水产系,以及水产院校师生,特别是从事海洋水产资源调查工作的科技人员。(另有《浮游生物学概论》,已著录)

(韩 兵)

浮游生物学概论 郑重著,科学出版社 1964 年 1 月出版,259 千字。本书共分 4 编 20 章,将浮游生物的形态、分类生态、生理、生化等各个方面作了全面性介绍。第一编是形态、分类部分,主要介绍一些比较普通的浮游生物,特别是我国沿海和淡水的习见种类。第二编是个体生物学部分,包括食性、生长、生殖、发育及生活史等内容。第三编是生态、生理、生化部分,也是本书的重点部分,将浮游生物的适应浮游方法、分布(包括平面、垂直及季节分布)、垂直移动、产量、种群和群落生态、浮游生物和环境及渔业的关系、发光现象以及生理、生化问题作了扼要叙述。第四编是研究动态部分,扼要地介绍了一些国内外研究情况,并提出一些今后研究课题。书末附录采集、定量研究和培养方法以及参考文献和索引。

(韩 兵)

干细胞与肿瘤 陆士新(1929~2019,江苏盐城人,中国科学院院士,中国医学科学院肿瘤研究所研究员)主编,中国协和医科大学出版社 2009 年 7 月出版,430 千字。近年来科学家提出的肿瘤干细胞学说,提示肿瘤组织中的肿瘤干细胞来自器官的干细胞或祖细胞,它是恶性肿瘤的起源,又是恶性肿瘤治疗的靶器官。肿瘤干细胞虽然只占全部肿瘤细胞的极少数,但它却是肿瘤形成、发展和恶化的根源。由于肿瘤干细胞与肿瘤细胞具有异质性,其生物学特性和对治疗手段的敏感程度也并不完全一致。传统的治疗手段是针对肿瘤组织中大多数的已分化的肿瘤细胞,往往忽视了只占少数的肿瘤干细胞,因而治疗只对肿瘤细胞无法达到最有效的治疗效果。肿瘤干细胞的发现有可能彻底改变现有化疗药物的选择配伍、有效剂量和疗程,以彻底消灭肿瘤干细胞为指标的新化疗方案,才有望极大地降低癌症的复发率和提高其治愈率。本书是各学科交叉,较系统地介绍了有关干细胞与肿瘤的研究进展,具有我国自己经验及见解的一本肿瘤学参考书。全书共分 4 篇 22 章,可供教学或基础与临床研究者以及非肿瘤专业研究人员参考应用。

(蔡保鹏)

细胞生物学 郑国锠(1914～2012,江苏常熟人,中国科学院院士,历任兰州大学生物系教授,中国科学院成都生物研究所学术委员兼研究员,杭州大学生物系客座教授。中国细胞生物学奠基人之一)编著,高等教育出版社 1980 年 10 月出版,950 千字。本书分五部分。第一篇《细胞及其研究方法》共 3 章,阐述了细胞生物学发展简史、细胞的结构、组成和研究方法;第二篇《细胞质和它的细胞器》共 8 章,包括细胞质内各种组分和细胞器,从动态观点来说明它们的结构与功能的统一,既有特殊性又有一致性,并阐述了膜系结构的连续性与统一起源。第三篇《细胞核》共 2 章,内容是细胞核和细胞的繁殖与衰亡。其重点是核的结构与功能,特别对核的有丝分裂和减数分裂,染色体的结构和功能的统一问题讨论较多。第四篇《细胞的遗传、发育和进化》共 3 章,包括细胞遗传、细胞工程、细胞分化、核质关系和生命起源与进化,重点是基因表达的调控和细胞分化过程中的核质关系以及环境对它们的影响。第四篇可作为有些专业如细胞生物学专业或研究生选读教材。(另有《植物细胞融合与细胞工程:郑国锠论文集》,已著录) (韩 兵)

细胞遗传学 刘大钧(1926～2016,江苏常州人,中国工程院院士,南京农业大学教授。研究领域:作物遗传育种,所建立的染色体分带、荧光原位杂交、非整倍体分析与分子标记相结合精确鉴定栽培小麦中外源染色质的技术体系达国际先进水平,为植物分子、细胞遗传学的发展做出了重要贡献)主编,中国农业出版社 1999 年 5 月出版,313 千字。细胞遗传学在 20 世纪的前 50 年处于发展的黄金时代。20 世纪中叶始,遗传学研究的热点逐渐向分子遗传学转移,细胞遗传学一度受到忽视。但在分子遗传学不断向基因组结构更为复杂的高等生物类型扩展后却发现细胞遗传学信息与资料对全面阐明有关遗传结构与功能的分子遗传学发现仍具有重要意义;细胞遗传学中许多长期处于悬而未决的机理问题亦因分子遗传学所提供的新证据而不断得到新的理解或揭示。分子遗传学与细胞遗传学之间的相互渗透已使原有的经典细胞遗传学无论在理论概念还是研究材料与方法上都发生了极其深刻的变化。本教材除了染色体形态、结构、功能、运动与变异等基本内容,还包括特殊染色体、染色体异常行为和染色体外遗传等内容并增列了染色体工程与细胞工程和分子细胞遗传学的内容。

(徐志辉)

氨基酸的应用 蒋滢(1935～ ,女,江苏宜兴人,苏州大学医学院教授,江苏省生物化学与分子生物学学会理事,中国养蜂学学会理事。研究方向:肿瘤的生物化学-分子生物学,衰老与抗衰老的生物化学-分子生物学)主编,世界图书出版公司 1996 年 12 月出版,140 千字。氨基酸的应用研究进展非常迅速,其应用开发前景十分诱人。为适应经济发展的需要,苏州医学院氨基酸研究组总结 20 年来的研究成果,并参考国外研究进展写成本书。书中对氨基酸的应用原理及在临床医药、工农业、食品及日用工业上的应用现状作了较为全面的介绍。本书既有理论研究进展,又有实际应用,适用范围较为广泛,可供临床、医药、食品、日用工业品等领域的市场开发人员及医学院校有关专业师生参考。

(徐志辉)

医学生物化学与分子生物学 吴士良(1951～ ,江苏常熟人,苏州大学医学部教授。研究方向:肿瘤生化及分子生物学,生物大分子结构功能及其与创伤愈合相关性)、周迎会、黄新祥主编,科学出版社 2005 年 4 月出版,691 千字。本书为"中国科学院教材建设专家委员会规划教材"之一。全书共 28 章,分属基础、临床和专题三篇,主要包括蛋白质结构与功能,基因克隆、表达调控及与疾病的关系,糖生物学基础知识及与疾病的关系,信号转导与疾病,肿瘤转移和肝纤维化的生化机制以及艾滋病分子机制等内容。本书内容新颖,实用性强。本书主要面向生物医药研究生和医学七、八年制学生,也可用作医学院校教师和临床医

师的参考书。 （徐志辉）

生物分离原理及技术 欧阳平凯(1945～ ，湖南湘潭人，中国工程院院士，南京工业大学校长)主编，化学工业出版社1999年2月出版，389千字。本书围绕生物分离工程的基本内容、基本理论和基本技术，从概念、原理和方法上阐述了生物分离工程的基本面貌和发展情况。全书共分12章，分别介绍了生物分离过程中的过滤、离心、细胞破碎、萃取、吸附、流动展开色谱、沉析、超滤与电泳、结晶、干燥及辅助操作等，全书附有大量的、近期的参考文献和技术资料。 （蔡保鹏）

蛋白质生物功能的探索 邹承鲁(1923～2006，江苏无锡人，中国科学院学部委员，曾任中国科学院生物化学研究所、生物物理研究所研究员，生物物理所副所长，生物大分子国家重点实验室主任)著，河北教育出版社2003年4月出版，456千字。《中国院士书系》之一。本书共收集作者论文31篇，按内容分为呼吸链酶系、胰岛素、酶分子的化学修饰、动力学、酶活性部位柔性、新生肽链折叠等六个方面。这六个方面概括了半个世纪以来作者所涉猎的主要领域。另有科学杂文4篇，以表明作者对若干科学问题的看法。最后附有以时间先后为序的作者的所有学术论著和科学杂文目录。 （徐志辉）

转移核糖核酸——结构、功能与合成 王德宝(1918～2002，江苏泰兴人，中国科学院学部委员，原中国科学院上海生理生化研究所、上海生物化学研究所研究员)、刘望夷编著，浙江科学技术出版社1995年12月出版，409千字。转移核糖核酸(tRNA)在蛋白质生物合成过程中起关键性的作用，是将核酸的遗传信息转译成蛋白质一级结构的生物大分子。它具有以下一些特点：① 结构清楚；② 功能明确；③ 在核酸分子中，除了常见的4种核苷外，还存在一些修饰核苷。到1994年年中，在RNA中的修饰核苷共发现了93种，而在tRNA中就有83种之多。作者对tRNA作了近40年的探讨，工作之暇写成本书，内容主要包括《转移核糖核酸研究的历史概况》《tRNA的制备、纯化与序列分析》《tRNA的结构》《tRNA的生物功能》《tRNA的生物合成》《tRNA的人工合成》6章。 （王忆南）

生物力学 冯元桢著，科学出版社1983年10月出版，358千字。本书是在现代生物力学的开拓者之一冯元桢教授1979年底在我国的讲学录的基础上编写而成的。书中以他和他的实验室的工作为主体，介绍了生物力学的历史、主要成果、特点、研究方法和应用前景。全书着重阐明概念和原理，尽量避免复杂的数学推导，论述简明扼要。 （蔡保鹏）

生物力学——运动、流动、应力和生长 冯元桢著，邓善熙译，四川人民出版社1993年5月出版，510千字。本书是冯元桢教授生物力学三部曲的第三本即最后一册(前两册分别是《生物力学：活组织的力学特性》《生物动力学：血液循环》)。本书主要讨论人和动物的运动、体内外的流体流动、生物体内的应力分布、组织与器官的强度以及应力与生长发育之间的关系。本书的目的是要进一步阐明生物力学问题的缘起、求解和证明方法。 （蔡保鹏）

膜分子生物学 洪水根、汪德耀(1903～2000，江苏灌云人，曾任厦门大学教授、理工学院院长、校长)编著，厦门大学出版社1995年1月出版，326千字。本书全面、系统、深入地介绍了膜分子生物学基本理论、研究成就及新进展，资料新颖、层次分明、图文并茂，全书4篇12章，插图195幅。第一篇《生物膜的组织结构》，分2章，介绍生物膜的化学组成及其结构；第二篇《生物膜的功能》，共3章，介绍生物膜的物质运输、能量转换及信息传递的重要功能；第三篇《膜的生物合成和装配》，分2章，介绍膜脂及膜蛋白的生物合成及其装配特点；第四篇《生物膜的研究方法》，合5章，介绍几种重要常用的生物膜研究技术及原理。 （王忆南）

生物工业下游技术 毛忠贵(1954～ ，江苏溧水人，江南大学生物工程学院教授。研究方向：大宗发酵无废工艺，生物质能源，生物防腐剂发酵技术，纤维质高值转化，发酵流场数值模拟与优化)主编，中国轻工业出版社1999年10月出版，360千字。本书根据"九五"课程体系改革的要求，从生物工业下游技术的角度，归纳、阐述现有发酵工业和新兴的正在发展中的生物技术产品的提取、分离、纯化、精制加工等技术的科学本质、原理、方法、规律及发展趋势以及这些技术和环境保护之间的关系等。通过本课程的学习,使学生掌握生物工业(含发酵工业)产品下游制造技术的科学本质,理解、掌握传统技术基础,接受新概念、新知识、新技术,为今后的科学研究、技术开发和工程应用做好理论准备。 （徐志辉）

多维空间仿生信息学入门 王守觉(1925~2016,上海人,祖籍江苏苏州,半导体电子学家,中国科学院学部委员)、来疆亮著,国防工业出版社2008年1月出版,201千字。多维空间仿生信息学是为解决计算机如何对于具有很多自变量的形象思维问题进行计算而提出来的。它是发展信息科学新算法的一种新思路,这种新思路主要是从多维空间中许多个平面上的几何图形出发来进行计算,用以替代对具有很多自变量的方程组的计算。本书是多维空间仿生信息学的入门书籍,它从信息科学基本数学方法的几何概念出发,介绍了多维空间仿生信息学的基本原理和基本数学符号对多维空间中几何运算的描述方法以及人工神经网络在此目的下的新发展。书中对多维空间仿生信息学的应用实例和应用效果进行了介绍,主要介绍了在图像处理中(如模糊图像的清晰化处理等)和模式识别中的应用效果,特别对在多维空间仿生信息学基础上发展的仿生模式识别及其优异效果进行了重点介绍。本书是在作者为研究生讲课用的幻灯片讲义基础上写成的,适合于信息科学与技术领域的科研人员及大学本科生和研究生阅读。(另有《微电子技术》,已著录) （王忆南）

生物资源再利用原理与技术 陈华癸(1914~2002,江苏昆山人,生于北京,中国科学院院士,历任北京大学、武汉农学院教授)等编著,湖北科学技术出版社1999年8月出版,538千字。为促进生物资源再利用的科研和生产的发展,把资源再利用的工作提高到一个新水平,作者总结多年的工作经验、理论思维和科研成果,结合所收集到的一些国内外科研成果及生产技术资料,加以归纳总结和理论分析,编著成本书。全书力求把理论性、综合性和实用性融为一体,归纳实用技术从理论上进行分析,在理论指导下论述生产使用技术;用典型实例引路,理论与实际相结合,如实地介绍了近百种产品的生产工艺。全书共8篇29章,重点论述生物量和再生生物资源的利用原理与实用技术,主要内容包括绪论、生物资源再利用的基础知识、基本方法和原理,以及动物、植物和微生物资源的综合利用等,同时还专门阐述了菌蕈、菌蕈学与农副产品的利用。 （蔡保鹏）

古生物学:古无脊椎动物与古植物 王钰(1907~1984,河北深泽人,曾任中国科学院南京古生物研究所研究员、古无脊椎动物研究室主任、第四研究室主任;对泥盆纪地层和腕足动物化石研究颇有建树,是中国腕足动物化石系统研究的奠基者)等编著,科学出版社1982年出版,120千字。本书简要地介绍了古生物学的研究历史、对象、目的、意义和发展趋势,重点在古无脊椎动物与古植物。对化石的形成、类型及系统分类,尤对各地质时代古生物类群的重要门类扼要地进行了介绍,并叙述了古生物对于重建各地质时代古地理、古气候方面的应用,综合了古生物学研究的最新成。(另有《中国各门类化石:中国的腕足动物化石》《腕足动物化石》,已著录) （韩 兵）

中国科学院南京地质古生物研究所集刊:第13号 中国科学院南京地质古生物研究所编辑,科学出版社1981年5月出版,字数不详。本号《集刊》共发表2篇论文,是中科院南京地质古生物研究所西南地区古生物研究成果的一部分。《华中及西南地区志留纪鹦鹉螺动物群》系统描述4目21科60属228种鹦鹉螺类化石,据此将该动物群分为6个发展序列,并讨论了珠角石类和肿角石类的分类、演化。《西南地区早志留世中、晚期腕足动物群》描述罗惹坪组、石牛栏组、香树园组和雷家屯组腕足动物化石47属和亚属84种,讨论各组的腕足化石组合特征,对黔东北及川黔交界地区腕足动物群分为5个群落类型,并指出与国外的群落类型的差异。 （韩 兵）

中国科学院南京地质古生物研究所集刊:第20号 中国科学院南京地质古生物研究所编辑,科学出版社1984年4月出版,310千字。本号《集刊》发表有关奥陶纪地层和生物群方向的论文4篇。《鄂尔多斯地台西缘奥陶纪生物地层研究的进展》系统研究了奥陶系剖面,讨论了地层及化石带的划分与对比等问题,并在拉什仲组之上还创立了公乌素组和蛇山组两个地层单位。《鄂尔多斯地区奥陶纪头足动物群》描述了头足动物化石42属92种,其中9新属62新种,对该地区含头足类奥陶纪地层进行了划分与对比,另外还讨论了有关古地理等问题。《皖南晚奥陶世地层及其与国内外的对比》分析了该地区晚奥陶世生物群的性质,修正和补充了化石带,并与国内外进行了较为详细的对比。《皖南上奥陶统新岭组的笔石》系统描述了笔石16属129种和亚种,其中52新种和新亚种,讨论了假栅笔石、直管笔石、拟直笔石及围笔石,提出了对双笔石科分类的意见。

（韩　兵）

华南晚二叠世头足类　赵金科(1906～1987,河北曲阳人,中国科学院院士,曾任中国科学院南京地质古生物研究所所长)等著,科学出版社1978年9月出版,286千字。根据近10年中国南部所发现的晚二叠世80多个产地的头足类化石的研究,系统描述了菊石155种、鹦鹉螺16种,其中绝大部分是新属新种,创建了4个新科2个新亚科,并对一些科属进行了系统演化的分析,阐述晚二叠世菊石群的发生、发展和消亡的过程,提出该时期菊石演化发展的某些规律,大量绝灭的某些原因。指出晚二叠世早期和后期的菊石群有明显的区别,代表菊石演化进程中两个辐射发展阶段。认为苏联外高加索的多拉沙木组及伊朗的阿里巴什组并非世界二叠系的最高层位,它们只相当于我国长兴组的葆青段或大隆组的明月峡段;另外,巴基斯坦盐岭的齐德鲁组(上长身贝灰岩),克什米尔地区的齐万组,喜马拉雅山区的谷岭页岩等地层时代应属早二叠世晚期。我国长兴组的煤山段或大隆组的朝天段才是代表世界晚二叠世最高层位。文中除对我国南部晚二叠世进行菊石分层分带外,尚进一步对特提斯海域的二叠纪菊石进行了较大的补充和修订。另外,对二叠系与三叠系的分界问题也作了初步探讨。文后附图34幅。(另有《中国的头足类化石》,已著录)

（韩　兵）

华中及西南奥陶纪三叶虫动物群　卢衍豪(1913～2000,福建永定人,中国科学院学部委员,曾任中国科学院南京地质古生物研究所研究员)著,中国科学院地质古生物研究所、古脊椎动物与古人类研究所编辑。本书为《中国古生物志》总号第152册,新乙种第11号,科学出版社1975年8月出版,916千字。本书系统描述了我国华中及西南奥陶纪三叶虫30个科、22个亚科、75个属、187个种,内有新科和新亚科各2个、新属11个、新种103个和新亚种4个。阐述了该地区三叶虫动物群的性质,并与世界其他地区进行了比较;同时较详细地介绍了华中及西南6个分区的奥陶系地层,列举了27个地层剖面。讨论了该地区奥陶纪的沉积环境、沉积物分布规律及其岩相变化与生物相变化的关系。本书系1966年存版全书附图版50幅,插图48幅。(另有《中国各门类化石——中国的三叶虫》,已著录)

（蔡保鹏）

松辽地区白垩纪双壳类化石　顾知微(1918～2011,江苏南京人,中国科学院院士,中国科学院南京地质古生物研究所研究员)、于菁珊著,科学出版社1999年3月出版,170千字。本书为《中国古生物志》丛书新乙种第32号(总号第188册)。本书详细描述图示了我国东北部松辽地区白垩纪双壳类化石23属64种,包括一新属13新种,它们分隶双壳纲的翼形亚纲 Pteriornorphia、古异齿亚纲 Palaeoheterodonta 和异齿亚纲 Heterodonta。根据这些化石,将泉头组至明水组的松辽区地层作了时代划分。多数化石属种表现北方大区和亚洲白垩纪淡水化石的面貌。少数海相属种产于嫩江组和青山口组,证实这两组沉积时古海水曾内侵入松辽古盆地,它们无碍于总体双壳类化石的非海相。海至滨海相和暗色沉积在这两组中的存在,证实缺氧的有利油、气生成的沉积环境。全书附英文摘要和新属种的英文描述,并附化石图版21幅。

（蔡保鹏）

中国科学院南京地质古生物研究所丛刊：第4号　董得源(1936～　,江苏溧水人,曾任中国科学院南京地质古生物研究所研究员,对推动和促进我国层孔虫学科的研究和发展做出了重要贡献)等著,江苏科学技术出版社1982年6月版,440千字。本号《丛刊》汇刊10篇文章,其中8篇属古生物学的研究成果,包括泥盆纪的层孔虫、四射珊瑚、晚石炭世四射珊瑚、晚二叠世介形类、三叠纪的腹足类、瓣鳃类、早第三纪始新世的腹足类以及我国白垩纪至早第三纪的棒轮藻科诸门类;各篇以古生物为依据,讨论相关的生物组合,地层的划分对比和古生态等问题;另两篇属沉积岩石学的研究成果,论述安徽宿县寒武纪和苏浙皖晚震旦世碳酸盐岩地层及其古地理沉积环境。附照相图版74幅,插图35幅和表格14张。(另有《中国层孔虫》,已著录)

(韩 兵)

西南地区寒武纪三叶虫动物群 张文堂(1925～ ,陕西西安人,曾任中国科学院南京地质古生物研究所研究员;对华北、东北南部、西南地区寒武纪三叶虫及地层进行了长期系统研究,首次对中国奥陶纪地层的研究作了系统总结)等著,科学出版社1980年7月出版,737千字。本书是新中国成立后二十几年来中国科学院南京地质古生物研究所在西南地区研究寒武纪三叶虫动物群的系统总结,属《西南地区古生物群》研究成果的一部分。书中描述了寒武纪三叶虫化石531种,其中包括14个新科、54个新属及314个新种;论述了古盘虫类、莱得利基虫类、掘头虫类及原油栉虫类等三叶虫动物群的分类、演化、个体发育、地理及地层分布;阐明了Redlichian动物群发源于我国及其向国外迁移的范围。(另有《中国的叶肢介化石》,已著录)

(韩 兵)

湘西南早侏罗世早期植物化石 周志炎(1933～ ,上海人,籍贯浙江海宁,中国科学院院士,中国科学院南京地质古生物研究所研究员)著,科学出版社1984年3月出版,135千字。本书是有关我国早侏罗世早期植物化石首次系统性的研究。书中共描述了湘西南观音滩组等所产的33属72种植物化石,详细地评述了这些属种的地质地理分布并论证了含植物地层的时代,对观音滩植物组合和国内外早侏罗世植物组合也进行了详细的比较,最后根据本书研究结果并参考有关资料对我国晚三叠世和早侏罗世植物组合序列和陆相地层的划分、对比作了较深入的讨论。全书约9万字,附图表16个,图版34个。本书属中国科学院南京地质古生物研究所和古脊椎动物与古人类研究所编辑之《中国古生物志》,为总号第165册。(王忆南)

青海可可西里地区古生物 沙金庚(1949～ ,江苏金坛人,中国科学院南京地质古生物研究所研究员。研究领域:中生代软体动物门双壳纲的古生物学,地层学,古地理学,湖泊系统,青藏高原的地质演化)主编,可可西里综合科学考察队编,科学出版社1995年4月出版,265千字。本书属《可可西里地区综合科学考察丛书》之二。本书概述可可西里地层,系统记述考察期间所获得的古生物钙藻、孢粉、有孔虫、照、放射虫、海绵、腹足类、双壳类、海百合、牙形刺、遗迹和疑难化石。除第四纪孢粉有49科属外,其余化石共包括156属283种,其中一新属25新种;并对各门类化石的地层学、埋葬学、古生态学、古生物地理学,甚至古构造意义等进行了程度不一的探讨。本书不仅丰富了青藏高原的古生物内容,为青海可可西里地区,甚至青藏高原生物地层的划分和对比提供了古生物依据。(另有《羌塘盆地微体古生物》,已著录)

(韩 兵)

羌塘盆地微体古生物 沙金庚、王启飞等主编,科学出版社2005年6月出版,433千字。《青藏高原羌塘盆地古生物学与生物地层学丛书》之一。书中系统描述羌塘盆地三叠纪至新近纪沟鞭藻、轮藻、有孔虫、放射虫、介形类和牙形类微体古生物化石146属267种(其中包括13新属25新种),建立23个化石带(组合),探讨了各门类化石的地质、古地理、古气候意义。羌塘盆地的微体古生物研究丰富了青藏高原微体古生物化石内容,为青藏高原生物地层的划分和对比、东特提斯的演化、青藏高原的形成过程,为我国西部自然资源的合理勘探与开发提供了翔实的基础资料。

(徐志辉)

牙形刺 王成源著,科学出版社1987年10月出版,396千字。本书较系统全面地介绍了牙形刺的研究简史、形态构造、生态、生物分类地位及野外和室内工作方法。全书描述394个牙形刺属,对各属进行了比较和讨论,并指出了它们的时代分布。书中附有插图463幅,描绘化石的形态与构造,简要介绍了我国近年来所建立的111个牙形刺带或组合带。文末附重要参考文献、牙形刺形态术语的中译名和解释、属名中译名索引及已废弃的属名,

便于查阅。对煤炭地质的科研人员和野外工作者均有一定参考价值。　　　　　　　　　（韩　兵）

下扬子地区牙形刺：生物地层与有机变质成熟度的指标　王成源主编,科学出版社 1993 年 12 月出版,483 千字。本书是下扬子地区牙形刺研究的综合性和总结性专著。依据下扬子地区 76 条剖面的资料,描述了牙形刺 114 属 361 种,其中有 24 新种,并附有图版 60 幅。建立了下扬子地区的 53 个牙形刺带或组合带,绘制了各时代的岩相古地理图,探讨了牙形刺分布与岩相古地理的关系。重要的是,依据众多的牙形刺点位的 CAI 值,绘制了下扬子地区寒武系、奥陶系、石炭系、二叠系和三叠系的 CAI 值图,圈定出了下扬子地区油气地层的成熟区、高威熟区和过成熟区,为该区油气远景评价提供了重要依据。本书是中国第一部将牙形刺生物地层与有机变质成熟度结合研究的著作,对古生物工作者和石油地质工作者都是重要的参考文献。
　　　　　　　　　　　　　　　　　　（徐志辉）

古生物学研究的新技术新方法　穆西南(1940～　,江苏丰县人,中国科学院南京地质古生物研究所研究员)主编,中国科学出版社 1967 年 12 月出版,212 千字。本书介绍了国内外古生物学研究最新的研究技术和方法,共 12 篇论文,包括:电子显微镜在古植物、几丁虫和笔石学研究中的应用;笔石化石的化学处理及氧、碳同位素分析技术及其在研究地层和古环境方面的应用;度量化石切面的新技术;被子植物叶化石鉴定的新方法;古生物学中种的鉴别方法及数理统计学应用于地层化石属种数目估计的方法;根据牙形刺颜色判别有机质变质程度;并较全面地介绍了处理、鉴定有孔虫及第四纪花粉的一系列新技术、新方法。每篇文后均附有文献目录,文中附有相应的插图及图版。(另有《古生物学研究的新理论新假说》,已著录)　　　　　　　　　　　　　（韩　兵）

中国吉林天桥岭晚三叠世植物群　孙革(1943～　,辽宁沈阳人,曾任中国科学院南京地质古生物研究所研究员,古植物研究室主任,《世界地质》杂志主编;发现世界最早的被子植物"辽宁古果"及"中华古果",提出"被子植物起源的东亚中心"假说)著,吉林科学技术出版社 1993 年 4 月出版,字数不详。长白山学术著作出版基金会资助。书中记述了植物化石 34 属 83 种,并对植物群的性质、分布以及它们的地质时代等进行了讨论。(另有《辽西早期被子植物及伴生植物群》,已著录)
　　　　　　　　　　　　　　　　　　（韩　兵）

辽西早期被子植物及伴生植物群　孙革等著,上海科技教育出版社 2001 年 4 月出版,字数不详。上海科技专著出版资金资助。本书以"辽宁古果"等早期被子植物为重点和引线,系统地研究了中国辽西地区晚侏罗世尖山沟植物群的组成、性质及时代,探讨了辽西地区早期被子植物发生的地质地理背景及全球被子植物的起源中心。
　　　　　　　　　　　　　　　　　　（韩　兵）

中国的叶肢介化石　张文堂等编著,科学出版社 1976 年 11 月出版,482 千字。本书是中国科学院南京地质古生物研究所编辑的中国各门类化石系列专著的一个部分。书中介绍了叶肢介的一般形态构造、生态、个体发育和研究进展等。作者根据我国丰富的材料,参考有关文献,对叶肢介化石提出了一个新的分类,并对叶肢介的系统演化进行了探讨,此外还讨论了叶肢介化石在我国地层内的分布规律。书中描述了 401 种叶肢介化石,其中五分之四以上是新种。书末附有叶肢介壳瓣和软体的构造术语和译名、主要参考文献目录以及 138 个图版。
　　　　　　　　　　　　　　　　　　（韩　兵）

浙江中生代晚期鱼化石　张弥曼、周家健著,科学出版社 1977 年 12 月出版,87 千字。本书描述了浙江省中生代晚期的真骨鱼类化石和部分全骨鱼类化石,共包括 9 个科的 10 个属、10 个种,其中有 3 个新科、7 个新属。通过把这些鱼化石和世界各地同时代鱼化石进行对比,认为浙江省西部和东部沿海地区产华南中华弓鳍鱼、寿昌中鲚鱼、浙西富春江鱼、浙东副鲚鱼、秀丽华夏鱼等鱼化石的地层时代为晚侏罗世;浙江中部产永康新鳞齿鱼、伍氏副狼鳍鱼、溪滩永康鱼、多尾椎秉氏鱼、短头浙东鱼、秀丽华夏鱼等鱼化石的地层时代为早白垩世。
　　　　　　　　　　　　　　　　　　（韩　兵）

中国各门类化石——中国的三叶虫　卢衍豪、

张文堂等编著,本书分上下两册,上册由科学出版社1965年5月出版,481千字;下册由科学出版社1965年6月出版,537千字。本书是中国科学院地质古生物研究所编辑的《中国各门类化石》一套专著的一部分。书中系统整理了过去已经研究过的中国的三叶虫1 233个种,每一个种除描述其形态特征外,还论及其地层和地理分布,对相近的属与属、种与种以及变种之间的区别也作了简要的讨论和比较。作者总结了我国三叶虫研究的历史概况和发展现状,综述了三叶虫的地史分布,并参照近代的分类标准提出了新的分类意见,对中国的三叶虫作了比较系统的区分归类。绝大多数的属和种或变种的拉丁文学名已给予适当的汉语译名(已通用的或试译的)。为了便于检视,书末附有中国三叶虫的地层分布表和属种学名索引,并有图版135幅。

(蔡保鹏)

中国各门类化石——中国的蜓类 盛金章(1921～2007,江苏靖江人,中国科学院院士,曾任中国科学院南京地质古生物研究所研究员)编著,科学出版社1962年9月出版,235千字。本书是中国科学院地质古生物研究所编辑的《中国各门类化石》丛书之一,共收集了在1960年以前我国已研究发表的蜓类化石336种及其变种。每一种及变种除扼要地叙述其特征外,并叙述其在地层上及地理上的分布。对相近的属与属、种与种及变种之间的区别也作了简要的讨论和比较。并根据最新的分类精神,对它们作了一次比较系统的探讨和归类。每个种及变种的学名,也都试译为汉文。并于文末附有中国蜓类种及变种汉文以及拉丁文索引以便检阅。本书可供我国古生物工作者、地质工作者以及地质院校有关教学人员参考。

(蔡保鹏)

苏浙皖中生代后期叶肢介化石 陈丕基等著,科学出版社1982年1月出版,172千字。本书为中国科学院南京地质古生物研究所古脊椎动物与古人类研究所编《中国古生物志》总号第161册,新乙种第17号。本书系统描述了苏、浙、皖地区中生代后期侏罗、白垩纪叶肢介化石9科、21属、115种,内有新科1个、新属5个、新种71个;介绍了本区含叶肢介化石的火山沉积岩系和红色地层;讨论了地层的划分与对比问题;阐述了本区侏罗、白垩纪叶肢介动物群的性质;探讨了非洲叶肢介科的迁移与演化。书末附有图版47幅。

(韩 兵)

叶肢介化石 陈丕基等著,科学出版社1985年6月出版,202千字。本书简明地叙述了叶肢介化石的研究简史、形态构造、个体发育、生态分布、系统分类等方面的基础知识;全面介绍了各地质时代已发现的叶肢介化石属,较全地搜集了它们的模式标本照片和原始手绘插图;扼要地讨论了叶肢介动物群的演化、分在和迁移;作者还收集了大量分散的各种文字的文献资料加以订正,整理出503条附于书尾,为有关研究工作者查阅资料提供了方便。附图版26幅,插图115张。

(韩 兵)

中国的头足类化石 赵金科等编著,科学出版社1965年9月出版,517千字。《中国各门类化石》丛书之一。其中收集并按新的分类系统整理了1959年以前描述、发表过的中国境内各时代地层中的头足类化石,计653种和变种,分别属于98科,216属。分别叙述了它们的形态和地质地理分布,并对相近似的属种进行了比较、讨论。全书前部分有头足类化石一般知识的综合介绍,文末有中国的头足类化石在地层上的分布表、种属名索引及85幅图版。

(韩 兵)

中国各门类化石——中国的腕足动物化石 王钰等编著,科学出版社1964年8月出版,563千字。《中国各门类化石》丛书之一。本书概括地分析了中国腕足动物化石的研究历史及发展远景,并较详细地介绍了腕足动物的形态构造与术语含义。本书对1959年以前记载中国腕足动物化石的119种文献进行了系统的整理和译述,共计有253属,1 427种。对各属、种的特征,属与属、种与种间的区别均作有详细地阐明与比较,依照新的分类方案分属归科;并依据拉丁文原义,将属、种的学名译成中文。

(韩 兵)

腕足动物化石 王钰等编著,科学出版社1966年7月出版,653千字。本书是《古生物小丛书》之一,较系统全面地介绍了腕足动物化石的研究简史、形态、生态、分类、标本的采集和处理方法及其地质历程等方面的基本知识,描述了481个腕足动物化石属,对它们进行了一定的比较和讨论,指出了它们的时代和分布。对于它们所归属的目的特征和研究简史也有简要的介绍。书中附有精致的化石插图500余幅,描绘了化石的形态和构造。文末并附有腕足动物化石硬体构造术语解释及中文、拉丁文属名索引。

（韩　兵）

中国的笔石　穆恩之(1917～1987,江苏丰县人,中国科学院学部委员,曾任中国科学院南京地质古生物研究所研究员)、陈旭编著,科学出版社1962年1月出版,227千字。本书是中国科学院地质古生物研究所编辑的《中国各门类化石》一套专著的一部分。书中系统整理了过去已经研究发表的中国的笔石,每一种笔石除扼要描述其形态特征外,还论及其地层和地理分布,对相近的属与属、种与种以及变种之间的区别也作了简要的讨论和比较。作者总结了我国笔石研究的历史概况和发展现状,综述了笔石动物的地理分区和地史分布,并参照新的分类标准,对中国的笔石作了比较系统的区分归类。对每一化石种及变种的拉丁文学名给予适当的汉语译名(已通用的或试译的)也是本书特点之一。为了便利读者检视,书末编有属种及变种学名索引。全书共约25万字,图21幅和插图10幅,可供一般古生物工作者、地质工作者以及有关教学和研究人员参考。(另有《中国笔石》,已著录)

（蔡保鹏）

中国笔石　穆恩之等编著,科学出版社2002年3月出版,1 786千字。本书是世界范围内笔石材料最丰富、笔石序列最完整、笔石类型最齐全的一部笔石巨著,属种描述之多在世界上是独一无二的。本书对我国1924年至1995年已描述的3 000余种笔石作了系统厘定,分析整理归并为2 286种,每种除描述其形态特征外,还论及其地层和地理分布,对属和种与种之间的区别有的也作了讨论和比较。本书总结了我国笔石研究的历史概况,在系统描述大量笔石属种的基础上,根据近年来发现的新材料,修正和补充了中国笔石带的划分及其与国外的对比,分析了中国奥陶纪地层分区及其岩相生物相特征,论述了中国奥陶纪笔石动物群类型,以及正笔石式树形笔石和正笔石的演化和分类,并参照新的分类标准,对中国笔石作了系统的归类。本书是对中国笔石全面、系统、深入总结的一部大型权威性工具书,可供国内外同行,有关高等院校和地质、石油、煤炭、冶金、水文等生产单位地层古生物工作者在科研、教学和生产实践中使用。（蔡保鹏）

古生物学研究的新理论新假说　穆西南主编,科学出版社1993年8月出版,458千字。本书介绍了当前古生物学研究中的一些重要的理论和假说,共16篇论文,内容包括进化分支(支序)系统学、结构形态学、物种形态演化速率及形态停滞、天文气候学在古生物学中的应用、古生物集群绝灭与裂变事件、新灾变论、系统地质学中的进化论、地球早期生物圈的形成与演化、被子植物的起源、笔石动物的生态和演化、带壳软体动物的演化趋势及埃迪卡拉动物群在后生动物早期演化中的地位等,最后一篇综述文章概述了本书的内容并对当前古生物学理论研究问题作了评论。书末附有《全球地层表》及英汉、汉英词汇对照表。

（韩　兵）

中国地质时期植物群　李星学(1917～2010,湖南郴州人,曾任中国科学院南京地质古生物研究所研究员,南京大学地质系兼职教授,中国科学院地学部学部委员;在古植物学和陆相地层学方面有深厚的研究与著述)主编,广东科技出版社1995年12月出版,780千字。本书综述自19世纪后半叶,特别是新中国成立后40多年以来我国在古植物学研究领域的主要成就。全书分12章,以地质时代为纵线,分别论述了志留纪至第四纪各地质时期植物群的总体面貌与演化历史,侧重系统分析总结各纪植物群(以植物大化石为主,结合孢粉化石)的组成、性质、特征与对比,植物地理区的划分与演变,以及具我国特色的若干古植物学论题。书后附有化石照片图版144幅。(另有《中国各主要含煤地层的标准植物化石》《植物界的发展和演化》,已著录)

（韩　兵）

中国各主要含煤地层的标准植物化石　李星学著,科学出版社1956年1月出版,19千字。本书概括地叙述了中国从下石炭纪到第三纪各个地质时代的重要含煤地层及其标准植物化石。对于其中若干特殊重要的化石,除附以图片,详细说明其特征,及其与相近属种间互相区别的要点外,还叙述了在地质时代及地理上的分步情形。此外还谈到一些与煤系或其植物化石相关的其他问题。

（韩　兵）

叠层石　曹瑞骥(1935~　，江苏泰州人，中国科学院南京地质古生物研究所所长、研究员，前寒武纪叠层石学科学术带头人，先后主持或参加扬子区震旦纪含矿地层研究等多项国家重大科研项目)等著，中国科学技术大学出版社2006年12月出版，380千字。本书对叠层石的研究历史、形成机理、相关地质事件记录、环境意义、矿产资源、演化、生物地层学意义、命名和分类以及中国元古宙叠层石的时空分布和叠层石组合进行了全面回顾和系统阐述，对叠层石研究的最新成果进行了归纳和总结，对其中的一些学术观点进行了客观评述，同时汇集前人资料，对国内常见叠层石属、种进行了清理、厘定，详细描述了产自中国元古宙和显生宙地层中的151个叠层石种，并对叠层石生物地层学意义、环境解释和成矿作用进行了初步探索。

（韩　兵）

动物世界的黎明　陈均远(1939~　，浙江温州人，中国科学院南京地质古生物研究所研究员，南京大学生命科学学院教授。研究方向：足类化石，后生动物的起源和早期演化。曾获国家自然科学一等奖)著，江苏科学技术出版社2004年9月出版，456千字。本书首次系统展现了来自5.8亿年前贵州瓮安动物群胚胎、幼虫和成体化石，使我们走进一个比"寒武纪大爆发"世界更加古老的"伊甸园"，为动物世界的黎明添加了序曲。这些来自瓮安"伊甸田"有胚胎、幼虫和成体化石，展现了地球最古老的先民如何在受精之后进行细胞分裂，以及一个复杂生命体是如何从一个受精卵诞生的过程。书中许多化石为首次披露。这些关于动物世界黎明的化石不仅牵动了一个包括脊椎动物在内的博大的生命世界，而且它们本身展现了一幅关于生命演化的巨幅历史画卷。

（徐志辉）

中国介形类化石：第1卷　侯佑堂(1919~2010，女，河北高阳人，曾任中国科学院南京地质古生物研究所研究员，中国介形类古生物学及生物地层学的重要开拓者和奠基人)等编著，科学出版社2002年2月出版，1 615千字。本书系统总结了速足目(Podocopida)速足亚目(Podocopina)及达尔文介亚目(Darwinulocopina)中非海相介形类金星介超科(Cypridacea)及达尔文介超科(Darwinulidacea)，对该两超科中的属种进行了系统的整理、厘定、分类和比较讨论，对其时空分布、分区、演化、生态及沉积环境进行了深入系统的研究。书中厘定、描述了该两超科的介形类化石127属1 719种及144未定种；将晚二叠世至第四纪非海相介形类化石划分为13个动物群，并扼要介绍新技术和新方法在中国介形类化石研究中的应用。本书不仅是对我国地质时期非海相介形类动物群的系统性、历史性的总结，而且也为全球洲际非海相中、新生代地层的划分对比，介形类群落的分区以及属种的纵向分布与演化规律等重大问题的研究提供了丰富的论据，具有重要的参考价值。全书附图版317幅，插图231幅。(另有《中国介形类化石：第2卷》，已著录)

（韩　兵）

中国介形类化石：第2卷　侯佑堂等编著，科学出版社2007年9月出版，1 209千字。本书系统总结了我国发现的介形亚纲(Ostracoda)速足亚目(Podocopina)浪花介超科(Cytheracea)和平足亚目(Platycopina)小花介科(Cytherellidae)化石属种，共分类整理、描述219属1 334种，并对这些属种在中新生代的时空分布、演变、生活环境和古生物地理分区等进行了详细讨论。本书不仅是对我国中新生代非海相、海相浪花介超科和海相小花介科的系统性、历史性总结，而且也为全球洲际中新生代相关的介形类分类、演变、动物群性质及古地理分区等诸问题提供了丰富而系统的信息，具有重要的参考价值；同时，也为我国中新生代内陆盆地及沿海大陆架盆地油气资源勘探提供古生物地层依据，具有应用价值。书后附图版234幅。

（韩　兵）

微生物学　樊庆笙(1911~1996，江苏常熟人，中国农业微生物学的开创者之一，曾任南京农学院院长)、陈华癸编，高等教育出版社1957年9月出版，214千字。本书系参照1955年高等教育部颁发的微生物学教学大纲编写而成。全书包括绪论及微生物的形态学与生理学、微生物作用所引起的自然界物质转化、土壤中的微生物学过程等3篇(共

15章)。编者尝试能系统而又简单扼要地阐明基本理论问题,并联系农业生产的实践;在很多章节中强调了自然界中微生物学过程的意义,启发学生的思考,理解这些现象的本质。

(蔡保鹏)

微生物学(第2版) 俞大绂(1901～1993,字叔佳,江苏南京人,中国科学院学部委员,历任北京农业大学、北京大学、清华大学、金陵大学教授)、李季伦编,科学出版社1985年6月出版,1 528千字。全书共分5编:仪器设备和染色技术;微生物的形态和分类;微生物的生理;微生物的遗传和变异;微生物生态。书末有附录——微生物学简史。本书在第1版的基础上作了适当修改,增加了不少新材料,特别是微生物遗传、变异和生态方面的内容很丰富。本书可供综合性大学、师范院校、农林院校的有关师生和从事微生物学工作的科研人员及其他有关同志参考。

(王忆南)

益生乳酸细菌:分子生物学及生物技术 郭兴华(1951～ ,江苏泰兴人,曾任江苏省人民医院党委副书记、江苏省卫生厅厅长)主编,科学出版社2008年3月出版,616千字。本书分上下两篇。上篇主要介绍益生乳酸细菌的遗传组织结构及功能、益生乳酸细菌的基因工程及其调控、食用乳酸菌的代谢及基因修饰、益生乳酸细菌对生产和应用中遇到的各种环境的应激反应机理、益生乳酸细菌的主要代谢产物和次生代谢产物;益生乳酸细菌的发酵工程、益生乳酸细菌在生产和应用中防御各种环境对细胞损伤的措施和定向靶位给药(菌)的方法。下篇有20个与上篇有关的实验,包括菌的生理功能、分子生物学方法的鉴定、噬菌体的分离、DNA的提取等,对制药工业、发酵工业的工作人员和其他相关人员具有重要的参考价值。

(韩 兵)

植物界的发展和演化 李星学编著,科学出版社1981年1月出版,273千字。本书根据大量古植物学资料,系统地介绍了植物界发生、发展和演化的历史事实及各个主要阶段;结合各地质历史时期地质环境的变迁,叙述了从最原始的菌藻植物直至高等被子植物出现的发展演化过程,以及今日植物界继续繁荣发展的状况。通过植物的生活环境,对大气、动物和人类以至整个地球的演进过程与发展演化的关系进行了阐述。

(韩 兵)

植物细胞融合与细胞工程:郑国锠论文集 郑国锠著,兰州大学出版社2003年5月出版,1 637千字。本论文集共分三个部分。第一部分讲植物细胞融合,共收入57篇论文,其中有细胞融合的起因、机理及其生物学意义的研究、胞间连丝和胞质通道生物发生的过程及其功能、细胞骨架与核骨架与细胞融合运动的关系等。第二部分是植物细胞工程的研究。第三部分中的早期论文两篇都是在威斯康星大学细胞室完成的。第一篇是作者初到美国威斯康星大学完成的。综述中的几篇论文是作者的读书心得。

(徐志辉)

植物成分分析 谭仁祥(1960～ ,江苏盐城人,南京大学生命科学学院教授。研究方向:有机化学,天然药物化学)主编,科学出版社2002年2月出版,1 006千字。本书系统地介绍了植物成分的现代分析方法。全书共5篇。第一篇介绍各类层析方法的原理与实验技术;第二篇重点阐述紫外、红外、质谱、氢谱、碳谱和二维核磁共振谱等现代波谱学技术及其基础知识;第三篇介绍几种正在普及中的现代色谱与波谱联用技术;第四篇汇集近年来趋于成熟的生化和免疫分析方法;第五篇按植物成分的分类对其提取、分离和结构分析进行讨论。本书内容新颖,前沿性和实用性强,既可作为医药学、生物学、化学等专业科研人员和研究生的参考书,又可供从事药检、环保、农技、安检的工作人员参考。(另有《植物成分功能》,已著录)

(徐志辉)

植物数量性状遗传体系 盖钧镒(1936～ ,江苏无锡人,中国工程院院士,南京农业大学作物遗传育种学教授,国家大豆改良中心主任,中国大豆研究会副理事长。研究领域:大豆遗传育种和数量遗传)、章元明等著,科学出版社2003年1月出版,563千字。《现代遗传学丛书》之一。现代遗传学研究已将经典数量遗传学的多基因遗传体系拓展为主基因与多基因的混合遗传体系,纯为主基因、纯为多基因的遗传体系只是其特例。本书以这种混合遗传模式为理论基础,提出一套分析植物数量性状主基因+多基因遗传体系的分离分析方法。

它将分离世代的分布看成是由主基因确定的、受多基因和环境修饰的、多个正态分布的混合分布；采用了极大似然原理、IECM 算法、AIC 准则、适合性测验、最小二乘法和 Bayes 原理，建立起以个体和家系为单位的单个分离世代和多个世代联合的分离分析法，涉及的遗传模型可检测一至三对丰基因、多基因和一至三对主基因加多基因。本书对经典数量遗传学的发展做了全面深入的概括，介绍了植物数量性状遗传分离分析法的主要理论、各种分离世代类型的公式推导和分析方法。还探讨了该法的应用、应用中出现的问题，与分子标记法的比较以及改进和发展的途径。最后介绍了算法程序。

（徐志辉）

植物遗传育种学（第 2 版）　蔡旭（1911～1985，江苏武进人，中国科学院院士）主编，科学出版社 1988 年 12 月出版，1 103 千字。该书是植物遗传和育种学的基础理论著作。全书在第 1 版的基础上作了重大的补充和修改。该书的前半部分系统地介绍了植物遗传学的基本原理和近代遗传学的新进展，包括遗传的基本定律、染色体的结构变异和数量变异、遗传物质的分子基础、突变、数量性状遗传和染色体外遗传。后半部分以较大的篇幅全面地介绍了植物育种学的各个领域，涉及引种、选择育种、杂交育种、杂种优势利用、雄性不育、诱变育种、单倍体和多倍体、无性繁殖作物育种、抗病育种和遗传工程等方面。

（蔡保鹏）

庐山植物园栽培植物手册　陈封怀（1900～1993，江苏南京人，曾任庐山植物园主任、中正大学园艺系教授、中国科学院南京中山植物园副主任、华南植物研究所所长等职）主编，科学出版社 1958 年 10 月出版，405 千字。本书是庐山植物园历经 20 多年引种驯化国内外各种植物，通过栽培试验做出的工作总结，包括 147 科，599 属，1 255 种和 190 变种、变型。手册按照一般园艺词典格式编写，按照科名、属名、种名的学名字母先后排列；对每种每属均有简单说明，附栽培方法、原产地、用途和地理分布等；附有中名和学名索引，并附本园自然环境介绍及其发展简史。

（韩　兵）

绿色的宝库—植物　贺善安（1932～　，湖南长沙人，曾任中国科学院植物研究所研究员，南京农业大学兼职教授，《植物资源与环境》杂志主编；从事经济植物的引种驯化研究工作）主编，江苏科学技术出版社 1996 年 12 月出版，字数不详。在地球的不同地方生长着各式各样的植物，它们为人类创造了生存条件；同时，植物世界奇妙无比，趣味无穷，它们的形状千姿百态，甚至稀奇古怪。走进植物世界会使你联想翩翩。本书图文并茂，内容包括《走进植物世界》《植物和人类息息相关》《植物面临的灾难》《植物家园不能再减员了》以及《再建绿色家园》5 个部分。（另有《中国珍稀植物》，已著录）

（韩　兵）

中国珍稀植物　贺善安主编，上海科学技术出版社 1998 年 12 月出版，字数不详。本书收集了 40 多位植物学工作者在多年野外和植物园工作中拍摄的 676 幅彩色照片，计 327 个种和变种，包括列入第一批国家保护稀有濒危植物名录的大部分种类、第二批国家保护稀有濒危植物名录的部分种类以及一批有价值的和地方特有的种类，向读者展示了中国珍稀植物的美、奇、特，并以中、英文说明介绍了这些植物的主要形态特征、生境及其科学、经济、药用、观赏等价值。

（韩　兵）

植物生理与分子生物学　陈晓亚（1955～　，江苏扬州人，中国科学院院士，中国科学院上海生命科学研究院植物生理生态研究所研究员）、汤章城主编，高等教育出版社 2007 年 6 月第 3 版，940 千字。《中国科学院研究生教学丛书》之一。本书旨在反映植物生理与分子生物学的最新进展，及更好地满足研究生教学需要。本书的大多数作者是国内植物生理学各分支学科的学术带头人，其中 7 位是中国科学院院士。相关专业研究生和科技工作者在阅读本书后也会得到很多有益的启示。本书旨在反映植物生理与分子生物学领域的最新进展。全书分 7 篇 28 章，涉及基因组和功能基因组、细胞全能性、细胞工程和分子遗传操作；植物生理过程的原理及其分子生物学基础，如光合作用、营养和水分生理、呼吸、代谢、生长发育、信号与信号转导等；植物与环境和分子生态学，包括植物对非生物环境和生物环境的应答机制等。本书突出了当前该学科发展的总趋势，即生理功能与基因组学和分子遗传学的结合,与生态学特别是分子生态学的结合。

(蔡保鹏)

植物发育的分子机理 许智宏(1942~ ,江苏无锡人,中国科学院院士,北京大学生命科学学院教授,中国科学院上海植物生理研究所研究员,第三世界科学院院士,曾任中国科学院副院长、北京大学校长)、刘春明主编,科学出版社 1998 年 1 月出版,382 千字。本书介绍了植物发育生物学研究的重要领域和最新进展,特别是近几年在分子水平上对细胞分化、形态发生、转录调控、信号传递等方面研究的成就。全书共 16 章,包括:生殖器官的发生和遗传控制;植物的传粉和受精及其分子机理;高等植物的性别决定;胚胎发育的分子遗传学分析;种子发育过程中的基因表达;花发育的分子遗传;色素基因的表达和调控;植物固氮根瘤形成的分子机理;生长素和细胞分裂素作用的分子机理;ABA 对植物基因表达的调控;赤霉素与植物发育;蛋白激酶在植物生长及发育中的作用;高等植物的微管;高等植物光形态发生的调节机理;植物分子生物学研究中的"果蝇"——拟南芥;与发育有关基因的分离方法。本书可供植物学研究人员、大专院校有关专业师生和研究生、生命科学研究机构的决策人员阅读参考。

(王忆南)

植物繁殖 叶培忠(1899~1978,江苏江阴人,曾任武汉大学、华中农学院、南京林学院教授;先后培育出小叶杨、银白杨优良品种,黑松与云南松杂交种、亚美杂种马褂木等)编著,上海科学技术出版社 1958 年 4 月出版,143 千字。本书依据世界先进的植物繁殖理论,结合作者的研究心得和实践经验编写而成,对植物繁殖作了简明扼要的叙述。内容包括有性繁殖、无性繁殖和杂交育种等几个方面;通过理论结合实践的方式将这些知识和方法系统地介绍出来。本书可供农业、林业和园艺实际生产工作的参考;亦可供农业院校、大学生物系学生及农林干部学习进修之用。

(徐志辉)

种子传播——动物的作用 鲁长虎(1966~ ,安徽全椒人,南京林业大学教授。研究方向:动物学,野生动植物保护与利用)编著,东北林业大学出版社 2003 年 5 月出版,159 千字。动植物相互关系研究涉及多个学科领域,比较受关注的研究方向有:传粉生物学、动物对植物的种子传播、食草昆虫和植物的相互作用、食草哺乳动物和植物的相互作用、蚁和植物的相互作用。在每个研究方向里又产生一些前沿研究问题,如昆虫和植物间的化学防御、动物传播种子时的空间记忆能力等。国内在这一研究领域起步较晚,从事这方面研究的人员也比较少。本书作者在动物对植物种子传播方面做了一些研究工作,同时参阅了大量的国内外文献,编写了此书,力图将国际上种子传播领域已经取得的理论成果进行系统介绍,为国内这方面的研究起一个基础入门的作用,同时也将国内一些相关的研究内容进行适当的介绍。

(徐志辉)

罗宗洛文集 罗宗洛(1898~1978,浙江黄岩人,曾任中山大学、中央大学、浙江大学教授,中国科学院上海植物生理研究所研究员。中国科学院学部委员;中国植物生理学创始人之一)著,科学出版社 1988 年 4 月出版,790 千字。中国科学院上海植物生理研究所为了纪念这位已故著名科学家而编纂《罗宗洛文集》,汇集其一生中的重要科学著作和有代表性的文献。本文集不仅记载了著者的学术贡献,而且全面反映了他在植物生理学界各种工作的思想和活动,尤其是在教育、培养人才和办理研究所、建立学会、创办学术刊物等方面的成就。内容大致可分为 3 个部分:学术论文和专著;学术思想,包括评论、报告和有关的讲话;科学活动,包括对培养科学人才、农业生产、创办学术刊物的建议和意见。附罗宗洛的著译目录、年表和传略。

(韩 兵)

植物成分功能 谭仁祥主编,科学出版社 2003 年 10 月出版,1 103 千字。本书系统介绍近年来植物成分功能的主要研究内容和进展。全书共分 3 篇。第一篇介绍植物生长调节物质、植物细胞信号转导物质、化感物质、植保素、昆虫拒食剂、植物杀虫剂等内容,阐述具有特殊结构和特殊活性的植物成分在增强植物自身的生态竞争性等方面的重要生理、生态学功能和意义;第二篇介绍食品调味剂、食用香料、天然食用色素、食品增稠剂、食品营养强化剂等,强调植物成分在人类日常生活方面扮演的传统而十分重要的角色;第三篇叙述某些植物成分的抗病毒、抗菌、抗寄生虫、酶抑制剂、受体阻断剂、免疫调节、抗氧化与抗衰老、降血脂、抗高血压、抗心律失常、抗凝血、抗肿瘤、镇痛与戒毒、抗抑郁、抗焦虑、抗老年性痴呆、抗溃疡、抗糖尿病、毒性等功能,展示植物成分在人类重大疾病方面的最新应用和潜在价值。本书内容新颖,前沿性和实用性强,既可作为天然产物化学、药物化学、生物技术制药、药理学、食品工程、植物化学、植物资源学、植物生理生态学、植物保护等专业领域内的科研参考书,也可作为这些专业本科生课程的教材。

（徐志辉）

植物地理学、植物生态学和地植物学的发展 李继侗(1897～1961,江苏兴化人,植物学家,生态学家,中国科学院学部委员,曾任清华大学、北京大学教授,内蒙古大学副校长)著,科学出版社 1958年 5 月出版,字数不详。本书是作者总结多年积累的经验和资料写成的,它综述了植物地理学、植物生态学和地植物学的发展过程,并阐述了中国应该着重研究的方向。本书内容分为 3 章:植物地理学的内容和发展,植物生态学的发展和重要著作的介绍,地植物学的发展和重要著作的介绍。(另有《李继侗文集》,已著录）

（蔡保鹏）

李继侗文集 李继侗著,科学出版社 1986 年 3 月出版,625 千字。本书选载了作者重要著作 29 篇,代表了他在植物生理学、植物生态学和植物学教育、科研各方面的论文和著作。书后附有"李继侗先生生平与贡献"和几篇纪念文章,概述了李先生一生对科学、教育事业的贡献以及他严谨的治学精神、朴实的生活作风和高尚的品德。 （蔡保鹏）

中国植物志 中国科学院中国植物志编辑委员会主编,科学出版社 2004 年出版,全书 80 卷 126 册,5 000 多万字。本书是世界各国已出版的植物志中种类数量最多的一部,共记载中国 3 万多种植物的科学名称、形态特征、生态环境、地理分布、经济用途和物候期等,记载中国产的维管植物(蕨类和种子植物)301 科 3 408 属 31 142 种,图版 9 000 余幅。每个卷册的内容包括科、属特征,科、属、种的检索表,每种植物都记载有形态描述、产地、分布、生态环境、重要种类的经济用途等。书中附有帮助鉴别的形态图,书末有植物中名索引和拉丁名索引。

（徐志辉）

植物系统学 张景钺(1895～1975,原籍江苏武进,生于湖北光化,植物形态学家,教育家,中国科学院院士,曾任北京大学生物系教授,在植物形态学、解剖学方面做出了开创性贡献)著,北京大学高等植物学教研室 1957 出版,字数不详。本书原名是《普通植物学:形态之部》,初版于 1947 年。为了符合习用的概念,改名为《植物系统学》再版,并作部分内容修改。本书内容有:植物的各大类,细菌及蓝藻门,绿藻门,眼虫藻门、金藻门及甲藻门,褐藻门及红藻门,黏菌门,真菌门,苔藓植物门,蕨类植物门,种子植物门,被子植物及有性生殖,共 11 章。

（韩 兵）

真菌鉴定手册 魏景超(1908～1976,浙江杭州人,曾任金陵大学、南京农学院教授)遗著,上海科学技术出版社 1979 年 9 月出版,1 191 千字。本书是从事真菌鉴定的工具书(不包括粘菌和地衣)。真菌分为藻菌、子囊菌、担子菌和半知菌四大类。再依目、科、属的顺序做出检索表。属以下则选出比较重要的种,简单地描述它们的形态及生理和病理的特征。其中以我国常见的农业真菌为主,也略为涉及工业和医学方面的真菌。本书可供植物病理学、微生物学、农学、生物学等学科和有关的工作人员参考。

（王忆南）

中国藓类植物属志(上下册) 陈邦杰(1907～1970,江苏丹徒人,曾任南京大学教授、中国科学院生物学部主任)等编著,上册由科学出版社于 1963年 4 月出版,377 千字;下册由科学出版社于 1978年 12 月出版,441 千字。该书叙述了藓类植物的形态构造和生命史,探讨了中国藓类植物的生态类型和地理分布,并按科属系统排列介绍了中国特有藓类各科属的特征及其分布情况。书中设有分科的检索表,科以下有亚科和属的检索表。各属大都附以插图,上册计有 26 科 133 属,下册计有 36 科 220 属。书末附有学名及术语索引。该书是植物科学工作者、从事植被调查和林业经营等工作人员的重要参考书,被行家们誉为中国藓类植物学的第一本经典。

（蔡保鹏）

种子植物分布区类型及其起源和分化 吴征镒(1916~2013,号白兼,江苏扬州人,祖籍安徽歙县,中国科学院学部委员,曾任中国科学院昆明植物研究所所长、中国科学院昆明分院院长)等著,云南科技出版社 2006 年 4 月出版,1 070 千字。本书是一本关于种子植物分布区类型及起源和分化的科学专著。这部专著回顾了植物地理学的发展历史,介绍了分布区学说的理论和方法,提出了世界种子植物科的分布区类型,论述了各种分布区类型的起源和发展的过程。本书第 5 章所介绍的中国 3 201 属的分类历史及不同的分类学处理、分布范围及分布区类型、在中国和世界的种类以及文献,是作者数年工作的总结。在本书附录中还介绍了作者的裸子植物新系统、被子植物八纲系统及其分布和可能的起源板块。还提供了 18 种分布类型的代表植物的分布区图及 40 个亚纲代表类群植物的彩色照片。本书的主要读者是从事植物学各分支学科的研究人员、高等学校的教师、植物学专业的研究生、大学生命科学高年级学生;对于从事生物多样性保护、自然地理、古生物学、地质学和环境评价的工作人员也有重要的参考价值。

(王忆南)

中国种子植物分科检索表及图解 耿以礼(1897~1975,江苏南京人,曾任中央大学、南京大学教授,南京中山植物园研究员)、耿伯介等著,南京大学出版社 1988 年 5 月出版。本书系学习和识别我国种子植物的一部常用工具书,其内容计包含国产植物 296 科,外来引种 22 科,是收罗我国当前所知种子植物科数较为全面的一份资料。各科均配有附图,尤为本书之特色,便于读者掌握植物各科的特征并识别其代表的具体植物。在检索表正文之前附有目科系统名录,可使读者对本书的系统概况以及所含各科之隶属地位一目了然,并在书末印有拉丁文名称和中文名称相互对照的索引,以便查阅之用。

(蔡保鹏)

中国银杏志 曹福亮(1957~ ,江苏姜堰人,南京林业大学森林培育学和经济林栽培学教授。兼任中国林学会副理事长、中国经济林协会副会长、中国沙产业协会顾问、中国生态学会顾问等职。研究方向:银杏资源开发与利用,林木抗性机理,经济林栽培。曾获国家科技进步奖二等奖两项)主编,中国林业出版社 2007 年 6 月出版,550 千字。本书涵盖了银杏概述,银杏类的起源、演化和分类,银杏的栽培和利用历史,银杏的自然种群与栽培区域,银杏的生物学性状及生态学特征,银杏栽培技术,银杏资源的综合开发利用,银杏遗传与育种,全方位地反映了中国银杏种质资源及其利用的面貌,以及有关的科学研究成果,为科研、生产以及产业化开发利用服务。本书内容科学全面,全面汇集国内外银杏资料,内容论证科学、系统完整、结构严谨、表述清楚,是一部权威著作,是全国银杏资源研究的阶段性总结,是我国有关银杏综合研究的重要科学论著之一。

(徐志辉)

江苏省植物药材志 中国科学植物研究所南京中山植物园药用组编,科学出版社 1959 年 3 月出版,578 千字。本书收载江苏出产、江苏省药材公司经营的药材商品共 303 种,每种药材商品名称下分为植物名、土名、学名、科名、产地、植物描述、生药性状、显微观察、采收时期、加工处理、收购要求、包括贮藏、购销情况、效用等 15 项目的扼要报道。附录 4 则,分别为江苏省 14 种药用植物民间栽培经验小结,民间验方 55 项,民间草药 46 种和效用分类表。本书可作为医药科学工作者及教育工作者、植物学工作者和药材公司业务部门人员的参考资料。

(王忆南)

中国动物志 昆虫纲 第八、九卷 双翅目 蚊科(上下) 陆宝麟(1916~2004,江苏常熟人,中国科学院学部委员,曾任军事医学科学院微生物流行病研究所研究员)等编著,科学出版社 1997 年 7 月、10 月出版,上册 880 千字,下册 246 千字。《中国动物志》之一。上册分总论和各论两部分。总论对蚊科的研究简史、形态特征、分类系统、地理分布、生物学及医学重要性等做了系统论述。各论对库蚊亚科 16 个属和巨蚊亚科 11 个属的 302 种(亚种)蚊虫各阶元的分类做了介绍。下册系统地介绍了蚊科按蚊亚科 59 种按蚊的形态特征、地理分布等。本书是我国第一部蚊虫百科全书,系统地整理、总结了中国蚊科的分类鉴定、区系分布、系统发育、亲缘关系、生物学、生态学、医学重要性、控制以及研究历史等方面的成就和进展,书中有附图 2 000

余幅。　　　　　　　　　　　　（蔡保鹏）

中国动物志 昆虫纲 蚤目　柳支英（1905～1988，江苏苏州人，曾任浙江大学教授、军事医学科学院研究员、中国昆虫学会副理事长）等编著，科学出版社 1986 年 12 月出版，1 724 千字。本志是我国第一部蚤类简志，分总论和各论两大部分。总论中对蚤目的研究历史、形态特征、生物学、系统发育和区系分布、疾病关系及调查和标本制作方法等作了较为详细的介绍。各论中包括我国迄今已发现的蚤类 8 科 17 亚科 71 属 452 种和亚种（内含本志中发表的 17 个新种和亚种）的分科、属、种（亚种）检索表，科、属重要特征并分别记述了每种蚤的鉴别特征、形态、宿主及地理分布等；在每种蚤的记述中还配有重要形态特征的插图共 1 948 幅，以便读者对照鉴别。　　　　　　　　（蔡保鹏）

动物分类学理论基础　朱弘复（1910～2002，江苏南通人，原中国科学院昆虫研究所、动物研究所副所长、代所长）编著，上海科学技术出版社 1987 年 12 月出版，131 千字。本书包括动物分类学的历史进展、物种概念、种上分类阶元、比较生物学、特征与特征分析、生物地理、命名法规的理解与应用等内容，重点介绍了支序分类学的理论与方法，对支序关系、特征分析、系统发育重建及历史生物地理学等概念、原理和方法作了系统阐述，并提供了支序分析的具体工作步骤。本书的出版受到我国生物分类学界的欢迎与重视，为我国生物分类学的发展指明了方向。　　　　　　（王忆南）

江苏鱼类志　倪勇（1941～　，江苏启东人，中国水产科学研究院东海水产研究所研究员。研究方向：鱼类分类、增养殖）、伍汉霖主编，中国农业出版社 2006 年 11 月出版，1 427 千字。本书总论介绍江苏的地理与气候特征、水系水域与水资源、水域理化性质、饵料生物资源、鱼类生物资源及其利用、鱼类养殖、鱼类研究史和鱼类区系研究概述；各论较为详细地描述了 476 种、分隶于 3 纲、36 目、144 科、327 属的鱼类的形态特征，对一些经济鱼类的生物学特征、捕捞养殖状况和经济价值等进行重点介绍，并附有插图和检索表。另外对从国内外引入江苏的海、淡水鱼类，在附录中作了概述。本书为中国鱼类区系研究的一个组成部分，是江苏鱼类研究较为完整的专著，对全面了解、合理开发、可持续利用江苏鱼类资源具有现实意义，可作为大专院校生物系水产专业师生、水产研究和水产管理工作者的参考书。　　　　　　　　（王忆南）

无脊椎动物比较形态学　陈义（1900～1974，浙江富阳人，曾长期担任南京大学生物系教授、江苏省科普协会生物学主任）著，杭州大学出版社 1993 年 10 月出版，630 千字。本书是对无脊椎动物进行比较形态学研究的专著，内容包括 12 章，对各类无脊椎动物的分类、形态、生理特点、地理分布、繁殖、进化等进行了比较研究。本书贯彻理论联系实际的精神，结合作者多年的教学经验和研究成果，尽量选择本国材料，列举具有较大经济意义的种类，以科学唯物主义的观点，探讨无脊椎动物的系统演化关系。全书附有近 800 幅插图，除仿自其他作者外，有不少图是作者立意创作、精心绘制的。每一重要内容的阐述，均附有图示，以使读者有所印象，加深了解。　　　　　（蔡保鹏）

中国层孔虫　董得源编著，科学出版社 2001 年 6 月出版，628 千字。本书对我国业已描述的 1 100 余种层孔虫进行了系统归并与厘定，共描述层孔虫 97 属 726 种，论述了层孔虫的构造及其分类价值、层孔虫的演化、层孔虫的骨骼构造及其分类价值和微细构造的类型及其在分类和地层划分上的意义；根据国际上的最新分类方案并结合我国的实际材料，提出了我国的分类原则和方案；讨论了层孔虫的发生、发展、消亡的演化模式和存在的问题；阐述了层孔虫的古生态特征和造礁作用；还对层孔虫化石在我国地层和地理上的分布规律进行了总结和论述。本书是目前世界范围内层孔虫材料最丰富、类型最齐全、全面阐述层孔虫的一部综合性巨著。　　　　　　　　　（韩　兵）

中国淡水鱼类检索　朱松泉（1935～　，江苏无锡人，任职中国科学院南京地理与湖泊研究所研究员、东太湖水体农业试验站站长，主要从事鱼类学和鱼类生态学研究）编著，江苏科学技术出版社 1995 年 1 月出版，520 千字。本书以检索表的形式记载了我国鱼类学工作者在淡水鱼类方面的研究成果,共记载我国淡水鱼类1 010种,隶属于268属、52科、19目(不包括补遗的2属13种),其中新增加的新属9个、新种156个、新记录14属56种,共23属212种。采用文字检索与简图对照编写,除10种鱼因缺资料外,余均附一简图,作为文字检索的补充。附录编入了淡水鱼类采集及标本的制作和保存;鱼类生物学研究的常用指标和公式;受国家保护的水生野生动物;从国外引种的淡水养殖鱼类及世界海水和淡水鱼类的目、科、属、种数等。(另有《洪泽湖:水资源和水生生物资源》,已著录)

(韩 兵)

中国近代昆虫学史(1840～1949) 王思明(1961～ ,湖南株洲人,南京农业大学人文社会科学学院教授,中国农业历史学会副理事长,江苏省农史研究会会长,中国科学技术史学会理事。研究方向:农业科技史,比较农业史)、周尧著,陕西科学技术出版社1995年12月出版,160千字。本书主要记述1840～1949年间昆虫学在中国的发展历史。因为台湾昆虫学有其独特的发展历史,故在分期上充分考虑到昆虫学发展的实际情形,即以1856～1894年为前期,其特点为欧洲人涉足台湾昆虫学;1895～1945年为中期,在"日据"期间,日本人为掠夺台湾的农业及生物资源,在昆虫学研究和害虫防治上投入了一定的人力物力,为研究台湾昆虫奠定了基础;1945年以后为后期,台湾当局对病虫害防治事业给予了一定的重视,昆虫学在台湾有了相当快的发展。在研究方法上,通过对大量历史文献、报纸杂志、书信笔记的综合考察及对部分老一辈昆虫学家的采访,运用调查、对比、分析与统计的方法,以时代为经,事实为纬,试图对中国近现代昆虫学产生和发展的历史过程作一个客观全面的反应。

(徐志辉)

昆虫生态学 邹钟琳(1897～1983,江苏无锡人,历任中央大学、南京农业大学教授)编著,上海科学技术出版社1980年5月出版,356千字。本书是我国第一本昆虫生态学专著,主要从理论上阐述了自然界昆虫与周围环境的关系,以及昆虫的生存条件对生物遗传性和变异性的影响等;在应用方面介绍了测定各种昆虫群落发生的方法和如何用统计方法来计算试验的结果,并对试验资料进行分析等,内容较全面。可供大学生物系、农村院校植保系师生及植保科研人员和测报工作者参考。 (王忆南)

昆虫分类学 蔡邦华(1902～1983,江苏溧阳人,中国科学院院士,曾任中国科学院动物研究所研究员,中国昆虫生态学奠基人之一,在实验生态学和农业昆虫生态学领域做了大量开创性的研究工作)编著,上册由财政经济出版社1956年4月出版,310千字;中册由科学出版社1973年12月出版,404千字;下册由科学出版社1985年1月出版,400千字。本书原文是作者的大学教本,历经数十年教学、科研、实践的知识累积,不断充实提高而成专著。作者理论联系实际,书中案例尽量选取本国材料,列举有经济意义的种类作为主要内容,注重研究植物保护、害虫防治、医疗保健和生态平衡等方面知识的实际价值。而世界已知昆虫种类至少百万以上,作者采取举一反三的方法,一方面重视系统关系,实现昆虫分类学为昆虫系统学同义语的实质意义,但昆虫系统学的见解各家观点不一,作为教本,择比较通行可靠者而用。(另有《中国白蚁》,已著录)

(韩 兵)

中国白蚁 蔡邦华等著,科学出版社1980年7月出版,47千字。本书从白蚁形态习性开始,采取检索表和图版形式,把新中国成立30年以来国内外所研究我国白蚁共94种扼要加以叙述,学名有误者加以订正;各种白蚁在全国各地的分布及重要种类的防治方案均详加记载;对于白蚁调查、采集的技术要领和白蚁研究现状、相关参考文献择要加以介绍。本书参加了在日本举行的第16届世界昆虫学会学术会议。

(韩 兵)

青藏高原的蝗虫 印象初(1934～ ,江苏海门人,中国科学院院士,中国科学院西北高原生物研究所研究员)著,科学出版社1984年9月出版,425千字。本书记述了青藏高原的蝗虫88属、200种(亚种),包括13新属、51新种(新亚种),隶属3总科、8科、29亚科。书中强调了感觉器官、发音器官、听觉器官和运动器官等特征,以此建立了新的蝗亚目分类系统,拟定11新亚科。为便于鉴定,附有插图530幅,照片264张,每种有简要的描述。书中还叙述了青藏高原蝗虫的地理区划和蝗虫类在高

原上的适应性。本书可供农牧业工作者、大学生物系师生及昆虫分类工作者参考之用。　　（王忆南）

南京直立人　吴汝康(1916~2006,江苏武进人,中国科学院学部委员,曾任中国科学院古脊椎动物与古人类研究所研究员)、李星学主编,江苏科学技术出版社 2002 年 12 月出版,500 千字。本书是研究南京直立人遗址的一部重要学术专著。全书分为 8 章,全面系统地论述了遗址的地理地质背景,南京直立人 1 号、2 号头骨及其伴生的哺乳动物、孢子花粉、植硅体化石,洞穴的成因和演变,石笋 230Th 热电离质谱技术和哺乳动物牙化石氨基酸外消旋测年数据,阐明了南京直立人的生活环境和年代。本书认为南京直立人及其伴生的哺乳动物群的性质、年代与北京直立人(北京猿人)及其伴生的哺乳动物群相似,南京汤山葫芦洞与北京周口店第一地点属于同期的古人类遗址。本书详细准确地描述了南京直立人 1 号、2 号头骨,讨论了相关的问题,并在此基础上复原了南京直立人 1 号头部的全貌。　　（王忆南）

第十六章 医药卫生类

医学伦理学 孙慕义(1945～ ,黑龙江哈尔滨人,东南大学人文学院教授,曾任中华医学会医学伦理学会副会长、中国医学哲学学会副理事长、江苏省卫生法学会会长、江苏省医学伦理学会、医学哲学学会名誉会长。研究领域:生命伦理学原理、基督教伦理神学)主编,高等教育出版社 2008 年 12 月出版,530 千字。本教材在教学内容和教学思维上均有所创新,强化了高新生命科学技术伦理和医疗保健政策伦理的解读。本书全面覆盖了传统的医学伦理学内容,同时汲取了国外原版教材的先进经验,将最新生命伦理学研究成果和传统的医学伦理学内容相结合。本书分为理论医学伦理学(总论:元医学伦理学、文化医学伦理学)和应用医学伦理学(各论:临床医学伦理学、生命技术与死亡伦理学、卫生经济与保健政策伦理学、环境与生态伦理学)两大部分共计 19 章。　　　　（孟桂英）

中国医学史 陈邦贤著,商务印书馆 1957 年 3 月出版,318 千字。著者在 1919 年首次撰写了一部《中国医学史》,1936 年又完成第 2 稿,收入《中国国文化史丛书》,并被译成日文在日本东京出版。现版为该书第 3 次修订稿,分为 14 章,依照中国历史各断代时期分别叙述医学发展情况,每章先叙述当朝代的政治经济文化背景,兼及每个时代的思想反应;每一朝代的医学史内容大致分作医事制度、医学教育、著名的医学人物、医学的成就和学派竞争、中外医药的交流和医学文献等;疾病史分述传染病史及呼吸、消化、循环、泌尿、新陈代谢和神经等病史概要。后附中国医学大事年表。　　（韩　兵）

移植与超越:民国中医医政 文庠(1964～ ,四川广汉人,南京中医药大学高等教育研究所教授,全国中医药教育学会教育研究会副理事长。研究方向:民国中医医政管理,中医教育政策与发展)著,中国中医药出版社 2007 年 12 月出版社,267 千字。本书研究对民国中医医政产生重要影响的人物孙中山、蒋介石、焦易堂、金宝善等人的作用。本书在大量吸收海内外学者研究成果的基础上,较多地运用原始档案、当时的报刊等资料,并通过田野调查,系统地研究民国时期对中医行政管理及其对中医事业发展的影响,填补了该方面研究的空白。其贡献一是以大历史的眼光来看待一个从传统向现代转型的行业(中医),从中引申出其历史意义,将现代医学、行政管理、社会学、统计学等理论方法与史学方法相结合,使观察问题比较细致与全面。二是论述全面,在时间上涵盖了整个民国时期,在内容上既包括中医医政的组织、政策法规,又考察其实际的运作过程,还兼及政府与中医界的互动关系。三是当中医不断受到挑战与质疑时,充分关注传统学科如何适应现代的标准与规范,政府部门如何引导其转型;民国中医医政管理的经验教训亦可为中医改革提供有益借鉴。　　　　（徐志辉）

中国医学源流论 谢观(1880～1950,字利恒,晚号澄斋老人,江苏武进人,曾任上海商务印书馆编辑,上海中医专门学校校长)著,余永燕点校,福建科学技术出版社 2003 年 10 月出版,76 千字。本书由博返约地阐述医学源流,对中国医学的分期、变迁、医书、医方、学派、医学各科、疗法、疾病,以及有关中西医汇通等都作了专题论述,对于历代各家学说均有较严谨的考证和客观的评价。本书为医史学专著,篇首附有点校者的研究论述,主要介绍作者的学术思想、生平事迹,以及写作背景、学术价值、学术特点等。　　　　　　　　　（王忆南）

卫生经济及政策分析　周绿林编著,东南大学出版社2004年12月出版,323千字。本书以经济学理论为基础,着重对卫生经济及卫生经济政策进行了分析和研究。分析和研究中注重量化研究和定量分析。主要内容有:卫生服务需求、供给与市场分析、医疗服务成本与价格政策分析、医院经济管理与经营机制、医疗保障制度及政策分析、卫生服务的合理组织、卫生资源配置与国有资产管理、卫生经济政策分析、卫生经济计量分析等。　　（徐志辉）

儿童营养学　李美筠(1901~2000,女,上海人,曾任金陵大学、金陵女子文理学院和南京师范学院教授)编著,教育科学出版社1987年1月出版,229千字。本书是改革开放初期我国第一本系统阐述儿童营养知识的学术专著,对国内儿童营养学的学科建设起到了非常重要的作用。全书内容包括3篇:第一篇,人体需要的各种营养素和热能;第二篇,儿童的营养与生长发育(包括胎儿、婴幼儿以及中、小学生);第三篇,营养对于脑的发育和智力发展的影响。　　　　　　　　　（蔡保鹏）

现代食品安全与管理　周应恒(1963~　,湖南长沙人,南京农业大学经济管理学院教授,江苏省经济学会常务理事,江苏省农业经济学会理事。研究方向:农产品流通,食品质量安全管理,涉农产业经济)等著,经济管理出版社2008年9月出版,345千字。本书顺应食品安全管理的社会需求,围绕现代食品安全与管理的核心,从经济学与管理学的角度系统阐述并探索通过强化管理、导入现代食品安全管理手段改善食品安全状况的理论和方法。通过对食品安全的经济与管理学研究,对食品安全属性、食品安全的科学内涵、食品安全发生的机理、消费者角度的食品安全实证分析、政府管理政策等进行了系统研究,尤其从消费者角度的食品安全市场领域进行深入的系统分析,探讨信息可追踪系统在我国食品质量安全管理方面的运用;运用假想价值评估方法,在国内率先测定我国食品安全市场的消费者支付意愿,尤其是关于我国消费者对食品安全的态度、购买意愿及受信息影响的实证研究,具有重要的创新性,对于科学推进我国食品安全市场管理体系及信息披露制度的建设,切实改善食品安全市场管理具有重要理论意义。　　（徐志辉）

食品安全导论　金征宇(1960~　,江南大学食品科学学院教授,中国粮油学会副理事长。研究方向:碳水化合物资源开发与利用)主编,化学工业出版社2005年6月出版,451千字。本书介绍了食源性危害残留检测技术和现代分子生物学检测技术;对于食源性危害的识别、溯源、监测、预警系统的研究和设计方案进行了探讨,介绍了国内外的研究状况;对食源性危害的影响因素和评估方法作了具体化的介绍,使危害程度更加明确化。对于食品加工中采用的新技术、新工艺、新资源等进行了安全性评价,以利于提高食品质量,保证食品安全。在食品生产的安全控制技术与规范方面,介绍了最常见的几种食品在生产中的危害控制,介绍了食品工业中HACCP体系基础模式及应用范例。在食品安全标准的战略和技术措施部分介绍了国内外食品安全卫生标准、有毒有害物限量标准情况。全书对食品安全所需技术方法的介绍突出了系统性、科学性和先进性,适合于从事食品安全生产、食品安全检测与控制、食品安全评估的各类生产、科研、管理人员参考。　　　　　　　　　（徐志辉）

青少年医学　徐勇(1959~　,安徽六安人,苏州大学放射医学与公共卫生学院教授,江苏省儿童少年卫生学会副主任委员,江苏省社区卫生协会理事,江苏省卫生管理协会理事。研究方向:青春期发育及心理卫生)主编,中国科学技术出版社1997年8月出版,340千字。本书阐述了青少年生长发育的特征、青少年的营养、青春期意外伤害、青少年心理卫生、青少年生殖健康、青少年精神障碍以及学习环境与青少年的健康、青少年的社会医学、青少年的健康教育等问题。本书是中、小学老师及青少年卫生保健工作者重要的专业参考书,对广大青少年及其家长也有很好的指导作用。　　（徐志辉）

流行病学　苏德隆(1906~1985,江苏南京人,教授,曾任上海第一医学院副院长)主编,人民卫生出版社 1964 年 9 月第 3 版,575 千字。本书为流行病学试用教材,第 1 版由人民卫生出版社 1960 年 10 月出版,并于次年修订出版了第 2 版。本书分流行病学总论和流行病学各论两大部分,总论包括感染过程、传播过程、流行过程、流行病学调查分析等 12 章。各论包括麻疹、白喉、猩红热及链球菌咽炎、百日咳、流行性感冒、脊髓灰质炎、细菌性痢疾、伤寒、血吸虫病、疟疾等 32 章。 （蔡保鹏）

辐射流行病学 李伟林(1941～ ,江苏苏州人,苏州大学医学部教授。研究方向:卫生统计,辐射流行病学)主编,原子能出版社 1996 年 11 月出版,373 千字。本书由理论和实践两部分组成。理论部分叙述辐射流行病学研究的基本概念和方法,包括一般流行病学原理与方法、电离辐射随机性效应的特征及近年来的新认识、辐射致癌研究中常用到的及国外近阶段新的统计分析方法;实践部分全面系统地介绍国内外对辐射受照(包括军事、医疗、职业和天然高本底辐射地区等)人群致癌效应的研究实例。附录列入辐射剂量学中辐射量和单位、国外用于辐射流行病学研究新的计算机软件(PYTAB 和 AMFIT)和统计检验用表等内容。本书不但面向辐射防护专业学生和工作人员,对从事其他职业危害因素研究的流行病学工作者也有参考价值。 （徐志辉）

当代卫生事务研究:卫生正义论 王俊华(1954～ ,安徽无为人,苏州大学政治与公共管理学院教授。研究方向:卫生事业管理,政府治理与卫生政策,卫生服务研究)著,科学出版社 2005 年 10 月出版,322 千字。本书从公共事务理论的视角对卫生资源如何实现正义进行研究,梳理学术界关于正义的理论,与全球化背景下作为公共管理重要环节的卫生事务结合起来进行分析。本书构建了政府、市场和市民社会三角关系的基本研究框架,以此为基础从政治学、经济学、社会学、公共管理学、文化学、伦理学等角度关注卫生资源合理配置中的关键问题。本书适合高等院校大学生和研究生,卫生和经济领域的从业人员、研究人员,以及政府公共事务部门人士阅读。 （徐志辉）

医院医学工程科工作管理规范 汤黎明(1970～ ,江苏常州人,常州市第二人民医院胃肠外科主任,中国抗癌协会大肠癌分会腹腔镜学组委员,江苏省抗癌协会胃癌专业组常务委员,江苏省胃肠外科学组委员,江苏省腹腔镜外科学组委员。研究方向:消化道肿瘤外科)等主编,南京大学出版社 2008 年 5 月出版,122 千字。本书集著者 34 年的医院科室建设经验及在科室建设、学科发展、人才培养、器材采购、设备管理、计算机管理等诸多方面所实行的制度、规范、规定和方法。与当前流行的医疗设备管理图书相比,由于经历更长时间的磨炼和实践检验,在许多方面更具有创新性、实用性和具体操作性。 （韩 兵）

医院感染管理手册 唐维新(1945～ ,江苏泗阳人,曾任江苏省卫生厅副厅长,南京医科大学、江苏职工医科大学兼职教授。长期从事卫生行政管理工作)主编,江苏科学技术出版社 2002 年 2 月出版,70 千字。本手册的内容是按国家卫生部的有关规定和要求编写的,参与这一手册编写的专家多年从事医院感染管理、临床或消毒灭菌工作,是他们多年丰富经验的总结,对各级医院进一步提高医院感染控制水平具有实际指导作用。 （韩 兵）

奇迹、问题与反思:中医方法论研究 张宗明(1966～ ,江苏南京人,南京中医药大学人文社科部教授,中华中医药学会中医文化分会常务理事,中国自然辩证法研究会医学哲学分会常务理事,中国哲学史学会中医哲学分会理事。研究方向:医学哲学,中医文化)著,上海中医药大学出版社 2004 年 9 月出版,257 千字。本书将对中医的哲学思考与"爱因斯坦问题"和"李约瑟难题"结合起来,从方法论上揭示中医成为科学史奇迹的奥秘所在,并对近代以来中医发展道路与模式进行深刻的反思。作者认为,受元气论自然观与气化论生命观的影响,中医走上了不同于西医解剖实验的道路,即司外揣内的方法论之路;中医的唯象观察方法以生命的整体性、功能性为核心,能够发现解剖与实验方法发现不了的生命现象与规律;以功能表象为基础的中医宏观调节方法不仅与黑箱方法惊人相似,且与生命现象的复杂性相契合;中医理论体系继承了先秦的辩证思维,形成了以意象概念、直觉判断和类比推理为核心的逻辑体系；与西医的形式逻辑相比，中医朴素的辩证逻辑具有不可替代的优点，与人体的复杂性正相契合。　　　　　　（徐志辉）

悬壶外谈：医学与身体的历史表达　费振钟著，上海书店出版社2008年6月出版，150千字。本书是一本文化随谈，谈的是著者自幼随"悬壶济世"的祖父读药典、学医理的一些回想，其中虽涉及了中国传统医学的养生、治疗的许多有关常识，它在医学人类学的意义上，更接近对人的身体的历史描述和解说。中国医学在发轫之初，就内在地表达了对身体的体验、理解和思考，由此深刻影响了中国人长期的生命和生存观念，以及生活方式和价值目标。中国医学史作为身体的历史，仍然属于我们自己的独特经历。我们身体的声音及其意义，记录在中国医学之中，无论它在知识和技艺后面是多么混乱芜杂，都无法更改，更无法清除。（韩　兵）

《伤寒论》求是　陈亦人（1924～2004，江苏沭阳人，曾任南京中医药大学教授、博士生导师，毕生致力于《伤寒论》辨证论治规律研究）编，人民卫生出版社1987年3月出版，135千字。自汉以来，治《伤寒论》者数以百计，仁智互见，学术多歧，莫衷一是，是此著者写了这部"求是"之作，试对《伤寒论》理论进行探讨，于百家中判别真伪与正误，希望通过共同讨论，使得《伤寒论》的理论得到更广泛的运用，更有效地发挥指导临床实践的作用。（韩　兵）

伤寒论新注　承淡安（1899～1957，江苏江阴人，中国科学院院士，曾任江苏省中医进修学校校长、中华医学会副会长）注解，朱襄君参订，江苏人民出版社1956年3月出版，535千字。本书为伤寒著作，作者参考多种《伤寒论》注本及有关著作，对仲景原文采取提要、注解、小结的形式予以详析，并对六经病证补充了针灸疗法。作者在一定程度上试用中西汇通的理论注释经义，有其进步意义，但书中的注解和方论杂有附会和不够恰当的观点。（另有《子午流注针法》，已著录）　　　　（蔡保鹏）

子午流注针法　承淡安等著，江苏人民出版社1957年9月出版，190千字。本书全面介绍了子午流注的应用，全书共8章，分述构成按时开穴的主要因素，对其中涵义深奥的内容，如阴阳刚柔、脏腑经络、气血表里、干支演变、流注开阖和66穴的逐日取穴时间等，都附有详细图表，做了浅显的注释与发挥，并列举了操作方法和有效配穴，提供了用阳历推算日时干支的几种方法，以及临床观察中所得的一部分实验资料。　　　　　　（蔡保鹏）

针灸女性穴位挂图　王汉东（1961～　，江苏阜宁人，解放军南京军区总医院神经外科主任、神经外科研究所所长、主任医师，第二军医大学、南京大学医学院教授）等编，人民卫生出版社2004年5月出版，字数不详。本书含全开彩色挂图4幅，分别为正面经络腧穴图、侧面经络腧穴图、背面经络腧穴图、奇经八脉图；说明书一册，详细介绍十四经、经外奇穴的法定中文名、汉语拼音、国际编号、穴位位置、功效、主治、刺灸法。（韩　兵）

中医临床经典：内科卷　周珉（1949～　，女，江苏南通人，曾任南京中医药大学副校长、教授，第一临床医院院长、主任医师，江苏省卫生厅厅长）等主编，上海中医药大学出版社1997年12月出版，1 753千字。本书以高等中医药院校教材《中医内科学》所列62个临床常见病证为纲，博览42部历代中医经典名著，宏采约收，选精集要，既述受病之由，又重辨证论治，详叙方药加减，并列临床宜忌，勾玄要要，实为系统整理之作，医学必备之书。对中医临证、教学、科研均具借鉴之用。（另有《肿瘤康复与药膳》《过敏性疾病的中医治疗》，已著录）

（韩　兵）

现代中医临床手册　刘沈林（1949～　，江苏南京人，曾任江苏省中医院院长、主任医师，南京中医药大学教授，全国第四批名老中医药专家学术经验继承指导老师，江苏省名中医）等主编，江苏科学技术出版社2001年6月出版，1 084千字。本书分两篇。上篇总论，简要介绍了临床必需的中医基础知识；下篇各论，系统介绍了临床各科常见疾病，共计350多种，对每种疾病均叙述其定义、临床特征、检查要点、治疗原则等。　　　　　　（韩　兵）

肿瘤康复与药膳　周珉等主编，东南大学出版社1999年10月出版，148千字。全书共3章。第一章简要地介绍了各种肿瘤的流行情况和在人群中的分布特点,肿瘤的病因、病机和中西医常用诊断、治疗方法以及肿瘤病人的调补特点。第二章肿瘤的康复治疗,介绍了肿瘤的心理治疗与精神康复、康复期的文体活动、气功锻炼与康复、康复的营养要素与抗癌食品、生活起居与环境调节。第三章介绍了17种常见肿瘤和艾滋病的辨证施补及相应的药膳配制、功用和注意事项。 （韩 兵）

中医临证与方药应用心得 单兆伟(1940～ ,江苏南通人,曾任南京中医学院教授、江苏省中医院主任医师,是江苏省重点学科中医消化病专科的创建人之一。研究方向:中医脾胃病理论,临床和实验)编著,人民卫生出版社2000年4月出版,228千字。本书紧密结合临床验案,重点介绍著者的辨证思路和脾胃病临床诊治经验,脾胃病治法运用集粹,脾胃病养生宜忌,内伤杂病临床诊治经验,方剂临床运用经验,中药临床运用心得。(另有《中医内科临床思路与方法》《内科多发病中西医综合治疗》,已著录) （韩 兵）

活血化瘀研究 姜春华主编,上海科学技术出版社1981年12月出版,364千字。本书由著名老中医姜春华教授主编,分为上中下3篇。上篇为临床部分,重点介绍中医对瘀的认识和其治疗方法,及应用活血化瘀治则对冠心病、慢性阻塞性肺病、慢性肝炎、上消化道出血、血栓闭塞性脉管炎、子宫内膜异位症、新生儿硬肿症、视网膜静脉阻塞、精神病、缺血性中风、皮肤病等的疗效和对100例青紫舌的临床观察及机制研究等论文;中篇主要介绍基础研究部分,包括血管功能及动力学变化、微循环、血液流变学及电子显微镜方面的研究;下篇主要介绍活血化瘀药物,包括当归、赤芍、丹参、红花等24种,对其名称、来源、本草考证、产地、化学成分、性味功用、药理作用、临床应用等加以介绍。本书可供从事中医理论工作研究及临床工作者、西医学习中医者参考。 （蔡保鹏）

张泽生医案医话集 张泽生(1927～ ,江苏丹阳人,曾任江苏省中医院副院长、中医主任医师)著,江苏科学技术出版社1981年9月出版,193千字。张泽生先生对脾胃的治疗积累了丰富的经验,提出了许多有见地的看法。其治案笔录多所散失,为保存和继承张泽生先生丰富的医疗经验,由其继承人张继泽、邵荣世、单兆伟医师将他的部分医案、医话进行整理,并由徐景藩副主任协助编集,最后由张泽生先生逐一校阅而成本书。本书虽未能全面反映其医疗经验,但亦胜于无。 （韩 兵）

中国针灸学 程莘农(1921～2015,江苏淮阴人,曾任中国中医研究院针灸研究所经络临床研究室主任、教授,北京国际针灸培训中心副主任、主任医师)主编,人民卫生出版社1964年6月出版,489千字。本书以《中国针灸学概要》为基础,吸取长期的教学和临床实践经验,并参考了近年来针灸研究的资料编写而成。全书共分18章,第一章为针灸发展简史;第二章到第四章系统阐述了阴阳五行、脏腑、气血津液等中医基础理论;第五章到第十章较全面地论述了十二经脉、奇经八脉、十二经别、十五络脉、十二经筋、十二皮部,以及十四经腧穴和经外奇穴等;第十一、十二章为病因、病机和诊法;第十三章为辨证,其中包括八纲辨证、气血辨证、经络辨证、脏腑辨证,并扼要介绍了六经辨证、卫气营血辨证,以及三焦辨证;第十四、十五章为针法和灸法;第十六章为治疗概述;第十七、十八章为治疗各论。附篇介绍了耳针疗法、针刺麻醉、国际标准十四经穴名和国际标准经外穴名。 （韩 兵）

宋元明清名医类案4 章次公(1903～1959,江苏丹徒人,历任北京医院中医科主任、卫生部中医顾问、中国医学科学院院务委员。精研医书经典及诸家学说,于伤寒学造诣尤深)、徐衡之编,正文书局1972年12月出版,字数不详。本分册内容:伤寒论讲词;论湿温治法;霍乱论一至三章;猩红热论;论肺炎病治法;治温退热论;黄疸论;论骨蒸五痨六极与某君书;脚气论,等等。另附章太炎先生论医集。 （韩 兵）

中医内科临床思路与方法 单兆伟主编,人民卫生出版社2006年10月出版,709千字。本书不同于众多内科学书籍之处在于,通过对于内科病人常见的症状、体征、异常理化检验的分析、比较,在鉴别中进行疾病的诊断,始终以临床思维指导内科临床诊疗工作,重点运用中医学的理论和方法阐述内科常见病证的诊断与治疗的思路与方法。综观全书，思路新颖，内容丰硕，辨治精审，用药灵活，又结合现代医学之鉴别诊断和检测手段，防止误诊、漏诊。　　　　　　　　　　　　　（韩　兵）

中医肾病疗法　邹云翔（1897～1988，江苏无锡人，教授，江苏省中医院创始人之一）编著，江苏人民出版社1955年5月出版，字数不详。本书为国内首部中医肾脏病学专著，总结了作者在中医肾病治疗方面的经验。其中很多经验为国内首创，如书中首次对冬虫夏草的药用价值进行介绍，在国内最早介绍了用冬虫夏草治疗肾衰竭尿毒症及肾结核的经验，开创了将冬虫夏草用于肾脏病治疗的先河。全书共5章：第一章总论，介绍肾脏的构造、功能作用，以及中医古代文献里关于肾脏病的相关记载；第二至五章，分别介绍肾脏疾患、膀胱疾患、新陈代谢疾患和男性生殖器疾患的病状、体征、处方等内容。　　　　　　　　　　　　（王忆南）

伤寒疗养论　章巨膺（1899～1972，江苏江阴人，中医学家，历任上海市第十一人民医院中医内科副主任、儿科主任。于《伤寒论》深有研究，对伤寒、湿热类病症提出了"理、法、方、药"新论点）著，民友印刷公司1949出版，字数不详。本书内容有《伤寒症症状的大概》《伤寒症治疗的大概》《伤寒症一般疗法的错误》《西医的伤寒治疗观》《西法检验有助于中医的诊断》《舍近就远说维他命C》《伤寒症食养与调护》7章。后附：治验医案与失治案记。
　　　　　　　　　　　　　　　　　（韩　兵）

心脑血管疾病中医诊治　李七一（1951～　，四川巴中人，任职江苏省中医院副院长，主任中医师，南京中医药大学教授）等主编，人民卫生出版社2001年8月出版，650千字。本书分为上中下3篇，分别介绍心血管疾病、脑血管疾病、外周血管疾病的中医临床诊治，共涉及30个病种。每一种疾病又分为概说、发病机制、诊断、治疗、中西医治疗述评、预防与康复、名老中医经验、典籍选粹及研究进展9个部分。概说部分包括西医定义、临床特征、流行病学等；发病机制包括简述中医学的病因病机和西医的发病机制；诊断部分包括诊断标准、鉴别诊断和分型分期；治疗部分包括中、西医两部分；中医包括辨证论治、中成药、专病方、针灸和临证要点；辨证论治内容有证型、症状、证候、分析、治法、例方、用药方解与加减；研究进展内容主要涉及近两三年中医辨治内容，包括病因病机、辨证论治、专方专药、针灸治疗、展望及参考文献等。书末附有方剂索引。　　　　　　　　　　（韩　兵）

过敏性疾病的中医治疗　周珉、张民庆主编，上海中医药大学出版社1995年12月出版，145千字。本书共分3部分：总论介绍祖国医学对过敏性疾病认识的沿革和现代进展，以及病因病机、治则、常用治法和药物；各论选择了临床最常见的10种过敏性疾病，分别阐述其病因病机、诊断依据、辨证论治、各种疗法、预防调护、现代研究等内容；各论中分型辨治所涉及的方剂备有索引；附篇按病种收集了临床治疗过敏性疾病常用有效方剂128首，并分别介绍其组成、用法、功效及主治。　（徐志辉）

中医外科诊疗学　张赞臣（1904～1993，江苏武进人，历任卫生部医学科学委员会委员，国家科委中医专业委员会委员，上海中医学院教授）编著，上海卫生出版社1956年11月出版，163千字。本书是介绍中医外科临床上的诊疗知识。内容主要有3个部分：中医外科上的种类——具体说明它所包括的范围，并附有简明扼要的表格；中医外科诊断要则——从肿、痛、痒、酸等的机能作用上来看问题；中医对于疮伤的处理——分为内治法、外治法两种，均加以详细说明；并介绍实用经验方剂300余种，举例外治法则30余条，这些都是编者汇集各种外科典籍，并参以个人历年心得经验整理而成。最后附以"药方索引""治疗病名索引"以便查检。（另有《本草概要》一书，已著录）　（韩　兵）

肿瘤临证经验溯回集　顾奎兴（1944～　，江苏昆山人，曾任江苏省肿瘤医院主任医师，研究员；研究方向：中医药肿瘤临床，肿瘤流行病学）著，东南大学出版社2000年1月出版，177千字。本书是著者30年临床经验的结晶，内容包括中西医肿瘤临床研究、肿瘤流行病学研究、医学科研的思路和方法，根据中国医学"整体观念""五行学说""天人相应"的理论和中医脏腑说，结合现代医学、现代肿瘤流行病学，创新地提出脏腑通藏功能兼用学说、

环境致癌和环境治癌说、整体平衡治癌法和癌症阻断疗法。（另有《恶性肿瘤中医治疗》《中医肿瘤学》，已著录） （韩 兵）

恶性肿瘤中医治疗 顾奎兴等主编，江苏科学技术出版社2005年9月出版，425千字。《疑难病中医治疗丛书》之一。本书分总论、各论两大部分。总论由概论、诊断、中医治疗、西医治疗、常用抗肿瘤中药、常用抗肿瘤方剂、常用抗肿瘤中成药等7章组成；各论以病为章，共有鼻咽癌、甲状腺癌、肺癌等18章，每章设有概述、辨证论治、特色治疗和中医概况4节。 （韩 兵）

中医肿瘤学 顾奎兴主编，东南大学出版社1998年5月出版，163千字。本书分总论和各论两大部分。总论介绍了历代医家对肿瘤的论述、中医常用诊法与现代医疗设备在肿瘤诊治中的作用、常用中西医治疗方法等。各论介绍了临床上常见的28种肿瘤的病因、病机、诊断、治疗。中医治疗以辨证论治为主，同时介绍了单方、验方、外敷、针灸、推拿、气功等治疗手段。西医治疗叙述了手术、放疗、化疗的适应证，以及目前常用的化学药物治疗方案。 （徐志辉）

本草概要 张赞臣编著，上海千顷堂书局1954年9月出版，317千字。现代研究中医药都以临床实践为基础，加以详细记录与统计，从而能有真正科学价值的发现。本书出于社会对于中药知识的迫切需要，而旧本草内容繁重，翻检不便，通过科学注解本草概要，总结古今中外的经验，学习临床，揣摩应用，并可助益中西医药学的学术交流。 （韩 兵）

新华本草纲要（全三册） 江苏省植物研究所、中国医学科学院药物研究所、中国科学院昆明植物研究所编，上海科学技术出版社出版。第一册于1988年6月出版，986千字；第二册于1991年4月出版，1 039千字；第三册于1990年12月出版，1 453千字。本书是一部全面介绍我国药用植物的纲要式专著，收载了分属于菌藻、苔藓、蕨类、裸子、被子等类的药用植物约6 000种。每种一般包括中文名、别名、拉丁学名、历史、分布、成分、功效等项。全书按Engler系统顺序排列，重要的科包括了该科药用种类、分布、成分类型、医疗效用、生理活性等方面的概述。各科后附有主要参考文献。本书对于与药用植物有关的医疗、生产、科研、教育等方面都有参考价值，也可供农村多种经营、医药院校和广大医药卫生人员参考。 （王忆南）

现代实用中药（增订本） 叶橘泉（1896～1989，曾用名叶觉诠，浙江湖州人，中国科学院学部委员，曾任江苏省中医研究所所长、江苏省中医院院长、中国医学科学院江苏分院副院长、南京药学院副院长）主编，上海卫生出版社1956年5月出版，490千字。本书分为两篇，第一篇概说，为中药学总论；第二篇各论，按笔画顺序选录常用中药500余种，打破传统药学著作的药物分类法和以每味药物的性味功治为主的叙述方法，增加了现代科学的内容。每味药物分别记述各药的异名、学名、科属、形态、产地、性味、品质、成分、药理、效用、用量、附方、制剂等，末附索引。本书是结合现代科学知识整理中药的一种较实用的参考书。 （王忆南）

江苏中药实名考 江苏省中医研究所药物研究室、南京中医学院本草教研组编著，江苏人民出版社1959年4月出版，190千字。江苏省中医研究所对江苏省出产的中药进行了调查研究，初步发现有不少名实混淆的。为保证中药质量，提高中药疗效，省中医研究所发现名实混淆的药物，参考各种文献和实物标本，通过分析考证编成本书。书中对药名、别名、科属形态、药用部分、生药性状、产地、性味、主治及鉴别等，都作了比较详细的阐述，并附有精细的标本图137幅。本书可供中西医师、药师及研究生药的同志做参考。 （王忆南）

南京民间药草 周太炎（1912～2003，江苏常熟人，曾任中国科学院南京植物研究所研究员、药用植物研究室主任，是中国十字花科植物分类研究的奠基者。研究方向：十字花科植物和药用植物分类）、丁志遵著，科学技术出版社1956年11月出版，114千字。我国民间草药几乎到处都有，但缺少应有的重视和科学的整理，因此在这方面的资料比较缺乏，在药草名称和品种方面也有一定的混乱现象。作者曾就南京民间的药草加以调查和整理，一方面为医药研究工作者提供研究的资料,一方面想解决市场上一些药草品种的混乱现象而写成此书。本书共收入药草111种和变种,属于57科和102属;每种除记述其常用的中名、学名和异名,及南京草药名(附生物调查编号)外,对原植物的形态(包括自然生长环境和开花结实时期)、药用部分和民间效用等三项都加以扼要的叙述,并附有植物图和商品生药照片共221幅。为了便于查阅,特在正文前面编列科目(依植物分类顺序),并在正文末尾编写了中文索引和学名索引。　　　（韩　兵）

中药材光谱鉴别　刘训红(1959～　,江苏滨海人,南京中医药大学药学院教授,中国药学会及中国自然科学专门学会会员。研究方向:中药鉴定与品质评价)、王玉玺主编,第二军医大学出版社2001年12月出版,1069千字。本书共收载中药材629种,对文献没有光谱鉴别报道的药典收载中药材进行了光谱鉴别实验,增补了125种。还在部分药材项下列入混淆品、伪品、习用品、类似品或资源品种共300余种。在一些药材项下对不同产地、不同采收期、不同加工炮制或不同储藏保管等的药材作了光谱比较。全书共有光谱图930幅。每种药材收载内容有中文名、汉语拼音名、拉丁名、基源以及光谱鉴别内容,并附参考文献。全书资料齐全,叙述详尽,方法具体,图文呼应,实为一部实用、简明、科学性较强的药学专著,便于光谱鉴别法在实际工作中更好地推广应用及药检人员切合实际地加以选用,对从事中药科研、教学、生产、供应及使用的有关专业人员也有一定的参考价值,对国家药典和药材标准中有关光谱鉴别内容的增订和修订工作以及中药质量控制技术发展的里程碑——中药指纹图谱的建立,都将起到一定的参考和促进作用。　　　（徐志辉）

生药学　徐国钧(1922～2005,江苏常熟人,中国科学院院士,原中国药科大学教授)、赵守训编著,人民卫生出版社1962年5月出版,845千字。本书是作者将多年来编写的教学讲义整理而成,记载的多数是国产生药,其性状和显微鉴定内容大多经过作者亲自观察实物和科学实验所得,从根本上改变了以往生药学教材依赖外国教材、以外国药为主的状况。全书分总论和各论两部分,总论部分主要叙述生药学的任务,我国本草发展简史以及有关生药的采制、贮藏、鉴定等知识,各论部分包括含甙类生药、含生物碱类生药、含挥发油类生药及常用中药等15章,比较系统地叙述了重要生药200余种的来源、历史、形态、性状、组织、粉末、成分、效用及剂量等内容,另简略提到的生药有100余种。此外,在附录中列有常用中药简表及粉末生药检索表等,全书有插图400余幅,其中原图占半数以上。本书可作为高等医药院校生药学课程的教学用书,也可供学习鉴定,研究生药师的参考。　　　（王忆南）

中药炮制学　蔡宝昌(1952～　,上海人,南京中医药大学教授,江苏省药学会副理事长)主编,中国中医药出版社2008年9月出版,514千字。本书是普通高等教育"十一五"国家级规划教材之一。全书由总论和各论两部分组成。总论论述了中药炮制学的基本理论、知识与技能等内容。各论采用了炮制工艺与辅料相结合的分类方法,列举了有代表性的230余种中药的处方用名、来源、炮制历史沿革、炮制方法、成品性状、质量要求、炮制作用、炮制研究等内容。　　　（徐志辉）

中药炮制学　丁安伟(1950～　,江苏南京人,南京中医药大学药学院教授,中华中医药学会炮制分会副主任,江苏省中医药学会药学专业委员会主任。研究方向:中药炮制)主编,中国中医药出版社2005年6月出版,268千字。本书是一部系统介绍中药炮制学理论和应用知识的教科书。内容包括总论和各论两大部分,总论部分系统介绍了中药炮制学的基础理论,包括传统理论和现代研究理论;各论部分则分类介绍了各种炮制方法和炮制工艺,并结合生产实际,介绍了中药饮片的工业生产和管理。全书收录了具有代表性的200多种常用中药饮片的炮制方法、饮片性状、炮制作用和炮制研究等内容。本书可供中药、药学、制药工程及中医类专业本科生使用。也可供成人教育、中医药从业人员继续教育的教学用书或参考书。　　　（徐志辉）

中药大辞典(上下册)　江苏新医学院编,上海科学技术出版社1977年7月出版,上册4 267千字,下册3 615千字。本辞典收载中药5 767味,其中包括植物药4 773味,动物药740味,矿物药82

味,以及传统作为单味药使用的加工制成品等172味。凡一种植(动)物有几个组成部分供药用,并各具不同功用的,按临床应用习惯,每个药用部分均作独立的一味药,分条著述。本书以中药的正名为辞目,下分异名、基原、原植(动、矿)物、栽培(饲养)、采集、制法、药材、成分、药理、炮制、性味、归经、功用主治、用法与用量、宜忌、选方、临床报道、各家论述、备考等19项,顺序著录。其中以功用主治为必具的项目,其余资料不全者则从缺,引用及参考的国内外文献,下限一般至1972年为止。本辞典后附编《中药名称索引》《药用植(动、矿)物学名索引》《化学成分中英名称对照》《化学成分索引》《药理作用索引》《疾病防治索引》《成分、药理、临床报道参考文献》和《古今度量衡对照》。 （王忆南）

小儿解剖生理概要 颜守民(1898～1991,浙江温岭人,曾任南京医学院教授、院长)编著,江苏人民出版社1958年6月出版,65千字。第一章:小儿生理解剖特点,包括皮肤及皮下组织、肌肉系统、淋巴系统、消化呼吸系统、心脏血管系统、血液及造血器官、泌尿系统、内分泌系系统、神经系统的解剖生理特点等。第二章:小儿身体的生长发育,包括胎生期的生长发育、体重及身长的增长、身体各部比例的变更、乳齿及恒齿的生长、骨的发育、各系统发育过程的差别、各内脏的量衡数字等。第三章:体格的评定,包括各种量衡测定方法、标准数、指数、Baldwin-wood氏身长体重对照表、有关生长发育的因素。 （徐志辉）

机能实验学 谢可鸣(1957～ ,江苏常州人,苏州医学院病理生理学教授。研究方向:免疫性疾病的发病机理)等主编,苏州大学出版社2007年3月出版,631千字。本书综合了生理学、药理学、病理生理学、神经生物学及分子生物学的实验教学内容,包括总论、基础实验、综合实验、实验设计和病例讨论等共5篇25章。总论部分介绍了机能实验常用动物的一般知识和操作技能、计算机在机能实验中的应用、常用器械和仪器的知识及药典、药剂和处方的知识。本书加强了综合性设计性实验的教学内容,介绍了实验设计和科研论文写作的基本知识及实验数据分析统计的基本方法。实验及病例讨论为中英文对照。 （韩 兵）

血小板:基础与临床 阮长耿(1939～ ,上海人,中国工程院院士,苏州医学院教授,血栓形成与止血研究室主任,江苏省血液研究所所长,国际血栓与止血学会会员)主编,李家增编写,上海科学技术出版社1987年2月出版,397千字。全书共分为5篇,涉及血小板的生物学、血小板的病理生理学、血小板与临床关系、血小板的药理学以及血小板的研究方法。内容丰富新颖,比较全面,反映国内外近年来的研究成就和先进水平。(另有《血栓与止血:现代理论和临床实践》,已著录) （韩 兵）

病理学 胡正详(1896～1968,江苏无锡人,曾任北京大学医学院教授、病理系主任,中国协和医学院教授、病理学系主任,中国医学科学院副院长)、秦光煜、刘永编著,人民军医出版社1951年12月出版,字数不详。本书是作者在多年讲课讲义的基础上与秦光煜、刘永两位教授共同编写并出版的中国第一部以国内病理资料为主体的《病理学》,为创建中国病理学做出了不可磨灭的贡献,是中国医学病理学的奠基之作。全书共分73章,主要包括体液之病变、细胞之生长、代谢、分化上之病变,脂肪与类脂质代谢之病变、蛋白质及碳水化合物代谢之病变、矿质与色素代谢之病变、各种炎症之病理、各脏器之损害、各系统之病变、各种细菌、真菌、病毒之感染、麻风病、结核病、寄生虫病、血液病、内分泌腺之疾病、各种肿瘤等。 （蔡保鹏）

病理学 陈平圣(1963～ ,江苏泗阳人,东南大学医学院教授,研究方向:肝纤维化机理,抗肿瘤侵袭与转移药物的筛选)等主编,东南大学出版社2007年1月出版,381千字。本书由全省10所高等医学院校的专家教授编写,主要介绍细胞和组织的适应和损伤、损伤的修复、局部血液循环障碍、炎症、肿瘤、心血管系统疾病、呼吸系统疾病、消化系统疾病、淋巴造血系统疾病、泌尿系统疾病、生殖系统和乳腺疾病、神经系统疾病、传染病与寄生虫病等的病因和病理改变。本书内容简明扼要,图文并茂,书后附有复习思考题和彩图。本书可供临床医学、护理学、口腔医学、预防医学、影像、检验、全科医学及其他医学相关专业的本、专科使用。 （徐志辉）

急性呼吸道病毒感染的病原学与防治 侯云

德(1929～ ,江苏常州人,中国工程院院士)编著,中国协和医科大学出版社2005年1月出版,400千字。本书的宗旨是全面、系统介绍呼吸病毒的病原学和防治手段的最新研究成就。全书共12章：预防和控制急性呼吸道病毒感染的必要性和重要性,急性呼吸道病毒感染的病原学概况和基本特点,正粘病毒科,副粘病毒科,冠状病毒科,腺病毒科,小RNA病毒科,呼肠孤病毒科,疱疹病毒科,急性呼吸道病毒感染的防治概况,非特异性广谱抗病毒肽—干扰素和生物防御和病原生物监控系统。本书内容,既有作者本人自1955年以来从事病毒学研究的轨迹,也有作者所在实验室——病毒病预防控制所病毒基因工程国家重点实验室——的研究成果,同时还大量介绍国际上在这一领域的最近研究进展。本书可作为工作在第一线的全国省市级疾病控制中心的防疫人员以及从事预防医学有关学科的研究生的参考资料；对传染病院和防治所的各级医务人员以及各类从事病毒学和生命科学研究的科技人员也有参考价值。

（蔡保鹏）

临床病例诊疗剖析：外科学分册 陈亦江(1957～ ,江苏兴化人,曾任南京医科大学第一附属医院暨江苏省人民医院心胸外科主任医师、教授,江苏省人民医院副院长)等主编,人民卫生出版社2005年7月出版,591千字。本书所选病例既有临床常见病、多发病,亦有一定数量的疑难病例,以临床上的真实病例为基础,按临床诊疗过程逐步展开,在病史、体格检查、辅助检查、治疗等方面均有相应分析。(另有《胸心外科疾病诊断流程与治疗策略》,已著录）

（韩 兵）

仿真影像学技术 罗立民(1956～ ,江西九江人,东南大学计算机学院教授,中国电子学会理事,生物医学电子学会副主委,中国图形图像学会医学影像专业委员会副主委。研究方向：图像处理,科学可视化和计算机辅助诊断与治疗)等编著,科学出版社2008年4月出版,377千字。本书结合医学影像技术的最新发展,从现代医学成像原理及系统演化出发,介绍了医学影像的一个新方向和新趋势——仿真影像学。内容涉及医学影像在临床中的应用以及仿真影像学的主要技术组成。全书共6章,分别综述现代医学成像系统的发展；介绍三维图像重建与建模的理论、方法和应用；阐述三维图像的分析与测量；介绍多模式图像数据配准的理论；论述三维图像的显示；介绍各种虚拟现实技术以及仿真影像的实现。本书内容丰富,可供从事医学影像研究和临床应用方面的研究人员、相关专业的研究生、工程技术人员参考。

（徐志辉）

医学影像临床手册 李澄(1962～ ,江苏苏州人,曾任东南大学医学院医学影像学系主任,从事比较影像学临床研究、应用和肝癌分子影像学及脑卒中功能与分子影像学研究)主编,江苏科学技术出版社2007年2月出版,505千字。本书是一本将医学影像学与临床紧密结合的专业工具书,以各系统疾病不同影像学检查的影像表现为切入点和主线,每章在介绍各系统部位正常结构及影像所见后,结合病理、临床,阐明各系统疾病的影像学诊断及其鉴别诊断,同时融入医学影像学最新技术的临床应用。对一些特别检查,还重点介绍了适应证、禁忌证、检查前准备、检查方法、检查后的进一步处理等。对不同系统、不同疾病、不同情况下如何选择合适的影像学检查方法提出了合理的建议。

（韩 兵）

淋巴细胞及其辐射效应 苏燎原(1930～ ,福建惠安人,苏州大学放射医学与公共卫生学院教授。研究方向：电离辐射对淋巴细胞的分子生物学效应)著,原子能出版社2000年1月出版,190千字。本书主要内容包括淋巴细胞免疫学特性,淋巴细胞激活,亚群的功能及其调节,电离辐射对淋巴细胞的效应。临床病人的淋转,中药对淋巴细胞免疫功能的效应,淋巴细胞的测定方法。丝裂原激活,亚群功能及其辐射效应的论述为本书特色。本书可供从事一般医学和放射医学的临床和基础学科的医学工作者、医学研究生和学生参考。

（徐志辉）

门急诊检验与诊疗操作 陈卫昌(1961～ ,江苏启东人,苏州大学附属第一医院内科学教授、消化内科主任医师)主编,江苏科学技术出版社2003年6月出版,240千字。本书分为临床检验和诊疗技术两部分。在临床检验部分,著者从临床实用出发,以表格的形式阐述了临床开展的各种检验项目、检验方法、正常值和临床判别意义，便于查阅；诊疗技术部分则以系统为主线，着重介绍了门急诊条件下，每一诊疗技术的适应证、禁忌证，以及实施的注意事项等，对由门急诊医师亲自操作的项目，详细说明了其操作常规、具体方法；对于门急诊难以开展的治疗项目，则主要介绍了其相关的适应证、禁忌证和必要的注意事项等，以便门急诊医师掌握或回答患者及家属的咨询。对近年来开展的新的诊疗技术，除介绍其适应证、禁忌证、注意事项外，亦对其发展趋势做了简要描述。 （韩　兵）

临床检验诊断学　童明庆（1944～　，安徽寿县人，曾任南京医科大学第一临床医学院教授，《临床检验杂志》副主编；主要从事临床微生物学和免疫化学的实验诊断和方法学、抗感染药物的药效动力学及基因工程药物的药代动力学研究）主编，东南大学出版社2002年10月出版，940千字。本书为《临床医师培养系列丛书》之一。全书共6篇55章。本书以专题的形式分别介绍了临床实验室管理、血液学、生物化学、免疫学、微生物学和分子生物学检验诊断技术和临床疾病的实验诊断。书中各个章节均由检验或临床方面的全国著名专家编写，内容涉及最新医学，尤其是生物医学方面的新理论、新方法和新进展，着重对一些临床实验诊断的热点问题进行了探讨，并将一些新的以及常用的临床检验诊断指标以附录的形式列在书后供读者参考。（另有《临床检验病原生物学》，已著录） （韩　兵）

临床检验病原生物学　童明庆主编，高等教育出版社2006年12月出版，1 040千字。本书是普通高等教育"十一五"国家级规划教材，全国高等学校医学规划教材（供医学检验等专业用）。本书分总论和各论，其中各论部分按病原生物的种属编排，包括细菌、支原体、立克次体、衣原体、病毒、真菌等；临床综合应用部分以临床标本为主线，阐述各种标本的病原生物学检验知识。 （韩　兵）

临床肠外与肠内营养支持　黎介寿（1924～　，湖南长沙人，南京大学医学院教授，中国工程院院士，肠外瘘治疗的创始人，临床营养支持的奠基人，亚洲人同种异体小肠移植的开拓者）主编，人民军医出版社1993年9月出版，260千字。营养支持是近20多年来临床医学的一大进展。自20世纪60年代末静脉高营养应用于临床后，营养支持的基础理论、应用技术与营养制剂等方面均有迅速的发展。肠外营养与肠内营养已广泛应用于临床各科，且取得满意的效果。本书作者系国内最早开展这一研究的专家，他们将20多年的临床实践详加总结，并参考国外有关文献，系统地论述了肠外营养支持（TPN）及肠内营养支持的各个方面。内容深入浅出，实用性较强，可供从事临床营养支持的各科医务人员参考。 （徐志辉）

内科多发病中西医综合治疗　单兆伟等主编，人民卫生出版社2003年12月出版，1 178千字。本书选取内科西医多发病89种，主要为中医和中西医综合治疗有特点的、疗效优于单纯西医治疗的疾病，根据西医疾病分类法分为8篇，分析了西医的病因病理和中医的病因病机，介绍了中医和西医各自的治疗方法和用药，总结了中西医综合治疗的经验。 （韩　兵）

慢性病毒性肝炎现代诊疗　黄祖瑚（1955～　，江苏姜堰人，曾任南京医科大学暨附属医院江苏省人民医院主任医师、教授，江苏省卫生厅副厅长）等主编，江苏科学技术出版社2000年9月出版，210千字。本书旨在为临床医生提供一本新颖而又实用的以慢性病毒性肝炎的诊断和治疗为主要内容的临床参考书。内容先从乙型和丙型肝炎病毒的分子生物学及其与临床的关系切入，其后是乙型和丙型肝炎病毒感染的自然史和疾病谱，在此之后的章节重点介绍以下四个方面的内容：一是慢性病毒性肝炎的病原学、临床及病理诊断新知识；二是乙型和丙型肝炎抗病毒治疗的新策略和新方法；三是重型肝炎和诸如高胆红素血症、肝病的糖代谢紊乱、肝肺综合征及肝炎肝硬化并发症等重症、难治症的诊断和处理；四是慢性无症状乙型肝炎病毒感染的有关问题及乙型肝炎病毒感染的预防。最后一章阐述了慢性病毒性肝炎病人常见的心理与社会问题。（另有《传染病学》，已著录） （韩　兵）

传染病学　黄祖瑚等主编，科学出版社2002年8月出版，488千字。本书为"21世纪高等医学院校教材"。本书对传染病的发病机制、流行过程及影响因素、传染病的特征、诊断、治疗及预防进行简要的介绍；对临床常见的病毒感染、立克次体感染、细菌感染、螺旋体感染、原虫感染、蠕虫感染性疾病做了详细介绍。 （韩 兵）

心血管疾病诊断流程与治疗策略 黄峻(1945～ ，江苏兴化人，曾任南京医科大学副校长，江苏省人民医院院长)主编，科学出版社2007年8月出版，938千字。本书分上下两篇，16章。上篇为临床心血管病学，以常见心血管病的诊断与治疗为重点；下篇介绍了心血管病临床常用诊断技术，包括无创和有创诊断技术。（另有《现代循证心脏病学》《心脏传导系统疾病》，已著录） （韩 兵）

现代循证心脏病学 黄峻编著，江苏科学技术出版社2002年10月出版，1200千字。本书是著者将历年所收集的资料、阅读的笔记、临床的经验等整理归并，经数年时间编写成。本书着重于临床试验的证据，根据这些证据，评价各种心血管疾病治疗药物、治疗方法等的疗效、适用范围和局限性，同时对一些经典的大型临床试验作了剖析。
（韩 兵）

心脏传导系统疾病 黄峻编著，东南大学出版社1993年10月出版，840千字。本书系统地介绍组成心脏传导系统的窦房结、房室结、结间传导束、希氏束、束支和浦氏纤维网的解剖结构和生理特征，着重阐述传导系统受累或异常所致各种病变的临床表现、电生理特点和治疗方法，如病态窦房结综合征、房室和束支传导阻滞、预激综合征、室上性和室性心律失常等。在临床电生理检查方法中，主要介绍适于基层单位开展的希氏束电图。本书注重实用，兼述有关的基础理论，详细讨论抗心律失常药物的应用，介绍当前研究的新进展。（韩 兵）

心血管病的鉴别诊断 马文珠(1929～ ，女，江苏南京人，任职南京医科大学心血管病研究所所长、主任医师、教授；1988年被国家人事部批准为有突出贡献的中青年专家)主编，江苏科学技术出版社1992年7月出版，553千字。本书是讨论心血管病各种鉴别诊断问题的专业参考书，分两部分：第一部分介绍各种常见症状和疾病的鉴别，第二部分介绍常用检查方法在心血管病鉴别中的作用。内容以临床实用为主，辅以必要的基础理论和有关进展。（另有《心肌疾病》，已著录） （韩 兵）

心肌疾病 马文珠、张寄南主编，江苏科学技术出版社2000年1月出版，571千字。本书为心肌疾病理论专著，共分上下两篇。上篇4章，为特发性（原发性）心肌病，介绍了扩张型、肥厚型、限制型以及致心律失常性右心室心肌病。下篇17章，为特异性（继发性）心肌病，分别介绍了缺血性心肌病、高血压性心肌肥大、炎症性心肌病、内分泌病性心血管病变、代谢及浸润性心肌病、尿毒症性心脏病变、营养性心肌病、电解质异常对心肌的影响等17类心肌病。 （韩 兵）

血栓与止血：现代理论和临床实践 阮长耿主编，江苏科学技术出版社1994年3月出版，290千字。本书分血管内皮细胞的结构与功能、血小板及其膜糖蛋白、凝血系统的现代概念、纤维蛋白溶解系统的现代概念、血小板的临床免疫学研究、血小板功能异常所致的出血性疾病、血友病与血管性血友病、易栓症与弥散性血管内凝血、抗血栓药物等12章，是用中文出版的血栓与止血研究第一部合作完成的专著。 （韩 兵）

呼吸疾病诊断流程与治疗策略 殷凯生(1946～ ，江苏镇江人，曾任南京医科大学内科教研室副主任、教授，江苏省人民医院呼吸病研究室主任、主任医师，被世界卫生组织和美国国立卫生院心肺血液研究所评为咨询评议员)主编，科学出版社2008年2月出版，876千字。本书共3篇，包括呼吸系统疾病、呼吸系统疾病常用诊疗技术和典型病例。每个疾病的内容主要包括概述、诊断思路、治疗措施、预后评价、最新进展和展望5个部分。本书突出实用性，能帮助医师解决临床上可能遇到的实际问题，提出有关疾病诊断和治疗具体可行的方案。（另有《哮喘病的治疗》，已著录） （韩 兵）

哮喘病的治疗 殷凯生编著，南京大学出版社1995年11月出版，483千字。本书特点有三：一是新颖，深入浅出地介绍了国际学术界对哮喘病治疗的最新观点;二是全面,不仅系统地阐述了常规治疗哮喘各种药物的作用机理、用法及其注意事项,还介绍了可用于哮喘治疗的传统医药(包括单方、验方)及某些非药物疗法;三是实用,从临床的实际需要出发。繁简得当,学便能用。是一本有理论、又有实践,既提高又兼顾普及的好书。 （韩　兵）

临床胃肠病学　江绍基(1919～1995,江苏无锡人,中国工程院院士,曾任上海交通大学医学院教授)主编,上海科学技术出版社 1981 年 12 月出版,1 340 千字。本书内容着重点在临床,但并不偏废基础知识;尽量将理论联系实践,以实践引证理论,又以理论解释和指导实践,故本书所介绍之理论多系比较成熟的。全书分为 10 个部分,第一部分从整体概念论述胃肠道的生理;第二部分介绍胃肠道疾病的症状学;第三部分从临床角度介绍胃肠道 X 线诊断学总论;第四部分论述胃肠道疾病治疗学概论;第五至九部分论述胃肠道各部位、胰腺、腹腔各结构的实用解剖生理及其疾病学各论;第十部分介绍一些具代表性的病案,旨在帮助读者从横的方面去熟悉胃肠道疾病,以提高分析能力,开阔临床思路。本书被公认为是我国第一部专门介绍胃肠道疾病的专著。 （蔡保鹏）

肝功能衰竭现代治疗学　丁义涛(1950～ ,江苏南京人,南京大学医学院附属医院南京鼓楼医院院长,外科学教授,兼任中华器官移植学会常务委员,江苏省医学会常务理事、副会长,江苏省外科学会副主任委员,江苏省医学会副会长等职。曾获中国最高医师奖)主编,江苏科学技术出版社 2008 年 12 月出版,660 千字。本书是一本对我国肝功能衰竭治疗学,特别是人工肝和肝移植联合治疗的规范和发展具有重要意义的参考书,从基础方面介绍了肝功能衰竭的病因和发病机制、病理学影像学实验室检查特点及临床分型和诊断标准,重点讨论了急性肝功能衰竭的治疗,尤其是人工肝和肝移植联合治疗,内容实用性强,对有关专科的医师颇有参考和实用价值。(另有《肝脏疾病与器官功能障碍》,已著录) （韩　兵）

肝脏疾病与器官功能障碍　丁义涛主编,江苏科学技术出版社 2004 年 8 月出版,490 千字。本书显著特点是以肝脏疾病为基础,从其他器官和功能的角度,系统、全面地阐述多系统、器官的复杂生理、病理变化,并在此基础上进一步探讨肝病状态下其他系统和器官疾病的特点。该书与一般学术专著的体例完全不同,采用综述的形式将大量的相关文献进行有机组合,既有系统性,又不拘泥于形式,极具知识性。 （韩　兵）

分子风湿病学　孙凌云(1962～ ,江苏高淳人,南京大学医学院教授,南京大学医学院附属鼓楼医院风湿免疫科主任医师,全国医师学会风湿免疫分会副会长。研究方向:系统性红斑狼疮、红斑狼疮发病机制、红斑狼疮干细胞)编著,内蒙古人民出版社 1997 年 6 月出版,380 千字。本书是一本有关风湿病学基础和临床的专著。作者参阅综合了国内外大量的资料,详细介绍了细胞因子、急性时相反应蛋白、风湿病自身抗体、补体、细胞粘附分子的结构特性和生物学作用,并紧密结合临床,阐述了这些分子在部分风湿病中的发病机制,最后一章还介绍了风湿病的遗传易感标志和免疫治疗的进展。内容反映了国内外在风湿病学研究领域中的最新成果。(另有《风湿病临床药理学》,已著录) （韩　兵）

基因组科学与人类疾病　陈竺(1953～ ,江苏镇江人,中国红十字会会长,中国科学院院士,美国科学院外籍院士,法国科学院院士)、强伯勤、方福德主编,科学出版社 2001 年 2 月出版,418 千字。《生物高技术丛书》之一,书中比较系统地介绍了基因组作图、测序、序列变异及其分析方法、基因表达图谱研究、生物信息学、蛋白质组学、转基因与基因剔除小鼠体系、基因芯片及其应用;以及疾病基因组学,包括单基因遗传病基因和复杂性状疾病如肿瘤、白血病、心血管系统疾病、糖尿病和神经精神疾病等相关基因研究的国内外情况。资料翔实、全面,具有很高的学术参考价值。 （蔡保鹏）

黄家驷外科学(**第 5 版**)　吴阶平(1917～2011,江苏常州人,我国泌尿外科奠基人之一,中国科学院院士、中国工程院院士,曾任全国人民代表大会常务委员会副委员长,九三学社中央委员会主席,中国科协名誉主席)、裘法祖主编,人民卫生出版社 1992 年 10 月出版。本著第 1 版由人民卫生出版社 1979 年 4 月出版，其后多次再版，一直是中国最权威的外科学著作。本著第 5 版由 30 个单位 89 位教授共同执笔编写，汇集了每位编者几十年来的理论知识和临床实践的体会和经验，较深又广地反映了国内外外科学发展的现状和水平，是当时国内学术水平最高的外科经典著作。全书章节设置系统涵盖了外科基础、麻醉、神经外科、胸心外科、普通外科、腹部外科、泌尿外科、骨科、血管外科、整复外科、小儿外科和战伤外科各相关专业领域，共 117 章，插图 1 229 幅，约 4 400 千字，分上下两册，是一部外科医师必备的参考书。（王忆南）

普外科疾病诊断流程与治疗策略 苗毅（1954～ ，山东日照人，江苏省人民医院大外科主任、普外科主任、教授、主任医师）编著，科学出版社 2008 年 3 月出版，1 189 千字。本书主要针对普外科年轻医师而撰写，以流程图的形式表述，简洁明了，便于阅读和理解。最新进展和展望部分为年轻医师尽快了解和掌握普外科领域内的新进展、新技术提供了一个很好的平台。本书的特点是从临床实用性出发，既注重临床医师思维能力的培养，又密切关注当今医学动态和最新技术。（韩 兵）

外科主治医师手册 钱海鑫（1955～ ，江苏无锡人，任职苏州大学附属第一医院副主任医师、教授。研究领域：普外科临床医疗，门静脉高压症，胃癌、直肠癌及介入性放射学）主编，江苏科学技术出版社 2007 年 10 月出版，700 千字。本书的读者为外科主治医师、住院医师及临床工作的研究生。本书按系统分 5 章，共 62 节，全书着重阐述重要外科疾病的基础和临床研究进展，同时注重介绍重要的外科诊疗新技术、新疗法。每节在体例上分前沿学术综述、临床问题、建议阅读的书目和文献等几个部分。（另有《外科临床鉴别诊断》，已著录）
（韩 兵）

外科临床鉴别诊断 钱海鑫主编，江苏科学技术出版社 2001 年 1 月出版，740 千字。《实用临床鉴别诊断丛书》之一。本书共分 30 章，试图从急慢性腹痛、腹部损伤、呕血与黑便、颈部肿块、乳房肿块、腹部肿块、胸痛、呼吸困难、脑外伤、泌尿系肿块和疼痛等主要症状或体征入手，通过对病史、体检和辅助检查的综合分析，对不同疾病做出鉴别诊断，以期对外科临床工作者有所帮助。（韩 兵）

实用外科重症监护与治疗 景华（1951～ ，江苏南通人，第二军医大学教授、南京大学医学院临床学院教授、南京军区心血管病研究所所长，兼任全国胸心血管外科专业委员会常务委员、全国器官移植委员会委员。在先天性和后天性心脏血管病的外科治疗及移植免疫方面具有较丰富的实践经验）主编，第二军医大学出版社 1999 年 10 月出版，1 613 千字。本书分为总论和各论两部分，共 40 章，详尽介绍了外科手术和创伤的病理生理变化方面的现代概念、具有共性的危重病症（循环衰竭、呼吸衰竭、肝功能衰竭、肾功能衰竭、休克、感染等）的诊治与监护、外科各专科（胸心血管外科、普通外科、神经外科、泌尿外科、骨科、烧伤科、妇产科、眼科、耳鼻喉科、口腔外科和急诊科）重症监护与治疗的具体方法，以及心血管活性药物的量化应用及外科重症的统计学应用等。（韩 兵）

张涤生整复外科学 张涤生（1916～2015，江苏无锡人，医学家，上海交通大学医学院教授。毕生致力于整复外科事业的开创和发展，将"整形外科"更名为"整复外科"，发明"张氏阴茎再造术"）主编，上海科学技术出版社 2002 年 1 月出版，1 523 千字。本书根据作者多年来从事整复外科的临床实践，并吸收国内外的重要经验，以 1979 年版的《整复外科学》为基础编写而成。本书对整复外科的基本原则，组织移植的理论，各部位畸形和缺损的诊断和治疗，以及手术操作步骤等都作了比较系统的论述，其间对若干课题的基本观点或治疗方法的创新也作了介绍，并提出作者自己的看法，是一部系统、全面介绍整复外科技术的专著，反映著者及其领导下同仁多年临床和研究工作的显著成果。本书配有 2 000 余幅插图和照片。（另有《张涤生院士学术述评集》，已著录） （韩 兵）

张涤生院士学术述评集 张涤生编著，上海交通大学出版社 2007 年 9 月出版，346 千字。本书收集了张涤生院士在学习、工作、生活中所发表过的部分关于整形外科、显微外科、美容外科、颅面外科、组织工程学等学科的学术述评；著者一生从事医学科研、临床实践及教学的经验；著者治学、育人的成功之道以及少部分个人记事作品，共49篇，目的在于使读者能从他的一生经历中，明白治学之道，学科的发展前景，更好地为社会做出贡献。

（韩　兵）

胸心外科疾病诊断流程与治疗策略　陈亦江主编，科学出版社2008年2月出版，409千字。全书共14章，以疾病的临床诊断思路为主线，系统地介绍了胸心外科疾病的诊断与治疗。主要包括胸部外伤、肺及食管疾病、纵隔肿瘤、先天性心脏病、心脏瓣膜疾病、冠心病、心包疾病、心脏肿瘤和大血管疾病等。从疾病的概述、病史和诊断要点、治疗措施、预后评价、最新进展等方面进行阐述，将当前最先进的技术和临床实践融为一体。

（韩　兵）

临床骨科学　范国声（1916～1979，浙江余姚人，曾任华东军区医院骨科主任、南京军区总医院骨科主任）编著，人民卫生出版社1955年3月出版，300千字。本书是作者根据多年来在骨科的方面的教学体会，结合临床经验编写而成。内容共分25章，其中有五章专论骨折和脱位，有9章介绍常见的骨科疾病，另外有5章讨论膝、足、肩、脊柱、软组织等局部疾患，最后6章介绍某些常用的骨科手术原理。全书附有锌版图270余幅，可帮助读者更好地了解骨科内容。

（蔡保鹏）

中国肾脏病学（上下册）　黎磊石（1926～2010，湖南浏阳人，中国工程院院士，中国肾脏治疗创始人，南京大学医学院教授，国际肾脏病学会理事，亚洲太平洋地区肾脏病学会执行理事），刘志红（1958～　，女，甘肃临洮人，中国工程院院士，南京大学教授，中华医学会理事会理事，中华医学会肾脏病学会常务委员）主编，人民军医出版社2008年8月出版，3 582千字。本书全面系统地阐述肾脏病学的基础理论、最新进展和各种肾脏疾病的诊疗技术。全书共19篇98章，介绍了肾脏解剖与生理、肾脏疾病的检查方法、水电解质紊乱等基础理论知识；重点论述肾小球疾病、肾小管间质疾病、系统性疾病的肾损害、高血压、血管疾病、中毒性肾脏疾病、急性和慢性肾功能衰竭及尿毒症等系列疾病的发病机制、病因病理、流行病学特点、临床表现、国内外诊治现状和最新进展；对各种肾脏替代治疗、肾移植的内科问题及肾脏病的药物研究与临床应用进行了详尽的阐述。本书是迄今唯一一部以我国肾脏病的流行病学和临床特点为基本素材、全面反映肾脏病研究成果和诊疗技术的高级参考书。（另有《急性肾功能衰竭》《肾脏病临床集锦》，已著录）

（徐志辉）

急性肾功能衰竭　黎磊石等编，人民军医出版社1986年11月出版，115千字。本书由解放军杂志社于1986年2月召开的急性肾功能衰竭（ARF）专题讨论会的论文结集而成。对临床各种不同原因、不同疾病的ARF，如肾脏疾病、泌尿系疾病、心脏外科手术、烧伤创伤、妇产科疾病、中毒等所致ARF的临床特点、诊断、治疗与预防均有专题性总结与论述，内容还涉及对ARF的病因学、发病机理、病理生理等基础理论研究，以及国外对于ARF研究的新进展、新概念介绍。

（韩　兵）

肾脏病临床集锦　黎磊石等主编，科学技术文献出版社2005年12月出版，820千字。本书汇集了南京军区总医院解放军肾脏病研究所近10年诊治的部分典型和复杂疑难肾脏病例，配有大量珍贵的肾脏病理图片。重点介绍了这些病例病情的复杂性，诊疗过程的曲折性，以及从中所吸取的经验和教训，其中还包括了许多应用新技术、新疗法成功解决难治性病例治疗问题的实例。

（韩　兵）

江苏泌尿外科史志　孙则禹（1944～　，江苏人，南京大学医学院附属鼓楼医院泌尿外科主任医师、教授，兼任中华医学会泌尿外科学分会副主任委员、江苏省医学会泌尿外科学分会主任委员、江苏省医学会男科学分会副主任委员）主编，第二军医大学出版社2002年2月出版，700千字。本书是我国最早完成的地方泌尿外科史，以"史"和"志"相结合的形式，回顾并总结了江苏泌尿外科医务工作者取得的成就，全面反映了江苏泌尿外科从无到有、从弱到强的发展历程，也从一个侧面反映了我国泌尿外科的发展过程。全书共8章，分别为江苏泌尿外科历届委员会及学术交流大会、江苏泌尿外科各单位介绍、江苏泌尿外科各单位编制及人才梯队、江苏泌尿外科各单位专家介绍、江苏泌尿外科医师已发表专业论文目录汇编、江苏泌尿外科医师主编及参编书籍目录、江苏泌尿外科医师科研成果获奖目录和江苏泌尿外科专科医师名册。(另有《睾丸肿瘤外科及手术学》,已著录) （王忆南）

睾丸肿瘤外科及手术学 孙则禹、孙光、孙颖浩主编,第二军医大学出版社 2006 年 8 月出版,200 千字。本书主要介绍国内外有关睾丸肿瘤诊断与治疗中的最新进展和研究成果,其中不少是作者自己的临床经验。重点介绍睾丸肿瘤的流行病学、病理学分类、规范化诊疗程序、手术及手术方法的改进、并发症的防治经验及密切随访对策。本书作为国内唯一的睾丸肿瘤诊治的专著,对临床医师的诊疗实践、医疗、教学和科研工作均有参考和指导作用。 （徐志辉）

实用妇产科学 王淑贞(1899～1991,女,祖籍江苏苏州,生于北京,中国妇产科学奠基人之一,曾任上海女子医学院教授、上海医科大学妇产科医院院长、中华医学会总会理事、中华妇产科学会副主任委员)主编,人民卫生出版社 1987 年 12 月出版,1 778 千字。本书是供临床实用的大型综合性妇产科参考书。从历史观点来看,妇产科学专门研究妇女在妊娠、分娩和产褥期的生理和病理,胎儿及新生儿的生理和病理以及非妊娠状态下妇女生殖系统可能遇到的一切特殊变化,包括所有与妇女生殖生理有关的疾病,是医学中比较重要的一门学科。本书主要供广大妇产科医师们临床参考之用,其内容针对工作需要,在一般妇产科教科书的基础上,系统地介绍了近年来在妇产科临床工作中的经验和发展趋势。本书除妇产科临床上的问题外,还包括了与妇产科有关的解剖学、胚胎学、组织学、生理学、遗传学、内分泌学、免疫学、心理学与病理学等各方面的新发展。全书共分 5 篇,即《基础篇》《产科学篇》《妇科学篇》《妇女保健与计划生育篇》及《综合课题篇》。在综合课题篇中,综述了妇产科领域中的特殊检查、休克和弥漫性血管内凝血以及妇科的内分泌治疗、化学治疗、放射治疗与其他特殊治疗等。 （王忆南）

医疗机构医务人员三基训练指南：妇产科 胡娅莉(1957～ ,女,医学博士,曾任南京大学医学院附属鼓楼医院妇产科主任、副院长,卫生部产前诊断技术专家组成员,江苏省妇产科质量控制中心主任。擅长妊娠合并各种内外科疾病的妊娠及分娩期处理)主编,东南大学出版社 2005 年 5 月出版,1 365 千字。本书以妇产科基础理论、基本知识、基本技能为主线,包含了妇产科相关的解剖、临床诊疗思路及处理原则,妇产科诊疗基本操作技术等;以妇产科常见病、常用技术为重点进行论述,对近年公认的向全球或全国推荐的疾病新分类标准、新治疗规范也在相关章节进行了较为详细的介绍,使全书内容体现了妇产科诊疗技术的新进展;简明系统,所有论述尽可能按重要程度条目化、系统化,便于各级医疗机构不同层次的医务人员记忆、掌握和在临床工作中参照应用。 （韩 兵）

临床围产期医学 刘本立(1914～1998,江苏南京人,曾任南京市鼓楼医院妇产科主任、代理院长,南京医学院教授)主编,江苏科学技术出版社 1985 年 11 月出版,459 千字。围产期医学在医学科学的研究和实践中保障围产儿的安全,提高胎儿出生前的身体素质,降低围产儿死亡率,发挥着极有意义的指导作用。本书内容丰富,它从临床实践出发,既阐述了临床围产期医学的新概念、新理论,又着重介绍了临床围产期医学的应用方法和具体措施。全书包括围产期检查、胎儿异常、妊娠并发症、妊娠伴发病、分娩的处理、新生儿保健及疾病诊治等内容。 （蔡保鹏）

实用儿科学(第 4 版)(上下) 诸福棠(1899～1994,江苏无锡人,中国儿科奠基人之一,中国科学院首批生物学部委员,曾任北京第二儿童医院院长、北京儿童医院院长)、吴瑞萍、胡亚美主编,人民卫生出版社 1985 年 5 月出版,上册 1 661 千字,下册 2 393 千字。本书是综合性儿科学著作,1957 年 12 月出版第 1 版。本书上册 23 篇,下册 19 篇,全书共 42 篇。内容包括:中医儿科学发展简史及辨证施治,常见症状的鉴别诊断,物理疗法及针灸疗法,药物疗法和麻醉方法,胎儿诊断及处理,新生儿保健及新生儿疾病,小儿免疫与儿科临床,变态反应性疾病,病毒细菌传染病,寄生虫病,呼吸系统、消化系统、心血管系统、泌尿生殖系统、神经系统、内分泌系统疾病,造血器官及血液的疾病,肿瘤及瘤样病变,眼耳鼻喉疾病等。　　　　（王忆南）

早产儿科学讲义　宋杰(1904～1985,江苏苏州人,曾任苏州市第六人民医院儿科主任)、石树中主编,上海科学技术出版社1961年12月出版,98千字。早产儿的及时挽救和适当处理是新生儿中的一个重要课题。本书是根据早产儿科进修班的讲义整理补充而编成的。内容除第一讲总论外,从第二讲至第十三讲分别阐述早产原因、孕妇营养及临床方面的有关问题,如早产儿的特征、喂养、尸检、窒息预防和处理、产时处理、常见症状及其处理、常见疾病、产伤、骨折和常见畸形、先天性内脏畸形,以及暖箱的机械装置和使用方法,最后附录各种表式;这些论述和资料都有实际应用价值,可供妇产科、小儿科、临床病理科教学、学习及各级医疗单位医师临床实用的参考。　　（蔡保鹏）

肺癌综合诊治规范化手册　许林(1959～　,四川南充人,南京医科大学教授,南京医科大学附属江苏省肿瘤医院副院长兼胸外科主任,主任医师;国家级重点学科胸外科带头人)等主编,江苏科学技术出版社2008年11月出版,1 130千字。这是一本关于肺癌治疗的提纲性专著。作者依据肺癌多学科综合治疗的原则和国内外循证医学的最新证据,全面系统地阐述了各单一治疗手段在肺癌综合治疗中的作用,并对肺癌的分期综合治疗做了详细分析。全书集结了当今肺癌治疗的最新成果和作者们的个人贡献,是一本高学术水准的肺癌著作。　　　　　　　　　　　（韩　兵）

肿瘤遗传学　吴旻(1925～　,江苏常州人,中国科学院学部委员,北京协和医科大学、中国医学科学院教授,分子肿瘤学国家重点实验室主任,中国科学院生物学部副主任)主编,科学出版社2004年5月出版,1 289千字。《现代遗传学丛书》之一,是国内首部大型肿瘤遗传学专著,编著者多为这一研究领域的资深学者或活跃在研究一线的中青年专家。本书较为全面、及时地反映了学科发展水平,具有较强的实用性和可读性。第一篇为肿瘤遗传学基础,包括癌相关基因和染色体改变,以及肿瘤相关研究的最新进展,如表遗传学和信号转导等;第二篇为肿瘤遗传学各论,重点论述中国人常见的恶性肿瘤,如肺癌、消化系统诸器官癌和乳腺癌等;第三篇为肿瘤预防、早期诊断和治疗的遗传学对策,包括肿瘤遗传流行学、遗传易感性、遗传咨询和生物治疗等;第四篇为研究技术,实用与新技术并重,包括染色体分析、微核试验、比较基因组杂交、基因芯片和生物信息学等。本书可供医药卫生、遗传学、生物学和环境科学等专业的教师、研究生、大学生,以及有关科研人员参考。　（王忆南）

早期胃癌的内窥镜诊断　郭孝达(1932～1986,江苏常熟人,曾任上海市长宁区中心医院肿瘤科主任医师)著,四川科学技术出版社1986年1月出版,166千字。胃癌在日本和我国,发病率颇高,故日本和我国学者,均以之为研究的重点。作者从20世纪60年代后期起,即重视胃癌的研究。本书概括日本人有关的研究,结合个人的经验体会,对早期胃癌予以仔细分析、介绍和评述,实为作者从事这项研究工作的总结。全书共14章,从内窥镜的发展史及检查法谈起,然后涉及早期胃癌和微小胃癌,从形态到病理,并探讨其内窥镜诊断之要旨。书题虽小,但内容丰富,详尽地介绍了与早期胃癌有关的诸问题。　　　　（蔡保鹏）

滋养细胞肿瘤的诊断和治疗　宋鸿钊(1915～2000,江苏苏州人,中国工程院院士,曾任中国协和医科大学教授、北京协和医院妇产科主任医师)等主编,人民卫生出版社2004年3月出版,587千字。本书共26章,分别介绍了滋养细胞和滋养细胞肿瘤,滋养细胞肿瘤的研究历史,滋养细胞肿瘤的病因学和流行病学,滋养细胞肿瘤的临床表现,滋养细胞肿瘤的病理特点等诸多内容。　　　　　　　　（蔡保鹏）

神经精神病学　张颖冬(1962～　,安徽人,南京脑科医院院长,南京医科大学附属脑科医院神经精神病研究所所长,南京第一医院院长;长期从事神经内科临床工作及相关疾病特别是脑血管病的研究工作)等主编,东南大学出版社2002年1月出版,449千字。本书为成人高等专科教育临床医学专业系列教材。本书分为两篇,上篇《神经病学》,主要介绍了常见神经系统疾病的病因、发病机制、临床表现及诊断、治疗和预防；下篇《精神病学》，除精神病学总论外，主要介绍了精神科的常见病和多发病。

（韩　兵）

神经衰弱的预防和治疗　陈学诗（1924～2002，江苏无锡人，历任北京医院脑科主任，首都医学院教授，北京安定医院院长）等编著，上海科学技术出版社1984年7月出版，81千字。本书主要介绍了神经衰弱的症状、病因、发病机理以及各种疗法。全书共5章，分别为：一、神经衰弱是怎样的一种疾病；二、神经衰弱的症状；三、哪些原因可引起神经衰弱；四、神经衰弱的症状是怎样发生的；五、神经衰弱的预防与治疗。书末还附有两篇附则。

（蔡保鹏）

临床皮肤病学　赵辨（1931～　，原南京医科大学第一附属医院主任医师、教授）主编，江苏科学技术出版社2001年4月第3版，2 300千字。本版根据近年来免疫学、分子生物学等基础医学理论的进展作了较大的修改和补充，收录的病种共1 440余种，内容包括皮肤胚胎学、皮肤的解剖与组织学、皮肤的超微结构、皮肤的生理学与生物化学、皮肤病治疗学、中医皮肤病学基础、皮肤保健与医疗美容学等，是一本收录病种齐全的大型参考书。

（王忆南）

现代基础眼科学　管怀进（1962～　，江苏海安人，南通大学附属医院眼科中心主任、教授，兼任中华医学会眼科学分会防盲学组副组长，江苏省眼科学会副主任委员。研究方向：白内障与防盲治盲，眼分子生物学）等主编，人民军医出版社1998年10月版，1 396千字。本书全面论述了现代基础眼科学各学科的基本知识和基础理论，反映了国内外有关眼科学基础研究的最新成就和发展方向。内容包括眼的分子生物学、细胞生物学、神经生物学、胚胎学、组织解剖与局部应用解剖学、生物化学、组织生理学、视觉生理学、视光学以及眼的遗传学、免疫学、微生物学、寄生虫学、病理生理学、组织病理学、肿瘤学基础，还包括眼科的诊断学基础、影像学诊断基础、眼病的诊断程序、眼科药理学、物理疗法基础以及眼科统计学、文献检索等。在重点讨论基础理论的同时，密切结合临床医疗、教学、科研、防盲的工作实际。（另有《现代眼科手术操作技术》，已著录）

（韩　兵）

现代眼科手术操作技术　管怀进主编，人民军医出版社1994年5月出版，316千字。本书以现代眼科手术尤其显微手术的操作技术和技巧为主题，论述了眼科手术操作的原理、方法、技术、技巧以及注意事项，是国内第一部有关眼科手术操作技术与技巧方面的专著，理论结合实际，内容丰富，叙述详细。科学实用，既瞄准当今眼科手术学的新方向，又结合我国的实际。

（韩　兵）

医疗机构医务人员三基训练指南：口腔科　胡勤刚（1957～　，江苏无锡人，曾任南京市口腔医院院长，兼任南京大学医学院副院长；长期从事口腔颌面外科的医疗、教学和科研工作）主编，东南大学出版社2005年5月出版，1 713千字。本书涵盖了口腔医学中口腔内科、口腔外科、口腔修复科和口腔正畸科等学科的基本内容，也是口腔临床医生必须了解和掌握的"三基"内容，因此它适合各级口腔科医生阅读。对于专科医师，本书有助于其了解专业以外的一些理论知识和技术。编写过程中，编者采用了成熟的临床技术，同时吸收新成果，做到科学性、实用性和新颖性相结合。（另有《口腔颌面外科查房手册》，已著录）

（韩　兵）

口腔颌面外科查房手册　胡勤刚主编，江苏科学技术出版社2004年10月出版，300千字。本书以"查房"为主线，对口腔颌面外科的每个常见病症分别从入院评估、病情分析、治疗计划、术后处理、预后评估、出院医嘱六个方面进行了详细论述，反映了患者从入院到出院的各个不同阶段在查房中可能遇到的问题，并提出了相应的注意点和解决措施。特别是在治疗计划部分，较多地反映了当前的治疗原则和治疗措施的新进展。本书可作为口腔颌面外科医师的常备参考书。

（徐志辉）

X线诊断学近展　荣独山（1901～1988，江苏无锡人，曾任南京中央医院放射科主任，国防医学院放射科主任、教授）主编，上海科学技术出版社1982年4月出版，348千字。本书共八个部分：(1)新技术，包括新设备和新方法；(2)胸部；

(3)循环系统；(4)消化系统，包括肝、胆、胰、脾；(5)泌尿生殖系统；(6)神经系统；(7)骨骼和软组织系统；(8)五官科。为了使读者能较易得到一个概念和节省篇幅，每章都有一个较为详细的概述，然后选择一些较有意义的文摘和参考文献题目登载于后，便于读者进一步查阅。本书取材以英文杂志为主，仅选取了少数法文、德文和日文文献。曾查阅和摘录文献500余篇，大多是在1973年初至1979年6月间发表的。选择的内容主要包括：新设备、新技术和新方法；正常X线解剖和生理的新认识；正常变异和无临床意义的X线表现；对某些病变具有诊断意义的新征象；X线检查、超声检查和同位素扫描的配合应用和对照研究；X线、临床和病理的综合研讨等。

（蔡保鹏）

放射自显影示踪学 朱寿彭(1930～ ，浙江杭州人，苏州大学医学部教授。研究方向：放射性核素诱发免疫毒理和遗传毒理效应分子机理)著，原子能出版社1995年10月出版，120千字。本书是生物医学领域中关于放射自显影示踪最新研究成果的专著。该书全面系统地探讨各种不同水平放射自显影示踪研究在不同科研任务和实际需要中的运用。尤其对于研究内污染放射性核素的行径追踪探查和阐明疾病机理方面，它具有独特的优越性，可以把机体组织的形态结构和行径定位的动态过程加以统一显示和表达。本书阐明放射自显影示踪的原理、特点、设计、类型、示踪量与曝光，探讨不同水平放射自显影示踪以及几种特殊放射自显影示踪研究等。本书可供从事放射医学、核医学和辐射防护工作者，以及基础和临床医务工作者、研究人员、高等医学院校师生参考。(另有《放射毒理学》，已著录)

（徐志辉）

放射毒理学 朱寿彭主编，原子能出版社1983年11月出版，307千字。本书较系统地全面论述了放射性核素毒理学的基本概念和知识。全书共分7章。总论部分阐述放射毒理学的研究内容和方法，放射性核素在体内的代谢规律，放射性核素对机体作用的特点、影响因素及其对机体的损伤效应，体内放射性核素的监测与评价，减少体内放射性核素的医学处理等。其他各章依次分别讨论铀和铀系主要核素、钚及超钚核素、钍、裂变产物和筛的放射毒理学，以及医学常用放射性核素的毒理学。本书为高等医学院校放射医学和放射卫生专业课教材。也可供从事放射生物、放射医学、辐射防护和核医学工作者以及其他医师和卫生工作者参考。

（徐志辉）

野战外科学 吴公良(1911～1995，江苏苏州人，曾任华东军区医院外科主任，南京军区总医院外科主任、副院长)、赵连璧主编，上海科学技术出版社1981年2月出版，1 173千字。本书是由中国人民解放军总后勤部卫生部组织全军外科专家集体编著的，本书不仅总结了我军丰富的野战外科经验，同时吸取了国外有关成就。全书分为4篇29章。对战伤类型和特点，战伤的机体反应，战伤救治的基本技术和各部战伤的诊断、处理作了比较全面系统的介绍。其中对各部战伤的早期诊断与处理作了重点讨论。本书内容比较全面、系统、丰富，理论联系实际，切合野战实用。插图较多，以便于读者理解和掌握。可作为部队军医、军事医学院校学生培训教材及一般外科医生参考。

（王忆南）

药物设计的基本原理 张其楷(1912～1995，江苏南通人，历任军事医学科学院研究所副所长、研究员，总后勤部卫生部医学科技委员会委员，中国医学会常务理事、北京分会理事长)主编，中国医药科技出版社1990年4月出版，442千字。本书介绍了在药物设计中所涉及的一些主要的基础理论知识，包括药物的化学结构与生物活性之间的关系，影响药物药效的一些重要因素，以及药物设计的基础理论和方法，其目的是为了在研究和设计新药时尽可能地建立在合理的基础上，以减少盲目性和不必要的探索。各章取材内容新颖，注意最新发展动向。

（韩 兵）

计算机辅助药物设计：原理、方法及应用 陈凯先(1945～ ，重庆人，原籍江苏南京，中国科学院院士，浙江大学、上海交通大学、复旦大学医学院、中国药科大学、第二军医大学兼职教授)等主编，上海科学技术出版社2000年10月出版，472千字。本书是专门介绍计算机辅助药物分子设计方法与应用的专著，内容分三个部分：第一部分介绍与计算机辅助药物设计有关的理论计算方法，包括量子化学方法、分子力学方法和配体-受体相互作用的自由能预测方法;第二部分介绍计算机辅助药物设计的主要方法,包括定量构效关系和三维定量构效关系方法、三维药效基团模建和三维数据库搜寻方法、分子对接以及近年来发展起来的全新药物设计方法和计算机模拟组合化学方法;第三部分选择几个典型的体系,介绍计算机辅助药物设计方法在先导化合物的发现和优化中的应用。　（王忆南）

生物检定讲义　顾汉颐（1916～1977,江苏武进人,曾任华东药品食物检验所、上海市卫生局药品检验所药理室主任）编著,科技卫生出版社1958年9月出版,95千字。本书概要地介绍了生物检定学,取材尽量切于实用。全书共8章,大致分三部分来论述:第一部分叙述生物检定的一般原理、概念和特点等;第二部分叙述效价计算和实验误差估计,尽可能介绍实用的简算法,有些公式的来源和意义,也力图用简明方法来阐明,借以破除对于统计方法"望之生畏"的迷信;第三部分介绍切合于国内实用的具体检定方法要点,几年来国内生物检定工作者积累的经验,也尽量加以介绍。并附参考文献。　（蔡保鹏）

新药评价概论　秦伯益（1932～　,江苏无锡人,军事医学科学院毒物药物研究所研究员,中国工程院医药卫生学部首批院士。研究方向:神经性毒剂预防药,精神药理毒理）等编著,人民卫生出版社1989年6月出版,391千字。本书是新药评价各方面工作的概要述评。全书共分10章,分别论述新药评价工作的简史,新药的发现,新药评价的程序,新药的药学评价,新药的临床前药理评价,新药的临床前毒理评价,新药的临床药理评价,新药评价研究工作的组织,新药研究的管理及新药评价工作的展望。　（韩　兵）

以核酸为作用靶的药物研究　张礼和（1937～　,江苏扬州人,中国科学院化学学部院士,曾任北京大学药学院教授、天然药物及仿生药物国家重点实验室学术委员会主任,长期从事核酸化学及抗肿瘤抗病毒药物研究）等编著,科学出版社1997年8月出版,250千字。全书共分9章;第一章概述作用于核酸的药物设计的特点;第二章介绍核酸结构的基础知识;第三至五章以阿霉素等抗肿瘤药物与DNA相互作用研究为例,依次介绍基于三维结构的药物分子设计的方法,包括测定三维空间结构的X射线结晶学、溶液构象的NMR波谱学以及计算机分子模拟;第六章属于分子药理学内容,介绍研究药物与DNA相互作用的序列特异性的实验技术;第七章介绍干扰核酸代谢的抗肿瘤、抗病毒药物;第八章和第九章则分别介绍最新的反义核酸和酶性核酸的研究进展。本书可供高等学校药物化学、有机化学、生化药理学、结构化学以及生物物理学等专业的高年级学生、研究生和从事上述学科研究的工作者参考。　（韩　兵）

风湿病临床药理学　孙凌云主编,科学出版社2005年9月出版,664千字。本书从风湿病学的角度,对常用的治疗药物从基础到临床进行了较详细的描述,不仅对常用的老药,而且对近年来发展的一些新型免疫抑制剂和生物制剂也进行了深入的阐述;在复习了国内外大量文献的基础上,还介绍了常用的风湿病治疗药物新的作用机制和用途;最后列举了一些病例供参考。本书对风湿科医师特别是刚刚从事本专业的年轻医师有很好的指导意义。　（韩　兵）

疫苗工程学　窦骏（1955～　,安徽芜湖人,东南大学医学院教授,江苏免疫学会常务理事,江苏微生物学与免疫学会常务理事。研究领域:DNA疫苗,肿瘤免疫,肿瘤干细胞,感染免疫,中药免疫调节）主编,东南大学出版社2007年10月出版,685千字。本书为全国高等学校教材,由总论和分论两部分构成。总论部分介绍了疫苗研究的历史,研制疫苗对人类的贡献和面临的挑战,疫苗研制的理论、技术、流程、应用、计划免疫、市场管理及疫苗相应法规等,并提供了新疫苗研究和开发的新技术和新信息。分论部分按细菌类疫苗、病毒类疫苗、真菌类疫苗、寄生虫类疫苗、肿瘤疫苗等分类,介绍了预防艾滋病、肝炎、结核病、疟疾、SARS、禽流感等传染病的新疫苗的研究进展。　（徐志辉）

现代疫苗设计原理　姜平（1964～　,江苏如东人,南京农业大学动物医学院教授,中国畜牧兽医学会兽医生物制品学分会副理事长,动物传染病学分会常务理事。研究领域：畜禽重要疫病病原分子流行病学，致病机理，诊断和免疫研究)、李祥瑞主编，中国农业出版社 1999 年 12 月出版，166 千字。本书以分子生物学和分子免疫学理论为基础，探讨了发展现代新型免疫中有关免疫机理、病原体致病机理以及重组活载体疫苗的载体等问题，为新型疫苗的研究提供理论指导。本书共 8 章，集中介绍免疫记忆与致病性和疫苗保护效果的关系；T 淋巴细胞共刺激和 B 协同刺激机理及其对疫苗有效性的重要意义；细胞因子用于疫苗的理论基础及作为疫苗佐剂的实际效果；肠道黏膜免疫机理与发展新型口服疫苗可行性；构建活载体疫苗的细菌载体和病毒载体的基本理论和应用前景。本书可作为医学和兽医学专业教师和研究生教学参考用书，也可作为生物制品研究学者和从事生物制品制造和管理人员的参考资料。 （徐志辉）

毒物分析化学 黄鸣驹(1895～1990，江苏扬州人，曾任第二军医大学药学系教授)著，人民卫生出版社 1957 年 8 月出版，488 千字。本书共分 6 章。第一章详述毒物分析化学的任务、工作范围、发展方向以及毒物化验时应注意的事项等；第二章为《预试验和本试验》；第三章《在酸性水溶液中与水蒸气同挥发的毒物》，包括磷、氢氰酸、卤素化合物、醇类、醛类、丙酮、酚类、酸类、苯等；第四章《不随水蒸气挥发而能用浸出法提炼的毒物的试验法》，包括从酸性水溶液中用醚浸出的毒物、从强碱性水溶液中用醚浸出的毒物、从弱碱性水溶液中用醚浸出的毒物、从弱酸性水溶液中用氯仿浸出的毒物、尸碱及其对于生物碱化验上的妨碍；第五章《先经有机质破坏手续后方可鉴识的毒物(金属毒)》，包括金属毒概论、金属毒各论；第六章《其他不能列于以上三大类须用特殊方法试验的毒物》，包括无机类毒物、有机类毒物。 （徐志辉）

新编毒物分析化学 胡乃钊(1909～1993，江苏丹阳人，曾任南京药学专科学校、第二军医大学教授)等著，群众出版社 1986 年 10 月出版，893 千字。本书共 9 章，分三个部分，第一部分包括第一、二章，是总论及近代仪器分析与技术在毒物分析上的应用的一般介绍；第二部包括第三至八章，专题论述各类毒(药)物的性质、毒性、代谢作用、提取分离和分析鉴定方法；第三部分为第九章，论述临床毒物分析化学和未知毒物的系统分析。书中附了大量基础数据和标准图谱资料，可供查阅。 （蔡保鹏）

环境化学物的联合毒作用 童建(1953～ ，江西清江人，苏州大学医学部教授，中国毒理学会理事，中国时间生物学会理事，江苏省预防医学会理事。研究方向：生物节律调控和辐射致癌机理)、冯致英编著，上海科学技术文献出版社 1994 年 3 月出版，222 千字。本书从多学科、多层次来论述环境化学物对机体联合作用的最新进展动态，参考文献主要是依据近年来的书刊报道。书中内容包括常见化学物联合作用的性质、危害、剂量—反应关系、作用机理、评价和在管理工作中的应用等。本书可作为医药卫生、环境科学、劳动保护等领域中的工作人员和医药院校师生的参考书籍。 （徐志辉）

第十七章 农业科学类

盛世探源——汉唐农业发展研究 刘磐修(1951~ ,江苏丰县人,徐州师范大学历史文化与旅游学院教授。研究方向:秦汉史,魏晋南北朝史,中国古代经济史)著,江苏古籍出版社2001年12月出版,250千字。本书内容由三大板块组成:其一,农业区的开拓与发展。汉武帝打败匈奴,将农业区扩展到河套和河西;汉代时,黄河流域作为传统的经济基地正式形成。魏晋南北朝南方经济崛起,长江流域成为第二大经济基地。汉唐两大盛世正是两大农业区拓展的硕果。其二,农业生产技术的进步。西汉以煤作燃料,东汉发明了水力鼓风技术,冶铁业进入规模生产阶段,铁制工具和牛耕在全国得到真正普及。其三,种植业和养殖业的发展。汉唐时期,麦类种植迅速增长。魏晋以后,南方水稻生产一路飙升。唐代后期,麦类与禾粟并驾齐驱。汉唐农业重视多种经营。水果种植业中,许多西域和中亚的果品引进内地,种类和品种更加丰富,果树栽培亦有重大创新。在养殖业,汉唐两代边疆各族与内地交流频繁,魏晋南北朝大批游牧民族徙居中原,畜牧业的规模和饲养繁殖技术得到长足发展。

(徐志辉)

中国农书概说 惠富平(1963~ ,南京农业大学人文学院教授。研究方向:农业经济史,生态环境史,农史文献学)、牛文智著,西安地图出版社1999年10月出版,190千字。中国农业历史悠久,农业文化积淀丰厚。传留至今的农书有400多种,系统记载了中国古代的农业技术经验和生产知识,内容涉及土壤耕作、粮食油料作物栽培、果树蔬菜、花卉药材、畜牧兽医、水利、农具、救荒、农学理论、农业经营管理等方面,是唯一系统反映传统农业历史特点的古典文献,对研究与利用我国传统农业文化具有重要价值。本书吸取前人农书整理研究的优秀成果,论述农书的概念、分类、起源、历史演进、农业技术知识体系、农业思想体系;比较中西传统农书的异同;揭示中国农书的现代价值;总结农书整理成果;叙述历代重要农书的作者、著录、内容特色、源流、影响、评价、版本等方面的问题。通过本书可以了解中国农业典籍概况,把握其内容体系和文献特色,对于农业史、科学史、文化史、经济史、书籍史等的研究均有重要参考价值。

(徐志辉)

设施农业在中国 易中懿(1964~ ,安徽金寨人,农业部南京农业机械化研究所研究员,江苏省农业工程学会副理事长。研究方向:农业工程,农业经济)主编,中国农业科学技术出版社2006年10月出版,800千字。本着注重实用性的基本原则,在坚持对农业生产具有指导作用和对政府管理人员具有参考意义的前提下,将我国近20年来有关设施农业的研究与示范推广的成果进行收集、整理,并汇编成册,供各级政府行政管理部门、科研部门、技术推广部门以及广大的涉农企业、农民参考,对于加快我国设施农业新技术的普及与推广,促进农业现代化进程,实现农业增效、农民增收乃至提高农产品的竞争力等,都具有十分重要的意义。本书共4个部分。第一部分阐述国内外设施农业的发展现状和趋势;第二部分介绍设施园艺、设施畜牧、设施水产三方面的实用技术；第三部分选编部分设施农业的典型模式；第四部分汇集有关设施农业的政策法规、标准、相关科研机构名录。

（徐志辉）

中国磷矿的农业利用　李庆逵(1912～2001，浙江宁波人，中国科学院院士，曾任中国科学院研究员，南京土壤研究所副所长。研究领域：土壤分析化学，土壤植物营养化学及施肥，红壤性质)等著，江苏科学技术出版社1992年6月出版，212千字。本书介绍了中国科学院南京土壤研究所数十年来对我国磷矿农业利用研究的成果，共5篇17章，阐明了我国化肥生产的发展对磷肥的需要，以及中国磷矿资源的特点和合理利用途径，还介绍了全国磷矿粉的研究与推广情况。（另有《土壤分析法》《中国水稻土》，已著录）　　　　　（韩　兵）

作物优质高产的施肥技术　史瑞和(1917～2004，江苏溧阳人，曾任南京农业大学教授)等编著，化学工业出版社1992年5月出版，136千字。本书较详细地介绍了作物高产施肥的科学理论依据，把土壤的养分供应、作物对养分的需要以及肥料的种类和性质三者有机地结合起来探讨，并具体地给出了各类作物包括禾谷类作物、根类作物、豆科作物、油料作物、饲料作物、棉花、烟草、果树和蔬菜等的施肥技术，理论联系实际，把植物营养学科研究的新成果用于生产实际。论点明确，资料充实，适用于基层农技人员和专科农业学校师生的需要。作者在论述植物营养和作物施肥时，对我国农业的发展也提出了一些新的见解，可以作为各地区农业部门领导的参考。

（蔡保鹏）

土壤发生与系统分类　龚子同(1931～ ，江苏海门人，曾任职于中国科学院南京土壤研究所，长于土壤地理、土壤地球化学及热带土壤利用)等著，科学出版社2007年9月出版，966千字。本书是中国土壤系统分类专题研究的总结性专著，特别是对于发生理论的深入和实际应用的拓展。全书共3篇。第一篇为土壤发生原理，除阐述一般发生过程外，在世界上率先深入剖析了人为土壤发生过程，对极端条件下以及热带、亚热带红色风化壳上的和温带富含有机质的土壤发生作了有特色的分析。第二篇为土壤分类，严格以发生学理论做指导的诊断层和诊断特性为基础，阐明土壤分类的原则和系统，提出了一个反映中国实际的以定量化为特点的新的谱系式分类。第三篇为土壤分类解译，为便于土壤信息交流和成果共享，分别阐述了土壤空间分异、土壤多样性、土壤参比、土壤信息系统以及分类在实践上的应用。（另有《中国土壤系统分类：理论·方法·实践》《中国土壤系统分类探讨》，已著录）

（韩　兵）

中国土壤　熊毅(1910～1985，贵州贵阳人，中国科学院学部委员，曾任中国科学院南京土壤研究所所长、中国科学院南京分院院长，在土壤物理化学、土壤矿物学、盐渍土改良、土壤发生学、土壤肥力和土壤生态学研究方面造诣深厚，是中国近代土壤科学的奠基人之一)等主编，科学出版社1978年3月出版，1 850千字。本书共3篇46章，并附千万分之一全国彩色土壤图。第一篇《土壤的类型和分布》，扼要阐明全国的土壤发生、分类和分布规律，详细地论述主要土壤类型的发生演变、形态特征和农业性状；第二篇《土壤的基本性质和肥力特征》，主要阐述土壤物理、化学和生物学特性，营养元素的含量、分布、转化和有效施肥条件以及土壤化学污染；第三篇《土壤的利用改良》，总结和阐述农业土壤、森林土壤、草原土壤、漠境土壤、盐碱土和风沙土等改良培肥的经验，同时把土壤学作为生命科学，以土壤养分作为影响生态平衡的一个因子，全面分析各种类型土壤的利弊和改土培肥措施，为土壤资源的合理开发利用和国土整治提供科学依据。（另有《土壤物理化学专题综述》《土壤胶体》，已著录）

（韩　兵）

中国的土壤　张俊民(1924～ ，江西莲花人，曾任中国土壤学会科普委员会副主任，中国科学院南京土壤研究所研究员，一生从事土壤地理研究工作)等编著，商务印书馆1995年3月出版，105千字。本书内容包括：中国土壤形成的因素；中国土壤的分类与分布；热带和亚热带的富铝土；温暖湿润地区的淋溶土；林灌地区的半淋溶土；千里草原的钙层土；干旱地区的石膏-盐层土；难长庄稼的盐碱土；各色各样的岩性土；平原地区的半水成土；低洼地去的水成土；人为因素影响深刻的水稻土；世

界屋脊上的高山土;中国土壤的分区。　　(韩　兵)

土壤农业化学分析方法　鲁如坤(1926～　,河南永城人,曾任中国科学院南京土壤研究所研究员。研究领域:土壤磷素农业化学,农田生态系统养分循环,农田养分退化)等著,中国农业科技出版社2000年4月出版,1 010千字。本书是由中国土壤学会组织中国有关专家编写的一本农业化学分析方法专著。本书总结了我国近50年的土壤农化分析工作方面的成熟经验,也涵盖了近年来某些新进展、新成就和新方法。全书共11篇52章,内容除常规分析方法外,还包括一些专题研究方法,并增加了仪器分析、环境污染物质分析以及土壤多元素通用浸提剂等内容。(另有《土壤:植物营养学原理和施肥》,已著录)　　(韩　兵)

土壤分析法　李庆逵等编,科学出版社1957年1月出版,字数不详。本书包括土壤全量和土壤粘粒的组成、土壤的有机碳和氮、土壤酸度、土壤代换性及石灰需用率,可溶性盐、速效性氮磷钾以及土壤机械组成等各项分析方法。对于这些方法,根据我们自己的和文献上所介绍的经验,把操作过程中应注意的细节都详为说明,忽视这种操作上的细节常会导致工作中的困难和错误。　　(韩　兵)

土壤微形态学发展及应用　黄瑞采(1907～1998,江苏南京人,原籍湖南长沙,曾任金陵大学、南京农学院教授、土化系主任)编著,高等教育出版社1991年4月出版,330千字。本书共10章,系统地介绍了十几年来国际上土壤微形态学的最新发展及土壤微形态的薄片研究,主要包括薄片描述标准、薄片中物像的描述和判读以及有关土壤组成分的研究;土壤微形态研究的技术、方法和应用实例。本书体系完整,内容翔实,图文并茂。可作土壤、地理、地质等专业的教科书,亦可作为农、林,牧及国土整治、环保、海洋、生物管理与研究的参考书。(另有《土壤的发生、分类与资源评价》,已著录)
　　(蔡保鹏)

土壤物理化学专题综述　熊毅等主编,科学出版社1965年4月出版,170千字。土壤物理化学是应用物理化学原理和方法研究土壤科学、指导农业实践的一门学科。出版本专辑是为了介绍土壤物理化学的理论和研究方面的最近成就,促进我国土壤科学的发展。本专辑收集了土壤养料的能量概念、土壤有机质和矿物质的本性、土壤电荷性质、离子扩散作用、整合作用以及有机-矿质复合体等8篇专题综述。　　(韩　兵)

土壤胶体　熊毅等编著,科学出版社1983年10月出版,320千字。本书分4章。第一章讨论层状硅酸盐的晶体结构,并介绍几种主要粘粒层状硅酸盐的组成、结构、形成和特征。第二章介绍氧化物研究概况,讨论氧化物中存在的几种关系,分别介绍了铁、锰、铝、铁、硅氧化物和水铝英石以及它们的功能。第三章讨论土壤有机质中碳水化合物的含量、组成、性质和来源,以及腐殖酸的组成和特征。第四章讨论土壤中粘粒与有机质的相互作用,有机无机复合体的性质及其与土壤性质的关系,并阐述了复合机理。　　(韩　兵)

土壤:植物营养学原理和施肥　鲁如坤等著,化学工业出版社1998年9月出版,712千字。本书共分5篇:总论;土壤中养分转化机理和肥料管理;需肥诊断和推荐施肥;主要作物施肥要点及施肥与全球环境。本书力图理论与实践相结合,清楚地阐明土壤环境与植物营养间的相互关系,以使本书对我国土壤-植物营养学的发展和合理施肥工作有所帮助。　　(韩　兵)

土壤生态系统　杨林章等主编,科学出版社2005年10月出版,496千字。本书论述了土壤生态学的发展历程、土壤生态系统的结构特点与功能类型、养分循环特征、能流传递特点、土壤生态系统的演变、空间格局与生态分区等,还介绍了主要土壤生态系统类型,如湿地、草原、森林、农业与农林复合土壤生态类型及其特点以及退化生态系统的恢复与重建、土壤生态保护与农业可持续发展等问题。本书可为从事土壤科学、农业生态学及环境科学研究的科技工作者及大专院校的教师、研究生等提供参考。　　(孟桂英)

土壤与环境微生物研究法　李振高(1939～　,浙江龙游人,曾任中国科学院南京土壤研究所研究员、学术委员会委员、微生物与生物化学研究室主任、微生物应用研究中心主任,在土壤-根际微生物生态、农田生态系统中生物硝化-反硝化作用与氮素损失研究领域做出了贡献)著,科学出版社2008年9月出版,726千字。本书是一本工具书,又是一本实验教材,文中除了常规方法外,对近年来国际上所采用的土壤微生物学研究的新方法和新技术作了较全面系统的介绍。全书主要内容:实验室设置和基本设备、生物显微镜技术、洗涤与灭菌技术、培养基类别与配制、样品采集和保存处理、微生物接种和纯培养技术、微生物菌种的保藏与选育、土壤微生物生物量的测定、土壤微生物多样性分析、土壤酶活性的分析以及数据生物统计分析等。 （韩　兵）

土壤微生物学　王祖农(1916~2008,江苏南京人,曾任山东大学教授、生物系主任、副校长)编著,科学出版社1955年11月出版,150千字。本书共15章,全面而系统地介绍了关于土壤微生物的专门知识,简要地记载了这门科学在目前我国的发展近况及其方向。以帮助读者打下能理论结合实际去独立地进行土壤微生物学方面工作的基础,为创造性地发展我国土壤微生物科学,为在全国范围内提高单位面积产量准备条件。 （王忆南）

红壤质量演变与调控　何园球(1955~　,湖北浠水人,曾任中国科学院南京土壤研究所研究员、农业生态与区域发展研究中心副主任,长期从事红壤发生、红壤农业生态系统结构、功能和优化模式、红壤退化、红壤肥力演化机理与修复等方面的研究)著,科学出版社2008年9月出版,490千字。本书是在中国科学院红壤生态实验站进行了多年的野外和实验室系列实验的基础上,结合红壤地区大量的科学研究积累编写而成的。共分9章,在概述了红壤地区自然资源与社会经济状况、红壤质量现状及演变的基础上,紧密围绕红壤侵蚀、酸化和养分不均衡化3个主要问题,从演变过程、演变机制到调控对策等方面进行了系统的阐述,提出了高质量红壤的定向培育与农业持续利用对策,分析了红壤质量演变的前景、存在的主要问题和解决措施及未来的发展方向。全书兼具理论性、资料性和实践性。 （韩　兵）

土壤的发生、分类与资源评价　黄瑞采、周传槐编译,江苏科学技术出版社1986年6月出版,600千字。本书是以成土因素、成土过程和土壤形态特征等三者相互联系、相互制约的整体概念为出发点进行编译的。编译的重点:国际上关于土壤发生分类中占有重要地位的各家之言和各学派的思想;介绍世界各大洲和联合国FAO-UNESCO等有代表性的土壤分类制,特别较详细地阐述了美国《土壤系统分类》;关于土壤分类与土壤制图以及土地资源评价原则的一般综述。介绍以上内容的总目的是开阔视野、面对世界,并从中得到启发,以利于解决我国土壤分类和制图中存在的问题,以及把我国土地资源评价工作向前推进一步。 （蔡保鹏）

塿土　朱显谟(1915~2017,上海崇明人,中国科学院院士,曾在中国科学院南京土壤研究所任职,国际土壤学会会员。研究方向:土壤侵蚀,水土保持,国土整治)著,农业出版社1964年8月出版。塿土是我国耕作土壤的主要土类之一。本书根据试验研究结果和农民的生产经验,论述了有关塿土的发生演变、性态、基本性质、生产特性以及培肥改良等问题,可供农业科学研究人员、农业院校师生、土壤科学工作者参考,也可作为陕西、甘肃、山西等地区农业技术人员培肥改良塿土的参考书。(另有《中国黄土高原土地资源图册》,已著录) （王忆南）

中国红壤退化机制与防治　张桃林(1961~　,江苏泰州人,中国科学院南京土壤研究所研究员,国家农业部副部长,主要从事土壤和土地退化及其恢复重建生态学理论与实践以及农业区域持续发展方面的研究)著,中国农业出版社1999年出版,112千字。全书共分4章,分别论述了土壤侵蚀、土壤肥力衰减、土壤酸化等主要红壤退化类型,并揭示其发生原因、过程与机理、时空分布特征。同时提出了红壤退化的防治对策与退化红壤生态系统的恢复措施。本书是作者在"八五"宏观调研、田间定位动态观测和实验室动态模拟、示范的基础上,结合近两年在承担国家自然科学基金重点项目和中科院"九五"特别支持项目过程中,在其中一些方面深化研究的最新成果所完成的一部专著。 （韩　兵）

中国水稻土　李庆逵主编,科学出版社1992年6月出版,800千字。本书分4篇,共30章。第一篇系统介绍我国水稻土的形成、分类和分布规律;第二篇全面阐述我国水稻土在形成过程中有关静态和动态的物理、化学和生物学的性质和过程;第三篇主要介绍我国水稻土的养分状况和合理施肥原则;第四篇主要介绍高产水稻土的管理和培肥及低产水稻土的利用和改良,还介绍了与当前十分严峻的环境问题有关的水稻土的污染及其防治。

（韩　兵）

面向农业与环境的土壤科学综述篇:中国土壤学会第十届全国会员代表大会暨第五届海峡两岸土壤肥料学术交流研讨会文集　周健民(1956～　,江苏赣榆人,中国科学院南京土壤研究所研究员,《PEDOSPHERE》杂志主编。长期从事土壤肥力和植物营养研究工作)等主编,科学出版社2004年7月出版,700千字。本书内容涵盖了土壤科学发展、土壤质量与环境保护、植物营养与施肥、土壤化学、土壤微生物、台湾地区土壤科学研究与精准农业等内容。

（韩　兵）

中国太湖地区水稻土　徐琪(1928～　,山东邹平人,曾任中国科学院南京土壤研究所研究员,在中国土壤生态学研究方面做了开拓性工作)、陆彦椿等著,上海科学技术出版社1989年9月出版,94千字。水稻土是在水旱交替耕作条件下形成的,主要的成土过程是氧化还原作用。由于土体构型不同,土壤水分状况各异,频繁的氧化还原过程使水稻土产生特殊的剖面形态,其最重要的诊断层是渗渍层。具有渗渍层的土壤才能称为水稻土,否则仍应属于种稻前原来的土壤类型。本书除对彩色剖面图谱作了简单的形态描述及附注了理化特性外,还附文介绍了太湖地区水稻土的发生、分类和改良利用。印制水稻土彩色剖面图谱在国内还是一个尝试。(另有《中国稻田生态系统》,已著录)

（韩　兵）

中国土壤系统分类:理论·方法·实践　龚子同等著,科学出版社1999年3月出版,133千字。中国土壤系统分类是以诊断层和诊断特性为基础,以形态发生和历史发生相结合为依据,面向世界与国际接轨,并充分体现了我国特色,还设有一个完整的谱系式检索系统。本书一至四章为总论,包括土壤分类历史,中国土壤系统分类的建立和发展,中国土壤系统分类的原则和方法,诊断层和诊断特性。五至十八章为土纲各论,共有14个土纲。分章论述了各土纲的分布、形成、发生、分类、检索、与其他土纲的关系,以及利用与管理;十九至二十二章涉及土壤基层分类、土壤信息系统、土壤分布和土壤系统分类的应用。内容丰富,资料翔实。

（韩　兵）

中国土壤系统分类探讨　龚子同主编,科学出版社1992年3月出版,388千字。《中国土壤系统分类研究丛书》之一。本书收集了最新有关中国土壤系统及有关方法和应用分类研究的论文33篇,是土壤系统分类研究工作开始的阶段性成果。我国土壤分类工作,对人为影响深刻的人为土、极端干旱的内陆干旱土、广泛分布的热带亚热带土壤以及被称为世界屋脊的高原土壤做了深入研究。本书内容围绕着些方面作了较详细的阐述。其中有关人为土的文章有8篇,干旱土有5篇,硅铝土、硅铝土和铁铝土有9篇。文章也涉及青海高原和横断山区的土壤,同时对土壤分类研究方法进行了探讨。

（韩　兵）

江苏土种志　江苏省土壤普查办公室编,江苏科学技术出版社1996年3月出版,470千字。本书是江苏省第二次土壤普查的重大成果,是论述全省土壤基层分类单元——土种的专著。它以土种个体为基本单元,以江苏省土壤分类系统为纲,全面扼要地阐述了分属于全省15个土类,34个亚类,97个土属中的150余个土种,系统展示每个土壤基层生态实体在江苏土壤分类系统中的归属、地形位置、水热状况、分布面积、土体构形、形态特征、理化性状、利用现状、生产性能和改良利用意见等。

（王忆南）

中国盐渍土　王遵亲、祝寿泉、俞仁培等著,科学出版社1993年12月出版,349千字。本书以大量的实地科学调查和试验资料为依据,较全面和系统地阐述中国盐渍土形成及其防治的专著。本书以土壤发生学和地球化学观点贯穿全书。内容包括土壤盐渍化的条件，土壤盐渍过程，盐土和碱土分类及特性，地球化学特征，盐分与植物生长关系，土壤盐渍化监测预报，土壤盐渍化综合防治等。本书资料翔实丰富、覆盖面广，融理论性、资料性和生产二性于一体，为合理开发利用盐渍土资源和国土整治，改善生态环境等方面提供科学依据。

（徐志辉）

中国水土保持概论 辛树帜、蒋德麒(1908～2011，江苏昆山人，曾任陕西省水土保持高级工程师、陕西省水电局副总工程师)主编，农业出版社1982年11月出版，196千字。本书对我国有关水土保持方面的历史时期的经验教训及新中国成立以来的群众经验与科学试验成果进行了较为系统的总结，可供农、林、牧、水利、水土保持战线的领导干部、技术人员、农民技术员以及其他有关专业科技人员阅读、参考，以期进一步推动我国水土保持科学的发展。

（蔡保鹏）

水土流失调查的遥感数据处理 卜兆宏(1940～，江西于都人，曾任中国科学院南京土壤研究所研究员，兼任中国科学院减灾中心委员及南方分中心副主任。长期从事土壤遥感监测方法及其应用研究工作)等编著，东南大学出版社1989年5月出版，320千字。本书是国家自然科学基金资助项目"用卫星磁带数据制水土流失图的研究"课题的研究专著。本书全面系统地阐述了该项研究所取得的各项成果及其特点，共分9章：前3章是本项研究的基础知识；第四至七章是按作业顺序分章叙述水土流失调查的遥感数据处理；第八章是遥感数据制水土流失图的最佳作业流程及其应用；第九章是遥感数据处理调查水土流失的展望，提出了实现水土流失量的遥感预测和水土保持措施强度预报的研究设想和建议。本项研究涉及我国南方、北方不同水土流失区域，具有广泛的实际应用价值。

（韩　兵）

土壤肥料与作物养分简易测定 中国科学院南京土壤研究所土壤地理研究室分析室编，江苏科学技术出版社1978年12月出版。本书共7章，第一章：简易测定的基本知识。第二章：样品的采集和处理。第三章：土壤物理性状的简易测定。第四章：土壤养分的简易测定。第五章：肥料养分的简易测定。第六章：作物组织的营养诊断。第七章：某些有害因子的简易测定。附录包括实验室规则、分析工作中的计算常数、简易实验室所需的仪器、药品等。本书介绍的测试方法，具有设备简单、方法快速、容易掌握、结果较准等特点。

（王忆南）

主要作物营养失调症状图谱 刘芷宇(1929～，上海人，女，中国科学院南京土壤研究所研究员。致力于水稻营养特性与施肥原则的研究，为丰富我国土壤植物营养学科的基础理论和新的研究内容做出了贡献)等编著，农业出版社1982年12月出版，163千字。本书是著者在参加全国土壤普查和营养诊断工作的基础上编写的。通过温室和大田3年多的试验，将收集到的营养元素缺乏和过剩的典型症状拍摄成彩色照片145幅，编为本书的图谱部分。并撰写了包括我国土壤的养分状况与作物生长，土壤中的养分来源及其在植物体内的生理功能，作物营养失调的症状以及土壤和作物营养的诊断指标4个方面的文字资料。根据植物外观来判断植物营养状况，进而推断土壤养分供应水平的方法在我国尚属首创。

（韩　兵）

土壤肥力物质基础及其调控 陈恩凤(1910～2008，江苏句容人，曾任沈阳农学院院长)著，科学出版社1990年4月出版，318千字。该书系根据中国科学院沈阳应用生态研究所(原林业土壤研究所)多年来关于土壤肥力研究成果写成，内容分为3个部分：第一篇，土壤肥力概念，主要回顾我国及国外有关土壤肥力概念的发展；第二篇，包括第二章至第十章，叙述土壤肥力的实质，力求全面阐明土壤肥力物质基础、土体构造、自动调节和抗逆性能以及我国主要土类肥力特点；第三篇，包括第十一章和第十二章，主要阐述土壤肥力调控项目及措施。各章均附以相应的数据和图表，内容系统丰富，是目前国内为数不多的关于土壤肥力学的专著。

（蔡保鹏）

土壤地理研究法 赵其国、龚子同主编，科学出版社1989年9月出版，395千字。本书是作者近40年来从事野外土壤调查的方法和经验总结。书中详细阐述现代土壤调查比较规范的基本方法和近年迅速发展起来并普遍应用的新方法,还介绍了一些今后可望推广应用的新技术和新方法。其主要内容包括土壤调查的准备,成土因素,土壤地理分布调查,土壤剖面观察和标本采集,及其土壤剖面描述标准以及野外素描和土壤调查中的摄影技术。同时还介绍了不同比例尺的土壤调查、制图和土壤性质图的编制。另外还介绍了航空像片、卫星遥感技术在土壤调查、制图中的应用。最后叙述了实验室分析项目和方法,土壤调查资料的整理和总结;对土壤信息系统的建立、土壤信息资料的初步转换处理也作了简要的介绍。这些内容对土壤调查的规范化和现代化具有指导作用,是土壤工作者必备的参考工具书。

（韩　兵）

中国土壤资源　赵其国等编著,南京大学出版社1991年8月出版,470千字。全书共24章。主要论述中国主要土壤类型的地球化学、生态学特征,地理分布规律,中国土壤资源的特征、类型、评价的原则和方法、合理开发利用途径等。除部分资料是作者过去工作的总结外,新增加了大量近期研究工作的最新成果,如中国土壤系统分类,中国土壤资源的基本特点,土壤地球化学概要,土被结构特征,土壤系统分析与数学模型方法以及土壤资源研究中新技术的应用等。全书体系完整,内容丰富,材料翔实,观点新颖,深入浅出。循序渐进,是一本颇有特色的教学用书。

（韩　兵）

中国黄土高原土地资源图册　朱显谟主编,中国科学院西北水土保持研究所编,陕西科学技术出版社1986年8月出版。本图册所称黄土高原地区,是以黄河中游黄土高原为主体,并涉及边缘或近邻山地、河谷盆地等具有黄土和黄土状沉积物的地区。本图册以土地整治、防治水土流失、充分发挥黄土的生产潜力,根治黄河水患,发展经济为中心,系统地反映黄土高原地区土地资源的有关情况,主要介绍黄土高原的基本情况、土地资源遭受破坏的原因及动力、土地类型及其演变规律以及整治途径等4个方面的内容。

（王忆南）

长江流域土壤与生态环境建设　席承藩(1915~2002,山西文水人,中国科学院院士,原中国科学院南京土壤研究所研究员)、徐琪等著,科学出版社1994年7月出版,406千字。本书作者长期承担了"长江三峡工程对生态与环境的影响及其对策"攻关课题的研究。本书是在所获得的研究成果的基础上,结合多年来众多科技工作者对长江流域所进行的土壤调查制图和土壤性质研究及定位观察等新资料撰写而成。本书全面论述了长江流域土壤资源的特点和利用现状、土壤生产潜力、土地承载能力、复合农业生态建设及其效益以及流域生态与环境建设等有关问题,是迄今为止有关长江全流域的第一本专著。书中所涉及的内容较新颖,既有较强的系统性,又体现了理论与实践的结合,既有理论意义,又有实践指导意义。本书可供流域规划、水利、土壤、农业、环境保护、生物等科技工作者以及有关领导干部参考。

（王忆南）

江苏土壤　江苏省土壤普查办公室编,中国农业出版社1995年1月出版,882千字。本书是江苏省第二次土壤普查的重大成果之一,全书共4篇17章。第一篇为地理环境与成土因素,分别以区位特征、成土因素两章阐述。第二篇第三至十章,为土壤类型各论,将江苏省15个土类、34个亚类、97个土属和212个土种,按土壤分类谱系制成《江苏省土壤分类系统检索》,从土类-亚类-土属-土种,注明各自的分布地域、地形部位、成土母质、土体构型、理化性状、生产性能等,以定性和定量的方法加以区别,供生产检索应用。第三篇为土壤性状与肥力建设,从第十一至第十五章加以论述,第四篇为第十六至十七章,阐述全省土壤资源开发与区域治理。本书在占有大量资料的基础上,运用解剖分析法和高屋建瓴透视法,对全省土壤普查所获得的基础资料、前人的研究成果、群众培肥、改土的历史经验,纵梳横理,广征博引,伐骨洗髓,汰粕取华,纵横捭阖,融会贯通,从土类-亚类-土属-土种,逐一反映各个分类层次的共性,又突出各自的个性;既有中心定义,又有边缘概念,客观地显示其全貌。

（王忆南）

太湖流域土—水间的物质交换与水环境质量　曹志洪(1941~　,浙江余姚人,曾任中国科学院南京土壤研究所所长,中国土壤学会理事长,国际土壤学会物理专业委员会副主席。长期从事土壤农化研究,主持过多项国际合作和国家省部级研究项目)等编著,科学出版社2006年2月出版,447千字。本书主要介绍了土、水间的物质迁移与水体富营养化,氮素在土壤、水体、大气间的交换、转化、迁移与水土环境质量,土壤磷素从稻田、麦地、蔬菜地和桑园地的径流迁移和渗漏淋溶的过程、特征及不同形态磷素的迁移量、对水体质量的影响等内容。本项目是国家"973"项目"土壤质量演变机理与可持续利用研究"的第六课题研究内容,是在太湖平原展开了大量的田间试验、野外观测、社会调查以及相应的室内模拟、温室实验、理化分析的研究基础上,参照国外该领域的最新进展综合集成而成。

(韩 兵)

中国农田生态系统养分循环与平衡及其管理　杨林章等著,科学出版社2008年9月出版,459千字。本书从分析农田养分循环过程的长期试验和联网研究方法入手,评价了中国农田生态系统氮、磷、钾养分使用和平衡的时空分布特征及其影响因素,定量分析了农田养分氮、磷、钾的转化规律和机制。基于氮、磷、钾在土壤-作物-水体系统中的迁移、转化、损失过程,论述了养分平衡对产量、土壤肥力和环境的影响等。

(韩 兵)

农业昆虫鉴定　黄其林(1906～1978,江苏南京人,曾任南京大学、南京农学院教授、系主任)等编著,上海科学技术出版社1984年2月出版,647千字。本书分9章叙述,除第一章"概述"部分介绍农业昆虫鉴定的意义、分目检索表、各目形态特征和生活习性外;其余8章分别按分类单元(科、属、种等)顺序,介绍与农业有关的直翅目、同翅目、半翅目、缨翅目、鞘翅目、鳞翅目、双翅目和膜翅目等8个目,对其中常见虫种或重要虫种的形态特征、寄主植物和地理分布等均作了详尽描述。全书附有插图332幅,可帮助读者准确地研究和鉴定农业昆虫之用。

(蔡保鹏)

农业昆虫学承启集　周明牂(1907～2005,江苏海安人,曾任北京农业大学植物保护系教授,中国现代农业昆虫学的先驱,中国植物抗虫性学科的奠基人)著,中国科学技术出版社1996年8月出版,620千字。本文集是著者从事农业昆虫学研究60余年学术论文中的精品汇编。本文集收录了周先生自1930年代至1990年代的论文及专著摘要42篇,内容包括:昆虫分类和中国农业害虫名录,害虫发生规律、生物学特性和防治,农业防治,作物抗虫性,害虫综合防治和展望等6个部分,反映了著者在农业昆虫学领域研究范围的广泛性和所做出的重要贡献,也反映了他参加我国农业昆虫学研究和发展的艰辛历程。

(韩 兵)

单克隆抗体在农业上的应用　刘秀梵(1941～　,江苏靖江人,中国工程院院士,扬州大学兽医学院教授,中国畜牧兽医学会理事,动物传染病学分会副理事长。曾获得国家科技进步二等奖,江苏省科技进步一等奖。研究方向:畜禽主要传染病流行规律和防制对策,畜禽重要疫病发病机理和免疫机理,生物技术在动物疾病控制中的应用)主编,安徽科学技术出版社1994年11月出版,329千字。本书共分两部分。第一至第四章介绍单克隆抗体技术的原理和方法,旨在帮助没有经过系统免疫学知识训练的农业科技工作者和有关实验室工作人员更好地理解、掌握和应用这一先进技术。第五至第九章是这本书的重点,系统介绍了38种重要的农业用单克隆抗体,其中与动物有关的单克隆抗体26种,与植物有关的单克隆抗体12种。对每种单克隆抗体除介绍有关背景,简述其制备过程和特性鉴定外,还重点讨论了应用的各个方面,并对今后的发展方向进行了评述。本书可作为高等农业院校各有关专业的教学参考用书,对广大农业科技工作者也有重要参考价值。

(徐志辉)

农业工程浅说　张季高(1917～　,江苏苏州人,历任复旦大学、沈阳农学院教授,辽宁省农业机械化研究所所长,中国农业工程研究设计院副院长,国务院学位委员会第一届学科评议组成员。对于中国实现农业机械化和农业现代化作不懈的探讨研究,并在北方主要农作物田间机械作业工艺方面做出贡献)编著,农业出版社1984年5月出版,43千字。本书就农业工程学所包括的范围,如农村能源、土地开发利用工程、农业生物环境工程、农业物料加工处理、农业工程力学和农业人类工程学等方面内容作了系统详尽的介绍。

(韩 兵)

农业机械化工程　余友泰(1917～1999,江苏邢江人,曾任东北农学院教授、院长)主编,中国展望出版社1987年7月出版,413千字。本书共5篇16章。第一篇总论,介绍我国农业机械化的一些基本概念,我国农机化事业的回顾与展望,世界几个典型国家农机化发展的概况与特点,作为认识和发展我国农机化事业的基础。第二篇农业机械化的区划、规划和能源,介绍制定农业机械化区划和规划的原理、内容和方法以及农业能源的供应展望。第三篇农业机器的系统和配备,介绍我国农产品生产系统的主要工艺过程,设计和配备农业机器系统的依据、原理、程序和计算方法。第四篇农业机械化的预测和决策,介绍最常用的农业机械化预测和决策技术。第五篇农业机械化经济分析和管理,介绍农业机械化的成本和技术经济分析,农业机器更新的必要性和年限,农业机器的试验、鉴定、推广的程序、指标和方法,农业机械化的经营管理和服务。

(王忆南)

中国农田水利史 汪家伦、张芳编著,农业出版社1990年12月出版,387千字。全书共7章。第一章绪论部分,从中国农田水利发展的全方位,论述农田水利与自然环境、社会历史条件以及农业发展的相互关系,企图钩玄提要,彰明因果,揭示其内部和外部诸因素相互联系、相互制约的运动规律。第二至七章,依据中国古代农田水利发展的基本趋势,分为6个历史阶段,分别就每个时期农国水利发展的主要成就、基本特点及其对农业发展的影响,作了比较系统的论述,并在阐明历史脉络的基础上,对不同时期、不同地区农田水利事业兴衰起落的规律,进行了初步探讨;在展现时空的大势以外,还着重对某些代表性的典型工程和著名灌区的技术成就作了较为详细的介绍。

(徐志辉)

柴达木盆地沙漠综合考察工作报告:中国科学院治沙队第一次学术报告会文件 仲崇信(1908~2008,天津人,曾任南京大学生物系教授,中国用米草植物与海争地、综合开发利用潮滩和改良盐碱土研究事业的开拓者)、许廷官编,中国科学院治沙队1960年2月出版,字数不详。柴达木盆地和共和县地区沙漠综合考察的任务是基本摸清考察该地区自然和经济情况(着重沙漠和戈壁地区),为改造利用沙漠和戈壁提供资料和科学依据,在综合考察的基础上进行规划,编制改造利用沙漠综合规划配置方案,及1∶1 000 000改造利用沙漠综合规划配置示意图。此外配合南水北调积柴线的调查工作,提供引水路线地区的资料和意见。本书是此次综合调查报告文件汇编。

(韩 兵)

作物育种生物技术 陈佩度(1944～ ,江苏无锡人,南京农业大学农学院教授。研究方向:小麦分子、细胞遗传与育种)主编,中国农业出版社2001年5月出版,194千字。本书为面向21世纪课程教材,主要介绍植物细胞与组织培养、植物原生质体培养和融合、植物染色体工程、植物基因工程、分子标记辅助育种的基本原理、常用技术、主要方法及其在作物育种中的应用。本书可作为高等农业院校农学专业和生物技术专业本科生、硕士生的通用教材,也可作为作物遗传育种、生物技术及相关领域教学、科研人员的参考书。

(徐志辉)

种子萌发的生理生化(第1卷 发育、萌发与生长) [加]J.D.比尤利、[英]M.布莱克著,何泽瑛(1923～?,女,江苏苏州人,中国科学院南京植物研究所研究员)等译,江苏科学技术出版社1981年6月出版,374千字。本书1978年由西德斯普林格—浮莱公司出版,共分两卷。第一卷内容包括种子结构、组分,种子成熟过程的产物,吸胀、萌发与生长,萌发与生长的生物化学,贮藏物质的转化,转化的控制过程等。本书着重介绍20世纪70年代以来用现代科学理论和先进技术在这一领域的研究成果。内容全面,取材新颖,简明扼要。其中对种子成熟过程的产物与萌发时物质转化间的关系;对成熟种子水分吸收、吸胀与萌发的关系,对种子萌发及幼苗发育过程中RNA的作用等在生理生化方面作了充分的阐述。本书对植物、农林科学工作者及有关大专院校师生,都有参考价值。(另有《种子萌发的生理生化(第2卷 生活力、休眠与环境控制)》,已著录)

(蔡保鹏)

种子萌发的生理生化(第2卷 生活力、休眠与环境控制) [加]J.D.比尤利、[英]M.布莱克著,何泽瑛等译,东南大学出版社1990年7月出版,502千字。本书1978年由西德斯普林格—浮莱公司出版,共分两卷。第2卷(生活力、休眠与环境控制)共分6章,内容包括:生活力与寿命,休眠的定义、类型和机理,休眠的解除,休眠的控制,休眠研究的展望以及萌发的环境控制等。每章均附有图表和丰富的文献目录。本书着重评述20世纪70年代以来种子学研究的成果,取材新颖,阐明了休眠的机理,也介绍了休眠和萌发的控制技术,是一本反映近代种子学研究水平的专著,对植物、农林及园艺科学工作者、大专院校师生以及种子生产工作者都有参考价位。

(蔡保鹏)

种子革命与社会变迁:长江三角洲地区的农业品种改良研究(1927~1937) 蒋国宏(1966~ ,江苏如皋人,南通大学法政与管理学院教授,江苏省中国近现代史学会理事,江苏省中国农史学会理事。研究方向:中国近代经济史,经济思想史)著,吉林人民出版社2007年12月出版,370千字。全书分为9章,分别交代了研究缘起,研究的现状和意义;探讨了农业品种改良的思想基础、改良人才的培养和积聚;通过乡村危机与农村复兴研究了农业品种改良的兴起;对棉种改良和蚕种改良进行了专门的研究;对农业品种改良的绩效与不足进行了评估;深入剖析了农业品种改良面临的国际国内政治、经济环境,其困境与无奈;对"黄金十年"长江三角洲地区的农业品种改良进行了总结。全书条理清晰,结构严谨,具有很强的内在逻辑联系与论辩力。

(徐志辉)

植物诱变育种学 徐冠仁(1914~2004,江苏南通人,中国科学院学部委员,曾任中国农业科学院原子能利用研究所研究员、所长,中国科学院遗传研究所研究员,中国科学院生物学部代主任)主编,中国农业出版社1996年5月出版,690千字。本书系统地反映了我国植物诱变育种科学水平,是一部带有理论性和实践性的著作。全书包括植物诱变育种研究对象、任务、发展与成就,诱发突变的物理学、放射生物学和遗传学基础,以种子繁殖和无性繁殖植物中有代表性的重要农作物、果木、观赏植物为重点,阐述诱变原材料选择、诱变因素和处理方法、突变的鉴定、筛选技术和选育方法,突变遗传资源的收集、研究、利用,提高诱变效率的方法及其基础以及诱变育种的发展前景及建议等。最后以附录形式编撰各种植物常用诱变因素的剂量范围、世界各国和我国诱变改良的植物种类和育成品种名录。本书可供有关专业工作者及农业高等院校师生阅读、参考。

(王忆南)

植物病毒学 裘维蕃(1912~2000,江苏无锡人,中国科学院生物学部委员,曾任北京农业大学教授,中国植物保护学会副理事长,中国植物病理学会理事长)著,农业出版社1964年12月出版,439千字。本书介绍了一门基础理论性很强的现代应用科学——植物病毒学,全书共3篇12章,分别系统地介绍了病毒学和植物病毒学的历史,植物病毒的分离提纯、基本特性、分类与命名、基因组及其表达和亚病毒的基本知识,具体介绍了植物病毒病诊断及植物病毒鉴定的现代研究方法,和植物病毒病的生态与流行模式及控制方法等内容。

(蔡保鹏)

植物诱导抗病性原理和研究 董汉松(1960~ ,山东莒南人,南京农业大学植物保护学院教授,国家科委科技进步一等奖得主。研究方向:植物生长与防卫信号传导,分子植物病理学)主编,科学出版社1995年5月出版,689千字。本书分四部分。第一部分是"植物诱导抗病性的理论体系",分三个层次,以植物—微生物共同进化、植物—病原物相互作用、基因对基因关系为线索,从基因控制、遗传运作、信号传导、抗病防卫功能因子的诱发和作用、抗病防卫的"链—环反应"及在不同生物类群背景上的生物学和病理学功能等方面,系统构架了植物诱导抗病性的理论体系。第二部分论述了利用诱导抗性控制作物病害的策略和途径。第三部分是对烟草赤星病的研究报告,以寄主—病菌分子和群体互作为主线,为烟草抗赤星病诱导的研究提供病理基础。第四部分"烟草诱导抗病性"分诱导抗性的生物学、发生机制、利用途径、多抗作用等4个层次。

(徐志辉)

棉花红铃虫及其预测预报 傅胜发(1909~1969,辽宁铁岭人,曾任中国农业科学院江苏分院研究员)等著,财政经济出版社1956年7月出版,32千字。加强农作物病虫害预测预报,及时掌握虫情是7年或者12年消灭农作物严重病害和虫害的基本措施。本书主要介绍了我国农作物病虫害主要预测预报对象的预测理论根据和具体预测办法。

(蔡保鹏)

园艺昆虫学 韩召军(1957~ ,南京农业大学植保学院教授,中国昆虫学会副理事长。研究方向:昆虫生理生化与分子毒理学)、杜相革、徐志宏主编,中国农业大学出版社 2001 年 7 月出版,455 千字。本书是教育部面向 21 世纪教学和课程体系改革计划的研究成果,是面向 21 世纪的课程教材。上篇系统介绍了昆虫的形态及其生物学、昆虫发生与环境的关系、害虫的调查和预测预报、防治原理与方法;中篇按昆虫类群介绍了 230 多种主要园艺害虫,包括其分布与危害特点、识别特征、发生规律、测报方法和防治技术;下篇专门介绍主要园艺作物上害虫的发生特点及综合治理策略、有益昆虫及其保护和利用的基本知识和方法。本书力图帮助读者全面、系统地认识和了解各类园艺昆虫,掌握园艺害虫防治和益虫利用的基本原理和技能。本书是园艺学各专业必修课和农学其他专业选修课的教材,也可作为园艺技术推广及园艺作物种植和管理者的参考书。

(徐志辉)

食用菌病虫害彩色图谱 宋金俤(1956~ ,女,江苏省农业科学院蔬菜研究所研究员,食用菌研究项目组组长)主编,江苏科学技术出版社 2004 年 1 月出版,字数不详。本书介绍了食用菌病虫害综合防治,食用菌常用无公害消毒杀菌剂和杀虫剂,食用菌主要虫害种类及防治等内容。内容侧重于病虫危害症状和防治措施,以增强直观性和实用性。书中附有图片 300 多幅。

(韩 兵)

城市园林绿化花木生产与管理 陈发棣(1970~ ,福建三明人,南京农业大学教授,中国菊花研究会常务理事,江苏省园艺学会常务理事兼副秘书长。研究领域:菊花遗传育种与分子生物学,园艺作物育种学,高级观赏植物遗传育种)、房伟民主编,中国林业出版社 2004 年 1 月出版,402 千字。本书为"十五"国家重点图书,《城市绿化美化丛书》之一。本书包括总论和各论两大部分,最大特点是以园林花木及其生产应用为对象的系统工程。总论从园林花木的类别与功能,到生产的设施与设备,生长发育与环境因子,繁育栽培与管理,病虫害防治,直至园林花木的经营与销售;各论包括木本花卉,草本花卉,草坪植物等计 170 余种。全书内容新颖、丰富,图文并茂,通俗易懂,可供广大园林花木生产者、经营者和爱好者参考。

(徐志辉)

杂草学 强胜(1960~ ,安徽人,南京农业大学植物科学系教授,江苏省植物学会副理事长,江苏省杂草研究会副理事长。研究方向:杂草生物生态学,杂草化学防除,植物杂草化安全性评价技术和杂草多样性及其资源利用)主编,中国农业出版社 2001 年 5 月出版,406 千字。本教材从杂草的定义入手,系统叙述了杂草的生物学、生态学,中国杂草的发生和危害,主要杂草种类,除草剂主要品种的特性、作用机理、适用作物和防除对象以及药效药害、抗性和残留,杂草防治的主要方法,主要作物田间杂草的综合治理技术,杂草科学的主要研究方法等。在注重杂草基础知识的同时,着力反映了当代杂草科学在生物除草剂、转基因抗除草剂作物、杂草综合治理等最新发展动态。

(徐志辉)

农药应用大全 林郁(1909~?,福建莆田人,曾任中国农业科学院江苏分院研究员,江苏省农业科学院研究员)编,农业出版社 1989 年 5 月出版,1 560 千字。本书搜集整理了 1 791 种农药,包括杀虫剂、杀菌剂、除草剂、杀螨剂、杀线虫剂、杀鼠剂、杀软体动物和其他动物剂、杀藻剂、拒避剂、熏蒸剂、昆虫生长调节剂、植物生长调节剂和增效剂等。每种农药,介绍了其化学结构、化学名称和理化性质。为了帮助读者便于查阅文献,本书除了介绍普通名称之外,还尽可能地搜集其他英文名和其代号。针对农民在使用农药中每年屡屡发生中毒事故,本书还较详细介绍了各种农药的毒性,以有助于减少中毒事故的发生。此外,针对我国病虫草害发生情况,着重介绍每种农药的主要用途。

(蔡保鹏)

水稻高产高效栽培技术及理论 张洪程(1951~ ,江苏通州人,中国工程院院士,扬州大学农学院教授,中国作物学会栽培专业委员会主任,中国作物学会栽培研究会副主任,中国耕作研究会副理事长。曾获国家科技进步二、三等奖。研究方向:作物栽培技术理论,农业可持续发展)、苏祖芳等著,东南大学出版社1991年10月出版,581千字。本书为江苏省"七五"重点科技攻关项目"新型耕作栽培技术及其应用研究"的主要成果之一。它从多方面反映稻作研究的最新进展,以下列诸方面展示了多元结构的高产高效稻作技术体系:少免耕水稻高产规律与优化栽培;水稻高产的节水灌溉技术;秧田高效开发及其配套的水稻高产栽培技术;水稻抛秧高产栽培技术及理论;少免耕直播稻高产形式与栽培;多熟制末季稻生育特性与省工高产栽培;稻麦两熟高产栽培机械化。本书是从事水稻栽培教学、科研、推广工作人员的一本可读性好的书,也是农业部门的领导与经营管理人员的新参考文献。(另有《农业标准化原理与方法》,已著录)

(徐志辉)

稻作科学技术 周拾禄(1897～1979,浙江义乌人,历任华东农业科学研究所副所长,江苏省农林厅厅长,中国农业科学院江苏分院研究员等,开创水稻地方品种鉴定,为我国水稻品种改良打下了基础)著,农业出版社1981年12月出版,589千字。本书内容第一方面为稻的生长发育及其形态、稻的生理、稻的生态等3章26节,是稻作科学技术的基础。第二方面为稻的种类、稻的细胞遗传及细胞遗传学、稻的育种,是稻作育种的理论基础及其实施方法。第三方面为水稻一般栽培和特殊栽培。一般栽培叙述单季稻的普通栽培,即秧田和本田两阶段的栽培方法。特殊栽培为一般稻作著述所忽视的特殊栽培法,除直播栽培、多季稻栽培而外,有水田旱地轮换栽培、早期栽培、晚期栽培等近年才试行的栽培方法。其中有一节是机械化栽培,着重讨论机械化栽培与水稻生育产量的关系,而不是介绍各种耕作机械及其耕作方法。第四方面是叙述旱稻的特性特征及其栽培方法。旱稻在我国栽培面积虽不大,它的习性和栽培技术与水稻不同,因专设一章专门叙述。(另有《稻作集论》,已著录)

(韩 兵)

稻作集论 周拾禄编译,上海科学技术出版社1963年11月出版,385千字。本书系从日本近年出版的《稻作讲座》《续稻作讲座》《稻作之科学技术》《日本稻作》《稻作之新机轴》《综合作物学稻之部》《日本之稻》《稻作之理论与技术》《作物之生理生态》《育种学各论》等书中选择参考价值较大的章、节摘译编撰而成。全书共计60项,分生长发育、品种、自然灾害、育秧、栽培等5大部分,读者可以从中了解到日本近年水稻科学研究和生产技术的成就及其发展趋势。

(韩 兵)

无公害优质稻米生产技术 陈留根(1962～ ,江苏常熟人,江苏省农科院农业资源与环境研究所研究员,长期从事水稻栽培、现代农作制构建、农业生态、循环农业、农业资源开发等方面的科研工作)等主编,云南科学技术出版社2002年12月出版,字数不详。本书以实用为宗旨,详细介绍了无公害优质稻米的概念及意义、无公害优质稻米生产的标准、无公害优质稻米生产技术、生产操作规范等。

(韩 兵)

中国稻田生态系统 徐琪、杨林章等著,中国农业出版社1998年3月出版,390千字。本书是作者稻田生态系统多年研究成果的汇集,共17章,分别对作物与稻田生态系统物质循环、不同生物气候带作物生产力与物质循环、稻田生态系统碳素生物循环、施肥与稻田生态系统养分循环、稻田生态系统水循环在养分循环中的作用、稻田复合生态系统的几种模式及其特点、土壤微生物和动物在物质循环中的作用、稻田生态系统的耕作制度及其优化、稻田生态系统的演变规律等问题进行了系统的阐述。

(孟桂英)

江苏稻作科学 江苏省农学会编,杨立炯、崔继林、汤玉庚主编,江苏科学技术出版社1990年11月出版,770千字。本书共20章,主要包含5个方面内容。一是江苏水稻生产的巨大变化与主要经验,对江苏不同时期水稻生产的发展和不同稻区的形成、特点与演变过程,以及所采取的政策和配套技术措施,进行综合分析与评价。二是江苏稻作发展的基本条件,着重分析江苏的农业气候资源、水资源和水稻种质资源的特点,阐述自然灾害的发生规律和防御对策。三是江苏水稻育种、栽培技术的发展与成就,对江苏育种技术的进展和各个时期育成品种的成就与经验、陈永康水稻高产栽培等稻作技术,以及水稻病虫草害综合防治体系的形成与确立等作了阐述。四是江苏稻作的基础理论进展；在遗传方面，论述主要性状遗传在育种上的应用等内容；在生理方面，论述水稻生长发育与调控等内容。五是正在发展的现代新技术，介绍电子计算机和遥感技术在水稻生产上的应用与前景。最后一章展望了江苏水稻生产与科学研究的发展前景。（王忆南）

长江流域的稻作文化 裴安平（1953～ ，湖南安仁人，南京师范大学社会发展学院教授，江苏省考古学会常务理事。研究方向：先秦考古，史前考古，史前农业考古）、熊建华著，湖北教育出版社2004年8月出版，387千字。本书为《长江文化研究文库》之一。本书分为史前稻作和历史时期的稻作两部分，包括稻作起源与长江流域、史前长江流域稻作农业的发展与繁荣、历史时期的长江稻作、中国原始稻作农业的北上发展与东传、长江流域稻作农业的发展动因及其对中国文明的贡献、长江三大稻作类型的形成、长江稻品的开发与推广、稻作技术的运用与推广等13章。　　　（徐志辉）

纪念周拾禄先生诞辰110周年暨稻作起源国际学术研讨会论文集 王才林（1959～ ，江苏无锡人，江苏省农科院粮食作物研究所研究员，江苏省水稻攻关协作组首席专家，长期从事水稻遗传育种研究）主编，中国农业科学技术出版社2008年12月出版，200千字。本书分"周拾禄先生生平"和"稻作起源论文"两部分。后一部分收录了《中国是稻之原产地》《从遗传学角度看稻作起源》《从籼稻多样性看亚洲稻的起源与传播》等文章。（另有《汤玉庚先生九十华诞庆祝会暨杂交粳稻学术论坛论文集》，已著录）　　　　　　　　（韩兵）

汤玉庚先生九十华诞庆祝会暨杂交粳稻学术论坛论文集 王才林主编，中国农业科学技术出版社2006年12月出版，400千字。本文集汇集了汤玉庚先生及其带领的项目组成员在杂交粳稻研究领域发表的科研论文，其内容涉及杂交粳稻不育系与恢复系选育、新组合选育、恢复基因遗传、杂种优势表现、配合力、不育细胞质遗传效应、不育系的育性稳定性等方面。　　　　　　　（韩兵）

江苏省小麦大麦品种志 江苏省农科院粮作所品种资源研究室编，江苏科学技术出版社1985年1月出版，220千字。本书分为总论、各论和附录3部分。总论部分，比较全面而系统地阐述了江苏省小麦、大麦品种特性的形成条件，品种类型，麦作区划，品种演变以及品种事业发展情况等；各论部分介绍了新中国成立以来，江苏省生产上应用的主要小麦、大麦品种，包括小麦品种86个，皮大麦品种86个，裸大麦品种22个，分别对各品种的来源、形态特性、产量水平及其分布地区、栽培要点等，作了简要说明；附录包括两个内容，一是1961年前江苏省主要小麦品种简介，二是小麦、大麦品种试验田间记载和室内考种项目统一标准。本书是江苏省麦作方面重要的历史文献资料，有助于各麦区在生产上更明确地提出对品种性状的具体要求，借以制定正确的育种目标并明确主攻方向，合理利用品种资源，创造出更多更好的优良新品种。（王忆南）

中国小麦品种及其系谱 金善宝（1895～1997,浙江诸暨人，曾任南京大学农学院院长、南京农学院院长、中国农业科学院院长）主编，农业出版社1983年5月第1出版，580千字。本书对我国30年来小麦育种的主要经验进行了总结，它不是全国小麦育种成果汇编或"品种志"，也不同于一般的"育种学"，而是以分析论述我国小麦育成品种及其系谱为中心内容，总结我国利用国内外小麦种质资源和选配亲本的经验，并探讨主要经济性状的遗传传递关系。本书将全国划分为10个麦区，每个麦区为一章。每章的内容包括3个方面，即概述本麦区的地理范围、自然条件和小麦生产与品种的面貌，简要回顾本麦区小麦生产使用品种的演变历史，对主要育成品种按其特色或组合特点，分析其系谱和性状遗传关系，这是本书的主体部分。另外，在第一章绪论中，概括了我国小麦地方品种的基本特性和利用国内外小麦种质资源的一般效果；在第十二章中论述了亲本选配的一般规律，骨干亲本的作用和抗锈、早熟、矮化高产育种的基本经验，作为全书的总结。本书的问世，在世界小麦品种演变史的文献中，填补了我国在这方面的空白。而且对育成品种的系谱关系，也作了较为详尽和深入的阐述。（另有《小麦生态理论与应用》，已著录）　　（蔡保鹏）

小麦生态理论与应用 金善宝主编，浙江科学技术出版社1992年8月出版,500千字。本书是一部以反映温光生态为主的小麦生态研究专著。包括小麦品种生态型分类;小麦生育期的变异和预测;不同类型小麦品种在我国不同纬度范围和特殊生态环境地区的生育特征和温光效应;小麦品种生态型的特殊温光效应,小麦的日长反应;在温度因子影响下幼穗分化过程的生化指标变化;温光因子对植株性状和产量性状的影响;籽粒品质生理生化变化的生态效应;小麦品种的生态适应性;生态研究和发展小麦生产的关系;我国种麦季节气候生态因子的分布特征;小麦生态研究方法等。不但奠定和发展了小麦生态学的基础理论,也为小麦生产、品种资源利用、引种、育种、栽培等方面提供了科学依据,在学术性和实用性上都有重大价值。

(蔡保鹏)

玉米生理译丛 顾慰连(1931～ ,江苏无锡人,曾任沈阳农学院教授,院长)、高学曾等编译,农业出版社1979年10月出版,179千字。《世界农业丛刊》之一。本书辑译了玉米生理方面的论文20篇,其中W.G.邓肯的《玉米生理》选自伊文恩主编的《作物生理学》一书;有关生育期光合作用、呼吸能力、养分吸收、干物质生产等4篇选译自日本玉米营养生理研究报告。关于叶、根、茎等在生长发育期生产干物质的作用,不同期限水涝条件对生理上的影响,氮、磷、钾肥料对茎秆质量和籽粒产量的关系等篇,分别选译自美国《农学杂志》和《联作物科学》以及苏联的《植物生理学》。本书可供农业科技人员和教学人员参考。

(孟桂英)

玉米雄性不育生物学 李竞雄(1913～1997,江苏苏州人,曾任中国农业科学院作物育种栽培研究所研究员)等主编,中国农业出版社1998年6月出版,280千字。本书是国内外关于玉米雄性不育生物学的第一本专著,内容翔实、新颖,图片丰富,系统讲述了玉米雄性不育的理论与应用的基础知识,包括雄性不育的研究及应用的历史、现状,雄性不育的细胞学、超微结构、分子生物学及雄性不育的有关研究方法等。全书分5章,分别系统讲述了雄性不育的基础知识和玉米雄性不育类型及遗传,包括细胞质雄性不育和细胞核雄性不育;玉米雄性不育的利用原理和方法,包括细胞质不育的利用、细胞核不育的利用和最新研究的热门课题——工程雄性不育的构建和应用前景;关于玉米胞质雄性不育的细胞学知识;关于玉米核不育系统的细胞学,尤其是对超微结构的研究;研究雄性不育所涉及的方法和技术。

(蔡保鹏)

甘薯贮藏 袁宝忠(1923～2011,字楚良,河北丰润人,曾任职于华北农业科学研究所,徐州地区农业科学研究所。研究方向:甘薯育种,甘薯栽培,甘薯贮藏)编写,农业出版社1965年11月版,字数不详。本书于1956年12月初版。1965年作者根据自己近年来深入农村蹲点所取得的材料,对本书进行了修订,增添了插图,内容较初版本充实。现修订本共分8节,增补了高温与伤口愈合、贮藏窖药剂防病及几种常用的不同类型的贮藏窖等新的内容。特别在分析甘薯腐烂原因时,介绍了栽培条件与甘薯腐烂的关系;对贮藏条件,针对不同时期提出了相应措施。

(韩 兵)

江苏棉作科学 江苏省农学会编,江苏科学技术出版社1992年3月出版,440千字。本书反映了江苏棉作生产经验和科技成果,全书共11章,分别为江苏棉植科学的历史、现状与展望,棉区划分及其耕作制度,育种基础研究,品种的演变及其系谱,短季棉在全省粮棉生产中的地位和作用,品种区域化和良种繁育,棉花栽培的应用基础研究,棉花栽培技术,棉花病害及其综合防治,棉花虫害和植棉机械化及其发展趋势。

(王忆南)

棉花的组织培养——棉花译文集之二 奚元龄(1911～1988,江苏武进人,曾任华东农业科学研究所研究员、江苏省农业科学院研究员、农业生物遗传生理研究所所长)等译,上海科学技术出版社1982年3月出版,110千字。近年来,组织培养技术已应用于棉花的遗传和育种方面。大量的研究工作,包括愈伤组织培养,悬浮体培养,花药培养,器官建成,原生质体培养,体细胞杂交和细胞诱变等,已经着手进行,并已取得部分成就。可以预见,棉花组织培养技术,必将成为遗传和育种研究的重要手段。本书编集了有关棉花组织培养的文章17篇,从各个侧面来反映国外在这方面的科研动态、方法和成就,这些都是近年来的工作总结,且内容较新,可供我国棉花育种工作者阅读参考。

(王忆南)

棉花雄性不育杂交种选育的理论与实践 张天真(1962~ ,浙江东阳人,南京农业大学农学院教授,中国农学会棉花学会副理事长,江苏省遗传学会理事长。曾获国家科技进步二等奖。研究方向:种质创新,杂种优势利用,基因组学,分子育种)、靖深蓉著,中国农业出版社1998年6月出版,117千字。利用雄性不育系进行杂优制种是杂种优势利用的有效手段,棉花的杂种优势也十分明显。印度利用人工去雄授粉法生产杂交种种子,生产上大面积栽种杂种棉。但是用人工去雄授粉制种,费时费工,制种成本高,难以在我国推广利用。因此我国不得不另辟蹊径,开展我们自己的研究。本书就是这项研究的成果。本书的内容主要有棉花杂种优势的表现及其利用概况,雄性不育的发生及生理学和细胞学基础,核雄性不育系杂种棉选育的理论与实践,胞质不育三系的选育及杂种优势的利用,雄性不育杂种棉的选育、生产与栽培。

(徐志辉)

江苏油作科学 江苏省农学会编,江苏科学技术出版社1995年11月出版,921千字。本书共5篇27章,反映了江苏40余年油作生产经验和广大油作科技工作者的科技成果、学术观点和科学积累。第一篇《油作概况》,主要评述江苏油作的发展与区划状况;第二篇《油菜》,详细论述油菜气象,种质资源,育种技术,杂种优势利用,器官建成与调控,种子、光合、营养生理,产量形成与高产途径,高产栽培原理与技术;第三篇《花生》,重点介绍花生气象、育种、生理、器官建成、高产栽培原理技术以及病虫草鼠害的防治;第四篇《芝麻》,简要讨论芝麻的品种改良、器官发育、产量形成以及高产栽培技术原理;第五篇《油籽的加工和利用》,重点介绍油脂制取、油料及其取油副产品的利用。

(王忆南)

大豆 孙醒东(1897~1969,江苏南京人,中国大豆、牧草及绿肥作物研究的先驱者)著,科学出版社1956年6月出版,144千字。本书以米丘林生物学学说,和李森科农业生物学原理作理论根据,阐述大豆在世界上的经济意义和对于我国第一个五年国家经济建设大规模地农业生产的重要性,介绍了大豆栽培的实用技术及其在"草田耕作制"中的地位,全书(参考资料除外)共分13章。本书1958年被苏联A·M·凯戈里多夫译成俄文本,在莫斯科出版,闻名中外。

(王忆南)

药用植物栽培学 郭巧生(1963~ ,南京农业大学园艺学院教授,中国中医药研究促进会中药材种植(养殖)规范化专业委员会副主任委员。研究方向:中药材规范化生产,药用植物引种和驯化,中药资源评价与开发利用)主编,高等教育出版社2004年8月出版,670千字。本书是全国高等院校中医药现代化示范教材之一,共分总论、各论、附录及附篇四大部分。总论共9章,主要介绍药用植物栽培学的基本理论和方法等内容。各论按入药部位分为6章,详细介绍了具有地区和用药代表性的36种常用药用植物规范化栽培技术。作为本书的配套光盘,在收录全书内容的基础上,又参照各论补充收录了26种药用植物的规范化栽培技术。本书是高等农林、高等中医药院校药用植物专业或相近专业的教材和教学参考书。亦可供有关中药材生产经营和中药资源开发利用及其他从事经济植物研究和生产的专业技术人员参考。

(徐志辉)

蔬菜良种繁育与杂交制种技术 余文贵(1956~ ,江苏东台人,江苏省农业科学院研究员,长期从事番茄遗传、生物技术以及优质抗性新品种选育研究)编著,江苏科学技术出版社1996年1月出版,144千字。《"菜篮子"工程技术丛书》之一。本书围绕各种蔬菜种植技术而成系统论述,以满足广大菜农的知识需要,并注重传授经验,注重知识的先进性、实用性;内容和文字讲究科学性和通俗性,力求做到学得懂,用得上,见实效。

(韩 兵)

大白菜四季栽培 袁希汉(1955~ ,江苏宝应人,江苏省农业科学院蔬菜研究所研究员,扬州大学、南京农业大学硕士生导师,主要从事十字花科和瓜类蔬菜种质资源收集利用,芸薹属作物种间杂交研究)、苏小俊编著,江苏科学技术出版社1996年5月出版,字数不详。《"菜篮子"工程技术丛书》

之一。本书系统介绍了大白菜的形态特征、生长规律及对环境的要求、类型与品种、四季栽培技术、主要病虫害及其防治技术等。

（韩 兵）

中国的白菜 李家文（1913~1980，江苏镇江人，蔬菜学家，曾任山东农学院教授）著，农业出版社1984年12月出版，181千字。李家文教授生前对中国白菜类蔬菜的起源、分化、分类、形态、生理、栽培技术及遗传育种等领域进行了广泛、深入的研究，提出了许多独到的见解，如大白菜生长发育周期的分期临界特征、花芽分化与结球的关系和起源进化等，曾在中国园艺界引起了热烈的讨论，从而促进了大白菜栽培理论研究的发展。李家文先生病逝后，他生前对大白菜的研究成果，被整理成《中国的白菜》一书，这是一部研究白菜的重要专著。

（蔡保鹏）

农业标准化原理与方法 张洪程等编，中国农业出版社2002年7月出版，392千字。随着农业由自然经济向市场经济的转化，农业生产从产前、产中到产后，都需要实现标准化。农业标准化是发展农业产业化的需要，是实施农产品品牌战略的必由之路。本书是国内第一本系统介绍农业标准化原理与方法的著作。全书共10章，内容包括：农业标准化的产生和发展简史，农业标准化的基本概念、学科性质与研究内容，国外农业标准化发展概况，农业标准化的原理、方法和特点，农业标准的种类、级别和体系，农业标准的制定与修订，农业标准化的规划、实施及监督，农业质量管理，农业标准化与农业国际贸易，有机食品、绿色食品和无公害食品的生产及其规范，农业标准化效果，农业标准化的发展趋势与对策以及若干附录等。

（徐志辉）

中国果树史与果树资源 孙云蔚（1908~1996，江苏吴江人，果树学家，曾任南昌大学农学院、西北农业大学教授，陕西省园艺学会理事长）、杜澍、姚昆德编著，上海科学技术出版社1983年6月出版，230千字。本书共10个部分，主要论述并考证了我国果树栽培的悠久历史，古代的果树种质资源和传播，以及富有特色的栽培技术。同时，介绍了我国各地现存的珍贵古老果树和新中国成立后选育的优良新品种。最后，简要介绍了有关果树栽培的各种古农书。此外，书中附有珍贵古老果树照片44幅。本书可供农业、林业及多种经营行政干部，高等农林院校师生、研究生、进修教师以及果树、林业科技人员参考。

（王忆南）

长江中下游山地丘陵区植被恢复与重建 张金池（1962~ ，山东安丘人，南京林业大学森林资源与环境学院教授，江苏省水土保持学会理事长，江苏省生态学会副理事长。研究方向：林业生态工程，水土流失监测与控制，破坏山体植被恢复）、杜天真等著，中国林业出版社2007年3月出版，600千字。本书以长江中下游山地丘陵区为对象，针对区域生态建设存在的森林植被退化、林分质量差、土地生产力降低、生物多样性锐减、水土流失剧烈、自然灾害频繁、区域生态环境恶化等突出问题，在深入研究植被恢复与重建理论的基础上，提出植被恢复与重建立地经营类型组划分的论点，从流域整体或系统水平的区域尺度上，分别立地经营类型组进行多种模式的综合研究与示范，定位研究不同模式的生物多样性保护效益、土地生产力长期维持技术、森林水文与水土保持功能及效益，提出长江中下游植被恢复与重建的技术体系、指标体系和保障措施体系，为中国林业生态工程建设提供了示范和技术支撑，具有重要的理论与实际意义。

（徐志辉）

云南热带材及亚热带材 唐耀（1905~2005，江苏江都人，祖籍安徽泾县，中国科学院昆明植物研究所研究员）著，科学出版社1973年10月出版，429千字。本书叙述了云南一些主要热带材及亚热带材的分布、材性、用途、木材解剖；更主要的是通过系统的木材记载，共计有68科161属，对我国主要木材特征加以归纳。另外，还附有79幅照相图版，7种附录，6个索引。本书可供木材科学的研究人员、林业科学工作者及大专院校有关专业师生参考。

（王忆南）

江苏树木大观 方寅（1938~ ，江苏东台人，林业高级工程师）主编，江苏科学技术出版社1998年1月出版，200千字。江苏地处亚热带与暖温带过渡地带，南北树种兼有，资源丰富。珍稀、名贵的古树分布于风景名胜、寺庙园林、山村民宅，是具有生命力的活文物,具有历史、科学、人文、经济价值。本书分为森林巡礼、国之瑰宝、万木之冠、丽树名花、奇木异树、古树名木、树迹寻踪、宝树珍藏、林特名产等章节,汇集了江苏各地保存的古、大、珍、稀、奇树的资料,介绍江苏省主要的森林景观、林业建设成就以及相应的社会文化背景、经济价值。本书挖掘"树文化",注重科学性、知识性、准确性和可读性,一可弘扬传统文化,让读者知道树木和文化从古至今有着不解的渊源;二可让古树珍木的悠悠历史留以传世;三可普及林业科技知识。

(王忆南)

中国森林植物地理学 陈嵘著,农业出版社1962年3月出版,73千字。本书共两编。第一编从植物分类学的角度出发叙述中国森林植物区系,阐明中国森林植物的分布与世界其他各地的相互关系以及造成这种情况的原因,最后归纳中国森林植物的一般特性为种类丰富复杂、培养价值大、抵抗力强、古生速生丰产树种等。第二编从植物生态学的角度出发叙述中国森林植物群落,按照纬度、海拔划分为水平及垂直森林植物带,再分为各地方、各山脉森林植物带,述及各带原始林的变迁经过及今后恢复的途径并考察以往引进树种生长的好坏。

(韩 兵)

中国树木分类学 陈嵘编著。本书最早由中华农学会于1937年出版,后分别于1953年7月(中国图书发行公司南京分公司)、1959年12月(上海科学技术出版社)再版,1 723千字。本书分前编、正编、附录及补编等部分,所记载的中国树木有2 550种(包括亚种14种,变种591种,其中不少是中国的特有种,有的就是陈嵘所发现的),分列为550属111科。为便于查阅,对每一树种,除列举学名外,还列有汉名、别名、梵名、英文名等。对树种的形态生态如根、茎、枝、树皮、芽、叶、花序、花、果实、种子等都详加描述,并介绍其产地、地理分布及用途,便于林业工作者应用,书内还附有插图1 165幅。

(蔡保鹏)

森林生态学 薛建辉(1962～ ,江苏启东人,南京林业大学森林资源与环境学院教授,江苏省生态学会理事长,中国生态学会副理事长。研究方向:森林生态,林业生态工程,生物多样性保护)主编,中国林业出版社2006年1月出版,521千字。森林生态学是研究组成森林的不同生物种类之间及生物与外界环境之间相互关系的科学。本书内容主要包括个体生态、种群生态、群落生态、森林生态系统、景观生态等,力求理论与实际相结合,定性与定量相结合,反映森林生态学的全貌和国内外最新研究成果与发展趋势。其中,生物多样性保护原理、全球气候变化与森林碳循环、森林生态监测与效益评价等章节都反映了近年来森林生态学新的研究领域及热点问题,对于认识森林在改善生态环境质量中的作用规律,并应用于林业生态工程建设具有重要的指导意义。本书可作为高等农林院校林学、园林、水土保持、环境科学等专业的生态学教材。

(徐志辉)

林木育种学概论 王明庥(1932～ ,湖北枝江人,中国工程院院士,南京林业大学教授。研究方向:森林遗传学,林木遗传改良。集中对黑杨派树种遗传资源的系统研究,在杨树引种理论、遗传改良和无性系测定以及杨树短周期工业用材树种改良等方面有所突破,为淮河流域及长江中、下游平原建立大规模短周期工业原料林基地做出了贡献)主编,中国林业出版社1989年1月出版,360千字。本书由三个部分组成:第一部分主要阐述群体、数量遗传的一般原理,以便与普通遗传学的内容相衔接;第二部分阐述林木群体改良的一般原理和方法;第三部分介绍遗传力和遗传增益的估算,它是决定育种战略的重要依据。此外还有4个附录,比较详细地介绍了各种具体的设计、计算和操作方法,以便于要求深入学习者参考。在编写内容上力求保持林木群体改良自身的系统性,注意密切联系林业生产实践,坚持理论与实践相结合的原则。书中除必须采取的经典例证以外,尽量收集和总结国内外近年来有关林木群体改良的新经验和新成果。(另有《林木遗传育种学》,已著录)

(徐志辉)

林木遗传育种学 王明庥主编,中国林业出版社2001年4月出版,680千字。林木遗传育种学是以现代生物科学及其他有关自然科学的成就为基础的一门应用科学,它以遗传学为理论指导,根据林木的特性及其遗传变异的规律,进而研究如何有效地控制和利用这种遗传和变异。本书共分为14章,从遗传的基础知识出发,系统阐述林木遗传育种的方方面面,涉及森林遗传、林木育种原理和常规技术、生物技术在林木遗传育种中的应用等内容。在章节安排上,力求循序渐进,深入浅出,拓宽知识面,扩大信息量;在内容取舍上,力图保证重点,讲透基本理论,注意联系实际,使科学性、先进性和实用性统一。

(徐志辉)

东北森林的采伐与更新　邵均(1903~1977,江苏宜兴人,曾任东北林学院林学系教授,黑龙江省林业厅副厅长)、王战、赵允惠编著,农业出版社1963年3月出版,63千字。本书是论述东北森林采伐与更新方面比较全面和系统的一部重要学术性著作。作者根据自己在东北历年来对采伐更新大量的调查材料以及有关文献,把东北森林实行的多种皆伐与人工更新,择伐与天然更新以及当时出现的采育兼顾伐等作了分析比较的评价,从理论和实践上提出了科学的论断。既反对单纯从取材满足经济需求出发的皆伐观点,也反对只谈顺应自然而不顾经济建设对木材需求的纯自然主义的择伐观点。同时,还对大兴安岭、小兴安岭、长白山三大林区的森林采伐与更新提出了建议。这些建议至今仍可作为制定森林经营、区划、规划、计划的主要原则和依据。

(蔡保鹏)

栓皮栎栽培与利用　傅焕光(1892~1972,字志章,江苏太仓人,中国水土保持事业的创始人之一,曾任华东农林部林业局副局长、安徽省林业科学研究所副所长等职)、于光明等编著,中国林业出版社1986年5月出版,69千字。栓皮栎是我国特有的贵重经济树种,又是重要的用材林和薪炭林树种。本书主要介绍了栓皮栎的栽培利用历史,生态、生长、生物学特性,植被类型和抚育管理,育苗和造林技术,病虫防治,加工和利用等。

(蔡保鹏)

华南橡胶幼树区域寒害问题　吕炯(1902~1985,江苏无锡人,曾任中国科学院地球物理研究所研究员、气候研究室主任)著,中国科学院地球物理研究所编辑,中国科学院编译局1955年11月出版,25千字。本书是作者在任职期间,亲自进行有关农业气象与作物的引种、气候生态型以及作物的气象灾害等方面问题的研究,再进行整理和编辑后所出版,对推动我国农业气象科研事业的发展起了十分重要的作用。

(蔡保鹏)

饲料添加剂应用原理及技术　王恬(1958~　,江苏常州人,南京农业大学动物科技学院教授,中国畜牧兽医学会动物营养学分会副理事长,中国畜牧兽医学会家畜生态学分会副理事长,中国饲料工业协会常务理事,江苏省饲料营养研究会理事长。研究方向:动物生长的营养调控,饲料源生物活性物质(饲料添加剂)的开发与应用,新生动物营养生理及发育生理)、陆治平、张晨编著,江苏科学技术出版社1994年9月出版,250千字。《全国"星火计划"丛书》之一。现代集约化养殖业的发展离不开配合饲料工业,而饲料添加剂已公认为全价配合饲料的核心。本书重点论述添加剂预混料中各类组分的特性、应用原理,正确使用添加剂应注意的事项以及预混料理论配方的设计等问题。本书广泛收集及参考国内外有关饲料添加剂的研究成果及生产过程中已积累的经验。根据普及兼顾提高的原则,在论述过程中,力求做到深入浅出。作者建议在应用各类添加剂时,务必考虑当地畜禽饲养管理水平、饲料资源以及经济水平等因素,并通过必要的生产性检验。(另有《畜牧学通论》,已著录)

(徐志辉)

畜牧学通论　王恬主编,高等教育出版社2002年7月出版,350千字。本教材概要、系统地论述畜牧学的基本原理和技术。内容包括畜牧业在国民经济中的重要性及畜牧产业化与畜牧业现代化问题、动物营养与饲养基础原理、动物遗传育种及家畜繁殖学基本原理、养猪生产、养禽生产、养牛生产、养羊生产、特种经济动物饲养、畜禽场环境污染与控制、畜产品加工和动物产业系统管理。除传统畜牧学内容外,还注意反映当代动物科学发展与其他新兴知识领域的关联,对生物技术在畜牧上的应用、环境生态问题及动物产业系统管理等分别给予阐述。内容简明扼要,可读性强。本书可作为普通高校非动物科学专业本科生教材,也可作为从事与动物科学相关研究及生产技术人员的培训教材与

参考书。　　　　　　　　　　　　（徐志辉）

中国家畜生态　郑丕留（1911～2004，江苏太仓人，曾任中国农业科学院情报研究所所长、中国农业科学院畜牧研究所所长，第一届国务院学位委员会农业学科评议组成员，国家科委畜牧组副组长、农业生物组副组长，国家农委科技委员会委员等，是中国家畜人工授精技术的开拓者和传播者）主编，农业出版社1992年10月出版，625千字。家畜生态学是一门新兴学科。1960年代初期在我国出现了以家畜生态学为主题的综述和研究报告，此后学习和研究者日渐增多，研究成果接连报道出来。进入1980年代以后，家畜生态学日益受到各方面的重视，队伍迅速扩大，理论和实践方面的研究蓬勃发展。在这种形势下，有关科技人员急切希望有一本理论与实践并重的著作问世，以便学习，有效地提高教学和科学研究工作，推动畜牧业生产和学科的发展。本书出于此目的而编写，主线是"生态"，范围是中国，性质是专著。（另有《中国家畜品种及其生态特征》，已著录）　　　（韩　兵）

中国家畜品种及其生态特征　郑丕留著，农业出版社1985年6月出版，165千字。本书简述了我国主要家畜品种在不同地区的分布情况以及在不同生态条件下所表现的品种特性，试图阐明家畜的品种特性及其形成，除了遗传和人为的选择因素外，在很大程度上是受着不同环境因素（包括生态和饲养条件等）所影响的。书中举例所涉及的主要家畜品种有马、牛、羊和猪，此外略及牦牛和骆驼。本书同时指出了我国家畜品种资源极为丰富，为家畜的遗传育种提供了可贵资料，指出我国丰富的畜种资源及其种质特点，应进行发掘、保护、选用和发展，对我国某些主要家畜品种及其环境之间的关系也作了提纲性的探讨。　　　　　　　（韩　兵）

优质肉羊快速养殖关键技术问答　任守文（1962～　　，安徽霍邱人，江苏省农业科学院畜牧所研究员，国家生猪产业技术体系南京试验站站长，江苏省现代农业创新团队首席专家。研究方向：猪遗传育种）编著，中国林业出版社2008年3月出版，字数不详。本书以问答的形式系统阐述了肉羊的无公害生产、如何选择肉羊品种、羊舍的建造、肉羊的营养需求和饲料加工调制、肉羊的育肥方式、羔羊和成年羊的快速育肥、如何给羊群药浴、如何确定肉羊繁殖季节和配种年龄、如何诱导和控制母羊发情、接产和产后牧羊护理关键技术、如何预防肉羊疾病等肉羊生产过程中常见的关键问题，解答简明扼要，并在每个问题后附有相应的特别提示。
　　　　　　　　　　　　　　　（韩　兵）

家畜传染病学　蔡宝祥（1926～　　，浙江杭州人，南京农业大学教授。研究方向：畜禽的病毒性传染病）主编，中国农业出版社1997年5月出版，494千字。本书为全国高等农业院校教材，1980、1986年出版了第1、2版，第3版是在第2版的基础上全面修订而成。多数章节是重新编写的，增补了国内外最新的科技成果，增列了新近发现的23种传染病。本书由总论和各论两部分组成。前者论述家畜传染病发生和流行的基本规律及其防疫措施；后者共介绍140多种畜禽传染病，以国内常见的传染病为重点，也包括一些危害较大而在国内尚未发现的传染病。本教材具有系统性、科学性、先进性和实用性的特色，可供高校师生的教学需要，也可供科研、生产单位科技人员参考之用。　　（徐志辉）

兽医病理生理学　张书霞（1950～　　，女，江苏镇江人，南京农业大学动物医学院教授，中国病理生理学会理事，中国畜牧兽医学会兽医病理学分会副理事长。研究方向：动物免疫病理学，分子病理学）主编，中国农业出版社2005年7月出版，346千字。本教材调整了第2版的一些章节的结构，如将水肿和钙、磷代谢障碍放入水、电解质代谢障碍一章中，自由基与疾病归入生物分子异常与疾病一章中；考虑到动物疾病的特点及与其他教材内容的关系，删去了免疫病理、物质代谢障碍、炎症、肿瘤等章节；增加了有关细胞和分子与动物疾病发生关系密切的新知识、新概念。本教材分为18章，包括疾病概论、基因突变和染色体畸变与疾病、细胞信号传导异常与疾病、细胞凋亡异常与疾病、生物分子异常与疾病、应激与疾病等内容。　　（徐志辉）

兽医比较组织学　陈秋生（1963～　　，陕西大荔人，南京农业大学动物医学院教授。研究方向：发育信号与胚胎细胞周期调控的分子机理，动物生殖细胞生物学,神经生物学,动物功能组织学)等编著,中国农业出版社 2002 年 8 月出版,279 千字。本书在组织、细胞和分子等不同层次上,阐明不同动物各器官的组织结构、细胞组成、组化特性及活性分子基因表达等,重点在于比较各种动物组织的结构差异,并对一些组织细胞的季节性改变和年龄性变化进行了描述。许多内容都是编著者自己的研究成果,部分章节还对相关研究的最新进展进行了分析。所涉及的动物都是现代兽医临床经常遇到的,包括家畜、家禽、水产动物、伴侣动物和药用动物等。

(徐志辉)

动物病毒学 殷震(1926～2000,原名殷之士,江苏吴县人中国工程院院士,解放军兽医大学、农牧大学、军需大学教授)、刘景华主编,科学出版社 1997 年 11 月出版,1 817 千字。本书适当增添了动物病毒结构与功能的分子生物学内容,介绍了有关动物病毒生态学以及诊断和免疫预防方面的一些新的资料与技术。对于新发现的动物病毒病和人兽共患病毒病,特别是那些具有重要病原学意义的新病毒,也用一定篇幅加以叙述。全书由《病毒学总论》《病毒学技术》和《病毒学各论》3 篇组成,《病毒学总论》篇介绍动物病毒学简史、病毒的特性、病毒的分类与命名、病毒的增殖、理化学因子对病毒的作用、病毒的遗传和变异、病毒感染、抗病毒免疫、病毒感染的治疗以及病毒病的控制和消灭;《病毒学技术》篇介绍病毒的培养、电子显微镜技术、病毒和病毒成分的提纯、病毒病的常规实验室诊断技术以及病毒病的分子生物学诊断技术;《病毒学各论》篇介绍 RNA 病毒、DNA 病毒和亚病毒等共 24 个科 180 多种病毒的历史、形态结构、理化学和生物学特性、生态学、抗原性、培养、免疫和诊断等。本书内容广泛新颖,既有作者长期从事动物病毒学工作的经验体会,又搜集和归纳了国内外病毒学研究方面的最新进展和成就。可作为高等院校有关专业的研究生和本科生的教材或教学参考书,也可供动物病毒学工作者以及医学和兽医学临床和实验室人员参考。

(王忆南)

兽医病毒学 方定一(1912～1985,浙江嘉兴人,曾任江苏农学院教授及畜牧兽医系主任)、徐为燕主编,江苏科学技术出版社 1984 年 5 月出版,380 千字。本书共 19 章,分总论和各论两部分。总论部分扼要地介绍了病毒学的基本概念、分类系统和一般特性;各论则依据国际病毒分类委员会第二次报告(1976)的分类方法,分门别类地一一介绍了各种动物病毒的科、属、种特性,理化性质,形态结构,免疫性、致病性,以及诊断方法和防制手段。重点放在与兽医有关的病,尤其在病毒培养和鉴定方面,至于与兽医关系较少的病毒,只作了概括的叙述,以省篇幅。

(蔡保鹏)

中兽医学 胡元亮(1953～ ,江苏邳州人,南京农业大学动物医学院教授,亚洲传统兽医学会副理事长,中国畜牧兽医学会中兽医学分会副理事长,中国兽医协会中兽医分会副会长,江苏省中西兽医结合研究会副理事长)主编,中国农业出版社 2007 年 6 月出版,449 千字。本教材共 20 章,分别介绍中药的起源和兽医中药学的发展概况以及阴阳五行、脏腑、气血津液、经络、病因、病机、诊法、辨证、防治法则等中兽医学理论;药材生产、中药炮制、中药性能,配伍禁忌,组方原则、剂量剂型、用法、中药主要成分及其药理作用等;15 类常用中药的基原、采制、性味、归经、功能、主治、用量、成分和药理以及 17 类常用方剂的处方、用法、功能、主治、方解和化裁应用;中药鉴定的程序、项目和方法以及药材、饮片的鉴定和成方制剂的检验等内容;国家管理的有关法规、新药注册要求和报批以及新药研究思路和实验规范等内容。

(徐志辉)

猪病诊疗与处方手册 芮荣(1962～ ,南京农业大学动物医学院教授,中国畜牧兽医学会兽医产科学分会常务理事,小动物医学分会常务理事。研究方向:动物生殖生物学与生殖疾病控制)主编,化学工业出版社 2008 年 1 月出版,242 千字。本书是一部专门论述猪病诊疗及用药处方的技术专著。全书以猪的各种常见病、多发病(传染病、寄生虫病、内科病、外科病和产科病等)为对象,以通俗的语言简明扼要地介绍每种病的病因、症状及诊断方法,然后针对这种疾病重点叙述若干种治疗用药处方和其他一些治疗措施,并且说明在用药时的相关注意事项。全书最突出的特点是在简单介绍疾病的前提下,以用药和处方为重点和主体,详细介绍各种药物的用途、治疗剂量、用药时间等,非常直观和明了。其目的是不仅使专业兽医技术人员拥有一部实用的工具书，而且也方便一些非专业人员（如专业养殖户等）根据猪的病情和病况选择简单的治疗方案。

(徐志辉)

猪病诊断与防治实用技术 江杰元(1957～ ，安徽安庆人，曾任江苏省农业科学院兽医研究所动物疫病诊断研究项目组组长，研究员)主编，中国农业出版社1998年2月出版，220千字。著者在总结10多年的临床实践体会基础上，又参考了大量国内外的有关猪病资料，在书中介绍了猪传染病、寄生虫病、内科病、外科病、中毒病、产科病以及营养缺乏性疾病共191种，重点叙述了各种疾病的临床诊断鉴别要点和切实可行的简便防治方法。在书后附有几种常见病症的鉴别诊断表，并对猪病的常规概念做了必要的介绍说明。(另有《鸡免疫与疫病防治实用技术》，已著录)

(韩　兵)

鸡免疫与疫病防治实用技术 江杰元等编著，中国农业出版社1996年出版，字数不详。本书分上下两篇。上篇比较系统地介绍了鸡的免疫系统、抗原与抗体、非特异性和特异性免疫应答及抗感染免疫等方面的知识。下篇描述了对我国养鸡业危害较严重、流行较广的12种鸡病毒性和6种细菌性传染病的流行特点、临床症状、病理变化及诊断要点，并着重分析了各种疫病的免疫作用、疫苗免疫效果及防制技术。

(韩　兵)

动物保护概论 陆承平(1945～ ，上海人，南京农业大学动物医学院教授，中国微生物学会理事兼兽医专业委员会副主任委员。研究方向：兽医微生物与免疫学，水生动物病原微生物与免疫学)主编，高等教育出版社1999年10月出版，320千字。动物保护学作为一门新兴的学科，是动物学、生态学、畜牧学、行为学、兽医学、公共卫生学等多门学科的交叉学科，从动物(含家养与野生动物)的角度探讨保护的问题。本书包括总论和各论，共17章。主要内容：动物保护的内容及意义、动物的痛苦、异常行为与动物保护、动物的保健、动物试验与动物保护、人类娱乐活动与动物保护、动物保护立法等。书中还包括我国现行的动物保护法规、国家重点保护野生动物名录和动物保护专业词汇(英汉对照)。本书内容翔实，观点独到，富有启发性，是填补空白的创新教材，可作为农林、医学院校各专业公共选修课教材。

(徐志辉)

中国的桑虫 祝汝佐(1900～1981，江苏靖江人，中国桑树害虫学的奠基人。曾任四川省蚕丝试验场研究员、浙江农业大学植物保护系教授、浙江省农业科学院蚕桑研究所所长)撰，永祥印书馆1952年1月出版，字数不详。本书主要介绍中国桑虫灾害情况和桑虫防治技术，重点介绍了11种危害严重的桑虫，包括三种咀食叶片的桑虫、两种兼食叶芽的桑虫、两种专吸叶汁的桑虫、两种吃害芽的桑虫和两种蛀食枝干的桑虫，是一本实用的教材和参考书。其内容包括中国桑虫灾害、中国桑虫工作的回顾和前瞻、目前中国适用的桑虫防治技术、咀食叶片的桑虫、兼食叶芽的桑虫、专吸叶汁的桑虫、吃害芽的桑虫、蛀食枝干的桑虫等。

(王忆南)

家蚕育种学 陆星垣(1905～1991，江苏江阴人，曾任浙江农业大学教授兼蚕桑系副系主任)编著，上海科学技术出版社1964年7月出版，202千字。本书内容包括《绪论》《家蚕的品种和育种的原始材料》《家蚕遗传》《选择》《杂交育种》《诱发突变在育种中的应用》《新品种培育程序和品种试验》《试验设计及资料分析》8章。

(蔡保鹏)

鱼类水霉病的防治研究 倪达书(1907～1992，江苏无锡人，曾任中国科学院水生生物研究所研究员)编著，农业出版社1982年2月出版，48千字。本书内容主要包括鱼类水霉病的研究简史，水霉菌的形态、繁殖和生态，湖北省鱼类和鱼卵上常见的水霉菌种类，鱼类水霉病的性质问题讨论，鱼类水霉病的组织病理观察，鱼类水霉病的药物防治试验等。

(蔡保鹏)

中国淡水鱼类养殖学 刘建康、何碧梧主编，科学出版社1961年10月出版，1 112千字。本书全面系统地总结了我国淡水鱼类养殖的科研成果和生产实战经验，是一部基础理论与生产技术密切结合的实用大全。内容包括《绪论》《我国淡水渔业的历史》《我国的淡水鱼类资源》《饲养鱼类的繁殖》

《鱼类育种和引种驯化》《饵料与施肥》《鱼苗的张捕、运输及苗种饲养与鱼场建造》《池塘养鱼》《湖泊河道养鱼》《水库养鱼》《网箱养鱼及其他养鱼方法》《稻田养鱼》《鱼病防治》《商品鱼捕捞》《淡水鱼类的加工利用》等，并有两个附录：水生生物的定量调查方法，用鱼类和溞类进行污水急性毒性试验的方法。

（蔡保鹏）

林木遗传图谱构建和 QTL 定位统计分析 施季森(1952～ ,江苏启东人,南京林业大学林木遗传育种学教授,中国林学会常务理事,中国林学会育种分会副理事长,江苏遗传学会副理事长。研究领域：林木木材产量和品质的遗传改良,林木功能基因组,林木体细胞工程,生物信息学)、童春发著,科学出版社 2006 年 1 月出版,255 千字。本书包括绪论、上篇和下篇,首次较系统、详细、全面地整理和介绍了近交群体(如回交群体、F2 代群体等)的遗传图谱的构建和 QTL 定位的统计分析模型以及相关的数学方法。同时,针对目前林木高密度分子遗传图谱的构建和 QTL 精确定位的需要,着重研究全同胞群体遗传图谱的构建和 QTL 定位的统计模型。本书紧扣遗传图谱构建和 QTL 定位的前沿研究展开,结构严密,理论性强,在内容安排上考虑到了读者使用的实用性和方便性。本书适合从事动植物育种的科技工作者、相关专业的本科高年级学生和研究生阅读参考。

（徐志辉）

实用蜂蜜学 冯焕文(1898～1958,江苏宜兴人,现代养蜂科学奠基人,曾任南通学院教授,原苏北农学院首任院长)著,中国文化事业社 1951 年 4 月出版。本书共 11 章,深入探讨了蜜蜂的种类、蜜蜂的习性以及与蜂蜜增产相关的管理问题、蜜源问题、天气问题、与产蜜相关的各种技术问题。

（蔡保鹏）

第十八章　工业技术类

实用振动工程（全3册） 张阿舟（1920～2009，江苏丹阳人，中国首架飞机制造特等功臣，在连续质量有限元素法、复模态理论研究方面取得了独创性成果。曾任南京航空航天大学教授、科学研究部主任）等主编，航空工业出版社1996年4月至1997年7月出版，1 994千字。本书着重从振动理论和实际应用技术相结合的角度系统地阐述了当代各种工程实用的振动技术方法，包括振动分析方法和软件介绍、振动控制和设计技术、振动测量、数据处理分析和各种试验技术。全书共3册，第一册为振动理论与分析，第二册为振动控制与设计，第三册为振动测量与试验。本书主要适合各工业部门从事振动分析、测量和试验工作的工程技术人员应用，同时也可供从事振动技术研究的科研人员以及工科大专院校教师和高年级学生、研究生作为掌握振动工程技术方法的重要参考书。（另有《振动环境工程》，已著录）　　　　　　　　（韩　兵）

工程流体力学 归柯庭（1957～　，江苏常熟人，东南大学能源与环境学院教授，中国工程热物理学会理事，中国工程热物理学会多相流专业委员会副主任，江苏省工程热物理学会秘书长。研究方向：多相流与传热，大气污染控制）、汪军、王秋颖编，科学出版社2003年7月出版，423千字。本书是工科大学使用的流体力学教材。它突出流体力学3种基本分析方法（即控制体分析、微分分析、量纲分析）的介绍，让读者通过举一反三，掌握流体力学的基本分析方法和基本理论；采用知识点互补对比的编排方式，即通过黏流与无黏流、内部流动与外部流动、可压缩流与不可压缩流等内容的对比分析，使读者对各种流态的条件、特点以及流动规律有较深入的了解，为应用这些基本理论分析、解决实际问题打下基础；将简单的工程应用实例穿插进教学内容，让读者得到分析、计算工程问题的训练；将应用计算机求解流体力学问题引入教学内容，介绍了计算流体力学的方法。　　　　　　（徐志辉）

智能材料结构 陶宝祺（1935～2001，江苏常州人，中国科学院院士，曾任南京航空航天大学教授）主编，国防工业出版社1997年4月出版，366千字。智能材料结构是将结构材料、传感元件、驱动元件、信息处理和控制系统以及计算机技术等融为一体的新型结构和新技术。本书是一本较全面和系统地阐述智能材料与结构的著作，书中编入了作者们的研究成果和研究方法，编入了国外最新的研究动态和结果。内容包括：智能材料结构的定义和应用前景、埋入式传感元件、埋入式驱动元件、信息处理方法、强度自诊断自适应和形状自适应智能材料结构、减振降噪智能材料结构、自适应控制理论和方法，最后介绍了智能天线、智能建筑结构和新型智能材料结构。本书的编排分为基础和应用两部分。前4章为基础理论，后4章为应用研究。书中涉及材料学、力学、电学、测控技术等多个学科，因此每章内容由浅入深，各章内容相对独立，全书又具系统性，这样为各方面人员的阅读提供了便利。本书可供从事材料、机械、力学、航空、航天、土建等方面的研究和设计人员及大专院校教师和研究生、本科生参考。　　　　　　（王忆南）

中国材料的自然环境腐蚀　曹楚南主编，化学工业出版社 2005 年 1 月出版，711 千字。全书共 20 章，分别讨论了我国大气环境下、不同海区的海水环境中及中碱性和酸性土壤中的材料腐蚀，我国关于材料在自然环境中腐蚀的研究结果的一些应用情况等内容。本书是国家自然科学基金资助项目（项目编号 59899140）研究成果，书中全面总结了我国从"六五"到"九五"其间材料自然环境腐蚀的研究成果，介绍了国内外材料腐蚀研究工作情况和我国自然环境腐蚀研究的思路、方法、规划与取得的主要进展。
（蔡保鹏）

树脂基复合材料制造技术　陈祥宝（1956～　，江苏常熟人，中国工程院院士，中国航空工业集团公司北京航空材料研究院研究员）主编，化学工业出版社 2000 年 1 月出版，194 千字。纤维增强复合材料成型技术是复合材料研究和应用的关键。为适应复合材料产品发展的需要，经过多年的发展，复合材料成型技术已从简单的手糊成型、模压成型，发展到全自动的纤维缠绕成型、拉挤成型、纤维铺放/热压罐成型、RTM 成型等。本书系统地介绍纤维增强树脂基复合材料成型技术。（另有《高性能树脂基体》，已著录）
（韩　兵）

工程材料　戴居正（1898～1978，江苏海门人，曾任南京工学院土木系教授、系主任）编撰，中国科学图书仪器公司 1953 年 3 月初版，11 月 6 版，117 千字。本书的编写以适用于二年制专修科教学为主，取材力求精简扼要，并以土木、水利及建筑方面所用之材料为叙述之对象。全书共 10 章，内容包括木材、石料、砖瓦、胶结材料、混凝土、涂料及沥青、塑胶及橡胶、钢铁、非铁金属及其合金等。关于工程材料试验亦略述大概项目，以与书中内容互相配合。
（蔡保鹏）

仿生智能纳米界面材料　江雷（1965～　，江苏镇江人，中国科学院院士，中国科学院化学研究所研究员，北京航空航天大学化学与环境学院院长）、冯琳著，化学工业出版社 2007 年 5 月出版，213 千字。本书从智能材料入手，试图对仿生智能纳米界面材料进行尽可能的全面介绍，并重点讨论具有特殊浸润性的仿生智能纳米界面材料。第一章概述了智能材料的定义、仿生智能纳米界面材料的设计思想和典型实例及仿生纳米界面材料的智能化设计等。第二章介绍了几种自然界中具有特殊表面性能的生物体，如自清洁荷叶、在水面行走的水蝇、在墙壁上行走的壁虎、沙漠集水的甲虫、具有特殊结构颜色的蛋白石、蝴蝶翅膀、孔雀羽毛等。第三章从理论上阐述了表面微结构与特殊宏观浸润性能之间的必然联系。第四章介绍了仿生超疏水表面，描述了几种典型的制备方法。第五章介绍了具有特殊浸润性的智能纳米界面材料。第六章为结论与展望。
（蔡保鹏）

三相泡沫流体密封技术及其应用　林柏泉（1960～　，福建龙岩人，中国矿业大学安全工程学院教授，中国职业安全健康协会常务理事，中煤劳保学会理事。研究方向：安全技术及工程）著，中国矿业大学出版社 1997 年 10 月出版，110 千字。本书在对密封的基本理论进行研究的基础上，深入研究了泡沫的基本特性及其密封性能、钻孔密封段的密封机理，介绍了泡沫封孔测压仪及其在煤巷突出危险性预测中的应用，探讨了煤巷卸压区对煤和瓦斯突出发生的作用机理。本书可供从事流体密封技术及矿井瓦斯突出危险性预测研究的科技工作者参考。
（徐志辉）

密封　徐灏（1919～1999，江苏江阴人，原东北工学院教授、机械系主任、机械工程研究所所长）编著，冶金工业出版社 1999 年 3 月出版，430 千字。密封件是重要的机械零件之一。本书从实用性出发，系统地阐述了密封学科的主要内容和最新进展。是目前国内外覆盖面较广、内容较丰富的一本密封专著。本书主要内容包括：垫密封、胶密封、填料密封、油封及防尘密封、机械密封、高压密封、真空密封、全封闭密封、浮环密封、迷宫密封、螺旋密封及磁流体密封等。本书可供机械设计人员使用，也可供高等院校机械类专业的教师、研究生和高年级学生参考。
（王忆南）

膜技术手册　时钧（1912～2005，江苏常熟人，中国科学院院士，曾任南京大学、南京工学院、南京化工学院教授）、袁权、高从堦主编，化学工业出版社 2001 年 1 月出版，1 790 千字。本书共 17 章，主要包括导言,合成膜材料制备和表征,无机膜,传递过程,膜污染,膜器,反渗透和纳滤,微滤和超滤,渗析,电渗析和离子交换膜,气体分离,渗透汽化,液膜,膜反应器;膜蒸馏,萃取和吸收,亲和膜,控制释放等。本书具有系统性、全面性和权威性,涵盖各种类型的膜过程,包括成熟的、发展中的以及新出现的过程,介绍了各种膜过程的基础理论,基本原理,膜传递过程原理,工程设计计算方法和应用实例,包括一些经验数据及其适用条件。还介绍了膜分离技术在海水淡化,水质处理,气体回收和增浓,超纯水制备,食品工业,医疗卫生,石油加工等领域的应用和成果。化工、石油化工、环境工程、食品工业、电子行业、医疗医药等领域的工程技术人员、研究人员、大专院校师生等可以参考本书,以指导有关的科研、生产、教学。

(蔡保鹏)

振动环境工程 张阿舟等编著,航空工业出版社 1986 年 12 月出版,639 千字。本书着重介绍振动环境知识与技术,包括振动环境预估方法,振动环境标准,振动测量、数据采集、数据处理及试验技术等,为提高产品及工程设计的水平提供科学依据。本书图文并茂,清晰地阐述了振动环境的基本概念和结论,介绍了工程上使用的方法。本书内容除适用于航空结构的振动环境外,还适用于研究其他各种运输工具的振动环境。为从事各种产品的振动环境研究及试验工程动态设计、维修和使用的工程技术人员和高等院校师生提供了一本实用的参考书。

(韩 兵)

制冷技术与装置设计 张小松(1960～　,江苏高淳人,东南大学能源与环境学院教授,国际制冷学会 E2 委员会理事,中国工程热物理学会理事,中国制冷学会理事,江苏省制冷学会副理事长。研究领域:太阳能利用,制冷空调,建筑节能)主编,重庆大学出版社 2008 年 4 月出版,605 千字。《普通高等学校建筑环境与设备工程系列教材》之一。本书以人工环境制冷设备的应用为主线,以制冷装置和制冷设备的设计开发为核心,使学生对于各种制冷原理和制冷方法建立一个全面的了解,并重点掌握蒸汽压缩式制冷循环和相关制冷设备的工作原理、性能特点、设计计算方法及运行特性等,同时基本掌握吸收式制冷循环和吸收式制冷装置的工作原理和设计计算方法。本教材将提供多媒体课件、相关制冷设备和装置的实物图片、设计图纸等。本书内容全面、实用,可作为建筑环境与设备专业、制冷与低温技术专业本科教学用书,也可供相关设计人员参考使用。

(徐志辉)

高真空技术与设备 华中一(1931～　,江苏无锡人,曾任复旦大学教授、校长)等著,上海科学技术出版社 1960 年 2 月出版,106 千字。本书将有关真空技术和设备的若干问题,作简单扼要的介绍,以供实际使用。本书主要内容有扩散真空泵制造、玻璃真空考克制造、高频感应加热、无氧铜的制备和检验、热阴极电离真空规、冷阴极电离真空规、真空考克脂、高频真空测漏器、横式玻璃车床等。

(蔡保鹏)

微波成像术 张直中(1917～2011,浙江海宁人,中国工程院院士,曾任电子工业部第十四所总工程师)著,科学出版社 1990 年 2 月出版,242 千字。本书分两部分。第一部分为合成孔径、逆合成孔径及相对运动的成像,这部分共 4 章。第一、二两章主要介绍合成孔径天线的表达式、纵向和横向二维压缩、合成孔径分辨力的理论及其极限、合成孔径的全息原理及光学模拟式处理或数字式信号处理、在给定距离给定分辨力要求下清晰成像应有的发射功率以及按此而给出的设计举例等。第三章讨论目标动、雷达固定条件下的成像,还叙述了对远距离飞行中的飞机作成像试验的方法及其结果。第四章讨论了在大转角相对运动时大平面目标二维成像过程中目标上各点的纵向和横向走动的四种不同补偿方法。第二部分是稀疏大相控阵天线的成像,共有两章。第五章分析了稀疏大天线阵的远场和近场表达式,详细讲述了自适应聚焦的步骤以及聚焦后进行近场距离扫描和方位扫描的方法与步骤,还分析了聚焦源必须具有的特性以及对单元天线收型的聚焦源回波信号和地杂波信号强度应达到的最低信杂比,最后给出双基地式成像的实验结果。第六章探讨两种机载型和一种地面型分散式自适应聚焦大相控阵成像。(另有《雷达信号的选择与处理》,已著录)

(徐志辉)

开采沉陷土体变形工程地质研究 隋旺华

(1964～),山东临沂人,中国矿业大学资源与地球科学学院教授,国际工程地质与环境学会会员。研究方向:工程地质,水文地质)著,中国矿业大学出版社 1999 年 12 月出版,210 千字。本书运用煤矿工程地质学的基本理论和方法研究开采沉陷土体变形机理及其预测。作者在实测资料分析的基础上,采用离心模型试验、高压固结实验、三轴剪切实验、工程地质分析和数值模拟等手段,研究深厚土体在采动影响下土体变形和孔隙水压力相互作用的机理以及超静孔隙水压力和土体变形随开采和时间的变化规律,分析各种工程地质因素对土体变形的影响。本书对于进一步建立反映土体内部变形机理的预测方法、评价水体下开采的可靠性和确定符合可持续发展模式的开采沉陷控制与治理方案,具有重要的理论意义和实用价值。本书可供从事煤矿工程地质学、环境工程地质学、开采沉陷学的教学、科研人员以及煤矿勘探、设计、开采和矿区塌陷治理方面的工程技术人员参考。 （徐志辉）

岩石截割破碎载荷谱的混沌识别与模拟 段雄(1961～),四川荣昌人,中国矿业大学机电与材料工程学院教授。研究方向:非线性动力学,高压水射流技术,现代设计)著,中国矿业大学出版社 1994 年 7 月出版,125 千字。本书以单一分量信号与系统混沌特性的关系为主线索,论述了岩石截割破碎过程导致混沌的本构机制,吸引子的时域特征及其反演方法、数值实验的算法及其分维、Lyapunov 指数谱、Kolmogorov 熵、自相关、功率谱等特征刻画,并在若干经典混沌模型上加以验证后应用于岩石结合破碎过程中水楔作用的识别,最后通过突变理论、损伤力学及重整化群技术构造出岩石截割破碎模型,展现了岩石截割破碎过程人为可调的混沌图像。本书可供从事混沌理论、岩石破碎及信号处理应用研究的研究生和科技工作者参考。
（徐志辉）

筛分和重选理论及其应用的新进展 陈清如(1926～),浙江杭州人,中国工程院院士,中国矿业大学教授,中国颗粒学会常务理事,中国矿物加工工程学科的奠基者和开拓者之一。他建立了"粒群透筛概率"的筛分理论、"空气重介稳态流化"的选矿理论)著,中国矿业大学出版社 1994 年 8 月出版,200 千字。本书主要介绍作者与合作者在 10 多年中从事筛分和重选理论及其应用研究的成果。本书内容共有 4 个部分:近似筛分(概率筛分)的理论及其应用;空气重介流化床干法分选的理论及应用;细粒煤的干法分选理论及应用;微粒煤的干法脱硫降灰。空气重介干法选煤生产厂成为世界第一座工业生产厂,也是国家"八五"重点工业性试验项目。本书也对该厂作了相应的介绍。 （徐志辉）

采场支架围岩关系及其监测控制 刘长友(1965～),山东东营人,中国矿业大学采矿工程系教授,中国煤炭学会理事。研究方向:矿山压力与岩层控制,岩石力学,高产高效开采与监测控制技术)等著,中国矿业大学出版社 2003 年 11 月出版,238 千字。本书分析总结了传统矿山压力理论以及砌体梁结构的关键块及其稳定性,围绕采场支架与围岩关系这一主题,研究采场直接顶介质的变形破坏特征及其承载传力特性,分析直接顶的结构力学特性及其刚度,从而得出对支架与围岩关系的新认识,建立了采场支架与围岩整体力学模型,分析确定了采场(综放)支架工作阻力。基于综放开采围岩稳定性的特点,研究综放开采端面顶板稳定性及其影响因素,提出综放开采端面顶板稳定性控制(包括收尾期间)的新概念,研究采场支架与围岩稳定性监测控制体系和模式,进行高产高效工作面支架与围岩监测控制实践,取得了良好的经济效益和社会效益。
（徐志辉）

采动岩体渗流理论 缪协兴(1959～),江苏江阴人,中国矿业大学教授,中国煤炭学会常务理事,中国岩石力学与工程学会常务理事。研究方向:煤炭资源绿色开采,采动岩体力学)、刘卫群、陈占清著,科学出版社 2004 年 12 月出版,405 千字。《当代杰出青年科学文库》之一,系统介绍采动岩体渗流理论及其应用。全书共分 4 篇,第一篇为采动岩体渗流理论的试验基础,包括岩石全应力—应变过程渗透试验、峰后岩石非 Darcy 流的渗透试验、破碎岩石渗流试验等;第二篇是峰后岩石渗流的非线性动力学分析,包括峰后岩石渗流系统的动力学方程与谱截断研究、峰后岩石渗流参变系统的稳定性、峰后岩石气体渗流的分岔行为等;第三篇是破碎岩体渗流的概率随机分析,包括破碎岩体渗流的概率区间分析、破碎岩体渗流的随机理论及随机微分方程、破碎岩体渗流的随机有限元法等;第四篇是采动岩体渗流理论的应用,包括煤矿突水与瓦斯突出机理分析、采空区渗流场与瓦斯浓度分布等。本书涉及力学与采矿、岩土及水利工程等交叉领域,针对实际工程中迫切需要解决的问题,从试验、理论及应用等方面形成了系统成果。　　(徐志辉)

煤矿深井开采的矿压显现及控制　杜计平(1956~ ,山西五台人,中国矿业大学矿业工程学院教授。研究方向:煤矿深井开采技术,特殊和困难条件下开采技术)、苏景春著,中国矿业大学出版社 2000 年 4 月出版,104 千字。本书采用理论分析与实践经验相结合、现场实测与模拟实验相结合、采矿原理与计算机技术相结合的方法,对煤矿深井开采的巷道矿压、冲击地压和采场矿压随采深增加的显现规律及其控制技术进行了系统研究。用解析法分析了岩性、采深、开采影响、时间和支架对巷道变形的影响;得出不同掘进和布置方式的回采巷道随采深增加的变形统计公式;提出涉及岩性、采深、开采影响的有效载荷系数,并与开拓和准备巷道在原岩应力和固定支承压力作用下的变形速度和移动支承压力作用下的变形量建立相关关系;得出巷道维护费与采深的关系;提出以改革巷道布置和开采部署为主的深井巷道矿压控制技术。研究了深井重力型冲击地压与支承压力的关系;提出深部防范冲击地压的综合措施。分析了采场矿压显现参数与采深的关系并通过实测验证,分析了深部采场可能出现的冒顶类型并提出对策。(徐志辉)

冲击矿压防治理论与技术　窦林名(1963~ ,青海平安人,中国矿业大学矿业工程学院教授。研究方向:矿震与冲击矿压防治,矿山工程)、何学秋著,中国矿业大学出版社 2001 年 10 月出版,240 千字。本书在分析冲击矿压发生的原因、实验室试验、现场实测的基础上,研究了煤岩体冲击、变形破坏的弹塑脆性模型;分析了煤岩变形破坏过程以及其中产生的声电效应及其耦合规律;提出了冲击矿压危险性评价及预测预报的技术;介绍了冲击矿压危险性评价及预测预报的综合指数法、数值模拟分析法、钻屑法、微震法、声发射法、电磁辐射法、振动法、重力法等;分析了冲击矿压对矿山井下巷道、工作面、井下矿山工作者以及对地表及其建筑物的影响;最后从长远的战略设计、巷道工作面布置等方面和主动解危的卸压爆破、注水、定向裂缝等方面提出了冲击矿压的治理措施。(另有《采矿地球物理学》,已著录)　　(徐志辉)

采矿地球物理学　窦林名、何学秋编著,中国科学文化出版社 2002 年 1 月出版,156 千字。本书由国家自然科学基金重点项目资助。采矿地球物理学是采矿科学中的一个新分支,是利用岩体中自然的或人工激发的物理场来监测岩体的动态变化。本书从弹性动力学出发,分析岩体震动、冲击矿压等动力灾害发生的机理;在实验室试验、现场实测的基础上,提出了煤岩体冲击、变形破坏的弹塑脆性模型,分析了煤岩变形破坏过程以及其中产生的声电效应及其耦合规律;介绍了矿山震动、声发射、电磁辐射、振动、微重力等采矿地球物理学研究的内容。本书可供从事采矿地球物理、煤岩动力灾害、矿山震动、冲击矿压等研究领域的科技工作者、研究生和大学本科生及矿山安全科技工作者和工程技术人员参考使用。　　(徐志辉)

岩层控制的关键层理论　钱鸣高(1932~ ,江苏无锡人,中国工程院院士,中国矿业大学教授,中国岩石力学与工程学会常务理事,中国煤炭学会常务理事、副理事长;提出了采场上覆岩层的"砌体梁平衡假说"、老顶破断规律及其在破断时在岩体中引起的扰动理论;创立了以采场上覆岩层活动规律和支架—围岩系统为核心的工程理论体系。曾获国家自然科学奖和国家科技进步奖)、缪协兴等著,中国矿业大学出版社 2000 年 10 月出版,217 千字。本书系统总结了岩层控制中的关键层理论。内容包括:关键层理论的提出、意义、基本概念及判别方法;在理论上阐明了关键层上的载荷分布规律、关键层的破断规律及其复合效应;分析了关键层破断后形成的"砌体梁"结构力学模型以及关键层运动对采场矿压显现、覆岩移动与地表沉陷及采动裂隙场分布的影响;叙述关键层理论在开采沉陷控制、卸压瓦斯抽放及底板突水防治等方面的工程应用。本书可供从事采矿工程、矿山安全及岩石力学与工程等专业的科技工作者、研究生和本科生参考使用。　　(徐志辉)

开采沉陷预计一体化方法 吴侃(1963～ ，浙江东阳人，中国矿业大学环境与测绘学院教授，中国测绘学会工程测量分会常务理事。研究方向：矿山开采沉陷，计算机地图制图)等著，中国矿业大学出版社 1998 年 3 月出版，105 千字。本书以概率积分法预计理论为基础，从实测资料和室内模拟试验结果出发，结合岩土力学中的有关理论，建立了包括概率积分法预计模型修正体系、开采引起的地表裂缝发育规律预计模型和农村房屋裂缝预计模型在内的一体化预计方法及有关参数求取方法。详细论述了全盆地参数寻优及缺失测点的观测站求参问题，且讨论了各自的应用效果。本书可作为采矿工程、矿山测量专业本科、研究生的教学参考书，也可供矿区采矿、测量、环境保护和土地复垦等专业的工程技术人员参考。 （徐志辉）

巷道支护限制与稳定作用理论及其应用 周华强(1963～ ，中国矿业大学能源学院教授。研究方向：固体废物膏体充填技术，充填与注浆材料，软岩支护，保水采煤，围岩注浆加固与堵水)著，中国矿业大学出版社 2006 年 12 月出版，180 千字。本书系统阐述巷道支护限制与稳定作用理论，内容包括：岩石摩擦强度时间效应与粘结强度时间效应，巷道支护的对象，围岩稳定条件，支护与围岩的相互作用机制，巷道支护限制作用、稳定作用性质与其相互作用关系以及中间主应力、围岩峰值强度、残余强度、扩容系数、内摩擦角、脆性系数、泊松比等对巷道支护的影响；最后叙述巷道支护限制与稳定作用理论在工程实践中的应用。本书可供从事采矿工程、矿山安全及岩石力学与工程等专业的科技工作者、研究生参考使用。 （徐志辉）

矿山机械化设计建模与实践 杜长龙(1958～ ，江苏沛县人，中国矿业大学机电工程学院教授。研究方向：现代设计方法，煤岩截割理论，采掘机械设计与方法)、肖世德编著，煤炭工业出版社 1998 年 9 月出版，151 千字。本书首先阐述优化设计的基本理论和矿山机械设计常用的优化方法，并在论述优化设计建模方法的基础上，着重从工程实用的角度对各种常用的矿山机械设备及部件进行优化设计建模，对每一问题给出相应的应用实例。附录给出了矿山机械优化设计最常用的复合形优化算法源程序及使用指南。本书可供矿山机械设计和研究部门的技术人员参考，亦可作为高等工科院校特别是煤炭院校机械类专业研究生和大学生的教学参考书。 （徐志辉）

矿井瓦斯防治 俞启香(1935～ ，江苏宜兴人，中国矿业大学采矿工程系教授，中国煤炭工业劳动保护科学技术学会理事。研究方向：安全技术及工程)编著，中国矿业大学出版社 1992 年 2 月出版，366 千字。本书系统地介绍煤层瓦斯含量及其赋存规律；矿井瓦斯涌出及其预测和治理方法；煤和瓦斯突出的机理及其防治；矿井瓦斯爆炸灾害及其预防；矿井瓦斯抽放技术和设备选型等。书后附有几种实用的瓦斯参数的测定和计算方法。读者对象：煤炭高等院校矿山通风与安全专业使用教材，也可供从事煤炭工业科研、设计及现场工程技术人员参考。 （徐志辉）

煤层瓦斯赋存与流动理论 周世宁(1934～ ，江苏扬州人，中国工程院院士，中国矿业大学安全工程学院教授。研究方向：煤层瓦斯流动理论，矿井瓦斯防治。创建的煤层瓦斯流动理论体系，从本质上阐明了煤矿中的瓦斯来源及赋存条件；创建以 Darcy 定律为基础的对煤层有强吸附作用的瓦斯流动微分方程；建立中国煤层瓦斯地质、流动理论、瓦斯预测和抽放以及煤和瓦斯突出防治的学术体系)、林柏泉著，煤炭工业出版社 1999 年 2 月出版，297 千字。本书系统研究煤层瓦斯的赋存状态与煤对瓦斯的吸附作用，含瓦斯煤的力学性能、渗透和蠕变特性以及煤层瓦斯运移的基本规律；建立瓦斯在煤层中作单向流动、径向流动和球向流动的基本理论体系及其计算方法；在对钻孔密封段的密封机理进行研究和分析的基础上，创立胶圈（胶囊）—密封液瓦斯压力测定和可变形胶圈—三相泡沫密封液瓦斯压力测定的新技术及钻孔流量法煤层透气性系数测定的新技术；以煤层瓦斯流动理论为基础，提出掘进巷道和回采工作面瓦斯涌出量的计算方法及预测矿井瓦斯涌出量的瓦斯涌出特性系数法，并对钻孔抽放煤层瓦斯的防突作用机理、瓦斯抽放作用效果评价和水力压裂煤层抽放瓦斯的技术措施进行分析。（另有《煤矿瓦斯动力灾害防治理论及控制技术》，已著录） （徐志辉）

煤矿瓦斯动力灾害防治理论及控制技术　周世宁、林柏泉主编,科学出版社2007年9月出版,601千字。本书是国家自然科学基金重点项目的主要研究成果。全书共分7章,介绍含瓦斯煤岩破裂过程中的力学及渗透特性、煤岩电磁辐射特征、瓦斯(煤尘)爆炸特征等;建立煤岩破裂过程中的固—气耦合模型、煤层瓦斯涌出渗流的动力学模型、煤岩电磁辐射力—电耦合模型、瓦斯爆炸理论模型和原发性灾害诱发继发性灾害的致灾规律等;揭示煤岩层破坏及裂隙发育的规律、低透气性高瓦斯煤层群采动卸压瓦斯流动规律、瓦斯爆炸传播过程及其变化规律等;提出保护层开采实现"两个消除、两个开采保障和三个改善"的技术原理与方法;开发具有自主知识产权的煤岩破裂固—气耦合数值模拟软件、瓦斯风险性综合评价软件和治理综放工作面瓦斯超限的J型通风技术、KBD7煤岩动力灾害非接触电磁辐射监测仪、水力割缝强化抽放瓦斯的技术与装备、深部煤(岩)与瓦斯动力特征防治技术等。本书适合从事煤矿瓦斯领域的领导者、决策者、科研人员、工程技术人员、高等院校教师、研究生和本科高年级学生阅读。

（徐志辉）

矿井火灾学　王德明(1956～　,贵州遵义人,中国矿业大学安全工程学院教授。曾获国家科技进步二等奖。研究方向:矿井通风与安全)著,中国矿业大学出版社2008年8月出版,568千字。本书是国内第一部系统介绍煤矿矿井火灾发生、发展规律及其防治理论与技术的著作。全书共7章,内容包括:矿井火灾学基础,煤的自燃及其特性,矿井火灾的预测预报,防治煤炭自燃技术,矿井火灾时期的风流紊乱,矿井外因火灾防治,火区封闭和启封。本书可供普通高等学校采矿工程、安全技术及工程及相关专业研究生、本科生作为教材使用,也可供从事煤炭行业科研、设计、管理、工程技术人员参考。

（徐志辉）

中国煤矿重大事故中的不安全行为研究　陈红(1969～　,女,山东宁阳人,中国矿业大学管理学院教授,中国煤炭学会资深会员。研究方向:管理科学理论与方法,战略人力资源管理,积极组织理论与组织行为)、宋学锋著,科学出版社2006年9月出版,501千字。本书对中国煤矿重大事故发生的特征规律进行系统研究(1203起重大煤矿事故),构建了基于特征源与环境特征交叉维度的中国煤矿重大事故特征规律。在中国煤矿重大事故中的不安全行为发生机理研究基础上,系统建立了中国煤矿重大事故中不安全行为过程激励的行为四分图模型;构建了中国煤矿重大事故中特征性不安全行为影响因素的结构方程模型并进行了实证研究;形成中国煤矿重大事故中不安全行为控制栅栏理论及基于栅栏思想的针对中国煤矿重大事故中特征性不安全行为的控制对策体系。(另有《煤炭企业重大事故防控的"行为栅栏"研究》,已著录)

（徐志辉）

煤炭企业重大事故防控的"行为栅栏"研究　陈红著,经济科学出版社2008年6月出版,330千字。本书采用理论研究与实证研究相结合的方法,采用规范的、科学的实证研究思路对矿井作业人员在生产作业过程中的不安全行为进行深入系统的研究。研究设计了基于行为察控目标的不安全行为分类体系,并据此对典型矿区的不安全行为和事故数据信息进行系统分析,明确了不安全行为的特征及其导致事故的特征规律;研究从理论层面进行创新,基于行为视角界定了"煤矿安全""煤矿本质安全""行为安全"等重要概念,构建了基于心理契约的以行为安全为核心的煤矿安全理论框架;深入剖析心理契约与个体行为选择的内在作用关系,研究个体背景因素和组织因素通过影响组织责任预期进而影响员工责任履行意愿的内在逻辑,提出现实—预期—责任契约概念模型。

（徐志辉）

现代化露天开采若干问题的研究　尚涛(1962～　,黑龙江虎林人,中国矿业大学矿业工程学院教授,中国煤炭学会会员。研究方向:露天开采,系统工程,矿山环境保护)等著,中国矿业大学出版社2004年10月出版,200千字。本书对现代化大型露天矿有关开采工艺和开拓运输系统的若干问题进行研究。内容主要包括:联合运输方式下矿岩转载站初始设置位置及其移设周期和步距的选择和确定,运输方式合理过渡时间的确定,露天矿端帮煤的回收方法及开采工艺系统布置,端帮采煤与露天采排工程的时空关系，露天矿采矿剥离与土地复垦一体化作业方法及作业参数等。本书可供大中专院校师生及相关专业工程技术人员参考。

（徐志辉）

矿井高产高效开采模式及新技术　张东升(1967～　，江苏如皋人，中国矿业大学矿业工程学院教授，中国岩石力学与工程学会理事，中国煤炭协会会员，江苏省系统工程学会会员。曾获国家科技进步二等奖一项。研究方向：矿山岩层控制，高产高效开采技术)、徐金海著，中国矿业大学出版社2003年9月出版，240千字。本书首先建立煤层地质条件模糊综合评价模型，以工作面（区段）为基本评价单元，按不同采煤工艺方式进行"二次评价"；在综合考虑采区吨煤成本、洗选费、排矸费等费用基础上，构造厚煤层采煤工艺选择的经济数学模型，开发采煤工艺方式选择专家系统；实现采煤工作面循环作业过程的计算机模拟，并结合煤层地质条件综合评价值，建立工作面单产预测新模型；首次提出综合效能度的概念与计算方法，尝试分析开采模式的经济合理性与风险性，并将上述研究内容有机结合起来，从矿井年产量、回采工作面数目、稳产时间、工艺方式、综合效能度、经济合理性及模式风险值等7个方面，进行开采模式选择的模糊综合评价。最后，重点阐述近期开发的工作面高产高效新工艺与新技术。

（徐志辉）

长壁综采系统分析的理论与实践　屠世浩(1963～　，浙江嵊州人，中国矿业大学矿业工程学院教授。曾获国家科技进步二等奖。研究方向：采矿方法，矿山压力与岩层控制，难采煤层高效机械化开采，矿业系统工程)著，中国矿业大学出版社2004年10月出版，150千字。本书在对国内典型的几种综采工艺方式进行研究的基础上，根据综采工作面生产实际，从多方面进行系统研究。本书首次应用循环网络技术对综采工作面的工艺过程及工序间的配合关系进行模拟计算研究；建立综采采运系统可靠性计算模型，模型考虑了系统煤流量和煤仓容量对综采采运系统可靠性的影响关系，是对已有可靠性模型的进一步完善；在对已有煤层地质条件开采工艺性评价作一定修正的基础上，提出适合于综采特点的综采工作面地质条件工艺性评价模型；建立综采工作面生产效果指标的预测模型，将各部分研究成果有机地结合起来。上述研究结合具体综采工作面实例进行分析，是对书中理论方法的验证，同时为实例综采工作面合理配套设备、改进工艺方式、优化工艺参数、提高单产和效率提供理论指导。

（徐志辉）

露天煤矿高效开采新技术　才庆祥(1958～　，黑龙江桦南人，中国矿业大学教授，中华环保联合会环保技术标准研究专业委员会副会长等。研究方向：露天开采工艺与设计理论，浅层岩土边坡工程，矿业工程可靠性，煤炭矿区环境工程)等著，中国矿业大学出版社2008年3月出版，198千字。本书比较系统地介绍了露天煤矿开采的新技术、新理论、新工艺和新设备，介绍了世界露天开采技术发展特点，大型近水平露天煤矿端帮靠帮开采新方法，露天煤矿拉斗铲无运输倒堆新工艺，反向内排和树枝状运输系统，露天煤矿表土剥离半连续新工艺，露天煤矿开采新装备，露天煤矿环境保护等，并对典型露天煤矿进行了案例分析。本书是培养露天煤矿高级专业技术人才、中高级专业技术人才，紧跟科技发展前沿具有创新能力的行业拔尖科技人才的培训教材。也可供从事露天采矿设计、科研和生产管理方面的有关工程技术人员以及有关高校师生参考。

（徐志辉）

煤炭地下气化渗流燃烧方法研究　杨兰和(1964～　，山东禹城人，中国矿业大学资源与地球科学学院教授。研究方向：煤炭地下气化，矿井水害防治，水资源规划与管理)著，中国矿业大学出版社2001年9月出版，231千字。本书采用实验室模型实验和理论分析方法，运用煤炭地下气化、传热传质、燃烧流体动力学及热爆炸理论，对煤炭地下气化温控爆破渗流燃烧技术进行深入研究。在热爆炸实验、爆破漏斗实验和煤炭地下气化温控爆破渗流燃烧室内实验的基础上，研究热爆炸临界温度预测模型、临界温度与影响因素之间的关系及爆破动力作用，分析温控特征参数之间的相互关系、药卷热爆炸时空特点、煤气质量与爆破作用的关系及动态温度场的分布和变化规律。对燃烧气化煤层火焰工作面的移动速度、非线性动态温度场、气体非线性渗流及对流扩散分别进行计算和三维数值模拟。本书证明了将温控爆破方法应用于倾斜、缓倾斜或近水平煤层地下气化过程的可行性和可靠性，为煤炭地下气化产业化发展提供理论指导和科学依据。本书可供从事煤炭地下气化、燃气工程、煤化工、能源科学与工程的教学、科研人员以及煤炭转化与利用、新能源开发等方面的工程技术人员参考。　　　　　　　　　　　　（徐志辉）

干法筛分理论及应用　赵跃民(1961～　，河南漯河人，中国矿业大学校能源化工系教授，中国颗粒学会常务理事。曾获国家技术发明二等奖，国家科技进步二等奖。研究领域：矿物加工工程）、刘初升著，科学出版社1999年3月出版，189千字。本书基于振动理论、统计学理论和试验测试技术，系统地介绍并总结潮湿细粒物料的干法筛分理论（概率筛分理论、等厚筛分理论、弛张筛分理论、低频大振幅筛分理论）的应用和发展情况，详细地研究潮湿细粒物料筛分机的动力学问题、设计参数、工艺参数的取值范围，具体阐述筛面的形状及设计问题，列举了几种工业性装置的应用情况。本书可供从事选矿工艺和选矿机械的工程技术人员和科研人员使用，也可供高校有关专业的教师、研究生、高年级本科生参考。　　　　　（徐志辉）

矿井通风系统优化理论及应用　陈开岩(1962～　，江苏徐州人，中国矿业大学教授。研究方向：矿井通风系统优化设计与管理，可靠性仿真与评价，矿井通风系统优化，可靠性仿真评价及控制软件开发，矿井防尘和防灭火）著，中国矿业大学出版社2003年9月出版，340千字。本书介绍了矿井通风系统优化的基本理论、计算方法和应用程序，包括矿井通风系统设计与管理决策支持系统构造原理、矿井通风系统井巷断面分层动态优化、矿井通风系统运行状态的模拟与优化调节、矿井主要通风机的优化选型与工况调节优化、矿井通风系统评价、矿井通风网络测量数据处理、矿井瓦斯涌出量预测和矿井气候条件预测等内容。书中系统、全面地阐述了矿井通风系统工程中一系列常见问题的理论分析、数学建模、算法原理及计算机程序设计方法和应用实例，在附录中还给出了实用程序，可供矿山生产管理、科研、设计部门的安全工程技术人员参考。　　　　　　　　（徐志辉）

跳汰分选机理及专家知识库研究　匡亚莉(1954～　，女，天津人，中国矿业大学化工学院教授。研究方向：矿物加工过程理论，设计与过程模拟与优化控制）著，中国矿业大学出版社2006年3月出版，143千字。跳汰分选是煤炭分选的最主要工艺之一。本书尝试将机理研究更紧密地与跳汰过程的操作变量、检测参数联系起来，将跳汰理论研究的知识以计算机能够接受的形式整理和表达出来。本书采用高速动态分析仪，将跳汰过程在1/100 s时间段的变化展现出来，从而得到一些常规手段观测不到的现象。本书主要内容：跳汰分层机理、跳汰分层过程、跳汰过程中各操作变量的影响以及跳汰过程中水流和粒群的各运动参数的变化规律；利用高速动态分析仪，分析床层运动参数，建立各影响因素与运动参数间的关系；研究跳汰专家知识库的结构以及跳汰专家知识的收集、整理，知识表达方式的选择。通过分析研究，提出了跳汰过程的"综合作用分层理论"，建立了颗粒与水流运动的振动方程。初步提出了适用于跳汰过程控制的专家系统结构。　　　　　　（徐志辉）

微粉煤电选脱硫降灰　章新喜(1964～　，江苏铜山人，中国矿业大学教授。研究方向：煤及矿物的高压静电分选，摩擦电选、磁选、拣选、干法分选、分级、超细粉体制备，电子废弃物二次资源利用）著，中国矿业大学出版社2002年10月出版，200千字。本书着重介绍作者在应用电选进行微粉煤脱硫降灰方面的理论和实践研究结果，包括以下内容：煤的介电性质研究；高压电选机内电晕电流和场强的分布规律研究；电选过程动力学分析研究；电选机电极结构的选择和给料方法的改善；脱硫降灰试验研究；应用高压电选制备超纯煤的研究；电选可选性的分析研究；应用摩擦电选技术进行煤粉电站燃前煤粉在线脱硫降灰研究。　　　　　　　　　　　　（徐志辉）

开采沉陷中的岩体结构效应　邓喀中(1957～　，四川资中人，中国矿业大学环境与测绘学院教授，江苏省测绘学会副理事长。研究方向：开采沉陷及防护，岩土力学）著，中国矿业大学出版社1998年11月出版，200千字。本书较全面地论述了岩体结构对开采沉陷的影响。全书共7章：介绍了岩体结构的基本概念、结构面对岩体力学性质的影响及结构面参数实测方法；给出了节理岩体的力学模型及对开采沉陷的影响；讨论了岩体层面对开采沉陷的影响并建立了层面滑移函数、滑移面位置判断式；介绍了断层对开采沉陷的影响及其计算方法；给出了含节理煤层条带煤柱留设的方法；为层面滑移理论的工程应用给出了一些算例。本书是有关岩体结构对开采沉陷影响的第一本专著，内容新颖、资料翔实可靠，实用性较强，可供煤矿现场工程技术人员、设计、科研人员及高校相关专业的师生参考。

（徐志辉）

世界油气田情况：世界石油勘探与开发技术发展动向　童宪章(1918～1996，江苏扬州人，曾任北京石油科学研究院开发室主任、总工程师，石油工业部石油勘探开发科学研究院总工程师。长期从事油田开发研究，在油气田试井和油藏动态分析方面提出了新的理论和方法)等编，中国工业出版社1962年1月出版，55千字。本书是《世界油气情况》第六分册，介绍了近10年来世界石油勘探和开发技术的发展动向，包括世界石油勘探技术、石油工业地球物理技术、石油钻井技术及采油技术等的发展情况，并介绍了我国油田开发和采油工作中的主要技术问题。（另有《油井产状和油藏动态分析》《压力恢复曲线在油、气田开发中的应用》，已著录）

（韩　兵）

油井产状和油藏动态分析　童宪章著，石油工业出版社1981年4月出版，552千字。本书的特点是把有关油井和油藏动态分析的理论研究成果和经验性方法用来分析具体油井和油藏。全书共5章，前几章简要地介绍了一些有关油井产状和油藏动态分析的基本知识和方法，其中特别介绍了在我国油田开发过程中发现的一些经验性规律。核心部分第五章，选择了我国油田的10多个具有典型意义的油井和油藏实例，进行了较全面细致的分析。为便于应用，在分析方法中详细介绍了原始资料的整理和图表的编制过程，并特别重视通过数学计算来取得定量的分析成果。

（韩　兵）

压力恢复曲线在油、气田开发中的应用　童宪章编著，石油工业出版社1982年10月出版，265千字。本书结合我国油、气田开采工作经验，介绍了应用压力恢复曲线解释油、气田开发动态的基本理论和方法。如应用压力恢复曲线计算油层渗流参数、测定平均地层压力、分析井底完善程度、应用压力恢复曲线求生产井附近断层距离、求油层储量参数等方法，以及天然气井、注水井压力恢复曲线的应用等。另外还介绍了压力恢复曲线的基本公式、不关井测压力恢复曲线的方法，多相流动状态下压力恢复曲线的解释和续流线段的整理等。为了便于读者更好地理解，书中列举了我国一些油、气田现场应用的实例。

（韩　兵）

实用油藏工程方法　秦同洛(1924～2000，江苏无锡人，曾任北京石油学院石油开发系主任、科研处处长，石油工业部石油勘探开发科学研究院副院长)、陈元千等编著，石油工业出版社1989年7月出版，559千字。本书是《油气田开发进修丛书》之一，它简明扼要地介绍了油藏工程计算所需的储层流体物性和岩石物性的基本内容；从理论到实际应用，对矿场试井、水驱油机理、油田开发设计、动态预测和采收率计算等内容，进行了较为详细的叙述和推导；并对油藏评价和油田开发的调整问题，作了简要的分析与讨论。

（蔡保鹏）

英汉石油大辞典（油田地面工程分册）　黄剑谦(1919～　，江苏宜兴人，曾任玉门石油设计院、新疆石油设计院、长庆油田设计院总工程师)主编，石油工业出版社1992年11月出版，231千字。《英汉石油大辞典》的分册之一。本分册根据编委会要求，经过多方面的资料收集和多次筛选，最后收入词条4 000多条，内容主要包括：油田油气集输处理、油田注水、油田污水处理的工艺、站场、管网、专用及通用材料设备、油田自动化、消防安全、油田建设施工等。编委会考虑到应收集有关通信方面内容：卫星通信、微波载波通信、光纤通信、无线电通信等，但因词条较少，故也归入本分册。在编辑过程中，特别注重收集了新词组和专业用词。

（蔡保鹏）

预焙槽炼铝　邱竹贤(1921～2006，江苏海门人，中国工程院院士，被誉为"中国铝材之父")编著，冶金工业出版社1980年6月出版，320千字。

本书详细阐述了现代预焙阳极电解槽炼铝技术。全书共15章,论述了铝生产的发展概况和现状,铝电解槽构造,铝电解厂规模,电解生产技术,生产过程的机械化和自动化,气体净化和综合利用,预焙阳极制造等,并以相当的篇幅介绍了铝电解的基本理论。此外,还讨论了铝电解的电流效率和电能消耗问题等。书中较广泛地收入了近年来国外的有关资料。

（蔡保鹏）

金属物理学（第1卷 结构与缺陷） 冯端(1923～ ,江苏苏州人,中国科学院院士,南京大学教授。曾任中国物理学会会长,南京大学固体物理研究所所长、研究生院院长)等著,科学出版社1987年11月出版,495千字。本卷共5编:前两编论述金属与合金的结构及其理论,除扼要介绍金属电子论及以经验规律为基础的金属理论之外,对不同层次的合金理论作了较全面的总结,并对液态金属、非晶态合金、准晶态合金等新的发展也作了适当的介绍;第三编论述晶体的缺陷,除论述点缺陷和辐照效应外,还较全面细致地阐述了位错理论的各个侧面,如几何理论、弹性理论、点阵理论等;第四编对表面与界面物理学这一新领域进行了阐述,其中还涉及超微粒与调制结构等前沿课题;第五编论述扩散以及一些与扩散密切相关的过程,如氧化和烧结。(另有《金属物理学》第2、3、4卷,已著录)

（蔡保鹏）

金属物理学（第2卷 相变） 冯端等著,科学出版社1990年1月出版,456千字。本卷涉及的材料既有金属与合金,也包括一些非金属材料。本书致力于沟通凝聚态物理学与材料科学,论述中以基本物理问题为主要线索,而将各种材料的相变行为作为实例,穿插于各章之中,将基本理论与实际问题有机地联系起来。全书共4编:第六编为相变导论,在从热力学、结构变化及动力学观点讨论相变的主要类型之后,论述了朗道的唯象理论及其应用。第七编为相变动力学,首先讨论了有成核、生长与粗化等阶段的非匀相转变,然后讨论了失稳分解及连续相变的动力学问题。第八编为界面的稳定性与形态的演变,从溶质分凝、组分过冷等概念出发,一直到细致的分析线性动力学的界面失稳的判据;进一步用来分析枝晶生长、定向凝固、共晶凝固和分形生长过程中形态演变问题。第九编为相变的微观理论,首先讨论了统计模型的准确解与近似解,然后扼要地介绍临界现象的近代理论,标度律与重正化群;进而阐述软模理论及其多种结构相变中的应用;最后论述了电子—声子相互作用所引起的相变及金属-非金属转变的理论。 （蔡保鹏）

金属物理学（第3卷 金属力学性质） 冯端等著,科学出版社1999年8月出版,509千字。本卷阐述金属力学性质,共3编:第十编论述内耗与超声衰减。主要介绍内耗的唯象理论,点缺陷引起的内耗,位错与晶界内耗,相变与共格界面的内耗与超声衰减,以及与热、磁、电性有关的内耗。第十一编论述晶体的范性。主要介绍范性形变的几何学与晶体学,范性形变的物理本质,合金强化等。第十二编论述断裂和高温力学性质。主要介绍断裂,高温力学性质,包括回复与再结晶、蠕变与蠕变断裂等。

（蔡保鹏）

金属物理学（第4卷 超导电性和磁性） 冯端等著,科学出版社1998年6月出版,530千字。本卷分为2编:第十三编论述超导电性,主要介绍超导电性基础知识,晶体缺陷与超导电性,高温超导电性;第十四编论述磁性,主要介绍金属磁性分类及原子磁矩,无磁序金属磁性,金属中的磁有序,强磁金属的内禀磁性,金属中的磁有序,强磁物质中的磁畴与磁化,固体缺陷与技术磁化性能,特殊状态下的金属磁性等。

（蔡保鹏）

金属材料制备工艺的计算机模拟 李依依(1933～ ,女,北京人,原籍江苏苏州,中国科学院院士,中国科学院金属研究所研究员、所长)等著,科学出版社2006年6月出版,357千字。本书旨在介绍材料制备工艺计算机模拟的基本知识和应用实例,系统地阐述钢与合金的炉外精炼、铸造、凝固、固态相变、轧制、塑性成形等材料制备工艺模拟的基本方法,不仅注重理论建模、计算及工艺模拟,更注重与实践的结合,并将模拟的结果与实践相比较,确定最佳的制备工艺制度。

（蔡保鹏）

腐蚀电化学原理 曹楚南编著,化学工业出版社1985年12月出版,270千字。该书结合腐蚀金属电极的特点论述金属腐蚀过程的电化学原理和有关的电化学研究和测试方法,系统地讨论了发生电化学腐蚀过程的能量条件及能量耗散,均匀腐蚀过程的速度和腐蚀电位与各种热力学和动力学参数的关系,腐蚀金属电极的极化行为,接触腐蚀效应,阴极保护效应,极化电阻及其测量,弱极化曲线的分析利用,电极系统的交流阻抗,金属的钝性和钝化过程,形成局部腐蚀的电化学条件和局部腐蚀发展过程中的自催化效应等问题。是国内较早出现的专门论述腐蚀电化学的专著。　　（蔡保鹏）

现代锻压机械　范宏才(1928～ ,江苏常熟人,高级工程师,曾任机械工业部科技司长、部副总工程师,国家机械委员会副总工程师)主编,机械工业出版社1994年3月出版,638千字。本书全面介绍20世纪80年代以来国内外锻压机械的最新技术发展,着重剖析各类锻压机械结构的改进和性能的提高,探讨其发展趋势,借以促进国内锻压机械的产品研究和开发。全书共7章,包括现代机械压力机、现代液压机、现代锻造机械、现代弯曲剪切机械、数控锻压机械、锻压生产柔性制造系统、锻压机械用的数控系统等。重点介绍国内在新型锻压机械方面的科研成果、设计经验和重要数据。内容先进、实用,可供锻压机械的科研、设计、制造和使用部门的工程技术人员在工作中借鉴。（蔡保鹏）

磨削颤振与磨削表面形貌误差的研究　韩正铜(1960～ ,江苏沛县人,中国矿业大学机电工程学院教授,江苏省金工研究会理事。研究方向为:精密加工与检测,先进制造技术,计算机辅助机械精度设计)著,中国矿业大学出版社2005年9月出版,128千字。磨削加工是机械制造中重要的加工方法之一。在磨削过程中,振动是一种十分有害的现象,它会降低加工表面质量、缩短砂轮寿命,还会影响生产率的提高,甚至导致加工无法进行。本书对动态磨削过程进行了建模和理论分析,深入研究了磨削过程稳定性和磨削颤振机理;对磨削过程中颤振的产生和发展规律以及由此产生的工件表面形貌误差进行了实验研究和理论分析;针对磨削颤振的复杂性,采用确定性混沌理论的分析方法研究磨削颤振信号与动态磨削过程;采用人工神经网络对磨削过程的稳定性与磨削颤振进行识别和预报;书中对变速磨削抑制颤振的机理做了全面、深入的研究;基于一系列磨削试验,提出了抑制磨削颤振的实用方法——工艺条件适配法,得出了切入速度对磨削颤振的影响规律方程。还比较系统地论述了圆度、圆柱度误差分离技术。　　（徐志辉）

数控编程理论、技术与应用　黄翔(1964～ ,浙江浦江人,南京航空航天大学航空宇航制造工程系教授。研究方向:数字化设计、制造与检测,飞机数字化装配理论、技术和装备,飞机制造质量控制)、李迎光编著,清华大学出版社2006年1月出版,317千字。本书系统地介绍数控编程的各环节,内容涉及数控加工及其编程的基础知识、数控程序的手工编程、数控编程的工艺分析、高速加工的数控编程策略以及从点位加工、二坐标、三坐标到多坐标和高速加工数控刀具轨迹的计算,介绍数控仿真与精度验证算法、后置处理算法,同时给出12个典型编程实例的编程策略,并给出用UG软件建立的零件数模和生成的刀轨。本书面向数控加工理论研究、数控编程系统开发以及数控编程人员,可作为相关专业(机械制造、CAD/CAM等)专业的本、专科学生和研究生使用教材,也可作为从事数控编程的广大科技人员的学习参考书。
　　（徐志辉）

特种加工新技术　余承业(1920～2015,浙江温州人,原南京航空学院教授、院长)等编著,国防工业出版社1995年1月出版,418千字。本书主要编录具有新颖性、启发性与应用性的研究成果。为便于阅读与参考,以加工工艺技术为主线进行编排,分设《电火花加工》《电火花线切割加工》《电解加工》《光整加工》《激光加工》以及《测试技术》6章。
　　（王忆南）

仪器仪表环境技术和设备手册　吴钦炜(1922～ ,江苏常州人,曾任国家仪器仪表工业总局上海工业自动化仪表研究所总工程师、所长)主编,机械委仪器仪表工业局1988年9月出版,1 131千字。为了总结我国仪器仪表环境技术和设备方面的科学技术成就并吸收国外成熟经验,由原机械工业部仪器仪表工业局科技处、上海工业自动化仪表研究所、原机械工业部第十一设计研究院、北京分析仪器研究所和湘西科学仪器研究所5个单位合作,在原机械工业部仪器仪表工业局的指导下,共同编写了本手册。本手册是一本综合性的基础技术书,内容分4篇:仪器仪表环境适应性技术篇;仪器仪表环境控制技术篇;环境监测技术和仪器篇以及环境试验设备篇。本手册具体地总结了仪器仪表环境技术和环境设备方面的技术精华,实事求是地反映了技术成果,体现了技术发展趋向,具有实用性、先进性、科学性和规范化等特点。

(王忆南)

分析仪器手册 朱良漪(1920～2008,江苏扬州人,中国仪器仪表事业的创始人之一)主编,化学工业出版社1997年5月出版,2 186千字。本书共18章,是众多专家、学者的技术成就和经验的总结。第一至五章是总论部分,介绍分析仪器的作用、发展、它的科学与技术基础和类系;电子学、计算机和化学统计学在分析仪器中的应用;采样原理和样品预处理,标准物质及其有关概念,分析信号和数据处理。第六至十八章介绍各种分析仪器,包括紫外、可见、红外、拉曼、X射线等光学分析仪;各种电化学分析仪;色谱与电泳等分离分析仪;核磁与顺磁共振波谱仪;质谱仪及有关联用分析仪;热分析仪;核分析仪;表面和微区分析仪,以及生物化学、临床医学、环境保护、工业流程在线分析方面的专用性分析测试仪器。第十八章后专列展望——概述分析仪器的未来。

(王忆南)

机电一体化导论 严筱筠(1920～ ,江苏常州人,曾任一机部电器科学研究院自动化研究室主任,机械工业部北京机械工业自动化研究所总工程师)编著,职工教育出版社1988年7月出版,200千字。本书是根据作者多年实践经验,参考国内外有关文献而编写的,并经中国科学院学部委员、中国电工技术学会副理事长丁舜年审定。全书共4篇。第一篇是总论,论述机电一体化的定义、发展过程、范围、分类方法、技术体系、意义与效果等。第二篇论述机电一体化的基础及单元技术,包括开发的主要阶段、微电子技术及专用集成电路、计算机控制、系统技术、传感器技术、接口技术、机电一体化通信协议(MAP及TOP)、执行机构、计算机辅助管理、精密机械技术、人工智能的应用。第三篇论述机电一体化的典型应用,包括机器人、计算机辅助设计/制造/测试(CAD、CAM、CAT)、集散系统、自动化仓库、柔性制造系统(FMS)及计算机综合自动化制造系统(CIMS)。第四篇论述我国发展机电一体化战略的初步探讨。

(王忆南)

计算机辅助机械设计 许超(1956～ ,江苏南京人,东南大学机械工程学院教授。研究方向:计算机辅助设计,计算机辅助制造,计算机辅助分析和优化设计,注射模具设计及制造)等著,东南大学出版社1997年12月出版,188千字。本书是专为工科院校的计算机辅助机械设计课程教学而编写的。内容主要包括计算机辅助设计的交互技术、CAD的基本图形理论与算法、计算机图形标准、图形变换及其真实图形的处理技术、几何造型技术及其在机械CAD发展领域中的最新技术。本书除供工科类院校作为教材外,还可作为工矿企业从事计算机辅助机械设计相关工作的工程技术人员学习和参考。

(徐志辉)

高速旋转机械轴系动力学设计 徐龙祥(1959～ ,江西余江人,南京航空航天大学教授,中国机械工程学会高级会员。研究领域:磁悬浮技术,机电一体化,高速旋转技术)著,国防工业出版社1994年6月出版,222千字。本书共5个部分。第一部分介绍滑动轴承的基本知识与特征值的计算方法;第二部分着重讨论轴系稳定性的计算,介绍典型的失稳现象,分析引起失稳的主要原因,讨论用不同形式轴承支承的转子系统稳定性的计算方法,研究轴系稳定性与支承轴承的关系;第三部分研究临界转速与不平衡响应的计算;第四部分以一台离心压缩机的转子—轴承系统为例,介绍动力学设计的全过程;第五部分叙述常用滑动轴承的性能数据与动力学设计程序。

(徐志辉)

现代仪器仪表技术与设计(上下卷) 王大珩主编,科学出版社2002年10月出版,4 635千字。本书是关于现代仪器仪表创新设计和综合化设计的一部技术专著。全书分上下两卷。上卷为现代仪器仪表设计技术基础,内容包括:总论,量子计量技术及基准,先进制造中的前沿技术,智能微系统技术,传感器技术,现代光学技术与光学系统设计,现代仪器仪表中的精密机械等。下卷为现代仪器仪表创新设计与综合化设计，内容包括：创新设计与现代设计科学，现代仪器仪表的综合化设计，现代航空仪表及系统，现代舰船仪表及系统，陆军兵器仪表及系统，信息传输与网络化仪器相关发展技术等。

（王忆南）

2.16 米天文望远镜工程文集 苏定强（1936～ ，上海人，原籍江苏武进，中国科学院学部委员，南京天文光学技术研究所研究员，南京大学天文系教授，中国天文学会理事长）主编，中国科学技术出版社 2001 年 12 月出版，350 千字。2.16 米天文望远镜由中国科学院南京天文仪器研制中心、中国科学院北京天文台和中国科学院自动化研究所研制，是我国自行研制的、国内最大的、也是远东最大的光学天文望远镜。这本文集包括 2.16 米天文望远镜本体、折轴阶梯光栅分光仪和圆顶三部分内容，收录了参与 2.16 米天文望远镜研究制造的数十位科技人员的近 40 篇相关科技论文。正如该书扉页上的这段话：这是一本工程文集，也是一本纪念文集。

（王忆南）

弹丸发射过程理论 芮筱亭（1956～ ，江苏镇江人，南京理工大学教授）、杨启仁著，东南大学出版社 1992 年 4 月出版，509 千字。本书是一本系统论述弹丸发射过程理论的专著。书中所研究的弹、炮主要是普通弹和脱壳弹，等齐膛线炮和渐速膛线炮与滑膛炮，单发、连发的单管炮、多管炮和转管炮及载体发射的枪炮等。书中建立了各类弹炮系统在发射过程中的动力学模型和相应的受力表达式及运动微分方程，研究了弹丸在枪膛内备运动情况下发射过程中弹炮系统的运动规律，阐述了各类弹炮系统弹丸起始挠动的形成原因、计算方法及其对弹丸自由飞行和射击精度的影响。讨论了弹丸和火炮运动的相互影响，并介绍了通过参数优化，进而达到控制弹丸起始挠动以减小射弹散布的方法，对弹丸发射过程的参量测试作了简要的介绍。

（蔡保鹏）

防空导弹武器系统软件工程 陈定昌（1937～ ，上海人，籍贯江苏镇江，中国航天科工集团第二研究院研究员）、王连成编著，宇航出版社 1994 年 3 月出版。该书探讨了软件对防空导弹武器系统的控制和作用，分析了武器系统软件所涉及的主要数字模型及重要软件成分的功能。

（蔡保鹏）

八六三计划能源技术领域研究工作进展：1986～2000 赵仁恺（1923～ ，江苏南京人，中国科学院院士，中国工程院院士，曾任中国核工业总公司科技委副主任、高级工程师，国家"863"计划能源技术领域第二届专家委员会首席科学家）等主编，原子能出版社 2001 年 1 月出版，638 千字。本书共分两部分。第一部分介绍了"863"计划能源技术领域 15 年研究工作进展，包括先进核反应堆（快中子反应堆、高温气冷堆、聚变—裂变混合堆）及燃煤磁流体发电技术两个主题 15 年来取得的主要成就，进一步发展的建议和思考。第二部分对我国核能可持续发展战略，核电的近期发展技术路线，核电的经济性、安全性、国产化，以及我国煤炭合理利用等问题进行了探讨。

（韩　兵）

能源词典 朱亚杰（1914～1997，江苏兴化人，中国科学院学部委员，曾任北京石油学院副院长、华东石油学院副院长、石油工业部科技委员会副主任）主编，中国石化出版社 1992 年 12 月出版，661 千字。本词典包括 21 个专业，按专业分类编排，共收词目 2 000 条。正文前有《按专业分类的词目索引》，书后有《词目汉语拼音索引》和《词目英译汉索引》。可供跨能源专业的工作者，如从事能源管理的工作人员、从事能源教育的教师和学生使用。

（王忆南）

热流体学 过增元著，清华大学出版社 1992 年 2 月出版，263 千字。热流体学是一门涉及传热学、流体力学和热力学的新交叉学科。该学科重点在系统深入地研究热过程对流动过程影响的规律，从而提出了一些新的概念和揭示了一些新的物理现象，在此基础上形成的热控制技术可望广泛应用于能源、动力、材料、航空航天、环境、电子器件等领域。本书共 4 篇 12 章。第一篇作为基础知识讨论了流动对传热过程的影响及其物理机制；第二篇介绍加热引起的阻力和绕流现象及其工程应用；第三篇讨论了热过程对流体运动的起始和稳定性的影响;第四篇讨论了流动和传热过程的热力学第二定律分析和换热器的热优化问题。

(蔡保鹏)

吴仲华论文选集 吴仲华(1917~1992,江苏苏州人,中国科学院学部委员,曾任清华大学动力机械系教授兼系副主任,中国科学院动力研究室主任、力学研究所副所长、工程热物理研究所所长)著,机械工业出版社2002年10月出版,864千字。本书汇集了国际著名学者吴仲华教授一生所发表的最著名的论著。其中主要内容是吴氏叶轮机械三元流动理论。这个理论是半个世纪以前创立的,但现在全世界所有有关叶轮机械的工厂仍然按其思想体系进行常规的实用设计与计算。多年来,国际上研究叶轮机械流动的主要学术论文基本没有不引用吴仲华教授的论著作为主要参考文献的。读者从这些论著可以真正直接学习到吴氏叶轮机械三元流动理论的精粹与吴仲华教授的严格治学方法。吴仲华教授所创建的燃气热力性质表及对气动热力学基本理论的严格论述曾对工程热物理界起了很大影响,本书收集了他在这方面的原始著作。吴仲华教授晚年还以他的深厚学识对我国能源动力工业提出发展方向,并直接领导发展总能系统的理论与实际。本书收录了这方面的主要文献。

(王忆南)

沸腾与凝结 施明恒(1939~ ,江苏常熟人,东南大学教授,全国高校工程热物理研究会理事。研究方向:工程热物理,热能工程)、甘永平、马重芳编著,高等教育出版社1995年6月出版,310千字。本书系统地整理、分析、综合国内外沸腾和凝结的有关资料和研究成果,对沸腾和凝结的基本概念、基本理论进行比较系统的分析和讨论,指出沸腾和凝结尚存在的问题及其发展方向,是关于沸腾和凝结的一本专著。全书共9章。第一章介绍沸腾和凝结的发展历程和研究方法。第二至五章介绍沸腾的基本理论,第六至八章介绍凝结换热的有关理论。第九章介绍沸腾和凝结的最基本的强化技术。全书着重基本概念、基本理论的阐述,并力求内容系统和完整,语言通俗易懂。本书可作为热能工程、工程热物理等热工类有关专业的大学生、研究生的教学参考书,也可供从事沸腾和凝结研究的科技工作者参考。

(徐志辉)

气动加热与热防护系统 范绪箕(1914~2015,江苏江宁人,中国航空教育家和力学家,曾任浙江大学航空系系主任、南京航空学院副院长、上海交通大学校长)编著,科学出版社2004年12月出版,184千字。本书主要介绍与高速飞行有关的气动加热和热防护问题。全书主要分为两部分:第一部分是气动加热,着重介绍高速气体力学以及相关的各种形式热交换及其计算方法;第二部分是热防护系统,着重介绍各种形式的热防护系统结构及其防热功能和设计计算方法。

(蔡保鹏)

工程传热传质学 王补宣(1922~2019,江苏无锡人,清华大学教授,中国科学院学部委员)著。本书共15章,分为上下两册。上册由科学出版社1982年8月出版。除第一章作为全书导论之外,系统深入地阐明导热理论、辐射传热理论和对流传热理论基础。注重明确的物理概念,并且严格地由过程的物理模型建立起相应的数学模型,着重启示工程应用和分析研究的基本观点和方法。下册由科学出版社1998年9月出版,442千字。内容主要包括对流换热理论,相变传热,换热器的热设计计算,多孔介质的传热,高速气流与稀薄气体的传热,传质和现代传热的一些专题介绍。下册在内容上与上册紧密配合,前后呼应,力求全书风格的统一。下册与上册出版时间相隔15年,研究生的培养要求适应新世纪的需要,强调扩大专业面,故下册各章注意求实地提示当前高新技术发展中的前沿性研究动态,以开阔视野。本书可供从事传热研究和涉及传热传质的高新技术开发研究工作者与工程设计人员参考,还可供高等学校师生,包括从事学科交叉领域、需要充实传热传质基础知识及其运用者参考。

(王忆南)

对流换热与辐射换热 徐益谦(1932~ ,江苏江都人,东南大学能源与环境学院教授,中国工程热物理学会多相流热物理专业委员会副主任委员。研究领域:能源工程学)、陈善年译,[苏]M.A.米赫耶夫主编,科学出版社1963年9月出版,251千字。本书汇集了前苏联科学院动力研究所关于对流与辐射换热方面的论文19篇,内容包括各种不同的换热问题、放热过程规律性的研究、放热过程强化方法的探讨、工质的热物理性质的确定以及有关实验的理论与技术等,反映了该所近年来在这方面理论与实验研究的成果。本书可作为传热学科方面的科学研究工作者、高等学校教师及工程技术人员的参考书。

（徐志辉）

自由活塞式发动机 史绍熙(1916～2000,江苏宜兴人,中国科学院学部委员,原天津大学校长)编著,中国工业出版社1961年8月出版。自由活塞式发动机是一种新型热力装置,是近30年来逐渐发展起来的。由于这种发动机具有结构简单、体积较小、重量较轻和热效率较高等优点,目前已被认为是一种很有前途的动力机械,许多国家都在进行研究和制造,并且已经有了正式产品。我国在这方面也已进行了许多研究和试制工作。由于这一工作在国内的迅速发展,为了适应这一需要,天津大学内燃机专业增设了"自由活塞式发动机"课程,本书就是为这一课程而编写的教材。书中第一章论述了自由活塞式发动机的基本概念、优缺点和这种发动机在世界各国的发展概况;第二章介绍了各种自由活塞式压气机和自由活塞发气机的构造;第三章讨论了它们的特殊组件;第四章研究了自由活塞式发动机的热力循环、热力计算和动力计算。

（蔡保鹏）

水力机 蔡昌年(1905～1991,江苏南京人,中国科学院学部委员,中国大电力系统调度管理体制主要奠基人之一,曾任电力科学研究院研究生部副主任)编撰,商务印书馆1951年出版,字数不详。商务印书馆《现代工程小丛书》之一,为作者早年在工校授课期间的科普著述,取材叙述浅要易懂,图文并茂,内容涉及水力机械的发展源流、基本原理及学派、各种机械类型以及水力工程流程概要,在建国初期起到了大众科技启蒙的社会作用。

（韩　兵）

核反应堆物理导论 施士元(1908～2007,上海崇明人,诺贝尔奖获得者居里夫人为中国培养的唯一物理学博士,原南京大学教授、物理系名誉主任)编著,上海科学技术出版社1960年6月出版,99千字。本书简要、全面地介绍了核反应堆的物理理论,内容包括原子核基本特征、链式反应、中子减速、中子扩散、反应堆临界尺寸、反应堆参数计算、反应堆动力学、反射层及双组理论、点阵理论、微扰理论及迁移理论等,有较多的理论推导,但并不太深,读者可以花较少的时间了解核反应堆物理的基本内容。本书可供原子能工程技术人员及工程物理专业、核子物理专业人员参考。

（蔡保鹏）

激光核聚变译文集 徐至展(1938～　,江苏常州人,中国科学院院士,第三世界科学院院士,曾任中国科学院上海光学精密机械研究所研究员、所长)等译,原子能出版社1979年12月出版,521千字。本文集共有33篇文章。第一篇是评述性文章,简要地评述了近一两年来激光核聚变研究的进展情况,并给出了近期的主要参考文献。其余各篇均是翻译文章,比较系统地、全面地介绍了激光核聚变这门技术科学的理论基础、实验装置和测量技术等,内容比较丰富。本书的读者对象系从事等离子体物理学研究的工作者,尤其是直接从事激光核聚变研究的科技人员,以及其他有关的科技人员和高等院校有关专业的师生。

（王忆南）

辐射防护及相关学科论文集 李德平(1926～　,北京人,原籍江苏兴化,中国科学院院士,曾任中国辐射防护研究院研究员、名誉院长)、潘自强、胡遵素等著,原子能出版社1996年10月出版,840千字。本文集选录了中国科学院院士、中国辐射防护研究院名誉院长李德平先生以及国内辐射防护界部分人士发表过的和未发表过的学术论文70余篇。论文内容涉及辐射防护、辐射物理、核电子学与探测技术、核安全与辐射安全、环境保护和辐射损伤与效应等领域,部分反映了国内该领域的科研活动与发展历程。在李德平院士从事辐射防护工作42年之际,组织出版本论文集是一次有益的回顾与总结。

（蔡保鹏）

核爆炸物理概论 乔登江(1928～2015,江苏高邮人,两弹功臣,中国工程院院士,华东师范大学终身教授)编著,原子能出版社1988年5月出版,692千字。本书第一章为核爆炸现象学,介绍核爆炸景象和初始参数,其余18章分为五部分,即爆炸力学、光辐射、核辐射、核电磁脉冲、高空核爆物理概要和核爆炸引起的大气电离。本书着重讨论、介绍这些杀伤破坏因素的理论基础、产生和发展过程、特点及其变化规律，并推荐了必要的计算公式，为核试验、核武器使用和防护提供基础知识，可供核武器研究、试验、核防护工程和抗核加固等有关工程技术人员使用，也可供有关专业的大学生、研究生和教师参考。　　　　　　　　（王忆南）

电工学与电气设备　潘文霞（1961～　，女，安徽人，河海大学能源与电气学院教授。研究方向：可再生能源发电系统，高电压与绝缘技术）主编，中国水利水电出版社2008年11月出版，410千字。全书共10章，内容包括电路分析基础、正弦交流电路、电路的暂态过程、变压器的基本原理和运行特性、交流电机工作原理与控制特性、电力系统概述、各种电气一次设备基本原理与运行特性、电气主接线与自用电接线、电力系统继电保护的基本原理与概念、电气设备的布置等。为了适应本科教学需要，本书重点阐述电工学与电气工程的基本概念与主要原理，也兼顾电气设备最新发展技术和应用。本书是高等学校水利学科农业水利工程和水利水电工程等专业的通用教材，也可作为其他相关专业的教学用书。　　　　　　　　（徐志辉）

磁记录材料　都有为（1936～　，浙江杭州人，中国科学院院士，南京大学物理系教授）、罗河烈编著，电子工业出版社1992年12月出版，300千字。本书共10章，第一至三章介绍了磁记录的基础知识、铁磁微粉的基本性能和测试方法。第四至八章介绍了$r-Fe_2O_3$、$CO-r-Fe_2O_3$、CrO_2、六角晶系铁氧体和金属与氮化铁微粉的晶体结构、磁性和制备方法。第九章介绍了连续薄膜介质、金属和氧化物薄膜的制备工艺和磁性。第十章介绍了20世纪80年代的磁记录介质。　　　　　（徐志辉）

微特电机及系统　程明（1960～　，江苏阜宁人，东南大学电气工程院教授。研究方向：电动车驱动控制技术、新能源发电技术、微特电机及测控系统）主编，中国电力出版社2008年3月出版，388千字。全书共分11章，主要内容包括绪论、伺服电动机与伺服系统、测速发电机、步进电动机、自整角机、旋转变压器、永磁无刷直流电动机、单相交流串励电动机、双凸极电机驱动系统、直线电动机和超声波电动机。本书注意吸收最新技术成果，使教材内容更加充实和先进。本书可作为普通高等学校电气信息类专业的教材，也可作为其他相关专业研究生的教学参考书或高职高专教材，还可作为工程技术人员的参考用书。　　　　　　　（徐志辉）

大型电机的发热与冷却　丁舜年（1910～2004，江苏泰兴人，中国科学院技术科学部委员）主编，科学出版社1992年7月出版，935千字。本书是研究和介绍大型电机发热与冷却问题的专著，书中系统总结了国内外大型电机发热与冷却的现状及研究成果，着重反映了我国近年来在这一领域里所取得的最新研究成果。全书共13章，第一、二章系统地介绍了国内外大型电机及与之相应的冷却技术的发展和进步，第三、四章分别介绍了流体动力学与传热学原理在电机发热与通风、冷却方面的应用及计算方法，第五至十一章根据所应用的不同介质，介绍了在各种类型大型电机的发热与通风冷却方面，特别是我国在水冷和其他方式冷却方面的应用情况和研究成果，第十二、十三章综合介绍了风扇、冷却器和电机发热与冷却的测量技术。书末列有附录，介绍了研制和设计大型电机的一些基本数据和可供查阅的有关资料，对我国大型电机厂和从事大型电机设计研究的有关研究所也作了介绍。
　　　　　　　　　　　　　　　（蔡保鹏）

电机状态监测与故障诊断　马宏忠（1962～　，江苏如皋人，河海大学电气工程学院教授。研究方向：电力气设备状态监测与故障诊断，电能质量分析与控制，电机运行与控制，风力发电控制系统，电力系统远程监控与继电保护）著，机械工业出版社2008年3月出版，1 779千字。本着理论性与实用性相结合的原则，本书全面系统地分析了电机状态监测与故障诊断的基本原理和实际应用知识。全书3篇16章，第一篇讨论交流电机故障的分析方法。第二篇分析电机状态监测与故障诊断的理论与方法，分别从状态监测与故障诊断中的数据采集、传感器、信号处理、诊断理论与方法、电机寿命预测等方面展开，其主要内容也适用于其他电气设备的状态监测与故障诊断。第三篇介绍电机故障诊断的应用技术与实例，分别从温度与红外诊断技术、绝缘监测与诊断技术、振动监测与诊断技术、噪声监测与诊断技术、轴承监测与诊断技术等方面，对电机故障监测与诊断进行论述，并且用大量篇幅详细介绍电机状态监测与故障诊断的各种新技术、新方法，反映了当前国内外电机故障诊断的技术水平，具有很好的实用价值。　　　　　（徐志辉）

微机电系统与微细加工技术　朱荻（1954～　，辽宁沈阳人，中国科学院院士，曾任南京航空航天大学校长）等编著，哈尔滨工程大学出版社 2008 年 5 月出版，280 千字。本书对微机电系统技术和微细加工技术进行了介绍。全书共分 5 章，包括微机电系统和微细加工技术的发展趋势，对微机电系统原理和设计、微细加工技术、相关的检测技术以及微机电系统的应用等内容进行了介绍和讨论。
　　　　　　　　　　　　　　　　（王忆南）

电力系统非线性辨识　鞠平（1962～　，江苏靖江人，河海大学电气工程学院教授，中国电机工程学会电力系统专业委员会副主任委员，江苏省电工技术学会副理事长。研究方向：电力系统建模与控制）著，河海大学出版社 1999 年 12 月出版，208 千字。本书针对电力系统的特点，以计算机技术为支撑，以现代辨识理论为基础，研究电力系统非线性辨识问题。本书直接针对非线性本质，间接借鉴线性理论；从可辨识性分析入手，以模拟进化方法为工具；以理论为先导，以应用为目标。本书共分 6 章。分别介绍基本概念，给出可辨识性的概念和定义；研究线性系统和非线性系统可辨识性分析方法；将模拟进化方法引入电力系统辨识，提出电力系统非线性参数辨识的统一方法；针对同步发电机模型、动态等值模型、电力负荷模型进行参数辨识研究，得到一系列明确而重要的结果，并给出大量仿真算例和应用实例。电力系统模型参数的可辨识性研究在国内外属首次，具有重要的理论意义和应用价值。　　　　　　　　　（徐志辉）

化学电源选论　查全性（1925～　，籍贯安徽泾县，生于江苏南京，武汉大学教授、中国科学院院士）著，武汉大学出版社 2005 年 7 月出版，146 千字。本书主要讨论化学电源在能源结构中的位置，新电源体系的探索，以及有关电池反应机理的若干公共性基础问题，包括电池中正、负极之间的相互作用和多孔电极的极化机理等。全书共 5 章，内容包括能源网络、氢能经济和化学电源在能源网络中的作用，高比能化学电池体系，化学电池中正、负极之间的匹配与相互作用，电池中的电源密度分布和极化分布，粉末微电极及其在化学电源研究中的应用等。　　　　　　　　　　　　（蔡保鹏）

无线电波传播理论及其应用　吕保维（1916～2004，江苏常州人，中国科学院院士、国际宇航科学院院士，曾任中国科学院电子学研究所所长）等著，科学出版社 2003 年 8 月出版，658 千字。本书全面系统地阐述了电磁波在大气层、对流层、电离层及空间各种环境下传播的基础理论、基本方程及其求解方法；详细讨论了与通信、遥感等应用直接有关的天线、电磁波散射等内容。主要内容包括 3 大部分，第一部分是电动力学概要，电磁波的基本特性，狭义相对论；第二部分是天线理论概要，地波传播，电磁波在对流层中的传播；第三部分是高空大气物理概要，等离子体物理概要，电离层中波的传播，长波和超长波传播。　　　　　（蔡保鹏）

真空微电子学及其应用　王保平（1961～　，安徽芜湖人，东南大学电子科学与工程学院教授。研究方向：真空微电子学，平板显示技术，视觉感知，测试技术与标准）、雷威编，东南大学出版社 2002 年 4 月出版，132 千字。真空微电子学是一门新兴交叉学科，涉及真空电子学、微电子学、薄膜技术和材料科学等多门学科和技术。本书从真空微电子学的形成、发展历史和最新动态出发，系统地介绍真空微电子学的物理基础，即场致发射理论和其他相关物理原理，详细讨论微细结构制造技术、真空微电子器件工作特性的数值模拟和器件结构设计，着重阐述真空微电子学的应用及对未来电子学发展的巨大影响。本书可作为高等院校电子信息技术、通信技术、微电子学及相关专业的高年级本科生教材，也可供从事真空微电子学研究和开发的专业技术人员参考。　　　　　（徐志辉）

行波管　陆钟祚（1913～2001，江苏苏州人，曾任东南大学教授，电子工程系名誉主任，电子学研究所名誉所长）著，上海科学技术出版社 1962 年 12 月出版，381 千字。本书综述了行波管的全部主要组成部分和其重要类型,全面论述了各个部分的基础理论、基本概念和新型发展。本书可供微波管领域中从事教学、科学研究及工程技术工作者参考之用。 　　　　　　　　　　　　(蔡保鹏)

分子材料——光电功能化合物　游效曾著,上海科学技术出版社2001年10月出版,373千字。本书是一本通过光电功能化合物介绍受到国内外广泛关注的分子材料的基础研究进展的著作。书中着重从合成化学、凝聚态物理和材料科学相互渗透的观点,结合科研和教学实践,深入浅出地对当前高新技术领域广泛使用的、具有特殊的光、电、磁、热等性质的分子材料分章进行介绍,其中包括分子材料研究的物理方法、光电材料前体物、分子导体、分子磁性、非线性光学、热致变色、光致变色、电致变色、电致发光、机械发光和分子电子器件等内容。本书可作为高等学校化学、物理学和材料科学等相关专业高年级学生和研究生的教材或教学参考书,也可作为相关学科科研人员以及科研管理人员的参考资料。 　　　　　　　　(徐志辉)

红外光电技术(第3卷)　匡定波(1930～　,江苏无锡人,中国科学院学部委员,曾任中国科学院上海技术物理研究所所长、研究员)主编,中国科学技术出版社2004年3月出版,840千字。本书介绍中国科学院上海技术物理研究所自实施"知识创新工程"以来在2003年度内在红外光电技术研究领域所取得的进展。本书共收入54篇文章,按内容分四部分,涉及红外材料、红外探测器与致冷器、红外成像系统技术以及信号处理与软件技术等。这些内容与前两卷《红外光电技术》的内容具有一定的连贯性。 　　　　　　　　　　(蔡保鹏)

红外辐射加热技术　汤定元(1920～2019,江苏金坛人,中国半导体学科和红外学科创始人之一,中国科学院院士,历任中国科学院上海技术物理研究所研究员、所长)编著,复旦大学出版社1992年11月出版,131千字。本书主要介绍红外辐射加热的原理和应用概况。全书共分8章,前4章对红外辐射加热技术的物理基础——红外辐射、物质结构以及两者的相互作用作了介绍,后4章介绍红外加热的技术内容以及这一技术在国内的发展概况

和应用情况,后4章为本书的重点。 　　　　　　　　　　　　　　(王忆南)

人工物性剪裁:半导体超晶格物理、材料及新器件结构的探索　郑厚植编著,湖南科学技术出版社1997年12月出版,153千字。1991年为推动国内在低维半导体结构领域的研究,国家科委以组织攀登计划重大项目形式,"半导体超晶格物理及材料、器件探索"列为国家"八五"期间30个攀登计划重大项目(A)之一。著者在专家组全体成员的支持下撰写这本介绍学科知识和最新重要进展的普及读物。作为一门正在日新月异发展的新兴学科,它必然具有学科内容浩瀚、深奥和有待成熟的特点。著者在处理通俗性、完整性和时效性、先进性的相互关系时,尽可能保证时效性和先进性。因此本书不是一般意义上的通俗读物,而是为掌握"基本语言"的青年学生、学者选择他们今后的科研攀登方向提供研究领域的概括性介绍。 　　　　　　　　　　　(韩　兵)

VDMOS场效应晶体管应用手册　王守武(1919～2014,江苏苏州人,中国科学院院士,曾任中国科学院物理研究所研究员,中国科学院半导体研究所研究员、副所长)著,科学出版社1990年4月出版,165千字。VDMOS是20世纪80年代兴起的新型晶体管器件,它兼有双极晶体管和普通场效应晶体管的优点,目前是我国半导体界研究和开发的热点。本书介绍了VDMOS器件的基本原理、参数、特点、基本电路、应用中必须注意的技术问题等,还搜集了许多实用的VDMOS应用电路。本书可供电子器件研究人员和技术人员参考,也可供有关院校电子类专业师生阅读。 　　　(王忆南)

微电子技术　王守觉等编著,上海科学技术出版社1994年12月出版,179千字。本书较全面地介绍了微电子这一高新技术。内容包括微电子学的基本原理、集成电路的微细图形加工技术、微电子技术加工工艺、微电子技术在各领域的应用及其发展前景。本书内容充实,文字深入浅出,图文并茂,可供具有中等文化程度的学生、教师及广大干部阅读。 　　　　　　　　　　　　(王忆南)

微系统封装基础　黄庆安(1963～　,河南洛

阳人，东南大学电子科学与工程学院教授，IEEE Sensors Conference 年会技术委员会委员。研究方向：微传感器，智能传感器及系统，MEMS 理论）、唐洁影译，[美] Rao R. Tummala 著，东南大学出版社 2005 年 2 月出版，1 107 千字。本书是国际上第一本微系统封装的参考书。内容包括：微电子、光子、RF、MEMS 的基础知识；微系统单芯片、多芯片、圆片级封装技术；IC 装配技术、电路板装配技术及封装材料；微系统封装的电性能、热性能、可靠性设计；同时介绍了微系统的主要应用领域。本书内容从基础开始，系统全面地介绍了微系统封装技术。适合微电子、光子、RF 通信和 MEMS 等相关专业高年级本科生、研究生、教师阅读，也适合相关科研人员和工程技术人员作为专业参考书。

（徐志辉）

微波电路　吴培亨（1939～　，江苏张家港人，中国科学院院士，曾任南京大学超导电子学研究所所长）编著，科学出版社 1980 年 9 月出版，143 千字。本书采用网络的观点，详细论述微波元件和微波系统的分析方法及其应用。书中首先就普遍的波导结构说明电压、电流、入射波、出射波等物理量的涵义，把电磁场边值问题化为网络䋈进行处理；然后引入各类矩阵表示法（以散射矩阵为重点），论述它们的基本性质和可实现性、无耗性、互易性等的普遍关系。在此基础上进一步讨论对实用系统的分析极为有用的一些基本定理和方法，诸如源的等效表示、网络传递功率的性质、反射系数的变换、网络级联时的行为、变压器定理、信号流图法等。本书选择一些近年来所发表的最新成果加以详细推证、讲解，借以说明基本理论方法在研制新元件、制订测试方法和分析实验结果等方面的广泛用途，并帮助读者学会阅读最新文献的方法。本书既比较严谨地提出问题和阐明概念、定理，又着力描述基本原理在实际系统中的灵活应用。本书可供从事微波元件及微波系统分析、设计和测试的科技人员参考，也可供高等院校有关专业的教师和高年级学生阅读。

（王忆南）

电子电路基础　刘京南（1955～　，江苏无锡人，东南大学自动控制系教授，中国电子教育学会副理事长，江苏省自动化学会理事。研究方向：电子技术，检测技术）主编，电子工业出版社 2003 年 7 月出版，512 千字。本书将传统的电子技术课程内容进行重新规划和整合，主要讨论非逻辑设计方式的基础电子电路。全书共 8 章，内容包括：半导体器件概述，基本运算电路，基本放大电路，组合放大电路，反馈放大电路及其稳定性分析，波形产生与整形电路，信号处理电路，功率电路。其中有关半导体器件概述，电子设计自动化软件及其应用等内容供选用。本书可作为高等学校电气、电子信息类专业电子技术课程的教材，也可作为从事电子技术工作的技术人员及电子技术爱好者的参考书。

（徐志辉）

契包含夫式工作参数滤波器的原理和计算　蔡金涛（1908～1996，江苏南通人，中国科学院院士，中国导弹与航天技术的主要开拓者之一）著，科学出版社 1962 年 11 月出版，365 千字。该书是一本阐明新型滤波器的原理和计算的书，这种滤波器比经典的滤波器优越，已在很多领域中得到广泛的应用。对于电信工程师和控制工程师，该书能帮助他们迅速地求出所需的最接近理想的滤波器，或类似的网络，对于高等院校的高年级学生，该书也可用作网络综合方面的阅读资料。

（蔡保鹏）

发信菱形天线　李强（1905～1996，江苏常熟人，中国科学院院士，曾任中共中央军委军事工业局局长、延安自然科学院院长、邮电部无线电总局和电信总局局长、外贸部部长）著，华东电信出版社 1951 年 1 月出版，字数不详。本书为新中国成立初期华东电信出版社所出《电信建设丛书》之五，原是著者于 1935 年在前苏联邮电人民委员会通信科学研究院任研究员时的工作报告，著者在本论文中研究发信菱形天线理论及计算，肯定了行波不辐射与菱形天线的行波辐射并不矛盾，并演绎出各种计算发射阻耗、电力增益、行波的衰减即辐射特性等的基本公式，对无线电应用的发展做出了重大贡献，因获 1950 年"范旭东先生纪念荣誉奖章"。

（韩兵）

通信技术发展趋向　张煦（1913～2015，江苏无锡人，中国科学院院士，任职上海交通大学电信系教授，兼任同济大学、沪江大学和大同大学教授，中国光纤通信的奠基人之一，致力于通信理论及技术的教学和科研工作）著，电子科技大学出版社 2004 年 6 月出版，291 千字。本书分 4 部分：通信综述，有线通信，无线通信，通信接入网。分别介绍了当年国际上通信科学技术的最新情况和发展趋势。最后附记每部分的中英文摘要，以便查阅。（另有《信息高速公路》《光纤传输系统设计》，已著录）

（韩　兵）

非平稳信号分析与处理　张贤达、保铮（1927～　，江苏南通人，中国科学院院士，西安电子科技大学教授）著，国防工业出版社 1998 年 9 月出版，661 千字。全书共分 12 章，除第一章为概论外，其他各章主要内容可概括为：时频分析、Gabor 变换、小波分析、Radon-Wigner 变换和分数阶 Fourier 变换、循环平稳信号分析与处理、线调频小波变换、调幅—调频信号分析与处理。（另有《雷达成像技术》，已著录）

（蔡保鹏）

信息高速公路　张煦著，上海交通大学出版社 1995 年 9 月出版，217 千字。张煦教授 1994 年至 1995 年对于"信息高速公路"论题、特别有关通信方面的专题陆续发表了 30 余篇文章。阐述对我国筹建国家信息基础结构和发展现代通信网的观点，介绍通信技术最新动态，"信息高速公路"与高速光纤通信网、电视大发展和个人通信业务的关系，并报道了几次国际通信研讨会对信息技术和 21 世纪通信技术的讨论情况。本书选集了其中较充实的 28 篇，汇编成册。

（韩　兵）

光纤传输系统设计　张煦等编著，上海交通大学出版社 1988 年 7 月出版，302 千字。本书专门介绍各种光纤传输系统的具体设计方法及有关理论，内容包括光纤电视传输系统、光纤数据传输系统、数字光纤通信接收机、波分复用光纤传输系统、微机控制光纤多点监视系统、光纤局部区域网等。本书可作为各类大专院校电子工程、光纤通信等专业教材。

（韩　兵）

雷达信号的选择与处理　张直中编著，国防工业出版社 1979 年 8 月出版，197 千字。本书深入浅出地介绍了雷达取得目标距离、速度、方位、仰角四维信息及其处理的方法，并指出了这四维信息之间的共性和个性以及它们之间既相互联系又相互制约的内在原因。本书可供从事雷达体制、信号、接收机和抗干扰研究和设计的人员参考，亦可作为大专院校有关专业师生的参考书。

（韩　兵）

雷达成像技术　保铮、邢孟道、王彤编著，电子工业出版社 2005 年 4 月出版，422 千字。本书共分 8 章，主要内容：雷达高分辨的原理和实现的处理方法，一维距离像，合成孔径雷达，逆合成孔径雷达，干涉技术在合成孔径雷达和逆合成孔径中的应用等。本书在内容的安排上更着重于理论联系实际，在将基本原理和算法介绍清楚的基础上，主要讨论实际实现中的各类工程技术问题，力求帮助雷达工程技术人员尽快地掌握这一新技术，并能用以解决实际工程问题。

（蔡保鹏）

自适应动态导航定位　杨元喜（1956～　，江苏泰县人，中国科学院院士，中国导航应用管理中心研究员，曾任郑州测绘学院教授）著，测绘出版社 2006 年 12 月出版，400 千字。本书首先分析了函数模型误差补偿和随机模型误差补偿法；讨论了 Kalman 滤波的残差向量、新息向量及状态预报值残差向量的解析关系及协方差矩阵之间的关系；分析了基于新息向量、残差向量和状态预报值残差向量的自适应协方差估计存在的问题；对抗差滤波、Sage 自适应滤波进行了综合比较与分析。创建了一套全新的动态自适应抗差滤波理论体系，研究了相应解的性质。构造了三段函数、两段函数和指数函数三种动态自适应因子；讨论了 Sage 滤波与自适应滤波组合的导航解算方法，基于方差分量估计的自适应滤波理论。构造了最优自适应滤波理论。建立了卫星轨道的自适应定轨理论与方法，提出了一种综合 Sage 滤波和自适应抗差滤波的新的轨道计算方法。最后对组合导航理论进行了探讨。

（王忆南）

应用惯性技术验证广义相对论　丁衡高（1931～　，江苏南京人，中国工程院院士，中国人民解放军总装备部研究员，上将军衔，惯性技术和精密仪器专家，中国战略导弹惯性技术奠基人之一，曾任中国惯性技术学会理事长。研究领域：制导武器的陀螺仪、加速度计、惯性平台系统)、贺晓霞、高钟毓编著,清华大学出版社 2005 年 10 月出版,124 千字。本书主要介绍用于验证爱因斯坦广义相对论的 B 型引力探测器(GP-B)中用到的惯性技术。全书共 7 章,包括爱因斯坦的广义相对论的物理效应预测及验证原理,GP-B 卫星的组成、星载仪器装置及系统的层次和复杂性,用于验证广义相对论预测效应的陀螺的关键技术,该陀螺在地面上检测和标定的原理及过程,保证测量数据可信度的方法和数据处理方法以及作者对 GP-B 实验的思考。本书附录中列出了 GP-B 发展大事记、书中涉及的专业术语及和 GP-B 有关的网络资源。本书不仅对惯性技术及航空航天领域的研究生、本科生以及工程技术人员具有参考价值,而且可以作为高级科普书,开拓科研工作者的视野。

(徐志辉)

全系数自适应控制理论及其应用 吴宏鑫(1939～ ,江苏丹徒人,中国科学院院士,曾任北京控制工程研究所科技委副主任,中国空间技术研究院研究员)著,国防工业出版社 1990 年 11 月出版,270 千字。自适应控制是自动控制学科中一个活跃的分支学科。本书主要介绍全系数自适应控制的理论、方法和实际应用的基本问题。全书共 14 章,分三大部分:自适应控制基本理论;全系数自适应控制的基本理论和方法;五类工程对象(空间技术、炼油厂加热炉、啤酒和制药发酵、造纸机的水分和基重以及多回路瞬态热流跟踪系统等)实际应用的分析和一个实际对象(水轮机调速系统)的应用研究。本书可供从事自动控制、自适应控制以及计算机控制应用的各类工程技术人员参考,亦可作为高等院校有关专业的教师、研究生和学生的教学参考书。

(王忆南)

自动控制原理 王恩荣(1962～ ,江苏淮安人,南京师范大学电气与自动化工程学院教授,南京电机工程学会副理事长,江苏省电机工程学会理事。研究方向:智能车辆悬架控制,磁流变阻尼器减振应用,工业系统智能控制)主编,化学工业出版社 2001 年 12 月出版,302 千字。本书的特点体现在:体系方面对原有教材的体系进行较大的调整,将系统分析方法和系统的性能分析分开介绍,突出系统分析方法的综合应用。以系统的性能分析为目的,介绍各种分析方法的应用。本书主要介绍经典控制理论的内容,加强对基本理论及其应用的阐述,深入浅出地介绍自动控制的基本概念,减少公式和结论的理论推导过程。针对高等职业教育的特点,本书强调对公式和结论应用能力的培养,而不强调其推导过程。创新方面,由于计算机的迅速普及和应用,借助计算机进行控制系统的分析和设计已成为现实,因此本书引入当今世界上最流行的,基于 MATLAB 的系统分析和设计的内容,使学生在掌握基本概念的同时,还掌握一种有力的工具。这也为教师进行 CAI 教学提供了条件。

(徐志辉)

鲁棒控制系统设计 冯纯伯(1928～2010,江苏金坛人,中国科学院院士,曾任东南大学自动化研究所所长、东南大学自动化学院教授)、田玉平、忻欣著,东南大学出版社 1995 年 12 月出版,480 千字。本书系统地介绍了线性系统鲁棒控制的概念、理论及设计方法。内容包括:预备知识,参数不确定系统的鲁棒分析与综合,结构奇异值方法,含混合不确定性系统的鲁棒分析与设计,$H∞$控制理论概述,(J,J')—无损分解,标准 $H∞$控制系统的分析与设计和非标准 $H∞$控制系统的分析与设计。本书反映了近年来鲁棒控制领域中的主要成就,包括作者在这一领域的一些研究成果,系统性强且各章后附有习题便于读者学习时参考。(另有《非线性控制系统分析与设计》,已著录)

(徐志辉)

信息化带动工业化指南 顾冠群(1940～2007,江苏常州人,中国工程院院士,东南大学计算机科学与工程学院教授,曾兼任江苏省科协主席。获国家科技进步二等奖。研究领域:计算机,计算机网络,计算机集成制造系统)主编,东南大学出版社 2005 年 12 月出版,1 666 千字。本书对企业管理信息化和行业信息化作了详细阐述。全书分为 23 篇。其中第一篇介绍信息化的基本概念和基础知识;第二篇至第七篇介绍企业在信息化建设中经常遇到和使用的共性技术;第八篇至第十六篇针对不同行业的特点,介绍了各行业企业信息化建设中的有关概念和技术;第十七篇至第二十篇探讨了支撑企业信息系统的技术基础;第二十一篇至第二十三篇介绍企业信息化组织实施中的具体问题。本书为企业信息化建设实用工具书,非常适合企业信息化的实施者、政府管理部门人员使用,也可作为高等院校有关专业的教学参考书。(另有《高性能计算机网络研究进展》,已著录) （徐志辉）

智能系统非经典数学方法 朱剑英(1937～ ,江苏南通人,南京航空航天大学航天学院教授,中国生产工程学会理事长,中国航空学会副理事长,江苏省航空航天学会名誉理事长。曾获江苏省国防科技进步特等奖。研究领域:航空制造,计算机控制,智能机器系统,模糊数学理论)著,华中科技大学出版社2001年4月出版,247千字。本书首先对系统论、控制论的发展历史,智能系统与"智能数学"发展中的难点问题,3次数学危机及其影响作了介绍,从而引出非经典数学发展的必要与必然性,继后对模糊数学、人工神经网络和遗传算法分章作了介绍。在介绍时,着重介绍方法和创新思维;对有些理论问题,在可以提高到认识论和方法论的高度来说明时,则尽量从较高的层次上来阐述,以启发读者作出更大的创新。
（徐志辉）

神经网络及其应用 周志华(1973～ ,广东广州人,南京大学计算机科学与技术系教授,中国计算机学会会员。研究领域:人工智能,机器学习,数据挖掘,模式识别)、曹存根主编,清华大学出版社2004年9月出版,514千字。《中国计算机学会学带著作丛书》之一。本书特别邀请国内神经网络及相关领域的知名专家,分别对神经网络的理论基础及典型应用进行讨论。内容涉及神经网络的学习方法、优化计算、知识理论、流形学习、过程神经元网络、随机二元网络、离散联想记忆神经网络以及神经网络在医学数据处理、汉语认知等方面的应用。文中通过丰富的文献资料和研究工作,对当前的最新进展做出回顾和分析,对学术研究有重要的参考价值。本书适合计算机和自动化专业的研究生、教师、工程技术人员和研究人员参考。
（徐志辉）

神经网络理论及其工程应用 胡伍生(1965～ ,江西高安人,东南大学交通学院教授,中国测绘学会工程测量分会副理事长,江苏省测绘学会副理事长,全国交通工程测量学术研究会理事长。研究方向:变形监测技术与变形分析方法研究,GPS工程应用及其数据处理、神经网络工程应用研究)编著,测绘出版社2006年1月出版,178千字。本书共分5章,分别介绍了泛函分析的基本概念,神经网络的发展概况及特征、研究神经网络的意义及其应用前景,几个主要的神经网络的计算模型,神经网络BP算法,神经网络BP算法在工程中的应用等。本书可作为测绘科学与技术学科或相关学科本科生和研究生的教材以及相关工程技术人员的参考用书。
（徐志辉）

水下机器人 蒋新松(1931～1997,江苏江阴人,中国工程院院士,原沈阳中科院自动化研究所所长)等编著,辽宁科学技术出版社2000年11月出版,304千字。本书是比较系统阐述水下机器人技术的一本专著,全书共两编19章,包括水下机器人结构、能源与动力、密封技术、材料及液压系统、有缆水下机器人及无缆水下机器人控制、运动学、水动力特性、数学模型、导航系统、传感器等部分中的技术理论与工作实践。(另有《机器人与工业自动化》,已著录) （蔡保鹏）

机器人与工业自动化 蒋新松著,河北教育出版社2003年4月出版,515千字。本书介绍了蒋新松院士的学术思想、学术论文共29篇,节选其专著2篇,囊括了作者各个时期的代表作,同时以小传的形式描述了生平和学术生涯。
（蔡保鹏）

非线性控制系统分析与设计 冯纯伯著,东南大学出版社1990年9月出版,311千字。本书是作者在长期从事自动控制理论研究的基础上完成的一部力作,全书共5章:第一章引论,介绍非线性控制系统的研究对象、研究方法并概述全书的基本内容;第二章李亚普诺夫稳定性,系统地介绍李亚普诺夫稳定性的基本定理及证明和构造李亚普诺夫函数的方法;第三章输入输出特性分析,介绍泛函分析方法的应用;第四章描述函数法及其应用,介绍如何用描述函数法设计校正系统;第五章变结构控制,介绍变结构控制的理论、设计方法及其应用。本书以介绍方法为主,是国内第一本既注意非线性系统的分析,又较深入地论述了非线性控制系统综合设计的专著性教材。书中既反映了多年来非线

性控制方面已经取得的基本成果,也反映了近年来研究工作的新动向。　　　　　　　　　(蔡保鹏)

多变量非线性系统的神经网络逆控制方法　戴先中(1954～　,江苏昆山人,东南大学教授。研究方向:机器人与运动控制,神经网络逆软测量与控制,电力系统控制。曾获国家科技进步三等奖、国家技术发明二等奖、江苏省科学技术一等奖)著,科学出版社 2005 年 12 月出版,241 千字。非线性系统控制,尤其是多变量非线性系统控制既有理论上的困难,更是一个工程难题。本书将逆系统线性化解耦方法与神经网络逼近原理相结合,系统地阐述了多变量非线性系统控制的神经网络逆系统方法,并给出了工程化的神经网络逆复合控制器的设计方法和各种应用实例。本书注重理论联系实际,不仅为从事自动控制的科技人员提供了一种解决多变量非线性系统控制问题的工程化设计方法,而且能在理论研究与工程应用上对读者有所启发与帮助。本书可供从事自动控制的高校师生、研究院所科研人员和工程技术人员使用,也可供从事其他自动化工作的高校师生、科技人员参考。(徐志辉)

面向大型单件集成的增量接收技术　苏翔(1965～　,江苏扬中人,江苏科技大学经济管理学院教授。研究方向:管理信息系统,企业信息化,MES)著,哈尔滨工程大学出版社 2008 年 12 月出版,144 千字。本书基于 ERP 集成环境,面向大型单件制造的信息集成,提出增量接收技术的概念、体系结构、应用范围与现实意义;并在此基础上构建了产品工艺数据管理的概念。通过 PPDM 实现 ERP 与 PDM/CAPP 的集成;给出了基于增量接收技术的集成生产控制系统与动态成本控制系统的实现方案;介绍采用增量接收技术研制的软件系统的主要功能,通过在大型企业的成功应用,在实践中对集成生产控制系统、动态成本控制系统的集成与分系统进行了有效的验证,进一步阐述了增量接收技术的有效性。全书共分 7 章,主要讲述了问题研究的提出、增量接收技术的体系、增量接收技术下的集成生产控制系统、动态成本控制系统,以及系统的实现等内容。　　　　　　(徐志辉)

控制系统的故障诊断和容错控制　闻新(1961～　,辽宁沈阳人,南京航空航天大学航天学院教授。研究方向:空间飞行器控制,小卫星编队,人工智能应用)、张洪钺、周露著,机械工业出版社 1998 年 2 月出版,281 千字。本书系统介绍控制系统的故障诊断和容错控制的理论及应用。全书共 7 章,主要内容包括控制系统故障的模型化、可检测性,故障的统计检测原理,基于数学模型和人工智能的故障诊断,系统重构,完整性控制器设计,基于自适应控制的容错控制器设计,基于人工智能的容错控制器设计和容错控制系统的性能评定与分析。此外,还给出大量的应用实例,并将应用技巧融汇其中,所涉及的领域有航空、航天和工业生产过程等。全书各部分内容相互渗透,有机结合,有助于读者正确认识故障诊断和容错控制技术的本质。
　　　　　　　　　　　　　　　　　(徐志辉)

网络控制系统的分析与综合　岳东(1964～　,河南新乡人,教育部长江学者特聘教授、南京师范大学物理科学与技术学院、南京邮电大学先进技术研究院和自动化学院教授,江苏省自动化学会理事。研究方向:复杂网络控制系统的分析与综合,网络环境下机器人的智能控制)、彭晨、Qinglong Han 著,科学出版社 2007 年 1 月出版,326 千字。本书比较全面地介绍作者和国内外学者近年来在网络控制系统分析和综合方面的研究成果。书中介绍网络控制系统的离散时间系统模型,连续时间系统模型的建立方法及稳定性分析,基于模型的镇定控制、预测控制、量化控制和滤波器设计,并介绍网络控制的联合设计与无线网络控制系统的跨层设计方法,还介绍网络控制系统的仿真方法。本书可作为信息与控制类研究生教材,也适合其他相关领域研究生参考,还可供信息与控制类以及相关专业高等院校高年级大学生、教师和广大科技工作者、工程技术人员参考。　　　　　　(徐志辉)

计算机语言的形式语义　陆汝钤(1935～　,上海人,原籍江苏苏州,中国科学院院士,中国科学院数学研究所研究员、复旦大学教授)编著,科学出版社 1992 年 12 月出版,744 千字。计算机语言的形式语义是目前计算机科学理论研究的两大方向之一,其研究成果对程序设计语言、编译技术、应用软件,分布式系统等分支领域有重大的实际意义。

本书概述了形式语义学中的操作语义、指称语义、公理语义和代数语义四大流派的主要内容，并辟一章集中讨论了并发和分布式语义。本书内容自成体系，在开篇第一章即给出了阅读本书所必需的数学知识。全书内容丰富，结构严谨，集形式语义领域有关分支之大成，系统地反映了这个领域各方面的研究成果，特别是它的近代发展潮流和趋势，并对不同流派的理论和方法给予了分析和评价。

（蔡保鹏）

信息系统与安全对抗理论　王越(1932～　，江苏丹阳人，中国科学院院士、中国工程院院士，曾任北京理工大学校长)、罗森林著，北京理工大学出版社2006年1月出版，290千字。本书全面研究和论述了信息系统安全对抗的相关理论，主要内容包括：现代系统理论是基本内容；信息及信息系统；信息安全与对抗的系统概述；信息安全与对抗的基本原理；信息安全与对抗的原理与技术性方法；信息安全与对抗攻击的应用实例等。本书可作为从事信息安全、信息对抗技术、通信与信息系统及相关方面教学、科研、应用人员阅读和使用，对从事信息安全相关研究的人员具有重要的实用和参考价值。此外，本书也可供其他专业及研究人员参考使用，具有重要的指导意义。

（王忆南）

软件设计方法　王选(1937～2006，江苏无锡人，中国科学院院士、中国工程院院士、第三世界科学院院士，曾任北京大学教授，汉字激光照排系统的创始人和技术负责人)著，清华大学出版社1992年4月出版，188千字。本书从结构程序设计的观点介绍了3种现代流行的软件设计方法，全书共4章。第一章主要叙述结构程序设计的内容、方法和工具；第二章介绍基于数据结构的Jackson设计方法；第三章介绍基于数据结构的Warnier的LCP方法；第四章介绍Yourdon等人的数据流图法。书中所述的方法用于开发华光型计算机—激光汉字编辑排版系统的大型软件，取得了满意的效果。本书可供从事开发各种计算机软件的科技人员阅读，也可作高等院校计算机专业高年级学生和教师的教学参考书。

（王忆南）

数据仓库和数据挖掘　苏新宁(1955～　，江苏南京人，教育部长江学者特聘教授，南京大学信息技术开发研究所所长)等编著，清华大学出版社2006年4月出版，483千字。本书在论述数据仓库和数据挖掘技术基本概念的基础上，系统和深入地剖析了数据仓库的模型，以数据仓库为应用平台的联机分析处理(OLAP)技术，以证券行业为对象的数据仓库的开发实例，数据库挖掘、文本挖掘、Web挖掘、数据挖掘软件，以及数据挖掘的应用，尤其在竞争情报系统和客户关系管理中的应用，从而为了解和掌握数据仓库和数据挖掘技术提供了一个知识门户。本书可供我国企业界、情报界、咨询界、教育界的信息分析、竞争情报、信息管理、知识管理、战略管理和软科学研究从业者的专业进修，以及高等院校师生教学和参考之用。

（王忆南）

高维数据挖掘技术研究　杨风召(1967～　，河南洛阳人，南京财经大学国际经贸学院教授。研究方向：电子商务与商务智能，经济模型与算法，数据仓库与数据挖掘)著，东南大学出版社2007年12月出版，158千字。本书从高维数据的特性出发，指出高维数据给数据挖掘带来的影响以及高维数据挖掘的研究方向。对高维数据挖掘中的相似性搜索、高维数据聚类、高维数据异常检测、高维数据频繁模式发现及电子商务中的协同过滤技术进行了研究，提出了相关的解决方案和相应算法。本书适用于从事数据挖掘和商业智能研究的高校教师、研究生、科研院所的科研人员以及从事商业智能项目开发的工程技术人员。

（徐志辉）

高级程序设计语言原理　徐宝文编著，航空工业出版社1992年6月出版，293千字。本书从理论与实践相结合的角度深入浅出地讲授高级程序设计语言的基本原理、概念与结构。内容包括：程序设计语言发展史、语言实现工具、程序基本结构、数据类型、表达式与说明语句、基本控制结构、子程序、数据抽象与顺序模块、作用域与可见性、异常处理、并发处理、实时处理、输入输出机制等。本书内容选择得当，理论与实践相结合，系统性、科学性较强，阐述详细、重点突出、图文结合，试用时颇得好评。本书可作为计算机类有关专业本科生高年级与研究生低年级教材，也适合于其他计算机科学与工程人员参考。

（徐志辉）

操作系统教程 孙钟秀(1936～2013,江苏南京人,原籍浙江余杭,中国科学院院士,南京大学计算机科学系教授。研究方向:计算机操作系统,分布式系统)等编著,高等教育出版社 1989 年 3 月出版,330 千字。本书是参照原教育部颁布的计算机软件专业操作系统教学大纲,结合作者多年积累的教学经验和科研成果,吸收国内外近年来的最新成就编写的。全书注重讲解操作系统的基本原理、概念、方法和技巧,既有一般原理又有具体实例,深入浅出,便于自学。本书后两章详细介绍了目前国际上比较流行的操作系统实例,如 VM/SP,UNIX,CP/M,MP/M 和 PC－DOS 等。本书可作为高等院校计算机软件专业的教材,也可供有关科技人员阅读参考。(另有《分布式计算机系统》,已著录)

(徐志辉)

UNIX 系统入门 杨芙清(1932～ ,江苏无锡人,中国科学院院士,北京大学教授,曾任北京大学信息与工程科学学部主任,软件工程国家工程研究中心主任)等编著,科学出版社 1988 年 2 月出版,215 千字。UNIX 系统是国际上广为流行的系统之一。本书是 UNIX 系统的入门书,书中主要介绍了 UNIX 系统的结构和特点;UNIX 系统的使用;UNIX 系统的外部功能;UNIX 系统的核心——UNIX 操作系统;UNIX 系统的应用领域及发展趋势等。本书编排合理、结构清楚,在叙述上做到深入浅出,由表及里。可供具有中等以上文化程度的计算机爱好者、有关技术人员和计算机专业人员阅读、参考,也可作为 UNIX 系统培训班教材。

(王忆南)

分布式计算机系统 孙钟秀著,国防工业出版社 1987 年 10 月出版,262 千字。分布式计算是计算机科学技术领域内的一个新分支。它兴起于 20 世纪 70 年代初,有着广泛的应用,特别是在办公自动化和管理系统中。现在许多大学都已开设了分布式计算的课程,国内的高等学校拟在"七五"计划期间开设这样的课程。从事办公自动化和管理信息系统等方面工作的科技人员也希望学习了解分布式计算技术。本书就是为满足上述需要而编写的。本书共 7 章。内容包括分布式计算机系统结构、分布式操作系统、分布式程序设计和分布式数据库等。本书第六至七章给出了若干分布式计算机系统的实例,通过这些实例可以较清楚地了解如何设计和实现一个分布式计算机系统。

(徐志辉)

见字识码:汉字编码方法及其在应用中的实现 支秉彝(1911～1993,江苏泰州人,曾任浙江大学、同济大学、上海航务学院教授,为数字仪表的普遍推广应用起到了重要作用;发明了"见字识码"编码方法)、钱锋编,上海科技技术情报研究所 1978 年 3 月出版,字数不详。《见字识码》汉字编码方法是用 26 个拉丁字母进行编码,以 4 个字母表示 1 个汉字,规则简单,易于掌握,如"路"字,可拆成口、止、文、口四部分,取部首拼音读音的第一个字母,即组成"路"的代码 KZWK。由于每个汉字的字码固定,给计算机的存储和软设备的应用带来很大的方便。打码的键盘由 26 个拉丁字母组成,即可打中文,也可打西文,还可与西方电传打字机通用;由于每个汉字由四个字母组成,只需按四下字键,所以汉字的打字速度比西文字要快。本书对见字识码录入方案的原理和运用方法做了详细讲解。

(韩　兵)

高性能计算机网络研究进展 顾冠群、陶军、吴家皋主编,东南大学出版社 2006 年 10 月出版,661 千字。本书收集汇编了 40 多篇东南大学"计算机网络和通信研究室""计算机网络和信息集成教育部重点实验室"在高性能计算机网络方面发表的研究文章,其研究内容涵盖了高性能计算机网络体系结构、网络协议和算法、网络安全和管理、分布式对象计算、服务支撑技术、网络应用技术及高性能网络发展趋势等。这些文章大都在国家自然科学基金项目、国家 973 项目、教育部重点项目和国家发展改革委员会项目等资助下完成。按照内容,本书可供从事计算机网络研究和工程技术人员使用,也可以作为计算机网络相关专业研究生的网络专题课程参考书。

(徐志辉)

高效三维遥感集成技术系统 李树楷、薛永祺(1937～ ,江苏张家港人,中国科学院上海技术物理研究所研究员,中国科学院院士)主编,科学出版社 2000 年 1 月出版,331 千字。本书是国家高技术研究发展计划(863 计划)信息获取与处理技术主题(308 主题)的重点项目"三维信息获取与实时

(准实时)处理技术系统原理样机"及"机载三维成像仪"研究成果总结。全书共 4 章 17 节。从实现"数字地球""全球变化研究""国家战略目标"对遥感对地观测技术体系需求的角度,分别按绪论、信息获取、信息处理、系统检测与飞行试验结果分析的顺序,全面地阐述了这项新型遥感集成技术系统的定位、理论、方法、技术集成、系统能力与特色,并对其今后发展进行了分析。本书可供从事遥感对地观测、空间信息技术研究与应用等新兴交叉学科领域的学者与科技管理人员参考,并可作为有关院校师生,特别是研究生的参考书。　　(王忆南)

化工过程分析与计算机模拟　张建候(1914～1991,江苏泰兴人,曾任天津大学教授,化学工程系主任;毕生主要从事化工教育,在中国率先创建无机物工学专业和基本有机合成专业)、许锡恩编著,化学工业出版社 1989 年 4 月出版,564 千字。本书主要介绍化工过程模型的建立、模型的解法和模拟计算,其目的是使工程技术人员能更好地运用电子计算机来解决化工生产、设计、研究和开发中的问题,从而缩短过程研究和开发的进程。本书共 10 章,第一至二章为一般情况的阐述讨论,第三至六章结合典型的精馏分离过程和反应过程提出并阐述稳态和非稳态的、集中参数和分布参数的、一维和多维模型的各种不同数值解法。第七至十章主要介绍稳态流程模拟的主要方法、过程的优化、化工过程的能量分析等。每章内皆有较多的例题以加深理解。附录内附有较多的实用程序可供读者使用。　　(韩　兵)

湍流传热导论　顾毓珍(1907～1968,江苏无锡人,曾任金陵大学、清华大学、华东化工学院教授)编著,上海科学技术出版社 1964 年 11 月出版,176 千字。本书系从边界层概念与动量传递和热传递的类似性出发,讨论牛顿型流体的湍流传热问题。此外还分章叙述液态金属的传热与非牛顿型流体的流体力学和传热。湍流传热的理论研究,须体现于换热设备的计算与设计,以及传热过程的如何强化。书中后两章讨论这方面的问题,特别提出关于强化传热过程的一些措施。　　(蔡保鹏)

精细化工概论　钱旭红等编,化学工业出版社 2000 年 1 月出版,270 千字。本书首先简要概述了精细化工的定义、分类、技术和发展趋势,后逐章介绍了 15 大类精细化学品的概念、分类、应用原理、发展现状和开发方向,主要包括表面活性剂、染料及荧光增白剂、香料、农药、功能树脂、生物医用工程材料、石油化学品、食品用化学品、日用化学品、涂料、橡塑助剂、饲料添加剂、粘合剂、纸张与皮革化学品、电子与信息材料等。各章还按类别介绍了其主要产品的性能、化学结构和用途等。
　　(韩　兵)

玻璃纤维与矿物棉全书　张耀明(1943～　,江苏无锡人,中国工程学院院士,南京玻璃纤维研究设计院院长,南京市科协主席,兼任中国硅酸盐学会常务理事,长期从事非通信光纤和特种玻纤领域的研究)等主编,化学工业出版社 2001 年 3 月出版,2774 千字。《玻璃纤维与矿物棉全书》较细致而深入地完成了玻璃纤维与矿物棉行业的经验总结、信息传播以及展望发展的任务,该书是当时国内外介绍玻璃纤维与矿物棉生产技术的一部比较全面、系统的著作。　　(韩　兵)

水泥和混凝土化学　唐明述(1929～　,四川安岳人,南京工业大学教授,中国工程院院士。研究方向:混凝土工程寿命)、胡道和译,[英]F. M. 李著,中国工业出版社 1966 年 3 月出版,529 千字。本书系根据 1956 年伦敦出版的《水泥和混凝土化学》的修订本译出。全书共 21 章,主要分水泥化学和混凝土化学两部分。前者除着重阐述波特兰水泥生产的工艺理论、水化硬化和性能而外,还分章叙述火山灰质水泥、矿渣水泥、矾土水泥和特种水泥。后者讨论混凝土用的各种集料、混凝土对各种介质的耐蚀性以及混凝土败坏的检验方法。本书资料收集较为丰富,叙述深入浅出,对实验方法和研究方法亦有较多的评述。本书可供从事水泥生产及使用混凝土的实际工作者和从事这方面的设计、研究人员以及大专院校的师生参考。(徐志辉)

中国古陶瓷研究论文集　周仁(1892～1973,江苏南京人,中国科学院学部委员,历任中国科学院华东分院副院长、上海科学技术大学校长、中国金属学会理事长等职。中国最早的特殊钢和合金铸铁研究、生产者之一；中国古陶瓷科学研究工作的带头人）等编，轻工业出版社1982年12月出版，384千字。本论文集包括周仁等人有关中国古陶瓷研究的14篇论文。这些论文大体反映了近半个世纪来我国古陶瓷科学研究者在这方面取得的成就，这些成就在国内外广大陶瓷学者中已引起普遍重视。（另有《景德镇瓷器的研究》，已著录）（韩　兵）

景德镇瓷器的研究　周仁等著，科学出版社1958年6月出版，96千字。本书以专刊形式发表了中国科学院冶金陶瓷研究所与轻工业部硅酸盐工业管理局、景德镇陶瓷研究所合作，自1955年以来对于景德镇瓷器进行研究的一些结果。其内容包括：清初瓷器胎、釉的研究；景德镇裂瓷原料及胎、釉的研究；景德镇瓷器质量的改进和中间工场生产试验；钴土矿的冶炼和青花色料的配制等研究报告4篇。前3篇的内容都是以景德镇瓷器的本质即胎、釉为主；从古瓷胎、釉的分析、检定一直到制瓷原料、配方、成形和烧成都有详细的叙述。第四篇报告的研究对象是瓷器上绘画用的青花色料。
（韩　兵）

高性能树脂基体　陈祥宝等编著，化学工业出版社1999年1月出版，219千字。高性能树脂基体的研究一直是复合材料研究的一个重要内容。目前已有一批高性能树脂基体得到了发展，包括高韧性环氧和BMI树脂基体、高性能阻燃酚醛树脂基体、高介电性能氰酸酯树脂基体、耐高温聚酰亚胺树脂基体以及高性能热塑性树脂基体等。本书系统地介绍了各种高性能树脂基体。作者是从事高性能树脂基体研究的科研人员，因此其中许多内容是其最新科研成果。（韩　兵）

简明农药化学：农用生物调控化学导论　钱旭红编著，华东理工大学出版社1994年12月出版，105千字。本书简明系统地论述了杀虫剂、杀菌剂、除草剂等子类农药的发展历史、作用机制、药效性能与分子结构之间的关系，其研制的基础理论、著名品种的分类、合成化学及工艺、剂型加工及应用开发等，并从"生物调控"的角度出发论述了上述各类农药及昆虫生长调节剂、植物生长调节剂的发展趋势。（韩　兵）

煤液化化学　魏贤勇（1958～　，江苏徐州人，中国矿业大学化学与环境工程学院教授，江苏省化学化工学会常务理事。研究方向：重质碳资源（煤、煤焦油、煤液化油和残渣、重质油、油页岩、油沙和农作物秸秆）的组成结构分析和高效利用）、宗志敏等著，科学出版社2002年6月出版，183千字。煤液化技术是合理、洁净、有效地利用煤炭资源的先进技术。本书作者总结多年来在煤的溶剂萃取和煤相关模型化合物反应方面的研究成果的基础上，参考国内外最新文献，全面论述了煤液化基础研究和工艺开发的重要性及煤液化工艺的发展前景，还介绍了煤液体的分析、分离和利用。全书共分6章。本书可供从事煤化学、有机化学、有机地球化学、煤化工、有机化工等学科领域的教学、科研及技术开发人员和研究生阅读，对相关学科从业人员也有重要的参考价值。
（徐志辉）

低温度感度发射装药　王泽山（1935～　，吉林省吉林人，中国工程院院士，南京理工大学教授、装药技术研究所所长兼总工程师）、史先杨著，国防工业出版社2006年1月出版，190千字。本书所述的低温感装药原理与技术，其特征是能消除或基本消除环境温度对火炮初速、膛压的影响，在不改变原火炮结构的情况下，保持各温度下火炮弹道性能稳定，并能显著地提高炮口动能。全书共7章，在第一章概论中，首先对温度系数进行描述，对其发展进行回顾和综述，介绍了化学、调解组分和装药结构等降低温度感度的方法。在燃面和燃速等效补偿设想的基础上，提出一种低温感装药（LTSC）的原理与技术方法，并分析影响LTSC效果的装药条件。第二章讨论包覆剂的迁移现象和抑制迁移的技术途径；分析聚酯材料作为包覆剂应具备的性能；结合湿法包覆工艺讨论聚酯包覆剂的混溶性和抗迁移性。第三章集中讨论低温感火药的定容燃烧性能，分析传统实验方法在评定LTSC燃烧性能时可能产生的误差，提出了适合的评定新方法。在此基础上研究硝基胍、太根、硝胺、单基、双基等低温感火药的定容燃烧性能。第四章介绍了低温感装药的弹道性能，推导了有关公式，并结合靶场试验对低温感装药发射过程进行探讨；分析装药诸参量对火炮射击过程的影响。第五章介绍低温感装药的弹道模型。第六章介绍低温感火药的力学性能,介绍采用落锤冲击、拉伸剪切等实验方法研究的温度、加载方式与低温感火药碎裂、脱粘等的关系。第七章的内容有低温感火药的制备工艺技术,包括工艺流程、工艺参数和质量控制。还有工艺检测技术,包括密闭爆发器、化学分析和弹道等工艺检测技术。

（王忆南）

化工辞典 王箴(1899～1994,江苏江阴人,历任厦门大学、浙江大学、之江大学、交通大学、沪江大学教授)主编,化学工业出版社 2000 年 8 月出版,2 620 千字。本辞典主要解释化学工业中的原料、材料、中间体、产品、生产方法、化工过程、化工机械和化工仪表自动化等方面词目以及有关的化学基本术语词目。《化工辞典》自 1969 年第 1 版问世以来,至今已经历了 40 多个春秋,其中曾 3 次再版,多次重印。每次重印中也作了少量的修改,以使本辞典所反映的内容能跟上时代的步伐。由于《化工辞典》收词全面、新颖、实用,释义科学、准确、简明、规范,检索查阅方便,长期以来,深受广大读者青睐,被誉为我国影响力最大的中型化工专业工具书。第 4 版修订重点是力求反映改革开放以来我国化工领域的新进展和新成果,对许多概念、化工产品、生产方法、机械设备等都进行了更新,尤其在材料、环境保护、精细化工、生化、医药、化工设备及元素等各方面进行了全面、系统性调整。第 4 次修订再版增加了新词目 2 400 余条,删除过于陈旧的词目 400 余条,对原有词目的内容也作了相应的更新及修改,经过修订后的第 4 版共收词 16 000 余条。

（王忆南）

染料化学 侯毓汾(1913～1999,女,江苏无锡人,大连理工大学精细化工学科奠基人)等编著,化学工业出版社 1994 年 6 月出版,510 千字。本书系统阐述了染料的发展,基本概念,染料及纤维的分类,染料的命名及重氮化及偶合的问题。按应用分类每章分别介绍了酸性、酸性络合、中性、直接、冰染、活性、还原、硫化、分散、阳离子染料及有机颜、荧光增白剂的生产技术、加工技术、反应机理、染色的物理化学和应用,以及与这些染料配套的助剂的合成、性能与应用。(另有《活性染料》,已著录)

（蔡保鹏）

活性染料 侯毓汾、程侣伯主编,化学工业出版社 1991 年 11 月出版,559 千字。本书共 8 章,第一章为绪论,第二章至第六章以活性基团分类为基础,重点介绍了国内外广泛生产的各种活性染料(如卤代均三嗪、卤代二嗪及乙烯砜型活性染料等)。内容包括活性基团的化学、中间体合成及染料合成,并结合实例,介绍了一些主要品种的基本合成方法。第七章介绍活性染料的染色理论及其应用方法。第八章介绍活性染料结构鉴定以及在合成中必要的分析测试方法。书中对活性染料发展中的一些重要的基础理论知识,如结构与性能关系,反应机理及动力学等,也从物理化学的基础知识出发做了必要的介绍。

（蔡保鹏）

生化工程 伦世仪(1928～ ,山东诸城人,中国工程院院士,江南大学生物工程学院教授,中国食品科学技术学会常务理事。研究方向:发酵工程,环境生物工程)主编,中国轻工业出版社 1993 年 10 月出版,195 千字。本书重点阐述了生化工程的基础内容和基本理论,除导言之外,有培养基灭菌、空气除菌、通气与搅拌、比拟放大、连续培养的基本原理、固定化酶和固定化细胞、微生物生化反应过程的质量和能量衡算,以及微生物生长及发酵反应的数学模型和计算机的应用 8 章。本书为发酵工程专业本科生教材,也可供在发酵工业及相关领域的生产、科研等岗位上的工程技术人员参考。(另有《环境生物工程》,已著录)

（徐志辉）

洗涤剂制造 夏纪鼎(1921～2009,江苏江阴人,曾任南京工学院、无锡轻工业学院教授)等摘译,轻工业出版社 1986 年 7 月出版,403 千字。本书译自美国化学工艺学专辑,全面阐述了现代合成洗涤剂制造方法及生产工艺。在系统介绍了原料正构烷烃、烯烃、脂肪醇、烷基苯、烷基酚之后,详细地讨论了磺化、硫酸化、乙氧基化等有机单元反应的工艺流程、生产方法及实例,然后用相当篇幅论述了各种活性物及助剂的物化性能,最后还介绍了近代喷粉成型的各种工艺方法及产品的用途。本书可供合成洗涤剂、日用化工、石油、有机合成、农药乳剂、印染助剂、食品、医药等方面的科技人员及高等院校师生阅读、参考。

（王忆南）

氨基酸生产技术及其应用　张伟国(1963～，江苏张家港人,江南大学生物工程学院教授。研究领域:工业微生物菌种选育,生物能源和生物新材料)、钱和编著,中国轻工业出版社 1997 年 3 月出版,239 千字。本书总结并比较了国内外氨基酸工业的发展历史与现状;系统地介绍国内外氨基酸生产技术的最新研究开发动向以及最新研究成果;详细阐述氨基酸的各种生产技术,全面地介绍氨基酸在食品、饲料、医药、化妆品等方面的应用情况。本书内容新颖全面,可供从事食品、发酵、医药、饲料、化妆品和精细化工等行业的有关技术人员和领导干部参阅,也可供有关科研人员和高等院校师生参考。
　　　　　　　　　　　　　　　　　(徐志辉)

纺织词典　钱宝钧(1907～1996,江苏无锡人,曾任华东纺织工学院副院长兼教务长、染化系主任、院长)主编,上海辞书出版社 1991 年 8 月出版,1 735 千字。本词典是一部比较系统介绍纺织科学技术及其相关的科学技术知识的中型专科词典,选收了纺织各学科名词术语共 5 373 条,包括纺织综论,纺织纤维,化学纤维,棉纺工程、毛纺工程、麻纺工程、制丝工程和绢纺工程、机织工程、针织工程、染整工程,纺织品结构和纺织品,缝纫线、织带和毛巾、被单,服装,企业管理等学科基本的、重要的、常见的名词术语,以及同纺织有关的部分名词术语。本词典以纺织技术人员、纺织大专院校师生,以及相关的轻工业技术人员和商业工作者等为主要读者对象,供他们在学习和运用纺织科学技术知识时查阅参考。
　　　　　　　　　　　　　　　　　(蔡保鹏)

食品微生物学　董明盛(1961～，湖北黄石人,南京农业大学食品科技学院教授,南京市食品工业协会副会长,中国动物微生态分会常务理事。研究方向:微生物学,食品发酵工程学)、贾英民主编,中国轻工业出版社 2006 年 9 月出版,500 千字。本书为全国高等学校食品质量与安全专业适用教材。食品微生物学是研究与食品有关的微生物以及微生物与食品关系的一门科学,主要包括:微生物学的基础知识;有益微生物在食品加工过程中的应用;有害微生物在食品加工、储藏等过程的预防和消除等。随着微生物学及生命科学的迅速发展,食品微生物学也从中获得了许多新的知识和新的技术,并应用这些新知识和新技术来生产更多富有营养和安全的食品。
　　　　　　　　　　　　　　　　　(徐志辉)

食品工艺学　夏文水(1958～，江苏南京人,江南大学食品学院教授,中国化学会甲壳素研究会副主任。研究方向:食品加工技术,水产品精深加工)主编,中国轻工业出版社 2007 年 1 月出版,772 千字。本书共 8 章,分别介绍了掌握食品专业知识所需的一些重要食品概念和理解本书内容所需的理论基础,国内外食品工业的发展和前景以及食品工艺学的范围;利用水分活度保藏食品的原理和方法;涉及与热加工有关的基本技术,包括巴氏杀菌、热烫和商业灭菌;降低温度延长货架期的原理与技术;三种有效的传统食品保藏原理;以防腐和抗氧化为主的食品化学保藏原理;食品辐射保藏原理;在实际生产中应用的冷(或非热)杀菌技术;肉类制品、水产制品、乳制品、果蔬制品、饮料、糖果巧克力和谷物制品等典型食品加工工艺。
　　　　　　　　　　　　　　　　　(徐志辉)

食品原料学　徐幸莲(1962～，女,江苏吴江人,南京农业大学食品学院教授,中国畜产品加工研究会会长。研究方向:畜产品加工和质量控制)、彭增起、邓尚贵主编,中国计量出版社 2006 年 11 月出版,749 千字。本教材以食品原料的生产消费、物理特性、化学组成、加工特性和利用、品质检验和质量标准、贮藏管理为主线,系统全面介绍了主要食品原料——水、粮食、油脂、畜产、果蔬、水产、茶、添加物、安全食品等基础知识。本书既可作为食品科学与工程和食品质量与安全专业的基础课程教材,也可以作为其他相关专业师生、科研人员、企业技术人员的学习教材或参考书。(徐志辉)

食用胶的生产、性能与应用　詹晓北(1962～，北京人,江南大学生物化工系教授。研究领域:高粘度发酵技术,微生物多糖生物合成,功能性寡糖制备,传统发酵食品)主编,中国轻工业出版社 2003 年 3 月出版,292 千字。本书共 4 章,分别介绍微生物多糖食用胶、植物食用胶、海洋生物食用胶、复配胶共 16 种天然的、发酵法生产的和复配的食用胶体的化学结构、基本功能、生产工艺、理化性质、作用机理、使用效果和发展前景等内容。力求做到分类科学、条目精细、详略得当。
　　　　　　　　　　　　　　　　　(徐志辉)

食品感官评定 张晓鸣(1965～ ,江苏无锡人,江南大学食品学院教授。研究领域:食品风味化学,食品添加剂与配料,香精香料功能因子稳态化技术)主编,中国轻工业出版社2007年6月出版,180千字。感官评定作为一门新兴学科,随着现代生理学、心理学、统计学等多门学科的发展而逐步发展、成熟起来。感官评定已成为食品及消费品科学中一门公认的交叉学科,是食品及消费品产业的一个重要组成部分。本书主要阐述食品感官属性及其识别、感官评定条件的控制、影响感官评定的因素、食品感官评定分析方法等内容。全书结合大量的应用实例,具体详细地介绍感官评定的数据处理与结果分析方法。本书可作为大专院校食品学科和相关学科感官评定课程的教科书,也可供食品专业技术人员、科研人员阅读,对于精细化工、医药、纺织等行业的产品研发、生产、管理和营销人员也有一定的参考价值。 (徐志辉)

特种脱水蔬菜加工贮藏和复水学专论 张慜(1962～ ,浙江平湖人,江南大学食品科学与工程学科教授,亚洲农业工程协会执委和副理事长,亚太食品分析协作网高级会员,中国农学会终身会员。研究领域:生鲜食品资源加工、贮藏保鲜机理和工程)著,科学出版社1997年3月出版,172千字。本书共5章。第一章绪论,论述发展特种脱水蔬菜的意义、国内外研究概况及研究的学科基础;第二章特种脱水蔬菜预处理,论述预处理理论及其作用、预处理重点及预处理的专题研究;第三章特种脱水蔬菜脱水,论述有关蔬菜脱水的几个重要概念、脱水模型的建立和模拟、脱水工艺和设备选择要点、蔬菜脱水过程机理及对特种脱水蔬菜脱水的专题研究;第四章蔬菜和特种脱水蔬菜贮藏,论述脱水蔬菜加工前中短期贮藏保鲜、保藏机理、贮藏过程的数学模拟以及蔬菜和特种脱水蔬菜的贮藏专题研究;第五章特种脱水蔬菜食用前复水,论述复水概念、有关理论以及专题研究。本书可供有关高校、研究院所和企业的研究及开发人员、高等院校食品工程、农产品加工工程及果蔬加工专业的研究生和高年级本科生参考。 (徐志辉)

发酵食品微生物学 [英]Brian J. B. Wood主编,徐岩(1962～ ,浙江慈溪人,江南大学教授,中国酿酒协会常务理事。研究方向:风味定向酿酒功能微生物与酶技术,微生物酶工程与生物催化技术)译,中国轻工业出版社2001年7月出版,593千字。本书是由英国Strathclyde大学生命科学与生物技术系的微生物学教授Brian J. B. Wood组织世界各国多位从事发酵食品微生物学研究和教学的教授联合编著的一本学术专著,是一本专门介绍世界各国各种发酵食品微生物学的科技书。1985年出版第1版,本书为第2版。在前一版的基础上,这一版介绍了发酵食品微生物学领域最新的发现和成果,内容更加丰富。尤其重要的是增加了当今生物技术前沿技术基因工程对发酵食品工业的促进作用,提出了许多新的概念和观点。本书的科学性、逻辑性和可读性都很强,是从事生物工程、食品科学研究、生产、管理、经营和教学的读者们一本不可多得的参考书。也可作为本科生和研究生的参考书。 (徐志辉)

酒精工厂的生产技术(上下册) 秦含章(1908～2019,江苏无锡人,曾任江南大学教授、农产制造系系主任等职)著。上册由食品工业出版社1958年1月出版,350千字;下册由食品工业出版社1958年5月出版,360千字。本书比较详细地讲述了酒精工厂生产技术的理论和实际知识,介绍了不少国内外的经验资料,以及作者本人历年研究的心得。上册内容包括导言、原料、糖化剂、发酵剂、淀粉质原料制造酒精5章,下册内容包括蒸馏工程、精馏工程、废糖蜜原料制造酒精、利用其他原料制造酒精、变性酒精的制法、绝对酒精的制法、酒精产量的计算法、副产品的利用及酒精工业的新技术9章,并附录与酒精生产有关的附表共29种,便于日常工作中的检索。 (蔡保鹏)

西"服"东渐:20世纪中外服饰交流史 张竞琼(1965～ ,江苏南通人,江南大学纺织服装学院教授,中国民族服装研究会理事。研究方向:中国近代服饰史,民间服饰史)著,安徽美术出版社2002年1月出版,96千字。本书从服饰这个具有典型性的断面,剖析20世纪中外文化交流的历史演变,从宏观上把握了人群接受外来服饰的不同心态以及由此产生的各种服饰模式,从而使这部著作兼有纵向分期的准确性和横向展开的丰富性。每一时期的中外服饰交流的复杂现象，在纵横交错的坐标上都能找到准确的历史定位。作为史料翔实、层次分明的服饰史著作，基本上可复原中国在20世纪各时期、各阶层人们形形色色的服饰面貌，还可透过服饰装扮看到各类人群在时代变迁中的外在表现。本书不仅是阐述20世纪中外服饰交流史的著作，还可作为中国百年来走向世界过程中的风俗演变史来读。

（徐志辉）

江南理景艺术　潘谷西(1928～　，上海人，东南大学建筑系教授)编著，东南大学出版社2001年4月出版，855千字。传统中国园林艺术有较多论著介绍，已渐为世人熟知，但庭院、村落、邑郊、沿江、名山诸理景艺术则未引起学界足够重视，研究与介绍者很少，而这些方面又恰是中国传统景观建设艺术成就的重要组成部分。本书的出版意在弥补这项欠缺。书中除对江南6种理景艺术作文字分析介绍外，还以众多照片及300余幅测绘图翔实而准确地表现出现存优秀实例的风貌。本书可供风景园林、建筑、城镇建设、文物保护等方面的规划设计者以及园林史、建筑史、文化史等学者研究参考之用，也为一般艺术爱好者提供了新的欣赏视域。(另有《中国建筑史》，已著录)　（蔡保鹏）

中国建筑史（第3版）　潘谷西等主编，中国建筑工业出版社1993年11月出版，494千字。本书系大学教学参考书，包括中国古代建筑史和近代建筑史两部分，按城市建设及建筑类型编写，对古代木构建筑的特征与发展情况和清式建筑做法也有专章论述，内容比较系统、全面。除供大专院校建筑学专业师生作为教材外，亦可供广大读者阅读。

（蔡保鹏）

中国古代建筑史　刘敦桢(1897～1968，湖南新宁人，中国科学院学部委员，曾任南京大学建筑系教授，南京工学院建筑系教授)主编，中国建筑工业出版社1980年10月出版，643千字。本书是一本关于中国古代建筑历史的理论著作，简要而系统地叙述了我国古代建筑的发展和成就，并引证了大量的文献资料和实物记录。文字简要，叙事详明，资料图片丰富，附图质量较好，有不少资料是过去未曾发表的，在目前同类书和资料中是较好的一部，对建筑历史研究工作和建筑教学工作都具有参考价值。(另有《苏州古典园林》，已著录)

（蔡保鹏）

中国近现代建筑艺术　刘先觉(1939～　，安徽无为人，曾任东南大学建筑学院教授，中国建筑学会建筑史学分会理事，意大利国际城市建筑研究中心研究员，南京历史文化名城研究会副会长。研究领域：现代建筑理论，外国建筑史，中国近代建筑史，古典园林)著，湖北教育出版社2004年9月出版，406千字。本书为《中国建筑文化研究文库》丛书之一，分上下两编。上编为近代建筑艺术，包括鸦片战争前中国的西式建筑述略(1840年前)，西方建筑艺术在中国的传播历程(1840～1911)，中西建筑文化的交融与发展(1912～1937)，西方现代建筑思潮的流行(1937～1949)，近代的中国建筑师、建筑技术与管理机构和近代的城市建设与规划。下篇为新中国建筑艺术，内容包括新中国建筑艺术的发展历程(1950～2000)，20世纪末的建筑艺术特征，建筑师的创作倾向及作品解析，改革开放前的城市规划与建设，改革开放后的城市规划与建设。

（徐志辉）

江南园林志　童寯(1900～1983，辽宁沈阳人，曾任中央大学、南京大学、南京工学院建筑系教授)著，中国建筑工业出版社1984年10月第2版。本书是一本论述和介绍中国苏、杭、沪、宁一带古典园林的专门著作，作者在抗日战争前遍访江南名园，进行实地考察和测绘摄影，以多年研究心得于1937年写成此书，1963年11月由中国工业出版社出版。全书分文字和图片两部分。文字部分包括造园、假山、沿革、现状、杂识5篇，论述中国造园的传统特色和一般原则，阐释假山艺术，介绍江南各地著名园林的沿革、现状、艺术特点并作出评价。第2版增收《随园考》一文，增补了部分图片，共收图片340多幅。本书是我国最早采用现代方法进行测绘、摄影的园林专著。书中述及的一部分园林现已残破或者废记，使得相关资料尤具历史价值。（王忆南）

夏热冬冷地区生态建筑与节能技术　杨维菊(1951～　，女，江苏滨海人，东南大学建筑学院教授。研究方向：绿色建筑设计与技术，既有建筑的改造、建筑构造、太阳能利用与建筑一体化）主编，中国建筑工业出版社2007年8月出版，400千字。随着能源危机的日益严重以及建筑耗能和环境问题的日渐突出，可持续发展的思想已成为人类的共识。21世纪人类共同的主题是可持续发展，生态、节能建筑越来越受到重视。在进行可持续建筑的设计中，中国的许多建筑师也十分注重生态技术的应用，重视设计符合中国国情的新建筑。中国的建筑设计和城市规划必须走可持续发展之路，建筑师必须关注建筑的生态问题，加强建筑与生态环境、建筑设计与技术的整合。本书详尽介绍江苏省近几年建成的可持续建筑的实例。这些建筑根据当地气候特点和所处环境，对创造和谐舒适的室内外环境作出有益的探索，具有一定的指导性和参考价值，可供夏热冬冷地区在进行可持续建筑的设计中予以借鉴、研究和应用。本书适用于房地产开发商、建筑设计、科研、施工、材料设备、管理人员、政府主管官员等。　　　　　　　　　（徐志辉）

新农村住宅建设技术问答　江苏省建设厅、东南大学编，中国建筑工业出版社2006年10月出版，145千字。本书包括新农村建设的政策与法规、村镇规划与设计、住宅设计、结构设计、建筑材料和施工技术等6个部分，共231个问答题。以问答的形式，用通俗易懂的语言，系统而又简明扼要地解答了农村建房过程中应注意的主要问题。既可作为村镇建设管理人员为农民建房服务的工具书，也可作为农民自己建房的学习材料。（王忆南）

中国江苏体育建筑　江苏省建设厅、江苏省体育局、江苏省土木建筑学会编，中国建筑工业出版社2007年6月出版，596千字。本书是江苏在体育建筑研究与实践方面的一部综合性学术著作，旨在检阅江苏体育场馆的建设成果，宣传江苏体育场馆的建设成就。同时，对江苏体育建筑创作，体育建筑新结构、新技术、新设备、新工艺的应用，现代城市体育中心规划设计与建设，全民健身设施的建设，高校体育场馆的建设，江苏体育设施发展战略、现代体育场馆与城市建设的可持续发展等进行了积极的探索。全书分为上下两篇。上篇的主要内容包括十运会体育场馆和江苏体育建筑实例，重点介绍十运会主要场馆；下篇主要内容包括江苏体育建筑发展简史、体育建筑专题研究和江苏体育建筑发展规划等。　　　　　　　　（王忆南）

建筑课　齐康(1931～　，江苏南京人，中国科学院院士，教授，曾任东南大学建筑研究所所长)著，中国建筑工业出版社2008年8月出版，200千字。半个多世纪以来，作者一直从事建筑设计、建筑理论与建筑教育事业，他将自己产、学、研丰富的实践经验和理论精华汇聚成《建筑课》这本书，其理论经过了长时间实践的检验，全方位地表达了齐先生的治学涵养、实践经验及人生哲理。这是一本难得的建筑论语，是建筑学晚辈的指路明灯。它从哲学和科学的角度，通过把握事物进程中的节点，观察事物在具体时空中的特征；通过对整体性及相对性的思考，避免以偏概全；通过分层次的研究，掌握建筑文化的相关层次可以转化或互补的规律；通过地区的对位，分析不同体制、不同建筑空间模式的差异性等。全书内容共分30课。　　（蔡保鹏）

结构可靠性分析及随机有限元法：理论、方法、工程应用及程序设计　武清玺(1951～　，山东巨野人，河海大学工程力学系教授，江苏省力学学会常务理事。研究方向：工程随机力学，随机有限元，水利、土木工程结构安全性及可靠性)著，机械工业出版社2005年3月出版，255千字。本书系统介绍了结构可靠性分析的内容、方法和工程应用，着重阐述了随机有限元法的基本理论、计算列式和程序设计，附有平面问题随机有限元程序，赠送源程序光盘。全书分为10章，内容包括：随机变量、随机过程及随机场的基本知识，结构可靠度与可靠指标，结构可靠度计算方法，结构体系可靠度计算，随机有限元的理论、方法及工程应用，随机有限元程序设计，随机有限元程序及使用说明，结构可靠度分析专题等。本书适用于高等学校土建、水利、机械和力学等专业的本科生、研究生使用，也可作为工程技术人员和有关专业师生的参考书。　　　　（徐志辉）

建筑力学　吕令毅(1963～　，江苏南京人，东南大学土木工程学院教授，江苏省力学学会理事。研究方向：非线性动力学，随机振动理论及其在风工程和地震工程中的应用)、吕子华编著，中国建筑工业出版社2006年1月出版，345千字。本书在提炼整理理论力学、材料力学、结构力学和弹性力学核心内容的基础上,充分考虑到这3门学科的内在联系,将它们有机地融为一个整体,谓之建筑力学。全书共分10章:绪论、静力学基础、建筑结构类型和结构计算简图、杆系结构的几何稳定性分析、静定结构内力分析、杆件应力应变分析、静定结构的位移计算、力法、位移法、压杆稳定。本书旨在为建筑学专业的学生提供一些和建筑设计密切相关的基础力学知识。考虑到建筑学专业学生的知识背景和工作特性,本书舍弃了大量与建筑设计无关的力学细节,在保证教学体系完整的前提下,力求简明通俗,比较适合作为建筑学、城市规划、园林设计专业的力学教材。　　　　　　　　(徐志辉)

硬化材料的轴对称塑性平面应力问题的研究
李敏华(1917～2013,女,江苏苏州人,中国科学院院士,曾任中国科学院力学研究所研究员)著,科学出版社1960年7月出版,96千字。本书是一本塑性力学方面的理论专著,整理了作者以前关于旋转盘、圆孔薄圆板、圆形薄膜等问题的一系列工作,这些问题在工程上都有很重要的实用价值。这部专著其实是国内第一部为高等教育的塑性力学专业课所写的教材。这部教材不仅内容丰富深刻,而且编排得当,它从基本观点、基本概念开始,一直讲到材料的屈服准则,再介绍塑性应力——应变关系的4种理论以及它们之间的相互比较、试验验证,然后进入到各个专题,即从硬化材料理想塑性的平面问题一直讲到各种专门问题,如梁的屈曲、柱的屈曲、平面流动和高温蠕变等问题。整本书的结构严谨、逻辑性非常强,至今看来仍不失为有新意、有特色的高等教育专业教材。　　　　　　(蔡保鹏)

工程结构优化设计　钱令希(1921～2009,江苏无锡人,中国科学院学部委员,曾任大连工学院数理力学系主任、研究部主任,工程力学研究所所长、院长)著,水利电力出版社1983年3月出版,258千字。本书用工程力学的观点介绍结构优化设计的理论与方法,也就是将力学的概念和方法与现代优化技术结合起来,使工程结构的设计按一定的目标尽可能得到优化。全书共分7章,内容包括:绪论;分部优化法;整体优化和分部优化的结合;统一的整体优化及DDDU程序系统;几何规划的应用;线性规划的应用;若干优化理论的探讨。
　　　　　　　　　　　　　　　(蔡保鹏)

结构设计原理　叶见曙(1948～ ,湖北武汉人,东南大学土木建筑交通学部教授,中国公路学会桥梁与结构工程委员会理事,江苏省公路学会常务理事。研究方向:桥梁结构设计理论与分析方法,桥梁检查与评定方法,桥梁加固技术,混凝土桥梁结构耐久性。曾获国家科学技术进步奖二等奖两项)主编,人民交通出版社1997年4月出版,816千字。本书按照1985年我国交通部颁布的公路桥涵设计规范系列,对钢筋混凝土结构、预应力混凝土结构、砌体结构和钢结构的各种基本构件设计计算原理作了详尽的介绍,并附有一定数量的计算示例。本书还介绍了钢筋混凝土深梁、无粘结预应力混凝土梁、双预应力混凝土梁、钢一混凝土组合构件等的结构受力特点及计算原理。本书既作为高等学校公路与城市道路专业、桥梁工程专业用教材,也可供公路和城市建设部门从事桥梁设计、研究、施工和管理的专业技术人员参考。　　(徐志辉)

基于性能的结构抗震设计——理论、方法与应用　程耿东(1941～ ,江苏苏州人,中国科学院院士,大连理工大学前校长、教授)等著,科学出版社2004年12月出版,408千字。本书由国家自然科学基金研究成果专著出版基金资助,全书较系统地介绍了基于性能的抗震设计思想、理论和方法,建立起了基于性能的结构抗震优化设计的框架,着重介绍了作者多年来的相关研究成果,主要包括基于投资-效应准则的优化设计模型的建立、基于性能的目标可靠度优化决策、结构分灾抗震设计及基础隔震结构一体化优化设计、结构可靠度分析及基于可靠度的优化设计算法研究、ANSYS软件二次开发及其在实际工程中的应用等。
　　　　　　　　　　　　　　　(蔡保鹏)

钢筋混凝土结构　徐百川(1909～2005,江苏海安人,中国预应力技术的先行者和开拓者,东南大学土木工程系教授。研究方向:钢筋混凝土结构)撰,龙门联合书局1951年6月出版,324千字。本书系根据学习土木、水利及建筑工程者的需要,并为适合大学三年级同学程度及该学程规定学时和内容而编著。本书讲授各种钢筋混凝土梁、柱及基础的理论和设计方法；解析力求详尽，使初学者易于彻底了解。本书共由10章构成，分别讲述钢筋混凝土的概念及其优点和用途，矩形梁的理论，剪力、握裹力、锚着及斜向拉力，矩形梁设计，T形梁理论与设计，复式钢筋矩形梁，柱，弯曲及直接应力，基础，梁的塑性理论及设计方法等内容。（另有《钢筋混凝土学》，已著录） （徐志辉）

现代预应力设计 吕志涛（1937～2017，浙江新昌人，中国工程院院士，东南大学土木工程学院教授，江苏省土木建筑学会理事长。研究方向：混凝土结构）、孟少平编著，中国建筑工业出版社1998年12月出版，354千字。本书内容包括：预应力材料与张锚体系，预应力混凝土结构计算基础，弯、剪、扭构件的承载力及局部承压计算，部分预应力混凝土、超静定预应力混凝土结构设计与计算，无粘结预应力混凝土结构，预应力在高层建筑中的应用，预应力转换层结构，预应力混凝土特种结构，预应力混凝土基础等。读者对象为结构工程专业研究生、本科生，以及工程技术人员和教师等。（另有《现代土木工程的新发展》，已著录） （徐志辉）

土的工程性质 黄文熙（1909～2001，上海人，原籍江苏吴江，中国科学院学部委员，曾任南京大学、南京工学院、华东水利学院、清华大学教授）著，水利电力出版社1983年1月出版，697千字。本书是一本理论性较强的土力学专著，书中系统地介绍了国内外有关的各种理论和研究成果，其中包括一些新的研究方法和试验技术。全书分6个专题，内容包括：土的弹塑性应力-应变模型理论，土的渗透性，土的固结与压缩，土的强度，土的流变性质，土的力学性质的试验室量测技术等。（另有《水工建设中的结构力学与岩土力学问题——黄文熙论文选集》，已著录） （蔡保鹏）

场地·地基·设计地震 周锡元（1938～ ，江苏无锡人，中国科学院院士，任职北京工业大学学术委员会副主任、抗震减灾研究所所长，中国科学院技术科学部副主任等，提出和改进了经济高效的隔震机构和体系，是在中国最早将城市和区域防震减灾技术作为系统工程加以研究的学者之一）等编著，地震出版社1990年4月出版，206千字。为了适应我国地震区"四化"建设的需要，本书对量大面广的一般工程和重大工程勘察和设计中有关场地、地基和抗震设计参数的选用进行了比较系统和详细的讨论。本书前4章结合建筑抗震设计规范中有关条文的修订详细讨论了地震区场地选择与分类的原则和方法，地震液化判别和危险性估计，地基基础的抗震设计与加固处理以及抗震设计反应谱。此外，本书还对城市和工矿区地震小区划方法和重大工程强震地面运动和设计地震的研究方法做了深入浅出的介绍。本书除介绍我国建筑抗震设计新规范中有关内容的发展和沿革以外，同时还包含了许多背景资料和实际震害经验。（另有《城市与工程安全减灾研究与进展》，已著录） （韩兵）

土的动力强度和液化特性 汪闻韶（1919～2007，江苏苏州人，中国科学院学部委员，中国水利水电科学研究院教授级高级工程师）著，中国电力出版社1997年3月出版，153千字。本书阐明了土体液化与极限平衡和破坏的区别和关系，内容主要包括绪论、土的动强度、土的液化、土体液化与极限平衡和破坏的关系等。基于土强度的物理和工程概念，系统阐述了粘土和砂土在冲击和循环作用下的强度特性、表达方法，并列举了许多有代表性的试验研究实例。在回顾了关于土液化概念的历史演进以后，详细论述了土液化的正名和形成机理，包括砂沸、流滑、循环活动性三个典型的液化形成机理，列出了大量试验研究例证，除饱和砂外，还包括饱和少粘性土、砂砾料、粉煤灰液化特性方面的研究成果。最后阐明了作者对土体液化与极限平衡和破坏的区别及关系的看法，并提出了防止土体液化破坏的对策初见。本书可供从事土力学及基础工程和土工建筑物及地基抗震工程的工程技术人员、科研和教学工作者参考使用。 （王忆南）

现代土木工程的新发展 吕志涛主编，东南大学出版社1998年12月出版，967千字。本书主要介绍当今国内外土木工程领域在材料、结构、设计、工程应用等方面的研究成果、实践经验和发展趋势，很有参考价值。全书分主题报告和专题论文两部分，主要内容有结构机理、大跨与高层建筑、结构抗震、地基与基础工程、建筑物鉴定、加固与改造、桥梁与道路、特种技术与结构、材料与工艺、计算机应用等。本书主题报告部分由我国知名专家、学者撰写,既集中反映了土木工程界的最高学术水平,又突出了各专业的发展方向,具有指导性意义。本书可供土木工程各专业领域的广大科技人员和大专院校有关专业的师生参考。　　　（徐志辉）

钢筋混凝土学（上下册）　徐百川编撰,中国科学图书仪器公司1953年9月出版,485千字。本书取材于前苏联依维扬斯基和沙赫劳夫斯基尔教授的著作,叙述扼要而浅显,概念非常明确。书中符号与前苏联教材及规范所用者完全相同。所附表格,均系根据国产混凝土和钢筋的强度计算而得,尤与中国实际情况密切结合。上册主要叙述梁的理论,剪应力、斜向拉应力、腰钢筋及握裹应力,梁的设计与构造,钢筋混凝土柱,弯曲及直接应力,底角等内容。下册叙述普通梁版式房屋的完整设计,各型楼板结构和钢架结构的设计,并解释了版和次梁,考虑塑性变形应力重分配的理论和计算方法。此外更介绍装配式混凝土结构,预应力混凝土结构以及按弹性理论和按限界状态的计算方法。本书不仅可供高等工业学校的专修科或中等技术学校作为教本之用,亦可备工程技术人员了解钢筋混凝土塑性理论的读物。　　　　　　　（徐志辉）

岩石、混凝土损伤力学　谢和平(1956～　,湖南双峰人,中国工程院院士,中国矿业大学教授,中国岩石力学与工程学会副理事长,中国煤炭学会副理事长。在我国最早建立裂隙岩体宏观损伤力学模型,研究其自然性状及导致灾害性事故发生的机理和过程,开拓了裂隙岩体损伤力学研究新领域；引入分形方法对裂隙岩体进行非连续变形、强度和断裂破坏的研究,形成裂隙岩体非连续行为分形研究的新方向。曾获国家自然科学三等奖,国家科技进步二、三等奖)著,中国矿业大学出版社1990年2月出版,249千字。本书内容包括损伤及损伤力学,脆性材料的损伤力学分析、不可逆热力学及损伤材料状态方程描述；混凝土的损伤机理、强度及损伤断裂；岩石的微观断裂机理及损伤特征,岩体（包括节理岩体）静态及动态的损伤力学描述和数值模拟；介绍微观与宏观相结合研究岩石、混凝土损伤断裂的新方法——分形几何方法及其研究成果。本书内容均系近10年来数学和力学中的新理论和新成果,可作为力学、应用数学、土建、采矿、地质、冶金等专业研究生和高年级本科生的教材或教学参考书,也可供从事脆性材料研究和地下工程方面的科技工作者参考。（另有《分形-岩石力学导论》,已著录）　　　　　　　　　　（徐志辉）

分形-岩石力学导论　谢和平著,科学出版社1996年11月出版,320千字。分形-岩石力学定义为在分形空间中考虑的岩石力学,或者说在岩石力学问题分析求解中考虑到分形的效应和影响。本书介绍分形-岩石力学的数学基础,从空间、测度、维数、分形和分形空间入手,引入自相似和自仿射,多重分形和分形插值等概念,进而讨论分形空间中的力学量和力学定律。重点介绍岩石材料中的分形损伤,分形断裂（微观断裂、动静态分形裂纹扩展、疲劳裂纹的分形扩展、多重分形断裂等）,岩土介质的分形孔隙和分形粒子,分形接触力学和分形节理（内表面）的理论和实验研究。本书介绍内容是岩石力学学科一个全新的领域,可以作为从事应用数学、力学、岩土工程、采矿、地质等专业的高年级本科生、研究生的教材以及大专院校教师和研究院所科研人员的科研参考书。　（徐志辉）

老采空区上方建筑地基变形机理及其控制　郭广礼(1965～　,河北栾城人,中国矿业大学教授,中国煤炭学会矿山测量专业委员会委员,国际矿山测量协会第六专业委员会委员。研究领域：矿山开采沉陷与控制,老采空区地基稳定性评估和处理,变形监测和数据处理)著,中国矿业大学出版社2001年10月出版,235千字。本书针对废弃老采空区地表建筑利用问题,系统地研究了老采空区破裂岩体的性质、岩体结构及其"活化"变形机理,提出了老采空区上方建筑地基稳定性分析研究的工作方法、老采空区地基沉降与变形预测方法、地基处理技术、建筑物结构抗变形措施和建筑物基础沉降与内力监测方法,并介绍了新庄孜矿选煤厂、五阳热电厂等老采空区上方建设大型工业建筑物的工程实例。本书适用于从事工程勘查、矿山开采沉陷、矿区建设和建筑物保护等专业的工程技术人员阅读、参考。　　　　　　　　　　（徐志辉）

土木工程材料　黄晓明(1963～　,江苏武进人，东南大学交通学院教授，中国公路学会道路专业委员会理事，中国土工合成材料协会理事，江苏省公路学会副理事长。研究方向：高等级公路路面结构设计，筑路材料的综合应用技术，路面结构评价，养护与罩面技术研究）、潘钢华、赵永利编著，东南大学出版社2001年10月出版，550千字。《新世纪土木工程专业系列教材》之一。本书分上下两篇，上篇主要介绍基本材料的性质和技术指标，分别包括集料、沥青、水泥、无机胶凝材料、钢材、高分子材料等；下篇主要介绍混合材料的性质、技术指标和应用等，主要包括建筑砂浆、水泥混凝土、沥青混合料、无机结合料稳定材料和功能材料。在编写中适当介绍当代重点工程使用的新材料，如纤维混凝土、高强混凝土、浇注式沥青混凝土、环氧沥青混凝土、改性沥青与SMA等。本书可作为高等学校土木工程专业或其他相关专业的教材，也可供有关技术人员参考。 （徐志辉）

高性能混凝土外加剂 缪昌文（1957～ ，江苏姜堰人，中国工程院院士，东南大学材料学院教授。曾获国家科技进步二等奖，省部级科技进步特等奖。研究方向：高性能混凝土结构工程材料，高性能混凝土外加剂）著，化学工业出版社2008年9月出版，446千字。混凝土外加剂已成为高流动性、高体积稳定性、高耐久性混凝土配制不可缺少的重要组分。本书论述羧酸类减水剂、氨基磺酸盐类减水剂、改性萘系减水剂、减缩剂、引气剂等高性能混凝土外加剂的分子结构设计、生产工艺流程及参数控制以及外加剂在水泥混凝土中的作用机理、外加剂对混凝土物理力学性能及耐久性能的影响；介绍高性能混凝土外加剂在高强混凝土、自流平自密实混凝土、高耐久混凝土、清水混凝土、纤维混凝土、碾压混凝土中的应用成果；列举高性能混凝土外加剂在水利水电工程、桥梁工程、地下工程、工业与民用建筑及核电工程中的应用实例。本书适用于从事水利水电、核电、交通、市政工程、建筑业等领域从事混凝土及混凝土结构设计、研究、施工的工程技术人员以及从事混凝土和外加剂生产的科技人员阅读，也可作为高等院校建筑材料专业的教学参考用书。 （徐志辉）

高性能混凝土 吴中伟（1918～2000，江苏张家港人，中国工程院院士，历任清华大学土木工程系教授，中国建筑材料科学研究院总工程师、副院长，长期从事水泥、混凝土、砼的科学和工程研究）、廉慧珍著，中国铁道出版社1999年出版，347千字。作者以多年的实践为基础，参考了较多国内外文献撰写出本书，希望能由此引起国内广大学者和工程技术人员对高性能混凝土的各项技术进行讨论。书中有以下5个方面值得重视：扩大高性能混凝土的涵义，强调混凝土的可持续发展道路，加强基础研究的分量，对工作的重视性，与高性能混凝土有关的标准和规范的制定。（另有《怎样做好混凝土工程》，已著录） （韩 兵）

建筑物整体迁移技术 李爱群（1962～ ，安徽合肥人，东南大学土木工程学院教授，中国建筑学会抗震防灾分会常务理事，中国振动工程学会结构控制及健康监测分会常务理事，曾获国家科技进步二等奖。研究方向：土木工程结构抗震抗风与隔震减振，工程结构新体系，结构健康监测与安全评估）、吴二军、高仁华编著，中国建筑工业出版社2006年12月出版，344千字。本书是中国第一部关于建筑物整体迁移技术的著作，它全面总结了建筑物整体迁移技术领域的研究成果，系统介绍建筑物水平整体迁移工程中的结构鉴定、地基处理、结构托换、迁移轨道、结构分离、整体迁移同步控制、施工管理、全过程静动态实时监测和建筑物迁移前后的安全性评定等关键工序和关键技术，介绍文物建筑迁移、特殊建筑物整体迁移、多向迁移、水平旋转迁移、顶升迁移和坡向迁移及建筑物竖向旋转迁移。对建筑物整体迁移关键技术的论述中侧重于设计和施工方法。书中给出了40多个不同技术特点的典型的建筑物整体迁移工程实例。本书可供从事建筑物整体迁移工程的设计、施工和管理人员以及土木工程专业学生和研究生学习参考。 （徐志辉）

怎样做好混凝土工程 吴中伟等撰，机械工业出版社1952年3月出版，74千字。本书主要是前苏联相关先进技术的资料汇集。《苏联的混凝土技术方面的成就》一文，是综合介绍苏联的混凝土技术各方面的成就和发展；《介绍一种苏联测定混凝土强度的简易方法——射击法》介绍比钢球撞痕法更有效的一种试验方法;另有《掺混合材水泥的性能和使用》和《调整混凝土配合比的主要法则》,是作者从很多资料中归纳出来的,对混凝土工作者很有帮助。　　　　　　　　　　　　　　（韩　兵）

中国村镇建筑文化　李百浩(1963～　,山东烟台人,东南大学建筑学院教授,中国城市规划学会城市规划历史与理论学术委员会副主任委员兼秘书长,中国建筑学会会员。研究方向:规划历史与理论,长江中游城镇与建筑,建筑修复与遗产保护)、万艳华著,湖北教育出版社2008年5月出版,322千字。《中国建筑文化研究文库》之一。中国建筑文化是中国文化的重要组成部分;中国建筑文化源远流长,所以研究中国建筑文化,本身也就是对中国文化的研究。中国村镇建筑文化又是中国建筑文化的重要组成部分,所以研究中国建筑文化,绝不应缺了对中国村镇建筑文化的研究。本书分别从中国村镇建筑选址、中国村镇空间格局、中国村镇聚落景观、中国村镇建筑构成、中国村镇建筑技艺、中国村镇建筑范例、中国村镇建筑模式、中国村镇建筑文化的基本精神和中国村镇建筑文化的传承与弘扬等方面,对中国村镇的建筑文化进行了深入系统的研究,自有其重要的理论价值。

（徐志辉）

地下工程设计理论与实践　孙钧(1926～　,江苏苏州人,原籍浙江绍兴,隧道与地下建筑工程专家,中国科学院学部委员,教授,曾任同济大学教务处长、结构工程系主任)著,上海科学技术出版社1996年12月出版,608千字。本书是著者及其所在的学科组于"六五""七五"和"八五"期间承担国家和部委级重大科技攻关工程任务近20项中的部分研究成果,它是从一些尚未公开发表见刊的工程研究工作总结中摘出,经编辑、整理成文。全书共14章,其中属软土地下工程方面的合4章;属岩石地下工程方面的合10章。各章之间有着相对的独立性,并各属一个专题,全书大体上包涵了常见地下工程中的一些重大方面。　　　　　（王忆南）

当代区域规划导论　崔功豪,王兴平编著,东南大学出版社2006年4月出版,467千字。本书从学术研究和实践应用的角度出发,根据圈内外区域规划的进展和相关理论的更新以及作者自身的研究和实践,对当代区域规划的新理念、新内容、新方法、新类型进行比较深入的探讨和阐述。全书共9章。第一至五章着重从观念、理论、内容、方法、过程等方面对当代区域规划做系统的阐述和探讨。第六至九章着重对当代主要类型的区域规划进行详细的分析,并附以实例引证和案例介绍,从而构成全书从理论到应用的总体结构。本书是一本学术性、应用性兼备的著作,可供从事各类区域规划、城镇体系规划、城市发展战略规划、土地利用总体规划等规划设计、管理部门的专业人员使用,也可作为高校相关专业的教材和参考资料。（徐志辉）

城市用地与城市生长:以东南沿海城市扩展为例　姚士谋等著,中国科学技术大学出版社1995年12月出版,262千字。本研究属于国家自然科学基金委员会资助项目。城市空间扩展是城市规划、城市更新的重要内容,对其进行理论和实证研究是城市地理的核心问题之一。本书以东南沿海的主要城市为案例,全面分析了城市空间扩展的特征、属性、扩展规律、理论模式。在理论上作了总结并应用耗散结构的自组织理论对城市空间演化进行了模拟。本书对城市空间形态的基本要素,组合、生长也进行了分析,提出了一系列独特的理论和观点,同时也对东南沿海主要城市的空间结构和空间扩展进行较全面的分析。　　　（韩　兵）

中国大都市的空间扩展　姚士谋主编,中国科学技术大学出版社1998年5月出版,580千字。本书是在系统地、全面地总结我国百万人口以上的32个特大城市的发展过程与内部结构,特别是总结我国城市工业化、城市化的时代特征;重点分析了我国城市的现代化、国际化趋向及其支撑体系和城市化道路。全书分上、中、下3篇,全面地论述了我国特大城市的空间扩展阶段、扩展动力及其扩展规律,是一部具有明显综合观点和地理特色、既有翔实的科学内容又有深刻的理论分析的一部城市地理学新著,为中国城市规划的核心问题——城市用地空间扩展理论的研究开创了新的一页。（韩　兵）

城市总体规划　宋家泰、崔功豪、张同海编著,商务印书馆1985年5月出版,252千字。城市总体规划内容涉及政治、经济、自然、技术、建筑、艺术等各个方面。本书主要侧重从地理科学（主要是经济地理学）的角度来加以敷陈论述的。首先阐明城市产生、发展的客观规律与城市规划发展简史及其基本任务和内容；次及影响和制约城市建设发展的自然条件、历史条件和区域经济基础，并在此基础上论述城市发展性质和规模；再次及城市规划布局本身——城市各物质要素、城区与郊区等规划布局；再次及各主要不同类型城市总体规划特点及城市近期建设问题；最后对规划编制工作方法作一综合的介绍。

（徐　萌）

现代城市更新　阳建强（1965～　，广西全州人，博士，东南大学建筑学院教授，中国城市规划学会历史文化名城学术委员会委员，中国城市科学研究会历史文化名城委员会委员。研究方向：城市规划设计理论与方法，城市更新，历史性城市保护）、吴明伟编著，东南大学出版社1999年8月出版，396千字。《新世纪中国城乡规划与建筑设计丛书·城市规划与建筑设计子丛书》之一。自城市诞生之日起，城市更新就作为城市自我调节机制存在于城市发展之中。然而，真正使城市更新这一问题突出地显示出来，并将其作为一门社会工程学科提出，则是始于20世纪50年代欧美一些发达国家。随着近年来世界城市化进程的加速，现代城市更新已被看作是整个社会改造的有机组成部分，其涉及的学科领域亦日趋广泛。本书针对当今城市更新的现状和问题，着重分析和介绍城市更新的历史发展、基础理论、类型模式、系统规划和组织实施，并结合作者的实践以及一些实地调查案例对其理论和方法进行剖析。本书适于城市规划、建筑学、经济地理及相关领域的专业人员、建设管理者阅读，也可作为大专院校有关专业的参考教材。（另有《最佳人居小城镇空间发展与规划设计》，已著录）

（徐志辉）

空间研究3——空间句法与城市规划　段进、比尔·希列尔著，东南大学出版社2007年1月出版，288千字。"空间句法"运用计算机、行为学等量化方法研究城市空间，是国际上城市形态学研究的前沿。本书与"空间句法"理论创始人、伦敦大学研究生院院长比尔·希列尔教授等合作，是国内首部关于"空间句法"的专著。本书第一部分对空间句法理论最新进展做系统介绍，由空间句法的开创者Bill Hillier教授亲自执笔。第二部分是运用空间句法进行城市研究与规划实践的案例。第三部分是来自荷兰、中国香港和中国内地的空间句法研究者对空间句法的多侧面解读和争论，希望通过他们的解读为国内读者和空间句法理论之间架设一座学术桥梁，所采用的介绍加争论的开放性架构正是空间句法创新性和开放性理论特点的体现。

（徐志辉）

城市·建筑一体化设计　韩冬青（1963～　，江苏靖江人，东南大学建筑学院教授。研究方向：建筑设计及其理论，城市设计理论与方法）等编著，东南大学出版社1999年7月出版，316千字。《城市规划与建筑设计子丛书》之一。城市·建筑一体化设计是对建筑设计环境观的拓展，更是现代城市设计学科中的典型课题之一。它是现代城市与建筑在需求与限制的矛盾中双向互动发展的必然结果。本书第一部分论述了城市·建筑一体化设计的动因、概念及其基本特征，并从功能组织、空间构成、层次类型等方面就其设计原则和方法进行剖析和阐述。第二部分选编了31个设计案例作为理论研究的补充。该书观点新颖，论述清晰，图文并茂，理论与实践并重。适于建筑设计、城市设计、规划及相关领域的专业人员阅读，也可作为高等院校相关专业高年级学生和研究生的教学参考书。

（徐志辉）

城市中心区规划　吴明伟等编著，东南大学出版社1999年8月出版，446千字。《新世纪中国城乡规划与建筑设计丛书》之一。城市中心区是城市功能结构的核心地带，是城市和区域社会经济运作的"市场中枢"。本书结合作者多年相关理论研究和规划实践，较全面地论述了城市中心区规划的理论和方法。全书分为"城市中心与中心区""城市商业中心规划"和"CBD—中央商务区规划"三部分，分别对我国城市中心、商业中心和中央商务区的发展态势、发展趋向和规划实践理论与方法进行阐述。本书图文并茂，可读性强，适于城市规划专业人员、城市建设管理人员和大专院校相关专业的师生阅读、参考。

（徐志辉）

城市建设艺术：遵循艺术原则进行城市建设　〔奥〕卡米诺·西特著，仲德崑(1949～　　 ，江苏南京人，东南大学建筑学院教授，中国建筑学会理事，江苏省土木建筑学会理事，江苏省建筑师学会主任。研究方向：城市形态与结构，大型公共建筑及建筑群体设计，现代城市设计理论与实践，城市公共空间环境设计)译，东南大学出版社1990年6月出版，178千字。本书译自奥地利建筑师卡米诺·西特1889年出版的原著的英译本。西特考察了大量中世纪欧洲城市的广场和街道，总结归纳出适应当时条件的城市建设的艺术原则，提出了一条在城市内造成一种具有文化和情感刺激的室外生活环境的美学途径。同时也奠定了建筑应该是反映时代条件的有机的城市形态环境的一部分这样一个建筑学理论的基础。西特的理论对于正处于大规模城市更新的20世纪八九十年代的中国仍然具有相当的借鉴和参考价值。本书在世界城市规划史上占有相当重要的地位，学术界常将西特和本书与现代城市规划和城市设计的发端紧密联系在一起，将西特称为现代城市规划和城市设计第一人。

(徐志辉)

现代城市设计理论和方法　王建国(1957～　　 ，江苏常州人，东南大学建筑学院教授，中国城市规划学会常务理事，中国建筑学会理事，世界人居环境学会会员。研究方向：城市设计，建筑设计，城市形态)编著，东南大学出版社1991年10月出版，151千字。现代城市设计是第二次世界大战后在传统城市设计上发展起来的、为综合解决日趋严峻的现代城市环境建设问题的学科领域。全书通过对国内外城市建设理论和实践的剖析比较，从方法论的角度，澄清现代城市设计及其相关领域的一系列重要理论概念，系统地探讨现代城市设计的多种应用方法及其在中国实践的可行性，构建一个从城市形态到城市设计的分析操作过程，提出建设设计是一个由"设计探寻"和"参与决策"双重过程共同构成的复合体的重要结论。本书立论新颖，深入浅出，图文并茂，理论、方法和应用并重，适用于规划学、建筑学、地理学及相关领域的专业人员、建设管理者阅读。(另有《城市设计》，已著录)

(徐志辉)

城市设计　王建国著，东南大学出版社2004年8月出版，560千字。城市设计是当今国内外城市规划建设中广泛关注的学术领域。城市设计是指以城镇发展建设中的空间组织和优化为目的，运用跨学科的途径，对包括人、自然和社会因素在内的城市形体环境对象所进行的研究和设计。本书主要论述和分析城市设计的目标，对象层次、类型构成及价值判断，城市空间要素和景观构成，城市典型空间和景观设计，城市设计的空间分析方法和调研技艺以及在解决我国面广量大的城市建设实践中的城市设计实施可操作性方面的思考。成功的城市设计实施案例本身是最具说服力的素材，本书特别突出案例的分析实证，以更好地适合于建筑设计、城市设计、城市规划、城市管理及相关领域的人士阅读，也可作为高等院校相关专业高年级学生、研究生选修课教材。

(徐志辉)

六朝都城　卢海鸣(1964～　　 ，江苏南京人，南京出版社社长，南京城市文化研究会会长、江苏省六朝史研究会副会长)著，南京出版社2002年9月出版，300千字。本书在广泛占有文献和考古资料、并大量吸收海内外专家学者科技研究成果的基础上，对六朝都城建康(今南京)进行了全面系统的研究，阐述了建康定都的条件、规划营建布局状况，探讨了三重城垣、城堡军垒、郡县治所、礼制建筑的位置，考察了市政建设、市场、里坊、园林、寺庙、陵墓的内涵，客观地评述了建康的历史地位，提出了一系列的新见解，其中关于建康宫城和御道位置"东南移说"等观点已经被最新地下考古发现所证实。本书为国家"十五"重点图书出版规划项目，全方位、多角度、深层次地揭示了六朝都城建康的原貌，填补了六朝史和都城史研究领域的一项空白。

(王忆南)

最佳人居小城镇空间发展与规划设计　阳建强、王海卉、胡明星等著，东南大学出版社2007年7月出版，262千字。本书基于人类住区可持续发展思想，以构架最佳人居环境为目标，从基本概念、规划理论、技术方法及实施政策等层面研究了小城镇可持续发展的一般规律与实现途径；并结合江苏省小城镇规划的典型案例，就最佳人居小城镇空间发展布局，最佳人居小城镇评价指标体系和最佳人居小城镇规划设计方法等内容进行系统研究和全面总结,初步建立了一套以可持续发展为准则、层次结构清晰、技术操作可行的最佳人居小城镇规划建设模型和方法体系,对我国小城镇人居环境的可持续发展具有重要的学术价值与积极的现实意义。本书适于城市规划、经济地理及相关领域的专业人员、小城镇建设管理者阅读,也可作为大专院校有关专业的参考教材。　　　　　　　　　(徐志辉)

城市生态园林与绿地系统规划　王浩(1963～　,江苏姜堰人,南京林业大学森林资源与环境学院教授。研究方向:风景园林规划设计,生态园林与绿地系统规划)主编,中国林业出版社2003年6月出版,210千字。本书对城市园林绿地的特征、城市园林绿地功能、城市生态学与绿地的关系进行研究和归纳,并对城市生态园林的起源与发展,生态学原理在园林中的应用,生态园林的概念、功能、类型进行详尽的研究、归纳和阐述,重点提出生态园林规划理论,从城市分类、生态园林与城市生态学、生态要素与城市空间、城市景观生态过程与格局的连续性以及生物多样性等众多方面进行研究和归纳,对城市生态园林规划指标进行深入探讨,并提出生态园林效益综合评价模型。同时结合实例对生态学原理应用于园林规划进行一定的尝试。　　　　　　　　　　　　(徐志辉)

城市交通规划理论及其应用　王炜(1959～　,浙江上虞人,东南大学交通学院教授。曾获国家科技进步二等奖。研究方向:城市交通及区域运输规划理论与方法,可持续发展的交通运输系统基础理论,智能交通运输系统(ITS)基础理论,城市交通管理理论与方法)徐吉谦等著,东南大学出版社1998年9月出版,600千字。本书主要内容包括:城市交通规划框架设计、交通信息扩展技术、城市活动及区位理论、城市交通需求预测理论、城市交通网络分析技术、道路网络规划方法、城市客运系统规划方法、大城市辐射交通规划方法、城市发展战略规划理论、城市交通系统评价理论、城市交通系统建设优化理论以及上述理论方法在南京、郑州、合肥、鞍山、镇江、马鞍山等城市的应用实践。本书可作为高等院校交通工程、道路工程和城市规划等专业高年级本科生、硕士研究生的教材以及城市规划部门、交通工程规划和设计部门的科技人员及管理人员的参考书。　　　　　(徐志辉)

道路交通规划　李旭宏(1963～　,四川自贡人,东南大学交通学院教授。研究方向:城市公共交通,道路运输,综合运输,现代物流,交通规划,交通管理。获得国家级科技进步奖一项)等编著,东南大学出版社1997年10月出版,240千字。本书以道路交通规划中的资料采集、交通需求预测、交通网络分析、交通系统规划、交通系统评价等为重点,介绍了城市道路交通规划和区域公路网规划所涉及的各方面内容。本书力求全面、系统、实用,并结合我国的实际,反映新的研究成果.可作为交通工程、道路工程等本科专业的教材,也可供道路交通、城市规划等有关专业技术人员参考。(徐志辉)

京津冀地区城乡空间发展规划研究　吴良镛(1922～　,江苏南京人,中国科学院院士,中国工程院院士)等著,清华大学出版社2002年10月出版,166千字。本书从世界城市的高度,借鉴国际经验和教训,以整体的观念,综合研究城市发展的战略定位、区域功能和空间布局、协调与合作机制等问题,主张通过"建设世界城市,带动整个大北京地区的繁荣和健康发展"。本课题是国家自然科学基金"九五"重点项目"可持续发展的中国人居环境基本理论和典型范例"主要研究课题之一,也是2000年建设部科技研究项目和清华大学985研究基金项目。本课题是国内一次大规模的、重要的区域规划研究,也是一次区域规划方法论的成功探索。本书是这项研究的成果,适合城市和区域规划理论和实践工作者、规划建设管理工作者、政府有关领导部门及大专院校相关专业师生阅读和参考。
　　　　　　　　　　　　　　　(王忆南)

中国园林文化　曹林娣(1944～　,女,江苏无锡人,苏州大学艺术学院教授。研究方向:中国古代文学,中国园林文化)著,中国建筑工业出版社2005年5月出版,520千字。本书分上中下3编,上编寻觅中国园林文化发展的踪迹,具体地阐释中国园林从萌芽、产生、发展到成熟的文化变迁;中编阐释体现在园林建筑、植物、山水等物质符号中的文化因子;下编将中国园林文化置于全球文化语境中,分析其文化特质和发展变迁的深层文化原因。最后设"余论"一章,客观地对中国园林文化进行价值评判。本书从多个方面对中国园林文化进行了系统阐述,并详述了现当代学人对传统园林文化的评价,力图体现"批判意识""反思意识"。作者认为,园林文化是物态文化和精神文化的总和,它所承载的不仅是优雅的物质形态,而且也是中国文化的一种精神象征和重要载体。 （徐志辉）

苏州古典园林 刘敦桢著,中国建筑工业出版社 1979 年 10 月出版,130 千字。本书是一部关于中国古代园林艺术的著作,阐述了苏州园林发展的历史和造园艺术成就。全书分两部分。总论部分包括绪论、布局、理水、叠山、建筑、花木等 6 章;实例部分介绍了拙政园、留园等 15 座名园,全书有测绘图 172 幅,照片 661 幅。本书系南京工学院刘敦桢教授生前研究著作,著者在 20 世纪 30 年代着手研究中国园林艺术,50 年代初开始主持苏州古典园林的调查工作,普查过 190 处园林和庭院,对主要园林做了精心测绘,分析总结了这些园林的造园艺术、构思和手法。本书对我国园林艺术剖析极精,所论虽仅及苏州诸园,然实为中国历代造园史之总结。 （蔡保鹏）

流域分布式水文学原理及应用 余钟波(1964～ ,江西上饶人,河海大学水文水资源学院教授。研究方向:大气—陆面—地表地下水相互作用,地表—壤中流交互影响,大气—陆面—水文耦合模型构建,盆地规模的水文数值模拟,地下水水流模拟,稀土和放射性元素在地下水中的迁移模拟)著,科学出版社 2008 年 6 月出版,282 千字。本书介绍水文模型的发展概况、分类,集总式和分布式水文模型的优劣以及分布式水文模型的主要应用领域;重点阐述分布式水文模型的构建及组成,包括土壤水文模型、陆地水文模型、地下水水文模型和地表水、地下水耦合模型 4 个部分;讨论分布式水文模型结合 DEM 模型的流域特征提取、模型参数的率定方法及分布式水文模型在洪水预报和土壤大孔隙流中的应用;探讨大气模型和分布式水文模型的耦合,并将耦合模型应用于单场暴雨、多场暴雨的洪水预报以及大中尺度区域;指出水文模型存在的尺度问题以及水文参数和网格的空间变异性等问题。本书可供水文学、水资源、水文地质、气象、水利工程等学科的科研人员、大学教师、高年级本科生和研究生,以及从事水资源管理工作的技术人员参考和使用。 （徐志辉）

二十五史水利资料综汇 张芳(1942～2006,女,江苏江阴人,南京农业大学中国农业遗产研究室教授,曾任中国农业科学院农业遗产研究室副研究员。研究方向:农田水利史)编著,中国三峡出版社 2007 年 5 月出版,1 000 千字。本书作者从 1979 年至 1992 年间,花费 12 年时间,从事卷帙浩繁的"二十五史"水利资料的收集整理工作,将除了《河渠志》《沟洫志》之外散见于各史篇章中的水利资料,按时代顺序编排录成一部资料综汇,并做了简要注释,大体反映了四千余年来水利政令、漕运、海运、防洪、治河、治运、农田水利、城市水利、军事用水攻防、水利职官、水利著作、屯田等活动的主要史实,"句句斟酌、事事核对",有着重要的史料价值,为从事经济史、农业史、水利史、水运史和历史地理等研究不可或缺的基础资料,大大方便了相关研究。(另有《中国农田水利史》,已著录)
 （王 健）

工程水文学 詹道江、叶守泽编,中国水利水电出版社 1987 年 6 月出版,491 千字。本书阐述工程水文学的基本原理与方法,包括:水文信息采集,径流形成,产流汇流计算,水文预报,水文模型,水文统计,设计径流与径流随机模拟,设计洪水,古洪水与可能最大洪水,水污染及水质模型等内容。本书为高等学校水利水电类专业国家级重点教材,也可供从事水利工程和市政工程的技术人员参考。本教材的出版确立了该学科教材的主体内容、章节结构、实习范例。 （徐志辉）

水利水电工程水流精细模拟理论与应用 戴会超(1965～ ,河北保定人,河海大学教授。研究方向:水利水电工程学科中的水流精细模拟,水库调度,工程施工仿真,决策支持系统。曾获国家科技进步二等奖三项)等著,科学出版社 2006 年 4 月出版,1 144 千字。水利水电工程中有大量的水力学问题,包括水工水力学、河道水力学、废水排放工程水力学、水电站水力学、水力学正问题、水力学反问题等。本书以三峡、溪洛渡、向家坝、二滩和小湾等大型水电工程为依托,以解决实际工程中的水流的精细模拟问题,并着力提高工程水力学反问题理论与成果的工程实用性。研究成果包括:水工水力学紊流数值模拟方法研究,溢洪道及消能工水流的精细数值模拟,水垫塘及河道水流的精细模拟,高紊动气液两相流的数值模拟,污水排放工程中近区污染及水流的精细模拟,电站水轮机水流的精细模拟,工程水力学的反问题研究等。该项研究成果内容丰富,研究成果的理论和方法有多项创新。

(徐志辉)

大坝原型反分析及其应用 吴中如(1939～ ,江苏宜兴人,中国工程院院士,河海大学水电学院教授,中国水利学会名誉理事,中国水力发电工程学会理事。研究领域:水工结构,大坝安全监测)、顾冲时著,江苏科学技术出版社 2000 年 1 月出版,180 千字。本书系统地论述大坝及岩基的反分析理论、模型和方法,并列举相应的实例。全书共 7 章,主要包括大坝及岩基的仿真有限元模型、变形参数的反演分析模型、有限元计算成果的优化处理、荷载工况的反馈分析、渗流反馈分析理论和方法、变形和应力监控指标等内容。本书可作为从事水利水电工程、土木和建筑工程等领域内的设计、施工、管理和科研等工程技术人员的参考书,也可作为水利、水电、土木和工程力学等专业的本科生与研究生的教材或参考书。(另有《碾压混凝土坝安全监控理论及其应用》《水工建筑物安全监控理论及其应用》,已著录) (徐志辉)

长江河口动力过程和地貌演变 陈吉余(1921～ ,江苏灌云人,中国工程院院士,华东师范大学河口海岸研究所教授)等著,上海科学技术出版社 1988 年 12 月出版,711 千字。本书由河口发育、河口水文、河口泥沙运动、河口沉积、河口河槽演变、河口治理等 6 部分组成。采用宏观与微观、历史过程与现代演变、野外观测与实验分析、遥感新技术等研究方法,将河口动力、地貌、沉积等学科紧密结合,全面系统地阐述和总结了长江河口的动力过程与地貌演变,并提出了治理原则和可供选择的治理方案。对河口整治和开发利用有较大的实用价值,同时也丰富了河口学理论。(另有《海塘——中国海岸变迁和海塘工程》,已著录)

(蔡保鹏)

水工水力学及水文论文集 陈椿庭(1915～2016,江苏武进人,曾任职于中央水利实验处研究院,南京水利科学研究所,水利电力部水利水电科学研究院副院长,长期从事水工模型试验和泄洪消能研究)著,水利电力出版社 1993 年 10 月出版,474 千字。本文集是著者历年累计撰写的有关水工水力学和水文学方面的代表作论文,计 32 篇,时间跨度从 1947 至 1992 年。主要内容包括:枢纽泄洪布置、溢流坝水力学、流线曲率影响、空化与空蚀、减压箱试验及掺气减蚀、挑流消能及岩石冲刷、水跃消能及明渠水面线无尺度计算、高坝及大型水电站主要特征的无尺度统计分析、高坝大流量泄洪消能的实践经验、大江大河的洪水流量频率分析等。多数文章附有实际工程资料。(另有《高坝大流量泄洪建筑物》,已著录)

(韩 兵)

洪泽湖:水资源和水生生物资源 朱松泉等著,中国科学技术大学出版社 1993 年 10 月出版,366 千字。本书为中国科学院南京地理与湖泊研究所《中国湖泊系列研究》之三。洪泽湖是我国著名的五大淡水湖泊之一。本书主要讨论了洪泽湖的形成与演变以及气象、水文、水化学等诸环境因子的时空变化规律。在此基础上着重对生物资源、水资源进行了较为深入的分析研究,并对湖泊资源的综合开发和治理提出了具体的建议。 (韩 兵)

水资源与国民经济协调发展研究:理论 模型 实践 郑垂勇(1958～ ,福建永泰人,河海大学经济学与国际贸易系教授。曾获国家科技进步二等奖。研究方向:战略与技术管理,水利水电与资源技术经济,技术创新与知识管理)等著,河海大学出版社 1996 年 9 月出版,253 千字。本书上篇为水资源开发利用与国民经济协调发展的模型与策略研究,下篇研究水利科技管理。内容包括:水资源开发利用与国民经济协调发展互相制约的关系,对其与国民经济发展不相协调的表现和原因进行系统分析;建立水资源开发利用与国民经济协调发展的系统动力学模型并运行调试,对模型进行结构检验和行为检验;通过模拟实验和对模型进行灵敏度与强壮性检验,确定水利基建投资占全国基建投资的比重和水利产业各部门的投资比例,考察有关指标的变化对水资源开发利用情况与经济发展可能产生的影响；对水资源系统乃至国民经济系统的发展状况及未来趋势进行评估和政策分析，并对协调发展的策略进行研究；构建水利科技进步贡献份额测算模型，使用回归分析方法估计模型参数，得出全国水利科技进步贡献份额；对水利研究与开发机构的绩效和实力进行分析和评价。　　　（徐志辉）

中国水问题的思考　左东启（1925～2014，江苏镇江人，曾任河海大学教授、河海大学校长、江苏省水利学会及江苏省水力发电工程学会名誉理事长）著，河海大学出版社2000年5月出版，200千字。本书阐述了河流功能和治理方向；湿地涵义的界定和研究方法；水资源评价体系的建议；社会主义市场经济和水利经济等许多有关水利的重大问题。（另有《水工建筑物》，已著录）　（王忆南）

圆筒钢筋混凝土薄壁池的内力计算　张光斗著，水利电力出版社1978年12月出版，字数不详。本书是根据清华大学水利科学系水工专业师生承担的某项工程设计的实践经验，提出了一种考虑温差影响、池壁和池底联合作用的圆筒薄壁池内力计算方法，并推演和编制了计算公式和图表等，实际运用简单，适于设计计算薄壁池时使用。（韩　兵）

水工建设中的结构力学与岩土力学问题——黄文熙论文选集　黄文熙著，水利电力出版社1984年3月出版，336千字。本书是我国著名水工结构和岩土工程专家黄文熙教授数十年科研成果的精华。全书共选有论文16篇，内容涉及轻型混凝土坝、土石坝管道、挡土墙等结构物与基础的设计计算、施工、科学试验等多方面的问题。书中所阐述的理论和介绍的方法，不仅具有独创性，而且也有相当大的实用价值。　　　　　（蔡保鹏）

新编水利水电工程概预算　方国华（1964～　，安徽定远人，河海大学水利水电学院教授。研究方向：水资源规划及利用，水利经济，工程管理）、朱成立等编著，黄河水利出版社2003年6月出版，310千字。本书参照中国最新颁布的水利水电工程定额及编制规定，从中国水利水电工程建设与管理的实际出发，以水利水电工程概预算编制全过程为主线，系统地介绍基本建设和概预算的基本概念，工程项目组成与项目划分，费用构成，工程定额，基础单价编制，建筑、安装工程单价编制，初步设计概算编制，投资估算、施工图预算和施工预算，招标标底与投标报价，竣工结算、竣工决算和项目的后评价等。本书内容丰富，实用性、可操作性强，可供水利水电工程技术人员和大专院校有关师生参考，也适宜作为大专院校水利水电工程等有关专业概预算课程的教材。　　　　　　　（徐志辉）

水工建筑物　左东启等主编。全书16章，分上下两册。上册包括前10章，下册包括11～16章。上册由河海大学出版社1995年7月出版，813千字。下册由河海大学出版社1996年4月出版，397千字。本书系统阐述各种主要水工建筑物的工作原理、适用条件、设计方法和枢纽布置。内容章节安排的特点是：对各种混凝土溢流坝和坝身泄水孔结合在一章中讲述；对坝型的发展及新型坝列有专章；地下洞室一章包括地下隧洞和地下厂房结构两方面内容；又专设水工现代分析计算一章。每章后均附复习思考题。　　　　　（王忆南）

碾压混凝土坝安全监控理论及其应用　吴中如、顾冲时、吴相豪著，科学出版社2001年4月出版，135千字。本书针对碾压混凝土坝的特点，充分利用原位监测资料，全面系统地论述碾压混凝土坝在施工期、蓄水期和运行期的分析及反分析理论和方法，渗流分析及反分析理论和方法，拱坝坝肩稳定分析的监控模型以及库区和坝址滑坡的稳定性分析理论和方法，并用实例加以说明。本书可供从事水利水电设计、施工和运行的工程科学技术人员参考，也可以作为水工结构、工程力学和土木工程及其相近专业的研究生教材或参考书。（徐志辉）

大坝环境水文地质研究　宋汉周（1954～　，江苏启东人，南京大学地球科学与工程学院教授。研究方向：水-岩相互作用模拟研究及环境效应评估，重大工程枢纽区复杂水文地质条件分析与评价）著，中国水利水电出版社2007年12月出版，414千字。本书以系统论的观点研究了水电站运行期间大坝坝址环境水文地质问题。在分析了蓄水条件下枢纽区特有的水环境、地质环境及其与大坝工程间相互作用效应的基础上，从形成、演变以及机理等方面逐一论述了区内一定条件下出现的渗流(渗漏)问题、基础扬压力问题、水质及水-岩作用问题、渗水析出物问题、环境水与坝体材料间相互作用及其侵蚀(腐蚀)作用问题以及岩体的渗透稳定性问题等。基于探测、检测以及监测资料，建立了相关模型，提出了相应的求解方法，并应用于工程实例。本书可供地质、水利水电、土木、环境等学科的科技人员和高等院校相关专业的师生参考。

(徐志辉)

高坝大流量泄洪建筑物 陈椿庭主编，水利电力出版社1988年9月出版，344千字。本书是一本专门论述国内外高坝大流量泄洪建筑物的总结性专著，内容包括：国内外七类坝型的建设情况统计分析及其发展趋势；一些国家的调洪演算及设计洪水标准；对坝身式、岸边式及其联合泄洪方式的泄洪建筑物布置及对当前已达到的规模、坝后厂房顶过流布置的讨论；对高水头、大流量泄洪建筑物的水力学问题的探讨以及各家的计算方法、最新研究成果；系统介绍消能防冲刷问题。全书紧密结合国内外工程实例，力求不遗漏重要的高坝大流量工程，图、表、算式与文字并重，国内外工程实例并列，同时也列举了一些曾遭受破坏的工程实例以为经验。

(韩 兵)

大坝与坝基安全监控理论和方法及其应用 顾冲时(1962～ ，江苏启东人，河海大学水利水电学院教授，中国大坝协会理事。曾获国家科技进步二等奖三项，江苏省科技进步一等奖两项。研究方向：水工结构工程安全监控与健康诊断理论)、吴中如著，河海大学出版社2006年6月出版，431千字。本书系统介绍了大坝与坝基安全监控理论和方法及其应用，重点论述了利用原型监测资料对大坝与坝基的工作性态进行正分析、反演分析、反馈分析以及综合评价，并列举了相应的应用实例。全书共10章，分别介绍了统计学方法和统计模型、灰色系统理论和模糊数学及其预测模型、确定性模型和混合模型、拱坝坝肩和岩土边坡稳定性监控模型；原型监测资料的反演分析法、反馈分析法及其在设计、施工和运行中的应用；大坝安全综合评价专家系统。本书可作为水工结构、水利水电工程、工程力学、安全工程等专业本科生和研究生教材，也可供从事水利水电工程、岩土工程和土木工程等领域的科技人员参考。

(徐志辉)

水工建筑物安全监控理论及其应用 吴中如、沈长松、阮焕祥著，河海大学出版社1990年8月出版，600千字。本书系统地介绍水工建筑物安全监控理论及其应用，其中重点论述大坝原型观测资料分析的方法和数学模型，并列举相应的应用实例。本书的特点，内容的系统和全面。在资料分析中不仅有经验性模型，还叙述了确定性模型；在经验性模型中，不仅有常用的统计模型，还有基于时间序列的预报模型和基于模糊数学理论的监测模型。内容新颖，将国内外一些最新发展都作了介绍，如灰色系统理论，模糊数学及预测模型，徐变、热学参数、断裂韧度、等价摩擦系数的反演，大坝裂缝成因机理和馈控、接缝的作用探索等。具有很强的实用性，对主要方法都引举工程实例作示范。全书共10章，主要包括原型观测资料的正分析、反演分析、反馈分析及其应用以及综合评判和决策等内容。

(徐志辉)

治河工程学 张书农(1910～1997，江苏宝应人，历任南京大学教授，华东水利科学院教授，中国环境科学学会第一届常务理事，中国水利学会泥沙专业委员会副主任委员，是我国近代开展水流结构与泥沙运动研究的奠基人之一)撰，中国科学图书仪器公司1952年11月出版，字数不详。本书为专科学校教科书。本书专门讨论水道工程建设的技术问题，包括运河和渠化工程。第一章谈水道交通的重要性；第二章谈运河的规划、设计和建筑；第三章谈渠化工程的规划；第四章谈船闸的设计和建筑。(另有《环境水力学》，已著录) (韩 兵)

三峡工程与长江中游湖泊洼地环境 濮培民等著，科学出版社1994年8月出版，316千字。本书是中国科学院主持的国家"七五"攻关课题"三峡工程对生态与环境的影响及对策研究"系列专著之一，它从整体的、综合的角度提出三峡工程对长江中游洼地影响的总体评价，并提出宏观战略决策和总体对策。全书共5章：三峡工程对长江中游洼地影响的方式和途径；长江中游低洼地土壤的状况及其受三峡工程影响而产生的演替变化趋势和治理

措施；三峡工程对洞庭湖和荆江地区冲淤的影响及环境变化预测；三峡工程对鄱阳湖环境、动植物资源的影响及对策。 （韩　兵）

太湖水利技术史　郑肇经主编，农业出版社1987年1月出版，223千字。本书采用按水工门类作专题论述的体例，以便集中而系统地反映各方面的技术成就和经验教训。全书分为10章，分别就太湖水利发展的历史、主要水系的变迁、丘陵平原区的水利开发、下游水网圩田的形成、环湖溇港圩田的开拓、圩区水利规划、治圩技术措施、人工运河的开凿、海塘及其工程技术以及历代水旱灾害分析等问题作了比较系统的阐述，并在论述历史发展的基础上对其演变的客观规律进行了初步探讨。书末附录《太湖水利历代主要文献摘要》，以便了解历史上各家对太湖治水的议论。 （韩　兵）

第十九章 交通运输类

风驰电掣走世界:高速铁路工程 周镜(1925~ ,江苏宜兴人,中国工程院院士,曾任铁道部科学研究院研究员,铁道建筑研究所所长,对黄土边坡稳定、铁路软土路基处理及挡土墙土压理论有独到研究)主编,浙江科学技术出版社 1999 年9月出版,字数不详。为使广大读者了解什么是高速铁路,它和常速铁路有何不同,本书着重从高新技术的应用方面,扼要介绍了轮轨体系高速铁路的特点,同时也回顾介绍了铁路运输发展的历程,世界各国和我国跨世纪高速铁路发展规划,以及对未来更高速度铁路运输方式的展望。 （韩 兵）

车辆—轨道耦合动力学 翟婉明(1963~ ,江苏靖江人,中国科学院院士,西南交通大学首席教授,国家重点基础研究发展计划(973 计划)项目首席科学家,教育部"长江学者奖励计划"特聘教授。研究领域:铁路工程动力学理论与应用)著,中国铁道出版社 2001 年 12 出版,370 千字。本书系统而全面地阐述了作者提出的车辆—轨道耦合动力学理论及其在现代铁路工程中的应用实践。全书共分 15 章,前 7 章完整论述了车辆—轨道耦合动力学的理论体系,包括学术思想、理论模型、数值方法、计算机仿真及试验验证等;后 8 章介绍该理论在现代高速、重载及提速铁路工程动力学研究与设计领域中的具体应用,其中包括在我国第一条快速客运专线(秦沈线)新型无碴轨道设计、京秦线时速 200 公里提速改造线路加固等实际工程中的应用实践。本书不仅理论方法先进,而且工程应用性强,适合于机车车辆和轨道专业的科研、设计人员及工程技术人员阅读参考,并可兼作高等院校车辆工程、铁道工程、载运工具运用工程等专业的博士、硕士研究生教学用书。 （韩 兵）

高速公路数据库应用技术 黄卫著,科学出版社 2002 年 6 月出版,312 千字。本书是以理论研究和工程实践为背景,根据数据库技术在高速公路工程建设及其现代化管理应用中的成功经验编写而成。全书共分 6 章。第一至三章简要地介绍数据库应用技术的基本概念、基本理论、方法与实施技术,以及应用中的有关问题,并对高速公路工程中常用的数据库,诸如关系数据库、分布式数据库和多媒体数据库等作了较详细的介绍。第四至六章详细介绍高速公路工程建设管理数据库、高速公路路面管理信息系统数据库、高速公路现代化管理中的车辆通行费收费系统数据库的工程设计、实施和运行维护。本书是国内第一部关于高速公路数据库应用技术的著作,结构合理、概念清晰、理论联系实际、工程实用性强,便于组织教学或自学,可作为土木工程、道路交通工程、交通信息工程与控制专业及相关专业的教材。 （徐志辉）

高等沥青路面设计理论与方法 黄卫、钱振东著,科学出版社 2001 年 8 月出版,449 千字。本书从高等级公路沥青路面的基层材料、沥青混合料的组成设计及特性、沥青路面结构设计方法等方面介绍国内外最新研究成果,对沥青路面结构的可靠性设计、钢箱梁桥桥面铺装等作了研究和探讨。全书共 10 章,介绍国内外沥青路面设计理论和方法的沿革；介绍弹性层状体系和黏弹性层状体系基本理论，编制了沥青路面结构弹性层状体系计算程序、沥青路面结构近似计算公式；研究沥青路面设计指标间的关系以及疲劳试验荷载模式与路面应力应变状态的关系；研究 SMA 材料级配设计及混合料性能试验，介绍水泥基复合半刚性面层材料的组成设计方法及性能试验成果；研究沥青混合料的疲劳特性，并基于能耗过程的方法建立沥青混合料疲劳响应的新模型；介绍半刚性基层材料特性的研究成果；阐述可靠度设计理论，研究沥青路面结构的可靠性分析，编制沥青路面可靠性设计程序；研究环氧沥青混凝土等铺装材料的级配组成、混合料性能及疲劳特性，介绍浇注式沥青混凝土桥面铺装技术；提出沥青路面结构的优化设计；介绍沥青路面路界地表排水和桥面砼排水设计。　　（徐志辉）

高速公路沥青路面早期破坏现象及预防　沙庆林（1930～　，江苏宜兴人，中国工程院院士，东南大学教授。研究领域：长期从事公路路面学研究和工程设计与施工。曾获国家科技进步奖二等奖。主持的路面设计理论、重型压实标准、半刚性路面等重要成果，有大量创新并产生巨大的经济效益）著，人民交通出版社 2001 年 5 月出版，476 千字。本书根据我国开放交通两年以上的高速公路、半刚性基层沥青路面实际使用情况调查，详细介绍我国高速公路半刚性路面结构及其承载能力和面层功能状况；详细分析沥青路面的早期破坏现象和产生原因并提出了预防措施；详细介绍我国自主研究开发的多碎石沥青混凝土的特性、技术指标及其在多个工程的实际使用情况。本书还对沥青和改性沥青，沥青和沥青混凝土现状以及薄沥青面层进行综合评述。　　（徐志辉）

中国古桥技术史　茅以升（1896～1989，原名以昇，字唐臣，江苏镇江人，中国科学院学部委员、美国工程院院士，曾任唐山交通大学校长、北洋大学校长、铁道科学研究院院长、中国科学技术协会副主席）主编，北京出版社 1986 年 5 月出版，377 千字。本书是我国第一部全面系统论述中国古桥建筑技术与建筑艺术的科学著作。全书共分 7 章，包括概论、梁桥、拱桥、索桥、浮桥、桥梁施工技术、桥梁建筑艺术等内容。开篇的概论，作者以历史唯物主义的基本观点，从对古代文字、典籍和古代遗址的考察、分析开始，科学地论证了我国古代桥梁的起源，以及我国古代桥梁在西周、春秋时期，秦、汉时期，唐、宋时期和元、明清时期 4 个历史阶段的发展、演变、特点；并从古桥型式与建筑材料，桥梁艺术与桥梁文学，造桥技术与桥工匠师，古代桥梁的社会性与人民性，以及古桥的现状等多方面，评价了我国古桥建筑技术与建筑艺术的辉煌成就。在按结构分类介绍我国古代梁桥、拱桥、索桥、浮桥的重点篇章中，作者根据翔实的史料和现存的同类古桥，令人信服地论证了它们的渊源和演变，以及它们所产生和所适应的地区的地理环境特点。对于每一种桥梁的不同类型，作者都选用一个至几个具有代表性的实例，运用现代科学理论和技术，进行具体分析、解剖，并给予科学的评价。　　（蔡保鹏）

桥梁结构样条子域法分析　丁汉山（1962～　，江苏如皋人，东南大学教授，中国古桥研究所所长，美国国家科学院交通运输研究委员会结构 FRP 委员会委员，国际桥梁与结构协会会员，江苏省公路学会桥梁专业委员会委员，茅以升科技教育基金会中国古桥研究委员会副主任。研究方向：桥梁设计理论，桥梁监控技术，结构新材料应用技术，旧桥加固技术）著，人民交通出版社 2002 年 12 月出版，160 千字。本书针对桥梁结构通常是由梁、板、壳组成的特点，提出一种新的分析方法——样条子域法。该方法首先仍将桥梁结构离散成梁、板、壳子域，然后在离散得到的子域上，采用具有最佳逼近性能的样条函数构造其位移模式，再借助最小势能原理获得问题的解答。相比于通常的有限元分析法，样条子域法具有自由度少、输入数据少、计算精度高等优点。除此之外，样条子域法相比较于其他方法，还具有处理边界条件简便、适应范围广等特点，而且随着并行计算机和并行算法的发展，该方法将会有更大的发展余地。本书总结了作者在这一领域 10 余年的探究工作，希望能为广大桥梁工作者提供又一分析手段。　　（徐志辉）

车辆—地面结构系统动力学　邓学钧（1937～　，江苏苏州人，东南大学教授，曾任中国公路学会理事，江苏省公路学会副理事长。曾获国家科技进步一等奖。研究方向：汽车与地面相互作用系统动力学)、孙璐著,人民交通出版社 2000 年 8 月出版,402 千字。本书将车轮与地面结构视为一个大系统,深入分析这两个系统之间相互作用的运动荷载特性。从理论上阐述了地面结构在车辆随机荷载作用下产生的随机动力响应和动力特性。全书共 10 章,第一至六章介绍弹性动力学,车辆动力学和地面动力响应基本理论和必要的基本数学知识;第七至十章着重介绍随机动力响应之下地面结构的动力特性。本书可供从事车辆地面结构动力学研究、设计理论与设计方法研究的工程师参考。（徐志辉）

交通管理措施下的交通分配模型与算法 任刚(1976～　,浙江上虞人,东南大学交通学院教授,中国公路学会交通工程分会理事。研究方向：交通行为与安全,应急交通管理,主动交通优化)著,东南大学出版社 2007 年 5 月出版,288 千字。交通管理措施下的交通分配问题旨在模拟城市道路网络中实施交通管理措施后的交通流分布模式,它是城市交通管理方案评价与优化的核心技术。本书在回顾平衡交通分配的研究进展并分析交通管理措施如何影响交通分配的基础上,分别建立了带转向延误非对称多模式的用户平衡模型和随机用户平衡模型,设计了相应的迭代平衡算法;提出了对偶最短路径树概念,并将常用的带转向延误的最短路径算法统一到此概念的框架中;从算法实施层面上,提出了一个高效实用的交通网络数据模型;最后建立了基于双层规划的交通管理措施优化模型,并设计了多个求解算法。本书可作为交通分配、网络建模等研究方向的参考教材,对从事城市交通管理规划编制和交通管理方案优化的人员也有较强的应用参考价值。（徐志辉）

道路交通安全学 过秀成(1964～　,浙江嵊州人,东南大学交通学院教授,中国城市规划学会城市交通规划学术委员会委员,江苏省道路交通安全协会常务理事。研究方向：城市化进程中交通系统建设,大型公建交通影响分析,道路交通安全技术,交通流运行的计算机模拟,物流系统规划,客运交通系统规划与评价)编著,东南大学出版社 2001 年 8 月出版,340 千字。本书吸收了国内外交通安全方面的研究成果,系统介绍了交通安全与人、车、道路环境的关系,交通事故调查与处理,交通事故再现及统计分析,交通事故预测与预防等基本理论与基本方法。书中除列出必要的案例分析外,各章后均附有复习思考题与习题。本书可作为交通工程、交通运输、交通管理等本科专业的教材,也可供有关技术人员参考使用。（徐志辉）

道路交通冲突分析技术及应用 项乔君(1964～　,湖北武汉人,东南大学交通学院教授。研究方向：交通安全理论与设计,公路与城市道路交通规划与管理,智能交通系统规划与应用系统设计,交通环境保护与交通能源消耗分析技术)、陆键、卢川等著,科学出版社 2008 年 7 月出版,243 千字。本书在对交通冲突产生机理、数据采集方法、冲突分类和严重性判定等基础理论系统分析的基础上,对交通冲突技术在交通安全评价与事故预测、交通安全诊断中的应用进行详细介绍,建立道路交通冲突分析方法的体系框架并为定量研究道路交通安全相关问题提供一种新的思路。主要内容：交通冲突产生机理、冲突点的计算方法、交通冲突数据采集方法、交通冲突分类及严重性判定、交通冲突技术在安全评价及交通事故预测中的应用、基于交通冲突技术的安全诊断与改善对策制定方法。本书可供交通运输领域特别是从事交通安全教学、科研、管理的人员及交通工程、安全工程、交通运输、公路工程等专业的高年级本科生和研究生参考。（徐志辉）

海塘——中国海岸变迁和海塘工程 陈吉余著,人民出版社 2000 年 10 月出版,124 千字。全书内容包括绪论、我国东部平原海岸变迁史、海塘始建史、两浙海塘修建史、江苏海塘修建史、闽粤海塘史、我国海塘工程的历史经验等。该书是在研究中国海岸动力条件与地貌特征的基础上完成的,作者对海塘建设重点分布地区进行过系统调查,系统搜集了重要的历史文献,在此背景下来论述中国海塘建设是怎样为了适应自然条件而进行工程结构设计的。（蔡保鹏）

桨舵干扰的理论与实验研究 黄胜(1945～　,江苏阜宁人,曾任哈尔滨工程大学船舶工程学院教授、副校长)编著,哈尔滨工程大学出版社 1999 年 1 月出版,120 千字。本书旨在回顾近年来有关船体-

螺旋桨-舵相互干扰方面的研究成果,将国内外科研机构和学者发表的研究报告和论文结合该校的研究成果粗加整理,组成新的体系予以介绍。本书主要介绍了船体后尾流场、螺旋桨后尾流场、舵的诱导速度场、船体和舵对螺旋桨性能的影响等7方面的内容。(另有《船舶推进节能技术与特种推进器》,已著录) (蔡保鹏)

船舶推进节能技术与特种推进器 黄胜编著,哈尔滨工程大学出版社1998年6月出版,222千字。近年来,船舶节能技术已成为国内外造船工作者十分关注的问题,而开发新的节能船型、新的附加流体动力节能装置和高效节能特种推进器则成为研究船舶节能技术的热点。作者及其研究生们在螺旋桨基础理论(如非线性升力线理论、升力面理论)、螺旋桨尾流场的理论计算、桨舵干扰的理论与实验研究、附加流体动力节能装置(如Grim叶轮、扭曲舵等)方面进行了较系统的研究工作,在收集大量国内外研究资料的基础上编成此书。本书综合介绍了国内外,特别是国内各院校、研究所在这方面的新成果,当然也包含作者近十几年来在这面的研究体会。在介绍有关内容时,尽可能全面、系统地反映国内外的研究历史与现状,对于有关的理论基础和节能原理作了较详尽的推导和说明,并结合工程设计和实船实验的结果,介绍节能效果及设计中应注意的一些问题。 (蔡保鹏)

第二十章　航空航天类

世界航空发展史　顾诵芬（1930～　 ，江苏苏州人，中国科学院院士、中国工程院院士，曾任中国航空研究院飞机设计所总设计师、所长，沈阳飞机制造公司总设计师，航空工业部科技委员会副主任、高级工程师等职）、史超礼主编，河南科学技术出版社 1998 年 12 月出版，705 千字。本书向读者展示了人类经过长期的不懈努力和艰苦奋斗，最终实现升空飞行的历史画卷。在以航空技术的发展为基本研究和论述主线的同时，还介绍了先驱者们的奋斗和贡献、航空技术在战争中的运用及其影响、航空技术的社会功能和经济价值、航空发展战略与决策、航空关键技术的发展。最后，根据航空的发展历史以及国内外的有关研究，对航空技术的未来发展前景进行较为详尽的分析、预测和介绍。（另有《航空航天科学技术（航空卷）》《飞机总体设计》，已著录）　　　　　　　　　　　（蔡保鹏）

航空航天科学技术（航空卷）　顾诵芬主编，山东教育出版社 1998 年 12 月出版，440 千字。本书是山东教育出版社国家"八五"规划重点图书《科学技术前沿系列丛书》之一。本书主要是向读者介绍当代航空科学技术，尤其是航空新技术及其发展趋向，全书分三个部分：第一部分包括第一至第四章，介绍航空科学技术发展的历史，当代航空工业的状况及飞行原理。第二部分包括第五至第八章，介绍各种飞机，即军用、民用飞机，直升机，以及航天飞机和空天飞机，并对每类飞机的现状、特点及发展做了阐述。第三部分包括第九至第十七章，介绍这些飞机所需要的关键技术，以及每种技术的基本原理、现状和发展。为了便于说明，对于文字不好描述的地方都配了插图。　　　　　　　　　　（蔡保鹏）

分离流与旋涡运动的结构分析　张涵信著，国防工业出版社 2005 年 7 月出版，150 千字。本书除第 10 章涉及非定常问题外，主要研究定常流，并且仅从拓扑的角度来分析分离流和旋涡运动的表面和横截面流的演化、发展特征，阐明流动的拓扑规律，从而可揭示分离流和旋涡运动的定性规律和流动结构。全书涉及的内容，均为作者最新的研究成果。　　　　　　　　　　　　　（韩　兵）

飞机总体设计　顾诵芬主编，北京航空航天大学出版社 2001 年 9 月出版，685 千字。本书共 14 章，分成三个部分：第一部分是飞机设计工作的简介；第二部分介绍组成飞机设计的各专业技术和系统；第三部分是在各专业技术和系统的基础上综合成总体方案并进行分析，包括重量估算、总体布置、性能和安定操纵性分析以及最终的飞机总体参数选择。　　　　　　　　　　　　　（蔡保鹏）

杨嘉墀院士文集　杨嘉墀（1919～2006，江苏吴江人，中国科学院学部委员，曾任中国科学院自动化研究所副所长、中国科学技术大学自动化系教授、北京控制工程研究所所长、中国空间技术研究院副院长、航天工业部总工程师等职）著，中国宇航出版社 2006 年 5 月出版，412 千字。本文集收集了从 1951 年到 2005 年杨嘉墀院士的部分论文和报告，内容包括仪器仪表技术，自动化技术，航天技术,国家科技和空间技术发展规划等。

(王忆南)

打开通天大门的钥匙——著名科学家谈空气动力学与航空航天的发展　庄逢甘(1925～2010,江苏常州人,中国科学院院士,曾任航天工业部总工程师、国防科工委基地副司令员等职)著,广西师范大学出版社1999年3月出版,61千字。本书介绍了20世纪力学最辉煌、最实际的成就,还就航空航天的力学问题中本书作者们相对熟悉的空气动力学作了一些介绍,从空气动力学这个侧面反映了力学的多姿多彩。

(王忆南)

第二十一章　环境科学劳动保护类

现代环境保护理念　张玉林(1965～　,江苏徐州人,南京大学社会学系教授。研究方向:当代中国的农村社会与农民问题,环境问题,社会生态)主编,中国环境科学出版社2005年1月出版,412千字。本书坚持继承与创新兼容,以"编"为主,以"理念"为主线,收集、整合中外专家、学者、领导关于环境保护的一些新观点、新理念,并进行理证、例证,这可谓"继承";以"著"为辅,在收集、整合中进行提炼、升华与探索、创新,力求使其具有一定的时代性、可读性和指导性。本书共12个部分,以全新的视角,阐释现代环境保护理念。在大的方面比较充分地考虑了理念、观点的统一、粘和及各章之间的逻辑关系;具体到每个理念,既避免了内容的交叉,又保持了相对独立性。
　　　　　　　　　　　　　　　　(徐志辉)

环境哲学与科学发展观　于海量(1965～　,江苏滨海人,南京财经大学马克思主义学院教授,中国未来研究会会员。研究方向:马克思主义理论,科技哲学)著,南京大学出版社2007年12月出版,233千字。本书探究环境哲学产生的现实基础和理论渊源,论述环境哲学的基本问题及其意义,并以环境哲学理论为指导深入分析现代发展观的演变,阐明可持续发展观的基本理论观点和科学发展观的创新思路。具体内容包括人类生存环境的恶化与环境哲学的产生、环境哲学的思想渊源及其基本问题、科学发展观视野中人与自然的关系、用科学发展观引领政府职能转变等。该书可供从事相关工作的人员作为参考用书使用。
　　　　　　　　　　　　　　　　(徐志辉)

典型化学污染物在环境中的变化及生态效应　徐晓白(1927～2014,江苏苏州人,中国科学院院士,原中国科学院生态环境研究中心研究员)等主编,科学出版社1998年10月出版,617千字。本书是国家自然科学基金重大项目"典型化学污染物在环境中的变化及生态效应"综合研究报告专著,以新农药单甲脒和有机锡化合物为两条主线,研究了其环境行为、生态毒理和生态效应,对硝基多环芳烃等若干重要典型污染物也进行了比较系统的环境化学和生态学研究,获得了新的发现和结果。本书可供从事环境科学、生态学研究和教学人员及大学高年级学生、研究生参考。
　　　　　　　　　　　　　　　　(王忆南)

环境地质学中的 GIS　施斌(1961～　,江苏海门人,博士,南京大学地学院教授,国际环境岩土工程协会副主席,国际工程地质协会会员。研究方向:工程地质学,环境岩土工程,高速公路路基处理,土体结构系统)、王宝军、周国云编著,科学出版社2006年8月出版,289千字。本书是一本介绍地理信息系统应用于环境地质学的教科书。全书分上下两篇。上篇为基础篇,主要介绍GIS基本知识、空间数据与结构、空间数据处理、常用GIS软件平台、GIS的应用与开发和GIS系统设计与实施;下篇为应用篇,介绍GIS在区域地质调查、工程地质勘察、滑坡灾害防治、地面沉降、环境岩土工程、岩土体微观结构分析等方面的应用和实例等。本书理论联系实际,重在GIS应用,通过介绍环境地质学中GIS的应用实例,阐述了建立GIS的基本思路、系统设计、研发途径、集成技术、关键问题和步骤等,使读者比较容易及全面地掌握GIS在环境地质学中的应用技能。本书可作为高等院校地球科学专业学生、研究生的教材,也可供从事地质、岩土工程、环境科学、信息资源开发等方面的教师和科技工作者参考使用。　　　　　　　（徐志辉）

城市水生态系统建设与管理　王超(1958～　,江苏滨海人,河海大学环境科学与工程学院教授。曾获国家科技进步二等奖,国家自然科学二等奖,江苏省科技进步一等奖。研究方向:水资源保护与生态修复)、王沛芳著,科学出版社2004年6月出版,650千字。本书在总结分析城市生态系统特征、功能及结构的基础上,界定城市水生态系统的内容;构建城市水安全的框架体系;提出适合城市河流特点的最小生态流速和生态水深的安全指标、城市水面占用补偿机制及适合城市水生态系统的修复方案;从历史文化底蕴、现代文明等方面给出了建设城市水文化的思想;通过对城市水经济开发的基本途径的分析,倡导应从水权交易、亲水经济诸方面来发展城市水经济的模式。本书所倡导的城市水生态系统建设模式的新概念和理论上的突破,已应用到多个城市的水生态系统规划、建设和管理中。本书可作为环境科学与工程、给排水和水资源管理等专业的本科生和研究生以及从事水污染治理、污水处理、环境保护、城市建设和水务管理等方面科研技术人员的参考书。　（徐志辉）

太湖水资源水环境研究　黄贤金等著,科学出版社2008年6月出版,237千字。本书共包括4个部分:第一部分为综论,着重分析了太湖水资源系统的特征及其修复策略;第二部分为太湖及太湖流域水资源分析,涉及太湖水资源调节模型及其应用、洪涝及其模拟以及流域城市化的降雨效应等;第三部分为太湖及太湖流域水环境分析,涉及太湖流域水环境及其演变以及农业非点源污染、网围养殖污染、城市水污染、工业企业污染机理分析等方面;第四部分为太湖治理的经济、管理及政策研究,涉及太湖水污染损失及政策效应、太湖管理权分割及对策以及流域排污权交易设计等方面。（蔡保鹏）

环境生物工程　伦世仪主编,化学工业出版社2002年9月出版,520千字。《现代生物技术丛书》之一。生物技术是环境保护中应用最广、最为重要的单项技术。环境生物工程是开发、利用和调节生物系统进行污染环境补救和环境友好产品生产的过程。本书对近10年来环境生物工程的主要内容进行简单介绍,并通过一些典型说明污染物生物降解所需要的条件、过程和技术关键,生物合成环境友好材料的微生物、培养和生产技术及其应用方式以及应用于环境工程的基因工程菌的构建方法和应用安全性。本书对当前环境生物技术从工程设计、应用和研究前景的角度进行总体描述。在每章中不仅对过程的设计或产品生产方法进行技术阐述,而且结合作者的研究经验,提出进一步研究和工业化的方向。环境生物技术的发展需要多学科的交叉和支撑,特别是生物技术、环境工程、化学工程、材料工程等。本书试图通过将分属各个学科的信息进行汇总,以加强这些学科的交流。生物技术专家将会从书中了解到环境工程和化学工程专家所关注的废物处理过程、物质生产过程的效率和成本,环境工程等方面的专家也会被告知废物降解和材料生产的微生物、生化过程。　　（徐志辉）

城市化进程与城市可持续发展　江苏省科学技术协会等编,东南大学出版社1997年12月出版,820千字。本书是江苏省城市化进程与城市可持续发展学术讨论会论文选编。内容包括城市化与区域发展、城市可持续发展对策、城市规划与旧城改造、城市生态与环境、城市交通与基础设施、城市综合防灾等内容,从多层面提出了江苏省加速城市化进程与城市可持续发展的学术观点,对指导城市发展具有重要的参考价值。　　（王忆南）

城市生态调控方法　王如松等著,气象出版社2000年3月出版,390千字。本书为自然科学基金资助项目和中国科学院知识创新工程资助项目。本书介绍了城市复合生态系统原理、生态规划方法、生态工程技术及生态管理手段;城镇化过程的生态效应与生态风险;介绍城镇化过程对物理环境、生物多样性、人体健康及微生物的生态胁迫效应的辨识和对人体健康等生态风险评价等。　　（韩　兵）

中国主要土壤环境问题与对策　骆永明(1962～　,浙江义乌人,中国科学院南京土壤研究所学术和学位委员会委员、土壤与环境生物修复研究中心主任、国家科技部"973"项目首席科学家等）主编,河海大学出版社2008年9月出版,450千字。本文集汇集中国土壤学会土壤环境专业委员会2005年"中国土壤环境问题与对策学术研讨会"、2006年"中国土壤环境风险评估及质量标准学术研讨会"、2007年"全国污染土壤的修复与管理学术研讨会"三次研讨会期间所交流的部分论文,共36篇。全集分为土壤环境质量与管理、区域土壤环境问题及对策、农田土壤环境污染与修复、矿区土壤环境退化及恢复、污染物的土壤环境化学与调控5个部分,系统介绍了我国主要的土壤环境问题及其对策,反映了我国土壤环境的科学研究、技术发展和保护管理方面的最新进展,提出了国家土壤环境保护研究发展的未来方向与建议,主要目的是进一步推动我国土壤污染状况监测、过程机制及风险评估研究、土壤环境质量基准与标准制定、土壤污染防治政策及法律法规体系建立等工作,促进土壤污染控制和修复技术的研发与应用,提高污染场地土壤的风险管理水平。（另有《长江三角洲研究文献指引》,已著录）

（韩　兵）

同位素与全球环境变化　杨杰东（1944～　,南京大学地学院教授,中国分析测试协会理事。研究方向：同位素地球化学,同位素地质年代学,同位素质谱学,环境同位素地质学）编著,地质出版社2007年1月出版,310千字。全球环境和气候变化是目前世界各国都十分关注的问题,更是各国科学界研究的热点和前沿的课题。同位素示踪是全球环境变化研究中的一个非常重要的方法和工具。作者在教学和科学研究经验的基础上编写了这本教材。本书内容重点介绍氢、氧、碳、氮、锶、钕、铅同位素示踪,包括有关同位素示踪的基本概念,氢、氧、碳、氮、锶、钕和铅同位素示踪的基本原理,它们在环境变化研究中的主要应用以及国际上最新和前沿的研究领域。本书引用大量参考文献可供参考。本教材可供地球科学学科本科和研究生教学使用,也可供研究所、学校、公司、企业、机关等单位涉及这方面研究或工作的人员作为参考。

（徐志辉）

地球的未来　符淙斌（1939～　,上海人,中国科学院院士,南京大学大气科学学院教授。担任国际START全球变化东亚区域研究中心主任、国际科学联盟执行委员、太平洋科学协会主席、国家气候变化专家委员会委员等职。首次提出用沿赤道海温廓线划分厄尔尼诺的思想和方法。长期从事气候和全球变化研究）编著,湖南师范大学出版社2001年5月出版,77千字。本书为《科学家谈未来科技丛书》之一,精炼地介绍了现代科学技术基础知识,并主要论及其未来发展趋势。全书图文并茂,向读者展现出自然界的图景以及人类在生存和发展中改变自然环境的多种技术。它们包含着大量的知识,引导读者不断地追求知识,进入无限宽广的科学技术世界。本书的宗旨就在于启迪广大民众,特别是广大青年,在进入人类知识的海洋中,奠定牢固的基础,开拓视野,激起求知的兴趣,立志攀登科学技术的高峰。

（徐志辉）

长江流域可持续发展研究　虞孝感主编,科学出版社2003年4月出版,725千字。本书是中国科学院"九五"重大研究项目"长江流域生态环境建设与经济可持续发展研究"成果的系统总结。本书分析了长江流域2000年生态环境的现状和经济发展的趋势,提出了长江流域可持续发展总体战略的内容、重点和能力建设,着重对长江流域水质下降、洪涝灾害威胁加重等生态环境建设问题做了较深入的分析；跟踪研究了三峡建设的环境影响；跟踪了退耕还林、退田还湖等中央方针政策贯彻中出现的新问题,提出了对策建议和解决途径；对长江干流岸线资源进行了技术经济评价,还对长江流域产业结构调整、农业发展、城市化等问题进行了专题分析,并介绍了课题组研发的长江流域经济和环境的基本数据库。

（韩　兵）

断裂·整合·超越:有中国特色可持续发展问题研究　姜建成（1957～　,江苏江阴人,苏州大学政治与公共管理学院教授。研究方向：邓小平理论）著,安徽大学出版社2002年9月出版,240千字。本书主要内容：一是分析中国社会经济发展与人口、资源、环境问题存在的深层次原因,探寻如何抓住解决可持续发展问题的新机遇,对有中国特色可持续发展问题作出深刻的哲学反思。二是探讨有中国特色可持续发展生成的基础,提出实施中国可持续发展战略应建立在新的发展平台上,强调有中国特色可持续发展的实质是要重新建立人与自然的同盟,人与他人的同盟。三是揭示中国可持续发展的思想基础和现实基础,着重分析中国可持续发展的主体整合与客体整合,比较系统地阐述形成中国可持续发展强大合力的现实途径,揭示有中国特色可持续发展的基本特点和客观规律。四是对我国实施可持续发展战略目标进行宏观设计,提出我国需要吸收和借鉴西方国家可持续发展的有效做法,探讨实现有中国特色可持续发展的总体要求。

(徐志辉)

中国农业面源污染控制对策 朱兆良(1932～ ,生于山东青岛,籍贯浙江奉化,中国科学院南京土壤研究所研究员,曾任中国土壤学会理事长)等主编,中国环境科学出版社 2006 年 12 月出版,450 千字。本书的内容主要来自中国环境与发展国际合作委员会在 2003 年启动的"中国种植业的非点源污染控制对策研究"项目,吸取了中国科学院知识创新项目"中国主要农田生态系统氮磷钾的迁移、转化规律与优化管理"中关于农业生态系统养分循环和农业非点源污染控制的研究结果,由这两个研究项目中的 9 个报告组成。这些报告总结了中国农业(特别是种植业)的非点源污染状况,综述了中国农药污染和湖泊富营养化的现状,并通过对生物物理学-社会经济学研究结果的综合分析,在总结治理农业非点源污染的国际经验的基础上,提出了中国控制农业非点源污染的政策、法规和技术建议,可为读者在农业非点源污染控制对策和多学科的研究方面提供参考。

(王忆南)

自然资源学导论 包浩生(1932～ ,江苏常熟人,曾任南京大学自然资源研究中心主任、江苏省地理学会理事长)等编著,江苏教育出版社 1993 年 5 月出版,357 千字。该书分别论述了气候资源、水资源、土地资源、生物资源、海洋资源、矿产资源、能源资源、旅游资源、自然保护和自然保护区、自然资源信息管理等内容,共 11 章。

(蔡保鹏)

城市与工程安全减灾研究与进展 周锡元主编,中国科学技术出版社 2006 年 7 月出版,1 000 千字。城市与工程安全减灾是一个专业覆盖面极广的领域,学科体系具有鲜明的多学科和学科间的交叉、渗透性,涉及灾害学、城市规划、公共安全、防灾减灾工程、重大工程、工程质量、城市管理、突发事件应急、3S 技术,关系到城市安全与可持续发展。本论文集内容包括有关城市与工程安全减灾的理论、方法和实践的最新技术和科研成果,其中不乏重大工程和重大科研项目所取得的成果。本书可供城市规划、土木工程领域的科研、设计、施工、监理、质量管理、城市管理人员及高等院校师生参考。

(韩 兵)

环境水文学 沈晋(1916～2011,江苏高邮人,曾任西安交通大学、西北农学院教授和水利系主任,西安理工大学副院长等职)等编著,安徽科学技术出版社 1992 年 12 月出版,278 千字。本书力图把污染物的迁移扩散过程与水文循环过程密切结合起来,把水量与水质的分析计算、预测预报方法有机地结合起来,在介绍国内外研究成果和计算模型的同时也总结了本书作者近年来的有关研究成果。本书是在沈晋教授主持下,由西安理工大学水利水电分院水文水资源研究室几位同志共同编著完成的。

(蔡保鹏)

环境水力学 张书农著,河海大学出版社 1988 年 12 月出版,48 千字。环境水力学在 20 世纪初已开始研究,随着环境科学的进展,又继续深入探索并发展为专门科学。环境水力学研究污染物质(包括热)在水体中的紊运输送,其中包括紊动扩散,异重流及分层流等三部分。本书着重介绍紊动输送的理论及其在实践中的应用。全书共分 8 章:紊流现象及其定义;紊流基础;水流中的扩散;河流的紊动与混合;水质模型;异重流及分层流;人工复氧;湖泊与水库中的混合。

(韩 兵)

白洋淀区域水污染控制研究:水陆交错带水环境特征与调控机理 章申(1933～2002,江苏常熟人,中国科学院院士,中国科学院南京地理研究所研究员,景观地球化学研究学者;曾主持完成国家科技攻关课题:"长江水系环境背景值研究"等重大科研项目)等著,科学出版社 1995 年 8 月出版,385 千字。本文集系中国科学院"八五"重点项目"水陆交错带生态系统结构、功能、环境效应与开发前景研究"的阶段性工作成果,也是《中国21世纪议程》第一批优先项目"白洋淀水污染控制与水陆交错带资源的持续利用"预研究的部分成果。内容包括白洋淀区域的环境特征,水体中污染物的时空变化规律,水陆生态结构、功能的变化,水体中污染物的自净过程与水污染控制的技术、方案等有关方面的研究状况、理论和方法的文章,共31篇,内附插图150余幅。本成果在我国其他地区也有一定的推广价值与示范作用。(另有《化学元素水环境背景值研究:长江水系水环境化学地理、生物地球化学研究及其分析方法》,已著录)

(韩 兵)

火电厂烟气脱硝技术及工程应用 孙克勤(1961～2010,江苏南京人,东南大学教授,中国环境科学学会理事,中国环境科学学会大气环境分会副理事长,江苏省能源研究会副理事长。研究领域:大型烟气脱硫,脱硝技术及装备,生物脱硫、脱硝技术等)、钟秦编著,化学工业出版社2007年2月出版,303千字。本书围绕火电厂烟气脱硝技术这一主题,在简要阐述火电厂氮氧化物的排放与控制技术的基础上,着重介绍选择性催化还原烟气脱硝技术的原理与工艺,脱硝系统的设计、建设、调试和运行,烟气脱硝的技术经济分析及工程实例。其宗旨是针对烟气脱硝的各个重要相关因素,结合工程实际,为社会相关机构和组织、电厂业主、相关科研人员提供在实际工作中有参考价值的信息。本书共分7章。第一章为概论;第二章介绍选择性催化还原脱硝的原理与工艺;第三章讨论选择性催化还原脱硝系统的研发与设计;第四至五章对选择性催化还原脱硝系统的建设、调试和运行进行论述;第六章对燃煤电厂烟气脱硝系统进行技术经济分析;第七章结合国内外火电机组烟气脱硝工程实例,介绍了烟气脱硝系统的设计、建造及运行经验。(另有《火电厂烟气脱硫系统设计、建造及运行》,已著录)

(徐志辉)

火电厂烟气脱硫系统设计、建造及运行 孙克勤、钟秦编著,化学工业出版社2005年9月出版,417千字。本书力求将烟气二氧化硫排放控制作为一个大项目,从投入最小、影响力最大的政策层开始讨论二氧化硫排放控制,直至最基本的技术层,从实际工程出发,给社会相关组织及个人、电厂业主和相关科研人员提供在实际工作中有用的信息和参考性意见。本书共分6章,第一章为概述部分;第二章从政府层面上介绍有关二氧化硫排放的政策;第三章从企业角度出发,讨论了企业在脱硫工艺选择、招投标、评价等工作中应注意的一些问题;第四至五章分别从技术和经济两方面对烟气脱硫系统进行详细论述;最后一章介绍两个已建成的工程情况。

(徐志辉)

化学元素水环境背景值研究:长江水系水环境化学地理、生物地球化学研究及其分析方法 章申等主编,测绘出版社1990年11月出版,411千字。本文集选编了近年来有关长江水系水环境研究论文32篇,内容包括水、悬浮物、沉积物、水生生物(鱼)的若干微量元素与稀土元素的背景浓度,地球化学特征,形成因素,水文化学,水中超痕量元素的测定技术和水背景值调查研究的质量控制方法。内容新颖,是一本环境研究的高层次、高水平的研究成果著作。

(韩 兵)

环境监测原理与应用 吴鹏鸣(女,江苏太仓人,曾任北京市环境监测中心总工程师,中国环境科学学会常务理事。长期致力于环境水化学、大气化学的分析监测研究)主编,化学工业出版社1991年7月出版,1 370千字。本书从环境监测原理入手,根据污染物在各种环境介质中的分布特点、化学反应、环境行为、环境影响等问题,叙述了如何科学地制订监测计划,进行方案设计,确定监测技术,实施监测程序,保证数据质量,进行数据分析和评价,获得各项环境信息的模型和方法,以最小的监测费用获得最有效的环境效益。全书共分12章,全面系统地介绍了空气、水、土壤、生物、放射性核素、噪声、振动、电磁波等污染来源,监测原理及监测方法。读者可从中了解到国内外发展的新方法、新技术。本书内容丰富、系统,是由从事环境科学研究和环境监测分析的各专门领域的专家,汇聚了他们丰富的理论知识和充足的实践经验编著而成。本书是从事环境监测技术及管理人员必备的基础书籍,也是环境科学的研究人员、工矿企业的环保人员、大专院校有关专业的师生重要的参考资料。

(王忆南)

中国大气本底基准观象台进展总结报告：1994～2004 周秀骥主编,气象出版社 2005 年 5 月出版,212 千字。按照全球大气观测系统的要求,中国大气本底基准观象台瓦里关本底台的观测项目大多采用了国际先进方法和设备,并采取了严格的质量控制和质量保证措施;还通过积极参加各种国际比对和标定活动,确保了观测数据的国际可比性。所取得的珍贵观测数据,一部分已经做了较深入的科学分析并以科学论文的形式公开发表,但仍有大量数据尚待整理、分析和发表。这本进展总结报告是对过去 10 年观测工作的全面总结与汇报,旨在让国内外相关部门、科技界和感兴趣的公众更全面地了解我国全球大气本底观测工作的方法、手段、进展与成果。受篇幅及侧重点所限,本报告未包括上述观测资料的分析和科学解释等内容。

(韩　兵)

第二十二章 综合性图书类

四库全书大辞典 杨家骆(1912～1991,江苏南京人,曾任职于国民政府教育部图书馆,创办中国辞典馆和中国学术百科全书编辑馆,任馆长;目录学造诣深厚,对于中国各代文献典籍的整理出版做出了历史性贡献)著,中国书店1987年1月出版,字数不详。本辞典以《四库全书总目提要》著录的收、存目之书及其著者为收录范围,所收书名、人名各立专条,其中书名10 000余条目,人名7 000余条目。书名、人名按王云五发明的四角号码检字法第2次改定本混合排列,每条上第一排号码为第一字四角号码,横线后二码为第二字上角号码。本书最后附有按四角号码排列的助检表,还有《四库全书总目卷类对照表》《四库全书总目书名表》《拼音索引、笔画索引表》等,是检索利用《四库全书》的重要工具书。(另有《四库书目续编》,已著录)

(徐志辉)

译馀偶拾 杨宪益(1915～2009,天津人,祖籍江苏盱眙,曾任成都光华大学教授,南京编译馆编纂诗人)著,生活·读书·新知三联书店1983年6月出版,186千字。本书是著名翻译家杨宪益先生所写的87篇文史考证文章的结集。杨先生和夫人戴乃迭女士以翻译我国文学名著而名世,这87篇文章使我们看到了杨先生作为学者的另一个非常重要的侧面。本书涉及的学术领域很广,举凡诗歌、音乐、绘画、舞蹈、民间故事传说、中西交通贸易、古代历史地理等等。

(王忆南)

核心期刊概论 叶继元(1955～ ,江苏南京人,南京大学信息管理系教授,全国高校图书馆期刊工作研究会副主任,中国索引学会副理事长,全国高校图书情报工作委员会期刊会副主任兼秘书长,江苏省图书馆学会编辑出版委员会副主任。研究方向:期刊文献情报收集、标引和检索,文献(情报)计量学)著,南京大学出版社1995年7月出版,350千字。本书力图系统介绍核心期刊的基本知识,评述核心期刊形成的背景、定义、特点、作用和测定方法,产生的机理与文献计量学期刊文献几个定律的关系,介绍和评析我国的"学术榜"与"学术榜"涉及的中外文各学科核心期刊,并介绍这些期刊编辑与出版过程、论文作者、论文撰写和投稿知识。集中讨论核心期刊效应在期刊管理、收集和利用等方面的应用以及期刊文献情报信息利用的技巧。本书注重吸收国内外研究核心期刊的最新成果,引用了许多较新、较难觅的中外文资料。本书不仅适于文献情报专业人员,而且对文理科专业人员和高校、科研单位的管理职能部门、期刊编辑部门均有一定的参考价值。

(徐志辉)

江苏艺文志 南京师范大学古文献整理研究所编,江苏人民出版社出版。本著为多卷集,收载上古至清末江苏省籍及定居江苏的人士的全部著作,采用"以年系人,以人系书"的编写方法,以1991年江苏省行政区划为分卷标准,以每一省辖市及其属县(含县级市)为一卷,全书共分11卷,15册。其中《常州卷》1994年6月出版,795千字;《镇江卷》1994年10月出版,635千字;《扬州卷》(上下册)1995年1月出版,1 120千字;《南京卷》(上下册)

1995 年 1 月出版，1017 千字；《无锡卷》（上下册）1995 年 1 月出版，1 150 千字；《徐州卷·连云港卷》1995 年 6 月出版，260 千字；《南通卷》1995 年 7 月出版，330 千字；《盐城卷·淮阴卷》1995 年 7 月出版，470 千字；《苏州卷》（共 4 册）1996 年 8 月出版，2 600 千字。
（王忆南）

四库书目续编　杨家骆主编，孙耀卿撰，世界书局股份有限公司 1984 年出版，字数不详。本书大体上可视为一部清代以来的著述总目，相当于《四库全书总目》的续编。编者孙耀卿在北平设通学斋书店，经营古籍贩卖事业历数十年之久，所以他有机会将所目睹手经的书册逐一做下详细的记录，一般地包括书名、卷数、作者的姓名、籍贯、刻版的年代等项目，如果卷数和版刻有异同，作者姓氏要考订以及书籍的内容有待于说明的，也偶有备注。本书的特点：凡见于《四库全书总目》者概不录，录者必卷数、版本有不同者；非单刻本不录，间有在丛书中者，必系初刊的单行本或抽印之本。本书既以著录近代著述为主，例不涉及旧刻名钞，但曾经目睹善本，也稍有著录。
（徐志辉）

美国国会图书馆藏中国方志目录　朱士嘉（1905~1989，字蓉江，江苏无锡人）编，中华书局 1989 年 9 月出版。本书是作者 20 世纪 40 年代在美国国会图书馆工作期间编纂的。它著录了该馆馆藏宋代方志 23 种，元代方志 9 种，明代方志 68 种，清代方志 2 376 种，民国方志 463 种，总计 2 939 种。按地区分，美国国会图书馆收藏方志最多的是河北，共有 282 种，其次是山东，有 279 种，然后是江苏和四川各有 252 种，山西 234 种，此外浙江、陕西、江西、广东、湖北、安徽各省的方志为数也很可观。版本种类多样，有永乐大典本、刻本、稿本、精钞本。此外，还有许多出于清代学者编修的方志。它们体例严谨、取材宏富，具有学术著作的规格，是编纂方志的模板。总之，在中国以外的汉学图书馆中，方志收藏以美国国会图书馆为首屈一指。本书1942 年初版，1942 年由美国国会图书馆出版，1989 年由中华书局（北京）影印出版，对于了解中国地方志在国外的收藏情况有一定的价值。
（王忆南）

三礼研究论著提要　王锷（1965~　，甘肃甘谷人，南京师范大学文学院教授。研究方向：古典文献学，"三礼"）编著，甘肃教育出版社 2001 年 12 月出版，1 100 千字。本书上编收录汉至 1999 年历代学者研究《周礼》《仪礼》《礼记》的专著 2 683 部，民国以前的专著撰有提要，提要内容包括书名、卷数、作者简介、内容、价值、版本、存佚状况及藏书单位，对相关的版本源流等问题做了考证。下编收录 1900 至 1999 年国内外研究"三礼"的论文 2 123 篇，每篇论文著录篇名、作者、刊物名称、发表时间、卷（期）号和页码。书后附有参考文献、书名索引、作者索引。清朱彝尊《经义考》以后，对"十三经"中某一部经书的研究论著，进行提要钩玄式的全面清理，考察其版本源流及存佚状况，这是第一部。自《汉书·艺文志》以来，历代目录学著作对儒家经典从不同角度加以著录，极大地方便了学人。本书的出版可使经学、礼学、文学、史学、哲学、考古学、文献学、图书馆学等研究者省去检索群书的很多麻烦，具有重要的参考价值。
（徐志辉）

中国通俗小说总目提要　江苏省社会科学院明清小说研究中心编，中国文联出版公司 1990 年 2 月出版，3 143 千字。本书是江苏省社会科学研究"六五"规划的重点项目，由江苏省社会科学院明清小说研究中心牵头，邀集全国 18 个省市 100 余名专家学者参与合作，历时 3 年完成。本书共收小说 1 160 部，以唐代至清末的通俗白话小说为主，不收传奇笔记体文言小说。所列书目，以书为单位，一书一题，由书名、作者、版本、内容提要和回目 5 个部分组成。全书的编排大体上以年代为序，兼顾内容的分类。同时，为了便于读者查找，附有音序索引、笔画索引和作者姓名及别号索引。
（王忆南）

云南书目　李小缘（1897~1959，江苏南京人，曾任南京大学图书馆副馆长）编，云南人民出版社 1988 年 6 月出版，510 千字。本书最早出版于 1937 年抗战前夕，共收录资料 3 000 多种，其中外文资料 700 多种。本书目收录齐全，题材广泛，内容丰富，著录完备，体例新颖，条目分明，编排灵活，是我国近代十分难得的大型综合性地方文献书目，是 20 世纪 30 年代中国目录学的代表作之一，为我国编制地方文献提供了很好的范例。书中汇集了两千多年云南省的历史、地理、政治等中外文资料，自汉至20世纪30年代,凡有关云南历史、地理、政治、经济、文化、民族、军事、边务等中外专书论著、报刊资料、中外舆图,搜罗甚富,是一部具有较高学术价值的地方文献目录,也是探究云南问题很有参考价值的一部专题书目。本书不仅反映了地处祖国西南边疆的云南省的历史、地理、民族等特殊情况,而且还特别反映了近现代历史时期帝国主义对云南的侵略事实。为此,书中收录了不少外文资料,仅英文即达300余种,法文近300种,其他尚有日文、德文、意大利文、荷兰文等文种。

(蔡保鹏)

长江三角洲研究文献指引 骆永明主编,科学出版社2007年9月出版,1150千字。本书是一本工具书,首次较全面、系统地收集了在1826年至2003年期间研究我国长江三角洲地区的上海市、江苏省8地市和浙江省7地市的中外文献共计1.6万余条。内容主要涉及政治社会经济、人口资源环境、科技文教卫生、城市-乡镇-社区建设、城市个性化特色以及区域可持续发展等6大方面40个主题,分别按中文期刊论文、外文期刊论文、会议论文、中文图书资料和研究生学位论文等5部分介绍。本书为从事长江三角洲地区研究、发展和管理提供了近300年来的科学文献指引。

(徐志辉)

园艺植物分类学 胡昌炽(字星若,1899～1972,江苏苏州人,历任金陵大学园艺系教授、台湾大学教授)著,台湾中华书局1964年7月出版,400千字。本书是一部记录我国园艺植物家底的专著,包括中国原产及栽培的果树、蔬菜、花卉、药用植物及观赏树木等。对于园艺植物的种类与变种、品种、分科,与学名、中文名、英文名,以及性状、来历、分布与应用等方面,都有较准确的记述,其中很多是第一手资料。对品种分类,作者也以一些果树、蔬菜、花卉等园艺植物为例加以介绍。此书对中国乃至世界园艺植物栽培、应用与开发具有指导作用。1967年6月,作者又发表了《园艺植物分类学补遗及索引》,仍由台湾中华书局出版。

(蔡保鹏)

附 录

书名索引

A

阿 Q 正传创作论 / 236
安全法规与监察 / 85
氨基酸的应用 / 366
氨基酸生产技术及其应用 / 454
案史:西方经典与逻辑 / 79
澳大利亚——在移植中再造 / 73

B

八股文与明清文学论稿 / 190
八六三计划能源技术领域研究工作进展:1986~2000 / 439
白洋淀区域水污染控制研究:水陆交错带水环境特征与调控机理 / 481
百龄自述 / 293
百年报告文学:文体流变与批评态势 / 230
百年沧桑——中国国民党史(上下册) / 71
百年颠沛与千年往复 / 275
半导体光谱和光学性质 / 326
半个世纪的科学生涯:吴健雄、袁家骝文集 / 326
包世臣书学批评 / 249
饱和聚酯与缩聚反应 / 333
保障措施法比较研究 / 89
悲鸿随笔 / 238
悲剧美学 / 257
北方民族史十论 / 269
北美洲地理环境的结构 / 362
北齐地理志(全二卷) / 306
北宋词人贺铸研究 / 218
北宋诗文革新研究 / 204
北洋政府时期企业制度结构史论 / 123
奔腾尺幅间 / 245
本草概要 / 389

"崩溃的逻辑"的历史建构:阿多诺早中期哲学思想的文本学解读 / 19
比较担保法 / 78
边疆地理调查实录 / 309
变分法及有限元(上册) / 318
变迁之痛——转型期的社会失范研究 / 154
变形煤的结构演化机理及其地质意义 / 356
宾退集:灯下谈艺录 / 244
并列结构的自组织研究 / 180
病理学 / 391
波普哲学述评 / 18
玻璃纤维与矿物棉全书 / 452
博弈生存——社会现象的博弈论解读 / 50
不动产财产权自由与限制研究 / 84
不停歇的思索:李德仁院士文集 / 342
布莱希特戏剧印象记 / 225
步天歌研究 / 339

C

财务范式新论 / 112
财务基本理论研究 / 119
财务造假与甄别 / 112
裁判请求权研究——民事诉讼的宪法理念 / 87
采场支架围岩关系及其监测控制 / 429
采动岩体渗流理论 / 429
采访十五年 / 292
采矿地球物理学 / 430
沧浪诗话校释 / 208
操作系统教程 / 450
察合台汗国史研究 / 269
柴达木盆地沙漠综合考察工作报告:中国科学院治沙队第一次学术报告会文件 / 412
禅与老庄 / 25
禅宗思想的形成与发展 / 27
产品所有权与国企改革 / 120
产业聚集形成的源泉 / 96
长壁综采系统分析的理论与实践 / 433

长江产业带的建设与发展研究 / 106
长江河口动力过程和地貌演变 / 468
长江流域的稻作文化 / 416
长江流域可持续发展研究 / 480
长江流域土壤与生态环境建设 / 410
长江三角洲低层大气与生态系统相互作用研究 / 350
长江三角洲地区国土与区域规划研究 / 106
长江三角洲地区经济发展的模式和机制 / 106
长江三角洲研究文献指引 / 486
长江三角洲一体化进程研究:发展现状、障碍与趋势 / 105
长江在呼唤——长江大流域经济开发战略 / 106
长江中下游历史考古论文集 / 302
长江中下游山地丘陵区植被恢复与重建 / 419
长江中下游铜铁成矿带 / 356
长三角托起的中国制造 / 140
常微分方程讲义 / 317
常州市志 / 300
场的量子理论 / 324
场地·地基·设计地震 / 460
场论与粒子物理学(上下册) / 323
超导电性(物理基础) / 328
超导机理——双带理论还是成对理论 / 327
超导物理 / 327
车辆—地面结构系统动力学 / 473
车辆—轨道耦合动力学 / 472
沉浮:一江春水——李氏南唐国史论稿 / 267
陈白尘创作历程论 / 221
陈白尘论剧 / 224
陈翰伯出版文集 / 157
陈鹤琴全集(六卷) / 165
陈辽文存 / 219
陈若曦:自愿背十字架的人 / 292
陈瘦竹戏剧论集(三卷) / 254
陈之佛文集 / 244
陈中凡论文集 / 45
成长中的烦恼——中国民办教育政策评说 / 171
成像光学 / 325
城市发展路径:区域性中心城市发展研究 / 126
城市发展论 / 125
城市管理学 / 125

城市化发展理论和实践 / 125
城市化进程与城市可持续发展 / 479
城市建设艺术:遵循艺术原则进行城市建设 / 464
城市·建筑一体化设计 / 464
城市交通规划理论及其应用 / 466
城市经济和谐发展的新视野 / 125
城市经济区理论与应用 / 104
城市空间发展论 / 125
城市设计 / 465
城市生存与发展的生态服务功能研究 / 126
城市生态调控方法 / 479
城市生态园林与绿地系统规划 / 466
城市水生态系统建设与管理 / 479
城市土地价格及其影响因素的理论与实证研究 / 126
城市用地与城市生长:以东南沿海城市扩展为例 / 463
城市与工程安全减灾研究与进展 / 481
城市园林绿化花木生产与管理 / 414
城市中心区规划 / 464
城市总体规划 / 463
城乡环境正义的追求与实现 / 76
澄清历史:南京大屠杀研究与思考 / 278
冲击矿压防治理论与技术 / 430
冲突、协调和秩序——罪犯非正式群体与监狱行刑研究 / 87
冲突与协调——科学合理性新论 / 159
崇祯十七年——社会震荡与文化变奏 / 269
楚辞论稿 / 212
楚辞选析 / 212
楚辞语法研究 / 188
楚国民族述略 / 269
传染病学 / 393
传统产业的变革——神东快速发展的思考 / 139
传统诗学的转型:陈衍人文主义诗学研究 / 212
船舶推进节能技术与特种推进器 / 475
创伤的历史——南京大屠杀与战时中国社会 / 277
创新与教育 / 163
创业板上市公司成长性及评价研究 / 123
创造教育概论 / 164

春秋公羊学讲疏 / 264
《春秋》经传研究 / 264
《春秋》考论 / 263
春秋战国城市经济发展史论 / 127
春秋战国社会经济形态史论 / 108
春秋左氏传旧注疏证续 / 263
词话丛编(全5册) / 216
词话史 / 217
词学论丛 / 216
词学散步 / 217
磁场重联 / 328
磁记录材料 / 442
从褐色工业到绿色文明:产业生态学 / 96
从经营国有企业到管理国有资产 / 116
从类书到百科全书 / 157
从民族国家走向帝国之路:近代早期英国海外殖民扩张研究 / 295
从慕尼黑到敦刻尔克——关于第二次欧战的形成、发展和演变 / 275
从时代的产儿到时代的弃子——法兰克福学派述评 / 19
从鸦片战争到五四运动 / 272
从杨辉三角谈起 / 316
从"中间地带"到"世界多极化":中国三代领导人的国际战略思想 / 15
村庄治理与权力结构 / 127
存天阁谈艺录 / 242

D

打开通天大门的钥匙——著名科学家谈空气动力学与航空航天的发展 / 477
大坝环境水文地质研究 / 469
大坝与坝基安全监控理论和方法及其应用 / 470
大坝原型反分析及其应用 / 468
大白菜四季栽培 / 418
大戴礼记汇校集解(上下册) / 284
大豆 / 418
大分子自组装 / 332
大气动力学 / 349
大型电机的发热与冷却 / 442
《大学》《中庸》注评 / 21
大越遗珍:鸿山越墓文物菁华 / 300

担保法原理 / 78
单克隆抗体在农业上的应用 / 411
淡泊从容莅海牙 / 291
弹丸发射过程理论 / 439
蛋白质生物功能的探索 / 367
当代楚辞研究论纲 / 212
当代传媒生态学 / 156
当代江苏佛教 / 27
当代区域规划导论 / 463
当代审美文化批判 / 40
当代实在论与反实在论之争 / 17
当代世界经济发展规律探索 / 98
当代卫生事务研究:卫生正义论 / 385
当代文艺美学的多维思考 / 39
当代西方规范伦理学 / 34
当代西方社会学 / 47
当代西方哲学 / 18
当代心理学的新进展 / 41
当代知识论 / 160
当代中国德治研究 / 66
当代中国公共行政的伦理审视 / 58
当代中国货币理论的历史轨迹 / 148
当代中国思想道德体系论 / 34
当代中国文化的追求与梦想 / 155
当代中国文化走向 / 155
当代中国文艺理论史 / 234
当代中国现代化动力纵论 / 62
当代中国音韵学 / 184
当代资本主义双重发展趋向研究 / 56
党建若干问题理论研究 / 63
导演全程经纬录 / 256
道德发展与德育模式 / 166
道德认知发展与道德教育:科尔伯格的理论与实践 / 36
道德心理研究 / 34
道德形而上学体系的精神哲学基础 / 35
道家教育的现代诠释 / 165
道路交通安全学 / 474
道路交通冲突分析技术及应用 / 474
道路交通规划 / 466
道藏源流考 / 28
稻作集论 / 415

稻作科学技术 / 415
德汉测绘词汇 / 344
德性与教化——从苏格拉底到尼采:西方道德教育哲学思想研究 / 34
德育现代化实践研究 / 167
德育新论 / 166
邓小平实事求是哲学论 / 14
邓小平思想研究 / 14
邓小平现代化理论与实践 / 14
邓小平与当代中国政治 / 14
低温度感度发射装药 / 453
地方政府债务风险预警机制研究:基于南京市高新区的经验分析 / 152
地理信息系统概要 / 345
地理信息系统原理与算法 / 342
地理学思想史(增订本) / 305
地球的未来 / 480
地球化学 / 353
地球科学现代测试技术 / 342
地球信息科学与区域持续发展 / 345
地区本位论 / 108
地热利用技术 / 346
地图投影学(第1册) / 344
地图投影学(第2册) / 345
地图学基础 / 344
地下工程设计理论与实践 / 463
地下水资源图编图方法指南 / 358
地学的探索(合订本) / 361
地震波参数反演与应用技术 / 346
地震波数值模拟与偏移成像 / 346
帝国主义与中国政治 / 272
帝国主义在上海的教育侵略活动资料简编 / 170
递归论 / 314
第二次鸦片战争 / 274
典型化学污染物在环境中的变化及生态效应 / 478
电磁场理论及其应用 / 325
电分析化学与生物传感技术 / 337
电工学与电气设备 / 442
电弧和热等离子体 / 328
电化学动力学 / 335
电化学阻抗谱导论 / 335

电机状态监测与故障诊断 / 442
电极过程动力学导论 / 335
电介质物理 / 326
电介质物理学 / 327
电力系统非线性辨识 / 443
电子电路基础 / 445
电子商务概论 / 143
雕塑明天的品质——跨世纪国民思想道德素质建构 / 43
叠层石 / 374
丁光训文集 / 29
丁玲的最后37年 / 292
丁卯集笺证 / 211
定量组织学实验技术 / 364
东北地区城镇化与资源环境协调发展研究:城镇卷 / 129
东北森林的采伐与更新 / 421
东方法律文化的历史逻辑 / 75
东方文化史 / 261
东海底质中的有孔虫和介形虫 / 360
东海海洋地质 / 360
东晋南朝侨州郡县与侨流人口研究 / 52
东太平洋多金属结核矿带海洋地质与矿床特征 / 360
东洋美术史 / 250
董解元西厢记 / 224
董申保文集 / 352
动荡时代的知识分子 / 66
动高压原理与技术 / 328
动物保护概论 / 424
动物病毒学 / 423
动物分类学理论基础 / 380
动物世界的黎明 / 374
都市社会的微观再造——中外城市社区比较新论 / 61
毒物分析化学 / 403
独生子女——他们的家庭、教育和未来 / 67
读《中国小说史略》札记 / 236
杜甫评传 / 287
杜甫诗论丛 / 211
杜光庭思想与唐宋道教的转型 / 29
杜勒斯与美国对苏战略(1952～1959) / 74

杜威学校 / 165
端方与清末新政 / 289
段注训诂研究 / 186
断裂·整合·超越:有中国特色可持续发展问题研究 / 480
堆垒素数论(修订本) / 316
对地观测技术与可持续发展 / 343
对流换热与辐射换热 / 440
敦煌变文校注 / 300
敦煌民俗学 / 301
敦煌学述论 / 301
多边与区域贸易一体化研究:一个博弈论分析框架 / 145
多变量非线性系统的神经网络逆控制方法 / 449
多尺度三维地质结构几何模拟与工程应用 / 358
多维空间仿生信息学入门 / 368
多维视角中的村民直选:对15个村委会选举的观察研究 / 128
多相介质煤层气储层渗透率预测理论与方法 / 355
多元共生的现代中华文学 / 201

E

俄罗斯美术史话 / 250
厄尔尼诺和南方涛动动力学 / 359
恶魔的吹鼓手与辩护士——战时日本新闻传媒与南京大屠杀 / 277
恶性肿瘤中医治疗 / 389
儿童精神哲学 / 43
儿童心理理论 / 43
儿童心理学 / 42
儿童心理学史 / 42
儿童行为评估与矫正 / 43
儿童营养学 / 384
2.16米天文望远镜工程文集 / 439
20世纪的两个知识分子——胡适与鲁迅 / 291
20世纪法国"反文学"研究 / 240
20世纪"另类"批评话语——朱光潜研究新视阈 / 219
20世纪30年代海派文学研究 / 235
20世纪台湾文学史论 / 235
20世纪西方美学 / 38
20世纪英国文学史 / 239
20世纪中国音乐 / 252
21世纪初长江三角洲区域发展战略研究(1999) / 105
二十世纪前期昆曲研究 / 256
二十五史水利资料综汇 / 467

F

发酵食品微生物学 / 456
发信菱形天线 / 445
发展改革经济学 / 94
发展经济学 / 94
发展经济学:要素、路径与战略 / 95
发展经济学与中国经济的发展 / 94
发展我国大城市交通的研究 / 142
法计合韵:孙子兵法与三十六计 / 90
法理学 / 74
法律教育 / 75
法律与经济——传统中国经济的法律分析(第一卷) / 82
法律原理与技术 / 76
法学研究与法学教育论 / 75
法语文体论 / 192
法制现代化的理论逻辑 / 75
反叛与超越:现代西方绘画艺术 / 245
反倾销法研究 / 78
反应扩散系统中的斑图动力学 / 335
反犹主义解析 / 294
方言平议 / 191
方以智哲学思想研究 / 31
防空导弹武器系统软件工程 / 439
仿生智能纳米界面材料 / 427
仿真影像学技术 / 392
纺织词典 / 455
放射毒理学 / 401
放射自显影示踪学 / 401
飞机总体设计 / 476
非平稳信号分析与处理 / 446
非线性发展方程 / 320
非线性光学频率变换及激光调谐技术 / 325
非线性控制系统分析与设计 / 448
非线性时间序列分析及其应用 / 318

非洲农业地理 / 137
肺癌综合诊治规范化手册 / 399
废墟上的精灵:前现代中国知识分子思想文化的理路 1898～1918 / 71
沸腾与凝结 / 440
分布式计算机系统 / 451
分离流与旋涡运动的结构分析 / 476
分析仪器手册 / 438
分形-岩石力学导论 / 461
分职定位:历代职官制度 / 70
分子材料——光电功能化合物 / 444
分子风湿病学 / 395
分子光谱学专论 / 328
分子轨道近似方法理论 / 334
分子轨道图形理论 / 334
风驰电掣走世界:高速铁路工程 / 472
风湿病临床药理学 / 402
风云激荡七十年(上下册) / 46
锋面过程与中尺度扰动 / 349
佛教伦理与中国禅学 / 25
佛教与中古小说 / 29
否定主义美学——否定学系列论著之一 / 39
服务贸易:世界与中国 / 145
服务业驱动长三角 / 143
浮游生物学概论 / 365
辐射防护及相关学科论文集 / 441
辐射流行病学 / 385
福利三角中的社会排斥:对中国城市新贫穷社群的一个实证研究 / 65
抚仙湖 / 362
腐蚀电化学原理 / 436
妇女婚姻家庭法律地位实证研究 / 68
复杂性与动力系统 / 324

G

伽罗华理论 / 316
干法筛分理论及应用 / 434
甘薯贮藏 / 417
肝功能衰竭现代治疗学 / 395
肝脏疾病与器官功能障碍 / 395
感情的多元选择——宋元之际作家的心灵活动 / 203

干细胞与肿瘤 / 365
钢筋混凝土结构 / 459
钢筋混凝土学(上下册) / 461
港澳概论 / 68
高坝大流量泄洪建筑物 / 470
高等教育与经济协调发展 / 174
高等教育政策的回顾与反思(1977～1999) / 174
高等教育制度创新的经济学分析 / 175
高等沥青路面设计理论与方法 / 472
高等数学 / 314
高等微积分 / 317
高分子反应统计理论 / 333
高分子合成化学(上册) / 332
高分子合金的物理化学 / 332
高级程序设计语言原理 / 450
高技术辞典 / 312
高聚物的分子量测定 / 333
高聚物的转变与松弛 / 333
高聚物中的孤子和极化子 / 333
高觉敷心理学文选 / 40
高速公路沥青路面早期破坏现象及预防 / 473
高速公路数据库应用技术 / 472
高速旋转机械轴系动力学设计 / 438
高维数据挖掘技术研究 / 450
高效三维遥感集成技术系统 / 451
高新技术产业的资本保障战略研究 / 123
高新技术产业化与政府行为创新 / 124
高性能混凝土 / 462
高性能混凝土外加剂 / 462
高性能计算机网络研究进展 / 451
高性能树脂基体 / 453
高真空技术与设备 / 428
睾丸肿瘤外科及手术学 / 398
哥德巴赫猜想 / 316
格奥尔格·齐美尔:现代性的诊断 / 47
葛家澍文集 / 102
工尺谱浅说 / 252
工程材料 / 427
工程传热传质学 / 440
工程结构优化设计 / 459
工程流体力学 / 426

工程水文学 / 467
工业经济管理学 / 116
工业民主的理论与实施 / 62
公共财政下的社会保障管理 / 51
公共管理新论 / 56
公共经济学导论 / 94
公共行政学 / 57
公共性的再生产——多中心治理的合作机制建构 / 47
公民社会与社会创新 / 67
共产主义者同盟史研究 / 59
勾吴史集 / 281
构造物理学概论 / 346
孤立子理论与应用 / 324
觚庵诗存 / 207
古代长江下游的经济开发 / 108
古代诗"路"之辩:《原诗》和正变研究 / 213
古代书画 / 304
古代文明的起源与演进 / 259
古代文学研究导论——理论与方法的思考 / 204
古代文学杂论 / 203
古帝传说与华夏文明 / 262
古典诗学的文化观照 / 213
古洪水研究 / 347
古琴艺术论 / 253
古生物学:古无脊椎动物与古植物 / 368
古生物学研究的新技术新方法 / 371
古生物学研究的新理论新假说 / 373
古诗词文吟诵研究 / 205
古音系研究 / 183
古族新考 / 266
股东大会决议瑕疵研究 / 85
股份公司会计制度改革效果的实证研究:会计准则的国际化、经济后果与价值相关性 / 122
股份合作经济基础与实践 / 100
固体潮 / 346
固体中的电输运 / 327
顾骧文学评论选 / 219
顾炎武哲学思想研究 / 31
关贸总协定及其对我国的影响 / 144
关贸总协定与中国 / 144
关系映射反演方法 / 314

关于电影的特殊表现手段 / 257
关于发展我国农业和畜牧业的问题 / 135
观光农业园规划与经营 / 142
观念的力量:与伯林对话 / 32
官僚制的伦理困境及其重构 / 57
管理经济学 / 113
管理学——原理与方法 / 53
管锥编 / 45
惯性约束核聚变 / 329
光波在大气中的传输与成像 / 349
光催化 / 335
光纤传输系统设计 / 446
光性矿物学 / 352
广告文化学 / 143
广义认识论原理 / 16
规模经济论 / 102
《鬼谷子》研究 / 23
国计民生——明清社会经济研究 / 109
国际产业资本转移与中国世界制造中心研究 / 140
国际服务贸易 / 145
国际经济学导论 / 98
国际经济中的倾销与反倾销 / 89
国际贸易学 / 145
国际贸易政策的研究与比较 / 144
国际人力资源管理 / 114
国际述评集 / 272
国际投融资 / 150
国家紧急权力制度研究 / 56
国家控制论:应用政治学核心系统分析 / 55
国家税收 / 146
国外后现代绘画 / 245
过敏性疾病的中医治疗 / 388

H

哈贝马斯的现代性社会理论 / 19
哈雷彗星(1986Ⅲ)观测研究文集 / 341
哈雷彗星今昔 / 341
哈密顿系统中的有序与无序运动 / 317
海岸工程 / 361
海岸及近海工程 / 360
海商法比较研究 / 89

海塘——中国海岸变迁和海塘工程 / 474
海外藏中国历代雕塑 / 304
海外南京大屠杀史料集 / 279
海外移民和美籍华人 / 65
韩昌黎诗系年集释(全二册) / 210
韩德培文集(上下) / 75
韩德馨院士学术研究论文集 / 354
韩儒林文集 / 268
汉代陵墓图考 / 303
汉画像石宗教思想研究 / 305
汉语方言概要(第2版) / 190
汉语声调论 / 185
汉语羡余现象研究 / 182
汉语修辞学 / 181
汉语中介语语法问题研究 / 188
汉字改革概论 / 178
汉字与中国古代文化 / 178
航空航天科学技术(航空卷) / 476
何如璋传 / 289
核爆炸物理概论 / 441
核反应堆物理导论 / 441
核裂变物理学 / 329
核心竞争力:知识管理战略与实践 / 114
核心期刊概论 / 484
"核心期刊"与期刊评价 / 158
红楼美学 / 227
红楼梦论稿 / 228
红楼梦研究 / 227
红楼三论 / 228
红楼艺境探奇 / 227
红壤质量演变与调控 / 407
红十字与近代中国 / 64
红外辐射加热技术 / 444
红外光电技术(第3卷) / 444
红外线光谱与有机化合物分子结构的关系 / 336
宏观调控法律制度研究 / 83
宏观经济管理学 / 101
洪诚文集 / 189
洪深文集 / 237
洪秀全评传 / 289
洪泽湖:水资源和水生生物资源 / 468
后革命氛围与全球资本主义:德里克"弹性生产时代的马克思主义"研究 / 20
后现代相对主义与反科学思潮——科学、修辞与权力 / 18
呼吸疾病诊断流程与治疗策略 / 394
胡乔木文集(第一、二、三卷) / 46
胡小石论文集 / 46
华北断块区南部前寒武纪地质演化 / 351
华东军区、第三野战军简史 / 90
华南板块构造 / 351
华南产铀花岗岩及有关铀矿床研究 / 357
华南晚二叠世头足类 / 369
华南橡胶幼树区域寒害问题 / 421
华中及西南奥陶纪三叶虫动物群 / 369
化工辞典 / 454
化工过程分析与计算机模拟 / 452
化学词典 / 337
化学电源选论 / 443
化学元素水环境背景值研究:长江水系水环境化学地理、生物地球化学研究及其分析方法 / 482
淮阴市志 / 298
环境地质学中的GIS / 478
环境化学物的联合毒作用 / 403
环境监测原理与应用 / 482
环境生物工程 / 479
环境水力学 / 481
环境水文学 / 481
环境哲学与科学发展观 / 478
黄海陆架辐射沙脊群 / 360
黄骅坳陷古生界烃源岩二次生烃的构造控制 / 356
黄家驷外科学(第5版) / 395
黄土上下:美术考古文萃 / 305
灰色系统理论及其应用 / 313
回到马克思——经济学语境中的哲学话语 / 11
回民乌鲁木齐语言志 / 191
汇率制度安排与国家金融安全 / 147
会话信息过量现象的语用研究 / 183
会计规范理论结构 / 111
会计理论 / 111
会计学原理 / 111
会计准则国际化与国家特色研究 / 112
慧能与中国文化 / 25

慧远评传 / 27
浑沌经济学理论及其应用研究 / 96
活动教学原理与方法 / 171
活性染料 / 454
活血化瘀研究 / 387
火电厂烟气脱硫系统设计、建造及运行 / 482
火电厂烟气脱硝技术及工程应用 / 482
货币、银行业和货币政策 / 147

J

机电一体化导论 / 438
机能实验学 / 391
机器人与工业自动化 / 448
鸡免疫与疫病防治实用技术 / 424
积云动力学 / 348
基本建设投资效果研究 / 124
基本乐理的文化视野 / 252
基本粒子理论 / 330
基层治理模式转型——杨村个案研究 / 53
基督教文化与近代西方宪政理念 / 77
基因组科学与人类疾病 / 395
基于泛会计概念下成本计量研究 / 111
基于性能的结构抗震设计——理论、方法与应用 / 459
激光核聚变译文集 / 441
激流中的探索——徐中玉论文自选集 / 201
极谱电流理论 / 336
急性呼吸道病毒感染的病原学与防治 / 391
急性肾功能衰竭 / 397
集成地震目录数据库及其应用研究 / 346
计算机辅助机械设计 / 438
计算机辅助药物设计:原理、方法及应用 / 401
计算机语言的形式语义 / 449
计算流体力学:差分方法的原理和应用 / 322
记"一二·九" / 277
纪念周拾禄先生诞辰110周年暨稻作起源国际学术研讨会论文集 / 416
纪实与纪虚——中西叙事文学研究 / 194
技术创新的制度分析 / 95
技术创新哲学研究 / 310
技术进步与农业发展 / 130
家蚕育种学 / 424
家庭消费经济学 / 96
家畜传染病学 / 422
甲骨文 / 302
甲午悲歌——中日战争 / 274
价格机制论 / 93
艰难的寻找 / 230
缄口日记:1966～1972,1974～1979 / 294
简明农药化学:农用生物调控化学导论 / 453
简明清史 / 270
见字识码:汉字编码方法及其在应用中的实现 / 451
建设工程合同管理与索赔 / 79
建筑课 / 458
建筑力学 / 458
建筑物整体迁移技术 / 462
剑南诗稿校注(全8册) / 210
鉴余杂稿(增订本) / 246
江村经济(中国农民的生活) / 67
江湖诗派研究 / 215
江淮之子——周恩来与江苏 / 292
江南理景艺术 / 457
江南士风与江苏文学 / 235
江南园林志 / 457
江苏财政史料丛书 / 147
江苏产业发展报告2008——江苏经济改革开放30年 / 103
江苏城市历史地理 / 307
江苏当代方志论文选 / 298
江苏档案要览 / 159
江苏稻作科学 / 415
江苏地层学与古生物学(第1册):江苏地区下扬子准地台震旦纪—三叠纪生物地层 / 351
江苏地方文献丛书 / 280
江苏地名溯源 / 307
江苏地震志 / 347
江苏发展道路与发展特色研究 / 103
江苏方言总汇(上下卷) / 191
江苏妇女运动史:1919～1949 / 63
江苏富民战略研究 / 104
江苏改革30年 / 64
江苏革命斗争纪略 / 282
江苏革命货币 / 149

江苏革命史词典 / 63
江苏航运史(古代部分) / 141
江苏航运史(近代部分) / 141
江苏湖泊志 / 362
江苏货币金融述论 / 149
江苏机械工业四十年 / 138
江苏解放风云录 / 281
江苏近代民族工业史 / 141
江苏近代企业和企业家研究 / 120
江苏经济 50 年 / 104
江苏可持续发展战略研究 / 104
江苏劳动就业与社会保障近期、中期对策研究 / 153
江苏老街与历史街区 / 308
江苏林业产业发展战略研究 / 135
江苏留学史稿(1840～1949) / 175
江苏六朝青瓷 / 302
江苏泌尿外科史志 / 397
江苏棉作科学 / 417
江苏名村志 / 297
江苏名镇志 / 297
江苏农村改革发展 30 年 / 134
江苏农村工业 50 周年 / 135
江苏农村社会化服务实证研究 / 135
江苏气候志 / 350
江苏人才思想史 / 54
江苏社会学史 / 47
江苏省大事记 / 297
江苏省地震监测志 / 347
江苏省农村金融志 / 150
江苏省水文志 / 347
江苏省通志稿 / 296
江苏省小麦大麦品种志 / 416
江苏省植物药材志 / 379
江苏省志 / 297
江苏史纲(全两册) / 280
江苏史论考 / 283
江苏树木大观 / 419
江苏水利全书(全 3 册) / 139
江苏四十年(1949～1989) / 64
江苏统战史 / 64
江苏土地管理实践与探索 / 131

江苏土壤 / 410
江苏土种志 / 408
江苏文物 / 309
江苏文物综录 / 301
江苏戏曲志·南京卷 / 257
江苏新文学史 / 235
江苏沿江经济发展战略研究 / 106
江苏盐业史略 / 140
江苏艺文志 / 484
江苏油作科学 / 418
江苏鱼类志 / 380
江苏园林名胜 / 309
江苏政区通典 / 307
江苏之塔 / 309
江苏中药实名考 / 389
江西诗派研究 / 215
江浙豫皖太平天国史料选编 / 273
桨舵干扰的理论与实验研究 / 474
蒋孟引文集(英国历史——从远古到 20 世纪) / 296
交代蚀变岩岩相学 / 353
交换、流通及其制度:流通构造演变理论 / 92
交通管理措施下的交通分配模型与算法 / 474
校雠广义 / 159
教育大辞典(增订合编本) / 170
教育的问题与挑战:思想的回应 / 166
教育发展论——理论评介与个案分析 / 171
教育分流论 / 174
教育概论 / 161
教育公平论:西方教育公平理论的哲学考察 / 163
教育经济学 / 163
教育科技与知识经济 / 169
教育迈向现代化 / 170
教育社会学 / 164
教育生态学 / 165
教育文化学 / 164
教育问题的哲学探索 / 162
教育学的理论与实务 / 161
教育研究的理论与实践 / 163
教育与反贫困 / 165
教育与经济论 / 164

教育与心理研究方法 / 168
教育组织范式论 / 167
结构化学 / 334
结构可靠性分析及随机有限元法：理论、方法、工程应用及程序设计 / 458
结构设计原理 / 459
结晶化学 / 338
解放初期的江苏经济（1949～1952）（上下册）/ 103
解放前的中国农村：第一辑 / 124
解放前的中国农村：第二辑 / 124
解放前的中国农村：第三辑 / 124
解析数论基础 / 316
今日帝国主义 / 97
今文尚书语言研究 / 263
金的地球化学 / 354
金陵古迹图考 / 308
金融工程原理与应用研究 / 149
金融结构优化论 / 150
金融市场风险的测度方法与实证研究 / 149
金文月相纪时法研究 / 341
金元诗文与文献研究 / 199
金属材料制备工艺的计算机模拟 / 436
金属物理学（第1卷　结构与缺陷）/ 436
金属物理学（第2卷　相变）/ 436
金属物理学（第3卷　金属力学性质）/ 436
金属物理学（第4卷　超导电性和磁性）/ 436
金属有机化合物的反应化学 / 331
金属有机化合物在有机合成中的应用 / 332
锦绣江苏 / 307
进步、合理性与真理 / 33
近代江苏宗教 / 271
近代上海城市研究 / 271
近代中外文化交流史 / 272
京杭运河（江苏）史料选编 / 308
京津冀地区城乡空间发展规划研究 / 466
京剧唱腔研究 / 254
京剧字韵 / 256
经管系统复杂性研究：理论、方法和应用 / 113
经济的德性 / 92
经济结构合意化转型研究 / 100
经济结构优化论 / 100

经济系统预测的混沌理论原理与方法 / 93
经济行政法基本论 / 77
经济运行的均衡与非均衡分析 / 94
经济责任审计理论与实务 / 112
经济政策评价 / 93
经理信息系统 / 117
晶体生长的物理基础 / 338
精细化工概论 / 452
景德镇瓷器的研究 / 453
景山的晚风——大明帝国的衰亡 / 270
竞争法研究 / 77
酒精工厂的生产技术（上下册）/ 456
《旧唐书》辨证 / 266
橘与枳：日本汉诗的文体学研究 / 239
巨赞文集（上下卷）/ 28
瞿秋白：情感、才华、心史 / 290
瞿秋白研究新探 / 290
瞿秋白　杨之华 / 290
绝对稳定性理论与应用 / 317

K

喀喇汗王朝史稿 / 268
开采沉陷土体变形工程地质研究 / 428
开采沉陷预计一体化方法 / 430
开采沉陷中的岩体结构效应 / 434
抗日战争的正面战场 / 277
抗战前后之中英西藏交涉(1935～1947) / 73
科技经济融合生长论 / 93
科技伦理学 / 160
科技系统分析 / 161
科举文体研究 / 190
科学的教育价值 / 163
科学价值系统论：对科学家和科学技术的社会学研究 / 160
科学伦理学 / 34
科学认识史论 / 310
科学思想史 / 311
科学哲学导论 / 310
科学之灵：试论科学精神 / 160
可持续发展战略中矿产资源最适耗竭理论的研究 / 137
课程社会学 / 167

课程社会学研究 / 167
空间等离子体中的孤波 / 328
空间信息系统的集成与实现 / 342
空间研究 3——空间句法与城市规划 / 464
空想社会主义者的经济学说 / 97
孔子评传 / 30
控制系统的故障诊断和容错控制 / 449
口腔颌面外科查房手册 / 400
苦丁斋思絮（上下卷）/ 237
跨国公司经营管理 / 115
跨国公司经营学 / 120
跨国公司与中国的开放政策 / 116
跨入新世纪的中国宪法学：中国宪法学研究现状与评价 / 82
矿产资源评价及其应用研究 / 359
矿产资源权益理论与应用研究 / 100
矿产资源有偿开采研究 / 140
矿井高产高效开采模式及新技术 / 433
矿井火灾学 / 432
矿井通风系统优化理论及应用 / 434
矿井瓦斯防治 / 431
矿山机械化设计建模与实践 / 431
昆虫分类学 / 381
昆虫生态学 / 381
昆曲唱腔研究 / 254
困惑与抉择——20 世纪的新教学论 / 167

L

拉丁美洲文学 / 240
来自实践的报告——江苏经济和文化调查报告选 / 104
老采空区上方建筑地基变形机理及其控制 / 461
老子诗学宇宙 / 212
雷达成像技术 / 446
雷达对地观测理论与应用 / 343
雷达信号的选择与处理 / 446
礼·法·社会——清代法律转型与社会变迁 / 88
李白丛考 / 287
李白诗古注本研究 / 213
李德生石油地质论文集 / 356
李德生文集 / 355
李鸿章与中国铁路：中国近代铁路建设事业的艰难起步 / 141
李济深与中国国民党革命委员会 / 291
李继侗文集 / 378
李商隐爱情诗解 / 209
李商隐抒情诗艺术透视 / 206
李商隐研究 / 205
李渔评传 / 206
理解与教育：走向哲学解释学的教育哲学导论 / 163
理论物理导论 / 323
理想与现实——英国工党与公有制 / 72
历代中医学家评析 / 288
历史的悲剧意识 / 259
历史和现实 / 272
历史 现实 未来——市场经济发展与中国改革开放 / 99
历史与范型——陶行知研究的知识社会学考察 / 291
利益相关者财务论：新制度主义与财务学的互动和发展 / 119
连续介质力学导论 / 321
连云港市志 / 298
联结主义认知心理学 / 41
良宪论 / 81
梁启超和中国古代学术的终结 / 31
梁启超评传 / 31
两汉魏晋南北朝正史西域传要注 / 266
两汉韵部与声调研究 / 184
量子场论 / 324
辽西早期被子植物及伴生植物群 / 371
列宁法律思想研究 / 13
列宁共产党执政思想研究 / 13
列宁《哲学笔记》与马克思主义哲学的生长点 / 13
裂隙介质水动力学 / 357
林兰英院士科研活动论著选集 / 293
林木遗传图谱构建和 QTL 定位统计分析 / 425
林木遗传育种学 / 420
林木育种学概论 / 420
林语堂与世界文化 / 155
临床病例诊疗剖析：外科学分册 / 392

临床肠外与肠内营养支持 / 393
临床骨科学 / 397
临床检验病原生物学 / 393
临床检验诊断学 / 393
临床皮肤病学 / 400
临床围产期医学 / 398
临床胃肠病学 / 395
淋巴细胞及其辐射效应 / 392
灵感思维与原始文化 / 33
令狐楚年谱　令狐绹年谱 / 286
刘海粟艺术文选 / 242
刘厚生戏曲长短文 / 254
刘建康生态学文集 / 364
刘克庄诗学研究 / 214
刘勰论创作 / 201
刘禹锡年谱 / 286
刘禹锡评传 / 286
留学生与中国的社会发展(第一卷) / 174
流体力学 / 321
流通经济学:过程、组织、政策 / 92
流行病学 / 384
流域分布式水文学原理及应用 / 467
流域水利战略管理——以海河流域为例 / 139
柳大纲科学论著选集 / 336
60年代美国学生运动 / 59
六朝帝陵——以石兽和砖画为中心 / 304
六朝都城 / 465
六朝画论研究 / 246
六朝家族 / 283
六朝江东世族之家风家学研究 / 283
六朝经学与玄学 / 23
六朝考古 / 301
六朝科技 / 311
六朝美学史 / 37
六朝民俗 / 285
六朝史 / 265
六朝史学 / 265
六朝书法 / 248
六朝文化概论 / 265
六朝文物 / 301
六朝文学 / 232
六朝艺术 / 243

六朝政区 / 306
六朝宗教 / 26
龙虬庄:江淮东部新石器时代遗址发掘报告 / 303
塿土 / 407
卢前曲学四种 / 224
卢前文史论稿 / 45
庐山植物园栽培植物手册 / 376
鲁棒控制系统设计 / 447
鲁迅传 / 292
鲁迅创作的艺术技巧 / 236
鲁迅的思想和艺术新论 / 236
鲁迅和中国文化 / 236
鲁迅《摩罗诗力说》注释·今译·解说 / 235
鲁迅前期思想发展史略 / 236
鲁迅小说论稿 / 236
露华集 / 196
露天煤矿高效开采新技术 / 433
绿色的宝库—植物 / 376
伦理精神的价值生态 / 35
伦理新论:中国市场经济体制下的道德建设 / 65
论大学人才培养模式 / 173
论歌唱艺术 / 252
论工艺美术 / 250
论红楼梦思想 / 227
论机电工业发展和改革开放 / 138
论企业可持续竞争能力 / 117
论"苏南"模式 / 136
论自由的法律 / 74
罗教·佛教·禅学——罗教与《五部六册》揭秘 / 26
罗马法原理 / 76
罗宗洛文集 / 377
逻辑与语文创造教育 / 172
《洛阳伽蓝记》词汇研究 / 187

M

马鸿增美术论文集 / 244
马克思的哲学在理解中的命运:对马克思主义哲学史的解释学考察 / 20
马克思的自由观 / 12
马克思和蒲鲁东 / 12

马克思所有权思想研究 / 13
马克思主义东方社会理论研究 / 13
马克思主义法学的一般理论 / 74
马克思主义历史辩证法的主体向度 / 11
慢性病毒性肝炎现代诊疗 / 393
梅朵电影评论集 / 257
煤层瓦斯赋存与流动理论 / 431
煤矿深井开采的矿压显现及控制 / 430
煤矿水文物探技术与应用 / 357
煤矿瓦斯动力灾害防治理论及控制技术 / 432
煤炭地下气化渗流燃烧方法研究 / 433
煤炭企业重大事故防控的"行为栅栏"研究 / 432
煤炭资源价值与矿区可持续发展 / 139
煤田地球物理导论 / 355
煤液化化学 / 453
美国当代文化阐释:全球视野中的美国社会与文化变迁 / 296
美国国会图书馆藏中国方志目录 / 485
美国垄断资本 / 98
美国迫害华工史料 / 274
美术用透视学 / 242
美学散步 / 37
美学与艺术实践 / 241
美学与意境 / 241
美育原理 / 162
门急诊检验与诊疗操作 / 392
蒙元史研究丛稿 / 268
孟德斯鸠评传 / 33
谜史 / 231
秘密社会与中国民主革命 / 72
密封 / 427
棉花的组织培养——棉花译文集之二 / 417
棉花红铃虫及其预测预报 / 413
棉花雄性不育杂交种选育的理论与实践 / 418
面向不确定性决策的杂合粗糙集方法及其应用 / 315
面向大型单件集成的增量接收技术 / 449
面向供应链的客户关系管理 / 115
面向农业与环境的土壤科学综述篇:中国土壤学会第十届全国会员代表大会暨第五届海峡两岸土壤肥料学术交流研讨会文集 / 408

面子·人情·关系网:中国人社会心理与行为的特征 / 49
民国议会制度研究(1911～1924) / 72
民营科技企业的技术创新战略和政策选择 / 123
民族音乐学视野中的传统音乐 / 251
明词史 / 218
明代剪灯系列小说研究 / 228
明代前后七子研究 / 232
明代诗文的演变 / 207
明代盐业经济研究 / 140
明刊本西厢记研究 / 222
明末清初戏剧研究 / 255
明南京城墙砖文图释 / 304
明清传奇结构 / 224
明清史事论集 / 283
明清苏南望族文化研究 / 271
明清小说的文化审视 / 226
明清小说思潮 / 226
明清沿海荡地开发研究 / 109
明诗话全编 / 214
明与帖木儿王朝关系史研究 / 69
明杂剧史 / 255
膜分子生物学 / 367
膜技术手册 / 427
摩擦学的分形 / 320
磨削颤振与磨削表面形貌误差的研究 / 437
墨海精神:中国画论纵横谈 / 246
墨子集诂(上下册) / 22
母语的魔障——从中西语言的差异看中西文学的差异 / 194
母语教材研究(全10册) / 183
目标与代价:当代中国现代化的发展逻辑 / 62
穆斯堡尔谱学基础和应用 / 337

N

南北朝文学史 / 233
南朝文学与北朝文学研究 / 205
南海北部大陆架第三系 / 355
南京百年风云(1840～1949) / 281
南京保卫战殉难将士档案 / 278
南京城墙志 / 309
南京城墙砖文 / 304

南京城市史 / 281
南京辞典 / 307
南京大屠杀 / 278
南京大屠杀幸存者名录(全4册) / 279
南京大屠杀遇难者名录(全3册) / 279
南京大屠杀真相:中方史料 / 278
南京故都文化及其资源开发 / 282
南京简志 / 298
南京民间药草 / 389
南京明城墙 / 309
南京史话(上下) / 281
南京文化的劫难(1937～1945) / 279
南京云锦史 / 138
南京直立人 / 382
南美洲地理环境的结构 / 363
南社人物传 / 289
南唐二陵发掘报告 / 303
南通市志 / 300
南戏通论 / 245
内科多发病中西医综合治疗 / 393
能源词典 / 439
你能干什么 / 51
匿名权威与文化焦虑——大众培训的社会学研究 / 170
碾压混凝土坝安全监控理论及其应用 / 469
凝聚态物理学新论 / 323
农村发展经济学 / 129
农村教育发展水平质量评价研究 / 175
农村金融深化:政策与路径 / 150
农村企业经营管理学 / 120
农地非农化配置:公平、效率与公共福利——基于江苏省南京市的实证分析 / 131
农地价格论 / 130
农负、农赋、农富——农民负担稳定合理机制研究 / 133
农民收入、农民负担与结构调整 / 134
农药应用大全 / 414
农业标准化原理与方法 / 419
农业工程浅说 / 411
农业机械化工程 / 411
农业昆虫鉴定 / 411
农业昆虫学承启集 / 411
农业政策学 / 131
女性词史 / 217
女性意识新论——苏醒中的女性 / 61

O

欧化东渐史 / 276
欧洲近代绘画大师 / 245
欧洲经济一体化背景下的技术标准化 / 98
欧洲史论 / 294
欧洲文明:民族的融合与冲突 / 295
欧洲五百年史 / 294
欧洲政治思想史 / 59

P

潘梓年文集 / 46
盘根草:城市现代化背景下的回族社区 / 72
配位化合物的结构和性质 / 334
配位化学 / 334,335
偏微分方程近代方法 / 317
品牌价值理论研究 / 119
评弹艺人谈艺录 / 257
蒲松龄与聊斋志异 / 226
普通化学课堂演示实验 / 332
普通物理学 / 323
普外科疾病诊断流程与治疗策略 / 396
普希金创作评论集 / 239

Q

栖霞新志 / 300
期货投资和期权 / 150
期权分析:理论与应用 / 142
齐世荣史学文集 / 270
奇迹、问题与反思:中医方法论研究 / 385
气动加热与热防护系统 / 440
气体动力学 / 322
气象学词典 / 350
企业家行为的制度分析 / 117
企业价值战略:现代公司的绩效解析与兴衰奥秘 / 117
企业客户关系管理 / 115
企业劳动管理学 / 113
企业人格的成长 / 116

企业人力资本运营 / 118
企业生产均衡与优化 / 53
企业制度创新论 / 118
企业组织资本形成研究 / 118
契包舍夫式工作参数滤波器的原理和计算 / 445
千载孤愤——中国悲怨文学的生命透视 / 200
钱临照文集 / 311
钱钟韩 90 年代文集 / 311
钱锺书与现代西学 / 221
羌塘盆地微体古生物 / 370
桥梁结构样条子域法分析 / 473
瞧,这人:日记、书信、年谱中的胡适(1891～1927) / 291
侵华日军南京大屠杀暴行日志 / 278
秦封泥集 / 303
秦淮古今大观 / 282
秦会要订补 / 69
秦始皇评传 / 285
青藏高原的蝗虫 / 381
青峰遮不住的寂寞与徘徊:明清山人诗人群落的文化解读 / 238
青海可可西里地区古生物 / 370
青海岩画:史前艺术中二元对立思维及其观念的研究 / 305
青少年医学 / 384
清朝文官制度 / 70
清词史 / 211
清代词学的建构 / 216
清代货币金融史稿 / 149
清代《论语》诠释史论 / 23
清代《孟子》学研究 / 23
清代文化与浙派诗 / 207
清代扬州学派经学研究 / 37
清末民初的国民外交运动 / 73
清诗纪事(22 卷) / 210
清诗史 / 211
清真集校注 / 237
情报检索语言 / 158
情感教育论纲 / 166
情绪:创造社的诗学宇宙 / 208
情绪研究理论与方法 / 41
穹庐集:元史及西北民族史研究 / 268

区际农村产业结构协调机制研究 / 131
区域经济一体化与 FDI 流入:理论与实证研究 / 107
区域社会经济系统发展动态仿真与政策调控 / 108
区域行政立法模式研究——以区域经济一体化为背景 / 80
区域循环经济发展评价 / 108
区域与城市发展论 / 107
曲式与作品分析(第 2 版) / 252
权力与荣耀:罗马帝国与中国汉代雕塑艺术比较 / 249
权利法哲学研究导论 / 76
权利制约权力论 / 56
全球化冲击:当代中国面向世界的挑战 / 60
全球化进程中的就业变迁 / 113
全球化进程中法律文化的同构与异质 / 77
全唐五代诗格汇考 / 210
全系数自适应控制理论及其应用 / 447

R

染料化学 / 454
热河生物群 / 364,365
热流体学 / 439
人的哲学:对马克思的人与自由学说的新探讨 / 12
人地关系与经济布局——吴传钧文集 / 306
人工物性剪裁:半导体超晶格物理、材料及新器件结构的探索 / 444
人口老龄化与基本养老保险基金平衡研究——以江苏省为例 / 52
人力资源管理 / 113
人文遗韵:江苏省第一批国家级非物质文化遗产诗性解读 / 271
人性与自然:生态伦理哲学基础反思 / 36
人与故事:文学文化批判 / 197
人与机器:高科技的本质与人文精神的复兴 / 17
认识论史话 / 16
认知语言学 / 179
日军炮火下的中国文人 / 279
儒家朋友伦理研究 / 37
儒释道与晚明文学思潮 / 226

儒学与书道——清代碑学的发生与建构 / 304
儒学源流 / 21
软件设计方法 / 450

S

《三国志》和裴注句法专题研究 / 189
三国志校诂 / 265
三角洲国土开发——长江三角洲与莱茵河三角洲比较研究 / 105
三礼名物通释 / 284
三礼通论 / 284
三礼研究论著提要 / 485
"三农"新论:当前中国农业、农村、农民问题研究 / 131
三千五百年历日天象 / 341
三峡工程与长江中游湖泊洼地环境 / 470
三峡库首地区土地资源潜力与生态环境建设 / 133
三相泡沫流体密封技术及其应用 / 427
桑弘羊评传 / 285
森林生态学 / 420
沙逊集团在旧中国 / 110
莎士比亚悲剧论痕 / 225
筛分和重选理论及其应用的新进展 / 429
"山药蛋派"与三晋文化 / 234
伤寒疗养论 / 388
《伤寒论》求是 / 386
伤寒论新注 / 386
伤逝与谈往 / 238
商业经济学 / 142
上古汉语词汇研究 / 187
上市公司财务报告法律责任之研究 / 83
尚书通论 / 262
尚书新笺与上古文明 / 263
设施农业在中国 / 404
社会保险理论与制度 / 153
社会保障基金投资运营研究 / 61
社会变迁与法律发展 / 88
社会调查中的样本容量的确定 / 51
社会失范论 / 48
社会系统协调论:关于社会发展机理的研究 / 67
社会现代化与人的现代化 / 61
社会心理学简史 / 41
社会学研究方法 / 48
社会主义经济论稿 / 99
社会主义民主政治运行机制研究 / 57
社会主义市场经济简论 / 100
社会主义市场经济理论 / 101
社会转型与法理回应——以21世纪初中国为背景 / 81
射水纪闻 / 282
身份和差异:1949～1965年中国社会的政治分层 / 66
深沉悲怆的生命旋律——论中国80年代悲剧 / 224
神经精神病学 / 399
神经衰弱的预防和治疗 / 400
神经网络及其应用 / 448
神经网络理论及其工程应用 / 448
神圣的呼唤:奥古斯丁的宗教人类学研究 / 49
神韵论 / 212
沈鹏书画谈 / 244
审美文化与形象诗学 / 39
肾脏病临床集锦 / 397
生产关系论 / 93
生存与适应:南京城郊失地农民生活考察 / 60
生化工程 / 454
生理心理学 / 41
生命与教育 / 167
生态经济学 / 95
生态批评的空间 / 197
生物的起源、辐射与多样性演变——华夏化石记录的启示 / 364
生物多样性及其保护生物学 / 365
生物分离原理及技术 / 367
生物工业下游技术 / 367
生物检定讲义 / 402
生物力学 / 367
生物力学——运动、流动、应力和生长 / 367
生物资源再利用原理与技术 / 368
生药学 / 390
盛世探源——汉唐农业发展研究 / 404
盛唐生态诗学 / 214
盛唐政治制度研究 / 69

失业弱势群体及其社会支持研究 / 68
失业心理问题研究 / 50
师心居笔谭 / 247
诗词蒙语：诗词入门的一把钥匙 / 209
诗歌与浪漫主义 / 198
诗经引论 / 206
施耐庵研究 / 288
施耐庵之谜新解 / 283
十年改革在江苏 / 104
十七史天文诸志之研究 / 339
十七世纪中国通俗小说编年史 / 225
石头记脂本研究 / 226
时间性：自身与他者——从胡塞尔、海德格尔到列维纳斯 / 19
时尚与冲突——城市文化结构与功能新论 / 50
实半单李代数 / 315
实践的科学与客观性的回归 / 310
实相本体与涅槃境界：梳论竺道生开创的中国佛教本体理论 / 29
实验物态方程导引 / 324
实用儿科学（第4版）（上下）/ 398
实用蜂蜜学 / 425
实用妇产科学 / 398
实用天文学 / 340
实用外科重症监护与治疗 / 396
实用油藏工程方法 / 435
实用振动工程（全3册）/ 426
实用中国民俗学 / 285
实用主义：从皮尔士到普特南 / 17
食品安全导论 / 384
食品感官评定 / 455
食品工艺学 / 455
食品微生物学 / 455
食品与农产品品质快速无损检测新技术 / 146
食品原料学 / 455
食用胶的生产、性能与应用 / 455
食用菌病虫害彩色图谱 / 414
史籍举要 / 261
《史记》编纂学导论 / 261
史前农业探研 / 302
史通笺记 / 262
史学、经学与思想：在世界史背景下对于中国古代历史文化的思考 / 259
示波滴定 / 336
示波极谱及其应用 / 336
世纪经纬——20世纪世界经济的总结与展望 / 99
世纪末的挑战——当代中国社会问题研究 / 68
世界各国工业化模式 / 138
世界航空发展史 / 476
世界华文文学整体观 / 197
世界教育大事典 / 170
世界经济概论 / 98
世界前沿科技发展报告 / 311
世界文字发展史 / 179
世界油气田情况：世界石油勘探与开发技术发展动向 / 435
世界自然地理通论 / 361
世族与六朝文学 / 205
市场交易法律通 / 81
市场理性、国家理性与现代混合经济发展 / 153
试验优化设计与分析 / 320
收入分配：制度变迁与理论创新 / 102
兽医比较组织学 / 422
兽医病毒学 / 423
兽医病理生理学 / 422
书法家毛泽东：毛泽东诗词书法艺术赏析 / 249
书画鉴真 / 244
舒强戏剧论文集 / 253
蔬菜良种繁育与杂交制种技术 / 418
树脂基复合材料制造技术 / 427
数据仓库和数据挖掘 / 450
数控编程理论、技术与应用 / 437
数理逻辑导论 / 314
数论导引 / 316
数学方法论入门 / 315
数学教育哲学 / 315
数学文化学 / 314
数学物理方程讲义 / 331
数学与军事 / 90
栓皮栎栽培与利用 / 421
双语教育的心理学基础（新世纪版）/ 168
水槽中的孤波 / 321
水稻高产高效栽培技术及理论 / 414

水工建设中的结构力学与岩土力学问题——黄文熙论文选集 / 469
水工建筑物 / 469
水工建筑物安全监控理论及其应用 / 470
水工水力学及水文论文集 / 468
水力机 / 441
水利水电工程水流精细模拟理论与应用 / 467
水泥和混凝土化学 / 452
水声学 / 325
水土流失调查的遥感数据处理 / 409
水文地质学的数值法 / 359
水文分析与计算 / 347
水文统计学 / 347
水文学 / 347
水下机器人 / 448
水资源与国民经济协调发展研究：理论 模型 实践 / 468
司法权威的宪政分析 / 82
司法审判民主化研究 / 87
司马迁史学批评及其理论 / 259
丝绸文化·草原卷 / 261
丝路文化·海上卷 / 260
思想启蒙与文化重建 / 154
斯蒂芬·霍金：物理学的革命者 / 296
斯密到马克思：经济哲学方法的历史性诠释 / 97
四库全书大辞典 / 484
四库书目续编 / 485
四声实验录 / 185
饲料添加剂应用原理及技术 / 421
松花江下游的赫哲族 / 269
松辽地区白垩纪双壳类化石 / 369
宋词纪事 / 209
宋代安抚使考 / 69
宋代咏梅文学研究 / 222
宋家泰论文选集：城市—区域理论与实践 / 107
宋金元词籍文献研究 / 218
宋史 / 267
《宋书》复音词研究 / 187
宋文治山水画技法解析 / 247
宋元明清名医类案 4 / 387
搜索引擎与信息获取技术 / 161
苏北抗日根据地 / 279
苏德战场 / 295
苏共兴亡论 / 60
苏联反法西斯战争小说史 / 239
苏南城乡一体化之路——胡埭镇的变迁和创新 / 129
苏南农村大中型企业制度创新研究 / 121
苏南农村工业化研究 / 136
苏浙皖中生代后期叶肢介化石 / 372
苏州古典园林 / 467
苏州市志 / 299
苏州手工业史 / 140
宿迁市志 / 298
隋唐的均田制度 / 109
隋唐诗歌史论 / 208
隋唐五代简史 / 267
隋唐五代史纲 / 266
隋唐音研究 / 184
随机分析选讲 / 318
孙冶方选集 / 102
孙毓棠学术论文集 / 270
损伤力学及其应用 / 321

T

她叙事——现代女作家论 / 237
塔塔尔语简志 / 192
台湾经济政策轨迹——兼评尹仲容、李国鼎的经济政策思想 / 108
台湾女性主义文学新论 / 200
台湾女作家散文论稿 / 231
台湾新文学之父——赖和 / 221
太湖流域土—水间的物质交换与水环境质量 / 410
太湖水利技术史 / 471
太湖水资源水环境研究 / 479
太平天国史新探 / 273
太平天国刑法历法研究 / 88
太史公书研究 / 261
太阳高能物理 / 330
太阳活动区物理 / 339
太阳系演化学 / 340
贪污贿赂犯罪疑难问题学理与判解 / 84
谈镐生文集 / 322

谈艺录(上下册) / 222
弹性结构的数学理论 / 321
弹性力学(上下册) / 321
探索中的手:中国外商直接投资政策及其有效性研究 / 152
汤玉庚先生九十华诞庆祝会暨杂交粳稻学术论坛论文集 / 416
唐才子传校正 / 286
唐代对外开放初探 / 74
唐代进士行卷与文学 / 202
唐代美学史 / 38
唐代诗文韵部研究 / 184
唐代文史论丛 / 203
唐律疏义新注 / 88
唐律译注 / 87
唐诗演进论 / 210
唐宋词风格论 / 216
唐宋词简释 / 199
唐宋词美学 / 216
唐宋词史 / 217
唐宋之际归义军经济史研究 / 109
唐文治教育文选 / 174
唐五代词研究史稿 / 218
唐戏弄(上下册) / 255
唐与新罗文化关系研究 / 267
塘桥工业化之路 / 140
《桃花扇》研究与欣赏 / 223
特种加工新技术 / 437
特种脱水蔬菜加工贮藏和复水学专论 / 456
天然文岩渠流域农业发展战略和综合治理研究:1983~1985 / 136
天然文岩渠流域农业自然资源研究 / 136
天问 / 339
田径运动裁判法 / 176
挑战与对策:基础教育改革论 / 172
跳汰分选机理及专家知识库研究 / 434
铁路与社会经济:广西铁路研究(1885~1965) / 141
通货紧缩国际传导机制研究 / 148
通往德性之路:中国美育的现代性问题 / 162
通信技术发展趋向 / 445
同位素与全球环境变化 / 480

统计信息系统 / 46
统一框架下的心理学与认知理论 / 42
痛苦的文明:中国古代贞节观念探秘 / 37
投资项目后评价 / 137
图案问题的研究 / 250
图象识别导论 / 320
土的动力强度和液化特性 / 460
土的工程性质 / 460
土地承包经营权的物权法分析 / 86
土地法学通论 / 85
土地生态经济学 / 130
土地用途管制研究 / 129
土地资源管理学 / 130
土木工程材料 / 461
土壤的发生、分类与资源评价 / 407
土壤地理研究法 / 409
土壤发生与系统分类 / 405
土壤肥力物质基础及其调控 / 409
土壤肥料与作物养分简易测定 / 409
土壤分析法 / 406
土壤胶体 / 406
土壤农业化学分析方法 / 406
土壤生态系统 / 406
土壤微生物学 / 407
土壤微形态学发展及应用 / 406
土壤物理化学专题综述 / 406
土壤与环境微生物研究法 / 406
土壤:植物营养学原理和施肥 / 406
湍流传热导论 / 452
团簇物理学 / 322
蜕变与回归——中国现代文学中的文化对抗 / 221

U

UNIX 系统入门 / 451

V

VDMOS 场效应晶体管应用手册 / 444

W

外国教育史 / 169
外国文化与文学精编 / 200

外科临床鉴别诊断 / 396
外科主治医师手册 / 396
外商直接投资技术外溢效应研究 / 152
晚清哥老会研究 / 273
晚清哲学 / 23
腕足动物化石 / 372
汪辟疆文集 / 293
汪德熙文集 / 330
王安石评传 / 30
王国维全传 / 291
王国维诗学研究 / 214
王国维与近代东西方学人 / 220
王国维与文学 / 220
王守仁评传 / 31
王学文《资本论》研究文集 / 12
网络经济学：基于新古典经济学框架的分析 / 96
网络控制系统的分析与综合 / 449
网络文化论纲 / 156
网络与人类生存 / 156
忘筌・梦蝶 / 22
危机与转折——心理学的中国化问题研究 / 65
微波成像术 / 428
微波电路 / 445
微电子技术 / 444
微粉煤电选脱硫降灰 / 434
微观喀斯特作用机理研究 / 350
微机电系统与微细加工技术 / 443
微机与银行管理 / 149
微积分学 / 317
微生物学 / 374
微生物学(第2版) / 375
微特电机及系统 / 442
微系统封装基础 / 444
微型小说艺术探微 / 197
韦应物诗集系年校笺 / 209
卫生经济及政策分析 / 384
GPS卫星定位原理及其在测绘中的应用 / 343
魏晋本土文学地理研究 / 204
魏晋风度与音乐 / 251
魏晋南北朝赋史 / 206
魏晋南北朝时期的佛教信仰与神话 / 28
魏晋南北朝史论丛 / 266

魏晋南北朝隋唐史三论——中国封建社会的形成和前期的变化 / 266
魏晋南北朝语词例释 / 187
魏晋玄学伦理思想研究 / 24
文化语义学 / 180
文化哲学 / 49
文论十笺 / 193
文史探微 / 205
文坛边鼓集 / 220
文献学纲要 / 159
文学的探求 / 219
文学翻译的理论与实践——翻译对话录 / 196
文学翻译批评研究 / 196
文学风格流派论 / 198
文学空间的裂变与转型——大众传播与20世纪90年代中国大陆文学 / 220
文学美探源 / 193
文学人物鉴赏辞典：中国文学之部 / 196
文学社群文化形态论：现代中国文学社团流派文化研究 / 233
文学语言 / 196
文言文阅读讲话 / 192
文艺美学范畴研究：论悲剧与喜剧 / 195
文艺心理阐释 / 194
文艺学方法通论 / 193
文苑探微 / 195
文章已满行人耳：白居易全传 / 287
文之门：钱锺书文学批评的互文性特征 / 220
紊流力学(上下册) / 322
稳定性理论 / 320
稳定性与鲁棒性的理论基础 / 320
问题与出路：后发地区农村生产力发展研究 / 132
蜗叟杂稿 / 202
我的出版思维 / 157
我的父亲梅兰芳 / 293
我的教育理想 / 162
我的执教之道 / 176
我国城市化背景下的流动人口聚居形态研究——以江苏省为例 / 52
我国政策性种植业保险制度的可行性研究 / 153
巫宝三集 / 102

钨的地球化学 / 354
无公害优质稻米生产技术 / 415
无脊椎动物比较形态学 / 380
无锡市志 / 299
无线电波传播理论及其应用 / 443
吴地文化通史（上下册）/ 280
吴敬梓评传 / 205
吴文化资源研究与开发 / 280
吴文藻人类学社会学研究文集 / 48
吴蕴瑞文集 / 176
吴仲华论文选集 / 440
吴祖光谈戏剧 / 253
五二〇运动史 / 279
五四运动在江苏 / 277
武士刀下的南京：日伪统治下的南京殖民社会研究 / 277
物理化学及胶体化学 / 333
物理学教育新论 / 172
物理学思想与方法论研究 / 323
物流管理 / 114
物质科学精要 / 323
误差处理与可靠性理论 / 344

X

X 线诊断学近展 / 400
西北考察日记 / 308
西部农业开发与生态中外比较 / 136
西部裕固语简志 / 191
西部裕固语研究 / 191
西方教育心理学发展史 / 168
西方经济学 / 97
西方美学的历史构成 / 39
西方美学史 / 39
西方美学史论丛续编 / 38
西方女性主义文论研究 / 197
西方社会结构的演变——从中古到 20 世纪 / 276
西方社会学历史与体系　第一卷　经典贡献 / 48
西方史学史概要 / 275
西方文艺心理学史 / 195
西方先锋派电影史论 / 258

西方现代主义文学的个人乌托邦倾向 / 200
西方心理学史论 / 40
西方形式美学——关于形式的美学研究 / 38
西"服"东渐：20 世纪中外服饰交流史 / 456
西南地区寒武纪三叶虫动物群 / 370
西学东渐与晚清社会 / 271
西洋近代政治思潮 / 59
《西游记》的诞生 / 228
西域历史研究（八至十世纪）/ 270
西域文化影响下的中古小说 / 228
西园拾锦：美英作家论 / 240
西制东渐：近代制度的嬗变 / 71
西周铜器断代（全二册）/ 302
西周王朝经营四土研究 / 263
西周政治地理结构研究 / 305
希望德育论 / 166
锡的地球化学 / 353
洗涤剂制造 / 454
戏剧理论文集 / 222
戏曲表演论集 / 256
戏曲词语汇释 / 188
戏曲音乐概论 / 254
系统科学 / 312
系统信息控制科学原理 / 312
系统与控制理论中的线性代数 / 320
系统自组织概论 / 313
细胞生物学 / 366
细胞遗传学 / 366
下扬子地区牙形刺：生物地层与有机变质成熟度的指标 / 371
夏热冬冷地区生态建筑与节能技术 / 457
夏商周时期的天象和月相（上下）/ 341
先秦道家的道德世界 / 24
先秦儒家的道德世界 / 24
先秦儒学及其现代阐释 / 21
先秦学术概论 / 20
现代城市更新 / 464
现代城市设计理论和方法 / 465
现代地貌学 / 361
现代锻压机械 / 437
现代公共政策学：公共政策的整体透视 / 56
现代管理哲学概论 / 53

现代汉语词汇研究 / 188
现代汉语存现句的多维研究 / 185
现代汉语导论 / 183
现代汉语修辞学 / 189
现代汉语语法与对外汉语教学 / 192
现代化进程中的人文主义 / 33
现代化露天开采若干问题的研究 / 432
现代化与百年中国美术 / 243
现代化最后的情结——农民利益的法律经济学分析 / 60
现代环境保护理念 / 478
现代基础眼科学 / 400
现代剧作家散论 / 225
现代日本商法研究 / 88
现代散文话语形态与审美 / 230
现代社会保障 / 51
现代社会中的新合同研究 / 79
现代审计理论与实务 / 112
现代实用中药(增订本) / 389
现代食品安全与管理 / 384
现代数学建模方法 / 315
现代天气学原理 / 349
现代天体力学导论 / 340
现代土木工程的新发展 / 460
现代文学观念发展史 / 198
现代文艺社会学 / 194
现代吴语的研究 / 190
现代西方主要图书分类法评述 / 158
现代小说:叙述形态与人本价值思想 / 229
现代新儒家与佛学 / 30
现代性的平庸与神奇:列斐伏尔日常生活批判哲学的文本学解读 / 51
现代性的谱系 / 17
现代性的张力 / 160
现代循证心脏病学 / 394
现代眼科手术操作技术 / 400
现代仪器仪表技术与设计(上下卷) / 438
现代疫苗设计原理 / 402
现代影视批评艺术 / 257
现代与后现代艺术的反思 / 241
现代预应力设计 / 460
现代质量管理学 / 115

现代中国大学制度的原点:50年代初期的大学改革 / 174
现代中医临床手册 / 386
现象学及其效应:胡塞尔与当代德国哲学 / 18
线性算子谱理论Ⅰ——亚正常算子与半亚正常算子 / 318
线性算子谱理论Ⅱ——不定度规空间上的算子理论 / 318
宪政的法理言说 / 82
宪政的理念与机制 / 81
宪政与权力 / 81
乡村治理与农村公共产品供给:以江苏为例 / 128
乡关何处:20世纪中国散文的文化精神 / 231
乡土伦理:一种跨学科视野中的"地方性道德知识"探究 / 36
乡镇工业与小城镇 / 121
乡镇企业经济学讲话 / 119
相伴六十年——梅朵文艺评论选集 / 258
相变和临界现象 / 325
相互作用的规范理论 / 330
湘西南早侏罗世早期植物化石 / 370
向"表现美学"拓宽的导演艺术 / 256
巷道支护限制与稳定作用理论及其应用 / 431
销售人员管理控制:理论与实证研究 / 115
小城镇四记 / 121
小儿解剖生理概要 / 391
小麦生态理论与应用 / 416
小说词语汇释 / 188
小说家们 / 230
小行星漫谈 / 340
哮喘病的治疗 / 394
谢宣城集校注 / 209
心肌疾病 / 394
心理教育活动论 / 168
心理学简史 / 42
心理学简札(上下册) / 43
心灵本体的探索——神秘的原型 / 41
心脑血管疾病中医诊治 / 388
心血管病的鉴别诊断 / 394
心血管疾病诊断流程与治疗策略 / 394
心忧书《多余的话》 / 290

心育论 / 168
心远集——中古文学考论 / 203
心脏传导系统疾病 / 394
辛亥江苏光复 / 276
新编毒物分析化学 / 403
新编水利水电工程概预算 / 469
新国际金融体制与中国 / 150
新华本草纲要(全三册) / 389
新疆北部地质矿产遥感 / 357
新金陵画派五十年：1953~2002 / 245
新类型受贿犯罪疑难问题解析 / 84
新农村住宅建设技术问答 / 458
新批《儒林外史》 / 238
新时期小说论评 / 220
新视野中的中学历史教育研究 / 172
新四军联抗部队 / 90
新闻法治与新闻伦理 / 143
新闻社会学 / 156
新舞蹈艺术概论 / 253
新药评价概论 / 402
新制度经济学 / 96
信托法原论 / 78
信息法教程 / 83
信息高速公路 / 446
信息化带动工业化指南 / 447
信息系统与安全对抗理论 / 450
兴衰与追求：价值观与东西方社会发展 / 154
星体的起源和演化 / 340
刑法学总论 / 87
刑事程序分流研究 / 86
刑事法治：理论诠释与实践求证 / 86
邢公畹语言学论文集 / 190
行波管 / 443
行行重行行——乡镇发展论述 / 67
行政补偿制度研究 / 80
行政法基本原则研究 / 80
行政改革与制度创新：地方政府改革的制度分析 / 58
行政公益诉讼研究 / 79
行政管理学 / 57
行政立法的正当性研究 / 78
行政垄断的经济学分析 / 58

行政伦理的观念与视野 / 36
行政区域经济结构与增长 / 105
行政刑法学 / 86
形上之思 / 16
性别与法律：性别平等的法律进路 / 61
性沟分析 / 50
性灵派研究 / 232
胸心外科疾病诊断流程与治疗策略 / 397
修辞学通论 / 181
修辞学新论 / 181
虚实美学新探 / 222
徐复语言文字学丛稿 / 181
徐复语言文字学论稿 / 181
徐复语言文字学晚稿 / 182
徐州市志 / 298
许姬传七十年见闻录 / 237
畜牧学通论 / 421
悬壶外谈：医学与身体的历史表达 / 386
旋光谱在有机化学中的应用 / 337
选择与失落：中俄文学关系的文化观照 / 199
薛暮桥学术论著自选集 / 102
学画山水过程自述 / 246
学术与政治之间的角色困顿——大学教师的社会学研究 / 173
学习风格论 / 169
学校管理学 / 169
血栓与止血：现代理论和临床实践 / 394
血小板：基础与临床 / 391
寻觅与审视 / 157
寻找失落的艺术精神——儿童艺术教育的人文化建构 / 171
训诂类稿 / 186
训诂问学丛稿 / 186
训诂学 / 186

Y

压力恢复曲线在油、气田开发中的应用 / 435
鸦片与近代中国 / 146
牙形刺 / 370
亚太地区经济环境与中国东部地区经济开发 / 105
严复著译研究 / 32

严钦尚地学论文选 / 352
岩层控制的关键层理论 / 430
岩溶学概论 / 358
岩石、混凝土损伤力学 / 461
岩石截割破碎载荷谱的混沌识别与模拟 / 429
盐城市志 / 299
颜真卿评传 / 288
燕园沉思 / 32
鞅与随机积分引论 / 318
扬州八怪 / 293
扬州史述 / 282
扬州市志 / 299
阳湖文派研究 / 237
杨嘉墀院士文集 / 476
杨立铭文集 / 325
杨荫浏音乐论文选集 / 251
姚溱军事述评选 / 90
遥感地学分析 / 348
遥感影像地学理解与分析 / 343
药物设计的基本原理 / 401
药用植物栽培学 / 418
野战外科学 / 401
叶尔羌汗国史纲 / 268
叶赛宁评传 / 294
叶圣陶评传 / 292
叶肢介化石 / 372
1989～2002 中国民主法治建设 / 75
医疗保险学 / 152
医疗机构医务人员三基训练指南:妇产科 / 398
医疗机构医务人员三基训练指南:口腔科 / 400
医学伦理学 / 383
医学生物化学与分子生物学 / 366
医学影像临床手册 / 392
医药国际贸易 / 146
医院感染管理手册 / 385
医院医学工程科工作管理规范 / 385
依法治教的理论与实践 / 85
仪器分析 / 336
仪器仪表环境技术和设备手册 / 437
夷坚志论稿 / 238
沂南古画像石墓发掘报告 / 303
移植与超越:民国中医医政 / 383

以核酸为作用靶的药物研究 / 402
以经治国与汉代社会 / 264
艺术辩证法——中国艺术智慧形式 / 241
艺术放谈 / 243
艺术格调:邵大箴论艺术 / 242
艺术与人学 / 193
异域性与本土化:女性主义诗学在中国的流变与影响 / 219
译馀偶拾 / 484
易卜生"玩偶之家"研究 / 225
疫苗工程学 / 402
益生乳酸细菌:分子生物学及生物技术 / 375
殷虚卜辞综述 / 303
印度和巴基斯坦经济区域 / 98
印度哲学史 / 32
应急管理与应急系统:选址、高度与算法 / 319
应用惯性技术验证广义相对论 / 446
应用化学与技术 / 337
应用民俗学 / 285
应用实验心理学 / 42
应用语言文化学概论 / 182
英国福利制度的由来与发展 / 276
英国古典经济理论 / 97
英国史 / 295
英国文学史提纲 / 239
英汉石油大辞典(油田地面工程分册) / 435
"鹰雏虎崽"之教:教育人类学视野下的彝族儿童民间游戏研究 / 176
营销创新:知识经济条件下的市场营销 / 142
硬化材料的轴对称塑性平面应力问题的研究 / 459
永远的现代:施蛰存论 / 219
优选学 / 319
优质肉羊快速养殖关键技术问答 / 422
悠远的回响:俄罗斯作家与中国文化 / 154
由解读到重构:中外绘画融合论研究 / 248
犹太文化史 / 275
油井产状和油藏动态分析 / 435
铀地球化学 / 354
有根的诗学——现代新儒家文化诗学研究 / 207
有机分子的簇集和自卷 / 331
有机合成反应(上下册) / 331

有机化学 / 331

有机化学(上下册) / 330

有机试剂在金属元素比色分析及沉淀分离中应用的发展 / 337

有效供给与经济发展 / 143

于伶戏剧电影散论 / 253

余光中：诗意尽在乡愁中 / 293

鱼类水霉病的防治研究 / 424

宇宙——物理学的最大研究对象 / 340

语法讲义 / 189

语法修辞讲话 / 180

语文随笔 / 183

语言的神经机制与语言理论研究 / 180

语言文字学及其应用研究 / 182

语言问题 / 179

语义理论与语言教学 / 179

玉米生理译丛 / 417

玉米雄性不育生物学 / 417

预焙槽炼铝 / 435

预测与决策分析 / 54

豫北淮北苏北地区农业综合治理开发技术专题研究 / 135

元朝简史 / 268

元朝史(上、下) / 267

元次山年谱 / 287

元代文学史 / 232

元明散曲史论 / 223

元曲艺术风格研究 / 223

元素地球化学 / 353

元稹评传 / 287

园艺昆虫学 / 414

园艺植物分类学 / 486

袁宏道评传 / 286

袁枚评传 / 288

原子核理论(第1、2卷)第2版 / 329

原子核裂变 / 329

原子能的原理和应用 / 328

圆筒钢筋混凝土薄壁池的内力计算 / 469

院校研究与现代大学管理——美国院校研究模式研究与借鉴 / 175

云南热带材及亚热带材 / 419

云南书目 / 485

运筹学 / 319

运筹学基础教程 / 319

韵略易通研究 / 184

Z

杂草学 / 414

在传统与变革之间——英国文化模式溯源 / 295

在媒介与大众之间：电视文化论 / 157

早产儿科学讲义 / 399

早期胃癌的内窥镜诊断 / 399

造船供应链合作关系管理 / 137

怎样做好混凝土工程 / 462

曾鼎乾地质文选 / 352

曾世英论文选 / 345

曾昭燏文集 / 45

窄禁带半导体物理学 / 326

粘土矿物与土壤 / 352

战国策集注汇考(全三册) / 264

战后日本大学史 / 175

战后世界石油地理 / 142

战略薪酬——知识员工薪酬激励理论与实证研究 / 121

战术的哲学基础 / 90

张安治美术文集 / 246

张涤生院士学术述评集 / 396

张涤生整复外科学 / 396

张骏祥文集 / 257

张闻天与毛泽东思想 / 14

张择端清明上河图研究 / 246

张泽生医案医话集 / 387

仗剑定鼎——汉高祖·刘邦 / 285

赵翼评传 / 288

赵元任语言学论文集 / 179

折断的理性翅膀："西方马克思主义"哲学批判 / 19

哲学与道德智慧 / 16

哲学作为创造性的智慧 / 32

浙江中生代晚期鱼化石 / 371

阵中叫阵 / 244

针灸女性穴位挂图 / 386

真菌鉴定手册 / 378

真空微电子学及其应用 / 443

振动环境工程 / 428
镇江市志 / 299
整合与互动:民国时期中央与地方财政关系研究 / 147
郑燮评传 / 288
政府关系 / 58
政府合同研究 / 79
政府理论 / 57
政府信息公开进程中的现行文件开放研究 / 64
政治兴变与唐诗演化 / 209
政治学基础理论的观念:价值与知识的论辩 / 55
政治学原理 / 55
政治哲学:理性反思与现实求索 / 55
知识产业论 / 95
值分布论及其新研究 / 317
植物病毒学 / 413
植物成分分析 / 375
植物成分功能 / 377
植物地理学、植物生态学和地植物学的发展 / 378
植物发育的分子机理 / 377
植物繁殖 / 377
植物界的发展和演化 / 375
植物生理与分子生物学 / 376
植物数量性状遗传体系 / 375
植物系统学 / 378
植物细胞融合与细胞工程:郑国锠论文集 / 375
植物遗传育种学(第2版) / 376
植物诱变育种学 / 413
植物诱导抗病性原理和研究 / 413
至平至善 鸿声东南:东南大学校长郭秉文 / 173
志在振兴中华——唐振绪文存 / 46
制度创新与区域发展:吴江经济社会系统的调查与分析 / 107
制度·市场·企业·会计 / 94
制冷技术与装置设计 / 428
制造战略:人力资源管理与公司绩效 / 114
质量竞争战略理论及测评体系 / 119
治河工程学 / 470
治理方式的变革与江苏农村现代化——江苏省村民自治区域比较研究 / 128
智能材料结构 / 426
智能系统非经典数学方法 / 448
智能运输系统(ITS)概论 / 327
智𫖮评传 / 27
中古文学史料丛考 / 233
中古文学史论文集 / 233
中古仙道诗精华 / 209
中国白蚁 / 381
中国百神全书——民间神灵源流 / 26
中国比较文学源流 / 234
中国笔石 / 373
中国变质作用及其与地壳演化的关系 / 345
中国辨伪学史 / 158
中国冰川与环境:现在、过去和未来 / 348
中国材料的自然环境腐蚀 / 426
中国财政制度——以国际比较为角度 / 147
中国层孔虫 / 380
中国禅宗思想历程 / 26
中国城市化和城市现代化 / 127
中国城市群 / 126
中国城市新产业空间:发展机制与空间组织 / 126
中国城镇发展研究 / 127
中国出版史 / 157
中国词史论纲 / 216
中国村镇建筑文化 / 463
中国大都市的空间扩展 / 463
中国大气本底基准观象台进展总结报告:1994～2004 / 482
中国淡水鱼类检索 / 380
中国淡水鱼类养殖学 / 424
中国当代散文艺术演变史 / 231
中国当代新闻学研究的演变——学术环境与思路的考察 / 157
中国稻田生态系统 / 415
中国的白菜 / 419
中国的笔石 / 373
中国的桑虫 / 424
中国的头足类化石 / 372
中国的土壤 / 405
中国的外汇储备问题 / 148
中国的叶肢介化石 / 371
中国地方志集成·江苏府县志辑 / 298

中国地理学史 / 305
中国地名拼写法研究 / 186
中国地下水资源与环境 / 358
中国地质时期植物群 / 373
中国东部第四纪冰川与环境问题 / 351
中国东部金矿地质学及地球化学 / 356
中国动物志 昆虫纲 第八、九卷 双翅目 蚊科（上下）/ 379
中国动物志 昆虫纲 蚤目 / 380
中国发展与改革的综合研究：从工程系统到社会系统 / 64
中国反倾销法理论与实践 / 84
中国风俗通史　魏晋南北朝卷 / 284
中国佛教伦理研究 / 24
中国佛教文化历程 / 27
中国佛教文化论 / 28
中国佛性论 / 28
中国佛学源流略讲 / 28
中国高等工程教育 / 173
中国各地质历史时期生物礁 / 359
中国各门类化石——中国的䗴类 / 372
中国各门类化石——中国的三叶虫 / 371
中国各门类化石——中国的腕足动物化石 / 372
中国各主要含煤地层的标准植物化石 / 373
中国公民被国家机关侵权时的权益保护 / 83
中国公民社会组织发展研究 / 47
中国古代传统社会保障与慈善事业——以明清时期为重点的考察 / 71
中国古代建筑史 / 457
中国古代历法 / 341
中国古代诗学原理 / 214
中国古代文学批评方法研究 / 202
中国古代文学研究史·词学卷 / 218
中国古代戏曲简史 / 255
中国古代小说简史 / 226
中国古代叙事观念与意识形态 / 204
中国古代音乐史稿（上下册）/ 251
中国古代印论史 / 249
中国古代语法：称代篇 / 188
中国古典戏曲小说考论 / 223
中国古桥技术史 / 473

中国古生代气候演变 / 351
中国古陶瓷研究论文集 / 452
中国古舞与民舞的研究 / 253
中国国有产权交易的演化与变迁 / 122
中国果树史与果树资源 / 419
中国海洋地理 / 359
中国海洋发育过程和演变规律 / 360
中国海洋浮游桡足类（中卷）/ 365
中国含油气盆地构造学 / 355
中国和欧盟婚姻市场透视 / 67
中国红壤退化机制与防治 / 407
中国宏观经济问题 / 101
中国湖泊概论 / 345
中国华东沿海开放地区经济发展战略研究 / 106
中国化学史论文集 / 330
中国画法研究 / 246
中国画论辑要 / 247
中国黄土高原土地资源图册 / 410
中国绘画变迁史纲 / 243
中国吉林天桥岭晚三叠世植物群 / 371
中国技术市场建构论略：一个理论框架及对中国农业技术推广体系的考察 / 132
中国技术协同创新论 / 102
中国家畜品种及其生态特征 / 422
中国家畜生态 / 422
中国家训史 / 36
中国建筑史（第3版）/ 457
中国江苏体育建筑 / 458
中国疆域沿革史 / 306
中国交通史料汇编 / 308
中国教育的城乡差异：一种文化再生产现象的分析 / 170
中国教育伦理学 / 165
中国介形类化石：第1卷 / 374
中国介形类化石：第2卷 / 374
中国金融发展论 / 149
中国金融市场创新论 / 151
中国近代会党史研究 / 273
中国近代教育大事记 / 169
中国近代经济史论丛 / 110
中国近代昆虫学史(1840～1949) / 381
中国近代史资料概述 / 273

中国近代畜牧业发展研究 / 135
中国近代政治发展史 / 72
中国近现代建筑艺术 / 457
中国禁毒历程 / 69
中国经济大变动与马克思主义经济理论的发展 / 99
中国经济地理 / 110
中国经济体制改革的模式研究 / 99
中国经济现代化 / 101
中国旧书业百年 / 158
中国居民消费行为演变及其影响因素研究 / 103
中国科学院南京地质古生物研究所丛刊:第4号 / 369
中国科学院南京地质古生物研究所集刊:第13号 / 368
中国科学院南京地质古生物研究所集刊:第20号 / 368
中国科学院南京地质古生物研究所集刊:第25号 / 348
中国科学院石油研究所煤炭研究室研究报告集刊:1958年第3集 / 312
中国矿业城市研究:结构、演变与发展 / 127
中国历代应用艺术图纲 / 242
中国历代中央官制史 / 70
中国历代装饰画研究 / 250
中国历史通论 / 275
中国粮食安全与成本优化研究 / 134
中国粮食物流科学化研究 / 116
中国粮食物流研究 / 144
中国磷矿的农业利用 / 405
中国流民史·近代卷 / 52
中国伦理精神的历史建构 / 35
中国伦理精神的现代建构 / 35
中国马克思主义理论的丰碑:中国共产党三代领导集体对马克思主义的发展 / 15
中国煤矿重大事故中的不安全行为研究 / 432
中国煤岩学 / 354
中国美学初步 / 38
中国棉纺织史稿 / 138
中国民工潮 / 133
中国民间音乐讲话 / 251
中国南京云锦 / 250

中国农村城市化研究 / 129
中国农村市场化制度变迁 / 132
中国农村土地制度变迁和创新研究 / 132
中国农书概说 / 404
中国农田生态系统养分循环与平衡及其管理 / 411
中国农田水利史 / 412
中国农业地理 / 111
中国农业发展之研究 / 133
中国农业经济教育史 / 137
中国农业面源污染控制对策 / 481
中国农业区划的理论与实践 / 133
中国农业区划方法论研究 / 133
中国农业全书·江苏卷 / 134
中国农业自然资源与区域发展 / 137
中国拼音文字研究 / 185
中国气候 / 350
中国气象事业发展战略研究——气象与经济社会发展卷 / 348
中国企业集团人力资源管理战略研究 / 116
中国前期文化—心理研究 / 262
中国人的现代化 / 63
中国人口地理(上下册) / 52
中国人行动的逻辑 / 49
中国儒家伦理思想发展史 / 24
中国三论宗通史 / 26
中国森林史料 / 124
中国森林植物地理学 / 420
中国山水画史 / 247
中国上古史研究讲义 / 262
中国上市公司制度变迁与创新 / 121
中国社会保障制度 / 153
中国社会学名家 / 294
中国社会中的日常权威——关系与权利的历史社会学研究 / 49
中国社会主义建设学教程 / 62
中国社会主义教育学 / 162
中国绅士研究 / 70
中国肾脏病学(上下册) / 397
中国生物学发展史 / 364
中国诗史 / 207
中国诗学通论 / 213

中国书法风格史 / 248
中国书法三千年 / 248
中国书法史(两汉卷) / 248
中国书法史:元明卷 / 249
中国书画美学史纲 / 247
中国书写:当代知识分子写作与现代性问题 / 195
中国树木分类学 / 420
中国水稻土 / 407
中国水土保持概论 / 409
中国水文地质环境地质问题研究 / 357
中国水问题的思考 / 469
中国太湖地区水稻土 / 408
中国陶瓷绘画艺术史 / 251
中国通俗文学史纲 / 232
中国通俗小说总目提要 / 485
中国铜元资料选编 / 302
中国土地财政制度改革研究 / 131
中国土壤 / 405
中国土壤系统分类:理论·方法·实践 / 408
中国土壤系统分类探讨 / 408
中国土壤资源 / 410
中国外丹黄白法考 / 29
中国文法要略 / 188
中国文化史 / 260
中国文化史导论(修订本) / 260
中国文化在启蒙时期的英国 / 156
中国文学概论 / 233
中国文学论丛 / 201
中国文学美学 / 195
中国文学批评史 / 201,202
中国文学批评史大纲 / 201
中国文学批评小史 / 202
中国文学史(上下册) / 232
中国文学在法国 / 199
中国文字学 / 178
中国巫术史 / 29
中国无神论史纲 / 25
中国戏曲史钩沉 / 223
中国戏曲史论 / 255
中国先秦史历表 / 342
中国藓类植物属志(上下册) / 378

中国现代化百年探索 / 62
中国现代化的历史进程 / 280
中国现代化曲折三十年 / 63
中国现代化热点审视 / 68
中国现代话剧教育史稿 / 256
中国现代散文史 / 230
中国现代诗人论 / 215
中国现代通俗小说流变史 / 229
中国现代文学(1917～1999)思潮导论 / 234
中国现代戏剧史稿 / 254
中国现代小说的雅俗流变与整合 / 228
中国现代畜牧兽医史料 / 134
中国现代远程教育发展论纲 / 176
中国现实主义新诗艺术散论 / 215
中国乡土小说史论 / 229
中国乡镇·江苏卷 / 307
中国小麦品种及其系谱 / 416
中国小学思想品德教学史 / 171
中国心理学思想史 / 40
中国心像:20世纪末作家文化心态考察 / 221
中国新文学的现代化 / 234
中国新闻史 / 156
中国行政程序法典化:从比较法角度研究 / 80
中国行政区划通史·宋西夏卷 / 306
中国畜产品供给需求与贸易行为研究 / 144
中国盐渍土 / 408
中国医学人名志 / 289
中国医学史 / 383
中国医学源流论 / 383
中国艺术结构论 / 242
中国艺术史纲(上下) / 243
中国银杏志 / 379
中国楹联学 / 231
中国鱼文化 / 155
中国语言文字学史料学 / 182
中国语言学论文集 / 190
中国园林文化 / 466
中国运河史料选辑 / 308
中国早前寒武纪麻粒岩 / 353
中国哲学史稿(上下卷) / 20
中国针灸学 / 387
中国珍稀植物 / 376

中国植物志 / 378
中国中古良贱制度研究 / 66
中国中古诗歌史——四百年民族心灵的展示 / 208
中国种子植物分科检索表及图解 / 379
中国主要土壤环境问题与对策 / 479
中国装备制造业系统演化与评价研究 / 139
中国资本市场开放研究 / 151
中国资本形成与资本市场发展论：未来时代中财富的积聚与获得 / 151
中国紫砂 / 250
中国自然地理纲要 / 362
中国自然区域及开发整治 / 362
中国字体变迁史简编 / 178
中华二千年史 / 274
中华民国经济史 / 110
中华民国文化史（上中下）/ 274
《中华人民共和国民法通则》释义 / 85
中华铁路史 / 312
中兽医学 / 423
中西法律文化比较研究 / 77
中西方贸易 / 145
中西绘画形神观比较研究 / 243
中西文化交汇与王国维学术成就 / 283
中西智慧的贯通——叶秀山中国哲学文化论集 / 32
中小企业的可持续发展与环境保全：理论、实证与案例分析 / 122
中小企业发展法理：规范框架与实证分析 / 82
中小企业融资问题研究 / 122
中小企业社会责任理论与实践 / 120
中小企业信用担保理论、模式及政策 / 151
中小企业制度创新与发展新论 / 122
中学物理教学法（第2版）/ 172
中药材光谱鉴别 / 390
中药大辞典（上下册）/ 390
中药炮制学 / 390
中医临床经典：内科卷 / 386
中医临证与方药应用心得 / 387
中医内科临床思路与方法 / 387
中医肾病疗法 / 388
中医外科诊疗学 / 388

中医肿瘤学 / 389
中英关系史论丛 / 73
中子物理学——原理、方法与应用 / 329
肿瘤康复与药膳 / 386
肿瘤临证经验溯回集 / 388
肿瘤遗传学 / 399
种子传播——动物的作用 / 377
种子革命与社会变迁：长江三角洲地区的农业品种改良研究（1927~1937）/ 413
种子萌发的生理生化（第1卷　发育、萌发与生长）/ 412
种子萌发的生理生化（第2卷　生活力、休眠与环境控制）/ 412
种子植物分布区类型及其起源和分化 / 379
众妙之门——老子 / 22
重水分析法的研究 / 350
周密及其词研究 / 216
周培源科学论文集 / 326
周培源文集 / 326
周秦汉魏吴地社会发展研究 / 260
《周易》的思维与逻辑 / 21
轴心时代的中国思想 / 21
朱德熙文集 / 189
朱自清年谱 / 290
诸宫调两种　附：撷芬室文存 / 224
猪病诊断与防治实用技术 / 424
猪病诊疗与处方手册 / 423
主体教育理论的哲学思考 / 161
主要作物营养失调症状图谱 / 409
专题地图与地图集编制 / 345
专业化、协调与企业战略 / 117
转变政府职能与建设服务型政府 / 59
转型期货币政策规则研究 / 148
转型中的中国乡村建设 / 128
转移核糖核酸——结构、功能与合成 / 367
传记文学史纲 / 198
庄子评传 / 30
庄子探奥 / 22
《庄子》注评 / 22
准个体时代的写作——20世纪90年代中国小说研究 / 229
《资本论》的基本思想与理论逻辑 / 12

资产积累的来源、途径及配置效果——中国积累问题的现实分析 / 103
滋养细胞肿瘤的诊断和治疗 / 399
子午流注针法 / 386
自动控制原理 / 447
自然资源学导论 / 481
自识与反思：近现代西方哲学的基本问题 / 18
自适应动态导航定位 / 446
自由的幻像——伯林思想研究 / 59
自由活塞式发动机 / 441
纵横论王维 / 289
走出迷惘——当代中国市场经济热点透视 / 101
走出现代性——当代西方社会学理论的重新定向 / 48
走进马克思 / 11
走向大科学的经济学——经济学的哲学 / 92
组织激励论 / 118
组织理论：历史与流派 / 54
组织伦理：现代性文明的道德哲学悖论及其转向 / 53
最佳人居小城镇空间发展与规划设计 / 465
左联时期无产阶级革命文学 / 233
作物优质高产的施肥技术 / 405
作物育种生物技术 / 412

编纂始末

《江苏著述志》是江苏省地方志编纂委员会办公室(以下简称"省志办")组织编纂的一种专志,由古代、近代、现代三部分组成。

2015年7月,受省志办的委托,江苏省社会科学院历史研究所王健研究员担任现代部分的主编工作,实行主编负责制。编纂方根据省志办的总体要求,按照新编地方志书的规范,以及著述志编写体例和分类方案,积极做好编写工作。经过编写团队和编纂指导专家6年的共同努力,《江苏著述志》现代部分(以下简称"现代卷")即将正式出版,现将编纂情况简述如下。

一、现代卷基本体例

(一)现代卷收录1949年中华人民共和国成立至2008年期间,江苏省专家学者在国家确定的自然科学和社会科学各学科中以著作形式完成的研究成果,力图展示江苏丰富厚重的学术成就。1949年10月1日之前出版的著作,原则上不予收录。1966～1976年间的著作,只收录少量能够辨识的个人科学研究著作。

(二)现代卷遴选的著作者为1949～2008年间在江苏工作的江苏省籍著作者,适当收录原籍江苏省的著作者(包括省外甚至海外作者公认的著名专家学者)、长期定居并在江苏工作的外省籍作者。因篇幅所限,原则上在2008年之前取得正高级专业技术职称的著作者中遴选。

(三)现代卷中所称"著作",是指正式出版的,中国图书分类法中涵盖的各学科研究性专著、编著、译著、学术论文集,有影响的考察报告、高校教材、史料集、研究报告、辞典以及对他人研究有参考价值的资料集等学术性较强的著述。非学术类的著作,如文学作品(小说、诗歌、剧本、散文、传记、回忆录等)、艺术作品(歌曲、曲艺、绘画、书法、篆刻等)、音像制品等,一般不予收录。由江苏人主持编纂的地方志,因数量众多,无法全部收录,故仅收录若干有代表性的地方志。对于专志的处理亦如此。

(四)现代卷所收录的条目原则上按照中国图书分类法进行编排,后期又根据实际情况作了少量调整。

(五)现代卷所收录的著述均以条目的方式呈现。条目的内容包括作者信息(姓名、性别、年龄、籍贯、职称、职务、研究方向等)、出版信息(著作名称、出版社名称、出版时间、版本、字数等),著述的内容简介、学术评价等。获奖信息因篇幅等原因一律不录。

(六)同一作者若有多部著作收录,则只在首部著作前有作者简介,其他收录的著作置于其后的括号中说明之。合作著作,原则上只介绍第一作者,著录一次。

二、现代卷编写成员及分工

王　健,江苏省社会科学院历史研究所研究员,主编,负责全书统筹协调、组织指导、体例规范、搜集确定主要著作者、审稿、修改、终校、概述、编纂始末等。

徐志辉,南京晓庄学院陶行知研究所教授,负责省内各高校作者及著作的遴选,相关条目的编写,全书条目修改、统稿、校对,参与概述及编纂始末撰写等。

王忆南,南京城市职业学院财金与商贸学院教授、副院长,负责省外江苏籍著作者、省内科研及其他单位著作者的遴选,江苏省单位、机构集体编写著作的遴选,相关条目的编写,参与全书的修改和校对等。

韩　兵,江苏省社会科学院研究员,负责省内科研单位著作者的遴选,相关条目的编写。

孟桂英,南京晓庄学院马克思主义学院副教授,负责相关条目的编写。

蔡保鹏,南京城市职业学院图书馆馆员,负责相关条目的编写。

徐　萌,南京晓庄学院商学院讲师,负责相关条目的编写。

乐康俊,江苏省社会科学院历史研究所原秘书,负责联络协调、编务等。

为尊重编写者的劳动,各条目后均有署名。

书名索引由出版社编。

三、现代卷编纂简况

2015年8月,在省志办领导带领下,王健、韩兵前往河北、山西、陕西三省进行著述志编写工作专题调研。随后组建编写队伍,多次召开编写组会议,商讨编写工作方案,明确工作分工,包括拟定编写大纲、组织编撰队伍、召开研讨会、咨询相关专家,编制经费使用计划,按制度统筹使用经费等。按要求,每年向省志办汇报编纂工作情况,接受检查指导。经过多年工作,初成80万字书稿,编纂方聘请张广志教授作为审稿专家,对书稿进行内审。之后根据审稿意见进行修改,形成送审稿,提交省志办。2020年2月,根据省志办审核意见,对志稿作进一步修改后,送交出版。

在即将出版之际,我要感谢所有为本志编纂出版做出辛苦努力、给予关心支持的人员和单位。首先衷心感谢省志办历任领导的关心支持,时任主任方未艾女士主持立项、部署实施,现任主任左健伟先生领导有方、大力推进,感谢方亚光、凌江平、宫冠丽、黄静、严晓明、陈大福等同志的指导督促、多方帮助。编写过程中还得到著名方志专家张乃格先生、江庆柏先生的悉心指点。其次,要深深感谢参与其事的诸位专家学者,没有你们的辛勤工作,就没有这部志书。数年来,编写组成员花费大量时间精力,凝聚心血智慧。期间,韩兵研究员抱病坚持完成所承担的任务,为志稿最后完成作出了贡献。韩兵去世后,徐志辉、王忆南对韩兵承担条目做了善后工作。还要感谢江苏省社会科学院领导对编纂工作的关心,感谢历史研究所、科研组织处、办公室的支持。最后,感谢江苏凤凰出版集团,特别是责任编辑尤丹丹女士认真负责,一丝不苟,精心编校,保证了本书顺利出版。

编纂中华人民共和国时期的江苏著述志是一项没有现成成果可供参考的全新工作,学术基础薄弱,加之本志众手汇成,囿于体例和字数限制,编纂者的学识、水平限制,自然会出现诸如各时段学科成果不均衡,搜集资料挂一漏万、导致一些著述者及重要著作未能收录等问题,因疫情影响,图片、书影等未及选配。我们将虚心听取读者意见,进一步搜集整理资料,以备日后修订。

《江苏著述志(现代)》主编　王　健

2020年6月10日